該資料輯録爲國家社會科學基金重大項目
"東胡系民族歷史文獻整理與研究"（項目號：17ZDA211）
成果之一，獲内蒙古大學"2021年度雙一流建設
和特色發展引導資金"資助出版

【東胡系民族資料彙編】

張久和 主編

王石雨 張久和 編

慕容鮮卑資料輯録

上 册

中華書局

圖書在版編目(CIP)數據

慕容鮮卑資料輯録/王石雨,張久和編. —北京:中華書局,
2022.12
　(東胡系民族資料彙編)
　ISBN 978-7-101-15995-0

　Ⅰ.慕…　Ⅱ.①王…②張…　Ⅲ.鮮卑-民族歷史-史料-中
國-東漢時代-東晉時代　Ⅳ.K289

中國版本圖書館 CIP 數據核字(2022)第 218867 號

書　　名　慕容鮮卑資料輯録(全二册)
編　　者　王石雨　張久和
叢 書 名　東胡系民族資料彙編
責任編輯　白愛虎
責任印製　管　斌
出版發行　中華書局
　　　　　　(北京市豐臺區太平橋西里 38 號　100073)
　　　　　　http://www.zhbc.com.cn
　　　　　　E-mail:zhbc@ zhbc.com.cn
印　　刷　三河市宏達印刷有限公司
版　　次　2022 年 12 月第 1 版
　　　　　　2022 年 12 月第 1 次印刷
規　　格　開本/920×1250 毫米　1/32
　　　　　　印張 40¼　插頁 4　字數 800 千字
國際書號　ISBN 978-7-101-15995-0
定　　價　298.00 元

目　録

凡　例

　　本書包含紀傳體、編年體、典制體史書以及大型類書、地理總志中有關慕容鮮卑之資料，其斷限上起"慕容"一詞見諸史載，下迄東晉安帝義熙六年（410），劉裕攻克南燕都城廣固，慕容鮮卑所建立的最後一個割據政權滅亡。此後有追述前人前事者，酌情擇要收錄。

　　本書收錄範圍，凡各類典籍中有"慕容"、"慕輿"字樣，及雖無"慕容"、"慕輿"而其內容爲記載慕容鮮卑事迹者，概予收錄。"鮮卑"、"徒何"、"白虜"等意指慕容鮮卑時，道理亦同。吐谷渾雖出自慕容鮮卑，然其後世首領姓"慕容"者，皆不予收錄。

　　本書編排方法：以正史爲主，以本紀爲綱，重出者集中排列，歧異者注明。

　　所收錄史料過長時，與慕容鮮卑關係較小之部分，酌情予以省略。

　　本書主體分爲三部分：

　　（一）慕容鮮卑及慕容鮮卑重要相關人物專傳專條

　　（二）散見史料繫年錄

　　（三）散見未繫年史料

　　散見史料繫年錄每條史料均標注公元紀年，輔以兩晉南北朝諸政權、慕容鮮卑所建立之諸燕政權及與該史料相關之其餘各割據政權年號,以資對照。同年資料,按月編排,記載相同或相近内容之史料按成書年代排序並予以集中。年代可以判斷大致範圍但不能絶對確定者,一般繫於相當年代之末並作出説明。不能或不宜繫年者,則編入散見未繫年史料。

所標年月,以正史爲主,正史無可考者,則據《資治通鑑》或其他史料,具有爭議者則以脚注説明。

所收資料,酌分段落,所用史料爲影印版本者添加標點符號。影印本文字盡量遵循原著,如有明顯謬誤者,根據其他版本或正史酌情改正。明、清影印本中的避諱字,一般恢復爲原字。對舊字形、俗字以及部分異體字,本書選用規範繁體字代替。

文内凡標注爲脚注之字句,均爲編者所加。圓括號中内容除史料原文自帶外,有些爲補充所發生事件之主語,如:(慕容沖)進逼長安;也可能是對事件時間進行補充,如:(夏五月)鮮卑慕容廆寇遼東。

本書所收資料,將各史之正文及後人注釋均予收録,如《通鑑》胡三省注即全部收録。注釋及編者自注,俱用小號字體排印。各點校本史料,多附有校勘記,考慮到其學術價值,本書均予以保留。

慕容鮮卑及慕容鮮卑重要相關人物專傳專條

《晉書》卷一百八《載記第八·慕容廆》

慕容廆字弈洛瓌,昌黎棘城鮮卑人也。其先有熊氏之苗裔,世居北夷,邑于紫蒙之野,號曰東胡。其後與匈奴並盛,控弦之士二十餘萬,風俗官號與匈奴略同。秦漢之際爲匈奴所敗,分保鮮卑山,因以爲號。曾祖莫護跋,魏初率其諸部入居遼西,從宣帝伐公孫氏有功,拜率義王,始建國於棘城之北。時燕代多冠步搖冠,莫護跋見而好之,乃斂髮襲冠,諸部因呼之爲步搖,其後音訛,遂爲慕容焉。或云慕二儀之德,繼三光之容,遂以慕容爲氏。祖木延,左賢王。父涉歸,以全柳城之功,進拜鮮卑單于,遷邑於遼東北,於是漸慕諸夏之風矣。

廆幼而魁岸,美姿貌,身長八尺,雄傑有大度。安北將軍張華雅有知人之鑒,廆童冠時往謁之,[一]華甚嘆異,謂曰:"君至長必爲命世之器,匡難濟時者也。"因以所服簪幘遺廆,結殷勤而別。

【校勘記】

〔一〕廆童冠時往謁之　各本"童冠"作"童丱",宋本及《御覽》四七八引《燕書》、《通志》一八八並作"童冠"。《載記》此段文字多同《燕書》。今從宋本。

涉歸死,其弟耐篡位,將謀殺廆,廆亡潛以避禍。後國人殺耐,迎廆立之。

初，涉歸有憾於宇文鮮卑，廆將修先君之怨，表請討之。武帝弗許。廆怒，入寇遼西，殺略甚衆。帝遣幽州諸軍討廆，戰于肥如，廆衆大敗。自後復掠昌黎，每歲不絶。又率衆東伐扶餘，扶餘王依慮自殺，廆夷其國城，驅萬餘人而歸。東夷校尉何龕遣督護賈沈將迎立依慮之子爲王，廆遣其將孫丁率騎邀之。沈力戰斬丁，遂復扶餘之國。

廆謀於其衆曰：“吾先公以來世奉中國，且華裔理殊，強弱固別，豈能與晉競乎？何爲不和以害吾百姓邪！”乃遣使來降。帝嘉之，拜爲鮮卑都督。廆致敬於東夷府，巾衣詣門，抗士大夫之禮。何龕嚴兵引見，廆乃改服戎衣而入。人問其故，廆曰：“主人不以禮，賓復何爲哉！”龕聞而慚之，彌加敬憚。時東胡宇文鮮卑段部以廆威德日廣，懼有吞并之計，因爲寇掠，往來不絶。廆卑辭厚幣以撫之。

太康十年，廆又遷于徒河之青山。廆以大棘城即帝顓頊之墟也，元康四年乃移居之。教以農桑，法制同于上國。永寧中，燕垂大水，廆開倉振給，幽方獲濟。天子聞而嘉之，褒賜命服。

太安初，宇文莫圭遣弟屈雲寇邊城，雲別帥大素延攻掠諸部，廆親擊敗之。素延怒，率衆十萬圍棘城，衆咸懼，人無距志。廆曰：“素延雖犬羊蟻聚，然軍無法制，已在吾計中矣。諸君但爲力戰，無所憂也。”乃躬貫甲胄，馳出擊之，素延大敗，追奔百里，俘斬萬餘人。

永嘉初，廆自稱鮮卑大單于。遼東太守龐本以私憾殺東夷校尉李臻，附塞鮮卑素連、木津等託爲臻報讎，實欲因而爲亂，遂攻陷諸縣，殺掠士庶。太守袁謙頻戰失利，校尉封釋懼而請和。連歲寇掠，百姓失業，流亡歸附者日月相繼。廆子翰言於廆曰：“求諸侯莫如勤王，自古有爲之君靡不杖此以成事業者也。今連、津跋扈，王師覆敗，蒼生屠膾，豈甚此乎！豎子外以龐本爲名，内實幸而爲寇。封使君以誅本請和，而毒害滋深。遼東傾没，垂已二周，中原兵亂，州師屢敗，勤王杖義，今其時也。單于宜明九伐之威，救倒懸之命，數連、津之罪，合義兵以誅之。上則興復遼邦，下則并吞二部，忠義彰於本朝，私利歸于我國，此則吾鴻漸之始也，終可以得志於諸侯。"廆從之。是日，率騎討連、津，大敗斬之，二部悉降，徙之棘城，立遼東郡而歸。

懷帝蒙塵于平陽，王浚承制以廆爲散騎常侍、冠軍將軍、前鋒大都督、大單于，廆不受。建興中，愍帝遣使拜廆鎮軍將軍、昌黎遼東二國公。建武初，元帝承制拜廆假節、散騎常侍、都督遼左雜夷流人諸軍事、龍驤將軍、大單于、昌黎公，廆讓而不受。征虜將軍魯昌説廆曰："今兩京傾没，天子蒙塵，琅邪承制江東，實人命所係。明公雄據海朔，跨總一方，而諸部猶怙衆稱兵，未遵道化者，蓋以官非王命，又自以爲强。今宜通使琅邪，勸承大統，然後敷宣帝命，以伐有罪，誰敢不從！"廆善之，乃遣其長史王濟浮海勸進。及帝即尊位，遣謁者陶遼重申前命，授廆將軍、單于，廆固辭公封。

時二京傾覆，幽冀淪陷，廆刑政修明，虛懷引納，流亡士庶多襁負歸之。廆乃立郡以統流人，冀州人爲冀陽郡，豫州人爲成周郡，青州人爲營丘郡，并州人爲唐國郡。於是推舉賢才，委以庶政，以河東裴嶷、代郡魯昌、北平陽耽爲謀主，北海逄羨、廣平游邃、北平西方虔、〔二〕渤海封抽、西河宋奭、河東裴開爲股肱，渤海封弈、平原宋該、安定皇甫岌、蘭陵繆愷以文章才儁任居樞要，會稽朱左車、太山胡毋翼、魯國孔纂以舊德清重引爲賓友，平原劉讚儒學該通，引爲東庠祭酒，其世子皝率國胄束脩受業焉。廆覽政之暇，親臨聽之，於是路有頌聲，禮讓興矣。

【校勘記】

〔二〕西方虔 《元和姓纂》“虔”作“武”。按：唐人避諱亦偶用形近之字。《魏書》四九崔秉、六三王蕭弟秉，《北史》並改作“康”。《魏書》四七盧玄族人“叔虔”，《北史》作“叔彪”，《北齊書》四二又作“叔武”，與此“西方虔”同例，其人本皆名“虎”，“虔”“武”皆避唐諱改。

時平州刺史、東夷校尉崔毖自以爲南州士望，意存懷集，而流亡者莫有赴之。毖意廆拘留，乃陰結高句麗及宇文、段國等，謀滅廆以分其地。太興初，三國伐廆，廆曰：“彼信崔毖虛説，邀一時之利，烏合而來耳。既無統一，莫相歸伏，吾今破之必矣。然彼軍初合，其鋒甚鋭，幸我速戰。若逆擊之，落其計矣。靖以待之，必懷疑貳，迭相猜防。一則疑吾與毖譎而覆之，二則自疑三國之中與吾有韓魏之謀者，待其人情沮惑，然後取之必矣。”於是三國攻棘城，廆閉門不戰，遣使送牛酒以犒宇文，大言於衆曰：“崔毖昨有使至。”於是二國果疑宇文同於廆也，引兵而歸。宇文悉獨官曰：“二國雖歸，吾當獨兼其國，何用人爲！”盡衆逼城，連營三十里。廆簡鋭士配皝，推鋒於前；翰領精騎爲奇兵，從旁出，直衝其營；廆方陣而進。悉獨官自恃其衆，不設備，見廆軍之至，方率兵距之。前鋒始交，翰已入其營，縱火焚之，其衆皆震擾，不知所爲，遂大敗，悉獨官僅以身免，盡俘其衆。於其營候獲皇帝玉璽三紐，遣長史裴嶷送于建鄴。崔毖懼廆之仇己也，使兄子燾僞賀廆。會三國使亦至請和，曰：“非我本意也，崔平州教我耳。”廆將燾示以攻圍之處，臨之以兵，曰：“汝叔父教三國滅我，何以詐來賀我乎？”燾懼，首服。廆乃遣燾歸説毖曰：“降者上策，走者下策也。”以兵隨之。毖與數十騎棄家室奔于高句麗，廆悉降其衆，徙燾及高瞻等于棘城，待以賓禮。明年，高句麗寇遼東，廆遣衆擊敗之。

裴嶷至自建鄴,帝遣使者拜廆監平州諸軍事、安北將軍、平州刺史,增邑二千户。尋加使持節、都督幽州東夷諸軍事、〔三〕車騎將軍、平州牧,進封遼東郡公,邑一萬户,常侍、單于並如故;丹書鐵券,承制海東,命備官司,置平州守宰。

【校勘記】

〔三〕都督幽州東夷諸軍事　　周校:"幽州",《元帝紀》作"幽、平二州"。按:官爲平州牧,所督州例必有平州。《御覽》一二一引《前燕録》、《通鑑》九一皆作"都督幽、平二州東夷諸軍事",此"幽"字下當脱"平二"二字。

段末波初統其國,而不修備,廆遣覲襲之,入令支,收其名馬寶物而還。

石勒遣使通和,廆距之,送其使於建鄴。勒怒,遣宇文乞得龜擊廆,廆遣覲距之。以裴嶷爲右部都督,率索頭爲右翼,命其少子仁自平郭趣柏林爲左翼,攻乞得龜,克之,悉虜其衆。乘勝拔其國城,收其資用億計,徙其人數萬户以歸。

成帝即位,加廆侍中,位特進。咸和五年,又加開府儀同三司,固辭不受。

廆嘗從容言曰:"獄者,人命之所懸也,不可以不慎。賢人君子,國家之基也,不可以不敬。稼穡者,國之本也,不可以不急。酒色便佞,亂德之甚也,不可以不戒。"乃著《家令》數千言以申其旨。

遣使與太尉陶侃箋曰:

明公使君戳下:振德曜威,撫寧方夏,勞心文武,士馬無恙,欽高仰止,注情彌久。王塗嶮遠,隔以燕越,每瞻江湄,延首遐外。

天降艱難,禍害屢臻,舊都不守,奄爲虜庭,使皇輿遷幸,假勢吳楚。大晉啓基,祚流萬世,天命未改,玄象著明,是以義烈之士深懷憤踴。廆以功薄,受國殊寵,上不能掃除群羯,下不能身赴國難,仍縱賊臣,屢逼京輦。王敦唱禍於前,蘇峻肆毒於後,凶暴過於董卓,惡逆甚於催汜,普天率土,誰不同忿!深怪文武之士,過荷朝榮,不能滅中原之寇,刷天下之恥。

　　君侯植根江陽,發曜荆衡,杖葉公之權,有包胥之志,而令白公、伍員殆得極其暴,竊爲丘明恥之。區區楚國子重之徒,猶恥君弱、群臣不及先大夫,屬己戒衆,以服陳鄭;越之種蠡尚能弼佐句踐,取威黃池;況今吳土英賢比肩,而不輔翼聖主,陵江北伐。以義聲之直,討逆暴之羯,檄命舊邦之士,招懷存本之人,豈不若因風振落,頓坂走輪哉!且孫氏之初,以長沙之衆摧破董卓,志匡漢室。雖中遇寇害,雅志不遂,原其心誠,乃忽身命。及權據揚越,外杖周張,内馮顧陸,距魏赤壁,克取襄陽。自兹以降,世主相襲,咸能侵逼徐豫,令魏朝旰食。不知今之江表爲賢儁匿智,藏其勇略邪?將吕蒙、淩統高蹤曠世哉?況今凶羯虐暴,中州人士逼迫勢促,其顛沛之危,甚於累卵。假號之强,衆心所去,敵有釁矣,易可震蕩。王郎、袁術雖自詐僞,皆基淺根微,禍不旋踵,此皆君侯之所聞見者矣。

　　王司徒清虚寡欲,善於全己,昔曹參亦崇此道,著畫一之稱也。庾公居元舅之尊,處申伯之任,超然高蹈,明智之權。廆於寇難之際,受大晉累世之恩,自恨絶域,無益聖朝,徒係心萬里,望風懷憤。今海内之望,足爲楚漢輕重者,惟在君侯。若勠力盡心,悉五州之衆,據兗豫之郊,使向義之士倒戈釋甲,則羯寇必滅,國恥必除。廆在一方,敢不竭命。孤軍輕進,不足使勒畏首畏尾,則懷舊之士欲爲内應,無由自發故也。故遠陳寫,言不宣盡。

　　廆使者遭風没海。其後廆更寫前箋,并齎其東夷校尉封抽、行遼東相韓矯等三十餘人疏上侃府曰:

　　自古有國有家,鮮不極盛而衰。自大晉龍興,克平嶇會,神武之略，邁蹤前史。惠皇之末，后黨構難，禍結京畿，釁成公族，遂使羯寇乘虛，傾覆諸夏，舊都淪滅，山陵毀掘，人神悲悼，幽明發憤。昔獫狁之強，匈奴之盛，未有如今日羯寇之暴，跨躡華裔，盜稱尊號者也。

天祚有晉，挺授英傑。車騎將軍慕容廆自弱冠涖國，忠於王室，明允恭肅，志在立勳。屬海內分崩，皇輿遷幸，元皇中興，初唱大業，肅祖繼統，蕩平江外。廆雖限以山海，隔以羯寇，翹首引領，係心京師，常假寤寐，欲憂國忘身。貢篚相尋，連舟載路，戎不稅駕，動成義舉。今羯寇滔天，怙其醜類，樹基趙魏，跨略燕齊。廆雖率義衆，誅討大逆，然管仲相齊，猶曰寵不足以御下，況廆輔翼王室，有匡霸之功，而位卑爵輕，九命未加，非所以寵異藩翰，敦獎殊勳者也。

方今詔命隔絕，王路嶮遠，貢使往來，動彌年載。今燕之舊壤，北周沙漠，東盡樂浪，西暨代山，南極冀方，而悉爲虜庭，非復國家之域。將佐等以爲宜遠遵周室，近準漢初，進封廆爲燕王，行大將軍事，上以總統諸部，下以割損賊境。使冀州之人望風向化，廆得祗承詔命，率合諸國，奉辭夷逆，以成桓文之功，苟利社稷，專之可也。而廆固執謙光，守節彌高，每詔所加，讓動積年，非將佐等所能敦逼。今區區所陳，不欲苟相崇重，而愚情至心，實爲國計。

侃報抽等書，其略曰：“車騎將軍憂國忘身，貢篚載路，羯賊求和，執使送之，西討段國，北伐塞外，遠綏索頭，荒服以獻。惟北部未賓，屢遣征伐。又知東方官號，高下齊班，進無統攝之權，退無等差之降，欲進車騎爲燕王，一二具之。夫功成進爵，古之成制也。車騎雖未能爲官摧勒，然忠義竭誠。今騰牋上聽，可不、遲速，當任天臺也。”朝議未定。八年，廆卒，乃止。時年六十五，在位四十九年。帝遣使者策贈大將軍、開府儀同三司，諡曰襄。及僭僞號，僞謚武宣皇帝。

《晉書》卷一百八《載記第八·慕容廆附裴嶷》

裴嶷字文冀,河東聞喜人也。父昶,司隸校尉。嶷清方有幹略,累遷至中書侍郎,轉給事黃門郎、滎陽太守。屬天下亂,嶷兄武先爲玄菟太守,嶷遂求爲昌黎太守。至郡,久之,武卒,嶷被徵,乃將武子開送喪俱南。既達遼西,道路梗塞,乃與開投廆。時諸流寓之士見廆草創,並懷去就。嶷首定名分,爲群士啓行。廆甚悦,以嶷爲長史,委以軍國之謀。

及悉獨官寇逼城下,外内騷動,廆問策於嶷,嶷曰:“悉獨官雖擁大眾,軍無號令,眾無部陣,若簡精兵乘其無備,則成擒耳。”廆從之,遂陷寇營。廆威德於此甚振,將遣使獻捷於建鄴,妙簡行人,令嶷將命。

初,朝廷以廆僻在荒遠,猶以邊裔之豪處之。嶷既使至,盛言廆威略,又知四海英賢並爲其用,舉朝改觀焉。嶷將還,帝試留嶷以觀之,嶷辭曰:“臣世荷朝恩,濯纓華省,因事遠寄,投迹荒遐。今遭開泰,得睹朝廷,復賜恩詔,即留京輦,於臣之私,誠爲厚幸。顧以皇居播遷,山陵幽辱,慕容龍驤將軍越在遐表,乃心王室,慷慨之誠,義感天地,方掃平中壤,奉迎皇輿,故遣使臣,萬里表誠。今若留臣,必謂國家遺其僻陋,孤其丹心,使懷義懈怠。是以微臣區區忘身爲國,貪還反命耳。”帝曰:“卿言是也。”乃遣嶷還。廆後謂群僚曰:“裴長史名重中朝,而降屈于此,豈非天以授孤也。”出爲遼東相,轉樂浪太守。

《晉書》卷一百八《載記第八‧慕容廆附高瞻》

高瞻字子前，渤海蓨人也。少而英爽有俊才，身長八尺二寸。光熙中，調補尚書郎。屬永嘉之亂，還鄉里，乃與父老議曰："今皇綱不振，兵革雲擾，此郡沃壤，憑固河海，若兵荒歲儉，必爲寇庭，非謂圖安之所。王彭祖先在幽薊，據燕代之資，兵強國富，可以託也。諸君以爲何如？"眾咸善之。乃與叔父隱率數千家北徙幽州。既而以王浚政令無恒，乃依崔毖，隨毖如遼東。

毖之與三國謀伐廆也，瞻固諫以爲不可，毖不從。及毖奔敗，瞻隨眾降于廆。廆署爲將軍，瞻稱疾不起。廆敬其姿器，數臨候之，撫其心曰："君之疾在此，不在餘也。今天子播越，四海分崩，蒼生紛擾，莫知所係，孤思與諸君匡復帝室，翦鯨豕于二京，迎天子於吳會，廓清八表，侔勳古烈，此孤之心也，孤之願也。君中州大族，冠冕之餘，宜痛心疾首，枕戈待旦，奈何以華夷之異，有懷介然。且大禹出于西羌，文王生于東夷，但問志略何如耳，豈以殊俗不可降心乎！"瞻仍辭疾篤，廆深不平之。瞻又與宋該有隙，該陰勸廆除之。瞻聞其言，彌不自安，遂以憂死。

頁二八一二至二八一三

《晉書》卷一百九《載記第九‧慕容皝》

慕容皝字元真，廆第三子也。龍顏版齒，身長七尺八寸。雄毅多權略，尚經學，善天文。廆爲遼東公，立爲世子。建武初，拜爲冠軍將軍、左賢王，封望平侯，率眾征討，累有功。太寧末，拜平北將軍，進封朝鮮公。廆卒，嗣位，以平北將軍行平州刺史，督攝部內。尋而宇文乞得龜爲其別部逸豆歸所逐，奔死於外，皝率騎討之，逸豆歸懼而請和，遂築榆陰、安晉二城而還。

初，皝庶兄建威翰驍武有雄才，素爲皝所忌，母弟征虜仁、廣武昭並有寵於廆，皝亦不平之。及廆卒，並懼不自容。至此，翰出奔段遼，仁勸昭舉兵廢皝。皝殺昭，遣使按檢仁之虛實，遇仁於險瀆。仁知事發，殺皝使，東歸平郭。皝遣其弟建武幼、司馬佟壽等討之。〔一〕仁盡衆距戰，幼等大敗，皆没於仁。襄平令王冰、將軍孫機以遼東叛于皝，東夷校尉封抽、護軍乙逸、遼東相韓矯、玄菟太守高詡等棄城奔還。仁於是盡有遼左之地，自稱車騎將軍、平州刺史、遼東公。宇文歸、段遼及鮮卑諸部並爲之援。

【校勘記】

〔一〕司馬佟壽　“佟壽”，各本作“佟燾”，唯宋本作“佟壽”。《通鑑》九五亦作“佟壽”，今從宋本。

咸和九年，皝遣其司馬封弈攻鮮卑木堤于白狼，揚威淑虞攻烏丸悉羅侯於平堈，皆斬之。材官劉佩攻乙連，不克。段遼遂寇徒河，皝將張萌逆擊，敗之。遼弟蘭與翰寇柳城，都尉石琮擊敗之。旬餘，蘭、翰復圍柳城，皝遣寧遠慕容汗及封弈等救之。皝戒汗曰：“賊衆氣鋭，難與爭鋒，宜顧萬全，慎勿輕進，必須兵集陣整，然後擊之。”汗性驍鋭，遣千餘騎爲前鋒而進，封弈止之，汗不從，爲蘭所敗，死者太半。蘭復攻柳城，爲飛梯、地道，圍守二旬，石琮躬勒將士出擊，敗之，斬首千五百級，蘭乃遁歸。

是歲，成帝遣謁者徐孟、閭丘幸等持節拜皝鎮軍大將軍、平州刺史、大單于、遼東公，持節、都督、承制封拜，一如廆故事。

皝自征遼東，克襄平。仁所署居就令劉程以城降，新昌人張衡執縣宰以降。於是斬仁所置守宰，分徙遼東大姓於棘城，置和陽、武次、西樂三縣而歸。

咸康初，遣封弈襲宇文別部涉奕于，〔二〕大獲而還。涉奕于率騎追戰于渾水，又敗之。皝將乘海討仁，群下咸諫，以海道危阻，宜從陸路。皝曰："舊海水無淩,自仁反已來,凍合者三矣。昔漢光武因滹沱之冰以濟大業,天其或者欲吾乘此而克之乎!吾計決矣,有沮謀者斬!"乃率三軍從昌黎踐淩而進。仁不虞皝之至也,軍去平郭七里,候騎乃告,仁狼狽出戰,爲皝所擒,殺仁而還。

【校勘記】

〔二〕涉奕于　《通鑑》九七"涉奕于"作"涉夜干"。"奕""夜"譯音之異,"于""干"二字常相混,不知孰是。下不再出校。

立藉田於朝陽門東,置官司以主之。

段遼遣其將李詠夜襲武興,遇雨,引還,都尉張萌追擊,擒詠。段蘭擁衆數萬屯于曲水亭,將攻柳城,宇文歸入寇安晉,爲蘭聲援。皝以步騎五萬擊之,師次柳城,蘭、歸皆遁。遣封奕率輕騎追擊,敗之,收其軍實,館穀二旬而還。謂諸將曰："二虜恥無功而歸,必復重至,宜於柳城左右設伏以待之。"遣封奕率騎潛于馬兜山諸道。俄而遼騎果至,奕夾擊,大敗之,斬其將榮保。遣兼長史劉斌、郎中令陽景送徐孟等歸于京師。使其世子儁伐段遼諸城,封奕攻宇文別部,皆大捷而歸。

立納諫之木,以開讜言之路。

後徙昌黎郡,築好城於乙連東,使將軍蘭勃戍之,以逼乙連。又城曲水,以爲勃援。乙連饑甚,段遼輸之粟,蘭勃要擊獲之。遼遣將屈雲攻興國,與皝將慕容遵大戰於五官水上,雲敗,斬之,盡俘其衆。

封奕等以皝任重位輕,宜稱燕王,皝於是以咸康三年僭即王位,赦其境內。以封奕爲國相,韓壽爲司馬,裴開、陽鶩、王寓、李洪、杜群、宋該、劉瞻、石琮、皇甫真、陽協、宋晃、平熙、張泓等並爲列卿將帥。起文昌殿,乘金根車,駕六馬,出入稱警蹕。以其妻段氏爲王后,世子儁爲太子,皆如魏武、晉文輔政故事。

　　皝以段遼屢爲邊患，遣將軍宋回稱藩于石季龍，請師討遼。季龍於是總衆而至。皝率諸軍攻遼令支以北諸城，遼遣其將段蘭來距，大戰，敗之，斬級數千，掠五千餘户而歸。季龍至徐無，遼奔密雲山。季龍進入令支，怒皝之不會師也，進軍擊之，至于棘城，戎卒數十萬，四面進攻，郡縣諸部叛應季龍者三十六城。相持旬餘，左右勸皝降。皝曰："孤方取天下，何乃降人乎！"遣子恪等率騎二千，晨出擊之。季龍諸軍驚擾，棄甲而遁。恪乘勝追之，斬獲三萬餘級，築成凡城而還。段遼遣使詐降於季龍，請兵應接。季龍遣其將麻秋率衆迎遼，恪伏精騎七千於密雲山，大敗之，獲其司馬陽裕、將軍鮮于亮，擁段遼及其部衆以歸。

　　帝又遣使進皝爲征北大將軍、幽州牧，領平州刺史，加散騎常侍，增邑萬户，持節、都督、單于、公如故。

　　皝前軍帥慕容評敗季龍將石成等于遼西，斬其將呼延晃、張支，掠千餘户以歸。段遼謀叛，皝誅之。

　　季龍又使石成入攻凡城，不克，進陷廣城。

　　皝雖稱燕王，未有朝命，乃遣其長史劉祥獻捷京師，兼言權假之意，并請大舉討平中原。又聞庾亮薨，弟冰、翼繼爲將相，乃表曰：

　　臣究觀前代昏明之主，若能親賢並建，則功致升平；若親黨后族，必有傾辱之禍。是以周之申伯號稱賢舅，以其身藩于外，不握朝權。降及秦昭，足爲令主，委信二舅，幾至亂國。逮于漢武，推重田蚡，萬機之要，無不決之。及蚡死後，切齒追恨。成帝闇弱，不能自立，内惑艷妻，外恣五舅，卒令王莽坐取帝位。每覽斯事，孰不痛惋！設使舅氏賢若穰侯、王鳳，則但聞有二臣，不聞有二主。若其不才，則有竇憲、梁冀之禍。凡此成敗，亦既然矣。苟能易軌，可無覆墜。

陛下命世天挺，當隆晉道，而遭國多難，殷憂備嬰，追述往事，至今楚灼。迹其所由，實因故司空亮居元舅之尊，勢業之重，執政裁下，輕侮邊將，故令蘇峻、祖約不勝其忿，遂致敗國。至令太后發憤，一旦升遐。若社稷不靈，人神無助，豺狼之心當可極邪！前事不忘，後事之表，而中書監、左將軍冰等内執樞機，外擁上將，昆弟並列，人臣莫疇。陛下深敦渭陽，冰等自宜引領。臣常謂世主若欲崇顯舅氏，何不封以藩國，豐其禄賜，限其勢利，使上無偏優，下無私論。如此，榮辱何從而生！噂嗒何辭而起！往者惟亮一人，宿有名望，尚致世變，況今居之者素無聞焉！且人情易惑，難以户告，縱令陛下無私於彼，天下之人誰謂不私乎！

臣與冰等名位殊班，出處懸邈，又國之戚昵，理應降悦，以適事會。臣獨矯抗此言者，上爲陛下，退爲冰計，疾苟容之臣，坐鑒得失。顛而不扶，焉用彼相！昔徐福陳霍氏之戒，宣帝不從，至令忠臣更爲逆族，良由察之不審，防之無漸。臣今所陳，可謂防漸矣。但恐陛下不明臣之忠，不用臣之計，事過之日，更處焦爛之後耳。昔王章、劉向每上封事，未嘗不指斥王氏，故令二子或死或刑。谷永、張禹依違不對，故容身苟免，取譏於世。臣被髮殊俗，位爲上將，夙夜惟憂，罔知所報，惟當外殄寇讎，内盡忠規，陳力輸誠，以答國恩。臣若不言，誰當言者！

又與冰書曰：

君以椒房之親，舅氏之昵，總據樞機，出内王命，兼擁列將州司之位，昆弟網羅，顯布畿甸。自秦漢以來，隆赫之極，豈有若此者乎！以吾觀之，若功就事舉，必享申伯之名；如或不立，將不免梁竇之迹矣。

每睹史傳，未嘗不寵恣母族，使執權亂朝，先有殊世之榮，尋有負乘之累，所謂愛之適足以爲害。吾常忿歷代之主，不盡防萌終寵之術,何不業以一土之封,令藩國相承,如周之齊陳? 如此則永保南面之尊,復何黜辱之憂乎! 竇武、何進好善虛己,賢士歸心,雖爲閹豎所危,天下嗟痛,猶有能履以不驕,圖國亡身故也。

方今四海有倒懸之急,中夏遘僭逆之寇,家有漉血之怨,人有復讎之憾,寧得安枕逍遥,雅談卒歲邪! 吾雖寡德,過蒙先帝列將之授,以數郡之人,尚欲并吞强虜,是以自頃迄今,交鋒接刃,一時務農,三時用武,而猶師徒不頓,倉有餘粟,敵人日畏,我境日廣,況乃王者之威,堂堂之勢,豈可同年而語哉!

冰見表及書甚懼,以其絶遠,非所能制,遂與何充等奏聽皝稱燕王。

其年皝伐高句麗,王釗乞盟而還。明年,釗遣其世子朝於皝。

初,段遼之敗也,建威翰奔于宇文歸,自以威名夙振,終不保全,乃陽狂恣酒,被髮歌呼。歸信而不禁,故得周遊自任,至於山川形便,攻戰要路,莫不練之。皝遣商人王車陰使察翰,翰見車無言,撫膺而已。車還以白,皝曰:"翰欲來也。"乃遣車遺翰弓矢,翰乃竊歸駿馬,携其二子而還。

皝將圖石氏,從容謂諸將曰:"石季龍自以安樂諸城守防嚴重,〔三〕城之南北必不設備,今若詭路出其不意,冀之北土盡可破也。"於是率騎二萬出蠮螉塞,長驅至于薊城,進渡武遂津,入于高陽,所過焚燒積聚,掠徙幽冀三萬餘户。

【校勘記】

〔三〕安樂 《通鑑》九六作"樂安",是。參卷一〇六校記。

使陽裕、唐柱等築龍城,構宮廟,改柳城爲龍城縣。於是成帝使兼大鴻臚郭希持節拜皝侍中、大都督河北諸軍事、大將軍、燕王,其餘官皆如故。封諸功臣百餘人。

咸康七年,皝遷都龍城。率勁卒四萬,入自南陝,以伐宇文、高句麗，又使翰及子垂爲前鋒，遣長史王寓等勒衆萬五千，從北置而進。高句麗王釗謂皝軍之從北路也，乃遣其弟武統精銳五萬距北置，躬率弱卒以防南陝。翰與釗戰于木底，大敗之，乘勝遂入丸都，釗單馬而遁。皝掘釗父利墓，載其尸并其母妻珍寶，掠男女五萬餘口，焚其宮室，毀丸都而歸。明年，釗遣使稱臣於皝，貢其方物，乃歸其父尸。

宇文歸遣其國相莫淺渾伐皝，諸將請戰，皝不許。渾以皝爲憚之，荒酒縱獵，不復設備。皝曰："渾奢怠已甚，今則可一戰矣。"遣翰率騎擊之，渾大敗，僅以身免，盡俘其衆。

皝躬巡郡縣，勸課農桑，起龍城宮闕。

尋又率騎二萬親伐宇文歸，以翰及垂爲前鋒。歸使其騎將涉奕于盡衆距翰，皝馳遣謂翰曰："奕于雄悍，宜小避之，待虜勢驕，然後取也。"翰曰："歸之精銳，盡在於此，今若克之，則歸可不勞兵而滅。奕于徒有虛名，其實易與耳，不宜縱敵挫吾兵氣。"於是前戰，斬奕于，盡俘其衆，歸遠遁漠北。皝開地千餘里，徙其部人五萬餘落於昌黎，改涉奕于城爲威德城。行飲至之禮，論功行賞各有差。

以牧牛給貧家，田于苑中，[四]公收其八，二分入私。有牛而無地者，亦田苑中，公收其七，三分入私。皝記室參軍封裕諫曰：

【校勘記】

〔四〕田於苑中　各本"苑"作"宛"，宋本作"菀"，即"苑"。下文有"省罷諸苑"、"苑囿悉可罷之"語，各本皆同。《通典》四亦作"苑中"。今從宋本。

臣聞聖王之宰國也，薄賦而藏於百姓，分之以三等之田，十一而稅之；寒者衣之，飢者食之，使家給人足。雖水旱而不爲災者，何也？高選農官，務盡勸課，人治周田百畝，亦不假牛力；力田者受旌顯之賞,惰農者有不齒之罰。又量事置官,量官置人,使官必稱須,人不虛位,度歲入多少,裁而禄之。供百僚之外,藏之太倉,三年之耕,餘一年之粟。以斯而積,公用於何不足?水旱其如百姓何!雖務農之令屢發,二千石令長莫有志勤在公、鋭盡地利者。故漢祖知其如此,以墾田不實,徵殺二千石以十數,是以明章之際,號次升平。

　　自永嘉喪亂,百姓流亡,中原蕭條,千里無煙,飢寒流隕,相繼溝壑。先王以神武聖略,保全一方,威以殄姦,德以懷遠,故九州之人,塞表殊類,襁負萬里,若赤子之歸慈父,流人之多舊土十倍有餘,人殷地狹,故無田者十有四焉。殿下以英聖之資,克廣先業,南摧强趙,東滅句麗,開境三千,户增十萬,繼武闡廣之功,有高西伯。宜省罷諸苑,以業流人。人至而無資産者,賜之以牧牛。人既殿下之人,牛豈失乎!善藏者藏於百姓,若斯而已矣。邇者深副樂土之望,中國之人皆將壺餐奉迎,石季龍誰與居乎!且魏晉雖道消之世,猶削百姓不至於七八,持官牛田者官得六分,百姓得四分,私牛而官田者與官中分,百姓安之,人皆悦樂。臣猶曰非明王之道,而況增乎!且水旱之厄,堯湯所不免,王者宜濬治溝澮,循鄭白、西門、史起溉灌之法,旱則決溝爲雨,水則入於溝瀆,上無《雲漢》之憂,下無昏墊之患。

　　句麗、百濟及宇文、段部之人,皆兵勢所徙,非如中國慕義而至,咸有思歸之心。今户垂十萬,狹湊都城,恐方將爲國家深害,宜分其兄弟宗屬,徙于西境諸城,撫之以恩,檢之以法,使不得散在居人,知國之虛實。

　　今中原未平,資畜宜廣,官司猥多,游食不少,一夫不耕,歲受其飢。必取於耕者而食之,一人食一人之力,游食數萬,損亦如之,安可以家給人足,治致升平!殿下降覽古今之事多矣,政之巨患莫甚於斯。其有經略出世，才稱時求者，自可隨須置之列位。非此已往，其耕而食，蠶而衣，亦天之道也。

殿下聖性寬明，思言若渴，故人盡芻蕘，有犯無隱。前者參軍王憲、大夫劉明並竭忠獻款，以貢至言，雖頗有逆鱗，意在無責。主者奏以妖言犯上，致之於法，殿下慈弘苞納，恕其大辟，猶削黜禁錮，不齒於朝。其言是也，殿下固宜納之；如其非也，宜亮其狂狷。罪諫臣而求直言，亦猶北行詣越，豈有得邪！右長史宋該等阿媚苟容，輕劾諫士，已無骨鯁，嫉人有之，掩蔽耳目，不忠之甚。

四業者國之所資，教學者有國盛事。習戰務農，尤其本也。百工商賈，猶其末耳。宜量軍國所須，置其員數，已外歸之於農，教之戰法，學者三年無成，亦宜還之於農，不可徒充大員，以塞聰儁之路。

臣之所言當也，願時速施行；非也，登加罪戮，使天下知朝廷從善如流，罰惡不淹。

王憲、劉明，忠臣也，願宥忤鱗之愆，收其藥石之效。

皝乃令曰："覽封記室之諫，孤實懼焉。君以黎元爲國，黎元以穀爲命。然則農者，國之本也，而二千石令長不遵孟春之令，惰農弗勸，宜以尤不修闢者措之刑法，肅厲屬城。主者明詳推檢，具狀以聞。苑囿悉可罷之，以給百姓無田業者。貧者全無資產，不能自存，各賜牧牛一頭。若私有餘力，樂取官牛墾官田者，其依魏晉舊法。溝洫漑灌，有益官私，主者量造，務盡水陸之勢。中州未平，兵難不息，勳誠既多，官僚不可以減也。待克平凶醜，徐更議之。百工商賈數，四佐與列將速定大員，餘者還農。學生不任訓教者，亦除員錄。夫人臣關言於人主，至難也，妖妄不經之事皆應蕩然不問，擇其善者而從之。王憲、劉明雖其罪應禁黜，亦猶孤之無大量也。可悉復本官，仍居諫司。封生蹇蹇，深得王臣之體。《詩》不云乎：'無言不酬。'其賜錢五萬，明宣內外，有欲陳孤過者，不拘貴賤,勿有所諱。"

時有黑龍白龍各一,見于龍山,皝親率群僚觀之,去龍二百餘步,祭以太牢。二龍交首嬉翔,解角而去。皝大悦,還宮,赦其境内,號新宮曰和龍,立龍翔佛寺于山上。

賜其大臣子弟爲官學生者號高門生,立東庠于舊宮,以行鄉射之禮,每月臨觀,考試優劣。皝雅好文籍,勤於講授,學徒甚盛,至千餘人。親造《太上章》以代《急就》,又著《典誡》十五篇,以教胄子。

慕容恪攻高句麗南蘇,克之,置戍而還。三年,[五]遣其世子儁與恪率騎萬七千東襲夫餘,克之,虜其王及部衆五萬餘口以還。

【校勘記】

〔五〕三年　周校:三年上脱年號,按之當爲永和也。今按:永和元年十二月皝始不用晉年號,自稱十二年(見《通鑑》九七)。《御覽》一二一引《前燕録》自咸和九年後即用皝之紀年,晉封皝爲燕王及遷都龍城在八年(晉咸康七年),龍見立寺在十二年(晉永和元年),皝於東序考試學生在十四年(永和三年)。則此"三年"當是"十三年",脱"十"字。《通鑑》九七在永和二年可證。

皝親臨東庠考試學生,其經通秀異者,擢充近侍。以久旱,丐百姓田租。罷成周、冀陽、營丘等郡。以勃海人爲興集縣,河間人爲寧集縣,廣平、魏郡人爲興平縣,東萊、北海人爲育黎縣,吳人爲吳縣,悉隸燕國。

皝嘗畋于西鄙,將濟河,見一父老,服朱衣,乘白馬,舉手麾皝曰:"此非獵所,王其還也。"秘之不言,遂濟河,連日大獲。後見白兔,馳射之,馬倒被傷,乃説所見。輦而還宮,引儁屬以後事。以永和四年死,在位十五年,時年五十二。儁僭號,追謚文明皇帝。

頁二八一五至二八二六、二八二九至二八三〇

《晉書》卷一百九《載記第九‧慕容皝附慕容翰》

慕容翰字元邕，廆之庶長子也。性雄豪，多權略，猨臂工射，膂力過人。廆甚奇之，委以折衝之任。行師征伐，所在有功，威聲大振，爲遠近所憚。作鎮遼東，高句麗不敢爲寇。善撫接，愛儒學，自士大夫至于卒伍，莫不樂而從之。

及奔段遼，深爲遼所敬愛。柳城之敗，段蘭欲乘勝深入，翰慮成本國之害，詭説於蘭，蘭遂不進。後石季龍征遼，皝親將三軍略令支以北，遼議欲追之，翰知皝躬自總戎，戰必克勝，乃謂遼曰：“今石氏向至，方對大敵，不宜復以小小爲事。燕王自來，士馬精銳。兵者凶器，戰有危慮，若其失利，何以南禦乎！”蘭怒曰：“吾前聽卿誑説，致成今患，不復入卿計中矣。”乃率衆追皝，蘭果大敗。翰雖處仇國，因事立忠，皆此類也。

及遼奔走，翰又北投宇文歸。既而逃，歸乃遣勁騎百餘追之。翰遥謂追者曰：“吾既思戀而歸，理無反面。吾之弓矢，汝曹足知，無爲相逼，自取死也。吾處汝國久，恨不殺汝。汝可百步豎刀，吾射中者，汝便宜反；不中者，可來前也。”歸騎解刀豎之，翰一發便中刀鐶，追騎乃散。

既至，皝甚加恩禮。建元二年，從皝討宇文歸，臨陣爲流矢所中，卧病積時。後疾漸愈，於其家中騎馬自試，或有人告翰私習騎，疑爲非常。皝素忌之，遂賜死焉。翰臨死謂使者曰：“翰懷疑外奔，罪不容誅，不能以骸骨委賊庭，故歸罪有司。天慈曲愍，不肆之市朝，今日之死，翰之生也。但逆胡跨據神州，中原未靖，翰常剋心自誓，志吞醜虜，上成先王遺旨，下謝山海之責。不圖此心不遂，没有餘恨，命也奈何！”仰藥而死。

頁二八二六至二八二七

《晉書》卷一百九《載記第九·慕容皝附陽裕》

陽裕字士倫，右北平無終人也。少孤，兄弟皆早亡，單煢獨立，雖宗族無能識者，惟叔父耽幼而奇之，曰："此兒非惟吾門之標秀，乃佐時之良器也。"刺史和演辟爲主簿。王浚領州，轉治中從事，忌而不能任。

石勒既克薊城，問棗嵩曰："幽州人士，誰最可者？"嵩曰："燕國劉翰，德素長者。北平陽裕，幹事之才。"勒曰："若如君言，王公何以不任？"嵩曰："王公由不能任，所以爲明公擒也。"勒方任之，裕乃微服潛遁。

時鮮卑單于段眷爲晉驃騎大將軍、遼西公，雅好人物，虛心延裕。裕謂友人成泮曰："仲尼喜佛肸之召，以匏瓜自喻，伊尹亦稱何事非君，何使非民，聖賢尚如此，況吾曹乎！眷今召我，豈徒然哉！"泮曰："今華夏分崩，九州幅裂，軌迹所及，易水而已。欲偃塞考槃，以待大通者，俟河之清也。人壽幾何？古人以爲白駒之歎。少游有云，郡掾足以蔭後，況國相乎！卿追蹤伊孔，抑亦知機其神也。"裕乃應之。拜郎中令、中軍將軍，處上卿位。歷事段氏五主，甚見尊重。

段遼與皝相攻，裕諫曰："臣聞親仁善鄰，國之寶也。慕容與國世爲婚姻，且皝令德之主，不宜連兵構怨，凋殘百姓。臣恐禍害之興，將由於此。願兩追前失，通款如初，使國家有太山之安，蒼生蒙息肩之惠。"遼不從。出爲燕郡太守。石季龍克令支，裕以郡降，拜北平太守，徵爲尚書左丞。

段遼之請迎於季龍也，裕以左丞領征東麻秋司馬。[六]秋敗，裕爲軍人所執，將詣皝。皝素聞裕名，即命釋其囚，拜郎中令，遷大將軍左司馬。東破高句麗，北滅宇文歸，皆豫其謀，皝甚器重之。及

遷都和龍,裕雅有巧思,皝所制城池宮閣,皆裕之規模。裕雖仕皝
日近,寵秩在舊人之右,性謙恭清儉,剛簡慈篤,雖歷居朝端,若布
衣之士。士大夫流亡羇絶者,莫不經營收葬,存恤孤遺,士無賢不
肖皆傾身待之,是以所在推仰。

【校勘記】

〔六〕裕以左丞領征東麻秋司馬　各本“丞”下有“相”字,宋
本無。《通志》一八八同宋本。上文云“徵爲尚書左丞”,“相”字
衍,今從宋本。

初,范陽盧諶每稱之曰:“吾及晉之清平,歷觀朝士多矣,忠清
簡毅,篤信義烈,如陽士倫者,實亦未幾。”及死,皝甚悼之,時年
六十二。

頁二八二八至二八二九、二八三〇

《晉書》卷一百十《載記第十·慕容儁》

慕容儁字宣英,皝之第二子也。初,廆常言:“吾積福累仁,子
孫當有中原。”既而生儁,廆曰:“此兒骨相不恒,吾家得之矣。”及
長,身長八尺二寸,姿貌魁偉,博觀圖書,有文武幹略。皝爲燕王,
拜儁假節、安北將軍、東夷校尉、左賢王、燕王世子。

皝死,永和五年,儁即燕王位,依春秋列國故事稱元年,〔一〕赦
于境内。是時石季龍死,趙魏大亂,儁將圖兼并之計,以慕容恪爲
輔國將軍,慕容評爲輔弼將軍,陽鶩爲輔義將軍,慕容垂爲前鋒都
督、建鋒將軍,簡精卒二十餘萬以待期。是歲,穆帝使謁者陳沈拜
儁爲使持節、侍中、大都督、都督河北諸軍事、幽冀并平四州牧、大
將軍、大單于、燕王,承制封拜一如廆、皝故事。

【校勘記】

〔一〕皝死永和五年儁即燕王位依春秋列國故事稱元年　皝死

儁嗣位在永和四年,改稱元年則在五年。《御覽》一二一引《前燕
錄》作:"皝薨,即燕王位,赦其境內。元年春正月,儁依春秋列國故
事稱元年",甚明。《載記》改"元年春正月"爲"永和五年",而誤移
於"即燕王位"之前,遂似皝死即位亦在五年。

　　明年,儁率三軍南伐,出自盧龍,次于無終。石季龍幽州刺史
王午棄城走,留其將王他守薊。儁攻陷其城,斬他,因而都之。徙
廣寧、上谷人于徐無,代郡人于凡城而還。

　　及冉閔殺石祇,僭稱大號,遣其使人常煒聘於儁。〔二〕儁引之觀
下,使其記室封裕詰之曰:"冉閔養息常才,負恩篡逆,有何祥應而
僭稱大號?"煒曰:"天之所興,其致不同,狼烏紀于三王,麟龍表于
漢魏。寡君應天馭曆,能無祥乎!且用兵殺伐,哲王盛典,湯武親
行誅放,而仲尼美之。魏武養於宦官,莫知所出,衆不盈旅,遂能終
成大功。暴胡酷亂,蒼生屠膾,寡君奮劍而誅除之,黎元獲濟,可謂
功格皇天,勳侔高祖。恭承乾命,有何不可?"裕曰:"石祇去歲使
張舉請救,云璽在襄國,其言信不?又聞閔鑄金爲己象,壞而不成,
奈何言有天命?"煒曰:"誅胡之日,在鄴者略無所遺,璽何從而向
襄國,此求救之辭耳。天之神璽,實在寡君。且妖孽之徒,欲假奇
眩衆,或改作萬端,以神其事。寡君今已握乾符,類上帝,四海懸諸
掌,大業集於身,何所求慮而取信此乎!鑄形之事,所未聞也。"儁
既銳信舉言,又欣于閔鑄形之不成也,必欲審之,乃積薪置火於其
側,命裕等以意喻之。煒神色自若,抗言曰:"結髮已來,尚不欺庸
人,況千乘乎!巧詐虛言以救死者,使臣所不爲也。直道受戮,死
自分耳。益薪速火,君之大惠。"左右勸儁殺之,儁曰:"古者兵交,
使在其間,此亦人臣常事。"遂赦之。

　【校勘記】

　〔二〕冉閔殺石祇至常煒聘於儁　《通鑑》九九常煒使儁在永和

七年三月，時閔方攻祗於襄國，祗死在五月。疑“殺”當作“攻”，或
“石祗”爲“石鑒”之誤。

　　遣慕容恪略地中山，慕容評攻王午于魯口。恪次唐城，冉閔將
白同、中山太守侯龕固守不下。恪留其將慕容彪攻之，進討常山。
評次南安，王午遣其將鄭生距評。評逆擊，斬之，侯龕踰城出降。
恪進克中山，斬白同。儁軍令嚴明，諸將無所犯。閔章武太守賈堅
率郡兵邀評戰于高城，擒堅於陣，斬首三千餘級。

　　是歲丁零翟鼠及冉閔將劉準等率其所部降于儁，封鼠歸義王，
拜準左司馬。

　　時鮮卑段勤初附於儁，其後復叛。儁遣慕容恪及相國封弈討
冉閔于安喜，慕容垂討段勤于繹幕，儁如中山，爲二軍聲勢。閔懼，
奔于常山，恪追及於泒水。閔威名素振，衆咸憚之。恪謂諸將曰：
“閔師老卒疲，實爲難用；加其勇而無謀，一夫之敵耳。雖有甲兵，
不足擊也。吾今分軍爲三部，掎角以待之。閔性輕鋭，又知吾軍勢
非其敵，必出萬死衝吾中軍。吾今貫甲厚陣以俟其至，諸君但厲
卒，從旁須其戰合，夾而擊之，蔑不克也。”及戰，敗之，斬首七千餘
級，擒閔，送之，斬於龍城。恪屯軍呼沲。閔將蘇亥遣其將金光率
騎數千襲恪，恪逆擊，斬之，亥大懼，奔于并州。恪進據常山，段勤
懼而請降，遂進攻鄴。閔將蔣幹閉城距守。儁又遣慕容評等率騎
一萬會攻鄴。是時鸐巢于儁正陽殿之西椒，生三雛，項上有豎毛；
凡城獻異鳥，五色成章。儁謂群僚曰：“是何祥也？”咸稱：“鸐者，
燕鳥也。首有毛冠者，言大燕龍興，冠通天章甫之象也。巢正陽西
椒者，言至尊臨軒朝萬國之徵也。三子者，數應三統之驗也。神鳥
五色，言聖朝將繼五行之籙以御四海者也。”儁覽之大悦。既而蔣
幹率鋭卒五千出城挑戰，慕容評等擊敗之，斬首四千餘級，幹單騎
還鄴。於是群臣勸儁稱尊號，儁答曰：“吾本幽漠射獵之鄉，被髮左

衽之俗,曆數之籙寧有分邪!卿等苟相褒舉,以覬非望,實匪寡德所宜聞也。”慕容恪、封弈討王午于魯口,降之。尋而慕容評攻克鄴城,送冉閔妻子僚屬及其文物于中山。

先是,蔣幹以傳國璽送于建鄴,儁欲神其事業,言曆運在己,乃詐云閔妻得之以獻,賜號曰“奉璽君”,因以永和八年僭即皇帝位,大赦境内,建元曰元璽,署置百官。以封弈爲太尉,慕容恪爲侍中,陽騖爲尚書令,皇甫真爲尚書左僕射,張希爲尚書右僕射,宋活爲中書監,韓恒爲中書令,其餘封授各有差。追尊廆爲高祖武宣皇帝,皝爲太祖文明皇帝。時朝廷遣使詣儁,儁謂使者曰:“汝還白汝天子,我承人乏,爲中國所推,已爲帝矣。”初,石季龍使人探策于華山,得玉版,文曰:“歲在申酉,不絶如綫。歲在壬子,真人乃見。”及此,燕人咸以爲儁之應也。改司州爲中州,置司隸校尉官。群下言:“大燕受命,上承光紀黑精之君,運曆傳屬,代金行之后,宜行夏之時,服周之冕,旗幟尚黑,牲牡尚玄。”儁從之。其從行文武、諸藩使人及登號之日者,悉增位三級。泒河之師,守鄴之軍,下及戰士,賜各有差。臨陣戰亡者,將士加贈二等,士卒復其子孫。殿中舊人皆隨才擢叙。立其妻可足渾氏爲皇后,世子曄爲皇太子。

晉寧朔將軍榮胡以彭城、魯郡叛降于儁。

常山人李犢聚衆數千,反于普壁壘,儁遣慕容恪率衆討降之。

初,冉閔既敗,王午自號安國王。午既死,吕護復襲其號,保于魯口。恪進討走之,遣前軍悦綰追及于野王,悉降其衆。

姚襄以梁國降于儁。以慕容評爲都督秦、雍、益、梁、江、揚、荆、徐、兖、豫十州河南諸軍事,權鎮于洛水;慕容强爲前鋒都督、都督荆徐二州緣淮諸軍事,進據河南。

儁自和龍至薊城,幽冀之人以爲東遷,互相驚擾,所在屯結。其下請討之,儁曰:“群小以朕東巡,故相惑耳。今朕既至,尋當自定。然不虞之備亦不可不爲。”於是令內外戒嚴。

　　苻生河內太守王會、黎陽太守韓高以郡歸儁。晉蘭陵太守孫黑、濟北太守高柱、建興太守高甕各以郡叛歸于儁。初,儁車騎大將軍、范陽公劉寧屯據薊城,降于苻氏,至此,率户二千詣薊歸罪,拜後將軍。高句麗王釗遣使謝恩,貢其方物。儁以釗爲營州諸軍事、征東大將軍、營州刺史,封樂浪公,王如故。

　　儁給事黄門侍郎申胤上言曰:

　　夫名尊禮重,先王之制。冠冕之式,代或不同。漢以蕭曹之功,有殊群辟,故劍履上殿,入朝不趨。世無其功,則禮宜闕也。至於東宫,體此爲儀,魏晉因循,制不納舄。今皇儲過謙,準同百僚,禮卑逼下,有違朝式。太子有統天之重,而與諸王齊冠遠游,非所以辨章貴賤也。

　　祭饗朝慶,宜正服袞衣九文,冠冕九旒。

　　又仲冬長至,太陰數終,黄鍾產氣,縣微於下,此月閉關息旅,后不省方。《禮記》曰:“是月也,事欲静,君子齋戒去聲色。”唯《周官》有天子之南郊從八能之説。或以有事至靈,非朝饗之節,故有樂作之理。王者慎微,禮從其重。前來二至闕鼓,不宜有設,今之鏗鏘,蓋以常儀。二至之禮,事殊餘節,猥動金聲,驚越神氣,施之宣養,實爲未盡。

　　又朝服雖是古禮,絳褠始於秦漢,迄于今代,遂相仍準。朔望正旦,乃具袞舄。禮,諸侯旅見天子,不得終事者三,雨沾服失容,其在一焉。今或朝日天雨,未有定儀。禮貴適時,不在過恭。近以地溼不得納舄,而以袞襪改履。案言稱朝服,所以服之而朝,一體之間,上下二制,或廢或存,實乖禮意。大燕受命,侔蹤虞夏,諸所施行,宜損益定之,以爲皇代永制。

　　儁曰:“其劍舄不趨,事下太常參議。太子服袞冕,冠九旒,超級逼上，未可行也。冠服何容一施一廢，皆可詳定。"

　　初，段蘭之子龕因冉閔之亂，擁衆東屯廣固，自號齊王，稱藩于建鄴，遣書抗中表之儀，非儁正位。儁遣慕容恪、慕容塵討之。恪既濟河。龕弟羆驍勇有智計，言於龕曰："慕容恪善用兵，加其衆旅既盛，恐不可抗也。若頓兵城下，雖復請降，懼終不聽。王但固守，羆請率精銳距之。若其戰捷，王可馳來追擊，使虜匹馬無反。如其敗也，遽出請降，不失千户侯也。"龕弗從。羆固請行，龕怒斬之，率衆三萬來距恪。恪遇龕於濟水之南，與戰，大敗之，遂斬其弟欽，盡俘其衆。恪進圍廣固，諸將勸恪宜急攻之，恪曰："軍勢有宜緩以克敵，有宜急而取之。若彼我勢均，且有强援，慮腹背之患者，須急攻之，以速大利。如其我强彼弱，外無寇援，力足制之者，當羈縻守之，以待其斃。兵法十圍五攻，此之謂也。龕恩結賊黨，衆未離心，濟南之戰，非不鋭也，但其用之無術，以致敗耳。今憑固天險，上下同心，攻守勢倍，軍之常法。若其促攻，不過數旬，克之必矣，但恐傷吾士衆。自有事已來，卒不獲寧，吾每思之，不覺忘寢，亦何宜輕殘人命乎！當持久以取耳。"諸將皆曰："非所及也。"乃築室反耕，嚴固圍壘。龕所署徐州刺史王騰、索頭單于薛雲降于恪。段龕之被圍也，遣使詣建鄴請救。穆帝遣北中郎將荀羨赴之，憚虜強遷延不敢進。攻破陽都，斬王騰以歸。恪遂克廣固，以龕爲伏順將軍，徙鮮卑胡羯三千餘户于薊，留慕容塵鎮廣固，恪振旅而歸。

　　儁太子曄死，僞諡獻懷。升平元年，復立次子暐爲皇太子，赦其境内，改元曰光壽。

　　遣其撫軍慕容垂、中軍慕容虔與護軍平熙等率步騎八萬討丁零敕勒于塞北，大破之，俘斬十餘萬級，獲馬十三萬匹，牛羊億餘萬。

　　初，魔有駿馬曰赭白，有奇相逸力。石季龍之伐棘城也，皝將出避難,欲乘之,馬悲鳴蹄齧,人莫能近。皝曰:"此馬見異先朝,孤常仗之濟難,今不欲者,蓋先君之意乎!"乃止。季龍尋退,皝益奇之。至是,四十九歲矣,而駿逸不虧,儁比之於鮑氏驄,命鑄銅以圖其象,親爲銘贊,鐫勒其旁,置之薊城東掖門。是歲,象成而馬死。

匈奴單于賀賴頭率部落三萬五千降于儁,拜寧西將軍、雲中郡公,處之于代郡平舒城。

晉太山太守諸葛攸伐其東郡。儁遣慕容恪距戰,王師敗績。北中郎將謝萬先據梁宋,〔三〕懼而遁歸。恪進兵入寇河南,汝、潁、譙、沛皆陷,置守宰而還。

【校勘記】

〔三〕北中郎將謝萬先據梁宋　《校文》:謝萬時爲西中郎將,北中郎將則郗曇也。《傳》脱郗名而以其官加之萬,疏矣。又考《帝紀》,萬喪師事在升平三年七月,荀羨山荏之敗則在二年十二月,今先列萬事而羨敗遠次於下文,序事先後倒置。

儁自薊城遷于鄴,赦其境内,繕修宮殿,復銅雀臺。

廷尉監常煒上言:"大燕雖革命創制,至於朝廷銓謨,亦多因循魏晉,唯祖父不殯葬者,獨不聽官身清朝,斯誠王教之首,不刊之式。然禮貴適時,世或損益,是以高祖制三章之法,而秦人安之。自頃中州喪亂,連兵積年,或遇傾城之敗,覆軍之禍,坑師沈卒,往往而然,孤孫煢子,十室而九。兼三方岳峙,父子異邦,存亡吉凶,杳成天外。或便假一時,或依嬴博之制,孝子糜身無補,順孫心喪靡及,雖招魂虛葬以叙罔極之情,又禮無招葬之文,令不此載。若斯之流,抱琳琅而無申,懷英才而不齒,誠可痛也。恐非明揚側陋,務盡時珍之道。吳起、二陳之疇,終將無所展其才幹。漢祖何由免於平城之圍?郅支之首何以懸於漢關?謹案《戊辰詔書》,蕩清瑕穢,與天下更始,以明惟新之慶。五六年間,尋相違伐,於則天之體,臣竊未安。"儁曰:"煒宿德碩儒,練明刑法,覽其所陳,良足採也。今六合未寧,喪亂未已,又正當搜奇拔異之秋,未可才行兼舉,且除此條,聽大同更議。"

使昌黎、遼東二郡營起庿廟,范陽、燕郡構祅廟,以其護軍平熙領將作大匠,監造二廟焉。

苻堅平州刺史劉特率户五千降于儁。

河間李黑聚衆千餘,攻略州郡,殺棗强令衛顔,儁長樂太守傅顔討斬之。

常山大樹自拔,根下得璧七十、珪七十三,光色精奇,有異常玉。儁以爲嶽神之命,遣其尚書郎段勤以太牢祀之。

初,冉閔之僭號也,石季龍將李歷、張平、高昌等並率其所部稱藩於儁,遣子入侍。既而投款建鄴,結援苻堅,並受爵位,羈縻自固,雖貢使不絶,而誠節未盡。吕護之走野王也,遣弟奉表謝罪於儁,拜寧南將軍、河内太守。又上黨馮鴦自稱太守,附于張平,平屢言之,儁以平故,赦其罪,以爲京兆太守。護、鴦亦陰通京師。張平跨有新興、雁門、西河、太原、上黨、上郡之地,壘壁三百餘,胡晉十餘萬户,遂拜置征、鎮,爲鼎跱之勢。儁遣其司徒慕容評討平,領軍慕輿根討鴦,司空陽鶩討昌,撫軍慕容臧攻歷。并州壘壁降者百餘所,以尚書右僕射悅綰爲安西將軍、領護匈奴中郎將、并州刺史以撫之。平所署征西諸葛驤、鎮北蘇象、寧東喬庶、鎮南石賢等率壘壁百三十八降于儁,儁大悦,皆復其官爵。既而平率衆三千奔于平陽,鴦奔于野王,歷走滎陽,昌奔邵陵,悉降其衆。

儁于是復圖入寇,兼欲經略關西,乃令州郡校閲見丁,精覆隱漏,率户留一丁,餘悉發之,欲使步卒滿一百五十萬,期明年大集,將進臨洛陽,爲三方節度。武邑劉貴上書極諫,陳百姓凋弊,召兵非法,恐人不堪命,有土崩之禍,并陳時政不便于時者十有三事。

儁覽而悦之，付公卿博議，事多納用，乃改爲三五占兵，寬戎備一周，悉令明年季冬赴集鄴都。

是歲，晉將荀羨攻山荏，拔之，斬儁太山太守賈堅。[四]儁青州刺史慕容塵遣司馬悦明救之，羨師敗績，復陷山荏。

【校勘記】

〔四〕斬儁太山太守賈堅　《通鑑》一〇〇云堅被擒，憤惋而卒，疑“斬”當作“擒”。

儁立小學于顯賢里以教冑子。封其子泓爲濟北王，沖爲中山王。讌群臣於蒲池，酒酣，賦詩，因談經史，語及周太子晉，潸然流涕，顧謂群臣曰：“昔魏武追痛倉舒，孫權悼登無已，孤常謂二主緣愛稱奇，無大雅之體。自暐亡以來，孤鬚髮中白，始知二主有以而然。卿等言暐定何如也？孤今悼之，得無貽怪將來乎？”其司徒左長史李績對曰：“獻懷之在東宮，臣爲中庶子，既忝近侍，聖質志業，臣實不敢不知。臣聞道備無怨，其唯聖人乎。先太子大德有八，未見闕也。”儁曰：“卿言亦以過矣，然試言之。”績曰：“至孝自天，性與道合，此其一也。聰敏慧悟，機思若流，此其二也。沈毅好斷，理詣無幽，此其三也。疾諛亮物，雅悦直言，此其四也。好學愛賢，不恥下問，此其五也。英姿邁古，藝業超時，此其六也。虛襟恭讓，尊師重道，此其七也。輕財好施，勤恤民隱，此其八也。”儁泣曰：“卿雖褒譽，然此兒若在，吾死無憂也。吾既不能追蹤唐虞，官天下以禪有德，近模三王，以世傳授。景茂幼沖，器藝未舉，卿以爲何如？”績曰：“皇太子天資岐嶷，聖敬日躋，而八德闕然，二闕未補，雅好遊田，娱心絲竹，所以爲損耳。”儁顧謂暐曰：“伯陽之言，藥石之惠，汝宜戢之。”因問高年疾苦、孤寡不能自存者，賜穀帛有差。

儁夜夢石季龍齧其臂，寤而惡之，命發其墓，剖棺出尸，蹋而罵之曰：“死胡安敢夢生天子！”遣其御史中尉陽約數其殘酷之罪，鞭之，棄于漳水。

諸葛攸又率水陸三萬討儁，入自石門，屯于河渚。攸部將匡超進據嶠嶷，蕭館屯于新栅，又遣督護徐同率水軍三千泛舟上下，爲東西聲勢。儁遣慕容評、傅顔等統步騎五萬，戰于東阿，王師敗績。

塞北七國賀蘭、涉勒等皆降。

俄而儁寢疾，謂慕容恪曰：“吾所疾惙然，當恐不濟。修短命也，復何所恨！但二寇未除，景茂沖幼，慮其未堪多難。吾欲遠追宋宣，以社稷屬汝。”恪曰：“太子雖幼，天縱聰聖，必能勝殘刑措，不可以亂正統也。”儁怒曰：“兄弟之間豈虚飾也！”恪曰：“陛下若以臣堪荷天下之任者，寧不能輔少主乎！”儁曰：“若汝行周公之事，吾復何憂！李績清方忠亮，堪任大事，汝善遇之。”

是時兵集鄴城，盜賊互起，每夜攻劫，晨昏斷行。於是寬常賦，設奇禁，賊盜有相告者賜奉車都尉，捕誅賊首木穀和等百餘人，乃止。

升平四年，儁死，時年四十二，在位十一年。[五]儁謚景昭皇帝，廟號烈祖，墓號龍陵。

【校勘記】

〔五〕在位十一年　《校文》：儁立於永和四年，至升平四年凡十三年，此云“十一年”，“一”當爲“三”之譌。按：此自永和五年改元起算，亦當是“十二年”，“一”字必譌。

儁雅好文籍，自初即位至末年，講論不倦，覽政之暇，唯與侍臣錯綜義理，凡所著述四十餘篇。性嚴重，慎威儀，未曾以慢服臨朝，雖閑居宴處亦無懈怠之色云。

頁二八三一至二八四二、二八四五至二八四六

《晉書》卷一百十《載記第十·慕容儁附韓恒》

韓恒字景山，灌津人也。父默，以學行顯名。恒少能屬文，師事同郡張載，載奇之，曰：“王佐才也。”身長八尺一寸，博覽經籍，無所不通。

永嘉之亂，避地遼東。廆既逐崔毖，復徙昌黎，召見，嘉之，拜參軍事。咸和中，宋該等建議以廆立功一隅，勤誠王室，位卑任重，不足以鎮華夷，宜表請大將軍、燕王之號。廆納之，命群僚博議，咸以爲宜如該議。恒駁曰：“自群胡乘間，人嬰荼毒，諸夏蕭條，無復綱紀。明公忠武篤誠，憂勤社稷，抗節孤危之中，建功萬里之外，終古勤王之義，未之有也。夫立功者患信義不著，不患名位不高，故桓文有寧復一匡之功，亦不先求禮命以令諸侯。宜繕甲兵，候機會，除群凶，靖四海，功成之後，九錫自至。且要君以求寵爵者，非爲臣之義也。”廆不平之，出爲新昌令。

皝爲鎮軍，復參軍事。遷營丘太守，政化大行。儁爲大將軍，徵拜諮議參軍，加揚烈將軍。

儁僭位，將定五行次，衆論紛紜。恒時疾在龍城，儁召恒以決之。恒未至而群臣議以燕宜承晉爲水德。既而恒至，言於儁曰：“趙有中原，非唯人事，天所命也。天實與之，而人奪之，臣竊謂不可。且大燕王迹始自於震，於《易》，震爲青龍。受命之初，有龍見於都邑城，龍爲木德，幽契之符也。”儁初雖難改，後終從恒議。儁秘書監清河聶熊聞恒言，乃歎曰：“不有君子，國何以興，其韓令君之謂乎！”後與李産俱傅東宮，從太子曄入朝，儁顧謂左右曰：“此二傅一代偉人，未易繼也。”其見重如此。

頁二八四二至二八四三

《晉書》卷一百十《載記第十·慕容儁附李産》

　　李産字子喬,范陽人也。少剛厲,有志格。永嘉之亂,同郡祖逖擁衆部於南土,力能自固,産遂往依之。逖素好從横,弟約有大志,産微知其旨,乃率子弟十數人間行還鄉里,仕於石氏,爲本郡太守。

　　及慕容儁南征,前鋒達郡界,鄉人皆勸産降,産曰:"夫受人之禄,當同其安危,今若舍此節以圖存,義士將謂我何!"衆潰,始詣軍請降。儁嘲之曰:"卿受石氏寵任,衣錦本鄉,何故不能立功於時,而反委質乎!烈士處身於世,固當如是邪?"産泣曰:"誠知天命有歸,非微臣所抗。然犬馬爲主,豈忘自效,但以孤窮勢蹙,致力無術,俛偓歸死,實非誠款。"儁嘉其慷慨,顧謂左右曰:"此真長者也。"乃擢用之,歷位尚書。性剛正,好直言,每至進見,未曾不論朝政之得失,同輩咸憚焉,儁亦敬其儒雅。前後固辭年老,不堪理劇。轉拜太子太保。謂子績曰:"以吾之才而致於此,始者之願亦已過矣,不可復以西夕之年取笑於來今也。"固辭而歸,死於家。子績。[六]

【校勘記】

　　[六]子績　《斠注》:《李秀碑》作"産子績",此"績"字爲"績"之譌。按:《册府》二二五又譌作"緒"。李績已見上文,下有附傳,不具出校。

　　績字伯陽,少以風節知名,清辯有辭理。弱冠爲郡功曹。時石季龍親征段遼,師次范陽,百姓饑儉,軍供有闕。季龍大怒,太守惶怖避匿。績進曰:"郡帶北裔,與寇接壤,疆場之間,人懷危慮。聞輿駕親戎,將除殘賊,雖嬰兒白首,咸思效命,非唯爲國,亦自求寧,雖身膏草野,猶甘爲之,敢有私吝而闕軍實!但比年灾儉,家有菜色,困弊力屈,無所取濟,逋廢之罪,情在可矜。"季龍見績年少有壯節,嘉而恕之,於是太守獲免。

　　刺史王午辟爲主簿。儁之南征也,隨午奔魯口。鄧恒謂午曰:"績鄉里在北,父已降燕,今雖在此,終不爲用,方爲人患。"午曰:"績於喪亂之中捐家立義,情節之重,有侔古烈,若懷嫌害之,必駭衆望。"恒乃止。午恐績終爲恒所害,乃資遣之。及到,儁責其背親後至,績答曰:"臣聞豫讓報智伯仇,稱于前史。既官身所在,何事非君! 陛下方弘唐虞之化,臣實未謂歸順之晚也。"儁曰:"此亦事主之一節耳。"累遷太子中庶子。

　　及暐立,慕容恪欲以績爲尚書右僕射,暐憾績往言,不許。恪屢請,乃謂恪曰:"萬機之事委之叔父,伯陽一人,暐請獨裁。"績遂憂死。

　　　　　　　　　　　　　頁二八四三至二八四五、二八四六

《晉書》卷一百十一《載記第十一·慕容暐》

　　慕容暐字景茂,儁第三子也。初封中山王,尋立爲太子。及儁死,群臣欲立慕容恪,恪辭曰:"國有儲君,非吾節也。"於是立暐。

　　升平四年,僭即皇帝位,大赦境内,改元曰建熙,立其母可足渾氏爲皇太后。以慕容恪爲太宰、録尚書,行周公事;慕容評爲太傅,副贊朝政;慕輿根爲太師;慕容垂爲河南大都督、征南將軍、兗州牧、荆州刺史,領護南蠻校尉,鎮梁國;孫希爲安西將軍、并州刺史;傅顔爲護軍將軍;其餘封授各有差。

　　暐既庸弱,國事皆委之於恪。慕輿根自恃勳舊,驕傲有無上之心,忌恪之總朝權,將伺隙爲亂,乃言於恪曰:"今主上幼沖,母后干政,殿下宜慮楊駿、諸葛元遜之變,思有以自全。且定天下者,殿下之功也,兄亡弟及,先王之成制,過山陵之後,可廢主上爲一國王,殿下踐尊位，以建大燕無窮之慶。”恪曰：“公醉乎？何言之勃也！昔曹臧、吳札並於家難之際，猶曰爲君非吾節，況今儲君嗣統，四海無虞，宰輔受遺，奈何便有私議！公忘先帝之言乎？”根大懼，陳謝而退。恪以告慕容垂，垂勸恪誅之。恪曰：“今新遭大凶，二虜伺隙，山陵未建，而宰輔自相誅滅，恐乖遠近之望，且可容忍之。”根與左衛慕輿干潛謀誅恪及評，因而篡位。入白可足渾氏及暐曰：“太宰、太傅將謀爲亂，臣請率禁兵誅之，以安社稷。”可足渾氏將從之，暐曰：“二公國之親穆，先帝所託，終應無此，未必非太師將爲亂也。”於是使其侍中皇甫真、護軍傅顏收根等，於禁中斬之，大赦境内。遣傅顏率騎二萬觀兵河南，臨淮而還，軍威甚盛。

　　初，儁所署寧南將軍吕護據野王，陰通京師，穆帝以護爲前將軍、冀州刺史。儁死，謀引王師襲鄴，事覺，暐使慕容恪等率衆五萬討之。傅顏言於恪曰：“護窮寇假合，王師既臨，則上下喪氣，曾不敢闚兵中路，展其蟷蜋之心。此則士卒懾魂，敗亡之驗也。殿下前以廣固天險，守易攻難，故爲長久之策。今賊形便不與往同，宜急攻之，以省千金之費。”恪曰：“護老賊，經變多矣。觀其爲備之道，未易卒平。今圍之窮城，樵採路絶，内無蓄積，外無彊援，不過十旬，其斃必矣，何必遽殘士卒之命而趣一時之利哉！吾嚴濬圍壘，休養將卒，以重官美貨間而離之。事淹勢窮，其釁易動；我則未勞，而寇已斃。此爲兵不血刃，坐以制勝也。”遂列長圍守之。護遣其將張興率勁卒七千出戰，傅顏擊斬之。自三月至八月而野王潰，護南奔于晉，悉降其衆。尋復叛歸于暐，暐待之如初。因遣傅顏與護率衆據河陰。顏北襲敕勒，大獲而還。護攻洛陽，中流矢而死。將軍段崇收軍北渡，屯于野王。

　　暐遣其寧東慕容忠攻陷滎陽，又遣鎮南慕容塵寇長平。〔一〕時晉冠軍將軍陳祐戍洛陽，遣使請救，帝遣桓温援之。

【校勘記】

〔一〕暐遣其寧東慕容忠至寇長平　《哀紀》、《通鑑》一〇一事在興寧元年。此《記》下文："興寧初，暐復使慕容評寇許昌"，事在興寧二年。下"興寧初"三字應在此句上方合。

興寧初，暐復使慕容評寇許昌、懸瓠、陳城，[二]並陷之，遂略汝南諸郡，徙萬餘户于幽冀。暐豫州刺史孫興上疏，請步卒五千先圖洛陽。暐納之，遣其太宰司馬悦希軍于盟津，孫興分戍成皋，以爲之聲援。尋而陳祐率衆奔陸渾，河南諸壘悉陷于希。慕容恪攻陷金墉，害揚威將軍沈勁。以其左中郎將慕容筑爲假節、征虜將軍、洛州刺史，鎮金墉，慕容垂爲都督荆揚洛徐兗豫雍益梁秦等十州諸軍事、征南大將軍、荆州牧，配兵一萬，鎮魯陽。

【校勘記】

〔二〕陳城　《哀紀》、《通鑑》一〇一"城"作"郡"，是。

時暐境内多水旱，慕容恪、慕容評並稽首歸政，請遜位還第，曰："臣以朽闇，器非經國，過荷先帝拔擢之恩，又蒙陛下殊常之遇，猥以輕才，竊位宰録，不能上諧陰陽，下釐庶政，致使水旱愆和，彝倫失序，輶弱任重，夕惕唯憂。臣聞王者則天建國，辨方正位，司必量才，官惟德舉。台傅之重，參理三光，苟非其人，則靈曜爲虧。尸禄貽殃，負乘招悔，由來常道，未之或差。以姬旦之勳聖，猶近則二公不悦，遠則管蔡流言，況臣等寵緣戚來，榮非才授，而可久點天官，塵蔽賢路！是以中年拜表，披陳丹款。聖恩齒舊，未忍遐棄，奄冉偷榮，愆責彌厚。自待罪鼎司，歲餘辰紀；忝冒宰衡，七載于兹。雖乃心經略，而思不周務，至令二方干紀，跋扈未庭，同文之詠，有慚盛漢，深乖先帝託付之規，甚違陛下垂拱之義。臣雖不敏，竊聞君子之言，敢忘虞丘避賢之美，輒循兩疏知止之分，謹送太宰、大司馬、太傅、司徒章綬，惟垂昭許。"暐曰："朕以不天，早傾乾覆，先帝所託,唯在二公。二公懿親碩德,勳高魯衛,翼贊王室,輔導朕躬,宣慈惠和,坐而待旦,虔誠夕惕,美亦至矣。故能外掃群凶,內清九土,四海晏如,政和時洽。雖宗廟社稷之靈,抑亦公之力也。今關右有未賓之氐,江吳有遺燼之虜,方賴謀猷,混寧六合,豈宜虛己謙沖,以違委任之重! 王其割二疏獨善之小,以成公旦復袞之大。"恪、評等固請致政,暐曰:"夫建德者必以終善爲名,佐命者則以功成爲效。公與先帝開構洪基,膺天明命,將廓夷群醜,紹復隆周之迹。災眚橫流,乾光墜曜。朕以眇躬,猥荷大業,不能上成先帝遺志,致使二虜遊魂,所以功未成也,豈宜沖退。且古之王者,不以天下爲榮,憂四海若荷擔,然後仁讓之風行,則比屋而可封。今道化未純,鯨鯢未殄,宗社之重,非唯朕身,公所憂也。當思所以寧濟兆庶,靖難敦風,垂美將來,侔蹤周漢,不宜崇飾常節,以違至公。"遂斷其讓表,恪、評等乃止。

暐鍾律郎郭欽奏議以暐承石季龍水爲木德,暐從之。

太和元年,〔三〕暐遣撫軍慕容厲攻晉太山太守諸葛攸。攸奔于淮南,厲悉陷兗州諸郡,置守宰而還。

【校勘記】

〔三〕太和元年　前記境內多水旱及恪請歸政。據《御覽》一一一引《前燕錄》稱建熙七年五月,暐下書稱"亢陽三時"云云,建熙七年乃晉太和元年。又慕容恪請歸政,《通鑑》一〇一亦在太和元年。則此"太和元年"四字應在上文"暐境內皆水旱"句之前方合。

慕容恪有疾,深慮暐政不在己,慕容評性多猜忌,大司馬之位不能允授人望,乃召暐兄樂安王臧謂之曰:"今勁秦跋扈,強吳未賓,二寇並懷進取,但患事之無由耳。夫安危在得人,國興在賢輔,若能推才任忠,和同宗盟,則四海不足圖,二虜豈能爲難哉! 吾以常才,受先帝顧託之重,每欲掃平關隴,蕩一甌吳,庶嗣成先

帝遺志，謝憂責于當年。而疾固彌留，恐此志不遂，所以沒有餘恨
也。吳王天資英傑，經略超時，司馬職統兵權，不可以失人，吾終之
後，必以授之。若以親疏次第，不以授汝，當以授沖。汝等雖才識
明敏，然未堪多難，國家安危，實在于此，不可昧利忘憂，以致大悔
也。"又以告評。月餘而死，其國中皆痛惜之。

　　先是，晉南陽督護趙弘以宛降于暐，暐遣其南中郎將趙盤自魯
陽戍宛。至此，晉右將軍桓豁攻宛，拔之，趙盤退奔魯陽。豁遣輕
騎追盤，及於雉城，大戰敗之，執盤，戍宛而歸。

　　苻堅將苻諛據陝，[四]降于暐。時有圖書云："燕馬當飲渭水。"
堅恐暐乘釁入關，大懼，乃盡精銳以備華陰。暐群下議欲遣兵救
諛，因圖關右。慕容評素無經略，又受苻堅間貨，沮議曰："秦雖有
難，未易可圖。朝廷雖明，豈如先帝，吾等經略，又非太宰之匹，終
不能平秦也。但可閉關息旅，保寧疆場足矣。"暐魏尹慕容德上疏
曰："先帝應天順時，受命革代，方以文德懷遠，以一六合。神功未
就，奄忽升遐。昔周文既沒，武王嗣興，伏惟陛下則天比德，揆聖齊
功，方闡崇乾基，纂成先志。逆氏僭據關隴，號同王者，惡積禍盈，
自相疑戮，釁起蕭牆，勢分四國，投誠請援，旬日相尋，豈非凶運將
終，數歸有道。兼弱攻昧，取亂侮亡，機之上也。今秦土四分，可謂
弱矣。時來運集，天贊我也。天與不取，反受其殃。吳越之鑒，我
之師也。宜應天人之會，建牧野之旗。命皇甫真引并冀之衆，徑趣
蒲坂；臣垂引許洛之兵，馳解諛圍；太傅總京都武旅，爲二軍後繼。
飛檄三輔，仁聲先路，獲城即侯，微功必賞，此則鬱概待時之雄，抱
志未申之傑，必嶽峙灞上，雲屯隴下。天羅既張，內外勢合，區區僭
豎，不走則降，大同之舉，今其時也。願陛下獨斷聖慮，無訪仁人。"
暐覽表大悅，將從之。評固執不許，乃止。苻諛知評、暐之無遠略，
恐救師弗至，乃牋於慕容垂、皇甫真曰："苻堅、王猛皆人傑也，謀爲

燕患,爲日久矣。今若乘機不赴,恐燕之君臣將有甬東之悔。"垂得書,私於真曰:"方爲人患者必在於秦,主上富於春秋,未能留心政事,觀太傅度略,豈能抗苻堅、王猛乎?"真曰:"然,繞朝有云,謀之不從可如何!"

【校勘記】

〔四〕苻堅將苻廋　　周校:"廋",《苻堅載記》作"庾"。按:《魏書·苻堅傳》亦作"庾"。然本書《苻生載記》仍作"廋"。《通鑑》一〇一作"廈",胡《注》"疏鳩反"。本書《音義》作"廋","蘇烏反"。"廋""廈"音近。"廈""庾"不知孰是。

暐僕射悦綰言於暐曰:"太宰政尚寬和,百姓多有隱附。《傳》曰,唯有德者可以寬臨衆,其次莫如猛。今諸軍營户,三分共貫,風教陵弊,威綱不舉,宜悉罷軍封,以實天府之饒,蕭明法令,以清四海。"暐納之。綰既定制,朝野震驚,出户二十餘萬。慕容評大不平,尋賊綰,殺之。

晉大司馬桓温、江州刺史桓冲、豫州刺史袁真率衆五萬伐暐,前兗州刺史孫元起兵應之。温部將檀玄攻胡陸,執暐寧東慕容忠。暐遣其將慕容厲與温戰于黄墟,厲師大敗,單馬奔還。高平太守徐翻以郡歸順。温前鋒朱序又破暐將傅顔于林渚,温軍大振,次于枋頭。暐懼,謀奔和龍。慕容垂曰:"不然。臣請擊之,若戰不捷,走未晚也。"乃以垂爲使持節、南討大都督,慕容德爲征南將軍,率衆五萬距温,使其散騎侍郎樂嵩乞師於苻堅。堅遣將軍苟池率衆二萬,出自洛陽,師于潁川,外爲赴援,内實觀隙,有兼并之志矣。慕容德屯于石門,絶温糧漕。豫州刺史李邦〔五〕率州兵五千斷温餽運。温頻戰不利,糧運復絶,及聞堅師之至,乃焚舟棄甲而退。德率勁騎四千,先温至襄邑東,伏於澗中,與垂前後夾擊,王師大敗,死者三萬餘人。苟池聞温班師,邀擊於譙,温衆又敗,死者萬計。

【校勘記】

〔五〕李邽　《通鑑》一○二作“李邽”。

垂既有大功，威德彌振，慕容評素不平之。垂又言其將孫蓋等摧鋒陷鋭，宜論功超授，評寢而不録。垂數以爲言，頗與評廷争。可足渾氏素惡垂，毁其戰功，遂與評謀殺垂。垂懼，奔于苻堅。

先是，暐使其黄門侍郎梁琛聘于堅。琛還，言於評曰：“秦揚兵講武，運粟陝東，以琛觀之，無久和之理。兼吴王西奔，必有觀釁之計，深宜備之。”評曰：“秦豈可受吾叛臣而不懷和好哉！”琛曰：“鄰國相并，有自來矣。況今並稱大號，理無俱存。苻堅機明好斷，納善如流。王猛有王佐之才，鋭於進取。觀其君臣相得，自謂千載一時。桓温不足爲慮，終爲人患者，其唯王猛乎？”暐、評不以爲虞。皇甫真又陳其事曰：“苻堅雖聘使相尋，託輔車爲諭，然抗均鄰敵，勢同戰國，明其甘於取利，無慕善之心，終不能守信存和，以崇久要也。頃來行人累續，兼師出洛川，夷險要害，具之耳目。觀虛實以措姦圖，聽風塵而伺國隙者，寇之常也。又吴王外奔，爲之謀主，伍員之禍，不可不慮。洛陽、并州、壺關諸城，並宜增兵益守，以防未兆。”暐召評而謀之。評曰：“秦國小力弱，杖我爲援，且苻堅庶幾善道，終不納叛臣之言。不宜輕自擾懼，以動寇心也。”暐從之。

俄而堅遣其將王猛率衆伐暐，攻慕容筑于金墉。暐遣慕容臧率衆救之。臧次滎陽，猛部將梁成、洛州刺史鄧羌與臧戰于石門，臧師敗績，死者萬餘，遂相持于石門。筑以救兵不至，以金墉降于猛。梁成又敗慕容臧，斬首三千餘級，獲其將軍楊璩，臧遂城新樂而還。

桓温之敗也，歸罪于豫州刺史袁真。真怒，以壽陽降暐，暐遣其大鴻臚温統署真爲使持節、散騎常侍、都督淮南諸軍事、征南大將軍、領護南蠻校尉、揚州刺史，封宣城公，未至而真、統俱卒。真黨朱輔立真子瑾爲建威將軍、豫州刺史，以固壽陽。

時外則王師及符堅交侵，兵革不息；內則暐母亂政，評等貪冒，政以賄成，官非才舉，群下切齒焉。其尚書左丞申紹上疏曰：

臣聞漢宣有言：“與朕共治天下者，其唯良二千石乎！”是以特重此選，必妙盡英才，莫不拔自貢士，歷資內外，用能仁感猛獸，惠致群祥。今者守宰或擢自匹夫兵將之間，或因寵戚，藉緣時會，非但無聞於州閭，亦不經于朝廷。又無考績，黜陟幽明。貪惰爲惡，無刑戮之懼；清勤奉法，無爵賞之勸。百姓窮弊，侵賕無已，兵士逋逃，乃相招爲賊盜。風頹化替，莫相糾攝。且吏多則政煩，由來常患。今之見戶，不過漢之一大郡，而備置百官，加之新立軍號，兼重有過往時。虛假名位，廢棄農業，公私驅擾，人無聊生。宜并官省職，務勸農桑。秦吳二虜僭僭一時，尚能任道捐情，肅諧偽部，況大燕累聖重光，君臨四海，而可美政或虧，取陵姦寇哉！鄰之有善，衆之所望，我之不修，彼之願也。

秦吳狡猾，地居形勝，非唯守境而已，乃有吞噬之心。中州豐實，戶兼二寇，弓馬之勁，秦晉所憚，雲騎風馳，國之常也，而比赴敵後機，兵不速濟者何也？皆由賦法靡恒，役之非道。郡縣守宰每於差調之際，無不舍越殷強，首先貧弱，行留俱窘，資贍無所，人懷嗟怨，遂致奔亡，進闕供國之饒，退離蠶農之要。兵豈在多，貴於用命。宜嚴制軍科，務先饒復，習兵教戰，使偏伍有常，從戎之外，足營私業，父兄有陟岵之觀，子弟懷孔爾之顧，雖赴水火，何所不從！

節儉約費，先王格謨；去華敦朴，哲后恒憲。故周公戒成王以嗇財爲本，漢文以皁幃變俗，孝景宮人弗過千餘，魏武寵賜不盈十萬，薄葬不墳，儉以率下，所以割肌膚之惠，全百姓之力。謹案後宮四千有餘，僮侍廝養通兼十倍，日費之重，價盈萬金，綺縠羅紈，歲增常調，戎器弗營，奢玩是務。今帑藏虛竭，軍士無襜褕之資，宰相侯王迭以侈麗相尚，風靡之化，積習成俗，臥薪之諭，未足甚焉。宜罷浮華非要之役，峻明婚姻喪葬之條，禁絕奢靡浮煩之事，出傾宮之女，均商農之賦。公卿以下以四海爲家，信賞必罰，綱維肅舉者，溫猛之首可懸之白旗，秦吳二主可以禮之歸命，豈唯不復侵寇而已哉！陛下若不遠追漢宗弋綈之模，近崇先帝補衣之美，臣恐頹風弊俗亦革變靡途，中興之歌無以軼之絃詠。

又拓宇兼并，不在一城之地；控制戎夷者，懷之以德。今魯陽、上郡重山之外，雲陰之北，四百有餘，而未可以羈服塞表，爲平寇之基，徒孤危託落，令善附內駭。宜攝就并豫，以臨二河，通接漕轂，擬之丘後；重晉陽之戍，增南藩之兵，戰守之備，銜以千金之餌，蓄力待時，可一舉而滅。如其虜劉送死，俟入境而斷之，可令匹馬不反。非唯絕二賊闚闞，乃是戡珍之要，惟陛下覽焉。

暐不納。

苻堅又使王猛、楊安率衆伐暐，猛攻壺關，安攻晉陽。暐使慕容評等率中外精卒四十餘萬距之。猛、安進師潞川。州郡盜賊大起，鄴中多怪異，暐憂懼不知所爲，乃召其使而問曰："秦衆何如？今大師既出，猛等能戰不？"或對曰："秦國小兵弱，豈王師之敵，景略常才，又非太傅之匹，不足憂也。"黃門侍郎梁琛、中書侍郎樂嵩進曰："不然。兵書之義，計敵能鬥，當以算取之。若冀敵不鬥，非萬全之道也。慶鄭有云：'秦衆雖少，戰士倍我。'衆之多少，非可問也。且秦行師千里，固戰是求，何不戰之有乎！"暐不悅。

猛與評等相持。評以猛懸軍遠入，利在速戰，議以持久制之。猛乃遣其將郭慶率騎五千，夜從間道起火高山，燒評輜重，火見鄴中。評性貪鄙，鄣固山泉，賣樵鬻水，積錢絹如丘陵，三軍莫有鬥志。暐遣其侍中蘭伊讓評曰："王，高祖之子也，宜以宗廟社稷爲憂，奈何不務撫養勳勞，專以聚斂爲心乎！府藏之珍貨，朕豈與王愛之！若寇軍冒進，王持錢帛安所置也！皮之不存，毛將安傅！錢帛可散之三軍，以平寇凱旋爲先也。"評懼而與猛戰于潞川，評師大敗，死者五萬餘人，評等單騎遁還。猛遂長驅至鄴，堅復率衆十萬會猛攻暐。

先是，慕容桓以衆萬餘屯于沙亭，爲評等後繼。聞評敗，引屯內黄。堅遣將鄧羌攻信都，桓率鮮卑五千退保和龍。散騎侍郎徐蔚等率扶餘、高句麗及上黨質子五百餘人，夜開城門以納堅軍。暐與評等數十騎奔于昌黎。堅遣郭慶追及暐于高陽，堅將巨武執暐，〔六〕將縛之，暐曰："汝何小人而縛天子！"武曰："我梁山巨武，受詔縛賊，何謂天子邪！"遂送暐于堅。堅詰其奔狀，暐曰："狐死首丘，欲歸死于先人墳墓耳！"堅哀而釋之，令還宮率文武出降。郭慶遂追評、桓于和龍。桓殺其鎮東慕容亮而并其衆，攻其遼東太守韓稠于平川。郭慶遣將軍朱嶷擊桓，執而送之。

【校勘記】

〔六〕巨武　《校文》：《御覽》一二一引《前燕録》作"巨虎"，此避唐諱而改。

堅徙暐及其王公已下并鮮卑四萬餘户于長安，封暐新興侯，署爲尚書。堅征壽春，以暐爲平南將軍、别部都督。淮南之敗，隨堅還長安。既而慕容垂攻苻丕于鄴，慕容沖起兵關中，暐謀殺堅以應之，事發，爲堅所誅，時年三十五。及德僭稱尊號，僞謚幽皇帝。

始廆以武帝太康六年稱公，至暐四世。暐在位一十一年，〔七〕以海西公太和五年滅，通廆、皝凡八十五年。〔八〕

【校勘記】

〔七〕暐在位一十一年　各本"一十一"作"二十一"。《校文》：暐於升平四年嗣位，至太和五年計十一年，此云"二十一年"，

“二”字當衍。《御覽》一二一引《晉書》作“暐在位十一年”,本無“二”字。按:《校文》説是,張元濟《校勘記》謂所見另一宋本作“一十一”,故知“二”字非衍,乃“一”之訛。今改正。

〔八〕始廆以武帝太康六年稱公至暐四世至通廆皝凡八十五年　自太康六年至太和五年凡八十六年。《廆載記》亦未言廆於是年稱公,但云“建興中愍帝遣使拜廆鎮軍將軍、昌黎、遼東二國公”,《魏書·廆傳》同。自建興元年至太和五年亦止五十八年。且《廆載記》稱建武初,元帝封廆爲昌黎公,廆讓而不受,似建興之封亦未受。其受遼東公之封實在太興四年,下至太和五年更止五十年。不知何以致誤。

頁二八四七至二八五八、二八六三至二八六五

《晉書》卷一百十一《載記第十一·慕容暐附慕容恪》

慕容恪字玄恭,皝之第四子也。幼而謹厚,沈深有大度。母高氏無寵,皝未之奇也。年十五,身長八尺七寸,容貌魁傑,雄毅嚴重,每所言及,輒經綸世務,皝始異焉,乃授之以兵。數從皝征伐,臨機多奇策。使鎮遼東,甚有威惠,高句麗憚之,不敢爲寇。皝使恪與儁俱伐夫餘,儁居中指授而已,恪身當矢石,推鋒而進,所嚮輒潰。

皝將終,謂儁曰:“今中原未一,方建大事,恪智勇俱濟,汝其委之。”及儁嗣位,彌加親任。累戰有大功,封太原王,拜侍中、假節、大都督、録尚書。儁寢疾,引恪與慕容評屬以後事。及暐之世,總攝朝權。初,建鄴聞儁死,曰:“中原可圖矣。”桓温曰:“慕容恪尚存,所憂方爲大耳。”

慕輿根之就誅也,内外危懼。恪容止如常,神色自若,出入往還,一人步從。或有諫之者,恪曰:“人情懷懼,且當自安以靖之。

吾復不安,則衆何瞻仰哉!"於是人心稍定。恪虛襟待物,諮詢善道,量才處任,使人不踰位。朝廷謹肅,進止有常度,雖執權政,每事必諮之於評。罷朝歸第,則盡心色養,手不釋卷。其百僚有過,未嘗顯之,自是庶僚化德,稀有犯者。

　　恪之圍洛陽也,秦中大震,苻堅親將以備潼關,軍迴乃定。恪爲將不尚威嚴,專以恩信御物,務於大略,不以小令勞衆。軍士有犯法,密縱舍之,捕斬賊首以令軍。營内不整似可犯,而防禦甚嚴,終無喪敗。

　　臨終,暐親臨問以後事,恪曰:"臣聞報恩莫大薦士,板築猶可,而況國之懿藩!吳王文武兼才,管蕭之亞,陛下若任之以政,國其少安。不然,臣恐二寇必有闚闚之計。"言終而死。

頁二八五八至二八六〇

《晉書》卷一百十一《載記第十一·慕容暐附陽鶩》

　　陽鶩字士秋,右北平無終人也。父耽,仕廆,官至東夷校尉。鶩少清素好學,器識沈遠。起家爲平州別駕,屢獻安時强國之術,事多納用,廆甚奇之。

　　皝即王位,遷左長史。東西征伐,參謀幃幄。皝臨終謂儁曰:"陽士秋忠幹貞固,可託付大事,汝善待之。"儁之將圖中原也,鶩制勝之功亞于慕容恪。

　　暐既嗣僞位,申以師傅之禮,親遇日隆。及爲太尉,慨然而歎曰:"昔常林、徐邈先代名臣,猶以鼎足任重而終辭三事。以吾虛薄,何德以堪之!"固求罷職,言甚懇至,暐優答不許。

　　鶩清貞謙謹,老而彌篤,既以宿望舊齒,自慕容恪已下莫不畢拜。性儉約,常乘弊車瘠馬,及死,無斂財。

頁二八六〇

《晉書》卷一百十一《載記第十一·慕容暐附皇甫真》附史臣論贊前燕

皇甫真字楚季，安定朝那人也。弱冠，以高才，廆拜爲遼東國侍郎。皝嗣位，遷平州別駕。時内難連年，百姓勞瘁，真議欲寬減歲賦，休息力役。不合旨，免官。後以破麻秋之功，拜奉車都尉，守遼東、營丘二郡太守，皆有善政。及儁僭位，入爲典書令。後從慕容評攻拔鄴都，珍貨充溢，真一無所取，唯存恤人物，收圖籍而已。儁臨終，與慕容恪等俱受顧託。

慕輿根將謀爲亂，真陰察知之，乃言於恪，請除之。恪未忍顯其事。俄而根謀發伏誅，恪謝真曰：“不從君言，幾成禍敗。”吕護之叛，恪謀於朝曰：“遠人不服，修文德以來之。今護宜以恩詔降乎，不宜以兵戈取也？”真曰：“護九年之間三背王命，揆其姦心，凶勃未已。明公方飲馬江湘，勒銘劍閣，況護蕞爾近畿而不梟戮，宜以兵算取之，不可復以文檄喻也。”恪從之。以真爲冠軍將軍、别部都督。師還，拜鎮西將軍、并州刺史，領護匈奴中郎將。徵還，拜侍中、光禄大夫，累遷太尉、侍中。

苻堅密謀兼并，欲觀審釁隙，乃遣其西戎主簿郭辯潛結匈奴左賢王曹轂，[九]令轂遣使詣鄴，辯因從之。真兄典仕苻堅爲散騎常侍，從子奮、覆並顯關西。辯既至鄴，歷造公卿，言于真曰：“辯家爲秦所誅，故寄命曹王，貴兄常侍及奮、覆兄弟並相知在素。”真怒曰：“臣無境外之交，斯言何以及我！君似姦人，得無因緣假託乎！”乃白暐請窮詰之，暐、評不許。辯還謂堅曰：“燕朝無綱紀，實可圖之。鑒機識變，唯皇甫真耳。”堅曰：“以六州之地，豈無智識士一人哉！真亦秦人，而燕用之，固知關西多君子矣。”

【校勘記】

〔九〕左賢王曹轂　周校:《苻堅載記》作"右賢王"。按:《海西公紀》同《苻堅載記》,疑作"右"是。

真性清儉寡慾,不營產業,飲酒至石餘不亂,雅好屬文,凡著詩賦四十餘篇。

王猛入鄴,真望馬首拜之。明日更見,語乃卿猛。猛曰:"昨拜今卿,何恭慢之相違也?"真答曰:"卿昨爲賊,朝是國士,吾拜賊而卿國士,何所怪也?"猛大嘉之,謂權翼曰:"皇甫真故大器也。"從堅入關,爲奉車都尉,數歲而死。

史臣曰:觀夫北陰衍氣,醜虜彙生,隔閡諸華,聲教莫之漸,雄據殊壤,貪悍成其俗,先叛後服,蓋常性也。自當塗紊紀,典午握符,推亡之功,掩岷吴而可録,御遠之策,懷戎狄而猶漏。慕容廆英姿偉量,是曰邊豪,釁迹姦圖,實惟亂首。何者?無名而舉,表深譏於魯册;象龔致罰,昭大訓於姚典。況乎放命挺禍,距戰發其狼心;剿邑屠城,略地騁其螫賊。既而二帝遘平陽之酷,按兵窺運;五鐸啓金陵之祚,率禮稱藩。勤王之誠,當君危而未立;匡主之節,俟國泰而將徇。適所謂相時而動,豈素蓄之款哉!然其制敵多權,臨下以惠,勸農桑,敦地利,任賢士,該時傑,故能恢一方之業,創累葉之基焉。

元真體貌不恒,暗符天表,沈毅自處,頗懷奇略。于時群雄角立,爭奪在辰,顯宗主祭于沖年,庚亮竊政于元舅,朝綱不振,天步孔艱,遂得據已成之資,乘土崩之會。揚兵南騖,則烏丸卷甲;建旆東征,則宇文摧陣。乃負險自固,恃勝而驕,端拱稱王,不待朝命。昔鄭武職居三事,爵不改伯;齊桓績宣九合,位止爲侯。瞻曩烈而功微,徵前經而禮緟,溪壑難滿,此之謂乎?

宣英文武兼優，加之以機斷，因石氏之釁，首圖中原，燕士協其籌，冀馬爲其用，一戰而平巨寇，再舉而拔堅城，氣讐傍鄰，威加邊服。便謂深功被物，天數在躬，遽竊鴻名，偷安寶錄。猶將席卷京洛，肆其蟻聚之徒；宰割黎元，縱其鯨吞之勢。使江左疲於奔命，職此之由。非夫天厭素靈而啓異類，不然者，其鋒何以若斯！

景茂庸材，不親厥務，賢輔攸賴，逆臣挫謀，於是陷金墉而款河南，包銅城而臨漠北，西秦勁卒頓函關而不進，東夏遺黎企鄴宮而授首。當此之時也，凶威轉熾。及玄恭即世，虐媼亂朝。垂以勳德不容，評以黷貨干政，志士絕忠貞之路，讒人襲交亂之風。輕鄰反速其咎，禦敵罕修其備，以携離之衆，抗敢死之師。鋒鏑未交，白溝淪境；衝輣暫擬，紫陌成墟。是知由余出而戎亡，子常升而郢覆，終於身死異域，智不自全，吉凶惟人，良所謂也。

贊曰：青山徙構，玄塞分疆。蠢兹雜種，奕世彌昌。角端掩月，步搖翻霜。乘危蝟起，怙險鴟張。假竊神器，憑陵帝鄉。守不以德，終致餘殃。

頁二八六〇至二八六三、二八六五

《晉書》卷一百二十三《載記第二十三·慕容垂》

慕容垂字道明，[一] 皝之第五子也。少岐嶷有器度，身長七尺七寸，手垂過膝。皝甚寵之，常目而謂諸弟曰：“此兒闊達好奇，終能破人家，或能成人家。”故名霸，字道業，恩遇踰于世子儁，故儁不能平之。以滅宇文之功，封都鄉侯。石季龍來伐，既還，猶有兼并之志，遣將鄧恒率衆數萬屯于樂安，營攻取之備。垂戍徒河，與恒相持，恒憚而不敢侵。垂少好畋遊，因獵墜馬折齒。慕容儁僭即王位，改名缺，外以慕郤缺爲名，内實惡而改之。尋以讖記之文，乃去夬，以“垂”爲名焉。

【校勘記】

〔一〕字道明　《慕容德載記》稱慕容鍾亦字道明，垂、鍾兄弟，不應同字。屠喬孫本《十六國春秋·垂傳》作"字叔仁"，屠書雖僞，或別有所據。

石季龍之死也，趙魏亂，垂謂儁曰："時來易失，赴機在速，兼弱攻昧，今其時矣。"儁以新遭大喪，不許。慕輿根言於儁曰："王子之言，千載一時，不可失也。"儁乃從之，以垂爲前鋒都督。儁既克幽州，將坑降卒，垂諫曰："弔伐之義，先代常典。今方平中原，宜綏懷以德，坑戮之刑不可爲王師之先聲。"儁從之。及儁僭稱尊號，封垂吳王，徙鎮信都，以侍中、右禁將軍録留臺事，大收東北之利。又爲征南將軍、荆兗二州牧，有聲於梁楚之南。再爲司隸，僞王公已下莫不累迹。時慕容暐嗣僞位，慕容恪爲太宰。恪甚重垂，常謂暐曰："吳王將相之才十倍於臣，先帝以長幼之次，以臣先之，臣死之後，願陛下委政吳王，可謂親賢兼舉。"及敗桓溫于枋頭，威名大振。慕容評深忌惡之，乃謀誅垂。垂懼禍及己，與世子全奔于苻堅。〔二〕

【校勘記】

〔二〕世子全　《通鑑》一〇二"全"作"令"。同書一〇〇已云垂妻段氏生子令、寶。下文及《慕容寶載記》敘"全"事，《通鑑》並作"令"。

自恪卒後，堅密有圖暐之謀，憚垂威名而未發。及聞其至，堅大悦，郊迎執手，禮之甚重。堅相王猛惡垂雄略，勸堅殺之。堅不從，以爲冠軍將軍，封賓都侯，〔三〕食華陰之五百户。王猛伐洛，引全爲參軍。猛乃令人詭傳垂語於全曰："吾已東還，汝可爲計也。"全信之，乃奔暐。猛表全叛狀，垂懼而東奔，及藍田，爲追騎所獲。堅引見東堂，慰勉之曰："卿家國失和，委身投朕。賢子志不忘本，猶懷首丘。《書》不云乎：'父父子子，無相及也。'卿何爲過懼而狼狽若斯也！”於是復垂爵位，恩待如初。

【校勘記】

〔三〕封賓都侯　《通鑑》一〇二“賓都”作“賓徒”。胡《注》：“賓徒，漢縣名，屬遼西郡。”本書《地理志》上賓徒屬平州昌黎縣。“都”“徒”音近，當時人地名多通用同音及音近字。但本名自當作“徒”。

及堅擒暐，垂隨堅入鄴，收集諸子，對之悲慟，見其故吏，有不悦之色。前郎中令高弼私於垂曰：“大王以命世之姿，遭無妄之運，迍遭棲伏，艱亦至矣。天啓嘉會，靈命暫遷，此乃鴻漸之始，龍變之初，深願仁慈有以慰之。且夫高世之略必懷遺俗之規，方當網漏吞舟，以弘苞養之義；收納舊臣之胄，以成爲山之功，奈何以一怒捐之？竊爲大王不取。”垂深納之。垂在堅朝，歷位京兆尹，進封泉州侯，所在征伐，皆有大功。

堅之敗於淮南也，垂軍獨全，堅以千餘騎奔垂。垂世子寶言於垂曰：“家國傾喪，皇綱廢弛，至尊明命著之圖錄，當隆中興之業，建少康之功。但時來之運未至，故韜光俟奮耳。今天厭亂德，凶衆土崩，可謂乾啓神機，授之于我。千載一時，今其會也，宜恭承皇天之意，因而取之。且夫立大功者不顧小節，行大仁者不念小惠。秦既蕩覆三京，〔四〕竊辱神器，仇恥之深，莫甚於此，願不以意氣微恩而忘社稷之重。五木之祥，今其至矣。”垂曰：“汝言是也。然彼以赤心投命，若何害之！苟天所棄，圖之多便。且縱令北還，更待其釁，既不負宿心，可以義取天下。”垂弟德進曰：“夫鄰國相吞，有自來矣。秦強而并燕，秦弱而圖之，此爲報仇雪辱，豈所謂負宿心也！昔鄧祁侯不納三甥之言，終爲楚所滅；吳王夫差違子胥之諫，取禍句踐。前事之不忘，後事之師表也。願不棄湯武之成蹤，追韓信之敗迹，乘彼土崩，恭行天罰，斬逆氏，復宗祀，建中興，繼洪烈，天下大機，弗宜失也。若釋數萬之衆，授干將之柄，是却天時而待後害，非至計也。語曰：‘當斷不斷，反受其亂。’願兄無疑。”垂曰：“吾昔爲太傅所不容，投身於秦主，又爲王猛所譖，復見昭亮，國士之禮每深，報德之分未一。如使秦運必窮，曆數歸我者，授首之便，何慮無之。關西之地，會非吾有，自當有擾之者，吾可端拱而定關東。君子不怙亂，不爲禍先，且可觀之。”乃以兵屬堅。初，寶在長安，與韓黄、李根等因讌拇蒱，寶危坐整容，誓之曰：“世云拇蒱有神，豈虚也哉！若富貴可期，頻得三盧。”於是三擲盡盧，寶拜而受賜，故云五木之祥。

【校勘記】

〔四〕秦既蕩覆三京　各本“三”作“二”，獨宋本作“三”。《通志》一九一作“三”，《慕容德載記》亦有“三京社稷，鞠爲丘墟”語。三京指慕容廆都大棘城，與龍城及鄴。後人不數大棘，遂改作“二京”。今從宋本。

堅至澠池，垂請至鄴展拜陵墓，因張國威刑，以安戎狄。堅許之。權翼諫曰：“垂爪牙名將，所謂今之韓白，世豪東夏，志不爲人用。頃以避禍歸誠，非慕德而至，列土千城未可以滿其志，〔五〕冠軍之號豈足以稱其心！且垂猶鷹也，飢則附人，飽便高颺，遇風塵之會，必有陵霄之志。惟宜急其羈靮，不可任其所欲。”堅不從，遣其將李蠻、閔亮、尹國率衆三千送垂，又遣石越戍鄴，張蚝戍并州。

【校勘記】

〔五〕列土千城未可以滿其志　宋本、元二十二字本、南北監本、殿本“千”作“干”，毛本、局本作“千”。《御覽》一二五引《後燕錄》“列土千城”作“列地百里”，指封縣侯。《載記》改“百里”爲“千城”，已不合原意，又字譌作“干城”。

時堅子丕先在鄴，及垂至，丕館之于鄴西，垂具説淮南敗狀。會堅將苻暉告丁零翟斌聚衆謀逼洛陽，丕謂垂曰：“翟斌兄弟因王師小失，敢肆凶勃，子母之軍，殆難爲敵，非冠軍英略，莫可以滅也。欲相煩一行可乎？”垂曰：“下官殿下之鷹犬，敢不惟命是聽。”於是大賜金帛，一無所受，惟請舊田園。丕許之，配垂兵二千，遣其將苻飛龍率氐騎一千爲垂之副。丕戒飛龍曰：“卿王室肺腑，年秩雖卑，其實帥也。垂爲三軍之統，卿爲謀垂之主，用兵制勝之權，防微杜貳之略，委之於卿，卿其勉之。”垂請入鄴城拜廟，丕不許。乃潛服而入，亭吏禁之，垂怒，斬吏燒亭而去。石越言於丕曰：“垂之在燕，破國亂家，及投命聖朝，蒙超常之遇，忽敢輕侮方鎮，殺吏焚亭，反形已露，終爲亂階。將老兵疲，可襲而取之矣。”丕曰：“淮南之敗，衆散親離，而垂侍衛聖躬，誠不可忘。”越曰：“垂既不忠於燕，其肯盡忠於我乎！且其亡虜也，主上寵同功舊，不能銘澤誓忠，而首謀爲亂，今不擊之，必爲後害。”丕不從。越退而告人曰：“公父子好存小仁，[六]不顧天下大計，吾屬終當爲鮮卑虜矣。”

【校勘記】

〔六〕好存小仁　“仁”，各本並作“人”，獨殿本作“仁”，當是依《通鑑》一〇二改。今從殿本。

垂至河內，殺飛龍，悉誅氐兵，召募遠近，衆至三萬，濟河焚橋，令曰：“吾本外假秦聲，內規興復。亂法者軍有常刑，奉命者賞不踰日。天下既定，封爵有差，不相負也。”

翟斌聞垂之將濟河也，遣使推垂爲盟主。垂距之曰：“吾父子寄命秦朝，危而獲濟，荷主上不世之恩，蒙更生之惠，雖曰君臣，義深父子，豈可因其小隙，便懷二三。吾本救豫州，不赴君等，何爲斯議而及於我！”垂進欲襲據洛陽，故見苻暉以臣節，退又未審斌之誠款，故以此言距之。垂至洛陽，暉閉門距守，不與垂通。斌又遣長史河南郭通説垂，乃許之。斌率衆會垂，勸稱尊號，垂曰：“新興侯，國之正統，孤之君也。若以諸君之力，得平關東，當以大義喻秦，奉迎反正。無上自尊，非孤心也。"謀于衆曰："洛陽四面受敵，北阻大河，至於控馭燕趙，非形勝之便，不如北取鄴都，據之而制天下。"衆咸以爲然。乃引師而東，遣建威將軍王騰起浮橋于石門。

初，垂之發鄴中，子農及兄子楷、紹，弟子宙，爲苻丕所留。及誅飛龍，遣田生密告農等，使起兵趙魏以相應。於是農、宙奔列人，楷、紹奔辟陽，衆咸應之。農西招庫辱官偉于上黨，東引乞特歸于東阿，各率衆數萬赴之，衆至十餘萬。丕遣石越討農，爲農所敗，斬越于陳。

垂引兵至滎陽，以太元八年自稱大將軍、大都督、燕王，〔七〕承制行事，建元曰燕元。令稱統府，府置四佐，王公已下稱臣，凡所封拜，一如王者。以翟斌爲建義大將軍，封河南王；翟檀爲柱國大將軍、弘農王；弟德爲車騎大將軍、范陽王；兄子楷征西大將軍、太原王。衆至二十餘萬，濟自石門，長驅攻鄴。農、楷、紹、宙等率衆會垂。立子寶爲燕王太子，封功臣爲公侯伯子男者百餘人。

【校勘記】

〔七〕以太元八年自稱大將軍大都督燕王　《通鑑》一〇五此事繫於太元九年正月。《御覽》一二五引《後燕録》稱元年正月改秦建元爲燕元元年。按：苻堅淝水之敗在太元九年十月，則此"正月"必是九年，與《通鑑》合。此"八"字當爲"九"之譌。

苻丕乃遣侍郎姜讓謂垂曰："往歲大駕失據，君保衛鑾輿，勤王誠義，邁蹤前烈。宜述修前規，終忠貞之節，奈何棄崇山之功，爲此過舉！過貴能改，先賢之嘉事也。深宜詳思，悟猶未晚。"垂謂讓曰："孤受主上不世之恩，故欲安全長樂公，使盡衆赴京師，然後修復家國之業，與秦永爲鄰好。何故闇於機運，不以鄴見歸也？大義滅親，況於意氣之顧！公若迷而不返者，孤亦欲窮兵勢耳。今事已然，恐單馬乞命不可得也。"讓屬色責垂曰："將軍不容於家國，投命於聖朝，燕之尺土，將軍豈有分乎！主上與將軍風殊類別，臭味不同，奇將軍於一見，託將軍以斷金，寵踰宗舊，任齊懿藩，自古君臣冥契之重，豈甚此邪！方付將軍以六尺之孤，萬里之命，奈何王師小敗，便有二圖！夫師起無名，終則弗成，天之所廢，人不能支。將軍起無名之師，而欲興天所廢，竊未見其可。長樂公主上之元子，聲德邁于唐衛，居陝東之任，爲朝廷維城，其可束手輸將軍以百城之地！大夫死王事，國君死社稷，將軍欲裂冠毀冕，拔本塞源者，自可任將軍兵勢，何復多云。但念將軍以七十之年，懸首白旗，高世之忠，忽爲逆鬼，竊爲將軍痛之。"垂默然。左右勸垂殺之，垂曰："古者兵交，使在其間，犬各吠非其主，何所問也！"乃遣讓歸。

垂上表于苻堅曰："臣才非古人，致禍起蕭墻，身嬰時難，歸命聖朝。陛下恩深周漢，猥叨微顧之遇，位爲列將，爵忝通侯，誓在勠力輸誠，常懼不及。去夏桓沖送死，一擬雲消，迴討郢城，俘馘萬計，斯誠陛下神算之奇，頗亦愚臣忘死之效。方將飲馬桂州，懸旌閩會，不圖天助亂德，大駕班師。陛下單馬奔臣，臣奉衛匪貳，豈陛下聖明鑒臣單心，皇天后土實亦知之。臣奉詔北巡，受制長樂。然丕外失衆心，內多猜忌，令臣野次外庭，不聽謁廟。丁零逆豎寇逼豫州，丕迫臣單赴，限以師程，惟給弊卒二千，盡無兵杖，復令飛龍潛爲刺客。及至洛陽，平原公暉復不信納。臣竊惟進無淮陰功高之慮，退無李廣失利之愆，懼有青蠅，交亂白黑。丁零夷夏以臣忠而見疑，乃推臣爲盟主。臣受託善始，不遂令終，泣望西京，揮涕即邁。軍次石門，所在雲赴，雖復周武之會於孟津，漢祖之集於垓下，不期之衆，實有甚焉。欲令長樂公盡衆赴難，以禮發遣，而丕固守匹夫之志，不達變通之理。臣息農收集故營，以備不虞，而石越傾鄴城之衆，輕相掩襲，兵陣未交，越已隕首。臣既單車懸轸，歸者如雲，斯實天符，非臣之力。且鄴者臣國舊都，應即惠及，然後西面受制，永守東藩，上成陛下遇臣之意，下全愚臣感報之誠。今進師圍鄴，并喻丕以天時人事。而丕不察機運，杜門自守，時出挑戰，鋒戈屢交，恒恐飛矢誤中，以傷陛下天性之念。臣之此誠，未簡神聽，輒遏兵止鋭，不敢窮攻。夫運有推移，去來常事，惟陛下察之。"

堅報曰："朕以不德，忝承靈命，君臨萬邦，三十年矣。遐方幽裔，莫不來庭，惟東南一隅，敢違王命。朕爰奮六師，恭行天罰，而玄機不弔，王師敗績。賴卿忠誠之至，輔翼朕躬，社稷之不隕，卿之力也。《詩》云：'中心藏之，何日忘之。'方任卿以元相，爵卿以郡侯，庶弘濟艱難，敬酬勳烈，何圖伯夷忽毁冰操，柳惠倏爲淫夫！覽表悵然，有慚朝士。卿既不容於本朝，匹馬而投命，朕則寵卿以將位，禮卿以上賓，任同舊臣，爵齊勳輔，歃血斷金，披心相付。謂卿食椹懷音，保之偕老。豈意畜水覆舟，養獸反害，悔之噬臍，將何所及！誕言駭衆，誇擬非常，周武之事，豈卿庸人所可論哉！失籠之鳥，非羅所羈；脱網之鯨，豈罟所制！翹陸任懷，何須聞也。念卿垂老，老而爲賊，生爲叛臣，死爲逆鬼，侏張幽顯，布毒存亡，中原士女，何痛如之！朕之曆運興喪，豈復由卿！但長樂、平原以未立之年，遇卿於兩都，慮其經略未稱朕心，所恨者此焉而已。"

垂攻拔鄴郭，丕固守中城，垂塹而圍之，分遣老弱於魏郡、肥鄉，築新興城以置輜重，擁漳水以灌之。

翟斌潛諷丁零及西人，請斌爲尚書令。垂訪之群僚，其安東將軍封衡屬色曰："馬能千里，不免羈靽，明畜生不可以人御也。斌戎狄小人，遭時際會，兄弟封王，自驦兜已來，未有此福。忽履盈忘止，復有斯求，魂爽錯亂，必死不出年也。"垂猶隱忍容之，令曰："翟王之功宜居上輔，但臺既未建，此官不可便置。待六合廓清，更當議之。"斌怒，密應苻丕，潛使丁零決防潰水。事洩，垂誅之。斌兄子真率其部衆北走邯鄲，引兵向鄴，欲與丕爲内外之勢，垂令其太子寶、冠軍慕容隆擊破之。真自邯鄲北走，又使慕容楷率騎追之,戰于下邑,爲真所敗,真遂屯于承營。垂謂諸將曰:"苻丕窮寇,必守死不降。丁零叛擾,乃我腹心之患。吾欲遷師新城,開其逸路,進以謝秦主疇昔之恩,退以嚴擊真之備。"於是引師去鄴,北屯新城。慕容農進攻翟嵩于黄泥,破之。垂謂其范陽王德曰:"苻丕吾縱之不能去,方引晉師規固鄴都,不可置也。"進師又攻鄴,開其西奔之路。

垂將有北都中山之意,農率衆數萬迎之。群僚聞慕容暐爲苻堅所殺,勸垂僭位。垂以慕容沖稱號關中,不許。

晉龍驤將軍劉牢之率衆救苻丕,至鄴,垂逆戰,敗績,遂徹鄴圍,退屯新城。垂自新城北走,牢之追垂,連戰皆敗。又戰于五橋澤,王師敗績,德及隆引兵要之於五丈橋,牢之馳馬跳五丈澗,會苻丕救至而免。

翟真去承營,徙屯行唐,真司馬鮮于乞殺真,盡誅翟氏,自立爲趙王。營人攻殺乞,迎立真從弟成爲主,真子遼奔黎陽。

高句驪寇遼東,垂平北慕容佐遣司馬郝景率衆救之,爲高句驪所敗,遼東、玄菟遂没。

建節將軍徐巖叛于武邑,〔八〕驅掠四千餘人,北走幽州。垂馳救其將平規曰:"但固守勿戰,比破丁零,吾當自討之。"規違命距戰,爲巖所敗。巖乘勝入薊,掠千餘户而去,所過寇暴,遂據令支。

【校勘記】

〔八〕建節將軍徐巖叛于武邑　《通鑑》一〇六"徐"作"餘"。按:燕有餘姓,爲扶餘人。《慕容暐載記》有"徐蔚",《通鑑》作"餘蔚"。參卷一一一校記。

翟成長史鮮于得斬成而降,垂入行唐,悉坑其衆。

苻丕棄鄴城,奔于并州。

慕容農攻克令支,斬徐巖兄弟。進伐高句驪,復遼東、玄菟二郡,還屯龍城。

垂定都中山,群僚勸即尊號,具典儀,修郊燎之禮。垂從之,以太元十一年僭即位,赦其境内,改元曰建興,置百官,繕宗廟社稷,立寶爲太子。以其左長史庫辱官偉、右長史段崇、龍驤張崇,中山尹封衡爲吏部尚書,[九]慕容德爲侍中、都督中外諸軍事、領司隸校尉,撫軍慕容麟爲衛大將軍,其餘拜授有差。追尊母蘭氏爲文昭皇后,遷躬后段氏,以蘭氏配饗。博士劉詳、董謐議以堯母妃位第三,不以貴陵姜嫄,明聖王之道以至公爲先。垂不從。

【校勘記】

〔九〕以其左長史庫辱官偉至封衡爲吏部尚書　李校:此處庫辱官偉、段崇、張崇三人姓名下皆有脱文。據下卷稱庫辱官偉爲太尉、段崇爲光禄大夫,則此處當作“庫辱官偉爲太尉,段崇爲左光禄大夫。”按:偉加太尉,據《通鑑》一○八在太元十八年,李説未盡是,但三人下必有脱文,今於“張崇”下爲句。

遣其征西慕容楷、衛軍慕容麟、鎮南慕容紹、征虜慕容宙等攻苻堅冀州牧苻定、鎮東苻紹、幽州牧苻謨、鎮北苻亮。楷與定等書,喻以禍福,定等悉降。

垂留其太子寶守中山,率諸將南攻翟遼,以楷爲前鋒都督。遼之部衆皆燕趙人也,咸曰:“太原王之子,吾之父母。”相率歸附。遼懼,遣使請降。垂至黎陽,遼肉袒謝罪,垂厚撫之。

爲其太子寶起承華觀,以寶録尚書政事,巨細皆委之,垂總大綱而已。立其夫人段氏爲皇后。又以寶領侍中、大單于、驃騎大將軍、幽州牧。建留臺于龍城,以高陽王慕容隆録留臺尚書事。時慕容暐及諸宗室爲苻堅所害者,並招魂葬之。

清河太守賀耕聚衆定陵以叛,南應翟遼,[一○]慕容農討斬之,毀定陵城。進師入鄴,以鄴城廣難固,築鳳陽門大道之東爲隔城。

【校勘記】

〔一○〕清河太守賀耕至南應翟遼　　前數行云"遼肉袒謝罪"，忽云賀耕"南應翟遼"，令人不解。檢《通鑑》一○七，遼降在太元十二年四月，十月稱"翟遼又叛燕"，《載記》失載。

其尚書郎婁會上疏曰："三年之喪，天下之達制，兵荒殺禮，遂以一切取士。人心奔競，苟求榮進，至乃身冒縗絰，以赴時役，豈必殉忠於國家，亦昧利于其間也。聖王設教，不以顛沛而虧其道，不以喪亂而變其化，故能杜豪競之門，塞奔波之路。陛下鍾百王之季，廓中興之業，天下漸平，兵革方偃，誠宜蠲蕩瑕穢，率由舊章。吏遭大喪，聽終三年之禮，則四方知化，人斯服禮。"垂不從。

翟遼死，子釗代立，攻逼鄴城，慕容農擊走之。垂引師伐釗于滑臺，次于黎陽津，釗于南岸距守，諸將惡其兵精，咸諫不宜濟河。垂笑曰："豎子何能爲，吾今爲卿等殺之。"遂徙營就西津，爲牛皮船百餘艘，載疑兵列杖，溯流而上。釗先以大衆備黎陽，見垂向西津，乃棄營西距。垂潛遣其桂林王慕容鎮、驃騎慕容國於黎陽津夜濟，壁于河南。釗聞而奔還，士衆疲渴，走歸滑臺，釗携妻子率數百騎北趣白鹿山。農追擊，盡擒其衆，釗單騎奔長子。釗所統七郡户三萬八千皆安堵如故。徙徐州流人七千餘户于黎陽。

於是議征長子。諸將咸諫，以慕容永未有釁，連歲征役，士卒疲怠，請俟他年。垂將從之，及聞慕容德之策，笑曰："吾計決矣。且吾投老，扣囊底智，足以克之，不復留逆賊以累子孫也。"乃發步騎七萬，遣其丹楊王慕容瓚、龍驤張崇攻永弟支于晉陽。〔一一〕永遣其將刁雲、慕容鍾率衆五萬屯潞川。垂遣慕容楷出自滏口，慕容農入自壺關，垂頓于鄴之西南，月餘不進。永謂垂詭道伐之，乃攝諸軍還杜太行軹關。垂進師入自天井關，至于壺壁。〔一二〕永率精卒五萬來距，阻河曲以自固，馳使請戰。垂列陣于壺壁之南，農、楷分爲二翼,慕容國伏千兵于深澗,與永大戰。垂引軍僞退,永追奔數里,國發伏兵馳斷其後,楷、農夾擊之,永師大敗,斬首八千餘級,永奔還長子。慕容瓚攻克晉陽。垂進圍長子,永將賈韜等潛爲内應。垂進軍入城,永奔北門,爲前驅所獲,於是數而戮之,并其所署公卿刁雲等三十餘人。永所統新舊八郡户七萬六千八百及乘輿、服御、伎樂、珍寶悉獲之,於是品物具矣。

【校勘記】

〔一一〕永弟支　《魏書・慕容廆傳》、《通鑑》一〇八"支"並作"友"。

〔一二〕壺壁　《斠注》:當從《魏書・慕容廆傳》、《地形志》及《水經・濁漳水注》作"臺壁"。按:《通鑑》一〇八亦作"臺壁",《斠注》説是。下同。

使慕容農略地河南,〔一三〕攻廩丘、陽城,皆克之,太山、琅邪諸郡皆委城奔潰,農進師臨海,置守宰而還。垂告捷于龍城之廟。

【校勘記】

〔一三〕略地河南　各本"河南"作"河内",宋本作"河南"。下舉廩丘、陽城並在河南,今從宋本。

遣其太子寶及農與慕容麟等率衆八萬伐魏,慕容德、慕容紹以步騎一萬八千爲寶後繼。魏聞寶將至,徙往河西。寶進師臨河,懼不敢濟。還次參合,忽有大風黑氣,狀若隄防,或高或下,臨覆軍上。沙門支曇猛言於寶曰:"風氣暴迅,魏軍將至之候,宜遣兵禦之。"寶笑而不納。曇猛固以爲言,乃遣麟率騎三萬爲後殿,以禦非常。麟以曇猛言爲虚,縱騎遊獵。俄而黄霧四塞,日月晦冥,是夜魏師大至,三軍奔潰,寶與德等數千騎奔免,士衆還者十一二,紹死之。初,寶至幽州,所乘車軸無故自折。術士靳安以爲大凶,固勸寶還,寶怒不從,故及於敗。

　　寶恨參合之敗，屢言魏有可乘之機。慕容德亦曰：“魏人狃於參合之役，有陵太子之心，宜及聖略，摧其銳志。”垂從之，留德守中山，自率大衆出參合，鑿山開道，次于獵嶺。遣寶與農出天門，征北慕容隆、征西慕容盛踰青山，襲魏陳留公泥于平城，〔一四〕陷之，收其衆三萬餘人而還。

　　【校勘記】

　　〔一四〕魏陳留公泥　《北史·魏宗室傳》有“陳留王虔”，死於此役。“泥”“虔”當是鮮卑名之省譯。

　　垂至參合，見往年戰處積骸如山，設弔祭之禮，死者父兄一時號哭，軍中皆慟。垂慚憤歐血，因而寢疾，乘馬輿而進，過平城北三十里疾篤，築燕昌城而還。寶等至雲中，聞垂疾，皆引歸。及垂至于平城，或有叛者奔告魏曰：“垂病已亡，輿尸在軍。”魏又聞參合大哭，以爲信然，乃進兵追之，知平城已陷而退，還館陰山。垂至上谷之沮陽，〔一五〕以太元二十一年死，時年七十一，凡在位十三年。遺令曰：“方今禍難尚殷，喪禮一從簡易，朝終夕殯，事訖成服，三日之後，釋服從政。强寇伺隙，秘勿發喪，至京然後舉哀行服。”寶等遵行之。僞謚成武皇帝，〔一六〕廟號世祖，墓曰宣平陵。

　　【校勘記】

　　〔一五〕垂至上谷之沮陽　“沮”，各本作“俎”，《斠注》：“俎陽”當從《地理志》作“沮陽”。按：《御覽》一二五引《後燕録》、《通志》一九一並同《載記》，《通鑑》一〇八則作“沮陽”。“沮”“俎”音近，當時通用，但本名當作“沮”，今據改。

　　〔一六〕僞謚成武皇帝　《册府》二二四“成武”作“武成”。《御覽》一二五引《後燕録》亦作“武成”，疑此誤倒。

《晉書》卷一百二十四《載記第二十四·慕容寶》

　　慕容寶字道祐，垂之第四子也。少輕果無志操，好人佞己。苻堅時爲太子洗馬、萬年令。堅淮肥之役，以寶爲陵江將軍。及爲太子，砥礪自修，敦崇儒學，工談論，善屬文，曲事垂左右小臣，以求美譽。垂之朝士翕然稱之，垂亦以爲克保家業，甚賢之。

　　垂死，其年寶嗣僞位，大赦境内，改元爲永康。以其太尉庫辱官偉爲太師、左光禄大夫，段崇爲太保，其餘拜授各有差。遵垂遺令，校閲户口，罷諸軍營分屬郡縣，定士族舊籍，明其官儀，而法峻政嚴，上下離德，百姓思亂者十室而九焉。

　　初，垂以寶冢嗣未建，每憂之。寶庶子清河公會多材藝，有雄略，垂深奇之。及寶之北伐，使會代攝宫事，總録、禮遇一同太子，所以見定旨也。垂之伐魏，以龍城舊都，宗廟所在，復使會鎮幽州，委以東北之重，高選僚屬以崇威望。臨死顧命，以會爲寶嗣。而寶寵愛少子濮陽公策，意不在會。寶庶長子長樂公盛自以同生年長，耻會先之，乃盛稱策宜爲儲貳，而非毀會焉。寶大悦，乃訪其趙王麟、高陽王隆，麟等咸希旨贊成之。寶遂與麟等定計，立策母段氏爲皇后，策爲皇太子，盛、會進爵爲王。策字道符，年十一，美姿貌，而惷弱不慧。

　　魏伐并州，驃騎農逆戰，[一]敗績，還于晉陽，司馬慕輿嵩閉門距之。農率騎數千奔歸中山，行及潞川，爲魏追軍所及，餘騎盡没，單馬遁還。寶引群臣于東堂議之。中山尹苻謨曰：“魏軍强盛，千里轉門，乘勝而來，勇氣兼倍，若逸騎平原，形勢彌盛，殆難爲敵，宜度險距之。”中書令眭邃曰：[二]“魏軍多騎，師行剽鋭，馬上齎糧，不過旬日。宜令郡縣聚千家爲一堡，深溝高壘，清野待之，至無所掠，資食無出，不過六旬，自然窮退。”尚書封懿曰：“今魏師十萬，天下之勍敵也。百姓雖欲營聚，不足自固，是則聚糧集兵以資强寇，且動衆心，示之以弱。阻關距戰，計之上也。”慕容麟曰：“魏今乘勝氣銳，其鋒不可當，宜自完守設備，待其弊而乘之。”於是修城積粟，爲持久之備。

【校勘記】

〔一〕驃騎農　各本“農”上有“李”字。《斠注》：《魏書·太祖紀》作“遼西王農”乃慕容農，非李農也。按：《通鑑》一〇八同《魏書》。慕容農下文屢見，別無所謂“李農”。“李”字衍，今删。

〔二〕眭邃　各本“眭”譌“眭”，今據《魏書》、《北史·隱逸傳》、《慕容廆傳》；《通鑑》一〇八改。參卷九六校記。

魏攻中山不克，進據博陵魯口，諸將望風奔退，郡縣悉降于魏。寶聞魏有内難，乃盡衆出距，步卒十二萬，騎三萬七千，次于曲陽柏肆。〔三〕魏軍進至新梁。寶憚魏師之鋭，乃遣征北隆夜襲魏軍，敗績而還。魏軍方軌而至，對營相持，上下兇懼，三軍奪氣。農、麟勸寶還中山，乃引歸。魏軍追擊之，寶、農等棄大軍，率騎二萬奔還。時大風雪，凍死者相枕于道。寶恐爲魏軍所及，命去袍杖戎器，寸刃無返。

【校勘記】

〔三〕曲陽柏肆　各本“柏肆”作“柏津”。《斠注》據《十六國疆域志》，以爲“津”爲“肆”之譌。按：《魏書·太祖紀》、《慕容寶傳》並作“柏肆”。《通鑑》一〇九同《魏書》，胡《注》：“此趙國之下曲陽縣也。有柏肆塢，隋開皇十六年置柏肆縣。”今據《魏書》改。

魏軍進攻中山，屯于芳林園。其夜尚書慕容晧謀殺寶，立慕容麟。晧妻兄蘇泥告之，寶使慕容隆收晧，晧與同謀數十人斬關奔魏。麟懼不自安，以兵劫左衛將軍、北地王精，謀率禁旅弑寶。精以義距之，麟怒，殺精，出奔丁零。

　　初,寶聞魏之來伐也,使慕容會率幽并之衆赴中山。麟既叛,寶恐其逆奪會軍,將遣兵迎之。麟侍郎段平子自丁零奔還,説麟招集丁零,軍衆甚盛,謀襲會軍,東據龍城。寶與其太子策及農、隆等萬餘騎迎會于薊,以開封公慕容詳守中山。會傾身誘納,繕甲屬兵,步騎二萬,列陣而進,迎寶薊南。寶分其兵給農、隆,遣西河公庫辱官驥率衆三千助守中山。會以策爲太子,有恨色。寶以告農、隆,俱曰:“會一年少,專任方事,習驕所致,豈有他也。臣當以禮責之。”幽平之士皆懷會威德,不樂去之,咸請曰:“清河王天資神武,權略過人,臣等與之誓同生死,感王恩澤,皆勇氣自倍。願陛下與皇太子、諸王止駕薊宮,使王統臣等進解京師之圍,然後奉迎車駕。”寶左右皆害其勇略,譖而不許,衆咸有怨言。左右勸寶殺會,侍御史仇尼歸聞而告會曰:“左右密謀如是,主上將從之。大王所恃唯父母也,父已異圖;所杖者兵也,兵已去手,進退路窮,恐無自全之理。盡誅二王,廢太子,大王自處東宮,兼領將相,以匡社稷。”會不從。寶謂農、隆曰:“觀會爲變,事當必然,宜早殺之。不爾,恐成大禍。”農曰:“寇賊内侮,中州紛亂,會鎮撫舊都,安衆寧境,及京師有難,萬里星赴,威名之重,可以振服戎狄。又逆跡未彰,宜且隱忍。今社稷之危若綴旒然,復内相誅戮,有損威望。”寶曰:“會逆心已成,而王等仁慈,不欲去之,恐一旦釁發,必先害諸父,然後及吾。事敗之後,當思朕言。”農等固諫,乃止。會聞之彌懼,奔于廣都黄榆谷。會遣仇尼歸等率壯士二十餘人分襲農、隆,[四]隆是夜見殺,農中重創。既而會歸于寶,寶意在誅會,誘而安之,潛使左衛慕輿騰斬會,不能傷。會復奔其衆,於是勒兵攻寶。寶率數百騎馳如龍城,會率衆追之,遣使請誅左右佞臣,并求太子,寶弗許。會圍龍城,侍御郎高雲夜率敢死士百餘人襲會,敗之,衆悉逃散,單馬奔還中山,乃踰圍而入,爲慕容詳所殺。

【校勘記】

〔四〕率壯士二十餘人分襲農隆　各本“二十”作“二千”,宋本作“二十”。《通鑑》一〇九、《通志》一九一並作“二十”,今從宋本。

詳僭稱尊號,置百官,改年號。荒酒奢淫,殺戮無度,誅其王公以下五百餘人,內外震局,莫敢忤視。城中大飢,公卿餓死者數十人。麟率丁零之衆入中山,斬詳及其親黨三百餘人,復僭稱尊號。中山飢甚,麟出據新市,與魏師戰於義臺,麟軍敗績。魏師遂入中山,麟乃奔鄴。

慕容德遣侍郎李延勸寶南伐,寶大悦。慕容盛切諫,以爲兵疲師老,魏新平中原,宜養兵觀釁,更俟他年。寶將從之。撫軍慕興騰進曰:“今衆旅已集,宜乘新定之機以成進取之功。人可使由之,而難與圖始,惟當獨決聖慮,不足廣採異同,以沮亂軍議也。”寶曰:“吾計決矣,敢諫者斬!”寶發龍城,以慕興騰爲前軍大司馬,慕容農爲中軍,寶爲後軍,步騎三萬,次于乙連。長上段速骨、宋赤眉因衆軍之憚役也,殺司空、樂浪王宙,逼立高陽王崇。寶單騎奔農,仍引軍討速骨。衆咸憚征幸亂,投杖奔之。騰衆亦潰,寶、農馳還龍城。蘭汗潛與速骨通謀,速骨進師攻城,農爲蘭汗所譎,潛出赴賊,爲速骨所殺。衆皆奔散,寶與慕容盛、慕興騰等南奔。蘭汗奉太子策承制,遣使迎寶,及于薊城。寶欲還北,盛等咸以汗之忠款虛實未明,今單馬而還,汗有貳志者,悔之無及。寶從之,乃自薊而南。至黎陽,聞慕容德稱制,懼而退。遣慕興騰招集散兵于鉅鹿,慕容盛結豪桀于冀州,段儀、段温收部曲于內黃,衆皆響會,剋期將集。會蘭汗遣左將軍蘇超迎寶,寶以汗垂之季舅,盛又汗之婿也,必謂忠款無貳,乃還至龍城。汗引寶入于外邸,弒之,時年四十四,在位三年,即隆安三年也。〔五〕汗又殺其太子策及王公卿士百餘人。汗自稱大都督、大將軍、大單于、昌黎王。盛僭位,僞謐寶惠愍皇帝,廟號烈宗。

【校勘記】

〔五〕在位三年即隆安三年也　《安紀》及《通鑑》一一〇寶死在隆安二年，《魏書·太祖紀》在天興元年，亦即隆安二年。寶於太元二十一年即位，至此三年。此處“隆安三年”當作“隆安二年”。

　　皒之遷于龍城也，植松爲社主。及秦滅燕，大風吹拔之。後數年，社處忽有桑二根生焉。先是，遼川無桑，及廆通于晉，求種江南，平州桑悉由吴來。廆終而垂以吴王中興，寶之將敗，大風又拔其一。

　　　　　　　頁三〇九三至三〇九八、三一一〇至三一一一

《晉書》卷一百二十四《載記第二十四·慕容盛》

　　盛字道運，寶之庶長子也。少沈敏，多謀略。苻堅誅慕容氏，盛潛奔于沖。及沖稱尊號，有自得之志，賞罰不均，政令不明。盛年十二，〔六〕謂叔父柔曰：“今中山王智不先衆，才不出下，恩未施人，先自驕大，以盛觀之，鮮不覆敗。”俄而沖爲段木延所殺，盛隨慕容永東如長子，謂柔曰：“今崎嶇於鋒刃之間，在疑忌之際，愚則爲人所猜，智則危甚巢幕，當如鴻鵠高飛，一舉萬里，不可坐待罦網也。”於是與柔及弟會間行東歸于慕容垂。遇盗陝中，盛曰：“我六尺之軀，入水不溺，在火不焦，汝欲當吾鋒乎！試豎爾手中箭百步，我若中之，宜慎爾命，如其不中，當束身相授。”盗乃豎箭，盛一發中之。盗曰：“郎貴人之子，故相試耳。”資而遣之。歲餘，永誅儁、垂之子孫，男女無遺。盛既至，垂問以西事，畫地成圖。垂笑曰：“昔魏武撫明帝之首，遂乃侯之，祖之愛孫，有自來矣。”於是封長樂公。驍勇剛毅，有伯父全之風烈。

【校勘記】

〔六〕盛年十二　《通鑑》一〇六“十二”作“十三”。盛死於隆安五年，年二十九，逆推生於寧康元年。上云“慕容沖稱尊號”，事在太元十年，是年盛應年十三。但《御覽》一二五引《後燕録》，盛於符秦建元十年生於長安。據《御覽》一二二引《前秦録》，建元二十一年，即晉太元十年，慕容沖稱帝。自建元十年至二十一年，盛十二歲。然《前秦録》仍以盛死年二十九，則此種紀載歧異，《前秦録》已然。

寶即僞位，進爵爲王。寶自龍城南伐，盛留統後事。及段速骨作亂，馳出迎衛。寶幾爲速骨所獲，賴盛以免。盛屢進奇策於寶，寶不能從，是以屢敗。寶既如龍城，盛留在後。寶爲蘭汗所殺，盛馳進赴哀，將軍張真固諫以爲不可。盛曰：“我今投命，告以哀窮。汗性愚近，必顧念婚姻，不忍害我。旬月之間，足展吾志。”遂入赴喪。汗妻乙氏泣涕請盛，汗亦哀之，遣其子穆迎盛，舍之宮內，親敬如舊。汗兄提、弟難勸汗殺盛，汗不從。慕容奇，汗之外孫也，汗亦宥之。奇入見盛，遂相與謀。盛遣奇起兵于外，衆至數千。汗遣蘭提討奇。提驕很淫荒，事汗無禮，盛因間之於汗曰：“奇，小兒也，未能辦此，必內有應之者。提素驕，不可委以大衆。”汗因發怒，收提誅之，遣其撫軍仇尼慕率衆討奇。汗兄弟見提之誅，莫不危懼，皆阻兵背汗，襲敗慕軍。汗大懼，遣其子穆率衆討之。穆謂汗曰：“慕容盛，我之仇也。奇今起逆，盛必應之。兼內有蕭墻之難，不宜養心腹之疾。”汗將誅盛，引見察之。盛妻以告，於是僞稱疾篤，不復出入，汗乃止。有李旱、〔七〕衛雙、劉志、張豪、張真者，皆盛之舊昵，蘭穆引爲腹心。旱等屢入見盛，潛結大謀。會穆討蘭難等斬之，大饗將士，汗、穆皆醉。盛夜因如廁，袒而踰墻，入于東宮，與李旱等誅穆，衆皆踴呼，進攻汗，斬之。汗二子魯公和、陳公楊分屯令支、白狼,遣李旱、張真襲誅之。於是内外怙然,士女咸悦。盛謙挹自卑,不稱尊號。其年,以長樂王稱制,赦其境内,改元曰建平。諸王降爵爲公,文武各復舊位。

【校勘記】

〔七〕李旱 《册府》二二六、《魏書·慕容廆傳》"旱"均作"早"。

初,慕容奇聚衆于建安,將討蘭汗,百姓翕然從之。汗遣兄子全討奇,奇擊滅之,進屯乙連。盛既誅汗,命奇罷兵,奇遂與丁零嚴生、烏丸王龍之阻兵叛盛,引軍至横溝,去龍城十里。盛出兵擊敗之,執奇而還,斬龍、生等百餘人。盛於是僭即尊位,大赦殊死已下,追尊伯考獻莊太子全爲獻莊皇帝,尊寶后段氏爲皇太后,全妃丁氏爲獻莊皇后,謚太子策爲獻哀太子。盛幽州刺史慕容豪、尚書左僕射張通、昌黎尹張順謀叛,盛皆誅之。改年爲長樂。有犯罪者,十日一自決之,無撾捶之罰,而獄情多實。

高句驪王安遣使貢方物。有雀素身緑首,集于端門,栖翔東園,二旬而去,改東園爲白雀園。

盛聽詩歌及周公之事,顧謂群臣曰:"周公之輔成王,不能以至誠感上下,誅兄弟以杜流言,猶擅美於經傳,歌德於管絃。至如我之太宰桓王,承百王之季,主在可奪之年,二寇闚闞,難過往日,臨朝輔政,群情緝穆,經略外敷,闢境千里,以禮讓維宗親,德刑制群后,敦睦雍熙,時無二論。勳道之茂,豈可與周公同日而言乎!而燕詠闕而不論,盛德掩而不述,非所謂也。"乃命中書更爲《燕頌》以述恪之功焉。又引中書令常忠、尚書陽璆、秘書監郎敷於東堂,問曰:"古來君子皆謂周公忠聖,豈不謬哉!"璆曰:"周公居攝政之重,而能達君臣之名,及流言之謗,致烈風以悟主,道契神靈,義光萬代,故累葉稱其高,後王無以奪其美。"盛曰:"常令以爲何如?"

忠曰：“昔武王疾篤，周公有請命之誠，流言之際，義感天地，楚撻伯禽以訓就王德。周公爲臣之忠，聖達之美，《詩》《書》已來未之有也。”盛曰：“異哉二君之言！朕見周公之詐，未見其忠聖也。昔武王得九齡之夢，白文王，文王曰：‘我百，爾九十，吾與爾三焉。’及文王之終，已驗武王之壽矣。武王之算未盡而求代其死，是非詐乎！若惑于天命，是不聖也。據攝天位而丹誠不見，致兄弟之間有干戈之事。夫文王之化自近及遠，故曰刑于寡妻，至于兄弟。周公親違聖父之典而蹈嫌疑之蹤，戮罰同氣以逞私忿，何忠之有乎！但時無直筆之史，後儒承其謬談故也。”忠曰：“啓金縢而返風，亦足以明其不詐。遭二叔流言之變，而能大義滅親，終安宗國，復子明辟，輔成大業，以致太平，制禮作樂，流慶無窮，亦不可謂非至德也。”盛曰：“卿徒因成文而未原大理，朕今相爲論之。昔周自后稷積德累仁，至于文武。文武以大聖應期，遂有天下。生靈仰其德，四海歸其仁。成王雖幼統洪業，而卜世修長，加吕、召、毛、畢爲之師傅。若無周公攝政，王道足以成也。周公無故以安危爲己任，專臨朝之權，闕北面之禮。管蔡忠存王室，以爲周公代主非人臣之道，故言公將不利於孺子。周公當明大順之節，陳誠義以曉群疑，而乃阻兵都邑，擅行誅戮。不臣之罪彰于海内，方貽王《鴟鴞》之詩，歸非於主，是何謂乎！又周公舉事，稱告二公，二公足明周公之無罪而坐觀成王之疑，此則二公之心亦有猜於周公也。但以疏不間親，故寄言於管蔡，可謂忠不見於當時，仁不及於兄弟。知群望之有歸，天命之不在己，然後返政成王，以爲忠耳。大風拔木之徵，乃皇天祐存周道，不忘文武之德，是以赦周公之始愆，欲成周室之大美。考周公之心，原周公之行，乃天下之罪人，何至德之謂也！周公復位，二公所以杜口不言其本心者，以明管蔡之忠也。”

又謂常忠曰：“伊尹、周公孰賢？”忠曰：“伊尹非有周公之親而功濟一代，太甲亂德，放於桐宮，思愆改善，然後復之。使主無怨言，臣無流謗，道存社稷，美溢來今。臣謂伊尹之勳有高周旦。”盛曰：“伊尹以舊臣之重，顯阿衡之任，太甲嗣位，君道未洽，不能竭忠輔導，而放黜桐宮，事同夷羿，何周公之可擬乎！”郎敷曰：“伊尹處人臣之位，不能匡制其君，恐成湯之道墜而莫就，是以居之桐宮，與小人從事，使知稼穡之艱難，然後返之天位，此其忠也。”盛曰：“伊尹能廢而立之，何不能輔之以至於善乎？若太甲性同桀紂，則三載之間未應便成賢后。如其性本休明，義心易發，當務盡匡規之理以弼成君德，安有人臣幽主而據其位哉！且臣之事君，惟力是視，奈何挾智藏仁以成君惡！夫太甲之事，朕已鑒之矣。太甲，至賢之主也，以伊尹歷奉三朝，績無異稱，將失顯祖委授之功，故匿其日月之明，受伊尹之黜，所以濟其忠貞之美。夫非常之人，然後能立非常之事，非常人之所見也，亦猶太伯之三讓，人無德而稱焉。”敷曰：“太伯三以天下讓，至仲尼而後顯其至德。太甲受謗於天下，遭陛下乃申其美。”因而談謔賦詩，賜金帛各有差。

　　遼西太守李朗在郡十年，威制境内，盛疑之，累徵不赴。以母在龍城，未敢顯叛，乃陰引魏軍，將爲自安之計，因表請發兵以距寇。盛曰：“此必詐也。”召其使而詰之，果驗，盡滅其族，遣輔國將軍李旱率騎討之。師次建安，召旱旋師。朗聞其家被誅也，擁三千餘戶以自固。及聞旱中路而還，謂有内變，不復爲備，留其子養守令支，躬迎魏師于北平。旱候知之，襲克令支，遣廣威孟廣平率騎追朗，及于無終，斬之。初，盛之追旱還也，群臣莫知其故。旱既斬朗，盛謂群臣曰：“前以追旱還者，正爲此耳。朗新爲叛逆，必忌官威，一則鳩合同類，劫掠良善，二則亡竄山澤，未可卒平，故非意而還，以盈怠其志，卒然掩之，必克之理也。”群臣皆曰：“非所及也。”

李旱自遼西還，聞盛殺其將衛雙，懼，棄軍奔走。既而歸罪，復其爵位。盛謂侍中孫勍曰：“旱總三軍之任，荷專征之重，不能杖節死綏，無故逃亡，考之軍正，不赦之罪也。然當先帝之避難，衆情離貳，骨肉忘其親，股肱失忠節，旱以刑餘之體，效力盡命，忠款之至，精貫白日。朕故錄其忘身之功，免其丘山之罪耳。”

盛去皇帝之號，稱庶人大王。〔八〕

【校勘記】

〔八〕庶人大王　《御覽》一二五引《後燕錄》作“庶民天王”。李校：“大王”本書《五行志》及《通鑑》、《十六國春秋》俱作“天王”。按：《魏書·慕容廆傳》又作“庶民大王”。“人”本是“民”字，唐人避諱改。“大”“天”不知孰是。

魏襲幽州，執刺史盧溥而去。遣孟廣平援之，無及。

盛率衆三萬伐高句驪，襲其新城、南蘇，皆克之，散其積聚，徙其五千餘户于遼西。

盛引見百僚于東堂，考詳器藝，超拔者十有二人。命百司舉文武之士才堪佐世者各一人。立其子遼西公定爲太子，大赦殊死已下。讌其群臣于新昌殿，盛曰：“諸卿各言其志，朕將覽之。”七兵尚書丁信年十五，盛之舅子也，進曰：“在上不驕，高而不危，臣之願也。”盛笑曰：“丁尚書年少，安得長者之言乎！”盛以威嚴馭下，驕暴少親，多所猜忌，故信言及之。

盛討庫莫奚，大虜獲而還。左將軍慕容國與殿中將軍秦興、段讚等謀率禁兵襲盛，事覺，誅之，死者五百餘人。前將軍、思悔侯段璣、興子興、讚子泰等，因衆心動搖，夜於禁中鼓譟大呼。盛聞變，率左右出戰，衆皆披潰。俄而有一賊從闇中擊傷盛，遂輦升前殿，申約禁衛，召叔父河間公熙屬以後事。熙未至而盛死，時年二十九，在位三年。〔九〕僞諡昭武皇帝，墓號興平陵，廟號中宗。

【校勘記】

〔九〕在位三年　《安紀》,盛於隆安二年"稱長樂王,攝天子位"。《御覽》一二五引《後燕録》,建平元年七月,盛以長樂王稱制,是年十月"即皇帝位"。建平元年亦即晉隆安二年。自二年至五年死,應云"在位四年"始合。

盛幼而羇賤流漂,長則遭家多難,夷險安危,備嘗之矣。懲寶闇而不斷,遂峻極威刑,纖芥之嫌,莫不裁之於未萌,防之於未兆。於是上下振局,人不自安,雖忠誠親戚亦皆離貳,舊臣靡不夷滅,安忍無親,所以卒于不免。是歲隆安五年也。

頁三〇九八至三一〇四、三一一一

《晉書》卷一百二十四《載記第二十四·慕容熙》

熙字道文,垂之少子也。初封河間王。段速骨之難,諸王多被其害,熙素爲高陽王崇所親愛,故得免焉。蘭汗之篡也,以熙爲遼東公,備宗祀之義。盛初即位,降爵爲公,拜都督中外諸軍事、驃騎大將軍、尚書左僕射,領中領軍。從征高句驪、契丹,皆勇冠諸將。盛曰:"叔父雄果英壯,有世祖之風,但弘略不如耳。"

及盛死,其太后丁氏以國多難,宜立長君。群望皆在平原公元,而丁氏意在於熙,遂廢太子定,迎熙入宫。群臣勸進,熙以讓元,元固以讓熙,熙遂僣即尊位。誅其大臣段璣、秦興等,並夷三族。元以嫌疑賜死。元字道光,寶之第四子也。赦殊死已下,改元曰光始,改北燕臺爲大單于臺,置左右輔,位次尚書。

初,熙烝于丁氏,故爲所立。及寵幸苻貴人,丁氏怨恚呪詛,與兄子七兵尚書信謀廢熙。熙聞之,大怒,逼丁氏令自殺,葬以后禮,誅丁信。

熙狩于北原,石城令高和殺司隸校尉張顯,閉門距熙。熙率騎馳返，和衆皆投杖，熙入誅之。於是引見州郡及單于八部耆舊于東宮，問以疾苦。

大築龍騰苑，廣袤十餘里，役徒二萬人。起景雲山于苑内，基廣五百步，峰高十七丈。又起逍遥宫、甘露殿，連房數百，觀閣相交。鑿天河渠，引水入宫。又爲其昭儀苻氏鑿曲光海、清涼池。季夏盛暑，士卒不得休息，暍死者太半。熙游於城南，止大柳樹下，若有人呼曰：“大王且止。”熙惡之，伐其樹，乃有蛇長丈餘，從樹中而出。

立其貴嬪苻氏爲皇后，赦殊死已下。

熙北襲契丹，大破之。

昭儀苻氏死，僞謚愍皇后。贈苻謨太宰，謚文獻公。二苻並美而艷，好微行游讌，熙弗之禁也。請謁必從，刑賞大政無不由之。初，昭儀有疾，龍城人王溫稱能療之，〔一〇〕未幾而卒。熙忿其妄也，立於公車門支解温而焚之。其后好游田，熙從之，北登白鹿山，東過青嶺，南臨滄海，百姓苦之，士卒爲豺狼所害及凍死者五千餘人矣。會高句驪寇燕郡，殺略百餘人。熙伐高句驪，以苻氏從，爲衝車地道以攻遼東。熙曰：“待剗平寇城，朕當與后乘輦而入，不聽將士先登。”於是城内嚴備，攻之不能下。會大雨雪，士卒多死，乃引歸。

【校勘記】

〔一〇〕王温　《通鑑》一一三作“王榮”。

擬鄴之鳳陽門，作弘光門，累級三層。

熙與苻氏襲契丹，憚其衆盛，將還，苻氏弗聽，遂棄輜重，輕襲高句驪，周行三千餘里，士馬疲凍，死者屬路。攻木底城，不克而還。

盡殺寶諸子。大城肥如及宿軍，以仇尼倪爲鎮東大將軍、營州刺史，鎮宿軍，上庸公懿爲鎮西將軍、幽州刺史，鎮令支；尚書劉木爲鎮南大將軍、冀州刺史，鎮肥如。

爲苻氏起承華殿，高承光一倍。負土於北門，土與穀同價。典軍杜靜載棺詣闕，上書極諫。熙大怒，斬之。苻氏嘗季夏思凍魚膾，仲冬須生地黃，皆下有司切責，不得，加以大辟，其虐也如此。苻氏死，熙悲號躃踊，若喪考妣，擁其尸而撫之曰："體已就冷，命遂斷矣！"於是僵仆氣絶，久而乃蘇。大斂既訖，復啓其棺而與交接。服斬縗，食粥。制百僚於宮內哭臨，令沙門素服。使有司案檢哭者，有淚以爲忠孝，無則罪之，於是群臣震懼，莫不含辛以爲淚焉。慕容隆妻張氏，熙之嫂也，美姿容，有巧思。熙將以爲苻氏之殉，欲以罪殺之，乃毀其禩輀，中有弊韉，遂賜死。三女叩頭求哀，熙不許。制公卿已下至于百姓，率戶營墓，費殫府藏。下錮三泉，周輪數里，內則圖畫尚書八坐之象。熙曰："善爲之，朕將隨后入此陵。"識者以爲不祥。其右僕射韋璆等並懼爲殉，沐浴而待死焉。號苻氏墓曰徽平陵。熙被髮徒跣，步從苻氏喪。輀車高大，毀北門而出。長老竊相謂曰："慕容氏自毀其門，將不久也。"

中衛將軍馮跋、[一]左衛將軍張興，先皆坐事亡奔，以熙政之虐也，與跋從兄萬泥等二十二人結盟，推慕容雲爲主，發尚方徒五千餘人閉門距守。中黃門趙洛生奔告之，熙曰："此鼠盜耳，朕還當誅之。"乃收髮貫甲，馳還赴難。夜至龍城，攻北門不克，遂敗，走入龍騰苑，微服隱于林中，爲人所執，雲得而弑之，及其諸子同殯城北。時年二十三，在位六年。[二]雲葬之于苻氏墓，僞諡昭文皇帝。

【校勘記】

〔一〕中衛將軍馮跋　各本"中衛"作"衛中"。周校："衛中"，《跋記》作"中衛"爲是。《斠注》亦引《馮跋載記》及《御覽》一二五引《後燕錄》作"中衛"，云"衛中"誤倒。按：《通鑑》一一四亦作"中衛"。中衛將軍魏末司馬昭置，見本書《職官志》。今據乙。

〔一二〕在位六年 《安紀》，熙以隆安五年立，至義熙三年死，當云“在位七年”。

垂以孝武帝太元八年僭立，〔一三〕至熙四世，凡二十四年，以安帝義熙三年滅。〔一四〕初，童謠曰：“一束藁，兩頭然，禿頭小兒來滅燕。”藁字上有草，下有禾，兩頭然則禾草俱盡而成高字。雲父名拔，小字禿頭，三子，而雲季也。熙竟爲雲所滅，如謠言焉。

【校勘記】

〔一三〕垂以孝武帝太元八年僭立 垂立於太元九年，此作“八年”誤。參卷一二三校記。

〔一四〕以安帝義熙三年滅 各本“三年”作“二年”，宋本作“三年”。《安紀》亦在三年。今從宋本。

頁三一〇四至三一〇八、三一一一至三一一二

《晉書》卷一百二十四

《載記第二十四·慕容雲》附史臣論贊後燕

慕容雲字子雨，寶之養子也。祖父和，高句驪之支庶，自云高陽氏之苗裔，故以高爲氏焉。雲沈深有局量，厚重希言，時人咸以爲愚，唯馮跋奇其志度而友之。寶之爲太子，雲以武藝給事侍東宮，〔一五〕拜侍御郎，襲敗慕容會軍。寶子之，賜姓慕容氏，封夕陽公。

【校勘記】

〔一五〕雲以武藝給事侍東宮 《御覽》一二五引《後燕錄》作“給侍東宮”。按：疑“事”譌作“侍”，後人旁注“事”字，傳寫入正文。原文當作“給事東宮”。

熙之葬苻氏也，馮跋詣雲，告之以謀。雲懼曰：“吾嬰疾歷年，卿等所知，願更圖之。”跋逼曰：“慕容氏世衰，河間虐暴，惑妖淫之女而逆亂天常，百姓不堪其害，思亂者十室九焉，此天亡之時也。

公自高氏名家,何能爲他養子! 機運難邀,千歲一時,公焉得辭也! ”扶之而出。雲曰:“吾疾苦日久,廢絕世務。卿今興建大事,謬見推逼。所以徘徊,非爲身也,實惟否德不足以濟元元故耳。”跋等强之,雲遂即天王位,復姓高氏,大赦境内殊死以下,改元曰正始,國號大燕。署馮跋侍中、都督中外諸軍事、征北大將軍、開府儀同三司、録尚書事、武邑公,封伯、子、男,鄉、亭侯者五十餘人,士卒賜穀帛有差。熙之群官,復其爵位。立妻李氏爲天王后,子彭爲太子。

越騎校尉慕輿良謀叛,雲誅之。

雲臨東堂,幸臣離班、桃仁懷劍執紙而入,稱有所啓,拔劍擊雲,雲以几距班,桃仁進而弑之。馮跋遷雲尸于東宫,僞謚惠懿皇帝。雲自以無功德而爲豪桀所推,常内懷懼,故寵養壯士以爲腹心。離班、桃仁等並專典禁衛,委之以爪牙之任,賞賜月至數千萬,衣食卧起皆與之同,終以此致敗云。

史臣曰:四星東聚,金陵之氣已分;五馬南浮,玉塞之雄方擾。市朝屢改,艱虞靡息。慕容垂天資英傑,威震本朝,以雄略見猜而庇身寬政,永固受之而以禮,道明事之而畢力。然而隼質難羈,狼心自野。淮南失律,三甥之謀已構;河朔分麾,五木之祥云啓。斬飛龍而遐舉,踰石門而長邁,遂使翟氏景從,鄴師宵逸,收羅趙魏,驅駕英雄。叩囊餘奇,摧五萬於河曲;浮船秘策,招七郡於黎陽。返遼陰之舊物,創中山之新社,類帝禋宗,僭儗斯備。夫以重耳歸晉,賴五臣之功;句踐紿吴,資五千之卒。惡有業殊二霸,衆微一旅,掎拔而傾山嶽,騰嘯而御風雲! 雖衛人忘亡復傳於東國,任好餘裕伊愧於西鄰,信苻氏之姦回,非晉室之鯨鯢矣。

寶以浮譽獲升,峻文御俗,蕭墻内憤,勃敵外陵,雖毒不被物而

惡足自剿。盛則孝友冥符，文武不墜，韜光而夷讎賊，罪己而遜高
危，翩翩然濁世之佳虜矣。熙乃地非奧主，舉因淫德。驪戎之態，取
悦於匡牀；玄妻之姿，見奇於鬒髮。蕩輕舟於曲光之海，望朝涉於景
雲之山，飾土木於驕心，窮怨嗟於蕝壞，宗祀夷滅，爲馮氏之驅除焉。

　　贊曰：戎狄憑陵，山川沸騰。天未悔禍，人非與能。疾走而捷，
先鳴則興。道明烈烈，鞭笞豪傑。掃燕夷魏，釗屠永滅。大盜潛
移，鴻名遂竊。寶心生亂，盛清家難。熙極驕淫，人懷憤惋。孽貽
身咎，灾無以逭。

頁三一〇八至三一一〇、三一一二

《晉書》卷一百二十七《載記第二十七·慕容德》

　　慕容德字玄明，皝之少子也。母公孫氏夢日入臍中，晝寢而生
德。年未弱冠，身長八尺二寸，姿貌雄偉，額有日角偃月重文。博
觀群書，性清慎，多才藝。慕容儁之僭立也，封爲梁公，歷幽州刺
史、左衛將軍。及暐嗣位，改封范陽王，稍遷魏尹，加散騎常侍。俄
而苻堅將苻雙據陝以叛，堅將苻柳起兵枹罕，將應之。德勸暐乘釁
討堅，辭旨慷慨，識者言其有遠略。暐竟不能用。德兄垂甚壯之，
因共論軍國大謀，言必切至。垂謂之曰：“汝器識長進，非復吳下阿
蒙也。”枋頭之役，德以征南將軍與垂擊敗晉師。及垂奔苻堅，德坐
免職。後遇暐敗，徙于長安，苻堅以爲張掖太守，數歲免歸。

　　及堅以兵臨江，拜德爲奮威將軍。堅之敗也，堅與張夫人相
失，慕容暐將護致之，德正色謂暐曰：“昔楚莊滅陳，納巫臣之諫而
棄夏姬。此不祥之人，惑亂人主，戎事不邇女器，秦之敗師當由於
此。宜掩目而過，奈何將衛之也！”暐不從，德馳馬而去之。還次
滎陽，言於暐曰：“昔句踐棲於會稽，終獲吳國。聖人相時而動，百
舉百全。天將悔禍，故使秦師喪敗，宜乘其弊以復社稷。”暐不納。

乃從垂如鄴。

　　及垂稱燕王，以德爲車騎大將軍，復封范陽王，居中鎮衛，參斷政事。久之，遷司徒。于時慕容永據長子，有衆十萬，垂議討之。群臣咸以爲疑，德進曰："昔三祖積德，遺詠在耳，[一]故陛下龍飛，不謀而會，雖由聖武，亦緣舊愛，燕趙之士樂爲燕臣也。今永既建僞號，扇動華戎，致令群豎從橫，逐鹿不息，宜先除之，以一衆聽。昔光武馳蘇茂之難，不顧百官之疲，夫豈不仁？機急故也。兵法有不得已而用之，陛下容得已乎！"垂笑謂其黨曰："司徒議與吾同。二人同心，其利斷金，吾計決矣。"遂從之。垂臨終，敕其子寶以鄴城委德。寶既嗣位，以德爲使持節、都督冀兖青徐荆豫六州諸軍事、特進、車騎大將軍、冀州牧，領南蠻校尉，鎮鄴，罷留臺，以都督專總南夏。

　　【校勘記】

　　〔一〕遺詠在耳　各本"詠"作"訓"，宋本作"詠"。"遺詠"與下"舊愛""樂爲燕臣"相應，今從宋本。

　　魏將拓拔章攻鄴，[二]德遣南安王慕容青等夜擊，敗之。魏師退次新城，青等請擊之。別駕韓䛒進曰："古人先決勝廟堂，然後攻戰。今魏不可擊者四，燕不宜動者三。魏懸軍遠入，利在野戰，一不可擊也。深入近畿，頓兵死地，二不可擊也。前鋒既敗，後陣方固，三不可擊也。彼衆我寡，四不可擊也。官軍自戰其地，一不宜動。動而不勝，衆心難固，二不宜動。城郭未修，敵來無備，三不宜動。此皆兵家所忌，不如深溝高壘，以逸待勞。彼千里餽糧，野無所掠，久則三軍靡資，攻則衆旅多斃，師老釁生，詳而圖之，可以捷矣。"德曰："韓別駕之言，良、平之策也。"於是召青還師。魏又遣遼西公賀賴盧率騎與章圍鄴，德遣其參軍劉藻請救於姚興，且參母兄之問，而興師不至，衆大懼。德於是親饗戰士，厚加撫接，人感其恩，皆樂爲致死。會章、盧内相乖爭，各引軍潛遁。章司馬丁建率衆來降，言章師老，可以敗之。德遣將追破章軍，人心始固。

【校勘記】

〔二〕魏將拓拔章攻鄴　《魏書·太祖紀》《昭成子孫傳》攻鄴主將爲東平公儀，《通鑑》一〇八從《魏書》。

時魏師入中山，慕容寶出奔于薊，慕容詳又僭號。會劉藻自姚興而至，興太史令高魯遣其甥王景暉隨藻送玉璽一紐，并圖讖秘文，曰“有德者昌，無德者亡。德受天命，柔而復剛”。又有謠曰：“大風蓬勃揚塵埃，八井三刀卒起來。四海鼎沸中山積，惟有德人據三臺。”於是德之群臣議以慕容詳僭號中山，魏師盛于冀州，未審寶之存亡，因勸德即尊號。德不從。會慕容達自龍城奔鄴，稱寶猶存，群議乃止。尋而寶以德爲丞相，領冀州牧，承制南夏。

德兄子麟自義臺奔鄴，因説德曰：“中山既没，魏必乘勝攻鄴，雖糧儲素積，而城大難固，且人情沮動，不可以戰。及魏軍未至，擁衆南渡，就魯陽王和，據滑臺而聚兵積穀，伺隙而動，計之上也。魏雖拔中山，勢不久留，不過驅掠而返。人不樂徙，理自生變，然後振威以援之，魏則内外受敵，使戀舊之士有所依憑，廣開恩信，招集遺黎，可一舉而取之。”先是，慕容和亦勸德南徙，於是許之。隆安二年，乃率户四萬、車二萬七千乘，自鄴將徙于滑臺。遇風，船没，魏軍垂至，衆懼，議欲退保黎陽。其夕流漸凍合，是夜濟師，旦，魏師至而冰泮，若有神焉。遂改黎陽津爲天橋津。及至滑臺，景星見于尾箕。漳水得白玉，狀若璽。於是德依燕元故事，稱元年，大赦境内殊死已下，置百官。以慕容麟爲司空、領尚書令，慕容法爲中軍將軍，慕輿拔爲尚書左僕射，丁通爲尚書右僕射，自餘封授各有差。初，河間有麟見，慕容麟以爲己瑞。及此，潛謀爲亂，事覺，賜死。其夏，魏將賀賴盧率衆附之。

至是，慕容寶自龍城南奔至黎陽，遣其中黄門令趙思召慕容鍾來迎。鍾本首議勸德稱尊號，聞而惡之，執思付獄，馳使白狀。德謂其下曰："卿等前以社稷大計，勸吾攝政。吾亦以嗣帝奔亡，人神曠主，故權順群議，以繫衆望。今天方悔禍，嗣帝得還，吾將具駕奉迎，謝罪行闕，然後角巾私第，卿等以爲何如？"其黃門侍郎張華進曰："夫爭奪之世，非雄才不振；從橫之時，豈懦夫能濟！陛下若蹈匹婦之仁，捨天授之業，威權一去，則身首不保，何退讓之有乎！"德曰："吾以古人逆取順守，其道未足，所以中路徘徊，悵然未決耳。"慕輿護請馳問寶虛實，德流涕而遣之。乃率壯士數百，隨思而北，因謀殺寶。初，寶遣思之後，知德攝位，懼而北奔。護至無所見，執思而還。德以思閑習典故，將任之。思曰："昔關羽見重曹公，猶不忘先主之恩。思雖刑餘賤隸，荷國寵靈，犬馬有心，而況人乎！乞還就上，以明微節。"德固留之，思怒曰："周室衰微，晉鄭夾輔；漢有七國之難，實賴梁王。殿下親則叔父，位則上台，不能率先群后以匡王室，而幸根本之傾爲趙倫之事。思雖無申胥哭秦之效，猶慕君賓不生莽世。"德怒，斬之。

晉南陽太守閭丘羨、寧朔將軍鄧啓方率衆二萬來伐，師次管城。德遣其中軍慕容法、撫軍慕容和等距之，王師敗績。德怒法不窮追晉師，斬其撫軍司馬靳瓘。

初，符登既爲姚興所滅，登弟廣率部落降於德，拜冠軍將軍，處之乞活堡。會熒惑守東井，或言秦當復興者，廣乃自稱秦王，敗德將慕容鍾。時德始都滑臺，介于晉魏之間，地無十城，衆不過數萬。及鍾喪師，反側之徒多歸于廣。德乃留慕容和守滑臺，親率衆討廣，斬之。

初，寶之至黎陽也，和長史李辯勸和納之，和不從。辯懼謀洩，乃引晉軍至管城，冀德親率師，於後作亂。會德不出，愈不自安。及德此行也，辯又勸和反，和不從。辯怒，殺和，以滑臺降于魏。時將士家悉在城内，德將攻之，韓範言於德曰：“魏師已入城，據國成資，客主之勢，翻然復異，人情既危，不可以戰。宜先據一方，爲關中之基，然後畜力而圖之，計之上也。”德乃止。德右衛將軍慕容雲斬李辯，率將士家累二萬餘人而出，三軍慶悦。德謀於衆曰：“苻廣雖平，而撫軍失據，進有强敵，退無所託，計將安出？”張華進曰：“彭城阻帶山川，楚之舊都，地嶮人殷，可攻而據之，以爲基本。”慕容鍾、慕輿護、封逞、韓諈等固勸攻滑臺，潘聰曰：“滑臺四通八達，非帝王之居。且北通大魏，西接强秦，此二國者，未可以高枕而待之。彭城土曠人稀，地平無嶮，晉之舊鎮，必距王師。又密邇江淮，水路通浚，秋夏霖潦，千里爲湖。且水戰國之所短，吴之所長，今雖克之，非久安之計也。青齊沃壤，號曰‘東秦’，土方二千，户餘十萬，四塞之固，負海之饒，可謂用武之國。三齊英傑，蓄志以待，孰不思得明主以立尺寸之功！廣固者，曹嶷之所營，山川阻峻，足爲帝王之都。宜遣辯士馳説于前，大兵繼進于後。辟間渾昔負國恩，必翻然向化。如其守迷不順，大軍臨之，自然瓦解。既據之後，閉關養鋭，伺隙而動，此亦二漢之有關中、河内也。”德猶豫未決。沙門朗公素知占候，德因訪其所適。朗曰：“敬覽三策，潘尚書之議可謂興邦之術矣。今歲初，長星起於奎婁，遂掃虚危，而虚危，齊之分野，除舊布新之象。宜先定舊魯，巡撫琅邪，待秋風戒節，然後北轉臨齊，天之道也。”德大悦，引師而南，兖州北鄙諸縣悉降，置守宰以撫之。存問高年，軍無私掠，百姓安之，牛酒屬路。

德遣使喻齊郡太守辟間渾，渾不從，遣慕容鍾率步騎二萬擊之。德進據琅邪，徐兖之士附者十餘萬，自琅邪而北，迎者四萬餘人。德進寇莒城，守將任安委城而遁，以潘聰鎮莒城。鍾傳檄青州諸郡曰：“隆替有時，義列昔經；困難啓聖，事彰中籙。是以宣王龍飛於危周，光武鳳起於絶漢，斯蓋曆數大期，帝王之興廢也。自我永康多難，長鯨逸網，華夏四分，黎元五裂。逆賊辟閭渾父蔚，昔同段龕阻亂淄川，太宰東征，剿絶凶命。渾於覆巢之下，蒙全卵之施，曾微犬馬識養之心，復襲凶父樂禍之志，盜據東秦，遠附吳越，割剥黎元，委輸南海。皇上應期，大命再集，矜彼營丘，暫阻王略，故以七州之衆二十餘萬，巡省岱宗，問罪齊魯。昔韓信以神將伐齊，有征無戰；耿弇以偏軍討步，克不移朔。況以萬乘之師，掃一隅之寇，傾山碎卵，方之非易。孤以不才，忝荷先驅，都督元戎一十二萬，皆烏丸突騎，三河猛士，奮劍與夕火争光，揮戈與秋月競色。以此攻城，何城不克；以此衆戰，何敵不平！昔竇融以河西歸漢，榮被於後裔；彭寵盜逆漁陽，身死於奴僕。近則曹嶷跋扈，見擒於後趙；段龕干紀，取滅於前朝。此非古今之吉凶，已然之成敗乎？渾若先迷後悟，榮寵有加。如其敢抗王師，敗滅必無遺燼。稷下之雄，岱北之士，有能斬送渾者，賞同佐命。脱履機不發，必玉石俱摧。”渾聞德軍將至，徙八千餘家入廣固。諸郡皆承檄降于德。渾懼，將妻子奔于魏。德遣射聲校尉劉綱追斬於莒城。渾參軍張瑛常與渾作檄，辭多不遜。及此，德擒而讓之。瑛神色自若，徐對曰：“渾之有臣，猶韓信之有蒯通。通遇漢祖而蒙恕，臣遭陛下而嬰戮，比之古人，竊爲不幸。防風之誅，臣實甘之，但恐堯舜之化未弘於四海耳。”德初善其言，後竟殺之。德遂入廣固。

　　四年，僭即皇帝位于南郊，[三]大赦，改元爲建平。設行廟於宮南，遣使奉策告成焉。進慕容鍾爲司徒，慕輿拔爲司空，封孚爲左僕射，慕輿護爲右僕射。遣其度支尚書封愷、中書侍郎封逞觀省風俗，所在大饗將士。以其妻段氏爲皇后。建立學官，簡公卿已下子弟及二品士門二百人爲太學生。

【校勘記】

〔三〕四年僭即皇帝位于南郊　《校文》:《安帝紀》,德即帝位在隆安三年,《御覽》一二六引《南燕録》言德建平元年歲在己亥,蓋即隆安三年也。下《超傳》云“二世,凡十一年,以義熙六年滅”,上推至隆安三年,正合十一年之數。此“四年”蓋“三年”之誤。

後因讌其群臣,酒酣,笑而言曰:“朕雖寡薄,恭己南面而朝諸侯,在上不驕,夕惕於位,可方自古何等主也?”其青州刺史鞠仲曰:“陛下中興之聖后,少康、光武之儔也。”德顧命左右賜仲帛千匹。仲以賜多為讓,德曰:“卿知調朕,朕不知調卿乎! 卿飾對非實,故亦以虛言相賞。賞不謬加,何足謝也!”韓範進曰:“臣聞天子無戲言,忠臣無妄對。今日之論,上下相欺,可謂君臣俱失。”德大悦,賜範絹五十匹。自是昌言競進,朝多直士矣。

德母兄先在長安,遣平原人杜弘如長安問存否。弘曰:“臣至長安,若不奉太后動止,便即西如張掖,以死為效。臣父雄年踰六十,未沾榮貴,乞本縣之禄,以申烏鳥之情。”張華進曰:“杜弘未行而求禄,要利情深,不可使也。”德曰:“吾方散所輕之財,招所重之死,況為親尊而可吝乎! 且弘為君迎親,為父求禄,雖外如要利,内實忠孝。”乃以雄為平原令。弘至張掖,為盜所殺,德聞而悲之,厚撫其妻子。

明年,德如齊城,登營丘,望晏嬰冢,顧謂左右曰:“禮,大夫不逼城葬。平仲古之賢人,達禮者也,而生居近市,死葬近城,豈有意乎?”青州秀才晏謨對曰:“孔子稱臣先人平仲賢,則賢矣。豈不知高其梁,豐其禮? 蓋政在家門,故儉以矯世。存居湫隘,卒豈擇地而葬乎! 所以不遠門者,猶冀悟平生意也。”遂以謨從至漢城陽景王廟,謨庶老于申池,北登社首山,東望鼎足,因目牛山而歎曰:“古無不死!”愴然有終焉之志。遂問謨以齊之山川丘陵,賢哲舊事。謨歷對詳辯,畫地成圖。德深嘉之,拜尚書郎。立冶於商山,置鹽官于烏常澤,以廣軍國之用。

　　德故吏趙融自長安來，始具母兄凶問。德號慟吐血，因而寢疾。其司隸校尉慕容達因此謀反，遣牙門皇璆率衆攻端門，殿中師侯赤眉開門應之。〔四〕中黄門孫進扶德踰城，隱於進舍。段宏等聞宮中有變，勒兵屯四門。德入宮，誅赤眉等，達懼而奔魏。慕容法及魏師戰于濟北之摽榆谷，魏師敗績。

【校勘記】

〔四〕殿中師　周校："師"當作"帥"。按：《通鑑》一一三正作"帥"。周説是。

　　其尚書韓諟上疏曰："二寇逋誅，國恥未雪，關西爲豺狼之藪，揚越爲鴟鴞之林，三京社稷，鞠爲丘墟，四祖園陵，蕪而不守，豈非義夫憤歎之日，烈士忘身之秋。而皇室多難，威略未振，是使長蛇弗翦，封豕假息。人懷憤慨，常謂一日之安不可以永久，終朝之逸無卒歲之憂。陛下中興大業，務在遵養，矜遷萌之失土，假長復而不役，愍黎庶之息肩，貴因循而不擾。斯可以保寧于營丘，難以經措于秦越。今群凶僭逆，實繁有徒，據我三方，伺國瑕釁。深宜審量虛實，大校成敗，養兵厲甲，廣農積糧，進爲雪恥討寇之資，退爲山河萬全之固。而百姓因秦晉之弊，迭相蔭冒，或百室合户，或千丁共籍，依託城社，不懼燻燒，公避課役，擅爲姦宄，損風毀憲，法所不容。但檢令未宣，弗可加戮。今宜隱實黎萌，正其編貫，庶上增皇朝理物之明，下益軍國兵資之用。若蒙採納，冀裨山海，雖遇商鞅之刑，悦縮之害，所不辭也。"德納之，遣其車騎將軍慕容鎮率騎三千，緣邊嚴防，備百姓逃竄。以諟爲使持節、散騎常侍、行臺尚書，巡郡縣隱實，得蔭户五萬八千。諟公廉正直，所在野次，人不擾焉。

　　德大集諸生，親臨策試。既而饗宴，乘高遠矚，顧謂其尚書魯邃曰："齊魯固多君子，當昔全盛之時，接、慎、巴生、〔五〕淳于、鄒、田之徒，蔭修檐，臨清沼，馳朱輪，佩長劍，恣非馬之雄辭，[六]奮談天之逸辯，指麾則紅紫成章，俛仰則丘陵生韻。至於今日，荒草積墳，氣消煙滅，永言千載，能不依然！”遂答曰：“武王封比干之墓，漢祖祭信陵之墳，皆留心賢哲，每懷往事。陛下慈深二主，澤被九泉，若使彼而有知，寧不銜荷矣。”

【校勘記】

〔五〕巴生　《史記·魯仲連傳·正義》引《魯仲連子》有齊辯士田巴，疑“巴生”指田巴，故此以名冠生。

〔六〕恣非馬之雄辭　各本“非”作“飛”，殿本作“非”，《通志》一九二亦作“非”，今從殿本。

先是，妖賊王始聚衆于太山，自稱太平皇帝，號其父爲太上皇，兄爲征東將軍，弟征西將軍。慕容鎮討擒之，斬於都市。臨刑，或問其父及兄弟所在，始答曰：“太上皇帝蒙塵於外，征東、征西亂兵所害。惟朕一身，獨無聊賴。”其妻怒之曰：“止坐此口，以至於此，奈何復爾！”始曰：“皇后！自古豈有不破之家，不亡之國邪！”行刑者以刀鐶築之，仰視曰：“崩即崩矣，終不改帝號。”德聞而哂之。

時桓玄將行篡逆，誅不附己者。冀州刺史劉軌、襄城太守司馬休之、征虜將軍劉敬宣、廣陵相高雅之、江都長張誕並內不自安，皆奔於德。於是德中書侍郎韓範上疏曰：“夫帝王之道，必崇經略。有其時無其人，則弘濟之功闕；有其人無其時，則英武之志不申。至於能成王業者，惟人時合也。自晉國內難，七載于兹。桓玄逆篡，虐踰董卓，神怒人怨，其殃積矣。可乘之機，莫過此也。以陛下之神武，經而緯之，驅樂奮之卒，接厭亂之機，譬猶聲發響應，形動影隨，未足比其易也。且江淮南北戶口未幾，公私戎馬不過數百，守備之事蓋亦微矣。若以步騎一萬，建雷霆之舉，卷甲長驅，指臨江會，必望旗草偃，壺漿屬路。跨地數千，衆踰十萬，可以西并強

秦,北抗大魏。夫欲拓境開疆,保寧社稷,無過今也。如使後機失
會,豪桀復起,梟除桓玄,布惟新之化,遐邇既寧,物無異望,非但
建鄴難屠,江北亦不可冀。機過患生,憂必至矣。天與不取,悔將
及焉。惟陛下覽之。"德曰:"自頃數纏百六,宏綱暫弛,遂令姦逆
亂華,舊京墟穢,每尋否運,憤慨兼懷。昔少康以一旅之衆,復夏配
天,況朕據三齊之地,藉五州之衆,教之以軍旅,訓之以禮讓,上下
知義,人思自奮,繕甲待釁,爲日久矣。但欲先定中原,掃除逋孽,
然後宣布淳風,經理九服,飲馬長江,懸旌隴坂。此志未遂,且韜戈
耳。今者之事,王公其詳議之。"咸以桓玄新得志,未可圖,乃止。
於是講武於城西,步兵三十七萬,車一萬七千乘,鐵騎五萬三千,周
亘山澤,旌旗彌漫,鉦鼓之聲,振動天地。德登高望之,顧謂劉軌、
高雅之曰:"昔郤克忿齊,子胥怨楚,終能暢其剛烈,名流千載。卿
等既知投身有道,當使無慚昔人也。"雅之等頓首答曰:"幸蒙陛下
天覆之恩,大造之澤,存亡繼絶,實在聖時,雖則萬隕,何以上報!"
俄聞桓玄敗,德以慕容鎮爲前鋒,慕容鍾爲大都督,配以步卒二萬,
騎五千,剋期將發,而德寢疾,於是罷兵。

　　初,德迎其兄子超于長安,及是而至。德夜夢其父曰:"汝既無
子,何不早立超爲太子。不爾,惡人生心。"寤而告其妻曰:"先帝神
明所敕,觀此夢意,吾將死矣。"乃下書以超爲皇太子,大赦境内,子
爲父後者人爵二級。其月死,即義熙元年也,時年七十。乃夜爲十
餘棺,分出四門,潛葬山谷,竟不知其尸之所在。在位五年,[七]僞
謚獻武皇帝。

【校勘記】

〔七〕在位五年　德即帝位在隆安三年,至義熙元年死,凡七
年,即如上文以德即位在隆安四年,亦應作"六年"。

《晉書》卷一百二十八《載記第二十八·慕容超》

慕容超字祖明，德兄北海王納之子。苻堅破鄴，以納爲廣武太守，數歲去官，家于張掖。德之南征，留金刀而去。及垂起兵山東，苻昌收納及德諸子，皆誅之，納母公孫氏以耄獲免，納妻段氏方娠，未決，囚之于郡獄。獄掾呼延平，德之故吏也，嘗有死罪，德免之。至是，將公孫及段氏逃于羌中，而生超焉。年十歲而公孫氏卒，臨終授超以金刀，曰："若天下太平，汝得東歸，可以此刀還汝叔也。"平又將超母子奔于呂光。及呂隆降於姚興，超又隨涼州人徙于長安。超母謂超曰："吾母子全濟，呼延氏之力。平今雖死，吾欲爲汝納其女以答厚惠。"於是娶之。超自以諸父在東，恐爲姚氏所錄，乃陽狂行乞。秦人賤之，惟姚紹見而異焉，勸興拘以爵位。召見與語，超深自晦匿，興大鄙之，謂紹曰："諺云'妍皮不裹癡骨'，妄語耳。"由是得去來無禁。德遣使迎之，超不告母妻乃歸。及至廣固，呈以金刀，具宣祖母臨終之言，德撫之號慟。

超身長八尺，腰帶九圍，精彩秀發，容止可觀。德甚加禮遇，始名之曰超，封北海王，拜侍中、驃騎大將軍、司隸校尉，開府，置佐吏。德無子，欲以超爲嗣，故爲超起第於萬春門內，朝夕觀之。超亦深達德旨，入則盡歡承奉，出則傾身下士，於是內外稱美焉。頃之，立爲太子。

及德死，以義熙元年僭嗣僞位，大赦境內，改元曰太上。尊德妻段氏爲皇太后。以慕容鍾都督中外諸軍、録尚書事，慕容法爲征南、都督徐兖揚南兖四州諸軍事，慕容鎮加開府儀同三司、尚書令，封孚爲太尉，鞠仲爲司空，〔一〕潘聰爲左光禄大夫，封嵩爲尚書左僕射，自餘封拜各有差。後又以鍾爲青州牧，段宏爲徐州刺史，公孫五樓爲武衛將軍、領屯騎校尉，內參政事。封孚言於超曰："臣聞五

大不在邊，五細不在庭。鍾，國之宗臣，社稷所賴；宏，外戚懿望，親
賢具瞻。正應參翼百揆，不宜遠鎮方外。今鍾等出藩，五樓内輔，
臣竊未安。”超新即位，害鍾等權逼，以問五樓。五樓欲專斷朝政，
不欲鍾等在内，屢有間言，孚説竟不行。鍾、宏俱有不平之色，相謂
曰：“黄犬之皮恐當終補狐裘也。”五樓聞之，嫌隙漸遘。

【校勘記】

〔一〕鞠仲爲司空　各本“鞠”作“麴”。《斠注》：《元和姓纂》
南燕有司空鞠仲，則此不當作“麴”。按：《慕容德載記》正見青州
刺史鞠仲，下文《封孚傳》又見“司空鞠仲”，並作“鞠”，今據改。

初，超自長安行至梁父，慕容法時爲兗州，鎮南長史悦壽還謂
法曰：“向見北海王子，天資弘雅，神爽高邁，始知天族多奇，玉林皆
寶。”法曰：“昔成方遂詐稱衛太子，人莫辯之，此復天族乎？”超聞
而恚恨，形于言色。法亦怒，處之外館，由是結憾。及德死，法又不
奔喪，超遣使讓焉。法常懼禍至，因此遂與慕容鍾、段宏等謀反。超
知而徵之，鍾稱疾不赴，於是收其黨侍中慕容統、右衛慕容根、散騎
常侍段封誅之，車裂僕射封嵩於東門之外。西中郎將封融奔于魏。

超尋遣慕容鎮等攻青州，慕容昱等攻徐州，慕容凝、韓範攻梁
父。昱等攻莒城，拔之，徐州刺史段宏奔于魏。封融又集群盜襲石
塞城，殺鎮西大將軍餘鬱，青土振恐，人懷異議。慕容凝謀殺韓範，
將襲廣固。範知而攻之，凝奔梁父。範并其衆，攻梁父克之，凝奔
姚興，慕容法出奔于魏。慕容鎮克青州，鍾殺其妻子，爲地道而出，
單馬奔姚興。

于時超不恤政事，畋游是好，百姓苦之。其僕射韓諱切諫，不
納。超議復肉刑、九等之選，乃下書於境内曰：“陽九數纏，永康多
難。自北都傾陷，典章淪滅，律令法憲，靡有存者。綱理天下，此爲
爲本，既不能導之以德，必須齊之以刑。且虞舜大聖，猶命咎繇作

士,刑之不可已已也如是! 先帝季興,大業草創,兵革尚繁,未遑修制。朕猥以不德,嗣承大統,撫御寡方,致蕭牆釁發,遂戎馬生郊,典儀寢廢。今四境無虞,所宜修定,尚書可召集公卿。至如不忠不孝若封嵩之輩,梟斬不足以痛之,宜致烹轘之法,亦可附之律條,納以大辟之科。肉刑者,乃先聖之經,不刊之典,漢文易之,輕重乖度。今犯罪彌多,死者稍衆。肉刑之于化也,濟育既廣,懲慘尤深,光壽、建興中二祖已議復之,未及而晏駕。其令博士已上參考舊事,依《呂刑》及漢、魏、晉律令,消息增損,議成燕律。五刑之屬三千,而罪莫大于不孝。孔子曰:'非聖人者無法,非孝者無親,此大亂之道也。'轘裂之刑,烹煮之戮,雖不在五品之例,然亦行之自古。渠彌之轘,著之《春秋》;哀公之烹,爰自中代。世宗都齊,亦愍刑罰失中,咨嗟寢食。王者之有刑糾,猶人之左右手焉。故孔子曰:'刑罰不中,則人無所措手足。'是以蕭何定法令而受封,叔孫通以制儀爲奉常。立功立事,古之所重。其明議損益,以成一代準式。周漢有貢士之條,魏立九品之選,二者孰愈,亦可詳聞。"群下議多不同,乃止。

　　超母妻既先在長安,爲姚興所拘,責超稱藩,求太樂諸伎,若不可,使送吳口千人。超下書遣群臣詳議。左僕射段暉議曰:"太上囚楚,高祖不迴。今陛下嗣守社稷,不宜以私親之故而降統天之尊。又太樂諸伎皆是前世伶人,不可與彼,使移風易俗,宜掠吳口與之。"尚書張華曰:"若侵掠吳邊,必成鄰怨。此既能往,彼亦能來,兵連禍結,非國之福也。昔孫權重黎庶之命,屈己以臣魏;惠施惜愛子之頭,捨志以尊齊。況陛下慈德在秦,方寸崩亂,宜暫降大號,以申至孝之情。權變之道,典謨所許。韓範智能迴物,辯足傾人,昔與姚興俱爲秦太子中舍人,可遣將命,降號修和。所謂屈于一人之下,申于萬人之上也。"超大悦,曰:"張尚書得吾心矣。"使

範聘于興。及至長安，興謂範曰："封愷前來，燕王與朕抗禮。及卿
至也，款然而附。爲依《春秋》以小事大之義？爲當專以孝敬爲母
屈也？"範曰："周爵五等，公侯異品，小大之禮，因而生焉。今陛下
命世龍興，光宅西秦，本朝主上承祖宗遺烈，定鼎東齊，中分天曜，
南面並帝。通聘結好，義尚謙沖，便至矜誕，苟折行人，殊似吴晉争
盟，滕薛競長，恐傷大秦堂堂之盛，有損皇燕巍巍之美，彼我俱失，
竊未安之。"興怒曰："若如卿言，便是非爲大小而來。"範曰："雖
由大小之義，亦緣寡君純孝過于重華，願陛下體敬親之道，需然垂
愍。"興曰："吾久不見賈生，自謂過之，今不及矣。"於是爲範設舊
交之禮，申叙平生，謂範曰："燕王在此，朕亦見之，風表乃可，於機
辯未也。"範曰："大辯若訥，聖人美之，況爾日龍潛鳳戢，和光同
塵，若使負日月而行，則無繼天之業矣。"興笑曰："可謂使乎延譽
者也。"範承間逞説，姚興大悦，賜範千金，許以超母妻還之。慕容
凝自梁父奔于姚興，言于興曰："燕王稱藩，本非推德，權爲母屈耳。
古之帝王尚興師徵質，豈可虚還其母乎！母若一還，必不復臣也。
宜先制其送伎，然後歸之。"興意乃變，遣使聘于超。超遣其僕射張
華、給事中宗正元入長安，送太樂伎一百二十人于姚興。興大悦，
延華入讌。酒酣，樂作，興黄門侍郎尹雅謂華曰："昔殷之將亡，樂
師歸周；今皇秦道盛，燕樂來庭。廢興之兆，見于此矣。"華曰："自
古帝王，爲道不同，權譎之理，會于功成。故老子曰：'將欲取之，必
先與之。'今總章西入，必由余東歸，禍福之驗，此其兆乎！"興怒
曰："昔齊楚競辯，二國連師。卿小國之臣，何敢抗衡朝士！"華遂
辭曰："奉使之始，實願交歡上國，上國既遺小國之臣，辱及寡君社
稷，臣亦何心，而不仰酬！"興善之，于是還超母妻。

　　義熙三年，[二]追尊其父爲穆皇帝，立其母段氏爲皇太后，妻呼
延氏爲皇后。祀南郊，將登壇，有獸大如馬，狀類鼠而色赤，集于圓

丘之側，俄而不知所在。須臾大風暴起，天地晝昏，其行宮羽儀皆振裂。超懼，密問其太史令成公綏，對曰：“陛下信用姦臣，誅戮賢良，賦斂繁多，事役殷苦所致也。”超懼而大赦，譴責公孫五樓等。俄而復之。是歲廣固地震，天齊水湧，井水溢，女水竭，河濟凍合，而灅水不冰。

【校勘記】

〔二〕義熙三年　《御覽》一二六引《南燕録》系追封事在太上四年。超以義熙元年改元太上，則此當在義熙四年。《通鑑》一一四系於四年，是。

超正旦朝群臣于東陽殿，聞樂作，歎音佾不備，悔送伎于姚興，遂議入寇。其領軍韓諱諫曰：“先帝以舊京傾没，戡翼三齊，苟時運未可，上智輟謀。今陛下嗣守成規，宜閉關養士，以待賦虆，不可結怨南鄰，廣樹仇隙。”超曰：“我計已定，不與卿言。”于是遣其將斛穀提、公孫歸等率騎寇宿豫，陷之，執陽平太守劉千載、濟陰太守徐阮，大掠而去。簡男女二千五百，付太樂教之。

時公孫五樓爲侍中、尚書，領左衛將軍，專總朝政，兄歸爲冠軍、常山公，叔父頹爲武衛、興樂公。五樓宗親皆夾輔左右，王公內外無不憚之。

超論宿豫之功，封斛穀提等並爲郡、縣公。慕容鎮諫曰：“臣聞懸賞待勳，非功不侯。今公孫歸結禍延兵，殘賊百姓，陛下封之，得無不可乎！夫忠言逆耳，非親不發。臣雖庸朽，忝國戚藩，輒盡愚款，惟陛下圖之。”超怒，不答，自是百僚杜口，莫敢開言。

尚書都令史王儼諂事五樓，遷尚書郎，出爲濟南太守，入爲尚書左丞，時人爲之語曰：“欲得侯，事五樓。”

又遣公孫歸等率騎三千入寇濟南，執太守趙元，略男女千餘人而去。劉裕率師將討之，超引見群臣于東陽殿，議距王師。公孫五樓曰："吳兵輕果，所利在戰，初鋒勇鋭，不可爭也。宜據大峴，使不得入，曠日延時，沮其鋭氣。可徐簡精騎二千，循海而南，絶其糧運，别敕段暉率兗州之軍，緣山東下。腹背擊之，上策也。各命守宰，依險自固，校其資儲之外，餘悉焚蕩，芟除粟苗，使敵無所資。堅壁清野，以待其斃，中策也。縱賊入峴，出城逆戰，下策也。"超曰："京都殷盛，户口衆多，非可一時入守。青苗布野，非可卒芟。設使芟苗城守，以全性命，朕所不能。今據五州之强，帶山河之固，戰車萬乘，鐵馬萬羣，縱令過峴，至于平地，徐以精騎踐之，此成擒也。"賀賴盧苦諫，不從，退謂五樓曰："上不用吾計，亡無日矣。"慕容鎮曰："若如聖旨，必須平原用馬爲便，宜出峴逆戰，戰而不勝，猶可退守。不宜縱敵入峴，自貽窘逼。昔成安君不守井陘之關，終屈于韓信；諸葛瞻不據束馬之嶮，卒擒于鄧艾。臣以爲天時不如地利，阻守大峴，策之上也。"超不從。鎮出，謂韓諱曰："主上既不能芟苗守嶮，又不肯徙人逃寇，酷似劉璋矣。今年國滅，吾必死之，卿等中華之士，復爲文身矣。"超聞而大怒，收鎮下獄。乃攝莒、梁父二戍，修城隍，簡士馬，畜鋭以待之。

　　其夏，王師次東莞，超遣其左軍段暉、輔國賀賴盧等六將步騎五萬，進據臨朐。俄而王師度峴，超懼，率卒四萬就暉等于臨朐，謂公孫五樓曰："宜進據川源，晉軍至而失水，亦不能戰矣。"五樓馳騎據之。劉裕前驅將軍孟龍符已至川源，五樓戰敗而返。裕遣諮議參軍檀韶率鋭卒攻破臨朐，超大懼，單騎奔段暉于城南。暉衆又戰敗，裕軍人斬暉。超又奔還廣固，徙郭内人入保小城，使其尚書郎張綱乞師于姚興。赦慕容鎮，進録尚書、都督中外諸軍事。引見羣臣，謝之曰："朕嗣奉成業，不能委賢任善，而專固自由，覆水不收，悔將何及！智士逞謀，必在事危，忠臣立節，亦在臨難，諸君其勉思六奇，共濟艱運。"鎮進曰："百姓之心，係于一人。陛下既躬率六軍，身先奔敗，群臣解心，士庶喪氣，内外之情，不可復恃。如聞西秦自有内難，恐不暇分兵救人，正當更決一戰，以争天命。今散卒還者，猶有數萬，可悉出金帛、宮女，餌令一戰。天若相我，足以破賊。如其不濟，死尚爲美，不可閉門坐受圍擊。”司徒慕容惠曰：“不然。今晉軍乘勝，有陵人之氣，敗軍之將，何以禦之！秦雖與勃勃相持，不足爲患。且二國連横，勢成脣齒，今有寇難，秦必救我。但自古乞援，不遣大臣則不致重兵，是以趙隸三請，楚師不出；平原一使，援至從成。尚書令韓範德望具瞻，燕秦所重，宜遣乞援，以濟時艱。”于是遣範與王蒲乞師于姚興。〔三〕

【校勘記】

〔三〕王蒲　各本“蒲”作“薄”，宋本作“蒲”，《通鑑》一一五亦作“蒲”，今從宋本。

未幾，裕師圍城，四面皆合。人有竊告裕軍曰：“若得張綱爲攻具者，城乃可得耳。”是月，綱自長安歸，遂奔于裕。裕令綱周城大呼曰：“勃勃大破秦軍，無兵相救。”超怒，伏弩射之，乃退。右僕射張華、中丞封愷並爲裕軍所獲。裕令華、愷與超書，勸令早降。超乃遣裕書，請爲藩臣，以大峴爲界，并獻馬千匹，以通和好，裕弗許。江南繼兵相尋而至。尚書張俊自長安還，又降于裕，說裕曰：“今燕人所以固守者，外杖韓範，冀得秦援。範既時望，又與姚興舊昵，若勃勃敗後，秦必救燕，宜密信誘範，啗以重利，範來則燕人絶望，自然降矣。”裕從之，表範爲散騎常侍，遺範書以招之。時姚興乃遣其將姚強率步騎一萬，隨範就其將姚紹于洛陽，并兵來援。會赫連勃勃大破秦軍，興追強還長安。範歎曰：“天其滅燕乎！”會得裕書，遂降于裕。裕謂範曰：“卿欲立申包胥之功，何以虚還也？”範曰：“自亡祖司空世荷燕寵，故泣血秦庭，冀匡禍難。屬西朝多故，丹誠無效，可謂天喪弊邑而贊明公。智者見機而作，敢不至乎！”翌日，裕將範循城，由是人情離駭，無復固志。裕謂範曰："卿宜至城下，告以禍福。"範曰："雖蒙殊寵，猶未忍謀燕。"裕嘉而不强。左右勸超誅範家，以止後叛。超知敗在旦夕，又弟諄盡忠無貳，故不罪焉。是歲東萊雨血，廣固城門鬼夜哭。

　　明年朔旦，超登天門，朝群臣于城上，殺馬以饗將士，文武皆有遷授。超幸姬魏夫人從超登城，見王師之盛，握超手而相對泣。韓諄諫曰："陛下遭百六之會，正是勉强之秋，而反對女子悲泣，何其鄙也！"超拭目謝之。其尚書令董銳勸超出降，〔四〕超大怒，繫之于獄。于是賀賴盧、公孫五樓爲地道出戰王師，不利。河間人玄文說裕曰："昔趙攻曹嶷，望氣者以爲濰水帶城，非可攻拔，若塞五龍口，城必自陷。石季龍從之，而嶷請降。後慕容恪之圍段龕，亦如之，而龕降。降後無幾，又震開之。今舊基猶在，可塞之。"裕從其言。至是，城中男女患脚弱病者太半。超輦而升城，尚書悅壽言于超曰："天地不仁，助寇爲虐，戰士尪病，日就凋隕，守困窮城，息望外援，天時人事，亦可知矣。苟曆運有終，堯舜降位，轉禍爲福，聖達以先。宜追許鄭之蹤，以全宗廟之重。"超歎曰："廢興，命也。吾寧奮劍決死，不能銜璧求生。"於是張綱爲裕造衝車，覆以版屋，蒙之以皮，并設諸奇巧，城上火石弓矢無所施用；又爲飛樓、懸梯、木幔之屬，遙臨城上。超大怒，懸其母而支解之。城中出降者相繼。裕四面進攻，殺傷甚衆，悅壽遂開門以納王師。超與左右數十騎出亡，爲裕軍所執。裕數之以不降之狀，超神色自若，一無所言，惟以母託劉敬宣而已。送建康市斬之，時年二十六，在位六年。

【校勘記】

〔四〕董銳　《通鑑》一一五"銳"作"詵"。

　　德以安帝隆安四年僭位，至超二世，凡十一年，以義熙六年滅。

　　　　　　　頁三一七五至三一八四、三一八六至三一八七

《晉書》卷一百二十八《載記第二十八‧慕容超附慕容鍾》

　　慕容鍾字道明，德從弟也。少有識量，喜怒不形于色，機神秀發，言論清辯。至于臨難對敵，智勇兼濟，累進奇策，德用之頗中。由是政無大小，皆以委之，遂爲佐命元勳。後公孫五樓規挾威權，慮鍾抑己，因勸超誅之，鍾遂謀反。事敗，奔于姚興，興拜始平太守、歸義侯。

頁三一八五

《晉書》卷一百二十八
《載記第二十八‧慕容超附封孚》附史臣論贊南燕

　　封孚字處道，渤海蓨人也。祖悛，振威將軍。父放，慕容暐之世吏部尚書。孚幼而聰敏和裕，有士君子之稱。寶僭位，累遷吏部尚書。及蘭汗之篡，南奔辟閭渾，渾表爲渤海太守。德至莒城，孚出降。德曰：“朕平青州，不以爲慶，喜于得卿也。”常外總機事，內參密謀，雖位任崇重，謙虛博納，甚有大臣之體。及超嗣位，政出權嬖，多違舊章，軌憲日頹，殘虐滋甚，孚屢盡匡救，超不能納也。後臨軒謂孚曰：“朕于百王可方誰？”孚對曰：“桀紂之主。”超大慚怒。孚徐步而出，不爲改容。司空鞠仲失色，謂孚曰：“與天子言，何其亢厲，宜應還謝。”孚曰：“行年七十，墓木已拱，惟求死所耳。”竟不謝。以超三年死于家，時年七十一。文筆多傳于世。

　　史臣曰：慕容德以季父之親，居鄴中之重，朝危未聞其節，君存遽踐其位，豈人理哉！然稟俶儻之雄姿，韞從橫之遠略，屬分崩之運，成角逐之資，跨有全齊，竊弄神器，撫劍而爭衡秦魏，練甲而志靜荊吳，崇儒術以弘風，延讜言而勵己，觀其爲國，有足稱焉。

超繼已成之基，居霸者之業，政刑莫恤，畋游是好，杜忠良而讒佞進，暗聽受而勳戚離，先緒俄積，家聲莫振，陷宿豫而貽禍，啓大峴而延敵，君臣就虜，宗廟爲墟。迹其人謀，非不幸也。

贊曰：德實姦雄，轉敗爲功，奄有青土，淫名域中。超承僞祚，撓其國步。廟失良籌，庭悲霑露。

頁三一八五至三一八六

《晉書》卷一百一《載記第一·序》節錄

慕容氏先據遼東稱燕，是歲，自苻健後一年也，僭始僭號。後三十一年，後燕慕容垂據鄴。後二年，西燕慕容沖據阿房。是歲也，乞伏國仁據枹罕稱秦。後一年，慕容永據上黨。是歲也，呂光據姑臧稱涼。後十二年，慕容德據滑臺稱南燕。

頁二六四四

《晉書》卷九十六《列傳第六十六·列女·慕容垂妻段氏》

慕容垂妻段氏，字元妃，僞右光禄大夫儀之女也。少而婉慧，有志操，常謂妹季妃曰："我終不作凡人妻。"季妃亦曰："妹亦不爲庸夫婦。"鄰人聞而笑之。垂之稱燕王，納元妃爲繼室，遂有殊寵。僞范陽王德亦娉季妃焉。姊妹俱爲垂、德之妻，卒如其志。垂既僭位，拜爲皇后。

垂立其子寶爲太子也，元妃謂垂曰："太子姿質雍容，柔而不斷，承平則爲仁明之主，處難則非濟世之雄，陛下託之以大業，妾未見克昌之美。遼西、高陽二王，陛下兒之賢者，宜擇一以樹之。趙王麟姦詐負氣，常有輕太子之心，陛下一旦不諱，必有難作。此陛下之家事，宜深圖之。"垂不納。寶及麟聞之，深以爲恨。其後元妃又言之，垂曰："汝欲使我爲晉獻公乎？"元妃泣而退，告季妃曰："太子不令，群下所知,而主上比吾爲驪戎之女,何其苦哉! 主上百年之後,太子必亡社稷。范陽王有非常器度,若燕祚未終,其在王乎!"

垂死,寶嗣僞位,遣麟逼元妃曰:"后常謂主上不能嗣守大統,今竟何如? 宜早自裁,以全段氏。"元妃怒曰:"汝兄弟尚逼殺母,安能保守社稷! 吾豈惜死,念國滅不久耳。"遂自殺。寶議以元妃謀廢嫡統,無母后之道,不宜成喪,群下咸以爲然。僞中書令睦遂大言於朝曰:[八]"子無廢母之義,漢之安思閻后親廢順帝,猶配饗安皇,先后言虛實尚未可知,宜依閻后故事。"寶從之。其後麟果作亂,寶亦被殺,德復僭稱尊號,終如元妃之言。

【校勘記】

〔八〕睦遂　"睦",各本均作"睦",今據《魏書》、《北史·隱逸傳》、《慕容廆傳》及《通鑑》一〇八改。

頁二五二四至二五二五、二五二九

《晉書》卷九十六《列傳第六十六·列女·段豐妻慕容氏》

段豐妻慕容氏,德之女也。有才慧,善書史,能鼓琴。德既僭位,署爲平原公主。年十四,適於豐。豐爲人所譖,被殺,慕容氏寡歸,將改適僞壽光公餘熾。慕容氏謂侍婢曰:"我聞忠臣不事二君,貞女不更二夫。段氏既遭無辜,己不能同死,豈復有心於重行哉! 今主上不顧禮義嫁我,若不從,則違嚴君之命矣。"於是尅日交禮。慕容氏姿容婉麗,服飾光華,熾睹之甚喜。經再宿,慕容氏僞辭以疾,熾亦不之逼。三日還第,沐浴置酒,言笑自若,至夕,密書其帬帶云:"死後當埋我於段氏墓側,若魂魄有知,當歸彼矣。"遂於浴室自縊而死。及葬,男女觀者數萬人,莫不歎息曰:"貞哉公主!"路經餘熾宅前,熾聞挽歌之聲,慟絕良久。

頁二五二五

《北史》卷九十三《列傳第八十一‧僭僞附庸‧燕慕容氏》

徒河慕容廆字弈洛瓌，本出昌黎。曾祖莫護跋，魏初，率諸部落入居遼西，〔一五〕從司馬宣王討公孫氏，拜率義王，始建王府於棘城之北。祖木延，從毌丘儉征高麗有功，〔一六〕始號左賢王。父涉歸，以勳進拜鮮卑單于，遷邑遼東。涉歸死，廆代領部落。以遼東僻遠，遷於徒河之青山。穆帝世，頗爲東部之患。廆死，子晃嗣。

【校勘記】

〔一五〕魏初率諸部落入居遼西　諸本“初”訛作“祖”，據《魏書》卷九五《慕容廆傳》改。

〔一六〕祖木延從毌丘儉征高麗有功　諸本脱“從”字，據《魏書》補。

晃字元真，號年爲元年，自稱燕王。建國二年，昭成納晃女爲后。〔一七〕四年，晃城和龍而都焉。征高麗大破之，遂入丸都，掘高麗王釗父利墓，載其尸，焚其宫室，毁丸都而歸。釗後稱臣，乃歸其父尸。晃死，子儁嗣。

【校勘記】

〔一七〕建國二年昭成納晃女爲后　按據卷一《序紀》，卷一三《后妃傳》，建國二年所娶者是晃妹。七年所娶者才是晃女。

儁字宣英，既襲位，號年爲元年。聞石氏亂，乃礪甲嚴兵，將爲進取之計，徙都于薊。建國十五年，儁僭稱皇帝，置百官，號年天璽，〔一八〕國稱大燕。十六年，自薊遷都於鄴，號年光壽。儁死，第三子暐嗣。

【校勘記】

〔一八〕號年天璽　“天璽”，《魏書》作“元璽”。按《晉書》卷一一〇《慕容儁載記》作“元璽”。“天”字疑誤。

　　暐字景茂，號年建熙。暐政無綱紀。有神降於鄴，曰湘女，有聲，與人相接，數日而去。後苻堅遣將王猛伐鄴，禽暐，封新興侯。道武之七年，苻堅敗於淮南。暐叔父垂叛堅，攻苻丕於鄴。暐弟濟北王泓先爲北地長史，聞垂攻鄴，亡奔關東，還屯華陰，自稱雍州牧、濟北王；推垂爲丞相、大司馬、吳王。堅遣子鉅鹿公叡伐泓。泓弟中山王沖，先爲平陽太守，亦起兵河東，奔泓。泓衆至十萬，遣使謂堅，求分王天下。堅大怒，責暐。暐叩頭流血謝，堅待之如初，命暐以書招垂及泓、沖。暐密遣使謂泓：“勉建大業，可以吳王爲相國；中山王爲太宰，領大司馬；汝可爲大將軍，領司徒，承制封拜。聽吾死問，汝便即尊位。”泓進向長安，年號燕興。泓謀臣高蓋、宿勤崇等以泓德望後沖，〔一九〕且持法苛峻，乃殺泓，立沖爲皇太弟，承制行事，置百官。進據阿房。初，堅之滅燕，沖姊清河公主年十四，有殊色，堅納之。沖年十二，亦有龍陽之姿，堅又幸之。姊弟專寵。長安歌之曰：“一雌復一雄，〔二〇〕雙飛入紫宫。”王猛切諫，乃出沖。及其母卒，葬之以燕后之禮。長安又謠曰：“鳳皇，鳳皇，止阿房。”時以鳳皇非梧桐不棲，非竹實不食，乃蒔梧竹數千株於阿城，以待鳳皇。沖小字鳳皇，至是，阿城終爲堅賊。暐入見堅謝，因言二子昨婚，欲堅幸第，堅許之。暐出，術士王嘉曰：“椎蘆作蓬蓯，不成文章。會天大雨，不得殺羊。”言暐將殺堅而不果也。堅與群臣莫解。是夜大雨，晨不果出。事發，堅乃誅暐父子及宗族，城内鮮卑無少長男女皆殺之。

【校勘記】

　　〔一九〕泓謀臣高蓋宿勤崇等以泓德望後沖　諸本“勤”作“勒”，《魏書》作“勤”。按下文見“宿勤黎”。本書卷四八《爾朱天光傳》見“宿勤明達”。作“勒”誤，今據改。

　　〔二〇〕一雌復一雄　諸本脱“復”字，據《魏書》補。

庞弟運。運孫永,字叔明。暐既爲苻堅所并,永徙於長安。家貧,夫妻常賣鞾於市。及暐爲堅所殺,沖乃自稱尊號,以永爲小將軍。沖毒暴,及堅出如五將山,沖入長安,縱兵大掠,死者不可勝計。初,堅之未亂,關中忽然,無火而煙氣大起,[二一]方數十里,月餘不滅。堅每臨聽訟觀,令民有怨者,舉煙於城北,觀而録之。長安爲之語曰:“欲得必存當舉煙。”關中謡曰:“長鞘馬鞭擊左股,太歲南行當復虜。”西人呼徒河爲白虜,沖果據長安。樂之忘歸,且以慕容垂威名夙著,跨據山東,憚不敢進,衆咸怨之。登國元年,沖左將軍韓延因人之怨,殺沖,立沖將段隨爲燕王,改年昌平。沖之入長安,王嘉謂之曰:“鳳皇,鳳皇,何不高飛還故鄉? 無故在此取滅亡。”

【校勘記】

〔二一〕關中忽然無火而煙氣大起 《魏書》“忽”作“土”。按《晉書》卷一一四《苻堅載記》也作“土然”。即煤氣自燃。《北史》改作“忽然”,易致誤解。

沖敗,其左僕射慕容恒與永潛謀,襲殺隨,立宜都王子覬爲燕王,號年建明。率鮮卑男女三十餘萬口,乘輿服御,禮樂器物,去長安而東。以永爲武衛將軍。恒弟護軍將軍韜,陰有貳志,誘覬殺之于臨晉。恒怒,去之。永與武衛將軍刁雲率衆攻韜。韜遣司馬宿勤黎逆戰,永執而戮之。韜懼,出奔恒營。恒立慕容沖子望爲帝,改年建平。衆悉去望奔永,永執望殺之,立慕容泓子忠爲帝,改年建武。忠以永爲太尉,守尚書令,封河東公。東至聞喜,知慕容垂稱尊號,託以農要弗進,築燕熙城以自固。刁雲等又殺忠,推永爲大都督、大將軍、大單于、雍秦梁涼四州牧、河東王,稱蕃於垂。

永進據長子,僭稱帝,號年中興。垂攻丁零翟釗於滑臺,釗敗降永。永以釗爲車騎大將軍、東郡王。歲餘,謀殺永,永誅之。垂來攻永，永敗，爲前驅所獲，垂數而戮之。并斬永公卿已下刁雲、大逸豆歸等四十餘人。永所統新舊人戶、服御、圖書、器樂、珍寶，垂悉獲之。

垂字道明，晃第五子也。甚見寵愛，常自謂諸弟子曰：[二二]“此兒闊達好奇，終能破人家，或能成人家。”故名霸，字道業，恩遇踰於儁。儁弗能平，及即王位，以垂墜馬傷齒，改名爲缺，外以慕郤缺爲名，内實惡之。尋以讖記之文，乃去夬，以垂爲名。年十三，爲偏將，所在征伐，勇冠三軍。儁平中原，垂爲前鋒，累戰有大功。及儁僭尊號，封吳王。

【校勘記】

〔二二〕常自謂諸弟子曰 《魏書》作“常目而謂諸弟曰”，疑《北史》誤。

後以車騎大將軍敗桓溫於枋頭，威名大震，不容於暐，西奔苻堅。堅甚重之，拜冠軍將軍，封賓都侯。堅敗淮南，入於垂軍。子寶勸垂殺之，垂以堅遇之厚也，不聽。行至洛陽，請求拜墓，堅許之。遂起兵攻苻丕於鄴。垂稱燕王，置百官，年號燕元。

登國元年，垂僭位，號年爲建興。繕宗廟社稷於中山，盡有幽、冀、平州之地，遣使朝貢。三年，道武遣九原公儀使於垂，垂又遣使朝貢。四年，道武遣陳留公虔使於垂，[二三]垂又遣使朝貢。五年，又遣秦王觚使於垂，垂留觚不遣，遂絕行人。

【校勘記】

〔二三〕道武遣陳留公虔使於垂 諸本脱“留”字，據《魏書》補。陳留公虔見本書卷十五本傳。

垂議討慕容永，太史令靳安言於垂曰：“彗星經尾、箕之分，燕當有野死之王。不出五年，其國必亡。歲在鶉火，必剋長子。”垂乃止。安出而謂人曰：“此衆既并，終不能久。”安蓋知道武之興也，而不敢言。先是，丁零翟遼叛垂，後遣使謝罪，垂不許。遼怒，遂自號大魏天王，屯滑臺，與垂相擊。死，子釗代之。及垂征釗滑臺，釗奔長子。垂議征長子，諸將咸諫。以永國未有釁，請他年。垂將從之，垂弟司徒、范陽王德固勸垂。垂曰："司徒議與吾同，且吾投老，叩囊底智足以剋之，不復留逆賊以累子孫。"乃伐永剋之。

十年，垂遣其太子寶來寇。始寶之來，垂已有疾。自到五原，道武斷其行路，父子間絕。帝乃詭其行人之辭，臨河告之曰："汝父已死，何不遽還？"寶兄弟聞之憂怖，以爲信然，於是士卒駭動。初，寶至幽州，其所乘車軸無故自折。占工靳安以爲大凶，固勸令還，寶怒，不從。至是，問安。安曰："速去可免。"寶愈恐。安退告人曰："今將死於他鄉，尸骸委於草野，爲烏鳶螻蟻所食，不復見家族。"十月，寶燒船夜遁。時河冰未成，寶謂帝不能度，不設斥候。十一月，天暴風寒，冰合，帝進軍濟河急追之。至參合陂西，靳安言於寶曰："今日西北風動，是軍將至之應，宜兼行速去，不然必危。"其夜，帝部分衆軍，東西爲掎角之勢。約勒士卒，束馬口，銜枚無聲。昧爽，衆軍齊進，日出登山，下臨其營。寶衆晨將東引，顧見軍至，遂驚擾。帝縱騎騰躪，馬者蹶倒冰上。寶及諸父兄弟，軍馬迸散，僅以身免。寶軍四五萬人，一時放仗，歛手就羈。擒其王公文武數千。垂復欲來寇，太史曰："太白夕没西方，數日後見東方，此爲躁兵，先舉者亡。"垂不從，鑿山開道，至寶前敗所，見積骸如丘，設祭弔之。死者父兄子弟遂皆嘷哭，聲震山川。垂慚忿嘔血，發病而還，死於上谷。寶僭立。

寶字道裕，垂之第四子也。少輕果，無志操，好人佞己。爲太子，砥厲自修。垂妻段氏謂垂曰："寶姿質雍容，柔而不斷，承平則爲仁明之主，處難則非濟世之雄。今託以大業，未見克昌之美。遼西、高陽，兒之俊賢者，宜擇一以樹之。趙王驎姦詐負氣，常有輕寶之心,恐難作。"垂不納。寶聞,深以爲恨。寶既僭位,年號永康。遣驎逼其母段氏自裁。段氏怒曰:"汝兄弟尚逼殺母,安能保社稷?吾豈惜死!"遂自殺。寶議以后謀廢嫡,稱無母之道,不宜成喪,群臣咸以爲然。寶中書令眭邃執意抗言,寶從之而止。

皇始元年,道武南伐。及剋信都,寶大懼,夜來犯營,帝擊破之。寶走中山,遂奔薊。寶子清河王會先守龍城,聞寶被圍,率衆赴難,逢寶於路。寶分奪其軍,以授弟遼西王農等。會怒,襲農殺之,勒兵攻寶。寶走龍城,會追圍之。侍御郎高雲襲敗會師,會奔中山。寶命雲爲子,封夕陽公。會至中山,爲慕容普鄰所殺。寶至龍城,垂舅蘭汗拒之,寶南走奔薊。汗復遣迎。寶以汗,垂之季舅,子盛又汗之婿也,必謂無二,乃還龍城。汗殺之,及子策等百餘人。汗自稱大都督、大單于、昌黎王,號年青龍。以盛子婿,哀而宥之。

盛字道運,寶長子也。垂封爲長樂公,寶僭立,進爵爲王。蘭汗之殺寶也,以盛爲侍中、左光禄大夫。盛乃間汗兄弟,使相疑害。李旱、〔二四〕衛雙、劉志、張真等皆盛之舊昵,汗太子穆並引爲腹心。盛結旱等,因汗、穆等醉,夜襲殺之。僭尊號,改年爲建平,又號年爲長樂。盛改稱庶人大王。盛以寶闇而不斷,遂峻極威刑,於是上下震局。前將軍段璣等夜鼓譟攻盛,傷之。遂輦昇殿,召叔父河間公熙,屬以後事,熙未至而死。

【校勘記】

〔二四〕李旱　諸本"旱"作"早"。《魏書》作"旱"。按《晉書》卷一二四《慕容盛載記》、《通鑑》卷一一〇三四七六頁都作"旱",今據改。

熙字道文,小字長生,垂之少子也。〔二五〕群臣與盛伯母丁氏議,以其家多難,宜立長君,遂廢盛子定,迎熙立之。熙立,殺定,年號光始。築龍騰苑,起雲山於苑內。又起逍遙宮、甘露殿,連房數百，觀閣相交。鑿天河渠，引水入宮。又爲妻苻氏鑿曲光海、清涼池。季夏盛暑，不得休息，暍死者太半。熙遊城南，止大柳樹下，若有人呼曰："大王且止。"熙惡之，伐其樹，下有蛇長丈餘。熙盡殺寶諸子，改年爲建始。又爲其妻起承華殿，負土於北門，土與穀同價。典軍杜静載棺詣闕，上書極諫，熙大怒，斬之。熙妻當季夏思凍魚膾，仲冬須生地黄，切責不得，加有司大辟。苻氏死，熙擁其尸僵仆絶息，久而乃蘇，悲號擗踊，斬衰食粥。大斂之後，復啓而交接。制百官哭臨，沙門素服。令有司案檢，有淚者爲忠，無淚者罪之，群臣莫不含辛以爲淚。及葬，熙被髮徒步，從輀車毁城門而出。長老相謂曰："慕容氏自毁其門，將不久矣。"衛中將軍馮跋兄弟閉門拒熙，執而殺之。立夕陽公雲爲主。雲，寶之養子也，復姓高氏，年號正始。跋又殺雲自立。

【校勘記】

〔二五〕熙字道文小字長生垂之少子也　諸本"少子"作"長子"。按慕容盛稱熙爲叔父，則熙決非垂之長子。今據《魏書》《晉書·載記》改。

雲之立也，熙幽州刺史、上庸公慕容懿以遼西歸降。道武以懿爲征東大將軍、平州牧、昌黎王。後坐反伏誅。

晃少子德，字玄明，雅爲兄垂所重。苻堅滅暐，以德爲張掖太守。垂僭號，封范陽王，位司徒。寶即位，以德鎮鄴，大丞相。寶既東走，群僚勸德稱尊號，德不從。皇始二年，既拔中山，道武遣衛王儀攻鄴，德南走滑臺，自稱燕王，號年燕元，置百官。德冠軍將軍苻廣叛於乞活壘，德留兄子和守滑臺，率衆攻廣斬之。而和長史李辯殺和，以城降魏。德無所據，用其尚書潘聰計，據青、齊，入都廣固，僭稱尊號，號年建平。女水竭，德聞而惡之，因而寢疾。兄子超請祈女水，德曰："人君之命，豈女水所知？"乃以超爲太子，德死，超僭立。

　　超字祖明，德兄北海王納之子也。既僭位，號年太上。超南郊
柴燎，焰起而煙不出，靈臺令張光告人曰：“今火盛而煙滅，國其亡
乎！”天賜五年，晉將劉裕伐超，超將公孫五樓勸拒之於大峴，不
從。裕入大峴，超戰於臨朐，爲裕敗。退還廣固，圍之。廣固鬼夜
哭，有流星長十餘丈，隕于廣固。城潰，裕執超，送建康市斬之。

　　　　　　　　　　頁三〇六七至三〇七四、三一〇二至三一〇三

《魏書》卷九十五《列傳第八十三·徒何慕容廆》

　　徒何慕容廆，字弈洛瓌，其本出於昌黎。曾祖莫護跋，魏初率
諸部落入居遼西，從司馬宣王討平公孫淵，拜率義王，始建國於棘
城之北。祖木延，從毌丘儉征高麗有功，加號左賢王。父涉歸，以
勳進拜鮮卑單于，遷邑遼東。涉歸死，廆代領部落。以遼東僻遠，
徙於徒何之青山。穆帝之世，頗爲東部之患，左賢王普根擊走之，
乃修和親。晉愍帝拜廆鎮軍將軍，昌黎、遼東二國公。平文之末，
廆復侵東部，擊破之。王浚稱制，以廆爲散騎常侍、冠軍將軍、前鋒
大都督、大單于。廆以非王命所授，拒之。廆死，子元真代立。

　　元真，小字萬年，名犯恭宗廟諱。元真既襲，弟仁叛於遼東之
平郭，與元真相攻，元真討斬之。乃號年爲元年，自稱燕王，置官如
魏武輔漢故事。石虎率衆伐元真，元真擊走之。建國二年，帝納元
真女爲后。[①]元真襲石虎，至於高陽，掠徙幽冀二州三萬户而還。

----

①此處中華書局點校本《魏書》無校勘記，中華書局點校修訂本《魏書》
二二六二頁校勘記〔二三〕作：建國二年帝納元真妹爲后　“元真妹”，原作
“元真女”。按本書卷一《序紀》建國二年作“元真妹”，四年又記“皇后慕容
氏崩”，六年八月又記“元真遣使請薦女”，七年六月又記“皇后至自和龍”。
事亦見本書卷一三《皇后·昭成皇后慕容氏傳》。今據改。

四年,元真遣使朝貢,城和龍城而都焉。元真征高麗,大破之,遂入丸都,掘高麗王釗父利墓,載其尸,并其母妻、珍寶,掠男女五萬餘口,焚其宮室,毁丸都而歸。釗單馬遁走,後稱臣於元真,乃歸其父尸。又大破宇文,開地千里,〔一二〕徙其部民五萬餘家於昌黎。元真死,子儁統任。

【校勘記】

〔一二〕開地千里　諸本"開"作"闐"。殿本《考證》云:"《晉書·載記》卷一〇九晃當作"皝"伐宇文歸,遠遁漠北,開地原訛路,據《載記》改千餘里。此殆脱去'歸'字,並訛'開'爲'闐'也。"按"闐"字不可通,今據《載記》改。"宇文"是部族名,無"歸"字亦通。

儁,字宣英。既襲位,號年爲元年。聞石氏亂,乃礪甲嚴兵,①將爲進取之計。鑿山除道,入自盧龍,克薊城而都之。進克中山、常山,大破冉閔於魏昌廉臺,擒之。閔太子叡固守鄴城,進師攻鄴,克之。建國十五年,儁僭稱皇帝,置百官,號年元璽,國稱大燕,郊祀天地。十六年,遣使朝貢。儁自薊遷都於鄴,號年爲光壽。儁死,子暐統任。

暐,字景茂,儁之第三子也。既僭立,號年建熙。暐政無綱紀,時人知其將滅。有神降於鄴,自稱"湖女"②,有聲,與人相接,數日而去。僭晉將桓温率衆伐暐。至於枋頭,暐叔父垂擊走之。垂有

①此處中華書局點校本《魏書》無校勘記,中華書局點校修訂本《魏書》二二六二頁校勘記〔二五〕作:乃礪甲嚴兵　"礪",原作"尸",據三朝本、南監本、殿本、《北史》卷九三《僭僞附庸·慕容儁傳》改。

②此處中華書局點校本《魏書》無校勘記,中華書局點校修訂本《魏書》二二六二頁校勘記〔二六〕作:自稱湘女　"湘女",原作"湖女",據三朝本、南監本、殿本改。按《御覽》卷一二一引崔鴻《十六國春秋·前燕録》、《北史》卷九三《僭僞附庸·慕容暐傳》並作"湘女"。

大功，暐不能賞，方欲殺之，垂怒，奔苻堅。堅遣將王猛伐鄴，擒暐，封新興侯，後拜尚書。

太祖之七年，苻堅敗於淮南，垂叛，攻苻丕於鄴。暐弟濟北王泓，先爲北地長史，聞垂攻鄴，亡奔關東，收諸馬牧鮮卑，衆至數千，還屯華陰。暐乃潛使諸弟及宗人起兵於外。堅遣將軍張永步騎五千擊之，① 爲泓所敗。泓衆遂盛，自稱使持節、大都督、陝西諸軍事、大將軍、雍州牧、濟北王，推垂爲丞相、都督陝東諸軍事、領大司馬、冀州牧、吳王。堅遣子鉅鹿公叡伐泓。泓弟中山王沖，先爲平陽太守，亦起兵河東，有衆二萬。泓大破叡軍，斬叡。沖爲堅將竇衝所破，棄其步衆，率鮮卑騎八千奔於泓軍。泓衆至十餘萬。遣使謂堅曰：“秦爲無道，滅我社稷。今天誘其衷，秦師傾敗，將欲興復大燕。吳王已定關東。可速資備大駕，奉送乘輿并宗室功臣之家，泓當率關中燕人翼衛皇帝，還返鄴都。與秦以虎牢爲界，分王天下，永爲鄰好，不復爲秦之患也。”堅怒責暐曰：“卿雖曰破滅，其實若歸，奈何因王師小敗，猖悖若是！泓書如此，卿欲去者，朕當相資。”暐叩頭流血，涕泣陳謝。堅久之曰：“此自三豎之罪，非卿之過。”復其位，待之如初。命暐以書招喻垂及泓、沖，使息兵還長安，恕其反叛之咎。而暐密遣使謂泓曰：“今秦數已終，社稷不輕，勉建大業。可以吳王爲大將軍，領司徒，承制封拜。〔一三〕聽吾死問，汝便即尊位。”泓於是進向長安，年號燕興。

【校勘記】

〔一三〕可以吳王爲大將軍領司徒承制封拜 《北史》卷九三

---

① 此處中華書局點校本《魏書》無校勘記，中華書局點校修訂本《魏書》二二六二頁校勘記〔二七〕作：張永 《晉書》卷一一四《苻堅載記》下、《御覽》卷一二二引崔鴻《十六國春秋·前秦録》、《通鑑》卷一〇五《晉紀》二七太元九年三月並作“強永”。按強氏乃氐中豪族，疑“張”爲“強”字之形訛。

《燕傳》慕容暐此句作“可以吳王爲相國；中山王爲太宰，領大司馬；汝可爲大將軍，領司徒，承制封拜”。按《晉書》卷一一四《苻堅載記》同《北史》，這裏“吳王爲”下當脱“相國”至“汝可爲”十五字。

泓謀臣高蓋、宿勤崇等以泓德望後沖，且持法苛峻，乃殺泓，立沖爲皇太弟，承制行事，置百官。沖去長安二百里，堅遣子平原公暉拒之，沖大破暉軍，進據阿房。初，堅之滅燕，沖姊清河公主年十四，有殊色，納之，寵冠後庭。沖年十二，亦有龍陽之姿，堅又幸之。姊弟專寵，宮人莫進，長安歌之曰：“一雌復一雄，雙飛入紫宮。”咸懼爲亂。王猛切諫，堅乃出沖。及其母卒，葬之以燕后之禮。長安又謡曰：“鳳皇，鳳皇，止阿房。”堅以鳳皇非梧桐不栖，非竹實不食，乃蒔梧竹數十萬株于阿房城，以待鳳皇之至。沖小字鳳皇，至是終爲堅賊，入止阿城焉。

暐入見堅，稽首謝曰：“弟沖不識義方，孤背國恩，臣罪應萬死。陛下垂天地之容，臣蒙更生之惠。臣二子昨婚，明當三日，愚欲暫屈鑾駕，幸臣私第。”堅許之。暐出，術士王嘉曰：“椎蘆作籧篨，不成文章；會天大雨，不得殺羊。”言暐將殺堅而不果也。堅與群臣莫之能解。是夜大雨，晨不果出。初，暐之遣諸弟起兵於外也，謀欲伏兵請堅殺之。時鮮卑在城者猶有千餘人，暐令其帥悉羅騰、屈突鐵侯等潛告之曰：“官今使吾外鎮，聽舊人悉隨。可於某日會集某處。”鮮卑信之。北部人突賢之妹，爲堅左將軍竇衝小妻，賢與妹别，妹請衝留其兄。衝馳入白堅，堅大驚，召騰問之，騰具首服。乃誅暐父子及其宗族，城内鮮卑無少長男女皆殺之。廆弟運，運孫永。

永，字叔明。暐既爲苻堅所并，永徙於長安，家貧，夫妻常賣靴於市。及暐爲堅所殺也，沖乃自稱尊號，以永爲小將。沖與左將軍苟池大戰於驪山，永力戰有功，斬池等數千級。堅大怒，復遣領軍將軍楊定率左右精騎二千五百擊沖，大敗之，俘掠鮮卑萬餘而還，堅悉坑之。又敗沖右僕射慕容憲於灞滻之間。定果勇善戰，沖深憚之。納永計，穿馬培以自固。遷永黄門郎。

　　沖毒暴關中，人民流散，道路斷絶，千里無煙。及堅出如五將山，沖入長安，縱兵大掠，死者不可勝計。初，堅之未亂也，關中土燃，無火而煙氣大起，方數十里，月餘不滅。堅每臨聽訟觀，令民有怨者，舉煙於城北，觀而録之。長安爲之語曰：“欲得必存，當舉煙。”關中謡曰：“長鞘馬鞭擊左股，太歲南行當復虜。”西人呼徒何爲白虜。沖果據長安，樂之忘歸，且以慕容垂威名夙著，跨據山東，憚不敢進，課農築室，爲久安之計。衆咸怨之。登國元年，沖左將軍韓延因民之怨，殺沖，立沖將段隨爲燕王，改年昌平。沖之入長安，王嘉謂之曰：“鳳皇，鳳皇，何不高飛還故鄉？無故在此取滅亡！”

　　沖敗，其左僕射慕容恒與永潜謀，襲殺段隨，立宜都王子覬爲燕王，號年建明，率鮮卑男女三十餘萬口，乘輿服御、禮樂器物，去長安而東，以永爲武衞將軍。恒弟護軍將軍韜，陰有貳志，誘覬殺之于臨晋，恒怒，去之。永與武衞將軍刁雲率衆攻韜，韜遣司馬宿勤黎逆戰，永執而戮之。韜懼，出奔恒營。恒立慕容沖子望爲帝，號年建平。衆悉去望奔永，永執望殺之，立慕容泓之子忠爲帝，改年建武。忠以永爲太尉，守尚書令，封河東公。至聞喜，[一四]知慕容垂稱尊號，託以農要弗集，築燕熙城以自固。刁雲等又殺忠，推永爲大都督、大將軍、大單于、雍秦梁涼四州牧、河東王，稱藩於垂。永以丕至平陽，恐不能自固，乃遣使求丕假道還東。丕不許，率衆討永，永擊走之，進據長子。永僭稱帝，號年中興。

【校勘記】

〔一四〕至聞喜　諸本“喜”作“嘉”，《北史》卷九三《燕傳》慕

容永作“喜”。按聞喜自漢以來屬河東郡,這時慕容永由長安東出,
路經此地。“嘉”字乃形近而訛,今據改。

　　垂攻丁零翟釗於滑臺,釗請救於永,永謀於衆。尚書郎勃海
鮑遵曰:“徐觀其弊,卞莊之舉也。”中書侍郎太原張騰曰:“强弱勢
殊,何弊之有! 不如救之,成鼎峙之勢。可引兵趣中山,晝多疑兵,
夜倍其火,彼必懼而還師。我衝其前,釗躡其後,此天授之機,不可
失也。”永不從。釗敗降永,永以釗爲車騎大將軍、東郡王。歲餘,
謀殺永,永誅之。

　　垂遣其龍驤將軍張崇攻永弟武鄉公友於晉陽,永遣其尚書令
刁雲率衆五萬屯潞川。垂停鄴,月餘不進,永乘詭道伐之,[①]乃攝
諸軍還於太行軹關。垂進師,入自木井關,[②]攻永從子征東將軍小
逸豆歸、鎮東將軍王次多於臺壁。永遣其從兄太尉大逸豆歸救次
多等,垂將平規擊破之。永率衆五萬與垂戰於臺壁南,爲垂所敗,
奔還長子,嬰城固守。大逸豆歸部將潛爲内應,垂勒兵密進,永奔
北門,爲前驅所獲,垂數而戮之,并斬永公卿已下刁雲、大逸豆歸等
三十餘人。永所統新舊民户,及服御、圖書、器樂、珍寶,垂盡獲之。

　　垂,字道明,元真第五子也。甚見寵愛,常目而謂諸弟曰:“此
兒闊達好奇,終能破人家,或能成人家。”故名霸,字道業,恩遇踰於
儁,故儁不能平之。及即王位,以垂墜馬傷齒,改名爲垂,外以慕郤

①此處中華書局點校本《魏書》無校勘記,中華書局點校修訂本《魏書》
　二二六三頁校勘記〔三〇〕作:永乘詭道伐之　《晉書》卷一二三《慕容垂載
　記》作“永謂垂詭道伐之”。《通鑑》卷一〇八《晉紀》三〇太元十九年夏改
　此句作“疑垂欲詭道取之”。按此處似慕容永主動進攻,與上下文及情事不
　合。疑“永”下脱“謂”字,“乘”爲“垂”字之形訛。
②此處中華書局點校本《魏書》此處無校勘記,中華書局點校修訂本《魏書》
　二二六三頁校勘記〔三一〕作:天井關　原作“木井關”,據《晉書》卷一二三
　《慕容垂載記》、《通鑑》卷一〇八《晉紀》三〇太元十九年夏改。

軼爲名，内實惡之。尋以讖記之文，乃去夬，以垂爲名焉。

　　年十三，爲偏將，所在征伐，勇冠三軍。儁平中原，垂爲前鋒，累戰有大功。及儁尊號，拜黄門郎，出爲安東、冀州牧，封吴王。以侍中、右禁將軍。録留臺事，鎮龍城，大收東北之和。歷位鎮東、平州、征南大將軍、荆兗二州牧、司隸校尉。以車騎大將軍敗桓温於枋頭，威名大震。不容於暐，西奔苻堅。堅甚重之，拜冠軍將軍，封賓都侯。

　　堅敗於淮南，入於垂軍。子寶勸垂殺之，垂以堅遇之厚也，不聽。行至洛陽，請求拜墓，許之，遂起兵。攻苻丕於鄴，乃引漳水以灌之，不没者尺餘。丁零翟斌怨垂，使人夜往決堰，水潰，故鄴不拔。垂稱燕王，置百官，年號燕元。引師去鄴，開苻丕西歸之路。丕固守鄴城，請援於司馬昌明。垂怒曰：“苻丕，吾縱之不能去，方引南賊規固鄴都，不可置也。”乃復進師。丕乃棄鄴奔并州。垂以兄子魯陽王和爲南中郎將，鎮鄴。垂定都中山。登國元年，垂僭稱大位，號年爲建興。建宗廟社稷於中山，盡有幽、冀、平州之地。

　　垂遣使朝貢。三年，太祖遣九原公儀使於垂，垂又遣使朝貢。四年，太祖遣陳留公虔使於垂，又遣使朝貢。五年，又遣秦王觚使於垂，垂留觚不遣，遂絶行人。

　　垂議討慕容永，太史令靳安言於垂曰：“彗星經尾箕之分，燕當有野死之王，不出五年，其國必亡，歲在鶉火，必克長子。”垂乃止。安出而謂人曰：“此衆既并，終不能久。”安意蓋知太祖之興也，而不敢言。

　　先是，丁零翟遼叛垂，後遣使謝罪，垂不許，遼怒，遂自號大魏天王，有衆數萬，屯於滑臺，與垂相擊。遼死，子釗代之，及垂征克滑臺，釗奔長子。垂議征長子，諸將咸諫，以永國未有釁，連歲征役，士卒疲怠，請待他年。垂將從之。垂弟司徒、范陽王德固勸垂征。垂曰：“司徒議與吾同，二人同心，其利斷金。吾計決矣。且吾投老，叩囊底智足以克之，不復留逆賊以累子孫。”垂率步騎七萬伐永，克之。

　　十年，垂遣其太子寶來寇。時太祖幸河南宮，乃進師臨河，築臺告津，奮揚威武，連旌沿河，東西千有餘里。是時，陳留公虔五萬騎在河東，要山截谷六百餘里，以絶其左；太原公儀十萬騎在河北，①以承其後；略陽公遵七萬騎塞其南路。太祖遣捕寶中山行人，一二盡擒，馬步無脫。寶乃引船列兵，亦欲南渡。中流，大風卒起，漂寶船數十艘泊南岸，擒其將士三百餘人。太祖悉賜衣服遣還。始寶之來，垂已有疾，自到五原，太祖斷其行路，父子問絶。太祖乃詭其行人之辭，令臨河告之曰：“汝父已死，何不遽還！”兄弟聞之，憂怖，以爲信然。於是士卒駭動，往往間言，皆欲爲變。初，寶至幽州，其所乘車軸，無故自折，占工靳安以爲大凶，固勸令還，寶怒不從。至是問安，安對曰：“今天變人事，咎徵已集，速去可免。”寶逾大恐。安退而告人曰：“今皆將死於他鄉，尸骸委於草野，爲烏鳥螻蟻所食，不復見家矣。”

　　冬十月，寶燒船夜遁。是時，河冰未成，寶謂太祖不能渡，故不

---

①此處中華書局點校本《魏書》無校勘記，中華書局點校修訂本《魏書》二二六三至二二六四頁校勘記〔三二〕作：太原公儀十萬騎在河北　“太原公”，疑爲“東平公”之誤。按《通鑑》卷一〇八《晉紀》三〇太元二十年九月記此事稱“東平公儀將十萬騎屯河北”。據本書卷一五《衛王儀傳》，儀登國初賜爵九原公，使慕容垂還，改封平原公；從征劉衛辰有功，復改封東平公；從平中山，進封衛王。本書卷二《太祖紀》，登國三年八月、六年三月兩見“九原公元儀”，破衛辰在登國六年十一月。《太祖紀》登國九年三月記“使東平公元儀屯田於河北五原”，與本書卷一一〇《食貨志》合。至皇始二年五月，《太祖紀》又記以東平公元儀爲左丞相，封衛王。則元儀未曾封太原公，登國十年爵爲東平公。“十萬騎”，本書卷二《太祖紀》登國十年九月、《北史》卷一《魏太祖紀》並作“五萬騎”。

設斥候。十一月，天暴風寒，冰合。太祖進軍濟河，留輜重，簡精鋭二萬餘騎急追之，晨夜兼行，暮至參合陂西。寶在陂東，營於蟠羊山南水上。靳安言於寶曰："今日西北風勁，是追軍將至之應，宜設警備，兼行速去，不然必危。"寶乃使人防後。先不撫循，軍無節度，將士莫爲盡心，行十餘里，便皆解鞍寢卧，不覺大軍在近。前驅斥候，見寶軍營，還告。其夜，太祖部分衆軍相援，諸將羅落東西，爲掎角之勢。約勒士卒，束馬口，銜枚無聲。昧爽，衆軍齊進，日出登山，下臨其營。寶衆晨將東引，顧見軍至，遂驚擾奔走。太祖縱騎騰躡，大破之，有馬者皆蹶倒冰上，自相鎮壓，死傷者萬數。寶及諸父兄弟，單馬迸散，僅以身免。於是寶軍四五萬人，一時放仗，斂手就羈矣。其遺迸去者不過千餘人。生擒其王公文武將吏數千，獲寶寵妻及宫人，器甲、輜重、軍資雜財十餘萬計。

垂復欲來寇，太史曰："太白夕没西方，數日後見東方，此爲躁兵，先舉者亡。"垂不從，鑿山開道。至寶前敗所，見積骸如丘，設祭弔之，死者父兄子弟遂皆嗥哭，聲震山川。垂慚忿嘔血，發病而還，死於上谷。寶僭立。

寶，字道祐，小字庫勾，垂之第四子也。少而輕果，無志操，好人佞己。及爲太子，砥礪自修，朝士翕然稱之，垂亦以爲克保家業。垂妻段氏謂垂曰："寶資質雍容，柔而不斷，承平則爲仁明之主，處難則非濟世之雄。今託之以大業，未見克昌之美。遼西、高陽，兒之賢者，宜擇一以樹之。趙王麟，姦詐負氣，常有輕寶之心，恐必難作。此自家事，宜深圖之。"垂弗納。寶聞之，深以爲恨。寶既僭位，年號永康。遣麟逼其母段氏曰："后常謂主上不能繼守大統，今竟能不？宜早自裁，以全段氏。"段氏怒曰："汝兄弟尚逼殺母，安能保社稷！吾豈惜死，念國滅不久耳。"遂自殺。寶議以后諫廢嫡統，無母后之道，不宜成喪，群臣咸以爲然。寶中書令眭邃執意抗言，寶從而止。

皇始元年，太祖南伐。及克信都，寶大懼。太祖軍於柏肆，寶夜來犯營，太祖擊破之。寶走還中山，率萬餘騎奔薊。寶子清河王會，先守龍城，聞寶被圍，率衆赴難，逢寶於路。寶分奪其軍，以授弟遼西王農等。會怒，襲農傷之。農弟高陽王隆，勸寶收會，不獲。會勒兵攻寶，寶走龍城，會追圍之。侍御郎高雲襲敗會，會奔中山。寶命雲爲子，封夕陽公。會至中山，爲慕容普鄰所殺。寶率衆自龍城而南，將攻中山。衆憚征，逃潰。寶還龍城，垂舅蘭汗拒之，寶南走，奔薊。汗遣使誘迎寶，寶殺之。將南奔叔父范陽王德，聞德稱制，退潛辟陽。汗復遣迎寶。寶以汗垂之季舅，子盛又汗之婿也，必謂無二，乃還龍城。汗殺之，及子弟等百餘人。〔一五〕汗自稱大都督、大單于、昌黎王，號年青龍，以盛子婿，哀而宥之。

【校勘記】

〔一五〕及子弟等百餘人　《北史》卷九三《燕傳》慕容寶“弟”作“策”。按《晉書》卷一二四《慕容寶載記》作“又殺其太子策及王公卿士百餘人”。疑作“策”是，但作“弟”亦通，今不改。

盛，字道運，寶之長子也。垂封爲長樂公，歷位散騎常侍、左將軍。寶既僭立，進爵爲王，拜征北大將軍、司隸校尉、尚書左僕射。蘭汗之殺寶也，以盛爲侍中、左光禄大夫。盛乃間汗兄弟，使相疑害。李旱、衛雙、劉志、張真等，皆盛之舊昵，汗太子穆並引爲腹心。盛要結旱等，因汗、穆等酒醉，夜襲殺之。僭尊號，改年爲建平，又號年爲長樂，盛改稱庶民大王。盛以寶闇而不斷，遂峻極威刑，纖介嫌忌，莫不裁之於未萌，防之於未兆。於是上下震局，人不自安，雖忠誠親戚，亦僉懷離貳。前將軍段璣等，夜潛禁中，鼓譟攻盛。盛聞變起，率左右出戰，衆皆披潰。俄有一賊，闇中擊盛，傷之。遂輦昇殿，申約禁衛，召叔父河間公熙屬之，未至而盛死。

　　熙,字道文,小字長生,垂之少子也。群臣與盛伯母丁氏議,以其家多難,宜立長君,遂廢盛子定,迎熙而立之。熙立,殺定,年號光始。築龍騰苑,廣袤十餘里,役徒二萬人。起景雲山於苑内,基廣五百步,高十七丈。又起逍遥宫、甘露殿,連房數百,觀閣相交。鑿天河渠,引水入宫。又爲妻符氏鑿曲光海、清涼池,季夏盛暑,不得休息,暍死者太半。熙遊于城南,止大柳樹下,若有人呼曰:"大王且止。"熙惡之,伐其樹,下有蛇長丈餘。熙盡殺寶諸子,改年爲建始。又爲其妻起承華殿,負土於北門,土與穀同價。典軍杜静,載棺詣闕,上書極諫。熙大怒,斬之。熙妻嘗季夏思凍魚膾,仲冬須生地黄,皆下有司切責,不得,加之以大辟,其虐也如此。及符氏死,熙擁其尸而撫之,曰:"體已就冷,命遂斷矣。"於是僵仆絶息,久而乃蘇,悲號擗踊,斬衰食粥。大斂之後,復啓而交接。制百官哭臨,沙門素服,令有司案檢,有淚者爲忠孝,無淚者罪之。於是群臣震懼,莫不含辛以爲淚焉。及葬,熙被髮徒跣步從。輼車高大,毁城門而出,長老相謂曰:"慕容氏自毁其門,將不入矣。"[1]中衛將軍馮跋兄弟閉門拒熙,執而殺之。立夕陽公雲爲主。

　　雲,寶之養子。復姓高氏,年號正始。跋又殺雲自立。雲之立也,熙幽州刺史、上庸公慕容懿以遼西歸降,太祖以懿爲征東將軍、平州牧、昌黎王。後坐反,伏誅。元真少子德。

　　德,字玄明,雅爲兄垂所重。桓温之至枋頭也,德與垂擊走之。苻堅滅暐,以德爲張掖太守。垂稱尊號,封爲范陽王,拜車騎大將軍、司隸校尉,尋遷司徒。寶既即位,以德鎮鄴,後拜丞相。寶既東

––––––––––––––
①此處中華書局點校本《魏書》無校勘記,中華書局點校修訂本《魏書》二二六四頁校勘記〔三四〕作:慕容氏自毁其門將不入矣　"將不入矣",三朝本、南監本、《北史》卷九三《僭僞附庸·慕容熙傳》、《晉書》卷一二四《慕容熙載記》作"將不久也"。

走，群僚勸德稱尊號，德不從。皇始二年，既拔中山，太祖遣衛王儀攻鄴。德率户四萬南走滑臺，自稱燕王，號年爲燕元，置百官。德冠軍將軍苻廣叛於乞活壘，德留兄子和守滑臺，率衆攻廣，斬之。而和長史李辯殺和，以城來降。

德無所據，乃謀於衆。其給事黄門侍郎張華勸德取彭城而據之。其尚書潘聰曰：“青齊沃壤，號曰‘東秦’。土方二千里，户餘十萬，四塞之固，負海之饒，可謂用武之國。宜攻取據之，以爲關中、河内也。”德從之，引師克薛城，徐兖之民盡附之。以其南海王法爲兖州刺史，鎮梁父。進克莒城，以潘聰爲徐州刺史，鎮莒城。北伐廣固，司馬德宗幽州刺史辟閭渾聞德將至，徙民八千餘户入廣固，遣司馬崔誕率千餘人戍薄荀固，平原太守張豁屯柳泉。誕、豁皆承檄遣子降德。渾懼，携妻子北走，德追騎斬之。渾少子道秀自歸，請與父俱死。德曰：“渾雖不忠，而子能孝，其特赦之。”德入都廣固，僭稱尊號，號年建平。

女水竭，德聞而惡之，因而寢疾。兄子超請祈女水，德曰：“人君之命，豈女水所知。”超固請，終不許。立超爲太子。德死，超僭立。

超，字祖明，德兄北海王納之子也。既僭位，號年太上。超青州刺史、北地王鍾，兖州刺史、南海王法等，起兵叛超，超悉平之。超南郊，柴燎焰起，而煙不出。靈臺令張光告人曰：“今火盛而煙滅，國其亡乎？”天賜五年，司馬德宗將劉裕伐超。[1] 超將公孫五樓勸超拒之於大峴，超曰：“但令度峴，我以鐵騎踐之，此成擒也。”太

---

① 此處中華書局點校本《魏書》無校勘記，中華書局點校修訂本《魏書》二二六四頁校勘記〔三五〕作：天賜五年司馬德宗將劉裕伐超　“五年”，疑爲“六年”之誤。按《晉書》卷一○《安帝紀》，劉裕義熙五年三月舉兵攻南燕，六月入廣固，《宋書》卷一《武帝紀》上同。晉義熙五年當魏天賜六年。

尉、桂林王鎮曰：“若如聖旨，必須平原用馬，便宜出峴逆戰，戰而不勝，猶可退守，不宜縱敵，自貽寇逼。臣以爲天時不如地利，拒之大峴，策之上也。”超不從。出而告人曰：“主上酷似劉璋。今年國滅，吾必死之。”超收鎮下獄。裕入大峴，超拒之於臨朐，乃赦鎮而謝之。超戰於臨朐，爲裕所敗，退還廣固。裕遂圍之。廣固鬼夜哭，有流星長十餘丈，隕于廣固。城潰，裕執超，送建康市斬之。

頁二〇六〇至二〇七二、二〇八九至二〇九〇

《通典》卷第一百九十六《邊防十二·北狄三·慕容氏》

慕容氏

慕容氏，亦東胡之後，別部鮮卑也。《晉史》云：“有熊氏之苗裔，因山爲號。”魏初渠帥有莫護跋，率諸部入居遼西，後從司馬宣王討公孫淵有功，拜率義王，始建國於棘城之北。今柳城郡之地。時燕代多冠步搖冠，護跋見而好之，乃斂髮襲冠，諸部因呼之爲“步搖”，其後音訛，遂爲“慕容”焉。或云慕二儀之德，繼三光之容，遂以慕容爲氏。至孫涉歸，魏封爲鮮卑單于，遷居遼東，於是漸慕華夏之風矣。

涉歸有子二人，長曰吐谷渾，西遷河湟之間；今安鄉郡西平縣地。次曰廆，有命世才略。晉太康十年，又遷於徒河之青山。今柳城郡界。廆以大棘城即帝顓頊之墟，元康四年乃移居之，教以農桑，法制同於中國。永嘉初，廆自稱鮮卑大單于。因晉亂，招撫華夷，刑政修明，流亡歸之甚衆，乃立郡統之，冀州人爲冀陽郡，荆河州人爲成周郡，[三三]青州人爲營丘郡，并州人爲唐國郡。徵辟儒生，以爲參佐，而奉晉室朝貢，臣禮不闕。

【校勘記】

〔三三〕荆河州人爲成周郡　“荆河州”《晉書·慕容廆載記》

二八〇六頁作"豫州"，杜佑避代宗諱改。

　　至皝嗣，廆之子。雄毅多權略，日以强盛，遂自稱燕王，遣使於東晉，請受朝命，許之。後遷都於柳城，儁、暐即其子孫也。其後國號燕，具《晉史·載記》。〔三四〕

　　【校勘記】

　　〔三四〕具晉史載記　"具"原作"出"，據朝鮮本及《太平寰宇記》卷一九四改。

頁五三七二至五三七三、五三八八

《太平御覽》卷一一九《偏霸部三·序》節録

　　《晉書·載記·序》慕容氏先據遼東稱燕，是歲，自苻健後一年也，儁始僭號。後三十一年，後燕慕容垂據鄴。後二年，西燕慕容沖據阿房。是歲也，乞伏國仁據枹罕稱秦。後一年，慕容永據上黨。是歲也，吕光據姑臧稱涼。後十二年，慕容德據滑臺稱南燕。

頁五七四上

《太平御覽》卷一二一《偏霸部五》

前燕慕容廆五罪切

　　崔鴻《十六國春秋·前燕録》曰：慕容廆，字奕洛環，昌黎棘城人。昔高辛氏遊於海濱，留少子厭越以君北夷，世居遼左，號曰東胡。秦漢之際爲匈奴所敗，分保鮮卑山，因復以爲號。曾祖莫護跋，於魏初率其諸部入居遼西，從司馬宣王討公孫淵，拜率義王，始建國於大棘城之北。見燕代少年多冠步摇冠，意甚好之，遂斂髮襲冠，諸部因呼之步摇，其後音訛，遂爲慕容焉。祖木延，從毌丘儉征高麗有功，加號大都督。父涉歸，以全柳城勳進拜單于，遷邑遼東，於是漸變胡風。自云慕二儀之德，繼三光之容，遂以慕容爲姓。廆身長八尺，有大度。晉安北將軍張華一見奇之，謂曰："君後必爲命世之器，匡難濟時者也。"

涉卒，弟耐立，將謀殺廆，廆亡潛於遼東徐郁家。太康元年，國人殺耐，迎廆立之。太康十年，又還于徒河之青山。元康四年，定都大棘城，所謂紫蒙之邑也。永嘉六年，王沉承制以廆爲散騎常侍、冠軍將軍、前鋒大都督、大單于，皆讓不授。擢舉賢才，官方授任。魯國孔纂，宿德清望，請爲賓友；平原劉讚，儒學洽通，爲東牟祭酒；世子率國胄受業焉。太興四年，晉遣謁者拜廆使持節、督幽平東夷諸軍事、車騎將軍、平州牧，封遼東郡公，丹書鐵券，承制海東。咸和元年，加侍中、特進。八年夏五月，薨于文德殿，年六十五，葬於青山。晉遣使者贈車騎大將軍開府儀同三司，謚襄公。皝爲燕王，追謚武宣王。儁稱尊，追尊武宣帝。廟號高祖。

《晉書》曰：廆在位四十九年。

頁五八三上至五八三下

慕容皝音晃

崔鴻《十六國春秋·前燕録》曰：慕容皝字元真，廆第二子，小字萬年。長七尺八寸，雄毅善權略，博學多才藝。晉建武元年，拜振武將軍。永昌初，拜左賢王，太寧末，拜平北將軍、朝鮮公。咸和八年六月，即遼東公位，行平州刺史，督攝部内。九年八月，晉遣謁者拜皝鎮軍大將軍、平州刺史、大單于、遼東公，承制一如廆故事。二年七月，立子儁爲世子。四年，以左司馬封弈爲左長史。九月，弈等以皝任重位輕，宜稱燕王，於是上議。十月，僭即燕王位于文德殿，大赦境内。改備郡司，以封弈爲相國。追尊先公爲武宣王，先妣爲王后。起文昌殿，出入警蹕。立夫人段氏爲王后，世子儁爲太子。是歲，棘城黑石谷有大石自立而行。八年七月，晉使鴻臚郭

皝持節拜皝侍中、大都督河北諸軍事、大將軍、燕王，餘如故，封諸
功臣百餘人。九月，遷都龍城宮闕。十二年四月，黑龍一、白龍一
見于龍山。皝率群寮觀龍，去龍二百步。祭以太牢。二龍交首嬉
翔，解角而去。皝大悦，赦境内，號新宮曰和龍，立龍翔寺于山。皝
雅好文籍，親造《太上章》以代《急就》，又著《典誡》十五篇，並以
教胄子。十四年，皝親臨東庠考試學生，其通經秀異者，擢充近侍。
十月，饗群僚于承乾殿，右長史宋該性貪，賜布百匹，令自負而歸，
以愧其心。十五年八月，皝因見白兔，馳射，馬倒。輦而還宮，引太
子儁囑以後事，謂曰：“今中原未平，方須經建，委賢任哲，此其時
也。恪智勇兼濟，方堪任重，汝其委之，以成吾志。”九月，薨于承乾
殿，年五十二。冬十月，葬龍山，謚文明王。儁稱尊，追尊曰文明皇
帝，廟號太祖，陵曰龍平。

　　《晉書》曰：皝嘗田于西鄙，將濟河，見一老父，服朱衣，乘白馬，
舉手麾皝曰：“此非獵所，王其還也。”秘之不言。遂濟河，連日大
獲，後見白兔，馳射之，馬倒被傷，乃説所見。輦而還宮，引儁囑以
後事。以永和四年死，在位十五年。

頁五八三下至五八四上

慕容儁

　　崔鴻《十六國春秋·前燕録》曰：慕容儁，字宣英，皝第二子，
小字賀賴跋。十三月而生，有神光之異。身長八尺一寸，善屬文，
雅長辭賦，至於器服、車、室皆著銘讚以爲勸戒。皝之八年，晉遣使
者拜皝燕王，以儁爲安北將軍、東夷校尉。十一年，進拜使持節、鎮
東將軍。皝薨，即燕王位，赦其境内。元年春正月，儁依春秋列國
故事，稱元年。五月，聞趙亂，乃嚴兵將爲進取之計。七月，晉使謁
者陳沈拜儁侍中、河北諸軍事、幽冀并平四州牧、大將軍、燕王，承

制封拜，一如庾、皝故事。元璽元年正月，司南車成，儁大悅，告于皝廟。四月，遣輔國恪、相國弈討冉閔，戰于魏昌廉臺，閔師大敗，擒送之。閔大將軍蔣幹輔閔子智固守鄴城。遣輔弼評等帥騎一萬以討之，鄴北郡縣悉降。輔國弈等二百一十人勸稱尊號，令曰："非常之事，匪寡德所宜聞也。"八月，剋鄴。輔弼評等送閔后董氏、太子智、太尉申鍾并乘輿服物及六璽送于中山。傳國璽蔣幹先已送晉。儁欲神其事業，言曆運在己，乃詐云得之，賜閔妻號奉璽君。封冉智爲海濱侯，以輔弼評爲司州刺史鎮鄴。十月，輔國恪等三百五人奉皇帝璽。十一月，僭即皇帝位于正陽前殿，大赦，改年。時晉遣使詣，儁謂之曰："還白汝天子，我承人乏，爲中國所推，己爲帝矣。"庚午，書曰："追崇祖考，古人之令典。武宣王尊爲高祖武宣皇帝，文明王爲太祖文明皇帝。"二年正月，立后可足渾氏爲皇后。

　　光臺元年正月，立中山王暐爲皇太子，赦，改年。初，庾有駿馬曰赭白，有奇相逸力。石虎之伐棘城，皝將出避難，欲乘之，馬悲鳴踶齧，人莫能近。皝曰："此馬見異先朝，孤嘗仗之濟難，今不欲出者，蓋先君之旨也。"乃止。虎尋奔退，皝益奇之。至是年四十九歲，而駿逸不虧，儁比之於鮑氏驄，命鑄銅以圖其像，親爲銘讚，鐫頌其旁，置薊城東掖門。是月，像成而馬死。十一月，自薊遷鄴。十二月，入鄴宮，大赦。繕宮殿，復銅雀臺。以吳王垂爲東夷校尉、平州刺史，鎮遼東。二年三月，常山寺大樹自拔根，出璧七十三，光色精奇，有異常玉。以爲岳神之命，遣尚書郎段勤以太牢祀之。五月，遼西獲黑兔。三年三月，儁夢石虎齧其臂，寤而惡之，命發其墓，剖棺出尸，踏而罵之曰："死胡，安敢夢生天子！"遣御史中尉陽約數其殘酷之罪，鞭而投之漳水。十二月，儁寢疾，謂大司馬恪曰："吾患惙頓，恐不濟。脩短命也，復何所恨！但二寇未除，景茂沖幼，慮其未堪家國多難。吾欲遠追宋宣，以社稷屬汝。"恪曰："太子雖幼，天縱聰聖，必能勝殘致治，不可以亂正統。”儁怒曰：“兄弟之間豈虛飾乎！”恪曰：“陛下若以臣堪荷天下之任者，寧不能輔少主也！”儁曰：“若汝行周公之事，吾復何憂！”四年正月，儁薨於應福前殿，年五十三。儁謚景昭皇帝，廟號烈祖，葬龍陵。儁雅好文籍，性嚴重，未曾以慢服臨朝，雖閑居宴處，亦無懈怠之色。

　　《晉書》曰：儁在位十一年，自初即位至于末年，講論不倦，覽政之暇，唯與侍臣錯綜義理，凡所著述四十餘篇也。

頁五八四上至五八四下

慕容暐

　　崔鴻《十六國春秋·前燕録》曰：慕容暐，字景茂，儁之第三子。元璽三年，封中山王，尋立爲皇太子。光壽四年，僭即帝位，大赦，改元。建熙元年，以太原王恪爲太宰、録尚書，行周公事，專百揆；上庸王評爲太傅，副贊朝政；司空陽鶩爲太保；吳王垂爲河南大都督十州諸軍事，兗州牧，鎮梁國。四年正月，暐南郊。十月，太尉弈迎神王和龍。初，暐委政太宰恪，專受經于博士王勸、助教尚鋒、秘書郎杜詮，並以明經講論左右。至是通諸經，祀孔子于東堂，以勸爲國子祭酒，鋒國子博士，詮散騎侍郎，其執經侍講皆有拜授。八年，太宰恪卒。九年十二月，有神降于鄴，自稱湘女，有聲，與人相接，數日而去。十年四月，立貴妃可朱渾氏爲皇后。六月，晉大司馬桓溫率衆五萬來伐，遂至枋頭，吳王垂大敗之，斬獲三萬餘級，溫奔還淮南。垂既敗溫，威德彌振。太傅評大不使之，太后遂與評謀殺垂。十二月，垂出奔秦。

　　十一年六月，秦輔國將軍王猛、鎮南將軍楊安率衆六萬來伐。以太傅評、下邳王厲等帥精卒三十萬，拒秦師于潞川。州郡盜賊大起，鄴中怪異非常。十月，評及猛戰于潞川，評師敗績，單騎遁還。

猛乘勝追奔，長驅至鄴。十月，苻堅帥衆會猛來攻，拔鄴。城外亂，散騎侍郎徐蔚等率扶餘、句麗及上黨質民子弟五百人夜開城北門，引納秦師。暐與太傅評、左衛將軍孟高等數十騎出奔昌黎。堅遣將軍郭慶帥騎五千追之，及暐于高陽，秦將巨虎執暐，將縛之，暐曰："汝何小人，而敢縛天子！"虎曰："我梁山巨虎，受詔縛賊，何謂天子也！"執暐送鄴。堅問其本狀，暐曰："狐死首丘，欲歸死于先人陵墓！"堅哀而釋之，令還宫率文武出降。堅入鄴宫，昇正陽殿，徙暐及王公已下并諸鮮卑四萬餘户于長安，封暐新興郡侯，邑五千户，尋拜尚書。堅征臺城，爲平南將軍別部都督。淮南之敗，隨堅還長安。既而吴王垂攻苻丕于鄴，中山王沖起兵關中，暐謀殺堅，事發，爲堅所誅，年三十五。德稱尊號，僞謚幽皇帝。

《晉書》曰：始廆以武帝太康六年稱公，至暐四世。暐在位十一年，以海西公太和五年滅，通皝凡八十五年。

頁五八四下至五八五下

《太平御覽》卷一二五《偏霸部九》

後燕慕容垂

崔鴻《十六國春秋·後燕録》曰：慕容垂，字道明，皝第五子，小字阿六敦。母蘭淑儀。垂少有器度，長七尺七寸，手垂過膝。皝甚寵之，常曰："此兒闊達好奇，終能破人家，或能成人家。"故名霸，字道業。因墜馬傷前二齒。後改名䳒，外以慕卻䳒爲名，内實惡而改之。尋以讖記之文，去夬，以垂爲名。稱尊號，封吴王。

建熙十年，以車騎大將軍敗桓温於枋頭，威名大震。太傅上庸王評深忌之，垂遂出奔秦。苻堅聞垂至，大悦，郊迎執手，禮之甚重。王猛惡垂雄略，勸堅殺之。堅不從，以爲冠軍將軍，封賓都侯，歷京兆尹。

　　苻堅敗於淮南,垂軍獨全,堅以千餘騎奔之。世子言於垂曰:"家國傾喪,皇綱廢弛,當隆中興之業,建少康之功。宜恭承皇天之意,因而取之。"垂曰:"彼悉心投命,若何害之!"乃以兵屬堅,垂至澠池,言於堅曰:"王師不利,北境之民或因此輕動,臣請奉詔輯寧朔裔。且龍、鄴舊都,陵廟所在,乞過展拜,以申罔極。"堅許之。權翼諫曰:"垂爪牙名將,今之韓、白,且世豪東夏,志不爲人下。頃避禍歸誠,非慕義也。而恐冠軍之號不飽其志,列地百里未滿其心。且垂猶鷹也,飢則附人,飽便高颺,遇風塵之會,必有淩霄之志。"堅曰:"卿言是也,但朕已許之,匹夫猶重信,況萬乘之主乎!"翼曰:"陛下重小信而輕忽社稷,臣見其往,不見其還,關東之變,垂其首乎!"

　　自涼馬臺結草筏而渡,至安陽,脩牋於長樂公丕。垂至,館之於鄴西。會苻暉告丁零翟斌聚衆四千謀逼洛陽,丕於是配垂兵二千,遣廣武將軍苻飛龍率氐騎一千爲垂之副貳。戒飛龍曰:"垂爲三軍之統,卿爲垂之謀主。"苻暉告急,簡書相尋,垂方圖飛龍,停河內不進,悉誅氐兵,命左右殺飛龍,濟河焚橋,衆三萬。至洛陽,苻暉閉門拒守,不與交通。翟斌率衆會垂,勸稱尊號,垂曰:"新興侯國之正統,孤之君也。若以諸軍之力,得平關東,當以大義喻秦,奉迎反正。誣上自尊,非孤心也。"乃自稱大將軍、燕王,承制行事。翟斌爲建義將軍,封河南王;弟德爲范陽王。衆至二十萬,濟自石門,長驅攻鄴。元年正月,朝群寮于清陽宮,以暐在長安,依晉愍帝在平陽,中宗稱王,改年建武故事,改秦建元爲燕元元年,立太子寶爲燕王太子。攻拔鄴郛,丕固守中城,垂塹而圍之。於魏郡肥鄉築新興以置輜重,進師攻鄴,開其西奔之路。二年三月,丕弃鄴,奔并州,以魯陽王和爲南中郎將鎮鄴。

　　十二年,垂定都中山。建興元年正月,群寮勸垂正尊號。辛卯，儁即皇帝位於南郊。大赦，改元。立子寶爲皇太子。十年五月，太子寶率衆八萬伐魏，范陽王德爲之後繼。魏聞寶將至，徙于河西。寶臨河不敢濟，引師還，次於參合。俄而魏軍大至，三軍奔潰，寶與德等數千騎奔免。十一年三月，垂大衆出參合，太子寶出天門。垂至參合，見積骸如山，設祭弔之，死者父兄各皆號哭，軍中哀慟。垂慚憤嘔血，因而寢疾，築燕昌城而還。寶等至雲中，聞垂疾，皆引歸，及垂于平城。夏四月，薨于上谷沮陽，年七十一。諡武成皇帝，廟號世祖。

《晉書》曰：垂以太元二十一年死，在位十三年。墓曰宣平陵。

頁六〇五下至六〇六上

慕容寶

崔鴻《十六國春秋·後燕録》曰：慕容寶，字道祐，垂第四子。元璽四年生于信都。少輕果無志操，好人佞己。段后謂垂曰：“太子姿質雍容，柔而不斷，非濟世之雄。遼西、高陽，陛下兒之賢者，宜擇一樹之。”垂不納，謂曰：“汝謂我爲晉獻公乎！”建興十一年四月，僭即皇帝位。大赦，改爲永康元年。寶遣將軍趙王麟逼段后曰：“常謂主上不能嗣守大統，今竟能不？宜早自裁，以全段氏。”后怒曰：“汝兄弟尚逼殺母，豈能保守社稷？吾豈惜死，念國滅。”不久，遂自殺。八月，立妃段氏爲皇后，濮陽公榮爲皇太子。

二年正月，魏使脩和，寶不許。二月，魏攻中山。其夜，尚書慕容皓謀殺寶，立趙王麟。寶與太子榮等萬騎就清河王會于薊，以開封公慕容詳守中山。五月，詳遂僭稱尊號。九月，趙王麟率衆入中山殺詳，麟復僭尊號。中山飢，麟出據新市，與魏師戰于義臺，敗績，南奔。魏入中山。

寶遣御史中丞兼鴻臚魯遂持節，授司徒、范陽王德丞相、冀州牧，承制南夏，封公、侯、牧、守。三年二月，寶發龍城，以撫軍慕容騰爲前軍，步騎三萬，將南伐，次于乙連。長上段速骨、宋赤眉因民之憚遠役，殺司空樂浪王宙，衆既幸亂，投伏奔走。寶馳還龍城，又與長樂王盛等南奔。尚書蘭汗殺速骨等十餘人，奉太子榮承制，大赦，遣迎寶還于薊，寶欲北還，盛等咸以汗忠款虛寶未明，宜就范陽王德。寶從之，乃自薊而南。四月，寶至鄴，鄴中遺民固請留之，寶不從。南至黎陽城西，聞范陽王德稱制，懼而退，乃還龍城，次于廣都。蘭汗又遣左將軍蘇超迎寶，具申款誠，忠節無差，寶於是命發。汗遣弟難率五百騎逆寶至龍城。難引寶入于外邸，殺之，年四十四。殺太子榮及王公卿士百餘人。汗自稱大將軍、大單于、昌黎王，號年青龍。七月，長樂王盛襲誅汗。盛即位，僞謚寶惠愍皇帝，廟號列宗。

頁六〇六上至六〇六下

慕容盛

　　崔鴻《十六國春秋·後燕錄》曰：慕容盛，字道運，寶之庶長子。秦建元十年，生于長安。二十年，苻堅誅慕容氏，盛奔。東歸至垂，問以西事，畫地成圖，垂笑，謂之曰：“昔魏撫明帝之首，遂乃侯之。祖之愛孫，有由來矣。”於是封長樂公。建興六年，領北中郎，鎮薊，進爵爲王。

　　及寶爲蘭難所殺，盛馳赴哀。盛潛結大衆，謀討難及汗等，斬之。建平元年七月，告成宗廟，大赦，改青龍元年。謙挹自卑，不稱尊號，以長樂王稱制，諸王貶爵爲公。東陽公慕容根等九十八人上尊號，盛不許。十月，根等又請，盛許之。丙子，僭即皇帝位。正月，朝群臣于承乾殿，大赦，改建平元年爲長樂元年。二年正月，大赦，盛去皇帝之號，稱庶民天王。

三年八月，右將軍慕容國謀率禁兵襲盛，前將軍段璣等因衆心阻動，潛於禁中，鼓譟大呼。盛聞變，率左右出戰，衆皆披潰，一賊從闇中擊盛，傷足。遂取輦昇前殿，召叔父河間公熙囑以後事。熙未至而薨，年二十九，僞諡昭武皇帝，廟號中宗。

《晉書》曰：盛幼而羈賤流漂，長則遭家多難，夷險安危，備嘗之矣。懲寶闇而不斷，遂峻極威刑，纖介之嫌，莫不裁之於未萌，防之於未兆。於是上下震恐，人不自安，雖推忠誠親戚亦皆離貳，舊臣靡不夷滅，安忍無親，所以卒於不免。是歲，隆安五年也。

頁六〇六下至六〇六七上

慕容熙

崔鴻《十六國春秋·後燕録》曰：慕容熙，字道文，一名長生，垂之少子。燕元二年，生于常山。建興八年，封河間王。永康初，隨寶奔龍城，拜司隸校尉。長樂元年，遷僕射、中外督領、昌黎尹。盛薨，遂僭即皇帝位。大赦，改長樂三年爲光始元年。

二年正月，熙引見州郡耆舊于東宮，問以民所疾苦。司隸部民劉瓚對問稱旨，拜帶方太守。是春，大治宮室。四月，立符貴人爲昭儀。五月，築龍騰苑，廣十里餘，役徒二萬。起景雲山于苑内。又起逍遙宮、甘露殿，連房數百，觀閣相交。鑿天河渠，引水入宮。又爲符昭儀鑿曲光海、清涼池。季夏暑熱，士卒不得休息，暍死者半。四年二月，昭儀符氏卒，符貴嬪爲皇后。九月，符后遊畋，熙從之，北登白鹿山，東過青嶺，南臨滄海，冬十一月乃還。百姓苦之，士卒爲虎狼所害及凍死者五十餘人。五年十月，擬鄴之鳳陽作弘光門，累級三層。

建始元年正月，大赦天下。三月，太史丞梁延年夢月化爲五白龍，夢中占之，曰：“月，臣也；龍，君也，月化爲龍，當有臣爲君。”寤而告人，曰：“國祚，其將盡乎？”是日，苻后起承華殿，高承光一倍。負土於北門，土與穀同價。典軍杜静載棺詣闕上書諫，熙大怒，斬之。后嘗季夏思凍魚鱠，冬須生地黄，皆下有司切責，不得，加以大辟。四月，苻后卒，熙悲號躃踊，若喪考妣，擁其尸而撫之曰：“體已就冷，命遂斷矣！”於是僵仆絶息，久而乃蘇。服斬縗，食粥。百寮宫内設位哭臨，有司按檢哭者有淚則不，無淚則加罪，群臣振懼，莫不含辛以爲淚。高陽王妃張氏，熙之嫂也，美姿容。熙欲以爲殉，乃毁其襪韡，中有弊韀，遂賜死。三女叩頭求哀，熙弗許。營陵周輪數里，下固三泉，内圖畫尚書八座之像。熙曰：“善爲之，朕將隨后入此陵。”輀車高大，毁北門而出。

中衛將軍馮跋、左衛將軍張興，先皆坐事亡奔，以熙政之虐也。與跋從兄萬泥等三十二人結盟，推夕陽公慕容雲爲主，發尚方徒五千人分屯四門，入宫授甲，閉門拒守。中黄門趙洛生奔告熙，熙曰：“此鼠盜耳，朕還，當誅之。”乃收髮貫甲，馳還赴難。夜至龍城，攻北門不剋，遂入龍騰苑，左右潰散，熙微服逃于林中，爲人執送雲等，殺之，年二十三。雲葬之徽平陵，謚曰昭文皇帝。

《晋書》曰：垂以孝武帝太元八年僭立，至熙四世，凡二十四年，以安帝義熙二年滅。

頁六〇七上至六〇八上

慕容雲

崔鴻《十六國春秋·後燕録》曰：慕容雲，字子雨，寶之養子。祖父和，高句麗之支庶，自云高陽氏之苗裔，故以高爲氏。寶之爲太子，雲以武藝給侍東宫。永康初，拜侍御郎，以疾去官。

及熙葬后，馮跋詣之，告以大謀，雲懼，跋等强之。四月，即天王位，復姓高氏，大赦，改建始元年爲正始元年，國仍號大燕。以馮跋爲侍中、中外都督、録尚書事、武邑公。二年，慕容歸爲遼東公，主燕之宗祀。

三年冬十月，雲臨東堂，幸臣離班、桃仁懷劍執紙而入，稱有啓，抽劍擊雲，雲以几拒班，桃仁進而殺之。推立馮氏爲主，跋即位，謚爲懿惠皇帝。始垂以丙戌之歲建號中山，馮跋即位之歲，歲在己酉，二十四年。

頁六〇八上

《太平御覽》卷一二六《偏霸部一〇》

南燕慕容德

崔鴻《十六國春秋‧南燕録》曰：慕容德，字玄明，皝之少子。皝每對諸宮人言：“婦人妊娠，夢日入懷，必生天子。”公孫夫人方娠，夢日入臍中，獨喜而不敢言。晉咸康二年，晝寢生德，左右以告，方寤而起。皝曰：“此兒易生，似鄭莊公，長必有大德。”遂以德爲名。年十二而皝薨，哀毀過禮。年十八，長八尺二寸，額上有日月兩角，下偃月重文。元璽初，封梁公。建熙初，進號安北將軍，封范陽王，入爲魏尹。秦滅燕，徙於長安。秦伐涼，德請征自效，後爲張掖太守。符堅伐晉，垂請德爲副。堅敗，德乃隨垂如鄴。垂稱燕王，復封范陽王。建興元年，爲司隸校尉。八年，拜司徒。垂臨薨，謂太子寶曰：“鄴是舊都，宜委范陽王。”永康元年，以德鎮鄴。

及寶失中山，奔龍城，以德爲丞相，領冀州，承制南夏。德曰：“中山既没，魏必乘勝來攻鄴。”元年正月，德率户四萬三千、車二萬七千乘，自鄴徙滑臺、黎陽。魏軍垂至，三軍危懼，欲堡據黎陽，昏日流澌冰合，是夜濟訖，冰亦尋消。德大悦，改黎陽津爲天橋津。德入滑臺，趙王麟等九十八人上言：“今中山傾陷，龍都蕭條，趙魏遺黎，鵠企皇澤，伏願仰承俯順，以安宗廟，謹上皇帝尊號。”德許之，令曰：“今假順來議，且依燕元故事，統符行帝制奏詔而已。”改永康三年爲元年，大赦殊死已下，置百官，封進有差。

寶自龍城南奔，至黎陽城西數里，伏于河西，遣中黄門趙思告北地王鍾曰：“上以去二月得丞相表即自南征，段速骨作逆于乙連，今失據來此，呼丞相奉迎。”鍾馳使白狀。寶遣思之後，見採樵者，知德稱帝，懼而北奔。

初，苻登既滅，登弟廣率所部三千來降，拜冠軍將軍，處之乞活堡。至是復叛，稱秦王。德留撫軍魯陽王和守滑臺，德率衆攻廣，斬之。和長史李辨殺和，以滑臺降魏。德曰：“苻廣雖平，撫軍失據，進有强敵，退無所託，計將安出？”尚書潘聰曰：“滑臺四通八達，非帝王之居。青、齊沃壤，號曰東秦，地方二千里，户餘十萬，四塞之固，可謂用武之國。”德猶預未決。於是遣牙門蘇撫問沙門朗公，報曰：“山栖絶俗之士，不應預問朝議，但有待之累，非有託無以立。陛下今來，即朗之檀越，敬覽潘尚書之議，可謂興邦。”撫又問以年世，朗以《周易》筮之，曰：“燕衰庚戌。”撫曰：“幾何？”曰：“年則一紀，世則及子。”撫曰：“何其促乎？”朗曰：“卦兆然也，豈關人哉！”撫秘不敢言，德大悦。三月，德引歸而南。五月，次薛城。八月，入廣固，即皇帝位于南郊。大赦，改元爲建平元年。又曰：“漢宣憫吏民犯諱，故改名，朕今增一備字，以爲複名，庶開臣子避諱之路。”於是叙賞有差。褒德任賢，新舊咸悦。十月，太極、端門並就，以公匠張剛爲材官將軍、尚方令。

二年十月，徐州刺史潘聰、青州刺史鞠仲來朝，讌于延賢堂，酒酣，德嘆謂群臣曰：“朕雖寡薄，拱己南面，在上不驕，夕惕于位，可稱自古何等主也？”仲曰：“陛下中興之聖后，少康、光武之儔也。”顧命左右賜仲帛千匹。仲疑，多陳讓。德曰：“卿知調朕，朕不知戲卿乎！卿飾對非實，故亦虚言相賞。不賞謬加，何足謝也！”韓範進曰：“臣聞天子無戲言，忠臣無妄對。今日之論，可謂君臣俱失。”德大悅，賜範絹五十匹。

三年三月，德如齊城，登營丘，望見晏嬰冢，顧左右曰：“禮，大夫不逼城葬。平仲，古之一賢人達者，而生居近市，死葬近城，豈有意乎？”青州秀才晏謨對曰：“孔子稱臣先人平仲賢矣，豈不知高其梁，豐其禮？蓋政在家門，故儉以矯世。存居湫隘，卒豈擇地而葬乎！所以不遠門者，猶冀悟平生意也。”德悅之。三月，以太牢祀漢城陽景王廟，遂北登社首山，東望鼎足，因目牛山，問謨以齊之山川、賢哲故事。謨歷對詳辯，畫地成圖。德深嘉之，拜尚書郎。

五年二月，夜地震，在栖之雞皆驚擾飛散。三月，德疾動經旬，幾於不振，會前尚書右丞曹默自冀州來奔，以白酒解之，乃瘳。以默為御史中丞，封永熙侯。六年正月，兄子超自秦還。九月，汝水竭。十一月，德疾篤，夜夢魃曰：“汝既無子，何不早立超為太子。不爾，惡人生心。”戊午，引見群臣于東陽殿，議立超為太子，俄而震起，百寮驚越，德亦不安，還宮，疾甚，呼段后、公主及超申以後事，執超手曰：“若得至曉更見公卿，顧托以汝，死無所恨。”舉目視公主，欲有所言，竟遂不能。段后大言：“今日召董中書造詔立超。”開目頷之。是夕，薨于顯安宮，年七十。為十餘棺，夜分出四門，潛瘞山谷，莫知其尸所在，虛葬于東陽陵。謚獻武皇帝，廟號世宗，在位五年。

頁六一〇上至六一一下

慕容超

崔鴻《十六國春秋·南燕錄》曰：慕容超，字祖明，德兄北海王納之子。秦滅燕，以納為廣武太守，數歲去官，與母公孫太妃就弟德於張掖。德從苻堅南征，留金刀，辭母而去。及垂起山東，張掖太守苻昌誅納及德之諸子，公孫太妃以耄不合刑，納妻段氏以懷妊未決，執于郡獄。獄掾呼延平，德故吏也，將公孫、段氏逃于羌中，而生超焉。公孫氏臨卒，授超金刀，曰："聞汝伯已中興於鄴都，吾朽病將没，相見理絶。汝脱得東歸，可以此刀還汝叔也。"後因吕隆歸秦，秦徙涼州民於長安，超因而東歸。母謂超曰："母子得全濟者，呼延氏之力也。惠而不報，天不祐人。平今雖死，吾欲爲汝納其女，以答厚惠。於是納之。超至長安，佯狂行乞，由是往來無禁。濟陰人宗正謙善卜相，西至長安，賣術于路，超行而遇之，因就謙相。謙奇其姿貌。超乃内斷于心，不告母妻，辭母詣霸上，乃與謙俱歸。至諸關禁，自稱張伏生。二十日達梁父。建平六年四月，至廣固，呈以金刀，且宣祖母臨終之言，德撫之號慟。

超身長八尺，腰帶九圍，姿器魁傑，有類於德。德愛之，名之曰超，封北海王，拜侍中、驃騎大將軍、司隸校尉，開府置佐。十一月，立爲太子。己未，僭即皇帝位，大赦，改建平六年爲太上元年。

三年七月，遣中書令韓範聘秦，姚興許還超母妻。八月，秦使兼員外散騎常侍韋宗還聘，贈以千金。超復遣右僕射張華、給事中宗正元聘秦，送太樂伎一百二十人。姚興大悦，還超母妻。十月，華發長安，宗正元馳先反命。超大悦，遣征虜公孫五樓率騎二千迎于境上，超親率六宫迎於馬耳關。四年正月，大赦，尊父北海穆王爲穆皇，皇帝母段氏爲皇太后，居長樂宫，妻呼延氏爲皇后。

五年二月，晉相劉裕率衆來伐。三月，晉師渡淮，超聞晉軍之盛，自率衆四萬距戰，大敗，奔還廣固，徙郭内民入堡小城。晉攻陷大城，長圍列守，超請爲藩臣，以大峴爲界，裕不許。六年正月，超登天門，朝群臣于城上，殺馬以饗將士。十一月，尚書悦壽開門納晉師，超出奔，爲晉所執。送建康市斬之，時年二十六。殺鮮卑王公已下三千餘人，以男女萬餘口爲軍賞。始德建平元年歲在己亥僭號居齊，至爲劉裕所滅在己酉，凡二十一年。

《晉書》曰：超在位六年，初德以安帝隆安四年僭立，至超二世，凡十一年，以義熙六年滅。

頁六一一下至六一二上

《太平御覽》卷八〇一《四夷部二二·北狄三·慕容氏》

《晉書·載記》曰：慕容氏，其先有熊氏之苗裔，世居北夷，邑于紫蒙之野，號曰東胡。其後與匈奴並盛，控弦之士二十餘萬。風俗、官號與匈奴略同。秦漢之際，爲匈奴所敗，分保鮮卑山，因以爲號。《通典》：慕容氏亦東胡之後，別部鮮卑也。魏初，渠帥有莫護跋，率諸部入居遼西，後從司馬宣王討公孫淵，有功，拜率義王。至孫涉歸，魏封爲鮮卑單于。涉歸有二子，長曰吐谷渾，西遷河湟之間；次曰廆，有命代才略，晉太康十年，又遷于徒河之青山也。

又曰：慕容廆，字弈洛瓌，昌黎棘城鮮卑人也。曾祖莫護跋，初率諸部大人入居遼西，從宣帝伐公孫氏有功，拜率義王，始建國於棘城之北。時燕代多冠步搖冠，莫護跋見而好之，乃歛髮襲冠，諸部因呼之爲步搖。其後音訛，遂爲慕容焉。或云慕二儀之德，繼三光之容，遂以慕容爲氏。祖木延左賢王，父涉歸，以全柳城之功，進拜鮮卑單于，遷於遼東北，於是漸慕諸夏之風矣。

又曰：安北將軍張華，有知人之鑒。慕容廆童冠時，往謁之，華謂曰：“君至長，必爲命世之器。”因以所服簪幘遺廆。

又曰：慕容廆謀於衆曰：“吾先公以來，世奉中國。且華裔理殊，強弱固別，豈宜與晉國競乎？何爲不和，以害吾百姓耶？”乃遣使來降，帝嘉之，拜爲鮮卑都督。廆致敬於東夷府，巾衣詣門，抗士大夫之禮，何龕嚴兵引見，廆乃改服戎衣而入。人問其故，廆曰：“主人不以禮賓，復何爲哉？”龕聞而慚之。廆以大棘城即帝顓頊之墟,元康四年乃移居之,教以農桑,法制同於上國。永嘉初,廆自稱鮮卑大單于。建武初,元帝承制,拜廆假節、散騎常侍、都督遼左雜夷流人諸軍事、龍驤將軍、大單于、昌黎公。廆刑政修明,流亡者多歸之。廆乃立郡以統流人,冀州人爲冀陽郡,豫州人爲成周郡,青州人爲營丘郡,并州人爲唐國郡。廆卒,皝嗣立。皝雄毅多權略,日强盛,遂自稱燕王。後遷都於柳城。儁、暐即其子孫。

頁三五五四下至三五五五上

《太平寰宇記》卷之一百九十四
《四夷二十三·北狄六·慕容氏》

慕容氏

　　慕容氏。亦東胡之後,別部鮮卑也。《晉史》云:"有熊氏之苗裔,因山爲號。"〔九〕魏初渠帥有莫護跋,率諸部入居遼西,後從司馬宣王討公孫淵有功,〔一〇〕拜率義王,始建國于棘城之北。即柳城郡之地。〔一一〕時燕代多冠步搖冠,護跋見而好之,乃斂髮襲冠,〔一二〕諸部因呼之爲"步搖",其後音訛,遂爲"慕容"焉。或云慕二儀之德,繼三光之容,遂以慕容爲氏。至孫涉歸,魏封爲鮮卑單于,遷居遼東,于是漸慕華夏之風矣。

【校勘記】

　　〔九〕因山爲號　底本"山"下衍"以"字,據宋版、萬本、《庫》本、傅校及《通典·邊防》一二刪。

　　〔一〇〕司馬宣王　"宣王",底本作"懿",據宋版、萬本、《庫》本及《通典·邊防》一二改。

　　〔一一〕始建國于棘城之北即柳城郡之地　"于",底本脫,《庫》本同,據宋版、萬本及《通典·邊防》一二補。"即"、"地",底本作"今"、"北",萬本、《庫》本同,據宋版改,《通典·邊防》一二"今柳城郡之地”是也。

〔一二〕斂髮襲冠　“斂”，宋版、萬本、《庫》本同，《晉書》卷一○八《慕容廆載記》、《通典·邊防》一二作“斂”，按“斂”爲是。後同。

涉歸有子二人，長曰吐谷渾，西遷河湟之間；^{〔一三〕}今安鄉郡西平縣地。^{〔一四〕}次曰廆，有命世才略。晉太康十年，又遷于徒河之青山。今柳城郡界。^{〔一五〕}廆以大棘城即帝顓頊之墟，元康四年乃移居之，教以農桑，法制同于中國。永嘉初，廆自稱鮮卑大單于。因晉亂，招撫華夷，刑政修明，流亡歸之甚衆，乃立郡以統之，冀州人爲冀陽郡，荆河州人爲成周郡，^{〔一六〕}青州人爲營丘郡，并州人爲唐國郡。徵辟儒生，以爲參佐，而奉晉室朝貢，臣禮不闕。

【校勘記】

〔一三〕西遷河湟之間　“湟”，底本作“隍”，據宋版、萬本、《庫》本及《通典·邊防》一二改。

〔一四〕今安鄉郡西平縣地　“地”，底本作“也”，《庫》本同，據宋版、萬本及《通典·邊防》一二改。

〔一五〕今柳城郡界　底本“今”上衍“即”字，“城”下衍“之”字，“界”下衍“也”字，並據宋版、萬本、《庫》本、傅校及《通典·邊防》一二删。

〔一六〕荆河州人爲成周郡　“荆河州”，《晉書》卷一○八《慕容廆載記》作豫州，此避唐代宗諱改。“周”，底本作“州”，萬本、《庫》本同，據宋版及《晉書·慕容廆載記》改。

至皝嗣，^{〔一七〕}廆之子。雄毅多權略，日以强盛，^{〔一八〕}遂自稱燕王，遣使于東晉，請受朝命，許之。後遷都于柳城，儁、暐，即其子孫也。後國號燕，具《晉史·載記》。

【校勘記】

〔一七〕至皝嗣　“嗣”，底本脱，《庫》本同，據宋版、萬本、傅校及《通典・邊防》一二補。

〔一八〕日以强盛　“盛”，底本作“勝”，據宋版、萬本、《庫》本及《通典・邊防》一二改。

頁三七一三至三七一四、三七二四至三七二五

《册府元龜》卷二一九《僭僞部・姓系》

前燕慕容廆字奕洛瓌，昌黎棘城鮮卑人也。其先有熊氏之苗裔，世居北夷，邑於紫蒙之野，號曰東胡。其後與匈奴並盛，控弦之士二十餘萬，風俗官號與匈奴略同。秦漢之際爲匈奴所敗，分保鮮卑山，因以爲號。曾祖莫護跋，魏初率其諸部入居遼西，從宣帝伐公孫氏有功，拜率義王，始建國於棘城之北。時燕代多冠步摇冠，莫護跋見而好之，乃歛髮襲冠，諸部因呼之爲步摇，及後音訛，遂爲慕容。或云慕二儀之德，繼三光之容，遂以慕容爲氏。祖木延，左賢王。父涉歸，以全柳城之功，進拜鮮卑單于，遷邑於遼東北，於是漸慕諸夏之風矣。廆，晉武帝太康中爲鮮卑都督，累轉遼東公、持節、都督幽州諸軍事、車騎將軍、平州牧、大單于，在位四十九年，年六十五，成帝遣使者策贈大將軍、開府儀同三司，謚曰襄，第三子皝嗣位。皝，字元真，帝遣謁者拜鎮軍大將軍、平州刺史、大單于、遼東公。咸康三年僭即天王位，在位十五年，年五十二，第二子儁立。儁字宣英，穆帝永和五年僭即燕王位。八年僭即皇帝位，在位十一年，年四十二，子暐嗣僭位。暐字景茂，在位一十一年，爲苻堅所滅。始廆以武帝太康六年稱公，至暐四世，凡八十五年。

……

後燕慕容垂字道明，前燕慕容皝之第五子，慕容儁時封爲吴王。慕容暐爲苻堅所滅，垂在堅朝，歷位京兆尹。堅敗，垂引兵至滎陽，以晉孝武太元八年自稱大將軍、大都督、燕王，在位十三年，

年七十一，子寶嗣。寶字道祐，在位三年，年四十四，子盛嗣。盛字道運，在位三年，年二十九，垂少子熙嗣。熙字道文，在位六年，年二十三，爲寶養子雲所弒。

……

南燕慕容德，字玄明，後燕慕容垂之弟。垂稱燕王，以德爲車騎大將軍。垂死，子寶嗣。寶以德爲丞相，領冀州牧，承制南夏。晉安帝隆安四年，僭即皇帝位，在位五年，年七十，兄子超嗣。超字祖明，在位六年，爲晉所滅。始德以安帝隆安四年僭立，至超二世，凡十一年。

頁二六二四、二六二六下、二六二八上

《册府元龜》卷二二二《僭僞部·勳伐二》

前燕慕容廆，晉武帝時爲鮮卑都督。太康十年，遷于徒河之青山。廆以大棘城即帝顓頊之墟也，惠帝元康四年乃移居之。太安初，宇文莫圭遣弟屈雲寇邊城，雲別帥大素延攻掠諸部，廆親擊敗之。素延怒，率衆圍棘城。廆乃躬貫甲冑，馳出擊之，素延大敗，追奔百里，俘斬萬餘人。

懷帝永嘉初，廆自稱鮮卑大單于。時遼東太守龐本以私憾殺東夷校尉李臻，附塞鮮卑素連、木津等託爲臻報讎，實欲因而爲亂，遂攻陷諸縣，殺掠士庶。太守袁謙頻戰失利，校尉封釋懼而請和。連歲寇掠，百姓失業，流亡爭歸附者日月相繼。廆子翰言曰："諸侯莫如勤王，自古有爲之君靡不伏此以成事業者也。今連、津跋扈，王師覆敗，蒼生屠膾，豈甚此乎！豎子外以龐本爲繇，内實幸而爲寇。封使君以誅本請和，而毒害滋甚。遼東傾没已二周，中原兵亂，州師屢敗，勤王仗義，今其時也。單于宜明九伐之威，救倒懸之命，數連、津之罪，合義兵以誅之。上則興復遼邦，下則并吞二部，忠義彰於本朝，私利歸於我國，此則吾鴻漸之始也，終可以得志于諸侯。”廆從之。是日，率騎討連、津，大敗斬之，二部悉降，徙之棘城，立遼東郡而歸。其後平州刺史、東夷校尉崔毖陰結高句麗及宇文、段國等，謀滅廆以分其地。元帝大興初，三國伐廆，廆以計間之，二國引兵而歸。唯宇文悉獨官攻之，盡衆逼城，連營三十里。廆簡鋭士配世子皝，推鋒於前；庶長子翰領精騎爲奇兵，從旁出，直衝其營；廆方陣而進。悉獨官乃自恃其衆，不設備，見廆軍之至，方率兵拒之。前鋒始交，翰已入其營，縱火焚之，其衆皆震擾，不知所爲，遂大敗，悉獨官僅以身免，盡俘其衆。元帝遣使者拜廆平州牧、遼東郡公。

段末波初統其國，而不修備，廆遣皝襲之，入令支，收其名馬寶物而還。

石勒遣使通和，廆距之，送其使於建業。勒怒，遣宇文乞得龜擊廆，廆遣皝拒之。以裴嶷爲右部都，率索頭爲右翼，命其少子仁自平郭趣伯林爲左翼，攻乞得龜，剋之，悉虜其衆。乘勝拔其國城，收其資用億計，徙其人數萬户以歸。

慕容皝初爲平北將軍，封朝鮮公。嗣父廆行平州刺史，督攝部内。尋而宇文乞得龜爲别部逸豆歸所逐，奔死於外，皝率騎討之，逸豆歸懼而請和，遂築榆陰、安晉二城而還。其後，皝又自征遼東，剋襄平。徙遼東大姓於棘城，置和陽、武次、西樂三縣而歸。段遼弟蘭擁衆數萬屯于曲水亭，將攻柳城，宇文歸寇安晉，爲蘭聲援。皝以步騎五萬擊之，師次柳城，蘭、歸皆遁。遣封奕率輕騎追擊，敗之，收其軍實，館穀二旬而還。謂諸將曰：“二虜恥無功而歸，必復重至，宜於柳城左右設伏以待之。”遣封奕率騎潛于馬兜山諸道。俄而遼騎果至，奕夾擊，大敗之，斬其將榮保。遣兼長史劉斌、郎中令陽景送徐孟歸于京師。皝以段遼婁爲邊患，遣將軍宋回稱

藩于石季龍，請師討遼。季龍於是總衆而至。皝率諸軍攻遼令支
以北諸城邊，遼遣其將段蘭來距，大戰，敗之，斬級數千，掠五千餘
户而歸。季龍至徐無，遼奔密雲山。季龍進入令支，怒皝之不會師
也，進軍擊之，至于棘城，戎卒數十萬，四面進攻，郡縣諸部叛應季
龍者二十六城。相持旬餘，左右勸皝降龍。皝曰："孤方取天下，何
乃降人乎！"遣其子恪等率騎三千，晨出擊之。季龍諸軍驚擾，棄
甲而遁。恪乘勝追之，斬獲二萬餘級，築戍凡城而還。成帝拜皝大
將軍，封燕王。成帝咸康七年，遷都龍城。率勁卒四萬，入自南陝，
以伐宇文、高句麗，又使庶兄翰及子垂爲前鋒，遣長史王寓勒衆萬
五千，從北置而進。高句麗王釗謂皝軍之從北路也，乃遣其弟武統
精鋭五萬距北置，躬率弱卒以防南陝。翰與釗戰于木底，大敗之，
乘勝遂入丸都，釗單馬而遁。皝掘釗父利墓，載其尸并其母妻珍
寶，掠男女五萬餘口，焚其宮室，毀丸都而歸。明年，釗遣使臣稱於
皝，貢其方物，乃歸其父尸。宇文歸遣其國相莫淺渾伐皝，皝遣翰
擊之，渾大敗，僅以身免，盡俘其衆。

　　尋又率騎一萬親伐宇文歸，以翰及子垂爲前鋒。歸使其驍將
涉奕于盡衆距翰，翰斬奕于，盡俘其衆，歸遠遁漠北。皝又遣慕容
恪攻高句麗南蘇，剋之，置戍而還。三年，遣其世子儁與恪率騎萬
七千東襲夫餘，剋之，虜其王及部衆五萬餘口以還。

　　慕容儁嗣其父皝爲大將軍、大單于、燕王。明年，儁率三軍南
伐，出自盧龍，次于無終。石季龍幽州刺史王午棄城走，留其將王
他守薊。儁攻陷其城，斬他，因而都之。徙廣甯、上谷人于徐無，
代郡人于凡城而還。及冉閔殺石祗，僭稱大號，儁遣慕容恪略地中
山，慕容評攻王午于魯口，降之。遂進攻鄴，剋其城，送冉閔妻子、
僚屬及其文物于中山。晉穆帝永和八年，遂僭即帝位。

頁二六五六上至二六五八上

《册府元龜》卷二二三《僭僞部·勳伐三》節録

後燕慕容垂,慕容皝子也。以滅宇文之功,封都鄉侯。石季龍來伐,既還,猶有兼并之志,遣將鄧常率衆數萬屯于樂安,營攻取之備。垂戍徒河,與常相持,常憚而不敢侵。石季龍之死也,趙魏亂,垂説慕容儁伐之,儁以垂爲前鋒都督。儁僭稱尊號,封垂吴王,徙鎮信都,以侍中、右禁將軍録留臺事,大收東北之利。又爲征南將軍、荆兗二州牧,有聲于梁楚之南。再爲司隸,僞王公已下莫不累迹。及慕容暐嗣位,垂敗晉將桓温于枋頭,威名大振。慕容評深忌惡之,乃謀誅垂。垂懼禍及己,與世子金奔于苻堅。堅以垂爲冠軍將軍,封賓都侯,食華陰之五百户。垂在堅朝,歷京兆尹,進封泉州侯,所在征伐,皆有大功。堅之敗於淮南也,垂軍獨全,堅以萬餘騎奔垂,垂以兵屬堅。至澠池,垂請至鄴展拜陵墓,因張國威刑,以安戎狄。堅許之。遣其將李蠻、閔亮、尹國率衆三千送垂,又遣石越戍鄴,張蚝戍并州。時堅子丕先在鄴,及垂至,丕館之於鄴西,垂具説淮南敗狀。會堅將苻揮告丁零翟斌聚衆謀逼洛陽,丕配垂兵二千,遣其將苻飛龍率氐騎一千爲垂之副以討之。垂請入鄴城拜廟,丕不許。乃潛服而入,亭吏禁之,垂怒,斬吏燒亭而去。至河内,殺飛龍,悉誅氐兵,召募遠近,衆至三萬,濟河焚橋,令曰:"吾本外假秦聲,内規興復。亂法者軍有常刑,奉命者賞不踰日,天下既定,封爵有差,不相負也。"翟斌聞垂之將濟河也,遣使推垂爲盟主。及至洛陽率衆會垂,勸稱尊號。垂謀于衆曰:"洛陽四面受敵,北阻大河,至於控馭燕趙,非形勝之便,不如北取鄴都,據之而制天下。"衆咸以爲然。乃引師而東,至滎陽,以晉孝武太元八年自稱大將軍、都督、燕王,承制行事。攻拔鄴郭,丕固守中城,垂塹而圍之,擁漳水以灌之。翟斌密應苻丕,決防潰水。事洩,垂誅之。於是引師

去鄴，北屯新城，開其西奔之路。垂將有北都中山之意，慕容農率
衆數萬迎之。群僚聞慕容暐爲苻堅所殺，勸垂僭位。垂以慕容沖
稱號關中，不許。其後苻丕棄鄴城，奔于并州。垂定都中山，以太
元十一年僭即位。遣其征西慕容楷、衛軍慕容麟、鎮南慕容紹、征
虜慕容宙等攻苻堅冀州牧苻定、鎮東苻紹、幽州牧苻謨、鎮北苻亮
等，悉降。慕容盛，初以慕容寶庶長子，封長樂王。寶如龍城，盛留
在後。寶爲蘭汗所殺，盛馳進赴哀，因斬蘭汗，以長樂王稱制。先
是，慕容奇聚衆于建安，亦將討汗，百姓翕然從之。汗遣兄子金討
奇，奇擊滅之，進屯乙連。盛既斬汗，命奇罷兵，奇遂與丁零嚴生、
烏丸王龍之阻兵叛盛，引軍至橫溝，去龍城十里。盛出兵擊敗之，
執奇而還，斬龍、生等百餘人。盛于是僭即尊位。

　　……

　　南燕慕容德，初以慕容儁之弟，封范陽王。後從慕容垂如鄴，
及垂稱王，以德爲車騎大將軍，遷司徒。垂臨終，敕其子寶以鄴城
委德。寶既嗣位，以德爲冀州牧，領南蠻校尉，鎮鄴。魏將拓拔章
攻鄴，德遣南安王慕容青等夜擊敗之，魏師退次新城。又遣遼西公
賀賴盧率騎與章圍鄴，德遣將追破章軍。時魏師入中山，慕容寶出
奔於薊，慕容詳又僭號中山。寶以德爲丞相，領冀州牧，承制南夏。

　　隆安二年，乃率户四萬、七千乘自鄴徒于滑臺。依燕元故事，
稱元年。

　　　　　　　　　　　　　　頁二六六五上至二六六六下

《通志》卷一百八十八《載記三·前燕》

　　慕容廆字奕洛瓌，昌黎棘城鮮卑人也。其先有熊氏之苗裔，
世居北夷，邑于紫蒙之野，號曰東胡。其後與匈奴並盛，控弦之士
二十餘萬，風俗官號與匈奴略同。秦漢之際爲匈奴所敗，分保鮮卑

山，因以爲號。曾祖莫護跋，魏初率其諸部入居遼西，從司馬懿伐公孫氏有功，拜率義王，始建國於棘城之北。時燕代多冠步摇冠，莫護跋見而好之，乃斂髮襲冠，諸部因呼之爲步摇，其後音訛，遂爲慕容焉。或云慕二儀之德，繼三光之容，遂以慕容爲氏。祖木延，左賢王。父涉歸，以全柳城之功，進拜鮮卑單于，遷邑於遼東北，於是漸慕諸夏之風矣。

　　廆幼而魁岸，美姿貌，身長八尺，雄傑有大度。安北將軍張華雅有知人之鑒，廆童冠時往謁，華甚歎異，謂曰："君至長必爲命世之器，匡難濟時者也。"因以所服簪幘遺廆，結殷勤而别。

　　涉歸死，其弟耐篡位，將謀殺廆，廆亡潛以避禍。後國人殺耐，迎廆立之。

　　初，涉歸有憾於宇文鮮卑，廆將脩先君之怨，表請討之。武帝弗許。廆怒，入寇遼西，殺略甚衆。帝遣幽州諸軍討廆，戰于肥如，廆衆大敗。自後復掠昌黎，每歲不絶。又率衆東伐扶餘，扶餘王依慮自殺，廆夷其國城，驅萬餘人而歸。東夷校尉何龕遣督護賈沈將迎立依慮之子爲王，廆遣其將孫丁率騎邀之。沈力戰斬丁，遂復扶餘之國。

　　廆謀於其衆曰："吾先公以來世奉中國，且華裔理殊，强弱固别，豈能與晉競乎？何爲不和以害吾百姓邪！"乃遣使來降。帝嘉之，拜爲鮮卑都督。廆致敬於東夷府，巾衣詣門，抗士大夫之禮。何龕嚴兵引見，廆乃改服戎衣而入。人問其故，廆曰："士人不以禮，賓復何爲哉！"龕聞而慚之，彌加敬憚。時東胡宇文鮮卑段部以廆威德日廣，懼有吞併之計，因爲寇掠，往來不絶。廆卑辭厚幣以撫之。

　　太康十年，廆又遷于徒河之青山。廆以大棘城即帝顓頊之墟也，元康四年乃移居之。教以農桑，法制同於上國。永寧中，燕垂大水，廆開倉振給，幽方獲濟。天子聞而嘉之，褒賜命服。

太安初，宇文莫圭遣弟屈雲寇邊城，雲別帥大素延攻掠諸部，廆親擊敗之。素延怒，率衆十萬圍棘城，衆咸懼，人無距志。廆曰：“素延雖犬羊蟻聚，然軍無法制，已在吾計矣。諸君但爲力戰，無所憂也。”乃躬貫甲冑，馳出擊之，素延大敗，追奔百里，俘斬萬餘人。

永嘉初，廆自稱鮮卑大單于。遼東太守龐本以私憾殺東夷校尉李臻，附塞鮮卑素連、木津等託爲臻報讎，實欲因而爲亂，遂攻陷諸縣，殺掠士庶。太守袁謙頻戰失利，校尉封釋懼而請和。連歲寇掠，百姓失業，流亡歸附者日月相繼。廆子翰言於廆曰：“求諸侯莫如勤王，自古有爲之君靡不仗此以成事業者也。今連、津跋扈，王師覆敗，蒼生屠膾，豈甚此乎！豎子外以龐本爲名，内實幸而爲寇。封使君以誅本請和，而毒害滋深。遼東傾没，垂已二周，中原兵亂，州師屢敗，勤王仗義，今其時也。單于宜明九伐之威，救倒懸之命，數連、津之罪，合義兵以誅之。上則興復遼邦，下則并吞二部，忠義彰於本朝，私利歸于我國，此則吾鴻漸之始也，終可以得志於諸侯。”廆從之。是日，率騎討連、津，大敗斬之，二部悉降，徙之棘城，立遼東郡而歸。

懷帝蒙塵于平陽，王浚承制以廆爲散騎常侍、冠軍將軍、前鋒大都督、大單于，廆不受。建興中，愍帝遣使拜廆鎮軍將軍、昌黎遼東二國公。建武初，元帝承制拜廆假節、散騎常侍、都督遼左雜夷流人諸軍事、龍驤將軍、大單于、昌黎公，廆讓而不受。征虜將軍魯昌説廆曰：“今兩京傾没，天子蒙塵，琅邪承制江東，實人命所繫。明公雄據海朔，跨總一方，而諸部猶怙衆稱兵，未遵道化者，蓋以官非王命，又自以爲强。今宜通使琅邪，勸承大統，然後敷宣帝命，以伐有罪，誰敢不從！”廆善之，乃遣其長史王濟浮海勸進。及帝即尊位，遣謁者陶遼重申前命，授廆將軍、單于，廆固辭公封。

時二京傾覆，幽冀淪陷，廆刑政脩明，虛懷引納，流亡士庶多襁負歸之。廆乃立郡以統流人，冀州人爲冀陽郡，豫州人爲成周郡，青州人爲營邱郡，并州人爲唐國郡。於是推舉賢才，委以庶政，以河東裴嶷、代郡魯昌、北平陽耽爲謀主，北海逄羨、廣平游邃、北平西方虔、渤海封抽、西河宋奭、河東裴開爲股肱，渤海封奕、平原宋該、安定皇甫岌、蘭陵繆愷以文章才儁任居樞要，會稽朱左車、泰山胡母翼、魯國孔纂以舊德清重引爲賓友，平原劉讚儒學該通，引爲東庠祭酒，其世子皝率國胄束脩受業焉。廆覽政之暇，親臨聽之，於是路有頌聲，禮讓興矣。

時平州刺史、東夷校尉崔毖自以爲南州士望，意存懷集，而流亡者莫有赴之。毖意廆拘留，乃陰結高句驪及宇文、段國等，謀滅廆以分其地。太興初，三國伐廆，廆曰："彼信崔毖虛說，邀一時之利，烏合而來耳。既無統一，莫相歸伏，吾今破之必矣。然彼軍初合，其鋒甚銳，幸我速戰。若逆擊之，落其計矣。靖以待之，必懷疑貳，迭相猜防。一則疑吾與毖譎而覆之，二則自疑三國之中與吾有韓魏之謀者，待其人情沮惑，然後取之必矣。"於是三國攻棘城，廆閉門不戰，遣使送牛酒以犒宇文，大言於衆曰："崔毖昨有使至。"於是二國果疑宇文同於廆也，引兵而歸。宇文悉獨官曰："二國雖歸，吾當獨兼其國，何用人爲！"盡衆逼城，連營三十里。廆簡銳士配皝，推鋒於前；翰領精騎爲奇兵，從旁出，直衝其營；廆方陣而進。悉獨官自恃其衆，不設備，見廆軍之至，方率兵距之。前鋒始交，翰已入其營，縱火焚之，其衆皆震擾，不知所爲，遂大敗，悉獨官僅以身免，盡俘其衆。於其營候獲皇帝玉璽三紐，遣長史裴嶷送于建鄴。崔毖懼廆之仇己也，使兄子燾僞賀廆。會三國使亦至請和，曰："非我本意，崔平州教我耳。"廆將燾示以攻圍之處，臨之以兵，曰："汝叔父教二國滅我，何以詐來賀我乎？"燾懼，首服。廆乃遣熹歸説毖曰："降者上策，走者下策也。"以兵隨之。毖與數十騎棄家室奔于高句麗，廆悉降其衆，徙熹及高瞻等于棘城，待以賓禮。明年，高句麗寇遼東，廆遣衆擊敗之。

　　裴嶷至自建鄴，帝遣使者拜廆監平州諸軍事、安北將軍、平州刺史，增邑二千户。尋加使持節、都督幽州東夷諸軍事、車騎將軍、平州牧，進封遼東郡公，邑一萬户，常侍、單于並如故；丹書鐵券，承制海東，命備官司，置平州守宰。

　　段末波初統其國，而不修備，廆遣皝襲之，入令支，收其名馬寶物而還。

　　石勒遣使通和，廆距之，送其使於建鄴。勒怒，遣宇文乞得龜擊廆，廆遣皝距之。以裴嶷爲右部都督，率索頭爲右翼，命其少子仁自平郭趣伯林爲左翼，攻乞得龜，克之，悉虜其衆。乘勝拔其國城，收其資用億計，徙其人數萬户以歸。

　　成帝即位，加廆侍中，位特進。咸和五年，又加開府儀同三司，固辭不受。

　　廆嘗從容言曰："獄者，人命之所懸也，不可以不慎。賢人君子，國家之基也，不可以不敬。稼穡者，國之本也，不可以不急。酒色便佞，亂德之甚也，不可以不戒。"乃著《家令》數千言以申其旨。

　　遣使與太尉陶侃箋，申布忠懇，詞旨可觀。使者遭風没海。其後廆更寫前箋，并齎其東夷校尉封抽、行遼東相韓矯等三十餘人疏上侃府，欲進廆爲燕王，行大將軍事，侃報抽等書，其略曰："車騎將軍憂國忘身，貢篚載路，羯賊求和，執使送之，西討段國，北伐塞外，遠綏索頭，荒服以獻。惟北部未賓，屢遣征伐。又知東方官號，高下齊班，進無統攝之權，退無等差之降，欲進車騎爲燕王，一二具之。夫功成進爵，古之成制也。車騎雖未能爲官摧勒，然忠義竭誠。今騰牋上聽，可不遲速，當任天臺也。"朝議未定。八年，廆卒，乃止。時年六十五，在位四十九年。帝遣使者策贈大將軍、開府儀同三司，諡曰襄。及僭僞號，僞諡武宣皇帝。

慕容皝字元真，廆第三子也。龍顔版齒，身長七尺八寸。雄毅多權略，尚經術，達天文。廆爲遼東公，立爲世子。建武初，拜爲冠軍將軍、左賢王，封望平侯，率衆征討，累有功。太寧末，拜平北將軍，進封朝鮮公。廆卒，嗣位，以平北將軍行平州刺史，督攝部內。尋而宇文乞得龜爲其別部逸豆歸所逐，奔死于外，皝率騎討之，逸豆歸懼而請和，遂築榆陰、安晉二城而還。

初，皝庶兄建威翰驍武有雄才，素爲皝所忌，母弟征虜仁、廣武昭並有寵於廆，皝亦不平之。及廆卒，並懼不自容。至此，翰出奔段遼，仁勸昭舉兵廢皝。皝殺昭，遣使按檢仁之虛實，遇仁於險瀆。仁知事發，殺皝使，東歸平郭。皝遣其弟建武幼、司馬佟壽等討之。仁盡衆距戰，幼等大敗，皆沒於仁。襄平令王冰、將軍孫機以遼東叛于皝，東夷校尉封抽、護軍乙逸、遼東相韓矯、玄菟太守高詡等棄城奔還。仁於是盡有遼左之地，自稱車騎將軍、平州刺史、遼東公。宇文歸、段遼及鮮卑諸部並爲之援。

咸和九年，皝遣其司馬封奕攻鮮卑木堤于白狼，揚威淑虞攻烏丸悉羅侯於平堈，皆斬之。材官劉佩攻乙連，不克。段遼遂寇徒河，皝將張萌逆擊，敗之。遼弟蘭與翰寇柳城，都尉石琮擊敗之。旬餘，蘭、翰復圍柳城，皝遣寧遠慕容汗及封奕等救之。皝戒汗曰："賊衆氣鋭，難與爭鋒，宜顧萬全，慎勿輕進，必須兵集陣整，然後擊之。"汗性驍鋭，遣千餘騎爲前鋒而進，封奕止之，汗不從，爲蘭所敗，死者大半。蘭復攻柳城，爲飛梯、地道，圍守二旬，石琮躬勒將士出擊，敗之，斬首千五百級，蘭乃遁歸。

是歲，成帝遣謁者徐孟、閭邱幸等持節拜皝鎮軍大將軍、平州刺史、大單于、遼東公，持節、都督、承制封拜，一如廆故事。

　　皝自征遼東，克襄平。仁所署居就令劉程以城降，新昌人張衡執縣宰以降。於是斬仁所置守宰，分徙遼東大姓於棘城，置和陽、武次、西樂三縣而歸。

　　咸康初，遣封奕襲宇文別部涉奕于，大獲而還。涉奕于率騎追戰于渾水，又敗之。皝將乘海討仁，群下咸諫，以海道危阻，宜從陸路。皝曰：“舊海水無淩，自仁反已來，凍合者三矣。昔漢光武因滹沱之冰以濟大業，天其或者欲吾乘此而克之乎！吾計決矣，有沮謀者斬！”乃率三軍從昌黎踐淩而往。仁不虞皝之至也，軍去平郭七里，候騎乃告，仁狼狽出戰，爲皝所擒，振旅而還。

　　立藉田於朝陽門東，置官司以主之。

　　段遼遣其將李詠夜襲興國，遇雨，引還，都尉張萌追擊，擒詠。段蘭擁衆數萬屯于曲水亭，將攻柳城，宇文歸入寇安晉，爲蘭聲援。皝以步騎五萬擊之，師次柳城，蘭、歸皆遁。遣封奕率輕騎追擊，敗之，收其軍實，館穀二旬而還。謂諸將曰：“二虜恥無功而歸，必復重至，宜於柳城左右設伏以待之。”遣封奕率騎潛于馬兜山諸道。俄而遼騎果至，奕夾擊，大敗之，斬其將榮保。遣兼長史劉斌、郎中令陽景送徐孟等歸于京師。使其世子儁伐段遼諸城，封奕攻宇文別部，皆大捷而歸。

　　立納諫之木，以開讜言之路。

　　後徙昌黎郡，築好城於乙連東，使將軍蘭勃戍之，以逼乙連。又城曲水，以爲勃援。乙連饑甚，段遼輸之粟，蘭勃要擊獲之。遼遣將屈雲攻興國，與皝將慕容遵大戰於五官水上，雲敗，斬之，盡俘其衆。

　　封奕等以皝任重位輕，宜稱燕王，皝於是以咸康三年僭即王位，赦其境內。以封奕爲國相，韓壽爲司馬，裴開、陽鶩、王寓、李洪、杜群、宋該、劉瞻、石琮、皇甫真、陽協、宋晃、平熙、張泓等並爲列卿將帥。起文昌殿，乘金根車，駕六馬，出入稱警蹕。以其妻段氏爲王后，世子儁爲太子，皆如魏武、晉文輔政故事。

皝以段遼屢爲邊患，遣將軍宋回稱藩于石虎，請師討遼。虎於是總衆而至。皝率諸軍攻遼令支以北諸城，遼遣其將段蘭來距，大戰，敗之，斬級數千，掠五千餘户而歸。虎至徐無，遼奔密雲山。虎進入令支，怒皝之不會師也，進軍擊之，至于棘城，戎卒數十萬，四面進攻，郡縣諸部叛應虎者三十六城。相持旬餘，左右勸皝降。皝曰：“孤方取天下，何乃降人乎！”遣子恪等率騎二千，晨出擊之。虎諸軍驚擾，棄甲而遁。恪乘勝追之，斬獲三萬餘級，築成凡城而還。段遼遣使詐降於石虎，請兵應接。虎遣其將麻秋率衆迎遼，恪伏精騎七千於密雲山，大敗之，獲其司馬陽裕、將軍單于亮，擁段遼及其部衆以歸。

帝又遣使拜爲征北大將軍、幽州牧，領平州刺史，加散騎常侍，增邑萬户，持節、都督、單于、公如故。

皝前軍帥慕容評敗虎將石成等于遼西，斬其將呼延晃、張支，掠千餘户以歸。段遼謀叛，皝誅之。

虎又使石成入攻凡城，不克，進陷廣城。

皝雖稱燕王，未有朝命，乃遣其長史劉祥獻捷京師，兼言權假之意，并請大舉討平中原。又聞庾亮薨，弟冰、翼皆爲將相，乃表言不宜崇顯舅氏。又與冰書戒以負乘之累，冰見表及書甚懼，以其絶遠，非所能制，遂與何充等奏聽皝稱燕王。

其年皝伐高句麗，王釗乞盟而還。明年，釗遣其世子朝於皝。

初，段遼之敗也，建威翰奔于宇文歸，自以威名夙振，終不保全，乃陽狂恣酒，被髮歌呼。歸信而不禁，故得周游自任，至於山川形便，攻戰要路，莫不練之。皝遣商人王車陰使察翰，翰見車無言，撫膺而已。車還以白，皝曰：“翰欲來也。”乃遣車遺翰弓矢，翰乃竊歸駿馬，携其二子而還。

皝將圖石氏，從容謂諸將曰："石虎自以安樂諸城守防嚴重，城之南北必不設備，今若詭路出其不意，冀之北土盡可破也。"於是率騎二萬出蠮蜽塞，長驅至於薊城，進渡武遂津，入于高陽，所過焚燒積聚，掠徙幽冀三萬餘户。

使陽裕、唐柱等築龍城，構宫廟，改柳城爲龍城縣。於是成帝使兼大鴻臚郭希持節拜皝侍中、大都督河北諸軍事、大將軍、燕王，其餘官皆如故。封諸功臣百餘人。

咸康七年，皝遷都龍城。率勁卒四萬，入自南陝，以伐宇文、高句麗，又使翰及子垂爲前鋒，遣長史王寓等勒衆萬五千，從北置而進。高句麗王釗謂皝軍之從北路也，乃遣其弟武統精鋭五萬攻北置，躬率弱卒以防南陝。翰與釗戰于木底，大敗之，乘勝遂入丸都，釗單馬而遁。皝掘釗父利墓，載其尸并其母妻珍寶，掠男女五萬餘口，焚其宫室，毀丸都而歸。明年，釗遣使稱臣於皝，貢其方物，乃歸其父尸。

宇文歸遣其國相莫淺渾伐皝，諸將請戰，皝不許。渾以皝爲憚之，荒酒縱獵，不復設備。皝曰："渾奢怠已甚，今則可一戰矣。"遣翰率騎擊之，渾大敗，僅以身免，盡俘其衆。

皝躬巡郡縣，勸課農桑，起龍城宫闕。

尋又率騎二萬親伐宇文歸，以翰及垂爲前鋒。歸使其騎將涉奕于盡衆距翰，皝急遣謂翰曰："奕于雄悍，宜小避之，待虜勢驕，然後取也。"翰曰："歸之精鋭，盡在於此，今若克之，歸則不勞兵而滅。奕于徒有虚名，其實易與耳，不宜縱敵挫吾兵氣。"於是前戰，斬奕于，盡俘其衆，歸遠遁漠北。皝開地千餘里，徙其部人五萬餘落於昌黎，改涉奕于城爲威德城。行飲至之禮，論功行賞各有差。

以牧牛給貧家，田于苑中，公收其八，二分入私。有牛而無地

者,亦田苑中,公收其七,三分入私。皝記室參軍封裕入諫,以爲:
宜省罷諸苑,以業流人。人至而無資産者,賜之以牧牛。且魏晉雖
道消之世,猶削取百姓不至於七八,持官牛者官得六分,百姓得四
分,私牛而官田者與官中分,百姓安之,人皆悦樂。臣猶曰非明王
之道,而況增於此者乎! 又水旱之厄,堯湯所不免,王者宜濬治溝
澮,循鄭白、西門、史起溉灌之法,旱則決溝爲雨,水則入於溝瀆,上
無《雲漢》之憂,下無昏墊之患。

　　句麗、百濟及宇文、段部之人,皆兵勢所徙,非如中國慕義而
至,咸有思歸之心。今户垂十萬,狹湊都城,恐方將爲國家深害,宜
分其兄弟宗屬,徙于西境諸城,撫之以恩,檢之以法,使不得散在居
人,知國之虛實。

　　今中原未平,資産未廣,官司猥多,游食者衆,一夫不耕,歲受
其飢。政之巨患莫甚於此。其有經略出世,才稱時求者,自可隨須
置之列位。非此已往,其耕而食,蠶而衣,亦天之道也。

　　殿下聖性寬明,思賢若渴。前者參軍王憲、大夫劉明並竭忠獻
款,主者責以妖妄,致之於法,雖殿下苞容,恕其大辟,然猶加黜削
禁錮,以此求言,豈有得邪! 又四業者國之所資,教學者有國盛事。
習戰務農,尤其本也。百工商賈,猶其末耳。宜量軍國所須,置其
員數,已外歸之於農,教之戰法,學者三年無成,亦宜還之於農,不
可徒充大員,以塞聰儁之路。

　　皝覽諫乃下令曰:君以黎元爲國,黎元以穀爲命。然則農者,
國之本也,其悉罷苑囿以給百姓無田業者。全無資産,不能自存,
各賜牧牛一頭。若私有餘力,樂取官牛墾官田者,其依魏晉舊法。
溝洫溉灌,有益官私,主者量造,務盡水陸之勢。中州未平,兵難不
息,勳誠既多,官僚不可以減也。待克平凶醜,徐更議之。百工商
賈數,四佐與列將速定大員,餘者還農。學生不任訓教者,亦除員

録。夫人臣關言於人主，至難也，妖妄不經之事皆應蕩然不問，擇其善者而從之。王憲、劉明雖其罪應禁黜，亦猶孤之無大量也。可悉復本官，仍居諫司。封生蹇蹇，深得王臣之體。《詩》不云乎：'無言不酬。'其賜錢五萬，明宣內外，有欲陳孤過者，不拘貴賤，勿有所諱。"

時有黑龍白龍各一，見于龍山，皝親率群僚觀之，去龍二百餘步，祭以太牢。二龍交首嬉翔，解角而去。皝大悅，還宮，赦其境內，號新宮曰和龍，立龍翔佛寺于山上。

賜其大臣子弟爲官學生者號高門生，立東庠于舊宮，以行鄉射之禮，每月臨觀，考試優劣。皝雅好文籍，勤於講授，學徒甚盛，至千餘人。親造《太上章》以代《急就》，又著《典誡》十五篇，以教冑子。

慕容恪攻高句麗南蘇，克之，置戍而還。三年，遣其世子儁與恪率騎萬七千東襲扶餘，克之，虜其王及部衆五萬餘口以還。

皝親臨東庠考試學生，其經通秀異者，擢充近侍。以久旱，丐百姓田租。罷成周、冀陽、營邱等郡。以渤海人爲興集縣，河間人爲寧集縣，廣平、魏郡人爲興平縣，東萊、北海人爲育黎縣，吳人爲吳縣，悉隸燕國。

皝嘗畋于西鄙，將濟河，見一父老，服朱衣，乘白馬，舉手麾皝曰："此非獵所，王其還也。"秘之不言，遂濟河，連日大獲。後見白兔，馳射之，馬倒被傷，乃説所見。輦而還宮，引儁屬以後事。以永和四年死，在位十五年，時年五十二。儁僭號，追諡文明皇帝。

慕容儁字宣英，皝之第二子也。初，廆常言："吾積福累仁，子孫當有中原。"既而生儁，廆曰："此兒骨相不恒，吾家得之矣。"及長，身長八尺二寸，姿貌魁偉，博觀圖書，有文武幹略。皝爲燕王，拜儁假節、安北將軍、東夷校尉、左賢王、燕王世子。

皝死，永和五年，儁即燕王位，依春秋列國故事稱元年，赦于境内。是時石虎死，趙、魏大亂，儁將圖兼并之計，以慕容恪爲輔國將軍，慕容評爲輔弼將軍，陽騖爲輔義將軍，慕容垂爲前鋒都督、建鋒將軍，簡精卒二十餘萬以待期。是歲，穆帝使謁者陳沈拜儁爲使持節、侍中、大都督、都督河北諸軍事、幽冀并平四州牧、大將軍、大單于、燕王，承制封拜一如廆、皝故事。

明年，儁率三軍南伐，出自盧龍，次于無終。石虎幽州刺史王午棄城走，留其將王他守薊。儁攻陷其城，斬他，因而都之。徙廣寧、上谷人于徐無，代郡人于凡城而還。

及冉閔殺石祇，僭稱大號，遣其使人常煒聘於儁。儁引之觀下，使其記室封裕詰之曰：“冉閔養息常才，負恩篡逆，有何祥應而僭稱大號？”煒曰：“天之所興，其致不同，狼烏紀于三王，麟龍表于漢魏。寡君應天馭歷，能無祥乎！且用兵殺罰，哲王盛典，湯武親行誅放，而仲尼美之。魏武養於宦官，莫知所出，衆不盈旅，遂能終成大功。暴胡酷亂，蒼生屠膾，寡君奮劍而誅除之，黎元獲濟，可謂功格皇天，勳侔高祖。恭承乾命，有何不可？”裕曰：“石祇去歲使張舉請救，云璽在襄國，其言信不？又聞閔鑄金爲己象，壞而不成，奈何言有天命？”煒曰：“誅胡之日，在鄴者略無所遺，璽何從而向襄國，此求救之辭耳。天之神璽，實在寡君。且妖孽之徒，欲假奇眩衆，或改作萬端，以神其事。寡君今已握乾符，類上帝，四海懸諸掌，大業集于身，何所求慮而取信此乎！鑄形之事，所未聞也。”儁既銳信煒言，又欣於閔鑄形之不成也，必欲審之，乃積薪置火於其側，命裕等以意喻之。煒神色自若，抗言曰：“結髮已來，尚不欺庸人，況千乘乎！巧詐虛言以救死者，使臣所不爲也。直道受戮，死自分耳。益薪速火，君之大惠。”左右勸儁殺之，儁曰：“古者兵交，使在其間，此亦人臣常事。”遂赦之。

　　遣慕容恪略地中山，慕容評攻王午于魯口。恪次唐城，冉閔將白同、中山太守侯龕固守不下。恪留其將慕容彪攻之，進討常山。評次南安，王午遣其將鄭生距評。評逆擊，斬之，侯龕踰城出降。恪進克中山，斬白同。儁軍令嚴明，諸將無所犯。閔章武太守賈堅率郡兵邀評戰于高城，擒堅於陣，斬首三千餘級。

　　是歲丁零翟鼠及冉閔將劉準等率其所部降于儁，封鼠歸義王，拜準左司馬。

　　時鮮卑段勤初附於儁，其後復叛。儁遣慕容恪及相國封奕討冉閔于安喜，慕容垂討段勤于繹幕，儁如中山，爲二軍聲勢。閔懼，奔于常山，恪追及於泒水。閔威名素振，衆咸憚之。恪謂諸將曰："閔師老卒疲，實爲難用；如其勇而無謀，一夫之敵耳。雖有甲兵，不足擊也。吾今分軍爲三部，掎角以待之。閔性輕銳，又知吾軍勢非其敵，必出萬死衝吾中軍。吾今貫甲厚陣以俟其至，諸君但屬卒，從傍須其戰合，夾而擊之，蔑不克也。"及戰，敗之，斬首七千餘級，擒閔，送之，斬於龍城。恪屯軍呼沱。閔將蘇亥遣其將金光率騎數千襲恪，恪逆擊，斬之，亥大懼，奔于并州。恪進據常山，段勤懼而請降，遂進攻鄴。閔將蔣幹閉城距守。儁又遣慕容評等率騎一萬會攻鄴。是時鷃巢于儁正陽殿之西椒，生三雛，頂上有豎毛；凡城獻異鳥，五色成章。儁謂群僚曰："是何祥也？"咸稱："鷃者，燕鳥也。首有毛冠者，言大燕龍興，冠通天章甫之象也。巢正陽西椒者，言至尊臨軒朝萬國之徵也。三子者，數應三統之驗也。神鳥五色，言聖朝將繼五行之籙以御四海者也。"儁覽之大悅。既而蔣幹率銳卒五千出城挑戰，慕容評等擊敗之，斬首四千餘級，幹單騎還鄴。於是群臣勸儁稱尊號，儁答曰："吾本幽漠射獵之鄉，被髮左衽之俗，歷數之籙寧有分邪！卿等苟相褒舉，以覬非望，實匪寡德所宜聞也。"慕容恪、封奕討王午于魯口，降之。尋而慕容評攻克鄴城,送冉閔妻子僚屬及其文物于中山。

先是,蔣幹以傳國璽送于建鄴,儁欲神其事業,言歷運在己,乃詐云閔妻得之以獻,賜號曰"奉璽君",因以永和八年僭即皇帝位,大赦境內,建元曰元璽,署置百官。以封奕爲太尉,慕容恪爲侍中,陽騖爲尚書令,皇甫真爲尚書左僕射,張希爲尚書右僕射,宋活爲中書監,韓恒爲中書令,其餘封授各有差。追尊廆爲高祖武宣皇帝,皝爲太祖文明皇帝。時朝廷遣使詣儁,儁謂使者曰:"汝還白汝天子,我承人乏,爲中國所推,已爲帝矣。"初,石虎使人探策于華山,得玉版,文曰:"歲在申酉,不絶如綫。歲在壬子,真人乃見。"及此,燕人咸以爲儁之應也。改司州爲中州,置司隸校尉官。群下言:"大燕受命,上承光紀黑精之君,運歷傳屬,代金行之后,宜行夏之時,服周之冕,旗幟尚黑,牲牡尚元。"儁從之。其從行文武、諸藩使人及登號之日者,悉增位三級。沠河之師,守鄴之軍,下及戰士,賜各有差。臨陣戰亡者,將士加贈二等,士卒復其子孫。殿中舊人皆隨才擢叙。立其妻可足渾氏爲皇后,世子暐爲皇太子。

晉寧朔將軍榮胡以彭城、魯郡叛降于儁。

常山人李犢聚衆數千,反于普壁壘,儁遣慕容恪率衆討降之。

初,冉閔既敗,王午自號安國王。午既死,吕護復襲其號,保魯口。恪進討走之,遣前軍悦綰追入于野王,悉降其衆。

姚襄以梁國降于儁。以慕容評爲都督秦、雍、益、梁、江、揚、荆、徐、兗、豫十州河南諸軍事,權鎮于洛水;慕容强爲前鋒都督、都督荆徐二州緣淮諸軍事,進據河南。

儁自和龍至薊城,幽冀之人以爲東遷,互相驚擾,所在屯結。其下請討之,儁曰:"群小以朕東巡,故相惑耳。今朕既至,尋當自定。然不虞之備亦不可不爲。"於是令内外戒嚴。

苻生河内太守王會、黎陽太守韓高以郡歸儁。晉蘭陵太守孫

黑、濟北太守高柱、建興太守高甕各以郡叛歸于儁。初,儁車騎大
將軍、范陽公劉寧屯據猗城,降于苻氏,至此,率戶三千詣薊歸罪,
拜後將軍。高句麗王釗遣使謝恩,貢其方物。儁以釗爲營州諸軍
事、征東大將軍、營州刺史,封樂浪公,王如故。

　　初,段蘭之子龕因冉閔之亂,擁衆東屯廣固,自號齊王,稱藩于
建鄴,遣書抗中表之儀,非儁正位。儁遣慕容恪、慕容塵討之。恪
既濟河。龕弟羆驍勇有智計,言於龕曰:"慕容恪善用兵,加其衆旅
既盛,恐不可抗也。若頓兵城下,雖復請降,懼終不聽。王但固守,
羆請率精銳距之。若其戰捷,王可馳來追擊,使虜匹馬無反。如其
敗也,遽出請降,不失千戶侯也。"龕弗從。羆固請行,龕怒殺之,率
衆三萬來距恪。恪遇龕於濟水之南,與戰,大敗之,遂斬其弟欽,盡
俘其衆。恪進圍廣固,命諸將築室反耕,爲持久之計以困龕。龕所
署徐州刺史王騰、索頭單于薛雲降于恪。段龕之被圍也,遣使詣建
鄴請救。穆帝遣北中郎將荀羨赴之,憚虜强遷延不敢進。攻破陽
都,斬王騰以歸。恪遂克廣固,以龕爲伏順將軍,徙鮮卑胡羯三千
餘戶于薊,留慕容塵鎮廣固,恪振旅而歸。

　　儁太子曄死,僞謚獻懷。升平元年,復立次子暐爲皇太子,赦
其境內,改元曰光壽。

　　遣其撫軍慕容垂、中軍慕容虔與護軍平熙等率步騎八萬討
丁零敕勒于塞北,大破之,俘斬十餘萬級,獲馬十三萬匹,牛羊億
餘萬。

　　初,廆有駿馬曰赭白,有奇相逸力。石虎之伐棘城也,皝將出
避難,欲乘之,馬悲鳴踶齧,人莫能近。皝曰:"此馬見異先朝,孤常
杖之濟難,今不欲者,蓋先君之意乎!"乃止。虎尋退,皝益奇之。
至是,四十九歲矣,而駿逸不虧,儁比之於鮑氏驄,命鑄銅以圖其
象,親爲銘贊,鐫勒其旁,置之薊城東掖門。是歲,象成而馬死。

匈奴單于賀賴頭率部落三萬五千降于儁，拜寧西將軍、中郡公，處之于代郡平舒城。

晉泰山太守諸葛攸伐其東郡。儁遣慕容恪距戰，王師敗績。北中郎將謝方先據梁宋，懼而遁歸。恪進兵入寇河南，汝、潁、譙、沛皆陷，置守宰而還。

儁自薊城遷于鄴，赦其境內，繕脩宮殿，復銅雀臺。

使昌黎、遼東二郡營起廄廟，范陽、燕郡構兆廟，以其護軍平熙領將作大匠，監造二廟焉。

苻堅平州刺史劉特率户五千降于儁。

河間李黑聚衆千餘，攻略州郡，殺棗强令衛顔，儁長樂太守傅顔討斬之。

常山大樹自拔，根下得璧七十、珪七十三，光色精奇，有異常玉。儁以爲嶽神之命，遣其尚書郎段勒以太牢祀之。

初，冉閔之僭號也，石虎將李歷、張平、高昌等並率其所部稱藩於儁，遣子入侍。既而投款建鄴，結援苻堅，並受爵位，羈縻自固，雖貢使不絕，而誠節未盡。吕護之走野王也，遣弟奉表謝罪於儁，拜寧南將軍、河內太守。又上黨馮鴦自稱太守，附於張平，平屢言之，儁以平故，赦其罪，以爲京兆太守。護、鴦亦陰通京師。張平跨有新興、雁門、西河、太原、上黨、上郡之地，壘壁三百餘，胡晉十餘萬户，遂拜置征、鎮，爲鼎峙之勢。儁遣其司徒慕容評討平，領軍慕輿根討鴦，司空陽鶩討昌，撫軍慕容臧攻歷。并州壘壁降者百餘所，以尚書右僕射悦綰爲安西將軍、領護匈奴中郎將、并州刺史以撫之。平所署征西諸葛驤、鎮北蘇象、寧東喬庶、鎮南石賢等率壘壁百三十八降于儁，儁大悦，皆復其官爵。既而平率衆三千奔于平陽，鴦奔于野王，歷走滎陽，昌奔邵陵，悉降其衆。

儁於是復圖入寇，兼欲經略關西，乃令州郡校閱見丁，精覆隱漏，率户留一丁，餘悉發之，欲使步卒滿一百五十萬，期明年大集，將進臨洛陽，爲三方節度。武邑劉貴上書極諫，陳百姓凋弊，召兵非法，恐人不堪命，有土崩之禍，并陳時政不便于時者十有三事。儁覽而悦之，付公卿博議，事多納用，乃改爲三五占兵，寬戎備一周，悉令明年季冬赴集鄴都。

是歲，晉將荀羡攻山茌，拔之。斬儁泰山太守賈堅。儁青州刺史慕容塵遣司馬悦明救之，羡師敗績，復陷山茌。

儁立小學于顯賢里以教胄子。封其子泓爲濟北王，沖爲山中王。讌群臣於蒲池，酒酣，賦詩，因談經史，語及周太子晉，潸然流涕，顧謂群臣曰：“昔魏武追痛倉舒，孫權悼登無已，孤常謂二主緣愛稱奇，無大雅之體。自曄亡以來，孤鬚髮中白，始知二主有以而然。卿等言曄定何如也？孤今悼之，得無貽怪將來乎？”其司徒左長史李績對曰：“獻懷之在東宫，臣爲中庶子，既忝近侍，聖質志業，臣實不敢不知。臣聞道備無忒，其唯聖人乎。先太子大德有八，未見闕也。”儁曰：“卿言亦以過矣，然試言之。”績曰：“至孝自天，性與道合，此其一也。聰敏慧悟，機思若流，此其二也。沈毅好斷，理詣無幽，此其三也。疾諛亮物，雅悦直言，此其四也。好學愛賢，不耻下問，此其五也。英姿邁古，藝業超時，此其六也。虛襟恭讓，尊師重道，此其七也。輕財好施，勤恤民隱，此其八也。”儁泣曰：“卿雖褒譽，然此兒若在，吾死無憂也。吾既不能追蹤唐虞，官天下以禪有德，近模二王，以世傳授。景茂幼沖，器藝未舉，卿以爲何如？”績曰：“皇太子天資岐嶷，聖敬日躋，而八德闕然，二闕未補，雅好遊田，娱心絲竹，所以爲損耳。”儁顧謂暐曰：“伯陽之言，藥石之惠，汝宜戢之。”因問高年疾苦、孤寡不能自存者，賜穀帛有差。

儁夜夢石虎齧其臂，寤而惡之，命發其墓，剖棺出尸，蹋而罵之曰：“死胡安敢夢生天子！”遣其御史中尉陽約數其殘酷之罪，鞭之，棄于漳水。

諸葛攸又率水陸二萬討儁，入自石門，屯于河渚。攸部將匡超進據崤嶬，蕭館屯于新柵，又遣督護徐冏率水軍三千泛舟上下，爲東西聲勢。儁遣慕容評、傅顔等統步騎五萬，戰于東阿，王師敗績。

塞北七國賀蘭、涉勒等皆降。

俄而儁寢疾，謂慕容恪曰："吾所疾惙然，當恐不濟。恪短命也，復何所恨！但二寇未降，景茂沖幼，慮其未堪多難。吾欲遠追宋宣，以社稷屬汝。"恪曰："太子雖幼，天縱聰聖，必能勝殘刑措，不可以亂正統也。"儁怒曰："兄弟之間豈虛飾也！"恪曰："陛下若以臣堪荷天下之任者，寧不能輔少主乎！"儁曰："若汝行周公之事，吾復何憂！李績清方忠亮，堪大任，汝善遇之。"

是時兵集鄴城，盜賊互起，每夜攻劫，晨昏斷行。於是寬常賦，設奇禁，賊盜有相告者賜奉車都尉，捕誅賊首木穀和等百餘人，乃止。

升平四年，儁死，時年四十二，在位十一年。僞謚景昭皇帝，廟號烈祖，墓號龍陵。

儁雅好文籍，自初即位至末年，講論不倦，覽政之暇，唯與侍臣錯綜義理，凡所著述四十餘篇。性嚴重，慎威儀，未曾以慢服臨朝，雖閑居宴處亦無懈怠之色云。

慕容暐字景茂，儁第三子也。初封中山王，尋立爲太子。及儁死，群臣欲立慕容恪，恪辭曰："國有儲君，非吾節也。"於是立暐。

升平四年，僭即皇帝位，大赦境内，改元建熙，立其母可足渾氏爲皇太后。以慕容恪爲太宰、錄尚書，行周公事；慕容評爲太傅，副贊朝政；慕輿根爲太師；慕容垂爲河南大都督、征南將軍、兗州牧、荆州刺史，領護南蠻校尉，鎮梁國；孫希爲安西將軍、并州刺史；傅顔爲護軍將軍；其餘封授各有差。

　　暐既庸弱，國事皆委之於恪。慕輿根自恃勳舊，驕慢有無上之心，忌恪之總朝權，將伺隙爲亂，乃言於恪曰："今主上幼沖，母后干政，殿下宜慮楊駿、諸葛元遜之變，思有以自全。且定天下者，殿下之功也，兄亡弟及，先王之成制，過山陵之後，可廢主上爲一國王，殿下踐尊位，以建大燕無窮之慶。"恪曰："公醉乎？何言之悖也！昔曹臧、吳札並於家難之際，猶曰爲君非吾節，況今儲君嗣統，四海無虞，宰輔受遺，奈何便有私議！公忘先帝之言乎？"根大懼，陳謝而退。恪以告慕容垂，垂勸恪誅之。恪曰："今新遭大凶，二虜伺隙，山陵未建，而宰輔自相誅滅，恐乖遠近之望，且可容忍之。"根與左衛慕輿干潛謀誅恪及評，因而篡位。入白可足渾氏及暐曰："太宰、太傅將謀爲亂，臣請率禁兵誅之，以安社稷。"可足渾氏將從之，暐曰："二公國之親穆，先帝所託，終應無此，未必非太師將爲亂也。"於是使其侍中皇甫真、護軍傅顏收根等，於禁中斬之，大赦境內。遣傅顏率騎二萬觀兵河南，臨淮而還，軍威甚盛。

　　初，儁所署寧南將軍呂護據野王，陰通京師，穆帝以護爲前將軍、冀州刺史。儁死，謀引王師襲鄴，事覺，暐使慕容恪等率衆五萬討之。傅顏言於恪曰："護窮寇假合，王師既臨，則上下喪氣，曾不敢闚兵中路，展其螳蜋之心。此則士卒懾魂，敗亡之驗也。殿下前以廣固天險，守易攻難，故爲長久之策。今賊形便不與往同，宜急攻之，以省千金之費。"恪曰："護老賊，經變多矣。觀其爲備之道，未易卒平。今圍之窮城，樵採路絕，內無蓄積，外無強援，不過十旬，其斃必矣，何必邃殘士卒之命而趣一時之利哉！吾嚴濬圍壘，休養將卒，以重官美貨間而離之。事淹勢窮，其釁易動；我則未勞，而寇已斃。此爲兵不血刃，坐以制勝也。"遂列長圍守之。護遣其將張興率勁卒七千出戰，傅顏擊斬之。自三月至八月而野王潰，護南奔于晉，悉降其衆。尋復叛歸于暐，暐待之如初。因遣傅顏與護率衆據河陰。顏北襲救勤，大獲而還。護攻洛陽，中流矢而死。將軍段崇收軍北渡，屯于野王。

暐遣其寧東慕容忠攻陷滎陽，又遣鎮南慕容塵寇長平。時晉冠軍將軍陳祐戍洛陽，遣使請救，帝遣桓溫援之。

興寧初，暐復使慕容評寇許昌、懸瓠、陳城，並陷之，遂略汝南諸郡，徙萬餘户于幽、冀。暐豫州刺史孫興上疏，請步卒五千先圖洛陽。暐納之，遣其太宰司馬悦希軍于盟津，孫興分戍成皋，以爲之聲援。尋而陳祐率衆奔陸渾，河南諸壘悉陷於希。慕容恪攻陷金墉，害揚威將軍沈勁。以其左中郎慕容筑爲假節、征虜將軍、洛州刺史，鎮金墉，慕容垂爲都督荆揚洛徐兗豫雍益涼秦等十州諸軍事、征南大將軍、荆州牧，配兵一萬，鎮魯陽。

時暐境内多水旱，慕容恪、慕容評並稽首歸政，暐不許。評、恪等固請，暐敕斷其讓表，乃止。

暐鍾律郎郭欽奏議以暐承石虎水爲木德，暐從之。

太和元年，暐遣撫軍慕容厲攻晉泰山太守諸葛攸。攸奔于淮南，厲悉陷兗州諸郡，置守宰而還。

慕容恪有疾，深慮暐政不在己，慕容評性多猜忌，大司馬之位不能允授人望，乃召暐兄樂安王臧謂之曰："今勁秦跋扈，强吳未賓，二寇並懷進取，但患事之無由耳。夫安危在得人，國興在賢輔，若能推才任忠，和同宗盟，則四海不足圖，二虜豈能爲難哉！吾以常才，受先帝顧託之重，每欲埽平關隴，蕩一甌吳，庶嗣成先帝遺志，謝憂責于當年。而疾固彌留，恐此志不遂，所以没有餘恨也。吳王天資英傑，經略超時，司馬職統兵權，不可以失人，吾終之後，必以授之。若以親疏次第，不以授汝，當以授沖。汝等雖才識明敏，然未堪多難，國家安危，實在于此，不可昧利忘憂，以致大悔也。"又以告評。月餘而死，其國中皆痛惜之。

先是，晉南陽督護趙弘以宛降暐，暐遣其南中郎將趙盤自魯陽戍宛。至此，晉右將軍桓豁攻宛，拔之，趙盤退奔魯陽。豁遣輕騎追盤，及於雉城，大戰敗之，執盤，戍宛而歸。

苻堅將苻謨據陝，降于暐。時有圖書云：“燕馬當飲渭水。”堅恐暐乘釁入關，大懼，乃盡精銳以備華陰。暐群下議欲遣兵救謨，因圖關右。慕容評素無經略，又受苻堅間貨，沮議曰：“秦雖有難，未易可圖。朝廷雖明，豈如先帝，吾等經略，又非太宰之匹，終不能平秦也。但可閉關息旅，保寧疆場足矣。”暐魏尹慕容德上疏乞命皇甫真引并冀之衆，徑趣蒲坂；臣垂引許洛之兵，馳解謨圍；太傅總京都虎旅，爲二軍後繼，斯誠圖氏之上策也。

暐覽表大悦，將從之。評固執不許，乃止。苻謨知評、暐之無遠略，恐救師弗至，乃牋於慕容垂、皇甫真曰：“苻堅、王猛皆人傑也，謀爲燕患，爲日久矣。今若乘機不赴，恐燕之君臣將有甬東之悔。”垂得書，私於真曰：“方爲人患者必在於秦，主上富於春秋，未能留心政事，觀太傅度略，豈能抗苻堅、王猛乎？”真曰：“然，繞朝有云，謀之不從可如何！”

暐僕射悦綰言於暐曰：“太宰政尚寬和，百姓多有隱附。《傳》曰：唯有德者可以寬臨衆，其次莫如猛。今諸軍營户，三分共貫，風教陵弊，威綱不舉，宜悉罷軍封，以實天府之饒，肅明法令，以清四海。”暐納之。綰既定制，朝野震局，出户二十餘萬。慕容評大不平，尋賊綰，殺之。

晉大司馬桓溫、江州刺史桓沖、豫州刺史袁真率衆五萬伐暐，前兗州刺史孫元起兵應之。溫部將檀玄攻胡陸，執暐甯東慕容忠。暐遣其將慕容厲與溫戰于黃墟，厲師大敗，單馬奔還。高平太守徐翻以郡歸順。溫前鋒朱序又破暐將傅顔于林渚，溫軍大振，次於枋頭。暐懼，謀奔和龍。慕容垂曰：“不然。臣請擊之，若戰不捷，走未晚也。"乃以垂爲使持節、南討大都督,慕容德爲征南將軍,率衆五萬距温,使其散騎侍郎樂嵩乞師於苻堅。堅遣將軍苟池率衆二萬,出自洛陽,師于潁川,外爲赴援,内實觀隙,有兼并之志矣。慕容德屯于石門,絶温糧漕。豫州刺史李邦率州兵五千斷温餽運。温頻戰不利,糧運復絶,又聞堅師之至,乃焚舟棄甲而退。德率勁騎四千,先温至襄邑東,伏於澗中,與垂前後夾擊,王師大敗,死者三萬餘人。苟池聞温班師,邀擊于譙,温衆又敗,死者萬計。

垂既有大功,威德彌振,慕容評素不平之。垂又言其將孫蓋等摧鋒陷鋭,宜論功超授,評寢而不録。垂數以爲言,頗與廷争。可足渾氏素惡垂,毁其戰功,遂與評謀殺垂。垂懼,奔于苻堅。

先是,暐使其黄門侍郎梁琛聘于堅。琛還,言於評曰:"秦揚兵講武,運粟陝東,以琛觀之,無久和之理。兼吴王西奔,必有觀釁之計,深宜備之。"評曰:"不然。秦豈可受吾叛臣而不懷和好哉!"琛曰:"鄰國相并,有自來矣。况今並稱大號,理無俱存。苻堅機明好斷,納善如流。王猛有王佐之才,鋭於進取。觀其君臣相得,自謂千載一時。桓温不足爲慮,終爲人患者,其唯王猛乎?"暐、評不以爲虞。皇甫真又陳其事曰:"苻堅雖聘使相尋,託輔車爲諭,然抗均鄰敵,勢同戰國,明其甘於取利,無慕善之心,終不能守信存和,以崇久要也。頃來行人累續,兼師出洛川,夷險要害,具之耳目。觀虚實以措奸圖,聽風塵而伺國隙者,寇之常也。又吴王外奔,爲之謀主,伍員之禍,不可不慮。洛陽、并州、壺關諸城,並宜增兵益守,以防未兆。"暐召評而謀之。評曰:"秦國小力弱,仗我爲援,且苻堅庶幾善道,終不納叛臣之言。不宜輕自擾懼,以動寇心也。"暐從之。

俄而堅遣其將王猛率衆伐暐,攻慕容筑于金墉。暐遣慕容臧率衆救之。臧次滎陽,猛部將梁成、洛州刺史鄧羌與臧戰于石門,臧師敗績，死者萬餘，遂相持于石門。筑以救兵不至，以金墉降于猛。梁成又敗慕容臧，斬首三千餘級，獲其將軍楊璩，臧遂城新樂而還。

桓温之敗也，歸罪于豫州刺史袁真。真怒，以壽陽降暐，暐遣其大鴻臚温統署真爲使持節、散騎常侍、都督淮南諸軍事、征南大將軍、領護南蠻校尉、揚州刺史，封宣城公，未至而真、統俱卒。真黨朱輔立真子瑾爲建威將軍、豫州刺史，以固壽陽。

時外則王師及苻堅交侵，兵革不息；内則暐母亂政，評等貪冒，政以賄成，官非才舉，群下切齒焉。其尚書左丞申紹上疏極陳時政之闕，暐不納。

苻堅又使王猛、楊安率衆伐暐，猛攻壺關，安攻晉陽。暐使慕容評等率中外精卒四十餘萬距之。猛、安進師潞川。州郡盜賊大起，鄴中多怪異，暐憂懼不知所爲，乃召其使而問曰：“秦衆何如？今大師既出，猛等能戰否？”或對曰：“秦國小兵弱，豈王師之敵，景略常才，又非太傅之匹，不足憂也。”黄門待郎梁琛、中書侍郎樂嵩進曰：“不然。兵書之義，計敵能鬥，當以算取之。若冀敵不鬥，非萬全之道也。慶鄭有云：‘秦衆雖少，戰十倍我。’衆之多少，非可問也。且秦行師千里，固戰是求，何不戰之有乎！”暐不悦。

猛與評等相持。評以猛懸軍遠入，利在速戰，議以持久制之。猛乃遣其將郭慶率騎五千，夜從間道起火高山，燒評輜重，火見鄴中。評性貪鄙，郭固山泉，賣樵鬻水，積錢絹如邱陵，三軍莫有鬥志。暐遣其侍中蘭伊讓評曰：“王，高祖之子也，宜以宗廟社稷爲憂，奈何不務撫養勳勞，專以聚斂爲心乎！府藏之珍貨，朕豈與王愛之！若寇軍冒進，王持錢帛安所置也！皮之不存，毛將安傅！錢帛可散之三軍，以平寇凱旋爲先也。”評懼而與猛戰于潞川，評師大敗，死者五萬餘人，評等單騎遁還。猛遂長驅至鄴，堅復率衆十萬會猛攻暐。

先是，慕容桓以衆萬餘屯于沙亭，爲評等後繼。聞評敗，引屯內黄。堅遣將鄧羌攻信都，桓率鮮卑五千退保和龍。散騎侍郎徐蔚等率扶餘、高句麗及上黨質子五百餘人，夜開城門以納堅軍。暐與評等數十騎奔于昌黎。堅遣郭慶追及暐于高陽，堅將巨武執暐，將縛之，暐曰："汝何小人而縛天子！"武曰："我梁山巨武，受詔縛賊，何謂天子邪！"遂送暐于堅。堅詰其奔狀，暐曰："狐死首邱，欲歸死于先人墳墓耳！"堅哀而釋之，令還宫率文武出降。郭慶遂追評、桓于和龍。桓殺其鎮東慕容亮而并其衆，攻其遼東太守韓稠于平州。郭慶遣將軍朱嶷擊桓，執而送之。

堅徙暐及其王公已下并鮮卑四萬餘户于長安，封暐新興侯，署爲尚書。堅征壽春，以暐爲平南將軍、别部都督。淮南之敗，隨堅還長安。既而慕容垂攻符丕于鄴，慕容沖起兵關中，暐謀殺堅以應之，事發，爲堅所誅，時年三十五。及德僭稱尊號，僞謚幽皇帝。

始廆以武帝太康六年稱公，至暐四世。暐在位二十一年，以海西公太和五年滅，通廆、皝凡八十五年。

裴嶷字文冀，河東聞喜人也。父昶，司隸校尉。嶷清方有幹略，累遷至中書侍郎，轉給事黄門郎、滎陽太守。屬天下亂，嶷兄武先爲玄菟太守，嶷遂求爲昌黎太守。至郡，久之，武卒，嶷被徵，乃將武子開送喪俱南。既達遼西，道路梗塞，乃與開投廆。時諸流寓之士見廆草創，並懷去就。嶷首定名分，爲群士啓行。廆甚悦，以嶷爲長史，委以軍國之謀。

及悉獨官寇逼城下，外内騷動，廆問策於嶷，嶷曰："悉獨官雖擁大衆，軍無號令，衆無部伍，但當伺其無備，則成擒耳。"廆從之，遂陷寇營。廆威德於此甚振，將遣使獻捷於建鄴，妙簡行人，令嶷將命。

初，朝廷以廆僻在荒遠，猶以邊裔之豪處之。嶷既使至，盛言廆威略，又知四海英賢並爲其用，舉朝改觀焉。嶷將還，帝試留嶷以觀之，嶷辭曰：“臣世荷朝恩，濯纓華省，因亂流寄，投迹荒遐。今遭開泰，得睹朝廷，復賜恩詔，即留京輦，於臣之私，誠爲厚幸。顧以皇居播遷，山陵幽辱，慕容龍驤將軍越在遐表，乃心王室，慷慨之誠，義感天地，方掃平中壤，奉迎皇輿，故遣使臣，萬里表誠。今若留臣，必謂國家遺其僻陋，孤其丹心，使懷義懈怠。是以微臣區區忘身爲國，貪還反命耳。”帝曰：“卿言是也。”乃遣嶷還。廆後謂群僚曰：“裴長史名重中朝，而降屈如此，豈非天以授孤也。”出爲遼東相，轉樂浪太守。

高瞻字子前，渤海蓨人也。少而英爽有俊才，身長八尺二寸。光熙中，調補尚書郎。屬永嘉之亂，還鄉里，乃與父老議曰：“今皇綱不振，兵革雲擾，此郡沃壤，憑固河海，若兵荒歲儉，必爲寇庭，非謂圖安之所。王彭祖先在幽薊，據燕代之資，兵強國富，可以託也。諸君以爲何如？”衆咸善之。乃與叔父隱率數千家北徙幽州。既而以王浚政令無恒，乃依崔毖，隨毖如遼東。

毖之與三國謀伐廆也，瞻固諫以爲不可，毖不從。及毖奔敗，瞻隨衆降于廆。廆署爲將軍，瞻稱疾不起。廆敬其姿器，數臨候之，撫其心曰：“君之疾在此，不在餘也。今天子播越，四海分崩，蒼生紛擾，莫知所係，孤思與諸君匡復帝室，翦鯨豕于二京，迎天子於吳會，廓清八表，侔勳古烈，此孤之心也，孤之願也。君中州大族，冠冕之餘，宜痛心疾首，枕戈待旦，奈何以華夷之異，有懷介然。且大禹出于西羌，文王生于東夷，但問志略何如耳，豈以殊俗不可降心乎！”瞻仍辭疾篤，廆深不平之。瞻又與宋該有隙，該陰勸廆除之。瞻聞其言，彌不自安，遂以憂死。

慕容翰字元邕，廆之庶長子也。性雄豪，多權略，猨臂工射，膂力過人。廆甚奇之,委以折衝之任。行師征伐,所在有功,威聲大振,為遠近所憚。作鎮遼東,高句麗不敢為寇。善撫接,愛儒學,自士大夫至于卒伍,莫不樂而從之。

及奔段遼,深為遼所敬愛。柳城之敗,段蘭欲乘勝深入,翰慮成本國之害,詭説於蘭,蘭遂不進。後石虎征遼,皝親將三軍略令支以北,遼議欲追之,翰知皝躬自總戎,戰必克勝,乃謂遼曰:“今石氏向至,方對大敵,不宜復以小小為事。燕王自來,士馬精鋭。兵者凶器,戰有危慮,若其失利,何以南禦乎!”蘭怒曰:“吾前聽卿誑説,致成今患,不復入卿計中矣。”乃率衆追皝,蘭果大敗。翰雖處仇國,因事立忠,皆此類也。

及遼奔走,翰又北投宇文歸。既而逃歸,歸乃遣勁騎百餘追之。翰遙謂追者曰:“吾既思戀而歸,理無反面。吾之弓矢,汝曹足知,無為相逼,自取死也。吾處汝國久,恨不殺汝。汝可百步豎刀,吾射中者,汝便宜反;不中者,可來前也。”歸騎解刀豎之,翰一發便中刀環,追騎乃散。

既至,皝甚加恩禮。建元二年,從皝討宇文歸,臨陣為流矢所中,臥病積時。後疾漸愈,於其家中騎馬自試,或有人告翰私習騎,疑為非常。皝素忌之,遂賜死焉。翰臨死謂使者曰:“翰懷疑外奔,罪不容誅,不能以骸骨委賊庭,故歸罪有司。天慈曲愍,不肆之市朝,今日之死,翰之生也。但逆胡跨據神州,中原未靖,翰常剋心自誓,志吞醜虜,上成先王遺旨,下謝山海之責。不圖此心不遂,没有餘恨,命也奈何!”仰藥而死。

陽裕字士倫,右北平無終人也。少孤,兄弟皆早亡,單煢獨立,雖宗族無能識者,惟叔父耽幼而奇之,曰:“此兒非惟吾門之標秀,乃佐時之良器也。”刺史和演辟為主簿。王浚領州,轉治中從事,忌而不能任。

　　石勒既克薊城，問棗嵩曰："幽州人士，誰最可者？"嵩曰："燕國劉翰，德素長者。北平陽裕，幹事之才。"勒曰："若如君言，王公何以不任？"嵩曰："王公由不能任，所以爲明公擒也。"勒方任之，裕乃微服潛遁。

　　時鮮卑單于段眷爲晉驃騎大將軍、遼西公，雅好人物，虛心延裕。裕謂友人成泮曰："仲尼喜佛肸之召，以匏瓜自喻，伊尹亦稱何事非君，何使非民，聖賢尚如此，況吾曹乎！眷今召我，豈徒然哉！"泮曰："今華夏分崩，九州幅裂，軌迹所及，易水而已。欲偃蹇考槃，以待大通者，俟河之清也。人壽幾何？古人以爲白駒之歎。少游有云，郡掾足以蔭後，況國相乎！卿追蹤伊孔，抑亦知機其神也。"裕乃應之。拜郎中令、中軍將軍，處上卿位。歷事段氏五主，甚見尊重。

　　段遼與銑相攻，裕諫曰："臣聞親仁善鄰，國之寶也。慕容與國世爲婚姻，且銑令德之主，不宜連兵構怨，凋殘百姓。臣恐禍害之興，將由於此。願兩追前失，通款如初，使國家有泰山之安，蒼生蒙息肩之惠。"遼不從。出爲燕郡太守。石虎克令支，裕以郡降，拜北平太守，徵爲尚書左丞。

　　段遼之請迎於虎也，裕以左丞領征東麻秋司馬。秋敗，裕爲軍人所執，將詣銑。銑素聞裕名，即命釋其囚，拜郎中令，遷大將軍左司馬。東破高句麗，北滅宇文歸，皆豫其謀，銑甚器重之。及遷都和龍，裕雅有巧思，銑所制城池宮閣，皆裕之規模。裕雖仕銑日近，寵秩在舊人之右，性謙恭清儉，剛簡慈篤，雖歷居朝端，若布衣之士。士大夫流亡羇絶者，莫不經營收葬，存恤孤遺，士無賢不肖皆傾身待之，是以所在推仰。

　　初，范陽盧諶每稱之曰："吾及晉之清平，歷觀朝士多矣，忠清簡毅，篤信義烈，如陽士倫者，實亦未幾。"及死，銑甚悼之，時年六十一。

韓恒字景山，灌津人也。父默，以學行顯名。恒少能屬文，師事同郡張載，載奇之，曰："王佐才也。"身長八尺一寸，博覽經籍，無所不通。

永嘉之亂，避地遼東。廆既逐崔毖，復徙昌黎，召見，嘉之，拜參軍事。咸和中，宋該等建議以廆立功一隅，勤誠王室，位卑任重，不足以鎮華夷，宜表請大將軍、燕王之號。廆納之，命群寮博議，咸以爲宜如該議。恒駁曰："自群胡乘間，人嬰荼毒，諸夏蕭條，無復綱紀。明公忠武篤誠，憂勤社稷，抗節孤危之中，建功萬里之外，終古勤王之義，未之有也。夫立功者患信義不著，不患名位不高，故桓文有甯復一匡之功，亦不先求禮命以令諸侯。宜繕甲兵，候機會，除群凶，靖四海，功成之後，九錫自至。且要君以求寵爵者，非爲臣之義也。"廆不平之，出爲新昌令。

皝爲鎮軍，復參軍事。遷營邱太守，政化大行。儁爲大將軍，徵拜咨議參軍，加揚烈將軍。

儁僭位，將定五行次，衆論紛紜。恒時疾在龍城，儁召恒以決之。恒未至而群臣議以燕宜承晉爲水德。既而恒至，言於儁曰："趙有中原，非唯人事，天所命也。天實與之，而人奪之，臣竊謂不可。且大燕王迹始自於震，於《易》，震爲青龍。受命之初，有龍見於都邑成，龍爲木德，幽契之符也。"儁初雖難改，後終從恒議。儁秘書監清河聶熊聞恒言，乃歎曰："不有君子，國何以興，其韓令君之謂乎！"後與李產俱傅東宮，從太子曄入朝，儁顧謂左右曰："此二傅一代偉人，未易繼也。"其見重如此。

李產字子喬，范陽人也。少剛厲，有志格。永嘉之亂，同郡祖逖擁衆部於南土，力能自固，產遂往依之。逖素好從橫，弟約有大志，產微知其旨，乃率子弟十數人間行還鄉里，仕於石氏，爲本郡太守。

及慕容儁南征，前鋒達郡界，鄉人皆勸産降，産曰："夫受人之禄，當同其安危，今若舍此節以圖存，義士將謂我何！"衆潰，始詣軍請降。儁嘲之曰："卿受石氏寵任，衣錦本鄉，何故不能立功於時，而反委質乎！烈士處身於世，固當如是邪？"産泣曰："誠知天命有歸，非微臣所抗。然犬馬爲主，豈忘自效，但以孤窮勢蹙，致力無術，僶俛歸死，實非誠款。"儁嘉其慷慨，顧謂左右曰："此真長者也。"乃擢用之，歷位尚書。性剛正，好直言，每至進見，未曾不論朝政之得失，同輩咸憚焉，儁亦敬其儒雅。前後固辭年老，不堪理劇。轉拜太子太保。謂子績曰："以吾之才而致於此，始者之願亦已過矣，不可復以西夕之年取笑於來今也。"固辭而歸，死於家。子績。

績字伯陽，少以風節知名，清辯有辭理。弱冠爲郡功曹。時石虎親征段遼，師次范陽，百姓饑儉，軍供有闕。虎大怒，太守惶怖避匿。績進曰："郡帶北裔，與寇接壤，疆場之間，人懷危慮。聞輿駕親戎，將除殘賊，雖嬰兒白首，咸思效命，非唯爲國，亦自求寧，雖身膏草野，猶甘爲之，敢有私吝而闕軍實！但此年災儉，家有菜色，困敝力屈，無所取濟，逋廢之罪，情在可矜。"虎見績年少有壯節，嘉而恕之，於是太守獲免。

刺史王午辟爲主簿。儁之南征也，隨午奔魯口。鄧恒謂午曰："績鄉里在北，父已降燕，今雖在此，終不爲用，方爲人患。"午曰："績於喪亂之中捐家立義，情節之重，有侔古烈，若懷嫌害之，必駭衆望。"恒乃止。午恐績終爲恒所害，乃資遣之。及到，儁責其背親後至，績答曰："臣聞豫讓報智伯仇，稱于前史。既官身所在，何事非君！陛下方弘唐虞之化，臣實未謂歸之晚也。"儁曰："此亦事主之一節耳。"累遷太子中庶子。

及暐立，慕容恪欲以績爲尚書右僕射，暐憾績往言，不許。恪屢請，乃謂恪曰："萬機之事委之叔父，伯陽一人，暐請獨裁。"績遂憂死。

慕容恪，字元恭，皝之第四子也。幼而謹厚，沈深有大度。母高氏無寵，皝未之奇也。年十五，身長八尺七寸，容貌魁傑，雄毅嚴重，每所言及，輒經綸世務，皝始異焉，乃授之以兵。數從皝征伐，臨機多奇策。使鎮遼東，甚有威惠。高句麗憚之，不敢爲寇。皝使恪與儁俱伐夫餘，儁居中指授而已，恪身當矢石，摧鋒而遼，所嚮輒潰。

皝將終，謂儁曰："今中原未一，方建大事，恪智勇俱濟，汝其委之。"及儁嗣位，彌加親任。累戰有大功，封太原王，拜侍中、假節、大都督、錄尚書。儁寢疾，引恪與慕容評屬以後事。及暐之世，總攝朝權。初，建鄴聞儁死，曰："中原可圖矣。"桓溫曰："慕容恪尚存，所憂方爲大耳。"

慕輿根之就誅也，內外危懼。恪容止如常，神色自若，出入往還，一人步從。或有諫之者，恪曰："人情懷懼，且當自安以靖之。吾復不安，則衆何瞻仰哉！"於是人心稍定。恪虛襟待物，諮詢善道，量才處任，使人不踰位。朝廷謹肅，進止有常度，雖執權政，每事必諮之於評。罷朝歸第，則盡心色養，手不釋卷。其百寮有過，未嘗顯之，自是庶僚化德，稀有犯者。

恪之圖洛陽也，秦中大震，苻堅親將以備潼關，軍迴乃定。恪爲將不尚威嚴，專以恩信御物，務於大略，不以小令勞衆。軍士有犯法，密縱舍之，捕斬賊首以令軍。營內不整似可犯，而防禦甚嚴，終無喪敗。

臨終，暐親臨問以後事，恪曰："臣聞報恩莫大薦士，版築猶可，而況國之懿藩！吳王文武兼才，管蕭之亞，陛下若任之以政，國其少安。不然，臣恐二寇必有闚窬之計。"言終而死。

陽鶩，字士秋，右北平無終人也。父耽，仕廆，官至東夷校尉。鶩少清素好學，器識沉遠。起家爲平州別駕，屢獻安時强國之術，事多納用，廆甚奇之。

皝即王位，遷左長史。東西征伐，參謀幃幄。皝臨終謂儁曰："陽士秋忠幹貞固，可託付大事，汝善待之。"儁之將圖中原也，鶩制勝之功亞于慕容恪。

暐既嗣儁位，申以師傅之禮，親遇日隆。及爲太尉，慨然而歎曰："昔常林、徐邈先代名臣，猶以鼎足任重而終辭三事。以吾虛薄，何德以堪之！"固求罷職，言甚懇至，暐優答不許。

鶩清貞謙謹，老而彌篤，既以宿望舊齒，自慕容恪已下莫不畢拜。性儉約，常乘敝車瘠馬，及死，無斂財。

皇甫真，字楚季，安定朝那人也。弱冠，以高才，廆拜爲遼東國侍郎。皝嗣位，遷平州別駕。時內難連年，百姓勞悴，真議欲寬減歲賦，休息力役。不合旨，免官。後以破麻秋之功，拜奉車都尉，守遼東、營邱二郡太守，皆有善政。及儁僭位，入爲典書令。後從慕容評攻拔鄴都，珍貨充溢，真一無所取，唯存恤人物，收圖籍而已。儁臨終，與慕容恪等俱受顧託。

慕輿根將謀爲亂，真陰察知之，乃言於恪，請除之。恪未忍顯其事。俄而根謀發伏誅，恪謝真曰："不從君言，幾成禍敗。"呂護之叛，恪謀於朝曰："遠人不服，修文德以來之。今護宜以恩詔降乎，不宜以兵戈取也？"真曰："護九年之間三背王命，揆其奸心，凶悖未已。明公方飲馬江湘，勒銘劍閣，況護蕞爾近幾而不梟戮，宜以兵算取之，不可復以文檄喻也。"恪從之。以真爲冠軍將軍、別部都督。師還，拜鎮西將軍、并州刺史，領護匈奴中郎將。徵還，拜侍中、光祿大夫，累遷太尉、侍中。

苻堅密謀兼并，欲觀審釁隙，乃遣其西戎主簿郭辯潛結匈奴左賢王曹轂，令轂遣使詣鄴，辯因從之。真兄典仕苻堅爲散騎常侍，從子奮、覆並顯關西。辯既至鄴，歷造公卿，言於真曰："辯家爲秦所誅，故寄命曹王，貴兄常侍及奮、覆兄弟並相知在素。"真怒曰："臣無境外之交，斯言何以及我！君似奸人，得無因緣假託乎！"乃白暐請窮詰之，暐、評不許。辯還謂堅曰："燕朝無綱紀，實可圖之。鑒機識變，唯皇甫真耳。"堅曰："以六州之地，豈無智識士一人哉！真亦秦人，而燕用之，固知關西多君子矣。"

真性清儉寡慾，不營產業，飲酒至石餘不亂，雅好屬文，凡著詩賦四十餘篇。

王猛入鄴，真望馬首拜之。明日更見，語乃卿猛。猛曰："昨拜今卿，何恭慢之相違也？"真答曰："卿昨爲賊，朝是國士，吾拜賊而卿國士，何所怪也？"猛大嘉之，謂權翼曰："皇甫真故大器也。"從堅入關，爲奉車都尉，數歲而死。

頁三〇一一上至三〇二一中

《通志》卷一百九十一《載記六·後燕》

慕容垂字道明，皝之第五子也。少岐嶷有器度，身長七尺七寸，手垂過膝。皝甚寵之，常目而謂諸弟曰："此兒闊達好奇，終能破人家，或能成人家。"故名霸，字道業，恩遇踰于世子儁，故儁不能平之。以滅宇文之功，封都鄉侯。石虎來伐，既還，猶有兼并之志，遣將鄧恒率衆致萬屯于樂安，營攻取之備。垂戍徒河，與恒相持，恒憚而不敢侵。垂少好畋游，因獵墜馬折齒，慕容儁僭即王位，改名㒜，外以慕郤㒜爲名，內實惡而改之。尋以讖記之文，乃去夬，以"垂"爲名焉。

石虎之死也，趙魏亂，垂謂儁曰："時來易失，赴機在速，兼弱攻昧，今其時矣。"儁以新遭大喪，不許。慕輿根言於儁曰："王子之言，千載一時，不可失也。”儁乃從之，以垂爲前鋒都督。儁既剋幽州，將坑降卒，垂諫曰：“弔伐之義，先代常典。今方平中原，宜綏懷以德，坑戮之刑不可爲王師之先聲。”儁從之。及儁僭稱尊號，封垂吳王，徙鎮信都，以侍中、右禁將軍録留臺事，大收東北之和。又爲征南將軍、荆兗二州牧，有聲于梁楚之南。再爲司隷，僞王公已下莫不累迹。時慕容暐嗣僞位，慕容恪爲太宰。恪甚重垂，常謂暐曰：“吳王將相之才十倍於臣，先帝以長幼之次，以臣先之，臣死之後，願陛下委政吳王，可謂親賢兼舉。”及敗桓温于枋頭，威名大振。慕容評深忌惡之，乃謀誅垂。垂懼禍及己，與世子全奔于苻堅。

自恪卒後，堅密有圖暐之謀，憚垂威名而未發。及聞其至，堅大悦，郊迎執手，禮之甚重。堅相王猛惡垂雄略，勸堅殺之。堅不從，以爲冠軍將軍，封賓都侯，食華陰之五百户。王猛伐洛，引全爲參軍。猛乃令人詭傳垂語於全曰：“吾已東還，汝可爲計也。”全信之，乃奔暐。猛表全叛狀，垂懼而東奔，及藍田，爲追騎所獲。堅引見東堂，慰勉之曰：“卿國家失和，委身投朕。賢子志不亡本，猶懷首邱。《書》不云乎：‘父父子子，無相及也。’卿何爲過懼而狼狽若斯也！”於是復垂爵位，恩待如初。

及堅擒暐，垂隨堅入鄴，收集諸子，對之悲慟，見其故吏，有不悦之色。前郎中令高弼私於垂曰：“大王以命世之姿，遭無妄之運，迍邅棲伏，艱亦至矣。天啓嘉會，靈命暫遷，此乃鴻漸之始，龍變之初，深願仁慈有以慰之。且夫高世之略必懷遺俗之規，方圖網漏吞舟，以弘苞養之義；收納舊臣之胄，以成爲山之功，奈何以一怒捐之？竊爲大王不取。”垂深納之。垂在堅朝，歷位京兆尹，進封泉州侯，所在征伐，皆有大功。

堅之敗於淮南也，垂軍獨全，堅以千餘騎奔垂。垂世子寶言於垂曰：“家國傾喪，皇綱廢弛，至尊明命著之圖籙，當隆中興之業，建少康之功。但時來之運未至，故韜光俟奮耳。今天厭亂德，凶衆土崩，可謂乾啓神機，授之于我。千載一時，今其會也，宜恭承皇天之意，因而取之。且夫立大功者不顧小節，行大仁者不念小惠。秦既蕩覆三京，竊辱神器，仇恥之深，莫甚於此，願不以意氣微恩而忘社稷之重。五木之祥，今其至矣。”垂曰：“汝言是也。然彼以赤心投命，若何害之！苟天所棄，圖之多便。且縱令北還，更待其釁，既不負宿心，可以義取天下。”垂弟德進曰：“夫鄰國相吞，有自來矣。秦强而并燕，秦弱而圖之，此爲報仇雪辱，豈所謂負宿心也！昔鄧祁侯不納三甥之言，終爲楚所滅；吳王夫差違子胥之諫，取禍句踐。前事之不忘，後事之師表也。願不棄湯武之成蹤，追韓信之敗迹，乘彼土崩，恭行天罰，斬逆氏，復宗祀，建中興，繼洪烈，天下大機，弗宜失也。若釋數萬之衆，授干將之柄，是却天時而待後害，非至計也。語曰：‘當斷不斷，反受其亂。’願兄無疑。”垂曰：“吾昔爲太傅所不容，投身於秦主，又爲王猛所譖，復見昭亮，國士之禮每深，執德萬分未一。如使秦運必窮，曆數歸我者，授首之便，何慮無之。關西之帝，會非吾有，自當有擾之者，吾可端拱而定關東。君子不怙亂，不爲禍先，且可觀之。”乃以兵屬堅。初，寶在長安，與韓黄、李根等因讌挆蒱，寶危坐整容，誓之曰：“世云挆蒱有神，豈虛言哉！若富貴可期，頻得三盧。”於是三擲盡盧，寶拜而受賜，故云五木之祥。

　　堅至澠池，垂請至鄴展拜陵墓，因張國威刑，以安戎狄。堅許之，權翼諫曰：“垂爪牙名將，所謂今之韓白，世豪東夏，志不爲人用。頃以避禍歸誠，非慕德而至，列土千城未可以滿其志，冠軍之號豈足以稱其心！且垂猶鷹也，饑則附人，飽便高颺，遇風塵之會，必有陵霄之志。惟宜急其羈絆，不可任其所欲。”堅不從，遣其將李蠻、閔亮、尹國率衆三千送垂，又遣石越戍鄴，張蚝戍并州。

時堅子丕先在鄴，及垂至，丕館之于鄴西，垂具説淮南敗狀。會堅將苻暉告丁零翟斌聚衆謀逼洛陽，丕謂垂曰："翟斌兄弟因王師小失，敢肆凶悖，子母之軍，殆難爲敵，非冠軍英略，莫可以滅也。欲相煩一行可乎？"垂曰："下官殿下之鷹犬，敢不惟命是聽。"於是大賜金帛，一無所受，惟請舊田園。丕許之，配垂兵二千，遣其將苻飛龍率氐騎一千爲垂之副。丕戒飛龍曰："卿王室肺腑，年秩雖卑，其實帥也。垂爲三軍之統，卿爲謀垂之主，用兵制勝之權，防微杜貳之略，委之於卿，卿其勉之。"垂請入鄴城拜廟，丕弗許。乃潛服而入，亭吏禁之，垂怒，斬吏燒亭而去。石越言於丕曰："垂之在燕，破國亂家，及投命聖朝，蒙超常之遇，忽敢輕侮方鎮，殺吏焚亭，反形已露，終爲亂階。將老兵疲，可襲而取之矣。"丕曰："淮南之敗，衆散親離，而垂侍衛聖躬，誠不可忘。"越曰："垂既不忠於燕，其肯盡忠於我乎！且其亡虜也，主上寵同功舊，不能銘澤誓忠，而首謀爲亂，今不擊之，必爲後害。"丕不從。越退而告人曰："公父子好存小人，不顧天下大計，吾屬終當爲鮮卑虜矣。"

垂至河內，殺飛龍，悉誅氐兵，召募遠近，衆至三萬，濟河焚橋，令曰："吾本外假秦聲，内規興復。亂法者軍有常刑，奉命者賞不踰日，天下既定，封爵有差，不相負也。"

翟斌聞垂之將濟河也，遣使推垂爲盟主。垂距之曰："吾父子寄命秦朝，危而獲濟，荷主上不世之恩，蒙更生之惠，雖曰君臣，義深父子，豈可因其小隙，便懷二三。吾本救豫州，不赴君等，何爲斯議而及於我！"垂進欲襲據洛陽，故見苻暉以臣節，退又未審斌之誠款，故以此言距之。垂至洛陽，暉閉門距守，不與垂通。斌又遣長史河南郭通説垂，乃許之。斌率衆會垂，勸稱尊號，垂曰："新興侯，國之正統，孤之君也。若以諸君之力，得平關東，當以大義喻秦，奉迎返正。無土自尊，非孤心也。"謀于衆曰："洛陽四面受敵，北阻大河，至於控馭燕趙，非形勝之便，不如北取鄴都，據之而制天下。”衆咸以爲然。乃引師而東，遣建威將軍王騰起浮橋于石門。

初，垂之發鄴中，子農及兄子楷、紹，弟子宙，爲苻丕所留。及誅飛龍，遣田生密告農等，使起兵趙魏以相應。於是農、宙奔列人，楷、紹奔辟陽，衆咸應之。農西招庫辱官偉于上黨，東引乞特歸于東阿，各率衆數萬赴之，衆至十餘萬。丕遣石越討農，爲農所敗，斬越於陣。

垂引兵至滎陽，以太元八年自稱大都督、燕王，承制行事，建元曰燕元。令稱統府，府置四佐，王公已下稱臣，凡所封拜，一如王者。以翟斌爲建義大將軍，封河南王；翟檀爲柱國大將軍、弘農王；弟德爲車騎大將軍、范陽王；兄子楷征西大將軍、太原王。衆至二十餘萬，濟自石門，長驅攻鄴。農、楷、紹、宙等率衆會垂。立子寶爲燕王太子，封功臣爲公侯伯子男者百餘人。

苻丕乃遣侍郎姜讓謂垂曰：“往歲大駕失據，君保衛鑾輿，勤王誠義，邁蹤前烈。宜述修前規，終忠貞之節，奈何棄崇山之功，爲此過舉！過貴能改，先賢之嘉事也。深宜詳思，悟猶未晚。”垂謂讓曰：“孤受主上不世之恩，故欲安全長樂公，使盡衆赴京師，然後修復家國之業，與秦永爲鄰好。何故闇於機運，不以鄴見歸也？大義滅親，況於意氣之顧！公若迷而不返者，孤亦欲窮兵勢耳。今事已然，恐單馬乞命不可得也。”讓厲色責垂曰：“將軍不容於家國，投命於聖朝，燕之尺土，將軍豈有分乎！主上與將軍風殊類別，臭味不同，奇將軍於一見，託將軍以斷金，寵踰宗舊，任齊懿藩，自古君臣冥契之重，豈甚此耶！方付將軍以六尺之孤，萬里之命，奈何王師小敗，便有二圖！夫師起無名，終則弗成，天之所廢，人不能支。將軍起無名之師，而欲興天所廢，竊未見其可。長樂公主上之元子，聲德邁於唐衛，居陝東之任，爲朝廷維城，其可束手輸將軍以百城之地！大夫死王事，國君死社稷，將軍欲裂冠毀冕，拔本塞源者，自可任將軍兵勢，何復多云。但念將軍以七十之年，懸首白旗，高世之忠，忽爲逆鬼，竊爲將軍痛之。”垂默然。左右勸垂殺之，垂曰：“古者兵交，使在其間，犬各吠非其主，何所問也！”乃遣讓歸。

垂上表於苻堅曰：“臣才非古人，致禍起蕭牆，身要時難，歸命聖朝。陛下恩深周漢，猥叨微顧之遇，位爲列將，爵忝通侯，誓在勠力輸誠，常懼不及。去夏桓沖送死，一擬雲消，迴討郾城，俘馘萬計，斯誠陛下神算之奇，頗亦愚臣忘死之效。方將飲馬桂洲，懸旌閩會，不圖天助亂德，大駕班師。陛下單馬奔臣，臣奉衛匪貳，豈陛下聖明鑒臣單心，皇天后土實亦知之。臣奉詔北巡，受制長樂。然丕外失眾心，內多猜忌，令臣野次外庭，不聽謁廟。丁零逆豎寇逼豫州，丕迫臣單赴，限以師程，惟給弊卒二千，盡無兵杖，復令飛龍潛爲刺客。及至洛陽，平原公暉復不信納。臣竊惟進無淮陰功高之慮，退無李廣失利之愆，懼有青蠅，交亂白黑。丁零夷夏以臣忠而見疑，乃推臣爲盟主。臣受託善始，不遂令終，泣望西京，揮涕即邁。軍次石門，所在雲赴，雖復周武之會於孟津，漢祖之集於垓下，不期之眾，實有甚焉。欲令長樂公盡眾赴難，以禮發遣，而不固守匹夫之志，不達變通之理。臣息農收集故營，以備不虞，而石越傾鄴城之眾，輕相掩襲，兵陣未交，越已隕首。臣既單車懸軫，歸者如雲，斯實天符，非臣之力。且鄴者臣國舊都，應即惠及，然後西向受制，永守東藩，上成陛下遇臣之意，下全愚臣感報之誠。今進師圍鄴，并喻丕以天時人事。而丕不察機運，杜門自守，時出挑戰，鋒戈屢交，恒恐飛矢誤中，以傷陛下天性之念。臣之此誠，未簡神聽，輒遏兵止銳，不敢窮攻。夫運有推移，去來常事，惟陛下察之。”

堅報曰：“朕以不德，忝承靈命，君臨萬邦，三十年矣。遐方幽裔，莫不來庭，惟東南一隅，敢違王命。朕爰奮六師，恭行天罰，而元機不弔，王師敗績。賴卿忠誠之至，輔翼朕躬，社稷之不隕，卿之力也。《詩》云：‘中心藏之，何日忘之。’方任卿以元相，爵卿以郡侯，庶弘濟艱難，敬酬勳烈，何圖伯夷忽毀冰操，柳惠倏爲淫夫！覽表惋然，有慚朝士。卿既不容於本朝，匹馬而投命，朕則寵卿以將位，禮卿以上賓，任同舊臣，爵齊勳輔，歃血斷金，披心相付。謂卿食椹懷音，保之偕老。豈意畜水覆舟，養虎返害，悔之噬臍，將何所及！誕言駭衆，誇擬非常，周武之事，豈卿庸人所可論哉！失籠之鳥，非羅所羈；脱網之鯨，豈罟所制！翹陸任懷，何須聞也。念卿垂老，老而爲賊，生爲叛臣，死爲逆鬼，誅張幽顯，布毒存亡，中原士女，何痛如之！朕之歷運興喪，豈復由卿！但長樂、平原以未立之年，遇卿於兩都，慮其經略未稱朕心，所恨者此焉而已。”

垂攻拔鄴郭，丕固守中城，垂塹而圍之，分遣老弱於魏郡、肥鄉，築新興城以置輜重，壅漳水以灌之。

翟斌潛諷丁零及西人，請斌爲尚書令。垂訪之群僚，其安東將軍封衡屬色曰：“馬能千里，不免羈鞚，明畜生不可以人御也。斌戎狄小人，遭時際會，兄弟封王，自驪兜已來，未有此福。忽履盈忘止，復有斯求，魂爽錯亂，必死不出年也。”垂猶隱忍容之，令曰：“翟王之功宜居上輔，但臺既未建，此官不可便置。待六合廓清，更當議之。”斌怒，密應苻丕，潛使丁零決防潰水。事洩，垂誅之。斌兄子真率其部衆北走邯鄲，引兵向鄴，欲與丕爲内外之勢，垂令其太子寶、冠軍慕容隆擊破之。真自邯鄲北走，又使慕容楷率騎追之，戰于下邑，爲真所敗，真遂屯于承營。垂謂諸將曰：“苻丕窮寇，必守死不降。丁零叛擾，乃我腹心之患。吾欲遷師新城，開其逸路，進以謝秦王疇昔之恩，退以嚴擊真之備。”於是引師去鄴，北屯新城。慕容農進攻翟嵩于黄泥，破之。垂謂其范陽王德曰：“苻丕吾縱之不能去，方引晉師規固鄴都，不可置也。”進師又攻鄴，開其西奔之路。

垂將有北都中山之意，農率衆數萬迎之。群僚聞慕容暐爲苻堅所殺，勸垂僭位。垂以慕容沖稱號關中，不許。

晉龍驤將軍劉牢之率衆救苻丕，至鄴，垂逆戰，敗績，遂徹鄴圍，退屯新城。垂自新城北走，牢之追垂，連戰皆敗。又戰于五橋澤，王師敗績，德及隆引兵要之于五丈橋，牢之馳馬跳五丈澗，會苻丕救至而免。

翟真去承營，徙屯行唐，真司馬鮮于乞殺真，盡誅翟氏，自稱趙王。營人攻殺乞，迎立真從弟成爲王，真子遼奔黎陽。

高句驪寇遼東，垂平北慕容佐遣司馬郝景率衆救之，爲高句驪所敗，遼東、玄菟遂没。

建節將軍徐巖叛于武邑，驅掠四千餘人，北走幽州。垂馳救其將平規曰：“但固守勿戰，比破丁零，吾當自討之。”規違命距戰，爲巖所敗。巖乘勝入薊，掠千餘户而去，所過寇暴，遂據令支。

翟成長史鮮于得斬成而降，垂入行唐，悉坑其衆。

苻丕棄鄴城，奔于并州。

慕容農攻剋令支，斬徐巖兄弟。進伐高句驪，復遼東、玄菟二郡，還屯龍城。

垂定都中山，群僚勸即尊號，具典儀，修郊燎之禮。垂從之，以太元十一年僭即位，赦其境内，改元曰建興，置百官，繕宗廟社稷，立寶爲太子。以其左長史庫辱官偉、右長史段崇、龍驤張崇，中山尹封衡爲吏部尚書，慕容德爲侍中、都督中外諸軍事、領司隸校尉，撫軍慕容麟爲衛大將軍，其餘拜受有差。追尊母蘭氏爲文昭皇后，遷跣后段氏，以蘭氏配饗。博士劉詳、董謐議以堯母妃位第三，不以貴陵姜嫄，明聖王之道以至公爲先。垂不從。

遣其征西慕容楷、衛軍慕容麟、鎮南慕容紹、征虜慕容宙等攻苻堅冀州牧苻定、鎮東苻紹、幽州牧苻謨、鎮北苻亮。楷與定等喻以禍福,定等悉降。

垂留其太子寶守中山,率諸將南攻翟遼,以楷爲前鋒都督。遼之部衆皆燕趙人,咸曰:"太原王之子,吾之父母。"相率歸附。遼懼,遣使請降。垂至黎陽,遼肉袒謝罪,垂厚撫之。

爲其太子寶起承華觀,以寶録尚書政事,巨細皆委之,垂總大綱而已。立其夫人段氏爲皇后。又以寶領侍中、大單于、驃騎大將軍、幽州牧。建留臺于龍城,以高陽王慕容隆録留臺尚書事。時慕容暐及諸宗室爲苻堅所害者,並招魂葬之。

清河太守賀耕聚衆定陵以叛,南應翟遼,慕容農討斬之,毀定陵城。進師入鄴,以鄴城廣難固,築鳳陽門大道之東爲隔城。

其尚書郎婁會上疏請以吏遭大喪,聽終三年之制。垂不從。

翟遼死,子釗代立,攻逼鄴城,慕容農擊走之。垂引師伐釗于滑臺,次于黎陽津,釗於南岸距守,諸將惡其兵精,咸諫不宜濟河。垂笑曰:"豎子何能爲,吾今爲卿等殺之。"遂徙營就西津,爲牛皮船百餘艘,載疑兵列杖,溯流而上。釗先以大衆備黎陽,見垂向西津,乃棄營西距。垂潛遣其桂林王慕容鎮、驃騎慕容國於黎陽津夜濟,壁于河南。釗聞而奔還,士衆疲渴,走歸滑臺,釗携妻子率數百騎北趣白鹿山。農追擊,盡擒其衆,釗單騎奔長子。釗所統七郡户三萬八千皆安堵如故。徙徐州流人七千餘户于黎陽。

於是議征長子。諸將咸諫,以慕容永未有釁,連歲征役,士卒疲怠,請俟他年。垂將從之,及聞慕容德之策,笑曰:"吾計決矣。且吾投老,扣囊底智,足以剋之,不復留逆賊以累子孫也。"乃發步騎七萬,遣其丹陽王慕容瓚、龍驤張崇攻永弟支于晉陽。永遣其將刁雲、慕容鍾率衆五萬屯潞州。垂遣慕容楷出自滏口,慕容農入自壺關,垂頓于鄴之西南,月餘不進。永謂垂詭道伐之,乃攝諸軍還杜太行軹關。垂進師入自天井關，至于壺壁。永率精卒五萬來距，阻河曲以自固，馳使請戰。垂列陣于壺壁之南，農、楷分爲二翼，慕容國伏千兵于深澗，與永大戰。垂引軍僞退，永追奔數里，國發伏兵馳斷其後，楷、農夾擊之，永師大敗，斬首八千餘級，永奔還長子。慕容瓚攻尅晉陽。垂進圍長子，永將賈韜等潛爲内應。垂進軍入城，永奔北門，爲前驅所獲，於是數而戮之，并其所署公卿刁雲等三十餘人。永所統新舊八郡户七萬六千八百及乘輿、服御、伎樂、珍寶悉獲之，於是品物具矣。

使慕容農略地河南，攻廩邱、陽城，皆尅之，太山、琅邪諸郡皆委城奔潰，農進師臨海，置守宰而還。垂告捷于龍城之廟。

遣其太子寶及農與慕容麟等率衆八萬伐魏，慕容德、慕容紹以步騎一萬八千爲寶後繼。魏聞寶將至，徙往河西。寶進師臨河，懼不敢濟。還次參合，忽有大風黑氣，狀若隄防，或高或下，臨覆軍上。沙門支曇猛言於寶曰：“風氣暴迅，魏軍將至之候，宜遣兵禦之。”寶笑而不納。曇猛固以爲言，乃遣麟率騎三萬爲後殿，以禦非常。麟以曇猛言爲虛，縱騎游獵。俄而黃霧四塞，日月晦冥，是夜魏師大至，三軍奔潰，寶與德等數千騎奔免，士衆還者十一二，紹死之。初，寶至幽州，所乘車軸無故自折。術士靳安以爲大凶，固勸寶還，寶怒不從，故及於敗。

寶恨參合之敗，屢言魏有可乘之機。慕容德亦曰：“魏人狃于參合之役，有陵太子之心，宜及聖略，摧其銳志。”垂從之，留德守中山，自率大衆出參合，鑿山開道，次于獵領。遣寶與農出天門，征北慕容隆、征西慕容盛踰青山，襲魏陳留公泥于平城，陷之，收其衆三萬餘人而還。

垂至參合，見往年戰處積骸如山，設弔祭之禮，死者父兄一時號哭，軍中皆慟。垂慚憤歐血，因而寢疾，乘馬輿而進。過平城北

三十里疾篤,築燕昌城而還。寶等至雲中,聞垂疾,皆引歸。及垂
至於平城,或有叛者奔告魏曰:“垂病已亡,輿尸在軍。”魏又聞參
合大哭,以爲信然,乃進兵追之,知平城已陷而退,還館陰山。垂至
上谷之沮陽,以太元二十一年死,時年七十一,凡在位十三年。遺
令曰:“方今禍難尚殷,喪禮一從簡易,朝終夕殯,事訖成服,三日之
後,釋服從政。强寇伺隙,秘勿發喪,至京然後舉哀行服。”寶等遵
行之。僞謚成武皇帝,廟號世祖,墓曰宣平陵。

慕容寶字道祐,垂之第四子也。少輕果無志操,好人佞己。苻
堅時爲太子洗馬、萬年令。堅淮肥之役,以寶爲陵江將軍。及爲太
子,砥礪自修,敦崇儒學,工談論,善屬文,曲事垂左右小臣,以求美
譽。垂之朝士翕然稱之,垂亦以爲克保家業,甚賢之。

垂死,其年寶嗣僞位,大赦境内,改元爲永康。以其太尉庫辱
官偉爲太師、左光禄大夫段崇爲太保,其餘拜授各有差。遵垂遺
令,校閲户口,罷諸軍營分屬郡縣,定士族舊籍,明其官儀,而法峻
政嚴,上下離德,百姓思亂者十室而九焉。

初,垂以寶冢嗣未建,每憂之。寶庶子清河公會多材藝,有雄
略,垂深奇之。及寶之北伐,使會代攝官事,總録、禮遇一同太子,
所以見定旨也。垂之伐魏,以龍城舊都,宗廟所在,復使會鎮幽州,
委以東北之重,高選僚屬以崇威望。臨死顧命,以會爲寶嗣,而寶
寵愛少子濮陽公策,意不在會。寶庶長子長樂公盛自以同生年長,
耻會先之,乃盛稱策宜爲儲貳,而非毀會焉。寶大悦,乃訪其趙王
麟、高陽王隆,麟等咸希旨贊成之。寶遂與麟等定計,立策母段氏
爲皇后,策爲皇太子,盛、會進爵爲王。策字道符,年十一,美姿貌,
而惷弱不慧。

魏伐并州,驃騎李農逆戰,敗績,還于晉陽,司馬慕輿嵩閉門距
之。農率騎數千奔歸中山,行及潞川,爲魏追軍所及,餘騎盡没,單

馬遁還。寶引群臣子東堂議之。中山尹苻謨曰："魏軍強盛，千里轉鬥，乘勝而來，勇氣兼倍，若逸騎平原，形勢彌盛，殆難爲敵，宜杜險距之。"中書令睦邃曰："魏軍多騎，師行剽銳，馬上齎糧，不過旬日。宜令郡縣聚千家爲一堡，深溝高壘，清野待之。至無所掠，資食無出，不過六旬，自然窮退。"尚書封懿曰："今魏師十萬，天下之勍敵也。百姓雖欲營聚，不足自固，是則聚糧集兵以資強寇，且動衆心，示之以弱。阻關距戰，計之上也。"慕容麟曰："魏今乘勝氣銳，其鋒不可當，宜自完守設備，待其弊而乘之。"於是修城積粟，爲持久之備。

魏攻中山不剋，進據博陵魯口，諸將望風奔退，郡縣悉降于魏，寶聞魏有內難，乃盡衆出距，步卒十二萬，騎三萬七千，次于曲陽柏津。魏軍進至新梁。寶憚魏師之銳，乃遣征北隆夜襲魏軍，敗績而還。魏軍方軌而至，對營相持，上下兇懼，三軍奪氣。農、麟勸寶還中山，乃引歸。魏軍追擊之，寶、農等棄大軍，率騎二萬奔還。時大風雪，凍死者相枕於道。寶恐爲魏軍所及，命去袍杖戎器，寸刃無返。

魏軍進攻中山，屯於芳林園。其夜尚書慕容皓謀殺寶，立慕容麟。皓妻兄蘇泥告之，寶使慕容隆收皓，皓與同謀數十人斬關奔魏。麟懼不自安，以兵劫左衛將軍、北地王精，謀率禁旅弒寶。精以義距之，麟怒，殺精，出奔丁零。

初，寶聞魏之來伐也，使慕容會率幽并之衆赴中山。麟既叛，寶恐其逆奪會軍，將遣兵迎之。麟侍郎段平子自丁零奔還，説麟招集丁零，軍衆甚盛，謀襲會軍，東據龍城。寶與其太子策及農、隆等萬餘騎迎會於薊，以開封公慕容詳守中山。會傾身誘納，繕甲厲兵，步騎二萬，列陣而進，迎寶薊南。寶分其兵給農、隆，遣西河公庫辱官驥率衆三千助守中山。會以策爲太子，有恨色。寶以告農、隆，俱曰："會一年少，專任方事，習驕所致，豈有他也。臣當以禮責之。"幽平之士皆懷會恩得，不樂去之，咸請曰："清河王天資神功，權略過人，臣等與之誓同生死，感王恩澤，皆勇氣自倍。願陛下與皇太子、諸王止駕薊宮，使王與臣等進解京師之圍，然後奉迎車駕。"寶左右皆害其勇略，譖而不許，衆咸有怨言。左右勸寶殺會，侍御史仇尼歸聞而告會曰："左右密謀如是，主上將從之。大王所恃唯父母也，父已異圖；所仗者兵也，兵已去手，進退路窮，恐無自全之理。盡誅二王，廢太子，大王自處東宮，兼領將相，以匡社稷。"會不從。寶謂農、隆曰："觀會爲變，事當必然，宜早殺之。不爾，恐成大禍。"農曰："寇賊内侮，中州紛亂，會鎮撫舊都，安衆寧境，及京師有難，萬里星赴，威名之重，可以振服戎狄。又逆跡未彰，宜且隱忍。今社稷之危若綴旒然，復内相誅戮，有損威望。"寶曰："會逆心已成，而王等仁慈，不欲去之，恐一旦釁發，必先害諸父，然後及吾。事敗之後，當思朕言。"農等固諫，乃止。會聞之彌懼，奔于廣都黄榆谷。會遣仇尼歸等率壯士二十餘人分襲農、隆，隆是夜見殺，農中重創。既而會歸于寶，寶意在誅會，誘而安之，潛使左衛慕容騰斬會，不能傷，復奔其衆，於是勒兵攻寶。寶率數百騎馳如龍城，會率衆追之，遣使請誅左右佞臣，并求太子，寶弗許。會圍龍城，侍御郎高雲夜率敢死士百餘人襲會，敗之，衆悉逃散，單馬奔還中山，乃踰圍而入，爲慕容詳所殺。

詳僭稱尊號，置百官，改年號。荒酒淫奢，殺戮無度，誅其王公以下五百餘人，内外震局，莫敢忤視。城中大饑，公卿餓死者數十人。麟率丁零之衆入中山，斬詳及其親黨三百餘人，復僭稱尊號。中山饑甚，麟出據新市，與魏師戰于義臺，麟軍敗績。魏師遂入中山，麟乃奔鄴。

慕容德遣侍郎李延勸寶南伐，寶大悦。慕容盛切諫，以爲兵疲師老，魏新平中原，宜養兵觀釁，更俟他年。寶將從之。撫軍慕輿騰進曰：“今衆旅已集，宜乘新定之機以成進取之功。人可使由之，而難與圖始，惟當獨決聖慮，不足廣採異同，以沮亂軍議也。”寶曰：“吾計決矣，敢諫者斬！”寶發龍城，以慕輿騰爲前軍大司馬，慕容農爲中軍，寶爲後軍，步騎三萬，次于乙連。長上段速骨、宋赤眉因衆軍之憚役也，殺司空、樂浪王宙，逼立高陽王崇。寶單騎奔農，仍引軍討速骨。衆咸憚征幸亂，投杖奔之。騰衆亦潰，寶、農馳還龍城。蘭汗潛與速骨通謀，速骨進師攻城，農爲蘭汗所譎，潛出赴賊，爲速骨所殺。衆皆奔散，寶與慕容盛、慕輿騰等南奔。蘭汗奉太子策承制，遣使迎寶，及于薊城。寶欲還北，盛等咸以汗之忠款虛實未明，今單馬而還，汗有貳志者，悔之無及。寶從之，乃自薊而南。至黎陽，聞慕容德稱制，懼而退。遣慕輿騰招集散兵于鉅鹿，慕容盛結豪桀于冀州，段儀、段溫收部曲于内黃，衆皆響會，尅期將集。會蘭汗遣左將軍蘇超迎寶，寶以汗垂之季舅，盛又汗之婿也，必謂忠款無貳，乃還至龍城。汗引寶入于外邸，弑之，時年四十四，在位三年，即隆安三年也。汗又殺其太子策及王公卿士百餘人。汗自稱大都督、大將軍、大單于、昌黎王。盛僭位，僞諡寶惠愍皇帝，廟號烈宗。

　　皝之遷于龍城也，植松爲社主。及秦滅燕，大風吹拔之。後數年，社處忽有桑二根生焉。先是，遼川無桑，及廆通于晉，求種江南，平州桑悉由吳來。廆終而垂以吳王中興，寶之將敗，大風又拔其一。

　　盛字道運，寶之庶長子也。少沉敏，多謀略。苻堅誅慕容氏，盛潛奔于沖。及沖稱尊號，有自得之志，賞罰不均，政令不明。盛年十二，謂叔父柔曰：“今中山王智不先衆，才不出下，恩未施人，先自驕大，以盛觀之，鮮不覆敗。”俄而沖爲段木延所殺，盛隨慕容永束如長子,謂柔曰:"今崎嶇於鋒刃之間,在疑忌之際,愚則爲人所猜,智則危甚巢幕,當如鴻鵠高飛,一舉萬里,不可坐待罣網也。"於是與柔及弟會間行東歸于慕容垂。遇盜陝中,盛曰:"我六尺之軀,入水不溺,在火不焦,汝欲當吾鋒乎!試豎爾手中箭百步,我若中之,宜慎爾命,如其不中,當束身相授。"盜乃豎箭,盛一發中之。盜曰:"郎貴人之子,故相試耳。"資而遣之。歲餘,永誅僞、垂之子孫,男女無遺。盛既至,垂問以西事,畫地成圖。垂笑曰:"昔魏武撫明帝之首,遂乃侯之,祖之愛孫,有自來矣。"於是封長樂公。驍勇剛毅,有伯父全之風烈。

　　寶即僞位,進爵爲王。寶自龍城南伐,盛留統後事,及段速骨作亂,馳出迎衛。寶幾爲速骨所獲,賴盛以免。盛屢進奇策於寶,寶不能從,是以屢敗。寶既如龍城,盛留在後。寶爲蘭汗所殺,盛馳進赴哀,將軍張真固諫以爲不可。盛曰:"我今投命,告以哀窮。汗性愚近,必顧念婚姻,不忍害我。旬月之間,足展吾志。"遂入赴喪。汗妻乙氏泣涕請盛,汗亦哀之,遣其子穆迎盛,舍之宮內,親敬如舊。汗兄提、弟難勸汗殺盛,汗不從。慕容奇,汗之外孫也,汗亦宥之。奇入見盛,遂相與謀。盛遣奇起兵于外,衆至數千。汗遣蘭提討奇。提驕很淫荒,事汗無禮,盛因間之於汗曰:"奇,小兒也,未能辦此,必內有應之者。提素驕,不可委以大衆。"汗因發怒,收提誅之,遣其撫軍仇尼慕率衆討奇。汗兄弟見提之誅,莫不危懼,皆阻兵背汗,襲敗慕軍。汗大懼,遣其子穆率衆討之。穆謂汗曰:"慕容盛,我之仇也。奇今起逆,盛必應之。兼內有蕭墻之難,不宜養心復之疾。"汗將誅盛,引見察之。盛妻以告,於是僞稱疾篤,不復出入,汗乃止。有李旱、衛雙、劉志、張豪、張真者,皆盛之舊昵,蘭穆引爲腹心。旱等屢入見盛,潛結大謀。會穆討蘭難等斬之,大饗將士,汗、穆皆醉。盛夜因如廁,祖而踰墻,入于東宮,與李旱等誅穆，衆皆踊呼，進攻汗，斬之。汗二子魯公和、陳公楊分屯令支、白狼，遣李旱、張真襲誅之。於是內外帖然，士女咸悦，盛謙揖自卑，不稱尊號。其年，以長樂王稱制，赦其境內，改元曰建平。諸王降爵爲公，文武各復舊位。

初，慕容奇聚衆于建安，將討蘭汗，百姓翕然從之。汗遣兄子全討奇，奇擊滅之，進屯乙連。盛既誅汗，命奇罷兵，奇遂與丁零嚴生、烏丸王龍之阻兵叛盛，引軍至橫溝，去龍城十里。盛出兵擊敗之，執奇而還，斬龍、生等百餘人。盛於是僭即尊位，大赦殊死已下，追尊伯考獻莊太子全爲獻莊皇帝，尊寶后段氏爲皇太后，全妃丁氏爲獻莊皇后，謚太子策爲獻哀太子。盛幽州刺史慕容豪、尚書左僕射張通、昌黎尹張順謀叛，盛皆誅之。改年爲長樂。有犯罪者，十日一自決之，無撾捶之罰，而獄情多實。

高句驪王安遣使貢方物，有雀素身綠首，集于端門，栖翔東園，二旬而去，改東園爲白雀園。

盛好爲奇詭之論，嘗聽詩歌周公之事，顧謂群臣曰：“周公輔成王，不能以至誠感上下，誅兄弟以杜流言，猶擅美經傳，歌德於管弦。不如吾太宰桓王輔少主勳道之茂。”乃命中書更爲《燕頌》。桓王，慕容恪也。又引中書令常忠、尚書陽璆、秘書監郎敷于東堂，論難言周公權詐，未爲忠聖，伊尹挾智藏仁，成君之惡。辭語不經，故略之。

遼西太守李朗在郡十年，威制境內，盛疑之，累徵不赴。以母在龍城，未敢顯叛，乃陰引魏軍，將爲自安之計，因表請發兵以距寇。盛曰：“此必詐也。”召其使而詰之，果驗，盡滅其族，遣輔國將軍李旱率騎討之。師次建安，召旱旋師。朗聞其家被誅也，擁二千餘户以自固。及聞旱中路而還，謂有內變，不復爲備，留其子養守令支，躬迎魏師于北平。旱候知之，襲剋令支，遣廣威孟廣平率騎追朗，及于無終，斬之。初，盛之追旱還也，群臣莫知其故。旱既斬朗，盛謂群臣曰："前以追旱還者，正爲此耳。朗新爲叛逆，必忌官威，一則鳩合同類，劫害良善，二則亡竄山澤，未可卒平，故非意而還，以盈怠其志，卒然掩之，必剋之理也。"群臣皆曰："非所及也。"

李旱自遼西還，聞盛殺其將衛雙，懼，棄軍奔走。既而歸罪，復其爵位。盛謂侍中孫勍曰："旱總三軍之任，荷專征之重，不能杖節死綏，無故逃亡，考之軍正，不赦之罪也。然當先帝之避難，衆情離異，骨肉忘其親，股肱失其節，旱以刑餘之體，效力盡命，忠款之至，精貫白日。朕故録其忘身之功，免其邱山之罪耳。"

盛去皇帝之號，稱庶人大王。

魏襲幽州，執刺史盧溥而去。遣孟廣平援之，無及。

盛率衆二萬伐高句驪，襲其新城、南蘇，皆剋之，散其積聚，徙其五千餘户于遼西。

盛引見百僚于東堂，考詳器藝，超拔十有二人。命百司舉文武之士才堪佐世者各一人。立其子遼西公定爲太子，大赦殊死已下。讌其群臣于新昌殿，盛曰："諸卿各言其志，朕將覽之。"七兵尚書丁信年十五，盛之舅子也，進曰："在上不驕，高而不危，臣之願也。"盛笑曰："丁尚書年少，安得長者之言乎！"盛以威嚴馭下，驕暴少親，多所猜忌，故信言及之。

盛討庫莫奚，大虜獲而還。左將軍慕容國與殿中將軍秦輿、段讚等謀率禁兵襲盛，事覺，誅之，死者五百餘人。前將軍、思悔侯段璣、輿子興、瓚子泰等，因衆心動搖，夜於禁中鼓譟大呼。盛聞變，率左右出戰，衆皆披潰。俄而有一賊從闇中擊傷盛，遂輦升前殿，申約禁衛，召叔父河間公熙屬以後事。熙未至而盛死，時年二十九，在位三年。僞謚昭武皇帝，墓號興平陵，廟號中宗。

盛幼而羈賤流漂，長則遭家多難，夷險安危，備嘗之矣。懲寶闇而不斷，遂峻極威刑，纖介之嫌，莫不裁之於未萌，防之於未北。於是上下振局，人不自安，雖忠誠親戚亦皆離貳，舊臣靡不夷滅，安忍無親，所以卒於不免。是歲隆安五年也。

熙字道文，垂之少子也。初封河間王。段速骨之難，諸王多被其害，熙素爲高陽王崇所親愛，故得免焉。蘭汗之篡也，以熙爲遼東公，備宗祀之義。盛初即位，降爵爲公，拜都督中外諸軍事、驃騎大將軍、尚書左僕射，領中領軍。從征高句驪、契丹，皆勇冠諸將。盛曰：“叔父雄果英壯，有世祖之風，但弘略不如耳。”

及盛死，其太后丁氏以國多難，宜立長君。群望皆在平原公元，而丁氏意在於熙，遂廢太子定，迎熙入宮。群臣勸進，熙以讓元，元固以讓熙，熙遂僭即尊位。誅其大臣段璣、秦興等，並夷三族。元以嫌疑賜死。元字道光，寶之第四子也。赦殊死已下，改年曰光始，改北燕臺爲大單于臺，置左右輔，位次尚書。

初，熙烝于丁氏，故爲所立。及寵幸苻貴人，丁氏怨恚呪詛，與兄子七兵尚書信謀廢熙。熙聞之，大怒，逼丁氏令自殺，葬以后禮，誅丁信。

熙狩于北原，石城令高和殺司隸校尉張顯，閉門距熙。熙率騎馳返，和衆皆投杖，熙入誅之。於是引見州郡及單于八部耆舊于東宮，問以疾苦。

大築龍騰苑，廣袤十餘里，役徒二萬人。起景雲山于苑內，基廣三百步，峰高十七丈。又起逍遙宮、甘露殿，連房數百，觀閣相交。鑿天河渠，引水入宮。又爲其昭儀苻氏鑿曲光海、清涼池。季夏盛暑，士卒不得休息，暍死者大半。熙游于城南，止大柳樹下，若有人呼曰：“大王且止。”熙惡之，伐其樹，乃有蛇長丈餘，從樹中而出。

立其貴嬪苻氏爲皇后，赦殊死已下。

熙北襲契丹，大破之。

昭儀苻氏死，僞謚愍皇后。贈苻謨太宰，謚文獻公。二苻並美而艷，好微行游讌，熙弗之禁也。請謁必從，刑賞大政無不由之。初，昭儀有疾，龍城人王温稱能療之，未幾而卒。熙忿其妄也，立於公車門支解温而焚之。其后好游田，熙從之，北登白鹿山，東過青嶺，南臨滄海，百姓苦之，士卒爲豺狼所害及凍死者五千餘人矣。會高句驪寇燕郡，殺略百餘人。熙伐高句驪，以苻氏從，爲衝車地道以攻遼東。熙曰："待剗平寇城，朕當與后乘輦而入，不聽將士先登。"於是城内嚴備，攻之不能下。會大雨雪，士卒多死，乃引歸。

擬鄴之鳳陽門，作弘光門，累級三層。

熙與苻氏襲契丹，憚其衆盛，將還，苻氏弗聽，遂棄輜重，輕襲高句驪，周行三千餘里，士馬疲凍，死者屬路。攻木底城，不剋而還。

盡殺寶諸子。大城肥如及宿軍，以仇尼倪爲鎮東大將軍、營州刺史，鎮宿軍，上庸公懿爲鎮西將軍、幽州刺史，鎮令支；尚書劉木爲鎮南大將軍、冀州刺史，鎮肥如。

爲苻氏起承華殿，高承光一倍。負土於北門，土與穀同價。典軍杜静載棺詣闕，上書極諫。熙大怒，斬之。苻氏嘗季夏思凍魚膾，仲冬須生地黄，皆下有司切責，不得，加以大辟，其虐也如此。苻氏死，熙悲號躃踊，若喪考妣，擁其尸而撫之曰："體已就冷，命遂斷矣！"於是僵仆氣絶，久而乃蘇。大斂既訖，復啓其棺而與交接。服斬縗，食粥。制百僚於宮内哭臨，令沙門素服。使有司案檢哭者，有淚以爲忠孝，無則罪之，於是群臣震懼，莫不含辛以爲涕焉。慕容隆妻張氏，熙之嫂也，美姿容，有巧思。熙將以爲苻氏之殉，欲以罪殺之，乃毁其襚韠，中有弊氊，遂賜死。三女叩頭求哀，熙不許。制公卿已下至于百姓，率户營墓，費殫府藏。下錮三泉，周輪數里，內則圖畫尚書八座之象。熙曰："善爲之，朕將隨后入此陵。"識者以爲不祥。其右僕射韋璆等並懼爲殉，沐浴而待死焉。號苻氏墓曰徽平陵。熙被髮徒跣，步從苻氏喪。輀車高大，毀北門而出。長老竊相謂曰："慕容氏自毀其門，將不久也。"

衛中將軍馮跋、左衛將軍張興，先皆坐事亡奔，以熙政之虐也，與跋從兄萬泥等二十一人結盟，推慕容雲爲主，發尚方徒五千餘人閉門距守。中黃門趙洛生奔告之，熙曰："此鼠盜耳，朕還當誅之。"乃收髮貫甲，馳還赴難。夜至龍城，攻北門不剋，遂敗，走入龍騰苑，微服隱于林中，爲人所執，雲得而殺之，及其諸子同殯城北。時年二十三，在位六年。雲葬之于苻氏墓，僞諡昭文皇帝。

垂以孝武帝太元八年僭立，至熙四世，凡二十四年，以安帝義熙二年滅。初，童謠曰："一束藁，兩頭然，禿頭小兒來滅燕。"藁字上有草，下有禾，兩頭然則禾草俱盡而成高字。雲父名拔，小字禿頭，三子，而雲季也。熙竟爲雲所滅，如謠言焉。

高雲字子雨，寶之養子也。祖父和，高句驪之支庶，自云高陽氏之苗裔，故以高爲氏焉。雲沈深有局量，厚重希言，時人咸以爲愚，唯馮跋奇其志度而友之。寶之爲太子，雲以武藝給事侍東宮，拜侍御郎，襲敗慕容會軍。寶子之，賜姓慕容氏，封夕陽公。

熙之葬苻氏也，馮跋詣雲，告之以謀。雲懼曰："吾嬰疾歷年，卿等所知，願更圖之。"跋逼之曰："慕容世衰，河間虐暴，惑妖淫之女而逆亂天常，百姓不堪其害，思亂者十室九焉，此天亡之時也。公自高氏名家，何能爲他養子！機運難邀，千歲一時，公焉得辭也！"扶之而出。雲曰："吾疾苦日久，廢絕世務。卿今興建大事，謬見推逼。所以徘徊，非爲身也，實惟否德不足以濟元元故耳。"跋等強之，雲遂即天王位，復姓高氏，大赦境內殊死以下，改元曰正始，國號大燕。署馮跋侍中、都督中外諸軍事、征北大將軍、開府儀

同三司、録尚書事、武邑公，封伯、子、男，鄉、亭侯者五十餘人，士
卒賜穀帛有差。熙之群官，復其爵位。立妻李氏爲天王后，子彭爲
太子。

越騎校尉慕輿良謀叛，雲誅之。

雲臨東堂，幸臣離班、桃仁懷劍執紙而入，稱有所啓，拔劍擊
雲，雲以几距班，桃仁進而弑之。馮跋遷雲尸于東宮，僞謚惠懿皇
帝。雲自以無功德而爲豪桀所推，常内懷懼，故寵養壯士以爲腹
心。離班、桃仁等專典禁衛，委之以爪牙之任，賞賜日至數千萬，衣
食臥起皆與之同，終以此致敗云。

頁三〇六七上至三〇七三下

《通志》卷一百八十五《列女傳一·慕容垂妻段氏》

慕容垂妻段氏，字元妃，僞右光禄大夫儀之女也。少而婉慧，
有志操，常謂妹季妃曰："我終不作凡人妻。"季妃亦曰："妹亦不爲
庸夫婦。"鄉人聞而笑之。垂之稱燕王，納元妃爲繼室，遂有殊寵。
僞范陽王德亦娉季妃焉。姊妹俱爲垂、德之妻，卒如其志。垂既僭
位，拜爲皇后。

垂立其子寶爲太子也，元妃謂垂曰："太子姿質雍容，柔而無
斷，承平則爲仁明之主，處難則非濟世之雄，陛下託之大業，妾未見
克昌之美。遼西、高陽二王，陛下兒之賢者，宜擇一以樹之。趙王
麟奸詐負氣，常有輕太子之心，陛下一旦不諱，必有難作。此陛下
家事，宜深圖之。"垂不納。寶及麟聞之，深以爲恨。其後元妃又
言之，垂曰："汝欲使我爲晉獻公乎？"元妃泣而退，告季妃曰："太
子不令，群下所知，而主上比吾爲驪戎之女，何其苦哉！主上百年
之後，太子必亡社稷。范陽王有非常器度，若燕祚未終，其在此王
乎！"

垂死，寶嗣僞位，遣麟逼元妃曰："后常謂主上不能嗣守大統，今竟何如？宜早自裁，以全段氏。"元妃怒曰："汝兄弟尚逼殺母，安能保守社稷！吾豈惜死，念國滅不久耳。"遂自殺。寶議以元妃謀廢嫡統，無母后之道，不宜成喪。僞中書令睦邃大言於朝曰："子無廢母之義，漢之安思閻后親廢順帝，猶配享安皇，先后言虛實尚未可知，宜依閻后故事。"寶從之。其後麟果作亂，寶亦被殺，德復僭稱尊號，終如元妃之言。

頁二九六一上至二九六一中

《通志》卷一百九十二《載記七·南燕》

慕容德字玄明，皝之少子也，母公孫氏夢日入臍中，晝寢而生德。年未弱冠，身長八尺二寸，姿貌雄偉，額有日角偃月重文。博觀群書，性清慎，多才藝。慕容儁之僭立也，封爲梁公，歷幽州刺史、左衛將軍。及暐嗣位，改封范陽王，稍遷魏尹，加散騎常侍。俄而苻堅將苻雙據陝以叛，堅將苻柳起兵枹罕，將應之。德勸暐乘釁討堅，辭旨慷慨，識者言其有遠略。暐竟不能用。德兄垂甚壯之，因共論軍國大謀，言必切至。垂謂之曰："汝器識長進，非復吳下阿蒙也。"枋頭之役，德以征南將軍與垂擊敗晉師。及垂奔苻堅，德坐免職。後遇暐敗，徙於長安，苻堅以爲張掖太守，數歲免歸。

及堅以兵臨江，拜德爲奮威將軍。堅之敗也，堅與張夫人相失，慕容暐將護致之，德正色謂暐曰："昔楚莊滅陳，納巫臣之諫而棄夏姬。此不祥之人，惑亂人主，戎事不邇女器，秦之敗師當由於此。宜掩目而過，奈何將衛之也！"暐不從，德馳馬而去之。還次滎陽，言於暐曰："昔句踐捷於會稽，終獲吳國。聖人相時而動，百舉百全。天將悔禍，故使秦師喪敗，宜乘其弊以復社稷。"暐不納。乃從垂如鄴。

　　及垂稱燕王，以德爲車騎大將軍，復封范陽王，居中鎮衛，參斷政事。久之，遷司徒。於時慕容永據長子，有衆十萬，垂議討之。群臣咸以爲疑，獨德議與垂合，遂以滅永。垂臨終，戒其子寶以鄴城委德。寶既嗣位，以德爲使持節、都督冀兗青徐荊豫六州諸軍事、特進、車騎大將軍、冀州牧，領南蠻校尉，鎮鄴，罷留臺，以都督專總南夏。

　　魏將拓拔章攻鄴，德遣南安王慕容青等夜擊，敗之。魏師退次新城，青等請擊之。別駕韓諄進曰："古人先決勝廟堂，然後攻戰。今魏不可擊者四，燕不宜動者三。魏懸軍遠入，利在野戰，一不可擊也。深入近畿，頓兵死地，二不可擊也。前鋒既敗，後陣方固，三不可擊也。彼衆我寡，四不可擊也。官軍自戰其地，一不宜動。動而不勝，衆心難固，二不宜動。城隍未修，敵來無備，三不宜動。此皆兵家所忌，不如深溝高壘，以逸待勞。彼千里餽糧，野無所掠，久則三軍靡資，攻則衆旅多斃，師老釁生，詳而圖之，可以捷矣。"德曰："韓別駕之言，良、平之策也。"於是召青還師。魏又遣遼西公賀賴盧率騎與章圍鄴，德遣其參軍劉藻請救於姚興，且參母兄之問，而興師不至，衆大懼。德於是親饗戰士，厚加撫接，人感其恩，皆樂爲致命。會章、盧内相乘爭，各引軍潛遁。章司馬丁建率衆來降，言章師老，可以敗之。德遣將追破章軍，人心始固。

　　時魏師入中山，慕容寶出奔於薊，慕容詳又僭號。會劉藻自姚興而至，興太史令高魯遣其甥王景暉隨藻送玉璽一紐，并圖讖秘文，曰"有德者昌，無德者亡。德受天命，柔而復剛"。又有謠曰："大風蓬勃揚塵埃，八井三刀卒起來。四海鼎沸中山頹，惟有德人據三臺。"於是德之群臣議以慕容詳僭號中山，魏師盛於冀州，未審寶之存亡，因勸德即尊號。德不從。會慕容達自龍城奔鄴，稱寶猶存，群議乃止。尋而寶以德爲丞相，領冀州牧，承制南夏。

　　德兄子麟自義臺奔鄴，因説德曰："中山既没，魏必乘勝攻鄴，雖糧儲素積，而城大難固，且人情沮動，不可以戰。及魏軍未至，擁衆南渡，就魯陽王和，據滑臺而聚兵積穀，伺隙而動，計之上也。魏雖拔中山，勢不久留，不過驅掠而返。人不樂徙，理自生變，然後振威以援之，魏則内外受敵，使戀舊之士有所依憑，廣開恩信，招集遺黎，可一舉而取之。"先是，慕容和亦勸德南徙，於是許之。隆安二年，乃率户四萬、車二萬七千乘，自鄴將徙於滑臺。遇風，船没，魏軍垂至，衆懼，議欲退保黎陽。其夕流澌凍合，是夜濟師，旦，魏師至而冰泮，若有神焉。遂改黎陽津爲天橋津。及至滑臺，景星見於尾箕。漳水得白玉，狀若璽。於是德依燕元故事，稱元年，大赦境内殊死已下，置百官。以慕容麟爲司空、領尚書令，慕容法爲中軍將軍，慕輿拔爲尚書左僕射，丁通爲尚書右僕射，自餘封授各有差。初，河間有麟見，慕容麟以爲己瑞。及此，潛謀爲亂，事覺，賜死。其夏，魏將賀賴盧率衆附之。

　　至是，慕容寶自龍城南奔至黎陽，遣其中黄門令趙思召慕容鍾來迎。鍾本首議勸德稱尊號，聞而惡之，執思付獄，馳使白狀。德謂其下曰："卿等前以社稷大計，勸吾攝政。吾亦以嗣帝奔亡，人神曠主，故權順群議，以繫衆望。今天方悔禍，嗣帝得還，吾將具駕奉迎，謝罪行闕，然後角巾私第，卿等以爲何如？"其黄門侍郎張華進曰："夫爭奪之世，非雄才不振；從横之時，豈懦夫能濟！陛下若蹈匹婦之仁，捨天授之業，威權一去，則身首不保，何退讓之有乎！"德曰："吾以古人逆取順守，其道未足，所以中路徘徊，悵然未決耳。"慕輿護請馳問寶虚實，德流涕而遣之。乃率壯士數百，隨思而北，因謀殺寶。初，寶遣思之後，知德攝位，懼而北奔。護至無所見，執思而還。德以思閑習典故，將任之。思曰："昔關羽見重曹公，猶不忘先王之恩。思雖刑餘賤隸，荷國寵靈，犬馬有心，而況人乎！乞還就上，以明微節。"德固留之，思怒曰："周室衰微，晉鄭夾輔；漢有七國之難，實賴梁王。殿下親則叔父，位則上台，不能率先群后以匡王室，而幸根本之傾爲趙倫之事。思雖無申胥哭秦之效，猶慕君賓不生莽世。"德怒，斬之。

晉南陽太守閭邱羨、寧朔將軍鄧啓方率衆二萬來伐，師次管城。德遣其中軍慕容法、撫軍慕容和等距之，王師敗績。德怒法不窮追晉師，斬其撫軍司馬靳瓛。

初，苻登既爲姚興所滅，登弟廣率部落降於德，拜冠軍將軍，處之乞活堡。會熒惑守東井，或言秦當復興者，廣乃自稱秦王，敗德將慕容鍾。時德始都滑臺，介於晉魏之間，地無十城，衆不過數萬。及鍾喪師，反側之徒多歸於廣。德乃留慕容和守滑臺，親率衆討廣，斬之。

初，寶之至黎陽也，和長史李辯勸和納之，和不從。辯懼謀洩，乃引晉軍至管城，冀德親率師，於後作亂。會德不出，愈不自安。及德此行也，辯又勸和反，和不從。辯怒，殺和，以滑臺降於魏。時將士家悉在城內，德將攻之，韓範言於德曰："魏師已入城，據國成資，客主之勢，翻然復異，人情既危，不可以戰。宜先據一方，爲關中之基，然後畜力而圖之，計之上也。"德乃止。德右衛將軍慕容雲斬李辯，率將士家累二萬餘人而出，三軍慶悦。德謀於衆曰："苻廣雖平，而撫軍失據，進有強敵，退無所託，計將安出？"張華進曰："彭城阻帶山川，楚之舊都，地嶮人殷，可攻而據之，以爲基本。"慕容鍾、慕輿護、封逞、韓諆等固勸攻滑臺，潘聰曰："滑臺四通八達，非帝王之居。且北通大魏，西接強秦，此二國者，未可以高枕而待之。彭城土曠人稀，地平無嶮，晉之舊鎮，必距王師。又密邇江淮，水路通浚，秋夏霖潦，十里爲湖。且水戰國之所短，吳之所長，今雖克之，非久安之計也。青齊沃壤，號曰'東秦'，土方二千，户餘十萬,四塞之固,負海之饒,可謂用武之國。三齊英傑,蓄志以待,孰不思得明主以立尺寸之功! 廣固者,曹嶷之所營,山川阻峻,足爲帝王之都。宜遣辯士馳說於前,大兵繼進於後。辟閭渾昔負國恩,必翻然向化。如其守迷不順,大軍臨之,自然瓦解。既據之後,閉關養鋭,伺隙而動,此亦二漢之有關中、河内也。"德猶豫未決。沙門朗公素知占候,德因訪其所適。朗曰:"敬覽三策,潘尚書之議可謂興拜之術矣。今歲初,長星起於奎婁,遂埽虛危,而虛危,齊之分野,除舊布新之象。宜先定舊魯,巡撫琅邪,待秋風戒節,然後北轉臨齊,天之道也。"德大悦,引師而南,兖州北鄙諸縣悉降,置守宰以撫之。存問高年,軍無私掠,百姓安之,牛酒屬路。

德遣使喻齊郡太守辟閭渾,渾不從,遣慕容鍾率步騎二萬擊之。德進據琅邪,徐兖之士附者十餘萬,自琅邪而北,迎者四萬餘人。德進寇莒城,守將任安委城而遁,以潘聰鎮莒城。鍾傳檄青州諸郡,開曉禍福,令有能斬送渾者,賞同佐命。渾聞德軍將至,徙八千餘家入廣固。諸郡皆承檄降於德。渾懼,將妻子奔於魏。德遣射聲校尉劉綱追斬於莒城。渾參軍張瑛嘗與渾作檄,辭多不遜。及此,德擒而讓之。瑛神色自若,徐對曰:"渾之有臣,猶韓信之有蒯通。通遇漢祖而蒙恕,臣遭陛下而嬰戮,比之古人,竊爲不幸。防風之誅,臣實甘之,但恐堯舜之化未弘於四海耳。"德初善其言,後竟殺之。德遂入廣固。

四年,僭即皇帝位於南郊,大赦,改元爲建平。設行廟於宮南,遣使奉策告成焉。進慕容鍾爲司徒,慕輿拔爲司空,封孚爲左僕射,慕輿護爲右僕射。遣其度支尚書封愷、中書侍郎封逞觀省風俗,所在大饗將士。以其妻段氏爲皇后。建立學官,簡公卿已下子弟及二品士門二百人爲太學生。

後因讌其群臣,酒酣,笑而言曰:"朕雖寡薄,恭己南面而朝諸侯，在上不驕，夕惕於位，可方自古何等主也？”其青州刺史鞠仲曰：“陛下中興之聖后，少康、光武之儔也。”德顧命左右賜仲帛千匹。仲以賜多爲讓，德曰：“卿知調朕，朕不知調卿乎！卿飾對非實，故亦以虛言相賞。賞不謬加，何足謝也！”韓範進曰：“臣聞天子無戲言，忠臣無妄對。今日之論，上下相欺，可謂君臣俱失。”德大悦，賜範絹五十四。自是昌言競進，朝多直士矣。

德母兄先在長安，遣平原人杜弘如長安問存否。弘曰：“臣至長安，若不奉太后動止，便即西如張掖，以死爲效。臣父雄年踰六十，未沾榮貴，乞本縣之禄，以申烏鳥之情。”張華進曰：“杜弘未行而求禄，要利情深，不可使也。”德曰：“吾方散所輕之財，招所重之死，況爲親尊而可吝乎！且弘爲君迎親，爲父求禄，雖外如要利，而實忠孝。”乃以雄爲平原令。弘至張掖，爲盜所殺，德聞而悲之，厚撫其妻子。

明年，德如齊城，登營邱，望晏嬰冢，顧謂左右曰：“禮，大夫不逼城葬。平仲古之賢人，達禮者也，而生居近市，死葬近城，豈有意乎？”青州秀才晏謨對曰：“孔子稱臣先人平仲賢，則賢矣。豈不知高其梁，豐其禮？蓋政在家門，故儉以矯世。存居湫隘，卒豈擇地而葬乎！所至於今日，荒草頽墳，氣消煙滅，永言千載，能不依然！”遂答曰：“武王封比干之墓，漢祖祭信陵之墳，皆留心賢哲，每懷往事。陛下慈深二主，澤被九泉，若使彼而有知，寧不銜荷矣。”

先是，妖賊王始聚衆於泰山，自稱太平皇帝，號其父爲太上皇，兄爲征東將軍，弟征西將軍。慕容鎮討擒之，斬於都市。臨刑，或問其父及兄弟所在，始答曰：“太上皇帝蒙塵於外，征東、征西亂兵所害。惟朕一身，獨無聊賴。”其妻怒之曰：“止坐此口，以至於此，奈何復爾！”始曰：“皇后！自古豈有不破之家，不亡之國邪！”行刑者以刀鐶築之，仰視曰：“崩即崩矣，終不改帝號。”德聞而哂之。

時桓玄將行篡逆,誅不附己者。冀州刺史劉軌、襄城太守司馬休之、征虜將軍劉敬宣、廣陵相高雅之、江都長張誕並内不自安,皆奔於德。於是德中書侍郎韓範上疏請乘晉亂,奄有吴會。德下令王公詳議兹事。其下咸以桓玄新得志,未可圖,乃止。於是講武於城西,步兵三十七萬,車一萬七千乘,鐵騎五萬三千,周亘山澤,旌旗彌漫,鉦鼓之聲,振動天地。德登高望之,顧謂劉軌、高雅之曰:"昔郤克忿齊,子胥怨楚,終能暢其剛烈,名流千載。卿等既知投身有道,當使無慚昔人也。"雅之等頓首答曰:"幸蒙陛下天覆之恩,大造之澤,存亡繼絶,實在聖時,雖以不遠門者,猶冀悟平生意也。"遂以謨從至漢城陽景王廟,讌庶老於申池,北登社首山,東望鼎足,因目牛山而歎曰:"古無不死!"愴然有終焉之志。遂問謨以齊之山川邱陵,賢哲舊事。謨歷對詳辯,畫地成圖。德深嘉之,拜尚書郎。立冶於商山,置鹽官於烏常澤,以廣軍國之用。

德故吏趙融自長安來,始具母兄凶問。德號慟吐血,因而寢疾。其司隸校尉慕容達因此謀反,遣牙門皇璆率衆攻端門,殿中師侯赤眉開門應之。中黄門孫進扶德踰城,隱於進舍。段宏等聞宫中有變,勒兵屯四門。德入宫,誅赤眉等,達懼而奔魏。慕容法及魏師戰於濟北之標榆谷,魏師敗績。其尚書韓諄上疏言百姓因秦晉之弊,迭相蔭冒,或百室合户,或千户共籍,公避課役,擅爲姦宄。宜隱實黎萌,正其編貫,庶益軍國兵資之用。德納之,遣其車騎將軍慕容鎮率騎三千,緣邊嚴防,備百姓逃竄。以諄爲使持節、散騎常侍、行臺尚書,巡郡縣隱實,得蔭户五萬八千。諄公廉正直,所在野次,人不擾焉。

德大集諸生,親臨策試。既而饗宴,乘高遠矚,顧謂其尚書魯邃曰:"齊魯固多君子,當昔全盛之時,梓、慎、巴生、淳于、鄒、田之徒,蔭修檐,臨清沼,馳朱輪,佩長劍,恣非馬之雄辭,奮談天之逸辯，指麾則紅紫成章，俛仰則邱陵生韻。則萬隕何以上報！"俄聞桓玄敗，德以慕容鎮爲前鋒，慕容鍾爲大都督，配以步卒二萬，騎五千，剋期將發，而德寢疾，於是罷兵。

初，德迎其兄子超於長安，及是而至。德夜夢其父曰："汝既無子，何不早立超爲太子。不爾，惡人生心。"寤而告其妻曰："先帝神明所敕，觀此夢意，吾將死矣。"乃下書以超爲皇太子，大赦境内，子爲父後者人爵二級。其月死，即義熙元年也，時年七十。乃夜爲十餘棺，分出四門，潛葬山谷，竟不知其尸之所在。在位五年，僞謚獻武皇帝。

超字祖明，德兄北海王納之子。苻堅破鄴，以納爲廣武太守，數歲去官，家於張掖。德之南征，留金刀而去。及垂起兵山東，苻昌收納及德諸子，皆誅之，納母公孫氏以耄獲免，納妻段氏方娠，未決，囚之於郡獄。獄掾呼延平，德之故吏也，嘗有死罪，德免之。至是，將公孫及段氏逃於羌中，而生超焉。年十歲而公孫氏卒，臨終授超以金刀，曰："若天下太平，汝得東歸，可以此刀還汝叔也。"平又將超母子奔於吕光。及吕隆降於姚興，超又隨涼州人徙於長安。超母謂超曰："吾母子全濟，呼延氏之力。平今雖死，吾欲爲汝納其女以答厚意。"於是娶之。超自以諸父在東，恐爲姚氏所録，乃陽狂行乞。秦人賤之，惟姚紹見而異焉，勸興拘以爵位。召見與語，超深自晦匿，興大鄙之，謂紹曰："諺云'妍皮不裹癡骨'，妄語耳。"由是得去來無禁。德遣使迎之，超不告母妻乃歸。及至廣固，呈以金刀，具宣祖母臨終之言，德撫之號慟。

超身長八尺，腰帶九圍，精彩秀發，容止可觀。德甚加禮遇，始名之曰超，封北海王，拜侍中、驃騎大將軍、司隸校尉，開府，置佐吏。德無子，欲以超爲嗣，故爲超起第於萬春門内，朝夕觀之。超亦深達德旨，入則盡歡承奉，出則傾身下士，於是内外稱美焉。頃之，立爲太子。

及德死，以義熙元年僭嗣僞位，大赦境内，改元曰太上。尊德妻段氏爲皇太后。以慕容鍾都督中外諸軍、録尚書事，慕容法爲征南、都督徐兖揚南兖四州諸軍事，慕容鎮加開府儀同三司、尚書令，封孚爲太尉，斛仲爲司空，潘聰爲左光禄大夫，封嵩爲尚書左僕射，自餘封拜各有差。後又以鍾爲青州牧，段宏爲徐州刺史，公孫五樓爲武衛將軍、領屯騎校尉，内參政事。封孚言於超曰：“臣聞五大不在邊，五細不在庭。鍾，國之宗臣，社稷所賴；宏，外戚懿望，親賢具瞻。正應參翼百揆，不宜遠鎮方外。今鍾等出藩，五樓内輔，臣竊未安。”超新即位，害鍾等權逼，以問五樓。五樓欲專斷朝政，不欲鍾等在内，屢有間言，孚説竟不行。鍾、宏俱有不平之色，相謂曰：“黄犬之皮恐當終補狐裘也。”五樓聞之，嫌隙漸構。

初，超自長安行至梁父，慕容法時爲兖州，鎮南長史悦壽還謂法曰：“向見北海王子，天資弘雅，神爽高邁，始知天族多奇，玉林皆寶。”法曰：“昔成方遂詐稱衛太子，人莫辯之，此復天族乎？”超聞而恚恨，形於言色。法亦怒，處之外館，由是結憾。及德死，法又不奔喪，超遣使讓焉。法常懼禍至，因此遂與慕容鍾、段宏等謀反。超知而徵之，鍾稱疾不赴，於是收其黨侍中慕容統、右衛慕容根、散騎常侍段封誅之，車裂僕射封嵩於東門之外。西中郎將封融奔於魏。

超尋遣慕容鎮等攻青州，慕容昱等攻徐州，慕容凝、韓範攻梁父。昱等攻莒城，拔之，徐州刺史段宏奔於魏。封融又集群盜襲石塞城，殺鎮西大將軍餘鬱，青土震恐，人懷異議。慕容凝謀殺韓範，將襲廣固。範知而攻之，凝奔梁父。範并其衆，攻梁父克之，凝奔姚興，慕容法出奔於魏。慕容鎮克青州，鍾殺其妻子，爲地道而出，單馬奔姚興。

於時超不恤政事，畋游是好，百姓苦之。其僕射韓諟切諫，不納。超議復肉刑、九等之選，群下議多不同，乃止。

超母妻既先在長安，爲姚興所拘，責超稱藩，求太樂諸伎，若不可，使送吴口千人。超下書遣群臣詳議。左僕射段暉議曰："太上囚楚，高祖不迴。今陛下嗣守社稷，不宜以私親之故而降統天之尊。又太樂諸伎皆是前世伶人，不可與彼，使移風易俗，宜掠吴口與之。"尚書張華曰："若侵掠吴邊，必成鄰怨。此既能往，彼亦能來，兵連禍結，非國之福也。昔孫權重黎庶之命，屈己以臣魏；惠施惜愛子之頭，捨志以尊齊。況陛下慈德在秦，方寸崩亂，宜暫降大號，以申至孝之情。權變之道，典謨所許。韓範智能迴物，辯足傾人，昔與姚興俱爲秦太子中舍人，可遣將命，降號修和。所謂屈於一人之下，申於萬人之上也。"超大悦，曰："張尚書得吾心矣。"使範聘於興。及至長安，興謂範曰："封愷前來，燕王與朕抗禮。及卿至也，款然而附。爲依《春秋》以小事大之義？爲當專以孝敬爲母屈也？"範曰："昔周爵五等，公侯異品，小大之禮，因而生焉。今陛下命世龍興，光宅西秦，本朝主上承祖宗遺烈，定鼎東齊，中分天曜，南面並帝。通聘結好，義尚謙沖，便至矜誕，苟折行人，殊似吴晉爭盟，滕薛競長，恐傷大秦堂堂之盛，有損皇燕巍巍之美，彼我俱失，竊未安之。"興怒曰："若如卿言，便是非爲大小而來。"範曰："雖由大小之義，亦緣寡君純孝過於重華，願陛下體敬親之道，需然垂愍。"興曰："吾久不見賈生，自謂過之，今不及矣。"於是爲範設舊交之禮，申叙平生，謂範曰："燕王在此，朕亦見之，風表乃可，於機辯未也。"範曰："大辯若訥，聖人美之，況爾日龍潛鳳戢，和光同塵，若使負日月而行，則無繼天之業矣。"興笑曰："可謂使乎延譽者也。"範承間逞説，姚興大悦，賜範千金，許以超母妻還之。慕容凝自梁父奔於姚興，言於興曰："燕王稱藩，本非推德，權爲母屈耳。

古之帝王尚興師徵質，豈可虛還其母乎！母若一還，必不復臣也。宜先制其送伎，然後歸之。”興意乃變，遣使聘於超。超遣其僕射張華、給事中宗正元入長安，送太樂伎一百二十人於姚興。興大悦，延華入讌。酒酣，樂作，興黄門侍郎尹雅謂華曰：“昔殷之將亡，樂師歸周；今皇秦道盛，燕樂來庭。廢興之兆，見於此矣。”華曰：“自古帝王，爲道不同，權譎之理，會於功成。故老子曰：‘將欲取之，必先與之。’今總章西入，必由余東歸，禍福之驗，此其兆乎！”興怒曰：“昔齊楚競辯，二國連師。卿小國之臣，何敢抗衡朝士！”華遜辭曰：“奉使之始，實願交歡上國，上國既遣小國之臣，辱及寡君社稷，臣亦何心，而不仰酬！”興善之，於是還超母妻。

義熙三年，追尊其父爲穆皇帝，立其母段氏爲皇太后，妻呼延氏爲皇后。祀南郊，將登壇，有獸大如馬，狀類鼠而色赤，集於圓丘之側，俄而不知所在。須臾大風暴起，天地晝昏，其行宫羽儀皆振裂。超懼，密問其太史令成公綏，對曰：“陛下信用姦臣，誅戮賢良，賦斂繁多，事役殷苦所致也。”超懼而大赦，譴責公孫五樓等。俄而復之。是歲廣固地震，天齊水湧，井水溢，汝水竭，河濟凍合，而灅水不冰。

超正旦朝群臣於東陽殿，聞樂作，歎音佾不備，悔送伎於姚興，遂議入寇。其領軍韓諱諫曰：“先帝以舊京傾没，戡翼三齊，苟時運未可，上智輟謀。今陛下嗣守成規，宜閉關養士，以待賊釁，不可結怨南鄰，廣樹仇隙。”超曰：“我計已定，不與卿言。”於是遣其將斛穀提、公孫歸等率騎寇宿豫，陷之，執陽平太守劉千載、濟陰太守徐阮，大掠而去。簡男女二千五百，付太樂教之。

時公孫五樓爲侍中、尚書，領左衛將軍，專總朝政，兄歸爲冠軍、常山公，叔父頹爲武衛、興樂公。五樓宗親皆夾輔左右，王公内外無不憚之。

超論宿豫之功，封斛穀提等並爲郡、縣公。慕容鎮諫曰："臣聞懸賞待勳，非功不侯。今公孫歸結禍延兵，殘賊百姓，陛下封之。得無不可乎！夫忠言逆耳，非親不發。臣雖庸朽，忝國戚藩，輒盡愚款，惟陛下圖之。"超怒，不答，自是百僚杜口，莫敢開言。

尚書都令史王儼諂事五樓，遷尚書郎，出爲濟南太守，入爲尚書左丞，時人爲之語曰："欲得侯，事五樓。"

又遣公孫歸等率騎五千入寇濟南，執太守趙元，略男女千餘人而去。劉裕率師將討之，超引見群臣於東陽殿，議距王師。公孫五樓曰："吳兵輕果，所利在戰，初鋒勇鋭，不可争也。宜據大峴，使不得入，曠日延時，沮其鋭氣。可徐簡精騎二千，循海而南，絶其糧運，别敕段暉率兗州之軍，緣山東下。腹背擊之，上策也。各命守宰，依險自固，校其資儲之外，餘悉焚蕩，芟除粟苗，使敵無所資。堅壁清野，以待其弊，中策也。縱賊入峴，出城逆戰，下策也。"超曰："京都殷盛，户口衆多，非可一時入守。青苗布野，非可卒芟。設使芟苗城守，以全性命，朕所不能。今據五州之强，帶山河之固，戰車萬乘，鐵馬萬群，縱令過峴，至於平地，徐以精騎踐之，此成擒也。"賀賴盧苦諫，不從，退謂五樓曰："上不用吾計，亡無日矣。"慕容鎮曰："若如聖旨，必須平原用馬爲便，宜出峴逆戰，戰而不勝，猶可退守。不宜縱敵入峴，自貽窘逼。昔成安君不守井陘之關，終屈於韓信；諸葛瞻不據束馬之嶮，卒擒於鄧艾。臣以爲天時不如地利，阻守大峴，策之上也。"超不從。鎮出，謂韓諱曰："主上既不能芟苗守嶮，又不肯徙人逃寇，酷似劉璋矣。今年國滅，吾必死之，卿等中華之士，復爲文身矣。"超聞而大怒，收鎮下獄。乃攝莒、梁父二戍，修城隍，簡士馬，畜鋭以待之。

其夏，王師次東莞，超遣其左軍段暉、輔國賀賴盧等六將步騎五萬，進據臨朐。俄而王師度峴，超懼，率卒四萬就暉等於臨朐，謂公孫五樓曰：“宜進據川源，晉軍至而失水，亦不能戰矣。”五樓馳騎據之。劉裕前驅將軍孟龍符已至川源，五樓戰敗而返。裕遣諮議參軍檀韶率銳卒攻破臨朐，超大懼，單騎奔段暉於城南。暉衆又戰敗，裕軍人斬暉。超又奔還廣固，徙郭內人入保小城，使其尚書郎張綱乞師於姚興。赦慕容鎮，進録尚書、都督中外諸軍事。引見群臣，謝之曰：“朕嗣奉成業，不能委賢任善，而專固自由，覆水不收，悔將何及！智士逞謀，必在事危，忠臣立節，亦在臨難，諸君其勉思六奇，共濟艱運。”鎮進曰：“百姓之心，係於一人。陛下既躬率六軍，身先奔敗，群臣解心，士庶喪氣，內外之情，不可復恃。如聞西秦自有內難，恐不暇分兵救人，正當更決一戰，以爭天命。今散卒還者，猶有數萬，可悉出金帛、宮女，餌令一戰。天若相我，足以破賊。如其不濟，死尚爲美，不可閉門坐受圍擊。”司徒慕容惠曰：“不然。今晉軍乘勝，有陵人之氣，敗軍之將，何以禦之！秦雖與勃勃相持，不足爲患。且二國連衡，勢成脣齒，今有寇難，秦必救我。但自古乞援，不遣大臣則不致重兵，是以趙隸三請，楚師不出；平原一使，援至從成。尚書令韓範德望具瞻，燕秦所重，宜遣乞援，以濟時艱。”於是遣範與王薄乞師於姚興。

　　未幾，裕師圍城，四面皆合。人有竊告裕軍曰：“若得張綱爲攻具者，城乃可得耳。”是月，綱自長安歸，遂奔於裕。裕令綱周城大呼曰：“勃勃大破秦軍，無兵相救。”超怒，伏弩射之，乃退。右僕射張華、中丞封愷並爲裕軍所獲。裕令華、愷與超書，勸令早降。超乃遣裕書，請爲藩臣，以大峴爲界，并獻馬千匹，以通和好，裕弗許。江南繼兵相尋而至。尚書張俊自長安還，又降於裕，說裕曰：“今燕人所以固守者，外仗韓範，冀得秦援。範既時望，又與姚興舊昵，若勃勃敗後，秦必救燕，宜密信誘範，陷以重利，範來則燕人絶望，自然降矣。”裕從之，表範爲散騎常侍，遣範書以招之。時姚興乃遣其將姚强率步騎一萬,隨範就其將姚紹於洛陽,并兵來援。會赫連勃勃大破秦軍,興追强還長安。範歎曰:"天其滅燕乎!"會得裕書,遂降於裕。裕謂範曰:"卿欲立申包胥之功,何以虚還也?"範曰:"自亡祖司空世荷燕寵,故泣血秦庭,冀匡禍難。屬西朝多故,丹誠無效,可謂天喪弊邑而贊明公。智者見幾而作,敢不至乎!"翌日,裕將範循城,由是人情離駭,無復固志。裕謂範曰:"卿宜至城下,告以禍福。"範曰:"雖蒙殊寵,猶未忍謀燕。"裕嘉而不强。左右勸超誅範家,以止後叛。超知敗在旦夕,又弟諱盡忠無貳,故不罪焉。是歲東萊雨血,廣固城門鬼夜哭。

明年朔旦,超登天門,朝群臣於城上,殺馬以饗將士,文武皆有遷授。超幸姬魏夫人從超登城,見王師之盛,握超手而相對泣。韓諱諫曰:"陛下遭百六之會,正是勉强之秋,而反對女子悲泣,何其鄙也!"超拭目謝之。其尚書令董鋭勸超出降,超大怒,繫之於獄。於是賀賴盧、公孫五樓爲地道出戰王師,不利。河間人玄文説裕曰:"昔趙攻曹嶷,望氣者以爲灃水帶城,非可攻拔,若塞五龍口,城必自陷。石虎從之,而嶷請降。後慕容恪之圍段龕,亦好之,而龕降。降後無幾,又震開之。今舊基猶在,可塞之。"裕從其言。至是,城中男女患脚弱病者大半。超輦而升城,尚書悦壽言於超曰:"天地不仁,助寇爲虐,戰士尫病,日就凋隕,守困窮城,息望外援,天時人事,亦可知矣。苟曆運有終,堯舜降位,轉禍爲福,聖達以先。宜追許鄭之蹤。以存宗廟之重。"超歎曰:"廢興,命也。吾寧奮劍決死,不能銜璧求生。"於是張綱爲裕造衝車,覆以版屋,蒙之以皮,并設諸奇巧,城上火石弓矢無所施用;又爲飛樓、懸梯、木幔之屬,遥臨城上。超大怒,懸其母而支解之。城中出降者相繼。裕四面進攻,殺傷甚衆,悦壽遂開門以納王師。超與左右數十騎出亡,爲裕軍所執。裕數之以不降之狀,超神色自若,一無所言,惟以母託裕將劉敬宣而已。裕送建康市斬之，時年二十六，在位六年。

始德以安帝隆安四年僭立，至超二世，凡十一年，以義熙六年滅。

慕容鍾字道明，德從弟也。少有識量，喜怒不形於色，機神秀發，言論清辯。至於臨難對敵，智勇兼濟，累進奇策，德用之頗中。由是政無大小，皆以委之，遂爲佐命元勳。後公孫五樓規挾威權，慮鍾抑己，因勸超誅之，鍾遂謀反。事敗，奔於姚興，興拜始平太守、歸義侯。

封孚字處道，渤海蓨人也。祖悛，振威將軍。父放，慕容暐之世吏部尚書。孚幼而聰敏和裕，有士君子之稱。寶僭位，累遷吏部尚書。及蘭汗之篡，南奔辟閭渾，渾表爲渤海太守。德至莒城，孚出降。德曰：“朕平青州，不以爲慶，喜於得卿也。”常外總機事，內參密謀，雖位任崇重，謙虛博納，甚有大臣之體。及超嗣位，政出權嬖，多違舊章，軌憲日頹，殘虐滋甚，孚屢盡匡救，超不能納也。後臨軒謂孚曰：“朕於百王可方誰？”孚對曰：“桀紂之主。”超大慚怒。孚徐步而出，不爲改容。司空鞠仲失色，謂孚曰：“與天子言，何其亢厲，宜應還謝。”孚曰：“行年七十，墓木已拱，惟求死所耳。”竟不謝。以超三年死於家，時年七十一。文筆多傳于世。

頁三〇八五上至三〇九〇上

《通志》卷一百八十五《列女傳一·段豐妻慕容氏》

段豐妻慕容氏，德之女也。有才慧，善書史，能鼓琴。德既僭位，署爲平原公主。年十四，適于豐。豐爲人所譖，被殺，慕容氏寡歸，將改適僞壽光公餘熾。慕容氏謂侍婢曰：“我聞忠臣不事二君，貞女不事二夫。段氏既遭無辜，己不能同死，豈復有心於重行哉！今主上不顧禮義嫁我，若不從，則違嚴君之命矣。”於是剋日交禮。

慕容氏姿容婉麗，服飾光華，熾睹之甚喜。經再宿，慕容氏偽辭以疾，熾亦不之逼。三日還第，沐浴置酒，言笑自若，至夕，密書其裙帶云：“死後當埋我於段氏墓側，若魂魄有知，當歸彼矣。”遂於浴室自縊而死。及葬，男女觀者數萬人，莫不歎息曰：“貞哉公主！”路經餘熾宅前，熾聞挽歌之聲，慟絶良久。

頁二九六一中

《通志》卷二十九《氏族略五·代北複姓·慕容氏、慕輿氏、豆盧氏》

慕容氏。高辛少子居東北夷，後徙遼西，號鮮卑，國于昌黎棘城。至涉歸，爲鮮卑單于，自云“幕二儀之德，繼三光之容。”或云冠步搖，音訛爲“慕容”。初，慕容氏破後，種族仍繁，後魏天賜末，頗忌而誅之。時有免者，皆以興爲氏。延昌末，詔復舊姓，而其子女先入掖庭者，猶號慕容，多於他族。元豐登科有慕容彦達。

慕輿氏。即鮮卑慕容氏，音訛又爲慕輿。《前燕録》有將軍慕輿虎，領軍慕輿根，御史中丞慕輿干，司徒慕輿拔。虎生常，侍中、零陵公，居昌黎。

……

豆盧氏。本姓慕容，燕主虎弟西平王慕容運孫北地王精之後，入後魏，北人謂歸義爲“豆盧”，道武因賜姓豆盧氏。天禧登科有豆盧若。

頁四七四中

《文獻通考》卷三百四十二《四裔十九·慕容氏》

慕容氏亦東胡之後，別部鮮卑也。《晉史》云：“有熊氏之苗裔，因山爲號。”魏初，渠帥有莫護跋率諸部入居遼西，後從司馬宣王討公孫淵有功，拜率義王，始建國於棘城之北。今柳城郡之北。時燕、代多冠步搖冠，護跋見而好之，乃斂髮襲冠，諸部因呼之爲“步搖”，其後音謁，遂爲慕容焉。或云慕二儀之德，繼三光之容，遂以慕容爲氏。至孫涉歸，魏封爲鮮卑單于，遷居遼東，於是漸慕華夏之風矣。涉歸有子二人，長曰吐谷渾，西遷河湟之間。今安鄉郡西平縣地。次曰廆，有命世才略。晉太康十年，又遷於徒河之青山。今柳城郡界。廆以大棘城即帝顓頊之墟，元康四年乃移居之。教以農桑，法制同於中國。永嘉初，廆自稱鮮卑大單于。因晉亂，招撫華夷，刑政修明，流亡歸之甚衆，乃立郡統之。冀州人爲冀陽郡，荊河州人爲成周郡，青州人爲營邱郡，并州人爲唐國郡。徵辟儒生，以爲參佐，而奉晉室朝貢，臣禮不闕。至皝嗣，廆之子。雄毅多權略，日以強盛，遂自稱燕王。遣使於東晉，請受朝命，許之。後遷都於柳城。儁、暐即其子孫也。其後國號燕，具《晉史・載記》。

頁二六八三中至二六八三下

《十六國春秋輯補》卷二十三《前燕録一》

慕容廆

　　慕容廆字弈落瓌，昌黎棘城鮮卑人也。昔高辛氏遊於海濱，留少子厭越以君一作"君"。北夷，邑於紫濛之野，世居遼左，號曰東胡。其後雄昌，與匈奴爭盛，控弦之士二十餘萬，風俗官號與匈奴略同。秦、西漢之際爲西匈奴所敗，分保鮮卑山，因復以山爲號也。曾祖莫護跋，魏初率其諸部落入居遼西，從司馬宣王討公孫淵有功，拜率義王，始建國於棘城之北。時一作"見"。燕代少年多冠步搖冠，跋意甚好之，乃斂髮襲冠，諸部因呼之爲步搖，其後音謁爲慕容，遂以慕容爲氏焉。祖木延，左賢王，從毌邱儉征高麗有功，加號大都督。父涉歸，以全柳城之勳，進拜鮮卑單于，遷邑於遼東北，於是漸變胡風，遵循華俗。自云慕二儀之德，繼三光之容，遂以慕容爲姓。此段亦見《廣韻》，及《御覽》四十五，與六百八十四。

　　廆幼而魁岸，美姿貌，身長八尺，雄傑有大度。晉安北將軍張華雅有知人之鑒，廆童丱時往謁之，華一見歎異，二字一作“奇之”。謂廆曰：“君後必爲命世之器，匡難濟時者也。”因以所服冠簪遺之，以結殷勤而別。此節亦見《御覽》四百四十四。

　　涉歸卒，弟耐篡立，將謀殺廆，廆亡潛於遼東徐郁家以避禍。太康五年，國人殺耐，迎廆立之。

　　初，涉歸有憾於宇文鮮卑，廆將修先君之怨，表請討之。武帝弗許，廆怒，入寇遼西，殺略甚衆。帝遣幽州諸軍討廆，戰於肥如，廆衆大敗。自後復掠昌黎，每歲不絶。又率衆東伐扶餘，扶餘王依慮自殺，廆夷其國城，驅萬餘人而歸。東夷校尉何龕遣督護賈沈將迎立依慮之子爲王，廆遣其將孫丁率騎邀之。沈力戰斬丁，遂復扶餘之國。

　　廆謀於其衆曰：“吾先公以來，世奉中國，且華裔理殊，强弱固別，豈能與晉競乎？何爲不和以害吾百姓邪！”乃遣使來降。帝嘉之，拜爲鮮卑都督。廆致敬於東夷府，巾衣詣門，抗士大夫之禮。何龕嚴兵引見，廆乃改服戎衣而入。人問其故，廆曰：“主人不以禮，賓復何爲哉？”龕聞而慚之，彌加敬憚。時東胡宇文鮮卑段部以廆威德日廣，懼有吞并之計，因爲寇掠，往來不絶。廆卑辭厚幣以撫之。

　　太康十年，廆又遷於徒河之青山。廆以大棘城即顓頊之墟也，元康四年，定都大棘城，所謂紫濛之邑也。乃教以農桑，法制同於上國。永寧中，燕垂大水，廆開倉振給，幽方獲濟。天子聞而嘉之，褒賜命服。

　　大安初，宇文莫圭遣弟屈雲寇邊城。雲別帥大素延攻掠諸郡，廆親擊敗之。素延怒，率衆十萬圍棘城。衆咸懼，人無距志，廆曰：“素延雖犬羊蟻聚，然軍無法制，已在吾計中矣。諸軍但爲力戰，無所憂也。”乃躬貫甲胄，馳出擊之。素延大敗，追奔百里，俘斬萬餘人。

永嘉初，廆自稱鮮卑大單于。遼東太守龐本以私憾殺東夷校尉李臻，附塞鮮卑素連、木津等託爲臻報讎，實欲因而爲亂，遂攻陷諸縣，殺掠士庶。太守袁謙頻戰失利，校尉封釋懼而請和。連歲寇掠，百姓失業，流亡歸附者日月相繼。廆子翰言於廆曰：“求諸侯莫如勤王，自古有爲之君，靡不杖此以成事業者也。今連、津跋扈，王師覆敗，蒼生屠膾，豈甚此乎！豎子外以龐本爲名，内實幸而爲寇。封使君以誅本請和，而毒害滋深。遼東傾没，垂已二周，中原兵亂，州師屢敗，勤王杖義，今其時也。單于宜明九伐之威，救倒懸之命，數連、津之罪，合義兵以誅之。上則興復遼邦，下則并吞二部，忠義彰於本朝，私利歸於我國，此則鴻漸之始也，終可以得志於諸侯。”廆從之。是日，率騎討連、津，大敗斬之。二部悉降，徙之棘城，立遼東郡而歸。

懷帝蒙塵於平陽，永嘉六年，王沈子浚承制，以廆爲散騎常侍、冠軍將軍、前鋒大都督、大單于，廆皆讓不受。建興中，愍帝遣使拜廆鎮軍將軍、昌黎遼東二郡公。建武初，元帝承制，拜廆假節、散騎常侍、都督遼左雜夷流人諸軍事、龍驤將軍、大單于、昌黎公，廆讓而不受。征虜將軍魯昌説廆曰：“今兩京傾没，天子蒙塵，琅邪承制江東，實人命所係。明公雄據海朔，跨總一方，而諸部猶怙衆稱兵，未遵道化者，蓋以官非王命，又自以爲强。今宜通使琅邪，勸承大統。然後敷宣帝命，以伐有罪，誰敢不從！”廆善之，乃遣其長史王濟浮海勸進。及帝即尊位，遣謁者陶遼重申前命，授廆將軍、單于，廆固辭公封。

時二京傾覆，幽冀淪陷，廆刑政修明，虛懷引納，流亡士庶多襁負歸之。廆乃立郡以統流人，冀州人爲冀陽郡，豫州人爲成周郡，青州人爲營邱郡，并州人爲唐國郡。於是擢一作“推”。舉賢才，官方授任，委以庶政。以河東裴嶷、代郡魯昌、北平陽耽爲謀主，北海逄羡、廣平游邃、北平西方虔、渤海封抽、西河宋奭、河東裴開爲股肱，渤海封弈、平原宋該、安定皇甫岌、蘭陵繆愷以文章才儁，任居樞要，會稽朱左車、太山胡母翼、魯國孔纂以宿德清望，請爲賓友。平原劉讚儒學該通，引爲東庠祭酒，其世子皝率國冑束修受業焉。劉讚字彦真，平原人也。經學博通，爲世純儒，貞清非禮不動。慕容廆重其德學，使太子晃師事之。依《初學記》十八、《御覽》四百四引補。廆覽政之暇，親臨聽之。於是路有頌聲，禮讓興矣。

時平州刺史、東夷校尉崔毖自以南州士望，意存懷集，而流亡者莫有赴之。毖意廆拘留，乃陰結高句驪及宇文、段國等，謀滅廆以分其地。太興初，三國伐廆。廆曰：“彼信崔毖虚説，邀一時之利，烏合而來耳。既無統一，莫相歸服，吾今破之必矣。然彼軍初合，其鋒甚鋭，幸我速戰，若逆擊之，落其計矣。靖以待之，必懷疑貳，迭相猜防，一則疑吾與毖譎而覆之，二則自疑三國之中與吾有韓魏之謀者。待其人情阻惑，然後取之必矣。”於是三國攻棘城，廆閉門不戰。遣使送牛酒以犒宇文，大言於衆曰：“崔毖昨有使至。”於是二國果疑宇文同於廆也，引兵而歸。宇文悉獨官曰：“二國雖歸，吾當獨兼其國，何用人爲。”盡衆逼城，連營三十里。廆簡鋭士配皝，推鋒於前，翰領精騎爲奇兵，從傍出，直衝其營，廆方陣而進。悉獨官自恃其衆，不設備，見廆軍之至，方率兵距之。前鋒始交，翰已入其營，縱火焚之，其衆皆震擾，不知所爲，遂大敗，悉獨官僅以身免，盡俘其衆。於其營候獲皇帝玉璽三紐，遣長史裴嶷送於建鄴。崔毖懼廆之仇己也，使兄子燾僞賀廆。會三國使亦至請和，曰：“非我本意也，崔平州教我耳。”廆將燾示以攻圍之處，臨之以兵，曰：“汝叔父教三國滅我，何以詐來賀我乎？”燾懼，首服。廆乃遣燾歸説慗曰："降者上策,走者下策也。"以兵隨之。慗與數十騎弃家室奔於高句麗,廆悉降其衆,徙燾及高瞻等於棘城,待以賓禮。明年,高句麗寇遼東,廆遣衆擊敗之。高麗王乙弗利六字見《廣韻》。求盟,乃還。

太興三年,裴嶷至自建鄴,帝遣使者拜廆監平州諸軍事、安北將軍、平州刺史,增邑二千户。

太興四年,晉遣謁者拜廆使持節、都督幽平東夷諸軍事、車騎將軍、平州牧,進封遼東郡公,邑一萬户,常侍、單于並如故,丹書鐵券,承制海東,命備官司,置平州守宰。

段末波初統其國,而不修備,廆遣皝襲之,入令支,收其名馬寶物而還。

石勒遣使通和,廆距之,送其使於建鄴。勒怒,遣宇文乞得龜擊廆,廆遣皝距之。以裴嶷爲右部都督,率索頭爲右翼,命其少子仁自平郭趣伯林爲左翼,攻乞得龜,剋之,悉虜其衆,乘勝拔其國城,收其資用億計,徙其人數萬户以歸。先是,海出大龜,枯死於平壍,遼東送之,侍郎王宏以爲宇文乞得龜滅亡之徵也。此節依《御覽》九百三十一引補。

成帝即位,咸和元年,加廆侍中,位特進。咸和五年,又加開府儀同三司,固辭不受。

廆嘗從容言曰："獄者,人命之所懸也,不可以不慎。賢人君子,國家之基也,不可以不敬。稼穡者,國之本也,不可以不急。酒色便佞,亂德之甚也,不可以不戒。"乃箸《家令》數千言以申其旨。

遣使與太尉陶侃箋曰:

明公使君麾下:振德曜威,撫寧方夏,勞心文武,士馬無恙,欽高仰止,注情彌久。王塗嶮遠,隔以燕越,每瞻江湄,延首遐外。

天降艱難,禍害屢臻,舊都奄爲虜庭,使皇輿遷幸,假勢吳楚。大晉啓基,祚流萬世,天命未改,玄象箸明,是以義烈之士,深懷憤踴。猥以功薄,受國殊寵,上不能掃除群羯,下不能身赴國難,仍縱賊臣,屢逼京輦。王敦唱禍於前,蘇峻肆毒於後,幽暴過於董卓,惡逆甚於催氾,普天率土,誰不同忿! 深怪文武之士,過荷朝榮,不能滅中原之寇,刷天下之恥。

君侯植根江陽,發曜荆衡,杖葉公之權,有包胥之志,而令白公、伍員殆得極其暴,竊爲邱明恥之。區區楚國子重之徒,猶恥君弱、群臣不及先大夫,厲己戒衆,以服陳鄭。越之種蠡,尚能弼佐句踐,取威黄池。況今吳土英賢比肩,而不輔翼聖主,陵江北伐。以義聲之直,討逆暴之羯,檄命舊都之士,招懷有本之人,豈不若因風振落,頓坂走輪哉! 且孫氏之初,以長沙之衆,摧破董卓,志匡漢室,雖中遇寇害,雅志不遂,原其誠心,乃忽身命。及權據揚越,外杖周張,内馮顧陸,距魏赤壁,剋取襄陽。自兹以降,世主相襲,咸能侵逼徐豫,令魏朝旰食。不知今之江表,爲賢僞匿智,藏其勇略邪? 將吕蒙、淩統高蹤曠世哉? 況今凶羯虐暴,中州人士,逼迫勢促,其顛沛之危,甚於累卵。假號之強,衆心所去,敵有釁矣,易可震蕩。王郎、袁術雖自詐僞,皆基淺根微,禍不旋踵,此皆君侯之所聞見者矣。

王司徒清虛寡欲,善於全己,昔曹參亦崇此道,著畫一之稱也。庾公居元舅之尊,處申伯之任,超然高蹈,明智之權。庬於寇難之際,受大晉累世之恩,自憾絶域,無益聖朝,徒係心萬里,望風懷憤。今海内之望,足爲楚漢輕重者,惟在君侯。若勠力盡心,悉五州之衆,據充豫之郊,使向義之士倒戈釋甲,則羯寇必滅,國恥必除。庬在一方,敢不竭命。孤軍輕進,不足使勒畏首畏尾,則懷舊之士欲爲内應,無由自發故也。故遠陳寫,言不宣盡。

廆使者遭風没海。其後廆更寫前箋，并齎其東夷校尉封抽、行遼東相韓矯等三十餘人疏上侃府曰：

自古有國有家，鮮不極盛而衰。自大晉龍興，尅平嶇會，神武之略，邁蹤前史。惠皇之末，后黨構難，禍結京畿，釁成公族。遂使羯寇乘虚，傾覆諸夏，舊都淪滅，山陵毀掘，人神悲悼，幽明發憤。昔獫狁之强，匈奴之盛，未有如今日羯寇之暴，跨躡華裔，盜稱尊號者也。

天祚有晉，挺授英傑。車騎將軍慕容廆自弱冠莅國，忠於王室，明允恭肅，志在立勳。屬海内分崩，皇輿遷幸，元皇中興，初唱大業，肅祖繼統，蕩平江外。廆雖限以山海，隔以羯寇，翹首引領，係心京師，常假寤寐，憂國忘身。貢篚相尋，連舟載路，戎不稅駕，動成義舉。今羯寇滔天，怙其醜類，樹基趙魏，跨略燕齊。廆雖率義衆，誅討大逆，然管仲相齊，猶曰寵不足以御下，況廆輔翼王室，有匡霸之功，而位卑爵輕，九命未加，非所以寵異藩翰，敦獎殊勳者也。

方今詔命隔絕，王路嶮遠，貢使往來，動彌年載。今燕之舊壤，北周沙漠，東盡樂浪，西暨代山，南極冀方，而悉爲虜庭，非復國家之域。將佐等以爲宜遠遵周室，近準漢初，進封廆爲燕王，行大將軍事。上以總統諸部，下以割損賊境，使冀州之人，望風向化。廆得祇承詔命，率合諸國，奉辭夷逆，以成桓文之功，苟利社稷，專之可也。而廆固執謙光，守節彌高，每詔所加，讓動積年，非將佐等所能敦逼。今區區所陳，不欲苟相崇重，而愚情至心，實爲國計。

侃報抽等書，其略曰："車騎將軍憂國忘身，貢篚載路，羯賊求和，執使送之，西討段國，北伐塞外，遠綏索頭，荒服款獻。惟北部未賓，屢遣征伐。又知東方官號，高下齊班，進無統攝之權，退無等差之降，欲進車騎爲燕王，一二具之。夫功成進爵，古之成制也。車騎雖不能爲官摧勒，然忠義竭誠。今騰牋上聽，可不遲速，當任天臺也。”朝議未定，廆卒，乃止。

咸和八年夏五月，廆薨於文德殿，時年六十五，在位四十九年，葬於青山。晉遣使者策贈車騎大將軍、開府儀同三司，謚曰襄公。皝爲燕王，追謚武宣王。及儁僭號，一作“稱尊”。追尊武宣皇帝，廟號高祖。

頁一七五至一八二

裴嶷

裴嶷字文冀，河東聞喜人也。父昶，司隸校尉。嶷清方有幹略，累遷至中書侍郎，轉給事黄門郎、滎陽太守。屬天下亂，嶷兄武先爲玄菟太守，嶷遂求爲昌黎太守。至郡，久之，武卒，嶷被徵，乃將武子開送喪俱南。既達遼西，道路梗塞，乃與開投廆。時諸流寓之士見廆草創，並懷去就，嶷首定名分，爲群士啓行。廆甚悦，以嶷爲長史，委以軍國之謀。

及悉獨官寇逼城下，外内騷動，廆問策於嶷，嶷曰：“悉獨官雖擁大衆，軍無號令，衆無部陣。若簡精兵，乘其無備，則成擒耳。”廆從之，遂陷寇營。廆威德於此甚振，將遣使獻捷於建鄴，妙簡行人，令嶷將命。

初，朝廷以廆僻在荒遠，猶以邊裔之豪處之。嶷既使至，盛言廆威略，又知四海英賢並爲其用，舉朝改觀焉。嶷將還，帝試留嶷以觀之，嶷辭曰：“臣世荷朝恩，濯纓華省，因事遠寄，投迹荒遐。今遭開泰，得睹朝廷，復賜恩詔，即留京輦，於臣之私，誠爲厚幸。顧以皇居播遷，山陵幽辱，慕容龍驤將軍越在遐表，乃心王室，慷慨之誠，義感天地，方掃平中壤，奉迎皇輿，故遣使臣，萬里表誠。今若留臣，必謂國家遺其僻陋，孤其丹心，使懷義懈怠。是以微臣區區，亡身爲國，貪還反命耳。”帝曰：“卿言是也。”乃遣嶷還。廆後謂群僚曰：“裴長史名重中朝，而降屈於此，豈非天以授孤也。”出爲遼東相，轉爲樂浪太守。

頁一八二

高瞻

　　高瞻字子前，渤海蓨人也。少而英爽有俊才，身長八尺二寸。元熙中，調補尚書郎。屬永嘉之亂，還鄉里，乃與父老議曰：“今皇綱不振，兵革雲擾，此郡沃壤，馮固河海，若兵荒歲儉，必爲寇庭，非謂圖安之所。王彭祖先在幽薊，據燕代之資，兵强國富，可以託也。諸君以爲何如？”衆咸善之。乃與叔父隱率數千家北徙幽州。既而以王浚政令無恒，乃依崔毖，隨毖如遼東。

　　毖之與三國謀伐廆也，瞻固諫以爲不可，毖不從。及毖奔敗，瞻隨衆降於廆。廆署爲將軍，瞻稱疾不起。廆敬其姿器，數臨候之，撫其心曰：“君之疾在此，不在餘也。今天子播越，四海分崩，蒼生紛擾，莫知所係，孤思與諸君匡復帝室，翦鯨豕於二京，迎天子於吳會。廓清八表，侔勳古烈，此孤之心也，孤之願也。君中州大族，冠冕之餘，宜痛心疾首，枕戈待旦。奈何以華夷之異，有懷介然。且大禹出於西羌，文王生於東夷，但問志略何如耳，豈以殊俗不可降心乎！”瞻仍辭疾篤，廆深不平之。瞻又與宋該有隙，該陰勸廆除之。瞻聞其言，彌不自安，遂以憂死。次子商別有傳。

頁一八三

《十六國春秋輯補》卷二十四《前燕録二》

慕容皝

慕容皝字元真，廆第三一作"二"。子也，小字萬年。龍顔版齒，身長七尺八寸，雄毅善權略，博學多材藝。此句一作"尚經學，善天文"。廆爲遼東公，立爲世子。晉建武元年，拜爲冠軍一作"振武"。將軍。永昌初，拜左賢王，封平望侯，率衆征討，累有功。太寧末，拜平北將軍，進封朝鮮公。

廆卒，咸和八年六月，即遼公位，以平北將軍行平州刺史，督攝部内。尋而宇文乞得龜爲其別部逸豆歸所逐，奔死於外，皝率騎討之。逸豆歸懼而請和，遂築榆陰、安晉二城而還。

初，皝庶兄建威翰驍武有雄才，素爲皝所忌，母弟征虜仁、廣武昭並有寵於廆，皝亦不平之。及廆卒，並懼不自容。至此，翰出奔段遼，仁勸昭舉兵廢皝。皝殺昭，遣使按檢仁之虛實，遇仁於險瀆。仁知事發，殺皝使，東歸平郭。皝遣其弟建武幼、司馬佟燾等討之。仁盡衆距戰，幼等大敗，皆没於仁。襄平令王冰、將軍孫機以遼東叛於皝，東夷校尉封抽、護軍乙逸、遼東相韓矯、玄菟太守高詡等弃城奔還。仁於是盡有遼左之地，自稱車騎將軍、平州刺史、遼東公。宇文歸、段遼及鮮卑諸部並爲之援。

甲午。皝元年，咸和九年。皝遣其司馬封弈攻鮮卑木堤於白狼，揚威淑虞攻烏丸悉羅侯於平堈，皆斬之。材官劉佩攻乙連，不剋。段遼遂寇徒河，皝將張萌逆擊，敗之。遼弟蘭與翰寇柳城，都尉石琮擊敗之。旬餘，蘭、翰復圍柳城，皝遣寧遠慕容汗及封弈等救之。皝戒汗曰："賊衆氣鋭，難與爭鋒。宜顧萬全，慎勿輕進，必須兵集陣整，然後擊之。"汗性驍鋭，遣千餘騎爲前鋒而進，封弈止之，汗不從，爲蘭所敗，死者大半。蘭復攻柳城，爲飛梯、地道，圍守二旬，石琮躬勒將士出擊，敗之，斬首千五百級，蘭乃遁歸。

八月，成帝遣謁者徐孟、閭邱幸等持節拜皝鎮軍大將軍、平州刺史、大單于、遼東公，持節、都督、承制封拜，一如廆故事。

皝自征遼東，剋襄平。仁所署居就令劉程以城降，新昌人張衡執縣宰以降。于是斬仁所置守宰，分徙遼東大姓於棘城，置和陽、武次、西樂三縣而歸。

乙未。皝二原誤"三"。年，咸康元年。七月，立子儁爲世子。遣封弈襲宇文別部涉奕于，大獲而還。涉奕于追戰於渾水，又敗之。

丙申。三年，皝將乘海討其弟仁，襲其不意。群下咸諫，以爲淩道危阻，宜從陸路。皝曰："舊海水無淩，自仁反以來，三凍皆成。昔漢光武因滹沱之冰以濟大業，天其或者欲吾乘此而剋之乎。吾計決矣，有沮謀者斬！"二月，皝親率三軍從昌黎踐淩而進。仁不虞皝之至也，軍去平郭七里，候騎乃告，仁狼狽出戰，皝擒仁，賜死。此段亦見《御覽》六十。

立藉田於朝陽門東，置官司以主之。

段遼遣其將李詠夜襲武興，遇雨引還。都尉張萌追擊，擒詠。段蘭擁衆數萬屯於曲水亭，將攻柳城。宇文歸入寇安晉，爲蘭聲援。皝以步騎五萬擊之，師次柳城。蘭、歸皆遁。遣封弈率輕騎追擊，敗之。收其軍實，館穀二旬而還。謂諸將曰："二虜恥無功而歸，必復重至。宜於柳城左右設伏以待之。"遣封弈率騎潛於馬兜山諸道。俄而遼騎果至，弈夾擊，大敗之，斬其將榮保，遣兼長史劉斌、郎中令陽景送徐孟等歸於京師。使其世子儁伐段遼諸城，封弈攻宇文別部，皆大捷而歸。

立納諫之木，以開讜言之路。

丁酉。四年，晉咸康三年。徙昌黎郡，築好城於乙連東，使將軍蘭勃戍之，以逼乙連。又城曲水，以爲勃援。乙連饑甚，段遼輸之粟，蘭勃要擊獲之。遼遣將屈雲攻興國，與皝將慕容遵大戰於五官水上。雲敗，斬之，盡俘其衆。

以左司馬封弈爲左長史。九月，弈等以皝任重位輕，宜稱燕王，於是上議。皝以咸康三年十月僭即燕王位於文德殿，大赦其境內。改備群司，以封弈爲相國，韓壽爲司馬，裴開、陽鶩、王寓、李洪、杜群、宋該、劉瞻、石琮、皇甫真、陽協、宋晃、平熙、張泓等並爲列卿將帥。起文昌廟，乘金根車，駕六馬，出入稱警蹕。追尊先公爲武宣王，先妣爲王后。立其妻夫人段氏爲王后，世子儁爲太子，皆如魏武、晉文輔政故事。

是歲，棘城黑石谷有大石自立而行。

皝以段遼屢爲邊患，遣將軍宋回稱藩於石季龍，請師討遼。

戊戌。五年，季龍總衆而至，皝率諸軍攻遼令支以北諸城，遼遣其將段蘭來距，大戰，敗之。斬級數千，掠五千餘户而歸。季龍至徐無，遼奔密雲山。季龍進入令支，怒皝之不會師也，進軍擊之，至於棘城，戎卒數十萬，四面進攻，郡縣諸部叛應季龍者三十六城。相持旬餘，左右勸皝降，皝曰："孤方取天下，何乃降人乎！"遣子恪等率騎二千，晨出擊之，季龍諸軍驚擾，弃甲而遁。恪乘勝追之，斬獲三萬餘級，築成凡城而還。段遼遣使詐降於季龍，請兵應接，季龍遣其將麻秋率衆迎遼，恪伏精騎七千於密雲山，大敗之，獲其司馬陽裕、將軍鮮于亮，擁段遼及其部衆以歸。

帝又遣使進皝爲征北大將軍、幽州牧，領平州刺史，加散騎常侍，增邑萬户，持節、都督、單于、公如故。

己亥。六年，皝前軍帥慕容評敗季龍將石成等於遼西，斬其將呼延晃、張支，掠千餘户以歸。段遼謀叛，皝誅之。季龍又使石成入攻凡城，不剋，進陷廣城。

其年皝伐高句麗，王釗乞盟而還。

庚子。七年，釗遣其世子朝於皝。

初段遼之敗也，建威翰奔於宇文歸。自以威名夙振，終不保全，乃陽狂恣酒，被髮歌呼。歸信而不禁，故得周游自任，至於山川形便，攻戰要路，莫不練之。皝遣商人王車陰使察翰，翰見車無言，撫膺而已。車還以白，皝曰："翰欲來也。"乃遣車遺翰弓矢，翰乃竊歸駿馬，携其二子而還。

皝雖稱燕王，未有朝命，乃遣其長史劉祥獻捷京師，兼言權假之意，並請大舉討平中原。又聞庾亮薨，弟冰、翼繼爲將相，乃表曰：

臣究觀前代昏明之主，若能親賢並建，則政致升平；若親黨后族，必有傾辱之禍。是以周之申伯，號稱賢舅，以其身藩於外，不握朝權。降及秦昭，足爲令主，委信二舅，幾至亂國。逮於漢武，推重田蚡，萬機之要，無不決之，及蚡死後，切齒追恨。成帝闇弱，不能自立，內惑艷妻，外恣五舅，卒令王莽坐取帝位。每覽斯事，孰不痛惋。設使舅氏賢若穰侯、王鳳，則但聞有二臣，不聞有二主。若其不才，則有竇憲、梁冀之禍。凡此成敗，亦既然矣。苟能易軌，可無覆墜。

陛下命世天挺，當隆晉道，而遭國多難，殷憂備嬰，追述往事，至今焚灼。迹其所由，實因故司空亮居元舅之尊，勢業之重，執政裁下，輕侮邊將，故令蘇峻、祖約不勝其忿，遂致敗國。至令太后發憤，一旦升遐，若社稷不靈，人神無助，豺狼之心，當可極邪。前事不忘，後事之表，而中書監、左將軍冰等，內執樞機，外擁上將，昆弟並列，人臣莫疇。陛下深敦渭陽，冰等自宜引領。臣常謂世主若欲崇顯舅氏，何不封以藩國，豐其祿賜，限其勢利，使上無偏優，下無私論。如此，榮辱何從而生，噂嗒何辭而起！往者惟亮一人，宿有名望，尚致世變，況今居之者素無聞焉！且人情易惑，難以戶告，縱令陛下無私於彼，天下之人誰謂不私乎！

臣與冰等名位殊班，出處懸邈，又國之戚昵，理應降悦，以適事會。臣獨矯抗此言者，上爲陛下，退爲冰計，疾苟容之臣，坐鑒得失，顛而不扶，焉用彼相。昔徐福陳霍氏之戒，宣帝不從，至令忠臣更爲逆族，良由察之不審，防之無漸。臣今所陳，可謂防漸矣。但恐陛下不明臣之忠，不用臣之計，事過之日，更處焦爛之後耳。昔王章、劉向每上封事，未嘗不指斥王氏，故令二子或死或刑。谷永、張禹依違不對，故容身苟免，取譏於世。臣被髮殊俗，位爲上將，夙夜惟憂，罔知所報，惟知外殄寇讎，内盡忠規，陳力輸誠，以答國恩。臣若不言，誰當言者！

又與冰書曰：

君以椒房之親，舅氏之昵，總據樞機，出内王命，兼擁列將州司之位，昆弟網羅，顯布畿甸。自秦漢以來，隆赫之極，豈有若此者乎。以吾觀之，若功就事舉，必享申伯之名；如或不立，將不免梁竇之迹矣。

每睹史傳，未嘗不寵恣母族，使執權亂朝，先有殊世之榮，尋有負乘之累，所謂愛之適足以爲害。吾常忿歷代之主，不盡防萌終寵之術，何不業以一土之封，令藩國相承，如周之齊陳？如此則永保南面之尊，復何黜辱之憂乎。竇武、何進好善虛己，賢士歸心，雖爲閹豎所危，天下嗟痛，猶有能履以不驕，圖國忘身故也。

方今四海有倒懸之急，中夏遘僭逆之寇，家有漉血之怨，人有復讎之憾，寧得安枕逍遥，雅談卒歲邪！吾雖寡德，過蒙先帝列將之授，以數郡之人，尚欲并吞强虜，是以自頃迄今，交鋒接刃，一時務農，三時用武，而猶師徒不頓，倉有餘粟，敵人日畏，我境日廣，況乃王者之威，堂堂之勢，豈可同年而語哉！

冰見表及書甚懼，以其絶遠，非所能制，遂與何充等奏聽鯀稱燕王。此段《載記》原在前。案此事自在庾亮死後，故移於此。

皝將圖石氏，從容謂諸將曰：“石季龍自以安樂諸城守防嚴重，薊城南北必不設備。今若詭路出其不意，冀之北土盡可破也。”於是率騎二萬出蠮螉塞，長驅至於薊城，進渡武遂津，入於高陽，所過焚燒積聚，掠徙幽冀三萬餘户。

辛丑。八年，晉咸康七年。皝以柳城之北，龍山之南，所謂福德之地也，使陽裕、唐柱等可營制規模，築龍城，構宮室宗廟。改柳城爲龍城縣。此節亦見《御覽》百六十二。七月，晉成帝使兼大鴻臚郭希，一作“恪”。持節拜皝侍中、大都督河北諸軍事、大將軍、燕王，其餘官皆如故，封諸功臣百餘人。

壬寅。九年，晉咸康八年，原誤“七年”。皝遷都龍城。

率勁卒四萬，入自南陝，以伐宇文、高句麗。又使翰及子垂爲前鋒，遣長史王寓等勒衆萬五千，從北道而進。高句麗王釗謂皝軍之從北路也，乃使其弟武統精鋭五萬距北道，躬率弱卒以防南陝。翰與釗戰於木底，大敗之，乘勝遂入丸都，釗單馬而遁。皝掘釗父乙弗利“乙弗”二字依《廣韻》引補。墓，載其尸並其母妻珍寶，掠男女五萬餘口，焚其宮室，毀丸都而歸。

頁一八五至一九一

《十六國春秋輯補》卷二十五《前燕録三》

慕容皝

癸卯。十年，晉康帝建元元年。釗遣使稱臣於皝，貢其方物，乃歸其父尸。宇文歸遣其相國莫淺渾伐皝。諸將請戰，皝不許。渾以皝爲憚之，荒酒縱獵，不復設備。皝曰：“渾奢怠已甚，今則可一戰矣。”遣翰率騎擊之，渾大敗，僅以身免，盡俘其衆。皝躬巡郡縣，勸課農桑。起龍城宮闕。

甲辰。十一年，又率騎二萬親伐宇文歸，以翰及垂爲前鋒。歸使其驍將淺弈于盡衆距翰。皝馳遣謂翰曰："弈于雄悍，宜小避之，待虜勢驕，然後取也。"翰曰："歸之精鋭盡於此，今若剋之，則歸可不勞兵而滅。弈于徒有虚名，其實易與耳。不宜縱敵挫吾鋭氣。"於是前戰，斬弈于，盡俘其衆，歸遠遁漠北。皝開地千餘里，徙其部人五萬餘落於昌黎，改涉于城爲威德城。行飲至之禮，論功行賞各有差。

乙巳。十二年，以牧牛給貧家，田於苑中，公收其八，二分入私。有牛而無地者，亦田苑中，公收其七，三分入私。皝記室參軍封裕諫曰：

臣聞聖王之宰國也，薄賦而藏於百姓，分之以三等之田，十一而税之；寒者衣之，饑者食之，使家給人足。雖水旱而不爲灾者，何也？高選農官，務盡勸課，人治周田百畝，亦不假牛力；力田者受旌顯之賞，惰農者有不齒之罰。又量事置官，量官置人，使官必稱須，人不虚位，度歲入多少，裁而禄之。供百僚之外，藏之太倉，三年之耕，餘一年之粟。以斯而積，公用於何不足，水旱其如百姓何！雖務農之令屢發，二千石令長莫有志勤在公、鋭盡地利者，故漢祖知其如此，以墾田不實，徵殺二千石以十數，是以明章之際，號次升平。

自永嘉喪亂，百姓流亡，中原蕭條，千里無煙，饑寒流殯，相繼溝壑。先王以神武聖略，保全一方，威以殄姦，德以懷遠，故九州之人，塞表殊類，襁負萬里，若赤子之歸慈父，流人之多舊土十倍有餘，人殷地狹，故無田者十有四焉。殿下以英聖之資，克廣先業，南摧强趙，東滅句麗，開境三千，户增十萬，繼武闡廣之功，有高西伯。宜省諸苑，以業流人。人至而無資産者，賜之以牧牛。人既殿下之人，牛豈失乎？善藏者藏於百姓，若斯而已矣。邇者深副樂土之望,中國之人皆將壺飧奉迎,石季龍誰與居乎!且魏晉道消之世,猶削百姓不至於七八,特官給牛田者官得六分,百姓得四分,私牛而官田者與官中分,百姓安之,人皆悅樂。臣猶曰非明主之道,而況增乎!且水旱之厄,堯湯所不免,王者宜濬治溝澮,循鄭、白、西門、史起溉灌之法,旱則決溝爲雨,水則入於溝瀆,上無《雲漢》之憂,下無昏墊之患。

句麗、百濟及宇文、段部之人,皆兵勢所徙,非如中國慕義而至,咸有思歸之心。今户垂十萬,狹湊都城,恐方將爲國家深害,宜分其兄弟宗屬,徙於西境諸城,撫之以恩,檢之以法,使不得散在居人,知國之虛實。

今中原未平,資畜宜廣,官司猥多,游食不少,一夫不耕,歲受其饑。必取於耕者而食之,一人食一人之力,游食數萬,損亦如之,安可以家給人足,治致升平!殿下降覽古今之事多矣,政之巨患莫甚於斯。其有經略出世,才稱時求者,自可隨須置之列位。非此已往,其耕而食,蠶而衣,亦天之道也。

殿下聖世寬明,思言若渴,故人盡芻蕘,有犯無隱。前者參軍王憲、大夫劉明並竭忠獻款,以貢至言,雖頗有逆鱗,意在無責。主者奏以妖言犯上,致之於法,殿下慈弘苞納,恕其大辟,猶削黜禁錮,不齒於朝。其言是也,殿下固宜納之;如其非也,宜亮其狂狷。罪諫臣而求直言,亦猶北行詣越,豈有得邪!右長史宋該等阿媚苟容,輕劾諫士,已無骨鯁,嫉人有之,掩蔽耳目,不忠之甚。

四業者國之所資,教學者有國盛事,習戰務農,尤其本也,百工商賈,猶其末耳,宜量軍國所須,置其員數,已外歸之於農,教之戰法。學者三年無成,亦宜還之於農,豈可徒充大員,以塞聰儁之路。

臣之所言當也,願速施行。非也,登加罪戮,使天下知朝廷從善如流,罰惡不淹。王憲、劉明,忠臣也,願宥忤鱗之愆,收其藥石之效。

皝乃令曰：“覽封記室之諫，孤實懼焉。君以黎元爲國，黎元以穀爲命，然則農者，國之本也。而二千石令長不遵孟春之令，惰農勿勸，宜以尤不開闢者措之刑法，肅厲屬城，主者明詳推檢，具狀以聞。苑囿悉可罷之，以給百姓無田業者。貧者全無資産，不能自存，各賜牧牛一頭。若私有餘力，樂取官牛墾官田者，其依魏晉舊法。溝洫漑灌，有益官私，主者量造，務盡水陸之勢。中州未平，兵難不息，勳誠既多，官僚不可以減也。待剋平凶醜，徐更議之。百工商賈數，四佐與列將速定大員，餘者還農。學生不任訓教者，亦除員録。夫人臣闚言於人主，至難也。妖妄不經之事皆應蕩然不問，擇其善者而從之。王憲、劉明雖其罪應禁黜，亦猶孤之無大量也，可悉復本官，仍居諫司。封生謇謇，深得王臣之體，《詩》不云乎，‘無言不酬’，其賜錢五萬，明宣內外，有欲陳孤過者，不拘貴賤，勿有所諱。”

夏四月，黑龍一、白龍一，見於龍山，皝親率群僚觀之，去龍二百餘步，祭之以太牢。二龍交首嬉翔，解角而去。皝大悦，還宮殿，赦其境内，號新宮曰和龍，立龍翔佛寺於山上。此節亦見《御覽》九百二十九。

賜其大臣子弟爲官學生者號高門生，立東庠於舊宮，以行鄉射之禮，每月臨觀，考試優劣。皝雅好文籍，勤於講授，學徒甚盛，至千餘人。親造《太上章》以代《急就》，又箸《典誡》十五篇，並以教冑子。

慕容恪攻高句麗南蘇，剋之，置戍而還。

丙午。十三年，晉永和二年，《載記》誤作“三年”。遣其世子儁與恪率騎萬七千東襲夫餘，剋之，虜其王及部衆五萬餘口以還。

丁未。十四年，皝親臨東庠，考試學生。其通經秀異者，擢充近侍。十月，饗群僚於承乾殿。右長史宋諺當作“該”。性貪，賜布百匹，令自負而歸，以愧其心。以久旱，丐百姓田租。罷成周、冀陽、營邱等郡。以渤海人爲興集縣，河間人爲寧邱縣，廣平、魏郡人爲興平縣，東萊、北海人爲育黎縣，吴人爲吴縣，悉隸燕國。

遼東内史宋該舉侍郎韓偏爲孝廉。皝下令曰：“夫孝廉者，道德沈敏，貢之王庭。偏往助叛徒，迷固之罪，至王威臨討，憑城醜晉，此則勃逆之甚，奈何舉之？ 剖符朝臣，何所取信。該下吏可正四歲刑。偏行財祈進，虧亂王典，可免官禁錮終身。”《御覽》六百五十一。

戊申。十五年，皝嘗畋於西鄙，將濟河，見一父老，服朱衣，乘白馬，舉手麾皝曰：“此非獵所，王其還也。”秘之不言，遂濟河，連日大獲。八月，皝因見白兔，馳射之，馬倒被傷，乃説所見。輦而還宫，引太子儁屬以後事，謂曰：“今中原未平，方須經建大事，委賢任哲，此其時也。恪智勇兼濟，力堪任重，汝其委之，以成吾志。”以永和四年九月薨於承乾殿，在位十五年，時年五十二。冬十月，葬龍山，諡文明王。儁僭號，追尊曰文明皇帝，廟號太祖，陵曰龍平。

頁一九三至一九七

慕容翰

慕容翰字元邕，廆之庶長子也。性雄豪，多權略，猿臂工射，膂力過人。廆甚奇之，委以折衝之任，行師征伐，所在有功，威聲大振，爲遠近所憚。作鎮遼東，高句麗不敢爲寇。善撫接，愛儒學，自士大夫至於卒伍，莫不樂而從之。

及奔段遼，深爲遼所敬愛。柳城之敗，段蘭欲乘勝深入，翰慮成本國之害，詭説於蘭，蘭遂不進。後石季龍征遼，皝親將三軍略令支以北，遼議欲追之，翰知皝躬自總戎，戰必克勝，乃謂遼曰：“今石氏向至，方對大敵，不宜復以小小爲事。燕王自來，士馬精鋭。兵者凶器，戰有危慮，若其失利，何以南禦乎？”蘭怒曰：“吾前聽卿詿説，致成今患，不復入卿計中矣。”乃率衆追覘，蘭果大敗。翰處仇國，因事立忠，皆此類也。

及遼奔走，翰又北投宇文歸。既而奔還本國，歸乃遣勁騎百餘追之，翰謂追者曰：“吾既思戀而歸，理無反面。吾之弧矢，汝曹知否？無爲相逼，自取死也。吾處汝國久矣，誓不殺汝，可百步豎刀，吾射中者，汝宜便返，不中者，可來前也。”諸騎解刀豎之，翰一發便中刀鐶，追騎乃散。此篇亦見《御覽》七百四十四。

既至，覘甚加恩禮。建元二年，從覘討宇文歸，臨陣爲流矢所中，卧病積時。後疾漸愈，於其家中偶騎馬自試，或有人告翰私習騎，疑爲非常。覘素忌之，遂賜死焉。翰臨死謂使者曰：“翰懷疑外奔，罪不容誅，不能以骸骨委賊庭，故歸罪有司。天慈曲愍，不肆之市朝，今日之死，翰之生也。但逆胡跨據神州，中原未靖，翰常刳心自誓，志吞醜虜，上成先王遺旨，下謝山海之責。不圖此心不遂，没有餘憾，命也奈何！”遂仰藥而死。

頁一九七至一九八

陽裕

陽裕字士倫，右北平無終人也。少孤，兄弟皆早亡，單煢獨立，雖宗族無能識者，惟叔父耽幼而奇之，曰：“此兒非惟吾門之標秀，乃佐時之良器也。”刺史和演辟爲主簿。王浚領州，轉治中從事，忌而不能任。

石勒既剋薊城，問棗嵩曰：“幽州人士，誰最可者？”嵩曰：“燕國劉翰，德素長者。北平陽裕，幹事之才。”勒曰：“若如君言，王公何以不任？”嵩曰：“王公由不能任，所以爲明公擒也。”勒方任之，裕乃微服潛遁。

時鮮卑單于段疾陸眷爲晉驃騎大將軍、遼西公，雅好人物，虛心延裕。裕謂友人成泮曰："仲尼喜佛肸之召，以匏瓜自喻，伊尹亦稱何事非君，何使非民。聖賢尚如此，況吾曹乎？眷今召我，豈徒然哉！"泮曰："今華夏分崩，九州幅裂，軌迹所及，易水而已。欲偃塞考槃，以待通者，俟河之清也。人壽幾何？古人以爲白駒之嘆。少游有云，郡掾足以蔭後，況國相乎！卿追蹤伊孔，抑亦知機其神也。"裕乃應之。拜郎中令、中軍將軍，處上卿位。歷事段氏五主，甚見尊重。

段遼與銑相攻，裕諫曰："臣聞親仁善鄰，國之寶也。慕容與國世爲婚姻，且銑令德之主，不宜連兵構怨，凋殘百姓。臣恐禍害之興，將由於此。願兩追前失，通款如初，使國家有泰山之安，蒼生蒙息肩之惠。"遼不從。出爲燕郡太守。石季龍剋令支，裕以郡降，拜北平太守，徵爲尚書左丞。

段遼之請迎於季龍也，裕以左丞相 "相" 字疑衍。領征東麻秋司馬。秋敗，裕爲軍人所執，將詣銑。銑素聞裕名，即命釋其囚，拜郎中令，遷大將軍左司馬。東破高句麗，北滅宇文歸，皆豫其謀，銑甚器重之。及遷都和龍，裕雅有巧思，銑所制城池宮閣，皆裕之規模。

裕雖仕銑日近，寵秩在舊人之右，性謙恭清儉，剛簡慈篤，雖歷居朝端，若布衣之士。士大夫流亡羈絶者，莫不經營收葬，存恤孤遺，士無賢不肖皆傾身待之，是以所在推仰。

初，范陽盧諶每稱之曰："吾及晉之清平，歷觀朝士多矣。忠清簡毅，篤信義烈，如陽士倫者，實亦未幾。"及死，銑甚悼之，時年六十一。

《十六國春秋輯補》卷二十六《前燕録四》

慕容儁

慕容儁字宣英，皝之第二子也，小字賀賴跋。十三月而生，有神光之異。初，廆常言："吾積福累仁，子孫當有中原。"既而生儁，廆曰："此兒骨相不恒，吾家得之矣。"及長，身長八尺二寸，姿貌魁偉，博觀圖書，有文章幹略。善屬文，雅長辭賦，至於器物車室，皆箸銘讚，以爲勸戒。皝之八年，晉遣使者拜皝爲燕王，拜儁假節、安北將軍、東夷校尉、左賢王、燕王世子。十一年，進拜使持節、鎮東將軍。十五年，永和四年。皝薨，儁即燕王位，赦其境内。

乙酉。元年，晉永和五年。春正月，依春秋列國故事稱元年。是時石季龍死。五月，聞趙魏大亂，乃嚴兵將爲進取之計。此事亦見《通鑑考異》。以慕容恪爲輔國將軍，慕容評爲輔弼將軍，陽鶩爲輔義將軍，慕容垂爲前鋒都督、建鋒將軍，簡精卒二十餘萬以待期。七月，晉穆帝使謁者陳沈拜儁爲使持節、侍中、大都督、都督河北諸軍事、幽冀并平四州牧、大將軍、大單于、燕王，承制封拜，一如廆、皝故事。

庚戌。二年，儁率諸軍南伐，出自盧龍，次於無終。石季龍幽州刺史王午弃城走，留其將王他守薊。儁攻陷其城，斬他，因而都之。徙廣寧、上谷人於徐無，代郡人於凡城而還。

辛亥。三年，冉閔殺石祇，僭稱大號，遣其使人常煒聘於儁。儁引之觀下，使其記室封裕詰之曰："冉閔養息常才，負恩篡逆，有何祥應而僭稱大號？"煒曰："天之所興，其致不同，狼烏紀於三王，麟龍表於漢魏。寡君應天叙曆，能無祥乎！且用兵殺罰，哲王盛典，湯武親行誅放，而仲尼美之。魏武養於宦官，莫知所出，衆不盈旅，遂能終成大功。暴胡酷亂，蒼生屠膾，寡君奮劍而誅除之，黎元獲濟，可謂功格皇天，勳侔高祖。恭承乾命，有何不可？”裕曰：“石祇去歲使張舉請救，云璽在襄國，其言信不？又聞閔鑄金爲己象，壞而不成，奈何言有天命？”煒曰：“誅胡之日，在鄴者略無所遺，璽何從而向襄國，此求救之辭耳。天之神璽，實在寡君。且妖孽之徒，欲假奇眩衆，或改作萬端，以神其事。寡君今已握乾符，類上帝，四海懸諸掌，大業集於身，何所求慮而取信此乎？鑄形之事，所未聞也。”儁既銳信舉言，又欣於閔鑄形之不成也，必欲審之，乃積薪置火於其側，命裕等以意喻之。煒神色自若，抗言曰：“結髮已來，尚不欺庸人，況千乘乎！巧詐虛言以救死者，使臣所不爲也。直道受戮，死自分耳。益薪速火，君之大惠。”左右勸儁殺之，儁曰：“古者兵交，使在其間，此亦人臣常事。”遂赦之。

夏五月，廣義將軍岷山公黄紙上表，儁曰：“吾名號未異於前，何宜便爾？自今但可白紙稱疏。”此節依《初學記》二十一、《御覽》六百五引補。

秋八月，遣慕容恪略地中山，慕容評攻王午於魯口。恪次唐城，冉閔將白同、中山太守侯龕固守不下。恪留其將慕容彪攻之，進討常山。評次南安，王午遣其將鄭生距評，評逆擊，斬之。侯龕踰城出降。恪進剋中山，斬白同。儁軍令嚴明，諸將無所犯。閔章武太守賈堅率郡兵邀評，戰於高城，擒堅於陣，斬首三千餘級。庫禄官偉自上黨來降。

十二月，丁零翟鼠及冉閔將劉準等率其所部降於儁，封鼠歸義王，拜準左司馬。

是歲，儁觀兵近郊，見甘棠於道周，從者不識。儁曰：“唏，此《詩》所謂‘甘棠於道’。甘者，味之主也。木者，春之行也。五德屬仁，五行主土，春以施生，味以養物，色又赤者，言將有赫赫之慶於中土。吾謂國家之盛，此其徵也。《傳》曰：‘升高能賦，可以爲大夫。'群司亦各書其志,吾將覽焉。"於是内外臣寮並上《甘棠頌》。
此段依《御覽》五百八十八引補。

　　壬子。元璽元年,晉永和八年。正月,司南車成,儁大悦,告於鉈
廟。鮮卑段勤初附於儁,其後復叛。四月,遣輔國恪及相國封奕討
冉閔於安喜,慕容垂討段勤於繹幕,儁如中山,爲二軍聲勢。閔懼,
奔於常山,恪追及於泒水。閔威名素振,衆咸憚之。恪謂諸將曰:
"閔師老卒疲,實爲難用,加其勇而無謀,一夫之敵耳,雖有甲兵,不
足擊也。吾今分軍爲三部,掎角以待之。閔性輕鋭,又以吾軍勢非
其敵,必出萬死衝吾中軍。吾今貫甲厚陣以俟其至,諸君但屬卒,
從旁須其戰,合夾而擊之,蔑不克矣。"此段亦見《御覽》二百八十六。
戰於魏昌廉臺,閔師大敗,斬首七千餘級,擒閔送之,斬於龍城。

　　恪參軍高開被創而卒,儁召見其弟商。高商,渤海人也,剛毅
嚴重,好學有事幹,爲范陽太守。聞兄開戰没,悲哭歐血,病不能
起,扶杖乃行。儁召見商,泣謂左右曰:"自古友于之篤,未有如商
者也。"拜爲昌黎太守。商泣曰:"臣兄亡於此郡,臣故不忍爲之。"
儁愍而授遼西。《御覽》四百八十七。

　　恪屯軍滹沱,閔將蘇亥遣其將金光率騎數千襲恪,恪逆擊斬
之。亥大懼,奔於并州。恪進據常山,段勤懼而請降,遂進攻鄴。
閔大將軍蔣幹輔閔子智固守鄴城,儁又遣輔弼評等帥騎一萬會
攻鄴。

　　是時鷰巢於儁正陽殿之西椒,生三雛,項上有豎毛。凡城獻異
鳥,五色成章。儁謂群僚曰:"是何祥也?"咸稱:"鷰者,燕鳥也。
首有毛冠者,言大燕龍興,冠通天章甫之象也。巢正陽西椒者,言
至尊臨軒朝萬國之徵也。三子者,數應三統之驗也。神鳥五色,言
聖朝將繼五行之籙以御四海者也。"儁覽之大悦。既而蔣幹率鋭卒
五千出城挑戰,慕容評等擊敗之,斬首四千餘級,幹單騎還鄴,鄴北

郡縣悉降。相國奕等二百一十人勸儁稱尊號。儁令曰：“吾本幽漠射獵之鄉，被髮左衽之俗，歷數之籙，寧有分邪！卿等苟相褒舉，以覬非望，非常之事，實匪寡德之所宜聞也。”

慕容恪、封奕討王午於魯口，降之。八月，克鄴。輔弼評等送閔后董氏、太子智、太尉申鍾并乘輿服物及六璽送於中山。先是，蔣幹以傳國璽送於建鄴，儁欲神其事業，言曆運在己，乃詐云閔妻得之以獻，賜閔妻號曰“奉璽君”。封冉智爲海濱侯，以輔弼評爲司州刺史，鎮鄴。

十月，輔國恪等五百五人奉皇帝璽，因以永和八年十一月僭即皇帝位於正陽前殿，大赦境內。建元年曰元璽，署置百官。以封奕爲太尉，慕容恪爲侍中，陽鶩爲尚書令，皇甫真爲尚書左僕射，張希爲尚書右僕射，宋恬爲中書監，韓恒爲中書令，其餘封授各有差。

豫州刺史張悕，字文祖，清河武城人也。悕少孤貧，隨母長於舅氏，令其牧牛。幼而好學，事母以孝聞，每日必於牧暇採樵二束、菜二本，一以供母，一以顧人書。晝則折木葉學書，夜則誦所書者。《御覽》六百十一。

時晉遣使詣儁，儁謂使者曰：“汝還白汝天子，我承人乏，爲中國所推，已爲帝矣。”庚午，書曰：“追崇祖考，古人之令典，追尊武宣王爲高祖武宣皇帝，文明王爲太祖文明皇帝。”初，石季龍使人探策於三字一作“採藥下”。華山，得玉版，此句亦見《初學記》五。文曰：“歲在申酉，不絕如綫。歲在壬子，真人乃見。”及此，燕人咸以儁之應也。改司州爲中州，置司隸校尉官。

癸丑。二年，正月，立后可足渾氏爲皇后，世子曄爲皇太子。群下言：“大燕受命，上承光紀黑精之君，運曆傳屬，代金行之后，宜行夏之時，服周之冕，旗幟尚黑，牲牡尚玄。”儁從之。其從行文武、諸藩使人及登號之日者，悉增位三級。泒河之師，守鄴之軍，下及戰士,賜各有差。臨陣戰亡者,將士加贈二等,士卒復其子孫。殿中舊人皆隨才擢叙。晉寧朔將軍榮胡以彭城、魯郡叛降於儁。常山人李犢聚衆數千,反於普壁壘,儁遣慕容恪率衆討降之。初,冉閔既敗,王午自號安國王。午既死,呂護復襲其號,保於魯口。恪進討走之,遣前軍悦綰追及於野王,悉降其衆。

甲寅。三年,姚襄以梁國降於儁。以慕容評爲都督秦雍益梁江揚荆徐兖豫十州河南諸軍事,權鎮於洛水;慕容强爲前鋒都督,都督荆徐二州緣淮諸軍事,進據河南。

乙卯。四年,儁自和龍至薊城,幽冀之人以爲東遷,互相驚擾,所在屯結。其下請討之,儁曰:“群小以朕東巡,故相惑耳。今朕既至,尋當自定。然不虞之備亦不可不爲。”於是令内外戒嚴。

苻生河内太守王會、黎陽太守韓高以郡歸儁。晉蘭陵太守孫黑、濟北太守高柱、建興太守高瓮各以郡叛歸於儁。初,儁車騎大將軍范陽公劉寧屯據猶城,降於苻氏,至此,率户二千詣薊歸罪,拜後將軍。高句麗王釗遣使謝恩,貢其方物。儁以釗爲營州諸軍事、征東大將軍、營州刺史,封樂浪公,王如故。

儁給事黄門侍郎申胤上言曰:

夫名尊禮重,先王之制。冠冕之式,代或不同。漢以蕭曹之功,有殊群辟,故劍履上殿,入朝不趨。世無其功,則禮宜闕也。至於東宫,體此爲儀,魏晉因循,制不納舄。今皇儲過謙,準同百僚,禮卑逼下,有違朝式。太子有統天之重,而與諸王齊冠遠游,非所以辨章貴賤也。

祭饗朝慶,宜正服衮衣九文,冠冕九旒。

又仲冬長至,太陰數終,黄鍾産氣,綿微於下,此月閉關息旅,后不省方。《禮記》曰:“是月也,事欲静,君子齋戒,去聲色。”唯《周官》有天子之南郊從八能之説。或以有事至靈,非朝饗之節,故有樂作之理。王者慎微，禮從其重。前來二至闕鼓，不宜有設，今之鏗鎗，蓋以常儀。二至之禮，事殊餘節，猥動金聲，驚越神氣，施之宣養，實爲未盡。

又朝服雖是古禮，絳褠始於秦漢，迄於今代，遂相仍準，朔望正旦，乃具袞烏。禮，諸侯旅見天子，不得終事者三，雨沾服失容，其在一焉。今或朝日天雨，未有定儀。禮貴適時，不在過恭。近以地溼不得納烏，而以袞襪改履。案言稱朝服，所以服之而朝，一體之間，上下二制，或廢或存，有乖禮意。大燕受命，侔蹤虞夏，諸所施行，宜損益定之，以爲皇代永制。

儁曰："其劍烏不趨，事下太常參議。太子服袞冕，冠九旒，超級逼上，未可行也。冠服何容一施一廢，皆可詳定。"

下書曰："《周禮》冠冕體制，君臣略同，中世以來，亦無常體。今特制燕平上冠，悉賜廷尉以下，使瞻冠思事，刑斷詳平。諸侯冠悉顏裏屈竹，錦纏作公字，以代梁處，施之金瑱，令僕、尚書置瑱而已，中秘監令別施珠瑱，庶能敬慎威儀，示民軌則。""下書"一節，依《御覽》六百八十四，及《初學記》二十六引補。

初，段蘭之子龕因冉閔之亂，擁衆東屯廣固，自號齊王，稱藩於建鄴，遣書抗中表之儀，非儁正位。儁遣慕容恪、慕容塵討之。恪既濟河。龕弟羆驍勇有智計，言於龕曰："慕容恪善用兵，加其衆旅既盛，恐不可抗也。若頓兵城下，雖復請降，懼終不聽。王但固守，羆請率精銳距之。若其戰捷，王可馳來追擊，使虜匹馬無反。如其敗也，遽出請降，不失千户侯也。"龕弗從。羆固請行，龕怒殺之。

丙辰。五年，龕率衆三萬來距恪。恪遇龕於濟水之南，與戰，大敗之，遂斬其弟欽，盡俘其衆。恪進圍廣固，諸將勸恪宜急攻之，恪曰："軍勢有宜緩以剋敵，有宜急而取之。若彼我勢均，且有強援，慮背腹之患者，須急攻之，以速大利。如其我強彼弱，外無寇援，力足制之者，當羈縻守之，以待其弊。兵法十圍五攻，此之謂也。龕恩結賊黨，衆未離心，濟南之戰，非不銳也，但其用之無術，以致敗耳。今憑固天險，上下同心，攻守勢倍，軍之常法。若其促攻，不過數旬，剋之必矣，但恐傷吾士衆。自有事已來，卒不獲寧，吾每思之，不覺忘寝，亦何宜輕殘人命乎！當持久以取耳。”諸將皆曰：“非所及也。”乃築室反耕，嚴固圍壘。此段亦見《御覽》三百十八。龕所署徐州刺史王騰、索頭單于薛雲降於恪。段龕之被圍也，遣使詣建鄴請救。穆帝遣北中郎將荀羨赴之，憚虜强，遷延不敢進，攻破陽都，斬王騰以歸。恪遂剋廣固，以龕爲伏順將軍，徙鮮卑胡羯三千餘户於薊，留慕容塵鎮廣固，恪振旅而歸。

儁太子曄死，僞謚獻懷。

頁二〇一至二〇八

《十六國春秋輯補》卷二十七《前燕録五》

慕容儁

丁巳。光壽元年，晉升平元年。正月，復立次子中山王暐爲皇太子，赦其境内，改年曰光壽。

遣其撫軍慕容垂、中軍慕容虔與護軍平熙等率步騎八萬討丁零敕勒於塞北，大破之，俘斬十餘萬級，獲馬十三萬匹，牛羊億餘萬。

初，廆有駿馬曰赭白，有奇相逸力。石虎之伐棘城也，皝將出避難，欲乘之，馬悲鳴踶齧，人莫能近。皝曰：“此馬見異先朝，孤常仗之濟難，今不欲出者，蓋先君之旨也。”乃止。虎尋奔退，皝益奇之。至是，年四十九歲矣，而駿逸不虧，儁比之鮑氏驄，命鑄銅以圖其象，親爲銘贊，鑴頌二字一作“鑴勒”。其旁，置之薊城東掖門。是歲，象成而馬死。

匈奴單于賀賴頭率部落三萬五千降於儁，拜寧西將軍、雲中郡公，處之於代郡平舒城。

晉太山太守諸葛攸伐其東郡，儁遣慕容恪距戰，王師敗績。北中郎將謝萬先據梁宋，懼而遁歸。恪進兵入寇河南，汝、潁、譙、沛皆陷，置守宰而還。

十一月，儁自薊城遷於鄴。十二月，入鄴宮，大赦其境內，繕修宮殿，復銅雀臺。

廷尉監常煒上言：“大燕雖革命創制，至於朝廷銓謨，亦多因循魏晉，唯祖父不殮葬者，獨不聽官身清朝，斯王教之首，不刊之式。然禮貴適時，世或損益，是以高祖制三章之法，而秦人安之。自頃中州喪亂，連兵積年，或遇傾城之敗，覆軍之禍，坑師沈卒，往往而然。孤孫煢子，十室而九。兼三方岳峙，父子異邦，存亡吉凶，杳成天外。或便假一時，或依嬴博之制，孝子糜身無補，順孫心喪靡及。雖招魂虛葬以叙罔極之情，又禮無招葬之文，令不此載。若斯之流，抱琳琅而無申，懷英才而不齒，誠可痛也。恐非明揚側陋，務盡時珍之道。吳起、二陳之疇，終將無所展其才幹。漢祖何由免於平城之圍？郅支之首何以懸於漢關？謹案《戊辰詔書》，蕩清瑕穢，與天下更始，以明惟新之慶。五六年間，尋相違伐，於則天之體，臣竊未安。”儁曰：“煒宿德碩儒，練明刑法，覽其所陳，良足採也。今六合未寧，喪亂未已，又正當收奇拔異之秋，未可才行兼舉，且除此條，聽大同更議。”

使昌黎、遼東二郡營起庉廟，范陽、燕郡構兆廟，以其護軍平熙領將作大匠，監造二廟焉。

苻堅平州刺史劉特率户五千降于儁。

河間李黑聚衆千餘，攻略州郡，殺棗强令衛顔，長樂太守傅顔討斬之。以吳王垂爲東夷校尉、平州刺史，鎮遼東。

戊子。二年，三月，常山寺大樹自拔，根下得璧七十二、一作“二十七”，一作“七十”。珪七十三，此二句亦見《御覽》三十九，及《北堂書鈔》、《初學記》五。光色精奇，有異常玉。儁以爲嶽神之命，遣其尚書郎段勤以太牢祀之。五月，遼西獲黑兔。

初，冉閔之僭號也，石季龍將李歷、張平、高昌等並率其所部稱藩於儁，遣子入侍。既而投款建鄴，結援苻堅，並受爵位，羈縻自固。雖貢使不絶，而誠節未盡。吕護之走野王也，遣弟奉表謝罪於儁，拜寧南將軍、河内太守。又上黨馮鴦自稱太守，附於張平，平屢言之，儁以平故，赦其罪，以爲京兆太守。護、鴦亦陰通京師。張平跨有新興、雁門、西河、太原、上黨、上郡之地，壘壁三百餘，胡晉十餘萬户，遂拜置征、鎮，爲鼎跱之勢。儁遣其司徒慕容評討平，領軍慕輿根討鴦，司空陽騖討昌，撫軍慕容臧攻歷。并州壘壁降者百餘所，以尚書右僕射悦綰爲安西將軍、領護匈奴中郎將、并州刺史以撫之。平所署征西諸葛驤、鎮北蘇象、寧東喬庶、鎮南石賢等率壘壁三十八降於儁，儁大悦，皆復其官爵。既而平率衆三千奔於平陽，鴦奔於野王，歷走滎陽，昌奔邵陵，悉降其衆。

儁於是復圖入寇，兼欲經略關西，乃令州郡校閲見丁，精覆隱漏。率户留一丁，餘悉發之，欲使步卒滿一百五十萬，期明年大集，將進臨洛陽，爲三方節度。武邑劉貴上書極諫，陳百姓凋弊，召兵非法，恐人不堪命，有土崩之禍，并陳時政不便於時者十有三事。儁覽而悦之，付公卿博議，事多納用，乃改爲三五占兵，寬戎備一周，悉令明年季冬赴集鄴都。

是歲，晉將荀羨攻山茌，拔之。斬儁太山太守賈堅。儁青州刺史慕容塵遣司馬悦明救之，羨師敗績，復陷山茌。

己未。三年，儁立小學於顯賢里以教胄子。封其子泓爲濟北王，沖爲中山王。讌群臣於蒲池，酒酣賦詩，因談經史，語及周太子晉，潸然流涕，顧謂群臣曰："昔魏武追痛倉舒，孫權悼登無已，孤常謂二主緣惡稱奇，無大雅之體。自曄亡以來，孤鬢髮中白，始知二主有以而然。卿等言曄定何如也？孤今悼之，得無貽怪將來乎？"其司徒左長史李績對曰："獻懷之在東宮，臣爲中庶子，既忝近侍，聖質志業，臣實不敢不知。臣聞道備無愆，其唯聖人乎。先太子大德有八，未見闕也。"儁曰："卿言亦以過矣，然試言之。"績言："至孝自天，性與道合，此其一也。聰敏慧悟，機思若流，此其二也。湛毅好斷，理詣無幽，此其三也。疾諛亮物，雅悅直言，此其四也。好學愛賢，不耻下問，此其五也。英姿邁古，藝業超時，此其六也。虛襟恭讓，尊師重道，此其七也。輕財好施，勤恤民隱，此其八也。"儁泣曰："卿雖褒譽，然此兒若在，吾死無憂也。吾既不能追蹤唐虞，官天下以禪有德，近模三王，以世傳授。景茂幼沖，器藝未舉，卿以爲何如？"績曰："皇太子天資岐嶷，聖敬日躋，而八德闕然，二闕未補，雅好遊田，娛心絲竹，所以爲損耳。"儁顧謂曄曰："伯陽之言，藥石之惠，汝宜戒之。"因問高年疾苦、孤寡不能自存者，賜穀帛有差。

三月，儁夜夢石虎齧其臂，一作"臀"。覺遂痛，瘥而惡之。命發其墓，剖棺出尸，踏而罵之曰："死胡安敢夢生天子！"遣其御史中尉陽約，數其殘酷之罪，鞭其尸而投之漳水。此節亦見《御覽》四百。

諸葛攸又率水陸二萬討儁，入自石門，屯於河渚。攸部將匡超進據嶕嶤，蕭館屯於新柵，又遣督護徐商率水軍三千泛舟上下，爲東西聲勢。儁遣慕容評、傅顔等統步騎五萬，戰於東阿，王師敗績。

塞北七國賀蘭、涉勒等皆降。

十二月，儁寢疾，謂大司馬恪曰："吾所患惙頓，當恐不濟。修短命也，復何所恨！但二寇未除，景茂沖幼，慮其未堪家國多難。吾欲遠追宋宣，以社稷屬汝。"恪曰："太子雖幼，天縱聰聖，必能勝殘致治，二字一作“去暴”，一作“刑措”。不可以亂正統也。”儁怒曰：
“兄弟之間豈虛飾乎？”恪曰：“陛下若以臣堪荷天下之任者，寧不
能輔少主也。”儁曰：“若汝行周公之事，吾復何憂！李績清方忠亮，
堪任大事，汝善遇之。”

　　是時兵集鄴城，盜賊互起，每夜攻劫，晨昏斷行。於是寬常
賦，設奇禁，賊盜有相告者賜奉車都尉，捕誅賊首木穀和等百餘人，
乃止。

　　庚申。四年，晉升平四年。正月，儁薨於應福前殿。時年
五十三，一作“四十二”。在位十一年。僞謚景昭皇帝，廟號烈祖，墓
號龍陵。

　　儁雅好文籍，自初即位至末年，講論不倦。覽政之暇，唯與侍
臣錯綜義理，凡所箸述四十餘篇。性嚴重，慎威儀，未曾以慢服臨
朝，雖閑居宴處，亦無懈怠之色云。

頁二〇九至二一三

韓恒

　　韓恒字景山，安平灊津人也。父默，以學行顯名。恒年十歲，
能屬文，日誦書三與身齊。師事同郡張載，載奇之曰：“王佐才也。”
身長八尺一寸，博覽經籍，無所不通。以上亦見《御覽》六百十六。

　　永嘉之亂，避地遼東。廆既逐崔毖，復徙昌黎，召見，嘉之，拜
參軍事。咸和中，宋該等建議以廆立功一隅，勤誠王室，位卑任重，
不足以鎮華夷，宜表請大將軍、燕王之號。廆納之，命郡僚博議，咸
以爲宜如該議。恒駁曰：“自群胡乘間，人嬰荼毒，諸夏蕭條，無復
綱紀。明公忠武篤誠，憂勤社稷，抗節孤危之中，建功萬里之外，
終古勤王之義，未之有也。夫立功者患信義不著，不患名位不高，
故桓文有寧復一匡之功，亦不先求禮命以令諸侯。宜繕甲兵，候機

會，除群凶，靖四海，功成之後，九錫自至。且要君以求寵爵者，非爲臣之義也。”尵不平之，出爲新昌令。

尵爲鎮軍，復參軍事。遷營邱太守，政化大行。儁爲大將軍，徵拜諮議參軍，加揚烈將軍。

儁僭位，將定五行次，衆論紛紜。恒時疾在龍城，儁召恒以決之。恒未至而群臣議以燕宜承晉爲水德。既而恒至，言於儁曰：“趙有中原，非唯人事，天所命也。天實與之，而人奪之，臣竊謂不可。且大燕王迹始自震方，於《易》，震爲青龍。受命之初，有龍見於都邑城，龍爲木德，幽契之符也。”儁初雖難改，後從恒議。儁秘書監清河聶熊聞恒言，乃歎曰：“不有君子，國何以興，其韓令君之謂乎！”後與李産俱傅東宮，從太子曄入朝，儁顧謂左右曰：“此二傅一代偉人，未易繼也。”其見重如此。

頁二一三至二一四

李産

李産字子喬，范陽人也。少剛厲，有志格。永嘉之亂，同郡祖逖擁部衆於南土，力能自固，産遂往依之。逖素好從橫，弟約有大志，産微知其旨，乃率子弟十數人間行還鄉里，仕於石氏，爲本郡太守。

及慕容儁南征，前鋒達郡界，郡人皆勸産降，産曰：“夫受人之禄，當同負安危。今若舍此節以圖存，義士將謂我何！”衆潰，始詣軍請降。儁嘲之曰：“卿受石氏寵任，衣錦本鄉，何故不能立功於時，而反委質乎。烈士處身於世，固當如是邪？”産泣曰：“誠知天命有歸，非微臣所抗。然犬馬爲主，豈忘自效，但以孤窮勢蹙，致力無術，黽俛歸死，實非誠款。”儁嘉其慷慨，顧謂左右曰：“此真長者也。”乃擢用之，歷位尚書。性剛正，好直言，每至進見，未曾不論朝政之得失,同輩咸憚焉,儁亦敬其儒雅。前後固辭年老,不堪理劇。轉拜太子太保。謂子績曰:"以吾之才而致於此,始者之願亦已過矣,不可復以西夕之年取笑於來今也。"固辭而歸,死於家。子績。

績字伯陽,少以風節知名,清辯有辭理。弱冠爲郡功曹。時石季龍親征段遼,師次范陽,百姓饑儉,軍供有闕。季龍大怒,太守惶怖避匿。績進曰:"郡帶北裔,與寇接攘,疆場之間,人懷危慮。聞輿駕親戎,將除殘賊,雖嬰兒白首,咸思效命,非唯爲國,亦自求寧,雖身膏草野,猶甘爲之,敢有私吝而闕軍實!但比年灾儉,家有菜色,困弊力屈,無所取濟,逋廢之罪,情在可矜。"季龍見績年少有壯節,嘉而恕之,於是太守獲免。

刺史王午辟爲主簿。儁之南征也,隨午奔魯口。鄧恒謂午曰:"績鄉里在北,父已降燕。今雖在此,終不爲用,方爲人患。"午曰:"績於喪亂之中捐家立義,情節之重,有侔古烈,若懷嫌害之,必駭衆望。"恒乃止。午恐績終爲恒所害,乃資遣之。及到,儁責其背親後至,答曰:"臣聞豫讓報智伯仇,稱於前史。既官身所在,何事非君。陛下方弘唐虞之化,臣實未謂歸順之晚也。"儁曰:"此亦事主之一節耳。"累遷太子中庶子。

及暐立,慕容恪欲以績爲尚書右僕射,暐憾績往言,不許。恪屢請,乃謂恪曰:"萬機之事委之叔父,伯陽一人,暐請獨裁。"績遂憂死。

頁二一四至二一五

侯青

將作大匠、屯騎校尉、朝那侯青,武邑人也。機巧有算略,驍勇善騎射,所在先登陷陣,儁擬之張飛。《御覽》四百三十六。岷山桓公庫傮官泥。此見《廣韻》,姑附於此。

頁二一五

《十六國春秋輯補》卷二十八《前燕録六》

慕容暐

慕容暐字景茂，儁第三子也。元璽三年，封中山王，尋立爲皇太子。及儁薨，群臣欲立慕容恪，恪辭曰：“國有儲君，非吾節也。”於是立暐。光壽四年，晉升平四年。僭即皇帝位，大赦境内，改元曰建熙。

庚申。建熙元年，晉升平四年。立其母可足渾氏爲皇太后。以太原王恪爲太宰、録尚書，行周公事，專掌百揆；上庸王評爲太傅，副贊朝政；慕輿根爲太師；司空陽鶩爲太保；吴王垂爲河南大都督十州諸軍事、征南將軍、兗州牧、荆州刺史，領護南蠻校尉，鎮梁國；孫希爲安西將軍、并州刺史；傅顔爲護軍將軍。其餘拜授各有差。

暐既庸弱，事皆委之於恪。慕輿根自恃勳舊，驕傲有無上之心，忌恪之總朝權，將伺隙爲亂，乃言於恪曰：“今主上幼沖，母后干政，殿下宜慮楊駿、諸葛元遜之變，思有以自全。且定天下者，殿下之功也，兄亡弟及，先王之成制，過山陵之後，可廢主上爲一國王，殿下踐尊位，以建大燕無窮之慶。”恪曰：“公醉乎？何言之悖也！昔曹臧、吴札並於家難之際，猶曰爲君非吾節，況今儲君嗣統，四海無虞，宰輔受遺，奈何更有私議！公忘先帝之言乎？”根大懼，陳謝而退。恪以告慕容垂，垂勸恪誅之。恪曰：“今新遭大凶，二虜伺隙，山陵未建，而宰輔自相誅滅，恐乖遠近之望，且可容忍之。”根與左衛慕輿干潛謀誅恪及評，因而篡位。入白可足渾氏及暐曰：“太宰、太傅將謀爲亂，臣請率禁兵誅之，以安社稷。”可足渾氏將從之，暐曰：“二公國之親穆，先帝所託，終應無此，未必非太師將爲亂也。”於是使其侍中皇甫真、護軍傅顔收根等於禁中，斬之。大赦境内。遣傅顔率騎二萬觀兵河南，臨淮而還，軍威甚盛。

　　辛酉。二年,初儁所署寧南將軍呂護據野王,陰通京師,穆帝以護爲前將軍、冀州刺史。儁死,謀引王師襲鄴,事覺,暐使慕容恪等率衆五萬討之。將軍傅顔言於恪曰:"護窮寇假合,王師既臨,則上下喪氣,曾不敢闞兵中路,展其蜣蜋之心。此則士卒攝魂,敗亡之驗也。殿下前以廣固天險,守易攻難,故爲長久之策。今賊形便不與往同,宜急攻之,以省千金之費。"恪曰:"護老賊,經變多矣。觀其爲備之道,未易卒圖。一作"平"。今圍一作"圈"。之窮城,樵採路絶,内無蓄積,外無强援,不過十旬,其弊必矣,何必遽殘士卒之命而趣一時之利哉!吾嚴濬圍壘,休養將卒,以重官美貨,間而離之。事淹勢窮,其釁易動,我則未勞,而寇已弊。此謂兵不血刃,坐以制勝也。"遂列長圍守之。護遣其將張興率勁卒七千出戰,傅顔擊斬之。自三月至八月,凡經六月而野王潰。護南奔於晉,悉降其衆。此段亦見《御覽》三百十八。尋復叛歸於暐,暐待之如初。

　　壬戌。三年,晉哀隆和元年。遣傅顔、吕護率衆據河陰,顔北襲敕勒,大獲而還。護攻洛陽,中流矢死。將軍段崇收軍北渡,屯於野王。

　　癸亥。四年,晉興寧元年。正月,暐南郊。

　　暐遣其寧東慕容忠攻陷滎陽,又遣鎮南慕容塵寇長平。時晉冠軍將軍陳祐戍洛陽,遣使請救。帝遣桓温援之。

　　十月,太尉弈迎神主於和龍。初,暐委政太宰恪,專受經於博士王歡、助教尚鋒、秘書郎杜詮,並以明經,講論左右。至是通諸經,祀孔子於東堂,以歡爲國子祭酒,鋒國子博士,詮散騎侍郎。其執經侍講,皆有拜授。

　　甲子。五年,晉興寧二年,○原作"興寧初",此從《帝紀》。暐復使慕容評寇許昌、懸瓠、陳城,並陷之,遂略汝南諸郡,徙萬餘户於幽冀。暐豫州刺史孫興上疏,請步卒五千先圖洛陽,暐納之。遣其太宰司馬悅希軍於盟津，孫興分戍成皋，以爲之聲援。尋而陳祐率衆奔陸渾，河南諸壘悉陷於希。

乙丑。六年，慕容恪攻陷金墉，害揚威將軍沈勁。以其左中郎將慕容筑爲假節、征虜將軍、洛州刺史，鎮金墉。慕容垂爲都督荊揚洛徐兖豫雍益涼秦等十州諸軍事、征南大將軍、荊州牧，配兵一萬，鎮魯陽。

丙寅。七年，晉海西太和元年。時暐境內多水旱，慕容恪、慕容評並稽首歸政，請遜位還第，曰："臣以朽闇，器非經國，過荷先帝拔擢之恩，又蒙陛下殊常之遇，猥以輕才，竊位宰録，不能上諧陰陽，下釐庶政，致使水旱愆和，彝倫失序，輈弱任重，夕惕唯憂。臣聞王者則天建國，辨方正位，司必量才，官惟德舉。台輔之重，參理三光，苟非其人，則靈曜爲虧。尸禄貽殃，負乘招悔，由來常道，未之或差。以姬旦之勳聖，猶近則二公不悦，遠則管蔡流言，況臣等寵緣戚末，榮非才授，而可久黷天官，塵蔽賢路。是以中年拜表，披陳丹款。聖恩齒舊，未忍遐棄，奄冉偷榮，愆責彌厚。自待罪鼎司，歲餘辰紀；忝冒宰衡，七載於兹。雖乃心經略，而思不周務，至令二方干紀，跋扈未庭，同文之詠，有慚盛漢，深乖先帝託付之規，甚違陛下垂拱之義。臣雖不敏，竊聞君子之言，敢忘虞邱避賢之美，輒循兩疏知止之分。謹送太宰、大司馬、太傅、司徒章綬，惟垂昭許。"暐曰："朕以不天，早傾乾覆，先帝所託，唯在二公。二公懿親碩德，勳高魯衛，翼贊王室，輔導朕躬，宣慈惠和，坐而待旦，虔誠夕惕，美亦至矣。故能外掃群凶，内清九土，四海晏如，政和時洽。雖宗廟社稷之靈，抑亦公之力也。今關右有未賓之氐，江吴有遺燼之虜，方賴謀猷，混寧六合，豈宜虛己謙沖，以違委任之重！王其割二疏獨善之小，以成公旦補衮之大。"恪、評等固請致政，暐曰："夫建德者必以終美爲名，位命者則以功成爲效。公與先帝開構洪基，膺天明

命，將廓夷群醜，紹復隆周之迹。灾眚横流，乾光墜曜，朕以眇躬，
猥荷大業，不能上成先帝遺志，致使二虜遊魂，所以功未成也，豈宜
沖退？且古之王者，不以天下爲榮，憂四海若荷擔，然後仁讓之風
行，則比屋而可封。今道化未純，鯨鯢未殄，宗社之重，非唯朕身，
公所憂也。當思所以寧濟兆庶，靖難敦風，垂美將來，侔蹤周漢，不
宜崇飾常節，以違至公。”遂斷其讓表，恪、評等乃止。

五月，暐下書曰：“朕以寡德，涖政多違，亢陽三時，光陰錯緒，
農植之時而零雨莫降。其令有司徹樂，大官以菜食常供祭奠。”既
而澍雨大降。此書依《御覽》十一引補。

暐鎮律郎郭欽奏議，以暐承石季龍水爲木德，暐從之。

太和元年，暐遣撫軍慕容厲攻晉太山太守諸葛攸。攸奔於淮
南，厲悉陷兗州諸郡，置守宰而還。

丁卯。八年，慕容恪有疾，深慮暐政不在己，慕容評性多猜忌，
大司馬之位不能允授人望，乃召暐兄樂安王臧謂之曰：“今勁秦跋
扈，强吳未賓，二寇並懷進取，但患事之無由耳。夫安危在得人，國
興在賢輔。若能推才任忠，和同宗盟，則四海不足圖，二虜豈能爲
難哉？吾以常才，受先帝顧託之重，每欲掃平關隴，蕩一甌吳，庶嗣
成先帝遺志，謝憂責於當年。而疾固彌留，恐此志不遂，所以没有
餘恨也。吳王天資英傑，經略超時，司馬職統兵權，不可以失人，吾
終之後，必以授之。若以親疏次等，不以授汝，當以授沖。汝等雖
才識明敏，然未堪多難，國家安危，實在於此，不可昧利忘憂，以致
大悔也。”又以告評。月餘，太宰恪卒，其國中皆痛惜之。

慕容恪，字玄恭，皝之第四子也。幼而謹厚，沈深有大度。母
高氏無寵，皝未之奇也。年十五，身長八尺七寸，容貌魁傑，雄毅嚴
重，每所言及，輒經綸世務，皝始異焉，乃授之以兵。數從皝征伐，
臨機多奇策。使鎮遼東，甚有威惠。高句麗憚之，不敢爲寇。皝使

恪與儁俱伐夫餘，儁居中指授而已，恪身當矢石，推鋒而進，所嚮
輒潰。

皝將終，謂儁曰：“今中原未一，方建大事，恪智勇俱濟，汝其委
之。”及儁嗣位，彌加親任。累戰有大功，封太原王，拜侍中、假節、
大都督、錄尚書。儁寢疾，引恪與慕容評屬以後事。及暐之世，總
攝朝權。初，建鄴聞儁死，曰：“中原可圖矣。”桓溫曰：“慕容恪尚
存，所憂方爲大耳。”

慕輿根之就誅也，内外危懼。恪容止如常，神色自若，出入往
還，一人步從。或有諫之者，恪曰：“人情懷懼，且當自安以靖之。
吾復不安，則衆何瞻仰哉！”於是人心稍定。恪虛襟待物，諮詢善
道，量才處任，使人不踰位，朝廷謹肅。進止有常度，雖執權政，每
事必諮之於評。罷朝歸第，則盡心色養，手不釋卷。其百寮有過，
未嘗顯之，自是庶僚化德，稀有犯者。

恪之圍洛陽也，秦中大震，苻堅親將以備潼關，軍迴乃定。恪
爲將不尚威嚴，專以恩信御物，務於大略，不以小令勞衆。軍士有
犯法，密縱舍之，捕斬賊首以令軍。營内不整似可犯，而防禦甚嚴，
終無喪敗。

臨終，暐親臨問以後事，恪曰：“臣聞報恩莫大於薦士，版築猶
可，而況國之懿藩。吳王文武兼才，管蕭之亞，陛下若任之以政，國
其少安。不然，臣恐二寇必事闚關之計。”言終而死。

先是，晉南陽督護趙弘以宛降於暐，暐遣其南中郎將趙盤自魯
陽戍宛。至此，晉右將軍桓豁攻宛，拔之，趙盤退奔魯陽。豁遣輕
騎追盤，及於雉城，大戰敗之，執盤，戍宛而歸。

十二月，太尉陽騖卒。

陽騖，字士秋，右北平無終人也。父耽，仕廆，官至東夷校
尉。騖母李氏，博學有母儀，慕容皝常升堂拜敬。以上亦見《御覽》

四百三十一。鷙少清素好學，器識沈遠。起家爲平州別駕，屢獻安時強國之術，事多納用，廆甚奇之。

　　皝即王位，遷左長史，東西征伐，參謀幃幄。皝臨終謂儁曰："陽士秋忠幹貞固，可託付大事，汝善待之。"儁之將圖中原也，鷙制勝之功亞於慕容恪。

　　暐既嗣儁位，申以師傅之禮，親遇日隆。及爲太尉，慨然而歎曰："昔常林、徐邈先代名臣，猶以鼎足任重，而終辭三事。以吾虛薄，何德以堪之！"固求罷職，言甚懇至，暐優答不許。

　　鷙清貞謙謹，老而彌篤，既以宿望舊齒，自慕容恪已下莫不畢拜。性尤儉約，一作"清儉"。好施無倦，位爲台保，爵封郡公，常乘敝車瘠牛，一作"馬"。及卒，無斂財。末段亦見《御覽》四百三十一。

　　戊辰。九年，苻堅將苻謨據陝城降於暐。時有圖書云："燕馬當飲渭水。"堅恐暐乘釁入關，大懼，乃盡精銳以備華陰。暐群下議欲遣兵救謨，因圖關右。慕容評素無經略，又受苻堅間貨，沮議曰："秦雖有難，未易可圖，朝廷雖明，豈如先帝，吾等經略，又非太宰之匹，終不能平秦也。但可閉關息旅，保寧疆場足矣。"暐魏尹慕容德上疏曰："先帝應天順時，受命革代，方以文德懷遠，以一六合。神功未就，奄忽升遐。昔周文既没，武王嗣興，伏惟陛下則天比德，揆聖齊功，方闡崇乾基，纂成先志。逆氏僭據關隴，號同王者，惡積禍盈，自相疑戮，釁起蕭墙，勢分四國，投誠請援，旬日相尋，豈非凶運將終，數歸有道。兼弱攻昧，取亂侮亡，機之上也。今秦土四分，可謂弱矣，時來運集，天贊我也。天與不取，反受其殃。吳越之鑒，我之師也。宜應天人之會，建牧野之旗。命皇甫真引并冀之衆，往取蒲阪；臣垂引許洛之兵，馳解謨圍；太傅總京都武旅，爲二軍後繼。飛檄三輔，仁聲先路，獲城即侯，微功必賞，此則鬱概待時之雄，抱志未申之傑，必嶽峙灞上，雲屯隴下。天羅既張，内外勢合，區區僭豎，不走則降，大同之舉，今其時也。願陛下獨斷聖慮，無訪佞人。"
暐覽表大悅，將從之。評固執不許，乃止。苻謨知評、暐之無遠略，
恐救師弗至，乃牋於慕容垂、皇甫真曰："苻堅、王猛皆人傑也，謀爲
燕患，爲日久矣。今若乘機不赴，恐燕之君臣將有甬東之悔。"垂得
書，私於皇甫真曰："方爲人患者必在於秦，主上富於春秋，未能留
心政事，觀太傅度略，豈能抗苻堅、王猛乎？"真曰："然，繞朝有云，
謀之不從可如何！"

　　暐僕射悅綰言於暐曰："太宰政尚寬和，百姓多有隱附。《傳》
曰：唯有德者可以寬臨衆，其次莫如猛。今諸軍營户，三分共貫，風
教陵敝，威綱不舉。宜悉罷軍封，以實天府之饒，蕭明法令，以清四
海。"暐納之。綰既定制，朝野震驚，出户二十餘萬。慕容評大不
平，尋賊綰，殺之。

　　時有司奏中山浦陰劉洛，縣差充役，弟興私代，背軍逃歸。州
以本名捕斬，興詣郡列稱，逃是興身，請求代洛死。洛又因陳已實
正名，宜從憲辟。兄弟爭命，詳刑有疑。暐曰："洛應征輒留，興
冒名逃役，俱應極法。但兄弟競死，情義可嘉，宜特原之。"《御覽》
四百十六。

　　十二月，有神降於鄴，自稱湘女，有聲，與人相接，數日而去。

　　乙巳。十年，四月，立貴妃可朱渾氏爲皇后。

　　六月，晉大司馬桓温、江州刺史桓沖、豫州刺史袁真率衆五萬
來伐暐，前兗州刺史孫元起兵應之。温部將檀玄攻湖陸，執暐寧東
慕容忠。暐遣其將慕容屬與温戰於黃墟，屬師大敗，單馬奔還。高
平太守徐翻以郡歸順。温前鋒朱序又破暐將傅顏於林渚，温軍大
振，遂至枋頭。暐懼，謀奔和龍。慕容垂曰："不然。臣請擊之，若
戰不捷，走未晚也。"乃以垂爲使持節、南討大都督，慕容德爲征南
將軍，率衆五萬距温，使其散騎侍郎樂嵩乞師於苻堅。堅遣將軍苟

池率衆二萬，出自洛陽，師於潁川，外爲赴援，内實觀隙，有兼并之志矣。慕容德屯於石門，絶溫糧漕。豫州刺史李邦率州兵五千斷溫餽運。溫頻戰不利，糧運復絶，及聞堅師之至，乃焚舟棄甲而退。德率勁騎四千，先溫至襄邑東，伏於澗中，與垂前後夾擊王師，垂大敗之，斬獲二萬餘級。苟池聞溫班師，邀擊於譙，溫衆又敗，死者萬計。溫奔還淮南。

垂既敗溫有大功，威德彌振。太傅評大不平之。垂又言其將孫蓋等摧鋒陷鋭，宜論功超授，評寢而不録。垂數以爲言，頗與評廷爭。太后可足渾氏素惡垂，毁其戰功，遂與評謀殺垂。垂懼，十二月，垂出奔秦。

先是，暐使其黄門侍郎梁琛聘於堅。琛還，言於評曰：“秦揚兵講武，運粟陝東，以琛觀之，無久和之理。兼吳王西奔，必有觀釁之計，深宜備之。”評曰：“不然。秦豈可受吾叛臣而不懷和好哉？”琛曰：“鄰國相并，有自來矣。況今並稱大號，理無俱存。堅機明好斷，納善如流。王猛有王佐之才，鋭於進取。觀其君臣相得，自謂千載一時。桓溫不足爲慮，終爲人患者，其爲王猛乎！”暐、評不以爲虞。皇甫真又陳其事曰：“苻堅雖聘使相尋，託輔車爲諭，然抗均鄰敵，勢同戰國。明其甘於取利，無慕善之心，終不能守信存和，以崇久要也。頃來行人累續，兼師出洛州，夷險要害，具之耳目。觀虛實以措奸圖，聽風塵而伺國隙者，寇之常也。又吳王外奔，爲之謀主，伍員之禍，不可不慮。洛陽、并州、壺關諸城，並宜增兵益守，以防未兆。”暐召評而謀之，評曰：“秦國小力弱，杖我爲援，且苻堅庶幾善道，終不納叛臣之言。不宜輕自擾懼，以動寇心也。”暐從之。

俄而堅遣其將王猛率衆伐暐，攻慕容筑於金墉。

頁二一七至二二五

《十六國春秋輯補》卷二十九《前燕録七》

慕容暐

庚午。建熙十一年，暐遣慕容臧率衆救筑。臧次滎陽，猛部將梁成、洛州刺史鄧羌與臧戰於石門，臧師敗績，死者萬餘，遂相持於石門。筑以救兵不至，以金墉降於猛。案《十六國秦春秋》云：去年十二月，猛受筑降。而《燕書·少帝紀》自云：此年正月拔洛，故附於此。梁成又敗慕容臧，斬首三千餘級，獲其將軍楊據，臧遂城新樂而還。

桓温之敗也，歸罪於豫州刺史袁真。真怒，以壽陽降暐，暐遣其大鴻臚温統署真爲使持節、散騎常侍、都督淮南諸軍事、征南大將軍、領護南蠻校尉、揚州刺史，封宣城公。未至而真、統俱卒，真黨朱輔立真子瑾爲建威將軍、豫州刺史，以固壽陽。

時外則王師及苻堅交侵，兵革不息；內則暐母亂政，評等貪冒，政以賄成，官非才舉，群下切齒焉。其尚書左承申紹上疏曰：

臣聞漢宣有言：“與朕共治天下者，其唯良二千石乎！”是以特重此選，必妙盡英才，莫不拔自貢士，歷資內外，用能仁感猛獸，惠致群祥。今者守宰或擢自匹夫兵將之間，或以寵戚，藉緣時會，非但無聞於州閭，亦不經於朝廷。又無考績，黜陟幽明，貪惰爲惡，無刑戮之懼，清勤奉法，無爵賞之勸。百姓窮弊，侵牟無已，兵士逋逃，乃相招爲賊盜，風頹化替，莫相糾攝。且吏多則政煩，由來常患。今之見戶，不過漢之一大郡，而備置百官，加之新立軍號，兼重有過往時。虛假名位，廢棄農業，公私驅擾，人無聊生。宜并官省職，務勸農桑。秦吳二虜，僻僭一時，尚能任道捐情，肅諧偏部，況大燕累聖重光，君臨四海，而可以美政或虧，取陵奸寇哉！鄰之有善，衆之所望，我之不修，彼之願也。

秦吳狡猾，地居形勝，非唯守境而已，乃有吞噬之心。中州豐實，户兼二寇，弓馬之勁，秦晉所憚，雲騎風馳，國之常也。而比赴敵後機，兵不速濟者，何也？皆由賦法靡恒，役之非道。群縣守宰每於差調之際，無不舍越殷强，首先貧弱，行留俱窘，資贍無所，人懷嗟怨，遂致奔亡，進闕供國之饒，退離鹽桑之要。兵豈在多，貴於用命。宜嚴制軍科，務先饒復，習兵教戰，使偏伍有常。從戎之外，足營私業，父兄有陟岵之觀，子弟懷孔邇之顧，雖赴水火，何所不從！

　　節儉約費，先王格謨，去華敦樸，哲后恒憲。故周公戒成王以嗇財爲本，漢文以皁幃變俗，孝景宮人弗過千餘，魏武寵賜不盈十萬，薄葬不墳，儉以率下，所以割肌膚之惠，全百姓之力。謹案後宮四千有餘，僮侍厮養通兼十倍，日費之重，價盈萬金，綺縠羅紈，歲增常調，戎器弗營，奢玩是務。今帑藏虚竭，軍士無襦褕之資，宰相侯王迭以侈麗相尚，風靡之化，積習成俗，卧薪之諭，未足甚焉。宜罷浮華非要之役，峻明婚姻喪葬之條，禁絶奢靡浮煩之事，出傾宮之女，均商農之賦。公卿以下以四海爲家，信賞必罰，綱維肅舉，則温猛之首，可以懸之白旗，秦吳二主，可以禮之歸命，豈唯不復侵寇而已哉！陛下若不遠追漢宗弋綈之模，近崇先帝補衣之美，臣恐頹風敝俗亦革變靡途，中興之歌無以軫之弦詠。

　　又拓守兼并，不在一城之地，控制戎夷者，懷之以德。令魯陽、上郡，重山之外，雲陰之北，四百有餘，而未可以羈服塞表，爲平寇之基，徒孤危託落，令善附内駭。宜攝就并豫，以臨二河，通接漕轂，擬之邱陵，重晉陽之戍，增南藩之兵，戰守之備，衒以千金之餌，蓄力待時，可一舉而滅。如其虔劉送死，俟之境而斷之，可令匹馬不反。非唯絶二賊闚闞，乃是戡殄之要，惟陛下覽焉。

　　暐不納。

　　六月，苻堅又使輔國將軍王猛、鎮南將軍楊安率衆六萬來伐。

猛攻壺關，安攻晉陽。暐使太傅評、下邳王厲等率中外精卒三一作
"四"。十餘萬距秦師於潞川。猛、安進師潞川。州郡盜賊大起，鄴
中多怪異非常。暐憂懼不知所爲，乃召其使而問曰："秦衆何如？
大師既出，猛等能戰否？"或對曰："秦國小兵弱，豈王師之敵，景略
常才，又非太傅之匹，不足憂也。"黃門侍郎梁琛、中書侍郎樂嵩進
曰："不然。兵書之義，計敵能鬥，當以算取之。若冀敵不鬥，非萬
全之道也。慶鄭有云：'秦衆雖少，戰士倍我。'衆之多少，非可問
也。且秦行師千里，固戰是求，何不戰之有乎！"暐不悅。

　　猛與評等相持。評以猛懸軍遠入，利在速戰，議以持久制之。
猛乃遣其裨將郭慶以銳卒五千，夜從間道出評營後，起火於高山，
因燒其輜重，火見鄴中。評性貪鄙，障固山泉，賣樵鬻水，積錢絹如
邱陵，三軍莫有鬥志。此節亦見《御覽》三百十二及三百三十四。暐遣
其侍中蘭伊讓評曰："王，高祖之子也，宜以宗廟社稷爲憂，奈何不
務撫養勳勞，專以聚斂爲心乎！府藏之珍貨，朕豈與王愛之！若寇
軍冒進，王持錢帛安所置也！皮之不存，毛將安傅！錢帛可散之三
軍，以平寇凱旋爲先也。"評懼。十月，評與猛戰於潞川，評師敗績，
死者五萬餘人，評等單騎遁還。猛乘勝追奔，遂長驅至鄴。十一
月，苻堅復率衆十萬，會猛來攻，鄴城外亂。

　　先是，慕容桓以衆萬餘屯於沙亭，爲評等後繼。聞評敗，引屯
內黃。堅遣將鄧羌攻信都，桓率鮮卑五千退保和龍。散騎侍郎徐
蔚等率扶餘、高句麗及上黨質民子弟五百餘人，夜開城北門引納
秦師。暐與太傅評、左衛將軍孟高等數十騎出奔於昌黎。堅遣將
軍郭慶帥騎五千追之，及暐於高陽。秦將巨虎執暐，將縛之，暐曰：
"汝何小人，而敢縛天子！"虎曰："我梁山巨虎，受詔縛賊，何謂天
子邪！"一作"也"。遂執暐送於堅。堅詰問其奔狀，暐曰："狐死首
邱，欲歸死於先人陵墓耳。"堅哀而釋之，令還宮率文武出降。郭慶

遂追評、桓於和龍。桓殺其鎮東慕容亮而并其衆，攻其遼東太守韓
稠於平州。郭慶遣將軍朱嶷擊桓，執而送之。

　　堅入鄴宮，昇正陽殿。徙暐及王公已下并諸鮮卑四萬餘户於
長安，封暐新興侯，邑五千户，尋拜尚書。堅征臺城，一作“壽春”。以
暐爲平南將軍、別部都督。淮南之敗，隨堅還長安。既而吳王垂攻
苻丕於鄴，中山王沖起兵關中，暐謀殺堅以應之，事發，爲堅所誅。
時年三十五歲。及德僭稱尊號，僞謚幽皇帝。

　　始廆以武帝太康六年稱公，至暐四世。暐在位下原衍“二”字。
十一年，以海西公太和五年滅，通廆、皝凡八十五年。

頁二二七至二三〇

皇甫真

　　皇甫真，字楚季，安定朝那人也。弱冠以高才，廆拜爲遼東國
侍郎。皝嗣位，遷平州別駕。時内難連年，百姓勞悴，真議欲寬減
歲賦，休息力役。不合旨，免官。後以破麻秋之功，拜奉車都尉，守
遼東、營邱二郡太守，皆有善政。及儁僭位，入爲典書令。後從慕
容評攻拔鄴都，珍貨充溢，真一無所取，唯存恤人物，收圖籍而已。
儁臨終，與慕容恪俱受顧託。

　　慕輿根將謀爲亂，真陰察知之，乃言於恪，請除之。恪未忍顯
其事。俄而根謀發伏誅，恪謝真曰：“不從君言，幾成禍敗。”呂護
之叛，恪謀於朝曰：“遠人不服，修文德以來之。今護宜以恩詔降
乎，抑宜以兵戈取也？”真曰：“護九年之間三背王命，揆其姦心，凶
勃未已。明公方飲馬湘江，勒銘劍閣，況護蕞爾近畿而不梟戮，宜
以兵算取之，不可復以文檄喻也。”恪從之。以真爲冠軍將軍、別部
都督。師還，拜鎮西將軍、并州刺史，鎮護匈奴中郎將。徵還，拜侍
中、光禄大夫，累遷太尉、侍中。

苻堅密謀兼并，欲觀釁隙，乃遣其西戎主簿郭辯潛結匈奴左賢王曹轂，令轂遣使詣鄴，辯因從之。真兄典仕苻堅爲散騎常侍，從子奮、覆並顯關西。辯既至鄴，歷造公卿，言於真曰：“辯家爲秦所誅，故寄命曹王，貴兄常侍及奮、覆兄弟並相知在素。”真怒曰：“臣無境外之交，斯言何以及我！君似姦人，得無因緣假託乎！”乃白暐請窮詰之，暐、評不許。辯還謂堅曰：“燕朝無綱紀，實可圖之。鑒機識變，唯皇甫真耳。”堅曰：“以六州之地，豈無智識士一人哉！真亦秦人而燕用之，固知關西多君子矣。”

真性清儉寡慾，不營產業，飲酒至石餘不亂，雅好屬文，凡箸詩賦四十餘篇。

王猛入鄴，真望馬首拜之。明日更見，語乃卿猛。猛曰：“昨拜今卿，何恭慢之相違也？”真答曰：“卿昨爲賊，朝是國士，吾拜賊而卿國士，何所怪也？”猛大嘉之，謂權翼曰：“皇甫真故大器也。”從堅入關，爲奉車都尉，數歲而死。

頁二三〇至二三一

《十六國春秋輯補》卷三十《前燕録八》節録

成公都

成公都，晉興元吳人也。都驍猛有勇力，陽慮之戰，年十八，橫矛大呼，賊不敢當。獨步當時，擬之方叔，論者咸曰：“當求之於古，造次無其比也。”《御覽》四百三十六。

頁二三五至二三六

王歡

王歡，一作“觀”，又作“勸”。字君厚，樂陵人也。安貧樂道，專精耽學，不營產業，常丐食誦《詩》，雖家無斗儲，意怡如也。其妻患之，或焚毀其書，而求改嫁。歡笑而謂之曰："卿不聞朱買臣妻邪？"
時聞者多哂之，歡守志彌固，遂爲通儒。至慕容暐襲僞號，署爲國
子博士，親就受經。遷祭酒。及暐爲苻堅所滅，歡死於長安。依《晉
書·儒林傳》録。

頁二三六

公孫鳳

　　公孫鳳，字子鸞，上谷人也，隱於昌黎之九城山谷，冬衣單布，
寢土牀，夏則并食於器，停令臭敗，然後食之。彈琴吟咏，陶然自
得，咸異之，莫能測也。慕容暐以安車徵至鄴，及見暐不言不拜，衣
風舉動，如在九城。賓客造請，趑得與言。數年病卒。依《晉書·隱
逸傳》録。

頁二三六

公孫永

　　公孫永，字子陽，襄平人也。少而好學恬虛，隱於平郭南山，
不娶妻妾，非身所墾植，則不衣食之。吟咏巖間，欣然自得。年餘
九十，操尚不虧。與公孫鳳俱被慕容暐徵至鄴，及見暐不拜，王公
以下造之，皆不與言。雖經隆冬盛暑，端然自若。一歲餘，詐狂，暐
送之平郭。後苻堅又將備禮徵之，難其年耆路遠，乃遣使者致問。
未至而永亡，堅深悼之，謚曰崇虛先生。依《晉書·隱逸傳》録。

頁二三六

黄泓

　　黄泓，子始長，魏郡斥邱人也。父沈，善天文秘術。泓從父受
業，精妙踰深，兼博覽經史，尤明《禮》、《易》。性忠勤，非禮不動。

永嘉之亂，與渤海高瞻避地幽州，説瞻曰：“王浚昏暴，終必無成，宜思去就，以圖久安。慕容廆法政修明，虛懷引納，且讖言真人出東北，儻或是乎？宜相與歸之，同建事業。”瞻不從。泓乃率宗族歸廆，廆待以客禮，引爲參軍，軍國之務，動輒訪之。泓止説成敗，事皆如言。廆常曰：“黑參軍，我之仲翔也。”

及皝嗣位，遷左常侍，領史官，甚重之。石季龍攻皝，皝將走遼東，泓曰：“賊有敗氣，無可憂也。不過二日，必當奔潰。宜嚴勒士馬，爲追擊之備。”皝曰：“今寇盛如此，卿言必走，孤未可信。”泓曰：“殿下言盛者，人事耳，臣言必走者，天時也，胡足爲疑。”及期，季龍果退，皝益奇之。

及慕容儁即王位，遷從事中郎。儁聞冉閔亂，將圖中原，訪之於泓。泓勸行，儁從之。及儁僭號，署爲進謀將軍、太史令、關内侯，尋加奉車都尉、西海太守，領太史令、開陽亭侯，又封平舒縣五等伯，常從左右，諮决大事。靈臺令許敦害其寵，諂事慕容評，説異議以毁之。乃以泓爲太史靈臺諸署，統加給事中。泓待敦彌厚，不以毁已易心。

慕容暐敗，以老歸家，歎曰：“燕必中興，其在吴王。恨吾年邁不見耳。”年九十七卒，卒後三年，儁吴王慕容垂興焉。依《晉書·藝術傳》録。

頁二三七

《十六國春秋輯補》卷四十二《後燕録一》

慕容垂

慕容垂字道明，皝之第五子也。小字阿六敦，母蘭淑儀。垂少岐嶷有器度，身長七尺七—作“四”。寸，手垂過膝。皝甚寵之，常目而謂諸弟曰：“此兒闊達好奇，終能破人家，或能成人家。”故名霸，字道業,恩遇踰於世子儁,故儁弗能平之。以滅宇文之功,封都鄉侯。石季龍來伐,既還,猶有兼幷之志,遣將鄧恒率衆數萬屯於樂安,營攻取之備。垂戍徒河,與恒相持,恒憚而不侵。垂少好畋游,因獵墜馬,傷前二齒。慕容儁僭即王位,因改名䮲,外以慕郤䮲爲名,内實惡而改之。尋以讖記之文,乃去央,以“垂”爲名焉。

石季龍之死也,趙魏亂,垂謂儁曰:“時來易失,赴機在速。兼弱攻昧,及其時矣。”儁以新遭大喪,不許。慕輿根言於儁曰:“王子之言,千載一時,不可失也。”儁乃從之。以垂爲前鋒都督。儁既剋幽州,將坑降卒。垂諫曰:“弔伐之義,先代常典。方今平中原,宜綏懷以德,坑戮之刑,不可爲王師之先聲。”儁從之。及儁僭稱尊號,封垂吳王,徙鎮信都,以侍中、右禁將軍録留臺事,大收東北之利。又爲征南將軍、荆兗二州牧,有聲於梁楚之南。再爲司隷,僞王公已下莫不屏迹。時慕容暐嗣僞位,慕容恪爲太宰。恪甚重垂,常謂暐曰:“吳王將相之才十倍於臣,先帝以長幼之次,以臣先之。臣死之後,願陛下委政吳王,可謂親賢兼舉。”建熙十年,以車騎大將軍敗桓温於枋頭,威名大震。太傅上庸王評深忌惡之,乃謀誅垂。垂懼禍及己,遂與世子令—作“全”。出奔於秦苻堅。

自恪卒後,堅密有圖暐之謀,憚垂威名而未發。及聞垂至,堅大悦,郊迎執手,禮之甚重。堅相王猛惡垂雄略,勸堅殺之。堅不從,以爲冠軍將軍,封賓都侯,食華陰之五百户。王猛伐洛陽,引令爲參軍。將發,謂慕容垂曰:“吾將遂清東夏,或爲東山之别。見物思人,卿將何以爲信?”垂以佩刀遺之。此節依《御覽》四百七十八引補。猛乃令人詭傳垂語於令曰:“吾已東還,汝可爲計也。”令信之,乃奔暐。猛表令叛狀,垂懼而東奔,及藍田,爲追騎所獲。堅引見東堂,慰勉之曰:“卿家國失和,委身投朕。賢子志不忘本,猶懷首邱。《書》不云乎:‘父父子子,無相及也。’卿何爲過懼而狼狽若斯也！”於是復垂爵位，恩待如初。

及堅擒暐，垂隨堅入鄴，收集諸子，對之悲慟，見其故吏，有不悅之色。前郎中令高弼私於垂曰：“大王以命世之姿，遭無妄之運，迍遭棲伏，艱亦至矣。天啓嘉會，靈命蹔遷，此乃鴻漸之始，龍變之初，深願仁慈有以慰之。且夫高世之略必懷遺俗之規，方當網漏吞舟，以弘苞養之義，收納舊臣之胄，以成爲山之功。奈何以一怒捐之？竊爲大王不取。”垂深納之。垂在堅朝，歷位京兆尹，進封泉州侯，所在征伐，皆有大功。

苻堅之敗於淮南也，垂軍獨全，堅以千餘騎奔垂。垂世子寶言於垂曰：“家國傾喪，皇綱廢弛，至尊明命箸之圖籙，當隆中興之業，建少康之功。但時來之運未至，故韜光俟奮耳。今天厭亂德，凶衆土崩，可謂乾啓神機，授之於我。千載一時，今其會也，宜恭承皇天之意，因而取之。且夫立大功者不顧小節，行大仁者不念小惠。秦既蕩覆二京，竊辱神器，仇恥之深，莫甚於此。願不以意氣微恩而忘社稷之重。五木之祥，今其至矣。”垂曰：“汝言是也。然彼以悉心投命，奈何害之！苟天所棄，圖之多便。且縱令北還，更待其釁，既不負宿心，可以義取天下。”垂弟德進曰：“夫鄰國相吞，有自來矣。秦强而并燕，秦弱而圖之。此爲報仇雪辱，豈所謂負宿心也。昔鄧析侯不納三甥之言，終爲楚所滅，吳王夫差違子胥之諫，取禍句踐。前事之不忘，後世之師表也。願不棄湯武之成蹤，追韓信之敗迹，乘彼土崩，恭行天罰，斬逆氏，復宗祀，建中興，繼洪烈，天下大機，弗宜失也。若釋數萬之衆，授干將之柄，是却天時而待後害，非至計也。語曰：‘當斷不斷，反受其亂。’願兄無疑。”垂曰：“吾昔爲太傅所不容，投身於秦主，又爲王猛所譖，復見昭亮，國士之禮每深，報德之分未一。如使秦運必窮，歷數歸我者，授首之便，何慮無之。關西之地，會非吾有。自當有以擾之者，吾可端拱而定關東。

君子不怵亂，不爲禍先，且可觀之。”乃以兵屬堅。初，寶在長安，與韓黃、李根等因讌樗蒲，寶危坐整容，誓之曰：“世云樗蒲有神，豈虚也哉！若富貴可期，頻得三盧。”於是三擲盡盧，寶拜而受賜，故云五木之祥。

　　堅至澠池，垂言於堅曰：“王師不利，北境之民，或因此輕動，請奉詔輯寧朔裔。且龍鄴舊都，陵廟所在，乞過展拜，以申罔極，因張國威刑，以安戎狄。”堅許之。權翼諫曰：“垂爪牙名將，所謂今之韓白，且世豪東夏，志不爲人下。頃以避禍歸誠，非慕德而至也，一作“非慕義而來”。恐冠軍之號不飽其志，列地百里未滿其心。且垂猶鷹也，飢則附人，飽便高颺，遇風塵之會，必有凌霄之志。惟宜急其羈絆，不可任其所欲。”堅曰：“卿言是也。但朕已許之。匹夫猶重信，況萬乘之主乎！”翼曰：“陛下重小信而輕忽社稷，臣見其往不見其還。關東之變，垂其首乎。”堅不從。遣其將李蠻、閔亮、尹國率衆三千送垂，自涼馬臺結草筏而渡。至安陽，修箋於長樂公丕。堅又遣石越戍鄴，張蚝戍并州。

　　時堅子丕先在鄴，及垂至，丕館之於鄴西。垂具説淮南敗狀，會堅將苻暉告丁零翟斌聚衆四千謀逼洛陽，丕謂垂曰：“翟斌兄弟因王師小失，敢肆凶悖，子母之軍，恐難爲敵，非冠軍英略，莫可以滅也。欲相煩一行可乎？”垂曰：“下官殿下之鷹犬，敢不惟命是聽？”於是大賜金帛，一無所受，惟請舊田園，丕許之。配垂兵二千，遣廣武將軍苻飛龍率氐騎一千爲垂之副。丕戒飛龍曰：“卿王室肺腑，年秩雖卑，其實帥也。垂爲三軍之統，卿爲謀垂之主，用兵制勝之權，防微杜貳之略，委之於卿，卿其勉之。”垂請入鄴城拜廟，丕不許。乃潛服而入，亭吏禁之，垂怒，斬吏燒亭而去。此節亦見《御覽》一百九十四。石越言於丕曰：“垂之在燕，破國亂家，及投命聖朝，蒙超常之遇，忽敢輕侮方鎮，殺吏焚亭，反形已露，終爲亂階。

將老兵疲,可襲而取之矣。"丕曰:"淮南之敗,衆散親離,而垂侍衛聖躬,誠不可忘。"越曰:"垂既不忠於燕,其肯盡心於我乎!且其亡虜也,主上寵同功舊,不能銘澤誓忠,而首謀爲亂,今不擊之,必爲後害。"丕不從。越退而告人曰:"公父子好存小仁,不顧天下大計,吾屬終當爲鮮卑虜矣。"

垂至安陽,聞丕與飛龍謀,因激怒其衆曰:"吾盡忠於苻氏,而彼專欲圖吾父子。吾雖欲已得乎?"乃停河內募兵,旬日間有衆八千。苻暉告急,簡書相尋。垂方圖飛龍,停河內不進。夜襲飛龍,悉誅氐兵。命左右殺飛龍,以書遺秦王堅言其故。而慕容鳳等亦各帥部曲歸翟斌,會苻暉遣毛當討斌,鳳擊破斬之。此段《別本》及《載記》皆略,因依《通鑑》約補。鳳,字道翔,宜都王桓之子。桓好宮室,鳳年八歲,左右抱之,隨桓周行殿觀,桓問之曰:"此第好否?"鳳笑曰:"此本石家諸王故第,今王修之,何足爲好?"鳳因言曰:"今王之膳,兼列百品,而外有糟糠之民,非是小兒所可同大王之味也。"桓彌加歎賞。以上依《御覽》八百四十八引補。秦滅燕,桓阻兵遼東,爲秦所殺,鳳泣血不言。年十一,告其母曰:"昔張良養士以擊秦王,復君之仇也。先王之事,豈可一日忘之!"以上依《御覽》四百八十二引補。

垂召募遠近,衆至三萬,濟河焚橋,令曰:"吾本外假秦聲,內規興復。亂法者軍有常刑,奉命者賞不踰日,天下既定,封爵有差,不相負也。"翟斌聞垂之將濟河也,遣使推垂爲盟主。垂距之曰:"吾父子寄命秦朝,危而獲濟,荷主上不世之恩,蒙更生之惠,雖曰君臣,義深父子,豈可因其少隙,便懷二三。吾本救豫州,不赴君等,何爲斯議而及於我!"垂進欲據洛陽,故見苻暉以臣節,退又未審斌之誠款,故以此言距之。垂至洛陽,暉閉關門距守,不與垂交通。斌又遣長史河南郭通説垂,乃許之。斌率衆會垂,勸稱尊號,垂曰:

"新興侯,國之正統,孤之君也。若以諸君之力,得平關東,當以大義諭秦,奉迎反正。誣一作"無"。上自尊,非孤心也。"謀於衆曰:"洛陽四面受敵,北阻大河,至於控馭燕趙,非形勝之便,不如北取鄴都,據之以制天下。"衆咸以爲然。乃引師而東,遣建威將軍王騰起浮橋於石門。

初,垂之發鄴中,子農及兄子楷、紹,弟子宙,爲苻丕所留。及誅飛龍,遣田生密告農等,使起兵趙魏以相應,於是農、宙奔列人。農乃詣烏桓説張驤,使趙秋説屠各畢聰,及烏丸劉大等來援。趙秋,字子武,汲郡朝歌人也。少而輕財好施,鄰人李元度母死,家貧無以葬,秋謂其兄曰:"赴死救不足,仁之本也。"家有二牛,以一與之,元度得以葬。他年,秋夜行,見一老母,遺秋金一餅曰:"子能葬我,是以相報。子五十以後,留富貴不可言。勿忘元度也。"依《御覽》四百七十一,及五百五十五引補。楷、紹奔辟陽,衆咸應之。農西招庫傉官偉於上黨,東引乞特歸於東阿,各率衆數萬赴之,衆至十餘萬。丕遣石越討農,皆勸農逆擊之。農曰:"我無兵仗,彼有鋭鉀。音甲。不如待暮,一戰而定之。"此節依《御覽》三百五十五引補。爲農所敗,斬越於陣。

垂引兵至滎陽,群下固請上尊號。乃以太元八年自稱大將軍、大都督、燕王,承制行事,令稱統府。府置四佐,王公已下稱臣。凡所封拜,一如王者。以翟斌爲建義大將軍,封河南王;翟檀爲柱國大將軍、封弘農王;弟德爲車騎大將軍,范陽王;兄子楷爲征西大將軍,太原王;鳳爲建策將軍。衆至二十餘萬,濟自石門,長馳一作"驅"。攻鄴。農、楷、紹、宙等率衆會垂。

頁三二九至三三四

《十六國春秋輯補》卷四十三《後燕録二》

慕容垂

甲申。燕元元年，晉太元九年。正月，朝群寮於清陽宮。以暐在長安，依晉愍帝在平陽，中宗稱王，改年建武故事，改秦建元二十年爲燕元元年。服色朝儀，皆如舊章，立太子寶爲燕王太子，封功臣爲公侯伯子男者百餘人。

苻丕乃遣侍郎姜讓謂垂曰：“往歲大駕失據，君保衛鑾輿，勤王誠義，邁蹤前烈。宜述修前規，終忠貞之節，奈何棄崇山之功，爲此過舉！過貴能改，先賢之嘉事也。深宜詳思，悟猶未晚。”垂謂讓曰：“孤受主上不世之恩，故欲安全長樂公，使盡衆赴京師，然後修復國家之業，與秦永爲鄰好。何故闇於機運，不以鄰見歸也？大義滅親，況於意氣之顧！公若迷而不返者，孤亦欲窮兵勢耳。今事已然，恐單馬乞命不可得也。”讓屬色責垂曰：“將軍不容於家國，投命於聖朝，燕之尺土，將軍豈有分乎！主上與將軍風殊類别，臭味不同，奇將軍於一見，託將軍以斷金，寵踰宗舊，任齊懿藩，自古君臣名契之重，豈甚此邪！方付將軍以六尺之孤，萬里之命，奈何王師小敗，便有二圖！夫師起無名，終則弗成，天之所廢，人不能支。將軍起無名之師，而欲興天所廢，竊未見其可。長樂公，主上之元子，聲德邁於唐衛，居陝東之任，爲朝廷維城，其可束手輸將軍以百城之地！大夫死王事，國君死社稷，將軍欲裂冠毀冕，拔本塞源者，自可任將軍兵勢，何復多云。但念將軍以七十之年，懸首白旗，高世之忠，忽爲逆鬼，竊爲將軍痛之。”垂默然。左右勸垂殺之，垂曰：“古者兵交，使在其間，犬各吠非其主，何所問也！”乃遣讓歸。

垂上表於苻堅曰：“臣才非古人，致禍起蕭墻，身嬰時難，歸命聖朝。陛下恩深周漢，狠叨微顧之遇，位爲列將，爵忝通侯，誓在勤力輸誠，常懼不及。去夏桓沖送死，一擬雲消，迴討郇城，俘馘萬計，斯誠陛下神算之奇，頗亦愚臣忘死之效。方將飲馬桂洲，懸旌閩會，不圖天助亂德，大駕班師。陛下單馬奔臣，臣奉衛匪貳，豈陛下聖明，鑒臣丹心，皇天后土，實亦知之。臣奉詔北巡，受制長樂。然丕外失衆心，內多猜忌，令臣野次外庭，不聽謁廟。丁零逆豎寇逼豫州，丕迫臣單赴，限以師程，惟給敝兵二千，盡無兵杖，復令飛龍潛爲刺客，及至洛陽，平原公暉復不信納。臣竊惟進無淮陰功高之慮，退無李廣失利之愆，懼有青蠅，交亂白黑。丁零夷夏以臣忠而見疑，乃推臣爲盟主。臣受託善始，不遂令終，泣望西京，揮涕即邁。軍次石門，所在雲赴，雖復周武之會於孟津，漢祖之集於垓下，不期之衆，實有甚焉。欲令長樂公盡衆赴難，以禮發遣，而丕固守匹夫之志，不達變通之理。臣息農收集故營，以備不虞，而石越傾鄴城之衆，輕相掩襲，兵陣未交，越已隕首。臣既單車懸斾，歸者如雲，斯實天符，非臣之力。且鄴者臣國舊都，應即惠及，然後西面受制，永守東藩，上成陛下遇臣之意，下全愚臣感報之誠。今進師圍鄴，并喻丕以天時人事。而丕不察機運，杜門自守，時出挑戰，鋒戈屢交，恒恐飛矢誤中，以傷陛下天性之念。臣之此誠，未簡神聽，輒遏兵止銳，不敢窮攻。夫運有推移，去來常事，惟陛下察之。”

堅報曰：“朕以不德，忝承靈命，君臨萬邦，三十年矣。遐方幽裔，莫不來庭，惟東南一隅，敢違王命。朕爰奮六師，恭行天罰，而玄機不弔，王師敗績。賴卿忠誠之至，輔翼朕躬，社稷之不隕，卿之力也。《詩》云：‘中心藏之，何日忘之。’方任卿以元相，爵卿以郡侯，庶弘濟艱難，敬酬勳烈，何圖伯夷忽毀冰操，柳惠倏爲淫夫！覽表愡然，有慚朝士。卿既不容於本朝，匹馬而投命，朕則寵卿以將位，禮卿以上賓，任同舊臣，爵齊勳輔，歃血斷金，披心相付。謂卿食椹懷音，保之偕老。豈意畜水覆舟，養獸反害，悔之噬臍，將何所及！誕言駭衆，誇擬非常，周武之事，豈卿庸人所可論哉！失籠之鳥，非羅所羈；脱網之鯨，豈罟所制！翹陸任懷，何煩聞也。念卿垂老，老而爲賊，生爲叛臣，死爲逆鬼，侏張幽顯，布毒存亡，中原士女，何痛如之！朕之曆運興衰，豈復由卿！但長樂、平原以未立之年，遇卿於兩都，慮其經略未稱朕心，所恨者此焉而已。”

垂攻拔鄴郛，丕固守中城。垂塹而圍之，分遣老弱於魏郡、肥鄉，築新興城以置輜重。

范陽王德擊秦枋頭，取之。東胡王晏據館陶，爲鄴中聲援，夷夏不從燕者尚衆，垂遣太原王楷與陳留王紹擊之，楷謂紹曰：“今大業始爾，人心未洽。唯宜綏之以德，不可震之以威。”乃屯於辟陽。紹帥騎數百往説王晏，晏降。於是民夷降者數十萬口。楷留其老弱，置守宰以撫之，發其丁壯十餘萬，與晏詣鄴。垂大悦曰：“卿兄弟才兼文武，足以繼武王矣。”垂以鄴城猶固，會僚佐議之。右司馬封衡請引漳水以灌之，從之。封衡，字百華，中書監裕之子也，輕財好施。年十餘歲，見一老父荷儋於路，引歸，問之父曰：“宣子一飯，箸名《春秋》。宜給宅一區、奴一口，供贍以終其年。”裕高其志而從之。依《初學記》二十四引補。垂行圍，因飲於華林園，秦人密出兵掩之，矢下如雨，垂幾不得出。冠軍隆將騎衝之，垂僅而得免。

慕容麟拔常山、中山，翟斌恃功驕縱，邀求無厭，又以鄴城久不下，潛有貳心。太子寶請除之，垂曰：“河南之盟，不可負也。若其爲難，罪由於斌。今事未有形而殺之，人必謂我忌其功能。吾方收攬豪傑，以隆大業，不可示人以狹。失天下之望。藉彼有謀，吾以智防之，無能爲也。”以上數節，依《通鑑》約補。

斌潛諷丁零及西人，請斌爲尚書令。垂訪之群僚，其安東將軍封衡屬色曰：“馬能千里，不免羈絆，明畜生不可以人御也。斌戎狄小人，遭時際會，兄弟封王，自驪兜以來，未有此福。忽履盈忘止，復有斯求，魂爽錯亂，必死不出年也。"垂猶隱忍容之，令曰："翟王之功宜居上輔，但臺既未建，此官不可便置。待六合廓清，更當議之。"斌怒，密應苻丕，潛使丁零決防潰水。事洩，垂誅之。斌兄子真率其部衆北走邯鄲，引兵向鄴，欲與丕爲内外之勢。垂令其太子寶、冠軍隆擊破之。真自邯鄲北走，又使慕容楷率騎迫之，戰於下邑，爲真所敗。真遂屯於承營。垂謂諸將曰："苻丕窮寇，必死守不降。丁零叛擾，乃我心腹之患。吾欲遷師新城，開其逸路，進以謝秦王疇昔之恩，退以嚴擊真之備。"於是引師去鄴，北屯新城。慕容農進攻翟嵩於黃泥，破之。垂謂其范陽王德曰："苻丕吾縱之不能去，方引晉師規固鄴都，不可置也。"進師又攻鄴，開其西奔之路。

乙酉。二年，垂將有北都中山之意，農率衆數萬迎之。群僚聞慕容暐爲苻堅所殺，勸垂僭位。垂以慕容沖稱號關中，不許。

垂攻鄴久不下，將北詣冀州。乃命趙王屯信都，樂浪王溫屯中山，召遼西王農還鄴，於是遠近以燕爲不振，頗懷去就。農至高邑，遣從事睢邃近出，違期不還。長史張攀請討之，農不應，假邃高陽太守，參佐家在趙北者，悉假署遣歸。退謂攀曰："君所見殊誤，當今豈可自相魚肉？俟吾北還，邃等當迎於道左耳。"溫在中山，兵力甚弱，撫舊招新，勸課農桑。民歸附者相繼，壁壘爭送軍糧，倉庫充溢。翟真夜襲中山，溫擊破之。乃遣兵運糧以餉垂，且營中山宮室。此段依《通鑑》約補。

晉龍驤將軍劉牢之率衆救苻丕，至鄴，垂逆戰，敗績，遂徹鄴圍，退屯新城。垂自新城北走，牢之追垂，連戰皆敗，疾趨二百里，至五橋澤。爭燕輜重。垂與牢之又戰於五橋澤，晉大敗。車騎德及隆引兵要牢之於五丈橋，牢之單馬走，馳馬跳五丈澗，會苻丕救至而免。此節亦見《初學記》七、《書鈔》百五十九、《御覽》七十三，及《通鑑》，因依《校補》。

鄴中飢甚，丕帥衆就晉穀於枋頭。牢之入屯鄴城，兵復少振，尋坐軍敗徵還。丕還鄴。燕秦相持經年，幽冀人相食，邑落蕭條，垂以桑椹爲軍糧。北趣中山，使農先驅，睦邃等皆來迎，上下如初。此節依《通鑑》約補。

翟真去承營，徙屯行唐，真司馬鮮于乞殺真，盡誅翟氏，自立爲趙王。營人攻殺乞，迎立真從弟成爲主，真子遼奔黎陽。

高句驪寇遼東，垂平北慕容佐遣司馬郝景率衆救之，爲高句驪所敗，遼東、玄菟遂沒。

建節將軍徐巖叛於武邑，驅掠四千餘人，北走幽州。垂馳敕其將平規曰：“但固守勿戰，北破丁零，吾當自討之。”規違命距戰，爲巖所敗。巖乘勝入薊，掠千餘户而去，所過寇暴，遂據令支。

翟成長史鮮于得斬成而降，垂入行唐，悉坑其衆。

八原誤作“三”。月，苻丕棄鄴，奔於并州。以魯陽王和爲南中郎將，鎮鄴。

慕容農攻剋令支，斬徐巖兄弟。進伐高句驪，復遼東、玄菟二郡。還至龍城，繕修陵廟，垂以農爲幽州牧，留鎮之。農法制寬簡，清刑獄，省賦役，勸農桑，居民富贍，四方流民，至者數萬。末九句，依《通鑑》約補。

十二月，原誤作“年”。垂定都於中山。垂北如中山，謂諸將曰：“樂浪王温，招流散，實倉廩，外給軍糧，内修宫室，雖蕭何何以加之！”乃定都焉。末九句，亦依《通鑑》約補。

頁三三五至三四〇

《十六國春秋輯補》卷四十四《後燕録三》

慕容垂

丙戌。建興元年，正月，董統上言於垂曰：“臣聞陛下之奇有六

焉。厥初之奇，金光耀室。"依《初學記》二十七引補。群僚勸垂正尊
號，具典儀，修郊燎之禮，垂從之。辛卯，以太元十一年僭即皇帝位
於南郊。大赦其境内，改元曰建興。置百官，繕宗廟社稷。立子寶
爲皇太子，以其左長史庫傉官偉、右長史段崇、龍驤張崇，中山尹封
衡爲吏部尚書，慕容德爲侍中、都督中外諸軍事、領司隸校尉，撫軍
慕容麟爲衛大將軍，其餘拜授有差。

　　追尊母蘭氏爲文昭皇后，欲遷文明段后，以蘭氏配饗太祖，詔
百官議之，皆以爲當然。博士劉詳、董謐以爲堯母爲帝嚳妃，位第
三，不以貴陵姜嫄，明聖王之道以至公爲先，文昭后宜立别廟。垂
怒逼之，詳、謐曰："上所欲爲，無問於臣。臣案經奉禮，不敢有貳。"
垂乃不復問諸儒。卒遷段后，以蘭后代之。又以景昭可足渾后傾
覆社稷，追廢之。尊烈祖昭儀段氏爲景德皇后，配享烈祖。此段《載
記》稍略，依《通鑑》補。

　　遣其征西慕容楷、衛軍慕容麟、鎮南慕容紹、征虜慕容宙等攻
苻堅冀州牧苻定、鎮東苻紹、幽州牧苻謨、鎮北苻亮。楷與定等書，
喻以禍福，苻定、苻紹等悉降。垂下書封紹等爲侯，以酬秦王之惠，
且擬三恪。末四句依《御覽》一百九十八引補。

　　崔鴻曰：齊桓公命諸侯無以妾爲妻。夫之於妻，猶不可以妾代
之，況子而易其母乎！《春秋》所稱母以子貴者，君母既没，得以妾
母爲小君也。至於享祀宗廟，則成風終不得配莊公也。君父之所
爲，臣子必習而效之，猶形聲之於影響也。寶之逼殺其母，由垂爲
之漸也。堯、舜之讓，猶爲之、噲之禍，況違禮而縱私者乎！昔文姜
得罪於桓公，《春秋》不之廢。可足渾氏雖有罪於前朝，然小君之禮
成矣。垂以私憾廢之，又立兄妾之無子者，皆非禮也。此評依《通鑑》
引補。

　　丁亥。二年，垂太子洗馬太原温詳，奔晉爲濟北太守。温詳屯

東阿，垂觀兵阿上，分兵擊之，詳奔彭城，其眾皆降。垂以太原王楷爲兗州刺史，鎮之。初，垂在長安，秦王堅嘗與之交手語。秦宦人冗從僕射光祚言於堅曰："陛下頗疑慕容垂乎？垂非久爲人下者。"及燕取鄴，祚先奔入晉，晉以爲河北郡守，至是來歸。垂見祚流涕曰："秦主知我理深，吾事之亦盡。淮南之敗，吾效忠節，但爲公猜忌，懼死而負之。每思疇昔之願，未嘗不中宵忘寢。"祚亦歔欷。垂賜祚金帛，祚辭，垂曰："卿復疑邪？"祚曰："臣昔者惟知忠於所事，不意陛下至今懷之，臣敢逃死。"垂曰："此卿之忠，固吾之所求也，前言戲之耳。"待之彌厚。此節略見《御覽》三百八十七，因依《通鑑》補足。

垂留其太子寶守中山，率諸將南攻翟遼，以楷爲前鋒都督。遼之部眾皆燕趙人也，咸曰："太原王之子，吾之父母。"相率歸附。遼懼，遣使請降。垂至黎陽，遼肉袒謝罪，垂厚撫之。

劉顯庫仁子。地廣兵強，雄於北方。會其兄弟乖爭，魏張袞言於魏王珪曰："顯志在并吞，今不乘其內潰而取之，必爲後患。請與燕攻之。"珪乃遣使乞師於燕。會柔然獻馬於燕而顯掠之，垂怒，遣兵會魏擊顯，大破之，顯奔西燕。垂立其弟爲烏桓王以撫其眾，徙八萬餘落於中山。

翟遼復叛。

戊子。三年，翟遼遣使謝罪，垂以其反覆，斬之。遼乃自稱魏王，徙屯滑臺。上劉顯、翟遼二事，依《通鑑》約補。

垂爲其太子寶起承華觀，以寶錄尚書，政事巨細皆委之，垂總大綱而已。立其夫人段氏爲皇后，又以寶領侍中、大單于、驃騎大將軍、幽州牧。

垂皇后段氏，字元妃，右光禄大夫段儀之女也。后少而婉惠，有節操，嘗謂其妹季妃曰："我終不能爲庸人妻。"季妃曰："妹亦不爲庸人之婦。"鄰人聞而笑之。内黄人張定善相,見儀二女,大驚曰:"君家大興,當由二女。"儀深異之。至年二十餘而不嫁,儀子倫謂儀曰:"張定何知,而拒求者?"儀曰:"吾女輩志行不凡,故且躊躕,以擇良配。"垂稱燕王,納元妃爲繼室,遂有殊寵。范陽王德亦聘季妃。姊妹俱爲垂、德皇后,卒如其志。依《御覽》百四十二補。

魏王珪密有圖燕之志,遣九原公儀奉使中山,還言於珪曰:"燕主衰老,太子闇弱,范陽王自負材氣,非少主臣。燕主既没,内難必作,於是乃可圖也。今則未可。"珪善之。此節依《通鑑》約補。

己丑。四年,遼西王農在龍城五年,庶務修舉,表請代還,垂乃召農還,爲侍中、司隷校尉,而以高陽王隆代之。農建留臺龍城,使隆録留臺尚書事。隆因農舊規,修而廣之,遼碣遂安。此節《載記》略,依《通鑑》補足。

時慕容暐及諸宗室爲苻堅所害者,並招魂葬之。

清河太守賀耕聚衆定陵以叛,南應翟遼,慕容農討斬之,毁定陵城。進師入鄴,以鄴城廣難固,築鳳陽門大道之東爲隔城。

其尚書郎婁會上疏曰:"三年之喪,天下之達制。兵荒殺禮,遂以一切取士。人心奔競,苟求榮進,至乃身冒縗絰,以赴時役,豈必殉忠於國家,亦昧利於其間也。聖王設教,不以顛沛而虧其道,不以喪亂而變其化,杜豪競之門,塞奔波之路。陛下鍾百王之季,廓中興之業,天下漸平,兵革方偃,宜蠲蕩瑕穢,率由舊章。吏遭大喪,聽終三年之禮,則四方知化,人斯服禮。"垂不從。

庚寅。五年。

辛卯。六年,初,燕遣趙王麟會魏兵伐賀訥,破之。歸言於垂曰:"臣觀拓跋珪舉動,終爲國患,不如攝之還朝,使其弟監國事。"垂不從。至是,珪遣觚獻見於燕。垂衰老,子弟用事,留觚以求良馬。珪弗與,遂與燕絶。此節依《通鑑》約補。

翟遼死，子釗代立。攻逼鄴城，慕容農擊走之。

壬辰。七年，垂引師伐釗於滑臺，次於黎陽津，釗於南岸距守。諸將惡其兵精，咸諫不宜濟河。垂笑曰：“豎子何能爲，吾今爲卿等殺之。”遂徙營就西津，爲牛皮船百餘艘，載疑兵列杖，溯流而上。釗先以大衆備黎陽，見垂向西津，乃棄營西距。垂潛遣其桂林王慕容鎮率驍騎慕容國於黎陽津夜濟，壁於河南。釗聞而奔還，士衆疲渴，走歸滑臺，釗携妻子率數百騎北趣白鹿山。垂遣農追擊之，盡擒其衆。此節亦見《御覽》二百八十六。釗單騎奔長子。釗所統七郡戶三萬八千皆安堵如故。徙徐州流人七千餘户於黎陽。

癸巳。八年，於是議征長子。諸將咸諫，以慕容永未有釁，連歲征役，士卒疲怠，請俟他年。垂將從之，及聞慕容德之策，詳《德傳》。笑曰：“吾計決矣。且吾投老，扣囊底智，足以剋之，不復留逆賊以累子孫也。”乃發步騎七萬，遣其丹陽王慕容瓚、龍驤張崇攻永弟支於晉陽。永遣其將刁雲、慕容鍾率衆五萬屯潞川。

甲午。九年，垂遣慕容楷出自滏口，慕容農入自壺關，垂頓於鄴之西南，月餘不進。永謂垂詭道伐之，乃攝諸軍還杜太行軹關。垂進師入自天井關，至於臺壁。永率精兵五萬來距，阻河曲以自固，馳使請戰。垂列陣於臺壁之南，農、楷分爲二翼，慕容國伏千兵於深澗，與永大戰。垂引軍僞退，永追奔數里，國發伏兵馳斷其後。楷、農夾擊之，永師大敗，斬首八千餘級，永奔還長子。慕容瓚攻剋晉陽。垂進圍長子，永將賈韜等潛爲内應。垂進軍入城，永奔北門，爲前驅所獲，於是數而戮之，并其所署公卿刁雲等三十餘人。永所統新舊八郡戶七萬六千八百及乘輿、服御、伎樂、珍寶悉獲之，於是品物具矣。

使慕容農略地河内，攻廩邱、陽城，皆剋之。太山、琅邪諸郡皆委城奔潰。農進師臨海，置守宰而還。垂告捷於龍城之廟。

　　乙未。十年，魏侵逼附塞諸郡。五月，遣其太子寶及農與慕容麟等率衆八萬伐魏，慕容德、慕容紹以步騎一萬八千爲寶後繼。散騎常侍高湖諫曰："魏與燕世爲婚姻，結好久矣。間以求馬不獲而留其弟，曲在於我，奈何遽擊之。涉珪沈勇有謀，幼歷艱難，兵精馬强，未易輕也。太子年少氣壯，必小魏而易之，萬一不如所欲，傷威損重，願陛下圖之。"垂怒，免湖官。湖，泰之子也。魏聞寶將至，張袞言於珪曰："燕狃於屢勝，有輕我心。宜羸形以驕之，乃可剋也。"珪從之，悉徙部落畜産於河西千餘里以避之。燕軍至五原，降魏別部三萬餘家，收穄田百萬餘斛。進軍臨河，造船爲濟具。九月，魏進軍臨河。此段《載記》略，依《通鑑》約補。寶懼不敢濟，引師還，次於參合。忽有大風黑氣，狀若隄防，或高或下，臨覆軍上。沙門支曇猛言於寶曰："風氣暴逆，魏軍將至之候。宜遣兵禦之。"寶笑而不納。猛固以爲言，乃遣麟率騎三萬爲後殿，以禦非常。麟以曇言爲虛，縱騎遊獵。俄而黄霧四塞，日月晦冥。是夜魏師大至，三軍奔潰。以上亦略見《御覽》八百七十六。寶與德等數千騎奔免，士衆還者十一二，紹死之。初，寶至幽州，所乘車軸無故自折，術士靳安以爲大凶，固勸寶還。寶怒不從，故及於敗。

　　寶恨參合之敗，屢言魏有可乘之機，慕容德亦曰："魏人狃於參合之役，有陵太子之心，宜及聖略，摧其鋭志。"垂從之。

　　丙申。十一年，三月，垂留德守中山，自率大衆出參合，鑿山開道，次於獵嶺。遣寶與農出天門，征北慕容隆、征西慕容盛踰青山，襲魏陳留公泥通作"虜"。於平城，陷之，收其衆三萬餘人而還。

　　垂至參合，見往年戰處，積骸如山，設祭弔之。死者父兄各皆號哭，軍中哀慟。垂慚憤嘔血，因而寢疾，乘馬輿而進，過平城北三十里，疾篤，築燕昌城而還。寶等至雲中，聞垂疾，皆引歸。及垂至於平城，或有叛者奔告魏曰："垂病已亡，輿尸在軍。"魏又聞參合大哭，以爲信然，乃進兵追之，知平城已陷而退，還館陰山。垂至上谷之沮陽，以太元二十一年夏四月薨，時年七十一，凡在位十三年。遺令曰："方今禍難尚殷，喪禮一從簡易，朝終夕殯，事訖成服，三日之後，釋服從政。强寇伺隙，秘勿發喪，至京然後舉哀行服。"寶等遵行之。僞謚武成皇帝，廟號世祖，墓曰宣平陵。

頁三四一至三四七

《十六國春秋輯補》卷四十五《後燕録四》

慕容寶

　　慕容寶字道祐，一作"祐"。垂之第四子也。元璽元一作"四"。年生於信都。少輕果無志操，好人佞一作"從"。己。苻堅時爲太子洗馬、萬年令。堅淮肥之役，以寶爲陵江將軍。及爲太子，砥礪自修，敦崇儒學，工談論，善屬文。曲事垂左右小臣，以求美譽，垂之朝士翕然稱之，垂亦以爲克保家業，甚賢之。

　　段后元妃謂一作"諫"。垂曰："太子資一作"姿"。質雍容，柔而不斷，承平則爲仁明之主，處難則非濟世之雄。陛下託之以大業，妾未見克昌之美。遼西、垂第三子農。高陽垂之中子隆。二王，陛下兒一作"嗣"。之賢者，宜擇一以樹之。趙王麟姦詐負氣，常有輕太子之心，陛下一旦不諱，必有難作。此陛下之家事，宜深圖之。"垂不納。寶及麟聞之，深以爲恨。其後元妃又言之，垂謂曰："汝欲使二字一作"謂"。我爲晉獻公乎？"元妃泣而退，告季妃曰："太子不令，群下所知，而主上比吾爲驪戎之女，何其苦哉！主上百年之後，太子必亡社稷。范陽王有非常器度，若燕祚未終，其在王乎！"此段依《別本》録，而以《晉書·列女傳》補足，蓋《別本》不無删節也。《載記》則因已採爲《列女傳》，故不録。

　　建興十一年，即晉太元二十一年也。四月，垂死。其年，寶僭即皇帝位,尊段氏爲太后,大赦境内,改元爲永康。

丙申。永康元年,五月辛亥,以范陽王德爲都督冀兗青徐荆豫六州諸軍事、車騎大將軍、冀州牧,鎮鄴;遼西王農爲都督并雍益梁秦涼六州諸軍事、并州牧,鎮晉陽。甲寅,以其太尉庫傉官偉爲太師,左光禄大夫段崇爲太保,其餘拜授各有差。

乙丑,寶遣將軍趙王麟逼段后曰:"后常謂主上不能嗣守大統,今竟能不? 一作"何如"。宜早自裁,以全段氏。"后一作"元妃"。怒曰:"汝兄弟上一作"尚"。逼殺母,安能一作"豈能"。保守社稷? 吾豈惜死,念國滅不久耳。"遂自殺。寶議以元妃謀廢嫡統,無母后之道,不宜成喪,群下咸以爲然。中書令睦邃大言於朝曰:"子無廢母之義,漢之安思閻后親廢順帝,猶配饗安皇,先后言虚實未可知,宜依閻后故事。"寶從之。此段依《別本》録,而以《晉書·列女傳》補足。

六月癸酉,魏擊廣寧太守劉亢埿,死之,徙其部曲於平城。上谷太守開封公詳棄郡走。

丁亥,遵垂遺令,校閲户口,罷諸軍營分蔭之户,分屬郡縣,定士族舊籍,明其官儀。而法峻政嚴,上下離德,百姓思亂者十室而九焉。

參合之敗,平視舉兵魯口以叛,諸將討之不剋。垂自擊之,渡河而走。垂引還時,視猶保高唐,寶詔高陽王隆討之。秋七月,隆遣建威將軍進等追斬視於濟北。

遼西王農悉將部曲數萬口之并州。并州歲旱,民不得供其食,又分監諸胡,由是民夷俱怨,潛召魏軍。

初,垂以寶冢嗣未建,每憂之。寶庶子清河公會多才藝,有雄略,垂深奇之。及寶之北伐,使會代攝宮事,總録禮遇一同太子,所以見定旨也。垂之伐魏,以龍城舊都,宗廟所在,復使會鎮幽州,委以東北之重,高選寮屬以崇威望。臨死顧命,以會爲寶嗣。而寶寵愛少子濮陽公策，意不在會。寶庶長子長樂公盛自以同生年長，恥會先之，乃盛稱策宜爲儲貳，而非毀會焉。寶大悦，乃訪其當作"於"。趙王麟、高陽王隆，麟等咸希旨贊成之。寶遂與麟等定計，八月乙亥，立策母段氏爲皇后，濮陽王策一作"榮"，蓋因"策"或寫作"榮"而誤。爲皇太子，盛、會進爵爲王。策字道符，年少美姿貌，而惷弱不慧。

己亥，魏大舉來伐，別遣封真等襲幽州，圍薊。

九月，章武王宙奉垂及成哀段后元妃喪，葬於龍城宣平陵。寶詔宙悉徙高陽王隆參伍、部曲、家屬還中山。

魏伐并州，臨晉陽，寶遣遼西王農及驃騎李農逆戰，敗績，還於晉陽。司馬慕容一作"輿"。嵩閉門距之，農大懼，率騎數千奔歸中山。行及潞川，爲魏追兵所及，餘騎盡没，農被創，單馬遁還。魏遂取并州，建臺省。

寶在中山，聞魏兵將至，引群臣於東堂議之。中山尹苻謨曰："魏軍强盛，千里轉鬥，乘勝而來，勇氣兼倍，若逸之使騎入平原，形勢彌盛，殆難爲敵，宜杜險距之。"中書令眭邃曰："魏軍多騎，師行一作"往來"。剽鋭，馬上齎糧，不過旬日。宜令郡縣聚民千家爲一堡，深溝高壘，清野待之，至無所掠，資食無出，不過六旬，自然窮退。"尚書封懿曰："今魏師十萬，天下之勍敵也。百姓雖欲營聚，不足自固，是則聚糧集兵以資强寇，且動衆心，示之以弱。阻關距戰，計之上也。"慕容麟曰："魏今乘勝氣鋭，其鋒不可當，宜自完守設備，待其弊而乘之。"於是修城積粟，爲持久之備，悉以軍事委麟。

魏使于栗磾潛自晉陽開韓信故道，自井陘趨中山，進攻常山，拔之，郡縣皆降。命拓跋儀攻鄴，王建攻信都。珪進攻中山，不剋，謂諸將曰："中山城固，急攻則傷士，久圍則費糧，不如先取信都，然後圖之。"乃引兵而南，此節依《通鑑》約補。進據博陵魯口。諸將望風奔退,郡縣悉降於魏。

　　丁酉。二年,正月,寶聞魏攻信都,悉出珍寶及宫人募群盗以擊之,營於滹沱水北。亦依《通鑑》補。魏使修和,寶聞魏有内難,時魏没根降燕,根兄子醜提懼誅,還國作亂。不許。乃盡衆出距,步卒十二萬,騎三萬七千,次於曲陽柏津。魏軍進至新梁,寶憚魏師之鋭,乃遣征北隆潛師夜濟,襲魏營,因風縱火。魏軍大亂,珪棄營走。既而燕兵無故自相斫射,珪望見之,乃擊鼓收衆,多布火炬於營外,縱兵衝之,敗績而還。此節原略,依《通鑑》補足。魏軍方軌而至,對營相持,上下洶懼,三軍奪氣。農、麟勸寶還中山,乃引歸。魏軍追擊之,寶、農等棄大軍,率騎三萬奔還。時大風雪,凍死者相枕於道。寶恐爲魏軍所及,命去袍杖戎器,寸刃無返。

　　二月,魏軍進攻中山,屯於芳林園。其夜尚書慕容一作"輿"。皓謀殺寶,立趙王麟。皓妻兄蘇泥告之,寶使慕容隆收皓,皓與同謀數十人斬關奔魏,麟懼不自安。魏圍中山既久,城中將士皆思出戰,隆曰:"涉珪雖獲小利,然頓兵經年,士馬死傷大半,人心思歸,諸部離解。若因我之鋭,乘彼之衰,往無不克。如持重不決,將卒氣喪,事久變生,雖欲用之,不可得也。"寶然之。而麟每沮其議,隆成列而罷者數四,衆大忿恨。麟以兵劫左衛將軍北地王精,謀率禁旅弑寶。精以義距之,麟怒殺精,出奔丁零。

　　初,寶聞魏之來伐也,使慕容會率幽并之衆赴中山。會表求赴難而無行意,遣將軍庫傉官偉、餘崇將兵五千爲前鋒。偉頓龍城近百日,會不發。寶怒切責之,會不得已,以治行簡練爲名,復留月餘。偉使輕軍前行通道,且張聲勢,諸將皆畏避不欲行。餘崇奮曰:"今巨寇滔天,京都危逼,匹夫猶思致命以救君父,諸君荷國寵任,而更惜生乎!若社稷傾覆,臣節不立,死有餘辱。諸君安居於此,崇請當之。"偉給步騎五百人。崇至漁陽,遇魏兵,擊却之,衆心稍振,會乃上道。至是達薊城。

麟既叛,寶恐其逆奪會軍,將遣兵迎之。麟侍郎段平子自丁零奔還,說麟招集丁零,軍衆甚盛,謀襲會軍,東據龍城。寶與其太子策及農、隆等萬餘騎迎一作"就"。清河王會於薊,以開封公慕容詳守中山。會傾身誘納,繕甲厲兵,步騎二萬,列陣而進,迎寶薊南。寶分其兵給農、隆,遣西河公庫傉官驥率衆三千助守中山。會以策爲太子,有恨色。寶以告農、隆,俱曰:"會一年少,專任方事,習驕所致,豈有他也。臣當以禮責之。"幽平之士皆懷會威德,不樂去之,咸請曰:"清河王天資神武,權略過人,臣等與之誓同生死,感王恩澤,皆勇氣自倍。願陛下與皇太子、諸王止駕薊宮,使王統臣等進解京師之圍,然後奉迎車駕。"寶左右皆害其勇略,譖而不許,衆咸有怨言。左右勸寶殺會,侍御史仇尼歸聞而告會曰:"左右密謀如是,主上將從之。大王所恃唯父母也,父已異圖;所杖者兵也,兵已去手,進退路窮,恐無自全之理。盍誅二王,廢太子,大王自處東宮,兼領將相,以匡社稷。"會不從。寶謂農、隆曰:"觀會爲變,事當必然,宜早殺之。不爾,恐成大禍。"農曰:"寇賊內侮,中州紛亂,會鎮撫舊都,安衆寧境,及京師有難,萬里星赴,威名之重,可以振服戎狄。又逆跡未彰,宜且隱忍。今社稷之危若綴旒然,復内相誅戮,有損威望。"寶曰:"會逆心已成,而王等仁慈,不欲去之,恐一旦釁發,必先害諸父,然後及吾。事敗之後,當思朕言。"農等固諫,乃止。會聞之彌懼,奔於廣都黄榆谷。會遣仇尼歸等率壯士貳千餘人分襲農、隆,隆是夜見殺,農中重創。既而會歸於寶,寶意在誅會,誘而安之,潛使左衛慕容騰斬會,不能傷。會復奔其衆,於是勒兵攻寶。寶率百數騎馳如龍城,會率衆追之,遣使請誅左右佞臣,并求太子,寶弗許。會圍龍城,侍御郎高雲夜率敢死士百餘人襲會,敗之,衆悉逃散,單馬奔還中山,乃踰圍而入,爲慕容詳所殺。

　　五月,詳遂僭稱尊號,置百官,改年號。荒酒奢淫,殺戮無度,誅其王公以下五百餘人,内外震局,莫敢忤視。城中大饑,公卿餓死者數十人。九月,趙王麟率丁零之衆入中山,殺詳及其親黨三百餘人,麟復僭稱尊號。中山饑甚,麟率三萬餘人出據新市。甲子,晦,後魏道武帝進軍討之。太史令晁崇奏曰:“昔紂以甲子亡,兵家忌之,不可出。”帝曰:“紂以甲子日亡,周武不以甲子勝乎?”崇無以對。帝遂進軍新市,麟退阻派水,依漸洳澤以自固。甲戌,帝臨其營,與魏師戰於義臺塢,大破之。麟軍敗績而奔。此節原依《御覽》二百九十五、《通典》百五十六引補。魏師遂入中山,麟乃奔鄴。

　　寶遣御史中丞兼鴻臚魯遂持節,授司徒范陽王德丞相、冀州牧,承制南夏,封公侯牧守。

　　戊戌。三年,慕容德遣侍郎李延勸寶南伐,寶大悦。慕容盛切諫,以爲兵疲師老,魏新平中原,宜養兵觀釁,更俟他年。寶將從之。撫軍慕容騰進曰:“今衆旅已集,宜乘新定之機以成進取之功。人可使由之,而難與圖始,惟當獨決聖慮,不足廣採異同,以沮亂軍議也。”寶曰:“吾計決矣,敢諫者斬!”二月,寶發龍城,以慕容騰爲前軍,大司馬慕容農爲中軍,寶爲後軍,步騎三萬,將南伐,次於乙連。長上段速骨、宋赤眉因衆軍之憚遠役也,殺司空、樂浪王温,逼立高陽王崇。寶單騎奔農,仍引軍討速骨。衆咸憚征幸亂,投杖奔走。騰衆亦潰,寶、農馳還龍城。蘭汗潛與速骨通謀,速骨進師攻城,農爲蘭汗所譎,潛出赴賊,爲速骨所殺。衆皆奔散,寶又與慕容盛、慕容騰等南奔。尚書蘭汗、殺速骨等十餘人,奉太子策承制,大赦,遣使迎寶還於薊城。寶欲北還,盛等咸以汗之忠款虚實未明,今單馬而還,汗有二志者,悔之無及,宜就范陽王德。寶從之,乃自薊而南。四月,寶至鄴,鄴中遺民固請留之,寶不從。南至黎陽城西,聞范陽王德稱制,懼而退。遣慕容騰招集散兵於鉅鹿,慕容盛結豪傑於冀州，段儀、段溫收部曲於内黄，衆皆響會，剋期將集。乃還龍城，次於廣都。而汗又遣左將軍蘇超迎寶，具申款誠，忠節無差。寶以汗垂之季舅，盛又汗之婿也，必謂忠款無貳，於是命發。汗遣弟難率五百騎迎寶至龍城。汗引寶入於外邸，弒之。時年四十四，在位三年，即隆安三當作“二”。年也。

　　汗又殺其太子策及王公卿士百餘人。汗自稱大都督、大將軍、大單于、昌黎王，年號青龍。七月，長樂公盛襲誅汗。盛即位，僞謚寶惠愍皇帝，廟號烈宗。一作“祖”。

　　初，皝之遷於龍城也，植松爲社主。及秦滅燕，大風吹拔之。後數年，廢社處忽有桑二根生焉。先是，遼川無桑，及庱一作“槐”。通於晉，求種江南，平州之桑悉一作“息”。由吳來一作“由晃始”。也。以上亦見《藝文類聚》八十八、《御覽》九百五十五、《事類賦注》二十五。庱終而垂以吳王中興，寶之將敗，大風又拔其一。

頁三四九至三五五

《十六國春秋輯補》卷四十六《後燕録五》

慕容盛

　　慕容盛字道運，寶之庶長子也。秦建元十年生於長安。少沈敏，多謀略。二十年，符堅誅慕容氏，盛潛東奔於沖。及沖稱尊號，有自得之志，賞罰不均，政令不明。盛年十二，謂叔父柔曰：“今中山王智不先衆，才不出下，恩未施人，先自驕大，以盛觀之，鮮不覆敗。”俄而沖爲段木延所殺，盛隨慕容永東如長子，謂柔曰：“今崎嶇於鋒刃之間，在疑忌之際，愚則爲人所猜，智則危甚巢幕，當如鴻鵠高飛，一舉萬里，不可坐待罟網也。”於是與柔及弟會間行東歸於慕容垂。行至西樂，遇盜陝中，盛曰：“我六尺之軀，入水不溺，在火不焦，汝欲當吾鋒乎？試豎爾手中箭百步，我若中之，宜慎爾命，如其不中，當束身相授。”盜乃豎箭，盛一發中之。盜曰：“郎貴人之子，故相試耳。”資而遣之。歲餘，永誅儁之子孫，男女無遺云。此節亦見《御覽》三百四十九，及七百四十四。盛既至，垂問以西事，畫地成圖。垂笑謂之曰：“昔魏武撫明帝之首，遂乃侯之，祖之愛孫，有由來矣。”於是封長樂公。驍勇剛毅，有伯父全之風烈。

寶即僞位，建興六年，領北中郎將，鎮薊，進爵爲王。寶自龍城南伐，盛留統後事。及段速骨作亂，馳出迎衛。寶幾爲速骨所獲，賴盛以免。盛屢進奇策於寶，寶不能從，是以屢敗。寶既如龍城，盛留在後。及寶爲蘭汗所殺，盛馳進赴哀，將軍張真固諫以爲不可。盛曰：“我今投命，告以哀窮。汗性愚近，必顧念婚姻，不忍害我。旬月之間，足展吾志。”遂入赴喪。汗妻乙氏泣涕請盛，汗亦哀之，遣其子穆迎盛，舍之宮内，親敬如舊。汗兄提、弟難勸汗殺盛，汗不從。慕容奇，汗之外孫也，汗亦宥之。奇入見盛，遂相與謀。盛遣奇起兵於外，衆至數千。汗遣蘭提討奇。提驕很淫荒，事汗無禮，盛因間之於汗曰：“奇，小兒也，未能辦此，必内有應之者。提素驕，不可委以大衆。”汗因發怒，收提誅之，遣其撫軍仇尼慕率衆討奇。汗兄弟見提之誅，莫不危懼，皆阻兵背汗，襲敗慕軍。汗大懼，遣其子穆率衆討之。穆謂汗曰：“慕容盛，我之仇也。奇今起逆，盛必應之。兼内有蕭墻之難，不宜養心腹之疾。”汗將誅盛，引見察之。盛妻以告，於是僞稱疾篤，不復出入，汗乃止。有李旱、衛雙、劉志、張豪、張真者，皆盛之舊昵，蘭穆引爲腹心。旱等屢入見盛，潛結大謀。會穆討蘭難等斬之，大饗將士，汗、穆皆醉。盛夜因如廁，祖而踰墻，入於東宮，與李旱等誅穆，衆皆踴呼，進攻汗，斬之。汗二子魯公和、陳公揚分屯令支、白狼，遣李旱、張真襲誅之。於是内外恬然，士女咸悦。

戊戌。建平元年，七月，告成宗廟，大赦，改青龍元年爲建平元年。盛謙挹自卑，不稱尊號。其年，以長樂王稱制，諸王貶爵爲公。文武各復舊位。

初，慕容奇聚衆於建安，將討蘭汗，百姓翕然從之。汗遣兄子全討奇，奇擊滅之，進屯乙連。盛既誅汗，命奇罷兵，奇遂與丁零嚴生、烏丸王龍謀阻兵叛盛，引軍至橫溝，去龍城十里。盛出兵擊敗之，執奇而還，斬龍、生等百餘人。

東陽公慕容根等九十八人上尊號，盛不許。

八月，暴風拔闕前七大樹。其月，步兵校尉馬勒謀反伏誅。此節依《御覽》八百七十六引補。

十月，根等又請，盛許之。丙子，僭即皇帝位，大赦殊死已下，追尊伯考獻莊太子全爲獻莊皇帝，尊寶后段氏爲皇太后，全妃丁氏爲獻莊皇后，謚太子策爲獻哀太子。

幽州刺史慕容豪、尚書左僕射張通、昌黎尹張順謀叛，盛皆誅之。

己亥。長樂元年，正月，朝群臣於承乾殿，大赦，改建平元當作“二”。年爲長樂元年。有犯罪者，十日一自決之，無搒笞之罰，而獄情多實。

高句驪王安遣使貢方物。有雀素身綠首，集於端門，栖翔東園，二旬而去，改東園爲白雀園。

盛聽詩歌及周公之事，顧謂群臣曰：“周公之輔成王，不能以至誠感上下，誅兄弟以杜流言，猶擅美於經傳，歌德於管絃。至於我之太宰桓王，承百王之季，主在可奪之年，二寇闚闞，難過往日，臨朝輔政，群情緝穆，經略外敷，闢境千里，以禮讓維宗親，德刑制群后，敦睦雍熙，時無二論。勳道之茂，豈可與周公同日而言乎！而燕詠闕而不論，盛德掩而不述，非所謂也。”乃命中書更爲《燕頌》以述恪之功焉。

　　又引中書令常忠、尚書陽璆、秘書監郎敷於東堂，問曰："古來君子皆謂周公忠聖，豈不謬哉！"璆曰："周公居攝政之重，而能達君臣之名，及流言之謗，致烈風以悟主，道契神靈，義光萬代，故累葉稱其高，後王無以奪其美。"盛曰："常令以爲何如？"忠曰："昔武王疾篤，周公有請命之誠，流言之際，義感天地，楚撻伯禽以訓就王德。周公爲臣之忠，聖達之美，《詩》《書》以來未之有也。"盛曰："異哉二君之言！朕見周公之詐，未見其忠聖也。昔武王得九齡之夢，白文王，文王曰：'我百，爾九十，吾與爾三焉。'及文王之終，已驗武王之壽矣。武王之算未盡而求代其死，是非詐乎！若惑於天命，是不聖也。據攝天位而丹誠不見，致兄弟之間有干戈之事。夫文王之化自近而遠，故曰刑于寡妻，至于兄弟。周公親違聖父之典，而蹈嫌疑之蹤，戮罰同氣以逞私忿，何忠之有乎！但時無直筆之史，後儒承其謬談故也。"忠曰："啓金縢而返風，亦足以明其不詐。遭二叔流言之變，而能大義滅親，終安宗國，復子明辟，輔成大業，以致太平，制禮作樂，流慶無窮，亦不可謂非至德也。"盛曰："卿徒因成文而未原大理，朕今相爲論之。昔周自后稷積德累仁，至於文武。文武以大聖應期，遂有天下，生靈仰其德，四海歸其仁。成王雖幼統洪業，而卜世脩長，加呂、召、毛、畢爲之師傅。若無周公攝政，王道足以成也。周公無故以安危爲己任，專臨朝之權，闕北面之禮。管蔡忠存王室，以爲周公代主非人臣之道，故言公將不利於孺子。周公當明大順之節，陳誠義以曉群疑，而乃阻兵都邑，擅行誅戮，不臣之罪彰於海内，方貽王《鴟鴞》之詩，歸非於主，是何謂乎！又周公舉事，稱告二公，二公足明周公之無罪而坐觀成王之疑，此則二公之心亦有猜於周公也。但以疏不間親，故寄言於管蔡，可謂忠不見於當時，仁不及於兄弟。知群望之有歸，天命之不在己，然後返政成王，以爲忠耳。大風拔木之徵，乃皇天祐存周道，不忘文武之德，是以赦周公之始愆，欲成周室之大美。考周公之心，原周公之行，乃天下之罪人，何至德之謂也！周公復位，二公所以杜口不言其本心者，以明管蔡之忠也。”

又謂常忠曰：“伊尹、周公孰賢？”忠曰：“伊尹非有周公之親而功濟一代，太甲亂德，放於桐宮，思愆改善，然後復之。使主無怨言，臣無流謗，道存社稷，美溢古今。臣謂伊尹之勳有高周旦。”盛曰：“伊尹以舊臣之重，顯阿衡之任，太甲嗣位，君道未洽，不能竭忠輔導，而放黜桐宮，事同夷羿，何周公之可擬乎！”郎敷曰：“伊尹處人臣之位，不能匡制其君，恐成湯之道墜而莫就，是以居之桐宮，與小人從事，使知稼穡之艱難，然後返之天位，此其忠也。”盛曰：“伊尹能廢而立之，何不能輔之以至於善乎？若太甲性同桀紂，則三載之間未應便成賢后。如其性本休明，義心易發，當務盡匡規之理以弼成君德，安有人臣幽主而據其位哉！且臣之事君，惟力是視，奈何挾智藏仁以成君惡！夫太甲之事，朕已鑒之矣。太甲，至賢之主也，以伊尹歷奉三朝，績無異稱，將失顯祖委授之功，故匿其日月之明，受伊尹之黜，所以濟其忠貞之美。夫非常之人，然後能立非常之事，非常人之所見也，亦猶太伯之三讓，人無得而稱焉。”敷曰：“太伯三以天下讓，至仲尼而後顯其至德。太甲受謗於天下，遭陛下乃申其美。”因而談謔賦詩，賜金帛各有差。

盛據遼東，遼西太守李朗在郡十年，威制境內，盛疑之，累徵不赴。以母在龍城，未敢顯叛，乃陰引後魏軍，將爲自安之計，因上表請發兵以距寇。盛曰：“此必詐也。”召其使而詰之，果驗，盡滅其族，遣輔國將軍李旱率騎討之。師次建安，召旱旋師。朗聞其家被誅也，擁二千餘戶以自固。及聞旱中路而還，謂有內變，不復爲備，留其子養守令支，躬迎魏師於北平。旱候知之，襲剋令支，遣裨將廣威孟廣平率騎追朗，及於無終，斬之。初，盛之追旱還也，群臣莫知其故。旱既斬朗，盛謂群臣曰：“前以追旱還者，政爲此耳。朗新爲叛逆，必忌官威，一則鳩合同類，劫害良善，二則亡竄山澤，未可卒平，故非意而還，以盈怠其志，卒然掩之，必剋之理也。群臣皆曰：“非所及也。”此段亦見《御覽》二百八十六。

李旱自遼西還，聞盛殺其將衛雙，懼，棄軍奔走。既而歸罪，復其爵位。盛謂侍中孫勍曰：“旱總三軍之佐，荷專征之重，不能杖節死綏，無故逃亡，考之軍正，不赦之罪也。然當先帝之避難，衆情離貳，骨肉忘其親，股肱失忠節，旱以刑餘之體，效力盡命，忠款之至，精貫白日。朕故録其忘身之功，免其邱山之罪耳。”

庚子。二年正月，大赦，盛去皇帝之號，稱庶民天王。

魏襲幽州，執刺史盧溥而去。遣孟廣平援之，無及。

盛率衆三萬伐高句驪，襲其新城、南蘇，皆剋之，散其積聚，徙其五千餘户於遼西。

盛引見百僚於東堂，考詳器藝，超拔者十有二人。命百司舉文武之士才堪佐世者各一人。立其子遼西公定爲太子，大赦殊死已下。讌其群臣於新昌殿。盛曰：“諸卿各言其志，朕將覽之。”七兵尚書丁信年十五，盛之舅子也，進曰：“在上不驕，高而不危，臣之願也。”盛笑曰：“丁尚書年少，安得長者之言乎！”盛以威嚴馭下，驕暴少親，多所猜疑，故信言及之。

辛丑。三年，盛討庫莫奚，大虜獲而還。

八月，左一作“右”。將軍慕容國與殿中將軍秦興、段讚等謀率禁兵襲盛，事覺，誅之，死者五百餘人。前將軍思悔侯段璣、興子興、讚子泰等，因衆心阻動，潛一作“夜”。於禁中鼓譟大呼。盛聞變，率左右出戰，衆皆披潰。俄而有一賊從闇中擊盛，傷足，遂取輦升前殿，申約禁衛，召叔父河間公熙屬以後事。熙未至而盛薨，時年二十九，在位三年。僞謚昭武皇帝，墓號興平陵，廟號中宗。

盛幼而羈賤流漂，長則遭家多難，夷險安危，備嘗之矣。懲寶闇而不斷，遂峻極威刑，纖介之嫌，莫不裁之於未萌，防之於未兆。於是上下震局，人不自安，雖忠誠親戚亦皆離貳，舊臣靡不夷滅，安忍無親，所以卒於不免。案末段似係讚文。是歲隆安五年也。

頁三五七至三六三

《十六國春秋輯補》卷四十七《後燕錄六》

慕容熙

慕容熙字道文，一名長生，垂之少子也。燕元二年，生於常山。一作“長生”。建興八年，封河間王。永康初，隨寶奔龍城，拜司隸校尉。段速骨之難，諸王多被害，熙素爲高陽王隆所親愛，故得免焉。蘭汗之篡也，以熙爲遼東公，備宗祀之義。盛初即位，降爵爲公。長樂元年，拜都督中外諸軍事、驃騎大將軍、尚書左僕射，領中領軍、昌黎尹。從征高句驪、契丹，皆勇冠諸將。盛曰：“叔父雄果英壯，有世祖之風，但弘略不如耳。”

及盛薨，其太后丁氏以國多難，宜立長君。群望皆在平原公元，而丁氏意在於熙，遂廢太子定，迎熙入宮。群臣勸進，熙以讓元，元固以讓熙，熙遂僭即皇帝位。誅其大臣段璣、秦興等，並夷三族。元以嫌疑賜死。元字道光，寶之第四子也。大赦殊死已下，改長樂三年爲光始元年，改北燕臺爲大單于臺，置左右輔，位次尚書。

壬寅。二年，初，熙烝於丁氏，故爲所立。及寵幸符貴人，丁氏怨恚呪詛，與兄子七兵尚書信謀廢熙。熙聞之，大怒，逼丁氏令自殺，葬以后禮，誅丁信。

熙狩於北原，石城令高和殺司隸校尉張顯，閉門距熙。熙率騎馳返，和衆皆投杖，熙入誅之。

癸卯。三年，正月，熙引見州郡及單于八部耆舊於東宮與言，問以民所—作“間”。疾苦，司隸部民劉瓚，對問稱旨，拜帶方太守。

是春，大治宮室。至四月，立苻貴人爲昭儀。五月，大築龍騰苑，廣袤十餘里，役徒二萬人。又起景雲一作“靈”。山於苑內，基廣五百步，峰高十七丈。此節亦見《御覽》一百九十六。又起逍遥宮、甘露殿，連房數百，觀閣相交，鑿天河渠，引水入宮。又爲其昭儀苻氏鑿曲光海、清涼池。季夏盛暑，士卒不得休息，暍死者大半。熙游於南山，止大柳樹下，若有人呼曰：“大王且止。”熙惡之，伐其樹，乃有長蛇丈餘，從樹中而出。

甲辰。四年，二月，昭儀苻氏卒，立其貴嬪苻氏爲皇后，赦殊死已下。

熙北襲契丹，大破之。

昭儀苻氏死，僞謚愍皇后。贈苻謨太宰，謚文獻公。二苻並美而艷，好微行游讌，熙弗之禁也。請謁必從，刑賞大政無不由之。初，昭儀有疾，龍城人王溫稱能療之，未幾而卒。熙忿其妄也，立於公車門支解溫而焚之。九月，苻后遊畋，熙從之，北登白鹿山，東過青嶺，南臨滄海，冬，十一月，乃還，百姓苦之，士卒爲狼虎所害及凍死者五千餘人矣。

乙巳。五年，高句驪寇燕郡，殺略百餘人。熙伐高句驪，以苻后從，爲衝車地道，以攻遼東。熙曰：“待剗平寇城，朕當與后乘輦而入，不聽將士先登。”於是城內嚴備，攻之不能下。會大雨雪，士卒多死，乃引歸。

十月，擬鄴之鳳陽門作弘光門，累級三層。

丙午。六年，熙與苻氏襲契丹，憚其衆盛，將還，苻氏弗聽，遂棄其輜重，輕襲高句驪，周行三千餘里，士馬俱疲，凍死者屬路。攻木底城，不剋而還。

盡殺寶諸子。博陵公虔、上黨公昭也。大城肥如及宿軍。以仇尼倪爲鎮東大將軍、營州刺史，鎮宿軍；上庸公懿評孫也。爲鎮西大將軍、幽州刺史，鎮令支；尚書劉本爲鎮南大將軍、冀州刺史，鎮肥如。

丁未。建始元年，正月，大赦天下，改元。三月，太史丞梁延年夢月化爲五白龍，夢中占之曰："月，臣也；龍，君也。月化爲龍，當有臣爲君。"寤而告人曰："國祚其將盡乎！"

是月，爲苻后起承華殿，高承光一倍。負土於北門，土與穀同價。典軍杜静載棺詣闕，上書極諫。熙大怒，斬之。苻后嘗季夏思凍魚膾，仲冬須生地黄，皆下有司切責，不得，加以大辟。其虐也如此。四月，苻后崩，熙悲號躃踊，若喪考妣，擁其尸而撫之曰："體已就冷，命遂斷矣！"於是僵仆絶息，久而乃蘇。大斂既訖，復啓其棺而與交接。服斬縗，食粥。制百寮於宫内設位哭臨，令沙門素服。使有司按校一作"檢"。哭者，有淚以爲忠孝，無淚則加罪，於是群臣震懼，莫不含辛以爲淚焉。此節亦見《御覽》三百八十七。高陽王慕容隆妃張氏，熙之嫂也，美姿容，有巧思。熙將以爲苻氏之殉，欲以罪殺之，乃毁其襚韡，中有弊氊，遂賜死。三女叩頭求哀，熙弗許。制公卿以下至於百姓，率户營墓，弗殫府藏。周輪數里，下錮三泉，内則圖畫尚書八座之象。熙曰："善爲之，朕將隨后入此陵。"識者以爲不祥。其右僕射韋璆等並懼爲殉，沐浴而待死焉。號苻氏墓曰徽平陵。熙被髮徒跣，步從苻氏喪。轜車高大，毁北門而出。長老竊相謂曰："慕容氏自毁其門，將不久也。"

中衛一作"衛中"。將軍馮跋、左衛將軍張興，先皆坐事亡奔，以熙政之虐也，與跋從兄萬泥等三十二人結盟，推夕陽公慕容雲爲主，發尚方徒五千餘人分屯四門，入宫授甲，閉門距守。中黄門趙洛生奔告熙，熙曰："此鼠盜耳，朕還當誅之。"乃收髮貫甲，馳還赴難。夜至龍城，攻北門不剋，遂敗走入龍騰苑，左右潰散。熙微服逃於林中，爲人所執，送雲，數而弑之，及其諸子，同殯城北。時年

二十三,在位六當作"七"。年。雲葬之於符氏墓徽平陵,僞謚曰昭
文皇帝。

　　垂以孝武帝太元八當作"九"。年僭立,至熙四世,凡二十四年,
以安帝義熙二當作"三"。年滅。初,童謠曰:"一束藁,兩頭然,禿頭
小兒來滅燕。"藁字上有草,下有禾,兩頭然則禾草俱盡而成高字。
雲父名拔,小字禿頭,三子,而雲季也。熙竟爲雲所滅,如謠言焉。

頁三六五至三六八

慕容雲

　　慕容雲字子雨,寶之養子也。祖父高和,句驪之支庶,自云高
陽氏之苗裔,故以高爲氏焉。雲沈深有局量,厚重希言,時人咸以
爲愚,唯馮跋奇其志度而友之。寶之爲太子,雲以武藝給事侍東
宮。永康初,拜侍御史。襲敗慕容會軍,寶子之,賜姓慕容氏,封夕
陽公。以疾去官。

　　及燕之葬符后也,馮跋詣雲,告之以大謀。雲懼曰:"吾嬰疾
歷年,卿等所知,願更圖之。"跋逼曰:"慕容氏世衰,河間虐暴,惑
妖淫之女而逆亂天常,百姓不堪其害,思亂者十室而九焉,此天亡
之時也。公自高氏名家,何能爲他養子! 機運難邀,千歲一時,公
焉得辭也! "扶之而出。雲曰:"吾疾苦日久,廢絕世務。卿今興建
大事,謬見推逼。所以徘徊,非爲身也,實惟否德不足以濟元元故
耳。"跋等強之。

　　四月,雲遂即天王位,復姓高氏,大赦境內殊死已下,改建始元
年爲正始元年,國仍號大燕。以馮跋爲侍中、都督中外諸軍事、征
北大將軍、開府儀同三司、錄尚書事、武邑公,封伯、子、男、鄉亭侯
者五十餘人,士卒賜穀帛有差。熙之群臣,復其爵位。

　　戊辰。二年,立妻李氏爲天王后,子彭爲太子。越騎校尉慕輿

良謀叛，雲誅之。以慕容歸爲遼東公，主燕之宗社。一作“祀”。

己酉。三年，秋八月，太白入月中。冬十月戊辰，以上依《開元占經》十二引補校。雲臨東堂，幸臣離一作“雜”。班、桃一作“姚”。仁懷劍執紙而入，稱有所啓，抽劍擊雲，雲以几距班，桃仁進而弑之。立馮跋爲主，跋即位，遷雲尸於東堂，僞謚爲惠懿皇帝。

始垂以丙戌之歲建號中山，至馮跋之歲，歲在己酉，二十四年。雲自以無功德而爲豪傑所推，常內懷懼，故寵養壯士以爲腹心。離班、桃仁等並專典禁衛，委之以爪牙之任，賞賜月至數千萬，衣食臥起，皆與之同，終以此致敗云。

頁三六八至三六九

《十六國春秋輯補》卷五十八《南燕録一》

慕容德

慕容德字玄明，皝之少子也。皝每對宮人言：“婦人妊娠，夢日入懷，必生天子。”德母公孫夫人方妊，夢日入其臍中，“入”一作“在”。獨喜而不言。此節亦見《御覽》三百九十八。晉咸康二年，晝寢而生德。左右以告，方寤而起。此亦見《御覽》三百六十一。皝曰：“此兒易生似鄭莊公，長必有大德。”遂以“德”爲名。年十二而皝薨，哀毀過禮。年十八，身長八尺二寸，姿貌雄偉，額有日月兩角，足下有偃月重文。博觀群書，性清慎，多才蓺。

慕容儁之僭立也，元璽初，封爲梁公，歷幽州刺史、左衛將軍。及暐嗣位，建熙初，進號安北將軍，改封范陽王，入爲魏尹，加散騎常侍。俄而苻堅將苻雙據陝以叛，堅將苻柳起兵枹罕，將應之。德勸暐乘釁討堅，辭旨慷慨，識者言其有遠略。暐竟不能用。太史令黃泓善相，謂德曰：“殿下相法，當先爲人臣，然後爲人君。但恐下官入地，不見殿下昇天耳。”此節依《御覽》七百三十引補。德兄垂甚壯之,因共論軍國大謀,言必切至。垂謂之曰:"汝器識長進,非復吳下阿蒙也。"枋頭之役,德以征南將軍與垂擊敗晉師。及垂奔苻堅,德坐免職。後遇暐敗,秦滅燕,徙於長安。秦伐涼,德請征自效。後苻堅以爲張掖太守,數歲免歸。

及堅伐晉,以兵臨江,垂請德爲副,拜德爲奮威將軍。堅之敗也,堅與張夫人相失,慕容暐將護致之,德正色謂暐曰:"昔楚莊滅陳,納巫臣之諫而棄夏姬。此不祥之人,惑亂人主,戎事不邇女器,秦之敗師當由於此。宜掩目而過,奈何將衛之也!"暐不從,德馳馬而去之。還次滎陽,言於暐曰:"昔句踐棲於會稽,終獲吳國。聖人相時而動,百舉百全。天將悔禍,故使秦師喪敗,宜乘其弊以復社稷。"暐不納,德乃隨垂如鄴。

及垂稱燕王,以德爲車騎大將軍,封復范陽王。建興元年,爲司隸校尉,居中鎮衛,參斷政事。八年,拜司徒。於時慕容永據長子,有衆十萬,垂議討之。群臣咸以爲疑,德進曰:"昔三祖積德,遺訓在耳,故陛下龍飛,不謀而會,雖由聖武,亦緣舊愛,燕趙之士樂爲燕臣也。今永既建僞號,扇動華戎,致令群豎從横,逐鹿不息,宜先除之,以一衆聽。昔光武馳蘇茂之難,不顧百官之疲,夫豈不仁,機急故也。兵法有不得已而用之,陛下容得已乎!"垂笑謂其黨曰:"司徒議與吾同。二人同心,其利斷金,吾計決矣。"遂從之。垂臨薨,敕太子寶曰:"鄴是舊都,宜委范陽王。"永康元年,寶既嗣位,以德爲使持節、都督冀兖青徐荆豫六州諸軍事、特進、車騎大將軍、冀州牧,領南蠻校尉,鎮鄴,罷留臺,以都督專總南夏。

魏將拓拔章後燕"章"作"儀"。攻鄴,德遣南安王青等夜擊,敗之。魏師退次新城,青等請擊之。別駕韓諄進曰:"古人先決勝廟堂,然後攻戰。今魏不可擊者四,燕不宜動者三。魏懸軍遠入,利在野戰,一不可擊也。深入近畿,頓兵死地,二不可擊也。前鋒既敗，後陣方固，三不可擊也。彼眾我寡，四不可擊也。官軍自戰其地，一不宜動。動而不勝，眾心難固，二不宜動。城隍未修，敵來無備，三不宜動。此皆兵家所忌，不如深溝高壘，以逸待勞。彼千里餽糧，野無所掠，久則三軍靡資，攻則眾旅多弊，師老釁生，詳而圖之，可以捷矣。”德曰：“韓別駕之言，良、平之策也。”於是召青還師。魏又遣遼西公賀賴盧率騎與章圍鄴，德遣其參軍劉藻請救於姚興，且參母兄之問，而興師不至，眾大懼。德於是親饗戰士，厚加撫接，人感其恩，皆樂爲致死。會章、盧内相乖争，各引軍潛遁。章司馬丁建率眾來降，言章師老，可以敗之。德遣將追破章軍，人心始固。

　　時魏師入中山，慕容寶出奔於薊，一作：“及寶失中山，奔龍城。”慕容詳又僭號。會劉藻自姚興而至，興太史令高魯遣其甥王景暉隨藻送玉璽一紐，并圖讖秘文，曰：“有德者昌，無德者亡。德受天命，柔而復剛。”又有謡曰：“大風蓬勃揚塵埃，八井三刀卒起來。四海鼎沸中山頹，惟有德人據三臺。”於是德之群臣議以慕容詳僭號中山，魏師盛於冀州，未審寶之存亡，因勸德即尊號。德不從。會慕容達自龍城奔鄴，稱寶猶存，群議乃止。尋而寶以德爲丞相，領冀州牧，承制南夏。

　　德兄子麟自義臺來奔，因説德曰：“中山既没，魏必乘勝來攻鄴，雖糧儲素積，而城大難固，且人情沮動，不可以戰。及魏師未至，擁眾南渡，就魯陽王和，據滑臺而聚兵積穀，伺隙而動，計之上也。魏雖拔中山，勢不久留，不過驅掠而返。人不樂徙，理自生變，然後振威以援之，魏則内外受敵，使戀舊之士有所依憑，廣開恩信，招集遺黎，可以一舉而取之。”先是，慕容和亦勸德南徙，於是許之。

　　戊戌。燕元年，晉隆安二年。正月，德率户四萬三千、車二萬七千乘，自鄴將徙於滑臺。及黎陽，遇風船没，魏軍垂至，三軍危懼，議欲退保據黎陽。昏日流澌冰合,是夜渡黎陽津,濟師訖,冰亦尋消。且魏師至而冰泮,若有神焉。鄴令韓軌言於德曰:"昔光武渡呼沱,冰澌自合,今大王濟河,天橋自成,靈命所扶,徵兆已見。"德乃大悦,遂改黎陽津爲天橋津。此節依《御覽》六十八及七十一引校補。及德入滑臺,景星見於尾箕。漳水得白玉,狀若璽。於是趙王麟等九十八人上言:"今中土傾陷,龍都蕭條,趙魏遺黎,鵠企皇澤。願仰承俯順,以安宗廟,謹上皇帝尊號。"德許之,令曰:"今假順來議,且依燕元故事,稱元年,統符行帝制奏詔而已。"改永康三年爲元年。大赦境内殊死已下,置百官。以慕容麟爲司空,領尚書令;慕容法爲中軍將軍;慕興拔爲尚書左僕射;丁通爲尚書右僕射。自餘封授各有差。初,河間有麟見,慕容麟以爲己瑞。及此潛謀爲亂,事覺賜死。其夏,魏將賀賴盧率衆附之。

　　至是慕容寶自龍城南奔,至黎陽城西數里,伏於河西,遣其中黄門令趙思告北地王鍾曰:"上以去二月得丞相表,即自南征。段速骨作逆於乙連,今失據來此,呼丞相奉迎。"鍾本首議勸德稱尊號,聞而惡之,執思付獄,馳使白狀。德謂其下曰:"卿等前以社稷大計,勸吾攝政。吾亦以嗣帝奔亡,人神曠主,故權順群議,以繫衆望。今天方悔禍,嗣帝得還,吾將具駕奉迎,謝罪行闕,然後角巾私第,卿等以爲何如?"其黄門侍郎張華進曰:"夫爭奪之世,非雄才不振;從横之時,豈懦夫能濟!陛下若蹈匹婦之仁,捨天授之業,威權一去,則身首不保,何退讓之有乎!"德曰:"吾以古人逆取順守,其道未足,所以中路徘徊,悵然未決耳。"慕興護請馳問寶虚實,德流涕而遣之。乃率壯士數百,隨思而北,因謀殺寶。初,寶遣思之後,見採樵者,知德攝位稱帝,懼而北奔。護至無所見,執思而還。德以思閑習典故,將任之。思曰:"昔關羽見重曹公,猶不忘先主之恩。思雖刑餘賤隸,荷國寵靈,犬馬有心,而況人乎!乞還就上,以明微節。”德固留之，思怒曰：“周室衰微，晉鄭夾輔；漢有七國之難，實賴梁王。殿下親則叔父，位則上台，不能率先群后以匡王室，而幸根本之傾爲趙倫之事。思雖無申胥哭秦之效，猶慕君賓不生莽世。”德怒，斬之。

晉南陽太守閭邱羨、寧朔將軍鄧啓方率衆二萬來伐，師次管城。德遣其中軍慕容法、撫軍慕容和等距之，王師敗績。德怒法不窮追晉師，斬其撫軍司馬靳瓌。

頁四三一至四三五

《十六國春秋輯補》卷五十九《南燕録二》

慕容德

己亥。二年，初，苻登既爲姚興所滅，登弟廣率所部落三千來降德，拜冠軍將軍，處之乞活堡。會熒惑守東井，或言秦當復興者，至是復叛，廣乃自稱秦王，敗德將慕容鍾。時德始都滑臺，介於晉魏之間，地無十城，衆不過數萬。及鍾喪師，反側之徒多歸於廣，德乃留撫軍魯陽王和守滑臺，德親率衆討廣，斬之。

初，寶之至黎陽也，和長史李辯勸和納之，和不從。辯懼謀洩，乃引晉師至管城，冀德親率師，於後作亂。會德不出，愈不自安。及德此行也，辯又勸和反，和不從。辯怒，殺和，以滑臺降於魏。時將士家悉在城內，德將攻之，韓范言於德曰：“魏師已入城，據國成資，客主之勢，翻然復異，人情既危，不可以戰。宜先據一方，爲關中之基，然後畜力而圖之，計之上也。”德乃止。右衛將軍慕容雲斬李辯，率將士家累二萬餘人而出，三軍慶悦。德初議所都，謀於衆曰：“苻廣雖平，而撫軍失據，進有強敵，退無所託，計將安出？”張華進曰：“彭城阻帶山川，楚之舊都，地險人殷，可攻而據之，以爲基本。”慕容鍾、慕輿護、封逞、韓諝等固勸攻滑臺。尚書潘聰曰：

“滑臺四通八達，非帝王之居。且北通大魏，西接强秦，此二國者，未可以高枕而待之。彭城土曠人稀，地平無險，晉之舊鎮，必距王師。又密邇江淮，水路通浚，秋夏霖潦，千里爲湖。且水戰國之所短，吳之所長，今雖剋之，非久安之計也。青齊沃壤，號曰‘東秦’，地方二千里，户餘十萬，四塞之固，負海之饒，可謂用武之國。三齊英傑，蓄志以待，孰不思得明主以立尺寸之功！廣固者，曹嶷之所營，山川險峻，足爲王者—作“帝王”。之都。宜遣辯士馳説於前，大兵繼進於後。辟閭渾昔負國恩，必翻然向化。如其守迷不順，大軍臨之，自然瓦解。既據之後，閉關養鋭，伺隙而動，此亦二漢之有關中、河内也。”此節亦見《御覽》一百六十。德猶豫未決。沙門朗公素知占候，德因遣牙門蘇撫訪其所適。朗報曰：“山栖絶俗之士，不應預聞朝議，但有待之累，非有託無以立，陛下今來，即朗之檀越。敬覽三策，潘尚書之議可謂興邦之術矣。今歲初，長星起於奎婁，遂掃虚危，而虚危，齊之分野，除舊布新之象。宜先定舊魯，巡撫琅邪，待秋風戒節，然後北轉臨齊，天之道也。”撫又問以年世，朗以《周易》筮之曰：“燕衰庚戌。”撫曰：“幾何？”曰：“年則一紀，世則及子。”撫曰：“何其促乎？”朗曰：“卦兆然也，豈關人哉？”撫秘不敢言。德大悦，從之。三月，德引師而南。五月，次薛城。兗州北鄙諸縣悉降，置守宰以撫之。存問高年，軍無私掠，百姓安之，牛酒屬路。

　　德遣使諭齊郡太守辟閭渾，渾不從，遣慕容鍾率步騎二萬擊之。德進據琅邪，徐兗之士附者十餘萬，自琅邪而北，迎者四萬餘人。德進寇莒城，守將任安委城而遁，以潘聰鎮莒城。鍾傳檄青州諸郡曰：“隆替有時，義列昔經；困難啓聖，事彰中籙。是以宣王龍飛於危周，光武鳳起於絶漢，斯蓋曆數大期，帝王之興廢也。自我永康多難，長鯨逸網，華夏四分，黎元五裂。逆賊辟閭渾父蔚，昔同段龕阻亂淄川，太宰東征，剿絕凶命。渾於覆巢之下，蒙全卵之施，曾微犬馬識養之心，復襲凶父樂禍之志，盜據東秦，遠附吳越，割剥黎元，委輸南海。皇上應期，大命再集，矜彼營邱，暫阻王略，故以七州之衆二十餘萬，巡省岱宗，問罪齊魯。昔韓信以裨將伐齊，有征無戰；耿弇以偏軍討步，剋不移朔。況以萬乘之師，掃一隅之寇，傾山碎卵，方之非易。孤以不才，忝荷先驅，都督元戎一十二萬，皆烏丸突騎，三河猛士，奮劍與夕火爭光，揮戈與秋月競色。以此攻城，何城不剋！以此衆戰，何敵不平！昔竇融以河西歸漢，榮被於後裔；彭寵盜逆漁陽，身死於奴隸。近則曹嶷跋扈，見擒於後趙；段龕干紀，取滅於前朝。此非古今之吉凶，已然之成敗乎？渾若先迷後悟，榮寵有加，如其敢抗王師，敗滅必無遺燼。稷下之雄，岱北之士，有能斬送渾者，賞同佐命，脫履機不發，必玉石俱摧。”渾聞德軍將至，徙八千餘家入廣固。諸郡皆承檄降於德。渾懼，將妻子奔於魏。德遣射聲校尉劉綱追斬於莒城。渾參軍張瑛常與渾作檄，辭多不遜。及此，德擒而讓之。瑛神色自若，徐對曰：“渾之有臣，猶韓信之有蒯通。通遇漢祖而蒙恕，臣遭陛下而嬰戮，比之古人，竊爲不幸。防風之誅，臣實甘之，但恐堯舜之化未宏於四海耳。”德初善其言，後竟殺之。八月，德遂入廣固。

頁四三七至四三九

《十六國春秋輯補》卷六十《南燕録三》

慕容德

庚子。建平元年，晉隆安四年。德僭即皇帝位於南郊，大赦，改元爲建平元年。又曰：“漢宣憫吏民犯諱，故改名。朕今增一‘備’字，以爲復名，庶開臣子避諱之路。”設行廟於宮南，遣使奉策告成焉。進慕容鍾爲司徒，慕輿拔爲司空，封孚爲左僕射，慕輿護爲右僕射。遣其度支尚書封愷、中書侍郎封逞觀省風俗，所在大饗將士。於是叙賞有差。以其妻段氏爲皇后。建立學宮，一作"官"。簡公卿已下子弟及二品士門二百人爲太學生。褒德任賢，新舊咸悦。十月，太極、端門並就，以公匠張剛爲材官將軍、尚方令。時王瓚得古銅鍾四枚於山穴，獻之，列於太極前殿，賜瓚爵關内侯。此節依《北堂書鈔》一百五十八引類補。

辛丑。二年，十月，徐州刺史潘聰、青州刺史鞠仲來朝，因讌其群臣於延賢堂，酒酣，德笑謂群臣曰："朕雖寡薄，恭己南面而朝諸侯，在上不驕，夕惕於位，可稱自古何等主也？"鞠仲曰："陛下中興之聖后，少康、光武之儔也。"德顧命左右，賜仲帛千匹。仲疑以賜多辭讓，德曰："卿知調朕，朕不知戲一亦作"調"。卿乎？卿飾對非實，故亦以虚言相賞，賞不謬加，何足謝也！"韓範進曰："臣聞天子無戲言，忠臣無妄對。今日之論，上下相欺，可謂君臣俱失。"德大悦，賜範絹五十匹。自是昌言競進，直士盈朝矣。

德母兄先在長安，遣平原人杜弘如長安問存否。弘曰："臣至長安，若不奉太后動止，便即西如張掖，以死爲效。臣父雄年踰六十，未沾榮貴，乞本縣之禄，以申烏鳥之情。"張華進曰："杜弘未行而求禄，要利情深，不可使也。"德曰："吾方散所輕之財，招所重之死，況爲親尊而可吝乎！且弘爲君迎親，爲父求禄，雖外似要利，内實忠孝。"乃以雄爲平原令。弘至張掖，爲盜所殺，德聞而悲之，厚撫其妻子。

壬寅。三年，三月，德如齊城，登營邱，望見晏嬰冢，顧謂左右曰："禮，大夫不逼一作"近"。城葬。平仲古之一賢人，達禮者也，而生居近市，死葬近城，豈有意乎！"青州秀才晏謨對曰："孔子稱臣先人平仲，賢則賢矣，豈不知高其梁，豐其禮？蓋政在家門，故儉以矯世。存居湫隘，卒豈擇地而葬乎！所以不遠門者，猶冀悟平生

意也。”遂以謨從至漢城，三月，“三”疑作“四”。以太牢祀漢城陽景
王廟。謨庶老於申池，遂北登社首山，東望鼎足，因目牛山而歎曰：
“古無不死！”愴然有終焉之志。遂問謨以齊之山川邱陵，賢哲故
事。謨歷對詳辯，畫地成圖。德深嘉之，拜尚書郎。立冶於商山，
置鹽官於烏常澤，以廣軍國之資。

　　癸卯。建平四年，德故吏趙融自長安來，始具母兄凶問。德號
慟吐血，因而寢疾。其司隸校尉慕容達因此謀反，遣牙門皇璆率衆
攻端門，殿中師侯赤眉開門應之。中黃門孫進扶德踰城，隱於進
舍。段宏等聞宮中有變，勒兵屯四門。德入宮，誅赤眉等，達懼而
奔魏。慕容法及魏師戰於濟北之標榆谷，魏師敗績。

　　其尚書韓諟上疏曰：“二寇逋誅，國恥未雪，關西爲豺狼之藪，
揚越爲鷗鶊之林，三京社稷，鞠爲邱墟，四祖園陵，蕪而不守，豈非
義夫憤歎之日，烈士忘身之秋。而皇室多難，威略未振，是使長蛇
弗剪，封豕假息。人懷憤慨，常謂一日之安不可以永久，終朝之逸
無卒歲之憂。陛下中興大業，務在遵養，矜遷氓之失土，假長復而
不役，愍黎庶之息肩，貴因循而不擾。斯可以保寧於營邱，難以經
措於秦越。今群凶僭逆，實繁有徒，據我三方，伺國瑕釁。深宜審
量虛實，大校成敗，養兵厲甲，廣農積糧，進爲雪恥討寇之資，退爲
山河萬全之固。而百姓因秦晉之弊，迭相蔭冒，或百室合户，或千
丁共籍，依託城社，不懼燻燒，公避課役，擅爲姦宄，損風毀憲，法
所不容。但檢令未宣，弗可加戮。今宜隱實黎氓，正其編貫，庶上
增皇朝理物之明，下益軍國兵資之用。若蒙採納，冀裨山海，雖遇
商鞅之刑，悅綰之害，所不辭也。”德納之，遣其車騎將軍慕容鎮率
騎三千，緣邊嚴防，備百姓逃竄。以諟爲使持節、散騎常侍、行臺
尚書，巡郡縣隱實，得蔭户五萬八千。諟公廉正直，所在野次，人不
擾焉。

德大集諸生，親臨策試。既而饗讌，乘高遠矚，顧謂其尚書魯邃曰："齊魯固多君子，當昔全盛之時，接、慎、巴生、淳于、鄒、田之徒，蔭修檐，臨清沼，馳朱輪，佩長劍，恣飛馬之雄辭，奮談天之逸辯，指麾則紅紫成章，俛仰則邱陵生韻。至於今日，荒草積墳，氣消煙滅，永言千載，能不依然！"邃答曰："武王封比干之墓，漢祖祭信陵之墳，皆留心賢哲，每懷往事。陛下慈心二主，澤被九泉，若使彼而有知，寧不銜荷矣。"

先是，妖賊王始聚衆於太山萊蕪谷，自稱太平皇帝，置署公卿，號其父固爲太上皇，兄林爲征東將軍，弟秦爲征西將軍。慕容鎮討擒之，斬於都市。將刑焉，市人皆罵之曰："何爲妖妄，自貽族滅。"或問其父及兄弟今並何在，始答曰："太上皇帝蒙塵於外，征東、征西爲亂兵所害。惟朕一身，雖獨存復何聊賴。"其妻趙氏怒之曰："君正一作"止"。坐此口過，以至於此，如何臨死，猶有狂言。"始曰："皇后！何不達天命，自古及今豈有不破之家，不亡之國邪？"行刑者以刀鐶築之，始仰視曰："朕當崩即崩矣，終不改帝號。"德聞而哂之。謂左右曰："熒惑之人，死猶狂語，何可不殺？此段亦見《御覽》三百九十一。

天鳴。引作南燕六年，蓋以建平四年，并上燕元二年而計也。是年，桓玄廢其主自立，稱大楚。此節依《御覽》八百七十四引補。

先桓玄將行篡逆，誅不附己者。冀州刺史劉軌、襄城太守司馬休之、征虜將軍劉敬宣、廣陵相高雅之、江都長張誕並内不自安，皆奔於德。於是德中書侍郎韓範一作"諱"。上疏曰："夫帝王之道，必崇經略。有其時無其人，則弘濟之功或闕；有其人無其時，則英武之志不申。至於能成王業者，惟人時合也。自晉國内難，七載於兹。桓玄逆篡，虐踰董卓，神怒人怨，其殃積矣，可乘之機，莫過此也。以陛下之神武，經而緯之，驅樂奮之卒，接厭亂之機，譬猶聲發響應，形動影隨，未足比其易也。且江淮南北戶口無幾，公私戎馬不過數百，守備之事蓋亦微矣。若以步騎一萬，建雷霆之舉，卷甲長驅，指臨江會，必望旌草偃，壺漿屬路。跨地數千，衆踰十萬，可以西并强秦，北抗大魏。夫欲拓境開疆，保寧社稷，無過今也。如使後機失會，豪傑復起，梟除桓玄，布惟新之化，遐邇既寧，物無異望，非但建鄴難屠，江北亦不可冀。機過患生，憂必至矣。天與不取，悔將及焉。惟陛下覽之。"德曰："自頃數纏百六，宏綱暫弛，遂令姦逆亂華，舊京墟穢，每尋否運，憤慨兼懷。昔少康以一旅之衆，復夏配天，況朕據三齊之地，藉五州之衆，教之以軍旅，訓之以禮讓，上下知義，人思自奮，繕甲待釁，爲日久矣。但欲先定中原，掃除逋孽，然後宣布淳風，經理九服，飲馬長江，懸旌隴坂。此志未遂，且韜戈耳。今者之事，王公其詳議之。"咸以桓玄新得志，未可圖，乃止。

於是講武於城西，步兵三十七萬，車一萬七千乘，鐵騎五萬三千，周亘山澤，旌旗彌漫，鉦鼓之聲，振動天地。德登高望之，顧謂劉軌、高雅之曰："昔郤克忿齊，子胥怨楚，終能暢其剛烈，名流千載。卿等既知投身有道，當使無慚昔人也。"雅之等頓首答曰："幸蒙陛下天覆之恩，大造之澤，存亡繼絕，實在聖時，雖則萬隕，何以上報！"

甲辰。五年，二月，夜地震。在栖之雞皆驚擾飛散。三月，德疾動經旬，幾於不振。會前尚書右丞曹默自冀州來奔，以白酒解之，乃瘳。以默爲御史中丞，封永熙侯。

桓玄篡晉，昇太極殿，殿無故陷。旬月，宋高祖殺之。此節依《御覽》八百八十引補。德聞桓玄敗，以慕容鎮爲前鋒，慕容鍾爲大都督，配以步卒二萬，騎五千，剋期將發，而德寢疾，於是罷兵。

乙巳。六年，正月，兄子超自秦還。初，德迎其兄子超於長安，及是而至。九月，汝水竭。十一月，德疾篤。夜夢其父皝曰："汝既無子，何不早立超爲太子。不爾，惡人生心。"寤而告其妻曰："先帝神明所敕，觀此夢意，吾將死矣。"戊午，引見群臣於東陽殿，議立超爲太子。俄而震起，百寮驚越，德亦不安，還宮。乃下書以超爲皇太子，大赦境内，子爲父後者人爵二級。其月當作"日"。疾甚，呼段后、公主及超，申以後事。執超手曰："若得至曉，更見公卿，顧託以汝，死無所恨。"數目視公主，欲有所言，竟遂不能。段后大言曰："今日召董中書造詔立超。"開目頷之。是夕，薨於顯安宮。即義熙元年也，時年七十。乃夜爲十餘棺，分出四門，潛瘞山谷，竟莫知其尸之所在，虚葬於東陽陵。在位五年，僞謚獻武皇帝，廟號世宗。

頁四四一至四四六

《十六國春秋輯補》卷六十一《南燕録四》

慕容超

　　慕容超字祖明，德兄北海王納之子。秦滅燕，以納爲廣武太守，數歲去官，與母公孫太妃就弟德家於張掖。德從苻堅南征，留金刀辭母而去。及垂起兵山東，張掖太守苻昌收納及德之諸子，皆誅之，公孫太妃以耄不合刑獲免，納妻段氏以懷妊未決，囚之於郡獄。獄掾呼延平，德之故吏也，嘗有死罪，德免之。至是，將公孫及段氏逃於羌中，而生超焉。年十歲而公孫氏卒，臨終授超以金刀，曰："聞汝伯已中興於鄴都，吾朽病將没，相見理絶。若天下太平，汝脱得東歸，可以此刀還汝叔也。"平又將超母子奔於吕光。及吕隆降於姚興，秦徙涼州民於長安，超因而東歸。超母謂超曰："吾母子得全濟者，呼延氏之力也。惠而不報，天不祐人。平今雖死，吾欲爲汝納其女以答其厚恩。"於是娶之。超至長安，自以諸父在東，恐爲姚氏所録，乃陽狂行乞。秦人賤之，惟姚紹見而異焉，勸興拘以爵位。召見與語，超深自晦匿，興大鄙之，謂紹曰：“諺云‘姸皮不裹癡骨’，妄語耳。”由是得往來無禁。濟陰人宗正謙善卜相，六字亦見《廣韻》。西至長安，賣術於路，超行而遇之，因就謙相，謙奇其姿貌。德遣使迎之，超乃内斷於心，不告母妻。辭母詣霸上，乃與謙俱歸。至諸關禁，自稱張伏生。二十日達梁父。建平六年四月，至廣固，呈以金刀，具一作“且”。宣祖母臨終之言，德撫之號慟。

超身長八尺，腰帶九圍，精彩秀發，容止可觀。姿器魁傑，有類於德，德愛之，甚加禮遇。始名之曰超，封北海王，拜侍中、驃騎大將軍、司隸校尉，開府置佐史。德無子，欲以超爲嗣，故爲超起第於萬春門内，朝夕觀之。超亦深達德旨，入則盡歡承奉，出則傾身下士，於是内外稱美焉。十一月，立爲太子。

及德死，己未，以義熙元年僭即皇帝位，大赦境内，改建平六年爲太上元年，尊德妻段氏爲皇太后。以慕容鍾都督中外諸軍、録尚書事，慕容法爲征南、都督徐兗揚南兗四州諸軍事，慕容鎮加開府儀同三司、尚書令，封孚爲太尉，鞠仲爲司空，潘聰爲左光禄大夫，封嵩爲尚書左僕射，自餘封拜各有差。後又以鍾爲青州牧，段宏爲徐州刺史，公孫五樓爲武衛將軍、領屯騎校尉，内參政事。封孚言於超曰：“臣聞五大不在邊，五細不在庭。鍾，國之宗臣，社稷所賴；宏，外戚懿望，親賢具瞻。正應參翼百揆，不宜遠鎮方外。今鍾等出藩，五樓内輔，臣竊未安。”超新即位，害鍾等權逼，以問五樓。五樓欲專斷朝政，不欲鍾等在内，屢有間言，孚説竟不行。鍾、宏俱有不平之色，相謂曰：“黄犬之皮恐當終補裘狐也。”五樓聞之，嫌隙漸遘。

丙午。二年，初，超自長安行至梁父，慕容法時爲兗州刺史，鎮南長史悦壽還，謂南海王法曰：“向見北海王子，天資弘雅，神爽高邁，始知天族多奇，玉林皆寶。”上七句亦見《御覽》八百四。法曰：“昔成方遂詐稱衛太子,人莫辨之,此復天族乎?"超聞而恚恨,形於言色。法亦怒,處之外館,由是結憾。及德死,法又不奔喪,超遣使讓焉。法常懼禍至,因此遂與慕容鍾、段宏等謀反。超知而徵之,鍾稱疾不赴,於是收其黨侍中慕容統、右衛慕容根、散騎常侍段封誅之,車裂僕射封嵩於東門之外。先是,超即位,太后告超曰:"左僕射封嵩,數遣黃門令年裳語吾云:'帝非太后所生,如依故事,宜勒兵廢帝,立鍾爲主。'"超命執嵩斬之,嵩請與其母別,超曰:"汝尚知有母,何意間人之親?"五車裂之。依《御覽》六百四十五補。西中郎將封融奔於魏。

　　超尋遣慕容鎮等攻青州,慕容昱等攻徐州,慕容凝、韓範攻梁父。昱等攻莒城,拔之,徐州刺史段宏奔於魏。封融又集群盜襲石塞城,殺鎮西大將軍餘鬱,青土振恐,人懷異議。慕容凝謀殺韓範,將襲廣固。範知而攻之,凝奔梁父。範并其衆攻梁父,剋之,凝奔姚興,慕容法出奔於魏。慕容鎮剋青州,鍾殺其妻子,爲地道而出,單馬奔姚興。

　　於時超不恤政事,畋游是好,百姓苦之。其僕射韓諆切諫,不納。超議復肉刑、九等之選,乃下書於境內曰:"陽九數纏,永康多難。自北都傾陷,典章淪滅,律令法憲,靡有存者。綱理天下,此焉爲本,既不能導之以德,必須齊之以刑。且虞舜大聖,猶命咎繇作士,刑之不可以已也如是!先帝季興,大業草刱,兵革尚繁,未遑修制。朕猥以不德,嗣承大統,撫御寡方,致蕭墙釁發,遂戎馬生郊,典儀寢廢。今四境無虞,所宜修定,尚書可召集公卿。至如不忠不孝若封嵩之輩,梟斬不足以痛之,宜致烹轘之法,亦可附之律條,納以大辟之科。肉刑者,乃先聖之經,不刊之典,漢文易之,輕重乖度。今犯罪彌多,死之者稍衆。肉刑之於化也,濟育既廣,懲慘尤深,光壽、建興中,二祖已議復之,未及而晏駕。其令博士已上參考舊事，依《呂刑》及漢、魏、晉律令，消息增損，議成燕律。五刑之屬三千，而罪莫大於不孝。孔子曰：‘非聖人者無法，非孝者無親，此大亂之道也。’轘裂之刑，烹煮之戮，雖不在五品之例，然亦行之自古。渠彌之轘，箸之《春秋》；哀公之烹，爰自中代。世宗都齊，亦愍刑罰失中，咨嗟寢食。王者之有刑糾，猶人之有左右手焉。故孔子曰：‘刑罰不中，則人無所措手足。’是以蕭何定法令而受封，叔孫通以制儀爲奉常。立功立事，古之所重。其明議損益，以成一代準式。周漢有貢士之條，魏立九品之選，二者孰愈，亦可詳聞。”群下議多不同，乃止。

丁未。三年，超母妻既先在長安，爲姚興所拘，責超稱藩，求太樂諸伎，若不可，使送吳口千人。超下書遣群臣詳議。左僕射段暉議曰：“太上囚楚，高祖不迴。今陛下嗣守社稷，不宜以私親之故而降統天之尊。又太樂諸伎皆是前世伶人，不可與彼，使移風易俗，宜掠吳口與之。”尚書張華曰：“若使侵掠吳邊，必成鄰怨。此既能往，彼亦能來，兵連禍結，非國之福也。昔孫權重黎庶之命，屈己以臣魏，惠施惜愛子之頭，捨志以尊齊。況陛下慈德在秦，方寸崩亂，宜暫降大號，以申至孝之情。權變之道，典謨所許。韓範智能迴物，辯足傾人，昔與姚興俱爲秦太子中舍人，可遣將命，降號修和。所謂屈於一人之下，伸於萬人之上也。”超大悅，曰：“張尚書得吾心矣。”七月，遣中書令韓範聘於秦。

及至長安，興謂範曰：“封愷前來，燕王與朕抗禮。及卿至也，款然而附。爲依《春秋》以小事大之義？非當專以孝敬爲母屈也？”範曰：“昔周爵五等，公侯異品，小大之禮，因而生焉。今陛下命世龍興，光宅西秦，本朝主上承祖父遺烈，定鼎東齊，中分天曜，南面稱帝。通聘結好，義尚謙沖，便至矜誕，苟折行人，殊似吳晉爭盟，滕薛競長，恐傷大秦堂堂之盛，有損皇燕巍巍之美，彼我俱失，竊未安之。"興怒曰:"若如卿言,便是非爲大小而來。"範曰:"雖由大小之義,亦緣寡君純孝過於重華,願陛下體敬親之道,霈然垂愍。"興曰:"吾久不見賈生,自謂過之,今不及矣。"於是爲範設舊交之禮,申叙平生,謂範曰:"燕王在此,朕亦見之,風表乃可,於機辯未也。"範曰:"大辯若訥,聖人美之,況邇日龍潛鳳戢,和光同塵,若使負日月而行,則無繼天之業矣。"興笑曰:"可謂使乎延譽者也。"範承間逞説,姚興大悦,賜範千金,許以超母妻還之。

　　慕容凝自梁父奔於姚興,言於興曰:"燕王稱藩,本非推德,權爲母屈耳。古之帝王尚興師徵質,豈可虛還其母乎! 母若一還,必不復臣也。宜先制其送伎,然後歸之。"興意乃變。八月,秦使兼員外散騎常侍韋宗還聘,贈以千金。超復遣其右僕射張華、給事中宗正元入長安聘秦,送太樂伎一百二十人於姚興。興大悦,延華入讌。酒酣樂作,興黄門侍郎尹雅謂華曰:"昔殷之將亡,樂師歸周,今皇秦道始,燕樂來庭。廢興之兆,見於此矣。"華曰:"自古帝王,爲道不同,權譎之理,會於成功。故老子曰:'將欲取之,必先與之。'今總章西入,必由余東歸,禍福之驗,此其兆乎!"興怒曰:"昔齊楚競辯,二國連師。卿小國之臣,何敢抗衡朝士!"華遜辭曰:"奉使之始,實願交歡上國,上國既遺小國之臣,辱及寡君社稷,臣亦何心,而不仰酬!"興善之,於是還超母妻。十月,華發長安。宗正元馳先反命,超大悦,遣征虜公孫五樓率騎三千迎於境上,超親率六宫迎於馬耳關。

頁四四七至四五二

《十六國春秋輯補》卷六十二《南燕録五》

慕容超

戊申。太上四年,晉義熙三年,○今作"四"。正月,大赦,追尊其父北海穆王爲穆皇帝，立其母段氏爲皇太后，居長樂宮，妻呼延氏爲皇后。祀南郊，柴燎烟起而煙不出。靈臺令張光私謂於中書侍郎王景暉曰："煙者國之種，今火旺煙滅，國其亡乎？"此節依《開元占經》一百引補。案《占經》引作"太上五年"，"五"字疑誤。將登壇，有獸大如馬，狀類鼠而色赤，集於圜邱之側，俄而不知所在。須臾大風暴起，天地晝昏，其行宮羽儀皆壞裂。上四句亦見《御覽》八百七十六及八百七十九。超懼，密問其太史令成公綏，對曰："陛下信用姦臣，誅戮賢良，賦斂繁多，事役殷苦所致也。"超懼而大赦，譴責公孫五樓等。俄而復之。是歲廣固地震，天齊水湧，井水溢，汝水竭，河濟凍合，而溈水不冰。

高麗使至，獻美女十人，千里馬一匹。兗州民王蒲率衆二千來降，獻美女、馬一匹，髭鬚去地九寸。拜蒲長水校尉、廩邱公。此節依《御覽》八百九十五引補。

己酉。太上五年，超正旦朝群臣於東陽殿，聞樂作，歎音伎不備，悔送伎於姚興，遂議入寇。其領軍韓譁諫曰："先帝以舊京傾没，戢翼三齊，苟時運未可，上智輟謀。今陛下嗣守成規，宜閉關養士，以待賊釁，不可結怨南鄰，廣樹仇隙。"超曰："我計已定，不與卿言。"於是遣其將斛穀提、公孫歸等率騎寇宿豫，陷之，執陽平太守劉千載、濟陰太守徐阮，大掠而去。簡男女二千五百，付太樂教之。

時公孫五樓爲侍中、尚書，領左衛將軍，專總朝政，兄歸爲冠軍、常山公，叔父頹爲武衛、興樂公。五樓宗親皆夾輔左右，王公內外無不憚之。超論宿豫之功，封斛穀提等並爲郡、縣公。慕容鎮諫曰："臣聞懸賞待勳，非功不侯。今公孫歸結禍延兵，殘賊百姓，陛下封之。得無不可乎！夫忠言逆耳，非親不發。臣雖庸朽，忝國戚藩，輒盡愚款，惟陛下圖之。"超怒，不答，自是百僚杜口，莫敢開言。

尚書都令史王儼詔事五樓，遷尚書郎，出爲濟南太守，入爲尚書左丞，時人爲之語曰："欲得侯，事五樓。"

又遣公孫歸等率騎三千入寇濟南，執太守趙元，略男女千餘人而去。二月，晉相劉裕率衆來伐。三月，晉師渡淮。超引見群臣於東陽殿，議距王師。公孫五樓曰："吳兵輕果，所利在戰，初鋒勇鋭，不可争也。宜據大峴，使不得入，曠日延時，沮其鋭氣。可徐簡精騎二千，循山而南，絶其糧道，别敕段暉率兖州之軍，緣山東下。腹背擊之，上策也。各命守宰，依險自固，校其資儲之外，餘悉焚蕩，芟除粟苗，使敵無所資，堅壁清野，以待其斃，中策也。縱賊入峴，出城逆戰，下策也。"超曰："京師殷盛，户口衆多，非可以一時入守。青苗布野，非可卒芟。設使芟苗守城，以全性命，朕所不能。今據五州之强，帶山河之固，戰車萬乘，鐵馬萬群，縱令過峴，至於平地，徐以精騎踐之，此成擒也。"賀賴盧苦諫，不從，退謂五樓曰："上不用吾計，亡無日矣。"慕容鎮曰："若如聖旨，必須平原用馬爲便，宜出峴逆戰，戰而不勝，猶可退守。不宜縱敵入峴，自貽窘逼。昔成安君不守井陘之關，終屈於韓信；諸葛瞻不據束馬之險，卒擒於鄧艾。臣以爲天時不如地利，阻守大峴，策之上也。"超不從。鎮出，謂韓諼曰："主上既不能芟苗守險，又不肯徙人逃寇，酷似劉璋矣。今年國滅，吾必死之，卿等中華之士，復爲文身矣。"超聞而大怒，收鎮下獄。乃攝莒、梁父二戍，修城隍，簡士馬，畜鋭以待之。

其夏，王師次東莞，超遣其左軍段暉、輔國大將軍賀賴盧八字亦見《廣韻》。等六將步騎五萬，進據臨朐。俄而王師度峴，超聞晉軍之盛，懼，自率衆四萬距戰，就暉等於臨朐，謂公孫五樓曰："宜進據川原，晉軍至而失水，亦不能戰矣。"五樓馳騎據之。劉裕前驅將軍孟龍符已至川原，五樓戰敗而返。裕遣諮議參軍檀韶率鋭卒攻破臨朐，超大懼，單騎奔段暉於城南。暉衆又戰敗，裕軍人斬暉。超又奔還廣固，徙郭内人民入保小城。晉攻陷大城，長圍列守。使其尚書郎張綱乞師於姚興。赦慕容鎮，進録尚書、都督中外諸軍事。引見群臣，謝之曰：“朕嗣奉成業，不能委賢任善，而專固自由，覆水不收，悔將何及！智士逞謀，必在事危，忠臣立節，亦在臨難，諸君其勉思六奇，共濟艱運。”鎮進曰：“百姓之心，係於一人。陛下既躬率六軍，身先奔敗，群臣解心，士庶喪氣，内外之情，不可復恃。如聞西秦自有内難，恐不暇分兵救人，正當更決一戰，以爭天命。今散卒還者，猶有數萬，可悉出金帛、宮女，餌令一戰。天若相我，足以破賊。如其不濟，死尚爲美，不可閉門坐受圍擊。”司徒慕容惠曰：“不然。今晉軍乘勝，有陵人之氣，敗軍之將，何以禦之！秦雖與勃勃相持，不足爲患。且二國連橫，勢成脣齒，今有寇難，秦必救我。但自古乞援，不遣大臣則不致重兵，是以趙隸三請，楚師不出；平原一使，援至從成。尚書令韓範德望具瞻，燕秦所重，宜遣乞援，以濟時艱。”於是遣範與王薄乞師於姚興。

未幾，裕師圍城，四面皆合。人有竊告裕軍曰：“若得張綱爲攻具者，城乃可得耳。”是月，綱自長安歸，遂奔於裕。裕令綱周城大呼曰：“勃勃大破秦軍，無兵相救。”超怒，伏弩射之，乃退。右僕射張華、中丞封愷並爲裕軍所獲。裕令華、愷與超書，勸令早降。超乃遺裕書，請爲藩臣，以大峴爲界，并獻馬千匹，以通和好，裕弗許。江南繼兵相尋而至。尚書張俊自長安還，又降於裕，説裕曰：“今燕人所以固守者，外杖韓範，冀得秦援。範既時望，又與姚興舊昵，若勃勃敗後，秦必救燕，宜密信誘範，啗以重利，範來則燕人絶望，自然降矣。”裕從之，表範爲散騎常侍，遺範書以招之。時姚興乃遣其將姚强率步騎一萬，隨範就其將姚紹於洛陽，并兵來援。會赫連勃勃大破秦軍，興追强還長安。範歎曰：“天其滅燕乎！”會得裕書，遂降於裕。裕謂範曰：“卿欲立申包胥之功，何以虛還也？”範曰：

“自亡祖司空世荷燕寵，故泣血秦庭，冀匡禍難。屬西朝多故，丹誠無效，可謂天喪弊邑而贊明公。智者見機而作，敢不至乎！”翌日，裕將範循城，由是人情離駭，無復固志。裕謂範曰：“卿宜至城下，告以禍福。”範曰：“雖蒙殊寵，猶未忍謀燕。”裕嘉而不強。左右勸超誅範家，以止後叛。超知敗在旦夕，又其弟諄盡忠無貳，故不罪焉。是歲東萊雨血，此句亦見《御覽》八百七十七。廣固城門鬼夜哭。

　　庚戌。太上六年，正月朔旦，超登天門，朝群臣於城上，殺馬以饗將士，文武皆有遷授。超幸姬魏夫人從超登城，見王師之盛，握超手而相對泣。韓諄諫曰：“陛下遭百六之會，正是勉強之秋，而反對女子悲泣，何其鄙也！”超拭目謝之。其尚書令董銳勸超出降，超大怒，繫之於獄。於是賀賴盧、公孫五樓爲地道出戰王師，不利。河間人玄文説裕曰：“昔趙攻曹嶷，望氣者以爲澠水帶城，非可攻拔，若塞五龍口，城必自陷。石季龍從之，而嶷請降。後慕容恪之圍段龕，亦如之，而龕降。降後無幾，又震開之，今舊基猶在，可塞之。”裕從其言。至是，城中男女患脚弱病者大半。超輦而升城，尚書悅壽言於超曰：“天地不仁，助寇爲虐，戰士尪病，日就凋隕，守困窮城，息望外援，天時人事，亦可知矣。苟曆運有終，堯舜降位，轉禍爲福，聖達以先。宜追許鄭之蹤，以存宗廟之重。”超歎曰：“廢興命也，吾能奮劍決死，不能銜璧而生。”於是張綱爲裕造衝車，覆以板屋，蒙之以皮，并設諸奇巧，城上火石弓矢無所施用；又爲飛樓、懸梯、木幔之屬，遙臨城上。超大怒，懸其母而支解之。城中出降者相繼。裕四面進攻，殺傷甚衆。十一月，尚書悅壽遂開門以納晉師。超與左右數十騎出奔，爲裕軍所執。裕數之以不降之狀，超神色自若，一無所言，惟以母託劉敬宣而已。送建康市斬之，時年二十六，在位六年。

　　裕忿廣固久不下，欲盡阬之，韓範諫曰：“晉室南遷，中原鼎沸，士民無援,强則附之。既爲君臣,必須爲之盡力。彼皆衣冠舊族,先帝遺民;今王師弔伐而盡阬之,恐西北之人無復來蘇之望矣。"裕改容謝之,然猶"裕忿"已下,因下文據《通鑑》補足。殺鮮卑王公已下三千餘人,以男女萬餘口爲軍賞。

　　始德以安帝隆安四年僭立,至超二世,凡一十一年,以義熙六年滅。《别本》作"始德建平元年,歲在己亥,僭號居齊,至爲劉裕所滅,歲在己酉,凡一十一年。"校《載記》推上一年。原誤,見《鴻傳》。

頁四五三至四五七

《十六國春秋輯補》卷六十三《南燕録六》

慕容鍾

　　慕容鍾字道明,德從弟也。少有識量,喜怒不形於色,機神秀發,言語清辯。至於臨難對敵,智勇兼濟,累進奇策,德用之頗中。由是政無大小,皆以委之,遂爲佐命元勳。後公孫五樓規挾威權,慮鍾抑己,因勸超誅之,鍾遂謀反。事敗,奔於姚興。興拜始平太守,歸義侯。小傳見《載記》。

頁四五九

封孚

　　封孚字處道,渤海蓨人也。祖俊,振威將軍。父放,慕容暐之世吏部尚書。孚幼而聰敏和裕,有士君子之稱。寶僭位,累遷吏部尚書。及蘭汗之篡,南奔辟閭渾,渾表爲渤海太守。德至莒城,孚出降。德曰:"朕平青州,不以爲慶,喜於得卿也。"常外總機事,内參密謀,雖位任崇重,謙虛博納,甚有大臣之體。及超嗣位,政出權嬖,多違舊章,軌憲日頹,殘虐滋甚,孚屢盡匡救,超不能納也。後臨軒謂孚曰:"朕於百王可方誰?"孚對曰:"桀紂之主。"超大慚怒，孚徐步而出，不爲改容。司空鞠仲失色，謂孚曰：“與天子言，何其亢屬，宜應還謝。”孚曰：“行年七十，墓木已拱，惟求死所耳。”竟不謝。以超三年死於家，時年七十一，文筆多傳於世。小傳見《載記》。

頁四五九至四六〇

王鸞

濟南尹王鸞，身長九尺，腰帶十圍，貫甲跨馬，不據鞍由蹬。慕容德見而奇其魁偉，賜之以食，一進斛餘。德驚曰：“所噉如此，非耕能飽。且才貌不凡，堪爲貴人，可以大縣試之。”於是拜逢陵長。政理修明，大收民譽。《御覽》八百四十八。

頁四六〇

泠平

有司奏沙門僧智，夜入臨淄人泠平舍，淫其寡嫂李氏，平與弟安國殺之。郡縣按平兄弟以殺人論，而平、安國各引手殺，讓生競死，義形急難。《初學記》十七，《御覽》四百十六。

頁四六〇

段豐妻慕容氏

段豐妻慕容氏，德之女也。有才慧，善書史，能鼓琴。德既僭位，署爲平原公主。年十四，適於豐。豐爲人所譖，被殺，慕容氏寡歸，將改適僞壽光公餘熾。慕容氏謂侍婢曰：“我聞忠臣不事二君，貞女不更二夫。段氏既遭無辜，已不能同死，豈復有心於重行哉！今主上不顧禮義嫁我，若不從，則違嚴君之命矣。”於是剋日交禮。慕容氏姿容婉麗，服飾光華，熾睹之甚喜。經再宿，慕容氏僞辭以疾，熾亦不之逼。三日還第，沐浴置酒，言笑自若，至夕，密書其裙帶云：“死後當埋我於段氏墓側，若魂魄有知，當歸彼矣。”遂於浴室自縊而死。及葬，男女觀者數萬人，莫不歎息曰：“貞哉公主！”路經餘熾宅前，熾聞挽歌之聲，慟絶良久。依《晉書·列女傳》録。

頁四六〇至四六一

《十六國春秋別本》卷三《前燕録》

慕容廆

　　慕容廆，字奕落環，昌黎棘城人。昔高辛氏遊於海濱，留少子厭越以君北夷，世居遼左，號曰東胡。秦漢之際，爲匈奴所敗，分保鮮卑山，因復以爲號。曾祖莫護跋，魏初率其諸部入居遼西，從司馬宣王討公孫淵有功，拜率義王，始建國於棘城之北。見燕代少年多冠步摇，跋意甚好之，遂斂髮襲冠，諸部因呼之爲步摇，其後音訛，遂爲慕容焉。祖木延，左賢王，從毌丘儉征高麗有功，加號大都督。又涉歸以全柳城之勳，進拜單于，遷邑遼東。於是漸變土風，自云慕二儀之德，繼三光之容，遂以慕容爲姓。廆身長八尺，有大度，晉安北將軍張華一見奇之，謂曰：“君後必爲命世之器，匡難濟時者也。”涉卒，弟耐立，將謀殺廆，廆亡，潛於遼東徐郁家。太康元年，國人殺耐，迎廆立之。太康十年，又遷于徒河之青山。元康四年，定都大棘城，所謂紫蒙之邑也。永嘉六年，王浚承制以廆爲散騎常侍、冠軍將軍、前鋒大都督、大單于，皆讓不授。擢舉賢才，官方授仕。魯國孔慕，宿德清望，請爲賓友。平原劉讚，儒學該通，引爲東庠祭酒，其世子皝率國胄受業焉。大興四年，晉遣謁者拜廆使持節，督幽、平、東夷諸軍事，車騎將軍，平州牧，封遼東郡公。丹書鐵券，承制海東。咸和元年，加侍中，位特進。八年夏五月，薨于文德殿，年六十五。葬于青山，晉遣使者贈車騎大將軍，開府儀同三司,謚襄公。皝爲燕王,追謚武宣王。儁稱尊武宣帝,廟號高祖。

頁一正至二背

慕容皝

　　慕容皝字元真,廆第二子,小字萬年。長七尺八寸,雄毅善權略,博學多材藝。晉建武元年,振武將軍。永昌初,拜左賢王。太寧末,拜平北將軍、朝鮮公。咸和八年六月,即遼東公位,行平州刺史,督攝部内。九年八月,晉遣謁者拜皝鎮軍大將軍、平州刺史、大單于、遼東公,承制一如廆故事。七年七月,立子儁爲世子。四年,以左司馬封奕爲長史。九月,奕等以皝任重位輕,宜稱燕王。於是上議。

　　十月,僭即燕王位于文德殿,大赦境内,改備群司,以封奕爲相國,追尊先公爲武宣王,先妣爲王后。起文昌殿,出入警蹕,立夫人段氏爲王后,世子儁爲太子。是歲,棘城黑石谷有大石自立而行。八年七月,晉使鴻臚郭忱持節拜皝侍中、大都督、河北諸軍事、大將軍、燕王,其餘官皆如故。封諸功臣百餘人。九月,遷都龍城。十二年四月,有黑龍一、白龍一見于龍山。皝率群寮觀之,去龍二百步,祭以太牢二,龍交首嬉翔,解角而去。皝大悦,赦境内,號新宮曰和龍。立龍翔佛寺于山。皝雅好文籍,親造《太上章》以代《急就》,又著《典誡》十五篇,並以教胄子。十四年,皝親臨東庠,考試學生,其通經秀異者,擢充近侍。十月,饗群僚于承乾殿,右長史宋諺性貪,賜布百匹,令自負而歸,以愧其心。十五年八月,皝因見白兔,馳射之,馬倒被傷,輦而還宮。引太子儁,囑以後事。謂曰:“今中原未平,方建大事,委賢任哲,此其時也。恪智勇無濟,力堪任重,汝其委之,以成吾志。”九月,薨于承乾殿,年五十二。冬十二月,葬龍山。謚文明王。儁稱尊,追尊曰文明皇帝,廟號太祖,陵曰龍平。

頁二背至四正

慕容儁

慕容儁字宣英,皝第二子,小字賀賴跋。十三月而生,有神光之異,身長八尺一寸。善爲文,雅好辭賦,至於器物車室,皆著讚以爲勸戒。皝之八年,晉遣使者拜皝燕王,以儁爲安北將軍、東夷校尉。十一年,進拜使持節、鎮東將軍。皝薨,即燕王位,赦其境内,依春秋列國故事,稱元年。正月,聞趙魏大亂,乃嚴兵,將爲進取之計。七月,晉使謁者陳沈拜儁都督河北諸軍事、幽冀并平四州牧、大將軍、燕王,承制封拜,一如廆、皝故事。元璽元年正月,司南車成,儁大悦,告于皝廟。四月,遣輔國恪、相國奕討冉閔,戰于魏昌廉臺,閔師大敗,擒送之。閔大將軍蔣幹輔閔子智,固守鄴城,遣輔弼評等帥騎一萬以討之。鄴北郡縣悉降。輔國奕等一百一十人勸進尊號。令曰:“非常之事,匪寡德所宜聞也。”八月,剋節,輔弼評等送閔后董氏、太子智、太尉申鍾,并乘輿服物及六璽送于中山。傳國璽,蔣幹先以送晉。儁欲神其事業。言歷運在己,乃詐云得之。賜閔妻號奉璽君,封冉智爲海濱侯,以輔弼評爲司州刺史,鎮鄴。

十月,輔國恪等五百五人奉皇帝璽。十一日,僭即皇帝位于正陽前殿,大赦改年,時晉遣使詣儁,謂之曰:“還白汝天子,我承人乏,爲中國所推,已爲帝矣。”庚午,書曰:“追崇祖考,古人之令典。”尊武宣王爲高祖武宣皇帝,文明王爲太祖文明皇帝。二年正月,立后可足渾氏爲皇后。升平元年正月,復立中山王暐爲皇太子,赦其境内,改年曰光壽。初,廆有駿馬曰赭白,有奇相逸力。石虎之伐棘城,皝將出避難,欲乘之,馬悲鳴蹄齧,人莫能近。皝曰:

"此馬見異先朝,孤嘗仗之濟難,今不欲出者,蓋先君之旨也。"乃止。虎尋奔退,皝益奇之,至是年四十九歲,而駿逸不虧。儁比之鮑氏驄,命鑄銅以圖其像,親爲銘讚,鑴勒其旁,置之薊城東掖門。是像成而馬死。十一月,自薊遷鄴。三月,入鄴宮,大赦。繕殿宮,復銅雀臺。以吳王垂爲東夷校尉、平州刺史,鎮遼東。

二年三月,常山寺大樹自拔,根出,得璧二十七,圭七十三,光色精奇,有異常。儁以爲岳神之命,遣尚書郎段勤以太牢祀之。五月,遼西獲黑兔。三年三月,儁夜夢石虎齧其臂,寤而惡之,命發其墓,剖棺出尸,踏而罵之曰:"死人安敢夢生天子!"遣御史中尉陽約數其殘酷之罪,鞭而投之漳水。十二月,儁寢疾,謂大司馬恪曰:"吾患惙然,恐不濟,修短命也,復何所恨。但二寇未除,景茂沖幼,慮其未堪。家國多難,吾欲遠追宋宣,以社稷屬汝。"恪曰:"太子雖幼,天縱聰聖,必能勝殘去暴,不可以亂正統。"儁怒曰:"兄弟之間,豈虛飾乎?"恪曰:"陛下若以臣堪荷天下之任者,寧不能輔少主也!"儁曰:"若汝行周公之事,吾復何憂。"四年正月,儁薨于應福前殿,年五十三,僞諡景昭皇帝,廟號烈祖,葬龍陵。儁雅好文藉,性嚴重,未曾以慢臨朝。雖間居宴處,亦無懈怠之色。

頁四正至七正

慕容暐

慕容暐字景茂,儁之第三子。元璽三年封中山王,尋立爲皇太子。光壽四年,僭即帝位,大赦,改元建熙元年。以太原王恪爲太宰,錄尚書,行周公事,專百揆。上庸王評爲太傅,贊朝政。司空陽騖爲太保,王垂爲河南大都督、十州諸軍事、兗州牧,鎮梁國。四年正月,暐南郊。十月,太尉奕迎神于和龍。初,暐委政太宰恪,專受經于博士勸、助教尚鋒、秘書郎杜銓,並以明經,講論左右。至是通諸經，祀孔子于東堂，以勸爲國子祭酒，鋒國子博士，銓散騎侍郎。其執經侍講，皆有拜授。八年，太宰恪卒。九年十二月，有神降于鄴，自稱相女，有聲，與人相接，數日而去。十年四月，立貴妃可朱渾氏爲皇后。六月，晉大司馬桓溫率衆五萬來伐，遂至枋頭，吳王垂大敗，斬獲三萬餘級，溫奔還淮南。垂既敗溫，威德彌振，太傅評大不平之，太后遂與評謀殺垂。十二月，垂出奔秦。

　　十一年六月，秦輔國將軍王猛、鎮南將軍楊安，率衆六萬來伐，以太傅評、下邳王厲等帥精兵三十萬拒秦師于潞川。州郡盜賊大起，鄴中怪異非常。十月，評及猛戰于潞川，評師敗績，單騎遁還。猛乘勝追奔，長驅至鄴。十月，符堅帥衆會猛來攻拔鄴，城外亂，散騎侍郎徐蔚等率扶餘、高句麗及上黨質民子弟五百人，夜開城門引納秦師。暐與太傅評、左衛將軍孟高等數十騎出奔昌黎。堅遣將軍郭慶帥騎五千追之，及暐于高陽。秦將巨武執暐，將縛之。暐曰：“汝何小人，而敢縛天子？”武曰：“我梁山巨武，受詔縛賊，何謂天子耶？”執暐送鄴，堅問其奔狀。暐曰：“狐死首丘，欲歸死于先人陵墓耳。”堅哀而釋之，令還宮，率文武出降。堅入鄴宮，昇正陽殿，徙暐及王公已下并諸鮮卑四萬餘户于長安。封暐新興郡侯，邑五千户，尋拜尚書。堅征臺城，爲平南將軍、別部都督。淮南之敗，隨堅還長安。既而吳王垂攻符丕于鄴，中山王沖起兵關中，暐謀殺堅，事發，爲堅所誅，年三十五歲。垂僭稱尊號，僞謚幽皇帝。

　　　　　　　　　　　　　　　　　　　　頁七正至九正

《十六國春秋別本》卷十一《後燕録》

慕容垂

　　慕容垂字道明，皝第五子，小字阿六敦。母蘭淑儀。垂少有器度，長七尺七寸，手垂過膝。皝甚寵之，常曰：“此兒澗達好奇，終能破人家，或能成人家。”故名霸，字道業。因墮馬傷前二齒，慕容儁即王位，因改名㱁，外以慕郤㱁爲名，内惡而改之。尋以讖記之文，去夬，以垂爲名。及儁僭稱尊號，封吳王。

建熙十年，以車騎大將軍敗桓温于枋頭，威名大震，太傅上庸王評深忌之，垂遂出奔秦。苻堅聞垂至，大悦，郊迎，執手，禮之甚重。王猛惡垂雄略，勸堅殺之，堅不從。以爲冠軍將軍，封賓都侯，歷京兆尹。苻堅敗于淮南，垂軍獨全，堅以千餘騎奔之。世子寶言于垂曰：“國家傾喪，皇綱廢弛，當隆中興之業，建少康之功。宜恭承皇天之意，因而取之。”垂曰：“彼悉心投命，若何害之。”乃以兵屬堅。垂至澠池，言于堅曰：“王師不利，北境之民，或因此輕重，請奉詔輯寧朔裔。且龍、鄴舊都，陵廟所在，乞過展拜，以申罔極。堅許之。權翼諫曰：“垂爪牙名將，今之韓、白，且世豪東夏，志不爲人下，頓以避禍歸誠，非慕德而至也。恐冠軍之號，不飽其志，列地百里，未滿其心。且垂猶鷹也，饑則附人，飽便高颺，遇風塵之會，必有凌霄之志。”堅曰：“卿言是也，但朕已許之。匹夫猶重信，況萬乘之主乎。”翼曰：“陛下重小信而輕忽社稷，臣見往不見其還，關東之變，垂其首乎。”自涼馬臺結草筏而渡，至安陽，修箋于長樂公丕，垂至，館之于鄴西。會苻暉告丁零翟斌聚衆四千，謀逼洛陽。丕于是配垂兵三千，遣廣武將軍苻飛龍率氐騎一千爲垂之副。丕戒飛龍曰：“垂爲三軍之統，卿爲垂謀之主。”苻暉告急，簡書捐尋，垂方圖飛龍，停河内不進，悉誅氐兵，命左右殺飛龍，濟河焚橋，衆三萬，至洛陽。苻暉閉關門拒守，不與交通。翟斌率衆會垂，勸稱尊號。垂曰：“新興侯，國之正統，孤之君也。若以諸軍之力，得平關東，當以大義喻秦，奉迎反正，誣上自尊，非孤心也。”乃自稱大將軍、燕王承制行事。翟斌爲建義將軍，封河南王。弟德爲范陽王。衆至二十萬，濟自石門，長驅攻鄴。

元年正月，朝群僚于清陽宮，以暐在長安，依晉愍帝在平陽，中宗稱王，改年建武故事，改秦建元爲燕元元年，立太子寶爲燕太子。攻拔鄴都，丕固守中城。垂漸而圍之。于魏郡肥鄉築新興以置輜重，進師攻鄴，開其西奔之路。二年三月，丕棄鄴奔幷州，以魯陽王和爲南中郎將，鎮鄴。十三年，垂定都中山。建興元年正月，群僚勸垂正尊號。辛卯，僭即皇帝位于南郊，大赦，改元建興，立子寶爲皇太子。十年五月，太子寶率衆八萬伐魏，范陽王德爲之後繼，魏聞寶將至，徙于河西，寶臨河不敢濟，引師還，次于參合，俄而魏軍大至，三軍奔潰，寶與德等數千騎奔免。十一年三月，垂大衆出參合，太子寶出天門，垂至參合，見積骸如山，設祭弔之，死者父兄各皆號哭，軍哀慟，垂慚憤嘔血，因而寢疾，築燕昌城而還。寶等至雲中，聞垂疾，皆引歸，及垂于平城。夏四月，薨于上谷之沮陽，年七十二，謚武成皇帝，廟號世祖。

頁一正至四正

慕容寶

慕容寶字道祐，垂第四子，元璽四年生于信都，少輕果，無志操，好人從己。段后諫垂曰："太子資質雍容，柔而不斷，非濟世之雄。遼西、高陽陛下嗣之賢者，宜擇一樹之。"垂不納，謂曰："汝謂我爲晉獻公乎。"

建興十一年四月，僭即皇帝位，大赦，改元爲永康元年。寶遣將軍趙王麟逼段后曰："常謂主上不能嗣守大統，今竟不能？宜早自裁，以全段氏。"后怒曰："汝兄弟上逼殺母，豈復能保守社稷？吾豈惜死，念國滅不久。"遂自殺。八月，立妃段氏爲皇后，濮陽公榮爲皇太子。二年正月，魏使修和，寶不許。二月，魏攻中山，其夜，尚書慕容皓謀殺寶立趙王麟，寶與太子榮等萬騎就清河會于薊，以開封公慕容詳守中山。五月，中山饑，麟出據新市，魏師戰于義臺，敗績，南奔，魏入中山。寶遣御史中丞兼鴻臚魯遂持節，受司空、范陽王德丞相、冀州牧，丞制南夏，封公封侯牧守。三年二月，寶發龍城，以撫軍慕容騰爲前軍，步騎三萬，將南伐，次于乙連，長上段速骨、宋赤眉因民之憚遠役，殺司空、樂浪王宙。眾既幸亂，投仗奔走。寶馳還龍城，又與長樂王盛等南奔。尚書蘭汗殺速骨等十餘人，奉太子榮，承制大赦，遣迎寶還于薊。寶欲北還，盛等咸以汗忠款虛實未明，宜就范陽王德，寶從之。乃自薊而南。四月，寶至。鄴中遺民固請留之，寶不從。南至黎陽城，西聞范陽王德稱制，懼而退，乃還龍城，次于廣都。蘭汗又遣左將軍蘇超，寶具申款誠，忠節無差。寶于是命發，汗遣弟難率五百騎迎寶至龍城，汗引寶入于外邸，殺之，年四十四。殺太子榮及王公卿士百餘人。汗自稱大將軍、大單于、昌黎王，年號青龍。七月，長樂公盛襲誅汗。盛即位，僞謚寶惠愍皇帝，廟號烈祖。

頁四正至五背

慕容盛

　　慕容盛字道運，寶之庶長子。秦建元十年，生於長安。二十年，苻堅誅慕容氏，盛東奔，既至，垂問以西事，畫地圖。垂笑謂之曰："昔魏武撫明帝之首，遂乃侯之。祖之愛孫，有由來矣。"于是封長樂公。建興六年，領北中郎，鎮薊，進爵爲王。及寶爲蘭汗所殺，盛馳訃哀，因潛結大眾，謀討難及汗等，斬之。建平元年七月，告成宗廟，大赦，改元青龍。謙揖自卑，不稱尊號，以長樂王稱制，諸王貶爵爲公。東陽公慕容根等九十八人上尊號，盛不許。十月，根等又請，盛許之。丙子，僭即皇帝位。正月，朝群臣于承乾殿，大赦，改建平元年爲長樂元年。二年正月，大赦，盛去皇帝之號，稱庶民天王。三年八月，右將軍慕容國謀率禁兵襲盛，前將軍段機等因衆心阻動，潛于禁中，鼓譟大呼。盛聞變，率左右出戰，衆皆披潰。俄有一賊從闇中擊傷足，遂取輦昇前殿，召叔公河間公熙，囑以後事。熙未至而薨，年二十九。僞謚昭武皇帝，廟號中宗。

頁五背至六背

慕容熙

　　慕容熙字道文，一名長生，垂之少子。燕元二年生于長安。建興八年，封河間王。永康初，隨寶奔龍城，拜司隸校尉。長樂元年，遷僕射、中外都督，領昌黎尹。盛薨，僭即皇帝位，大赦，改長樂三年爲光始元年。二年正月，熙引見州郡耆舊，予言，問以民間疾苦。司隸部民劉瓚對問稱旨，拜帶方太守。是春，大治宮室，至四月，立苻貴人爲昭儀。五月，築龍騰苑，廣十里餘，役徒二萬。起景雲山于苑內，又起逍遙宮、甘露殿，連房數百，觀閣相交，鑿天河渠，引水入宮。又爲苻昭儀鑿曲光海、青涼池，季夏暑熱，士卒不得休息，渴死者大半。四年二月，昭儀苻氏卒，立苻貴嬪爲皇后。九月，苻后遊畋，熙從之，北登白鹿山，東過青嶺，南臨滄海。冬十一月，乃還。百姓苦之，士卒爲狼虎所害及凍死者五千餘人。五年十月，擬鄴之鳳陽作弘光門，累級三層。建始元年正月，大赦天下。三月，太史丞梁延年夢月化爲五白龍，夢中占之曰：“月臣也，龍君也，月化爲龍，當有臣爲君。”寤而告人曰：“國符其將盡乎？”是月，苻后起太華殿，高承光一倍，負土於北門，土與穀同價。典軍杜静載棺指闕上書諫，大怒，斬之。后嘗季夏思凍魚鱠，冬須生地黃，皆下有司切責，不得，加以大辟。四月，苻后崩，熙悲號躃踊，若喪考妣，擁其尸而撫之曰：“體已就冷，命遂斷矣。”于是僵仆絕息，久而乃蘇。服斬縗，食粥。百僚于宮內設立哭臨，使有司按校，哭者有淚，以爲忠孝；無淚則加罪。群臣震懼，莫不舍辛以爲淚。高陽王妃張氏，熙之嫂也，美姿容，熙欲以爲殉。乃毁其襚韠，中有弊氈，遂賜死。三女叩頭求哀，熙弗許。營陵周輪數里，下洞三泉，内圖畫尚書八座之像。熙曰："善爲之，朕將隨后入此陵。"輀車高大，毁北門而出。中衛將軍馮跋、左衛將軍張興先皆坐事亡奔，以熙政之虐也。與跋從兄萬泥等三十二人結盟，推夕陽公慕容雲爲主，發尚方徒五千人，分屯四門，入宫授甲，閉門拒守。中黄門趙洛生奔告熙，熙曰："此鼠盗耳，勝還當誅之。"乃收髮貫甲，馳還赴難，夜至龍城，攻北門不剋，遂入龍騰苑，左右潰散。熙微服逃于林中，爲人執送，雲等殺之。年三十二，葬徽平陵，謚曰昭文皇帝。

頁六背至九正

慕容雲

　　慕容雲字子雨，寶之養子，祖父高和，句麗之支庶，自云高陽氏之苗裔，故以高爲氏。寶之爲太子，雲以武藝給事東宫。永康初，拜侍御郎，以疾去官。及熙葬后，馮跋詣之，告以大謀，雲懼，跋等强之。四月，即天王位，復姓高氏，大赦，改建始元年爲正始元年。國仍號大燕。以馮跋爲侍中、都督中外諸軍、録尚書事、武邑公。慕容歸爲遼東公，立燕之宗社。三年冬十月，雲臨東堂，幸臣離班、桃仁懷劍執紙而入，稱有所啓，抽劍擊雲。雲以几拒班，桃仁進而殺之。立馮跋爲主。即位，僞謚爲忠懿皇帝。始垂以丙戌之歲建號中山，至馮跋之歲，歲在己酉，二十四年。

頁九正至九背

《十六國春秋別本》卷十三《南燕録》

慕容德

慕容德字玄明，皝之少子。皝每對諸宮人言婦人妊娠夢日入懷，必生天子。公孫夫人方妊，夢日入臍中，獨喜而不敢言。晉咸康二年，晝寢，生德，左右以告，方寢而起。皝曰："此兒易生，似鄭莊公，長必有大德。"遂以德爲名。年十二而皝薨，哀毀過禮。年十八，長八尺三寸，額上有日角，偃月重文。元璽初，封梁公。建熙初，進號安北將軍，封范陽王，入爲魏尹。秦滅燕，徙於長安。秦伐涼，德請征自效，後爲張掖太守。

苻堅伐晉，垂請德爲副，堅敗，德乃隨垂如鄴。垂稱燕王，復封范陽王。建興元年，爲司隸校尉。八年，司徒。垂臨薨，謂太子寶曰："鄴是舊都，宜委范陽王。"永康元年，以德鎮鄴。及寶失中山，自龍城奔鄴，以德爲丞相，領冀州牧，承制南夏。德兄子麟自義臺來奔，因説德曰："中山既没，魏必乘勝攻鄴，雖糧儲素積，而城大難固。且人情沮動，不可以戰。及魏軍未至，擁衆南渡，就魯陽王和，據滑臺而聚兵積穀，伺隙而動，計之上也。魏雖拔中山，勢不久留，不過驅掠而返。人不樂從，理自生變。然後振威以援之，魏則内外受敵，使戀舊之士，有所依憑。廣開恩信，招集遺黎，可一舉而取之。"先是慕容和亦勸德南徙，於是許之。隆安元年正月，德率户四萬三千，車二萬七千乘，自鄴徙滑臺。黎陽魏軍垂至，三軍危懼，欲堡據黎陽，昏日流澌冰合，是夜濟訖，冰亦尋消。德大悅，改黎陽津爲天子津。

德入滑臺，趙王麟等九十八人上言："今中土傾陷，龍都蕭條，趙魏遺黎，鵠企澤皋，伏願仰承俯順，以承宗廟，謹上皇帝尊號。"德許之，令曰："假順來議，且以燕元故事，統符行帝制奏詔而已。"改永康三年爲元年，大赦殊死已下，置百官，封進有差。寶自龍城南奔至黎陽城西數里，伏於河西，遣中黄門趙思告北地王鍾曰："上以去二月得丞相表，即自南征，段速骨作逆於一連，今失據來此，呼丞相奏迎。"鍾馳使白狀，寶遣思之後，見採樵者，知德稱帝，懼而北奔。初，苻登既滅，登弟廣率所部二千來降，拜冠軍，處之乞活堡。至是復叛，稱秦王。德留撫軍魯陽王和守滑臺，德率衆攻廣，斬之。和長史季辨殺和，以滑臺降魏。德曰："苻廣雖平，撫軍失據，進有強敵，退無所托，計將安出？"尚書潘聰曰："滑臺四通八達，非帝王之居，青齊沃壤，號曰東秦。地方二千里，户餘十萬，四塞之固，可謂用武之國。"德猶預未決，於是遣牙門蘇撫問沙門朗公，報曰："山西絶俗之士，不應預聞朝議，但有待之累，非有託無以立。陛下今來，即朗之檀越。破覽潘尚書之議，可謂興邦之術矣。"撫又問以年世，朗以《周易》筮之曰："燕衰庚戌。"撫曰："幾何？"曰："年則一統，世則及子。"撫曰："何其促乎？"朗曰："卦兆然也，豈關人哉。"撫不敢言。德大悦。三月德引師而南，五月次薛城，八月入廣，因即皇帝位於南郊，大赦，改元爲建平元年。又曰："漢宣愍吏民犯諱，故改名。朕今增一備字，以爲復名，庶開臣子避諱之路。"於是叙賞有差，新舊咸悦。十月，太極端門並就，以公工張剛爲材官將軍、上方令。二年十月，徐州刺史潘聰、青州刺史鞠仲來朝，讌於延賢堂。酒酣，德笑謂群臣曰："朕雖寡薄，恭己南面，在上不驕，夕惕於位，可稱自古何等王也！"仲曰："陛下中興之聖后，少康、光武之儔也。"顧命左右賜仲帛千匹。仲疑多陳讓。德曰："卿知調朕，朕不知戲卿乎？卿飾對非實，故亦虚言相賞，賞不謬如，何足謝也。"韓範進曰："臣聞天子無戲言，忠臣無妄對，今日之論可謂君臣俱失。"德大悦，賜範絹五十匹。三年三月，德如齊城，登營丘，望見晏嬰冢，顧左右曰："禮，大夫不通城葬，平仲古之一賢人，達者而生安近市，死葬近城，豈有意乎？”青州秀才晏謨對曰：“孔子稱臣先人平仲賢矣，豈不知高其梁、豐其禮，蓋政在家門，故儉以矯世。存居湫隘，卒豈擇地而葬乎？所以不遠門者，猶冀悟平生意也。”德悅之。三月，以太牢祀漢城陽景王廟，遂北登社首山，東望鼎足，因目牛山，問謨以齊之山川、賢哲故事。謨歷對詳辨，畫地成圖，德深嘉之，拜尚書郎。

　　五年二月，夜，地震，在棲之雞皆驚攪飛散。三月，德疾動經旬，幾於不振。會前尚書右丞曹默自冀州來奔，以白酒解之，乃瘳。以默爲御史中丞，封永熙侯。五年正月，兄子超自秦還。九月，汝水竭。十一月，得疾篤，夢鈗曰：“汝既無子，何不早立超爲太子，不爾，惡人生心。”戊午，引見群臣於東陽殿，議立超爲太子。俄而震起，百寮驚越，德亦不安，還宮疾甚，呼段后、公主及超，申以後事。執超手曰：“德若至曉，更見公卿，顧託以汝，死無所恨。”數目視公主，欲有所言，竟遂不能。段后大言：“今召中書作詔立超，可乎？”備德開目頷之，是夕，薨於顯安宮，年七十，爲十餘棺，夜分出四門，潛瘞山谷，莫知其尸所在。虛葬於東陽陵，謚獻武皇帝，廟號世宗，在位五年。

頁一正至五背

慕容超

　　慕容超字祖明，德兄北海王納之子，秦滅燕，以納爲廣武太守。數歲去官，與母公孫太妃就弟德家於張掖。德從苻堅南征，留金刀辭母而去。及垂起兵山東，張掖太守武昌誅納及德之諸子，公孫太妃以老不合刑。納妻段氏以懷妊未決，執於郡獄，獄掾呼延平，德之故吏也，將公孫及段氏逃於羌中，而生超焉。公孫氏臨卒，授超金刀，曰：“聞汝伯已興於鄴都，吾朽病將沒，相見理絕，汝脫得東

歸，可以此刀還汝叔也。"後因呂隆歸秦，徙涼州民於長安。超因
而東歸，母謂超曰："母子得全濟者，呼延氏之力也，惠而不報，天不
祐人乎。今雖死，吾欲爲汝納其女以答厚惠。"於是納之。超至長
安，佯狂行乞，由是往來無禁。濟陰人宗正謙善卜相，西至長安，賣
於路。超行而遇之。因就謙相，謙奇其姿貌，超乃内斷於心，不告
母妻。辭母詣霸上，乃與謙俱歸，至諸關禁，自稱張伏生，二十日達
梁父。建平六年四月，至廣固，呈以金刀，且宣祖母臨終之言，德撫
之號慟。超身長八尺，腰九圍，姿器魁傑，有類於德。德愛之，名之
曰超，封北海王，拜侍中、驃騎大將軍、司隸校尉，開府置佐。十一
年，立爲太子。己未，僭即皇帝位，太赦，改建平六年爲太上元年。
三年七月，遣中書令韓範聘秦，姚興許還超母妻。八月，奉使兼員
外散騎常侍韋宗還聘，贈以千金。超復遣右僕射張華、給事中宗
正元聘，奉送太樂伎一百二十人。姚興大悦，還超母妻。十月，華
發長安，宗正元馳先反命，超悦，遣征虜公孫五樓率騎二千迎於境
上，超親率六宮迎於馬耳關。四年正月，大赦，尊父北海穆王爲穆
皇帝；母段氏爲皇太后，居長樂宮；妻呼延氏爲皇后。五年二月，
晉相劉裕率衆來伐。三月，晉師渡河，超聞晉軍之盛，自率衆四萬
拒戰，大敗，奔還廣固，徙郭内民入保小城，晉攻陷大城，長圍列守。
超請爲藩臣，以大峴爲界，裕不許。六年正月，超登天門，朝群臣於
城上，殺馬以饗將士，文武皆有遷授。二月，尚書悦壽開門納晉師，
超出奔，爲晉師所執，送建康市斬之，時年二十六。殺鮮卑王公以
下三千餘人，以男女萬餘口爲軍賞。始建平元年歲在己亥僭號，居
齊，王爲劉裕所滅，在己酉年，二十一年。

頁五背至七背

屠本《十六國春秋》卷第二十三《前燕録一》

慕容廆

慕容廆字奕落瓌，鮮卑人也。本出於昌黎之棘城，昔高辛氏遊於海濱，留少子厭次以君北夷，遂世居遼左，邑於紫濛之野，號曰東胡。其後與匈奴並盛，控弦之士二十餘萬，風俗官號與匈奴略同。秦、漢之際爲匈奴所敗，分保鮮卑山，因以爲號。其十一世祖乾歸者“乾歸”，《述異記》作“乾羅”。見神著金銀襦鎧，乘白馬，金銀鞍勒，自天而墜。鮮卑神之，推爲君長。曾祖莫護跋，魏初帥諸部落大人自塞外入居遼西，從司馬懿討公孫淵有功，拜率義王，始建王府一作國。於棘城之北。時燕代少年多冠步搖冠，跋見而好之，乃斂髮襲冠，諸部因呼之爲步搖，其後音訛爲慕容，遂以慕容爲氏。祖木延，左賢王，從毌丘儉征高驪有功，加號大都督、左賢王。父涉歸，一名奕落韓，以全柳城之勳，進拜鮮卑單于，遷邑遼東北，於是漸變胡風，自云慕二儀之德，繼三光之容，即以慕容爲姓。

廆幼而魁岸，美姿貌，身長八尺，雄傑有大度。晉安北將軍張華雅有知人之鑒，廆童丱時往謁之，華甚歎異，謂曰：“君長必爲命世之器，定難濟時者也。”因以所服冠一作幘。簪遺之，以結殷勤。晉武帝太康二年冬，涉歸始寇昌黎，安北將軍嚴詢敗走之，斬獲萬計。太康四年，涉歸卒，弟耐一作刪。篡立，將謀殺廆，廆年十五，出避難，追者急，乃走匿於遼東徐郁家，入其屋以席自障，追者入屋發視，竟無所見，遂得免難。太康五年，國人殺耐，迎廆立之，代領部落。

初，涉歸與宇文鮮卑素有隙，廆將修先君之怨，表請討之。武帝弗許。廆怒，入寇遼西，殺掠甚衆。帝遣幽州諸軍討之，戰於肥如，廆衆大敗。自後復掠昌黎，每歲不絶。太康六年，又率衆東伐扶餘，扶餘王依慮自殺，子弟走保沃沮，廆夷其國城，驅掠萬餘人而還。太康七年，廆寇遼東，故扶餘王依慮子依羅求率見人還復舊國，請援於東夷校尉何龕，龕遣督護一作郵。賈沉將兵救之，廆遣其將孫丁率騎邀之於路。沉力戰斬丁，遂復扶餘國。爾後，廆每掠其種人，賣於中國，帝又以官物贖還，禁市扶餘之口。

太康十年夏四月，廆謀於衆曰：“吾先公以來世奉中國，且華夷理殊，强弱固別，豈宜與晉國競乎？何爲不和以害吾百姓！”乃遣使詣晉乞降。帝嘉之，拜鮮卑都督。五月，廆謁見東夷校尉何龕，抗士大夫禮，巾衣詣門。龕嚴軍以見之，廆乃改服戎衣而入。人問其故，廆曰：“主人不以禮待客，客何爲哉！”龕聞之甚慚，彌加敬憚。時東胡宇文氏鮮卑、段氏部落以廆威德日廣，懼有并吞之計，因爲寇掠，往來不絶。廆卑辭厚幣以撫之。鮮卑段國單于階以女妻廆，生皝、仁、昭。

元康四年，廆以遼東僻遠，徙於徒何之青山，後又以大棘城，即帝顓頊之墟，所謂紫蒙之邑也。復移居之，乃教以農桑，法制同於上國。永寧中，燕垂大水，廆開倉振給，幽方獲濟。天子聞而嘉之，褒賜命服。

太安初，鮮卑宇文單于莫圭部衆强盛，遣其弟屈雲寇邊，雲別帥素怒延一無“怒”字。攻掠諸部，廆親擊敗之。素怒延耻之，復率衆十萬圍廆於棘城，衆咸震懼，人無拒志。廆曰：“素怒延雖犬羊蟻聚，然軍無法制，已在吾計中矣。諸君但爲力戰，無所憂也。”乃躬貫甲胄，馳馬出擊，素怒延大敗之，追奔百里，俘斬萬餘人。遼東孟暉先没於宇文部，帥其衆數千餘家來降，廆署爲建威將軍。以其臣慕輿句勤恪廉靖，使掌府庫。句心計默識，不案簿書，始終無漏。以慕輿河明敏精審，使典獄訟，覆訊清允。

永嘉初，廆自稱鮮卑大單于。時魏昭帝諱禄官。卒，弟穆帝諱猗盧。總攝三部。先是昭帝之世，廆爲東部之患，昭帝遣弟左賢王普根擊走之，至是與廆通好。永嘉三年，遼東太守龐本以私憾殺東夷校尉李臻，詔以勃海封釋代之，釋收斬本。永嘉五年，初，東夷校尉李臻之死也，遼東附塞鮮卑素喜連、木丸津託等爲臻報讎，實欲因而爲亂。遂攻陷諸縣，殺掠士民，屢敗郡兵，太守袁謙頻戰失利，東夷校尉封釋懼不能討，請與連和，連、津不從。百姓失業，流亡歸廆者日月相繼，廆給廩遣還，願留者即撫存之。

　　廆少子鷹揚將軍翰言於廆曰：“求諸侯莫如勤王，自古有爲之君，莫不尊天子以從民望，成大業者也。今連、津跋扈，王師覆敗，蒼生屠膾，豈甚此乎！豎子外以龐本爲名，內實幸災爲寇。封使君以誅本請和，而毒害滋深。遼東傾沒，垂已二紀，中原離亂，神州屢敗，勤王仗義，今其時也。大單于宜明九伐之威，救倒懸之命，數連、津之罪，合義兵以誅之。上則興復遼東，下則并吞二部，忠義彰於本朝，私利歸於吾國，此則吾霸王之基也，一云鴻漸之始也。終可以得志於諸侯。”廆笑曰：“孺子乃能及此乎！”遂率騎東擊連、津，以翰爲前鋒，破斬之，盡併二部之衆。得所掠民三千餘家，徙之棘城，立遼東郡而歸。

　　晉懷帝蒙塵於平陽，王浚承制以廆爲散騎常侍、冠軍將軍、前鋒大都督、大單于，廆以非王命所授，拒而不受。廆復遣翰攻段疾陸眷，取徒河、新城，至陽樂引兵而還，翰因鎮徒河，壁青山。

　　時兩京傾覆，幽冀淪陷，中國流民避亂者，多北依王浚，浚不能存撫，又法政不立，士民往往逃去。段氏兄弟專尚武勇，不禮士大夫。惟廆刑政修明，虛懷引撫，流亡士庶多襁負歸之。廆乃舉其英俊，隨才授任，以河東裴嶷、代郡魯昌、廬江黃泓、北平陽耽爲謀主，北海逢羨、廣平遊邃、北平西方虔、渤海封抽、西河宋奭及裴開爲股肱，渤海封奕、平原宋該、蘭陵繆愷、昌黎劉斌、安定皇甫岌、岌弟真及抽子裕並典機要。遼東張統據樂浪、帶方二城，與高句驪王乙弗利相攻,連年不解。樂浪王遵説統帥其民千餘家歸廆,廆爲之置樂浪郡,以統爲太守,遵參軍事。建興中,王浚爲石勒所殺,幽州喪亂,會稽朱左車、魯國孔纂、泰山胡母翼自薊逃奔昌黎,悉來依廆。中國流民歸廆者數萬家,廆乃立郡以統流民,冀州人爲冀陽郡,豫州人爲成周郡,青州人爲營丘郡,并州人爲唐國郡。愍帝遣使拜廆鎮軍將軍、昌黎遼東二郡公。

　　晉元帝建武元年春三月,元帝承制拜廆假節、散騎常侍、都督遼左雜夷流民諸軍事、龍驤將軍、大單于、昌黎公,廆讓公爵不受。征虜將軍魯昌説廆曰:“今兩京傾没,天子蒙塵,琅邪王承制江東,實人命所係。明公雖雄據海朔,跨總一方,而諸部猶怙衆稱兵,未遵道化者,蓋以官非王命,又自以爲强故也。今宜通使琅邪,勸承大統,然後敷宣帝命,以討有罪,誰敢不從!”處士遼東高詡曰:“霸王之資,非義不濟。今晉室雖微,人心猶附,宜遣使江東,示有所尊,然後仗大義以征諸部,不患無辭矣。”廆從之,遣長史王濟浮海詣建康勸進。

　　太興元年春三月,元帝即尊位,遣謁者陶遼重申前命授廆龍驤將軍、大單于、昌黎公,廆固辭公爵不受。以游邃爲龍驤長史,劉翔爲主薄,命邃創定府朝儀法。長史裴嶷言於廆曰:“晉室微弱,介居江表,威德不能及遠,中原之亂,非明公不能拯也。今諸部雖各擁兵,然皆頑愚相聚,宜以漸并取,以爲西討之資。”廆曰:“君言大,非孤所及也。然君中朝名德,不以孤僻陋而教誨之,是天以君賜孤而祐其國也。”乃以嶷爲長史,委以軍國之任,諸部弱小者,稍稍擊取之。

　　太興二年,廆封略漸廣,進據棘城。晉平州刺史、東夷校尉崔毖自以中州士望,懷集流亡而士民多歸於廆,心不平之。數遣使招附,莫有赴者。意廆拘留之,乃陰結高句驪及宇文氏、段國等,謀滅

廆以分其地。廆所親渤海高瞻力諫不從。於是三國合兵來伐，諸
將請擊之，廆曰：“彼信崔毖虛説，欲邀一時之利，軍勢初合，其鋒
甚鋭，幸我速戰。若逆擊之，落其計矣。不可與戰，當固守以待之。
彼烏合而來，既無統一，莫相歸服，久必携貳，一則疑吾與毖譎而覆
之，二則三國自相猜忌。待其人情沮惑，然後擊之，破之必矣。”三
國進攻棘城，廆閉門自守，遣使獨以牛酒犒宇文大人，聲言於衆曰：
“崔毖昨有使至。”二國疑宇文氏與廆有謀，各引兵歸。宇文大人悉
獨官曰：“二國雖歸，我當獨兼其國，何用人爲！”率衆數十萬逼城，
連營四十里。廆使召其子翰於徒河。翰遣使謂廆曰：“悉獨官舉國
爲寇，彼衆我寡，易以計勝，難以力勝。今城中之衆，足以禦寇，翰
請爲奇兵於外，伺其間而擊之，内外俱奮，使彼震駭不知所備，破之
必矣。若合兵爲一，彼得專意攻城，無復他慮，非策之得者也；且示
衆以怯，恐士氣不戰先自沮矣。”廆猶懷疑貳。遼東韓壽言於廆曰：
“悉獨官有憑陵之志，將驕卒惰，軍不堅密，若奇兵卒起，掎其無備，
必破之策也。”乃聽翰留徒河。

　　悉獨官聞之曰：“翰素名驍果，今不入城，或能爲患，當先取之，
城不足憂也。”遂分遣數千騎襲翰。翰潛知之，詐爲段氏使者，逆於
道曰：“慕容翰久爲吾患，聞當擊之，吾已嚴兵相待，宜速進也。”使
者既去，翰即出城，設伏以待之。宇文氏之騎見使者，大喜馳行，不
復設備，進入伏中。翰奮擊，盡獲之，乘勝徑進，遣間使語廆出兵大
戰。廆使子皝與長史裴嶷將精鋭爲前鋒，自將大兵繼後。悉獨官
自恃其衆，初不設備，見廆兵至，方率衆逆戰。前鋒始交，翰將千騎
從旁直衝其營，縱火焚之，衆皆振擾，不知所爲，遂大敗之，悉獨官
僅以身免。盡俘其衆，於其營候獲皇帝玉璽三紐。

　　崔毖聞之，懼廆之仇己，使兄子燾一作濤。詣棘城僞賀廆。會
三國使者亦至，請和，曰：“非吾本意，崔平州教我耳。”廆將燾示以

攻圍之處，臨之以兵，曰："汝叔父教三國滅我，何以詐來賀我乎？"燾懼，首服。廆乃遣燾歸謂崒曰："降者上策，走者下策也。"引兵隨之。崒與數十騎棄家室奔高句驪，悉降其衆，廆以子仁爲征虜將軍，鎮遼東。宮府、市里，安堵如故。

　　高句驪將如奴子據于河城，寇掠遼東，廆遣樂浪太守張統掩擊，擒之，俘其衆千餘家；徙崔燾、高瞻、韓恒、石琮等於棘城，待以客禮。尋以高瞻爲將軍，瞻稱疾篤不就，廆頗不平之，竟以憂卒。宋該勸廆獻捷江東，廆使該爲表，令裴嶷奉之，并所獲三璽詣建康獻之。高句驪數寇遼東，廆遣建威將軍翰、征虜將軍仁伐之，句驪王乙弗利逆來求盟，翰、仁乃還。

　　太興三年春三月，裴嶷至自建康，盛稱廆之威德，賢俊皆爲之用，朝廷始重之。乃遣使隨嶷拜廆監平州諸軍事、安北將軍、平州刺史，增邑一千户。

　　太興四年冬十二月，加廆使持節、都督幽平二州東夷諸軍事、車騎將軍、平州牧，進封遼東郡公，邑一萬户，侍中、單于並如故，遣謁者即授印綬，丹書鐵券，承制海東，命備官司，置平州守宰。廆於是備置僚屬，立子皝爲世子。作東樓，以裴嶷、游邃爲長史，裴開爲司馬，韓壽爲別駕，陽耽爲軍諮祭酒，崔燾爲主簿，黃泓、鄭林參軍事。以朱左車、孔纂、胡毋翼等夙德清望，請爲賓友。以平原劉讚儒學該通，引爲東庠祭酒，命皝與國胄束脩受業，廆覽政之暇，亦親臨聽之，於是路有頌聲，禮讓興矣。徙翰鎮遼東，仁鎮平郭。翰撫安民夷，甚有威惠；仁亦次之。

　　永昌元年冬十二月，段末杯初統其國，而不修備，廆遣世子皝襲之，入令支，掠其居民千餘家及名馬寶物而還。

　　晉明帝太寧元年春二月，廆以長史裴嶷爲遼東相。

　　太寧二年秋七月，晉遣使者加廆邑五千户，重申前好。

太寧三年春三月，石勒遣使通和，廆拒之，送其使於建康。勒怒，加宇文乞得歸—作龜。官爵，使之擊廆。廆遣皝拒之。以遼東相裴嶷爲右部都督，率索頭、段國爲右翼，命征虜仁自平郭趣伯林爲左翼，乞得歸屯保澆水固壘不戰，遣兄子悉拔雄襲仁於伯林。仁逆擊悉拔雄，斬之，悉虜其衆。乘勝與皝攻乞得歸，大破之。乞得歸棄軍走，皝、仁入其國城，使輕兵追乞得歸，過三百里而還，盡獲其國重器，畜產以百萬計，徙其民數萬户以歸。先是，海出大龜，枯死於平郭，至是而乞得歸敗。其東部大人逸豆歸逐而殺之，因自立爲主。冬十一月，廆與段氏方睦，爲段牙謀，使之徙都；牙從之，即去令支，國人不樂。段疾陸眷之孫遼欲奪其位，以徙都爲牙罪，十二月，帥國人攻牙，殺之，自立。段氏自務勿塵以來，日益強盛，其地西接漁陽，東界遼水，所統胡、晉三萬餘户，控弦四五萬。

晉成帝咸和元年秋九月，遣使拜廆侍中，位特進，餘悉如故。

咸和二年春二月，廆遣使詣建康固辭爵位，優詔不許。

咸和三年冬十二月己卯，後趙石勒殺趙主劉曜。

咸和四年春正月，趙石虎取長安。冬十二月，羌酋姜聰殺吐谷渾王吐延。吐延，廆之庶兄吐谷渾子也。延死，其子葉延立保於白蘭山，自號其國曰吐谷渾。

咸和五年春，晉又遣使加廆開府儀同三司，固辭不受。廆嘗從容言曰：“獄者，人命之所懸也，不可以不慎。賢人君子，國家之基也，不可以不敬。稼穡者，民生之本也，不可以不急。酒色便佞，亂德之甚也，不可以不戒。”乃著《家令》數千言以申其旨。

咸和六年秋，僚屬宋該等議以廆立功一隅，位卑任重，等差無別，不足以鎮華夷，共表請進廆官爵。參軍韓恒駁曰：“夫立功者患信義不著，不患名位不高，桓文有匡復之功，不先求禮命以令諸侯。宜繕甲兵，除凶逆，功成之後，九錫自至。比於要君以求寵，不亦榮

乎?"廆不悦,出恒爲新昌令。於是遣使與太尉陶侃箋曰:

明公使君轂下:振德耀威,撫寧方夏,勞心文武,士馬無恙,欽高仰止,注情彌久。王塗險遠,隔以燕越,每瞻江湄,延首遐外。

天降艱難,禍害屢臻,舊都不守,奄爲虜庭,使皇輿遷幸,假勢吴楚。大晉啓基,祚流萬世,天命未改,玄象著明,是以義烈之士深懷憤踴。廆以功薄,受國殊寵,上不能掃除群羯,下不能身赴國難,仍縱賊庭,屢逼京輦。王敦倡禍於前,蘇峻肆毒於後,凶暴過於董卓,惡逆甚於傕、氾,普天率土,誰不同忿! 深怪文武之士,過荷朝榮,不能滅中原之寇,刷天下之恥。

君侯植根江陽,發曜荆衡,杖葉公之權,有包胥之志,而令白公、伍員得極其暴,竊爲丘明恥之。區區楚國子重之徒,猶恥君弱臣強。群臣不及先大夫,屬己戒衆,以服陳、鄭;越之種、蠡尚能弼佐勾踐,取威黄池;況今吴土英賢比肩,不聞輔翼聖主,陵江北伐。以義聲之直,討逆暴之羯,檄命舊都之士,招懷存本之人,豈不因風振俗,頓坂走輪哉! 且孫氏之初,以長沙之衆摧破董卓,志匡漢室。雖中罹寇害,雅志不遂,原其誠心,乃忽身命。及權據揚越,外杖周張,内憑顧、陸,拒魏赤壁,克取襄陽。自兹以降,世主相襲,咸能侵逼徐豫,令魏朝旰忘食。不知今之江表爲賢儁匿志,藏其勇略耶? 將吕蒙、淩統高蹤曠世哉? 況今凶羯逆暴,中州人士逼迫勢促,顛沛之危,甚於累卵。假號之強,衆心所去,敵有釁矣,易可震蕩。王郎、袁術雖自詐僞,皆基淺根微,禍不旋踵,此皆君侯之所見聞者也。

王司徒清虚寡欲,善於全己,昔曹參亦崇此道,著畫一之稱。庾公居元舅之尊,處申伯之任,超然高蹈,明智之權。廆於寇難之際,受大晉累世之恩,自恨絶域,無益聖朝,徒擊心萬里,望風懷憤。今海内之望,足爲楚漢輕重者,惟在君侯。若勠力盡心,悉五州之衆,據兗豫之郊,使向義之士倒戈釋甲,則羯寇必滅,國恥必除。廆在一方,敢不竭命。孤軍輕進,不足使勒畏首畏尾,則懷舊之士欲爲内應,無由自發故也。故遠陳寫,言不盡宜。

廆使者遭風没海。廆復更寫前箋,并齎東夷校尉封抽、行遼東相韓矯等三十餘人疏上侃府曰:

自古有國有家,鮮不極盛而衰。自大晉龍興,克平嶠會,神武之略,邁蹤前史。惠皇之末,后黨構難,禍結京畿,釁成公族,遂使羯逆乘虚,傾覆諸夏,舊都淪滅,山陵掘毁,人神悲悼,幽明發憤。昔獫狁之强,匈奴之盛,未有如今日羯逆之暴,跨蹋華夷,盜稱尊號者也。

天授有晉,挺拔英傑。車騎將軍慕容廆自弱冠莅國,忠於王室,明允恭肅,志在立勳。屬海内分崩,皇輿遷幸,元皇中興,初唱大業,肅祖繼統,蕩平江外。廆雖限以山海,隔以羯寇,翹首引領,係心京師,常假寤寐,憂國忘身。貢篚相尋,連舟載路,馬不税駕,動成義舉。今羯寇滔天,怙其醜類,樹基趙、魏,跨略燕、齊。廆雖率義衆,誅討大逆,然管仲相齊,猶曰寵不足以御下,況廆輔翼王室,有匡伯之功,而位卑爵輕,九命未加,非所以寵異藩翰,敦獎殊勳者也。

方今詔命隔絶,王路嶮遠,貢使往來,動彌年載。今燕之舊壤,北周沙漠,東盡樂浪,西暨代土,南極冀方,而悉爲虜庭,非復國家之域。將佐等以爲宜遠尊周室,近準漢初,進封廆爲燕王,行大將軍事,上以總統諸部,下以割損賊境。使冀州之民望風向化,廆得祇承詔命,率合諸國,奉辭夷逆,以成桓文之功,苟利社稷,專之可也。而廆固執謙光,守節彌高,每詔所加,讓動積年,非將佐等所能敦逼。今區區所陳,不欲苟相崇重,而愚情至心,實爲國計。

侃答廆書云:當今揚淮銳勇,飛廉超驥,收屈盧必陷之矛,集鮫犀不入之盾，惟在足下。”復答抽等書，其略曰：“車騎將軍憂國忘身，貢篚載路，羯賊求和，執使送之，西伐段國，北擊塞外，遠綏索頭，荒服獻款。惟北部未賓，屢遣征討。又知東方官號，高下齊班，進無統攝之權，退無等差之降，欲進車騎爲燕王，一二具之。夫功成進爵，古之成制也。車騎雖未能爲國一作官。摧勒，然忠義竭誠，見於辭表。今騰箋上聽，可否遲速，當任天臺也。”

　　咸和七年春三月，趙王石勒遣使復修前好，廆拒而不納。

　　咸和八年夏五月甲申，《晉帝紀》作乙未。廆薨於文德殿，葬於青山，時年六十五，在位四十九年。帝遣使者策贈車騎大將軍、開府儀同三司，謚曰襄公。皝爲燕王，追謚武宣王。及僭僞號，改謚武宣皇帝，廟號高祖。

頁一正至十八背

屠本《十六國春秋》卷第二十四《前燕錄二》

慕容皝上

　　慕容皝字元真，小字萬年，廆第二子，單于妃段氏所生也。龍顔版齒，身長七尺八寸。雄毅善權略，尚經學，多材藝，尤善天文，國人稱之。廆爲遼東公，立爲世子。晉建武元年，拜冠軍將軍。永昌初，拜左賢王，封望平侯，率衆征伐，累立奇功。太寧末，拜平北將軍，進封朝鮮公。咸和八年夏五月，廆卒，皝嗣遼東公位，以平北將軍行平州刺史，督攝部內。赦繫囚。以左長史裴開爲軍諮祭酒，郎中令高詡爲玄菟太守，以帶方太守王誕爲左長史，誕以遼東太守陽騖爲才而讓之；皝從之，以誕爲右長史。六月，遣長史渤海王濟等告喪於晉。秋八月，初，宇文逸豆歸既殺乞得歸自立。至是，皝率騎討之，軍於廣安，逸豆歸懼請和，遂築榆陰、安晉二城而還。

　　皝初嗣位，用法嚴峻，國人多不自安，主簿皇甫真切諫，不聽。

庶兄建威將軍翰驍武有雄才，素爲皝所忌，同母弟征虜將軍仁、廣武將軍昭並有寵於廆，皝亦不平之。至是並懼，恐不自容。翰出奔段遼，仁勸昭舉兵廢皝。事覺，先賜昭死，遣使案檢仁之虛實，遇於險瀆。仁知事發，殺皝使者，東據平郭。皝遣軍諮祭酒封奕慰撫遼東，又以庶弟建武將軍幼、稚、廣威將軍軍、弟名、寧遠將軍汗、司馬遼東佟壽等討之。仁盡衆拒戰，皝兵大敗，幼、稚、軍皆爲仁所獲；壽嘗爲仁司馬，遂没於仁。襄平令王永、將軍孫機舉兵遼東叛以應仁，東夷校尉封抽、護軍平原乙逸、遼東相太原韓矯、玄菟太守高詡等皆棄城奔還。仁於是盡有遼東之地，封奕不得入，與汗俱還。

段遼及鮮卑諸部並爲仁援。皝追思皇甫真之言，以爲平州別駕。

咸和九年春正月，皝遣軍諮祭酒封奕攻卑木堤於白狼，揚威將軍淑虞攻烏丸悉羅侯於平岡，皆破斬之。材官將軍劉佩攻乙連，不克。三月，段遼遣兵寇徒河，皝別將張萌逆擊，敗之。遼復遣弟蘭與慕容翰共寇柳城，柳城都尉石悰與城大慕輿埿并力拒守，蘭等不克而退。遼怒，切責蘭等，必令拔之。休息二旬，復益兵來攻。士皆重袍蒙楯，作飛梯、地道，四面俱進，晝夜不息。圍守二旬，悰、埿拒守彌固，殺傷千餘人，卒不能拔。皝遣寧遠將軍汗及封奕等共救之。皝戒汗曰："賊衆氣銳，難與爭鋒，宜顧萬全，慎勿輕進，必須兵集陣整，然後擊之。"汗性驍果，以千餘騎爲前鋒，直進。封奕止之，汗不從。與蘭遇於牛尾谷，汗兵大敗，死者大半；奕整陣力戰，故得不没。

夏四月，仁自稱平州刺史、遼東公。秋八月，王濟還遼東，晉成帝詔遣侍御史王齊祭遼東公廆，又遣謁者徐孟、閭幸等持節拜皝鎮軍大將軍、平州刺史、大單于、遼東公，持節、都督、承制封拜，一如廆故事。船下馬石津，皆爲仁所留。

　　冬十一月,皝自征遼東,甲申,至襄平。遼東人王岌密信請降。
師進,入城,仁所署東夷校尉翟楷、遼東相龐鑒單騎遁走,皝欲悉坑
遼東民,高詡諫止之。仁所署居就令劉程以城降,新昌人張衡執縣
宰以降,斬仁所置守宰,分徙遼東大姓於棘城,以杜群爲遼東相,安
輯遺民。置和陽、武次、西樂三縣而歸。十二月,仁遣兵襲新昌,督
護新興王寓擊走之,遂徙新昌入襄平。

　　咸康元年春正月,置左、右司馬,以司馬韓矯、軍諮祭酒封奕爲
之。秋七月,立子儁爲世子。遣右司馬封奕率兵襲擊宇文別部涉
奕干,一作涉夜干。大獲而還。涉奕干率騎追戰於渾水,又敗之。冬
十月,慕容仁遣王齊等南還。齊等自海道趣棘城,遇風不至。十二
月,齊等至棘城,皝始拜朝命。

　　咸康二年春正月,皝將乘海討仁,襲其不意。群下咸諫,以海
道危阻,宜從陸路。皝曰:“舊海水無冰,一作陵,下同。自仁反已來,
三凍皆成。昔光武合滹沱之冰以成大業,天其或者欲乘此而克之
乎! 吾計決矣,沮謀者斬!”壬午,皝親率三軍從昌黎踐冰而進。
仁不虞皝至,軍去平郭七里,候騎乃告,仁狼狽出戰,爲皝所擒,殺
之。赦吏民之爲仁所詿誤者,遼東遂平,皝引而還。因遣使上表於
晉曰:“臣躬征平郭,遠假陛下之威,將士竭命,精誠感靈,海爲結冰
淩,行海中三百餘里,臣自立國以來,及問諸故老,初無海水冰凍之
歲。今遣使以聞。”

　　夏四月,立籍田於朝陽門東,置官司以主之。

　　六月,段遼遣中軍將軍李詠夜襲武興,遇雨而還,都尉張萌追
擊擒之。遼別遣弟蘭帥步騎數萬屯於曲水亭,將攻柳城西曲水。
宇文逸豆歸入寇安晉,以爲蘭聲援。皝率步騎五萬擊之,師次柳
城,蘭不戰而遁。皝引兵北趣安晉,逸豆歸棄輜重走;皝遣右司馬
封奕率輕騎追擊,大破之,收其軍實、館穀二旬而還。皝謂諸將曰:

“二虜恥無功而歸，必將復至，宜於柳城左右設伏以待之。”乃遣封奕率騎數千潛伏於馬兜山。七月，段遼果將數千騎襲來寇抄，奕夾擊，大破之，斬其將榮伯保。

九月，皝遣兼長史劉斌、兼郎中令遼東楊景送王齊、徐孟等還建康。因遺書於侍中顧和云：“今致繡靴一緉。”復致書於大司馬桓溫，溫答皝書曰：“承將軍屬奮，戎武激揚，士卒鼓角長鳴，摧折姦宄。”

冬十月，使世子儁伐段遼諸城，右司馬封奕攻宇文別部，皆大捷而歸。十二月，立納諫之木，以開謅言之路。

咸康三年春正月，徙昌黎郡，築好城於乙連東，使折衝將軍蘭勃戍之，以逼乙連。又城曲水，以爲勃援。夏四月，乙連飢甚，段遼以車數千輛輸乙連粟，蘭勃要擊獲之。六月，遼又遣從弟揚威將軍屈雲將精騎夜襲皝子遵於興國城，與遵大戰於五官水上，雲敗，斬之，盡俘其衆。

初，北平陽裕事段疾陸眷及遼五世，皆見尊敬。遼數與皝相攻，裕諫曰：“‘親仁善鄰，國之寶也。’況慕容氏與我世婚，迭爲甥舅，皝有才德，而我與之構怨；戰無虛日，百姓凋敝，利不補害，臣恐社稷之憂將由此始。願兩追前失，通好如初，以安國息民。”遼不從，出裕爲北平相。

秋九月，鎮軍左長史封奕等以皝任重位輕，宜稱燕王，皝從群議，一作上議。遂以咸康三年冬十月丁卯僭即王位於文德殿，大赦境內殊死已下，改備群司，以封奕爲相國，韓壽爲司馬，裴開爲奉常，陽騖爲司隸，王寓爲太僕，李洪爲大理，杜群爲納言令，宋該、劉瞻、一作睦。石琮爲常伯，皇甫真、陽協爲冗騎常侍，宋晃、平熙、張泓爲將軍，封裕爲記室監。自餘文武，授任各有差。起文昌殿，乘金根車，駕六馬，出入稱警蹕。十一月甲寅，追尊父廆爲武宣王，母段氏爲武宣后，立夫人段氏爲王后，世子儁爲王太子，皆如魏武、晉文輔政故事。皝以段遼屢爲邊患，遣揚烈將軍宋回稱藩於趙，乞師討遼，自請盡帥國中之衆會之，并以弟寧遠將軍汗爲質。趙王石虎大悦，厚加慰答，辭其質，遣還；期以明年大舉。

咸康四年春正月，皝遣都尉趙槃如趙，請聽師期。虎將擊段遼，募驍勇者三萬餘人，悉拜龍騰中郎，帥舟師十萬、步騎七萬伐之。三月，趙槃還至棘城。皝引兵攻掠令支以北諸城。段遼遣弟蘭來拒，大戰，敗之，斬級數千，掠五千餘户及畜産萬計以歸。夏四月癸丑，晉遣使者策拜皝爲征北大將軍、幽州牧，領平州刺史，加散騎常侍，增邑萬户，持節、都督、單于、公，餘悉如故。

五月，趙王虎至徐無，遼奔密雲山。虎進入令支，怒皝之不會師，先攻段遼而自專其利，率衆來伐。皝聞趙師之至，嚴兵設備；罷六卿、納言、常伯、冗騎常侍等官。虎至於棘城，戎卒數十萬，燕人振恐。皝謂内史高詡曰：“將若之何？”對曰：“趙兵雖强，然不足憂，但堅守以拒之，無能爲也。”虎遣使四出，招誘民夷，皝成周内史崔燾、居就令游泓、武原令常霸、東夷校尉封抽、護軍宋晃等凡三十六城皆叛應之。冀陽流寓之士殺太守宋燭迎降。燭，晃之從兄也。營丘内史鮮于屈亦遣使降趙；武寧令廣平孫興曉喻吏民收屈，數其罪而殺之，閉城拒守。朝鮮令昌黎孫泳一作永。帥衆拒趙，大姓王清等密謀内應，泳收斬之；同謀數百人惶懼請罪，泳皆赦之，與同拒守。樂浪太守鞠彭以境内皆叛，選鄉里壯士二百餘人共還棘城。

戊子，趙兵進次棘城。皝欲出亡，帳下折衝將軍慕輿根諫曰：“趙强我弱，大王一舉足則趙之氣勢遂成，使趙人收略國民，兵强穀足，不可復敵。竊謂趙人正欲大王如此耳，奈何入其計中乎！今固守堅城，其勢百倍，縱其急攻，猶足支持，觀形察變，間出求利；如事之不濟，不失於走，奈何望風委去，爲必亡之理乎！”皝乃止，然猶懼形於色。玄菟太守河間劉佩曰：“今强寇在外，衆心恟懼，事之安危，係於一人。大王此際無所推委，當自强以勵將士，不宜示弱。今事急矣，臣請出擊之，縱無大捷，足以安衆。”乃將敢死數百騎出衝趙兵，所向披靡，斬獲而還，於是士氣百倍。一作自倍。皝問計於相國封奕，奕曰：“石虎凶虐已甚，民神共疾，禍敗之至，其何日之有！今空國遠來，攻守勢異，戎馬雖强，無能爲患；頓兵積日，釁隙自生，但堅守以俟之耳。”皝意乃安。趙兵四面蟻附，圍守旬餘，左右或勸皝降，皝曰：“孤方取天下，何謂降也！”慕輿根等晝夜力戰，凡十餘日，趙兵不能克。壬辰，遣子蕩寇將軍恪等率騎二千晨出擊之，趙兵驚擾，皆棄甲逃潰。恪等乘勝追擊，趙兵大敗，斬獲三萬餘級。皝分兵討諸叛城，皆下之。拓境至凡城，崔燾、常霸奔鄴，封抽、宋晃、游泓奔高句驪。皝賞鞠彭、孫泳、慕輿根等而治諸叛者，誅滅甚衆。功曹長史劉翔爲之申理，多所全活，築戍凡城而還。

　　冬十二月，段遼降皝，遣使詐降於趙，請兵應接。石虎遣征東將軍麻秋率衆三萬迎之，以尚書左丞，遼故臣陽裕爲秋司馬。皝自率諸軍迎遼，遼密與皝謀覆趙軍。皝遣恪伏精騎七千於密雲山，大敗麻秋於三藏口，死者什六七。秋單騎遁免，一作步走得免。獲其司馬陽裕、將軍鮮于亮，擁段遼及其部衆以歸。待遼以上賓之禮，以陽裕爲郎中令，鮮于亮爲左常侍。

　　咸康五年夏四月，皝前軍師將軍評、廣威將軍軍、折衝將軍慕輿根、輕車將軍慕輿埿襲趙遼西，斬趙積弩將軍呼延晃、建威將軍張支等，掠千餘户而歸。

　　段遼謀叛，皝誅之，及其黨與數十人，送遼首於趙。趙王虎使鎮遠將軍石城入寇凡城，不克，進陷廣城。五月，魏昭成帝諱什翼犍。遣使求婚，皝以其妹興平公主妻之。其年皝伐高句驪，兵及新城，高句驪王釗乞盟，乃還。又使子蕩寇將軍恪、平狄將軍霸等擊宇文别部，霸年十三，勇冠三軍。

頁一正至十一正

屠本《十六國春秋》卷第二十五《前燕録三》

慕容皝下

咸康六年春正月，高句驪王釗遣世子來朝。初，段遼之敗也，建威將軍翰奔於宇文逸豆歸，自以威名夙振，終不保全，乃陽狂恣酒，被髮歌呼。歸信而不禁，以故得周遊自任，至於山川形便，攻戰要路，莫不練之。皝遣商人王車陰使察翰，翰見車無言，撫膺而已。車還以白，皝曰：“翰欲來也。”乃遣車遺翰弓矢，翰因以逃歸。皝大悦，賜遇甚厚。

秋八月，皝自以雖稱燕王，未受晉命，乃遣長史劉翔、一作祥，下同。參軍鞠運獻捷京師，兼言權假之意，并請刻期大舉討平中原。又聞庾亮薨，弟冰、翼繼爲將相，乃表曰：

臣究觀前代昏明之主，皆能親賢並建，則政致昇平；若親黨后族，必有傾辱之禍。是以周之申伯號稱賢舅，以其身藩於外，不握朝權。降及秦昭，足爲令主，委信二舅，幾至亂國。逮於漢武，推重田蚡，萬機之要，無不決之。及蚡死後，切齒追恨。成帝闇弱，不能自立，内惑艷妻，外恣五舅，卒令王莽坐取帝位。每覽斯事，孰不痛惋！設使舅氏賢若穰侯、王鳳，則但聞有二臣，不聞有二主。若其不才，則有竇憲、梁冀之禍。凡此成敗，亦既昭然。苟能易軌，可無覆墜。

陛下命世天挺，當隆晉道，而遭國多難，殷憂備嬰，追述往事，至今焚灼。迹其所由，實因故司空亮居元舅之尊，勢業之重，執政裁下，輕侮邊將，故令蘇峻、祖約不勝其忿，遂致敗國。至令太后發憤，一旦升遐。若社稷不靈，人神無助，豺狼之心當可極邪！前事不忘，後事之表，而中書監、左將軍冰等內執樞機，外擁上將，昆弟並列，人臣莫儔。陛下深敦渭陽，冰等自宜引領。臣常謂世主若欲榮顯舅氏，何不封以藩國，豐其禄賜，限其勢利，使上無偏優，下無私論。如此，榮辱何從而生！ 噂嗒何辭而起！ 往者惟亮一人，宿有名望，尚致召變，況今居之者素無聞焉！ 且人情易惑，難以户告，縱令陛下無私於彼，天下之人誰謂不私乎！

　　臣與冰等名位殊班，出處懸邈，又國之戚昵，理應降悦，以適事會。臣獨矯抗此言者，上爲陛下，退爲冰計，疾苟容之臣，坐鑒得失。顛而不扶，焉用彼相！ 昔徐福陳霍氏之戒，宣帝不從，至令忠臣更爲逆族，良由察之不審，防之無漸。臣今所陳，可謂防漸矣。但恐陛下不明臣之忠，不用臣之計，事過之後，更處焦爛之日耳。王章、劉向每上封事，未嘗不指斥王氏，故令二子或死或刑。谷永、張禹依回一作違。不對，故容身苟免，取譏於世。臣被髮殊俗，位爲上將，夙夜惟憂，罔知所報，惟當外殄寇讎，内盡忠規，陳力輸誠，以答國恩。臣若不言，誰當言者！

　　又與冰書曰：

　　君以椒房之親，舅氏之昵，總據樞機，出内王命，兼擁列將州司之位，昆弟網羅，顯布畿甸。自秦漢以來，隆赫之極，豈有若此者乎！ 以吾觀之，若功就事舉，必享申伯之名；如或不立，將不免梁寶之迹矣。

　　每觀史傳，未嘗不寵恣母族，使執權亂朝，先有殊世之勳，尋有負乘之累，所謂愛之適足以爲害。吾常忿歷代之主，不盡防萌終寵之術，何不業以一土之封，令藩國相承，如周之齊陳？ 如此則永保南面之尊，復有黜辱之憂乎！ 寶武、何進虛己好善，天下歸心，雖爲閹豎所危，天下嗟痛，猶有能履以不驕，圖國亡身故也。

　　方今四海有倒懸之急，中夏遘僭逆之寇，家有漉血之怨，人有復讎之憾，寧得安枕逍遥，雅談卒歲！吾雖寡德，過蒙先帝列將之授，以數郡之人，尚欲并吞强虜，是以自頃及今，交鋒接刃，一時務農，三時用武，而猶師徒不頓，倉有餘粟，敵人日畏，我境日廣，況乃王者之威，堂堂之勢，豈可同年而語哉！

九月，皝將圖石氏，謂諸將曰："石虎自以安樂諸城防守重複，薊城南北必不設備，今若詭路出其不意，冀之北土可盡破也。"冬十月，皝親率驍騎二萬出蠮螉塞襲趙，戍將當道者皆擒之，長驅至於薊城。趙幽州刺史石光擁兵數萬，閉城拒守不敢出戰。遂破武遂津，入於高陽，所過焚燒積聚，掠徙幽冀三萬餘户而還。

咸康七年春正月，皝以柳城之北，龍山之南，一作"西"字。福地也。使唐國内史陽裕等築龍城，構門闕、宫殿、廟園、"廟園"，一作"宗廟"。籍田，遂改柳城爲龍城縣。時棘城黑石谷"黑石谷"三字，一作"里"字。有大石自立而行。二月乙卯，長史劉翔等至建康，成帝引見，問慕容鎮軍平安。對曰："臣受遣之日，朝服拜章。"翔爲皝求大將軍、假燕王章璽。朝議以爲："故事：大將軍不處邊；自漢、魏以來，不封異姓爲王；所求不可許。"翔曰："自劉、石構亂，長江以北，謂爲戎藪，未聞中華公卿之胄有一人能攘臂操戈，摧破凶殘者也。獨慕容鎮軍父子竭力，心存本朝，以寡擊衆，屢殄强敵，使石虎畏懼，悉徙邊陲之民散居三魏，蹙國千里，以薊城爲北境。功烈如此，而惜海北之地不以爲封邑，何哉？昔漢高祖不愛王爵於韓、彭，故能成其帝業；項羽刓印不忍授，卒用危亡。吾之至心，非苟欲尊其所事，竊惜聖朝疏忠義之國，使四海無所勸慕耳。"

尚書諸葛恢，翔之妹一作姊。夫也，獨主異議，以爲："夷狄相攻，中國之利；惟名與器，不可輕許。"乃謂翔曰："借使慕容鎮軍能除石虎，乃是復得一石虎也，朝廷何賴焉！"翔曰："嫠婦猶知恤宗周之隕。今晉室阽危，君位侔元、凱，曾無憂國之心邪？向使靡、鬲之功不立，則少康何以祀夏！桓、文之戰不捷，則周室皆爲左袵矣。慕容鎮軍枕戈待旦，志殄兇逆，而君更唱邪惑之言，忌間忠臣。四海所以未一，良由君輩耳！”翔留建康歲餘，衆議終不決。

　　翔乃説中常侍或弘曰：“石虎苞八州之地，帶甲百萬，志吞江、漢，自索頭、宇文暨諸小國，無不臣服；惟慕容鎮軍翼戴天子，精貫白日，而更不獲殊禮之命，竊恐天下移心解體，無復南向者矣。公孫淵無尺寸之益於吳，吳主封爲燕王，加以九錫。今慕容鎮軍屢摧賊鋒，威振秦、隴，虎比遣重使，甘言厚幣，欲授以曜威大將軍、遼西王；慕容鎮軍惡其非正，却而不受。今朝廷乃矜惜虛名，沮抑忠順，豈社稷之長計乎！後雖悔之，恐無及已。”弘爲之入言於帝，帝意亦欲許之。皝又書與庾冰，責其兄弟秉權，不能爲國雪恥。冰見書甚懼，以其絶遠，非所能制，遂與何充等奏聽皝稱燕王。時庾翼答書與皝云：“鄧伯山昔送此犀皮兩襠、鎧一領，雖不能精好，謂是異物，故復致之。”乙卯，成帝使兼大鴻臚郭悕—作希。持節拜皝使持節、侍中、大將軍、大都督河北諸軍事、幽州牧、大單于、燕王，備物、典策，皆從殊禮。又以世子儁爲假節、安北將軍、東夷校尉、左賢王；賜軍資器械以千萬計。又封諸功臣百餘人，以翔爲代郡太守，封臨泉鄉侯，加員外散騎常侍，翔固辭不受。翔疾江南士大夫以驕奢酣縱相尚，嘗因朝貴宴集，謂何充等曰：“四海板蕩，奄踰三紀，宗廟爲墟，黎民塗炭，斯乃廟堂焦慮之時，忠臣畢命之秋也。而諸君晏安江沱，肆情縱欲，以奢靡爲榮，以傲誕爲賢；謇諤之言不聞，征伐之功不立，將何以尊主濟民乎！”充等甚慚。及翔北還棘城，公卿餞之，翔曰：“昔少康資一旅以滅有窮，句踐憑會稽以報强吳；蔓草猶宜早除，況寇讎乎！今石虎、李壽，志相吞噬，王師縱未能澄清北方，且當從事巴、蜀。一旦石虎先人舉事，併壽而有之，據形便之地以臨東南，雖有智者，不能善其後矣。”中護軍謝廣曰；“是吾心也！”秋七月，郭悕、劉翔等至燕，皝以翔爲東夷校尉、領大將軍長史，以唐國内史陽裕爲左司馬，典書令李洪爲右司馬，中尉鄭林爲軍諮祭酒。九月，皝以恪爲渡遼將軍，鎮平郭。平郭自翰、仁之後，諸將軍無能繼者。及恪至，撫舊懷新，屢破高句驪兵，句驪畏之，不敢入寇。冬十二月，皝遣使聘魏，并薦其宗女。

咸康八年夏六月，石虎率衆來伐，皝大破之。秋七月丁卯，皝營龍城新殿。昌黎大棘城縣城河岸崩，出鐵築頭一千一百七十四枚，永樂民郭陵見之，詣皝言狀，以是日到。皝曰：“經始營殿，鐵築具出，神人允協之應也。”遂賜陵爵關内侯。冬十月，皝遷都龍城，大赦境内。十一月，皝親帥勁卒四萬，入自南陝，以伐宇文、高句驪，使建威將軍翰及平狄將軍霸爲前鋒，別遣長史王寓等勒衆萬五千，從北道而進。高句驪王釗謂皝軍之從北路也，乃遣弟武統精銳五萬拒北道，躬率羸兵以防南陝。翰等先至，與釗戰於木底，皝以大衆繼之，左常侍鮮于亮與數騎先犯高句驪陣，所向摧陷。句驪陣動，大衆因而乘之，句驪大敗。左長史韓壽斬其將阿佛和度加，諸軍乘勝追之，遂入丸都。釗單馬遁走，輕車將軍慕輿埿追獲其母周氏及妻而還。會王寓等戰於北道，軍皆敗没，由是皝不復窮追。遣使招釗，釗不出。皝將還，韓壽曰：“高句驪之地，不可戍守。今其主亡民散，潛伏山谷；大軍既去，必復鳩聚，收其餘燼，猶足爲患。請載其父尸、囚其生母而歸，俟其束身自歸，然後返之，撫以恩信，策之上也。”皝從之。掘釗父乙弗利墓，載其尸，并其母妻，收其府庫累世珍寶，掠男女五萬餘口，焚其宮室，毀丸都城而還。

晉康帝建元元年春二月，高句驪王釗遣其弟稱臣於皝，貢方物以千數。乃還其父尸，猶留其母爲質。宇文逸豆歸遣其相國莫淺渾將兵來伐；諸將争欲擊之，皝不許。渾以皝爲憚之，荒酒縱獵，不復設備。皝曰：“渾奢怠已甚，今則可一戰矣。”遣翰帥騎擊之，渾大敗,僅以身免,盡俘其衆。秋七月,昭成帝復求婚於皝,皝使納馬千匹爲禮,昭成不與,又倨慢無子婿禮。八月,皝遣世子儁帥前軍師將軍評等伐之,昭成帥衆遁走,評等無所見而還。冬十月,皝躬巡郡縣,勸果農桑,復大起龍城宮闕。

建元二年春正月,皝與左司馬高詡謀伐宇文逸豆歸,詡曰:"伐之必克;然不利於將。"皝遂親帥騎二萬伐之。以翰爲前鋒將軍,劉佩副之,分命廣威將軍軍、渡遼將軍恪、平狄將軍霸及折衝將軍慕輿根將兵,三道並進。逸豆歸遣驍將南羅大涉奕干《紀事本末》作涉夜干。將精兵拒翰,皝遣人馳謂翰曰:"奕干雄悍,勇冠三軍,宜小避之,待虜勢驕,然後取也。"翰曰:"逸豆歸掃其國內精銳以屬涉奕干,奕干素有勇名,一國所賴也;今若克之,其國不攻自潰矣。且吾熟知奕干之爲人,徒有虛名,實易與耳,不宜縱敵以挫吾兵氣。"於是進戰。翰自出衝陣,奕干出應之;霸從旁邀擊,遂斬奕干。宇文士卒見奕干死,不戰而潰;燕兵乘勝逐之,遂克其都城。逸豆歸遠遁,死漠北,宇文氏由是散亡。皝悉收其畜産、資貨,開地千餘里,徙其部民五萬餘落於昌黎,改涉奕干所居城爲威德城,使弟左將軍彪戍之而還。高詡、劉佩皆中流矢卒。初,逸豆歸事趙甚謹,貢獻屬路。及皝伐逸豆歸,石虎使右將軍白勝、并州刺史王霸自甘松出救之,比至,宇文氏已亡,因攻威德城,不克而還;彪追擊破之。皝行飲至之禮,論功行賞各有差。翰與宇文戰,爲流矢所中,臥病積時不出。後漸差,於家試馬。或告翰欲爲變。乃賜翰死。詳具《翰傳》。

二月,昭成帝遣大人長孫秩迎后於燕。夏四月,趙平北將軍尹農率衆寇凡城,不克而去。秋七月,皝遣使奉聘,求交婚於魏。昭成許之。九月,以烈帝諱翳槐。女妻之。

晉穆帝永和元年春正月,皝以牧牛給貧家,使佃宛中,公收其

八,二分入私。自有牛而無地者,亦佃宛中,公收其七,三分入私。銑記室參軍封裕諫曰:

臣聞聖王之宰國也,薄賦而藏於百姓,分之以三等之田,十一而稅之;寒者衣之,飢者食之,使家給人足。雖水旱而不爲災者,何也?高選農官,務盡勸課,人治周田百畝,亦不假牛力;力田者受旌顯之賞,惰農者有不齒之罰。又量事置官,量官置人,使官必稱須,人不虛位,度歲入多少,裁而祿之。供百僚之外,藏之太倉,三年之耕,餘一年之粟。以斯而積,公用於何不足?水旱其如百姓何!雖務農之令屢發,二千石令長莫有志勤在公、銳盡地力一作利。者。故漢祖知其如此,以墾田不實,徵殺二千石以十數,是以明章之世,號次昇平。

自永嘉喪亂,百姓流亡,中原蕭索,千里無烟,飢寒流隕,相繼溝壑。武宣王以神武聖略,保全一方,威以殄姦,德以懷遠,故九州之人,塞表殊俗,襁負萬里,若赤子之歸慈父,流人之多於舊土十倍有餘,人殷地狹,故無田者十有三四。殿下以英聖之資,克廣先業,南摧強趙,東滅句驪,北取宇文,拓境三千里,增民十萬戶,繼武闡廣之功,有高西伯。宜悉罷諸苑,以業流人。人至而無資產者,賜之以牧牛,不當更收重稅也。且以殿下之人用殿下之牛,牛非殿下之有,將何在哉!善藏者藏於百姓,若斯而已矣。邇者深副樂土之望,戎旗南指之日,中國之人皆將壺殮奉迎,石虎誰與居乎!且魏晉雖道消之世,猶削百姓不至於七八,特官牛田者官得六分,百姓得四分,私牛而官田者與官中分,百姓安之,人皆悅樂。臣猶曰非明王之道,而況增乎!且水旱之厄,堯湯所不免,王者宜濬治溝澮,循鄭白、西門、史起溉灌之法,旱則決溝爲雨,水則入於溝瀆,上無《雲漢》之憂,下無昏墊之患。句驪、百濟及宇文、段部之民,皆兵勢所徙,非如中國慕義而至,咸有思歸之心。今戶垂十萬,狹湊都城,恐方爲國家深患，宜分其兄弟宗屬，徙於西境，撫之以恩，檢之以法，使不得散在居人，知國之虛實。

今中原未平，資畜宜廣，官司猥多，游食不少，一夫不耕，歲受其飢。必取於耕者而食之，一人食一人之力，游食數萬，損亦如之，安可以家給人足，治致昇平！殿下降覽古今之事多矣，政之巨患莫甚於斯。其有經略出世，才稱時求者，自可隨須致一作置。之列位。非此已往，其耕而食，蠶而衣，亦天之道也。

殿下聖性寬明，思言若渴，故人盡芻蕘，有犯無隱。前者參軍王憲、大夫劉明立竭忠獻款，以貢至言，雖頗有逆鱗，意在無責。主者奏以妖言犯上，致之於法，殿下慈弘包納，恕其大辟，猶削黜禁錮，不齒於朝。其言是也，殿下固宜納之；如其非也，宜亮其狂狷。罪諫臣而求直言，亦猶北行趨越，必不得其所志矣！右長史宋該等阿媚苟容，輕劾諫士，己無骨鯁，嫉人有之，掩蔽耳目，不忠之甚。

四業者國之所資，教學者有國盛事。習戰務農，尤其本也。百工商賈，特其末耳。宜量軍國所須，置其員數，已外歸之於農，教之戰法，學者三年無成，亦宜歸之於農，不可徒充大員，以塞聰儁之路。

臣之所言當也，時速施行；非也，登加罪戮，使天下知朝廷從善如流，罰惡不掩。王憲、劉明，忠臣也，願宥忤鱗之愆，收其藥石之效。

皝乃下令曰："覽封記室之諫，孤實懼焉。君以黎元爲國，黎元以穀爲命。然則農者，國之本也，而二千石令長不遵孟春之令，惰農弗勸，宜以尤不修闢者措之刑法，肅厲屬城。主者明詳推檢，具狀以聞。苑囿悉可罷之，以給百姓無田業者。貧者全無資產，不能自存，各賜牧牛一頭。若私有餘力，樂取官牛墾官田者，並依晉魏舊法。溝洫漑灌，有益官私，主者量造，務盡水陸之勢。中州未平，兵難不息，勳誠既多，官未可減。俟克平兇醜，徐更議之。百工商賈數，四佐與列將速定大員，餘者還農。學生不任訓教者，亦除員錄。夫人臣關言於人主，至難也，妖妄不經之事皆應蕩然不問，擇其善者而從之。王憲、劉明雖罪應禁黜，亦由孤之無大量也。可悉復本官，仍居諫司。封生謇謇，深得王臣之體。《詩》不云乎：‘無言不酬。’其賜錢五萬，宣示内外，有欲陳孤過失者，不拘貴賤，勿有所諱。”皝雅好文學，常親臨庠序勸以講授，考校學徒至千餘人，頗有妄濫者，故封裕及之。二月，有黑龍、白龍各一見於龍山，皝親率群僚觀之，去龍二百餘步，祭以太牢。二龍交首嬉翔，解角而去。皝大悦，還宮，赦其境内殊死已下，號所居新宮曰和龍宮，立龍翔佛寺於山上。賜大臣子弟爲官學生者號高門生，立東庠於舊宮，以行鄉飲之禮，每月臨觀，考試優劣。親造《太上章》以代《急就》，又著《典誠》十五篇，並以教胄子。

冬十月，皝以爲古者諸侯即位，各稱元年，於是始不用晉年號，自稱十二年。十一月，渡遼將軍恪攻高句驪，拔南蘇，置戍而還。平狄將軍霸戍徒河，時趙將鄧恒將兵數萬屯樂安，將爲攻取之計，畏霸，終不敢犯。

十三年，皝遣世子儁及廣威軍、渡遼恪、折衝慕輿根三將軍率騎萬七千襲扶餘，儁居中指授，軍事皆以任恪，遂拔扶餘，虜其王玄及部衆五萬餘口而還。皝署玄爲鎮軍將軍，以女妻之。

十四年春正月，皝親臨東庠考試學生，其通經秀異者，擢充近侍。夏五月戊申，晉遣使進皝爲安北大將軍，餘悉如故。冬十月，饗群臣於承乾殿。右長史宋諺一作該。性貪，賜布百匹，令自負而歸，以愧其心。皝以久旱，丐百姓田租。罷成周、冀陽、營丘等郡。以渤海郡爲興集縣，河間郡爲寧集縣，廣平、魏郡爲興平縣，東萊、北海郡爲育黎縣，吳郡爲吳縣，前數“郡”字一作“人”字。悉隸燕國。

十五年秋七月，皝畋於西鄙，將濟河，見一父老，乘白馬，舉手麾皝曰：“此非獵所，王宜還也。”秘之不言，遂濟河，連日大獲。八月，皝復見白兔，馳馬射之，馬倒墜於石上被傷，乃說所見。輦而還宮，遂有疾。未幾疾甚，引世子儁屬以後事，曰：“今中原未平，方經建事務，委賢任哲，此其時也。恪智勇兼濟，才堪任重，汝其委之，以成吾志。”又曰：“陽士秋志行高潔，忠幹貞固，可托大事，汝善待之！”九月丙申，薨於承乾殿，時年五十二，在位十五年。冬十月，葬於龍山。儁僭偽號，追謚文明皇帝，廟號太祖，陵曰龍平。

頁一正至十八正

屠本《十六國春秋》卷第二十六《前燕錄四》

慕容儁上

慕容儁字宣英，小字賀賴跋，皝之第二子也，母段氏，十三月而生，有神光之異。初，廆常言：“吾積德累仁，子孫當有中原。”既而生儁，廆曰：“此兒骨相不凡，吾家得之矣。”及長，身長八尺二寸，姿貌魁偉，博覽書史，有文武幹略。彬彬文雅，更善詞賦。至於器物車室，皆著讚以爲勸戒。皝之八年，晉遣使者拜皝爲燕王，以儁爲假節、安北將軍、東夷校尉、左賢王、燕王世子。皝十一年，晉拜使持節、鎮軍將軍。

元年春正月，儁僭即燕王位，依春秋列國故事稱元年，大赦境內殊死已下。遣使詣建康告喪，以弟友一作交。爲左賢王，左長史陽鶩爲郎中，文武百官進位各有差。是月，令造刀二十八口，銘曰“二十八將”隸書。夏四月，趙王石虎死，趙、魏大亂，平狄將軍霸上書於儁曰：“石虎窮極凶暴，天之所棄，餘燼尚存，自相魚肉。今中國倒懸，企望仁恤，若大軍一舉，勢必倒戈。”北平太守孫興亦表言：“石氏大亂，宜以時進取中原。”儁以新遭大喪，弗許。霸馳詣龍城，言於儁曰：“難得而易失者，時也。萬一石氏衰而復興，或有英雄據其成資，豈惟失此大利，亦恐更爲後患。”儁曰：“鄴中雖亂，鄧恒據安樂，兵强糧足，今若伐趙，東道不可由也，當由盧龍；盧龍山徑險狹，虜乘高斷要，首尾爲患，將若之何？”霸曰：“恒雖爲石氏拒守，其將士顧家，人懷歸志，若大軍臨之，自然瓦解。請爲殿下前驅，東出徒河，潛趨令支，出其不意，彼若聞之，勢必振駭，上不過閉門自守，下不免棄城逃潰，何暇禦我哉！然則殿下可安步而前，無復留難矣。”儁猶豫未決，以問五材將軍封奕，奕曰：“用兵之道，敵强則用智，敵弱則用勢。是故以大事小，猶狼之食豚也；以治易亂，猶日之消雪也。大王自上世以來，積德累仁，兵强士練。石虎極其殘暴，死未瞑目，子孫爭國，上下乖離。中國之民，墜於塗炭，延頸企踵以待振拔。大王若揚兵南邁，先取薊城，次詣鄴都，宣耀威德，懷撫遺民，彼孰不扶老提幼以迎大王；凶黨將望旗冰碎，安能爲害乎！”從事中郎黄泓曰：“今太白經天，歲星集於畢北，天下易主，陰國受命，此必然之驗也，宜速出師，以承天意。”殿中一作廣威。將軍慕輿根曰：“中國之民困於石氏之亂，咸思易主以救湯火之急，此千載一時，不可失也。自武宣王以來，招賢養士，務農訓兵，正俟今日。今時至不取，更復顧慮，豈天意未欲使海内平定邪，將大王不欲取天下也？”儁笑而從之。乃發兵伐趙，以恪爲輔國將軍，評爲輔弼將軍，陽鶩爲輔義將軍，謂之“三輔”。霸爲前鋒都督、建鋒將軍，簡精卒二十餘萬，講武戒嚴，爲進取之計。

　　秋七月，晉穆帝使謁者陳沉拜儁爲使持節、侍中、大都督、都督河北諸軍事、幽冀并平四州牧、大將軍、大單于、燕王，承制封拜一如庾、翔故事。冬十二月，儁遣使至涼州，約張重華共擊趙。高句驪王釗送前東夷護軍宋晃於儁，儁赦之，更名曰活，拜爲中尉。

　　二年春二月，儁使霸將兵二萬自東道出徒河，慕輿子自西道出蠮螉塞，儁自中道出盧龍塞，三道並進伐趙。以恪及鮮于亮爲前鋒，命輕車將軍慕輿埿槎山開道。留世子曄守龍城，以内史劉斌爲大司農，與典書令皇甫真留統後事。

霸軍至三陘，趙征東將軍鄧恒惶怖，焚倉庫，棄安樂遁去，與幽州刺史王午共保薊。徒河魯口南部都尉孫泳急入安樂，撲滅餘火，藉其穀帛。霸收安樂、北平兵糧，與儁會於臨渠。

三月，進次無終，王午棄城走，留其將王他以數千人守薊。乙巳，儁攻陷薊城，執他，斬之。儁欲悉坑其士卒千餘人，霸諫曰："趙爲暴虐，王興師伐之，將以拯民於塗炭而撫有中州也；今始得薊而坑其士卒，恐不可以爲王師之先聲也。"乃釋之。入都於薊，中州士女降者相繼。

兵至范陽，范陽太守李産欲爲石氏拒燕，衆莫爲用，乃率八城令長出降，儁復以産爲太守。

産子績爲幽州别駕，棄家從王午在魯口。鄧恒謂午曰："績鄉里在北，父已降燕，今雖在此，恐終難相保，徒爲人累，不如去之。"午曰："此何言也！夫以當今喪亂，而績乃能立義捐家，情節之重，有侔古烈。若懷嫌害之，必駭衆望。"恒乃止。午猶恐終爲恒所害，乃資遣之。及到，儁責其背親後主，績曰："臣眷戀舊主，志存微節，官身所在，何事非君。殿下方以義取天下，臣未謂得見之晚也。"儁悦其言，遂善待之。

夏四月，儁以弟宜爲代郡城郎，孫泳爲廣甯太守，悉置幽州郡縣守宰。甲子，儁使中部侯釐慕輿句督薊中留事，自將擊鄧恒於魯口。軍至青梁，恒將鹿勃早將數千人夜襲燕營，半已得入，先犯前鋒都督霸，突入幕下，霸起奮擊，手殺數十人，早不能進，由是燕軍得嚴。儁謂慕輿根曰："賊鋒甚鋭，宜且避之。"根正色曰："我衆彼寡，力不相敵，故乘夜來戰，冀萬一獲利。今求賊得賊，正當擊之，復何所疑！王但安枕而臥，臣等自爲王破之！”儁不能自安，内史李洪從儁出營外，屯高冢上。根帥左右精勇數百人從中牙直前擊早，李洪徐整騎隊還助之，早乃退走。衆軍追擊四十餘里，早僅以身免，所從士卒死亡略盡。儁引兵還薊。秋八月，代郡人趙榲帥三百餘家叛燕，歸趙并州刺史張平，儁乃徙廣甯、上谷二郡民於徐無，代郡民於凡城。

九月，儁南狗冀州，取章武、河間。趙故章武太守賈堅帥部兵邀評，戰於高城，擒之於陣，斬首三千餘級。遂以評爲章武太守、恪爲河間太守。冬十月，儁還薊，留諸將守之，還至龍城，謁陵廟。

三年春二月，冉閔僭稱大號，攻圍襄國。趙主石祇危迫，遣故太尉張舉乞師，許送傳國璽。姚弋仲亦遣使來告，儁以悦綰爲禦難將軍，帥兵三萬往會之。閔聞儁欲救趙，遣大司馬從事中郎廣甯常煒來聘。儁引之觀下，使記室封裕詰之曰：“冉閔養息常才，負恩篡逆，有何祥應而敢僭稱大號？”煒曰：“天之所與，其致不同，狼馬紀於三王，黄龍表於漢魏。寡君應天馭歷，能無祥乎！且用兵殺罰，哲王盛典，湯武親行誅放，以興商、周之業，仲尼美之。魏武養於宦官，莫知所出，衆不盈旅，終成魏氏之基。苟非天命，安能成功！推此而言，何必致問！況暴胡酷亂，蒼生屠膾，寡君奮劍而誅除之，黎元獲濟，可謂功格皇天，勳侔高祖。恭承乾命，有何不可？”裕曰：“石祇去歲使張舉請救，云璽在襄國，其言信否？又聞冉閔初立，鑄金爲己象以卜成敗，壞而不成，奈何言有天命？”煒曰：“誅胡之日，在鄴者略無孑遺，璽何從而向襄國，此求救之辭耳。天之神璽，實在寡君。且姦佞之徒，欲借奇炫衆，或改作萬端，以神其事。寡君今已握乾符，類上帝，四海懸諸掌，大業集於身，何所求慮而取信此乎！鑄形之事，所未聞也。”儁既鋭信煒言，又欣於閔鑄形之不成也，必欲審之，乃積薪置火其旁，使裕以其私誘之，曰：“君更熟思，無爲徒取灰滅！”煒神色自若，抗言曰：“石氏貪暴，親率大兵攻燕國都。雖不克而還，然志在必取。故運資糧、聚器械於東北者，非以相資，乃欲相滅也。魏主誅剪石氏，雖不爲燕。臣子之心，聞仇讎之滅，義當何如？而更爲彼責我，不亦異乎！吾聞死者骨肉下於土，精魂升於天。蒙君之惠，速益薪縱火，使僕得上訴於帝足矣！”左右勸殺之。儁曰：“古者兵交，使在其間，此亦人臣常事。彼不憚殺身以狥其主，忠臣也。且冉閔有罪，使臣何與焉！”遂赦之，使出就館。夜，遣其鄰人趙瞻往勞之，且曰：“君何不以實言？王怒，欲處君於遼、碣之表，奈何？”煒曰：“吾自結髮已來，尚不欺布衣，況人主乎！曲意苟合，性所不能；直情盡言，雖處東海，不敢避也！”遂卧向壁，不復與瞻言。瞻具以白儁，儁怒，乃囚煒於龍城，儁遂還薊。

　　三月，渤海人逄約因趙亂，擁衆數千附於冉閔，閔以約爲渤海太守。趙故太尉劉準隗之兄子也、士豪封放奕之從弟也。別聚衆自守。閔以準爲幽州刺史，與約中分渤海。儁使封奕討約，使昌黎太守高開討準、放。奕引兵直抵約壘，遣人謂約曰：“相與鄉里，隔絕日久，會遇甚難。時事利害，人各有心，非所論也。願單出一相見，以寫佇結之情。”約素信重奕，即出，見奕於門外，各屏騎卒，單馬交語。奕與論叙平生畢，因説之曰：“與君累世同鄉，情相愛重，誠欲與君享祚無窮；今既獲展奉，不可不盡所懷。冉閔乘石氏之亂，奄有成資，是宜天下服其强矣，而禍亂方始，固知天命不可力爭也。燕王奕世載德，奉義討亂，所征無敵。今已都薊，南臨趙、魏，遠近之民，襁負歸之。民厭荼毒，咸思有道。冉閔之亡，匪朝伊夕，成敗之形，昭然易見。且燕王肇開王業，虚心賢儁；君能翻然改圖，則功參絳、灌，慶流苗裔，孰與爲亡國將，守孤城以待必至之禍哉！”約聞之，悵然不言。奕給使張安，有勇力，奕豫戒之，俟約氣下，安突前持其馬鞍,因挾之而馳。至奕營,奕與坐,謂曰:"君計不能自決,故相爲決之,非欲取君以邀功,乃欲全君以安民也。"高開至渤海,準、放迎降。儁以放爲渤海太守,準爲右司馬,與約參軍事。以約誘於人而遇獲,更其名曰鈞。

夏五月,廣義將軍岷山公黄笛上表,儁曰:"吾名號未異於前,何便宜爾? 自今但可白紙爲疏。"秋八月,儁遣恪略地中山,評攻王午於魯口,恪次唐城,冉閔將白同、中山太守上谷侯龕固守不下。留左將軍彪攻之,恪南狗常山,軍於九門,閔趙郡太守遼西李邽舉郡來降,恪厚撫之,將邽還遂圍中山,侯龕出降,拜爲中尉。恪克中山,斬白同,遷其將帥、士豪數十家詣薊,餘皆安堵。評次南安,王午遣其將鄭生來拒,評逆擊斬之。

悦綰還自襄國,儁知張舉之妄而殺之。常煒有四男二女在中山,儁釋煒之囚,使諸子就見之。煒上疏謝恩,儁手令敕曰:"卿本不爲生計,孤以州里相存耳。今大亂之中,諸子盡至,豈非天所念邪! 天且念卿,況於孤乎! "賜妾一人,穀三百斛,使居凡城。以北平太守孫興爲中山太守,興善於撫綏,中山遂安。冬十一月,逢鈞亡歸渤海,招集部衆以叛,樂陵太守賈堅使人告諭鄉人,曉以禍福,衆皆潰散,鈞復來奔。厍傉官偉帥部衆自上黨來降。十二月,儁如龍城。丁零翟鼠率其所部來降,儁封鼠歸義王。

是歲,儁觀兵近郊,見甘棠於道周,從者不識,儁曰:"唏,此《詩》所謂'甘棠於道'。甘者,味之主也。木者,春之行也。五德屬仁,五行主土,春以施生,味以養物,色又赤者,言將有赫赫之慶於中土。吾謂國家之盛,此其徵者也。《傳》曰:'升高能賦,可以爲大夫。'群司亦各書其志,吾得覽焉。"於是内外臣僚並上《甘棠頌》。

元璽元年春正月乙巳,儁還薊,稍徙軍中文武兵民家屬於薊。夏四月甲子,鮮卑段勤初附於儁,其後復叛。儁遣霸討勤於繹幕,又遣評及相國封奕討冉閔於安喜。儁如中山，爲二軍聲勢。

閔將與燕戰，大將軍董閏及車騎將軍張溫切諫，不聽。進次安喜，恪引兵從之。閔趣常山，恪追之，丙子，及於泒水。《紀事本末》云及於魏昌之廉臺。與閔十戰，恪皆不勝。閔威名素振，衆咸憚之。恪巡陳諭諸將曰："閔師老卒疲，實難爲用；加其勇而無謀，一夫之敵耳。雖有甲兵，不足擊也。吾今分爲三軍，都犄角以俟之。"時閔以所將多步卒，而恪皆騎兵，引兵將趣林中。恪參軍高開曰："吾騎兵利平地，若閔得入林，不可復制。宜急遣輕騎邀之，既合而陽走，誘致平地，然後可擊也。"恪從之。魏兵還就平地，恪分軍爲三部，犄角以待。謂諸將曰："閔性輕銳，又知吾軍勢非其敵，必出萬死衝吾陣中。一作中軍。吾今貫甲厚陣以俟其至，諸君但厲卒，從旁須其戰合，夾而擊之，篾不克矣。"遂方陣而前，戰於魏昌廉臺，閔師大敗，斬首七千餘級，擒閔，送之於薊。己卯，閔至薊。儁立閔而責之曰："汝奴僕下才，何自妄稱帝邪？"閔曰："天下大亂，汝曹夷狄，人面獸心，尚欲篡逆。我中土英雄，何爲不得稱帝也！"儁怒，鞭之三百，斬於龍城。高開被創而卒。

恪屯軍滹一作呼。沱。閔將蘇彥遣其將金光帥騎數千襲恪，恪擊斬之，彥大懼，奔於并州。恪進據常山，霸軍又至繹幕，段勤懼，與弟思聰舉城來降。遂進攻鄴，閔大將軍蔣幹輔閔子智閉城固守。甲申，儁遣評及中尉侯龕等帥精騎一萬攻鄴。癸巳，至鄴，城外皆降，劉寧及弟崇帥胡騎三千奔晉陽。庚寅，儁又遣廣威將軍軍、殿中將軍慕輿根、右司馬皇甫真等帥步騎二萬助評攻鄴。

是時，司南車成，儁大悅，告於兆廟。鷰巢於正陽殿之西椒，生三雛，項上有豎毛；凡城獻異鳥，五色成章。儁謂群僚曰："是何祥也？"咸稱："鷰者，燕鳥也。首有毛冠者，言大燕龍興，冠通天冕，章甫之象也。巢正陽西椒者，言至尊臨軒朝萬國之徵也。三子者，數應三統之驗也。神鳥五色，言聖朝將繼五行之録以御四海者也。”儁覽之大悦。

六月甲子，蔣幹帥鋭卒五千出城挑戰，儁遣評等率騎一萬討之，斬首四千餘級，幹單騎還鄴，鄴北郡縣悉降。相國封奕等一百二十人勸稱尊號，儁答曰：“吾本幽漠射獵之鄉，被髮左衽之俗，歷數之録寧有分邪！卿等苟相褒舉，以覬非望之事，實非寡德所宜聞也。”

丙辰，儁如常山。王午聞魏敗，時鄧恒已死，午自稱安國王。秋八月，戊辰，儁遣恪及封奕、陽鶩討午於魯口，進兵攻之，午閉城自守，送冉操詣燕軍，恪等掠其禾稼而還。

庚午，魏長水校尉馬願等開鄴城納燕兵，戴施、蔣幹懸縋而下，奔於倉垣。評等送冉閔妻董氏、太子智、太尉申鍾、司空條攸等并乘輿服御及六璽於薊。傳國璽蔣幹先已送晉，儁欲神其事業，言歷數在己，乃詐云閔妻得之以獻，賜號曰“奉璽君”，封冉智爲海濱侯，申鍾爲大將軍右長史，以評爲司州刺史，鎮鄴。

冬十月丁卯，儁還薊。故趙將擁兵據州郡者，各遣使來降；儁以王擢爲益州刺史，夔逸爲秦州刺史，張平爲并州刺史，李歷爲兗州刺史，高昌爲安西將軍，劉寧爲車騎將軍。恪進屯安平，積糧，治攻具，將討王午。丙戌，中山蘇林起兵於無極，自稱天子；恪自魯口還討林。閏月，戊子，儁遣殿中一作廣威。將軍慕輿根恪助攻林，斬之。王午爲部將秦興所殺。吕護殺興，復自稱安國王。

恪等五百五人奉皇帝璽，共上尊號，儁許之。十一月丁亥，署置百官。以相國封奕爲太尉，恪爲侍中，左長史陽鶩爲尚書令，右司馬皇甫真爲尚書左僕射，典書令張悕爲右僕射，宋活爲中書監，韓恒爲中書令，其餘文武拜授各有差。戊辰，儁即皇帝位於正陽殿，大赦境内殊死已下；建元元璽，國號大燕，郊祀天地，時晉永和八年也。

　　庚午，下令曰：“追崇祖考古人之令典也，其追尊武宣王廆爲高祖武宣皇帝，文明王皝爲太祖文明皇帝。”時晉適遣使詣儁，儁謂之曰：“汝還白汝天子，我承人乏，爲中國所推，已爲天子矣！”乃改司州爲中州，置司隸校尉官。建留臺於龍城，以玄菟太守乙逸爲尚書，專委留務。

頁一正至十五背

屠本《十六國春秋》卷第二十七《前燕録五》

慕容儁下

　　元璽二年春二月庚子，立妻可足渾氏爲皇后，世子暐爲皇太子，皆自龍城遷於薊宫。初，石虎使人探策於華山，得玉版，文曰：“歲在申酉，不絶如綫。歲在壬子，真人乃見。”及此，燕人咸以儁之應也。群下言：“大燕受命，上承先一作光。紀黑精之君，運曆傳屬，代金行之后，宜行夏之時，服周之冕，旗幟尚黑，牲牡尚玄。”從之。其隨行文武、諸藩使人及登號之日者，悉增位三級。派河之師，守鄴之軍，下及戰士，賞賜各有差。臨陣戰亡將士加贈二等，士卒復其子孫。殿中舊人隨才擢叙。晉寧朔將軍榮胡以彭城、魯郡叛降於儁。趙故衛尉常山李犢聚衆數千，反於普壁壘，儁遣衛將軍恪率衆討降之，遂東擊吕護於魯口。三月，拔之，護遁走。遣前將軍悦綰追及於野王，護使弟奉表請降，乃以護爲河内太守。故趙樂陵朱禿、平原杜能、清河丁嬈、陽平孫原各擁兵分據城邑，至是皆來請降。儁以禿爲青州刺史，能爲平原太守，嬈爲立節將軍，原一作元。爲兗州刺史，各留撫其衆。冬十二月，衛將軍恪、撫軍將軍軍、左將軍彪一作彭。等屢薦給事黄門侍郎霸有命世之才，宜總大任。遂以霸爲使持節、安東將軍、北冀州刺史，鎮常山。是年，儁遣使聘魏。

元璽三年春二月，姚襄遣使來降，儁以評爲鎮南將軍，都督秦、雍、益、梁、江、楊、荆、徐、兗、豫十州河南諸軍事，鎮洛水；强爲前鋒都督荆、徐二州、緣淮諸軍事，進據河南。

夏四月戊申，封撫軍將軍軍爲襄陽王，左將軍彪一作彭。爲武昌王；衛將軍恪爲大司馬、侍中、大都督、録尚書，封太原王；鎮南將軍評爲司徒、驃騎將軍，封上庸王；安東將軍霸爲吴王；左賢王友爲范陽王，前鋒都督强爲洛陽王，散騎常侍厲爲下邳王，散騎常侍宜爲廬江王，寧北將軍度爲樂浪王；又封弟桓爲宜都王，逯一作逮。爲臨賀王，徽爲河間王，龍爲歷陽王，納爲北海王，秀爲蘭陵王，嶽爲安豐王，德爲梁公，默爲始安公，僂爲南康公；又封子臧一作咸。爲樂安王，亮爲渤海王，溫爲帶方王，涉爲漁陽王，暐爲中山王；以尚書令陽騖爲司空，仍守尚書令。命冀州刺史吴王霸徙治信都，更名曰垂，尋遷侍中，録留臺事，鎮龍城，大得東北之和。儁忌之，復召垂還。秋七月丙戌，儁大調兵衆，因發詔之日，遂號曰“丙戌舉”。九月，儁如龍城。是年，魏昭成帝遣使報聘於燕。

元璽四年夏四月，儁自和龍還薊城。先是，幽、冀之人以儁爲東遷，互相驚擾，所在屯結。群下請討之，儁曰：“群小以朕東巡，故相聚爲亂耳；今朕既至，尋當自定，不足討也。然不虞之備，亦不可以不爲。”於是令内外戒嚴。五月，秦河内太守王會、黎陽太守韓高以郡來降。晉蘭陵太守孫黑、濟北太守高柱、建興太守高瓮各以郡叛降於儁。初，儁車騎將軍、范陽公劉寧屯據猶城，降於苻氏，至此，率户二千詣薊歸罪，儁赦之，仍拜後將軍。

儁給事黄門侍郎申胤上言曰：

夫名尊禮重，先王之制。冠冕之式，代或不同。漢以蕭曹之功，有殊群辟，故履劍上殿，入朝不趨。世無其功，則禮宜闕。至於東宮，體此爲儀，魏晉因循，制不納焉。今皇嗣過謙，準同百僚，禮

卑逼下,有違朝式。太子有統天之重,而與諸王齊冠遠遊,非所以
辨章貴賤也。祭享朝慶,禮宜正服袞衣九文,冠冕九旒。

又仲冬長至,太陰數終,黃鍾產氣,綿微於下,此月閉關息旅,
后不省方。《禮記》曰:"是月也,事欲靜,君子齊戒去聲色。"惟《周
官》有天子之南郊從八龍之說。或以有事至靈,非朝享之節,故有
樂作之禮。王者慎微,禮從其重。前來二至闕鼓,不宜有設,今之
鏗鏘,蓋以常儀。二至之禮,事殊餘節,猥動金聲,驚越神氣,施之
宣養,寔爲未盡。

又朝服雖是古禮,絳褠始於秦漢,迄於今代,遂相仍準。朔望
正旦,乃具袞舄。禮,諸侯旅見天子,不得終事者三,雨沾服失容,
其在一焉。今或朝日天雨,未有定儀。禮貴適時,不在過恭。近以
地濕不得納舄,而以袞襪改履。案稱朝服,所以服之而朝,一體之
間,上下二制,或廢或存,實乖禮意。大燕受命,侔蹤虞夏,諸所施
行,宜損益定之,以爲皇代永制。儁曰:"履劍不趨,下太常參議。
太子服袞冕,冠九旒,超級逼上,未可行也。冠服何容一施一廢,皆
可詳定。"下書曰:"周禮冠冕體制,君臣略同。中世以來,亦無常
體。今特制燕平上冠,悉賜廷尉以下,使瞻冠思事,刑斷詳平。諸
公冠悉顏裹屈竹,錦纏作公字,以代梁處,施之金瑱,令僕、尚書置
瑱而己,中秘監令別施珠瑱,庶能敬慎威儀,示民軌則。"

冬十一月,段蘭之子龕初因冉閔之亂,擁衆東屯廣固,自號齊
王,稱藩於晉,襲儁將榮國於郎山,敗之。因遺儁書,抗中表之儀,
非儁稱帝。儁覽之甚怒,遣太原王恪爲征討大都督、撫軍將軍,陽
鶩爲副,以討之。儁以龕方強盛,謂恪曰:"若龕遣軍拒河,不得渡
者,可直取呂護而還。"恪分遣諸軍先至河上,具舟檝以觀龕志趣。
龕弟羆,驍勇有智謀,言於龕曰:"慕容恪善用兵,加其衆旅既盛,
恐不可抗也,若聽其濟河,頓兵城下,雖復乞降,恐終不聽。王但固

守，罷請帥精銳拒之於河，幸而戰捷，王可率大衆馳來追擊，使虜匹馬無返。若其不捷，遽請出降，猶不失爲千户侯也。"龕不從。罷固請不已，龕怒，殺之。

十二月，高句驪王釗遣使詣儁納質修貢，以請其母。許之，遣殿中將軍刁龕送釗母周氏歸國；釗復遣使謝恩，貢其方物，以釗爲錄營諸軍事、征東大將軍、營州刺史，封樂浪公，王如故。

元璽五年春正月，恪引兵濟河，未至廣固二百餘里，段龕帥衆三萬來拒。丙戌，遇於淄水之南，與戰，大敗之，遂執其弟欽，斬右長史袁範等。龕友辟閭蔚被創，恪聞其賢，遣人求之，蔚已死，士卒降者數千人。龕脱走，還城固守，恪遂進圍之。二月，恪招撫段龕諸城。己丑，龕所署徐州刺史陽郡—作都。公王騰及索頭單于薛雲舉衆來降，恪命騰以故職還屯陽郡。夏五月，以尚書左丞鞠殷爲東萊太守，章武太守鮮于亮爲齊郡太守。秋七月丙子，太子曅卒，僞謚獻懷。

冬十月，恪圍龕於廣固。先是，諸將勸恪宜急攻之，恪曰："用兵之道，有宜緩以克敵，有宜急而取之。若彼我勢均，外有强援，慮腹背之患者，須急攻之，以速大利。如我强彼弱，無援於外，力足制之者，當羈縻守之，以待其斃。兵法十圍五攻，正謂此也。龕恩結賊黨，衆未離心，濟南之戰，非不鋭也，但龕用之無術，以致敗耳。今憑阻天險，上下勠力，攻守勢倍，軍之常法。若其促攻，不過數旬，克之必矣，但恐傷吾士衆。自有事中外，兵不暫息，吾每念之，不覺忘寢，奈何輕殘民命乎！當持久以取之，不必求功之速也！"諸將皆曰："非所及也。"軍中聞之，人人咸悦。於是築室反耕，嚴固圍壘。齊民争運糧以餽燕軍。

龕嬰城自固，樵採路絶，城中人相食。龕悉衆出戰，恪破之於圍裏，先分騎屯諸門，龕身自衝盪，僅而得入，一作出。餘兵皆没。

城中喪氣，莫有固志。乃遣其屬段蘊詣晉請救，晉遣北中郎將荀羨將兵隨蘊救之，次於琅邪，憚恪之强遷延不進。會陽郡公王騰寇郫城，一作鄲城。羨遂襲攻陽郡，霖雨，城壞，騰爲羨所獲，殺之。

十一月丙子，恪克廣固，龕面縛出降，并執朱秃送薊。恪撫安新民，遂定齊地，以龕爲伏順將軍，徙鮮卑、胡、羯三千餘户於薊，留鎮南將軍塵鎮廣固，恪因振旅而還。荀羨聞龕已敗，退還下邳，留太山太守諸葛攸、高平太守劉莊將三千人守琅邪，參軍譙國戴逯等將二千人守太山。燕守將慕容蘭屯汴城，羨進擊之，斬蘭而去。十二月，儁遣行人請婚於魏，許之。

光壽元年春正月，儁徵幽州刺史乙逸爲左光禄大夫，時晉升平元年也。二月癸丑，復立次子中山王暐爲太子，大赦境内殊死已下，改元光壽。夏五月戊寅，儁遣撫軍將軍垂、中軍將軍虔與護軍將軍平熙等率步騎八萬討丁零、敕勒於塞北，大破之，俘斬十餘萬級，獲馬十三萬匹，牛羊億餘萬。是月，遣使奉納禮幣於魏。六月，儁殺段龕，坑其徒三千餘人。匈奴單于賀賴頭率部落三萬五千口來降，儁拜爲寧西將軍、雲中郡公，處之代郡平舒城。冬十月，晉太山太守諸葛攸來攻東郡，入武陽。儁遣大司馬恪統司空陽鶩及樂安王臧率兵拒之，晉師敗績，攸走還太山。北中郎將謝萬時據梁宋，懼而遁走。恪遂進兵渡河，略地河南，汝、潁、譙、沛皆陷，分置守宰而還，進據上黨。冠軍將軍、河内太守馮鴦以衆叛歸於儁，盡陷河北之地。冬十一月癸酉，自薊徙都於鄴。十二月乙巳，儁入鄴宮，大赦境内殊死已下，繕修宮殿，復作銅雀臺。

廷尉常煒上言：“大燕雖革命創制，至於朝廷銓謨，亦多因循魏晉，唯祖父不殯葬者，獨不聽官身清朝，斯誠王教之首，不刊之式。然禮貴適時，世或損益，是以高祖制三章之法，秦人安之。自頃中州喪亂，遭兵積年，或遇傾城之敗，覆軍之禍，抗師沉卒，往往而然，孤孫嫈子，十室而九。兼三方岳峙，父子異邦，存亡吉凶，杳成天外。或便假一時，或依嬴博之制，孝子縻身無補，順孫心喪靡及，雖招魂虛葬以申—作叙。罔極之情，又禮無招葬之文，今不此載。若斯之流，抱琅玗而無申，懷英才而不齒，誠可痛也。恐非明揚側陋，務盡時珍之道。吴起、二陳之儔，終將無所展其才幹。漢祖何由免於平城之圍？郅支之首何以懸於漢闕？謹按《戊辰詔書》，蕩清瑕穢，與天下更始，以明惟新之慶。五六年間，尋相違伐，則天之體，臣竊未安。"儁曰："煒宿德碩儒，練明刑法，覽其所陳，良足録也。今六合未寧，喪亂未已，又正當搜奇拔異之秋，未可才行兼舉，且除此條，聽大同—作衆。更議。"

使昌黎、遼東二郡營起庶廟，范陽、燕郡構祧廟，以其護軍平熙領將作大匠，監造二廟。秦苻堅平州刺史劉特率户五千來降。河間李黑聚衆千餘，攻略州郡，殺棘強令衛顔，儁長樂太守傅顔討斬之。以吴王垂爲東夷校尉、平州刺史，鎮遼東。

初，廆有駿馬曰赭白，有奇相逸力。石虎來攻棘城，皝將出避難，欲乘之，馬悲鳴踠躄，人莫能近。皝曰："此馬見異先朝，孤常仗之濟難，今不欲出者，蓋先君之旨也！"乃止。虎尋奔退，皝益奇之。至是，年四十九歲矣，而駿逸不虧，儁比之鮑氏驄，命鑄銅以圖其像，親爲銘贊，鎸勒其旁，置之薊城東掖門。是歲，像成而馬死。

光壽二年春，初，河内太守上黨馮鴦自稱太守，附於張平，平屢言之，儁以平故，乃赦其罪，署爲京兆太守，既而與吕護陰通建康，時平跨有新興、雁門、西河、太原、上黨、上郡之地，壁壘三百餘所，胡、晉十餘萬户，拜置征鎮，爲燕鼎峙之勢。儁遣司徒上庸王評討鴦，不克。三月甲戌，復遣領軍將軍慕輿根將兵助評攻鴦。根欲急攻之，評曰："鴦壁堅，不如且緩之。"根曰："不然。公至城下經月，未嘗交鋒。賊謂國家力止於此，遂相固結，冀幸萬一。根兵初至，形勢方振，賊衆駭懼，恐有離心，計慮未定，從而攻之，無不克者。"遂急攻之。鶖與其黨果相猜忌，鶖奔野王依吕護，盡降其黨。三月，儁常山寺王母祠前大樹自拔，乃於根下得璧七十、珪七十三，光色精奇，有異常玉。儁以爲神嶽之命，遣尚書郎段勤用太牢祀之。每祀有一虎往來祠側，性頗馴，狎而不害於物。是月，攻陷冀州諸郡。夏五月，遼西獲黑兔。

秋九月，張平與故趙將李歷、高昌等初因冉閔之亡，並率其所部稱藩於儁，遣子入侍。既而投款建康，結援苻堅，並受爵位，羈縻自固，雖貢使不絶，而誠節未盡。儁遣上庸王評討張平於并州，司空陽鶖討高昌於東燕，樂安王臧攻李歷於濮。陽鶖攻昌別將於黎陽，拔之。歷奔滎陽，昌奔東陵，《載記》作邵陵。其衆皆降。并州壁壘降者百餘所，署尚書右僕射悦綰爲安西將軍、領護匈奴中郎將、并州刺史以撫之。平所署征西將軍諸葛驤、鎮北將軍蘇象、寧東將軍喬庶、鎮南將軍石賢等率壘壁百三十六一作八。來降，儁皆復其官爵。平率衆三千奔平陽，遣使乞降。冬十月，儁殺尚書郎鮮卑段勤，以其陰貳於晉也，其弟思遂奔於晉。晉太山太守諸葛攸復率衆攻東郡，儁遣大司馬恪等拒之，各引而還。

儁復圖入寇，兼欲經略關西，十二月，令州郡校閱見丁、精覈一作覆。隱漏，率户留一丁，餘悉發爲兵，欲使步卒滿一百五十萬，期來春大集，將進臨洛陽，爲三方節度。武邑劉貴上書極陳百姓凋弊，發兵非法，恐人不堪命，必致土崩之變。並陳時政不便於時者十有三事。儁覽而悦之，下公卿博議，事多納用，乃改令三五發兵，寬戎備一周，悉令明年季冬赴集鄴都。時調發繁數，官司各遣使者，道路旁午，郡縣苦之。太尉、領中書監封奕請"自今非軍期嚴急，不得遣使，自餘賦發皆責成州郡，其郡司所遣殫督在外者，一切攝還。"儁從之。是歲，晉北中郎將荀羨攻山茌，拔之。斬太山太守賈堅。鎮南將軍、青州刺史塵遣司馬悦明救之，晉師敗績，復取山茌，遂以堅子活爲任城太守。

　　光壽三年春二月，儁立小學於顯賢里以教胄子。三月，封子泓爲濟北王，沖爲中山王，其餘弟侄分封有差。遂讌群臣於蒲池，酒酣，賦詩，因談經史，論及周太子晉，潸然流涕，顧謂群臣曰：“昔魏武追痛倉舒，孫權悼登無已，孤常謂二主緣愛，稱其無大雅之體。才子難得。自景先之亡以來，孤鬢髮中白，始知二王有以而然。卿等謂景先定何如也？孤今悼之，得無貽怪將來邪？”司徒長史李績對曰：“獻懷太子之在東宮，臣爲中庶子，既忝近侍，聖質志業，臣實不敢不知。臣聞道備無慇，其惟聖人乎。先太子大德有八，未見其闕也。”儁曰：“卿言過矣，然試言之。”績言：“至孝自天，性與道合，一也。聰敏慧悟，機思若流，二也。沉毅好斷，理詣無幽，三也。疾諛量物，雅悦直言，四也。好學愛賢，不耻下問，五也。英姿邁古，藝業超時，六也。虛襟恭讓，尊師重道，七也。輕財好施，勤恤民隱，八也。”儁曰：“卿雖褒譽，然此兒若在，吾死無憂也。吾既不能追蹤唐虞，官天下以禪有德，近模三王，以世傳授。景茂幼沖，器業未舉，卿以爲何如？”時太子暐侍側，績曰：“皇太子天資岐嶷，聖敬日躋，雖八德已聞，而二闕未補，雅好游畋，娱心絲竹，此其所以爲損耳。”儁顧謂暐曰：“伯陽之言，藥石之惠也，汝宜誡之。”暐甚不平。因問高年疾苦、孤寡不能自存者，賜穀帛有差。

　　乙丑，儁夜寝夢石虎齧其臂，寤而遂痛，惡之，命發其棺，求尸不獲，購以百金莫知之也。鄴女子李菟知而告之，《水經注》云後宮嬖妾知而告之。言虎葬於東苑—作東明。觀下，於是掘焉，下度三泉得其棺，剖棺出尸，尸僵不腐。儁蹋而罵之曰：“死胡安敢夢生天子也！”遣御史中尉陽約數其殘酷之罪，而鞭之投於漳水，尸倚橋柱不流。及秦滅燕，王猛爲之誅李菟，收而葬之。

秋七月，晉平北將軍高昌爲儁所逼，力不能拒，自白馬奔於滎陽。八月，晉太山太守諸葛攸率水陸二萬來伐，入自石門，屯於河渚。攸部將匡超進據嵩峨，蕭館屯於新柵，又遣督護徐冏率水軍三千泛舟上下，爲東西聲勢。儁遣上庸王評、長樂太守傅顏等統步騎五萬，戰於東阿，攸兵大敗。

冬十月，儁寇東河，晉遣西中郎將謝萬次下蔡、北中郎將郗曇次高平，率師來拒。萬矜豪傲物，但以笑詠自高，未嘗撫衆。乃召集諸將，一無所言，直以如意指四坐云：“諸將皆勁卒。”諸將益恨之。既而萬率衆入渦、潁以援洛陽。曇以病退屯彭城。萬以燕兵大盛，故曇退，即引兵還，衆遂驚潰。萬狼狽單騎遁歸。塞北七國賀蘭、涉勒等皆降。

十二月辛酉，儁寢疾，謂大司馬、太原王恪曰：“吾所患惙然，當恐不濟。脩短命也，復何所恨！但二寇未除，景茂沖幼，慮其未堪家國多難。吾欲遠追宋宣公，以社稷屬汝。”恪曰：“太子雖幼，天縱聰聖，必能勝殘刑措。臣實何人，敢干正統。”儁怒曰：“兄弟之間豈虛飾邪！”恪曰：“陛下若以臣堪荷天下之任者，寧不能輔少主乎！”儁喜曰：“汝若行周公之事，吾復何憂！李績清方忠亮，堪任大事，汝善遇之。”乃召吳王垂還鄴。時所徵郡國兵悉集鄴城，盜賊互起，每夜攻劫，晨昏斷行。於是寬常賦，設奇禁，盜賊有相告者賜奉車都尉，捕誅賊首木穀禾等百餘人，乃止。

建熙元年春正月癸巳，儁疾少差，大閱兵於鄴，欲使大司馬恪、司空陽騖將之入寇；既而疾篤，乃召恪、騖及司徒評、領軍將軍慕輿根等受遺詔輔政。甲午，儁薨於應福殿，時晉升平四年也。先是月犯太白，在昴占曰：“人君死。”一曰：“趙地有兵。”至是而儁卒，時年五十三，在位十二年。葬於龍陵，僞謚景昭皇帝，廟號烈祖。

儁雅好文籍，性嚴重，慎威儀，未嘗以慢服臨朝，雖間居宴然亦無懈怠之色云。

頁一正至十七正

屠本《十六國春秋》卷第二十八《前燕録六》

慕容暐上

慕容暐字景茂，儁之第三子也。元璽元年，封爲中山王，尋立爲皇太子。光壽四年春正月甲午，儁薨，群臣欲立太原王恪，恪曰："國有儲君，非吾節也。"於是立暐。遂以晉升平四年僭即皇帝位，大赦境内殊死已下，改元建熙。二月，尊母可足渾氏爲皇太后。以太原王恪爲太宰、録尚書，行周公事，專掌百揆。上庸王評爲太傅，陽鶩爲太保，慕輿根爲太師，參輔朝政，自餘文武諸臣拜授各有差。

暐既庸弱，國事皆委之於恪。慕輿根自恃先朝勳舊，心不服恪，潛欲爲亂，詳據《根傳》。恪與評密謀奏根罪狀，使右衛將軍傅顔收根於内省誅之，并其妻子、黨與。大赦境内殊死已下。

三月，己卯，葬儁於龍陵，時所徵郡國兵，以燕朝多難，互相驚動，往往擅自散歸，自鄴以南，道路斷塞。太宰恪以吳王垂爲使持節、征南將軍、都督河南諸軍事、兗州牧、荆州刺史，鎮梁國之蠡臺，孫希泳之子也。爲并州刺史，傅顔爲護軍將軍，帥騎二萬，觀兵河南，臨淮而還；境内乃安。夏四月，以單男爲雁門太守。冬十一月，太宰恪欲以李績爲右僕射，暐不許。恪屢以爲請，暐曰："萬機之事，皆委之叔父；伯陽一人，暐請獨裁。"出爲章武太守，績遂以憂死。

建熙二年春正月乙丑辰時，月在危宿奄太白。占之曰："天下靡散。"二月，平陽人舉郡來降，暐以建威將軍段剛爲太守，遣督護韓苞將兵共守平陽。方士丁進有寵於暐，欲求媚於太宰恪，説恪令殺太傅評，恪大怒，奏收進殺之。三月，儁所署寧南將軍、河南太守吕護據野王，潛通於晉，晉拜護爲前將軍、冀州刺史。護欲引兵襲郲,事覺,太宰恪將兵五萬,冠軍將軍皇甫真將兵萬人,共討之。兵至野王,護嬰城自守。護軍將軍傅末波一作顏。言於恪曰:"護窮寇假合,王師既臨,上下喪氣,曾不敢闚兵中路,展其螳螂之心。此則士卒懾魂,敗亡之道也。殿下前以廣固天險,守易攻難,故爲長久之計。今賊形便不與往同,宜急攻之,以省大費。"恪曰:"護老賊,經變多矣。觀其守備,未易卒平。頃攻黎陽,多殺精銳,卒不能拔,自取困辱。今圈一作圍。之窮城,樵採路絕,内無蓄積,外無救援,我深溝高壘,坐而守之,休養將卒,以重官美貨離間其黨,事淹勢窮,其釁易動,於我不勞而寇賊日弊,不過十日,取之必矣,此爲兵不血刃,坐以制勝也。何必多殺士卒以求旦夕之功乎!"乃築長圍守之。夏四月,桓溫以其弟黃門郎桓豁將兵取許昌,破鎮南將軍塵。

秋七月,恪圍野王數月,護遣其將張興率勁卒七千出戰,傅末波擊斬之,城中日蹙。皇甫真戒部將曰:"護勢窮奔突,必擇虛隙而投之;吾所部士卒多羸,器甲不精,宜深爲之備。"乃多課櫓楯,親察行夜者。護食盡,果夜悉精銳趨真所部,突圍,不得出;恪引兵擊之,護衆死傷殆盡,棄妻子奔滎陽。凡經六月而野王潰,恪存撫降民,給其廩食;徙士人、將帥於郲,自餘各隨所樂;以護參軍廣平梁琛爲中書著作郎。并州刺史張平叛襲平陽,殺段剛、韓苞;又攻雁門,殺太守單男。既而爲秦所攻,復詣燕謝罪以求救。恪以平反覆,不許。冬十月,吕護復自滎陽叛歸於暐,暐赦之,以爲廣州刺史,仍領寧南將軍。十二月,大赦。

建熙三年春正月,豫州刺史孫興上疏請攻洛陽,曰:"晉將陳祐弊卒千餘,介守孤城,不足取也!"暐從其言,遣護軍將軍傅末波一作顏。與寧南將軍吕護率衆進據河陰。二月,末波北襲敕勒,大獲而還。護攻陷小壘,進逼洛陽。三月乙酉,晉輔國將國、河南太守戴施奔於宛,冠軍將軍陳祐告急。夏五月丁巳,大司馬桓溫遣北中郎將庾希及竟陵太守鄧遐率舟師三千人助祐守洛陽。六月，護遐守小平津，中流矢卒。鄧遐進屯新城，庾希部將何謙及暐將劉則戰於檀丘，則衆敗還。秋七月，征東參軍劉拔刺殺征東將軍、冀州刺史、范陽王友於信都。八月，將軍段崇收軍北渡，屯於野王，庾希自下邳退鎮山陽。冬十一月，魏昭成帝以女妻暐，暐亦納女於帝以備後宮。

　　建熙四年夏四月，暐遣寧東將軍忠攻滎陽，滎陽太守劉遠奔魯陽。癸卯，忠進拔密城，遠奔於江陵。冬十月，遣鎮南將軍塵攻陳留太守袁披於長平，汝南太守朱斌乘虛來襲許昌，克之。

　　建熙五年春正月丙辰，祀於南郊，大赦。二月，暐復遣太傅評、龍驤將軍李洪略地河南，潁川太守李福戰死。評遂侵汝南，汝南太守朱斌奔於壽春，進圖陳郡，陳郡太守朱輔嬰城固守。大司馬桓溫遣江夏相劉岵來援，評等引還。夏四月甲辰，暐復遣李洪攻許昌，敗晉兵於懸瓠，朱斌奔於淮南，朱輔退保彭城。洪遂拔許昌、汝南、陳郡，徙萬餘户於幽、冀二州，暐遣鎮南將軍塵留屯許昌。秋七月，遣太尉封奕、侍中慕輿龍詣龍城，徙宗廟及所留百官於鄴都。八月，太宰恪謀取洛陽，先遣人招納士民，遠近諸塢皆來歸附；乃使司馬悦希軍於盟津，豫州刺史孫興分戍成皋，爲之聲援。九月，悦希引兵略河南諸城，盡取之。冬十月，封奕等迎神主於和龍。初，暐委政太宰恪，專受經於博士王歡，一作王勸。助教尚鋒、秘書監一作郎。杜詮，並以明經，講論左右。至是通諸經，祀孔子於東堂，以歡爲國子祭酒，鋒國子博士，詮散騎侍郎。其執經侍講者，皆有拜授。

　　建熙六年春二月，太宰恪、吳王垂攻逼洛陽。恪謂諸將曰："卿等常患吾不攻，今洛陽城高而兵弱，易克也，勿更畏懦而怠惰！"遂進攻之。三月，拔金城，寧朔將軍竺瑤奔於襄陽，執冠軍長史、揚武將軍沈勁。勁字世堅，吳興武康人。父充，與王敦構逆，衆敗而逃，爲部將吳儒所殺。勁當坐誅，鄉人錢舉匿之得免。後竟殺儒以報仇。勁少有節操，哀父死於非命，志欲立勳雪恥。年三十餘，以刑家不得仕而止。至是恪逼洛陽，冠軍陳祐守兵不過二千，勁自表求配祐效力。詔補長史，令自募壯士，得千餘人以行，屢以少擊衆，摧破燕軍。洛陽糧盡援絕，祐自度不得守，乃以救許昌爲名，留勁五百人守之，身率衆奔新城。一作陸渾。勁喜曰：“吾志欲致命，今其時矣。”爲恪所執，勁神氣自若，恪奇而將宥之。中軍將軍慕輿虔曰：“勁雖奇士，觀其志度，終不爲人用，今若赦之，必爲後患。”遂殺之。

恪略地至崤、澠，關中大震，秦苻堅自將屯陝城以備之。恪以左中郎將筑爲假節、征虜將軍、洛州刺史，鎮金墉；吳王垂爲都督荆、揚、洛、徐、兗、豫、雍、益、涼、秦等十州諸軍事、征南大將軍、荆州牧，配兵一萬，鎮魯陽。

恪遂還鄴，謂僚屬曰：“吾前平廣固，不能濟辟閭蔚；今定洛陽，使沈勁爲戮；雖皆非本心，然身爲元帥，實有愧於四海。”夏四月，壬午，太尉武平匡公封奕卒。以司空陽騖爲太尉，侍中、光禄大夫皇甫真爲司空，領中書監。

建熙七年春二月，時境内多水旱，太宰大司馬恪、太傅司徒評並稽首歸政，上章綬，請遜位還第，曰：“臣以朽闇，器非經國，過荷先帝拔擢之恩，又蒙陛下殊常之遇，猥以輕才，竊位宰禄，不能上諧陰陽，下釐庶政，致使水旱愆和，彝倫失序，轅弱任重，夕惕惟憂。臣聞王者則天建國，辯方正位，司必量才，官惟德舉。台傅之重，參理三光，苟非其人，則靈曜爲虧。尸禄貽殃，負乘招悔，由來常道，未之或差。夫以姬旦之勳聖，猶近則二公不悦，遠則管蔡流言，況臣等寵緣戚榮，官非才授，而可久點天官，塵蔽賢路！是以中年拜表，披陳丹款。聖恩齒舊，未忍遐棄，奄冉偷榮，愆責彌厚。自待罪台司,歲餘辰紀;忝冒宰衡,七載於茲。雖乃心經略,而思不周務,至令二方干紀,跋扈未庭,同文之詠,有慚盛漢,深乖先帝付托之規,甚違陛下垂拱之義。臣雖不敏,竊聞君子之言,敢忘虞廷避賢之美,輒循兩疏知止之分,謹送太宰大司馬、太傅司徒章綬,惟垂詔—作昭。許。"暐曰:"朕以不天,早傾乾覆,先帝所托,惟在二公。二公懿親碩德,勳高魯衛,翼贊王室,輔導朕躬,宣慈惠和,坐而待旦,虔誠夕惕,美亦至矣。抑亦二公之力也。今關右有未賓之氐,江吳有遺燼之虜,方賴謀猷,混寧六合,豈宜虛己謙沖,以違委任之重! 王其割二疏獨善之小,以成公旦補衮之大。"恪、評等固請致政,暐曰:"夫建德者必以終善爲名,位命者則以功成爲效。二公與先帝開構洪基,膺天明命,將廓夷群醜,紹復隆周之業。一作迹。今灾眚橫流,乾光墜曜。朕以眇躬,猥荷大業,不能上成先帝遺志,致使二虜遊魂,所以功未成也,豈宜沖退。且古之王者,不以天下爲榮,憂四海若荷擔,然後仁讓之風行,則比屋而可封。今道化未純,鯨鯢未殄,宗廟之重,非惟朕躬,二公所憂也。當思所以寧濟兆庶,靖難敦風,垂美將來,侔蹤周漢,不宜崇飾常節,以違至公。"遂斷其讓表,恪、評乃止。夏五月,暐下書曰:"朕以寡德,茬政多違,亢陽三時,光陰錯緒,農植之辰而零雨莫降。其令有司徹樂,大官以菜食常供祭奠。"既而澍雨。秋九月,鎮律郎郭欽奏議以暐承石虎水爲木德,從之。冬十月,遣撫軍將軍、下邳王厲寇兗州,攻晉太山太守諸葛攸,攸奔淮南,拔兗、魯、高平諸郡,置守宰而還。十二月,晉南陽督護趙億叛據宛城,以郡來降,暐遣南中郎將趙槃—作盤。自魯陽戍之。

　　建熙八年春二月,撫軍將軍下邳王厲、鎮北將軍宜都王桓襲敕勒。夏四月,鎮南將軍塵攻竟陵,太守羅崇—作宗。擊破之。太宰、大司馬、太原王恪有疾,言於暐曰:"吳王垂,將相之才十倍於臣,先帝以長幼之次,故臣得先之。臣死之後,願陛下舉國以聽吳王。"五月壬辰，恪疾篤，暐親視之，囑以後事，言終而卒。六月，晉右將軍荆州刺史桓豁、竟陵太守羅崇攻宛城，拔之。趙億走，趙槃退歸魯陽。豁遣輕騎追槃，及於雉城，大戰破之，槃爲豁所執，因失宛城。秋七月，下邳王厲等破敕勒，獲馬牛數萬頭。初，厲兵過魏代地，犯其祭田，昭成帝率衆伐之。暐遣平北將軍、武强公慕輿埿以幽州兵戍雲中。八月，昭成攻雲中，埿棄城走，振威將軍慕輿賀辛戰没。冬十二月甲子，太尉陽鶩卒。以司空皇甫真爲太尉、侍中，光禄大夫李洪爲司空。

建熙九年春二月，以車騎將軍、中山王沖爲大司馬。沖，暐之弟也。以荆州刺史吳王垂爲侍中、車騎大將軍、儀同三司。

秦苻堅將苻庾據陝城來降，請兵應接。時有圖讖曰：“燕馬當飲渭水。”堅恐暐乘釁入關，大懼，乃盡精鋭以守華陰。暐群下議欲遣兵救庾，因圖關右。太傅評素無經略，又受苻氏間貨，阻其議曰：“秦，大國也，今雖有難，未易可圖。朝廷雖明，未如先帝，吾等智略，又非太宰之比。但可閉關息旅，保寧疆場足矣，平秦非吾事也。”魏尹征南將軍、范陽王德上疏曰：“先帝應天順時，受命革代，方以文德懷遠，志平六合。神功未就，奄忽升遐。昔周文既没，武王嗣興，伏惟陛下則天比德，揆聖齊功，闡崇乾基，纂成先志。逆氏僭據關隴，號同王者，惡積禍盈，自相疑戮，釁起蕭墙，國分爲四，投誠請援，前後相繼，豈非凶運將終，數歸有道。兼弱攻昧，取亂侮亡，機之上也。今秦土四分，可謂弱矣。時來運集，天贊我也。天與不取，反受其殃。吳越之事，足以觀矣。宜應天人建牧野之旗。命皇甫真引并、冀之衆徑趨蒲坂，吳王垂引許、洛之兵馳解庾圍，太傅評總京師虎旅爲二軍後繼，傳檄三輔，示以禍福，明立購賞，獲城即侯，微功必録，此則鬱桀待時之雄，抱志未申之桀，必嶽峙灞上，雲屯隴下。天羅既張，内外勢合，區區僭豎，不走則降，渾一之基，於此乎在！願陛下獨斷聖慮，無訪二公。"暐覽表大悦，將從之。群下文武多請救陝，因圖關中者。評固執不許，乃止。苻庾知評、暐之無遠略，恐救師不至，乃遣吴王垂及皇甫真牋曰："苻堅、王猛，皆人傑也，謀爲燕患久矣；今不乘機取之，恐異日燕之君臣將有涌東之悔矣！"垂得書，私於真曰："方今爲人患者必在於秦，主上富於春秋，未能留心政事，觀太傅識度，豈能及苻堅、王猛乎？"真曰："然，吾雖知之，如言不用何！"

秋八月，時王公、貴戚多占民爲蔭户，國之户口，少於私家，倉庫空竭，用度不足。尚書左僕射悦綰言於暐曰："太傅政尚寬和，百姓多有隱附。《傳》曰：惟有德者可以寬臨其衆，其次莫如猛。今諸軍營户，三分共貫，風教陵弊，威綱不舉，宜悉罷軍封，以實天府，肅明法令，以清四海。"暐納之。綰既定朝制，朝野震懼，出户二十餘萬。冬十一月，左僕射悦綰卒。十二月，有神降於鄴，自稱相汝一作湘女，有聲，與人接款，數日而去。

頁一正至十三正

屠本《十六國春秋》卷第二十九《前燕録七》

慕容暐下

建熙十年夏四月，立貴妃可足渾氏爲皇后，渾氏太后從弟尚書令豫章公翼女也。

六月，晉大司馬桓温率徐兗二州刺史郗愔、江州刺史南中郎將桓沖、豫州刺史西中郎將袁真、江夏相劉岵等步騎五萬來伐，温又遣建威將軍檀玄攻胡陸，拔之，執寧東將軍忠，進次金鄉。時亢旱，水道不通，乃鑿儀陽道以通舟運，自帥師次於合肥。一云鑿鉅野三百餘里以通舟運，自清水入河。暐遣撫軍將軍、下邳王厲爲征討大都督，帥步騎八萬逆戰於黃墟，厲兵大敗，單騎奔還。高平太守徐翻舉郡降溫。溫前鋒朱序、鄧遐敗暐護軍將軍傅末波於林渚，溫軍大震。暐復遣樂安王臧統諸軍拒溫，臧不能抗，遣散騎常侍李鳳求救於秦。秋七月戊寅，溫進屯武陽，暐前兗州刺史孫元率其族黨起兵應之。戊子，遂至枋頭。暐及太傅評大懼，謀奔和龍。吳王垂曰：“不然。臣請擊之；若其不捷，走未晚也。”乃以垂代樂安王臧爲使持節、南討大都督，帥征南將軍范陽王德等衆五萬拒溫。垂表司徒左長史申胤、黃門侍郎封孚、尚書郎悉羅騰皆以參軍從事。暐又遣散騎樂嵩乞師於秦，許賂以虎牢已西之地。八月，苻堅遣將軍苟池、洛州刺史鄧羌帥騎二萬來援，出自洛陽，至於潁川，又遣散騎侍郎姜撫報使於暐。外爲赴援，内實觀隙，陰有兼并之志矣。封孚問於申胤曰：“溫衆强士整，乘流直進，今大軍徒逡巡高岸，兵不接刃，未見克殄之理，事將何如？”胤曰：“以溫今日聲勢，似能有爲，在吾觀之，必無成功。何則？晉室衰弱，溫專制其國，晉之朝臣未必與之同心。溫之得志，衆所不願也，必將乖阻以敗其事。又溫驕而恃衆，怯於應變。大衆深入，值可乘之會，反更逍遥中流，不出赴利，欲望持久，坐取全勝；若糧廩愆懸，情見勢屈，必不戰自敗，此自然之數也。”溫以暐降人段思爲鄉導，悉羅騰與溫戰，遂生擒思；溫使故趙將李述狥趙、魏，騰又與虎賁中郎將染干津共擊斬之；溫軍奪氣。

　　初，溫使豫州刺史袁真攻譙、梁，開石門以通水運，真克譙、梁而不能開石門，水運路塞。九月，范陽王德帥騎一萬、蘭臺侍御史劉當侃之子也。帥騎五千屯石門，絶溫糧漕。豫州刺史李邽一作邦。又帥州兵五千斷溫糧道。德使將軍宙帥騎一千爲前鋒，與晉兵遇，宙曰：“晉人輕剽，怯於陷陳，勇於乘退，宜設餌以釣之。”乃使二百騎挑戰，分餘騎爲三伏。挑戰者兵未交而走，晉兵追之，宙帥伏出擊，死者甚衆。丙申，溫頻戰不利，糧儲復竭，又聞秦兵將至，焚舟，棄輜重、鎧甲，自陸道奔還。以毛虎生督東燕等四郡諸軍事，領東

燕太守。溫自東燕出倉垣，經陳留，鑿井而飲，行七百餘里。暐諸
將爭欲追之，吳王垂曰：“不可，溫初退惶恐，必嚴設警備，簡精銳爲
後拒，擊之未必得志，不如緩之。彼幸吾未至，必晝夜疾趨，俟其士
衆力盡氣衰，然後擊之，無不克矣。”乃率八千騎徐行躡其後。溫果
兼道而進。數日，垂謂諸將曰：“溫可擊矣。”乃急追之，辛丑，及於
襄邑。范陽王德帥勁卒四千從間道先溫至襄邑東，伏於澗中，與垂
前後夾擊，溫衆大敗，斬首三萬級。秦將苟池聞溫班師，邀擊於譙，
又大敗之，死者復以萬計。兗州刺史孫元據武陽拒暐，暐左衛將軍
孟高討擒之。

　　冬十月己巳，桓溫收散卒，屯山陽。深恥喪敗，乃歸罪於袁真，
真怨溫誣己據壽春叛降於暐，且乞師請援；暐遣大鴻臚溫統拜袁
真爲使持節、散騎常侍、都督淮南諸軍事、征南大將軍、領護南蠻校
尉、揚州刺史，封宣城公。

　　燕、秦既結好，聘使數相往來。暐散騎侍郎太原郝晷、給事黃
門侍郎梁琛相繼如秦。吳王垂自襄邑還鄴，威名益振，太傅評素不
平之，至是益忌。垂所奏“募將士忘身立效，將軍孫蓋等推鋒陷陣，
應蒙殊賞。”評皆抑而不行。垂數以爲言，與評廷爭，隙怨愈深。太
后可足渾氏又素惡垂，毀其戰功，與評密謀誅之。垂懼，遂奔於秦。
范陽王德素與垂善，及車騎從事中郎高泰等，皆坐免官。尚書右丞
申紹言於評曰：“今吳王出奔，外口藉藉，宜徵王僚屬之賢者顯進
之，粗可消謗。”評曰：“誰可者？”紹曰：“高泰其領袖也。”乃以泰
爲尚書郎。

　　先是，暐使黃門侍郎梁琛聘秦。秦留琛月餘，乃遣歸。琛兼程
而進，比至於鄴，垂已奔秦。琛言於評曰：“秦人日閱軍旅，運粟陝
東，以琛觀之，和必不久。今吳王又往歸之，秦必有窺釁之計，宜早
爲之備。”評曰：“不然。秦豈肯受叛人—作臣。而敗和好哉！”琛

曰:"鄰國相吞,一作并。有自來矣。況今二國分據中原,並稱大號,理無俱存。桓溫之入寇,彼以計相救,非愛燕也;若燕國有隙,彼豈忘其本志哉!"評曰:"秦主何如人?"琛曰:"苻堅機明好斷,納善如流。"又問王猛,琛曰:"名不虛得,王佐之才,銳於進取。觀其君臣相得,自謂千載一時。桓溫不足爲慮,終爲人患者,其惟王猛乎?"評皆不以爲然。琛又以告暐,暐亦不然之。以告皇甫真,真深以爲憂,上疏陳其事曰:"苻堅雖聘使相尋,托輔車爲諭,然抗均鄰敵,勢同戰國,實有闚上國之心,非能慕樂德義,守信存和,以崇久要也。頃來行人累續,兼師出洛川,夷險要害,具之耳目。觀虛實以措姦圖,聽風塵而伺國隙者,寇之常也。今吳王垂又往從之,爲其謀主,伍員之禍,不可不慮。洛陽、太原、并州、壺關諸城,皆宜選將益兵,以防未兆。"暐召太傅評謀之,評曰:"秦國小力弱,恃我爲援;且苻堅庶幾善道,終不肯納叛臣之言,絕二國之好;不宜輕自驚擾以啓寇心。"卒不爲備。會秦遣黃門郎石越來聘,太傅評示之以奢,欲以誇燕之富盛。尚書郎高泰及太傅參軍河間劉靖言於評曰:"越言誕而視遠,非求好,乃觀釁也。宜耀兵以示之,用折其謀。今乃示之以奢,益爲其所輕矣。"評不從。泰遂謝病歸家。

是時,外則晉師及苻堅交侵,兵革不息。內則太后可足渾氏侵撓國政,評等貪昧無厭,貨賂上流,官非才舉,群下怨憤。尚書左丞申紹上疏曰:"臣聞漢宣有言:'與朕共治天下者,其惟良二千石乎!'是以特重此選,必妙盡英才,莫不拔自貢士,歷資內外,用能仁感猛獸,惠致群祥。今之守宰,率非其人,或武臣出於行伍,或貴戚生長綺紈,既無聞鄉曲之選,又不更朝廷之職。加之黜陟無法,貪惰者無刑戮之懼,清修者無旌賞之勸。百姓困弊,侵賕無已,兵士逋逃,寇盜充斥,綱頹紀紊,莫相糾攝。且吏多則政煩,由來常患。今之見户,不過漢之一大郡,而備置百官,加之新立軍號,兼

重有過往時。虛假名位，廢棄農業，公私驅擾，人不聊生。宜并官
省職，務勸農桑。秦吳二虜僻僭一時，尚能任道捐情，肅諧偽部，
況大燕累聖重光，君臨四海，而可美政或虧，取陵奸寇哉！鄰之有
善，衆之所望，我之不修，彼之願也。秦吳狡猾，地居形勝，非惟守
境而已，乃有吞噬之心。中州豐實，戶兼二寇，弓馬之勁，秦吳所
憚，雲騎風馳，四方莫及，比者赴敵後機，兵不速濟，何也？皆由賦
法靡恒，役之非道。郡縣守宰每於差調之際，無不舍越殷强，首先
貧弱，行留俱窘，資贍無所，人懷嗟怨，遂致奔亡，進闕一作關。供國
之饒，退離疁農之要。兵豈在多，貴於用命。宜嚴制軍務，精擇守
宰，復習兵教戰，使偏伍有常，從戎之外，足營私業，父兄有陟岵之
觀，子弟懷孔邇之顧，雖赴水火，何所不從！節儉省費，先王格謨；
去華敦實，哲后恒憲。故周公戒成王以豐財爲本，漢文以皂幄變
俗，孝景宮人弗過千餘，魏武寵賜不盈十萬，薄葬不墳，儉以率下，
所以割肌膚之惠，全百姓之力也。今後宮之女四千有餘，僮僕廝役
過兼十倍，一日之費，價盈萬金，綺縠羅紈，歲增常調，戎器弗營，奢
玩是務。帑藏空虛，軍士無賴，宰相王侯迭尚侈麗，風靡之化，積習
成俗，卧薪之諭，未足甚焉。宜罷浮華非要之役，峻明婚姻喪葬之
條，禁絶奢靡浮煩之事，出傾宮之女，均農商之額。公卿以下以四
海爲家，賞必當功，罰必當罪。如此則綱紀肅舉，公私兩遂，温、猛
之首可懸之白旗，秦、吳二主可禮之歸命，豈特保境安民而已哉！
陛下若不遠追漢宗弋綈之模，近崇先帝補衣之美，臣恐頹風弊俗亦
且改變靡途，中興之歌無以軼之絃詠。又索虜什翼犍，昭成諱。疲病
昏悖，雖乏貢御，無能爲患，而勞兵遠戍，有損無益。況拓宇兼并，
不在一城，控制戎狄，懷之以德。魯陽、上郡重山之外，雲陰之北，
四百有餘，而未可以羈服塞表，爲平寇之基，徒孤危托落，令善附内
駭。宜攝就并豫，以臨二河，東接漕轂，擬之兵後；重晉陽之戍，增

南藩之兵，嚴戰守之備，銜千金之餌，蓄力待時，可一舉而滅。如其虜劉送死，俟入境而斷之，可令匹馬不返。非惟絕二國闚覦，乃是戡殄之要，惟陛下覽焉。”疏奏，不省。

初，暐許割虎牢已西賂秦；晉兵既退，暐又悔之，謂秦人曰：“行人失辭。有國有家者，分灾救患，理之常也。”苻堅大怒，遣輔國將軍王猛、建威將軍梁成、洛州刺史鄧羌帥步騎三萬來伐。十二月，猛等進攻洛陽。

建熙十一年春正月，王猛遺荆州刺史、武威王筑書曰：“國家今已塞成皋之險，杜盟津之路，大駕虎旅百萬，自軹關取鄴都，金墉窮戍，外無救援，城下之師，將軍所監，豈三千弊卒所能支也！”筑以救兵不至，大懼，舉金墉降猛，猛陳師受之。暐遣衛大將軍、樂安王臧城新樂，破秦兵於石門，執秦將楊猛，進屯滎陽。猛遣梁成、鄧羌與臧戰於石門，臧軍敗績，死者萬餘，遂相持於石門。梁成又敗臧軍，斬首三千餘級，獲將軍楊璩。猛遂留鄧羌鎮金墉，以輔國司馬桓寅爲弘農太守，代羌戍陝城引師而去。

二月癸酉，揚州刺史袁真卒。陳郡太守朱輔立真子瑾爲建威將軍、豫州刺史，以固壽陽，一作壽春。遣其子乾之及司馬爨亮如鄴請命，并乞援師。暐以瑾爲揚州刺史，輔爲荆州刺史，遣軍援之。夏四月辛未，桓温遣督護竺瑶、矯陽之等率水軍擊袁瑾。時暐軍已至，瑶等與戰於武丘，破之。温率衆二萬自廣陵又至，瑾嬰城固守，温築長圍守之。

六月乙卯，秦苻堅復遣輔國將軍王猛督鎮南將軍楊安等十將，步騎六萬來伐，猛等兵於灞上。秋七月，猛進攻壺關，安等進攻晉陽。八月，暐遣太傅上庸王評、下邳王厲率中外精兵三十餘萬拒之。猛、安進屯潞州。州郡盜賊大起，鄴中又多怪異，暐憂懼不知所爲，乃召散騎侍郎李鳳、黃門侍郎梁琛、中書侍郎樂嵩問曰：“秦兵衆寡何如？今大軍既出，猛等能戰否？”鳳對曰：“秦國小兵弱，非王師之敵；景略常才，又非太傅之比，不足憂也。”琛、嵩曰：“不然。兵書之義，計敵能鬥，當以算取之。若冀敵不鬥，非萬全之道也。慶鄭有云：‘秦衆雖少，戰士倍我。’衆之多少，非所問也。且秦行師千里，遠來爲寇，固戰是求，吾當用謀以求勝，豈可冀其不戰而已乎！”暐不悦。王猛攻克壺關，執上黨太守、南安王越，所過郡縣，望風降附。鄴中大震。

黄門侍郎封孚問司徒長史申胤曰：“事將何如？”胤歎曰：“鄴必亡矣，吾屬今兹將爲秦虜。然越得歲而吴亡之，卒受其禍。今福德在燕，秦雖得志，而燕之復建，不過一紀耳。”八月癸丑，桓温擊袁瑾於壽陽，滅之，復取壽陽。

九月，楊安攻晉陽，晉陽兵多糧足，固守不下。王猛留屯騎校尉苟萇戍壺關，率兵助安攻之，乃爲地道，使虎牙將軍張蚝率壯士數百潛入城中，大呼斬關，納秦兵。辛巳，猛、安入晉陽，執并州刺史、東海王莊。太傅評畏猛不敢進，屯於潞川。冬十月辛亥，猛留毛當戍晉陽，進兵潞川，與評相持。

評以猛懸軍深入，利在速戰，議以持久制之。評爲人貪鄙，鄣固山泉，鬻水與軍，入絹一匹，得水二石。積錢帛如丘陵；士卒怨憤，莫有鬥志。猛聞之，笑曰：“慕容評真奴才也，雖億兆之衆且不足畏，況數十萬乎！吾今破之必矣。”遂遣遊擊將軍郭慶帥騎五千，夜從間道出評營後，起火高山，燒評輜重，火見鄴中。暐懼，遣侍中蘭伊讓評曰：“王，高祖之子也，當以社稷宗廟爲憂，奈何不撫戰士而権賣樵水，專以貨殖爲心乎！府庫之積，朕與王共之，何憂於貧！若寇兵冒進，家國喪亡，王持錢帛安所置之！皮之不存，毛將安傅！錢帛可散之三軍，以平寇凱旋爲先也。”評大懼，遣使詣猛請戰。甲子，猛陳於渭源，軍皆踴躍，破釜棄糧，大呼競進。評師敗績，俘斬五萬餘人，乘勝追擊，所殺及降者又十萬餘人，評單騎還鄴。猛又追奔，長驅至鄴。十一月，秦王苻堅自帥精銳十萬赴猛，七日而至長安。

初，宜都王桓率衆萬餘屯沙亭，爲評後繼，聞評敗，引兵屯内黃。堅使建武將軍鄧羌攻信都。丁丑，桓率鮮卑五千奔龍城。戊寅，散騎侍郎餘蔚率扶餘、高句驪及上黨質子五百餘人，夜開鄴北門以納秦兵，暐與上庸王評、樂安王臧、定襄王淵、左衛將軍孟高、殿中將軍艾朗等數十騎出奔昌黎。堅使郭慶追之。時道路艱難，孟高扶侍暐，經護二王，極其勤瘁，又所在遇盜，轉鬥而前。數日，行至福禄，依冢解息，盜二十餘人猝至，皆挾弓矢，高持刀與戰，殺傷數人。高力竭，自度必死，乃直前抱一賊，頓擊於地，大呼曰："男兒窮矣！"餘賊從旁射高，殺之。艾朗見高獨戰，亦還趣賊，并死。暐失馬步走，郭慶追及於高陽，部將巨武執暐，將縛之，暐曰："汝何小人，敢縛天子！"武曰："我梁山巨武，受詔縛賊，何謂天子邪！"遂送暐於堅。堅詰其不降而走之狀，暐曰："狐死首丘，欲歸死於先人墳墓耳。"堅哀而赦之，令還宮，率文武出降。郭慶進至龍城，太傅上庸王評奔高句驪，高句驪執評，送於秦。宜都王桓殺鎮東將軍渤海王亮，并其衆，奔遼東。遼東太守韓稠，先已降秦，桓至，不得入，攻之，不克。郭慶遣將軍朱嶷擊之，桓棄衆單走，嶷獲而殺之。諸州牧守及六夷渠帥盡降於秦。十二月，堅入鄴宮，升正陽殿。徙暐及后妃、王公以下并鮮卑四萬餘户於長安，封暐新興郡侯，邑五千户，尋拜尚書。堅征臺城，以暐爲平南將軍、別部都督。淮南之敗，隨堅還長安。既而吳王垂攻苻丕於鄴，中山王沖起兵關中，暐謀殺堅以應之，事發，爲堅所誅。先是，暐之六年二月丙子，月奄熒惑在參，占曰："參魏地，灾當在燕。"至是而暐滅，時年三十五，在位十一年。及德僭稱尊號，僞謚幽皇帝。始厪以晉武帝太康六年,歲在乙巳,稱公。至暐四世,晉海西公太和五年歲在庚午滅,凡八十五年。

頁一正至十五正

屠本《十六國春秋》卷第三十《前燕録八》節録

慕容翰

　　慕容翰字元邕,廆之庶長子也。性雄豪,多權略,猨臂善射,膂力過人。廆甚奇之,委以折衝之任。所在征伐,屢立戰功,威聲大振,遠近憚之。爲建威將軍,鎮遼東,高句驪不敢爲寇。尤善撫接,愛儒學,自士大夫至於卒伍,莫不樂而從焉。爲皝所深忌,及廆死,翰乃歎曰:"吾受事於先公,不敢不盡力,幸賴先公之靈,所向有功,此乃天贊吾國,非人力也。而人謂吾之所辦,以爲雄才難制,吾豈可坐而待禍邪!"遂與其子出奔段遼。遼素聞其才,冀收其用,深加愛敬。

　　柳城之戰,段蘭欲乘勝深入,翰慮成本國之害,詭説於蘭曰:"夫爲將當務慎重,審己量敵,若非萬全不可輕動。今雖挫其前鋒,〔一作偏師。〕未能屈其大勢。皝多權詐,好爲潛伏,若悉國中之衆自將以拒我,我懸軍深入,衆寡不敵,此危道也。且受命之日,正求此捷;若違命貪進,萬一取敗,功名俱喪,何以返命!"蘭曰:"此已成擒,無有歸理,卿正慮遂滅卿國耳!今千年在東,若進而得志,吾將迎之以爲國嗣,終不負卿,使宗廟不祀也。"翰曰:"吾投身相依,無復還理;國之存亡,於我何有!但欲爲大國之計,且相爲惜功名耳。"乃命所部欲獨還,蘭遂不進。

　　後石虎征遼,皝親帥三軍攻掠令支以北諸城,遼議欲追之,翰知皝躬自總戎,戰必克勝,乃謂遼曰:"今趙兵南至,方對大敵,當併力禦之;而更與燕鬥,不宜以小小爲事。燕王自將而來,其士馬精銳，且兵者凶器，戰者危慮，萬一失利，將何以禦南敵乎！"蘭怒曰：
"吾前聽卿詭説，致成今日之患，吾不復憧卿計中矣。"乃悉將見衆
追之。皝設伏以俟，蘭果大敗。翰雖處仇國，因事立忠，皆此類也。
蘭既敗還，不敢出戰，遼遂帥妻子、宗族、豪右千餘家，棄令支奔密
雲山。將行，執翰手而泣曰："不用卿言，自取亡敗；我固甘心，令卿
失所，深以爲愧。"翰遂北奔宇文氏。

　　宇文逸豆歸忌翰才名；翰乃陽狂酣飲，或卧自便利，或被髮歌
呼，拜跪乞食。宇文舉國賤之，不復省録，以故得往來自遂，山川形
便，皆默記之。時皝亦以翰初非叛亂，以嫌疑出奔，雖在他國，常潛
爲燕計；乃遣商人王車通市於宇文部以窺翰。翰見車無言，撫膺額
之而已。車還以白皝，曰："翰欲來也。"復使車迎之。翰彎弓三石
餘，矢尤長大，皝爲之造可手弓矢，使車埋於道旁而密告之。翰竊
逸豆歸名馬，携其二子過取弓矢，逃歸。逸豆歸遣勁騎百餘追之。
翰遥謂追者曰："吾既思戀而歸，既得上馬，必無反面。吾向日陽愚
以詭汝，吾之弧矢，汝曹足知否？無爲相逼，徒自取死。"追騎輕之，
直突而前。翰曰："吾處汝國久矣，誓一作恨。不欲殺汝。汝可百步
豎汝刀，吾射中者，汝便宜反；若不中者，可來前也。"追騎解刀豎
之，翰一發便中刀鐶，追騎乃散。

　　既至，皝甚加禮遇。仍署建威將軍，乃言於皝曰："宇文強盛日
久，屢爲國患。今逸豆歸篡竊得國，群情不附；加之性識庸暗，將帥
非才，國無防衛，軍無部伍。臣久在其國，悉其地形；雖遠附强羯，
聲勢不接，無益救援；今若擊之，百舉百克。然高句驪去國密邇，常
有闚覦之志；彼知宇文既亡，禍將及己，必乘虛深入，掩吾不備。若
少留兵則不足以守，多留兵則不足以行。此心腹之患也，宜先除
之；觀其勢力，一舉可克。宇文自守之虜，必不能遠來争利。既取
句驪，還取宇文，如返手耳。二國既平，利盡東海，國富兵强，無返

顧之憂,然後中原乃可圖也。”皝曰:“善!”遂將兵擊高句驪。句驪
有二道,北道平闊,南道嶮狹,衆欲從北道。翰曰:“虜以常情料之,
必謂大軍從北道,當重北而輕南。王宜帥鋭兵從南道擊之,出其不
意,丸都不足取也。別遣偏師出北道;縱有蹉跌,其腹心已潰,四支
無能爲也。”皝從之,自將勁兵四萬出南道,乃以翰爲前鋒,高句驪
自將弱卒以禦翰軍。戰於木底,遂大敗之,因引而還。

　　會宇文逸豆歸遣其相莫淺渾將兵來寇,皝復使翰出擊破之,渾
僅以身免,盡俘其衆。後皝自將伐逸豆歸,以翰爲前鋒,歸遣涉夜
干將兵逆戰,皝遣使謂翰曰:“涉夜干勇冠三軍,宜小避之。”翰曰:
“歸之精鋭已盡於此,今若克之,則歸可不勞兵而滅。夜干雖有虛
名,實易與耳,不宜縱敵以挫兵氣。”進戰,斬之。

　　翰爲流矢所中,卧病積時不出。後疾漸差,於其家中騎馬自
試,或有人告翰稱病而私習騎乘,疑爲非常。皝雖藉翰勇略,然中
心素忌之,遂賜翰死。翰臨死謂使者曰:“翰懷疑出奔,罪不容誅,
不能以骸骨委於賊庭,故歸罪有司。天慈曲愍,不即肆之朝市,今
日之死,亦已晩矣。此句一作翰之生也。但逆胡跨據神州,中原未平,
翰常克心自誓,志吞醜虜,欲爲國家蕩一區夏,上成先王遺旨,下謝
山海之責。此志不遂,没有遺恨,命也奈何!”仰一作飲。藥而死。
翰子鉤爲樂陵太守,與青州刺史朱禿共治厭次。鉤自恃宗室,每陵
侮禿。禿不勝忿,襲鉤,殺之,南奔段龕。

頁三背至八背

慕容仁

　　慕容仁字元愷,小字千年,廆之少子,皝同母弟也。有勇略,屢
立戰功,深得士心。爲征虜將軍,鎮平郭。其季弟昭爲廣武將軍,
亦有才藝,並有寵於廆,皝素不平之。咸和八年夏五年,廆死,仁自

平郭來奔喪,私謂昭曰:"吾等素驕,多無禮於嗣君,嗣君剛嚴,無罪猶可畏,況有罪乎!"昭曰:"吾輩皆體正嫡,於國有分。兄素得士心,我在內未爲所疑,伺其間隙,除之不難。兄趣舉兵以來,我爲內應,事成之日,與我遼東。男子舉事,不克則死,不能效建威偷生異域也。"仁曰:"善!"遂還平郭。閏月,仁舉兵而西。

或以仁、昭之謀告皝,皝未之信,遣使按驗。仁兵已至黃水。一作已至險瀆。知事已露,遂殺使者,還據平郭。皝賜昭死,乃以玄菟太守高詡爲廣武將軍,將兵五千與庶弟建武將軍幼、稚、廣威軍、寧遠汗、司馬佟壽等討仁。戰於汶城北,皝兵大敗,軍士皆没於仁。襄平令王永、前大司農孫機等舉遼東城叛應之,仁自稱車騎將軍、平州刺史、遼東公。段遼及鮮卑諸部皆與仁遥相應援。仁以司馬翟楷領東夷校尉,前平州別駕龐鑒領遼東相。

皝自帥軍討仁,至於襄平,遂攻拔之。翟楷、龐鑒單騎遁走,居就、新昌皆降,仁固守平郭。皝欲悉坑遼東民,高詡諫曰:"遼東之叛,實非本圖,直畏仁凶威,不得不從。今元惡猶存,始克此城,遽加夷滅,則未下之城,無歸善之路矣。"皝乃止。仁又遣兵襲新昌,督護王寓出擊走之。段氏、宇文氏各遣使詣仁,館於平郭城。皝帳下督張英將百餘騎間道潛行掩擊之,斬宇文氏使十餘人,生擒段氏使以歸。

皝復謀討仁,高詡進曰:"仁叛棄君親,人神共怒;前此海未常凍,自仁反已來,連年凍者三矣。且仁專備陸道,天其或者欲使吾乘冰以襲之也。"皝從之。群僚皆言涉冰危事,不若從陸道。皝曰:"吾計已決,敢沮者斬!"乃帥其弟軍師評等自昌黎東踐冰而進,凡三百餘里。至歷林口,舍輜重,輕兵趣平郭。去城七里,候騎以告,仁狼狽出戰。先是,張英之俘二使也,仁恨不窮追;及皝之至,仁以爲復遣偏師輕出寇抄,不虞皝之自來,謂左右曰:"今兹來也,當不

使其匹馬得返矣！”乃悉衆陣於城之西北。廣威軍帥所部降皝，仁
衆沮動，皝因縱擊，大破之。仁敗走，帳下皆叛，遂生擒之。皝先斬
其帳下之叛者，然後賜仁死。丁衡、游毅、孫機等，皆仁所信用也，
執而斬之；王永自殺。幼、稚、佟壽、郭充、翟楷、龐鑒皆東走，幼、稚
中道而還；皝兵追及楷、鑒，殺之；壽、充奔高句驪。自餘吏民爲仁
所詿誤者，皆赦之，遼東遂平。

頁八背至十一正

慕容恪

　　慕容恪字玄恭，皝第四子，高貴人所生也。幼而謹厚，深沉有
大度。高氏無寵，皝未之奇也。年十五，身長八尺七寸，容貌魁傑，
雄毅嚴重，每所言及，輒經綸世務，皝始奇之，授以孫吳兵數。後從
征伐，臨機多奇策。使鎮遼東，恩威甚著。高句驪憚之，不敢爲寇。
皝使恪與儁俱伐扶餘，儁居中指授而已，恪身冒矢石，摧鋒而進，所
向輒潰。

　　皝臨終，謂儁曰：“今中原未一，方建大事，恪智勇俱濟，汝其
任之。”及儁嗣立，彌加親厚，屢立大功。中山之捷，軍令嚴明，秋
毫不犯，但遷其將帥、土豪數千家而已，餘皆安堵如故。冉閔敗執，
恪進屯常山，儁命移鎮中山。元璽三年，封太原王，拜侍中、假節、
大都督、大將軍、録尚書，累遷大司馬。儁寢疾，引恪與司徒評屬以
後事，遂總攝朝政。暐初嗣位，新遭大喪，誅夷狼藉，內外恟懼，恪
舉止如常，人不見其有憂色，每出入往還，一人步從。或説以宜自
嚴備，恪曰：“人情方懼，當安重以静鎮之，奈何復自驚擾，衆將何
仰！”由是人心稍定。

　　恪雖總大任，而朝廷之禮，兢兢嚴謹，每事必與評議之，未嘗專
決。虚心待士，諮詢善道，量才授任，人不踰位。朝廷清肅，進止有

常。罷朝歸第，盡心色養，手不釋卷。官屬、臣僚或有過失，不顯其狀，隨宜他叙，不令失倫，惟以此爲貶；時人以爲大愧，再有小過，自相責曰：“爾復欲望宰公遷官邪！”自是庶僚化德，莫敢犯者。建康初，聞儁死，皆以爲中原可圖。桓溫曰：“慕容恪尚在，所憂方爲大耳。”

後攻洛陽，略地至崤澠，關中大震，軍還乃定。恪爲將不尚威嚴，專用恩信撫御士卒，務綜大要，不爲苛令，使人人得便安。軍士有犯法者，密縱舍之，捕斬賊首以令軍。營平時寬縱，似若可犯，然警備嚴密，敵至莫能近者，故未嘗敗。

恪初有疾，以暐幼弱，政不在己，評性多猜忌，恐大司馬之任不當其人，謂暐兄樂安王臧曰：“今南有遺晉，西有强秦，二寇並懷進取之志，顧我未有隙耳。夫國之廢興，係於輔相。大司馬總統六軍，不可任非其人。若能推才任忠，和同協盟，則四海且不足圖，二寇豈能爲患哉！吾以常才，猥受先帝顧托之命，每欲掃平關隴，蕩一甌吳，庶嗣成先帝遺志，謝憂責於當年。而疾固彌留，恐此志不遂，所以没有餘恨也。吾死之後，若以親疏次第言之，大司馬之任不以授汝，當以授沖。汝曹雖才識明敏，然皆年少，未堪多難。吳王天資英傑，經略超世，汝曹若能推以授之，必能混一四海，區區外寇，不足憚也；慎無冒利忘害，不以國家爲意也。”又以語評。月餘，疾篤，暐親視之，問以後事。恪曰：“臣聞報恩莫大於薦賢，賢者雖在板築，猶可爲相，況國之懿藩！吳王文武兼資，管、蕭之亞，陛下若任之以大政，國其可安；不然，秦、晉必有閱闕之計。”言終而卒。國中皆痛惜之，追諡曰桓王。

文明段氏

皝后段氏，鮮卑人，本單于段國之女也。初進爲夫人，晉咸康初，皝即王位，册拜爲王后。及儁稱尊，追謚曰文明皇后，配饗於太祖。後垂僭立，尊生母蘭氏爲文昭皇后；欲遷段氏於別室，而以蘭氏配饗。詔百官議之，皆以爲當然。博士劉詳、董謐議以爲："堯母爲帝嚳妃，位次第三，不以貴陵姜源，明聖王之道，以至公爲先；文昭后宜立別廟。"垂怒，逼之，詳、謐曰："上所欲爲，無問於臣。臣按經奉禮，不敢有二。"垂乃不復問諸儒，卒遷段后，而以蘭氏配饗太祖。

頁十四正至十四背

景昭可足渾氏

儁后可足渾氏，尚書令豫章公翼之從姊也。儁元璽二年，立爲皇后。暐嗣位，尊爲皇太后。頗預朝政，性尤猜忌。垂爲吳王，威名素著，太后甚忌之。其妃段氏，自以貴姓，不尊事太后，太后銜憾，誣以巫蠱拷掠致死。事具《段氏傳》。及垂枋頭之捷，威名益著。太后愈不平之，遂與太傅評密謀誅垂，垂懼奔秦。俄而太后卒，追謚曰景昭皇后，配饗於烈祖。及垂即僞位，以可足渾氏謀傾社稷，不宜從祀，乃尊昭儀段氏爲景德皇后，配饗烈祖，而追廢可足渾后。

頁十四背至十五正

屠本《十六國春秋》卷第三十一《前燕録九》

裴嶷子開

裴嶷字文冀，河東聞喜人也。父昶，晉司隸校尉。嶷清方有才幹，器略魁偉，累遷中書侍郎，轉給事黃門郎、滎陽太守。屬天下亂，嶷兄武先爲玄菟太守，嶷遂求爲昌黎太守。至郡，久之，武卒，嶷被徵，乃將武子開以喪俱南。過廆，廆敬禮之，及去，厚加資送。行達遼西，道路梗塞，嶷欲北還就廆。開曰："鄉里在南，奈何北行！"且等爲流寓，今段氏强，慕容氏弱，何必去此而就彼也！"嶷曰："中國喪亂，今往就之，是相率而入虎口也。且道路遼遠，何由可達！若俟其清通，又非歲月可冀。今欲求托足之地，豈可不慎擇其人。汝觀諸段，豈有遠略，且能待國士乎！慕容公修仁行義，有伯王之志，加以國富民安，今往從之，高可以立功名，下可以庇宗族，汝何疑焉！"開從之，乃與投廆。既至，廆大喜。時諸流寓之士見廆草創，並懷去就。嶷首定名分，爲群士啓行。廆甚悦之，以爲長史，委以軍國之謀。

嶷言於廆曰："晉室衰微，介居江表，中原之亂，非明公不能拯也。今諸部雖各擁兵，然皆頑愚相聚，宜以漸并取，爲西討之資。"廆深善之。

及悉獨官寇逼城下，外内騷動，廆問計於嶷，嶷曰："悉獨官雖擁大衆，軍無號令，衆無部陣，若簡精兵乘其無備，坐成擒耳。"廆以爲然，遂陷寇營，威德甚振，遣使獻捷於建康，妙簡行人，令嶷將命。

初，朝廷以廆僻在荒遠，猶以邊裔之豪處之。嶷既使至，盛言廆之威略，四海英賢並爲其用，朝廷始重之。嶷將還，帝欲留嶷，謂嶷曰："卿中朝名臣，當留江東，朕別詔龍驤送卿家屬。"嶷辭曰："臣少蒙國恩，出入省闈，因事遠寄，投迹遐荒。今遭開泰，得睹朝廷，復賜恩詔，侍奉輦轂，於臣之私，實爲厚幸。但以舊京淪没，山陵穿毁，名臣宿將，莫能雪耻，獨慕容龍驤越在遐表，竭忠王室，慷慨之誠，義感天地，方掃平中壤，奉迎皇輿，故遣使臣，萬里歸誠。今若留臣不返，必謂朝廷以其僻陋而棄之，孤其向義之心，使懈體於討賊，此微臣之所甚惜，區區忘身爲國，貪還返命耳。"帝曰："卿言是也。”乃遣巍還。廆後謂群僚曰：“裴長史名重中朝，而降屈於此，豈非天以授孤也。”遷爲遼東相，轉樂浪太守。

武子開字士先，與巍同歸，仕廆任爲車騎司馬，才略深遠，屢進奇策於廆，事多納用，尋轉軍諮祭酒。

頁一正至三正

游邃

游邃廣平人也，與逢羨、宋奭，皆嘗爲昌黎太守，中國喪亂，遂與黄泓俱避地於薊，後歸仕廆，爲龍驤長史，創定朝儀。初，王浚屢以手書召其兄暢，暢欲赴之，邃曰：“彭祖刑政不修，華、戎離叛，以邃度之，必不能久，兄且盤桓以俟之耳。”暢曰：“彭祖忍而多疑，頃者流民北來，命所在殺之。今手書殷勤，我稽留不往，將累及卿。且亂世宗族宜分，以冀遺種。”邃從之。暢竟歸浚，與浚俱没於石勒，邃子泓仕爲居就令。

頁三正至三背

高瞻子開 商

高瞻字子前，渤海蓨人也。少而英爽有俊才，身長八尺二寸。光熙中，調補尚書郎。永嘉之亂，還鄉里，乃與父老議曰：“今皇綱不振，兵革雲擾，此郡沃壤，憑固河海，若兵荒歲儉，必爲寇庭，非圖安之所。王彭祖先在幽薊，據燕代之資，兵强國富，可以託也。諸君以爲何如？”衆咸稱善。遂與叔父隱率數千家北徙幽州。既而以王浚政令無恒，乃北依崔毖，隨毖如遼東。

毖與三國密謀伐廆，瞻固諫以爲不可，毖不從。及毖奔敗，瞻隨衆降廆。廆署爲將軍，瞻稱疾不赴。廆敬其姿器，數臨候之，撫其心曰：“君之疾在此，不在他也。今晉室喪亂，天子播越，四海分崩，蒼生紛擾，莫知所係，孤欲與諸君匡復帝室，翦鯨豕於二京，迎天子於吳會，廓清八表，侔勳古烈，此孤之心也，孤之願也。君中州望族，冠冕之餘，宜痛心疾首，枕戈待旦，以同斯願。奈何以華夷之異，介然疏之哉！且大禹出於西羌，文王生於東夷，立功立事惟問志略何如耳，豈以殊俗不可降心乎！”瞻仍辭疾篤不起，廆頗不平。又與龍驤主簿宋該有隙，該陰勸廆除之。廆不從，瞻聞其言，彌不自安，遂以憂卒。

瞻長子開，仕儁爲昌黎太守，時土豪封放與趙故太尉劉準聚衆自守，不附於儁。儁遣開討之，開至渤海，準、放迎降，遂署爲幕府參軍。從太原王恪征冉閔於襄國，恪皆騎兵，而閔多步卒。開說恪以誘致平地擊之，閔遂敗走，開被重創而卒。

開弟商剛毅嚴重，好學有事幹，爲儁范陽太守。聞兄開戰没，悲哭歐血，病不能起，扶杖乃行。儁召見之，商涕泣不勝，儁顧謂左右曰：“自古友于之愛，未有如商者也。”即日拜昌黎太守。商泣辭曰：“臣兄亡於此郡，臣故不忍爲之。”儁愍而改授遼西。

頁四正至五背

劉瓚一作讚

劉瓚字彥真，平原人也，經學該通，爲世純儒，性甚清貞，非禮不動。弟子從之受業者常數百餘人。廆重其德學，引爲東庠祭酒，使太子皝師事之。

頁五背至六正

陽裕

陽裕字士倫，右北平無終人也。少孤，兄弟皆早亡，單煢獨立，雖宗族無能識者，惟叔父耽幼而奇之，曰：“此兒非惟吾門之標秀，乃佐時之良器也。”刺史和演辟爲主簿。王浚領州，轉治中從事，忌而不能任。

石勒克薊城，問棗嵩曰：“幽州人士，誰最可者？”嵩曰：“燕國劉翰，德素長者。北平陽裕，幹事之方。”勒曰：“若如君言，王公何以不任？”嵩曰：“王公由不能任，所以爲明公擒耳。”勒方欲任之，裕乃微服潛遁令支。

時鮮卑單于段疾陸眷爲晉驃騎大將軍、遼西公，雅好人物，虛心延裕。裕謂友人成泮曰：“仲尼喜佛肸之召，以匏瓜自喻，伊尹亦稱何事非君，何使非民，聖賢尚如此，況吾曹乎！眷今召吾，豈徒然哉！”泮曰：“今華夏分崩，九州幅裂，軌迹所及，易水而已。欲偃蹇考槃，以待通者，俟河之清也。人壽幾何？古人以爲白駒之歎。少游有云，郡掾足以蔭後，況國相乎！卿追蹤伊孔，抑亦知幾其神也。”裕乃應之。拜郎中令、中軍將軍，處上卿位。歷事段氏五主，甚見親重。

其後段遼與號相攻，裕諫曰：“臣聞親仁善鄰，國之寶也。慕容與國世爲婚媾，且號令德之主，不宜連兵構怨，凋殘百姓。臣恐禍害之興，將由於此。願兩追前失，通好〔一作款〕。如初，使國家有泰山之安，蒼生蒙息肩之惠。”遼不從。出爲燕郡太守、北平相。及石虎攻遼，長驅入薊，裕帥其民數千家登燕山以自固。諸將恐其爲後患，急欲攻之。虎曰：“裕儒生，矜惜名節，恥於迎降耳，無能爲也。”遂過之。既克令支，裕詣軍門降，虎讓之曰：“卿昔爲奴虜走，今爲士人來，豈識知天命，將逃遁無地邪？”對曰：“臣昔事王公，不能匡濟；逃於段氏，復不能全。今陛下天網高張，羅絡〔一作籠絡〕。四海，幽、薊豪傑莫不向風，如臣比肩，無所獨愧。生死之命，惟陛下制之！”虎悦其言，即拜北平太守，徵爲尚書左丞。

段遼之請迎於虎也，裕以左丞〔一多相字〕。爲征東將軍麻秋司馬。

秋敗，裕爲銑軍所執，送之於銑。銑素聞裕名，命釋其囚，拜郎中令，遷大將軍左司馬。東破高句驪，北滅宇文歸，皆預其謀，銑甚器重之。及遷都龍城，一作和龍。裕雅有巧思，所制城池宮閣，皆裕爲之規模。裕既仕銑日近，寵秩在舊人之右，性謙恭清儉，剛簡慈篤，雖歷居朝端，有若布衣。士大夫流亡羈絶者，莫不經營收葬，存恤孤遺，士無賢不肖皆傾身待之，是以所在推仰。

初，范陽盧諶每稱之曰：“吾及晉之清平，歷觀朝士多矣，忠清簡毅，篤信義烈，如陽士倫者，實亦未幾也。”及死，銑甚悼之，比葬三臨，時年六十一。

頁六正至八背

陽鶩

陽鶩，字士秋，右北平無終人也。其父耽，清直沈敏，仕爲遼西太守，慕容翰攻段氏於陽樂，破而獲之，廆甚敬禮，用爲謀主，官至東夷校尉。母李氏，博學，有母儀，銑常升堂拜之。鶩少清素好學，器識沉遠。起家爲平州別駕，屢獻安時强國之策，事多聽用，廆甚奇之。

及銑即位，遷左長史。東西征伐，參謀帷幄，封建寧公。銑臨終謂儁曰：“陽士秋士行高潔，忠幹貞固，可託大事，汝善待之。”儁將圖中原，鶩制勝之功亞於太原王恪。

暐既嗣，立申以師傅之禮，親遇日隆。及爲太尉，慨然而歎曰：“昔常林、徐邈先代名臣，猶以鼎足任重而終辭三事。以吾虛薄，何德以堪之！”固求罷職，辭甚懇至，暐優容不許。

鶩歷事四朝，年耆望重，自太原王恪以下皆禮拜之。而鶩謙恭謹厚，過於少時；戒束子孫，雖朱紫羅列，無敢違犯其法度者。性尤儉約，好施無倦，位爲台保，爵爲郡公，常乘弊車瘠牛，卒無殯財，人士莫不痛惜之，諡曰敬。其子瑶，秦苻堅時，王猛薦爲著作佐郎，尋歷顯官。

頁八背至九背

封奕

　　封奕字子專，渤海蓨人也。其祖釋，仕晉東夷校尉。遼東附塞，鮮卑素喜連等入邊爲寇，攻掠郡縣，釋不能討，廆擊斬之，遂平遼東。會釋疾病，奕時尚幼，乃以屬之於廆。釋卒，廆召奕與語，悦之，曰："奇士也！"補小郡督。釋子冀州主簿悛、幽州參軍抽咸來奔喪。廆見之曰："此家拡拡千斤犍也。"以道不通，喪不得還，皆留仕廆，廆以抽爲長史，悛爲參軍。未幾，復以奕爲軍諮祭酒，軍國機要悉以委之。

　　皝既嗣位，其弟仁東據平郭以叛。遼東郡縣多懷疑二，皝遣奕慰撫之，道路梗塞，奕乃引還。因討鮮卑木堤於白狼，克之。段遼入寇，柳城守將不能自固，奕率衆救之。城垂没，奕整陣力戰，賴以得全。遷右司馬，尋擊宇文逸豆歸，大獲而還，其別部大人皆下之，進鎮軍左長史。遂與諸將佐勸皝稱燕王，奕進位相國，封武平侯，討平冉閔。在相位十五年，政務之暇，留心講論，接引後進。如若不及，喜怒不形於色。

　　儁即帝位，進爲太尉，領中書監，復十餘年，遂爲定策元勳。及暐之世，欲徙龍城，宗廟社稷及所留百官家屬，必得耆德大臣迎之。乃遣奕與侍中慕輿龍往迎。既至，暐親率群臣謁於道左。奕以暐建熙六年卒，諡曰匡公。

頁九背至十一正

宋該

宋該字弘宣，一作宜弘。平原人也，與同郡劉翔、杜群先依王浚，又依段氏，皆以爲不足託，帥諸流寓同歸於廆，廆舉爲龍驤主簿，轉右長史。廆初爲車騎，該等以廆立功一隅，位卑任重，等差無別，不足以鎮華夷，共表請進廆官爵，朝廷不許。一作朝議未定。

會皝嗣立，乃讌群臣於承乾殿。以該性貪，故賜布百餘匹，令自負而歸，重不能勝，乃至僵頓，以愧辱之。後遷遼東內史，得侍郎韓偏賄賂，舉爲孝廉，皝下令曰：“夫孝廉者，道德沉敏，貢之王庭，偏往助叛徒，迷固之罪，至王威臨討，憑城醜詈，此則悖一作勃。逆之甚者也，奈何舉之？ 剖符於朝，何所取信？ 該下吏可正四歲刑。偏行財祈進，虧亂王典，可免官禁錮終身。

頁十一正至十一背

韓恒一作常

韓恒字景山，灌津人也。《紀事本末》作安平人。父默，以學行顯名。恒年十歲，能屬文，師事同郡張載，載奇之，曰：“王佐才也。”身長八尺一寸，博覽經籍，無所不通。

永嘉之亂，避地遼東。依於崔毖，廆既逐毖，恒隨俘虜徙於棘城，召見與語，悅之，拜參軍事。咸和中，宋該等建議表請廆爲大將軍、燕王之號。廆將許之，命郡僚博議，咸以爲宜如該議。恒駁曰：“自群胡乘間，人嬰荼毒，諸夏蕭條，無復綱紀。明公忠武篤敬，一作篤誠。憂勤社稷，抗節孤危之中，建功萬里之外，終古勤王之義，未之有也。夫立功者患信義不著，不患名位不高，故桓文有寧復一匡之功，亦不先求禮命以令諸侯。今宜繕甲兵，候機會，除群兇，清四海，功成之後，九錫自至。且要君以求寵爵者，非爲臣之義也。”廆頗不平之，出爲新昌令。

　　及虓爲鎮軍,復參軍事。遷營丘太守,政化大行。儁爲大將軍,徵拜諮議參軍,尋加揚烈將軍。

　　儁既僭號,將定五行次,衆論紛紜。恒時疾在龍城,乃召決之。恒未至而群議以爲燕宜承晉爲水德。既而恒至,言於儁曰:"趙有中原,非惟人事,天所命也。天實與之,而人奪之,臣竊謂不可。且大燕王迹始自於震,於《易》,震爲青龍。受命之初,有龍見於都邑城,龍爲木德,幽契之符也。"儁初雖難改,後終從恒議。秘書監聶熊聞恒言,歎曰:"不有君子,國何以興,其韓令君之謂乎!"後與李産俱傅東宫,從太子曄入朝,儁顧謂左右曰:"此二傅一代偉人,未易繼也。"其見重如此。恒初無傳,乃見夢於予,故遂紀之。

頁十一背至十三正

鮮于亮

　　鮮于亮,范陽人也。初仕石虎爲別將,與麻秋帥衆迎段遼。太原王恪擊敗之,亮失馬,步緣山不能進,因止,端坐;恪兵環之,叱令起。亮曰:"身是貴人,義不爲小人所屈;汝曹能殺亟殺,不能則去!"亮儀觀豐偉,聲氣壯厲,燕兵憚之,不敢殺,乃以白虓。虓使人以馬迎之,與語,大悦,拜爲左常侍,以崔逞之女妻之。

　　後虓自率大衆征高句驪,亮言於虓曰:"臣以俘虜蒙王國士之恩,不可以不報;今日是臣死日也,願效死前驅。"遂與數十騎先犯高句驪陣,所向摧潰。儁既嗣立,復以亮爲前鋒將軍伐趙,攻拔薊城,陷陣先登,威名顯著。以功遷揚威將軍,歷章武、齊郡二郡太守。

頁十三正至十四正

高詡

高詡，遼東人，永嘉之亂，避地隱居。建武初，廆自稱大單于，詡乃杖策見之曰："霸王之資，非義不濟。今晉室雖微，人心猶附，宜遣使江東，示有所尊，然後杖大義以征諸部，誰敢不從，此霸王之資也。"廆善之，拜爲郎中令。皝嗣立，遷玄菟太守，以平征虜仁功，封爲汝陰侯，轉左長史。

詡善天文，皝常謂之曰："卿有佳書而不見與，何以爲忠盡！"詡曰："臣聞人君執要，人臣執職。執要者逸，執職者勞。是以后稷播種，堯不與焉。占候、天文，晨夜甚苦，非至尊之所宜親，殿下將焉用之也！"皝默然。及謀伐宇文逸豆歸，詡乃進曰："宇文强盛，今不取，必爲國患，伐之必克；然不利於將。"出而告人曰："吾往必不返，然忠臣不避也。"將發，不見其妻，使人語以家事而行。逸豆歸果大敗，身爲流矢所中卒。

頁十四正至十五正

乙逸

乙逸，平原人也，仕爲東夷護軍。慕容仁之叛，逸棄城奔還，轉玄菟太守。儁建留臺於龍都，遷尚書，專委留務。尋遷幽州刺史，被徵爲左光禄大夫。夫婦共載鹿車，逸子璋隨從常數十騎，服飾甚麗，奉迎於道左。逸大怒，閉車不與言，到城乃深責之，璋猶不悛。逸常憂其必敗，而璋更被擢用，頻歷顯位至中書令、御史中丞。逸乃歎曰："吾少自修立，克己守道，僅能免罪。璋不治節儉，專爲奢縱，而更居清要，此豈惟璋之忝幸，實時世之陵夷也。"

頁十五正至十五背

鞠殷

鞠殷，樂浪太守彭之子也。彭初守樂浪，趙石虎來伐，境内多叛應之。彭選壯士數百，固守棘城，城得不没。趙兵既退，大加賞賜。殷仕儁爲尚書左丞，太原王恪克廣固，遷殷爲東萊太守。彭時爲大長秋，以書戒殷曰："王彌、曹嶷必有子孫，汝善招撫，勿尋舊怨以長亂源。"殷推求彌從子立巖、孫嚴於中山，請與相見，深結意分。彭復遣使遺以車馬、衣服，郡民大安。

頁十五背至十六正

張鴻

張鴻，范陽人也。仕皝爲黄門郎，甚寵愛之。鴻頤下忽生鬚三根，長寸餘。皝由是不悦，乃遣出宫，使看鵝鴨。

頁十六正

侯青

侯青，武邑人也，一云朝那人。仕儁將作大匠、屯騎校尉。機巧有算略，驍勇善騎射，每從征伐，先登陷陣，儁常擬之張飛。

頁十六正至十六背

韓宰

韓宰，昌黎人也。仕儁爲謁者僕射、揚威將軍。子眪一作景。降於魏。

頁十六背

張怖

張怖字文祖，清河武城人也，爲燕豫州刺史。怖少孤貧，隨母長於舅氏，令其牧牛。怖幼而好學，事母以孝聞。每日必於牧牛之暇採樵二束、菜二本，一以供母，一以顧人書。晝則折木葉學書，夜則以所書者讀之。

頁十六背至十七正

成公都

成公都，晉興元吳人也。都驍猛有勇力，陽勇之戰，陽勇疑誤。年十八，橫矛大呼，賊不敢當。獨步當時，擬之方叔。論者咸曰："當求之於古，造次無其比也。"

頁十七正

屠本《十六國春秋》卷第三十二《前燕録十》

李産績

李産字子喬，范陽人也。少剛毅，有志格。永嘉之亂，豫州刺史同郡祖逖素好從橫，擁部衆於南土，力能自固，産往依之。會逖卒，其弟約領逖之衆，無綏御之才，不爲士卒所附。産見約志趨異，常謂所親曰："吾以北方鼎沸，故遠來就此，冀全宗族。今觀約所爲，有不可測之志。吾託名姻親，當早自爲計，無事復陷身於不義也。爾曹不可以目前之利而忘久長之策。"乃率子弟十數人間行還鄉里，仕於石氏，爲本郡太守。

及儁南征，前鋒達郡界，鄉人皆勸産降，産曰："夫受人之禄，當同受安危，今若捨此即以圖存，義士將謂我何！"城潰，始詣軍門請降。儁嘲之曰："卿受石氏寵任，衣錦本鄉，何故不能立功於時，而反委質乎！烈士處身，固如是邪？"

産泣曰："誠知天命有歸，非微臣所抗。犬馬爲主，豈忘自效，但以孤窮勢蹙，致力無術，僶俛歸死，實非誠款。"儁嘉其慷慨，顧謂左右曰：“此真長者。”乃擢用之，歷位尚書。性剛正，好直言，每至進見，未嘗不論朝政之得失，同輩咸敬憚之，儁亦重其儒雅。前後固辭年老，不堪理劇，轉太子太傅。謂子績曰：“以吾之才而致於此，始者之願亦已過矣，不可復以西夕之年取笑於來今也。”固辭而歸，死於家。

產子績字伯陽，少以風節知名，清辯有辭理，弱冠爲郡功曹。時石虎親征段遼，師次范陽，百姓飢儉，軍供有闕。虎大怒，太守惶怖避匿。績曰：“郡帶北裔，與寇接壤，疆場之間，人懷危慮。聞輿駕親戎，將除殘賊，雖嬰兒白首，咸思效命，非唯爲國，亦自求寧，即使身膏草野，猶甘爲之，敢有私吝而闕軍實！但比年災儉，家有菜色，困敝力屈，無所取濟，遘廢之罪，情在可矜。”虎見績年少有壯節，嘉而恕之，太守獲免。

幽州刺史王午辟爲主簿。及儁之南征，績隨午奔魯口。鄧恒謂午曰：“績鄉里在北，父已降燕，今雖在此，終不爲用，方爲人患。”午曰：“績於喪亂之中捐家立義，情節之重，雖古烈士，無以過也。乃以猜嫌害之，竊恐燕趙之士聞之，謂我直相聚爲盜耳。了無意識，衆情一散，不可復集，坐自屠潰也。”恒乃止午，猶恐諸將不與己同心，或致非意，乃資遣之。績始辭午，往見儁，儁讓之曰：“卿不識天命，棄朕邀名，今日乃始來邪？”績曰：“臣聞豫讓報智伯仇，稱於前史。既官身所在，何事非君！陛下方弘唐虞之化，臣實未謂歸順之晚也。”儁曰：“此亦事主之一節耳。”拜太子中庶子，尋遷司徒長史，與儁談論東宮，詞甚切直。暐時侍側，甚不平之。

及即位，太宰恪欲以績爲尚書右僕射，暐追憾績往言，不許。恪屢請之，暐乃謂恪曰：“萬機之事委之叔父，伯陽一人，暐請獨裁。”遂出爲章武太守，以憂死。

黃泓

黃泓字始長，廬江人也。《晉書》作魏郡斥丘人。父沉，善天文秘術。泓從父受業，精妙渝深，兼博覽經史，尤明《禮》《易》。性甚忠勤，非禮不動。永嘉之亂，與渤海高瞻避地於薊，一作幽州。說瞻曰："王浚昏虐，終必無成，宜思去就，以圖久安。慕容廆法政修明，虛懷引納，且讖言真人出東北，倘或是乎？宜相與歸之，同建事業。"瞻不從，泓乃率宗族歸廆。廆待以客禮，引爲參軍，軍國之務動輒咨之。泓止說成敗，事皆如言。廆常曰："黃參軍，國之仲翔也。"

及皝嗣位，遷左常侍，領史官，甚見親重。石虎率衆來攻，皝將走遼東。泓曰："賊有敗氣，可無憂也。不過二日，必當奔潰，宜嚴勒士馬爲追擊之備。"皝曰："今寇盛如此，卿言必走，孤未敢信。"泓曰："殿下言盛者，人事耳。臣言必走者，天時也。胡走無疑。"及期果退，皝益奇之。

儁即王位，遷從事中郎。冉閔之亂，儁欲謀取中郎，訪之於泓，泓勸儁行，儁從之。及僭僞號，署爲進謀將軍、太史令、關內侯，尋加奉車都尉、西海太守，領太史令、開陽亭侯，進封平舒縣五等伯。常從左右，諮決大事。靈臺令許敦害其寵，諸事上庸王評，設異議以毀之，乃以泓爲太史靈臺諸署統，加給事中。泓待敦彌厚，不以毀已易心。暐敗，以老歸家，歎曰："燕必中興，其在吳矣。一作吳人。恨吾年過，不及見耳。"年九十七卒，後三年，吳王垂果以興焉。

頁三背至五正

賈堅

賈堅字世固，渤海人也。少尚氣節，彎弓三石餘，仕趙殿中督。趙亡，乃棄冉閔還鄉里，擁部曲數千家以自固。上庸王評狗渤海，遣使招之，堅終不降。評與戰，擒之。儁愛其才，赦而勿殺。時年六十餘,太原王恪聞其善射,故親試之。乃取一牛置百步上,召堅使射,曰:"能中之乎?"堅曰:"少壯之時,能令不中。今老矣,正可中之。"恪大笑。乃射發一矢,拂脊再一矢,磨腹皆附膚,落毛上下如一。恪曰:"能復中乎?"堅曰:"所貴者以不中爲奇,中之何難?"一發中之,觀者咸服其妙。

　　僭署爲樂陵太守,治涪城。尋遷太山太守,屯山茌。晉將荀羨引兵擊之,堅所將纔七百餘人,羨兵十倍於堅。堅將出戰,諸將皆曰:"衆少不敵,不如固守。"堅曰:"固守亦不能免,不如戰也。"遂出戰,身先士卒,殺羨兵十餘人,復還入城,羨兵圍之。堅歎曰:"吾自結髮立功名而每值窮阨,豈非天乎?與其屈辱而生,不若守節而死。"乃謂諸將曰:"今危困至此,計無所設,卿等可去,吾將止死。"將士皆泣曰:"府君不出,衆亦俱死耳!"乃扶堅上馬。堅曰:"我如欲逃,必不相遣。今當爲卿曹,決鬥若勢不能支,卿等可趣去,勿復顧我也!"乃開門直出,羨兵四集,堅立馬橋上,左右射之,皆應弦而倒。羨兵衆多,從堙下斫橋,橋斷,人馬俱陷,生擒之,遂失山茌。羨謂堅曰:"君父祖世爲晉臣,奈何背本不降?"堅曰:"晉自棄中華,非吾叛也。民既無主,強則附之,一作强則托命。既已事人,安可改節?吾束脩自立,涉趙歷燕,未嘗易志,君何忽忽相謂降乎?"羨復責之,堅罵曰:"豎子兒女御乃公!"羨怒,執置雨中。數日不食,憤憾而卒。子活復爲任城太守。

頁五正至六背

慕輿根

　　慕輿根,檀盧城大人也。善騎射,嘗從皝行獵,有一野羊立於懸崖之上,皝命左右射之,莫有中者。根乃自募射,一發而中。皝甚奇之,署帳下折衝將軍,屢進奇略。僬嗣位,轉廣威將軍,敗鄧恒於魯口，斬蘇林於中山。所在立功，歷殿中領軍將軍。

傷卒，受遺輔暐，進位太師，副贊朝政。根性木強，自恃先朝勳舊，舉動倨傲，心不服恪，潛欲爲亂。乃言於恪曰：“今主上幼沖，母后干政。殿下宜慮楊駿、諸葛元遜之變，思有以自全。且定天下者，殿下之功也！兄亡弟及，古今成法。俟畢山陵，可廢主上爲王，殿下自踐尊位以建大燕，無窮之福。”恪曰：“公醉邪？何言之悖也！吾與公受先帝遺詔，云何而遽有此議？昔曹臧、吳札並於家難之際，猶曰：‘爲君非吾節。’況今儲君嗣統，四海無虞。宰輔受遺，奈何更有私議，公忘先帝之言邪？”根大愧懼，辭謝而退。恪以告吳王垂，垂勸恪殺之。恪曰：“今新遭大喪，二鄰伺隙，山陵未建，宰輔自相誅夷，恐乖遠近之望，且可忍之。”秘書監皇甫真言於恪曰：“根本庸豎，過蒙先帝厚恩，引參顧命。而小人無識，自國哀已來，驕狠日甚，將成禍亂。明公今日居周公之地，當爲社稷深謀，早爲之所。”恪亦不聽，根遂與武衛將軍慕輿干潛謀誅恪及評，因而篡立。入白太后及暐曰：“太宰、太傅將謀不軌，臣請帥禁兵誅之，以安社稷。”太后將從之，暐曰：“二公國之戚穆，先帝選之託以孤，嫂必不肯。爾安知非太師欲爲亂也？”乃止。根又思戀東土，言於太后及暐曰：“今天下蕭條，外寇非一，國大憂深，不如東還。”暐亦不納。於是反形漸露，恪聞之，遂與太傅評密奏根罪狀。根乃伏誅，并其妻子皆梟首東市。

頁六背至八背

李洪

李洪，平陽人也。初帥流民入定陵，未幾衆至數千，壁於舞陽，受王浚假署爲雍州刺史。後歸覬，仕爲大理歷内史、右司馬。石虎攻棘城，洪弟普以爲棘城必敗，勸洪出避禍。洪曰：“天道幽遠，人事難知,且當委任,勿輕動以取悔。"普固請不已,洪曰:"卿意見明,審者當自行之。吾受慕容氏大恩,義無去就,當效死於此耳!"與普流涕而訣。普遂降於虎,從虎南歸,死於喪亂。洪由是以忠篤著名。從儁攻鄧恒於魯口,出屯高冢。慕輿根擊恒部將鹿勃、早洪、徐整,騎隊助之,俘斬甚衆。暐立,轉龍驤將軍,略地河南,拔許昌、汝南、陳郡,徙萬餘户而還。進位司空,王猛克鄴,隨暐入長安,拜駙馬都尉、奉朝請,卒。

頁八背至九正

悦綰

悦綰,樢盧城大人也,初仕皝爲司馬。石虎入寇,遣征北張舉襲凡城。皝以綰爲禦難將軍,授兵一千以守之。及趙兵至,將吏皆恐,欲棄城走。綰曰:"受命禦寇,生死以之。且憑城堅守,一可敵百,敢妄言惑衆者斬!"衆然後定。綰身先士卒,親冒矢石,舉等竭力攻之,經旬不克,乃退。

虎死,鄴中擾亂,冉閔殄滅石氏。石祇遣使求援,儁遣綰將兵三萬會之,鄴平,引還。遷前將軍,追擊吕護於魯口有功,進尚書右僕射,尋署安西將軍,領護匈奴中郎將、并州刺史,戍并州。

暐嗣位,轉尚書左僕射。綰見王公貴戚多爲蔭户,言於暐曰:"今三方鼎峙,各有吞併之心。而太傅政尚寬和,百姓多有隱附。《傳》曰:'惟有德者可以寬,臨其次莫如猛。'今諸軍營户三分,共貫風教頹弊,威綱不立。至使民户殫盡,委輸無入,吏斷常俸,戰士絶廪,官貸粟帛以自贍給。既不可聞於鄰國,且非所以爲治,宜一切罷斷諸蔭户,盡還郡縣,肅明法紀以清四海。"暐納之,使綰專治其事,糾摘姦伏,無敢隱匿。出户二十餘萬,朝野怨怒。太傅評大不平之,綰先有疾,乃自力釐校户籍,疾遂益亟而卒。後苻堅滅燕,聞縮之忠，恨不得見，乃拜其子爲郎中。

頁九正至十背

皇甫真

　　皇甫真字楚季，安定朝那一作邮字。人也。其兄岌，晉東夷校尉崔毖請爲長史，卑辭説諭，終莫能致。廆招之，岌與真即時俱至，並以文章才儁任居樞要，真更以弱冠高才，擢拜遼東國侍郎。皝嗣立，遷平州別駕。時內難連年，百姓勞瘁，真議欲寬減賦税，休息力役。不合旨，免官。後以破麻秋功，拜奉車都尉，守遼東、營丘二郡，皆有善政。及儁即位，入爲典書令。從輔國將軍恪等討擒冉閔，即南圖拔鄴。石氏舊都城內珍玩寶貨充溢，真一無所取，惟存恤人物，收歛圖籍而已。儁臨終，真與恪等俱受顧命。

　　慕輿根將謀爲亂，真陰察知之，請恪除根，恪未忍顯其事。俄而謀洩伏誅，恪乃謝真曰：“不從君言，幾成禍敗。”呂護之叛，恪謀於朝曰：“遠人不服，修文德以來之。今護宜以恩詔降，不宜以兵戈取也。”真曰：“護九年之間三背主上，揆其奸心，凶悖未已。明公方飲馬江湘，勒銘劍閣，況護蕞爾近幾而不梟戮，宜以兵算取之，不可復以文檄喻也。”恪從之。真乃上疏，輒以家奴婢五十口、馬七十匹、牛四十頭以供軍資，拜冠軍將軍、別部都護。一作都督。師還，拜鎮西將軍、并州刺史，鎮護匈奴中郎將。徵拜侍中、光禄大夫。遷司空，領中書監，累遷太尉、侍中。

　　苻堅密謀并燕，欲覘其可否，命西戎主簿郭辨潛結匈奴左賢王曹轂，遣使詣鄴朝貢，辨因爲之副。真兄腆及從子奮、覆皆仕於秦。辨既至鄴，歷造公卿，謂真曰：“僕本秦人，家爲秦所誅，故寄命曹王，貴兄常侍及奮、覆兄弟並相知有素。”真怒曰：“臣無境外之交，此言何以及吾！君似姦人，得無因緣假託乎！”白暐請窮治之，太傅評不許。辦還爲堅言："燕朝政無綱紀，實可圖也。鑒機識變，惟皇甫真耳。"堅曰："以六州之衆，豈得不使有智士一人哉！真亦秦人，而燕用之，固知關西多君子矣。"

真性清儉寡慾，不營産業，飲酒至石餘不亂，雅好屬文，凡著詩賦四十餘篇。

王猛入鄴，真望馬首拜之。明日更見，語乃卿猛。猛曰："昨拜今卿，何恭慢之相違也？"真曰："卿昨爲賊，朝是國士，吾拜賊而卿國士，何所怪也？"猛大嘉之，謂權翼曰："皇甫真故大器也。"從堅入關，爲奉車都尉，奉朝請，數歲而卒。

頁十背至十二背

梁琛

梁琛，廣平人也。初爲吕護參軍，護敗，遂仕慕容氏爲中書著作郎，轉給事黄門侍郎。暐時，琛以大鴻臚奉使於秦，侍輦苟純副之。

琛至長安，苻堅方畋於萬年，欲引見琛，琛曰："秦使至燕，燕之君臣朝服備禮，灑掃宫庭，然後敢見。今秦王欲野見之，使臣不敢聞命！"命秦尚書郎辛勁謂琛曰："賓客入境，惟主人所以處之，君焉得專制其禮！且天子稱乘輿，所至曰行在，所居何常之有！又《春秋》亦有遇見之禮，何爲不可乎！"琛曰："晉室不綱，靈祚歸德，二方承運，俱受明命。而桓温猖狂，窺我王略，燕危秦孤，勢不獨立，是以秦王同恤時患，要結好援。東朝君臣，引領西望，愧其不兢，以爲鄰憂，西使之辱，敬待有加。今強寇既退，交聘方始，謂宜崇禮篤義以固二國之歡；若忽慢使臣，是卑燕也，豈修好之義乎！夫天子以四海爲家，故行曰乘輿，止曰行在。今海縣分裂，天光分曜，安得以乘輿、行在爲言哉！禮不期而見曰遇；蓋因事權行，其禮簡略，豈平居容與之所爲哉！客使單行，誠勢屈於主人；然苟不以禮，亦不敢從也。”一云琛曰：“天子以四海爲家，故可云然。今靈命既分，天光派別，勢匀義等，理絶兹談，況脣亡齒寒豈輔車之義乎！故桓温寇境而貴朝同恤敝邑，愧賴以爲君憂，秦人使燕未嘗飾乾不食、爵盈不飲，而敬恭待命、享禮有加，今虜寇已獲，繼尋舊好，會遇之禮豈其時乎！退賓小使，誠勢屈於主。然勞不以禮，不敢聞命。”

堅加琛有奉命之才，乃爲之改行宫，百僚陪位，然後延之，如燕朝之儀。事畢，堅與之私宴，問：“東方名臣爲誰？”琛曰：“太傅上庸王評，明德茂一作懿。親，光輔王室；車騎大將軍吴王垂，雄略冠世，秀邁絶倫，内贊百揆，外禦四國，此二句一作折衝禦侮。其餘諸臣或以文進，或以武用，官皆稱職，野無遺賢。雖周文多士，漢武得人，未有過也。”

琛從兄奕先在秦爲尚書郎，會罷，堅使典客，館於奕舍。琛語有司曰：“昔諸葛兄弟各處三國，及瑾爲吴聘蜀，與諸葛亮惟公朝相見，退無私面，君子之志、往賢盛事，余竊慕之。今使之即安私室，所不敢也。”竟不館奕。堅乃敕奕數來就邸舍，與琛卧起，間問東國起居。琛曰：“今二國鼎據，兄弟並蒙榮寵。琛之在燕，亦猶兄之在秦。論其本心，各有所在。琛欲言東國之美，恐非西國之所欲聞；欲言其惡，復非臣子所得論也，兄何用問爲！”

堅聞而嘉之，使太子延琛相見，秦人欲使琛拜太子，先諷之曰：“鄰國之君猶其君也，鄰國之儲君，亦何以異乎！”琛曰：“天子之子視元士，欲其由賤登貴，以塞盈心。在國不臣其父之臣，況鄰國之臣乎！且苟無純敬，則禮有往來，情豈忘恭，但恐降屈爲煩耳！”秦人不能對，乃不果拜。王猛勸堅留琛，堅不許。留秦月餘，厚禮遣歸。琛每應對不先告純，純甚恨之。及歸，純言於暐曰：“琛在長安，與王猛甚親善，疑有異謀。”琛又數稱秦王堅及王猛之美。且言秦將興師，宜爲之備。已而，秦果伐燕，皆如琛言，暐乃疑琛知其情。會評爲秦所敗，遂收琛繫獄。

符堅入鄴，釋之，除中書著作郎。引見謂之曰：“卿昔言上庸王、吳王皆將相奇才，何爲不能謀畫，自取亡國？”琛曰：“天命廢興，豈二人所能移也。”堅曰：“卿不能見幾，而作虛稱燕美。忠不自防，反爲身禍，可謂智乎？”琛曰：“臣聞幾者，動之微吉，凶之先見者也。如臣愚暗，實所不及。然爲臣莫如忠，爲子莫如孝，自非有一至之心者，莫能保忠孝之始終。是以古之烈士臨危不改，見死不避，以狥君親。彼知幾者心達安危，身擇去就，不顧家國。臣就使知之，尚不忍爲，況非所及乎！”堅稱善久之，王猛表爲主簿，領記室督。

頁十二背至十六正

公孫鳳

公孫鳳字子鸞，上谷人也，隱居昌黎之九城山谷。冬衣單布，寢處土牀，夏每并食於一器，久之蛆臭，然後乃食。彈琴吟咏，陶然自得，人咸異之，莫能測也。暐以安車徵之至鄴，見暐不言不拜，衣食舉動如在九城。賓客造請，少得與言，數年病卒。

頁十六正至十六背

公孫永

公孫永字子陽，襄平人也。少而好學，恬淡虛静，隱於平郭南山。不娶妻妾，非身所墾植則不衣食之。吟咏巖谷，欣然自得。年餘九十，操尚不虧。與公孫鳳俱被暐徵至鄴，見暐不拜，王公已下造之皆不與言。雖經隆冬盛暑，端然自若。一歲餘，詐狂，暐送之平郭。後符堅又將備禮徵之，難其耆年路遠，乃遣使者致問。未至而永卒，堅深悼之，謚曰崇虛先生。

頁十六背至十七正

王歡

王歡一作觀，又作勸。字君厚，樂陵人也。安貧樂道，專精耽學。不事産業，常丐食誦《詩》，雖家無斗儲，意怡如也。其妻患之，或焚毀其書而求改嫁。歡笑而謂之曰："卿不聞朱買臣妻邪？"時人聞者，莫不嗤笑。歡守志彌篤，遂爲通儒。暐襲僞位，署爲國子博士，親就受經。尋遷祭酒，暐爲苻堅所滅，歡遂歸隱。堅復徵爲祭酒，後以太子少傅卒。

頁十七正至十七背

悉羅騰

悉羅騰字叔龍，范陽涿鹿人也。工圍棋，究盡其妙，獨步當時，莫與爲儔。俄而，北平樂抄少儁，出與齊名。騰仕暐爲尚書郎，桓溫來伐，爲吳王垂參軍從事，與溫戰，生擒叛人段思，擊斬李述，勇冠三軍。及暐爲秦所滅，隨徙長安，拜三署郎。秦末年，與暐潛謀殺堅，堅召騰拷問，具服，遂見殺。

頁十七背

安屈

安屈，遼東胡人也。其先祖曰世高，漢時以安息王侍子入洛。歷魏至晉，避地遼東，因以家焉。屈仕暐爲殿中郎將。

頁十八正

劉洛

劉洛,中山浦陰縣人也。縣差充征,弟興私代,復背軍逃歸,縣以本名捕斬。興詣郡,自列稱逃是興身,請代洛死。洛又固陳已實正名,宜從憲辟。兄弟爭命,詳刑有疑,有司具以聞,暐曰:"洛應征輒留,興冒名逃役,俱應極法。但兄弟競死,義情可嘉,宜特原之。"

頁十八正至十八背

屠本《十六國春秋》卷第四十三《後燕録一》

慕容垂上

慕容垂字叔仁,一作道明。小字阿六敦,皝第五子,母蘭淑儀所生也。垂少岐嶷有器量,豁達大度。身長七尺四寸,手垂過膝。皝甚寵愛,常目而謂諸弟曰:"此兒闊達好奇,終能破人家,或能成人家。"故名之曰霸,字道業,將以爲世子,群臣諫而止。然寵遇猶踰於世子儁,故儁弗能平之。年十三,爲偏將,所在征伐,勇冠三軍。以滅宇文之功,封都鄉侯。石虎來伐,既還,猶有兼并之志,遣將軍鄧恒率衆數萬屯於樂安,營攻取之備。垂戍徙河,與恒相持,恒憚而不敢侵。垂好遊畋,嘗因獵墜馬折前兩齒,更名爲缺,外以慕郤缺爲名,内實惡而改之。尋以其應讖文,乃去夬,更名爲垂。

虎死,趙魏大亂,垂謂儁曰:"時來易失,赴機在速,兼弱攻昧,今其時也。"儁以新遭大喪,不許。慕興根言於儁曰:"王子之言,千載一時,機不可失。"儁乃從之,遂平中原,以垂爲前鋒都督,累戰有大功。儁既剋幽州,欲盡坑其降卒,垂諫曰:"弔伐之義,先代常典。今方平中原,宜綏懷以德,坑戮之刑不可爲王師之先聲。"儁從之。及儁僭稱尊號,拜黄門侍郎,出爲安東將軍、北冀州刺史,鎮常山。

元璽三年,封爲吳王,徙治信都。遷侍中、右禁將軍、録留臺事,徙鎮龍城,大得東北之和。一作利字。尋遷鎮東將軍、平州刺史、征南大將軍、荊兗二州牧，有聲梁楚之南。再爲司隸校尉，王公已下莫不屏跡。暐既嗣位，太原王恪爲太宰，甚器重之，常謂暐曰："吳王將相之才十倍於臣，先帝以長幼之次，以臣先之，臣死之後，願陛下委政吳王，可謂親賢兼舉矣。"暐不能從。

　建熙十年，晉大司馬桓溫率衆來伐，諸軍皆潰。垂以車騎大將軍敗溫於枋頭，威名大振。太傅上庸王評深忌疾之，及垂所奏將士應蒙殊賞者，皆抑而不行。垂數以爲言，與評廷爭，嫌隙愈深。評遂與太后可足渾氏共謀誅之。太宰恪之子楷及垂舅蘭建知之，以告垂曰："先發制人，但除上庸王評及樂安王臧，餘無能爲矣。"垂曰："骨肉相殘而首亂於國，吾有死而已，不忍爲也。"頃之，二人又以告曰："内意已決，不可不蚤發。"垂曰："必不可彌縫，吾寧避之於外耳，餘非所議也。"冬十一月辛卯朔，垂請畋於大陸，因微服出鄴。將趨龍城，至邯鄲，少子麟素不爲垂所愛，逃還以狀告。垂左右多亡叛，太傅評白暐，暐遣西平公强率精騎追之，及於范陽。世子令斷後，强不敢逼。日暮，垂乃散騎滅迹，傍南山復還鄴，隱於趙之顯原陵。俄有獵者數百騎四面而來，抗之則不敵，逃之則無路，不知所爲。會獵者鷹皆飛颺，衆騎散去，垂乃殺白馬以祭天，且盟從者。令言於垂曰："太傅忌賢嫉能，構事以來，人尤忿恨。今鄴城之中，莫知尊處，如嬰兒之念母，夷、夏同之，若順衆心，襲其無備，取之如指掌耳。事定之後，革弊簡能，大匡朝政，以輔主上，安國存家，功之大者也。今日之便，誠不可失，願給騎數人，足以辦之。"垂曰："如汝之謀，事成誠爲大福，不成悔之何及！不如西奔，可以萬全。"子馬奴潛謀逃歸，殺之。行至河陽，爲津吏所禁，斬之而濟。遂自洛陽與段夫人、世子令、令弟寶、農、隆、兄子楷、舅蘭建、郎中令高弼俱奔於秦，留妃可足渾氏於鄴。乙泉戍主吳歸追及於閺鄉，令擊之而退。

　　初,秦苻堅自恪卒後,陰有圖燕之志,憚垂威名,不敢發。及聞垂至,大喜郊迎,執手曰:"天生賢傑,必相與共成大事,此自然之數也。要當與卿共定天下,告成岱宗,然後還卿本朝,世封幽州,使卿去國不失爲子之孝,歸朕不失事君之忠,不亦美乎!"垂謝曰:"羈旅之臣,免罪爲幸;本邦之榮,非所敢望!"堅復愛世子令及楷等之才,皆厚禮之,賞賜巨萬,每進見,屬目睹之。關中士民素聞垂父子名,皆向慕之。堅相王猛惡垂雄略,言於堅曰:"慕容垂父子,譬如龍虎,非可馴之物,若借以風雲,將不可復制,不如早除之。"堅曰:"吾方收攬英雄以清四海,奈何殺之!且其始來,吾已推誠納之矣;匹夫猶不可棄言,況萬乘乎!"乃以垂爲冠軍將軍,封賓徒侯,一作賓都。食華陰之五百户。

　　王猛伐燕軍於長安,請令參其軍事,以爲鄉導。將行,造垂飲酒,從容謂曰:"吾將擴清東夏,或爲東川之别,卿將何以爲贈?使我睹物思人。"垂即脱佩刀遺之。猛至洛陽,賂垂所親金熙,使詐爲垂使者,詭傳垂語於令曰:"吾父子來此,以逃死也。今王猛疾人如讎,讒毁日甚;秦王雖外遇甚厚,其心難知。大丈夫逃死而卒不免,將爲天下笑。吾聞東朝比來始更悔悟,主、后相尤。吾今東還,故遣告汝;吾已行矣,便可速發。"令疑之,躊躇終日,又不可覆審。乃將舊騎,詐爲出獵,遂奔樂安王臧於石門。猛表令叛狀,垂懼而出走,至藍田,追騎獲之。堅引見於東堂,慰勞之曰:"卿國家失和,委身投朕。賢子心不忘本,猶懷首丘,亦各其志,不足深咎。然燕之將亡,非令所能存,惜其徒入虎口耳。《書》不云乎:'父父子子,罪不相及。'卿何爲過懼而狼狽如是乎!"於是復垂爵位,恩待如初。

　　及堅擒暐,垂隨堅入鄴宮,收集諸子,對之悲慟,見其公卿大夫及故僚吏,殊有愠色。前郎中令高弼私於垂曰:"大王以命世之才,遭無妄之運，迺遭棲伏，艱亦至矣。天啓嘉會，靈命暫遷，此乃鴻漸之始，龍變之初，深願仁慈有以慰之。且夫高世之略必懷遺俗之規，方當網漏吞舟，以弘苞養之義；收納舊臣以成爲山之功，奈何以一怒捐之？竊爲大王不取也。"垂深納之。垂在秦朝，歷位京兆尹，進封泉州侯，所在征伐，皆有大功。

後堅敗於淮南，諸軍皆潰，惟垂所將三萬人獨全，堅以千餘騎奔之。世子寶言於垂曰："家國傾喪，皇綱廢弛，至尊明命著之圖錄，當隆中興之業，建少康之功。但時運未至，故韜光俟奮耳。今天厭亂德，凶衆土崩，可謂乾啓神機，授之於我。是天借之便，以復燕祚，千載一時，不可失也。宜承皇天之意，因而取之。且夫立大功者不顧小節，行大仁者不念小惠。秦既蕩覆二京，竊辱神器，仇恥之深，莫甚於此，願不以意氣微恩忘社稷之重。五木之祥，今其至矣。"垂曰："没是言也。一作汝言是也。然彼以赤心投命於我，若之何害之！天苟棄之，圖之多便。不若保護其危以報德，徐俟其釁，而後圖之。既不負夙心，且可以義取天下。"初，寶在長安，與韓黄、李根等因讌以摴蒱爲戲，寶危坐整容，誓之曰："世云摴蒱有神，豈虛言哉！若富貴可期，頻得三盧。"於是三擲盡盧，寶拜而受賜，故云五木之祥。

垂弟奮威將軍德亦進曰："夫鄰國相吞，有自來矣。秦强而并燕，秦弱而圖之，此爲報仇雪恥，非負夙心也！昔鄧祁侯不納三甥之言，終爲楚滅；吳王夫差違子胥之諫，取禍勾踐。前事之不忘，後事之師表也。願不棄湯武之成蹤，追韓信之敗迹，乘彼土崩，恭行天罰，斬逆氏，復宗祀，建中興，繼洪烈，天下大機，弗宜失也。兄奈何得而不取？釋數萬之衆，授干將之柄，是却天時而待後害，非至計也。語曰：'當斷不斷，反受其亂。'願兄勿疑。"垂曰："吾昔爲太傅所不容，置身無所，逃死於秦。秦王以國士遇我，恩禮備至，後爲王猛所賣無以自明,復見昭亮,國士之禮每深,報德之分未一。若秦運必窮,歷數歸我者,授首之便,何慮無之。吾當懷集關東,以復先業耳。關西之地,會非吾有,自當有擾之者,君子不怙亂,不爲禍先,且可觀之。"冠軍參軍趙秋亦力勸之,親黨多勸垂殺堅,垂皆不從,悉以兵屬堅。農謂垂曰:"尊不迫人於險,其義聲足以感動天地。農聞《秘記》曰:'燕復興當在河陽。'夫取果於未熟與自落者,不過早晚旬日之間,然其難易美惡,相去遠矣!"垂心善其言,行至澠池,言於堅曰:"王師不利,他境之民或因此輕重。請奉詔書,輯寧朔裔。且龍、鄴舊都,陵墓所在,乞過展拜,以申罔極,因張國威刑,以安戎狄。"堅許之。

　　權翼諫曰:"國家新破,四方皆有離心,宜徵集名將,置之京師,固根本,鎮枝葉。且垂爪牙名將,勇略過人,所謂今之韓白,又世豪東夏,志不爲人下。頃者避禍歸誠,非慕德而來,列地百里未可以滿其欲,冠軍之號豈足以稱其心!譬如養鷹,飢則附人,飽便高颺,每聞風颷之起,常有凌霄之志。惟宜急其羈靽,豈可解縱,任其所欲哉!"堅曰:"卿言是也。但朕已許之,匹夫猶重信,況萬乘之主乎!若天命有廢興,固非智力所能移也。"翼曰:"陛下重小信而輕社稷,臣見其往不見其來,關東之亂,垂其首乎。"堅不聽,遣將軍李蠻、閔亮、尹國帥衆三千送垂。翼夜私遣壯士邀垂於河橋南空舍中擊之,垂是夜夢行路,路窮顧見孔子墓,傍墓有八,覺而惡之。召占夢者占之曰:"行路窮道,盡不可行也。孔子名丘,八以配丘,此兵字也。路必有伏兵,深宜慎之。"垂以爲然,遂自涼馬臺結草筏而渡,使典軍程同衣己衣,乘己馬,與童僕趨河橋。伏兵發,同馳馬獲免。

　　垂至安陽,遣參軍田山一作生。修箋於長樂公苻丕。堅又遣驍騎將軍石越戍鄴,驃騎將軍張蚝戍并州。時丕先已在鄴,聞其北來，疑其欲爲亂，謀襲擊之。其侍郎天水姜讓諫曰："垂反形未著，而殿下擅殺之，非臣子之義；不如待以上賓之禮，嚴兵衛之，密表情狀，聽敕而後圖之，未爲晚也。"丕從之。及至，身自迎之，館之於鄴西。垂具説淮南敗狀。趙秋勸垂於坐取丕，因據鄴起兵，垂不從，垂於是潛與燕之故臣謀復燕祚。會秦平原公苻暉告丁零翟斌聚衆四千，謀逼洛陽，堅驛書繼至，使垂督兵討之。石越言於丕曰："王師新敗，民心未安，負罪亡匿之徒，思亂者衆，故丁零一唱，旬日之中，衆已數萬，此其驗也。慕容垂，燕之宿望，有興復舊業之心，今復資之以兵，此爲虎傅翼也。"丕曰："垂在鄴如籍虎卧蛟，常恐爲肘腋之患，今遠之於外，不猶愈乎！且翟斌凶悖，必不肯爲垂下，使兩虎相斃，吾從而制之，此卞莊子之術也。"

丕謂垂曰："翟斌兄弟因王師小失，敢肆凶勃，子母之軍，殆難爲敵，非冠軍英略，莫可滅之。相煩一行可乎？"垂曰："下官殿下之鷹犬，敢不惟命是聽。"乃大賜金帛，一無所受，惟請舊田園。丕許之，配以羸兵二千及鎧杖之敝者，又遣廣武將軍苻飛龍率氐騎一千爲垂之副。丕私戒飛龍曰："卿王室肺腑，年秩雖卑，其實帥也。垂爲三軍之統，卿爲謀垂之主，用兵制勝之權，防微杜貳之略，委之於卿，卿其行矣，勉之。"

垂請入鄴城拜廟，丕弗許，乃潛服而入；亭吏禁之，垂怒，斬吏燒亭而去。中子農及兄子楷、紹，弟子宙皆爲苻丕所留。石越言於丕曰："垂之在燕，破國亂家，及投命聖朝，蒙超常之遇，而敢輕侮方鎮，殺吏燒亭，反形已露，終爲亂階。將老兵疲，可因此除之。"丕曰："淮南之敗，衆散親離，而垂侍衛聖躬，此功不可忘也。"越曰："垂尚不忠於燕，安肯盡忠於我乎！且垂亡虜也，主上寵同功舊，不能銘澤誓忠，而首謀爲亂，失今不擊，必爲後害。"丕不從。越退而告人曰："公父子好存小仁，不顧大計，吾屬終當爲鮮卑虜矣。"

　　垂至安陽之湯池，閔亮、李蠻自鄴來，以丕與飛龍謀告垂。垂因激怒其衆曰："吾盡忠於苻氏，而彼專欲圖吾父子，吾雖欲已，得乎！"乃託言兵少，停河内募兵，旬日之間，有衆八千。苻暉遣使讓垂使進兵，簡書相尋。垂謂飛龍曰："今寇賊不遠，當晝止夜行，襲其不意。"飛龍以爲然。壬午夜，垂遣世子寶將兵居前，少子隆勒兵從己，令氐兵五人爲伍；陰與寶約，聞鼓聲，前後合擊氐兵及飛龍，盡殺之，參佐家在西者皆遣還，并以書遺堅，言所以殺飛龍之故。

　　時慕容鳳及燕之故臣燕郡王騰、遼西段延等聞翟斌起兵，各帥部曲屬之。會苻暉使平武侯毛當率衆討斌。鳳曰："鳳今將雪先人之耻，請爲將軍斬此氐奴。"乃擐甲直進，丁零之衆隨之，大敗秦兵，斬毛當；進攻雲淩臺戌，剋之，收萬餘人甲杖。

　　癸未，垂濟河焚橋，召募遠近，衆至三萬，留遼東鮮卑可足渾譚集兵於河内之沙城。遣田山如鄴，密告農等起兵相應。時日已暮，農與楷及宙留宿鄴中；紹先出，至蒲池，盜丕駿馬數百以待。甲申晦，農、宙將數十騎微服出鄴，奔於列人，楷、紹奔於辟陽。

頁一正至十二背

屠本《十六國春秋》卷第四十四《後燕録二》

慕容垂中

　　燕元年春正月乙酉朔，苻丕大會賓客，請農等不得，始覺有變；遣人四出求之，三日知其在列人，已起兵矣。垂既濟河，下令曰："吾本外假秦聲，内規興復。亂法者軍有常刑，奉命者賞不踰日，天下既定，封爵有差，不相負也。"鳳及王騰、段延聞垂濟河，皆勸翟斌遣使推垂爲盟主，垂拒之曰："吾父子寄命秦朝，危而獲濟，荷主上不世之恩，蒙更生之惠，雖曰君臣，義深父子，豈可因其小隙，便懷二三。吾本救豫州，不來赴君。君既建大事，成享其福，敗受其禍，吾無預焉，斯議何爲而及於我！”垂欲襲據洛陽，故見苻暉以臣節，退且未審斌之誠款，故以此言拒之。

丙戌，垂至洛陽，暉閉門拒守，不與垂通。斌又遣長史河南郭通説垂，垂猶未許。通曰：“將軍所以拒通者，豈非以翟斌兄弟山野異類，無奇才遠略，必無所成故邪？獨不念將軍今日憑之，可以濟大業乎？”垂乃許之。斌遂率衆會垂，勸稱尊號，垂曰：“新興侯，國之正統，孤之君也。若以諸君之力，得平關東，當以大義諭秦，奉迎返正。無上自尊，非孤心也。”乃謀於衆曰：“洛陽四面受敵，北阻大河，至於控馭燕趙，非形勝之便，不如北取鄴都，據之而制天下。”衆咸以爲然。引兵而東，遣建威將軍王騰起浮橋於石門。故扶餘王榮陽太守餘蔚及昌黎鮮卑衛駒各帥其衆來降，農西招厙傉官偉於上黨，東引乞特歸於東阿，各帥衆數萬赴之，衆至十餘萬。丕遣石越率精騎討農，皆勸農逆擊之，農曰：“我無伏兵，彼有銳甲，不如待暮，一戰而擒之也。”至暮，農鼓譟出陳，遂大破之，斬越及將士數百。

垂引兵至榮陽，群臣朝於清陽宮，固請即尊，垂以暉在長安，依晉愍帝在平陽中故事，遂以太元九年自稱大將軍、大都督、燕王，承制行事。令稱統府。府置四佐，王公已下稱臣，文表奏疏，封拜官爵，一如王者。以弟德爲車騎大將軍，范陽王；兄子楷爲征西大將軍，太原王；翟斌爲建義大將軍，封河南王；翟檀爲柱國大將軍，封弘農王；餘蔚爲征東大將軍，統府左長史，仍封扶餘王；衛駒爲鷹揚將軍；鳳爲建策將軍。帥衆二十餘萬，自石門濟河，長驅向鄴。庚戌，至鄴，改秦建元二十年爲燕元年，服色朝儀，皆如舊章。以前岷山公厙傉官偉爲左長史，前尚書段崇爲右長史，榮陽鄭豁等爲從事中郎。農等亦引兵會垂於鄴，皆因其所稱之官而授之。立寶爲世子，農爲驃騎將軍，麟爲撫軍將軍，隆爲冠軍將軍，紹爲鎮南將軍,陳留王温爲前將軍,樂浪王宙爲征虜將軍、章武王,又封從弟拔等十七人及甥宇文翰、舅子蘭審皆爲王;其餘宗族及功臣封公者三十七人,侯、伯、子、男者八十九人。

可足渾譚集兵得二萬餘人,攻拔野王,亦引兵會鄴。平幼及其弟叡、視亦帥衆數萬會垂於鄴。苻丕聞之,遣侍郎姜讓誚垂且説之曰:"往歲大駕失據,君保衞鑾輿,勤王誠義,邁蹤前烈。宜述修前規,終忠貞之節,奈何棄崇山之功,爲此過舉! 過貴能改,先賢嘉事。宜深詳思,悟今猶未晚也。"垂謂讓曰:"孤受主上不世之恩,故欲安全長樂公,使盡衆赴京師,然後修復家國之業,與秦永爲鄰好。何故闇於機運,不以鄴城見歸也? 大義滅親,況於意氣之顧! 公若迷而不反者,孤當窮極兵勢耳。今事已然,恐單馬乞命亦不可得也。"

讓厲色責之曰:"將軍不容於家國,投命聖朝,燕之尺土,將軍豈有分乎! 主上與將軍風殊類别,臭味不同,奇將軍於一見,託將軍以斷金,寵踰功舊,任齊宗藩,自古君臣際遇,有如是之甚者耶! 方付將軍以六尺之孤,託將軍以萬里之命,奈何因王師小敗,據有異圖! 夫師起無名,終則弗成,天之所廢,人不能支。將軍起無名之師,而欲興天所廢,竊未見其可。長樂公主上之元子也,德邁唐衞,任居陝東,爲朝廷維城,寧可束手輸將軍以百城之地乎! 大夫死王事,國君死社稷,將軍欲裂冠毀冕,拔本塞源者,自可任將軍之兵勢,奚更云云。但惜將軍以七十之年,懸首白旗,高世之忠,忽爲逆鬼,竊爲將軍痛之。"垂默然。左右勸垂殺之,垂曰:"古者兵交,使在其間,犬固吠非其主何罪?"禮而遣之。

因遺書於丕,又上表於苻堅曰:"臣才非古人,禍生肘腋,身當時難,歸命聖朝。陛下恩深周漢,猥叨顧遇,位爲列將,爵忝通侯,誓在勠力輸誠,常恐不及。去夏桓沖送死,一擬雲消,迴討郢域,俘馘萬計，斯誠陛下神算之奇，頗亦愚臣忘死之效。方將飲馬於桂州，懸旌於閩會，不圖天助亂德，大駕班師。陛下單馬奔臣，臣奉衛非二，豈惟陛下聖明鑒臣單心，皇天后土實亦知之。臣奉詔北巡，受制長樂。然丕外失衆心，内多猜忌，令臣野次外庭，不聽謁廟。丁零逆竪寇逼豫州，丕迫臣單赴，限以師程，惟給弊卒二千，盡無兵杖，復令飛龍潜爲刺客。及至洛陽，平原公暉復不信納。臣竊惟進無淮陰功高之慮，退無李廣失利之愆，懼有青蠅，交亂黑白。丁零夷夏以臣忠而見疑，乃推臣爲盟主。臣受託善始，不遂令終，泣望西京，揮涕即邁。軍次石門，所在雲赴，雖復周武之會於孟津，漢祖之集於垓下，不期之會，實有甚焉。欲令長樂公盡衆赴難，以禮發遣，而丕固守匹夫之志，不達變通之宜。臣息農收集故營，以備不虞，而石越傾鄴城之衆，輕相掩襲，兵陣未交，越已隕首。臣既單車懸軫，歸者如雲，斯實天符，非臣之力。且鄴者臣國舊都，應即惠及，然後西面受制，永守東藩，上成陛下遇臣之意，下全愚臣感報之誠。今進師迴鄴，并喻丕以天時人事。而丕不察機運，杜門自守，時出挑戰，鋒戈屢交，恒恐飛矢誤中，以傷陛下天性之念。愚臣此誠，未簡天聽，輒遏兵止銳，未敢竊攻。夫運有推移，去來常事，惟陛下察之。”

堅報曰：“朕以不德，忝承靈命，君臨萬邦，三十年矣。遐方幽裔，莫不來庭，惟東南一隅，敢違王命。朕爰奮六師，恭行天罰，而玄機不弔，王師敗績。賴卿忠誠之至，輔翼朕躬，社稷之不隕者，卿之力也。《詩》云：‘中心藏之，何日忘之。’方任卿以元相，爵卿以郡侯，庶弘濟艱難，敬酬勳烈，何圖伯夷忽毀冰操，柳惠倏爲淫夫！覽表悵然，有慚朝士。卿既不容於本朝，匹馬而歸命，朕則寵卿以將位，禮卿以上賓，任同舊臣，爵齊勳輔，歃血斷金，披心輸赤。謂卿食椹懷音，保之偕老。豈意畜水覆舟，養獸返害，悔之噬臍，將何所及！誕言駭衆，誇擬非常，周武之事，豈卿庸人所可論哉！失籠之鳥，非羅所羈；脫網之鯨，豈罟所制！翱陸任懷，何煩聞也。念卿垂老，老而爲賊，生爲叛臣，死爲逆鬼，侜張幽顯，布毒存亡，中原士女，何痛如之！朕之歷運興廢，豈復由卿！但長樂、平原以未立之年，遇卿於兩都，慮其經略未稱朕心，所恨者此焉而已。”

壬子，垂攻鄴，拔其外郭，丕固守中城。關東六州郡縣多送任請降。癸丑，垂以陳留王紹行冀州刺史，屯廣阿。二月，垂引丁零、烏丸之衆二十餘萬爲飛梯地道攻鄴，不拔；乃築長圍守之，分遣老弱於魏郡、肥鄉，築新興城以置輜重。范陽王德擊秦枋頭，取之，置戍而歸。

時東胡王晏據館陶，爲鄴中聲援，鮮卑、烏丸及郡民據塢壁不從者尚衆；垂遣太原王楷、陳留王紹討之。王晏詣軍門降，鮮卑、烏丸塢民降者數十萬口。楷等留其老弱，置守宰以撫之，發其丁壯十餘萬，與晏俱詣鄴。三月，庫傉官偉帥營部數萬至鄴，垂封偉爲安定王。夏四月，垂遣樂浪王溫督諸軍攻信都，不克。丙辰，遣撫軍將軍麟益兵助之。

垂以鄴城猶固，會寮佐議之。右司馬封衡請引漳水灌之，垂從其議引水灌城，不没者尺餘。垂因行圍，飲於華林園，秦人密兵出擊，矢下如雨，幾不得出，冠軍將軍隆將騎衝之，僅而得免。麟拔常山，符亮、符謨皆降。攻圍中山，秋七月拔之，執符鑒，麟威聲大振，留屯中山。垂遣寧朔將軍平視擊秦幽州刺史王永，克之，進據薊南。

是時翟斌恃功驕縱，要求無厭，又以鄴城攻久不下，潛有二心。太子寶請除之，垂曰：“河南之盟，不可負也；若其爲難，罪由於斌。今事未有形而殺之，人必謂我忌憚其功能；吾方收攬豪傑以隆大業，不可示人以狹，失天下之望也。藉彼有謀，吾以智防之，無能爲也。"范陽王德、陳留王紹、驃騎將軍農皆曰："翟斌兄弟恃功而驕,必爲國患。"垂曰："驕則速敗,焉能爲患! 彼有大功,當聽其自斃耳。"禮遇彌重。斌潛諷丁零及西人請斌爲尚書令。垂詔群僚議之,安東將軍封衡屬色切諫,垂猶隱忍容之,下令曰："翟王之功,宜居上輔;但臺既未建,此官不可便制耳。待六合廓清,更當議之。"斌怒,密與苻丕通謀,使丁零夜決防潰水;事泄,垂殺斌及其弟檀、敏,餘皆赦之。斌兄子真,夜率其部衆北走邯鄲,引兵還向鄴圍,欲與丕内外相應;垂令太子寶與冠軍將軍隆擊破之,真還走邯鄲。太原王楷、陳留王紹言於垂曰："丁零非有大志,但寵過爲亂耳。今急攻之則聚屯爲寇,緩之則自散,散而擊之,蔑不克也。"垂從之。

八月,真自邯鄲北走,垂使太原王楷、驃騎將軍農率騎追之。甲寅,及於下邑。楷欲逆戰,農曰:"士卒飢倦,且視賊營不見丁壯,殆有他伏。"楷不從,進戰,爲真所敗。真北趨中山,屯於承營。時鄴中芻糧俱盡,削松木以飼馬。垂謂諸將曰:"苻丕窮寇,守死不降。丁零叛擾,乃我心腹之疾。吾欲遷師新都,開其逸路,進以謝秦王疇昔之恩,退以嚴擊真之備。"丙寅夜,垂引師去鄴,北鎮新城。秦幽州刺史王永求救於振威劉庫仁,庫仁遣妻兄公孫希帥騎三千救之,平視敗奔薊南,希長驅據唐城,遂與撫軍將軍麟相持。

冬十月,翟真在承營,與公孫希等遙相首尾。苻丕遣僕射光祚將兵數百,赴中山與真相結。又遣陽平太守邵興將騎數千,招集冀州郡縣,與祚期會。襄國兵勢復振,冀州郡縣皆觀望成敗,趙郡趙粟起兵應興。垂遣冠軍將軍隆、龍驤將軍張崇將兵擊興,命驃騎將軍農自清河引兵會之。隆與興戰於襄國,大破之;追至廣阿,遇農,執之。光祚聞之,從西山遁還鄴。隆進擊趙粟等,皆破之,冀州郡縣復歸於垂。劉庫仁聞公孫希已破平視,欲大舉兵救丕,發雁門、上谷、代郡兵,屯繁畤。燕太子太保慕輿句之子文、零陵公慕輿虔之子常時在庫仁所，知三郡兵不樂遠征，因作亂，夜攻庫仁，殺之，竊其駿馬，奔垂。公孫希之衆聞亂自潰。

十一月，農自信都西擊丁零翟遼於魯口，真之從兄也。破之。遼退屯無極，農屯藁城以逼之。十二月，遂與麟合兵襲遼，大破之。遼單騎奔真，農復攻破翟嵩於黃泥堡。丕固守鄴城，請援於晉。垂怒謂范陽王德曰："苻丕吾縱之不能去，方引晉師規固鄴都，不可置也。"乃復進師攻鄴，開其西奔之路。

燕二年春正月，垂將有北都中山之意，驃騎將軍農率衆數萬迎之。群僚聞暐爲苻堅所殺，勸垂即位。垂以沖稱號關中，不許。帶方太守王佐與寧朔將軍平視共攻薊城，王永兵屢敗。二月，永使昌黎太守宋敞燒和龍及薊城宮室，帥衆三萬奔壺關，佐等入薊。農引兵會麟於中山，共攻翟真。農等先帥騎數千至承營，觀察形勢。真望見，陳兵而出。諸將欲退，農曰："丁零非不勇勁，而翟真懦弱，今簡精銳，望真所在而衝之，真走，衆必散矣，乃邀門而蹙之，可盡殺也。"使驍騎將軍國帥百餘騎衝之，真走，其衆爭門，自相蹈籍，死者大半，遂拔承營外郭。

時垂攻鄴，久不下，將北詣冀州，命撫軍將軍隆屯信都，樂浪王溫屯中山，召驃騎將軍農還鄴；於是遠近聞之，以燕爲不振，頗懷去就。農至高昌，假從事中郎眭邃爲高陽太守。參佐家在趙北者，悉假署遣歸。凡舉補太守三人，長吏二十餘人。翟真夜襲中山，樂浪王溫擊破之，自是不敢復至。

夏四月，晉龍驤將軍劉牢之率衆救苻丕，進至鄴，垂逆戰敗績，遂徹鄴圍，退屯新城。乙卯，垂自新城北走，牢之與沛郡太守田次之引兵追之，丕發兵繼後。一作進。庚申，追及於董唐淵。垂曰："秦、晉瓦合，相待爲强，一勝則俱豪，一失則俱潰，非同心也。今兩軍相繼，勢既未合，宜急擊之。"牢之軍疾趨二百里，至五橋澤中，爭趙輜重,爲垂所擊。牢之敗績,士卒稍亂,德及隆復迴軍要擊至於五丈原,斬首數千級,牢之策馬跳五丈澗得脱。會丕救至,因入臨漳,招集亡散,兵復少振。

垂與苻丕相持經年,鄴中饑甚,幽、冀亦大饑,人相食,邑落蕭條。垂之軍士多餓死,乃禁民養蠶,以桑椹爲軍糧。垂將北趨中山,以驃騎將軍農爲前驅,前所假授吏睦邃等皆來迎候,上下如初。

五月,翟真去承營徙屯行唐,真司馬鮮于乞殺真,盡誅翟氏,自立爲趙王。營人攻乞,走之,迎立真從弟成爲主。翟遼奔黎陽,其衆多降於垂。閏月庚戌,垂至常山圍翟成於行唐,命帶方太守王佐鎮龍城。六月,高句驪寇遼東,垂平北將軍佐遣司馬郝景帥衆救之,爲句驪所敗,遼東、玄菟盡没。

秋七月,建節將軍餘巖叛,自武邑驅掠四千餘人,北趨幽州。垂馳使救幽州刺史、寧朔將軍平覕曰:“固守勿戰,俟吾北破丁零,當自討之。”覕違命拒戰,爲巖所敗。巖乘勝入薊,掠千餘户而去,所過寇暴,遂據令支。癸酉,翟成長史鮮于肆—作得。斬成出降,垂入行唐,悉坑其衆。八月,苻丕棄鄴城,奔於并州。垂以兄—作弟。子魯陽王和爲南中郎將,鎮鄴。遣驃騎將軍農出蠮螉塞,歷凡城,趨龍城。會兵討餘巖,撫軍將軍麟、冠軍將軍隆狗渤海,執渤海太守封懿,懿,放之子也。因屯歷口。

冬十一月,繹幕人蔡匡據城以叛,垂遣麟及隆共攻之。太山太守任泰潛師救匡,至匡壘南八里,麟等覺之。諸將以匡未下外敵奄至,甚患之。隆曰:“匡恃外敵,故不時下。今計泰之兵不過數千人,及其未合,擊之,泰敗,匡自降矣。”乃釋匡擊泰,大破之,斬首千餘級。匡懼請降,隆殺之,且屠其壘。

農至龍城,休養士馬十餘日。諸將皆曰:“殿下之來,取道甚速,今已至此久留不進,何也?”農曰:“吾速來者,恐餘巖過山鈔盜,侵掠良民耳。巖才不踰人,誑誘饑兒,烏集爲群,非有綱紀;吾已扼其喉,久將離散,無能爲也。今此田善熟,未收而行,徒自耗損,當俟收畢,往即梟之,亦不出二旬耳。"頃之,農將步騎三萬攻令支,巖衆震駭,稍稍踰城歸附。巖計窮力竭,出城詣降,農斬巖兄弟;進伐高句驪,復遼東、玄菟二郡。還屯龍城,上疏請繕修陵廟。垂以農爲使持節、都督幽平二州北狄諸軍事、幽州牧,鎮龍城。徙平州刺史、帶方太守王佐鎮平郭。先是幽、冀流民多入高句驪,農以驃騎司馬范陽龐淵爲遼東太守,招撫之。麟攻王兗於博陵,城中矢盡糧竭,功曹張猗踰城而出,聚衆應麟。

十二月,麟拔博陵,執兗及苻鑒,殺之。壬辰,垂北如中山。丙申,遂定都於中山。苻定據信都未下,垂以從弟北地王精爲冀州刺史,帥衆討之。是年,造刀一口,長三尺六寸,銘其背曰威遠,隸書。

頁一正至十五背

屠本《十六國春秋》卷第四十五《後燕録三》

慕容垂下

建興元年春正月辛卯,群僚勸即尊號,具典儀修郊燎之禮,垂從之。遂以晉太元十一年僭即帝位於南郊,大赦境内殊死已下,改元建興,署置公卿百官,繕修宗廟、社稷於中山。立世子寶爲太子,以左長史庫傉官偉、右長史段崇、龍驤將軍張崇、中山尹封衡爲吏部尚書,范陽王德爲侍中、都督中外諸軍事,領司隸校尉,撫軍將軍麟爲衛大將軍,其餘文武拜授有差。

三月,追尊母蘭氏爲文昭皇后,遷號后文明段氏於別室,而以蘭氏配饗太祖。博士劉詳、董謐議以"堯母妃位第三,不以貴陵姜源,明聖王之道,以至公爲先。"垂不從。又以景昭可足渾氏傾覆社稷,追廢之;尊烈祖昭儀段氏爲景德皇后,配享烈祖。齊桓公命諸侯無以妾爲妻。夫之於妻，猶不可以妾代之，況子而可以易其母乎！《春秋》所稱母以子貴者，君母既没，得以妾母爲小君也；至於享祀宗廟，則成風終不得配莊公也。君父之所爲，臣子必習而效之，猶形聲之於影響也；寶之逼殺其母，由垂爲之漸也。堯、舜之讓，猶爲之、噲之禍，況違禮而縱私者乎！昔文姜得罪於桓公，《春秋》不之廢。可足渾氏雖有罪於前朝，然小君之義成矣；垂以私憾廢之，又立兄妾之無子者，皆非禮也。

夏四月甲午，封子農爲遼西王、麟爲趙王、隆爲高陽王。丙申，以范陽王德爲尚書令，太原王楷爲左僕射，樂浪王温爲司隸校尉。五月，遣太原王楷、趙王麟、陳留王紹、章武王宙等攻秦冀州牧苻定、鎮東將軍苻紹、幽州牧苻謨、鎮北將軍苻亮；楷先以書遺之，陳示禍福，定等悉降。垂封定等皆爲列侯，曰：“以酬秦王之德，且擬三恪。”秋八月戊辰，垂留太子寶守中山，以趙王麟爲尚書右僕射，録留臺事。庚午，自率范陽王德等南略地，使高陽王隆東狗平原。丁零鮮于乞保曲陽西山，聞垂南伐，出營望都，剽掠居民。麟出討之，諸將皆曰：“殿下虚鎮遠征，萬一無功而反，虧損威重，不如遣諸將討之。”麟曰：“乞聞大駕在外，無所畏忌，必不設備，一舉可取，不足憂也。”乃聲言至魯口，夜迴趣乞，比明至其營，掩擊擒之。

冬十月，垂擊破苻丕於河東，丕走東垣，晉揚威將軍馮該擊斬之。甲申，寺人吳深據清河反，垂攻之不克。乙酉，進攻吳深壘，拔之。深單馬遁走，垂進屯聊城之逢關阪。初，垂太子洗馬太原温詳奔晉，晉以爲濟北太守，屯東阿。垂遣范陽王德、高陽王隆攻之，詳遣從弟攀守河南岸，子楷守磽磝來拒。初，魏拓跋窟咄爲苻堅徙於長安，因隨慕容永爲新興太守。其部人劉顯遣弟亢泥迎窟咄，以兵隨之。前逼南境，賀染干侵魏北境以應窟咄。太祖拓跋珪。慮内難，乃北踰陰山，幸賀蘭部，阻山爲固。遣行人安同、長孫賀乞師於垂，垂使趙王麟帥步騎隨同等救之。麟軍未至，魏衆驚擾，北部大人叔孫普洛十三人及諸烏丸亡奔劉衛辰。麟聞之，先一作據。遣安同等歸。魏人知燕軍在近，衆心少安。窟咄進屯高柳，太祖引兵自弩山，遷幸牛山，屯於延水，南出代谷，與麟會於高柳擊之，窟咄大敗，奔劉衛辰，衛辰殺之。太祖悉收其衆，以代人庫狄干爲北部大人。麟引兵還中山。垂以太祖爲西單于，印綬封上谷公，太祖不受。是年，又造刀二口，長七尺，一雌一雄。若別處之，其刀則鳴，吳深復來降附。

建興二年春正月丁巳，垂觀兵河上，高陽王隆曰：“温詳之徒，皆白面書生，烏合爲群，徒恃長河以自固；若大軍濟河，必望旗震慄，一作懼。不待戰也。”垂從之。戊午，遣鎮北將軍蘭汗、護軍將軍平幼於碻磝西四十里濟河，隆以大衆陳於北岸。温攀、温楷果走趣平城，幼追擊，大破之。詳夜將妻子奔彭城，其衆三萬餘户皆降。秦冗從僕射光祚、黄門侍郎封孚、鉅鹿太守封勸皆來奔降。垂以太原王楷爲兖州刺史，鎮東阿。初，安定人齊涉聚衆八千餘家據新柵來降，垂拜涉爲魏郡太守。既而復叛，連結張願，願自率萬餘人進屯祝阿之瓮口，招翟遼兵應涉，高陽王隆言於垂曰：“新柵城固，攻之未易猝拔。若久頓兵於其城下，張願擁率流民，西領丁零，爲患方深。願衆雖多，然皆新附，未能力鬥。因其自至，宜先擊之。願父子恃其驍勇，必不肯避去，可一戰擒也。願破，則涉自不能存矣。”垂從之。

二月，遣范陽王德、陳留王紹、龍驤將軍張崇率步騎二萬會隆擊願。軍至斗城，去瓮口一作虎口。二十餘里，解鞍頓息。願引軍奄至，士衆驚擾。德因退走，隆勒馬不動。願子龜出陳，隆遣左右王末逆擊，斬之。隆徐進戰，願兵乃退。德行里餘，復整兵，還遂與隆合，謂隆曰：“賊氣方鋭，宜且緩之。”隆曰：“願乘人不備，宜得大捷；而吾士卒皆以懸隔河津，勢迫之故，人思自戰，故能却之。今賊不得利，氣竭勢衰，皆有進退之志，不能齊奮，宜亟擊之。”德曰：“吾惟卿所爲耳。”遂進，戰於瓮口，大破之，斬首七千八百級；願脱身保三布口。隆等進軍歷城，青、徐、兗州郡縣壘壁多降。垂以陳留王紹爲青州刺史，鎮歷城。德等還師，新柵人冬鸞執涉送之。垂誅涉父子，餘悉原之。

三月，上谷人王敏殺太守封戢，代郡人許謙逐太守賈閏，各以郡附劉顯。夏四月，以樂浪王温爲尚書右僕射。垂自碻磝還中山，慕容柔、慕容盛、慕容會來自長子。庚辰，爲之大赦。垂問盛曰：“長子人情如何，爲可取乎？”盛曰：“西軍擾擾，人有東歸之志，陛下惟當修仁政以俟之耳。若大軍一臨，必投戈而來，若孝子之歸慈母也。”垂大悦。癸未，封柔爲陽平王，盛爲長樂公，會爲清河公。高平人翟暢執太守徐含遠，以郡降翟遼。垂謂諸將曰：“遼以一城之衆，反覆二國之間，不可不討。”

五月，以章武王宙監中外諸軍事，輔太子寶守中山；自率諸將南攻翟遼，以太原王楷爲前鋒。遼之部衆皆燕、趙之人，楷至，相率歸附。遼懼，請降。垂至黎陽，遼肉袒謝罪，垂厚撫之，以爲徐州牧，封河南公。

井陘人賈鮑，招引北山丁零翟遥等五千餘人，夜襲中山，陷其外郭。章武王宙以奇兵出其外，太子寶鼓譟於内，合擊，大破之，盡俘其衆，惟遥、鮑單馬走免。

劉顯地廣兵强，雄於北方。會其兄弟乖争，魏長史張袞言於太祖曰：“顯志大意高，希冀非望，乃有參天貳地、籠罩宇宙之規。吴不并越，將爲後患。今因其内釁，宜速乘之，若輕師獨進，恐或越逸。可遣使告慕容垂，共相聲援，東西齊舉，勢必擒之。然總括英雄，撫懷遠邇。此千載一時，不可失也。”太祖從之，復遣行人安同乞師於垂，垂使趙王麟率衆會之。垂自黎陽還中山。吴深殺清河

太守丁國，章武人王祖殺太守白欽，渤海人張申據高城以叛；命樂
浪王溫討之。

　　秋七月，趙王麟討王敏於上谷，斬之。劉衛辰獻馬於垂，劉顯
掠之。垂怒，遣太原王楷將兵助趙王麟擊，大破之。顯奔馬邑西
山，太祖引兵會麟擊顯於彌澤，又破之。顯奔西燕，麟悉收其部衆，
獲馬牛羊以千萬數。八月，垂立劉顯弟可泥爲烏丸王，撫其遺衆，
徙八千餘落於中山。冬十月，翟遼復叛，遣兵與王祖、張申寇掠清
河、平原。太祖遣外朝大人王建使於垂。

　　建興三年春二月，翟遼遣司馬眭瓊詣垂謝罪。垂以其數反覆，
斬瓊以絶之。遼怒，自稱大魏天王，改元建光，署置百官。時青州
刺史陳留王紹爲平原太守辟閭渾所逼，退屯黄巾自固。垂更以紹
爲徐州刺史。渾，蔚之子也，初因苻氏亂，據齊地降。

　　晉三月乙亥，爲太子寶起承華觀，以寶録尚書，政事巨細悉以
委之，垂總大綱而已。趙王麟擊許謙，破之，謙奔西燕。遂廢代郡，
悉徙其民於龍城。夏四月丁亥，立夫人段氏爲皇后，又以太子寶領
侍中、大單于、驃騎大將軍、幽州牧。追謚前妃段氏爲成昭皇后。
五月，翟遼徙屯滑臺。秋七月，遣護軍將軍平幼會章武王宙討吳
深，破之，深走繹幕。

　　八月，魏太祖密有圖燕之志，遣九原公拓跋元儀奉使至中山，
垂詰之曰：“魏王何以不自來？”儀曰：“先王與燕並事晉室，世爲兄
弟，今臣奉使，於理未失。”理，一作禮。垂曰：“吾今威加四海，豈得
以昔日爲比！”儀曰：“燕若不修德禮，欲以兵威自强，此乃將帥之
事，非使臣所知也。”儀還，言於太祖曰：“燕王衰老，太子闇弱，范
陽王自負材氣，非少主臣也。燕王既没，内難必作，於時乃可圖耳。
今則未可。”太祖乃止。

　　九月，張申攻廣平，王祖攻樂陵；壬午，高陽王隆將兵討之。冬

十月，垂遣使報聘於魏。十二月庚子，太原王楷、趙王麟將兵會高陽王隆於合一作魯。口以擊張申；王祖帥諸壘共救之，夜犯燕軍，楷等逆擊，走之。隆欲追之，楷、麟曰："王祖老賊，或詐走而設伏，不如俟明。"隆曰："此白地群盜，烏合而來，邀幸一決，非素有約束，能一其進退也。今失利而去，衆莫爲用，乘勢追之，不過數里，可盡擒也。申之所恃，惟在於祖，祖破，則申降矣。"乃留楷、麟守申壘，隆與平幼分道擊之，比明，大獲而還，懸所獲之首示申。甲寅，申懼出降，祖亦歸罪。

　　建興四年春正月，以陽平王柔鎮襄國。遼西王農在龍城五年，表請代還。庚申，召農還爲侍中、司隸校尉；以高陽王隆爲都督幽平二州諸軍事、征北大將軍、幽州牧；建留臺於龍城，以隆録留臺尚書事。又以護軍將軍平幼爲征北長史，散騎常侍封孚爲司馬，並兼留臺尚書。夏四月，以長樂公盛鎮薊城，修繕舊宮。翟遼寇滎陽，執太守張卓。五月，清河民孔金斬吳深，送首中山。魏陳留公拓跋元虔使於垂。時暐及諸宗室爲苻堅所害者，並招魂葬之。清河太守賀耕聚衆定陵以叛，南應翟遼，遼西王農討斬之，毀定陵城。進師入鄴，以鄴城廣大難固，築鳳陽門大道之東爲隔城。《水經注》云：因鄴故宮建都中山小城之南，更築隔城，興復宮觀，今府榭猶傳故制。

　　尚書郎婁會上疏曰："三年之喪，天下之達制，兵荒殺禮，遂以一切取士。人心奔競，苟求榮進，至乃身冒縗経，以赴時役，豈必狗忠於國家，亦昧利於其間也。聖王設教，不以顛沛而虧其道，不以喪亂而變其化，故能杜豪競之門，塞奔波之路。陛下鍾百王之季，廓中興之業，天下漸平，兵革方偃，誠宜蠲蕩瑕穢，率由舊章。吏曹一作遭。大喪，聽終三年之禮，則四方知化，人斯服禮。"垂不從。

　　范陽王德、趙王麟擊賀訥，追奔至勿根山，訥窮迫請降，徙之上谷，質其弟染干於中山。冬十月乙酉，樂浪王溫爲翟遼所襲，死之。垂遣使報聘於魏。是年,垂遣使遣沙門僧朗書曰:"皇帝敬問太山朗和尚。澄神靈緒,慈蔭百國。凡在含生,孰不蒙潤? 朕承藉纂統,方夏事膺。昔吳蜀不恭,魏武含慨。今二賊未平,朕豈獲安! 又元戎克興,狂掃暴亂,至人靈通,隨權指化。願兵不血刃,四海混伏。委心歸依,久敬何已! "今遣使者送官絹一百匹、袈裟三領、綿五十斤幸爲呪願。"朗答書於垂曰:"能仁御世,英規遐邈。光敷道化,融濟四海。貧道忝服道味,習教山林,豈惟詔旨? 諮及國難,王者膺期,統有六合,大能併小,自是常倫。若葵藿之傾,太陽飛步之宗,麟鳳皇澤,載融群生。繫仰陛下高明,何思不服? 貧道窮林蒙賜,過分頓首復。"

建興五年春三月,垂遣趙王麟率衆至魏。夏四月丙寅,太祖會趙王麟於意辛山,擊賀蘭、紇突鄰、紇奚三部落,大破之,紇突鄰、紇奚皆降於魏。秋八月,太祖遣弟秦王拓跋觚使於垂。九月,北平吳柱聚衆千餘,立沙門爲天子,攻破北平,轉寇廣都,入白狼城。高陽王隆方葬其夫人,郡縣守宰皆來會,衆聞柱反,請隆還城,遣大兵討之。隆曰:"今閭閻安業,民不思亂,柱等以詐謀惑愚夫,誘脅相聚,無能爲也。"遂留葬訖,遣北平太守、廣都令先歸,續遣安昌侯進將百餘騎趨白狼城,柱衆聞之皆潰,窮捕斬之。

建興六年春正月,置行臺於薊,加長樂公盛録行臺尚書事。賀染干謀殺其兄訥,訥知之,舉兵相攻。魏太祖遣使告於垂,請爲鄉導以討之。二月甲戌,垂遣趙王麟將兵擊訥,鎮北將軍蘭汗帥龍城之衆擊染干。夏四月,蘭汗破染干於牛都。

六月甲辰,趙王麟破賀訥於赤城,擒之,降其部落數萬。垂命麟歸訥部落,徙染干於中山。麟歸,言於垂曰:"臣觀拓跋珪,也宜諱。舉動,終爲國患,不若攝之還朝,使其弟監國事。"垂不從。

秋七月壬申,垂如范陽。太祖復遣秦王觚獻見於燕;垂衰老,子弟用事,留觚以求良馬。太祖弗與,遂與燕絕;使長史張袞求好於西燕王永,永使大鴻臚鈞奉表於魏,勸進尊號。觚逃歸,太子寶追獲之,垂待之如初。冬十月壬辰,垂還中山,與群僚議討永。太史令靳安言於垂曰:"彗星經尾箕之分,燕當有野死之王,不出五年,其國必亡。歲在鶉火,必克長子。"垂乃止。安出而謂人曰:"此衆既并,終不能久安意。"蓋知太祖之興也而不敢言。翟遼既稱尊號,有衆數萬屯於滑臺,與垂累年相擊。至是,遼死,子釗代立,改元定鼎。攻逼鄴城,遼西王農擊走之。十二月戊申,垂如魯口。

建興七年春二月壬寅,垂自魯口如河間、渤海。平原翟釗遣其將翟都侵館陶,屯蘇康壘。三月,垂引兵南擊釗,進逼蘇康壘。夏四月,翟都南走滑臺。翟釗求救於西燕王永,永謀於衆,尚書郎渤海鮑遵曰:"使兩寇相敝,吾乘其後,此卞莊子之策也。"中書侍郎太原張騰曰:"強弱異勢,何敝之有!不如救之,以成鼎峙之勢。可引兵趣中山,晝多疑兵,夜多火炬,彼必懼而還師。我衝其前,釗躡其後,此天授之機,不可失也。"永不從。

六月,垂軍黎陽,臨河欲濟,翟釗列兵南岸以拒之。諸將惡其兵精,咸諫不宜濟河。垂笑曰;"豎子何能爲? 吾今爲卿等殺之。"辛亥,垂徙營就西津,去黎陽西四十里,爲牛皮船百餘艘,載疑兵列杖,遡流而上。釗先以大衆備黎陽,見垂向西津,乃棄營西拒,垂遣中壘將軍桂陽王鎮率驍騎將軍國自黎陽津夜濟,壁於河南,比明而營成。釗聞之,亟還,攻鎮等營,垂命鎮等堅壁勿戰。釗士卒往來疲渴,攻營不能拔,將引去;鎮等引兵出戰,遼西王農自西津濟河,與鎮夾擊,大破之。釗走歸滑臺,携妻子率數百騎北濟河,登白鹿山,憑險自守,兵不得進。農曰:"釗無糧,不能久居山中。"乃引兵還,留騎候之。釗果下山,還兵掩擊,盡擒其衆,釗單騎奔長子。永以釗爲車騎大將軍、兗州牧,封東郡王。歲餘,謀反,永殺之。

釗所署清河崔宏、新興張卓、遼東韅騰、陽平路纂及郝晷、崔逞
皆來降附，垂各隨才而用之。所統七郡户三萬八千，皆安堵如故。
以章武王宙爲兗、豫二州刺史，鎮滑臺；徙徐州流民七千餘户於黎
陽，以彭城王脱垂之弟子也。爲徐州刺史，鎮黎陽。垂以崔蔭爲宙司
馬。秋七月，垂如鄴。以太原王楷爲冀州牧，右光禄大夫餘蔚爲右
僕射。冬十二月辛卯，垂還中山。以遼西王農爲都督兗、豫、荆、徐、
雍、五州諸軍事，鎮鄴。

建興八年春正月，陽平孝王柔卒。夏四月庚子，垂加太子寶大
單于；以厙傉官偉爲太尉，范陽王德爲司徒，太原王楷爲司空，陳留
王紹爲尚書右僕射。五月，立子熙爲河間王，朗爲渤海王，鑒爲博
陵王。

冬十月，垂欲興師討永於長子，諸將皆曰：“永未有釁，頃年以
來，士卒疲於行陳，居人不暇耕織，瘡痍滿身，哭泣盈路，宜且撫士
安民以俟時。長子不足憂也。”范陽王德曰：“不然，昔三祖積德，遺
訓在耳。故陛下龍飛不謀而會，雖由聖武，亦緣舊愛，燕趙之士樂
爲燕臣故也。昔光武馳蘇茂之難，不顧百官之疲。夫豈不仁？機
急故耳！兵法有不得已而用之者。方今海内版蕩，人百其心，急之
則得其用，緩之各懷所私。永既國之枝葉，又僭舉位號，扇動華夷，
惑民視聽，致令群豎縱横，逐鹿不息，宜先除之，以一民心。士卒雖
疲，庸得已乎！”垂笑謂諸將曰：“司徒議正與吾同。二人同心，其
利斷金。吾計決矣，且吾比老，扣囊底智，足以克之，不復留逆賊以
累子孫也。”遂戒嚴。

十一月，發中山步騎七萬，遣鎮西將軍丹陽王纘、龍驤將軍張
崇出井陘，攻永弟武鄉公友於晉陽，征東將軍平規攻鎮東將軍段
平於沙亭。永遣尚書令刁雲、車騎將軍北地王鍾率衆五萬屯潞川。
十二月，垂至鄴。

建興九年春二月，垂留清河公會鎮鄴，發司、冀、青、兗兵，遣太原王楷出自塗口，遼西王農出自壺關，垂自出沙亭擊永，標榜所趣，軍各就頓。永聞之，嚴兵分道拒守，聚糧臺壁，遣從子征東將軍小逸豆歸、鎮東將軍王次多、右將軍勒馬駒率眾萬餘戍之。夏四月，垂頓軍鄴之西南，月餘不進。永怪之，以爲太行道寬，謂垂詭道伐之，乃悉攝諸軍還，杜太行軹關，惟留臺壁軍。甲戌，垂進師出滏口，入自天〔一作木〕井關。

五月丁巳，月奄歲星在尾。占曰：“燕國滅亡。”乙酉，垂軍至於臺壁，永遣太尉大逸豆歸帥眾來拒，垂征東將軍平視擊破之。小逸豆歸出戰，遼西王農又擊破之，斬勒馬駒及王次多，遂圍臺壁。永召太行軍還，自率精卒五萬來拒，阻河曲以自固，馳使請戰。北地王鍾震怖，率眾來降，永誅其妻子。己亥，垂列陣於臺壁之南，分農、楷軍爲左右翼，驍騎將軍國伏千騎於深澗下。庚子，與永合戰，垂引軍僞退，永追奔數里，國發伏兵馳斷其後，楷、農夾擊之，永師大敗，斬首八千餘級，奔還長子。晉陽守將聞之，棄城走。丹陽王纘攻克晉陽。

六月，垂進圍長子。永欲奔後秦，侍中蘭英曰：“昔石虎伐龍都，太祖堅守不去，卒成大燕之基。今垂七十老翁，厭苦兵革，終不能頓兵連歲以攻我也；但當守城以備之耳。”永從之。

秋八月，永困急，遣子常山公弘等求救於雍州刺史郗恢，并獻玉璽一紐。晉出兵救之。永恐晉兵不至，又遣太子亮爲質於晉，平視追亮及於高都，獲之。永又告急於魏，太祖遣陳留公虔、將軍庾岳帥騎五萬東渡河，屯秀谷以救之。時晉、魏兵皆未至，大逸豆歸部將賈韜等潛爲內應，開門納垂兵，垂進兵入城，永奔北門，爲前驅所獲，垂數而戮之，并斬其所署公卿已下刁雲、大逸豆歸等四十餘人，永所統新舊八郡戶七萬六千八百及乘輿、服御、圖書、伎樂、珍

寶悉獲之，於是品物具矣。垂以丹陽王纘爲平州刺史，鎮晉陽。宜
都王鳳爲雍州刺史，鎮長子。永尚書僕射昌黎屈遵、尚書陽平王
德、秘書監中山李先、太子詹事渤海封則、黄門郎太山胡母亮、中書
郎張騰、燕郡公孫表皆隨才擢叙。

九月，垂自長子如鄴。冬十月，垂東巡陽平、平原，命遼西王農
濟河，與鎮南將軍尹國略地青、兗，一作河南。農攻廩丘，國攻陵城，
皆拔之。農與平東太守韋簡戰於平陸，簡死。晉高平太守徐含遠
遣使告急，龍驤將軍劉牢之不能救。於是高平、太山、琅邪諸郡皆
委城奔潰，農進師臨海，徧置守宰而還。十一月，農敗晉辟閭渾於
龍水，遂入臨淄。十二月，垂召龍等還，告捷於龍城。秦姚興遣使
來結好，并送太子寶之子敏於垂，垂封敏爲河東公。

建興十年春正月，垂遣散騎常侍封則報聘於秦；遂自平原狩於
廣川、渤海、長樂而歸。夏五月，太祖侵逼附塞諸郡。甲戌，垂遣太
子寶及遼西王農與趙王麟等率步騎八萬，自五原伐魏，范陽王德、
陳留王紹別將步騎一萬八千爲寶後繼。散騎常侍高湖切諫，垂怒，
免其官爵。

六月癸丑，太原元王楷卒。秋七月，魏張袞聞燕軍將至，言於
太祖曰：“燕狃於滑臺、長子之捷，竭國之資力以來，有輕我之心，宜
羸形一作師。以驕之，乃可克也。”太祖從之，悉徙部落畜産，西渡
河千餘里以避之。寶軍至五原，降魏別部三萬餘家，收檴田百餘萬
斛，置黑城，進師臨河，造船爲濟具。太祖遣右司馬許謙乞師於秦。

八月，太祖治兵於河南。九月，進師臨河。築臺告津，奮揚威
武，連旌沿河，東西千有餘里。太子寶列兵將濟，暴風忽起，漂其船
數十艘泊南岸。魏獲其甲士三百餘人，皆釋而遣之。寶之發中山
也，垂已有疾，既至五原，魏使人邀中山之路，伺其使者，盡執之。
寶數月不聞垂起居，太祖使所執使者詭爲辭臨河告之曰：“若父已

死，何不早歸！”寶等聞之憂恐，以爲信然，士卒駭動，往往聞言皆欲爲變。

魏使陳留公拓跋元虔將騎五萬屯於河東，要山截谷百餘里，以絕其左。東平公拓跋元儀將騎十萬屯於河北，以承其後。略陽公拓跋元遵將騎七萬，塞其中山之路。時秦姚興遣楊佛嵩將兵救魏，至是亦至。

寶初至幽州，所乘車軸無故自折。術士靳安以爲大凶，固勸令還，寶怒不從。至是問安，安言於寶曰：“天時不利，咎徵已集，燕必大敗，速去可免。”寶愈大恐。安退告人曰：“吾輩皆當死於他鄉，尸骸委於草野，爲烏鳥螻蟻所食，不復得歸家矣！”燕、魏相持積旬，趙王麟將慕輿嵩以垂爲寶死，潛謀作亂，奉麟爲主；事洩，嵩等皆死，寶、麟等內自猜疑。

冬十月辛未，燒船夜遁。時河冰未結，寶以魏兵必不能渡，不設斥候。十一月己卯，天暴風，冰合，魏引兵濟河，留輜重，選精銳二萬餘騎急追之。寶軍還次參合，忽有大風，黑氣狀若隄防，或高或下，自軍後來，臨覆軍上。沙門支曇猛言於寶曰：“風氣暴迅，魏軍將至之候，宜遣兵禦之。”寶以去魏軍已遠，笑而不納。曇猛固請不已，麟怒曰：“以殿下神武，師徒之盛，足以威行沙漠，索虜何敢遠來！而曇猛妄言驚衆，當斬以狥！”曇猛泣曰：“苻氏以百萬之師，敗於淮南，正由恃衆輕敵，不信天道故也！”范陽王德勸寶從曇猛言，寶乃遣麟率衆三萬爲後殿以禦非常。麟以曇猛言爲虛，縱騎遊獵，不肯設備。

俄而黃霧四塞，日月晦明。寶遣騎還伺魏兵，騎行十餘里，即解鞍寢卧。魏兵晨夜兼行，乙酉，暮至參合。寶軍在陂東，營於蟠羊山南水上。靳安言於寶曰：“今日西北風勁，是追兵將至之。應宜設警備，兼行速去，不然必危。”寶乃使人防後。寶先不撫循，軍無節度,將士莫爲盡心,不覺大軍在近。魏前驅斥候見燕軍營,還告。

　　其夜,太祖部分諸將,掩覆燕軍,諸將羅落爲東西犄角之勢。約勒士卒銜枚束馬口無聲潛進。丙戌昧爽,魏兵齊進,日出登山,下臨燕營;燕軍晨將東引,顧見軍至,士卒大驚,擾亂奔走。魏縱兵擊之,燕軍走赴水,人馬相騰躡,有馬者皆蹶倒,冰上自相壓死傷者萬數。魏略陽公拓跋元遵以兵邀其前,燕兵四五萬人,一時放杖歛手就禽,其遺迸去者不過數千人而已,太子寶等率數千騎奔免。殺右僕射陳留悼王紹,生禽魯陽王倭奴、桂林王道成、垂之弟子也。濟陰公尹國、北地王鍾世子葵、安定王世子羊兒以下等文武將吏數千人,獲寶寵妻及宮人、兵甲輜重、軍糧資財以巨萬計。

　　太祖簡擇俘衆之有才能者代郡太守廣川賈閏、閏從弟驃騎長史昌黎太守彝、太史郎遼東晁崇等留之,其餘欲悉給衣糧遣還,以招懷中州之人。中部大人一作冠軍將軍。王建曰:"燕衆强盛,今傾國而來,我幸而大捷,不如悉殺之,則其國空虛,取之爲易。若獲寇而縱之,無乃不可乎!"太祖謂諸將曰:"若從建言,吾恐後南人創乂,絕其向化之心,非弔民伐罪之義也!"諸將咸以建言爲然,建又固執,乃悉坑之。

　　十二月,寶恥參合之敗,屢言魏有可乘之機。范陽王德亦言於垂曰:"虜以參合之役,有陵太子之心,宜及陛下聖略,摧其銳志,不然將爲後患。"太史令曰:"太白夕没西方,數日後見東方。此爲躁兵,先舉者亡。"垂不從。乃以清河公會録留臺事,領幽州刺史,代高陽王隆鎮龍城;以陽城王蘭汗爲北中郎將,代長樂公盛鎮薊;命隆、盛悉引精兵還中山,期以明年大舉擊魏。

　　建興十一年春正月,高陽王隆引龍城之衆入中山,軍容精整,士氣稍振。垂遣征東將軍平視發兵冀州。二月,視以博陵、武邑、長樂三郡兵反於魯口，其從子冀州刺史平喜諫，不聽。視弟海陽令平翰起兵遼西以應之。垂遣鎮東將軍餘嵩擊視，嵩敗死之。垂自將兵擊視，軍至魯口，視棄衆，將妻子及喜等數十人走渡河，垂引兵還。翰率衆趨龍城，清河公會遣東陽公根等擊翰，破之，翰走山南。三月庚子，垂留司徒范陽王德守中山，自率大衆密發，踰青嶺，經天門，鑿山開道，出魏不意，直指雲中。魏陳留公拓跋元虔部落三萬餘家先鎮平城；垂次獵嶺，以遼西王農、高陽王隆爲前鋒襲擊之。時，燕兵新敗，皆畏魏强，惟龍城兵勇銳爭先。虔素不設備，徵兵未集。閏月乙卯，農等軍至平城，乃覺，虔率麾下邀擊，敗死，遂拔平城，收其部衆三萬餘人。太祖欲出走，諸部聞虔死，皆有二心。垂至參合，見往年戰處積骸如山，設弔祭之禮。《水經注》云設策弔之禮。死者父子兄弟遂皆號哭，六軍哀慟，聲振山谷。垂慚憤嘔血，因而寢疾，乘馬輿而進，頓平城西北三十里。《水經注》云四十里。寶等至雲中，聞垂疾，皆引歸。垂在平城，或有叛者奔告於魏曰："垂病已亡，輿尸在軍。"

　　魏又聞參合大哭，以爲信然，乃進兵欲追之，知平城已陷，而退還館陰山。垂在平城積十日，疾轉篤，踰山結營。聞魏兵將至，乃築燕昌城以自固。夏四月癸未，垂至上谷之沮陽卒，遺令曰："方今禍難尚殷，喪禮一從簡易。朝終夕殯，事訖從服，三日之後釋服從政。强寇伺隙，秘勿發喪，至京然後舉哀行服。"寶等遵行之。丙申，至中山；戊戌，發喪，垂以太元二十一年死，時年七十一，在位十三年。僞謚成武皇帝，廟號世祖，墓曰宣平陵。

屠本《十六國春秋》卷第四十六《後燕録四》

慕容寶

　　慕容寶字道佑，小字庫勾，垂之第四子也。元璽元年生於信都，少而輕果無志操，好人佞已。秦苻堅時爲太子洗馬、萬年令。堅淮肥之役，以寶爲陵江將軍。及爲太子，砥礪自修，敦崇儒學，工談論，尤善屬文，曲事垂左右，以求美譽。故垂以爲克保家業，甚見寵愛，朝士亦翕然稱之。

　　永康元年夏四月，垂死。壬寅，寶匿喪而還。遂以晉太元二十一年嗣即僞位，尊段氏爲太后，大赦境内殊死已下，改元永康。五月辛亥，以范陽王德爲都督冀兖青徐荆豫六州諸軍事、車騎大將軍、冀州牧、鎮鄴；遼西王農爲都督并雍益梁秦涼六州諸軍事、并州牧，鎮晉陽。又以太尉安定王庫傉官偉爲太師，扶餘王餘蔚爲太傅，左光禄大夫段崇爲太保，其餘拜授各有差。甲寅，以趙王麟領尚書左僕射，高陽王隆領尚書右僕射，長樂公盛爲司隸校尉，宜都王鳳爲冀州刺史。乙丑，寶逼殺太后段氏。

　　六月癸酉，魏太祖遣冠軍將軍王建等三軍擊廣甯太守劉亢塯，死之，徙其部落於平城。上谷太守開封公詳棄郡走。詳，虓之曾孫也。丁亥，遵垂遺令校閲户口，罷諸軍營封蔭之户，分屬郡縣；定士族舊籍，明其官儀而法峻政嚴，上下離德，百姓思亂，十室而九。時平視收合餘黨保高唐，寶遣高陽王隆將兵討之；東土之民，素懷隆惠，迎候者屬路。秋七月，隆進軍臨河，視棄高唐遁走。遣建威將軍進等濟河追之，斬視於濟北。平喜奔彭城。遼西王農悉將部曲數萬口之并州，并州素乏儲餚，是歲旱霜，民不得供其食，又遣諸部護軍分監諸胡，由是民夷俱怨，潛召魏軍。會魏中書侍郎上谷張恂勸取中原，太祖善之。

八月庚寅，太祖治兵於東郊。己亥，大舉來伐，親勒六軍步騎數十萬，南出馬邑，踰句注，一作涇。旌旗駱驛二千餘里，鼓行而前，民屋皆震。左將軍雁門李栗將五萬騎爲前驅，別遣將軍封真等三軍從東道出軍都，襲幽州，圍薊。乙亥，寶立妃段氏爲皇后，策爲皇太子，盛、會進爵爲王。九月，章武王宙奉垂及成哀段后喪葬於龍城宣平陵，寶詔宙悉徙高陽王隆參佐、部曲、家屬還中山。戊午，魏兵進次陽曲，乘西山，臨觀晉陽，命諸將引騎環城圍脅大譟而去。寶遣遼西王農及驃騎將軍李晨逆戰，敗績，奔還晉陽，司馬慕輿嵩閉門拒之。農大懼，棄城夜將妻子率騎數千東走，行及潞川爲魏中領將軍長孫肥追軍所及。妻子軍士一時盡没，農被創，獨與三騎逃歸中山。

太祖遂取并州。初建臺省，置刺史、太守、尚書郎以下官，悉用儒生爲之。士大夫詣軍門者，無少長，皆引入存慰，使人人盡言，少有才用，咸加擢叙。

寶在中山，聞魏兵將至，引群臣議於東堂。中山尹苻謨曰：“今魏軍强盛，千里轉鬥，乘勝而來，勇氣百倍。若逸之使騎入平原，形勢彌盛，殆難爲敵，宜杜險以拒之。”中書令眭邃曰：“魏多騎兵，往來剽鋭，馬上齎糧，不過旬日；宜令郡縣聚民千家爲一堡，深溝高壘，清野以待之，彼至無所掠，資食無出，不過六旬，自然窮退。”尚書封懿曰：“今魏師數十萬，天下之勍敵也，百姓雖欲營聚，不足以自固，是聚糧集兵以資强寇。且摇動衆心，示之以弱，不如阻關拒戰，計之上也。”趙王麟曰：“魏今乘勝氣鋭，其鋒不可當，宜自完守設備，待其敝而乘之，可也。”於是修城積粟，爲持久之計。命遼西王農出屯安喜，軍事動静，悉以委麟。己未，魏遣輔國將軍奚牧略地晉川，一作汾川。獲寶丹陽王買德及離石護軍高秀和於平陶。以張恂等爲諸郡太守，招撫離散，勸課農桑。

　　冬十月，太祖使冠軍將軍于栗磾、寧朔將軍公孫蘭帥步騎二萬潛自晉陽，一作太原。從韓信故道開井陘路。己酉，太祖自井陘趨中山，李先奔降，太祖以爲征東左長史。十一月甲子朔，太祖進攻常山，拔之，執太守苟延；自常山以東，守宰或走或降，諸郡縣皆望風奔附，惟中山、鄴、信都三城固守不下。魏別命征東大將軍、東平公拓跋儀將五萬騎南攻鄴，冠軍將軍王建、左將軍李栗等攻信都。下令軍之所行不得傷民棗栗。戊午，太祖進兵中山，見道路修理，大悅，賜栗磾名馬。己未，引騎圍之，太祖謂諸將曰：“吾量寶不能出戰，必當憑城自守，偷延日月，急攻則傷士，久守則費糧，不如先平鄴、信都，然後還取中山，於計爲便。若移軍遠去，寶必散衆求食，民間如此則人心離阻，攻之易克。”諸將稱善。

　　高陽王隆守南郭，帥衆力戰，自旦至晡，殺傷數千人，魏兵乃退。丁卯，魏引兵而南，章武王宙自龍城還，聞有魏寇，馳入薊州，與鎮北將軍陽城王蘭垂之從弟也。乘城固守。魏別將石河頭攻之，不克，退屯漁陽。魏軍於魯口城，博陵太守申永奔河南，高陽太守崔宏奔海渚。太祖素聞宏名，遣騎追獲，以爲黃門侍郎。博陵令屈遵降魏，以爲中書令。范陽王德使南安王青等青，詳之兄也。夜擊魏軍於鄴下，破之，魏兵退屯新城。青等請追擊之，別駕韓諲曰：“古人先計而後戰。魏軍不可擊者四：懸軍野客，利在野戰，一也；深入近畿，頓兵死地，二也；前鋒既敗，後陳方固，三也；彼衆我寡，四也。官軍不宜動者三：自戰其地，一也；動而不勝，衆心難固，二也；城隍未修，敵來無備，三也。今魏無資糧，不如深溝固壘以老之。”德從之，乃召青還。

　　十二月，魏遼西公賀賴盧率騎二萬會東平公儀攻鄴。別部大人没根有膽勇，太祖惡之。没根懼誅，己丑，將兵數十人來降，寶以爲鎮東大將軍，封雁門公。没根求還襲魏，寶難與重兵，給百餘騎。

没根效其號令,夜入魏營,至中伏,太祖乃覺,狼狽驚走,没根以所從人少,不能壞其大衆,多得首虜而還。

永康二年春正月,范陽王德求救於秦,秦兵不出,鄴中恟懼。魏廣川太守賀賴盧自以太祖之舅,不受東平公儀節度,由是與儀有隙。儀司馬丁建陰與德通,從而構間之,射書入城中言其狀。甲辰,風霾,畫晦,賴盧營有火,建言於儀曰:"賴盧燒營爲變矣。"儀以爲然引兵退,賴盧聞之,亦退。建率其衆詣德降,且言儀師老,可以敗之。德遣桂陽王鎮、南安王青帥騎七千追擊魏兵,大破之。寶使左衛將軍慕輿騰攻博陵,殺魏所置中山太守及高陽諸縣令,長抄掠租運。時魏冠軍王建等攻信都六十餘日不下,士卒多死。庚申,太祖自中山進軍來攻。壬戌,引騎圍之。其夜,冀州刺史、宜都王鳳踰城奔走,歸於中山。癸亥,寶輔國將軍張驤、護軍將軍徐超率將吏以下舉信都降魏。寶聞魏攻信都,乃趣博陵之深澤,屯滹沱水,遣趙王麟攻楊城,殺常山守兵三百餘人。寶悉出珍寶及宮人招募郡縣群盜無賴者,多應之因以擊魏。

二月己巳朔,太祖還屯陽城。没根兄子醜提爲并州監軍,聞其叔降燕,懼誅,率所部兵還國作亂。魏欲北還,遣其國相涉延求和於燕,且請以其弟爲質。寶聞魏有內難,不許,使冗從僕射蘭真責魏負恩,悉發其衆出拒,步卒十二萬、騎三萬七千次於鉅鹿之曲陽柏津塢,臨滹沱水北以邀之。丁丑,魏兵進至新梁,營於水南。寶憚魏師之盛,乃遣征北大將軍、高陽王隆潛師夜濟,募勇敢萬餘人襲擊魏營,寶陳於營北以爲之援。募兵因風縱火,燒宮燎及行宮,急擊魏兵,魏兵大亂,太祖驚起,不及衣冠,棄營跣走,軍人遂有亡奔者言魏兵敗於柏津。一作肆。寶別將乞特真率百餘人至其帳下,得太祖衣韈。既而募兵無故自驚,互相矸射,太祖於營外望見之,乃擊鼓收衆,左右及中軍將士稍稍來集,魏設奇陣,多布火炬於營外，縱騎衝之。募兵大敗，斬首萬餘，擒將軍高長等四千餘人，餘衆奔還寶陳，寶引兵復渡水北。戊寅，魏兵方軌而至，對營相持，上下兇懼，三軍奪氣。農、麟勸寶走中山，寶乃引歸，魏兵隨而追之，燕兵屢敗。寶懼，棄大衆，率騎二萬奔還，時大風雪，凍死者相枕於道。寶恐爲魏兵所及，命士卒皆棄袍杖、戎器數十萬，寸刃無還，寶尚書閔亮、秘書監崔逞、太常孫沂、殿中侍御史孟輔等並降於魏，其餘將卒降魏及爲魏所繫虜者甚衆。魏兵進攻中山，屯芳林園。己卯夜，寶尚書郎慕興皓謀弑寶，立趙王麟。妻兄蘇泥告之，寶使高陽王隆收皓，皓與同謀數千人斬關奔魏，麟懼不自安。

三月，寶以儀同三司武鄉張崇爲司空。初，清河王會聞魏兵東下，表求赴難，寶許之。會初無去意，使征南將軍庫傉官偉、建威將軍餘崇嵩之子也。將兵五千爲前鋒。偉等頓盧龍城近百日，無食，噉牛馬且盡，會猶不發。寶怒，累詔切責。會不得已，以治行簡練爲名，復留月餘。時道路不通，偉欲輕軍前行通道，偵魏强弱，且張聲勢，諸將皆畏避不欲行。餘崇奮臂曰：“今巨寇滔天，京都危逼，匹夫猶思致命以救君父，諸君荷國寵任，而更惜生乎！若社稷傾覆，臣節不立，死有餘辱。諸君安居於此，崇請當之。”偉喜，簡步騎五百人。崇進至漁陽，遇魏千餘騎。崇謂其衆曰：“彼衆我寡，不擊則不得免。”乃鼓譟直進，手殺數十人。魏騎潰去，崇亦引還，斬首獲生，具言敵中闊狹，衆心稍振。會乃上道徐進，是月，始達薊城。

魏圍中山既久，城中將士皆思出戰。高陽王隆言於寶曰：“諱涉珪也。雖屢獲小利，然頓兵經年，兇勢阻屈，士馬死傷大半，人心思歸，諸部離解，正是可擒之時也。加之舉城思奮，若因我之銳，乘彼之衰，往無不克。如其持重不決，將士氣喪，日益困逼，事久變生，後雖悔之，不可得已！”寶然之。趙王麟每阻其議，隆成列而罷者，前後數四。寶使人請於魏，欲遣其弟元觚，割常山以西與魏求和,自守常山以東,太祖許之,寶復不與。

己酉,太祖如盧奴。辛亥,進次中山,命諸將圍之。給事黃門侍郎張衮言於太祖曰:"寶憑三世之資,城池之固。雖皇威振赫,勢必擒殄。然窮兵極武,非王者所宜。昔酈生一説,田橫委質。魯連飛書,聊將授首。臣誠德非古人,才無奇略,仰憑靈威,庶必有感。"太祖從之,乃遺寶書,喻以成敗。寶見書大懼,時寶將士數千人俱自請於寶曰:"今坐守窮城,終於困斃,臣等願得一出樂戰,而陛下每抑之,此爲坐自摧敗也。且受圍歷時,無他奇變,徒望積久寇賊自退。今內外之勢,强弱懸絶,彼必不肯自退明矣,宜從衆一決。"寶許之。隆退而勒兵,被甲上馬,詣門俟命。麟復固止,衆大忿恨,隆涕泣而退。是夜,麟以兵劫左衛將軍北地王精,使率禁兵弑寶。精以義拒之,麟怒,殺精,將妻子出奔西山,依丁零餘衆。於是城中人情駭振。寶不知麟所之,初,寶聞魏之來伐也,使清河王會率幽并之衆赴中山。麟既叛,寶恐其奪會軍,將遣兵迎之。麟侍郎段平子自丁零奔還,説麟招集丁零,謀襲會軍,東據和龍。寶乃召高陽王隆及遼西王農謀去中山,走保龍城。隆曰:"先帝沐風櫛雨以成中興之業,崩未期年而天下大壞,豈得不謂之孤負邪! 今外寇方盛而內難復起,骨肉乖離,百姓疑懼,誠不可以拒敵,北遷舊都,亦事之宜。然龍川地狹民貧,若以中國之衆一作意字。取足其中,復朝夕望有大功,此必不可。若節用愛民,務農訓兵,數年之中,公私充實,而趙、魏之間,苦厭寇暴,民思燕德,庶幾返斾,克復故業。如其未能,則憑險自固,猶足以優遊養鋭耳。"寶曰:"卿言盡理,朕一從卿意耳。"

壬子夜,寶與太子策、遼西王農、高陽王隆、長樂王盛等萬餘騎出赴會軍,河間王熙、渤海王朗、博陵王鑒皆幼,不能出城,隆還入迎之,自爲靫乘,俱得免難。寶別將李沈、王次多、張超、賈歸等降魏。樂浪王惠、中書侍郎韓範、員外郎段宏、太史令劉起等帥工伎三百奔鄴。中山城内無主，百姓惶惑，東門不閉。太祖欲夜入城據守，冠軍王建貪而無謀，志在虜掠，乃言恐士卒肆掠盜亂府庫，請竢明旦，乃止。開封公詳一作普鄰。從寶不及，城中立以爲主，遂閉門拒守；魏盡衆攻之，連日不拔。使人登巢車，臨城招諭其衆曰："慕容寶捐城奔走，已棄汝去，汝曹百姓將誰爲守？何不識天命，空自取死乎？"皆曰："群小無知，但恐復如參合之衆，故苟延旬日之命耳。"太祖聞之，顧視王建而唾其面，使中領將軍長孫肥、左將軍李栗將三千騎追寶至范陽，不及，破其新城戍，俘掠千餘人。乙丑，寶出中山，與趙王麟遇於阬城。麟不意寶至，驚駭率其衆奔蒲陰，復出屯望都，土人頗供給之。開封公詳遣兵掩擊麟，獲其妻子，麟脱走入山。

甲寅，寶至薊，殿中親近散亡略盡，惟高陽王隆所領數百騎爲宿衛。清河王會帥步騎二萬列陣而進，迎寶薊南。乙卯，詔解會兵以屬隆，隆固辭；乃減會兵分給農、隆。又遣西河公庫傉官驥帥兵三千助守中山。丙辰，寶盡徙薊中府庫北趨龍城。魏石河頭引兵追之，戊午，及於夏謙澤。寶不欲戰，會固請逆擊之，寶許之。遂整陳與魏戰，農、隆等將南來騎衝之，魏兵大敗，追奔百餘里，斬首數千級。隆又獨追數十里而還。會既退，魏兵矜狠滋甚。

夏四月，寶宿廣都黃榆谷，會遣其黨仇尼歸等帥壯士二十餘人分道襲農、隆，殺隆於帳下，農被創逃遁。會欲棄隆喪，建威將軍餘崇涕泣固請，聽載車後。會復勒兵攻寶，自稱皇太子，盡收乘輿服御，後宮子女分給將士，寶責讓之。會命軍士向寶大諜，城中將士莫不憤憾。侍御郎高雲襲擊敗之，會逃奔中山，開封公詳執而殺之。丁丑，大赦，凡與會同謀者，皆除罪，復舊職；論功行賞，拜將軍、封侯者數百人。以農爲左僕射，尋拜司空、領尚書令。寶嘉餘崇之忠，拜中堅將軍，使典宿衞。贈高陽王隆爲司徒，以高雲爲建威將軍，封夕陽公。甲申，太祖以軍食不繼，命征東大將軍、東平公儀去鄴，圍徙屯鉅鹿，積租楊城。開封公詳出步卒六千人，伺間襲魏諸屯；魏遣中領將軍長孫肥等輕騎挑戰，僞退，詳帥衆追肥，太祖自以虎隊五千橫截其後，斬首五千，生擒七百人，皆宥而遣之。

五月戊戌，厙傉官驥入中山，與開封公詳相攻，死之。詳盡滅厙傉官氏，又殺中山尹苻謨，夷其族。中山城無定主，民恐魏兵乘之，男女結盟，人自爲戰。詳自謂能却魏兵，威德已振，乃僭稱尊號，改元建始，置百官。以新平公可足渾譚爲車騎大將軍、尚書令，殺拓跋觚以安衆心。庚子，太祖以中山城內爲詳所脅而大軍迫之，欲降無路，乃密招諭之。甲辰，曜兵揚武以示城內，命諸軍南徙，罷圍以待其變。是時，鄴中官屬勸范陽王德稱尊號，有自龍城來者，知寶猶存，乃止。

秋七月，詳殺可足渾譚。詳嗜酒奢淫，不恤士民，殺戮無度，所誅王公以下五百餘人，內外震局，莫敢忤視。城中飢窘，詳不聽民出採稆，死者相枕，舉城皆謀迎趙王麟。詳遣輔國將軍烏丸張驤帥五千餘人出城求食，督租於常山之靈壽，殺害吏民。麟帥丁零之衆入驤軍，潛襲其衆，復入中山，城門不閉，執詳斬之，及其親黨三百餘人。麟復僭稱尊號，聽人四出採稆。人既得飽，求與魏戰，麟不從，稍復窮餒。魏軍魯口，遣長孫肥帥騎七千襲中山，入其外郭；麟以步騎四千追肥至派水，肥自魏昌迎擊。麟敗，失鎧騎二百，肥亦中流矢，各引而還。

八月丙寅朔，寶以司空遼西王農爲都督中外諸軍事、大司馬、錄尚書事。魏自魯口進軍常山之九門。時大疫，人、馬、牛多死，太祖問疫於諸將，對曰：“在者纔十四、五。”中山飢疫尤甚，麟猶拒守。諸將咸思北還，太祖覘知其意，因謂之曰：“斯固天命，將若之何！四海之人，皆可與爲國，在吾所以撫之耳，何恤乎無民！”諸將乃不敢復言。魏遣撫軍大將軍略陽公遵襲中山，芟其禾茉，入郛而還。

九月，中山飢甚，麟率三萬餘人出據新市。甲子晦，魏遣趙武進軍討之。太史令晁崇諫曰：“不吉。”太祖曰：“其義若何？”對曰：“昔紂以甲子亡，謂之疾日，兵家忌之，不可出兵。”太祖曰：“紂以甲子亡，周武不以甲子興乎？”崇無以對，遂進軍新市。

冬十月丙寅，麟退阻派水，依漸洳澤。漸，子廉切。洳，而據切。以自固。甲戌，太祖臨麟營，戰於義臺塢，大破之，斬首九千餘級，麟與數十騎馳取妻子入西山，奔鄴。甲申，魏克中山，所署公卿、尚書、將吏、士卒降者二萬餘人。其將張驤、李沉、慕容文等先嘗降魏，尋皆亡還，是日入城復獲之，皆赦而不問。得燕所傳皇帝璽綬、圖書、府庫珍寶簿列以巨萬計，班賞群臣將士有差。發開封公詳冢，斬其尸；收殺觚者高霸、程同，皆夷五族，以大刃剉之。燕人有自中山至龍城者，言太祖衰弱，司徒德完守鄴城。會德表至，勸寶南還，於是大簡士馬，將復取中原。遣鴻臚魯邃册拜德爲丞相、冀州牧，南夏公侯牧守皆聽承制封拜。十一月癸丑，大赦。十二月，調兵悉集，戒嚴在頓，遣將軍啓崙南視形勢。

永康三年春正月，啓崙還至龍城，言中山已陷；寶命罷兵。遼西王農言於寶曰：“今遷都尚新，未可南征，宜因成師襲庫莫奚，取其牛馬以充軍資，更審虛實，俟明年而議之。”寶從之。己未，北行。庚申，渡澆洛水，會南燕王德遣侍郎李延詣寶，言“魏主西上，中國空虛。”延追寶及之，大喜，即日引還。辛酉，寶還龍城宫，詔諸軍就頓，不聽罷散，文武將士皆以家屬隨駕。遼西王農、長樂王盛切諫，以爲兵疲力弱，魏新得志，未可與戰，宜且養兵觀隙，更俟他年。寶將從之，撫軍將軍慕輿騰進曰：“今師衆已集，宜乘新定之機，以成進取之功。百姓可與樂成，難與圖始。惟當獨決聖慮，不宜廣採異同以沮大計。"寶曰："吾計決矣，敢諫者斬！"

　　二月乙亥，寶出就頓，留盛統後事。己卯，寶發兵龍城，以慕興騰爲前軍大司馬，遼西王農爲中軍，寶爲後軍，步騎三萬，相去各一頓，連營百里。壬午，次於乙連，長上段速骨、宋赤眉等因衆心之憚征役，遂謀作亂。速骨等皆高陽王舊隊，共逼立隆子高陽王崇爲主，殺司空樂浪威王宙、中牟熙公段誼及宗室諸王。河間王熙素與崇善，崇擁佑之，故得獨免。寶將十餘騎奔遼西王農營，農將出迎，左右抱其腰止之曰："宜小澄清，不可便出。"農引刀將斫之，遂出見寶，又馳信追慕興騰。癸未，寶、農引兵還趣大營，討速骨等。農營兵亦厭征役，皆棄杖走，騰營亦潰。寶、農奔還龍城。長樂王盛聞亂，引兵出迎，寶、農僅而得免。尚書頓丘王蘭汗潛與速骨等通謀，引兵營龍城之東；城中留守兵至少，盛徙内近城之民，得丁夫萬餘，乘城以禦之。速骨等同謀纔百餘人，餘皆爲所驅脅，莫有鬥志。

　　三月甲午，速骨等將攻城，遼西王農恐不能守，且爲蘭汗所誘，夜潛出赴之，冀以自全。明旦，速骨等攻城，城上拒戰甚力，速骨之衆死者以百數。速骨乃將農循城，農素有忠節威名，城中之衆恃以爲强，忽見在城下，無不驚愕喪氣，遂皆逃潰。速骨入城，縱兵殺掠，死者狼籍。寶與慕興騰、餘崇、張真、李旱、趙恩等輕騎南奔。速骨幽農於殿内。長上阿交羅，速骨之謀主也，以高陽王崇幼弱，更欲立農。崇親信畷讓、出力犍等聞之，丁酉，殺羅及農。速骨即爲之誅讓等。農故吏左衛將軍宇文拔亡奔遼西。庚子，蘭汗襲擊速骨，并其黨，盡殺之。廢高陽王崇，奉太子策，承制大赦，遣使迎寶，及於薊城。寶欲還北，長樂王盛等皆曰："汗之忠款虚實未明，今單馬赴之，萬一汗有異志，悔之無及。不如南就范陽王，合衆以取冀州；若其不捷，收南方之衆，徐歸龍城，以俟後圖，未爲晚也。"

寶從之。

夏四月壬戌，寶從間道過鄴，鄴人請留，寶不許。南至黎陽，伏於河西，遣扶風公慕輿騰與長樂王盛招集散亡於冀州，盛以騰素暴橫，爲民所怨，乃殺之。行至鉅鹿，說諸豪傑，皆願起兵奉寶。段儀、段溫收部曲於内黄，衆皆嚮會，克期將集，寶以蘭汗祀燕宗廟，所爲似順，意欲還龍城，不肯留冀州，乃北行。至建安，抵民張曹家。曹素武健，請爲寶合衆；盛亦勸寶宜且駐留，徐察汗之情狀。寶乃遣冗從僕射李旱先往見汗，寶留頓石城。會汗遣左將軍蘇超奉迎，陳汗忠款。寶以汗垂之季舅，盛之妃父也，謂必無他，不待旱還，遂行。盛流涕固諫，寶不聽，留盛在後，盛與將軍張真等下道避匿。丁亥，寶至索莫汗陘，去龍城四十里，城中皆喜。汗惶懼，欲自出請罪，兄弟共諫止之。汗乃遣弟加難帥五百騎出迎；又遣兄提閉門止杖，禁人出入。城中皆知其將爲變，而無如之何。加難見寶於陘北，拜謁已，從寶俱進。潁陰公餘崇密勸寶勿前，寶不從。行數里，乃先執崇殺之。引寶入龍城外邸，遂爲汗所弑，謚曰靈帝。殺獻哀太子策及王公卿士已下百餘人。汗自稱大都督、大將軍、大單于、昌黎王，改元青龍。以提爲太尉，加難爲車騎將軍，封河間王熙爲遼東公，如杞、宋故事。初，皝之遷於龍城也，植松爲社主。及秦滅燕，大風吹拔之。後數年，社處忽有松二根生焉。遼川無桑，及廆通於晉，求種江南，平州一作遼州。之桑悉由吳來。廆終而桑死，垂以吳王中興，桑乃復生。寶之將敗，大風悉拔其樹。盛僭僞位，追謚寶曰惠愍皇帝，廟號烈宗。

屠本《十六國春秋》卷第四十七《後燕録五》

慕容盛

慕容盛字道運，寶之庶長子也。秦建元中生於長安。少沉敏，多謀略。建元末，苻堅誅慕容氏，盛潛奔於中山王沖。及沖稱尊號，有自得之志，賞罰不均，政令不明。盛年十三，謂叔父柔曰："夫十人之長，亦須才過九人，然後得安。今中山王智不先衆，才不逮人，功未有成，先自驕大，以盛觀之，鮮不覆敗。"俄而沖爲段木延所殺，盛隨永東如長子，謂柔曰："主上已中興幽、冀，東西未一。吾屬崎嶇於鋒刃之間，居嫌疑之地，愚則爲人所猜，智則危甚巢幕，當如鴻鵠高飛，一舉萬里，不可坐待網罟也。"於是與柔及弟會間行同歸於垂。遇盜陝中，盛曰："我六尺之軀，入水不溺，在火不焦，汝欲當我鋒乎！試豎爾手中箭百步，我若中之，宜慎爾命，如其不中，當束身相授。"盜乃豎箭，盛一發中之。盜曰："郎貴人之子，故相試耳。"資而遣之。歲餘，永誅儁之子孫，男女無遺。盛既至，垂問以西事，畫地成圖。垂笑曰："昔魏武撫明帝之首，遂乃侯之，祖之愛孫，有自來矣。"於是封長樂公。歷位散騎常侍、左將軍，驍勇剛毅，有伯父全之風烈。

寶即僞位，領北中郎鎮鄴，進爵爲王，拜征北大將軍、司隸校尉、尚書左僕射。寶自和龍南伐，盛留統後事，及段速骨作亂，馳出迎衛。寶幾爲速骨所獲，賴盛以免。盛屢進奇策於寶，寶不能從，是以屢敗。寶既如龍城，留盛在後。寶爲蘭汗所殺，盛馳進赴哀；將軍張真固諫以爲不可。盛曰："我今投命告以哀窮，汗性愚淺，必顧念婚姻，不忍害我，旬月之間，足以展吾情志。"遂入赴喪。汗以爲侍中、左光禄大夫，親待如舊。汗兄提、弟加難勸汗殺盛，汗不從。提驕狠荒淫，事汗多無禮，盛因而間之。由是汗兄弟浸相嫌忌。太原王奇，楷之子，汗之外孫也，汗亦宥之，以爲征南將軍。得入見盛，遂相與謀。盛潛使奇逃去起兵。奇起兵於建安，衆至數千，汗遣蘭提討之。盛謂汗曰："善駒小兒未能辯此，豈非有假托其名欲爲内應者乎！太尉素驕難信，不宜委以大衆。"汗因發怒，罷提兵，更遣撫軍將軍仇尼慕率衆討奇。是時，龍城自夏不雨至於秋。

七月，汗日詣燕諸廟及寶神座頓首禱請，委罪於蘭提、加難。蘭提及加難聞之怒，且懼誅，乙巳，相與率所部兵背汗襲仇泥慕軍，敗之。汗大懼，遣子穆將兵討之。穆謂汗曰："慕容盛我之仇讎，奇今起兵，盛必爲應。兼内有蕭墻之難，不宜養心腹之疾，請先除之。"汗欲誅盛，先引見，察之。盛妃知之，密以告盛，於是僞稱疾篤，不復出入。汗亦止不殺。李旱、衛雙、劉忠、張豪、張真等皆盛之舊昵也，蘭穆並引以爲腹心，旱等出入至盛所，與盛潛結大謀。丁未，穆討蘭提、加難等，破之。庚戌，大饗將士，汗、穆等皆醉，盛夜如厠，袒而踰墻入於東宮，與李旱等誅穆。時軍未解嚴，皆聚在穆舍，聞盛得出，衆皆踴躍，鼓譟大呼，進攻汗，斬之。汗子魯公和、陳公揚分屯令支、白狼，盛遣李旱、張真襲誅之。蘭提、加難亡匿，捕得，斬之。於是内外帖然，士女喜悦。宇文拔率壯士數百來赴，盛拜拔爲大宗正。

辛亥，告成於太廟，令曰："賴五祖之休，文武之力，社稷幽而復顯。不獨孤以眇眇之身免不同天之責，凡在臣民皆當明目當世。"因大赦，盛謙抑自卑不稱尊號，遂以長樂王攝行統事。諸王降爵爲公，以東陽公根爲尚書左僕射，衛倫、陽璆、王騰、魯恭爲尚書，悦真爲侍中，陽哲爲中書監，張通爲中領軍，自餘文武各復舊位。

初，太原王奇舉兵建安，將討蘭汗，南、北之人翕然嚮應。汗遣兄子企討奇，奇擊滅之，匹馬不返，進屯乙連。盛既誅汗，命奇罷兵。奇不受命，遂用丁零嚴生、烏丸王龍之謀，勒兵叛盛。甲寅，引兵三萬餘人進至橫溝，去龍城十里。盛出兵擊敗之，執奇而還，斬龍生等百餘人，遂賜奇死，桓王之嗣遂絶。東陽公根等九十八人固請上尊號，盛不許。

八月，以河間公熙爲侍中、都督中外諸軍事、驃騎大將軍、中領軍、司隷校尉，陽城公元爲衛將軍。元，寶之子也。又以劉忠爲左將軍，張豪爲後將軍，並賜姓慕容氏。李旱爲中常侍、輔國將軍，衛雙爲前將軍，張順爲鎮西將軍，張真爲右將軍，皆封郡公。乙亥，步兵校尉馬勒等謀反，伏誅；事連驃騎將軍高陽公崇與崇弟東平公澄，皆賜死。是月，暴風拔闕前七大樹。九月乙未，以東陽公根爲尚書令，張通爲左僕射，衛倫爲右僕射；慕容豪爲幽州刺史，鎮肥如。冬十月癸酉，群臣復上尊號，丙子，盛僭即尊位於承乾殿，大赦殊死已下，改元建平。追尊伯考獻莊太子全爲獻莊皇帝，寶后段氏爲皇太后，太妃丁氏爲獻莊皇后，謚太子策爲獻哀太子。十二月己亥，幽州刺史豪、尚書左僕射張通、鎮西將軍張順坐謀反誅。

長樂元年春正月戊辰，昌黎尹留忠謀反，伏誅；事連東陽公根、尚書段成，皆坐死；遣中衛將軍衛雙就誅忠弟幽州刺史志於凡城。以衛將軍平原公前作陽城公。元爲司徒、尚書令。壬午，右將軍張真、城門校尉和翰坐謀反，誅。癸未，大赦，改元長樂。有犯罪者每十日一自決之，無撾撻之罰，而獄情多實。

高句驪王安遣使貢方物。夏四月甲午，有異雀素身綠首，集於端門，棲翔東園，二旬而去，以異雀故，大赦殊死已下，改東園爲白雀園。

盛聽詩歌及周公之事，顧謂群臣曰："周公之輔成王，不能以至誠感上下，誅兄弟以杜流言，猶擅美譽於經傳、歌絃。至於我之太祖桓王，承百王之季，主在可奪之年，二寇闚闞，難過往日，臨朝輔政，群臣緝穆，經略外敷，闢地千里，以禮讓維宗親，德刑制群后，敦穆一作睦。雍熙，時無二論。勳道之茂，豈可與周公同日而言乎！而燕詠闕而不論，盛德掩而不述，非所謂也。”乃命中書更爲《燕頌》以述恪之功焉。又引中書令常忠、尚書陽璆、秘書監郎敷於東堂，問曰：“古來君子皆謂周公忠聖，豈不謬哉！”璆曰：“周公居攝政之重，而能達君臣之名，及流言之謗，致烈風以悟主，道契神靈，義光萬代，故累葉有以稱其高，後王無以奪其美。”盛曰：“常令以爲何如？”忠曰：“昔武王疾篤，周公有請命之誠，流言之際，義感天地，楚撻伯禽以訓就王德。周公爲臣之忠，聖達之美，《詩》、《書》以來所未有也。”盛曰：“異哉二君之言！朕見周公之詐，未見其忠聖也。昔武王得九齡之夢，白文王，文王曰：‘我百，爾九十，吾與爾三焉。’及文王之終，已驗武王之壽矣。武王之算未盡而求代其死，是非詐乎！若惑於天命，是不聖也。據攝天位而丹誠不見，致兄弟之間有干戈之事。夫文王之化自近及遠，故曰刑于寡妻，至於兄弟。周公親遺聖父之典而蹈嫌疑之蹤，戮罰同氣以逞私忿，何忠之有乎！但時無直筆之史，後儒承其謬談故也。”忠曰：“啓金縢而反風，亦足以明其不詐。遭流言之變，而能以大義滅親，終安宗國，復子明辟，輔成大業，以致太平，制禮作樂，流慶無窮，亦不可謂非至德也。”盛曰：“卿徒因成文而未原大理，朕今相爲論之。昔周自后稷積德累仁，至於文武，以大聖應期，遂有天下。生靈仰其德，四海歸其仁。成王雖幼統洪業，而卜世修長，加以吕、召、毛、畢爲之師傅。若無周公攝政，王道足以成也。周公無故以安危爲己任，專臨朝之權，斁北面之禮。管蔡忠存王室，以爲周公代主非人臣之道，故言公將不利於孺子。周公當明大順之節，陳誠義以曉群疑，而乃阻兵都邑，擅行誅戮。不臣之罪彰於海内，方貽王《鴟鴞》之詩，歸非於主，是何謂乎！又周公舉事，稱告二公，二公足明周公之無罪而坐觀成王之疑，此則二公之心亦有猜於周公也。但以疏不間親，故寄言於管蔡，可謂忠不見於當時，仁不及於兄弟。知群望之有歸，天命不在己，然後返政成王，以爲忠耳。大風拔木之徵，乃皇天祐存周道，不忘文武之德，是以赦周公之始愆，欲存周室之大美。考周公之心，原周公之行，乃天下之罪人，何至德之謂也！周公復位，位二公所以杜口不言其本心者，以明管蔡之忠也。”

　　又謂常忠曰：“伊尹、周公孰賢？”忠曰：“伊尹非有周公之親而功濟一代，太甲亂德，放於桐宮，思愆改善，然後復之。使主無怨言，臣無流謗，道存社稷，美溢來今。臣謂伊尹之勳有高周旦。”盛曰：“伊尹以舊臣之重，顯阿衡之任，太甲嗣位，君道未洽，不能竭忠輔導，而放黜桐宮，事同夷羿，何周公之可擬乎！”郎敷曰：“伊尹處人臣之位，不能匡制其君，恐成湯之道墜而莫就，是以居之桐宮，與小人從事，使知稼穡之艱難，然後返之天位，此其忠也。”盛曰：“伊尹能廢而立之，何不能輔之以至於善乎？若太甲性同桀紂，則三載之間未應便成賢后。如其性本休明，義心易發，當務盡匡規之理以弼成君德，安有人臣幽主而據其位者哉！且臣之事君，惟力是視，奈何挾智藏仁以成君惡！夫太甲之事，朕已鑒之矣。太甲，至賢之主也，以伊尹歷奉三朝，績無異稱，將失顯祖委授之功，故匿其日月之明，受伊尹之黜，所以濟其忠貞之美。夫非常之人，然後能立非常之事，非常人之所見也，亦猶泰伯之三讓，人無德而稱焉。”敷曰：“泰伯三以天下讓，至仲尼而後顯其至德。太甲受謗於天下，遭陛下乃申其美。”因而談讔賦詩，賜金帛各有差。

　　乙未，散騎常侍餘超、左將軍高和等坐謀反誅。秋七月己未，遣拜范陽盧溥爲幽州刺史。辛酉，下詔曰：“法例律，公侯有罪，得以金帛贖，此不足以懲惡而利於王府，甚無謂也。自今皆令立功以自贖，勿復輸金帛。八月，遼西太守李朗在郡十年，威制境內，恐盛疑之，累徵不赴。以母在龍城，未敢顯叛，乃陰召魏兵，將爲自安之計,許以郡降,因表請發兵詣龍城以拒寇。盛曰:"此必詐也。"召其使而詰之,果無事實,盡滅其族。丁酉,遣輔國將軍李旱率騎討之。師次建安,召旱旋師,群臣莫測其故。九月辛未,復遣之。朗聞其家被誅,擁二千餘户以自固;及聞旱中路而還,謂有内變,不復設備,留其子養守令支,躬迎魏師於北平。旱候知之,壬子,襲克令支,遣廣威將軍孟廣平率騎追朗及於無終,斬之。旱既斬朗,盛謂群臣曰:"前以追旱還者,正爲此耳。朗新叛逆,必忌官威,一則鳩合同類,劫害良善。二則亡竄山澤,未可卒平,故非意而還,以盈怠其志,卒然掩之,必克之理也。"群臣皆曰:"非所及也。"

冬十月甲午,中衛將軍衛雙有罪,賜死。李旱自遼西還,聞盛殺衛雙,懼,棄軍奔走,至板陘,復還歸罪。盛復其爵位,謂侍中孫勍曰:"旱總三軍之任,荷專征之重,不能杖節死綏,無故逃亡,考之軍正,罪在不赦。昔先帝蒙塵,衆情離貳,骨肉忘親,股肱失節,旱以刑餘之體效力盡命,忠款之至,精貫白日。朕故録其忘身之功,免其丘山之罪耳。"十二月甲午,征虜將軍、燕郡太守高湖帥户二千降魏。丙午,封弟淵爲章武公,虔爲博陵公,子定爲遼西公。丁未,太后段氏卒,諡曰惠德皇后。

長樂二年春正月壬子,大赦,去皇帝之號,貶稱庶人天王。魏遣材官將軍和拔襲幽州刺史盧溥,戊午,克之,禽溥及其子焕送平城,車裂之。盛遣廣威將軍孟廣平援之無及,斬魏遼西守宰而還。高句驪王安事燕禮慢;二月丙申,盛率衆三萬伐之,以驃騎大將軍熙爲前鋒,襲其新城、南蘇二城,皆克之,開境七百餘里,散其積聚,徙五千餘户於遼西。三月辛卯,襄平令段登等謀反,伏誅。夏四月,前將軍段璣,太后段氏之兄子也,爲段登辭所連及,五月壬子,逃奔遼西。戊寅,段璣復還歸罪;盛赦之,賜號曰思悔侯,使尚公主,入直殿内。六月甲子,大赦。

　　冬十二月壬辰,立燕臺,統諸部雜夷。丁酉,尊獻莊丁氏爲皇太后,立遼西公定爲皇太子,大赦殊死已下。引見百僚於東堂,考詳器藝,超拔者十有二人。命百司舉文武之士才堪佐世者各一人。讌群臣於新昌殿,盛曰:“諸卿各言其志,朕將覽之。”七兵尚書丁信年十五,盛之舅子也,進曰:“在上不驕,高而不危,臣之願也。”盛笑曰:“丁尚書年少,安得長者之言乎!”盛以威嚴馭下,驕暴少親,多所猜忌,群臣有纖介之嫌皆先事誅之,宗族親舊人不自保,故信言及之。

　　長樂三年秋七月,盛討庫莫奚,大虜獲而還。八月丁亥,左將軍國與殿中將軍秦興、段讚等謀率禁兵襲盛,事覺誅之,死者五百餘人。盛懲其父寶以懦弱失國,遂峻刑極威,安忍無親,纖微嫌忌莫不裁之於未萌,防之於未兆。是以親戚亦皆離貳,舊臣莫不夷滅。壬辰夜,前將軍思悔侯段璣與興子興、讚子泰等因衆心搖動,潛入禁中鼓譟大呼;盛聞變,起率左右出戰,衆皆披潰。璣被創,匿廂屋間。俄而有一賊從闇中擊傷盛足,盛被傷,遂輦升前殿,申約禁衛,召叔父河間公熙屬以後事。熙未至而盛已死,時年二十九,在位四年。僞謚昭武皇帝,墓號興平陵,廟號中宗。

頁一正至十三背

屠本《十六國春秋》卷第四十八《後燕録六》

慕容熙

　　慕容熙字道文,小字長生,垂之少子也。燕二年生於長山,建興八年封河間王。永康初,隨寶奔龍城,拜司隸校尉。段速骨之難,諸王多被其害,熙素爲高陽王崇所親愛,故得獨免。蘭汗之篡,以熙爲遼東公,備燕之宗祀,如杞、宋故事。長樂元年,盛初即位,降爵爲公,拜都督中外諸軍事、驃騎大將軍、尚書左僕射,領中領軍。從征高句驪、契丹，皆勇冠諸將。盛曰：“叔父雄果英壯，有世祖之風，但弘略不如耳。”

　　及盛死，中壘將軍拔、冗從僕射郭仲白太后丁氏，以爲國家多難，宜立長君。時群望皆在盛弟司徒、尚書令、平原公元，而熙素得幸於丁氏，丁氏遂廢太子定，密迎熙入宮。明旦，群臣入朝，始知有變，因上表勸進於熙。熙以讓元，元固讓熙。遂以晉隆安五年秋八月癸巳僭即尊位，誅大臣段璣、秦興等，並夷三族。甲午，大赦。丙申，平原公元以嫌疑賜死。元字道光，寶之第四子也。閏月，辛酉，葬盛於興平陵，丁氏送葬未還，中領軍提、步軍校尉張佛等謀立故太子定，事覺伏誅，定亦賜死。丙寅，大赦，改元光始。改北燕臺爲大單于臺，置左右輔，位次尚書。冬十二月乙卯，魏虎威將軍宿庫干庫一作沓。率衆來伐攻令支。乙丑，中領軍宇文拔救之。壬午，宿庫干拔令支而戍之。

　　光始二年春正月丁丑，熙遣平寇將軍拔攻遼西，拔令支戍，宿庫干等拒戰失利，退走，執魏遼西太守那頡。遂以拔爲幽州刺史，鎮令支，以中堅將軍遼西陽豪爲本郡太守。丁亥，以章武公淵爲尚書令，博陵公虔爲尚書左僕射，尚書王騰爲右僕射。二月甲戌，大赦。夏五月，高句驪攻宿軍，平州刺史歸棄城走。冬十月，熙納故中山尹苻謨長女爲貴人，幼女爲貴嬪，而貴嬪尤有寵。丁太后怨恚，謀欲廢熙，事覺，逼令自殺，諡曰獻幽皇后。十一月戊辰，殺淵及信。辛未，狩於北原，石城令高和與尚方兵於後作亂，殺司隸校尉張顯，入掠宮殿，取庫兵，脅營署，閉門乘城拒熙。熙率騎馳還，和衆皆投杖開門，盡誅反者，惟和走免。甲戌，大赦。

　　光始三年春正月，熙引見州郡及單于北一作八。部耆舊於東宮，問民間疾苦。司隸部民劉瓚對問稱旨，拜帶方太守。是月，大治宮室。夏四月，立貴人苻氏爲昭儀。五月，大築龍騰苑，廣袤十餘里，役徒二萬人。起景雲山於苑内，基廣五百步，峰高十七丈。冬十二月戊申，熙尊垂之貴嬪段氏爲皇太后。段氏，熙之慈母也。己酉，立貴嬪苻氏爲皇后，大赦殊死以下。辛亥，以衛尉悦真爲青州刺史，鎮新城。光禄大夫衛駒爲并州刺史，鎮凡城。

光始四年夏四月，熙於龍騰苑起逍遥宫、甘露殿，連房數百，觀閣相交。鑿天河渠，引水入宫。又鑿曲光海、清涼-作净。池，季夏盛暑，士卒暍死幾萬餘人。擬鄴之鳳陽門，又作弘光門，累級九重。熙遊於城南，止大柳樹下，若有人呼曰：“大王且止！”熙惡之，伐其樹，乃有蛇長丈餘，從樹中而出。秋七月，苻昭儀有疾卒，謚曰愍皇后。贈苻謨太宰，追謚文獻公。九月，熙北襲契丹，大破之。冬十二月，高句驪寇燕郡，殺掠百餘人。

光始五年春正月，熙伐高句驪，苻后從行。戊申，至遼東，攻之不克。會大雨雪，士卒凍死者甚衆，熙乃引歸。秋八月，遼西太守邵顔有罪，亡命爲盜。九月，中常侍郭仲討斬之，冬十二月，熙襲契丹。

光始六年春正月，熙與苻后至陘北，畏契丹之衆將還，苻后弗聽。戊申，遂棄輜重，輕兵襲高句驪。二月軍行三千餘里，士馬俱疲，凍死者屬路。攻木底城，不克而還。夕陽公雲傷於矢，且畏熙政之虐，遂以疾去官。夏五月，寶諸子博陵公虔、上黨公昭皆以嫌疑賜死。乃大城肥如及宿軍，以仇尼倪爲鎮東大將軍、營州刺史，鎮宿軍。上庸公懿爲鎮西大將軍、冀州刺史，鎮肥如。

建始元年春正月，辛丑朔，大赦，改元建始。三月，太史丞梁延年夢月化爲五白龍，夢中占之曰：“月，臣也。龍，君也。月化爲龍，當有臣爲君者。”寤而告人曰：“國苻其將盡乎？”夏四月癸丑，苻后死，熙哭之悲慟，若喪考妣。具《苻后録》。丁酉，去太后段氏尊號，出居外宫。五月壬戌，尚書郎苻進謀反，伏誅。進，定之子也。秋七月癸亥，熙葬苻后於徽平陵。

甲子，大赦。初，中衛將軍馮跋、左衛將軍張興先皆坐事亡奔。至是以熙政殘虐，與從兄萬泥等二十二人結盟，推夕陽公雲爲主，發尚方徒五千餘人分屯四門。跋弟乳陳等帥衆攻弘光門，鼓譟而進，禁衛皆散走；遂入宮授甲，閉門拒守，中黃門趙洛生等奔告於熙，熙曰：“此鼠盜耳，何能爲！朕還當誅之。”乃置后柩於南苑，收髮貫甲，馳還赴難。夜至龍城，攻北門不克，宿於門外。乙丑，熙退入龍騰苑，尚方兵褚頭踰城從熙，自稱營兵同心效順，惟俟軍至。熙聞之，驚走而出，左右莫敢迫。熙從溝下潛匿良久，左右怪其不還，相與尋之，惟得衣冠，不知所適。中領軍拔謂中常侍郭仲曰：“大事垂捷，而帝無故自驚，深可怪也。然城內企遲，至必成功，不可稽留。吾當先往趣城，卿留待帝，得帝速來；若帝未還，吾得如意安撫城中，徐迎未晚。”乃分將壯士二十餘人登北城。將士謂熙至，皆投杖請降。既而熙久不至，拔兵無後繼，衆心疑懼，復下城赴苑，遂皆潰散。拔爲城中人所殺。丙寅，熙微服逃隱於林中，爲人所執，送於雲，雲數而殺之，及其諸子同殯城北。

初，童謠曰：“一束藁，兩頭然，秃頭小兒來滅燕。”藁字上有草，下有木，兩頭然則草木俱盡而成高字。雲父名拔，小字秃頭，有三子，而雲季也。熙竟爲雲所滅，終如謠言。時年三十二，一作二十三。在位七年。雲葬之於苻氏墓，僞謚昭文皇帝。垂以晉孝武帝太元九年歲在甲申僭立，至熙四世，凡二十四年，以安帝義熙三年歲在丁未滅。

頁一正至六背

屠本《十六國春秋》卷第四十九《後燕録七》

慕容雲

慕容雲字子雨，寶之養子，高句驪之支庶也。钺破高句驪，徙於青山，由是世爲燕臣。祖父高和，自云高陽氏之苗裔，故以高爲氏。雲深沉有局量，厚重寡言，時人莫知，咸以爲愚，唯中衛將軍長樂馮跋奇其志度，與之爲友。寶之爲太子也，雲以武藝給事侍東宮。永康初，拜侍御郎，襲敗會軍。寶遂子之，賜姓慕容氏，拜建威將軍，封夕陽公。

及熙嗣位，雲以熙政之虐，稱疾去官。其後因熙出葬苻氏，馮跋與從兄萬泥、左衛將軍張興及苻進餘黨結盟，共襲殺熙。跋素與雲善，乃推雲爲主，因詣雲告之。雲懼曰：“吾嬰疾歷年，卿等所知，願更圖之。”跋逼曰：“慕容氏世衰，河間昏虐，惑妖淫之女而逆亂天常，百姓不堪其害，思亂者十室而九，人神共怒，此天亡之時也。公自高氏名家，何能爲他養子！機運難遘，千載一時，公焉得辭！”扶之而出。雲曰：“吾疾苦日久，廢絕世務。卿今興建大事，謬見推逼。所以徘徊，非爲身也，實惟否德不足以濟元元故耳。”跋等強之，雲遂以晉義熙三年秋七月乙丑僭即天王位，復姓高氏，大赦境內殊死以下，改元正始，國仍號大燕。八月署馮跋爲侍中、都督、督中外諸軍事、征北大將軍、開府儀同三司、録尚書事，封武興公。馮萬泥爲尚書令，馮郱陳爲中軍將軍，馮素弗爲昌黎尹、撫軍大將軍，馮弘爲征東大將軍，孫護爲尚書左僕射，張興爲輔國大將軍，務銀提爲司隸校尉，封伯、子、男、鄉亭侯者五十餘人，士卒賞賜穀帛有差。熙之群僚，復其爵位。

正始二年春正月，立妻李氏爲天王后，子彭城爲太子。越騎校尉慕輿良謀叛，伏誅。三月庚申，葬熙及苻后於徽平陵。高句驪遣使來聘，且叙宗親，雲遣侍御史李拔報之。夏四月，大赦境内。五月，以尚書令馮萬泥爲幽、冀二州牧，鎮肥如；中軍將軍馮乳陳爲并州刺史，鎮白狼；撫軍大將軍馮素弗爲司隸校尉，司隸校尉務銀提爲尚書令。秋七月，封慕容歸爲遼東公，使主燕祀，立燕之宗廟社稷。

正始三年冬十月，雲自以無功德而居大位，内懷危懼，常蓄養壯士以爲腹心爪牙。寵臣離班、桃仁專典禁兵，賞賜以巨萬計，衣食起居皆與之同。而班、仁志願無厭，猶有怨憾。戊辰，雲臨東堂，班仁懷劍執紙而入，稱有所啓，拔劍擊雲，雲以几拒班，仁從旁擊雲，雲遂被殺。馮跋遷雲尸于東宫，僞謚惠懿皇帝。

頁一正至三背

屠本《十六國春秋》卷第五十《後燕録八》

慕容永

慕容永字叔明，庬弟運之孫也。暐爲苻堅所滅，永隨暐徙於長安。家貧，夫妻常賣韡於市，以供衣食。及堅之兵敗于晉也，燕故大司馬中山王沖時爲平陽太守，其兄故濟北王泓時爲北地長史，各起兵據郡叛堅。泓破秦兵于華澤而沖爲秦將竇衝所敗，沖奔于泓，泓謀臣高蓋等以泓素望不如沖且持法太峻，乃共殺泓，立沖爲皇太弟承制。置百官，以永爲右僕射。

其明年，進據阿房城稱帝，改元更始。沖少長尊貴，及是復有自得之意而毒暴異常。堅既出奔五將山，沖入長安縱兵大掠，死者不可勝紀。遂據長安，樂之忘歸，且以垂之威名夙著，跨據山東，憚不敢進。乃課農築室，爲持久之計，衆咸怨之。沖左將軍韓延及許木末因衆心不悦，攻沖殺之，立沖將段隨爲燕王，改元昌平。初，沖之入長安也，王嘉謂之曰：“鳳凰，鳳凰，何不高飛還故鄉？何故在此取滅亡？”沖小字鳳凰，故嘉云然。

　　永與左僕射慕容恒潛謀襲殺段隨，立宜都王子顗爲燕王，改元建明，率鮮卑男女四十餘萬口乘輿服御，禮樂器物去長安而東。於是長安空虛，恒以永爲武衛將軍，恒弟護軍將軍韜陰有二志，誘顗殺之於臨晉，恒怒去之。永與武衛將軍刁雲率衆攻韜，韜遣司馬宿勒黎逆戰，永執而戮之。韜懼，出奔恒營，恒立沖之子瑶一作望。爲帝，改元建平，謚沖曰威皇帝。衆悉去瑶奔永，永執瑶殺之，立泓子忠爲帝，改元建武。忠以永爲丞相、太尉，守尚書令，封河東公。永持法寬平，鮮卑安之。東至聞喜，知垂已稱尊號，託以農要弗進，築燕熙城以自固。刁雲等又殺忠，推永爲持節大都督、督中外諸軍事、大將軍、大單于、雍秦梁涼四州牧、錄尚書事、河東王，稱藩於垂。既而遣使詣秦，求假道東歸，秦主丕弗許，與戰於襄陵，秦兵大敗，遂進據長子僭即帝位，改元中興，悉誅儁及垂之子孫，男女無遺。

　　轉寇河南，河南太守楊佺期擊破之。其後，復率衆向洛陽，豫州刺史朱序自河陰北濟，與永偏將王次等相遇，乃戰於沮水，次敗走，斬其部將勿支、參軍趙睦、江夏相恒不才，追永破之於太行，永退屯上黨。時楊楷聚衆數千在湖陝，聞永敗，遣任子詣序乞降。序追永至上黨之白水，與永相持。會垂破丁零翟釗於滑臺，釗求救於永，永不出救，釗敗，奔降于永。垂遂攻永，永率衆逆戰，軍敗，奔還長子。垂復進軍圍之，將士開門納垂兵，垂兵入城，永奔北門，前驅執永，數而戮之。沖及永本稱西燕，立國九年，爲垂所滅，故附《垂録》。

頁一正至三背

慕容令

　　慕容令，垂之世子，母先段氏所生也。垂爲太傅評所忌，恐其見害，内以爲憂而未敢告諸子。令潛知之，請曰：“尊比者如有憂色，豈非以主上幼沖，太傅嫉賢，功高望重，愈見猜耶？”垂曰：“然。
吾竭力致命以破強寇，本欲保全家國，豈知功成之後反令身無所
容。汝既知吾心，何以爲吾謀？”令曰：“主上闇弱，委任太傅，一旦
禍發，疾於駭機。今欲保族全身不失大義，莫若逃龍城，遜辭謝罪，
以待主上之察，若周公之居東。庶幾感悟而得還，此幸之大者也。
如其不然，則內撫燕代，外懷群夷，守肥如之險以自保，亦其次也。”
垂曰：“善。”乃微服出鄴，將趣龍城，追騎及之。會日暮，乃止。令
謂垂曰：“本欲保東都以自全，今事已泄，謀不及設。秦王方招延英
傑，不如往歸之。”垂曰：“今日之計，舍此安之？”遂與令等奔秦。
詳具《垂錄》。

　　苻堅以垂爲冠軍將軍，復愛令等之才，甚禮遇之，每見必屬目。
王猛伐洛陽，引令爲參軍，以爲鄉導。猛素勸堅除垂父子，堅不從。
乃令人詭傳垂語於令曰：“吾已東還，汝可爲計也。”令疑之，躊躇終
日，無所復審，遂將舊騎奔樂安王臧於石門。暐以令叛而復還，其
父爲秦所厚，疑爲反間，徙之沙城，在龍都東北六百里。令自度終
不能免，密謀起兵。沙城中謫戍士數千人，令皆厚撫之。乃殺牙門
孟嫣，城大涉圭懼請自效，令信之，引置左右。遂帥謫戍士東襲威
德城，殺城郎慕容倉，進據其城，部署官屬，遣人招東、西諸戍，翕然
嚮應。鎮東將軍渤海王亮鎮龍城，令將襲之，其弟麟以告亮。亮閉
城拒守，涉圭因侍直擊令，令單馬遁走，其黨皆潰。涉圭追令至薛
黎澤，擒而殺之，詣龍城白亮。亮爲之誅涉圭，收令尸而葬之。

　　　　　　　　　　　　　　　　　　　　　　　頁三背至五正

慕容麟

　　慕容麟，垂之少子，諸姬所生也。素不爲垂所愛，垂之奔秦，以
麟嘗告變於燕，立殺其母，然猶不忍殺之，置之外舍，希得侍見。垂

殺苻飛龍,麟屢進策啓發垂意,於是奇之,寵待同於諸子,署爲撫軍將軍。垂既僭位,進衛大將軍,封趙王。太子寶之守中山,麟以尚書右僕射録留臺尚書事。是時,丁零鮮于乞阻兵謀叛,麟出討之,悉擒其衆。尋率騎會魏,擊叛者拓跋窟咄,敗之,引還。復率衆會魏,討王敏于上谷,斬之。擊劉顯於彌澤,破之。後又擊破許謙,徙其民於龍城。復率衆會高陽王隆,擊王祖於魯口,降之。及寶參合之敗,麟將慕輿嵩潛謀作亂,欲奉麟爲主。事洩,嵩等伏誅,麟與寶自相猜疑。既而寶即位,魏攻圍中山,麟屢撓戰計以致覆師。後寶襲擊魏軍,大敗而還。麟遂作亂,將妻子出奔。寶敗於魏,棄中山走,麟尋襲殺開封公詳而自立於中山,詳具《寶録》。爲魏所敗,奔至鄴,勸叔父范陽王德稱尊號。德以麟爲司空,領尚書令。未幾謀反,德殺之。

頁五正至六正

慕容農

　　慕容農字道厚,小字惡奴,垂第三子也。年九歲,問太史令黄泓曰:“俗稱參辰相見,萬人相食,各自一宿,何爲如是?”泓曰:“昔高辛氏有二子:長曰伯闋,主辰;次曰實沉,主參。日尋干戈,自相征討,後帝不臧使伯闋主辰,實沉主參,別而離之,相見則争,故代傳言然。”農曰:“天有定宿,以人甄之而成憎愛。二子之前,參辰何云?”泓不能對。垂深奇之,後隨父亡秦,見秦之恃其强大,宮室奢侈,乃私言於垂曰:“自王猛之死,秦之法制日以頹靡。今又重之以奢侈,殃將至矣!圖讖之言,行當有驗。大王宜結納英傑,以承天意,時不可失也!”垂笑曰:“天下事,非爾所及也!”及垂起兵攻鄴,農與楷等爲苻丕所留,聞垂誅苻飛龍,乃奔列人,止於烏桓魯利家,利爲之置饌,農笑而不食。利謂其妻曰:“惡奴,郎貴人也,家貧無以饌之，奈何？”妻曰：“郎有雄才大志，今無故而來，必將有異，非爲飲食來也。君亟出，遠望以備非常。”利從之。農謂利曰：“吾欲集兵列人以圖興復，卿能從我乎？”利曰：“死生惟郎是從。”農乃詣烏桓張驤，説之曰：“王家已舉大事，翟斌等咸相推奉，遠近嚮應，故來相告耳。”驤再拜曰：“得舊主而事之，敢不盡死！”於是農驅列人居民爲士卒，斬桑榆爲兵，裂襜裳爲旗，使趙秋説屠各畢聰。聰與屠各卜勝、張延、李白、郭超及東夷餘和、敕勃、易陽烏桓劉大各帥部衆數千赴之。農假張驤輔國將軍，劉大安遠將軍，魯利建威將軍。農自將攻破館陶，收其軍資器械，遣蘭汗、段讚、慕輿悕略取康臺牧馬數千匹。於是步騎雲集，衆至數萬，驤等共推農爲驃騎大將軍，監統諸軍，隨才部署，上下肅然。農以垂未至，不敢行賞。趙秋勸農承制封拜，以收衆心，農從之，赴者相繼。垂聞而善之。農西招庫傉官偉於上黨，東引乞特歸於東阿，北召光烈將軍平叡及叡兄汝南太守幼於燕國，偉等皆應之。又遣蘭汗等攻拔頓丘。農號令嚴整，軍無私掠，士女喜悦。

　　苻丕使石越討之。農曰：“越有智勇之名，今不南拒大軍而來此，是畏王而陵我也；必不設備，可以計取之。”衆請治列人城，農曰：“善用兵者，結士以心，不以異物。今起義兵，惟敵是求，當以山河爲城池，何列人之足治也！”越至列人西，使趙秋及參軍綦母滕擊越前鋒，破之。參軍太原趙謙言於農曰：“越甲杖雖精，人心危駭，此易破也，宜急擊之。”農曰：“彼甲在外，我甲在心，晝戰，則士卒見其外貌而憚之，不如待暮擊之，可以必克。”令戰士嚴備以待，毋得妄動。越立栅自固，農笑謂諸將曰：“越兵精士衆，不乘其初至之鋭以擊我，方更立栅，吾知其無能爲也。”向暮，農鼓譟出，陳於城西，牙門劉木請先攻越栅，農笑曰：“凡人見美食，誰不欲之，何得獨請！然汝猛鋭可嘉，當以先鋒惠汝。”木乃帥壯士四百騰栅而入，越兵披靡；農等大衆隨之，越等大敗，斬越及驍將毛當，遂引兵會垂攻鄴。垂使農東狗清河、平原，徵督租賦。農明立約束，均適有無，軍令嚴整，無所侵暴。由是穀粟屬路，軍資豐贍，垂甚悦之。

　　既即尊位，封遼西王，尋爲使持節、都督幽平二州北狄諸軍事、幽州牧，鎮龍城。農創立法制，事從寬簡，清刑獄，省賦役，勸課農桑，居民富贍，四方流民前後至者數萬餘口。在龍城五年，庶政脩舉，乃上表曰："臣頃因征，即鎮所統將士，安逸積年，青、徐、荆、雍遺寇尚繁，願時代還，展竭微效，生無餘力，没無餘恨，臣之志也。"乃召農還，轉侍中、司隸校尉。及還中山，以農爲都督兗、豫、荆、徐、雍五州諸軍事，鎮鄴。寶嗣僞位，推爲都督雍益并梁秦涼六州諸軍事、并州牧，移鎮晉陽。魏兵來伐中山，被圍日久，將士皆思出城一戰，而衛大將軍麟每沮其議。農部將谷會歸説農曰："城中之人皆涉珪參合所殺者父子兄弟，泣血踴躍欲與魏戰，而爲衛軍所抑。主上當北遷，皆曰：'得慕容氏一人，奉而立之以與魏，戰死無所恨！'大王幸而留此，以副衆望，擊退魏軍，撫寧畿甸，奉迎大駕，亦不失爲忠臣也！"農欲殺歸而惜其材力，謂之曰："必如此以望生，不如就死！"遂與寶等奔赴清河王會。後會作亂，夜遣壯士襲農，農被重創，骨破見腦；寶手自裹創，僅而獲濟。進爲左僕射，尋拜司空，領尚書令，復以大司馬領中軍。趣鄴，次於乙連，長上將士作亂，爲毉讓所殺，追諡曰桓烈。

頁六正至十背

慕容隆

　　慕容隆字道興，垂之中子也。爲冠軍將軍，封高陽王。後代農爲都督幽平二州諸軍事、征北大將軍、幽州牧、録留臺尚書事，鎮龍城。隆因農舊制，脩而廣之，遼碣遂安。參合之敗，垂自欲率衆討魏,乃召隆還。隆引龍城之甲入中山,軍容精整,燕人之氣稍振。是時燕兵新敗,皆畏魏不敢進,惟龍城之兵,勇鋭爭先。寶嗣僞位,以隆領尚書右僕射,率兵討克平視於高唐。魏太祖攻常山,隆拒守南郭,帥衆力戰,魏乃退。及圍中山,城中將士皆思出戰,每爲趙王麟所抑。隆成列而罷者,前後數四,寶終不許。諸將固請擊之,隆退而勒兵,召參佐謂之曰:“皇威不振,寇賊内侮。臣子同耻,義不顧生。今幸而破賊,吉還固善。若其不幸,亦使吾志節獲伸。卿等有北見吾母者,爲吾道此情也!”被甲上馬,詣門俟命,麟復固止,隆涕泣而還。寶欲走保和龍,遼東高撫善卜筮,素爲隆所信厚,私謂隆曰:“殿下北行,終不能達太妃,亦不可得見。若使主上獨往,殿下潛留於此,必有大功。”隆曰:“國有大難,主上蒙塵,且老母在北,吾得北首而死,猶無所恨。卿是何言也?”乃徧召僚佐,問其去留。惟司馬魯恭、參軍成岌願從,餘皆欲留,隆並聽之,遂與寶等出走會軍。魏引兵來躡其後,會整陳力戰,隆復率騎衝之,追奔百里。隆又獨追數十里而還,謂故吏留臺治書陽璆曰:“中山城中積兵數萬,不得展吾意。今日之捷,令人遺恨。”因慷慨流涕。清河王會自以退魏之功矜狠日甚,隆屢訓責之。深懷忿恚,夜遣壯士襲殺隆於帳下。及會被殺,寶檢封功臣,追贈隆司空,謚曰康。子崇嗣。

頁十背至十二正

慕容鳳

　　慕容鳳字道翔,宜都王桓之子也。桓好脩宫室,時鳳年八歲,左右抱之隨桓周行殿觀,桓謂之曰:“此第好否?”鳳笑謂其父曰:“此本石家諸王故第,今王脩之,何足爲好?”鳳因言曰:“今王之味一作膳。兼列百品,而外有糟糠之民,非是小兒所可同大王之味也。”桓彌加歡賞。桓時鎮遼東,燕之亡爲秦將朱嶷所殺。鳳年十一,但泣而不言,嘗告其母曰:"昔張良養士以擊秦王,復君之仇也。先王之事,豈可一日忘之?"遂陰有復仇之志。鮮卑、丁零有氣幹者皆傾身禮之,與之交結。權翼見而謂之曰:"兒方以才望自顯,勿效爾父不識天命。"鳳厲色曰:"先王欲建忠而不遂,此乃人臣之節。君侯之言,豈獎勸將來之義乎?"翼改容謝之,言於苻堅曰:"慕容鳳慷慨有才氣,但狼子野心,恐終不爲人用耳。不如早除之,無使貽後患。"堅不從。及堅淮南之敗,垂起兵濟河,將趨洛陽。鳳勸丁零翟斌奉垂爲盟主,斌遂率衆歸垂,垂拜鳳爲建策將軍。垂既僭位,襲父爵仍爲宜都王,轉冠軍將軍。鳳每進戰,奮不顧身,前後大小二百五十七戰,未嘗無功。垂戒之曰:"今大業甫濟,汝當先自愛。"使爲車騎將軍之副,以抑其銳。垂剋長子,遂以鳳爲雍州刺史鎮守之。寶嗣僭位,遷冀州刺史,戍信都,甚著惠威,百姓懷之。魏太祖來伐,鳳踰城奔中山。

頁十二正至十三背

慕容温

慕容温,儁第四子也。初封帶方王,暐爲苻堅所敗,垂入長安。及垂起兵攻鄴,温亦引兵會之,拜前將軍,改封樂浪王。尋遷征東將軍,屯兵中山。時中山兵力甚弱,丁零四布分據諸郡。温謂諸將曰:"以吾之衆,攻則不足,守則有餘。驃騎、撫軍首尾相應,會須滅賊,但應聚糧厲兵,以俟時耳。"於是撫舊懷新,勸課農桑,民歸附者日月相繼,郡縣壘壁爭送軍糧,倉庫充溢。屢出奇兵擊破翟真,真不敢入境爲寇。遂大營宮室於中山,極其壯麗。又遣兵一萬,運糧以餉垂,及垂北如中山,謂諸將曰:"樂浪王招流散,實倉廩,外給軍糧,内營宮室,雖古蕭何,何以加之?"歷位司隸校尉、尚書右僕射、冀州刺史。其後翟遼遣丁零故堤詐降於温,爲温帳下。乙酉,刺温殺之，并其長史司馬驅帥守兵二百户奔西燕。遼西王農邀擊刺温者於襄國，盡獲之，惟堤走免。謚曰悼。

頁十三背至十四背

慕容楷

　　慕容楷，垂兄太宰恪之長子也。與垂同避難於秦，苻堅任爲積弩將軍，甚見寵遇。建元末，苻堅大舉入寇，楷與其弟紹私言於垂曰：“主上驕矜已甚，叔父建中興之業，在此行也！”垂曰：“然。非汝誰與成之！”淮南之敗，垂起兵向鄴，楷爲苻丕所留，聞垂殺飛龍，乃與弟紹同奔辟陽，發兵應之。拜征西將軍，襲爵太原王。時東胡王晏與鮮卑、烏丸等阻兵不服，垂遣楷與紹討之。楷謂紹曰：“鮮卑、烏丸及冀州之民，本皆燕臣，今大業始爾，人心未洽，所以小異；惟宜綏之以德，不可鎮之以威。吾當止一處，爲軍聲之本，汝巡撫民夷，示以大業，彼必聽從。”楷乃屯於辟陽。紹率騎數百往説王晏，爲陳禍福，晏隨紹詣楷降，鮮卑、烏丸及塢民降者數十萬口。垂大悦曰：“汝兄弟才兼文武，足以繼先王矣！”及丁零翟真叛走邯鄲，楷率騎追之，戰於下邑，爲真所敗。垂即尊位，遷左僕射。及克東阿，署爲兗州刺史，權鎮東阿。垂率諸將攻翟遼，復以楷爲前鋒都督。遼之故衆皆燕趙人，聞楷至皆曰：“太原王子，吾之父母也！”相率歸附。遼懼，遣使請降。歷冀州牧，進位司空。以建興十年六月卒，謚曰元。子奇嗣。奇見《盛録》。

頁十四背至十五背

慕容紹

　　慕容紹，楷之弟，恪次子也。隨暐入秦，任爲陽平國常侍。時秦封略既廣而征伐不息，紹私於兄楷曰：“秦恃其强大，務戰不休。

北戍雲中,南守蜀漢,轉運萬里,道殣相望,兵疲於外,民困於內,危亡近矣。冠軍叔仁智度英拔,必能恢復燕祚,吾屬但當愛身,以待時耳!”及堅淮南之敗,垂起兵向鄴。紹盜丕駿馬,與楷奔於辟陽,率衆會之。垂以紹爲鎮南將軍,封陳留王。後剋歷城,青、兗、徐州郡縣壁壘多降,以紹爲青州刺史鎮之。尋遷尚書右僕射,參合之敗爲魏所殺,諡曰悼。

頁十五背至十六正

慕容會

　　慕容會字道通,寶第二庶子也。建興初,與其兄盛歸自長子,封清河公。未幾進爵爲王,歷位征北大將軍、幽平二州牧。會母賤而年長多材藝,有雄略,垂深奇之。時寶國嗣未定,垂每以爲憂,然已屬意於會矣。寶之北伐,使會代攝東宮事,總錄、禮遇一同太子。及垂親率軍伐魏,以龍城舊都宗廟所在,復使會鎮幽州,委以東北之任,國官、府佐高選一時才俊以崇威望。垂臨死顧命,以會爲寶嗣。而寶寵愛少子濮陽公策,意不在會。長樂公盛又自以與會同年,恥爲之下,乃稱策宜爲儲貳而非毀會。寶大悅,訪於趙王麟,麟復希旨贊成之。遂立策爲皇太子。會聞之,心已慍懟。寶詔會遣章武王宙徙高陽王隆參佐、家屬還中山,會遂違詔,多留部曲不時即遣。宙年長屬尊,會每事陵侮之,見者知其有異志矣。

　　永康二年,魏伐中山,城中危急,會表求赴難。寶又詔會率幽州之衆入援,會復稽留不進。寶怒,累詔切責,月餘始發。時有趙王麟之叛,寶以會軍在近,恐麟奪會軍先據龍城。乃遣人迎之,而自奔龍城。會傾身納誘,繕甲厲兵,帥步騎二萬列陣而進,迎寶薊南。寶怪會容止怏怏殊有恨色,密造隆及農言之,隆、農俱曰:“會一年少,專任方面,習驕所致,豈有他也! 臣等當以禮責之。”寶雖從之,然猶詔解會軍分屬農、隆二王。

是時,魏兵追寶及於夏謙澤,會言於寶曰:"臣撫教士卒,惟敵是求。今大駕蒙塵,人思效命,而虜敢自送,衆心憤恨。《兵法》曰:'歸師勿遏。'又曰:'置之死地而後生。'今我皆得之,何患不剋!若其捨去,賊必乘人,或生餘變。"寶乃從之。會遂整陳逆擊魏兵,魏兵大敗,死者數千人。會以退魏之功,矜狠滋甚;隆、農屢訓責之,益懷忿恚。又以隆、農嘗鎮龍城,屬尊位重,名望素出己右,恐至龍城,權政不復在己,又知終無爲嗣之望,遂謀作亂。幽、并之兵皆懷會威德,不樂屬二王,請於寶曰:"清河王天資神武,權略過人。臣等與之誓同生死,感王恩澤,勇氣自倍。願陛下與皇太子留駕薊宮,使王統臣等進解京師之圍,然後奉迎車駕。"寶左右皆惡會,言於寶曰:"清河王不得爲太子,神色甚不平。且其才武過人,善收人心;陛下若從衆請,臣恐解圍之後,必有衞輒之事。"寶乃謂衆曰:"道通年少,不及二王,豈可當專征之任!且朕方親統六師,仗會以爲羽翼,何可離左右也!"衆不悦而退。左右勸寶殺會。其黨侍御史仇泥歸聞而告會曰:"左右密謀如是,主上將從之。大王所恃者,父也。父已異圖,所仗者兵也,兵已去手,進退路窮,欲於何所自容乎!盍若誅二王,廢太子,大王自處東宮,兼領將相,以匡復社稷,此上策也。"會猶豫未決。

寶謂農、隆曰:"觀道通志趣,必反無疑,宜早除之,不然恐成大禍。"農曰:"今寇敵內侮,中土紛亂,社稷之危,有如累卵。會撫鎮舊都,安衆寧境。京師有難,萬里星赴,其威名之重,可以震服戎狄。逆跡未彰,宜自隱忍。而遽相誅戮,豈徒傷父子至恩,亦恐大損威望。"寶曰:"道通逆志已成,卿等仁慈,不忍早殺,恐一旦爲變,必先害諸父,然後及吾,事敗之後當思朕言,至時勿悔自負也!"農、隆固諫乃止。會聞之,益懼。

後寶宿廣都黄榆谷，會遣仇泥歸、吳提染干等率壯士二十餘人分道襲農、隆，殺隆于帳下；農被重創，執仇泥歸，逃入山中。會以仇泥歸被執，事終顯發，乃夜詣寶曰："農、隆謀逆，臣已除之。"寶意在誅會，陽爲好言以安之曰："吾固疑二王久矣，除之甚善。"

會乃立仗嚴備，引道。欲棄隆喪，建威將軍餘崇涕泣固請，乃聽載隨軍。農出，自歸，寶呵之曰："何以自負耶？"命執之。行十餘里，寶顧召群臣食，且議農罪。會就坐，寶目左衛將軍慕輿騰使斬會，傷其首，不能殺。會復走赴其軍，勒兵攻寶。寶率數百騎馳二百里，晡時，至龍城。會遣騎追至石城，不及。復遣仇泥歸等攻龍城，寶夜遣兵襲擊，破之。會遣使請誅左右佞臣，并求爲太子，不許。會盡收乘輿器服，以後宮分給將帥，署置百官，自稱皇太子、錄尚書事，引兵向龍城，以討慕輿騰爲名，頓兵城下。寶臨西門，會乘馬遥與寶語，寶責讓之。會命軍士向寶大謀以耀威，武城中將士莫不憤怒，向暮出戰，大破之。會兵死傷大半，復走還營。侍御郎高雲夜率敢死士百餘人襲會，敗之，衆皆逃散。會單馬奔至中山，踰圍而入，爲開封公詳所殺。寶殺會母及其三子。

頁十六背至二十背

慕容懿

慕容懿，太傅評之孫也。爲鎮西大將軍、幽州刺史，封上庸公，出鎮肥如。慕容雲之亂，懿以令支奔降於魏，魏以懿爲征東將軍、平州牧、昌黎王，后坐謀反伏誅。

頁二十背至二十一正

屠本《十六國春秋》卷第五十一《後燕録九》

垂后先段氏

　　垂后段氏，遼西鮮卑段末柸之女也。垂爲吳王時立爲王妃，生子令、寶。段氏才高性烈，自以貴姓，不尊事太后可足渾氏，渾氏銜之。儁又素不平於垂，中常侍涅皓因希儁旨告段氏及吳國典書令遼東高弼爲巫蠱，欲以連污垂，遂收段氏及弼下大長秋、廷尉考治。一作驗。段氏及弼志氣確然，終無撓辭。拷掠甚急，垂愍之，私使人謂段氏曰：“人生會當一死，何堪楚毒如此！不若引服。”段氏嘆曰：“吾豈愛死者耶！若自誣以惡逆，上辱祖宗，下累於王，固不爲也！”辨答益明；故垂得以免禍，而段氏竟死於獄中。垂出爲平州刺史，還鎮遼東。垂以段氏女弟爲繼室；可定渾氏黜之，以其妹長安君妻垂；垂不悦，由是渾氏益惡之。密謀殺垂，垂遂奔秦。及即位，追謚段氏曰成昭皇后。

頁一正至一背

垂后後段氏

　　垂后段氏，字元妃，遼西鮮卑光禄大夫段儀之女也。少而婉慧，有節操，嘗謂其妹季妃曰：“我終不作凡人妻。”季妃曰：“妹亦不爲庸夫婦。”鄰人聞而笑之。内黄人張定善相，見儀二女大驚曰：“君家大興，當由二女。”儀深異之，至年二十餘而不嫁。儀子倫謂儀曰：“張定何知，而拒求者。”儀曰：“吾女輩志行不凡，故且踟躕以擇良配。”既而垂納元妃爲繼室，遂有殊寵。及僭即帝位，册拜爲皇后。范陽王亦聘季妃，姊妹皆爲皇后，卒如其言。

　　先段氏生子令、寶，元妃生子朗、鑒，愛諸姬生子麟、農、隆、柔、熙。寶初爲太子有美稱，已而荒怠，中外失望。元妃嘗言於垂曰：

"太子資質雍容,柔而不斷,遭承平之世足爲神明之主,今國步艱難,恐非濟世之雄,陛下託之以大業,妾未見克昌之美。遼西、高陽二王,陛下之賢子,宜擇一人付之。趙王麟奸詐强愎,陛下一旦不諱,必爲國家之患。此陛下之家事,宜早圖之。"垂不悅。寶善事垂左右,左右多譽之,故垂以爲賢。其後元妃又言之,垂謂之曰:"汝欲使我爲晉獻公乎?"

元妃泣而退,告其妹季妃曰:"太子不才,天下所知,吾爲社稷計言之,主上乃比吾爲驪戎之女,何其苦哉!主上百年之後,太子必喪社稷。范陽王有非常器度,若燕祚未盡,其在王乎!"寶及麟聞之,深以爲恨。及垂死,寶嗣立,使麟謂元妃曰:"后常謂主上不能嗣守大業,今竟能否?宜早自裁,以全段宗。"元妃怒曰:"汝兄弟尚逼殺其母,況能保守先業乎?吾豈愛死,但念國亡不久耳。"遂自殺。寶議以元妃謀廢嫡統,無母后之道,不宜成喪,群臣咸以爲然。中書令眭邃颺言於朝曰:"子無廢母之義,漢世安思閻后親廢順帝,猶得配享太廟,況先后曖昧之言,虛實尚未可知,宜依閻后故事。"寶從之。乃成喪,追尊諡曰成哀皇后。其後麟果作亂,寶亦被殺,德復僭稱尊號,終如元妃之言。

頁二正至三背

寶后段氏

寶后段氏,遼西鮮卑人,前將軍段璣之姑也。初進爲昭儀,生子策,字道符。策於諸子中最少,寶甚寵愛之,封濮陽公,年十二,美姿貌而蠢弱不慧。時寶冢嗣未定,欲立太子,而垂意屬於清河公會。寶意不在會,猶豫未決,庶長子長樂公盛潛知之,稱策堪爲儲貳。寶遂立策爲太子,立段氏爲皇后。後盛嗣位,尊段氏爲皇太后。長樂二年冬十一月丁未卒,諡曰惠德皇后,追諡策曰獻哀太子。

頁三背至四正

盛妃蘭氏

盛妃蘭氏，尚書頓丘王蘭汗之女也。寶爲汗所殺，盛馳進赴哀，汗妻乙氏及盛妃皆涕泣請盛於汗。妃復頓頭於諸兄弟，汗惻然哀之，遣其子迎盛舍於宮中，親待如舊。先是汗之當國也，盛從寶出亡，妃奉事丁氏愈謹。及盛誅汗，以妃當從坐，欲殺之。丁氏以妃有保全之功，固爭之得免，然終不得爲后。

頁四背

獻莊太妃丁氏

太妃丁氏，盛伯獻莊太子全之妃，七兵尚書丁信之姑也。盛即尊位，尊爲獻莊皇后，尋進爲皇太后。及盛死，群臣共白丁氏，以國家多難，宜立長君。而熙素得幸於丁氏，遂命立熙。後熙寵幸苻貴人，丁氏怨恚詛呪，與丁信密謀廢熙，迎立章武公淵。熙聞之大怒，逼丁氏令自殺，葬以后禮，謚曰獻幽皇后。

頁四背至五正

熙昭儀大苻氏

熙昭儀大苻氏，故中山尹苻謨之長女也，名曰娀娥。納爲貴人未幾，進爲昭儀，熙甚幸之，乃爲昭儀鑿曲光海、清涼池。季夏盛暑，士卒不得休息，暍死者大半。苻氏美而艷好，微行游宴，熙弗之禁也。請謁必從，刑賞大政無不由之。俄而有疾，龍城人王榮自言能療之，未幾而卒。熙忿榮之妄，立於公車門，支解而焚之。僞追謚昭儀爲愍皇后。

頁五正至五背

熙后小苻氏

熙后小苻氏，苻謨之幼女也，名曰訓英。納爲貴嬪，寵愛踰於其姊。尋立爲皇后，后好游田，熙從之北登白鹿山，東過青嶺，南臨滄海，百姓苦之，士卒爲豺狼所害及凍死者五千餘人。及熙伐高句驪，以苻氏從。至於遼東，爲衝車地道以攻之。城且陷，熙曰：“待劉平寇城，朕當與后乘輦而入。”不聽將士先登，由是城内嚴備，攻之不克，熙乃引還。

又爲苻后起承華殿，高承光一部，負土於北門，土與穀同價。宿衛典軍杜静載棺詣闕上書極諫，熙大怒，斬之。苻后嘗季夏思凍魚膾，仲冬思生地黃，皆下有司切責之，不得則加之以大辟，其虐也如此。未幾，苻后死，熙悲號躃踊，若喪考妣，擁其尸而哭之曰：“體已就冷，命遂斷矣。”於是僵仆氣絶，久而復蘇。大殮既訖，復啓其棺而與之交接。服斬縗，食粥。制百僚於宮内設位哭臨，令沙門素服。使有司案檢哭者，有涙以爲忠孝，如其無也則加以罪，群臣震懼，莫不含辛以爲涙。高陽王隆妃張氏，熙之嫂也，美姿容，有巧思。熙將以爲苻氏之殉，欲以罪殺之，乃毀其襜褕，中得敝氈，誣以蠱呪，遂賜死。三女叩頭求哀，熙不許。制公卿已下至兵民，户率營墓，費殫竭府庫。下錮三泉，周輪數里，内則圖畫尚書八座之象。熙謂監作者曰：“汝等善爲之，朕將隨后入此陵矣。”識者以爲不祥。右僕射韋璆一作玲。等並懼爲殉，沐浴俟命。號苻氏墓曰徽平陵。及葬，熙被髮徒跣，步從苻后喪。轀車高大，毀北門而出。長老竊相謂曰：“慕容氏自毀其門，將不久也。”會中衛將軍馮跋等閉門作亂，熙置后柩於南苑，收髮貫甲，馳還赴難。攻其北門不克，尋爲跋等所殺。及雲僭立，熙與苻后共葬之於徽平陵。

屠本《十六國春秋》卷第五十二《後燕録十》

光祚

　　光祚清河人，本宦者，仕苻堅爲冗從僕射。初，垂在長安，堅嘗與之交手語，垂出，祚言於堅曰：“陛下頗疑慕容垂乎？垂非久爲人下者也。”堅以告垂。及堅敗，苻丕自鄴奔晉陽，祚遂奔晉，晉以祚爲河北郡守。營於濟北之濮陽，羈屬温詳，詳敗，詣軍門降，垂赦之，撫待如舊。垂見祚流涕沾衿曰：“秦王待我理深，吾事之亦盡。淮南之敗，吾效忠節。但爲公猜忌，懼死而負之。每思疇昔之恩，未嘗中夜忘寢。”祚亦欷歔悲動。左右因賜祚金帛，祚固辭。垂曰：“卿猶復疑耶？”祚曰：“臣昔者惟知忠於所事，不意陛下至今懷之，臣敢逃其死。”垂曰：“此乃卿之忠，固吾之所求也，前言戲之耳。”待之彌厚。以爲中常侍。

頁一正至一背

趙秋

　　趙秋字子武，汲郡朝歌人也。少而輕財好施，鄰人李玄度母死，家貧無以葬。秋謂其兄曰：“赴死生，救不足，人一作仁。之本也。”家有二牛，即以一牛與之，玄度得以葬母。他年秋，夜行見一老母，遺秋金一餅曰：“子能葬我，是以相報。子五十以後，當富貴不可言，勿忘玄度也。”俄而不見。後事垂爲冠軍將軍，行參軍事。苻堅淮南之敗，秋以千餘騎奔垂，仍説垂曰：“明公當紹復燕祚，著於圖讖。今天時已至，尚復何待？若殺秦王據鄴都，鼓行而西，三秦亦非苻氏之有也。”垂不從，悉以兵授堅。及垂至鄴，苻丕聞其北來，疑欲爲亂，身自出迎。秋勸垂於坐取丕，垂亦不納。垂後發兵於鄴，農亦起兵列人應之，使秋説屠各及東夷、烏丸各帥步衆數千來援。農以垂未至，不敢行賞。秋曰：“軍無賞士不往，今之來也，皆爲建功。規利宜承制封拜，以廣中興之業。”農從之，於是赴者相繼。

頁一背至二背

眭邃

眭邃字懷道，趙郡高邑人也。父邁，晉東海王司馬越軍謀掾，後没石勒爲徐州刺史。邃仕垂爲從事中郎。農至高邑，遣邃出近，違期不還。長史張攀言於農曰：“邃目下參佐敢欺妄不還，請迴軍討之。”農不應，敕備假板，以邃爲高陽太守，參佐家在趙北者，悉假署遣歸。退謂攀曰：“君所言殊誤，當今豈可使自相魚肉？吾北還，邃等自當迎於道左，君但觀之。”及垂至中山，農以前驅先進。邃等皆來迎候，上下如初，攀乃服農之智略。仕寶中書令，寶逼殺太后段氏，不肯成喪，邃以大義切諫，具《段后録》。寶不得已從之。乃成喪。

頁二背至三背

高展

高展，渤海蓨人也，漢太傅袤之後。其父慶仕燕太子詹事，歷位司空。慶生三子，泰、敬、展，展仕寶爲黄門郎。泰仕於秦，見《前秦録》。

頁三背

高湖 湖弟恒 恒弟韜

高湖字大淵。父泰，吏部尚書、中書令。湖少機敏有器度，與弟一作兄。韜俱知名於時，雅爲鄉人崔逞所敬異。少歷顯職，爲散騎常侍。垂遣太子寶等伐魏，湖言於垂曰："魏、燕之與國，世爲婚姻。彼有内難燕實赴之，燕有所求彼無違者，其德施厚矣。和好多年，行人相繼，間以求馬不獲，遂留其弟，曲在於我，非彼之失政。當脩敦舊好，乂寧國家，奈何復令太子率衆遠伐？且拓跋魏太祖諱涉珪也。雄略有謀，險阻艱難備嘗之矣，兵精馬强，未易輕也。皇太子富於春秋，志果氣鋭，輕敵好勝，難可獨行。兵凶戰危，今委之專征，必小魏而輕之。萬一不如所欲，傷威毀重，願陛下深以爲慮。"言頗切厲，垂怒，詔免湖官，寶果敗於參合。寶立，起爲征虜將軍、燕郡太守。寶走和龍，兄弟交争，湖見其衰亂，遂率户三千降魏，任爲寧西右將軍。

　　湖弟恒，字叔宗，仕垂鉅鹿太守，率郡二千亦降於魏。

　　恒弟韜，少以英朗知名，同郡封懿雅相推敬，仕垂爲太尉從事中郎。魏武平中山，以爲丞相參軍，早卒。湖即北齊獻武王高歡高祖也，詳見《北齊書》。

頁三背至四背

崔蔭

　　崔蔭字世禄，清河東武城人，仕垂爲長史。章武王宙之鎮滑臺也，垂以蔭爲宙司馬。先是陳留王紹爲征南將軍，太原王楷爲征西將軍，樂浪王温爲征東將軍，皆以蔭爲之參佐。蔭才幹明敏，强正善規，諫四王皆嚴憚之。所至簡刑法，輕賦役，流民歸之，户口滋息。

頁五正

崔逞

　　崔逞字叔祖，清河東武城人，魏中尉琰之五世孫也。曾祖諒，晉中書令。祖遇，仕石虎爲特進。父瑜，黄門郎。逞少好學，有文才，遭亂孤貧，躬耕於野而講誦不輟。慕容暐時，郡舉上計掾，補著作郎，撰《燕記》，遷黄門侍郎。苻堅滅燕，以爲齊郡太守。堅敗仕晉，歷清河、平原太守，爲丁零翟釗所虜，授中書令。及垂滅釗，以爲秘書監。寶走和龍，爲留臺吏部尚書。趙王麟殺詳自立，逞乃携妻子亡歸於魏。先是張衮常與太祖言，每稱逞之才可大用。太祖得之甚喜，以爲尚書，使録三十六曹，委以政事。

逞兄適，字寧祖，亦有名於時，仕垂尚書左丞、范陽昌黎二郡太守，逞亦不得其死。

頁五正至六正

崔模

崔模字思範，清河東武城人。父遵，仕垂至少府卿。叔父整，廣川太守。模至熙末年，南渡河外，爲劉裕滎陽太守，戍虎牢。後歸仕魏，官至中尉。

頁六正

崔懿

崔懿字世茂，博陵安平人也，仕垂位秘書監。子遭，字景遇，位鉅鹿令。其孫綽，少孤，學行脩明，有名於世。

頁六正至六背

封懿

封懿字處德，渤海蓚人也。曾祖釋，晉東夷校尉。祖悛、父放仕儁爲渤海太守、暐吏部尚書。兄孚，仕超太尉。懿儁偉有才氣，能屬文，與孚雖器有長短，然名位略齊。懿仕秦渤海太守，撫軍麟狗清河，執之以歸，任爲本郡。歷位中書令、户部尚書。寶敗，歸魏。魏以懿爲給事黄門侍郎、都坐大官,封章安侯,問以燕氏舊事,懿應對疏慢,坐廢於家。撰《燕書》十卷,頗行於世。

頁六背至七正

封愷

封愷字思悌,奕之孫也。父勸,仕垂位至太常卿、侍中。愷,給事黄門侍郎、散騎常侍、度支尚書,坐司馬氏事死。愷妻盧玄女也,愷子伯達棄母及妻李氏南奔河表,改婚房氏。伯達子休傑後還,祖母盧氏猶存,垂百歲矣,而母李氏已先死矣。

頁七正

封衡

封衡字百華,中書監裕之子也。輕財好施,年十餘歲,見一老父荷擔於路,引歸問之,謂其父曰:“宣子一飯,著名春秋。斯老父也,宜給宅一區、奴一口,日供贍以終其年。”裕高其志而從之。及長,身長八尺,有智略,仕垂爲右司馬,轉安東將軍。垂攻鄴久不下,衡請灌之以漳水,垂以爲然,遂拔鄴城外郭。翟斌恃功驕恣,要請爲尚書令,垂將許之,衡屬色止之曰:“馬能千里,不免羈絆,明畜生不可以人御也。斌戎狄小人,遭時際會,兄弟封王,自驪兜以來未有此福。忽履盈忘止,復有斯求,魂爽錯亂,必死不出年也。”垂從之。斌果潛通苻丕,事發伏誅。衡後歷位中山尹、吏部尚書。

頁七正至八正

宗隱

宗隱字處道,西河介休人也。曾祖奭,晉昌黎太守,後爲庾長史。祖活,中書監。父恭,尚書令、徐州刺史。僑徙都於鄴,恭始家於廣平之列人。隱性至孝，年十三，便有成人之志。專精好學，不以兵難易操。仕垂，歷尚書郎、太子中舍人、本州別駕。隱叔父洽，爲垂尚書。魏太祖圍中山，洽率所領專守北圍。當洽所統，魏軍士多所傷殺。太祖特深忿恨，城陷被殺，子順、訓並下腐刑。

頁八正至八背

趙思

趙思亦宦者，仕寶爲中黃門令。寶之自龍城奔黎陽也，寶叔冀州牧、范陽王德自鄴徙居滑臺，稱燕王，置百官。寶遣思召德弟鍾奉迎。鍾本勸德稱帝，聞思來惡之，執以付獄，而馳白德。德與群下議奉迎事，其黃門侍郎張華等皆沮之。德乃遣其將慕輿護率壯士數百隨思而北，聲言迎衛寶，謀弑之。初，寶既遣思後，知德已攝位稱制，懼而北奔。護至黎陽無所見，執思以還。德以思閑習典故，將任之。思求還就寶，德不許，固留之。思怒曰："周室衰微，晉、鄭夾輔。漢有七國之難，實賴梁王殿下。親則叔父，位爲上台，不能率先群后以匡王室，而幸根本之傾爲趙王倫之事。思雖無申胥哭楚之效，尤慕龔君賓不生莽世。"德怒，殺之。詳具《南燕録》。

頁八背至九背

李系

李系，趙郡平棘人也，仕垂散騎常侍、東武城令，治有能名。魏太祖定中原，以系爲平棘令。年老卒於家，贈寧朔將軍、趙郡太守、平棘男。

頁九背

李先

李先字容仁，中山盧奴人也。祖重，晉平陽太守、大將軍右司馬。父樊，石虎樂安太守、左中郎將。先少好學，善占候之術，師事清河張御，御奇之。仕苻丕尚書左主客郎，慕容永聞其名，迎爲謀主。勸永據長子城，永遂稱制，以先爲黃門郎、秘書監、高密侯。垂滅永，徙先於中山，後歸仕魏。

頁九背至十正

屈遵

屈遵字子度，一作子皮。昌黎徒河人也。博學多才藝，爲慕容永尚書僕射、武桓公。永滅，垂以爲博陵令。魏太祖南伐，軍次魯口。博陵太守申永南奔河外，高陽太守崔宏東走海濱，一作渚。屬城長吏率多逃竄。遵獨告其吏民曰：“往年寶師大敗，今茲垂征不還，天之棄燕，人弗支也。魏主神武命世，寬仁善納，御衆百萬，號令若一。此湯武之師，吾欲歸命，爾等勉之，勿遇嘉運而爲禍先。”遂歸魏，以爲中書令。出納號令，總攝文誥，皆信委之。

頁十正至十背

賈彝

賈彝字彦倫，本武威姑臧人。六世祖敷，魏幽州刺史、廣川都亭侯，子孫因以家之，遂爲廣川人。父爲苻堅鉅鹿太守，坐訕謗繫獄。彝年十歲，詣長安訟父獲伸。遠近嘆之，皆曰：“此子英俊，賈誼之後莫之與京。”弱冠，仕垂遼西王農記室參軍。魏太祖聞其名，嘗遣使求之。垂彌增器重，更加寵秩，遷驃騎長史，帶昌黎太守。垂遣太子寶伐魏，敗於參合。彝及從兄代郡太守潤等被執，後數年遁歸，又爲屈丐所執，年六十卒。

頁十背至十一正

張蒲

張蒲字玄則，河內修武人也，本名謨，後改爲蒲，漢太尉延之後。父攀，仕垂御史中丞、兵部尚書，以清方稱。蒲少有父風，頗涉文史，端謹方正，爲寶陽平河間二郡太守、尚書左丞。魏太祖定中山，寶官司敘用，多降品秩。素聞蒲名，仍拜尚書左丞。

頁十一正至十一背

餘崇

餘崇字子厚。其父嵩，仕垂光禄大夫。平視叛於魯口，嵩以鎮東將軍討之，軍敗見殺。崇仕寶爲建威將軍。寶被圍於中山，清河王會表求赴難，使崇爲前鋒，率騎五百伺魏强弱。遇魏千餘騎，鼓譟直進，手殺數十人，魏騎潰去，崇亦引還。勇冠一時，衆心稍振。後會使壯士襲殺高陽王農，欲棄喪走龍城，崇涕泣固諫，乃聽載軍。後寶嘉其忠，拜中堅將軍，封潁陰公。蘭汗之亂，隨寶入龍城，密言於寶曰："觀加難形色，禍變甚逼，宜留三思，奈何徑前？"寶不從。行數里，加難遂先執崇，崇大呼罵曰："汝家幸緣肺腑，蒙國寵榮，覆宗不足以報。今乃敢謀篡逆，此天地所不容，計旦暮即屠滅，但恨不得手膾汝曹爾！"加難殺之。

頁十一背至十二正

平視

平視，燕國薊人也。仕垂寧朔將軍、幽州刺史，遷征東將軍。參合之敗，視舉兵魯口以叛，博陵、武邑、長樂三郡皆起兵應之，視弟翰亦起兵遼西，從子冀州刺史喜切諫不聽。時燕兵新敗，諸將討之不克，垂自率軍擊之，軍至魯口，視將妻子及翰等十餘人渡河而走，垂引軍還。視復收合餘黨，保據高唐，建威將軍進擊斬之。

頁十二正至十二背

鄭豁

鄭豁，滎陽開封人也。五世祖渾，魏將作大匠，豁仕垂至太常卿。

頁十二背至十三正

吕顯

吕顯字子明，本東平壽張人也，其先石勒時徙居幽州。顯少好學，性廉直，鄉人有忿争者皆就質焉，垂以爲河間太守，後率郡歸魏。

頁十三正

宇文活撥

宇文活撥，河南略陽人也，其先南單于之遠屬，世爲雄一曰擁。部大人。活撥仕垂爲唐郡内史、遼東公，魏平中山，活撥入魏爲第一客。

頁十三正

谷袞

谷袞，昌黎人也。膂力兼人，彎弓三百斤，勇冠當時。仕垂至廣武將軍。

頁十三背

酈紹

酈紹，范陽涿鹿人也，仕寶濮陽太守。魏太祖定中山，以郡迎降。

頁十三背

盧偃

盧偃,范陽涿鹿人也。父湛,晉司空劉琨從事中郎。偃與子邈並仕於垂,偃爲營丘太守,邈爲范陽太守,皆以儒雅見稱。

頁十三背至十四正

盧晏

盧晏,博學善隸書,有名於世。仕垂給事黃門侍郎、營丘成周二郡太守。子壽,太子洗馬。燕滅,入魏爲魯郡太守。

頁十四正

仇款

仇款,馮翊重泉人也。石虎末徙鄴南枋頭,仕暐爲烏丸護軍、長水校尉。生二子:長曰嵩,小曰騰。嵩仕垂殿中侍御史,徙居中山。初,嵩長女有姿色,充冉閔宮闈。閔破,遂入於儁,轉賜盧豚,生子魚,後有寵於魏。

頁十四正至十四背

韋閬

韋閬字友觀,京兆杜陵人也,世爲三輔冠族。祖楷,晉建威將軍、長樂清河二郡太守。父遠,仕垂吏部郎、大長秋卿。閬少有器望,值慕容氏政亂,避地薊城。魏徵拜咸陽太守,轉武都太守,卒於官。

頁十四背

晁崇

晁崇字子業,遼東襄平人也,家世史官。崇善天文術數,知名

於時，仕垂太史郎，從寶敗於參合。因留仕魏，太祖甚見親待。詳具
《魏書》。

頁十四背至十五正

段乾

段乾，雁門平原人，仕垂廣武令。子霸，魏太祖略地至雁門，霸
年幼見執，因被宮刑，乾乃率鄉曲歸降於魏。

頁十五正

公孫表

公孫表字玄元，燕郡廣陵人也，好縱橫刑名之言，爲慕容沖尚
書郎。垂破長子，隨入中山，仕爲從官。寶走，乃歸魏爲博士。歷
太宗時爲大將，被僇死。詳見《魏書》。

頁十五正至十五背

劉生

劉生頗解卜筮，慕容氏嫁女於魏，遂爲公主家臣，仍隨入魏，賜
妻生子。

頁十五背

房諶—作湛

房諶，清河東武城人也，仕垂爲太尉掾。隨慕容氏遷於齊，子
孫因以家焉，遂爲清河繹幕人。

頁十五背

王憲

王憲，字顯則，北海劇人。祖猛爲苻堅丞相。父休，河東太守。憲幼孤，隨伯父永在鄴。丕稱尊號，以永爲丞相。永爲慕容永所殺，憲奔清河，匿於民家，垂引爲安南將軍、河州刺史。

頁十六正

張珍

張珍字文表，中山毋極人，仕寶度支尚書。

頁十六正

楊結

楊結，清河人也，仕垂至中山相。生二子：珍、繼，皆知名於世。

頁十六正至十六背

許茂

許茂，高陽新城人也，仕垂爲高陽太守。

頁十六背

王高

王高，魏郡人。家貧，徒有四壁。夫婦二人晝則傭耕，夜則伐草，燒磚以臥。

頁十六背

陳刃

陳刃，河北人。仕於垂，失其官爵。

頁十六背

盧副鳩

盧副鳩，昌黎徒河人也。仕垂爲尚書令、臨澤公。

頁十六背至十七正

房堪

房堪，常山人，仕垂貴鄉太守。

頁十七正

屠本《十六國春秋》卷第六十三《南燕録一》

慕容德

　　慕容德字玄明，皝之少子也。皝每對諸宮人言，婦人懷孕，夢日入懷，必生貴子。德母公孫夫人方妊，夢日入其臍中，獨喜而不敢言。咸康二年，晝寢而生德。左右以告，方寤而起。皝曰：“此兒易生似鄭莊公，長必有大德，遂以德爲名。年十二而皝薨，哀毁過禮。年十八，身長八尺二寸，姿貌雄異，額上有日月兩角，足下有偃月重文。博觀群史，性清慎，多才藝。以兄儁元璽初封梁公，歷幽州刺史、左衛將軍。及暐建熙初，進號安北將軍，改封范陽王，入爲魏尹，加散騎常侍。時秦苻堅跨據長安，其將苻雙據陝以叛，苻柳起兵枹罕，將應之。德勸暐乘釁討堅，見《暐傳》。言辭慷慨，識者知其有遠略。暐竟不能用。太史令黃泓善相，謂德曰：“殿下相法，當先爲人臣，然後爲人君，但恐下官入地，不得見殿下昇天耳。”德曰：“若如公言，不敢忘報。”德兄垂甚器異之，因共論軍國大謀，言必切至。垂謂之曰：“汝器識長進，非復吳下阿蒙也。”枋頭之役，以征南將軍與垂擊敗晉師。垂奔苻堅，德坐與垂善免官。秦滅燕，徙於長安。及秦伐涼，德請從征自效。後堅以爲張掖太守，數歲免歸。
　　堅以兵臨江淮，垂請德爲副，乃拜奮威將軍。堅之敗也，與夫人張氏相失,暐將護致之,德正色謂暐曰:"昔楚莊滅陳,納巫臣之諫而棄夏姬。此不祥之人,惑亂人主,戎事不邇女器,秦之喪師當由於此。宜掩目而過,奈何將衛之也!"暐不從,德馳馬而去之。還次滎陽,言於暐曰:"昔句踐棲於會稽,終獲吳國。聖人相時而動,百舉百全。天將悔禍,故使秦師喪敗,宜乘其弊以復社稷。"暐亦不納。德乃從垂如鄴。

垂稱尊號,以德爲車騎大將軍、司隸校尉,復封范陽王。居中鎮衛,參斷政事。久之,遷司徒。垂欲攻慕容永於長子,惟德議與垂同,後克之。垂臨終,敕太子寶曰:"鄴是舊都,宜委范陽王。"

寶既嗣位,拜爲使持節、都督冀兗青徐荆豫六州諸軍事、特進、車騎大將軍、冀州牧,領南蠻校尉,鎮鄴,都罷留臺,以都督專總南夏。

永康初,魏將拓拔章後燕作拓跋儀。攻鄴,德遣南安王青等夜擊,破之。魏兵退次新城,青等請追擊之。別駕韓諲進曰:"古人先決勝廟堂,然後攻戰。今魏不可擊者四,燕不宜動者三。魏懸軍遠入,利在野戰,一不可擊也。深入近畿,頓兵死地,二不可擊也。前鋒既敗,後陣方固,三不可擊也。彼衆我寡,四不可擊也。官軍自戰其地,一不宜動也。動而不勝,衆心難固,二不宜動也。城郭未修,敵來無備,三不宜動也。此皆兵家所忌,不如深溝高壘,以逸待勞。彼千里餽糧,野無所掠,久則三軍靡資,攻則衆旅多斃,師老釁生,詳而圖之,可以捷矣。"德曰:"韓別駕之言,良、平之策也。"乃召青等還師。魏又遣遼西公賀賴盧率騎二萬與章圍鄴,德遣參軍劉藻請救於秦,并參母兄之問,而秦師不至,鄴中恟懼。於是二字一作青字。親饗戰士,厚加撫接,人感其恩,皆樂爲致死者。會章、盧內相乖貳,各引軍潛遁。章司馬丁建率衆來降,言章師老可擊。德遣桂林王鎮、南安王青帥騎七千追破章軍,人心始固。

及魏師入中山，寶出奔於薊，開封公詳又僭稱僞號。會劉藻自秦而至，秦太史令高魯遣其甥王景暉隨藻送玉璽一紐。先是姚興皇初中歲在丁酉，於長安渭濱得赤玉璽，上有文字曰“天命燕”，至是而魯送之，并圖讖秘文曰“有德者昌，無德者亡。德受天命，柔而復剛”。又有謠曰：“大風蓬勃揚塵埃，八井三刀卒起來。四海鼎沸中山頹，惟有德人據三臺。”於是群臣議以詳僭號中山，魏師盛於冀州，未審寶之存亡，因勸德即尊號，德不從。會慕容達自龍城奔鄴，稱寶猶存，群議乃止。寶尋進德爲丞相，領冀州牧，承制南夏，公侯牧守皆聽封拜。

兄子趙王麟自義臺奔鄴，因説德曰：“中山既没，魏必乘勝攻鄴，鄴中雖糧儲素積，然城大難固，且人情恇懼，不可以戰。宜及魏軍未至，擁衆南渡，就魯陽王和，據滑臺聚兵積穀，阻河自守，伺釁而動，計之上也。魏雖拔中山，勢不能久留，不過抄掠而返。人不樂徙，理自生變，然後振威以援之，魏則内外受敵，使戀舊之士有所依憑，廣開恩信，招集遺黎，一舉取之，河北庶可復也。”會兄子魯陽王和亦遣使勸德南徙，德乃許之。

元年春正月，魏太祖既克中山，遣衛王儀一作元儀。率騎三萬攻鄴，拔之，遂入鄴城，收其倉庫分賜將士。德自鄴率衆四萬三千户、車二萬七千乘將徙滑臺。遇風船没，《水經注》作既無舟楫。魏兵垂至，衆心惶懼，議欲退保黎陽，德不從。其夕流澌冰合，遂於夜中南渡黎陽。訖旦，魏兵追至而冰亦潛消，若有神焉。鄴令韓範一作軌。言於德曰：“光武渡滹沱河，澌流一作冰。自合，大王濟河，天橋自成，靈命所扶，徵兆已見。”德大悦，遂改黎陽津爲天橋津。及至滑臺，景星見於尾箕。漳水得白玉，其狀若璽。趙王麟等九十八人上言：“今中土傾陷，龍都蕭條，趙魏遺黎，鵠企皇澤，伏願仰承俯順，以係宗廟，謹上皇帝尊號。”德許之，令曰：“假順來議，且以燕元故事,統符行帝制而已。"於是德用兄垂故事,改永康三年稱元年,大赦境内殊死已下,署置百官。拜趙王麟爲司空、領尚書令,南海王法爲中軍將軍,慕輿拔爲尚書左僕射,丁通爲尚書右僕射,自餘文武封授各有差。初,河間有麟見,麟以爲己瑞。及此,潛謀爲亂,事覺,賜死。

二月,魏廣川太守賀賴盧殺冀州刺史王輔,驅勒守兵,抄掠平陽、頓丘諸郡,遂南渡河,奔附於德。德以賴盧爲并州刺史,封廣甯王。夏四月,先是寶自龍城南奔至黎陽,遣中黄門令趙思告北地王鍾德之從弟也。曰:"上以二月得丞相表,即時南征至乙連,會長上作亂,今失據來此,王亟呼丞相奉迎。"鍾本首議勸德稱尊,聞而惡之,執思付獄,馳使白狀。德謂群臣曰:"卿等前以社稷大計,勸吾攝政。吾亦以嗣帝播越,一作奔亡。民神曠主,故勉從群議,以繫衆心。今天方悔禍,嗣帝得還,吾將具駕奉迎,謝罪行闕,然後角巾私第,卿等以爲何如?"黄門侍郎張華進曰:"夫争奪之世,非雄才不振;縱横之時,豈懦夫能濟!嗣帝闇弱,不能紹隆先統。陛下若蹈匹婦之節,捨天授之業,威權一去,身首不保,況社稷其得血食乎,何退讓之有!"德曰:"吾以古人逆取順守,其道未足,所以中路徘徊,悵然未決耳。"慕輿護曰:"嗣帝不達時宜,委棄國都,自取敗亡,不堪多難,亦已明矣。昔蒯聵出奔,衛輒不納,《春秋》是之。以子拒父猶可,況以父拒子乎!今趙思之言,未明虛實,臣請爲殿下馳往詗之。"德流涕遣護。護率壯士數百,隨思而北,聲言迎衛,實謀弑之。初,寶遣思詣鍾,於後見採樵者,言德已攝位稱制,懼而北奔。護至無所見,執思以歸。德以思閑習典故,欲留用之。思曰:"昔關羽見重曹公,猶不忘先主之恩。思雖刑餘賤隸,荷國榮寵,一作寵靈。犬馬有心,而況人乎!乞還就上,以明貞節。貞一作微。"德固留之,思怒曰:"周室衰微,晉鄭夾輔;漢有七國之難,實賴梁王。殿下親則叔父,位爲上台,不能率先群后以匡王室,而幸根本之傾爲趙王倫之事。思雖不能如申包胥之存楚,猶慕龔君賓不生於莽世也。"德慚而斬之。

秋八月丙子,晉南陽太守閭丘羨、寧朔將軍鄧啓方率衆二萬來伐,師次管城。德遣中軍將軍南海王法、撫軍將軍魯陽王和等距之,啓方等敗績,單馬走免。德怒法不窮追,斬其撫軍司馬靳璆。冬十月,太極、端門並就,以張剛爲材官將軍、上方令。時銅官令王瓚得古銅鍾四枚於山穴,獻之,列於太極殿前,賜瓚爵關內侯。一作關外侯。

二年春三月,秦苻登既爲姚興所滅,其弟廣帥部落三千來降德,拜廣爲冠軍將軍,處之乞活堡。會熒惑守東井,或言秦當復興,廣乃自稱秦王,招集亡命,攻破北地王鍾。時德始都滑臺,介於晉魏之間,土無十城,衆不過萬。鍾既敗走,反側之徒多去德而附廣。德乃留魯陽王和守滑臺,自率衆討廣,斬之。

先是,寶之至黎陽也,和長史李辯勸和納寶,和不從。辯懼謀洩,乃潛引晉軍至管城,冀德親帥師,於後作亂。會德不出,愈不自安。及德討廣,辯又勸和反,和不從。辯怒,殺和,以滑臺降魏,求援於行臺尚書和跋。跋率輕騎自鄴赴之,既至,辯復悔之,閉門拒守。跋使尚書郎鄧暉説之,辯乃開門内跋,跋悉收德宫人府庫。時將士家屬悉在城内,德聞之,遣將士三千騎攻跋,跋率衆迎擊,騎兵敗績,跋又擊破桂陽王鎮,俘斬虜獲千餘人。陳、穎之民多附於魏。德欲攻滑臺,韓範言於德曰:"魏師已入城,據國成資,向也魏爲客,吾爲主人,今也吾爲客,魏爲主人,客主之勢,翻然復異,人情危懼,不可復戰。不如先據一方,爲關中之基,然後畜力而圖,計之上也。"德乃止。德右衛將軍雲斬李辯,率將士家屬二萬餘口自滑臺出奔於德,三軍慶悦。德謀於衆曰:"苻廣雖平,而撫軍失據,進有强敵,退無所依,計將安出?"給事黄門侍郎、中書令張華進曰:"彭城楚之舊都,阻山帶河,一作川。地嶮人殷,可攻而取之,以爲基本。"北地王鍾、慕輿護、封逞、韓諄等固勸攻滑臺,尚書潘聰進曰:"滑臺四通八達之地,非帝王之居。且北通大魏,西接强秦,此二國者,未可高枕而待之。彭城土曠人稀,平夷無嶮,且晉之舊鎮,必拒王師,未易可取。又密邇江淮,水路通浚,秋夏霖潦,千里爲湖。乘舟而戰者,我之所短,吳之所長,今雖克之,非久安之計也。青齊沃壤,號曰'東秦',土方二千里,精兵十餘萬,右有山河之固,左有負海之饒,可謂用武之國。三齊豪傑,蓄志以俟,孰不思得明主以立尺寸之功! 廣固城者,曹嶷之所營,山形嶮峻,足爲帝王之都。辟閭渾昔爲燕臣,後負國恩勒兵潛據,今宜遣辯士馳説於前,大兵繼踵於後。彼必翻然向化。如其守迷不服,大軍臨之,自然瓦解。既據其地,然後閉關養鋭,伺釁而動,此乃陛下之關中、河内也。"

德猶豫未決。齊州沙門僧朗素善占候,德因使牙門蘇撫訪其所適。朗報曰:"山野絶俗之士,不應預聞朝議,但有待之累,非有托無以立。陛下今既聞之,檀越敬覽三策,潘尚書之議可謂興邦之策矣。且今歲之初,彗星起於奎婁,遂掃虛危,彗者除舊更新之象。奎婁爲魯之分野,虛危爲齊之分野。宜先定兗州,巡撫琅邪,待秋風戒節,然後北轉臨齊,此天道也。"撫又密問以年世,朗以周易筮之曰:"燕衰庚戌,年則一紀,世則及子。"撫曰:"何其促乎?"朗曰:"卦兆然也,豈關人哉!"撫不敢言,以吉遝報。德大悦。

三月,德引師而南。五月,入薛城,兗州北鄙諸部縣悉降。置守宰以撫之,存問高年,軍無私掠。百姓安之,牛酒屬路。秋八月,德遣使諭幽州刺史、齊郡太守辟閭渾欲下之,渾不從,遣北地王鍾率步騎二萬擊之。德進據琅邪,徐兗之民歸附者十餘萬户,自琅邪引兵而北,迎者四萬餘人,以南海王法爲兗州刺史,鎮梁父。進克莒城，守將任安委城而退，以潘聰爲徐州刺史，鎮莒城。北地王鍾傳檄青州諸郡曰："隆替有時，義列昔經；困艱啓聖，事彰中籙。是以宣王龍飛於危周，光武鳳起於絶漢，斯蓋歷數大期，帝王之興廢也。自我永康多難，長鯨逸網，華夏四分，黎元五裂。逆賊辟閭父蔚，昔同段龕阻亂淄川，太宰東征，剿絶凶命。渾於覆巢之下，得蒙全卵之施，曾微犬馬識養之心，復襲凶父樂禍之志，盜據東秦，遠附吴越，割剥黎元，委輸南海。皇上應期，大命再集，矜彼營丘，暫阻王略，故以七州之衆二十餘萬，巡省岱宗，問罪齊魯。昔韓信以裨將伐齊，有征無戰；耿弇以偏師討步，克不移朔。況以萬乘之師，掃一隅之寇，傾山碎卵，方之非異。孤以不才，忝荷先驅，都督元戎一十二萬，皆烏桓突騎，三河猛士，奮劍與夕火争光，揮戈與秋月競色。以此攻城，何城不克；以此衆戰，何敵不平！昔竇融以河西歸漢，榮被於後裔；彭寵盜逆漁陽，身死於奴隷。近則曹嶷跋扈，見禽於後趙；段龕干紀，取滅於前朝。此非古今之吉凶，已然之成敗乎？渾若先迷後悟，榮寵有加。如其敢抗王師，敗滅必無遺燼。稷下之雄，岱北之士，有能斬送渾首者，賞同佐命。脱履機不發，必玉石俱摧。"先是蘭汗之亂，吏部尚書封孚南奔辟閭渾，渾表爲渤海太守。德至莒城，孚乃出降，德大喜曰："朕平青州不以爲慶，喜得卿耳！"遂委以機密。渾聞德將至，徙八千餘家入守廣固，遣司馬崔誕率千餘人戍薄荀，平原太守張豁戍柳泉。誕、豁承檄皆遣子來降。渾懼，携妻子奔魏。德遣射聲校尉劉剛追斬於莒城。渾少子道秀自詣請與父俱死，德曰："父雖不忠，而子能孝。"特赦之。殺其參軍張瑛。德遂入廣固。

　　是年，德爲僧朗建神通寺於齊州，仍遺書於朗曰："敬問太山朗和尚，遭家多難，灾禍屢臻。昔在建興，王室西越，賴武王中興，神武御世，大啓東夏，拯拔區域，遐邇蒙蘇，天下幸甚。天未忘灾，武王即宴，永康之始，東傾西蕩，京華播越。每思靈闕，屏營飲淚。朕以寡德，生在亂兵，遺民未幾，繼承大統。幸和尚大恩，神祇蓋護，今使使者送絹百匹，并假東齊王奉高、山茌二縣封給。書不盡意，稱朕心焉。”朗答書曰：“陛下龍飛，統御百國，天地融溢，皇澤載賴，善逢高鑒，惠濟黔首，蕩平之期，何憂不一？陛下信向三寶，恩旨殊隆。貧道味静深山，豈臨此位？且領民户興造靈刹，所崇像福，冥報有歸。”

建平元年春正月癸酉，德定都於廣固，遂以晉隆安四年僭即皇帝位於南郊，大赦境内殊死已下，改元爲建平元年。又詔曰：“漢宣憫吏民犯諱，故改名。朕今增一備字，以爲二名，庶開臣子避諱之路。”於是更名備德，叙賞其下有差。設行廟於宮南，遣使奉策告成。追謚燕王暐曰幽皇帝，以北地王鍾爲司徒，慕輿拔爲司空，封孚爲左僕射，慕輿護爲右僕射。遣度支尚書封愷、中書侍郎封逞觀省風俗，所在大饗將士。立妻段氏爲皇后。建立學宮，簡公卿已下子弟及二品士門二百餘人爲太學生，每月朔親臨試之。作申池以爲遊戲。是年，造刀四口，銘其背曰“建平”，隸書。

建平二年冬十月，徐州刺史潘聰、青州刺史鞠仲來朝，讌於延賢堂，酒酣，笑謂群臣曰：“朕雖薄德，恭己南面而朝諸侯，在上不驕，夕惕於位，可方自古何等主也？”鞠仲曰：“陛下中興之聖主，少康、光武之儔也。”備德顧命左右，賜仲帛千匹。仲以賜多爲讓，備德曰：“卿知調朕，朕不知調卿邪！卿飾對非實，故朕亦以虚言相賞。賞不謬加，何足謝也！”韓範進曰：“臣聞天子無戲言，忠臣無妄對。今日之論，上下相欺，可謂君臣俱失。”備德大悦，賜範絹五十匹。自是昌言競進，直士盈朝矣。備德遣從事中郎杜弘如長安，問母兄消息。詳具《弘傳》。

建平三年春三月，備德如齊城，登營丘，望見晏嬰冢，顧謂左右曰：“禮，大夫不逼城葬。平仲古之賢人，達禮者也，而生居近市，死葬近城，豈有意乎？”青州秀才晏謨對曰：“孔子稱臣先人平仲賢，則賢矣。豈不知高其梁，豐其禮？蓋政在家門，故儉以矯世。存居湫隘，卒豈擇地而葬乎！所以不遠門者，猶冀悟平生意也。”備德悦之，遂以謨從至漢城。夏四月，以太牢祀漢城陽景王廟，讌庶老於申池，北登社首山，東望鼎足，因目牛山而歎曰：“古無不死！”悽然有終焉之志。遂問謨以齊之山川丘陵，賢哲舊事。謨歷對詳辯，畫地成圖。備德深嘉之，拜尚書郎。立冶於商山，置鹽官於烏常澤，以廣軍國之資。

建平四年春二月夜，地震，在棲之雞皆驚擾飛散。三月，備德故吏趙融自長安來，始具母兄凶問。備德號慟吐血，因而寢疾。動經旬餘，幾於不振，會前尚書右丞孫默—作曹默。自冀州來奔，以白酒解之，乃瘳，拜默爲御史中丞，封永熙侯。是時司隸校尉慕容達因之謀反，遣牙門皇璆率衆攻端門，殿中帥—作師。侯赤眉開門應之。中黄門孫進扶備德踰城，隱於進舍。段宏等聞宮中有變，勒兵屯四門。備德入宮，誅赤眉等，達懼而奔魏。夏四月，南海王法及魏師戰於濟北之標榆谷，魏師敗績。

五月初，備德優遷徙之民，使之長復不役，民緣此迭相蔭冒，或百室合户，或千丁共籍，以避課役。尚書韓諲上疏曰：“二寇逋誅，國耻未雪，關西爲豺狼之藪，揚越爲鷗鴉之林，二京社稷，鞠爲丘墟，四祖園陵，蓁而不守，豈非義夫憤憾之日，烈士忘身之秋。而皇室多難，威略未振，是使長蛇弗剪，封豕假息。人懷憤慨，常謂一日之安不可以永久，終朝之逸無卒歲之憂。陛下中興大業，務在遵養，矜遷氓之失土，假長復而不役，愍黎庶之息肩，貴因循而不擾。斯可以保寧於營丘，難以經措於秦越。今群凶僭逆，實繁有徒，據我三方，伺國瑕釁。深宜審量虛實，大校成敗，養兵厲甲，廣農積糧，進爲雪恥討寇之資，退爲山河萬全之固。而百姓因秦晉之弊，迭相蔭冒，或百室合户，或千丁共籍，依托城社，不懼燻燒，公避課役，擅爲姦宄，損風毀憲，法所不容。但檢令未宣，弗可加戮。今宜隱實黎氓，正其編貫，庶上增皇朝理物之明，下益軍國兵資之用。若蒙採納，冀裨山海，雖遇商鞅之刑，悦綰之害，所不辭也。”備德從之，遣車騎將軍桂陽王鎮率騎三千，緣邊嚴防，備百姓逃竄。以諱爲使持節、散騎常侍、行臺尚書，巡郡縣隱實，得蔭户五萬八千。諱公廉正直，所在野次，人不擾害。

　　備德大集諸生，親臨策試。既而饗讌，登高遠矚，顧謂尚書魯邃曰：“齊魯固多君子，當昔全盛之時，接、慎、一作梓、慎。巴生、淳于、鄒、田之徒，蔭修檐，臨清沼，馳朱輪，佩長劍，恣飛馬之雄辭，奮談天之逸辯，指麾則紅紫成章，俛仰則丘陵生韻。至於今日，荒草積墳，氣消烟滅，永言千載，能不依然！”邃答曰：“昔武王封比干之墓，漢祖祭信陵之墳，皆留心賢哲，每懷往事。陛下慈深二主，澤被九泉，若使彼而有知，寧不銜荷矣。”

　　秋九月，高雅之等表請伐桓玄。先是玄將行篡逆，誅不附己者。冀州刺史劉軌、襄城太守司馬休之、征虜將軍劉敬宣、寧朔將軍一作廣陵相。高雅之、江都長張誕並内不自安，皆奔於備德。至是雅之等言於備德曰：“縱未能廓清吳會，亦可收江北之地。”中書侍郎韓諢《載記》作韓範。亦上疏曰：“夫帝王之道，必崇經略。有其時無其人，則弘濟之功或闕；有其人無其時，則英武之志不伸。至於能成王業者，惟人時合也。自晉國内難，七載於兹。桓玄篡逆，虐踰董卓，神怒人怨，其殃積矣。可乘之機，莫過此也。以陛下之神武，經而緯之，驅樂奮之卒，接厭亂之機，譬猶聲發響應，形動影隨，未足比其易也。且江淮南北户口無幾，公私戎馬不過數百，守備之事蓋亦微矣。若以步騎一萬，建雷霆之舉，卷甲長驅，指臨江會，必望旗草偃，壺漿屬路。跨地數千，衆踰十萬，可以西并强秦，北抗大魏。拓境開疆，保寧社稷，正在今日。如使後機失會，豪傑復起，梟除桓玄，更修德政，遐邇既寧，物無異望，豈惟建康難屠，江北亦不可冀。機過患生，憂必至矣。天與不取，悔將何及。惟陛下覽之。”備德曰：“自頃數纏百六，宏綱暫弛，遂令姦逆亂華，舊京墟穢，每尋否運，憤慨兼懷。昔少康以一旅之衆，復夏配天，況朕據三齊之地，藉五州之衆，教之以軍旅，訓之以禮讓，上下知義，人思自奮，繕甲俟釁，爲日久矣。但欲先定中原，掃除逋孽，然後宣布淳風，經理九服，飲馬長江，懸旌隴坂。此志未遂，且韜戈耳。今日之事，其令公卿詳議之。”咸以桓玄新得志，未可圖，乃止。於是講武於城西，步兵三十七萬，馬騎一作鐵騎。五萬三千匹，車一萬七千乘，周亘山澤，旌旗彌漫，鉦鼓之聲，振動天地。備德登高望之，顧謂劉軌、高雅之曰：“昔郤克忿齊，子胥怨楚，終能暢其剛烈，名流千載。卿等既知投身有道，當使無慚昔人也。”雅之等頓首答曰：“幸蒙陛下天覆之恩，大造之澤，存亡繼絕，實在聖時，雖則萬隕，何以上報！”

　　建平五年春三月，備德以劉軌爲司空，甚寵任之。劉敬宣素曉天文，知必有興復晉室者。尋夢丸土服之，既覺，喜曰：“丸者桓也，桓既吞矣，吾復本土乎！”遂與高雅之結青州大姓、諸省封及鮮卑豪帥免逵謀殺備德，推司馬休之爲主。克日垂發，雅之欲邀軌同謀，敬宣曰：“劉公衰老，吾觀其有安齊之志，必不動，不可告也。”雅之以爲不然，卒告軌，軌果不從，謀頗洩。乃相與殺軌南奔，雅之爲追騎所執殺之，敬宣與休之至淮泗間，遂歸劉裕。備德聞桓玄敗，乃以桂陽王鎮爲前將軍，北地王鍾爲大都督，配以步卒二萬，騎五千，克期欲取江南，會備德寢疾，於是罷兵。

　　建平六年夏四月，先是備德迎其兄子超於長安，超潛變姓名逃歸。行至梁父，鎮南長史悦壽以告兗州刺史、南海王法，法曰：“昔漢有卜者詐稱衛太子，今安知非此類也！”乃不禮之。備德聞超至大喜，遣騎三百出迎。及至，封爲北海王，拜侍中、驃騎大將軍、司隸校尉。秋九月，汝水忽竭，《水經注》作女水。水有神，化隆則水生，政薄則津竭。備德甚惡之。冬十一月，備德寢疾，北海王超請禱之，備德曰：“人主之命，長短在天，非汝水所能制也。”固請不許。是夜，備德夢其父皝曰：“汝既無子，何不早立超爲太子。不爾，惡人生心。”寤而告其妻曰：“先帝神明所敕，觀此夢意，吾將死矣。”戊午，引見群臣於東陽殿，議立超爲皇太子。俄而地震，百僚驚恐，竄越失位，備德亦不自安，興輦還宮。至夜，其疾益甚，呼段后、公主及超，申以後事。大赦境内殊死已下，子爲人後者人爵二級。乃執超手曰：“若得至曉，更見公卿，顧托以汝，死無所恨。”舉目視公主，欲有所言，竟遂不能。段后大呼曰：“今召中書作詔立超，可乎？”備德開目額之，乃立超爲皇太子。是夕，薨於顯安殿。一作堂。即晉義熙元年也，時年七十，在帝位六年。乃爲十餘柩，夜分出四門，潛葬山谷，竟不知其尸之所在。虛葬於東陽陵。僞謚獻武皇帝，廟號世宗。

頁一正至二十二正

屠本《十六國春秋》卷第六十四《南燕錄二》

慕容超

　　慕容超字祖明，備德兄北海王納之子也。納一作沕。納沉静深邃，外訥内敏。苻堅破鄴，以納爲廣武太守，數歲去官，與母公孫氏就弟備德家於張掖。備德從堅南征，留金刀辭母而去。備德與燕王垂起兵於山東，張掖太守苻昌收納及備德諸子，皆誅之，公孫氏以老獲免，納妻段氏以懷娠，未決，囚之於郡獄。獄掾呼延平，備德之故吏也，嘗有死罪，備德免之，竊將公孫氏及段氏逃於羌中，段氏生超。年十歲而公孫氏病，臨死授超以金刀，曰：“聞汝伯已中興於

鄴都，吾朽病將没，相見理絶。若天下太平，汝得東歸，當以此刀還
汝伯也。”呼延平又將超母子奔於吕光。及吕隆降秦，超又隨涼州
民徙於長安。未幾平卒，超號慟經旬。超母謂之曰："吾母子得全
濟者，呼延氏之力也。惠而不報，天不佑人。平今雖死，吾欲爲汝
納其女以答厚恩。”於是娶之。超至長安，自以諸父在東，恐爲秦人
所録，乃陽一作佯。狂行乞於市。秦人賤之，惟東平公姚紹見而異
焉，言於姚興曰："慕容超姿幹瓌偉，殆非真狂。願微加爵禄以羈縻
之。”興召見與語，超深自晦匿，故爲謬對，或問而不答。興大鄙之，
因謂紹曰："諺云‘妍皮不裹癡骨’，徒妄語耳。”乃罷遣之。由是得
往來無禁。濟隱人宗正謙，善卜相，西至長安，賣卜於路，超行而見
之，因就謙相，謙奇其姿貌，超乃内斷於心。備德聞納有遺腹子在
秦，遣濟陰吴辯潛往視之。辯因宗正謙以告超，超不敢告母妻，潛
變姓名，與謙俱歸。至諸關禁，自稱張伏生，二十日始達梁父。及
至廣固，呈以金刀，具宣祖母臨終之言，備德撫之號慟。

　　超身長八尺，腰帶九圍，精彩秀發，容止可觀。姿器魁傑，有類
備德，備德甚加禮遇，始名之曰超，封北海王，拜侍中、驃騎大將軍、
司隸校尉，開府置吏，妙選時賢爲僚佐。備德無子，欲以超爲嗣，
乃爲超起第於萬春門内，朝夕觀之。超亦深達備德旨，入則盡歡承
奉，出則傾身下士，由是内外譽望，翕然歸美焉。未幾，立爲太子。

　　備德既死，超遂以晉義熙元年僭嗣僞位，大赦境内殊死已下，
改元太上。尊備德后段氏爲皇太后。以北地王鍾爲都督中外諸
軍、録尚書事，南海王法爲征南大將軍、都督徐兖揚南兖四州諸軍
事，加桂陽王鎮開府儀同三司，以尚書令封孚爲太尉，鞠仲爲司空，
樂浪王惠爲司徒，潘聰爲左光禄大夫，段宏爲右光禄大夫，封嵩爲
尚書左僕射，濟陽王凝爲右僕射，自餘文武拜授各有差。超復引公
孫五樓任爲腹心，乃其所親信也。備德故大臣段宏及北地王鍾等

皆不自安，求補外職，乃以宏爲徐州刺史，鍾爲青州牧。時以公孫五樓爲武衛將軍，領屯騎校尉，内參政事。太尉封孚言於超曰："臣聞親不處外，覉不處内。《載記》作五大不在邊，五細不在内。鍾，國之宗臣，社稷所賴；宏，外戚懿望，百姓具瞻。正應參翼百揆，不宜遠鎮外方。今鍾等出藩，五樓内輔，臣竊未安。"超新即位，忌鍾等權逼，以問五樓。五樓欲專擅朝政，不欲鍾等在内，屢有間言，孚説竟不行。鍾、宏皆不能平，相謂曰："黄犬之皮恐當終補狐裘也。"五樓聞之，嫌隙漸構。

太上二年夏，無雲而雷。秋八月，先是超自長安行至梁父，南海王法時爲兗州刺史，鎮南長史悦壽還謂法曰："向見北海王子，天資弘雅，神爽高邁，始知天族一作天授。多奇，玉林皆寶。"法曰："昔成方遂詐稱衛太子，人莫辯之，安知非此族乎？"超聞而恚忿，形於言色。法亦怒，處之外館，超既與法有隙，結憾彌深。及備德死，法又不奔喪，至是超遣使讓之。法常懼禍至，遂與北地王鍾、徐州刺史段宏等謀反。超知而徵之，法與鍾並稱疾不赴，收其黨侍中河間王統、右衛將軍東陽王根、散騎常侍段封誅之，車裂左僕射封嵩，嵩弟西中郎將封融奔魏。

超尋遣桂陽王鎮等攻鍾於青州，闕二字。王昱等攻段宏於徐州，右僕射、濟陽王凝及中書令韓範攻法於兗州。一作梁父。昱等攻拔莒城，段宏奔魏。封融又集群盜襲石城塞，殺鎮西大將軍餘鬱，青土振懼，人懷異議。凝將謀殺韓範，襲擊廣固。範潛知之，勒兵攻凝，凝奔梁父。範并將其衆，進攻梁父，克之，凝出奔秦，法出奔魏。桂陽王鎮攻拔青州，鍾殺其妻子，爲地道而出，與高郡公始單馬奔秦。

於時超不恤政事，惟畋遊是好，變更舊制，朝野失望，百姓苦之。僕射韓諢切諫，不納。冬十月，太尉封孚卒。超又欲議復肉刑、九等之選,乃下書於境内曰:"陽九數纏,永康多難。自北都傾陷,典章淪滅,律令法憲,靡有存者。綱理天下,此焉爲本,既不能道之以德,必須齊之以刑。且虞舜大聖,猶命咎繇作士,刑之不可以已也如是!先帝季興,大業草創,兵革尚繁,未遑修制。朕猥以不德,嗣承大統,撫御寡方,致蕭墻釁發,遂犬馬生郊,典儀寢廢。今四境無虞,所宜修定,尚書可召集公卿。至如不忠不孝若封嵩之輩,梟斬不足以痛之,宜致烹轘之法,亦可附之條律,納以大辟之科。肉刑者,乃先聖之經,不刊之典,漢文易之,輕重乖度。今犯罪彌多,死者稍衆。肉刑之於化也,濟育既廣,懲慘尤深,光壽、建熙中二祖已議復之,未及而晏駕。其令博士已上參考舊事,依《吕刑》及漢、魏、晉律令,消息增損,議成燕律。五刑之屬三千,而罪莫大於不孝。孔子曰:'非聖人者無法,非孝者無親,此大亂之道也。'轘裂之刑,烹煮之戮,雖不在五刑一作品。之例,然亦行之自古。渠彌之轘,著之《春秋》;哀公之烹,爰自中代。世宗都齊,亦愍刑罰失中,咨嗟寢食。王者之有刑糾,猶人之有左右手焉。故孔子曰:'刑罰不中,則民無所措手足。'是以蕭何定法令而受封,叔孫通以制儀爲奉常。立功立事,古之所重。其明議損益,以成一代準式。周漢有貢士之條,魏立九品之選,二者孰愈,亦可詳聞。"群下議多不同,乃止。十二月丁未熒惑,太白皆入於羽林,又合於壁。占曰:"燕亡。"是年,高句驪遣使獻千里馬、生熊皮、障泥於超,超大悦,答以水牛、能言鳥。

　　太上三年春正月,超寇淮北、徐州,至下邳。秋七月,遣御史中丞封愷使於秦。超母妻既先在長安,爲姚興所拘質。至是,使愷請焉。愷至於秦,秦主興曰:"昔苻氏之敗,太樂諸伎悉入於燕。燕今稱藩,送伎,若不可,使送吴口千人,所請乃可得也。"愷還,超下書使群臣詳議,左僕射段暉曰:"太上囚楚,高祖不迴。今陛下嗣守社稷,不宜以私親之故遂降尊號。且太樂諸伎皆是前世伶人,一作先代遺音。不可與彼，使移風易俗，不如掠吳口與之。"尚書張華曰：
"若使侵掠吳邊，必成鄰怨。此既能往，彼亦能來，兵連禍結，非國
家之福也。昔孫權重黎庶之命，屈己以臣魏；惠施惜愛子之頭，捨
志以尊齊。況陛下慈親在人一云慈德在秦。掌握，方寸崩亂，豈可靳
惜虛名不爲之降屈乎？宜暫降統天之號，以申至孝之情。權變之
道，典謨所許。中書令韓範智能迥物，辯足傾人，昔與姚興俱爲苻
氏太子舍人，可遣將命，降號修和，必得如志。所謂屈於一人之下，
伸於萬人之上也。"超大悦，曰："張尚書得吾心矣。"遂遣韓範聘於
姚興，奉表稱藩。

　　範至長安，興見之謂曰："封愷前來，燕王與朕抗禮。今卿至
也，款然而附。爲依《春秋》以小事大之義？爲當專以孝敬爲母屈
也？"範曰："昔周爵五等，公侯異品，小大之禮，因之而生。今陛下
命世龍興，光宅西秦，本朝主上承祖宗遺烈，定鼎東齊，中分天曜，
南面並帝。通聘結好，義尚謙沖，使至矜誕，苟折行人，殊似吳晉争
盟，滕薛競長，恐傷大秦堂堂之盛，有損皇燕巍巍之美，彼我俱失，竊
未安之。"興怒曰："若如卿言，便是非爲大小而來。"範曰："雖由大
小之義，亦由寡君純孝過於重華，願陛下體敬親之道，沛然垂慈愍之
心。"興曰："吾久不見賈生，自謂過之，今不及矣。"於是爲範設舊交
之禮，申叙平生，謂範曰："燕王在此，朕亦見之，風表乃可，於機辯未
也。"範曰："大辯若訥，聖人美之，況爾日龍潛鳳戢，和光同塵，若使
負日月而行，則無繼天之業矣。"興笑曰："可謂使乎延譽者也。"範
乘間逞説，興乃大悦，賜範千金，許以超母妻還之。時濟陽王凝自
梁父奔秦，言於興曰："燕王稱藩，本非推德，權爲母屈耳。古之帝
王尚興師徵質，豈可虛還其母乎！母若一還，必不復臣也。宜先質
一作制。其送伎，然後歸之。"興意乃變。因謂範曰："朕歸燕王家屬
必矣，然今天時尚熱，當俟秋涼。"八月，秦使兼員外散騎常侍韋宗

來聘，超與群臣議見宗之禮，張華曰："陛下前既奉表，今宜北面受詔。"封逞曰："大燕七聖重光，奈何一旦爲豎子屈節！"超曰："朕爲太后屈，願諸君勿言。"遂北面受詔，贈宗以千金。冬十月，遣左僕射張華、給事中宗正元入秦報聘，并送大樂伎一百二十人。興大悦，延華入讌。酒酣，樂作，秦黄門侍郎尹雅謂華曰："昔殷之將亡，樂師歸周；今皇秦道盛，燕樂來庭。廢興之兆，見於此矣。"華曰："自古帝王，爲道不同，權譎之理，會於功成。故老子曰：'將欲取之，必先與之。'今總章西入，必由余東歸，禍福之驗，此其兆乎！"興怒曰："昔齊楚競辯，二國興師。卿乃小國之臣，何敢抗衡朝士！"華遜辭曰："奉使之始，實願交歡上國，上國既遣小國之臣，辱及寡君社稷，臣亦何心，而不仰酬！"興善之，於是還超母妻，厚其資禮而遣之。十一月，張華發長安，宗正元先馳反命。超大悦，遣征虜將軍公孫五樓率騎二千迎於境上，超親率六宮迎之於馬耳關。

太上四年春正月，超以母妻之歸，大赦境内殊死已下，追尊父北海穆王納爲穆皇帝，立母段氏爲皇太后，居長樂宫，妻呼延氏爲皇后。祀於南郊，柴燎熾起而烟不出，靈臺令張光私告人曰："今火盛而烟滅，國其亡乎？"超將登壇，有獸大如馬，狀類鼠而色赤，集於圜丘之側，俄而不知所在。須臾大風暴起，天地晝昏，其行宫羽儀帷幄盡皆壞裂。超懼，密問太史令成公綏，綏曰："陛下信用姦臣，誅戮賢良，賦斂煩多，事役殷苦之所致也。"超懼，大赦，譴責公孫五樓等。俄而復用之。是歲，廣固地震，天齊水湧，井水溢，汝水竭，河濟凍合，而瀰水不冰。超惡之，問於太史令李宣，宣曰："瀰水無冰，良由逼帶帝京近日故也。"超大悦，賜宣朝服一具。高句驪復遣使至，獻千里人十人、千里馬一匹。兗州民王滿一作蒲。率衆二千來降，獻美女馬，髭鬚去地九寸，拜滿長水校尉，封廩丘公。

太上五年春正月正旦，超朝會群臣於東陽殿，聞樂作，歎音佾不備，悔送伎於秦，遂議入寇掠晉人以補伎。領軍將軍韓諽《載記》作韓謨。諫曰：“先帝以舊京傾没，戢翼三齊，苟時運未可，上智輟謀。今陛下嗣守成規，宜閉關養鋭，以伺賊隙，恢復先業，而更結怨南鄰，廣樹仇釁，可乎？”超曰：“我計已定，不與卿言。”二月，遣將軍慕容興宗、斛穀提、公孫歸等率騎寇宿豫，拔之，陽平太守劉千載、濟陰太守徐阮並爲所執，大掠而歸。簡男女二千五百，付太樂教之。

　　時公孫五樓爲侍中、尚書令、左衛將軍，專總朝政，宗族親戚並居顯要，夾輔左右，王公内外無不憚之。超論宿豫之功，封兄公孫歸爲冠軍將軍、常山公，叔父公孫頹爲武衛將軍、興樂公，斛穀提等並爲郡、縣公。

　　桂陽王鎮諫曰：“臣聞懸賞待勳，非功不侯。今公孫歸結禍延兵，殘賊百姓，陛下封之。無乃不可乎！夫忠言逆耳，非親不發。臣雖庸朽，忝國戚藩，輒盡愚款，惟陛下圖之。”超怒，不答，自是百僚杜口，莫敢開言。尚書都令史王儼諂事五樓，遷尚書郎，出爲濟南太守，入爲尚書左丞，時人爲之語曰：“欲得侯，事五樓。”又遣公孫歸等率騎三千入寇南陽，《載記》作濟南。執太守趙光，一作元。俘掠男女千餘人而還。

　　夏四月，晉丞相劉裕率舟師北伐，以丹陽尹孟昶監中軍留府事，署劉敬宣中軍咨議參軍加冠軍將軍，浮淮入泗。五月，進至下邳，留船艦、輜重，步軍進至琅邪，所過築城留守。或謂裕曰：“燕人若嚴守大峴，或堅壁清野，大軍深入，無所資糧，不惟無功，何能自反？”裕曰：“不然，吾慮之熟矣，鮮卑貪婪，略不及遠，既幸其勝，且愛其穀，一云惟利虜獲，退惜禾苗。謂我孤軍深入，不能持久；不過進據臨朐，退守廣固，必不能守險清野，師一入峴，吾何患焉！敢爲諸君保之。”

　　超聞有晉師，引見群臣於東陽殿，會議拒師之策。征虜將軍公孫五樓曰："吳兵輕果，所利在速戰，初鋒勇鋭，不可與争。宜據大峴，使不得入，曠日延時，阻其鋭氣。然後徐簡精騎二千，循海而南，絶其糧運，别敕段暉率兗州之衆，緣山東下。腹背擊之，此上策也。各命守宰，依險自固，校其資儲之外，餘悉焚蕩，芟除禾苗，使寇至無資。堅壁清野，以俟其斃，彼僑軍深入，士卒無食，求戰不得，旬日之間可以坐制，此中策也。縱賊入峴，出城逆戰，此下策也。"超曰："吾京都殷盛，户口衆多，非可以一時入守。青苗布野，非可以卒芟。今歲星居齊，以天道推之，不戰自克。客主勢殊，以人事言之，彼遠來疲敝，勢不能久。吾據五州之疆，帶山河之固，戰車萬乘，鐵馬萬群，麥禾布野，奈何芟苗徙民，先自蹙弱乎？設使芟苗城守，以全性命，朕所不能。不如縱令過峴，至於平地，徐以鐵騎衝之，衝一作踐。此成禽耳。"輔國將軍、廣甯王賀，一作甯。賀賴盧苦諫不從，退謂五樓曰："上不用吾計，亡無日矣。"太尉、桂陽王鎮曰："若如聖旨，必須平原用馬爲便，宜出峴逆戰，戰而不勝，猶可退守。不宜縱敵入峴，自貽窘逼。昔安成君不守井陘之關，終屈於韓信；諸葛瞻不據束馬之險，卒禽於鄧艾。臣以爲天時不如地利，阻守大峴，策之上也。"超又不從。鎮出，謂韓諱曰："主上既不能逆戰却敵，又不肯徙民清野。延敵入腹，坐待攻圍，酷似劉璋矣。今年國滅，吾必死之，卿等中華之士，復爲文身乎！"超聞之大怒，收鎮下獄。乃攝莒城、梁父二戍，修城隍，簡士馬，畜精鋭以待之。劉裕過大峴，超兵不出，乃舉手指天，喜形於色曰："吾事濟矣！"左右曰："公未見敵而先喜，何也？"裕曰："兵已過險，士有必死之志，餘糧棲畝，軍無匱乏之憂，虜已入吾掌中，勝可必矣。"

　　六月己巳，裕師次東莞，超留羸老守廣固，遣左將軍段暉、輔國將軍賀賴盧、征虜將軍公孫五樓等將步騎五萬，進據臨朐。既聞晉軍之盛，大懼，自率步騎四萬就暉等於臨朐，臨朐有巨蔑水，去城四十里。超謂公孫五樓曰：“今宜進據川源，晉軍至而失水，亦不能戰矣。”五樓馳騎據之。及至，裕前鋒《通典》作龍驤將軍。孟龍符領騎居前，已據川源，五樓戰敗而還。裕以車四千乘爲左右翼，方軌徐進。車張幰，御者執稍，以騎爲遊軍，軍令嚴肅。比及臨朐，超兵四面而至，裕命劉敬宣與兗州刺史劉藩、并州刺史劉道憐等拒之，戰於臨朐南，日已向昃，勝負未決。參軍胡藩言於裕曰：“燕悉兵出戰，臨朐城中留守必寡。今以奇兵從間道往取其城而斬其旗幟，此韓信所以破趙也。”裕乃遣藩及諮議參軍檀韶、建威將軍向彌潛師出燕兵之後襲攻臨朐，聲言輕兵自海道至矣。彌擐甲先登，遂拔之，斬其牙旗。超大懼，單騎奔段暉於城南。裕因縱兵奮擊，暉衆大敗，裕軍斬暉等大將十餘人。超奔還廣固，裕軍獲其玉璽、御輦、豹尾等，乘勝逐北，直至廣固。彌又先登，丙子，克其大城，超徙郭內人入保小城。裕築長圍守之，圍高三丈，穿塹三重，撫納降附，採拔賢俊，華夷大悦，因齊地糧儲，悉停江淮漕運。

　　六月，超使尚書郎張綱乞師於秦。赦桂陽王鎮，進録尚書、都督中外諸軍事。引見謝之，且問計於群臣曰：“朕嗣守成業，不能委賢任善，而專固自由，覆水不收，悔將何及！智士逞謀，必在事危，忠臣立節，亦在急難，諸君其勉思六奇，共濟艱運。”鎮曰：“百姓之心，係於一人。今陛下躬率六軍，身先奔敗，群臣離心，士卒喪氣，内外之情，不可復恃。如聞西秦自有内患，恐不暇分兵救人，正當更決一戰，以爭天命。散卒還者，尚有數萬，可悉出金帛、宫女，餌令一戰。若天命助我，必能破賊。如其不濟，死亦未晚，不可閉門坐受圍擊。”司徒樂浪王惠曰：“不然。晉軍乘勝，氣勢百倍，吾以敗軍之將，禦之不亦難乎！秦雖與勃勃相持，不足爲患。且二國連橫，勢如唇齒，今有寇難，秦必救我。但自古乞援，不遣大臣則不能

得重兵，是以趙隸三請，楚師不出；平原一使，援至從成。尚書令韓
範德望具瞻，燕秦所重，宜遣乞援，以濟時艱。”超於是從惠計，復遣
韓範與王簿乞師於秦。超尚書略陽桓遵及弟京兆太守桓苗苗或作
留。踰城出降，遵、苗皆超所委任以爲心腹者也。或有竊告裕軍曰：
“燕人張綱有巧思，若得張綱爲攻具者，廣固乃可拔也。”秋七月，
綱自長安還，太山太守申宣執之，送之於裕。先是裕嘗修攻具，城
上人曰：“汝不得張綱，何能爲也？”及至，升諸樓車以示之，使周城
呼曰：“劉勃勃大敗秦軍，無兵相救。”城内莫不失色。劉毅遣上黨
太守趙恢以千餘人援裕，裕夜潛遣軍會之。明旦，恢衆五千方道而
進，每晉使將到，輒復如是。北方之民執兵負糧歸裕者，日以千數。
裕圍城益急，超既求救不獲，綱反見虜，甚怒，乃引伏弩射之，裕軍
少退。左僕射張華、中丞封愷並爲裕所執，裕令華、愷與超書，勸令
早降。超乃遺裕書，請爲藩臣，割大峴以南地爲界，并獻馬千匹，以
通和好，不聽。江南繼兵相尋而至。八月，封融詣裕軍降。九月，
尚書張俊自秦還，亦降於裕，因説裕曰：“燕人所以固守者，外仗韓
範，冀得秦援。範既時望，又與姚興相昵，若勃勃敗後，秦必救燕，
宜密信誘範，啗以甘言重利，範來則燕人絶望，自然降矣。”裕從之，
表範爲散騎常侍，且遺範書以招之。時姚興遣將軍姚强率步騎一
萬，隨範就姚紹於洛陽，并兵來援，因遣使謂裕曰：“慕容氏相與鄰
好，今晉攻之，以窮告急，秦已遣鐵騎十萬遥屯洛陽。晉軍不還，便
當長驅而進矣。”裕呼秦使者謂之曰：“語爾姚興：我克燕之後，息
兵三年，當取關、洛；虜能自送便可速來，今其時矣！”録事參軍劉
穆之聞有秦使，馳入見裕，而秦使者已去。裕以所言告穆之，穆之
尤之曰：“日常事無大小，必賜預謀，此宜善詳，云何遽爾答之！此
言不足威敵，適足以怒之。若廣固未拔，西羌奄至，不審明公何以
待之？”裕笑曰：“此是兵機，非卿所解，故不以相語耳。夫兵貴神

速,彼若審能赴救,必畏我知,寧容先遣信命,逆設此言!是自張大之辭也。晉師不出,爲日久矣。羌見伐齊,殆將内懼,自保不暇,何能救人邪!"

會姚興爲勃勃所敗,追强還兵。韓範歎曰:"天滅燕矣!"長水校尉王滿勸範奔秦,範曰:"劉裕起布衣,誅桓玄,復晉室。今興師伐燕,所向崩潰,此殆天授,非人力也。燕亡,則秦爲之次矣,吾不可以再辱。"會得裕書,遂降於裕。裕謂範曰:"卿欲立申包胥之功,何以虛還也?"範曰:"自亡祖司空世荷燕寵,故泣血秦庭,冀匡禍難。屬西朝多故,丹誠無效,可謂天喪敝邑而贊明公。智者見機而作,敢不至乎!"翼日,裕將範循城,城中人情離駭,無復固志。裕謂範曰:"卿宜至城下,告以禍福。"範曰:"雖蒙殊寵,猶未忍謀燕。"裕嘉之而不强。左右勸超誅範家,以止後叛。超知敗在旦夕,又以其弟諄盡忠無二,並範家赦之。冬十月,段宏自魏奔裕。十二月乙巳,太白犯虛危,靈臺令張光勸超出降,超怒手殺之。是歲,東萊雨血,廣固城門鬼夜哭。

太上六年,春正月甲寅正旦,超登天門,朝群臣於城上,殺馬以享將士,文武皆有遷授。乙卯,超幸姬魏夫人從超登城,見晉師之盛,方奏樂,乃握超手而相對泣,曲終不已。韓諄諫曰:"陛下遭百六之會,正當勉力自强,以壯士民之志,而反對女子悲泣,何其鄙也!"超拭目謝之,曰:"孤以先世基業,締造甚艱。今外寇如此,恐一旦不守,是以泣耳。"尚書令董銑勸超出降,超大怒,繫之於獄。二月,輔國將軍賀賴盧、征虜將軍公孫五樓爲地道出擊晉師,晉師不利。河間人玄文說裕曰:"昔石虎攻曹嶷,瞻氣者以爲澠水帶城,非可攻拔,若塞五龍口,城當自陷。石虎從之,而嶷請降,降後五日大雨,雷電震開。後慕容恪之攻圍段龕,十旬不拔,塞城而龕降。降後無幾,又震開之。今舊基猶存,宜加修築。"裕從其言塞之。超

及城内男女悉患脚弱,病者大半,出降相繼。超輦而登城,尚書悦
壽説超曰:“天地不仁,助寇爲虐,戰士尫病,日就凋隕,守困窮城,
外援絶望,天時人事,亦可知矣。苟歷運有終,堯舜避位,轉禍爲
福,聖達所先。宜追許鄭之蹤,以存宗廟之重。”超歎曰:“廢興,命
也。吾寧奮劍而死,不能銜璧而生。”於時張綱爲裕造衝車,覆以板
屋,被以牛皮,并設諸奇巧,城上火石弓矢無所施用;又爲飛樓、懸
梯、木幔之屬,遥臨城上,攻城之士遂得肆力。超大怒,懸其母於城
上支解之。裕圍廣固累月,將拔之。夜,佐吏並集,忽有鳥大如鵝,
蒼色,飛入裕帳,坐衆咸駭愕,以爲不祥。參軍胡蕃獨起賀曰:“蒼
黑者,胡虜之色。鵝者,我也。胡虜歸我,大吉之徵也。”衆乃大悦。
丁亥,裕悉衆攻城,或曰:“今日往亡,不利行師。”一云今往亡之日,兵
家所忌。裕曰:“我往彼亡,何爲不利?”遂四面急攻之,殺傷甚衆。
廣固鬼夜哭不止,有流星長十餘丈隕於廣固。悦壽開門納晉軍,超
與左右數十騎踰城突圍出奔,爲追軍所執。裕數以不降之罪,超神
色自若,一無所言,惟以母託劉敬宣而已。蕭方等《三十國春秋》曰:美
哉其言也,言必及親,終不忘孝,可謂人之將死,其言也善乎?裕忿廣固久
不下,欲盡坑之,以妻女賞將士。韓範諫曰:“晉室南遷,中原鼎沸,
士民無援,强則附之。既爲君臣,必須爲之盡力。彼皆衣冠舊族,
先帝遺民,今王師弔伐而盡坑之,使安所歸乎?竊恐西北之人無復
來蘇之望矣。”裕改容謝之,然猶斬鮮卑王公已下三千餘人,没入家
口萬餘,以妻女爲軍賞。夷其城隍,獲生口萬餘、馬二千匹,并獲金
鉦輦、豹尾舊式猶存。送超詣建康市斬之,時年二十六,在位六年。
韓範後爲劉穆之所惡,譖於裕被殺。始德以晉安帝隆安四年歲在
庚子僭號居齊王,至超二世,以晉義熙六年歲在庚戌爲劉裕所滅,
凡十一年。

頁一正至二十二背

屠本《十六國春秋》卷第六十五《南燕録三》

慕容鍾

慕容鍾字道明，德之從弟也。少有識量，喜怒不形於色，機神秀發，言旨清辯。至於臨難對敵，知勇兼濟，累進奇策，備德頗從之，率皆中焉。由是政無巨細，悉以委之，遂爲佐命元勳，封北地王。超既嗣位，猜虐日甚，政出權門，公孫五樓等規挾威權，慮鍾抑己，固勸超誅之，鍾懼，遂與段宏等謀叛。事敗奔秦，姚興拜爲始平太守，封歸義侯。

頁一正至一背

封孚

封孚字處道，渤海蓚人也。祖悛，振威將軍。父放，吏部尚書，皆顯名於燕世。孚幼而聰敏和裕，有士君子之稱，仕垂散騎常侍，轉留臺尚書。及寶僭立，累遷吏部尚書。蘭汗之亂，南奔辟閭渾，渾表爲渤海太守。德至莒城，孚遂出降。德曰："孤得青州，不以爲喜，喜於得卿也。"常外總機事，内參密謀，雖位任崇重而謙虛博納，深得大臣體度。超既嗣位，政出權嬖，盤於遊畋，多違舊章，軌憲日敝，殘虐滋甚，孚屢與韓諠盡言匡救，超不能納。其後臨軒問孚曰："朕可方前世何主？"孚曰："桀紂之主。"超大慚怒。孚徐步而出，不爲改容。司空鞠仲失色，謂孚曰："與天子言，何其亢厲，宜應還謝。"孚曰："行年七十，墓木已拱，惟求死所耳。"竟不謝。超以其時望，特優容之。太上三年卒於家，時年七十一，追贈太師，謚曰文穆。其所著文章多傳於世。

頁一背至二背

封嵩

封嵩,渤海人也,仕備德爲左司馬,遷尚書左僕射。德又以韓諲爲尚書右僕射。時嵩、諲年並三十,又以嵩弟融爲西中郎將,諲弟軌爲北中郎將,嵩等俱拜。德臨軒,詔令四人同入,嵩等至殿方謝,德顧曰:"所謂躍二龍於長衢,騁雙驥於千里。"朝野榮之。

超初嗣位,大旱。太后段氏告超曰:"左僕射封嵩教殷丹下車,訪問民間疾苦。丹常具陳:孝婦不當死,以致亢旱。當誅姑女,改葬孝婦,丹如其言,應時雨注。"後超信任姦邪,不恤政事。嵩遂與南海王法等謀反,征南司馬卜珍言於超曰:"左僕射封嵩數與法往來,疑有奸。"超收嵩下廷尉,辭及段太后。太后懼泣告超曰:"嵩教遣黃門令牟常説吾云:'帝非太后所生,恐依永康故事。'我婦人識淺,恐帝見殺,即以語法,法爲謀見誤,知復何言。"超聞而大怒,乃車裂嵩於東門之外,融叛出奔於魏。

頁二背至三正

杜弘

杜弘,平原人也,仕德爲從事中郎。先是德母及兄納一作光。皆在長安,德遣弘如長安存問消息,弘曰:"臣至長安,若不奉太后動止,便即西如張掖。以死爲效。但臣父雄今年蹸六十,未沾榮貴,乞本縣之禄,以申烏鳥之情。"中書令張華曰:"杜弘未行而求禄,要君之罪大矣,不可使也。"德曰:"吾方散所輕之財,招所重之死,況爲親尊而可吝乎!且弘爲君迎親,爲父求禄,雖外如要君,内實忠孝,何罪之有!"乃以雄爲平原令。弘至張掖,爲賊所殺,德聞而悲之,厚撫其妻子。

頁四正至四背

王始

王始，萊蕪人。德建平四年，以妖術惑衆至數千人聚於太山萊蕪谷，自稱太平皇帝，署置公卿百官，號其父固爲太上皇，兄林爲征東將軍，弟泰爲征西將軍。德遣車騎將軍桂陽王鎮討禽之，斬於都市。臨刑，人皆罵之曰："何爲妖妄？自貽族滅！"或問其父兄今並何在，始曰："太上皇帝蒙塵於外，征東、征西亂兵所害。朕躬雖存，復何聊賴。"其妻趙氏怒之曰："君正坐此口過，以至於此，奈何臨死復爾狂言！"始曰："皇后！何不達天命！自古豈有不破之家，不亡之國邪！"行刑者以刀鐶築之，始仰視曰："朕即崩矣，終不改帝號也。"德聞而笑之，謂左右曰："熒惑之人，死猶狂語，何可不殺？"

頁四正至四背

張瑛

張瑛，幽薊人也。爲辟閭渾參軍，常與渾作檄，辭多不遜。渾敗，德擒而讓之，瑛神色自若，徐對曰："渾之有臣，如韓信之有蒯通。通遇漢祖而蒙恕，臣遭陛下而嬰戮。比之古人，竊爲不幸。防風之誅，臣實甘之，但恐堯舜之化，未弘於四海耳！"德初善其言，後竟殺之。

頁四背至五正

王鸞

王鸞，一作尹鸞。濟南人也。身長九尺，腰帶十圍，貫甲跨馬，不據鞍由蹬。德一見而奇其魁偉，賜之以食，乃進一斛餘。德驚曰："所噉如此，非耕所能飽。且才貌不凡，堪爲貴人，可先以司縣試之也。"於是拜爲逢陵長。鸞到官，政理修明，大收民譽，徵爲東萊太守。

頁五正至五背

龐世

龐世，不知何處人。仕德爲光禄勳，奏案豪强，苛克人物，咸懼疾之。及卒，門無弔客。時人爲之謡曰：“龐家之巷，車馬轔轔。泥丸之日，無弔賓。弔賓不至，何所因？由性苛克，寡所親。”

頁五背

桓敞或作垣字

桓敞，略陽桓道人也。族姓豪强，石虎時自略陽徙鄴。敞仕苻氏爲長樂國郎中令。德入青州，以敞爲車騎長史。超襲僞位，其長子遵、次子苗復見委任，遵爲尚書，苗爲京兆太守。劉裕圍廣固，遵、苗踰城歸順，並以爲太尉行參軍。

頁五背至六正

張華

張華，清河東武城人也。有機辦，仕德爲給事黄門、侍郎中書令，屢進直言。仕超至左僕射，奉使至秦，辭令不屈。後爲劉裕所獲。

頁六正

張恂

張恂，清河東武城人也，仕慕容氏散騎常侍。父悕，爲儁尚書右僕射。恂隨德南渡，因家於齊郡之臨淄，後歸仕魏。

頁六背

劉昶

劉昶，本平原人也，世仕慕容氏。昶從德南渡河，因家於北海之都昌縣，子奉伯爲超東牟令，後歸劉裕爲北海太守。

頁六背

傅融

傅融，本清河人。六世祖佃，佃子遷，仕後趙至太常。融隨德南徙渡河，遂家於磐陽，爲鄉里所重。性豪爽，不拘小節，尤善屬文。

頁六背至七正

李根

李根，遼東襄平人也。仕寶至中書監，與子後智等隨德南徙，渡河居於青州。數世無名位，三齊豪門以此多輕之。

頁七正

王牢

王牢，太原祁人也。高祖宏，河東太守、緜竹侯。牢仕慕容氏爲上谷太守，隨德南渡，居青州，因以家焉。

頁七正至七背

張幸

張幸，清河東武城人也。仕超東牟太守，後率戶歸魏。

頁七背

冷平

冷平，臨淄人。太上二年，有司奏沙門僧智夜入平舍，淫其寡嫂李氏，平與弟安國殺之。郡縣按平兄弟，欲以一人坐殺人論死。而平、安國各引自殺，讓生競死。義形急難，且手殺罪人，宜並加原宥，超詔俱赦之。

頁七背至八正

高軌

高軌，本渤海蓨人也。隨德渡河，徙青州，因居北海之劇縣。

頁八正

王景暉

王景暉，秦太史令高魯之甥也。初同魯在秦，魯遣暉隨德使劉藻獻玉璽於德，遂留仕德。後著《南燕録》六卷行於世。

頁八正

慕容氏

段豐妻慕容氏，德之女也。少有才慧，善書史，能鼓琴。德既僭位，署爲平原公主。年十四，適於豐。豐爲人所譖，被殺，慕容氏寡居，歸將改適壽光公餘熾。慕容氏謂侍婢曰："我聞忠臣不事二君，烈女不更二夫。段氏既遭無辜，已不能同死，豈復有心於重行哉！今主上不顧禮義逼我改嫁，我若不從，則違嚴君之命矣。"於是剋日交禮。慕容氏姿容婉麗，服飾光華，熾睹之甚喜。經宿，慕容氏僞辭以疾，熾亦不之逼。三日歸第，沐浴置酒，言笑自若，至夕，密書其裙帶曰："死後當埋我於段氏側，若魂魄有知，當歸彼矣。"遂於浴室自縊而死。及葬，男女睹者數萬人，莫不歎息曰："貞哉公主！"路經餘熾宅前，熾聞挽歌之聲，慟絶良久。

頁八背至九正

【東胡系民族資料彙編】

張久和　主編

王石雨　張久和　編

慕容鮮卑資料輯録

下　册

中華書局

散見史料繫年録

公元一六六年　東漢桓帝延熹九年

桓帝時使匈奴中郎將張奐征之，不克。乃更遣使者齎印綬，即封檀石槐爲王，欲與和親。檀石槐拒不肯受，寇鈔滋甚。乃分其地爲中東西三部。從右北平以東至遼，(遼)〔東〕接夫餘、[①]〔濊〕貊爲東部，[②]二十餘邑，其大人曰彌加、闕機、素利、槐頭。從右北平以西至上谷爲中部，十餘邑，其大人曰柯最、闕居、慕容等，爲大帥。從上谷以西至燉煌，西接烏孫爲西部，二十餘邑，其大人曰置鞬落羅、日律推演、宴荔游等，皆爲大帥，而制屬檀石槐。

《三國志》卷三十《魏書·烏丸鮮卑東夷傳第三十·鮮卑》裴松之注引王沈《魏書》頁八三七至八三八

公元二三五年　魏明帝青龍三年

其後幽州刺史王雄遣勇士韓龍刺殺比能，更立其弟素利、彌加、厥機皆爲大人，在遼西、右北平、漁陽塞外，道遠初不爲邊患，其

---

① 此處中華書局點校本《三國志》無校勘記，中華書局橫排簡體本《三國志》校勘記六四〇頁作：東接夫餘　東，原作“遼”，據《後漢書》卷九〇《鮮卑傳》改。
② 此處中華書局點校本《三國志》無校勘記，中華書局橫排簡體本《三國志》校勘記六四〇頁作：濊貊爲東部　原脫“濊”字，據《後漢書》卷九〇《鮮卑傳》補。

種衆多於比能也。其後諸子爭立，衆離散，諸部大人慕容、拓跋更盛焉。

　　《通典》卷第一百九十六《邊防十二·北狄三·軻比能》頁五三七一

　　至三年中，雄遣勇士韓龍刺殺比能，更立其弟素利、彌加、厥機皆爲大人，在遼西、右北平、漁陽塞外，道遠初不爲邊患，然其種衆多於比能也。其後諸子爭立，衆遂離散，諸部大人慕容、托跋更盛焉。

　　《通志》卷二百《四夷傳七·北國下·軻比能》頁三二〇二中

公元二三八年　魏明帝景初二年

　　崔鴻《十六國春秋·前燕録》曰：慕容廆曾祖父慕容跋，見燕代少年多冠步揺冠，好之，乃歛髮襲冠。諸部因呼之爲步揺，其後音訛而爲慕容，遂以慕容爲氏。

　　《太平御覽》卷六八四《服章部一·總叙冠》頁三〇五三下

　　《晉書》曰：慕容廆曾祖莫護跋，魏初率其諸部入居遼西，從宣帝伐公孫氏，以功拜率義王，始建國於棘城之北。時燕代多冠步揺冠，護跋見之，乃歛髮襲冠，諸部因呼之爲步揺，其後音訛，遂爲慕容焉。

　　《太平御覽》卷七一五《服用部一七·步揺》頁三一七五上

公元二六九年　西晉武帝泰始五年[①]

　　崔鴻《十六國春秋》：慕容廆先代君遼左，號曰東胡，其後雄

―――――――――
① 慕容廆生於此年。

昌,與匈奴争盛。秦漢之際,爲匈奴所敗,分保鮮卑山,因復以山爲
號也。棘城之東,塞外又有鮮卑山,在遼西之西北一百里,與此異
山而同號。

《太平御覽》卷四五《地部一○·鮮卑山》頁二一八上

　　前燕慕容廆,字奕洛瓌。幼而魁岸,美姿貌,身長八尺,雄傑有
大度。

《册府元龜》卷二二○《僭僞部·形貌》頁二六三六下

公元二八一年　　西晉武帝太康二年

冬十月,鮮卑慕容廆寇昌黎。〔三○〕

【校勘記】

〔三○〕鮮卑慕容廆寇昌黎　"慕容廆",《通鑑》八一作"涉
歸"。《通鑑考異》:"按范亨《燕書·武宣紀》。廆泰始五年生,年
十五,父單于涉歸卒,太康四年也。此年入寇,當是涉歸。"

《晉書》卷三《帝紀第三·武帝》頁七三、八六

　　初,鮮卑莫護跋始自塞外入居遼西棘城之北,棘城在昌黎縣界,是
後慕容氏置棘城縣。拓跋魏太武真君八年,併棘城入昌黎郡龍城縣。《載記》
曰:莫護跋從宣帝伐公孫氏有功,拜率義王,始建國于棘城之北。號曰慕容
部。《魏書》曰:漢桓帝時,鮮卑檀石槐分其地爲東、中、西三部,中部大人曰柯
最、闕居、慕容等,爲大帥,是則慕容部之始也。《載記》曰:莫護跋國于棘城之
北,時燕、代多冠步搖冠,莫護跋見而好之,乃斂髮襲冠,諸部因呼之爲"步搖",
其後音訛,遂爲慕容。或云:慕二儀之德,繼三光之容,遂以慕容爲氏。余謂步
搖之説誕;或云之説,慕容氏既得中國,其臣子從而爲之辭。莫護跋生木延,
木延生涉歸,遷於遼東之北,世附中國,數從征討有功,拜大單于。

單,音蟬。冬十月,涉歸始寇昌黎。昌黎,漢之交黎縣,屬遼西郡,東漢屬遼東屬國都尉。魏正始五年,鮮卑内附,復置遼東屬國,立昌黎縣以居之,後立昌黎郡。慕容氏始此。《考異》曰:《帝紀》云"慕容廆",按范亨《燕書·武宣紀》:"廆,泰始五年生,年十五,父單于涉歸卒,"太康四年也。此年入寇,當是涉歸。

　　《資治通鑑》卷八十一《晉紀三·武帝太康二年》頁二五七六至二五七七

　　冬十月,鮮卑慕容廆寇昌黎。

　　　　　　《通志》卷十上《晉紀十上·武皇帝》頁一八二下

公元二八二年　　西晉武帝太康三年

三月,安北將軍嚴詢敗鮮卑慕容廆於昌黎,殺傷數萬人。

　　　　　　　　《晉書》卷三《帝紀第三·武帝》頁七三

三月,安北將軍嚴詢敗慕容涉歸於昌黎,斬獲萬計。敗,補邁翻。

　　《資治通鑑》卷八十一《晉紀三·武帝太康三年》頁二五八〇

三月,安北將軍嚴詢敗鮮卑慕容廆於昌黎,殺傷數萬人。

　　　　　　《通志》卷十上《晉紀十上·武皇帝》頁一八二下

公元二八三年　　西晉武帝太康四年前 ①

　　張華遺慕容《燕書》云:高祖慕容廆童兒往見,安北將軍張華甚異之,脫所著幘簪以遺慕容廆。○今案《御覽》四百七十八引《燕書》"兒"作"冠",

----

① 慕容廆往見張華之年不詳,按其生於泰始五年(269)。太康四年(283),十五歲時父涉歸卒,隨後慕容部内亂,平亂後廆即位,似難出訪,故此事當在二八三年以前。

餘同。俞本"往"作"時",删末三字,餘亦同。陳本改引今《晉書》,非原鈔矣。

《北堂書鈔》卷第一百二十七《衣冠部上·簪六》頁八正

崔鴻《前燕録》曰:慕容廆幼而魁岸,美姿貌,身長八尺,雄桀有大度。晉安北張華一見奇之,謂廆曰:"君長必爲命世之器,定難濟時者也。"遺廆冠簪,以結殷勤。

《太平御覽》卷四四四《人事部八五·知人下》頁二〇四三上

范亨《燕書》曰:高祖少有大度,雄略傑出。晉安北將軍張華鎮薊,總御諸部。高祖童冠往見,華甚異之,謂高祖曰:"君必爲命時之器,匡時濟難者也。"脱所着幘簪以遺高祖,結殷勤而別。

《太平御覽》卷四七八《人事部一一九·贈遺》頁二一九〇下

《燕書》曰:高祖慕容廆,晉安北將軍張華雅有人鑒,鎮薊,撫御諸部。高祖童兒往見,華甚異之,謂高祖曰:"君後爲命世之器,匡難濟時者也。"脱所著幘簪以遺高祖,結殷勤而別。

《太平御覽》卷六八八《服章部五·簪導》頁三〇七〇下

慕容廆童冠時往謁之,華甚歎異,謂曰:"君至長必爲命世之器,扶難濟時者也。"因以所服簪幘遺廆,結殷勤而別。

《册府元龜》卷八四三《總録部·知人二》頁一〇〇〇〇下

公元二八三年　西晉武帝太康四年

晉《前燕書》曰:高祖廆年十五,出避難。追者急,走避民家,入其屋,以席自障。追者入屋,發視,無所見,遂免。

《太平御覽》卷七〇九《服用部一一·薦蓆》頁三一五九下

是歲，鮮卑慕容涉歸卒。弟删篡立，《考異》曰：《載記》"删"作
"耐"。今從《燕書》。將殺涉歸子廆，廆亡匿於遼東徐郁家。廆，户賄
翻，又五罪翻。《載記》曰：廆，字弈洛瓌。杜佑曰：本名若洛廆。

　　《資治通鑑》卷八十一《晉紀三·武帝太康四年》頁二五八六

公元二八五年　西晉武帝太康六年

武帝時，頻來朝貢，至太康六年，爲慕容廆所襲破，其王依慮自
殺，子弟走保沃沮。

　　《晉書》卷九十七《列傳第六十七·四夷·東夷·夫餘國》頁
二五三二

至太康六年，爲慕容廆所襲破。廆，呼罪反。其王依慮自殺，子
弟走保沃沮。

　　《通典》卷第一百八十五《邊防一·東夷上·夫餘》頁四九
九八

《晉書》曰：夫餘國，至太康六年爲慕容廆所襲破，其依慮自殺，
子弟走保沃沮。武帝以何龕爲護東夷校尉。

　　　　《太平御覽》卷七八一《四夷部二·夫餘》頁三四六一上

前燕慕容廆，父涉歸，以全柳城之功，進拜鮮卑單于，遷邑於遼
東北，於是漸慕諸夏之風。廆初立，數寇遼西，及伐滅扶餘。

　　《册府元龜》卷二三二《僭僞部·稱藩》頁二七五九上至
二七五九下

是歲，慕容删爲其下所殺，部衆復迎涉歸子廆而立之。涉歸與

宇文部素有隙，宇文部亦鮮卑種，其先有大人曰普回，因狩得玉璽三紐，文曰"皇帝璽"。普回以爲天授，其俗謂天子曰"宇文"，故國號宇文，併以爲氏。何氏《姓苑》曰：宇文氏出自炎帝，其後以嘗草之功，鮮卑呼草爲俟汾，遂號爲俟汾氏，後世通稱俟汾，蓋音訛也。代爲鮮卑單于。廆請討之，朝廷弗許。廆怒，入寇遼西，殺略甚衆。帝遣幽州軍討廆，戰于肥如，肥如縣屬遼西郡。應劭曰：肥子奔燕、燕封於此。賢曰：肥如，今平州。廆衆大敗。自是每歲犯邊，又東擊扶餘，扶餘王依慮自殺，慮，音閭。子弟走保沃沮。沮，千余翻。廆夷其國城，驅萬餘人而歸。

　　《資治通鑑》卷八十一《晉紀三・武帝太康六年》頁二五九〇

　　晉武帝時，頻獻方物。太康六年爲慕容廆所襲破，依慮自殺，子弟走保沃沮。

　　《通志》卷一百九十四《四夷傳一・東夷・夫餘》頁三一一一中

　　慕容廆因封建之舊，保界遼碣而爲燕。[1]

　　《冊府元龜》卷二一九《僭僞部・總序》頁二六二一上

公元二八五年　西晉武帝太康六年後 [2]

　　吐谷渾，慕容廆之庶長兄也，其父涉歸分部落一千七百家以隸之。及涉歸卒，廆嗣位，而二部馬鬥，廆怒曰："先公分建有別，奈何不相遠離，而令馬鬥！"吐谷渾曰："馬爲畜耳，鬥其常性，何怒

---

[1] 據《晉書・慕容皝載記》可知，慕容廆稱公於本年，故將本條史料繫於此。
[2] 慕容廆即位於公元二八五年，此事當發生於該年之後。《舊唐書》卷一九八《吐谷渾傳》載："吐谷渾自晉永嘉之末，始西渡洮水，建國於群羌之故地，至龍朔三年爲吐蕃所滅，凡三百五十年。"龍朔三年爲公元六六三年，據此吐谷渾建國爲公元三一三年，其與慕容廆相争當在二八五至三一三年之間。

於人！乖別甚易，〔五〕當去汝於萬里之外矣。"於是遂行。廆悔之，遣其長史史那樓馮及父時耆舊追還之。吐谷渾曰："先公稱卜筮之言，當有二子克昌，祚流後裔。我卑庶也，理無並大，今因馬而別，殆天所啓乎！諸君試驅馬令東，馬若還東，我當相隨去矣。"樓馮遣從者二千騎，擁馬東出數百步，輒悲鳴西走。如是者十餘輩，樓馮跪而言曰："此非人事也。"遂止。鮮卑謂兄爲阿干，廆追思之，作《阿干之歌》，歲暮窮思，常歌之。

【校勘記】

〔五〕乖別甚易　"易"，各本均作"異"，但《宋書》、《魏書》、《通典》、《北史》、《通志》一九五均作"易"，今據改。

《晉書》卷九十七《列傳第六十七·四夷·西戎·吐谷渾》頁二五三七、二五五二

　　阿柴虜吐谷渾，遼東鮮卑也。父弈洛韓，有二子，長曰吐谷渾，少曰若洛廆。〔一〕若洛廆別爲慕容氏。渾庶長，廆正嫡。父在時，分七百戶與渾，〔二〕渾與廆二部俱牧馬，馬鬥相傷，廆怒，遣信謂渾曰："先公處分，與兄異部，牧馬何不相遠，而致鬥争相傷？"渾曰："馬是畜生，食草飲水，春氣發動，所以致鬥。鬥在於馬，而怒及人邪。乖別甚易，今當去汝萬里。"於是擁馬西行，日移一頓，頓八十里。經數頓，廆悔悟，深自咎責，遣舊父老及長史乙那樓追渾令還。〔三〕渾曰："我乃祖以來，樹德遼右，又卜筮之言，先公有二子，福祚並流子孫。我是卑庶，理無並大，今以馬致別，殆天所啓。諸君試擁馬令東，馬若還東，我當相隨去。"樓喜拜曰："處可寒。"虜言"處可寒"，宋言爾官家也。即使所從二千騎共遮馬令回，不盈三百步，欻然悲鳴突走，聲若頹山。如是者十餘輩，一向一遠。樓力屈，又跪曰："可寒，此非復人事。"渾謂其部落曰："我兄弟子孫，

並應昌盛,厖當傳子及曾孫玄孫,其間可百餘年,我乃玄孫間始當顯耳。”於是遂西附陰山。遭晉亂,遂得上隴。後厖追思渾,作《阿干之歌》。鮮卑呼兄爲“阿干”。厖子孫竊號,以此歌爲輦後大曲。

【校勘記】

〔一〕父弈洛韓有二子長曰吐谷渾少曰若洛厖　“弈洛韓”《御覽》一二一引《十六國春秋·前燕録》、《晉書》、《通典》作“涉歸”。“若洛厖”《前燕録》作“弈洛瓌”。

〔二〕分七百户與渾　《晉書·吐谷渾傳》作一千七百家。

〔三〕遣舊父老及長史乙那樓追渾令還　“乙那樓”《晉書》作“那樓馮”。按《魏書·官氏志》,一那蔞氏後改爲蔞氏。乙那樓蓋一那蔞之異譯。《宋書》但稱其姓,《晉書》則著其名曰馮。下云“樓喜拜曰”,沈約蓋誤以乙那爲姓,樓爲其名。

《宋書》卷九十六《列傳第五十六·鮮卑吐谷渾》頁二三六九至二三七〇、二三七四

河南王者,其先出自鮮卑慕容氏。初,慕容弈洛干有二子,庶長曰吐谷渾,嫡曰厖洛干。卒,厖嗣位,吐谷渾避之,西徙上隴,度枹罕,出涼州西南,至赤水而居之。

《南史》卷七十九《列傳第六十九·夷貊下·西戎·河南》頁一九七七

吐谷渾,本遼東鮮卑徒河涉歸子也。涉歸一名弈洛韓,有二子,庶長曰吐谷渾,少曰若洛厖。涉歸死,若洛厖代統部落,別爲慕容氏。涉歸之存也,分户七百以給吐谷渾。[1] 吐谷渾與若洛厖二

---

[1]此處中華書局點校本《魏書》無校勘記,中華書局點校修訂本《魏書》二四四〇頁校勘記〔一五〕作:户七百　《晉書》卷九七《吐谷渾傳》作“一千七百家”,《通鑑》卷九〇《晉紀》一二建武元年十二月作“户一千七百”。

部馬鬥相傷,若洛廆怒,遣人謂吐谷渾曰:“先公處分,與兄異部,何不相遠,而馬鬥相傷!”吐谷渾曰:“馬是畜耳,食草飲水,春氣發動,所以鬥。鬥在馬而怒及人,乖別甚易,今當去汝萬里之外。”若洛廆悔,遣舊老及長史七那樓追謝留之。〔一四〕吐谷渾曰:“我乃祖以來,樹德遼右,先公之世,卜筮之言,云有二子當享福祚,並流子孫。我是卑庶,理無並大,今以馬致乖,殆天所啓。諸君試驅馬令東,馬若還東,我當隨去。”即令從騎擁馬令回,數百步,欻然悲鳴,突走而西,聲若頹山,如是者十餘輩,一回一迷。〔一五〕樓力屈,乃跪曰:“可汗,此非復人事。”渾謂其部落曰:“我兄弟子孫並應昌盛,廆當傳子及曾玄孫,其間可百餘年,我及玄孫間始當顯耳。”於是遂西附陰山,後假道上隴。若洛廆追思吐谷渾,作《阿干歌》,徒河以兄爲阿干也。〔一六〕子孫僭號,以此歌爲輦後鼓吹大曲。

【校勘記】

〔一四〕遣舊老及長史七那樓追謝留之　《晉書》卷九七《吐谷渾傳》“七那樓”作“史那樓馮”,《宋書》卷九六《吐谷渾傳》作“乙那樓”。疑“七”字訛,《晉書》“史”字亦涉上“長史”而訛,作“乙”是。

〔一五〕一回一迷　按《宋書》卷九六作“一向一遠”。上云“擁馬令回”,作“回”是,“迷”字疑當作“遠”。

〔一六〕作阿干歌徒河以兄爲阿干也　諸本及《北史》卷九六、《宋書》卷九六“干”並作“于”。殿本《考證》云“‘于’應作‘干’,《晉書》卷九七鮮卑謂兄曰‘阿干’是也”。按《通志》卷一九五《吐谷渾傳》也作“干”。我國東北諸族及蒙古語稱兄音近“阿干”,知“于”字訛,今據《晉書》、《通志》改。

《魏書》卷一百一《列傳第八十九·吐谷渾》頁二二三三、二二五三吐谷渾,本遼東鮮卑徒河涉歸子也。涉歸一名弈洛韓,有二子,庶長曰吐谷渾,少曰若洛廆。涉歸死,若洛廆代統部落,是爲慕容氏。涉歸之在也,分户七百以給吐谷渾,與若洛廆二部。馬鬥相傷,若洛廆怒,遣人謂吐谷渾曰:"先公處分,與兄異部,何不相遠,而馬鬥相傷?"吐谷渾曰:"馬食草飲水,春氣發動,所以鬥。鬥在馬,而怒及人!乖別甚易,今當去汝萬里外!"若洛廆悔,遣舊老及長史七那樓謝之。吐谷渾曰:"我乃祖以來,樹德遼右,先公之世,卜筮之言云:'有二子,當享福祚,並流子孫。'我是卑庶,理無並大。今以馬致怒,殆天所啓。諸君試驅馬令東,馬若還東,我當隨去。"即令從騎擁馬令迴,數百步,欻然悲鳴,突走而西,聲若頹山,如是者十餘輩,一迴一迷。樓力屈,乃跪曰:"可汗,此非復人事!"渾謂其部落曰:"我兄弟子孫並應昌盛,廆當傳子及曾玄孫,其間可百餘年;我乃玄孫間始當顯耳。"於是遂西附陰山,後假道上隴。若洛廆追思吐谷渾,作《阿于歌》,徒河以兄爲阿于也。子孫僭號,以此歌爲輦後鼓吹大曲。

《北史》卷九十六《列傳第八十四·吐谷渾》頁三一七八至三一七九

吐谷渾,本遼東鮮卑也。西晉時,酋帥徒何涉歸有二子,[一]長曰吐谷渾,少曰若洛廆。[二]胡罪反。涉歸死,若洛廆代統部落,[三]別爲慕容氏。渾庶長,廆正嫡。父在時,分七百户與渾,[四]渾與廆二部俱牧馬,馬鬥相傷,廆怒,遣使謂渾曰:"先公處分,與兄異部,[五]牧馬何不相遠,而令馬鬥。"渾曰:"馬是畜生,食草飲水,春氣發動,所以致鬥。鬥在於馬,而怒於人耶?乖別甚易,今當去汝於萬里之外矣。"

【校勘記】

〔一〕徒何涉歸　《宋書・鮮卑吐谷渾傳》二三六九頁作"奕洛韓"。按:《魏書・吐谷渾傳》二二三三頁云:"涉歸一名奕洛韓。"

〔二〕若洛廆　《宋書・鮮卑吐谷渾傳》二三六九頁、《魏書・吐谷渾傳》二二三三頁、《隋書・西域傳》一八四二頁同。《御覽》卷一二一引崔鴻《十六國春秋・前燕録》作"奕洛瓌"。

〔三〕涉歸死若洛廆代統部落　"涉歸死若洛廆"原涉上而脱,據《魏書・吐谷渾傳》二二三三頁、《隋書・西域傳》一八四二頁補。

〔四〕分七百户與渾　"七百户"《晉書・四夷傳》二五三七頁作"一千七百家"。

〔五〕與兄異部　"兄"下原有"弟",據《宋書・鮮卑吐谷渾傳》二三六九頁、《魏書・吐谷渾傳》二二三三頁删。

《通典》卷第一百九十《邊防六・西戎二・吐谷渾》頁五一六三、五一七九至五一八〇

又《前燕録》曰:慕容廆父涉歸分户以封長庶子吐谷渾,分馬以給之。及廆嗣位,而二部馬鬥。廆怒,遣使讓渾曰:"先公分建有别,奈何不相遠離而令馬有鬥傷?"渾曰:"馬飲食水草,鬥其常性,何故怒及於人?兄弟至親而鬥起於馬,當去汝萬里。"於是遂西移八十里。廆後悔之,遣乙那樓追渾謝之,乃擁迴渾馬。馬東行數百步,輒悲鳴西奔,衝突山谷,如是者十餘曰。此非人事,遂附陰山面黄河。晉永嘉之亂,南遷隴右,廆以孔懷之思作《吐谷渾阿于歌》,歲暮窮思,常歌之。及儁、垂僭號,以爲輦後大曲。

《太平御覽》卷五七〇《樂部八・歌一》頁二五七九下

《後魏書》曰:吐谷渾慕容氏者,本遼西鮮卑,徒河涉歸有二子,

長曰吐谷渾,少曰若洛廆,代統部落,別爲慕容氏。涉歸之存,貧分戶百以給吐谷渾。渾與洛廆二部馬鬥相傷,洛廆怒,謂渾曰:"何不分部令相遠?"渾曰:"馬是畜耳,而何怒? 及求別甚易,今當去汝萬里之外!"廆悔,謝留之,渾曰:"先公之世,卜筮當有二子享福,並流子孫。我是卑庶,理無並大。今以馬致隔,天所啓也。試驅馬令東,若還,我當有隨。"即命擁馬,皆悲鳴西走,遂西渡隴,止于甘松之南。廆追悔之,作《吐谷渾阿干歌》。徒何以兄爲阿干也。逐水草廬帳而居,以肉酪爲糧。渾死,其後以吐谷渾爲氏。

　　　　《太平御覽》卷七九四《四夷部一五·吐谷渾》頁三五二五下

　　沈約《宋書》曰:鮮卑二子,長曰吐谷渾,少曰若洛廆,若洛廆別爲。渾庶長,廆正嫡。父在特分七百户與渾。渾與廆二部俱牧馬,馬鬥相傷。廆怒讓,渾曰:"鬥在馬而怒及人耶? 乖別甚易,今當去汝萬里。"於是擁馬西行。廆悔悟,深自咎責,遣舊父老及長吏乙那樓追渾令還。渾曰:"我是卑庶,理無並大。今以馬致別,殆天所啓諸? 君試擁馬令東,馬若還東,我當相隨去。"即使二千騎共遮馬令迴,馬迴不盈三百步,纇然悲鳴西走,聲若頹山。如是者十餘迴,一迴一遠。樓跪曰:"可汗,此非復人事。"

　　　　《太平御覽》卷八九五《獸部七·馬三》頁三九七三上

　　河南王者,其先出自鮮卑慕容氏。初慕容洛干有二子:庶長曰吐谷渾,嫡曰廆。洛干卒,廆嗣位,吐谷渾避之西徙。

　　　　《册府元龜》卷九五六《外臣部·種族》頁一一二五〇上

　　吐谷渾者,慕容廆之庶兄也,父涉歸,分户一千七百以隸之。及廆嗣位,二部馬鬥,廆遣使讓吐谷渾曰:"先公分建有別,廆,户罪翻。別,彼列翻。奈何不相遠異,遠異者,言遠去以相別異。而令馬有鬥傷!」吐谷渾怒曰:「馬是六畜,六畜:馬、牛、羊、犬、豕、雞。畜,許又翻。鬥乃其常,何至怒及於人!欲遠別甚易,恐後會爲難耳!今當去汝萬里之外。」遂帥其衆西徙。易,以豉翻。帥,讀曰率。廆悔之,遣其長史乙郍婁馮追謝之。郍,與那同。乙郍婁,虜三字姓。吐谷渾曰:「先公嘗稱卜筮之言云,『吾二子皆當强盛,祚流後世。』我,孽子也;孽,魚列翻;庶出爲孽。理無並大。今因馬而別,殆天意乎!」遂不復還,西傅陰山而居。復,扶又翻。傅,讀曰附。屬永嘉之亂,屬,朱欲翻,會也。因度隴而西,據洮水之西,極于白蘭,地方數千里。《沙州記》曰:洮水出强臺山,東北流,逕吐谷渾中,又東北流入塞。此洮西,塞外洮水之西也,即沙漒沓中之地。白蘭,山名,羌所居也;至唐時,丁零羌居之,左屬党項,右與多彌接。杜佑曰:白蘭,羌之別種,東北接吐谷渾,西至叱利模徒,南界郡鄂,風俗物産與宕昌同。鮮卑謂兄爲阿干,廆追思之,爲之作《阿干之歌》。

　　《資治通鑑》卷九十《晉紀十二·元帝建武元年》頁二八五二至二八五三

　　吐谷渾,本鮮卑徒河涉歸子也。涉歸一名奕洛韓,有二子,庶長曰吐谷渾,少曰若洛廆。涉歸死,若洛廆代統部落,是爲慕容氏。涉歸之在也,分户千七百以隸吐谷渾,與若洛廆爲二部焉。二部馬鬥相傷,若洛廆怒,遣人謂吐谷渾曰:「先公處分,與兄異部,何不相遠離,而令馬鬥?」吐谷渾曰:「馬食草飲水,春氣發動,所以鬥。鬥在馬,而怒及人!乖別甚易,今當去汝萬里之外矣。」於是遂行。若洛廆悔之,遣其長史那樓馮及父時耆舊追還之。吐谷渾曰:「我乃祖以來,樹德遼右,先公之世,卜筮之言云:『有二子,當享福祚,並流子孫。』我是卑庶,理無兩大。今因馬而別,殆天所啓乎。諸君試驅馬令東,馬若還東,我當相隨歸矣。"樓馮遣從者二千騎擁馬東出,數百步,馬輒悲鳴,西走如是者十餘輩。樓馮跪而言曰:"此非人事也!"遂止。鮮卑謂兄爲阿干,廆追思之,作《阿干之歌》,歲暮窮思,常歌之。吐谷渾謂其部落曰:"我兄弟俱當享國,若洛廆及曾玄,纔百餘年耳;我玄孫已後,庶其昌乎?"於是乃西附陰山。

《通志》卷一百九十五《四夷傳二‧西戎上‧吐谷渾》頁三一二七下至三一二八上

吐谷渾氏。魏、晉之際,鮮卑慕容廆兄吐谷渾,率部落止青海之西,國號吐谷渾。或有歸中國,因氏焉。

《通志》卷二十九《氏族略五‧代北三字姓》頁四七六上

吐谷渾,慕容廆之庶長兄也,其父涉歸分部落一千七百家,以封長庶子吐谷渾,分馬以給之。及涉歸卒,廆嗣位,而二部馬鬥,廆怒,遣使讓渾曰:"先公分建有別,奈何不相遠離,而令馬有鬥傷?"吐谷渾曰:"馬爲畜耳,飲食水草,鬥其常性,何故怒及於人。兄弟至親,而鬥起於馬,乖別甚易,當去汝於萬里之外矣。"於是遂行,西移八千里。廆後悔之,遣其長史乙那樓馮及父時耆舊追渾謝之。吐谷渾曰:"先公稱卜筮之言,當有二子克昌,祚流後裔。我卑庶也,理無並大,今因馬而別,殆天所啓乎!諸君試驅馬令東,馬若還東,我當相隨去矣。"樓馮遣從者二千騎,乃擁迴渾馬,馬東行數百步,輒悲鳴西奔,衝突山谷,如是者十餘輩。一作"日"。樓馮跪而言曰:"此非人事也。"遂止。吐谷渾謂其部落曰:"我兄弟俱當享國,廆及曾玄,纔百餘年耳。我玄孫已後,庶其昌乎。"於是西附陰山,面黃河。晉永嘉之亂,南遷隴右。鮮卑謂兄爲阿干,廆追以孔懷之思,作《吐谷渾阿干之歌》,歲暮窮思,常歌之。及儁、垂僭號,以爲輦後大曲。以上亦見《御覽》五百七十。

　　　　　《十六國春秋輯補》卷三十《前燕録八·吐谷渾》頁二三三

　　吐谷渾者,本遼東鮮卑慕容廆之庶兄,因氏其字以爲首類之種號也,故謂之野虜。父徒河涉歸,有二子:長曰吐谷渾,少曰若洛廆,廆代統部落,爲慕容氏。渾庶長,廆正嫡,父在時,分户一千七百與渾以隸之。渾與廆二部俱牧馬,馬鬥相傷,廆怒,徑遣使讓渾曰:“先公處分與兄,弟異部牧馬,奈何不相遠異而令馬有鬥傷?”渾怒曰:“馬是六畜,食草飲水,春氣動發,所以致鬥。鬥在於馬,何至怒及於人?若欲遠别甚易,恐後會爲難耳,今當去汝萬里之外矣!”遂擁馬西行。廆悔之,遣長史乙那婁馮追謝之。渾曰:“我乃祖以來,樹德遼右。先公常稱卜筮之言,云我二子皆當强盛,祚流後世。我孽子也,理無並大,今因馬而别,殆天意乎!諸君試驅馬令東,馬若東還,我當相隨去矣。”婁馮遣從者二千騎,擁馬東出數百步,輒悲鳴西走。如是者數十次,婁馮曰:“此非人事也。”遂不復還。西附陰山而居,嘗謂其部落曰:“我兄弟俱當享國,廆及曾玄纔百餘年耳,我玄孫已後庶其昌乎!”永嘉之亂,始度隴西,止於枹罕。而後子孫據有西零已西,甘松之界,西至於洮水,南極於白蘭,地方數千里。鮮卑謂兄爲阿干,廆追思之,爲之作《阿干歌》,歲暮窮思常歌之。

　　　屠本《十六國春秋》卷第三十《前燕録八·吐谷渾》頁一正至二正

公元二八六年　　西晉武帝太康七年

（夏五月）鮮卑慕容廆寇遼東。

　　　　　　　　　《晉書》卷三《帝紀第三·武帝》頁七六

（夏五月）鮮卑慕容廆寇遼東。

　　　　《通志》卷十上《晉紀十上・武皇帝》頁一八三中

　　有司奏護東夷校尉鮮于嬰不救夫餘，失於機略。詔免嬰，以何龕代之。明年，① 夫餘後王依羅遣詣龕，〔一〕求率見人還復舊國，仍請援。龕上列，遣督郵賈沈以兵送之。〔二〕（慕容）廆又要之於路，沈與戰，大敗之，廆衆退，羅得復國。爾後每爲廆掠其種人，賣於中國。帝愍之，又發詔以官物贖還，下司、冀二州，禁市夫餘之口。

【校勘記】

〔一〕依羅遣詣龕　《御覽》七八一引“遣”下有“使”字。

〔二〕督郵　周校：當照《慕容廆載記》作“督護”。按：《通鑑》八一亦作“督護”。

　　《晉書》卷九十七《列傳第六十七・四夷・東夷・夫餘國》頁二五三二至二五三三、二五五一

　　爾後每爲廆掠其種人，賣於中國，帝又以官物贖還，禁市夫餘之口。

　　　　《通典》卷第一百八十五《邊防一・東夷上・夫餘》頁四九九八

　　夫餘後王依羅遣使詣龕，求率見人還復舊國，遣督郵賈沈以送之。爾後每爲廆掠其種人，賣於中國，帝又以官物贖還，禁市夫餘之口。自後無聞。

　　　　《太平御覽》卷七八一《四夷部二・夫餘》頁三四六一上

―――――――――

① “明年”，指公元二八六年。

東夷校尉何龕遣督護賈沉戰敗之。

　　　　　《册府元龜》卷二三二《僭僞部・稱藩》頁二七五九下

夏,慕容廆寇遼東,故扶餘王依慮子依羅求帥見人還復舊國,請援於東夷校尉何龕,帥,讀曰率;下同。見,賢遍翻。見人,謂見存之人也。龕,口含翻。《晉志》曰:武帝置南蠻校尉於襄陽,西戎校尉於長安,南夷校尉於寧州;東夷校尉,蓋亦帝所置,治遼東。龕遣督護賈沈將兵送之。魏、晉之間,方鎮各置督護,領兵之官也。沈,持林翻。廆遣其將孫丁帥騎邀之於路,騎,奇寄翻。沈力戰,斬丁,遂復扶餘。

　　　　　《資治通鑑》卷八十一《晉紀三・武帝太康七年》頁二五九一

(慕容)廆又要之於路,沈與戰,大破之,廆衆退,依羅得復國。自後頻爲廆掠其種人,賣於中國。帝愍之,又發詔以官物贖還,下司、冀二司,禁市夫餘之口。

　　　　　《通志》卷一百九十四《四夷傳一・東夷・夫餘》頁三一一一下

是歲,鮮卑拓跋悉鹿卒,“鹿”,一作“禄”。弟綽立。自泰始以來,鮮卑慕容、拓跋二部日以强盛,故史著其世。

　　　　　《資治通鑑》卷八十一《晉紀三・武帝太康七年》頁二五九一

公元二八九年　　西晉武帝太康十年

五月,鮮卑慕容廆來降,東夷十一國内附。

　　　　　《晉書》卷三《帝紀第三・武帝》頁七九

(慕容)廆謀於衆曰:“吾先公以來世奉中國,且華裔理殊,强弱固別,豈能與晉競乎?何爲不和以害吾百姓耶!”乃遣使來降。晉武帝嘉之,拜鮮卑都督。

　　　　《冊府元龜》卷二三二《僭偽部·稱藩》頁二七五九下

十年五月,鮮卑慕容廆來降,東夷十一國內附。

　　　　《冊府元龜》卷九七七《外臣部·降附》頁一一四七七上

五月,鮮卑慕容廆來降,東夷十一國內附。

　　　　《通志》卷十上《晉紀十上·武皇帝》頁一八三下

前燕慕容廆初爲鮮卑都督。時東胡宇文鮮卑段部以廆威德日廣,懼有并吞之計,因爲寇掠,往來不絕。廆卑辭厚幣以撫之。

　　　　《冊府元龜》卷二三〇《僭偽部·懷附》頁二七四〇上

慕容廆遣使請降;降,戶江翻。五月,詔拜廆鮮卑都督。廆謁見何龕,以士大夫禮,巾衣到門;魏、晉間,士大夫謁見尊貴,以巾褠爲禮。褠,單衣也。龕,口含翻。龕嚴兵以見之,廆乃改服戎衣而入。人問其故,廆曰:“主人不以禮待客,客何爲哉!” 龕聞之,甚慚,深敬異之。受降如受敵,居邊之帥,嚴兵以見四夷之客,未爲過也,何必以爲慚乎!時鮮卑宇文氏、段氏方強,段氏,東部鮮卑也。杜佑曰:宇文莫槐出於遼東塞外,代爲鮮卑東部大人。徒河段疾六眷出遼西,因亂,被賣爲漁陽烏桓大人庫傉家奴。庫傉以其健,使將人衆,詣遼西逐食,遂招誘亡叛,以至強盛。余按《晉書·王浚傳》:段疾六眷,務勿塵之世子。段氏自務勿塵以來,強盛久矣,疾六眷因亂被掠,容或有之;務勿塵既能爲部落之帥,恐不待其子招誘而後能強盛也。數侵掠廆,廆卑辭厚幣以事之。段國單于階以女妻廆,生皝、仁、昭。慕容、段氏遂爲婚姻之國。數,所角翻。單,音蟬。妻,七細翻。廆以遼東僻遠,徙居徒河之青山。徒河縣,前漢屬遼西,後漢屬遼東屬國,魏、晉省,併入昌黎郡界。後慕容氏復置徒河縣,拓跋魏太平真君八年,併徒河入昌黎郡廣興縣。杜佑曰:徒河青山,在營州郡城東百九十里。

《資治通鑑》卷八十二《晉紀四·武帝太康十年》頁二五九三至二五九四

公元二九三年　　西晉惠帝元康三年

二年秋八月,慕容廆來侵。王欲往新城避賊,行至鵠林,慕容廆知王出,引兵追之,將及,王懼。時新城宰北部小兄高奴子領五百騎迎王,逢賊奮擊之,廆軍敗退。

《三國史記》卷十七《高句麗本紀五·烽上王二年》頁七背

公元二九四年　　西晉惠帝元康四年

慕容廆徙居大棘城。廆自徒河之青山徙大棘城。杜佑曰:棘城,即帝顓頊之墟,在營州郡城東南一百七十里。

《資治通鑑》卷八十二《晉紀四·惠帝元康四年》頁二六一四

公元二九六年　　西晉惠帝元康六年

五年秋八月,慕容廆來侵。至故國原見西川王墓,使人發之,役者有暴死者,亦聞壙內有樂聲,恐有神,乃引退。王謂群臣曰:"慕容氏兵馬精强,屢犯我疆場,爲之奈何?"相國倉助利對曰:"北部大兄高奴子賢且勇,大王若欲禦寇安民,非高奴子無可用者。"王以高奴子爲新城太守,善政有威聲,慕容廆不復來寇。

《三國史記》卷十七《高句麗本紀五·烽上王五年》頁八正至八背

公元三〇二年　西晉惠帝太安元年

丘不勤死,子莫廆立,本名犯太祖諱。莫廆遣弟屈雲攻慕容廆,廆擊破之;又遣別部素延伐慕容廆於棘城,復爲慕容廆所破。

《魏書》卷一百三《列傳第九十一·匈奴宇文莫槐》頁二三〇四

丘不勤死,子莫廆立。本名犯道武諱。莫廆遣弟屈雲攻慕容廆,慕容廆擊破之。又遣別部素延伐慕容廆於棘城,復爲慕容廆所破。

《北史》卷九十八《列傳第八十六·匈奴宇文莫槐》頁三二六七

前燕慕容廆初爲鮮卑都督。晉惠帝太安初,宇文莫圭遣弟屈雲寇邊城,雲別帥大素延攻掠諸部,廆親擊敗之。素延怒,率衆十萬圍棘城,衆咸懼,人無距志。廆曰:“素延雖犬羊蟻聚,然軍無法制,已在吾計中矣。諸君但爲力戰,無所憂也。”乃躬貫甲胄,馳出擊之,素延大敗,追奔百里,俘斬萬餘人。

《册府元龜》卷二二七《僭僞部·謀略》頁二七〇三下

鮮卑宇文單于莫圭部衆强盛,遣其弟屈雲攻慕容廆,廆擊其別帥素怒延,破之。單,音禪。帥,所類翻。素怒延耻之,復發兵十萬,圍廆於棘城。復,扶又翻。廆衆皆懼,廆曰:“素怒延兵雖多而無法制,已在吾算中矣,諸君但爲力戰,爲,于僞翻。無所憂也!”遂出擊,大破之,追奔百里,俘斬萬計。《考異》曰:《載記》作“素延”,下云“素延怒,率衆圍棘城”。按《燕書·紀傳》皆謂之“素怒延”,然則怒延是其名也。遼東孟暉，先没於宇文部，帥其衆數千家降於廆，帥，讀曰率。降，户江翻。廆以爲建威將軍。廆以其臣慕輿句勤恪廉靖，使掌府庫；句心計默識，識，音志，記也。不按簿書，始終無漏。以慕輿河明敏精審，使典獄訟，覆訊清允。慕輿蓋亦鮮卑之種，別爲一姓。史言慕容廆善用人。

《資治通鑑》卷八十四《晉紀六・惠帝太安元年》頁二六七五至二六七六

邱不勤死，子莫廆立。莫廆遣弟屈雲攻慕容廆，慕容廆擊破之。又遣別部素延伐慕容廆於棘城，復爲慕容廆所破。

《通志》卷二百《四夷傳七・北國下・宇文莫槐》頁三二○二下

公元三○四年　西晉惠帝永安元年、建武元年、永興元年[①]

《燕書》曰：周存，字道名，上谷俱陽人。王彭祖叛，母遇寇離失。所在分崩，州郡隔異，存謂難尋求，自河以北無不周遍，存亡無問。後傳在昌黎，而存已屬段氏。昌黎土地，燕之所統，存徑投高祖，客之，爲置酒於坐，問存：“君失母來幾年？相見當識否？”高祖言音未止，存涕泗覆面，尋聲而對，辭甚悲酸。舉坐莫不忼慨，高祖亦爲之動容，由是意遇倍加。存停期月，不得母問，將辭歸，高祖意欲留之而未顯也。存覺微旨，陳謝曰：“聶政、荊軻，刺客之流，意氣之顧，甘死秦、韓。今明公無求於徵用，而見接以國士，應終身奉給，以答厚恩。然老母未審存亡，弟小無所依倚，寢食未敢廢心。昔徐庶指方寸以未辭，今存披肝以表情，願明公恕之。”高祖矜而聽去。

《太平御覽》卷四一三《人事部五四・孝中》頁一九○五上

---

① 本年西晉多次改元。王彭祖（王浚）即叛於此年。

公元三〇七年　西晉懷帝永嘉元年

徒何大單于慕容廆遣使朝貢。

《魏書》卷一《序紀第一》頁七

公元三〇九年　西晉懷帝永嘉三年

初，東夷校尉勃海李臻，與王浚約共輔晉室，浚內有異志，臻恨之。和演之死也，見八十五卷惠帝永興元年。別駕昌黎王誕亡歸李臻，說臻舉兵討浚。臻遣其子成將兵擊浚。《考異》曰：《燕書·王誕傳》，“成”作“咸”，今從《李洪傳》。說，輸芮翻。遼東太守龐本，素與臻有隙，乘虛襲殺臻，遣人殺成於無慮。無慮縣，前漢屬遼東，後漢屬遼東屬國，晉省。應劭曰：慮，音閭，《周禮》所謂“其山醫巫閭”是也。誕亡歸慕容廆。詔以勃海封釋代臻爲東夷校尉，龐本復謀殺之；廆，乎罪翻。復，扶又翻。釋子悛勸釋伏兵請本，收斬之，悉誅其家。悛，七倫翻，又且緣翻。

《資治通鑑》卷八十七《晉紀九·懷帝永嘉三年》頁二七四七

公元三一一年　西晉懷帝永嘉五年

李【張：“李”上脫“初東夷校尉”五字。】臻之死也，事見上永嘉三年。遼東附塞鮮卑素喜連、木丸津託爲臻報仇，素喜連、木丸津二部也。爲，于僞翻。攻陷諸縣，殺掠士民，屢敗郡兵，敗，補邁翻。連年爲寇。東夷校尉封釋不能討，請與連和，連、津不從。民失業，歸慕容廆者甚衆，廆稟給遣還，願留者即撫存之。

廆少子鷹揚將軍翰廆，戶罪翻。據《載記》，翰於皝爲庶兄；皝，廆第三子，則翰非少子也。少，詩照翻。言於廆曰：“自古有爲之君，莫不尊天子以從民望，成大業。今連、津外以龐本爲名，內實幸災爲亂。封使君已誅本請和，誅龐本見上永嘉三年。龐，皮江翻。而寇暴不已。中原離亂，州師不振，州師，謂平州之兵、東夷校尉所統者是也。遼東荒散，莫之救恤，單于不若數其罪而討之。廆自稱鮮卑大單于。上則興復遼東，下則并吞二部，二部，謂素喜連及木丸津也。忠義彰於本朝，朝，直遥翻。私利歸於我國，此霸王之基也。"廆笑曰："孺子乃能及此乎！"遂帥衆東擊連、津，帥，讀曰率。以翰爲前鋒，破斬之，盡併二部之衆。得所掠民三千餘家，及前歸廆者悉以付郡，遼東賴以復存。復，扶又翻。

　　封釋疾病，屬其孫奕於廆。屬，之欲翻。釋卒，廆召奕與語，説之，曰："奇士也！"補小都督。釋子冀州主簿悛、幽州參軍抽來奔喪。説，與悦同。悛，丑緣翻，又七倫翻。廆見之曰："此家扞扞千斤犍也。"扞，羽敏翻；《説文》：從高而下也。犍，居言翻，犗牛也。言千斤之犍，人間不可多得，若從天而下也。以道不通，喪不得還，皆留仕廆，廆以抽爲長史，悛爲參軍。史言封氏諸子遂爲慕容佐命之臣。

　　王浚以妻舅崔毖爲東夷校尉。毖，琰之曾孫也。爲毖與慕容氏構怨張本。崔琰，事曹公。毖，音秘。

　　《資治通鑑》卷八十七《晉紀九·懷帝永嘉五年》頁二七七三至二七七四

　　懷帝永嘉初，廆自稱鮮卑大單于。時平州刺史、東夷校尉崔毖自以爲南州士望，意存懷集，而流亡者莫有赴之。毖意廆拘留，乃陰結高句麗及宇文、段國等，謀滅廆以分其地。

　　《册府元龜》卷二二七《僭僞部·謀略》頁二七〇三下至二七〇四上

公元三一三年　西晉懷帝永嘉七年　愍帝建興元年

　　永嘉之亂，與渤海高瞻避地幽州，説瞻曰："王浚昏暴，終必無成,宜思去就以圖久安。慕容廆法政修明,虛懷引納,且讖言真人出東北,儻或是乎？宜相與歸之,同建事業。"瞻不從。泓乃率宗族歸廆,廆待以客禮,引爲參軍,軍國之務動輒訪之。泓指説成敗,事皆如言。廆常曰:"黃參軍,孤之仲翔也。"

　　《晉書》卷九十五《列傳第六十五·藝術·黃泓》頁二四九二至二四九三

　　永嘉之亂,與勃海高瞻避地幽州,説瞻曰:"王浚昏暴,終必無成,宜思去就以圖久安。慕容廆法政修明,虛懷引納,且讖言真人出東北,儻或是乎？宜相與歸之,同建事業。"瞻不從。泓乃率宗族歸廆,廆待以客禮,引爲參軍,軍國之務動輒諮之。泓指説成敗,事皆如言。廆常曰:"黃參軍,孤之仲翔也。"

　　《通志》卷一百八十二《藝術傳二·黃泓》頁二九一八中

　　(宋奭)後爲慕容廆長史。

　　　　《魏書》卷三十三《列傳第二十一·宋隱》頁七七三

　　曾祖奭,祖活,父恭,世仕慕容氏,位並通顯。

　　　　《北史》卷二十六《列傳第十四·宋隱》頁九三五

　　曾祖奭,祖活,父恭,世仕慕容氏,位並通顯。

　　　　《通志》卷一百四十七《列傳六十·宋隱》頁二三三〇上

　　前燕慕容廆初爲大單于,既立四郡以統流人,於是推舉賢才,委以庶政。以河東裴嶷、代郡魯昌、北平陽耽爲謀主,北海逢羨、廣平游邃、北平西方度、勃海封抽、西河宋奭、河東裴開爲股肱,勃海封奕、平原宋諶、安定皇甫岌、蘭陵繆愷以文章才儁任居樞要，以裴嶷爲長史，委以軍國之謀。廆後謂群僚曰："裴長史名重中朝，而降屈于此，豈非天以授孤也。"

《冊府元龜》卷二二七《僭僞部·倚任》頁二七〇九下至二七一〇上

前燕慕容廆初爲遼東公，時晉昌黎太守裴嶷與兄子開投廆。廆甚悦，以爲長史。後謂群僚曰："裴長史名重中朝，而降屈于此，豈非天以授孤也。"

《冊府元龜》卷二二八《僭僞部·禮士》頁二七一九上

王浚使棗嵩督諸軍屯易水，召段疾陸眷，欲與之共擊石勒，疾陸眷不至。以釋其弟末柸德石勒，故不肯會浚兵。浚怒，以重幣賂拓跋猗盧，并檄慕容廆等共討疾陸眷。廆，户罪翻。猗盧遣右賢王六脩將兵會之，爲疾陸眷所敗。敗，補邁翻。廆遣慕容翰攻段氏，取徒河、新城，至陽樂，陽樂縣，屬遼西郡。賢曰：陽樂，在今平州東。聞六脩敗而還，翰因留鎮徒河，壁青山。

初，中國士民避亂者，多北依王浚，浚不能存撫，又政法不立，士民往往復去之。復，扶又翻。段氏兄弟專尚武勇，不禮士大夫。唯慕容廆政事脩明，愛重人物，故士民多歸之。廆舉其英俊，隨才授任，以河東裴嶷、嶷，魚力翻。北平陽耽、廬江黄泓、代郡魯昌爲謀主，廣平游邃、北海逢羨、逢，皮江翻。北平西方虔、何氏《姓苑》：少昊金天氏，位主西方，子孫以爲氏。西河宋奭及封抽、裴開爲股肱，平原宋該、安定皇甫岌、岌弟真、蘭陵繆愷、繆，靡幼翻。昌黎劉斌及封奕、封裕典機要。裕，抽之子也。

裴嶷清方有幹略，爲昌黎太守，兄武爲玄菟太守。武卒，嶷與武子開以其喪歸，過廆，自玄菟西歸，道過棘城。菟，同都翻。廆敬禮之，及去，厚加資送。行及遼西，道不通，嶷欲還就廆。開曰：“鄉里在南，奈何北行！”且等爲流寓，段氏強，慕容氏弱，何必去此而就彼也！”嶷曰：“中國喪亂，喪，息浪翻。今往就之，是相帥而入虎口也。帥，讀曰率。且道遠，何由可達！言昌黎去河東既遠，又路梗，無由得達。若俟其清通，又非歲月可冀。言天下方亂，道路未有清通之時。今欲求託足之地，豈可不慎擇其人。汝觀諸段，豈有遠略，且能待國士乎！慕容公修行仁義，有霸王之志，加以國豐民安，今往從之，高可以立功名，下可以庇宗族，汝何疑焉！”開乃從之。既至，廆大喜。陽耽清直沈敏，爲遼西太守，沈，持林翻。慕容翰破段氏於陽樂，獲之，廆禮而用之。游邃、逢羨、宋奭，皆嘗爲昌黎太守，逢，皮江翻。與黃泓俱避地於薊，後歸廆。王浚屢以手書召邃兄暢，暢欲赴之，邃曰：“彭祖刑政不修，華、戎離叛，以邃度之，必不能久，兄且磐桓以俟之。”《易屯卦》初九爻辭曰：磐桓，利居貞。王弼曰：不可以進，故磐桓也。馬曰：磐桓，旋也。度，徒洛翻。暢曰：“彭祖忍而多疑，頃者流民北來，命所在追殺之。今手書殷勤，我稽留不往，將累及卿。累，力瑞翻。且亂世宗族宜分，以冀遺種。”邃從之，卒與浚俱没。種，章勇翻。卒，子恤翻。宋該與平原杜群、劉翔先依王浚，又依段氏，皆以爲不足託，帥諸流寓同歸於廆。東夷校尉崔毖請皇甫岌爲長史，卑辭説諭，終莫能致；廆招之，岌與弟真即時俱至。古語有之：鳥則擇木，木豈能擇鳥！帥，讀曰率。説，輸芮翻。遼東張統據樂浪、帶方二郡，與高句麗王乙弗利相攻，連年不解。樂浪王遵説統帥其民千餘家歸廆，廆爲之置樂浪郡，爲，于僞翻。樂浪，音洛琅。句，如字，又音駒。麗，力知翻。以統爲太守，遵參軍事。

　　《資治通鑑》卷八十八《晉紀十·愍帝建興元年》頁二七九七至二七九九

（王浚）調發殷煩，下不堪命，多叛入鮮卑。調，徒弔翻。從事韓咸監護柳城，柳城縣，前漢屬遼西郡，後漢、晉省。監，工銜翻。盛稱慕容廆能接納士民，欲以諷浚；浚怒，殺之。

　　《資治通鑑》卷八十八《晉紀十·愍帝建興元年》頁二八〇四

永嘉以後，吐谷渾興焉，本遼東鮮卑，晉時數百户，西附於陰山。①
　　《通典》卷第一百八十九《邊防五·西戎一·序略》頁五一二九

公元三一四年　西晉愍帝建興二年

前燕慕容廆初爲大單于，時二京傾覆，幽冀淪滔，廆刑政修明，虛懷引納，流亡士庶多襁負歸之。廆乃立郡以統流人，冀州人爲冀陽郡，豫州人爲成州郡，青州人爲營丘郡，并州人爲唐國郡。

　　《册府元龜》卷二二九《僭僞部·政治》頁二七二二下至二七二三上

時二京傾覆，幽冀淪陷，廆刑政修明，虛懷引納，流亡士庶多襁負歸之。廆乃立郡以統流人，冀州人爲冀陽郡，豫州人爲成周郡，青州人爲營丘郡，并州人爲唐國郡。

　　《册府元龜》卷二三〇《僭僞部·懷附》頁二七四〇上至二七四〇下

會稽朱左車、魯國孔纂、泰山胡母翼自薊逃奔昌黎，依慕容廆。會，工外翻。廆，户罪翻。是時中國流民歸廆者數萬家，廆以冀州人爲

---

①《舊唐書》卷一九八《吐谷渾傳》載：“吐谷渾自晉永嘉之末，始西渡洮水，建國於群羌之故地，至龍朔三年爲吐蕃所滅，凡三百五十年。”龍朔三年爲公元六六三年，據此吐谷渾建國爲公元三一三年。

冀陽郡,據魏收《地形志》,冀陽郡當置於漢北平平剛縣界。豫州人爲成周郡,成周屬豫州之地,故以爲郡名。青州人爲營丘郡,《前漢志》:遼西臨渝縣,有渝水,首受白狼水,南流逕營丘城西,廆所置郡也。并州人爲唐國郡。并州,古唐國也,廆因以名郡。成周、唐國二郡,所置地闕。

　　《資治通鑑》卷八十九《晉紀十一·愍帝建興二年》頁二八一四

公元三一七年　　東晉元帝建武元年

　　六月丙寅,司空、并州刺史、廣武侯劉琨,幽州刺史、左賢王、渤海公段匹磾,領護烏丸校尉、鎮北將軍劉翰,單于、廣甯公段辰,遼西公段眷,冀州刺史、祝阿子邵續,青州刺史、廣饒侯曹嶷,兗州刺史、定襄侯劉演,東夷校尉崔毖,鮮卑大都督慕容廆等一百八十人上書勸進……

　　　　　　《晉書》卷六《帝紀第六·元帝》頁一四五

　　六月丙寅,司空、并州刺史、廣武侯劉琨,幽州刺史、左賢王、渤海公段匹磾,領護烏丸校尉、鎮北將軍劉翰,單于、廣寧公段辰,遼西公段眷,冀州刺史、祝阿子邵續,青州刺史、廣饒侯曹嶷,兗州刺史、定襄侯劉演,東夷校尉崔毖,鮮卑大都督慕容廆等一百八十人上書勸進。

　　《通志》卷十下《晉紀十下·元皇帝》頁一九三中至一九三下

　　石勒鴟視趙魏,曹嶷狼顧東齊,鮮卑之衆星布燕代,齊、代、燕、趙皆有將大之氣。

　　　　《晉書》卷一百二《載記第二·劉聰》頁二六七四

　　石勒鴟視趙魏,曹嶷狼顧東齊,鮮卑之衆星布燕代,齊、代、燕、趙皆有將大之氣。

　　　　　《通志》卷一百八十六《載記一・前趙》頁二九八○下

　　石勒鴟視趙魏，曹嶷狼顧東齊，鮮卑之衆，星布燕代，齊代燕趙，皆有將大之氣。[1]

　　　　　《十六國春秋輯補》卷四《前趙録四・劉聰》頁三六

　　石勒鴟視趙魏，曹嶷狼顧東齊，鮮卑之衆星布燕代，齊、代、趙、魏皆有將大之氣。

　　　　　屠本《十六國春秋》卷第四《前趙録四・劉聰下》頁二背

　　范亨《燕書》曰：晉室大亂，高祖方經略江東，高翔説高祖曰：“自王公政錯，士人失望。襁負歸公者，動有萬數。今王氏敗没，而福宿見尾箕，其兆可見也。今晉室雖衰，人心未變。宜遣貢使江東，亦有所尊，然後仗義聲以掃不庭，可以有辭於天下。”高祖深納焉。

　　　　　《太平御覽》卷四六二《人事部一○三・游説下》頁二一二三下

　　建武初，元帝爲琅邪王，承制拜廆假節、散騎常侍、都督遼左雜夷流人諸軍事、龍驤將軍、大單于、昌黎公，廆讓而不受。征虜將軍魯昌説廆曰：“今兩京傾没，天子蒙塵，琅邪承制江東，實人命所系。明公雄據海朔，跨總一方，而諸部酋衆稱兵，未遵化者，蓋以官非王命，又自以爲强。今宜通使琅邪，勸承大統，然後敷宣帝命，以伐有罪，誰敢不從！”廆善之，乃遣其長史王濟浮海勸進。及元帝即尊位，遣謁者陶遼重申前命，廆固讓公封。

　　　　　《册府元龜》卷二三二《僭僞部・稱藩》頁二七五九下

---

[1]《輯補》記此條於上年，即愍帝建興四年。

王以鮮卑大都督慕容廆爲都督遼左雜夷流民諸軍事、龍驤將軍、大單于、昌黎公；廆不受。遼左，即遼東。流民，謂中州之民流移入遼東者。廆，户罪翻。驤，思將翻。征虜將軍魯昌説廆曰："今兩京覆没，天子蒙塵，《左傳》，叔帶之難，襄王出居于鄭，使告難于魯。臧文仲對曰："天子蒙塵于外，敢不奔問官守。"説，輸芮翻。琅邪王承制江東，爲四海所係屬。屬，之欲翻。明公雖雄據一方，而諸部猶阻兵未服者，蓋以官非王命故也。謂宜通使琅邪，使，疏吏翻；下同。勸承大統，然後奉詔令以伐有罪，誰敢不從！"處士遼東高詡曰：處，昌吕翻。"霸王之資，非義不濟。今晉室雖微，人心猶附之，宜遣使江東，示有所尊，然後仗大義以征諸部，不患無辭矣。"晉室雖衰，慕容、苻、姚之興，其初皆借王命以自重。廆從之，遣長史王濟浮海詣建康勸進。

《資治通鑑》卷九十《晉紀十二·元帝建武元年》頁二八四五

公元三一八年　東晉元帝太興元年

帝復遣使授慕容廆龍驤將軍、大單于、昌黎公，廆辭公爵不受。廆辭公爵不受，外爲謙讓，其志不肯鬱鬱於昌黎也。復，扶又翻。使，疏吏翻。驤，思將翻。廆以游邃爲龍驤長史，劉翔爲主簿，命邃創定府朝儀法。朝，直遥翻。裴嶷言於廆曰："晉室衰微，介居江表，介，獨也。嶷，魚力翻。威德不能及遠，中原之亂，非明公不能拯也。拯，救也。今諸部雖各擁兵，然皆頑愚相聚，宜以漸并取，以爲西討之資。"西討，謂自遼東進兵，西入中州也。廆曰："君言大，非孤所及也。然君中朝名德，不以孤僻陋而教誨之，是天以君賜孤而祐其國也。"乃以嶷爲長史，委以軍國之謀，諸部弱小者，稍稍擊取之。

《資治通鑑》卷九十《晉紀十二·元帝太興元年》頁二八五五

劉虎自朔方侵拓跋鬱律西部，虎徙朔方，見八十七卷懷帝永嘉四

年。秋，七月，鬱律擊虎，大破之。虎走出塞，從弟路孤帥其部落降
于鬱律。帥，讀曰率。降，戶江翻。於是鬱律西取烏孫故地，東兼勿吉
以西，《唐書・北狄列傳》曰，黑水靺鞨，居肅慎地，亦曰挹婁，元魏謂之勿吉。
《通鑑》蓋因魏收《魏書》書之。鬱律所取者，勿吉以西之地，未能兼勿吉也；
徒河慕容、令支段氏及宇文部、高句麗，亦非鬱律所能制伏。士馬精强，雄
於北方。

　　《資治通鑑》卷九十《晉紀十二・元帝太興元年》頁二八六〇至
二八六一

公元三一九年　　東晉元帝太興二年

　　（十二月）鮮卑慕容廆襲遼東，東夷校尉、平州刺史崔毖奔高
句驪。

　　　　　《晉書》卷六《帝紀第六・元帝》頁一五二至一五三

　　（十二月）鮮卑慕容廆襲遼東，東夷校尉、平州刺史崔毖奔高
句驪。

　　　　　《通志》卷十下《晉紀十下・元皇帝》頁一九四中

　　莫廆死，子遜昵延立，率衆攻慕容廆於棘城。廆子翰先戍於
外，遜昵延謂其衆曰：“翰素果勇，必爲人患，宜先取之，城不足憂
也。”乃分騎數千襲翰。翰聞之，[一七]使人詐爲段末波使者，逆謂遜
昵延曰：“翰數爲吾患，久思除之，今聞來討，甚善，戒嚴相待，宜兼
路早赴。”翰設伏待之，遜昵延以爲信然，長驅不備，至於伏所，爲翰
所虜。[一八]翰馳使告廆，乘勝遂進，及晨而至。廆亦盡銳應之。遜
昵延見而方嚴，率衆逆戰，前鋒始交，而翰已入其營，縱火燎之，衆
乃大潰，遜昵延單馬奔還，悉俘其衆。

【校勘記】

〔一七〕翰聞之　諸本脱“翰”字,今據《北史》卷九八補。

〔一八〕爲翰所虜　張森楷云:“據此文似遜昵延已見虜矣,而下稱‘遜昵延見而方嚴’,兵敗逃還,又與此相矛盾。詳玩事勢,此蓋説遜昵延之前驅被虜,非謂遜昵延也,屬文殊欠了晰。”按《通志》卷二〇〇《宇文莫槐傳》“虜”作“敗”,當是以意改。

《魏書》卷一百三《列傳第九十一·匈奴宇文莫槐》頁二三〇四、二三一七

莫廆死,子遜昵延立,率衆攻慕容廆於棘城。廆子翰先戍於外,遜昵延謂其衆曰:“翰素果勇,必爲人患,宜先取之,城不足憂也。”乃分騎數千襲翰。翰聞之,使人詐爲段末波使者,逆謂遜昵延曰:“翰數爲吾患,久思除之,今聞來討,甚善。戒嚴相待,宜兼路早赴。”翰設伏待之。遜昵延以爲信然。長驅不備,至於伏所,爲翰所虜。翰馳使告廆,乘勝遂進,及晨而至。廆亦盡鋭應之。遜昵延見而方嚴,率衆逆擊戰,前鋒始交,而翰已入其營,縱火燎之,衆乃大潰,遜昵延單馬奔還,悉俘其衆。

《北史》卷九十八《列傳第八十六·匈奴宇文莫槐》頁三二六七至三二六八

莫廆死,子遜昵延立,率衆攻慕容廆於棘城。廆子翰先戍於外,遜昵延謂其衆曰:“翰素果勇,必爲人患,宜先取之,棘城不足憂也。”乃分騎數千襲翰。翰聞之,使人詐爲段末波使者,逆謂遜昵延曰:“翰數爲吾患,久思除之,今聞來討,甚善。當戒嚴相待,宜兼路早赴。”翰設伏待之。遜昵延以爲信然。長驅不備,至於伏所,爲翰所敗。翰馳使告廆,乘勝遂進,及晨而至。廆亦盡鋭應之。遜昵延率衆逆戰,前鋒始

交,而翰已入其營,縱火燎之,衆乃大潰,遂昵延單馬奔還,悉俘其衆。

《通志》卷二百《四夷傳七·北國下·宇文莫槐》頁三二〇二下

　　東晉初,前燕慕容廆胡罪切封略漸廣,據棘城。晉平州刺史、東夷校尉崔毖陰結高句麗及宇文、段國等,謀滅廆以分其地。太興初,三國伐廆,廆曰:"彼信崔毖虛説,邀一時之利,烏合而來耳。既無統一,莫相歸伏,吾今破之必矣。然彼軍初合,其鋒甚鋭,幸我速戰。若逆擊之,落其計矣。靖以待之,[八三]必懷疑貳,迭相猜防。一則疑吾與毖譎而覆之,[八四]二則自疑三國之中與吾有韓魏之謀者,待其人情沮惑,然後取之必矣。"於是三國攻棘城,廆閉門不戰,遣使送牛酒以犒宇文,大言於衆曰:"崔毖昨有使至。"於是二國果疑宇文同於廆也,引兵而歸。宇文悉獨官曰:"二國雖歸,吾當獨兼其國,何用人爲。"盡衆逼城,連營三十里。廆簡鋭士配銑,音晃。推鋒於前;[八五]翰領精騎爲奇兵,從傍出,直衝其營;廆方陣而進。悉獨官自恃其衆,不設備,見廆軍之至,方率兵拒之。前鋒始交,翰已入其營,縱火焚之,衆遂大敗。皝、翰皆廆之子。

【校勘記】

〔八三〕靖以待之　"靖"原作"静",據《晉書·慕容廆載記》二八〇六頁及北宋本、傳校本、明刻本、王吴本改。

〔八四〕疑吾與毖譎而覆之　"覆"原訛"復",據《晉書·慕容廆載記》二八〇七頁及北宋本、傳校本、明刻本、王吴本改。

〔八五〕廆簡鋭士配銑推鋒於前　"配"原訛"令","推"原作"摧",據《晉書·慕容廆載記》二八〇七頁及北宋本、傳校本、明抄本、明刻本、王吴本改。

《通典》卷第一百六十一《兵十四·多方誤之》頁四一五一至四一五二、四一六二又《載記》曰：前燕慕容廆封略漸廣，廆，胡罪切。據棘城。晉平州刺史、東夷校尉崔毖陰結高句麗毖，音秘。及宇文、段回等謀滅廆，以分其地。遂同伐廆，廆曰："彼信崔毖虛説，邀一時之利，烏合而來耳。既無統一，莫相歸伏，吾今破之必矣。然彼軍初合，其鋒甚鋭，幸我速戰。若逆擊之，落其計矣。靖以待之，必懷疑貳，迭相猜防。一則疑吾與毖譎而覆之，二則自疑三國之中與吾有韓、魏之謀者，待其人情沮惑，然後取之矣。"於是三國攻棘城，廆閉門不戰，遣使送牛酒以犒宇文，大言於衆曰："崔毖昨有使至。"於是二國果疑宇文同於廆也，引兵而歸。宇文悉獨官曰："二國雖歸，吾當獨兼其國。"盡衆逼城，連營三十里。廆簡鋭士配子皝，推鋒於前，皝，音晃。子翰領精騎爲奇兵，從傍出，直衝其營；廆方陣而進。悉獨官自恃其衆，不設備，見廆軍之至，方率兵拒之。前鋒始交，翰已入其營，縱火焚之，衆遂大敗。

《太平御覽》卷二八六《兵部一七・機略五》頁一三二三下至一三二四上

元帝大興初，三國伐廆，廆曰："彼信崔毖虛説，邀一時之利，烏合而來耳。既無統一，莫相歸伏，吾今破之必矣。然彼軍初合，其鋒甚鋭，幸我速戰。若逆擊之，落其計矣。靖以待之，必懷疑貳，迭相猜防。一則疑吾與毖譎而覆之，二則自疑三國之中與吾有韓魏之謀者，待其人情沮惑，然後取之必矣。"於是三國攻棘城，廆閉門不戰，遣使送牛酒以犒宇文，大言於衆曰："崔毖昨有使至。"於是二國果疑宇文同於廆也，引兵而歸。廆簡鋭士，配世子皝，推鋒於前；次子翰領精騎爲奇兵，從旁出，直衝其營，大敗之，宇文悉獨官僅以身免，盡俘其衆於其營。

《册府元龜》卷二二七《僭僞部・謀略》頁二七〇四上

　　有高瞻者,隨晉東夷校尉崔毖伐廆于棘城。毖奔敗,瞻隨衆降于廆。廆署爲將軍,瞻稱疾不起。廆敬其姿,數臨候之。

　　　　《册府元龜》卷二二八《僭僞部·禮士》頁二七一九上

　　高瞻隨東夷校尉崔毖伐慕容廆于棘城。毖奔敗,瞻隨衆降于廆。廆署爲將軍,瞻稱疾不起。廆敬其姿器,數臨候之,撫其心曰:"君之疾在此,不在餘也。今天子播越,四海分離,蒼生紛擾,莫知所託,孤思與諸君興復帝室,剪鯨豕于二京,迎天子於吳會,廓清八表,倅勳古烈,此孤之心也,孤之願也。君中州大族,冠冕之餘,宜痛心疾首,枕戈待旦,奈何以華夷之異,有懷介然。且大禹出於西羌,文王生于東夷,但問志略何如耳,豈以殊俗不可降心乎!"瞻仍辭疾篤,廆深不平之。瞻又與宋該有隙,該陰勸廆除之。瞻聞其言,彌不自安,遂以憂死。

　　　　《册府元龜》卷七八一《總録部·節操》頁九二八〇下至九二八一上

　　高瞻少而英爽有俊才,身長八尺二寸,慕容廆署爲將軍。

　　　　《册府元龜》卷八八三《總録部·形貌》頁一〇四五八下

　　高瞻渤海蓨人,隨崔毖伐慕容廆。毖敗降于廆,廆署將軍,辭疾不就。瞻與宋該有隙,該陰勸廆除之,瞻聞其言,彌不自安,遂以憂死。

　　　　《册府元龜》卷九一九《總録部·讎怨一》頁一〇八七〇上至一〇八七〇下

　　平州刺史崔毖,自以中州人望,鎮遼東,毖,崔琰之曾孫。琰在魏時，爲冀州人士之首，子孫遂爲冀州冠族。毖，音秘。而士民多歸慕容廆，廆，户罪翻。心不平。數遣使招之，皆不至，數，所角翻。意廆拘留之，乃陰説高句麗、段氏、宇文氏，使共攻之，説，輸芮翻。句，音如字，又音駒。麗，力知翻。約滅廆，分其地。毖所親勃海高瞻力諫，毖不從。

三國合兵伐廆，諸將請擊之，廆曰：“彼爲崔毖所誘，欲邀一切之利。軍勢初合，其鋒甚鋭，不可與戰，當固守以挫之。彼烏合而來，飛烏見食，群集而聚啄之，人或驚之，則四散飛去；故兵以利合無所統一者，謂之烏合。既無統壹，莫相歸服，久必携貳，一則疑吾與毖詐而覆之，二則三國自相猜忌。待其人情離貳，然後擊之，破之必矣。”

三國進攻棘城，廆閉門自守，遣使獨以牛酒犒宇文氏；使，疏吏翻。犒，苦告翻。二國疑宇文氏與廆有謀，各引兵歸。《兵法》所謂合則能離之，慕容廆有焉。宇文大人悉獨官曰：“二國雖歸，吾當獨取之。”

宇文氏士卒數十萬，連營四十里。廆使召其子翰於徒河。翰自愍帝建興元年鎮徒河。翰遣使白廆曰：“悉獨官舉國爲寇，彼衆我寡，易以計破，難以力勝。今城中之衆，足以禦寇，翰請爲奇兵於外，伺其間而擊之，間，古莧翻；下同。内外俱奮，使彼震駭不知所備，破之必矣。今并兵爲一，彼得專意攻城，無復他虞，虞，防也，備也。復，扶又翻；下同。非策之得者也；且示衆以怯，恐士氣不戰先沮矣。”沮，在呂翻。廆猶疑之。遼東韓壽言於廆曰：“悉獨官有憑陵之志，將驕卒惰，軍不堅密，若奇兵卒起，卒，讀曰猝。掎其無備，必破之策也。”掎，舉綺翻。偏引曰掎，又從後牽曰掎。廆乃聽翰留徒河。

悉獨官聞之曰：“翰素名驍果，驍，堅堯翻。今不入城，或能爲患，當先取之，城不足憂。”乃分遣數千騎襲翰。翰知之，詐爲段氏使者，逆於道曰：“慕容翰久爲吾患，聞當擊之，吾已嚴兵相待，宜速進也。"使者既去，翰即出城，設伏以待之。宇文氏之騎見使者，大喜馳行，不復設備，進入伏中。翰奮擊，盡獲之，乘勝徑進，遣間使語廆出兵大戰。投間隙而行，故謂之間使。間，古莧翻。廆使其子皝與長史裴嶷將精鋭爲前鋒，皝，呼廣翻。自將大兵繼之。悉獨官初不設備，聞廆至，驚，悉衆出戰。前鋒始交，翰將千騎從旁直入其營，縱火焚之，將，即亮翻。衆皆惶擾，不知所爲，遂大敗，悉獨官僅以身免。廆盡俘其衆，獲皇帝玉璽三紐。皇帝璽，即宇文大人普回出獵所得者。璽，斯氏翻。

　　崔毖聞之，懼，使其兄子燾詣棘城僞賀。會三國使者亦至，請和，曰："非我本意，崔平州教我耳。"廆以示燾，臨之以兵，燾懼，首服。首，式救翻。廆乃遣燾歸謂毖曰："降者上策，走者下策也。"引兵隨之。毖與數十騎棄家奔高句麗，其衆悉降於廆。降，户江翻。廆以其子仁爲征虜將軍，鎮遼東，爲仁以遼東與皝争國張本。官府、市里，按堵如故。

　　高句麗將如奴子據于河城，廆遣將軍張統掩擊，擒之，俘其衆千餘家；以崔燾、高瞻、韓恒、石琮歸于棘城，待以客禮。恒，安平人；琮，鑒之孫也。石鑒事武帝、惠帝，位通顯。廆以高瞻爲將軍，瞻稱疾不就，廆數臨候之，數，所角翻。撫其心曰："君之疾在此，不在他也。今晉室喪亂，孤欲與諸君共清世難，喪，息浪翻。難，乃旦翻。翼戴帝室。君中州望族，宜同斯願，奈何以華、夷之異，介然疏之哉！介然，堅正不移之貌。夫立功立事，惟問志略何如耳，華、夷何足問乎！"以瞻薄廆起於東夷，不肯委身事之，故有是言。瞻猶不起，廆頗不平。龍驤主簿宋該，與瞻有隙，廆進號龍驤將軍，以該爲府主簿。驤，思將翻。勸廆除之，廆不從。瞻以憂卒。

　　《資治通鑑》卷九十一《晉紀十三·元帝太興二年》頁二八七二至二八七四

比至遼東，比，必寐翻。毖已敗，乃歸慕容廆。廆以彭參龍驤軍事。遺鄭林車牛粟帛；遺，于季翻。皆不受，躬耕於野。

《資治通鑑》卷九十一《晉紀十三·元帝太興二年》頁二八七五

宋該勸廆獻捷江東，廆使該爲表，裴嶷奉之，并所得三璽詣建康獻之。

高句麗數寇遼東，句，如字，又音駒。麗，力知翻。數，所角翻。廆遣慕容翰、慕容仁伐之；高句麗王乙弗利逆來求盟，翰、仁乃還。還，從宣翻。又如字。

《資治通鑑》卷九十一《晉紀十三·元帝太興二年》頁二八七五

二十年冬十二月，晉平州刺史崔毖來奔。初，崔毖陰説我及段氏、宇文氏，使共攻慕容廆。三國進攻棘城，廆閉門自守，獨以牛酒犒宇文氏；二國疑宇文氏與廆有謀，各引兵歸。宇文大人悉獨官曰："二國雖歸，吾當獨取之。"

廆使其子皝與長史裴嶷將精鋭爲前鋒，自將大兵繼之。悉獨官大敗，僅以身免。崔毖聞之，使其兄子燾詣棘城僞賀。廆臨之以兵，燾懼，首服。廆乃遣燾歸謂毖曰："降者上策，走者下策也。"引兵隨之。毖與數十騎棄家來奔，其衆悉降於廆。廆以其子仁鎮遼東，官府、市里，案堵如故。

我將如奴孥據于河城，廆遣將軍張統掩擊，擒之，俘其衆千餘家，歸于棘城。王數遣兵寇遼東，慕容廆遣慕容翰、慕容仁伐之；王求盟，翰、仁乃還。

《三國史記》卷十七《高句麗本紀五·美川王二十年》頁十一正至十二正

慕容儁字宣英，骨相不常，身長八尺二寸，姿貌魁偉。[①]

　　　　《册府元龜》卷二二〇《僭僞部・形貌》頁二六三六下

慕容儁博觀圖書，有文武幹略。

　　　　《册府元龜》卷二二〇《僭僞部・才藝》頁二六四五上

前燕慕容廆嘗言："吾積福累仁，子孫當有中原。"既而生孫儁，廆曰："此兒骨相不常，吾家得之矣。"

　　　　《册府元龜》卷二二六《僭僞部・知人》頁二六九三下

崔鴻《十六國春秋・前燕録》曰：韓景山，安平雀津人也。年十歲，能屬文。博覽經籍，無所不通。

　　　　《太平御覽》卷六一六《學部一〇・讀誦》頁二七六八上

公元三二〇年　　東晉元帝太興三年

三月，慕容廆奉送玉璽三紐。

　　　　　　　　　《晉書》卷六《帝紀第六・元帝》頁一五三

三月，慕容廆奉送玉璽三紐。

　　　　　　　　《通志》卷十下《晉紀十下・元皇帝》頁一九四中

平州初置，以慕容廆爲刺史，遂屬永嘉之亂，廆爲衆所推。

　　　　　　　《晉書》卷十四《志第四・地理上》頁四二七

────────────

①本年即儁出生之年。

晉咸寧二年，分昌黎、遼東、玄菟、帶方、樂浪等郡國五置平州，以慕容廆爲刺史，遂屬永嘉之亂，爲衆所推。

《通典》卷第一百八十《州郡十·古青州·安東府》頁四七七六

及平宇文悉獨官，俘其衆，獲皇帝玉璽三紐，遣長史裴嶷送建鄴。晉遣使者拜廆監平州諸軍事、安北將軍、平州刺史，增邑三千户。

《册府元龜》卷二三二《僭僞部·稱藩》頁二七五九下

三月，裴嶷至建康，嶷，魚力翻。盛稱慕容廆之威德，賢儁皆爲之用；朝廷始重之。朝廷始以裔夷待慕容，今以嶷言始重之。帝謂嶷曰：“卿中朝名臣，朝，直遙翻。當留江東，朕别詔龍驤送卿家屬。”嶷曰：“臣少蒙國恩，出入省闥，嶷仕西朝，歷中書侍郎、給事黄門郎，故云然。少，詩照翻。若得復奉輦轂，臣之至榮。但以舊京淪没，山陵穿毁，雖名臣宿將，莫能雪耻，復，扶又翻。將，即亮翻。獨慕容龍驤竭忠王室，志除凶逆，故使臣萬里歸誠。今臣來而不返，必謂朝廷以其僻陋而棄之，孤其嚮義之心，使懈體於討賊，體，當依《載記》作“怠”。懈，居隘翻。此臣之所甚惜，是以不敢徇私而忘公也。”謂留江東乃是徇一身之私計，歸棘城則可輔廆以討賊，乃天下之公義也。嶷之心，蓋以廆可與共功名，鄙晉之君臣宴安江沱，爲不足與共事而已。帝曰：“卿言是也。”乃遣使隨嶷拜廆安北將軍、平州刺史。使，疏吏翻。

《資治通鑑》卷九十一《晉紀十三·元帝太興三年》頁二八七七

高句麗寇遼東，句，如字，又音駒。麗，力知翻。慕容仁與戰，大破之，自是不敢犯仁境。

《資治通鑑》卷九十一《晉紀十三·元帝太興三年》頁二八八六

二十一年冬十二月,遣兵寇遼東,慕容仁拒戰,破之。

《三國史記》卷十七《高句麗本紀五・美川王二十一年》頁十
二正

公元三二一年　東晉元帝太興四年

慕容恪幼而謹厚,深沈有大度,雄毅嚴重。每所言及,輒經綸
世務。[①]

《册府元龜》卷二二〇《僭僞部・才藝》頁二六四五上

十二月,以慕容廆爲持節、都督幽平二州東夷諸軍事、平州牧,
封遼東郡公。

《晉書》卷六《帝紀第六・元帝》頁一五五

前燕慕容廆爲遼東公,立子皝爲世子。

《册府元龜》卷二二五《僭僞部・世子》頁二六八九上

尋加(慕容廆)使持節、都督幽州東夷諸軍事、車騎將軍、平州
牧,進封遼東郡公,邑一萬户,常侍、單于並如故;丹書鐵券,承制海
東,命備官司,置平州守宰。

《册府元龜》卷二三二《僭僞部・稱藩》頁二七五九下

十二月,以慕容廆爲持節、都督幽平二州東夷諸軍事、平州牧,
封遼東郡公。

《通志》卷十下《晉紀十下・元皇帝》頁一九四下

----

①慕容恪出生於本年,今繫於此。

崔鴻《前燕録》曰：劉讚字彥真，平原人也。經學博通，爲世純儒，貞清非禮不動。慕容廆重其德學，使太子晃師事之。

　　　　　《初學記》卷第十八《人部中·師第一》頁四三三

又《前燕録》曰：劉讚字彥真，平原人也。經學博通，爲世純儒，貞清非禮不動。慕容廆重其德學，使太子晃師事之。

　　　　　《太平御覽》卷四〇四《人事部四五·師》頁一八七〇下

前燕慕容廆初爲大單于、昌黎公，以平原劉讚儒學該通，引爲東庠祭酒。其世子皝率國胄束修受業焉，廆覽政之暇，親臨聽之，於是路有頌聲，禮讓興矣。

　　　　　《册府元龜》卷二二八《僭僞部·崇儒》頁二七一三下

慕容翰，廆庶長子也。作鎮遼東，高句麗不敢爲寇。善撫接，愛儒學，自士大夫至于卒伍，莫不樂而從之。

　　　　　《册府元龜》卷四一二《將帥部·得士心》頁四八九七下

十二月，以慕容廆爲都督幽·平二州·東夷諸軍事、車騎將軍、平州牧，《考異》曰：《燕書》云“車騎大將軍、平州刺史。”按《晉書·載記》，先拜平州刺史，尋加車騎、州牧。今從之。封遼東公，單于如故，遣謁者即授印綬，聽承制置官司守宰。廆於是備置僚屬，以裴嶷、游邃爲長史，嶷，魚力翻。裴開爲司馬，韓壽爲別駕，陽耽爲軍諮祭酒，崔燾爲主簿，黃泓、鄭林參軍事。鄭林不受廆車牛粟帛而躬耕於野，廆蓋以是取之。廆立子皝爲世子。作東橫，橫，與黌同，學舍也，《載記》作“東庠”。皝，呼廣翻。以平原劉讚爲祭酒，使皝與諸生同受業，廆得暇，亦親臨聽之。得暇者，言廆惟於國事無暇，財得一息之暇，亦親臨東橫，聽其講説。史言廆之能崇儒。皝雄毅多權略，喜經術，國人稱之。喜，許記翻。廆徙慕容翰鎮遼東，慕容仁鎮平郭。平郭縣，漢屬遼東郡，晉省。《唐新書》曰：高麗建安城，古平郭縣也。翰撫安民夷，甚有威惠；仁亦次之。

《資治通鑑》卷九十一《晉紀十三·元帝太興四年》頁二八九〇至二八九一

公元三二二年　　東晉元帝永昌元年

慕容廆遣其世子皝襲段末杯，入令支，皝，戶廣翻。令支縣，漢屬遼西郡，晉省，段氏據其地。應劭曰：令，音鈴。師古音郎定翻。支，裴松之音其兒翻。掠其居民千餘家而還。

《資治通鑑》卷九十二《晉紀十四·元帝永昌元年》頁二九一〇

公元三二三年　　東晉明帝太寧元年

後趙王勒遣使結好於慕容廆，廆執送建康。好，呼到翻。

《資治通鑑》卷九十二《晉紀十四·明帝太寧元年》頁二九一一

公元三二五年　　東晉明帝太寧三年　　後趙明帝七年

遜昵延死，子乞得龜立，復伐慕容廆，廆拒之。惠帝三年，乞得龜屯保澆水，固壘不戰，遣其兄悉跋堆襲廆子仁于柏林，仁逆擊，斬悉跋堆。廆又攻乞得龜克之，乞得龜單騎夜奔，悉虜其衆。乘勝長驅，入其國城，收資財億計，徙部民數萬户以歸。[1]

《魏書》卷一百三《列傳第九十一·匈奴宇文莫槐》頁二三〇四至二三〇五

---

[1]《魏書》卷一〇三《宇文莫槐列傳》載其事在北魏惠帝三年，即公元三二二年，然《通鑑》、屠本《十六國春秋》等繫之於公元三二五年，此處仍有爭議。

遜昵延死,子乞得龜立。復伐慕容廆,廆拒之。惠帝三年,乞得龜屯保澆水,[三二]固壘不戰,遣其兄悉跋堆襲廆子仁于柏林。仁逆擊,斬悉跋堆。廆又攻乞得龜克之,乞得龜單騎夜奔,悉虜其衆。乘勝長驅,入其國城,收資財億計,徙部人數萬户以歸。

【校勘記】

〔三二〕乞得龜屯保澆水　諸本"保"訛作"堡",據《魏書》卷一〇三、《通志》卷二〇〇《宇文莫槐傳》改。

《北史》卷九十八《列傳第八十六·匈奴宇文莫槐》頁三二六八、三二八一

遜昵延死,子乞得龜立。復伐慕容廆,廆拒之。乞得龜屯保澆水,固壘不戰,遣其兄悉跋惟襲廆子仁于柏林。仁逆擊,斬悉跋惟。廆又攻乞得龜克之,乞得龜單騎夜奔,悉虜其衆。乘勝長驅,入其國城,收資財億計,徙部人數萬户以歸。

《通志》卷二百《四夷傳七·北國下·宇文莫槐》頁三二〇二下

《北史》曰:莫廆呼罪切部衆强盛,自稱單于。塞外諸部咸畏憚之。莫廆即莫槐之姪孫。莫槐父子世雄漠北,又先得玉璽三鈕,自言爲天所相,每自誇大。莫廆之孫曰乞得龜,爲慕容廆破之。先是海出大龜,枯死於平郭,至是乞得龜敗也。

《太平御覽》卷八〇一《四夷部二二·北狄三·宇文莫槐》頁三五五五上至三五五五下

崔鴻《十六國春秋·前燕錄》曰:海出大龜,枯死於平墩。遼東送之,侍郎王弘以爲宇文允得龜滅亡之徵也。

《太平御覽》卷九三一《鱗介部三·龜》頁四一三八上

　　後趙王勒加宇文乞得歸官爵,使之擊慕容廆。以元年廆執其使送建康也。廆,户罪翻。廆遣世子皝、索頭、段國共擊之,皝,呼廣翻。索頭,即拓跋氏。索,昔各翻。以遼東相裴嶷爲右翼,慕容仁爲左翼。乞得歸據澆水以拒皝,澆水,即澆洛水也。嶷,魚力翻。澆,古堯翻。遣兄子悉拔雄拒仁。《考異》曰:《燕書·征虜仁傳》作"悉拔堆",《後魏書·宇文莫槐傳》作"乞得龜、悉拔堆",《載記》亦作"龜",《燕書·武宣紀》作"乞得歸、悉拔雄",今從之。仁擊悉拔雄,斬之;乘勝與皝攻乞得歸,大破之。乞得歸棄軍走,皝、仁進入其國城,使輕兵追乞得歸,過其國三百餘里而還,盡獲其國重器,畜產以百萬計,民之降附者數萬。降,户江翻。

　　　　《資治通鑑》卷九十三《晉紀十五·明帝太寧三年》頁二九三三

　　慕容廆與段氏方睦,爲段牙謀,使之徙都;牙從之,即去令支,國人不樂。爲,于僞翻。樂,音洛。令,音鈴,師古郎定翻。支,音祇。段疾陸眷之孫遼欲奪其位,以徙都爲牙罪,十二月,帥國人攻牙,殺之,帥,讀曰率。自立。句斷。段氏自務勿塵以來,日益强盛,其地西接漁陽,東界遼水,所統胡、晉三萬餘户,控弦四五萬騎。

　　　　《資治通鑑》卷九十三《晉紀十五·明帝太寧三年》頁二九三九

公元三二六年　東晉成帝咸和元年

成帝即位,加廆侍中,位特進。

　　　　《册府元龜》卷二三二《僭僞部·稱藩》頁二七五九下

南燕慕容垂字道明,[①]少岐嶷,有器度,身長七尺七寸,手垂過膝。

　　　　《册府元龜》卷二二〇《僭僞部·形貌》頁二六三七上

———————————

①本年即垂出生之年。

又皝第五子垂,少岐嶷,有器度。身長七尺七寸,手垂過膝。皝甚寵之,常目而謂諸弟曰:"此兒闊達好奇,終能破人之家。或能成人家。"故名霸,字道業。恩遇踰于世子儁,故儁不能平之。

　　　　　《冊府元龜》卷二二六《僭僞部·知人》頁二六九三下

公元三二九年　　東晉成帝咸和四年

其玄孫乙弗利,利子釗,烈帝時與慕容氏相攻擊。[1]

　　　　　《魏書》卷一百《列傳第八十八·高句麗》頁二二一四

乙弗利頻寇遼東,廆不能制。乙弗利死,子釗立。

　　《通志》卷一百九十四《四夷傳一·東夷·高句麗》頁三一一三上

公元三三〇年　　東晉成帝咸和五年

咸和五年,又加開府儀同三司,固辭不受。

　　　　　《冊府元龜》卷二三二《僭僞部·稱藩》頁二七五九下

前燕慕容廆嘗從容言曰:"獄者,人命之所懸也,不可以不慎。賢人、君子,國家之基也,不可以不敬。稼穡者,國之本也,不可以不急。酒色、便佞,亂德之甚也,不可以不戒。"乃著《家令》數千言,以申其旨。

　　　　　《冊府元龜》卷二二〇《僭僞部·聰識》頁二六三九上

(慕容)廆嘗從容言曰:"獄者,人命之所懸也,不可以不慎。賢

————————

[1]烈帝即位於本年,今以此年計之。

人、君子，國家之基也，不可以不敬。稼穡，國之本也，不可以不急。酒色、便佞，亂德之甚也，不可以不戒。"乃著《家令》數千言，以申其旨。

　　　　《册府元龜》卷二二九《僭偽部·政治》頁二七二三上

　　初，丁零翟斌，世居康居，後徙中國，至是入朝於趙；趙以斌爲句町王。朝，直遥翻。句，音昫。町，音挺。《考異》曰：《晉書·春秋》作"翟真"。按：秦亡後，慕容垂誅翟斌，斌兄子真北走，故知此乃斌也。

　　　　《資治通鑑》卷九十四《晉紀十六·成帝咸和五年》頁二九七七

公元三三一年　　東晉成帝咸和六年

　　陶侃答慕容璝書曰：當今揚淮鋭勇，飛廉超驥，收屈盧必陷之矛，集鮫犀不入之楯。

　　　　《太平御覽》卷三五七《兵部八八·楯下》頁一六四二上

　　又遣使與太尉陶侃箋曰：明公使君轂下振德曜威，撫寧方夏，勞心文武，士馬無恙，欽高仰止，注情彌久。王塗嶮遠，隔以燕越，每瞻江湄，延首遐外。

　　天降艱難，禍害屢臻，舊都不守，奄爲虜庭，使皇輿遷幸，假勢吳楚。大晉啓基，祚流萬世，天命未改，玄象著明，是以義烈之士深懷憤勇。猥以功薄，受國殊寵，上不能掃除群羯，下不能身赴國難，仍縱賊臣，屢逼京輦。王敦唱禍於前，蘇峻肆毒於後，凶暴過於董卓，惡逆甚於催汜，普天率土，誰不同忿！深怪文武之士，過荷朝榮，不能滅中原之寇，刷天下之耻。

　　君侯植根江陽，發曜荆衡，拔葉公之權，有包胥之志，而令白公、伍員各得極其暴，竊爲丘明恥之。區區楚國子重之徒，猶恥君弱、群臣不及先大夫，屬己戒衆，以服陳鄭；越之種蠡尚能弼佐句踐，取威黃池；況今吳士英賢比肩，而不輔翼聖主，陵江北伐。以義聲之直，討逆暴之羯，檄命舊邦之士，招懷存本之人，豈不若因風振落，頓坂走輪哉！且孫氏之初，以長沙之衆摧破董卓，志扶漢室。雖中遇寇害，雅志不遂，原其誠心，乃忽身命。及權據揚越，外收周張，内馮顧陸，距魏赤壁，剋取襄陽。自兹以降，世主相襲，咸能侵逼徐豫，令魏朝旰食。不知今之江表爲賢儁匿智，藏其勇略邪？將呂蒙、淩統高蹤曠世哉？況今凶羯虐暴，中州人士逼促，其顛沛之危，甚於累卵。假號之强，衆心所去，敵有釁矣，易可震蕩。王郎、袁術雖自詐僞，皆基淺根微，禍不旋踵，此皆君侯之所聞見者矣。

王司徒清虛寡欲，善於全己，昔曹參亦崇此道，著畫一之稱也。庾公居元舅之尊，處申伯之任，超然高蹈，明智之權。廆於寇難之際，受大晉累世之恩，自恨絶域，無益聖朝，徒繫心萬里，望風懷憤。今海内之望，足爲楚漢輕重者，惟在君侯。若勠力盡心，悉五州之衆，據兗豫之郊，使向義之士倒戈釋甲，則羯寇必滅，國恥必除。廆在一方，敢不竭命。孤軍輕進，不足使勒畏首畏尾，則懷舊之士欲爲内應，無繇自發故也。故遠陳寫，言不宜盡。

廆使者遭風没海。其後廆更寫前箋，并齎其東夷校尉封抽、行遼東相韓矯等三十餘人疏上侃府曰：

自古有國有家，鮮不極盛而衰。自大晉龍興，剋平嵱嶮，神武之略，邁蹤前史。惠皇之末，后黨構難，禍結京畿，釁成公族，遂使羯寇三虛，傾覆諸夏，舊都淪滅，山陵毀掘，人神悲悼，幽明發憤。昔獫狁之强，匈奴之盛，未有如今日羯寇之暴，跨躡華裔，盜稱尊號者也。

天祚有晉，挺授英傑。車騎將軍慕容廆自弱冠莅國，忠於王

室,明允恭肅,志在立勳。屬海内分離,皇輿遷幸,元皇中興,初唱
大業,肅祖繼統,蕩平江外。厷雖限以山海,隔以羯寇,翹首引領,
係心京師,常假寤寐,欲憂國忘身。貢篚相尋,連舟載路,戎不税
駕,動成義舉。今羯寇滔天,怙其醜類,樹基趙魏,跨略燕齊。厷雖
率義衆,誅討大逆,然管仲相齊,猶曰寵不足以御下,況厷輔翼王
室,有定霸之功,而位卑爵輕,九命未加,非所以寵異藩翰,崇獎殊
勳也。

　　方今詔命隔絶,王路嶮遠,貢使往來,動彌年載。今燕之舊壤,
北周沙漠,東盡樂浪,西暨代山,南極冀方,而悉爲虜庭,非復國家
之域。將佐等以爲宜遠遵周室,近準漢初,進封厷爲燕王,行大將
軍事,上以總統諸部,下以割損賊境。使冀州之人望風向化,厷得
抵承詔命,率合諸國,奉辭夷逆,以成桓文之功,苟利社稷,專之可
也。而厷固執謙光,守節彌高,每詔所加,讓動積年,非將佐等所能
敦逼。今區區所陳,不欲苟相崇重,而愚情至心,實爲國計。

　　侃報抽等書,其略曰:“車騎將軍憂國忘身,貢篚載路,羯賊求
和,執使送之,西討段國,北征塞外,遠綏索頭,荒服以獻。惟北部
未賓,屢遣征伐。又知東方官號,高下齊班,進無統攝之權,退無等
差之降,欲進車騎爲燕王,一二具之。夫功成進爵,古之成制也。
車騎雖未能爲官摧勒,然忠義竭誠。今騰牋上聽,可否遲速,當任
天臺也。”朝議未定。八年,厷卒,乃止。

　　《册府元龜》卷二三二《僭僞部·稱藩》頁二七五九下至二七
六一下

　　慕容厷遣使與太尉陶侃牋,勸以興兵北伐,共清中原。僚屬宋
該等共議,以“厷立功一隅,位卑任重,等差無別,不足以鎮華、夷,
宜表請進厷官爵。”參軍韓恒駁曰:厷,户罪翻。使,疏吏翻。恒,户登

翻。駁,北角翻。"夫立功者患信義不著,不患名位不高。桓、文有匡復之功,不先求禮命以令諸侯。宜繕甲兵,除群凶,功成之後,九錫自至。比於邀君以求寵,不亦榮乎!"庾不悦,出恒爲新昌令。新昌縣,屬遼東郡。於是東夷校尉封抽等疏上侃府,上,時掌翻。請封庾爲燕王,行大將軍事。侃復書曰:"夫功成進爵,古之成制也。車騎雖未能爲官摧勒,庾加車騎將軍,故侃稱之。官,謂天子;勒,謂石勒也。騎,奇寄翻。然忠義竭誠;今騰牋上聽,騰牋以達上聽。可不、遲速,當在天臺也。"陶侃復書殊得體。天臺,尊晉室也。不,讀曰否。

《資治通鑑》卷九十四《晉紀十六·成帝咸和六年》頁二九八○

公元三三二年　東晉成帝咸和七年

白狼《俗説》云:謝安小兒時便有名譽,流聞遠國。慕容垂餉謝白狼眊一雙,謝時年十二。○今案《御覽》三百四十一引《俗説》"垂"作"庾","十二"作'十三'。又附注云:一作慕容垂,陳俞本從《御覽》。

《北堂書鈔》卷第一百二十一《武功部九·眊三十一》頁七正

慕容餉謝安一雙《俗説》云:慕容垂餉謝安白狼眊一雙。○今案詳本篇上文。

《北堂書鈔》卷第一百二十一《武功部九·眊三十一》頁七正

《俗説》曰:謝安小兒時便有名譽,流聞遠國。慕容庾餉謝白狼眊一雙,謝時年十三。一作慕容垂也。[1]

《太平御覽》卷三四一《兵部七二·眊》頁一五六六下

---

[1]本年安十三歲。

公元三三三年　東晉成帝咸和八年

（五月）乙未，[一三]車騎將軍、遼東公慕容廆卒，子皝嗣位。

【校勘記】

〔一三〕乙未　《舉正》：上文正月辛亥朔，本月無乙未。

　　　　　　　　《晉書》卷七《帝紀第七・成帝》頁一七七、一八九

慕容廆死，子元真代立。

　　　　　　　　　　　　　　《魏書》卷一《序紀第一》頁一一

　　夏，五月，甲寅，遼東武宣公慕容廆卒。六月，世子皝以平北將軍行平州刺史，督攝部内；皝，字元真，廆第三子。廆，户罪翻。皝，呼廣翻。赦繫囚。以長史裴開爲軍諮祭酒，郎中令高詡爲玄菟太守。皝以帶方太守王誕爲左長史，誕以遼東太守陽鶩爲才而讓之；皝從之，以誕爲右長史。國之興也，其臣推賢讓能；國之衰也，其臣矜己忌前。鶩，音務。

　　《資治通鑑》卷九十五《晉紀十七・成帝咸和八年》頁二九八五

（五月）乙未，車騎將軍、遼東公慕容廆卒，子皝嗣位。

　　　　　　《通志》卷十下《晉紀十下・成皇帝》頁一九八下

　　又《前燕録》曰：太尉陽鶩，字士秋，右北平無終人也。鶩母李氏，博學，有母儀，慕容晃常外堂拜敬。性尤清儉，好施無倦。位爲台保，爵封郡公，常乘弊車瘠牛，卒無餘財。

　　　　《太平御覽》卷四三一《人事部七二・儉約》頁一九八七上

及皝嗣位，遷左常侍，領史官，甚重之。

　　《晉書》卷九十五《列傳第六十五・藝術・黃泓》頁二四九三

及皝嗣位，遷左常侍，領史官，甚重之。

　　《通志》卷一百八十二《藝術傳二・黃泓》頁二九一八中

慕容皝遣長史勃海王濟等來告喪。皝，呼廣翻。

　　《資治通鑑》卷九十五《晉紀十七・成帝咸和八年》頁二九
八七

別部人逸豆歸殺乞得龜而自立，與慕容晃相攻擊，遣其國相莫
渾伐晃，而莫渾荒酒縱獵，爲晃所破，死者萬餘人。

　　《魏書》卷一百三《列傳第九十一・匈奴宇文莫槐》頁二
三〇五

別部人逸豆歸殺乞得龜而自立，與慕容晃迭相攻擊。遣其國
相莫渾伐晃，而莫渾荒酒縱獵，爲晃所破，死者萬餘人。

　　《北史》卷九十八《列傳第八十六・匈奴宇文莫槐》頁三二
六八

至孫乞得龜，爲慕容廆所敗。別部人逸豆歸殺乞得龜而自
立，〔二五〕……

【校勘記】

〔二五〕別部人逸豆歸　“別”原作“滅”，清人妄改。今據明
抄本、明刻本、朝鮮本、王吳本改回。按：《魏書・宇文莫槐傳》

二三〇五頁、《北史·宇文莫槐傳》三二六八頁均作"別"。

　　《通典》卷第一百九十六《邊防十二·北狄三·宇文莫槐》頁五三七一、五三八七

　　宇文乞得歸爲其東部大人逸豆歸所逐,走死于外。慕容皝引兵討之,軍于廣安;廣安,在棘城之北。逸豆歸懼而請和,遂築榆陰、安晉二城而還。榆陰城,蓋在大榆河之陰;安晉城,在威德城東南。

　　《資治通鑑》卷九十五《晉紀十七·成帝咸和八年》頁二九八七

　　別部人逸豆歸殺乞得龜而自立,與慕容皝迭相攻擊。遣其國相莫渾伐皝,而莫渾荒酒縱獵,爲皝所破,死者萬餘人。

　　《通志》卷二百《四夷傳七·北國下·宇文莫槐》頁三二〇二下

　　燕慕容汗爲慕容皝寧遠將軍,皝庶兄翰奔段遼。

　　《册府元龜》卷四四七《將帥部·輕敵》頁五三〇六下

　　慕容皝初嗣位,用法嚴峻,國人多不自安,主簿皇甫真切諫,不聽。

　　皝庶兄建威將軍翰、母弟征虜將軍仁,有勇略,屢立戰功,得士心;季弟昭,有才藝;皆有寵於廆。皝忌之,翰歎曰:"吾受事於先公,不敢不盡力,幸賴先公之靈,所向有功,此乃天贊吾國,非人力也。而人謂吾之所辦,以爲雄才難制,吾豈可坐而待禍邪!"乃與其子出奔段氏。段遼素聞其才,冀收其用,甚愛重之。

　　仁自平郭來奔喪,《漢志》,平郭縣屬遼東郡;晉省。晉東夷校尉治襄平,崔毖之敗,慕容廆以仁鎮遼東,治平郭。謂昭曰:"吾等素驕,多無禮

於嗣君,嗣君剛嚴,無罪猶可畏,況有罪乎!"昭曰:"吾輩皆體正
嫡,於國有分。昭自謂與仁皆正室之子,分可以得國也。分,扶問翻。兄素
得士心,我在内未爲所疑,伺其間隙,除之不難。兄趣舉兵以來,伺,
相吏翻。間,古莧翻。趣,讀曰促。我爲内應,事成之日,與我遼東。男
子舉事,不克則死,不能效建威偷生異域也。"仁曰:"善!"遂還平
郭。閏月,仁舉兵而西。

　　或以仁、昭之謀告皝,皝未之信,遣使按驗。仁兵已至黄水,黄
水,即潢水,在棘城東北,距唐營州四百里。據《載記》,黄水當在漢遼東郡
險瀆縣。知事露,殺使者,還據平郭。皝賜昭死。遣軍祭酒封奕慰
撫遼東。以高詡爲廣武將軍,將兵五千與庶弟建武將軍幼、稚、廣
威將軍軍、寧遠將軍汗、司馬遼東佟壽共討仁。與仁戰於汶城北,
佟,徒冬翻,姓也。汶,漢古縣,屬遼東郡;《前書》作"文"。皝兵大敗,幼、
稚、軍皆爲仁所獲;壽嘗爲仁司馬,遂降於仁。降,户江翻;下同。前
大農孫機等舉遼東城以應仁。孫機,蓋王官之避地遼東者。遼東城,即
襄平城。封奕不得入,與汗俱還。東夷校尉封抽、護軍平原乙逸、
乙,姓也;逸,名也。《姓譜》:商湯字天乙,支孫以爲氏。遼東相太原韓
矯皆棄城走,於是仁盡有遼東之地;段遼及鮮卑諸部皆與仁遥相
應援。皝追思皇甫真之言,以真爲平州别駕。皝領平州刺史,以真爲
别駕。

　　《資治通鑑》卷九十五《晉紀十七·成帝咸和八年》頁二九
九〇至二九九一

　　冬氏。《前燕録》慕容皝左司馬冬壽。
　　　　《通志》卷二十九《氏族略五·平聲》頁四七六中

公元三三四年　東晉成帝咸和九年　前燕文明帝元年

　　慕容仁以司馬翟楷領東夷校尉,前平州別駕龐鑒領遼東相。
龐,皮江翻。

　　　　　《資治通鑑》卷九十五《晉紀十七·成帝咸和九年》頁二九九三

　　(段)遼弟蘭與圍柳城,皝遣(慕容)汗及封弈等救之。皝戒汗
曰:"賊衆氣鋭,難與爭鋒,宜顧萬全,慎勿輕進,必須兵集陣整,然
後擊之。"汗性驍鋭,遣千餘騎爲前鋒而進,封弈止之,汗不從,爲蘭
所敗,死者大半。

　　　　　《册府元龜》卷四四七《將帥部·輕敵》頁五三〇六下

　　段遼遣兵襲徒河,不克;復遣其弟蘭與慕容翰共攻柳城,柳城
縣,漢屬遼西郡,晉省;唐爲營州治所。復,扶又翻。柳城都尉石琮、城大
慕輿埿并力拒守,城大,猶城主也;一城之長,故曰城大。埿,與泥同。蘭
等不克而退。遼怒,切責蘭等,必令拔之。休息二旬,復益兵來攻。
復,扶又翻。士皆重袍蒙楯,重,直龍翻。楯,食尹翻。作飛梯,飛梯,即雲
梯。四面俱進,晝夜不息。琮、埿拒守彌固,殺傷千餘人,卒不能拔。
卒,子恤翻。慕容皝遣慕容汗及司馬封奕等共救之。皝戒汗曰:"賊
氣鋭,勿與爭鋒。"汗性驍果,以千餘騎爲前鋒,驍,堅堯翻。騎,奇寄
翻。直進。封奕止之,汗不從。與蘭遇於牛尾谷,牛尾谷,在柳城北。
汗兵大敗,死者太半;奕整陳力戰,陳,讀曰陣。故得不没。

　　蘭欲乘勝窮追,慕容翰恐遂滅其國,止之曰:"夫爲將當務慎
重,審己量敵,量,音良。非萬全不可動。今雖挫其偏師,未能屈其
大勢。皝多權詐,好爲潛伏,好,呼到翻。若悉國中之衆自將以拒我,
將,即亮翻。我縣軍深入,縣,讀曰懸。衆寡不敵,此危道也。且受命

之日，正求此捷；若違命貪進，萬一取敗，功名俱喪，喪，息浪翻。何以返面！”蘭曰：“此已成擒，無有餘理，謂以事理策之，翫必成擒，無復遺餘也。卿正慮遂滅卿國耳！今千年在東，若進而得志，吾將迎之以爲國嗣，終不負卿，使宗廟不祀也。”千年者，慕容仁小字也。翰曰：“吾投身相依，無復還理；復，扶又翻。國之存亡，於我何有！但欲爲大國之計，且相爲惜功名耳。”爲，于僞翻。乃命所部欲獨還，蘭不得已而從之。史言翰雖身在外，乃心宗國。

《資治通鑑》卷九十五《晉紀十七·成帝咸和九年》頁二九九三至二九九四

慕容仁自稱平州刺史、遼東公。

《資治通鑑》卷九十五《晉紀十七·成帝咸和九年》頁二九九四

慕容皝嗣父位，晉成帝遣謁者徐孟、閭丘幸等持節拜皝鎮軍大將軍、平州刺史、大單于、遼東公，持節、都督、承制封拜，一如廆故事。

《冊府元龜》卷二三二《僭僞部·稱藩》頁二七六一下

秋，八月，王濟還遼東，詔遣侍御史王齊祭遼東公廆，又遣謁者徐孟策拜慕容皝鎮軍大將軍、平州刺史、大單于、遼東公，持節、【章：十二行本“節”下有“都督”二字；乙十一行本同；孔本同；張校同。】承制封拜，一如廆故事。船下馬石津，自建康出大江至于海，轉料角至登州大洋；東北行，過大謝島、龜歆島、淤島、烏湖島三百里，北渡烏湖海，至馬石山東之都里鎮；馬石津，即此地也。皆爲慕容仁所留。

《資治通鑑》卷九十五《晉紀十七·成帝咸和九年》頁二九九六至二九九七

　　慕容皝討遼東，甲申，至襄平。遼東人王岌密信請降。師進，入城，翟楷、龐鑒單騎走，居就、新昌等縣皆降。居就、新昌，皆屬遼東郡。降，户江翻；下同。皝欲悉阬遼東民，高詡諫曰："遼東之叛，實非本圖，直畏仁凶威，不得不從。今元惡猶存，元惡，謂仁也。始克此城，遽加夷滅，則未下之城，無歸善之路矣。"皝乃止。分徙遼東大姓於棘城。以杜群爲遼東相，安輯遺民。

　　　　《資治通鑑》卷九十五《晉紀十七·成帝咸和九年》頁二九九九

　　慕容仁遣兵襲新昌，督護新興王寓擊走之，遂徙新昌入襄平。遼東治襄平。徙新昌吏民入襄平，所以杜仁闚闞掩襲之心。寓，王矩翻。

　　　　《資治通鑑》卷九十五《晉紀十七·成帝咸和九年》頁二九九九

　　慕容皝字元真，龍顔版齒，身長七尺八寸。

　　　　　　《册府元龜》卷二二〇《僭僞部·形貌》頁二六三六下

　　前燕慕容皝，雄毅多權略，尚經學，善天文。

　　　　　　《册府元龜》卷二二〇《僭僞部·才藝》頁二六四五上

公元三三五年　　東晉成帝咸康元年　　前燕文明帝二年

　　前燕慕容恪，字玄恭，皝之第四子也。幼沉深有大度，皝未之奇也。年十五，身長八尺七寸，容貌魁傑，雄毅嚴重，每所言及，輒經綸世務，皝始異焉，乃授之以兵。[1]

　　　　　　《册府元龜》卷八八三《總録部·形貌》頁一〇四五八下

————————

[1] 本年恪十五歲。

慕容皝置左、右司馬，以司馬韓矯、軍祭酒封奕爲之。

　　《資治通鑑》卷九十五《晉紀十七·成帝咸康元年》頁三〇〇〇

秋，七月，慕容皝立子儁爲世子。

　　《資治通鑑》卷九十五《晉紀十七·成帝咸康元年》頁三〇〇二

　　慕容仁遣王齊等南還。去年齊等爲慕容仁所留。齊等自海道趣棘城，趣，七喻翻。齊遇風不至。十二月，徐孟等至棘城，慕容皝始受朝命。朝，直遥翻。

　　段氏、宇文氏各遣使詣慕容仁，館于平郭城外。皝帳下督張英將百餘騎間道潛行掩擊之，間，古莧翻。斬宇文氏使十餘人，生擒段氏使以歸。

　　《資治通鑑》卷九十五《晉紀十七·成帝咸康元年》頁三〇〇三至三〇〇四

公元三三六年　東晉成帝咸康二年　前燕文明帝三年

　　王隱《晉書》曰：慕容晃上言曰：臣躬征平郭，遠假陛下之威，將士竭命，精誠感靈，海爲結冰，淩行海中三百餘里，臣自立國，及問諸故老，初無海水冰凍之歲。

　　　　《藝文類聚》卷八《水部上·海水》頁一五一

　　崔鴻《十六國春秋·前燕録》曰：慕容晃將乘海討其弟仁，襲其不意，群臣以淩道危阻，宜從陸路。晃曰：“舊海水陵，自仁反已來，三凍皆成，昔光武合滹沱之冰以濟大業，天其或者欲乘此而剋之乎！吾計決矣，沮謀者斬。”二月晃親率三軍擒仁，賜死。

　　　　《太平御覽》卷六〇《地部二五·海》頁二八八下

　　《晉書·載記》曰：慕容皝將乘海討慕容仁，群下咸諫，以海道危阻，宜從陸路。皝曰："舊海水無淩，自仁反已來，凍合者三矣。昔漢光武因滹沱之水，以濟大業，天其或者欲吾乘此而剋之乎？吾計決矣！有沮謀者，斬！"乃率三軍從昌黎踐淩而進。仁不虞皝之至也，軍去平郭七里，候騎乃告，仁狼狽出戰，爲皝所擒，殺仁而還。

　　　　《太平御覽》卷三二五《兵部五六·擒獲上》頁一四九七下

　　慕容皝將討慕容仁，司馬高詡曰："仁叛棄君親，民神共怒；前此海未嘗凍，自仁反以來，連年凍者三矣。且仁專備陸道，天其或者欲使吾乘海冰以襲之也。"皝從之。群僚皆言涉冰危事，不若從陸道。皝曰："吾計已決，敢沮者斬！"沮，在呂翻。

　　壬午，皝帥其弟軍師將軍評等自昌黎東，踐冰而進，皝，呼廣翻。帥，讀曰率；下同。凡三百餘里。至歷林口，歷林口，海浦之口。捨輜重，輕兵趣平郭。重，直用翻。趣，七喻翻；下同。去城七里，候騎以告仁，騎，奇寄翻。仁狼狽出戰。張英之俘二使也，事見上年。使，疏吏翻。仁恨不窮追；及皝至，仁以爲皝復遣偏師輕出寇抄，復，扶又翻。抄，楚交翻。不知皝自來，謂左右曰："今茲當不使其匹馬得返矣！"乙未，仁悉衆陳於城之西北。慕容軍帥所部降於皝，咸和八年，軍爲仁所執。陳，讀曰陣。降，戶江翻。仁衆沮動；沮，在呂翻。皝從而縱擊，大破之。仁走，其帳下皆叛，遂擒之。皝先爲斬其帳下之叛者，爲，于僞翻。然後賜仁死。丁衡、游毅、孫機等，皆仁所信用也，皝執而斬之；王冰自殺。慕容幼、慕容稚、佟壽、郭充、翟楷、龐鑒，皆東走，幼中道而還；皝兵追及楷、鑒，斬之；壽、充奔高麗。麗，力知翻。自餘吏民爲仁所詿誤者，詿，古賣翻。皝皆赦之。封高詡爲汝陽侯。

　　　　《資治通鑑》卷九十五《晉紀十七·成帝咸康二年》頁三〇〇五至三〇〇六

　　王隱《晉書》曰：慕容晃上言：正月十二日，躬征平郭。遠假陛下天地之威，將士竭命，精誠感靈，海爲冰結淩，行海中三百餘里。臣問故老，初無海冰之歲。

　　　　　《初學記》卷第七《地部下·冰第五》頁一五一

　　王隱《晉書》曰：慕容晃上言曰："臣躬征平郭，遠假陛下天地之威，將士竭命，精誠感靈，海爲結冰淩，行海中三百餘里，臣自立國，及諸故老，初無海水冰凍之歲。"

　　　　　《太平御覽》卷六〇《地部二五·海》頁二八七上至二八七下

　　王隱《晉書》曰：慕容皝上言，正月十二日躬征平郭，遠假陛下天地之威，將士竭命，精誠感靈，海爲冰結淩，行海中三百餘里。臣問故老，初無海冰之歲。平郭，蓋近昌黎城也。

　　　　　《太平御覽》卷六八《地部三三·冰》頁三二二二下

　　慕容皝嗣虥位，籍田於朝陽門，東置官司以主之。

　　　　　《册府元龜》卷二二九《僭僞部·政治》頁二七二三上

　　夏，六月，段遼遣中軍將軍李詠襲慕容皝。詠趣武興，武興城，在令支東。都尉張萌擊擒之。遼別遣段蘭將步騎數萬屯柳城西回水，"回水"，《載記》作"曲水"。《水經注》：陽樂水出上谷且居縣，東北流，逕女祁縣，世謂之橫水，又謂之陽曲水。又濡河從塞外來，西北逕禦夷鎮城，又東北逕孤山南，又東南，水流回曲，謂之曲河鎮。又據《載記》，曲水當在好城西北。將，即亮翻。騎，奇寄翻。宇文逸豆歸攻安晉以爲蘭聲援。皝帥步騎五萬向柳城，蘭不戰而遁。皝引兵北趣安晉，咸安八年，皝築安晉城。趣，七喻翻。逸豆歸棄輜重走；重，直用翻。皝遣司馬封奕帥輕騎追擊,大破之。皝謂諸將曰:"二虜耻無功,必將復至,復,扶又翻。宜於柳城左右設伏以待之。"乃遣封奕帥騎數千伏於馬兜山。三月,【張:"三月"作"七月"。】段遼果將數千騎來寇抄。抄,楚交翻。奕縱擊,大破之,斬其將榮伯保。

　　　《資治通鑑》卷九十五《晉紀十七·成帝咸康二年》頁三〇〇六

　　(慕容)皝遣長史劉斌、郎中令陽景送徐孟等歸於京師。

　　　　《册府元龜》卷二三二《僭偽部·稱藩》頁二七六一下

　　九月,慕容皝遣長史劉斌、兼郎中令遼東陽景送徐孟等還建康。晉制,王國乃有郎中令。皝未爲王而僭置是官。斌,音彬。

　　　《資治通鑑》卷九十五《晉紀十七·成帝咸康二年》頁三〇〇七

　　繡靴慕容皝與顧和書曰:今致繡靴一輛。○王石華校將皝字旁勒,殊誤。今案嚴輯慕容皝文據《御覽》八百十五引"輛"作"量"。陳俞本與本鈔同,惟"皝"誤"晃"。

　　　《北堂書鈔》卷第一百三十六《服飾部五·靴八十三》頁十五正

　　慕容晃與顧和書曰:今致繡鞋一輛。

　　　　《太平御覽》卷四七八《人事部一一九·贈遺》頁二一九二上

　　慕容晃與顧和書曰:今致繡靴一量。

　　　　《太平御覽》卷六九八《服章部一五·鞾》頁三一一六下

慕容晃與顧和書曰：今致繡靴一量。

　　《太平御覽》卷八一五《布帛部二·繡》頁三六二六下

慕容晃與顧和書曰：今致飪餬十斤。

　　《太平御覽》卷八五八《飲食部一六·飪餬》頁三八一二下

慕容晃與顧和書曰：今致人參十斤。

　　《太平御覽》卷九九一《藥部八·人參》頁四三八五下

慕容晃與顧和書曰：今致麻黃五斤。

　　《太平御覽》卷九九三《藥部一〇·麻黃》頁四三九七上

長鳴摧姦桓溫與慕容儁書：承將軍厲奮，戎武激揚，士卒鼓角長鳴，摧折姦宄。〇今案陳俞本及《十六國春秋》廿四引此書“厲奮”作“奮厲”。

　　《北堂書鈔》卷第一百二十一《武功部九·角二十九》頁五正

桓溫與慕容儁書曰：自滄流以北，幽朔以東，將軍皆以羈落而總率之矣。首尾唇齒，左右力用，鳴鏑揚鑣，動數十萬。

　　《太平御覽》卷三五八《兵部八九·鑣》頁一六四九上

立納諫之木，以開讜言之路。以久旱，丏百姓田租。

　　《冊府元龜》卷二二九《僭偽部·政治》頁二七二三上

前燕慕容儁初爲大單于，立納諫之木，以開讜言之路。

　　《冊府元龜》卷二二九《僭偽部·求諫》頁二七二五上

崔鴻《南燕録》曰：慕容德，皝少子，母公孫夫人，晉咸康中，晝寢生德，左右以告，方寤而起。既生，似鄭莊公，曰："長必有大德。"遂以德爲名。①

《太平御覽》卷三六一《人事部二·産》頁一六六二下

《南燕録》曰：慕容德，其母夢日入臍中，晝寢而生德。

《太平御覽》卷三七一《人事部一二·臍》頁一七一三上

《南燕録》曰：慕容德，皝少子也。皝每對諸夫人言："婦人夢日入懷，當生天子。"後孫夫人妊身，夢日入其臍中。後晝寢生德。

《太平御覽》卷三九八《人事部三九·吉夢下》頁一八三八上

慕容德字玄明，年未弱冠，身長八尺二寸，姿貌雄偉，額有日角，偃月重文。

《册府元龜》卷二二〇《僭偽部·形貌》頁二六三七上

南燕慕容德博觀群書，性清慎，多才藝。

《册府元龜》卷二二〇《僭偽部·才藝》頁二六四六上

公元三三七年　東晉成帝咸康三年　前燕文明帝四年

三月，慕容皝於乙連城東築好城以逼乙連，乙連城，段國之東境也，在曲水之西。留折衝將軍蘭勃守之。夏，四月，段遼以車數千兩輸乙連粟，兩，力讓翻，乘也。蘭勃擊而取之。六月，遼又遣其從弟揚威將軍屈雲將精騎夜襲皝子遵於興國城，興國城，蓋慕容氏所築。從，

_____

①德生於本年。

才用翻。將，即亮翻。騎，奇寄翻。遼擊破之。

初，北平陽裕事段疾陸眷及遼五世，疾陸眷、涉復辰、末柸、牙、遼，凡五世。皆見尊禮。遼數與皝相攻，數，所角翻。裕諫曰："'親仁善鄰，國之寶也。'《左傳》陳五父之言。況慕容氏與我世婚，迭爲甥舅，廆、皝皆娶于段氏，蓋前此慕容氏亦女于段也。皝有才德，而我與之構怨；戰無虛月，百姓彫弊，利不補害，臣恐社稷之憂將由此始。願兩追前失，通好如初，好，呼到翻；下好妝同。以安國息民。"遼不從，出裕爲北平相。相，息亮翻。

《資治通鑑》卷九十五《晉紀十七·成帝咸康三年》頁三〇一〇至三〇一一

冬十月丁卯，慕容皝自立爲燕王。

《晉書》卷七《帝紀第七·成帝》頁一八一

七年，慕容皝自稱爲燕王。

《宋書》卷二十四《志第十四·天文二》頁七一〇

前燕慕容皝，晉咸康三年僭即王位，赦其境內。

《冊府元龜》卷二二六《僭僞部·恩宥》頁二六九七

九月，鎮軍左長史封奕等帝拜皝鎮軍大將軍，皝以奕爲左長史。勸慕容皝稱燕王；皝從之。於是備置群司，以封奕爲國相，相，息亮翻。韓壽爲司馬，裴開爲奉常，陽鶩爲司隸，王寓爲太僕，李洪爲大理，杜群爲納言令，宋該、劉睦、石琮爲常伯，皇甫真、陽協爲冗騎常侍，納言令，晉之尚書令；常伯，晉之侍中；冗騎常侍，晉之散騎常侍。冗，而隴翻。騎，奇寄翻。宋晃、平熙、張泓爲將軍，封裕爲記室監。洪，臻之孫；李臻見八十七卷懷帝永嘉三年。晃，廆之子也。宋奭見八十八卷愍帝建興元年。冬，十月，丁卯，皝即燕王位，大赦。十一月，甲寅，追尊武宣公爲武宣王，廆，謚武宣公。夫人段氏曰武宣后；立夫人段氏爲王后，世子儁爲王太子，如魏武、晉文輔政故事。

　　《資治通鑑》卷九十五《晉紀十七・成帝咸康三年》頁三〇一二至三〇一三

　　冬十月丁卯，慕容皝自立爲燕王。
　　　　　　　《通志》卷十下《晉紀十下・成皇帝》頁一九九上

　　初，慕容皝與段遼有隙，遣使稱藩于季龍，陳遼宜伐，請盡衆來會。
　　　　　　　《晉書》卷一百六《載記第六・石季龍上》頁二七六八

　　段遼數侵趙邊，數，所角翻。燕王皝遣揚烈將軍宋回稱藩於趙，乞師以討遼，自請盡帥國中之衆以會之，帥，讀曰率。并以其弟寧遠將軍汗爲質。沈約《志》：寧遠將軍，晉江左置。蓋始於此時。質，音致；下同。趙王虎大悦，厚加慰答，辭其質，遣還；密期以明年。爲趙、燕攻段遼張本。
　　是歲，趙將李穆納拓跋翳槐於大甯，其故部落多歸之。元年翳槐奔趙。代王紇那奔燕，國人復奉翳槐，【章：十二行本“槐”下有“爲代王翳槐”五字；乙十一行本同；孔本同；張校同；退齋校同。】城盛樂而居之。復，扶又翻。樂，音洛。
　　　　　　　《資治通鑑》卷九十五《晉紀十七・成帝咸康三年》頁三〇一三

　　是年，石季龍殺其子邃，又遣將寇没狄道，及屯薊東，謀慕容皝。
　　　　　　　《晉書》卷十三《志第三・天文下》頁三七二

　　是年，石虎殺其太子邃及其妻子徒屬二百餘人。又遣將劉寧寇沒狄道，又使將張舉將萬餘人屯薊東，謀慕容皝。

　　　　　　《宋書》卷二十四《志第十四・天文二》頁七一一

　　初，慕容皝與段遼有隙，遣使稱藩于虎，陳遼宜伐，請盡衆來會。

　　　　　　《通志》卷一百八十七《載記二・後趙》頁三〇〇二中

　　初，慕容皝與段遼有隙，遣使稱藩於季龍，陳遼宜伐，請盡衆來會。

　　　　　　《十六國春秋輯補》卷十六《後趙錄六・石虎》頁一二七

　　初，慕容皝與段遼有隙，遣使稱藩于虎，陳遼宜伐，請盡衆來會。

　　　　屠本《十六國春秋》卷第十五《後趙錄五・石虎上》頁十九正

　　國人六千餘落叛燵帝，燵帝出居於慕容部。

　　　　　　　　　　　《魏書》卷一《序紀第一》頁一一

　　國人六千餘家部落叛，燵帝出居於慕容部。

　　　　　　　　《北史》卷一《魏本紀第一・燵帝》頁七

　　國人六千餘落叛燵帝，燵帝出居於慕容部。

　　　　　《册府元龜》卷一《帝王部・帝系》頁一一上至一一下

　　國人六千餘家部落叛，燵帝出居於慕容部。

　　　　　　《通志》卷十五上《後魏紀十五上》頁二七〇中

《張鴻傳》曰：鴻爲慕容晃黄門。初，刑鴻不熟，頤下生黄鬚三根，長寸餘。乃遣出宫看鵝鴨。①

　　　　《太平御覽》卷九一九《羽族部六・鵝》頁四〇七七上

又曰：慕容根善射。嘗從行獵，有一野羊立於懸崖。太祖命左右射之，莫有中者。根自募求射之，一發而中。

　　　　《太平御覽》卷七四四《工藝部一・射上》頁三三〇六上

前燕慕容根善射。嘗從慕容皝行獵，有一野羊立於懸崖。皝命左右射之，莫有中者。根自求射，一發中之。

　　　　《册府元龜》卷八四六《總録部・善射》頁一〇〇四二上

（孫）烈生岳，仕前燕侍中，歷幽州刺史、右將軍。

　　　　屠本《十六國春秋》卷第二十二《後趙録十二・孫輝》頁二十一正

崔鴻《前燕録》：慕容晃四年，棘城墨太谷有大石自立而行。〇今案陳本脱"墨太谷"三字。《御覽》百二十一引《前燕録》"晃"作"皝"，"太"作"石"，餘同。

　　　　《北堂書鈔》卷第一百六十《地部四・石篇十六》頁九背

公元三三八年　東晉成帝咸康四年　後趙武帝
建武四年　前燕文明帝五年

春，正月，燕王皝遣都尉趙槃如趙，聽師期。皝，呼廣翻。

　　　　《資治通鑑》卷九十六《晉紀十八・成帝咸康四年》頁三〇一四

---

①本事及以下本年度所列諸事均未知詳細年月，因其均與慕容皝相關，今均繫　於慕容皝稱王之年。

　　三月，趙槃還至棘城。燕王皝引兵攻掠令支以北諸城。令，音
鈴；師古郎定翻。支，音祁。段遼將追之，慕容翰曰："今趙兵在南，當
并力禦之；而更與燕鬥。燕王自將而來，將，即亮翻；下悉將同。其士
卒精銳，若萬一失利，將何以禦南敵乎！"段蘭怒曰："吾前爲卿所
誤，事見上卷咸和八年。以成今日之患；吾不復墮卿計中矣！"乃悉將
見眾追之。復，扶又翻；下同。見，賢遍翻。皝設伏以待之，大破蘭兵，
斬首數千級，掠五千户及畜産萬計以歸。

　　　　《資治通鑑》卷九十六《晉紀十八·成帝咸康四年》頁三〇一五

　　（段遼）將行，執慕容翰手泣曰："不用卿言，自取敗亡；我固甘
心，令卿失所，深以爲愧。"翰北奔宇文氏。

　　　　《資治通鑑》卷九十六《晉紀十八·成帝咸康四年》頁三〇一五

　　成帝又遣使進皝爲征北大將軍、幽州牧，領平州刺史，加散騎
常侍，增邑萬户，持節、都督、單于、公如故。

　　　　　　《册府元龜》卷二三二《僭僞部·稱藩》頁二七六一下

　　夏，四月，癸丑。以慕容皝爲征北大將軍、幽州牧，領平州
刺史。

　　　　《資治通鑑》卷九十六《晉紀十八·成帝咸康四年》頁三〇一六

　　（四月）石季龍爲慕容皝所敗，癸丑，加皝征北大將軍。

　　　　　　　《晉書》卷七《帝紀第七·成帝》頁一八一

　　石季龍攻皝，皝將走遼東，泓曰："賊有敗氣，無可憂也，不過二

日，必當奔潰。宜嚴勒士馬，爲追擊之備。"皝曰："今寇盛如此，卿言必走，孤未敢信。"泓曰："殿下言盛者，人事耳，臣言必走者，天時也，胡足爲疑！"及期，季龍果退，皝益奇之。

《晉書》卷九十五《列傳第六十五·藝術·黃泓》頁二四九三

及軍至令支，皝師不出，季龍將伐之。天竺佛圖澄進曰："燕福德之國，未可加兵。"季龍作色曰："以此攻城，何城不克？以此衆戰，誰能禦之？區區小豎，何所逃也！"太史令趙攬固諫曰："燕地歲星所守，行師無功，必受其禍。"季龍怒，鞭之，黜爲肥如長。進師攻棘城，旬餘不克。皝遣子恪帥胡騎二千，晨出挑戰，諸門皆若有師出者，四面如雲，季龍大驚，棄甲而遁。於是召趙攬復爲太史令。

《晉書》卷一百六《載記第六·石季龍上》頁二七六八

（石虎）又攻慕容皝於棘城，不尅引退，皝追之，殺數百人。

《宋書》卷二十四《志第十四·天文二》頁七〇八至七〇九

四年，虎滅段遼而敗於慕容皝。皝，國蕃臣。

《宋書》卷二十四《志第十四·天文二》頁七〇九

後石季龍征慕容皝，迴，[五九]惡其固而毀之，在今縣南十八里。又有巨馬水。

【校勘記】

〔五九〕後石季龍征慕容皝迴　"皝"原訛"儁"，據《晉書·慕容皝載記》二七六八頁改正。

《通典》卷第一百七十八《州郡八·古冀州上·范陽郡》頁四七一〇、四七二一其後伐慕容皝還,朝其群臣於襄國建德前殿。

《册府元龜》卷二三〇《僭僞部·慶賜》頁二七三三下

石季龍僭立,將伐燕。天竺佛圖澄進曰:"燕福德之國,未可加兵。"季龍作色曰:"以此攻城,何城不剋? 以此衆戰,誰能禦之? 區區小豎,何所逃也! "太史令趙攬固諫曰:"燕地歲星所守,行師無功,必受其禍。"季龍怒,鞭之,黜爲肥如長。進師攻棘城,旬餘不剋。燕王慕容皝遣子恪帥胡騎二千,晨出挑戰,諸門皆若有師出者,四面如雲,季龍大驚,棄甲而遁。

《册府元龜》卷二三三《僭僞部·失策》頁二七七六上

趙王虎以燕王皝不會趙兵攻段遼而自專其利,以皝掠段氏人民、畜産,不待趙師至而北歸也。欲伐之。太史令趙攬諫曰:"歲星守燕分,師必無功。"《天文志》,歲星贏縮,以其舍命國;其所居久,其國有德厚,五穀豐昌,不可伐也。分,扶問翻。虎怒,鞭之。

皝聞之,嚴兵設備;罷六卿、納言、常伯、冗騎常侍官。去年皝置六卿等官。冗,而隴翻。趙戎卒數十萬,燕人震恐。皝謂內史高詡曰:"將若之何? "內史,燕國內史也。對曰:"趙兵雖强,然不足憂,但堅守以拒之,無能爲也。"

虎遣使四出,招誘民夷,誘,音西。燕成周內史崔燾、居就令游泓、武原令常霸、東夷校尉封抽、護軍宋晃等皆應之,凡得三十六城。泓,邃之兄子也。冀陽流寓之士共殺太守宋燭以降於趙。燭,晃之從兄也。營丘內史鮮于屈亦遣使降趙;武寧令廣平孫興曉諭吏民共收屈,數其罪而殺之,閉城拒守。成周、冀陽、營丘郡,皆慕容廆所置,見八十九卷愍帝建興二年。居就縣,漢、晉屬遼東郡。武原,蓋亦慕容氏所置縣也。武寧縣,亦慕容氏所置,帶營丘郡。游邃見八十八卷愍帝建興元年。朝鮮令昌黎孫泳帥衆拒趙。帥，讀曰率。大姓王清等密謀應趙，泳收斬之；同謀數百人惶怖請罪，怖，普布翻。泳皆釋之，與同拒守。樂浪太守鞠彭以境内皆叛，選鄉里壯士二百餘人共還棘城。樂浪，非漢古郡地也，慕容廆所置，見八十八卷愍帝建興元年。以《五代志》考之，樂浪、冀陽、營丘郡、朝鮮、武寧等縣，當盡在隋遼西郡柳城縣界。鞠彭率鄉人歸燕，見九十卷元帝太興二年。樂浪，音洛琅。

　　戊子，趙兵進逼棘城。燕王皝欲出亡，帳下將慕輿根諫曰：將，即亮翻。“趙强我弱，大王一舉足則趙之氣勢遂成，使趙人收略國民，國民，謂燕國之民也。兵强穀足，不可復敵。復，扶又翻，竊意趙人正欲大王如此耳，奈何入其計中乎！今固守堅城，其勢百倍，縱其急攻，猶足枝持，觀形察變，間出求利；謂伺間出擊趙以求利也。間，古莧翻。如事之不濟，不失於走，奈何望風委去，爲必亡之理乎！”皝乃止，然猶懼形於色。玄菟太守河間劉佩曰：“今强寇在外，衆心恟懼，菟，同都翻。守，式又翻。恟，許拱翻。事之安危，繫於一人。大王此際無所推委，推，吐雷翻。言難推此責以委人也。當自强以屬將士，不宜示弱。事急矣，臣請出擊之，縱無大捷，足以安衆。”乃將敢死數百騎出衝趙兵，所向披靡，披，普彼翻，開也，分也，散也。靡，偃也。斬獲而還，還，從宣翻，又如字。於是士氣自倍。皝問計於封奕，對曰：“石虎凶虐已甚，民神共疾，禍敗之至，其何日之有！杜預曰：言今至。今空國遠來，攻守勢異，戎馬雖强，無能爲患；頓兵積日，釁隙自生，但堅守以俟之耳。”皝意乃安。或説皝降，皝曰：“孤方取天下，何謂降也！”説，輸芮翻。降，户江翻。

　　趙兵四面蟻附緣城，言肉薄附城而上，若群蟻然。慕輿根等晝夜力戰；凡十餘日，趙兵不能克，壬辰，引退。皝遣其子恪帥二千騎追擊之，帥，讀曰率。趙兵大敗，斬獲三萬餘級。趙諸軍皆棄甲逃潰，惟游擊將軍石閔一軍獨全。

《資治通鑑》卷九十六《晉紀十八·成帝咸康四年》頁三〇一八
至三〇二〇

燕王皝分兵討諸叛城，皆下之。拓境至凡城，《水經注》：自盧龍
東越青陘至凡城二百許里，自凡城東北出趣平剛故城可百八十里，向黃龍城則
五百里。崔燾、常霸奔鄴，封抽、宋晃、游泓奔高句麗。皝賞鞠彭、慕
輿根等而治諸叛者，誅滅甚衆；治，直之翻。功曹劉翔爲之申理，多所
全活。爲，于僞翻。

《資治通鑑》卷九十六《晉紀十八·成帝咸康四年》頁三〇二〇
至三〇二一

（四月）石虎爲慕容皝所敗，癸丑，加皝征北大將軍。

《通志》卷十下《晉紀十下·成皇帝》頁一九九上

石虎攻皝，皝將走遼東，泓曰：“賊有敗氣，無可憂也，不過二
日，必當奔潰。宜嚴勒士馬，爲追擊之備。”皝曰：“今寇盛如此，卿
言必走，孤未敢信。”泓曰：“殿下言盛者，人事耳，臣言必走者，天
時也，胡足爲疑！”及期，石虎果退，皝益奇之。

《通志》卷一百八十二《藝術傳二·黃泓》頁二九一八中

及軍至令支，皝師不出，虎將伐之。天竺佛圖澄進曰：“燕福
德之國，未可加兵。”虎作色曰：“以此攻城，何城不克？以此衆
戰，誰能禦之？區區小豎，何所逃也！”太史令趙攬固諫曰：“燕
地歲星所守，行師無功，必受其禍。”虎怒，鞭之，黜爲肥如長。進
師攻棘城，旬餘不克。皝遣子恪帥胡騎二千，晨出挑戰，諸門皆

若有師出者，四面如雲，虎大驚，棄甲而遁。於是召趙攬復爲太史令。

《通志》卷一百八十七《載記二・後趙》頁三○○二中

及軍至令支，皝師不出，季龍將伐之，天竺佛圖澄進曰："燕福德之國，未可加兵。"季龍作色曰："以此攻城，何城不克？以此衆戰，誰能禦之？區區小豎，何所逃也？"太史令趙攬固諫曰："燕地歲星所守，行師無功，必受其禍。"季龍怒，鞭之，黜爲肥如長。進師攻棘城，旬餘不剋。皝遣子恪帥胡騎二千晨出挑戰，諸門皆若有師出者，四面如雲。季龍大驚，弃甲而遁。於是召趙攬復爲太史令。

《十六國春秋輯補》卷十六《後趙録六・石虎》頁一二七

軍至令支，皝師不出，虎以皝不會兵攻遼而自專其利，謀將伐之。佛圖澄曰："燕福德之國，未可加兵。"虎作色曰："以此攻城，何城不克？以此衆戰，誰能禦之？區區小豎，何所逃也！"太史令趙攬固諫曰："燕地歲星所守，行師無功，必受其禍。"虎怒，鞭之，出爲肥如長。虎遣使四出招誘民夷，燕成周内史崔燾、居就令游泓、武原内史—作令。史常霸、東夷校尉封抽、護軍宋晃等皆應之，凡得三十六城。戊子，進逼棘城，不拔。壬辰，引退。皝遣子恪率胡騎三千，晨出挑戰，諸門皆若有師出者，四面如雲，虎大驚，棄甲逃遁，惟游擊將軍石—作冉。閔一軍獨全。于是召趙攬復爲太史令。

屠本《十六國春秋》卷第十五《後趙録五・石虎上》頁十九正至十九背

使典農中郎將王典率衆萬餘屯田海濱，又令青州造船千艘，以謀擊燕。

　　屠本《十六國春秋》卷第十五《後趙録五·石虎上》二十正至二十背

　　四年二月（石季龍）自隴西攻段遼于薊，又襲慕容皝於棘城，不克，皝擊破其將麻秋，并虜段遼殺之。

　　　　　　　　　　《晉書》卷十三《志第三·天文下》頁三七一

　　四年，石季龍伐慕容皝，不克。既退，皝追擊之，又破麻秋。時皝稱蕃，邊兵之應也。

　　　　　　　　　　《晉書》卷十三《志第三·天文下》頁三九三

　　（石）虎留其將麻秋屯令支，皝破秋，并虜遼殺之。

　　　　　　　　　　《宋書》卷二十四《志第十四·天文二》頁七〇九

　　四年，石虎伐慕容皝不剋，皝追擊之，又破麻秋。時皝稱蕃，邊兵之應也。

　　　　　　　　　　《宋書》卷二十四《志第十四·天文二》頁七〇九

　　建國元年，石虎征護遼於遼西，護遼奔平岡山，遂投慕容晃，晃殺之。①

　　　　　　　　《魏書》卷一百三《列傳第九十一·徒何段就六眷》頁二三〇六

　　建國元年，石季龍征護遼於遼西，護遼奔於平岡山，遂投慕容

────────────

①段遼被殺，據《晉書》、《通鑑》等可知當在次年。

晃，晃殺之。

　　《北史》卷九十八《列傳第八十六·徒何段就六眷》頁三二七〇

　　石虎後敗護遼於遼西，護遼奔於平岡山，遂投慕容皝，皝殺之。

　　《通志》卷二百《四夷傳七·北國下·徒河段務勿塵附》頁三二〇三中

　　段遼於密雲山遣使詐降，季龍信之，使征東麻秋百里郊迎，敕秋曰：“受降如待敵，將軍慎之。”遼又遣使降于慕容皝曰：“胡貪而無謀，吾今請降求迎，彼終不疑也。若伏重軍以要之，可以得志。”皝遣子恪伏兵於密雲。麻秋統衆三萬迎遼，爲恪所襲，死者十六七，秋步遁而歸。季龍聞之驚怒，方食吐餔，乃削秋官爵。

　　《晉書》卷一百六《載記第六·石季龍上》頁二七六九

　　平州別駕皇甫真，以破趙將麻秋之功，拜奉車都尉。

　　《册府元龜》卷二三〇《僭僞部·褒賞》頁二七三二上

　　後趙石季龍伐遼西鮮卑段遼，遼於密雲山遣使詐降。季龍信之，使征東麻秋百里郊外迎。敕秋曰：“受降如待敵，將軍慎之。”遼又遣使降於慕容皝，皝曰：“胡貪而無謀，吾今請降求迎，彼終不疑也。若伏重軍以要之，可以得志。”皝遣子恪伏兵於密雲。麻秋統衆三萬迎遼，爲恪所襲，死者十六七，秋步遁而歸。季龍聞之驚怒，方食吐餔，乃削秋官爵。

　　《册府元龜》卷九九八《外臣部·姦詐》頁一一七一〇上至一一七一〇下

十二月，段遼自密雲山遣使求迎於趙；使，疏吏翻；下同。既而中悔，復遣使求迎於燕。復，扶又翻。

趙王虎遣征東將軍麻秋帥衆三萬迎之，帥，讀曰率；下同。敕秋曰："受降如受敵，不可輕也！"降，戶江翻。以尚書左丞陽裕，遼之故臣，使爲秋司馬。

燕王皝自帥諸將迎遼，帥，讀曰率。遼密與燕謀覆趙軍。皝遣慕容恪伏精騎七千於密雲山，大敗麻秋於三藏口，《水經注》：安州東有武列水，其水三川派合。西源曰西藏水，西南流，而東藏水注之。水出東溪，西南流出谷，與中藏水合；水導中溪，南流出谷，南注東藏水。東藏水又南右入西藏水。故目其川曰三藏川。魏收《地形志》曰：皇興二年置安州，統密雲等郡。隋廢郡爲密雲縣，唐爲檀州治所。敗，補邁翻。死者什六七。秋步走得免，陽裕爲燕所執。

趙將軍范陽鮮于亮失馬，步緣山不能進，因止，端坐；燕兵環之，環，音宦。叱令起。亮曰："身是貴人，義不爲小人所屈；汝曹能殺亟殺，不能則去！"亮儀觀豐偉，觀，古玩翻。聲氣雄厲，燕兵憚之，不敢殺，以白皝。皝以馬迎之，與語，大悦，用爲左常侍，晉制：諸王國，大國置左、右常侍。以崔悐之女妻之。妻，七細翻。

皝盡得段遼之衆。待遼以上賓之禮，以陽裕爲郎中令。

《資治通鑑》卷九十六《晉紀十八·成帝咸康四年》頁三〇二六

段遼於密雲山遣使詐降，虎信之，使征東麻秋百里郊迎，敕秋曰："受降如待敵，將軍慎之。"遼又遣使降于慕容皝曰："胡貪而無謀，吾今請降求迎，彼終不疑也。若伏重軍以要之，可以得志。"皝遣子恪伏兵於密雲。麻秋統衆三萬迎遼，爲恪所襲，死者十六七，秋步遁而歸。虎聞之驚怒，方食吐餔，乃削秋官爵。

《通志》卷一百八十七《載記二·後趙》頁三〇〇二下

段遼於密雲山遣使詐降，季龍信之，使征東麻秋百里郊迎，敕秋曰："受降如待敵，將軍慎之。"遼又遣使降於慕容皝曰："胡貪而無謀，吾今請降求迎，彼終不疑也。若伏重軍以要之，可以得志。"皝遣子恪伏兵於密雲，麻秋統衆三萬迎遼，爲恪所襲，死者十六七，秋步遁而歸。季龍聞之驚怒，方食吐餔，乃削秋官爵。

《十六國春秋輯補》卷十六《後趙録六·石虎》頁一二八

十二月，段遼自密雲山遣使詐降，虎信之，使征東將軍麻秋率衆三萬百里郊迎，敕秋曰："受降如待敵，將軍慎之。"乃以尚書左丞陽裕，遼之故臣，使爲秋司馬。遼又遣使降于慕容皝曰："胡貪而無謀，吾今請降求迎，彼終不疑也。若伏重軍以要之，可以得志。"皝遣慕容恪伏精騎七千于密雲山，大敗秋于三藏口，死者十六七，秋步走得免，陽裕爲燕所執。虎聞秋敗，驚怒，方食吐哺，削秋官爵。

屠本《十六國春秋》卷第十五《後趙録五·石虎上》頁二十一正

公元三三九年　東晉成帝咸康五年　後趙武帝建武五年前燕文明帝六年　北魏昭成帝建國二年

燕前軍師慕容評、廣威將軍慕容軍、沈約《志》：廣威將軍，曹魏置。折衝將軍慕輿根、蕩寇將軍慕輿埿襲趙遼西，俘獲千餘家而去。趙鎮遠將軍石成、鎮遠將軍，蓋石氏所置。積弩將軍呼延晃、建威將軍張支等追之，評等與戰，斬晃、支首。

《資治通鑑》卷九十六《晉紀十八·成帝咸康五年》頁三○三○

燕復遣別將來攻遼西，虎以石成爲鎮遠將軍，帥積弩將軍呼延晃、建威將軍張支等擊之，晃、支爲燕所殺，俘獲數千家而去。

屠本《十六國春秋》卷第十六《後趙録六·石虎中》頁四背

末波死,國人立日陸眷弟護遼爲主,後爲慕容皝所殺。[三一]

【校勘記】

〔三一〕後爲慕容皝所殺　"所殺"原作"所破殺之",據《太平寰宇記》卷一九四刪。按:《魏書·段就六眷傳》二三〇六頁、《北史·徒河段就六眷傳》三二七〇頁並云:"建國元年,石虎征護遼於遼西,護遼奔平岡山,遂投慕容晃,晃殺之。"

《通典》卷第一百九十六《邊防十二·北狄三·徒河段》頁五三七二、五三八七至五三八八

段遼謀反於燕,燕人殺遼及其黨與數十人,送遼首於趙。
《資治通鑑》卷九十六《晉紀十八·成帝咸康五年》頁三〇三〇

娉慕容元真妹爲皇后。
《魏書》卷一《序紀第一》頁一二

娉慕容晃妹爲皇后。
《北史》卷一《魏本紀第一·昭成皇帝》頁七

什翼犍求昏於燕,燕王皝以其妹妻之。妻,七細翻。
《資治通鑑》卷九十六《晉紀十八·成帝咸康五年》頁三〇三一

(什翼犍)聘慕容皝妹爲皇后。
《通志》卷十五上《後魏紀十五上》頁二七〇中

燕王皝以樢盧城大悦綰爲禦難將軍,樢,苦盍翻。《水經注》曰:渝水南流東屈與一水會,世名之曰樢倫水。《姓譜》:悦姓,傅説之後。難,乃旦

翻。授兵一千,使守凡城。及趙兵至,將吏皆恐,欲棄城走。縉曰:"受命禦寇,死生以之。且憑城堅守,一可敵百,敢有妄言惑衆者斬!"衆然後定。縉身先士卒,先,息薦翻。親冒矢石;舉等攻之經旬,不能克,乃退。虎以遼西迫近燕境,數遭攻襲,近,其靳翻。數,所角翻。乃悉徙其民於冀州之南。

　　《資治通鑑》卷九十六《晉紀十八‧成帝咸康五年》頁三〇三五

　　(李)農率衆三萬,與征北大將軍張舉攻燕凡城。虎以遼西迫近燕境,數遭攻襲,乃徙其民于冀州之南。

　　屠本《十六國春秋》卷第十六《後趙錄六‧石虎中》頁六正

　　燕王皝自以稱王未受晉命,冬,遣長史劉翔、參軍鞠運來獻捷論功,且言權假之意,獻捷,獻趙捷也。權假,謂自稱王也。皝,呼廣翻。并請刻期大舉,共平中原。

　　皝擊高句麗,兵及新城,新城,高句麗之西鄙,西南傍山,東北接南蘇、木底等城。句,如字,又音駒。麗,力知翻。高句麗王釗乞盟,乃還。又使其子恪、霸擊宇文別部。霸年十三,勇冠三軍。冠,古玩翻。

　　《資治通鑑》卷九十六《晉紀十八‧成帝咸康五年》頁三〇三五至三〇三六

　　九年燕王皝來侵,兵及新城,王乞盟,乃還。

　　《三國史記》卷十八《高句麗本紀六‧故國原王九年》頁一背

公元三四〇年　東晉成帝咸康六年　後趙武帝建武六年
前燕文明帝七年

　　二月,慕容皝及石季龍將石成戰于遼西,敗之,獻捷于京師。

　　　《晉書》卷七《帝紀第七‧成帝》頁一八二

二月，慕容皝及石虎將石成戰于遼西，敗之，獻捷于京師。

《通志》卷十下《晉紀十下·成皇帝》頁一九九中

建武六年春二月，虎將石成與慕容皝戰於遼西，大敗引歸。

屠本《十六國春秋》卷第十六《後趙録六·石虎中》頁六正

又《載記》曰：慕容翰北投宇文歸，既而逃還，歸乃遣勁騎百餘追之。翰遥謂追者曰：“吾既思戀而歸，理無反面。吾之弓矢，汝曹足知，無爲相逼，自取死也。汝可百步豎刀，吾射中者，汝便宜反，不者可來前也。”歸騎解刀豎之，翰一發便中刀鐶，追騎乃散。

《太平御覽》卷三四五《兵部七六·刀上》頁一五八七下

崔鴻《十六國春秋·燕録》曰：建威翰奔還本國，有勁騎百餘追之。翰遥謂之曰：“吾既思戀而歸，必無返面！吾之弧矢，汝曹知否？無爲相逼，自取死也！吾處汝國久矣，誓不殺汝。可百步豎刀，吾射中者，汝便宜返；不中者，可前也。”諸騎解刀豎之，翰發而中鐶，追騎乃散。

《太平御覽》卷七四四《工藝部一·射上》頁三三〇六上

慕容翰，皝之庶兄，皝素忌之。皝既嗣位，翰北投宇文歸。既而逃，歸乃遣勁騎百餘追之，翰遥謂追者曰：“吾既思戀而歸，理無反面，吾之弓矢汝曹足知，無爲相逼，自取死也。吾處汝國久，願不殺汝，汝可百步豎刀，吾射中者，汝便宜反，不中者，可來前也。”追騎解刀豎之，翰一發便中刀鐶，追騎乃散。

《册府元龜》卷八四六《總録部·善射》頁一〇〇四二

宇文逸豆歸忌慕容翰才名；翰乃陽狂酗飲，或臥自便利，便，毘連翻，溲也。利，下泄也。或被髮歌呼，拜跪乞食。被，皮義翻。宇文舉國賤之，不復省錄，省，察也，視也。錄，采也，收也，記也。省，悉景翻。以故得行來自遂，山川形便，皆默記之。行來，猶言往來也。燕王皝以翰初非叛亂，以猜嫌出奔，事見上卷咸和八年。雖在他國，常潛爲燕計；如牛尾谷之戰是也。乃遣商人王車通市於宇文部以窺翰。翰見車，無言，撫膺頷之而已。撫，擊也。膺，胸也。皝曰："翰欲來也。"復使車迎之。復，扶又翻；下同。翰彎弓三石餘，矢尤長大，皝爲之造可手弓矢，可手，便手也；言惟翰手可用耳。爲，于僞翻。使車埋於道旁而密告之。二月，翰竊逸豆歸名馬，携其二子過取弓矢，逃歸。逸豆歸使驍騎百餘追之。驍，堅堯翻。騎，奇寄翻。翰曰："吾久客思歸，既得上馬，無復還理。吾曏日陽愚以誑汝，上，時掌翻。誑，居況翻。吾之故藝猶在，無爲相逼，自取死也！"追騎輕之，直突而前。翰曰："吾居汝國久恨恨，【章：十二行本作"恨恨"；乙十一行本同；孔本同；熊校同。】李陵《贈蘇武詩》：恨恨不能辭。呂向《注》曰：恨恨，相戀之情。不欲殺汝；汝去我百步立汝刀，吾射之，一發中者汝可還，不中者可來前。"追騎解刀立之，一發，正中其環；孔穎達曰：禮，進劍者左首。首，劍拊鐶也。《少儀》曰：澤劍首。鄭云：澤，弄也。推尋劍刃利，不容可弄，正是劍鐶也。又云：刀却刃授穎。鄭云：穎，鐶也。鐶，與環同。射，而亦翻。中，竹仲翻。追騎散走。皝聞翰至，大喜，恩遇甚厚。

《資治通鑑》卷九十六《晉紀十八·成帝咸康六年》頁三〇三六至三〇三七

　　季龍將討慕容皝，令司、冀、青、徐、幽、并、雍兼復之家五丁取三，四丁取二，合鄴城舊軍滿五十萬，具船萬艘，自河通海，運穀豆千一百萬斛于安樂城，[六]以備征軍之調。徙遼西、北平、漁陽萬戶于兗、豫、雍、洛四州之地。

【校勘記】

〔六〕運穀豆千一百萬斛于安樂城 《通鑑》九六“安樂”作“樂安”，胡《注》以爲即《水經‧濡水注》之樂安亭（今河北樂亭北）。安樂屬幽州漁陽郡，亦見《水經‧沽河注》，在今北京市順義北，與上“自河通海”不合，疑作“樂安”是。

《晉書》卷一百六《載記第六‧石季龍上》頁二七七〇、二七七九

（石）季龍將討慕容皝，令司、冀、青、徐、幽、并、雍兼復之家五丁取三，四丁取二，合鄴城舊軍滿五十萬，具船萬艘，自河適海，運穀豆千一百萬斛於安樂城，以備征軍之調。徙遼西、北平、漁陽萬餘户于兗、豫、雍、洛四州之地。

《册府元龜》卷二三一《僭僞部‧征伐》頁二七四六下至二七四七上

（石）季龍將討慕容皝，具船萬艘，自河通海，運穀百千萬斛于安樂城，以備征軍之調。

《册府元龜》卷四九八《邦計部‧漕運》頁五九六三上

（石）虎將討慕容皝，令司、冀、青、徐、幽、并、雍兼復之家五丁取三，四丁取二，合鄴城舊軍滿五十萬，具船萬艘，自河通海，運穀豆千一百萬斛于安樂城，以備征軍之調。徙遼西、北平、漁陽萬餘户于兗、豫、雍、洛四州之地。

《通志》卷一百八十七《載記二‧後趙》頁三〇〇三上

　　季龍將討慕容皝，令司、冀、青、徐、幽、并、雍兼復之家，五丁取三，四丁取二，合鄴城舊軍，滿五十萬。具船萬艘，自河通海，運穀豆千一百萬斛於安樂城，以備征軍之調。徙遼西、北平、漁陽萬餘戶於兗、豫、雍、洛四州之地。

　　　　《十六國春秋輯補》卷十七《後趙録七・石虎》頁一三一

　　虎將討慕容皝，命司、冀、青、徐、幽、并、雍七州兼復之家五丁取三，四丁取二，合鄴城舊軍滿五十萬，具船萬艘，自河通海，運穀豆千一百萬斛於樂安城，以供一作備。軍征之用。一作調。徙遼西、北平、漁陽萬餘戶於兗、豫、雍、洛四州之地。

　　　　屠本《十六國春秋》卷第十六《後趙録六・石虎中》頁七正

　　慕容皝襲幽冀，略三萬餘家而去。幽州刺史石光坐懦弱徵還。

　　　　《晉書》卷一百六《載記第六・石季龍上》頁二七七一

　　慕容皝既爲燕王，將圖石氏，從容謂諸將曰：“石季龍自以安樂諸城守防嚴重，城之南北必不設備，今若詭路出其不意，冀之北土盡可破也。”於是率騎二萬出蠮螉塞，長驅至於薊城，進渡武遂津，入于高陽，所過燒焚積聚，掠徙幽冀三萬餘戶。

　　　　《册府元龜》卷二二七《僭偽部・謀略》頁二七〇四上

　　燕王皝謂諸將曰：“石虎自以樂安城防守重複，重，直龍翻。薊城南北必不設備，今若詭路出其不意，可盡破也。”冬，十月，【章：十二行本無“十月”二字；乙十一行本同。】皝帥諸軍入自蠮螉塞帥，讀曰率。自龍城取西道入蠮螉塞。蠮，一結翻。螉，烏公翻。襲趙，戍將當道者皆禽之，直抵薊城。將，即亮翻。薊，音計。趙幽州刺史石光擁兵數萬，閉城不敢出。燕兵進破武遂津，武遂縣，前漢屬河間國，後漢、晉屬安平國，時屬武邑郡。易水過其南，曰武遂津。入高陽，所至焚燒積聚，積，子賜翻。聚，才喻翻。略三萬餘家而去。《考異》曰：《燕書》云：“略燕、范陽二郡男女數千口而還。”今從後趙、燕《載記》。石光坐懦弱徵還。懦，乃亂翻。

　　《資治通鑑》卷九十六《晉紀十八·成帝咸康六年》頁三〇三九至三〇四〇

　　慕容皝襲幽冀，略三萬餘家而去。幽州刺史石光坐懦弱徵還。
　　　　《通志》卷一百八十七《載記二·後趙》頁三〇〇三上

　　慕容皝襲幽冀，略三萬餘家而去，幽州刺史石光坐懦弱徵還。
　　　　《十六國春秋輯補》卷十七《後趙錄七·石虎》頁一三一

　　冬十月，慕容皝襲幽冀，幽州刺史石光擁兵數萬，閉城不出。皝入自蠮螉塞，戍將當道者皆斬之，直抵薊城，進破武遂津，入高陽，所至焚燒積，聚略三萬餘家而去。光坐懦弱徵還。
　　　　屠本《十六國春秋》卷第十六《後趙錄六·石虎中》頁七背

　　十年，王遣世子朝於燕王皝。
　　　　《三國史記》卷十八《高句麗本紀六·故國原王十年》頁一背

公元三四一年　東晉成帝咸康七年　後趙武帝建武七年
前燕文明帝八年　北魏昭成帝建國四年

　　白狼水又東北逕龍山西，燕慕容皝以柳城之北、龍山之南，福地也,使陽裕築龍城,改柳城爲龍城縣。

　　　　　　　　《水經注校證》卷十四《大遼水》頁三五〇

　　《燕書》曰:太祖皝八年,使唐柱等築龍城,立門闕、宮殿、廟園、籍田,後遂改爲龍城縣。

　　　　　　　　《太平御覽》卷一九二《居處部二〇 · 城上》頁九二七下

　　春,正月燕王皝使唐國内史陽裕等慕容廆置唐國郡。築城於柳城之北,龍山之西,立宗廟、宮闕,命曰龍城。由此改柳城爲龍城縣。

　　　　　　　　《資治通鑑》卷九十六《晉紀十八 · 成帝咸康七年》頁三〇四二

　　七年春二月甲子朔,日有蝕之。[二三]己卯,慕容皝遣使求假燕王章璽,許之。

【校勘記】

　　[二三]二月甲子朔日有蝕之　"甲子"原作"甲午"。周校:"《天文志》作'甲子',合之下三月戊戌,當爲甲子。"按:《宋書 · 五行志》五、《建康實録》七、《通鑑》九六俱作"甲子",今據改。

　　　　　　　　《晉書》卷七《帝紀第七 · 成帝》頁一八三、一九〇

　　七年春二月甲午朔,日有食之。己卯,慕容皝遣使求假燕王章璽,許之。

　　　　　　　　《通志》卷十下《晉紀十下 · 成皇帝》頁一九九中

　　七年,慕容皝自稱燕王。

　　　　　　　　《晉書》卷十二《志第二 · 天文中》頁三五三

慕容皝爲燕王，以子儁假節、安北將軍、東夷校尉、左賢王、燕王世子。

　　　　　《冊府元龜》卷二二五《僭僞部・世子》頁二六八九上

前燕慕容皝既受晉命爲燕王，封諸功臣百餘人。

　　　　　《冊府元龜》卷二三〇《僭僞部・褒賞》頁二七三二上

皝雖稱燕王，未有朝命，乃遣其長史劉祥獻捷京師，兼言權假之意，并請大舉討平中原。晉庾冰以其絶遠，非所能制，遂與何充等奏聽皝稱燕王，於是成帝使兼大鴻臚郭希持節拜慕容皝侍中、大都督河北諸軍事、大將軍、燕王，其餘官皆如故，封諸功臣百餘人。

　　　　　《冊府元龜》卷二三二《僭僞部・稱藩》頁二七六一下

劉翔至建康，帝引見，見，賢遍翻。問慕容鎮軍平安。對曰：“臣受遣之日，朝服拜章。”言朝服南向拜發章表於庭。朝，直遥翻；下同。

翔爲燕王皝求大將軍、燕王章璽。璽，斯氏翻。朝議以爲：“故事：大將軍不處邊；處，昌呂翻。自漢、魏以來，不封異姓爲王；所求不可許。”翔曰：“自劉、石構亂，長江以北，翦爲戎藪，藪，蘇口翻。《周禮注》曰：澤無水曰藪。《爾雅》曰：翦，齊也。未聞中華公卿之冑有一人能攘臂揮戈，摧破凶逆者也。獨慕容鎮軍父子竭力，心存本朝，以寡擊衆，屢殄强敵，使石虎畏懼，悉徙邊陲之民散居三魏，謂徙遼西之民也。魏郡、陽平、廣平爲三魏。蹙國千里，以薊城爲北境。功烈如此，而惜海北之地不以爲封邑，何哉？昔漢高祖不愛王爵於韓、彭，故能成其帝業；項羽刓印不忍授，卒用危亡。事見《漢高祖紀》。卒，子恤翻。吾之至心，非苟欲尊其所事，竊惜聖朝疏忠義之國，使四海無所勸慕耳。”

尚書諸葛恢，翔之姊夫也，獨主異議，以爲："夷狄相攻，中國之利；惟器與名，不可輕許。"乃謂翔曰："借使慕容鎮軍能除石虎，乃是復得一石虎也，復，扶又翻。朝廷何賴焉！"翔曰："嫠婦猶知恤宗周之隕。《左傳》：鄭子太叔見范獻子曰："嫠不恤緯而憂宗周之隕，王室之不寧，晉之恥也。"嫠，陵之翻。今晉室阽危，阽，余廉翻。君位侔元、凱，曾無憂國之心邪？嚮使靡、鬲之功不立，則少康何以祀夏！桓、文之戰不捷，則周人皆爲左袵矣。《左傳》：夏之方衰也，后羿因夏民以代夏政；其臣寒浞殺羿而滅夏后相。后緡逃歸有仍，生少康焉。靡奔有鬲氏，自有鬲收衆以滅浞而立少康，祀夏配天，不失舊物。齊桓公北伐山戎，南伐楚，晉文公勝楚於城濮，皆率諸侯以尊周室。孔子曰：微管仲，吾其被髮左袵矣。慕容鎮軍枕戈待旦，志殄凶逆，而君更唱邪惑之言，忌間忠臣。間，古莧翻。四海所以未壹，良由君輩耳！"翔留建康歲餘，衆議終不決。

翔乃説中常侍彧弘曰："彧"，通作"郁"，郁，姓也。《姓譜》有魯相郁貢。説，輸芮翻。"石虎苞八州之地，帶甲百萬，志吞江、漢，自索頭、宇文曁諸小國，無不臣服；索，昔各翻。惟慕容鎮軍翼戴天子，精貫白日，而更不獲殊禮之命，竊恐天下移心解體，無復南向者矣。復，扶又翻。公孫淵無尺寸之益於吳，吳主封爲燕王，加以九錫。事見七十二卷魏明帝青龍元年。今慕容鎮軍屢摧賊鋒，威震秦、隴，虎比遣重使，比，毘寐翻。甘言厚幣，欲授以曜威大將軍、遼西王；劉翔詭爲是言耳，然當時將軍必有曜威之號。慕容鎮軍惡其非正，却而不受。惡，烏路翻。今朝廷乃矜惜虛名，沮抑忠順，豈社稷之長計乎！沮，在呂翻。後雖悔之，恐無及已。"弘爲之入言於帝，爲，于僞翻；下同。帝意亦欲許之。會皝上表，稱"庾氏兄弟擅權召亂，以庾亮召蘇峻、祖約之變，復據上流；庾亮死，弟翼握兵於外，弟冰專政於内也。上，時掌翻。宜加斥退，以安社稷；"又與庾冰書，責其當國秉權，不能爲國雪耻。冰甚懼，以其絶遠，非所能制，乃與何充奏從其請。乙卯，以慕容皝爲使持節、大將軍、都督河北諸軍事、幽州牧、大單于、燕王，單，音蟬。備物、典策，皆從殊禮。師古曰：既有備物而加之策書也。杜預云：典策，春秋之制也。余謂車輅、旂章、弓矢、斧鉞，皆可以言備物。周成王分魯公以大路、大旂、封父之繁弱、夏后氏之璜，備物典策。典者，典法也；策者，策書也。又以其世子儁爲假節、安北將軍、東夷校尉、左賢王；賜軍資器械以千萬計。又封諸功臣百餘人，以劉翔爲代郡太守，封臨泉鄉侯，加員外散騎常侍；《晉志》曰：員外散騎常侍，魏末置。翔固辭不受。

　　《資治通鑑》卷九十六《晉紀十八·成帝咸康七年》頁三○四二至三○四四

　　晉庾翼與燕王書曰：今致朱漆鉏三十張，絳碧書幡黑眊副也。
　　　　《藝文類聚》卷六十《軍器部·矟》頁一○九二

　　朱漆黑眊庾翼與燕王書云：今致朱漆矟弱弓一弄，丈八矟一枚。○今案《類聚》六十一引庾翼書作：今致朱漆鏽三十張，絳碧書幡黑眊副也。俞本同《類聚》，但“副”下有“丈八矟一柄”五字。陳本作：今致朱漆黑眊丈八矟一柄。是各本詳略，句法均有互異。嚴輯庾翼文脱此條。
　　　　《北堂書鈔》卷第一百二十四《武功部十二·矟四十》頁四背

　　黃篾雙文簟庾翼與燕王書云：今致黃篾雙文簟二領，黃篾獨坐雙文簟一枚。○今案嚴輯庾翼文“領”作“枚”，餘同。陳俞本多改易。
　　　　《北堂書鈔》卷第一百三十三《服飾部二·簟十七》頁三背

　　晉庾翼與慕容皝鎧書鄧百川昔送此犀皮兩當鎧一領，雖不能精好，復是異物，故復致之。
　　　　《初學記》卷第二十二《武部·甲第六》頁五三七

又庾翼與燕王書曰：今致畫長鳴角一，雙幡眊副。眊音餌。

　　　《太平御覽》卷三三八《兵部六九·角》頁一五五〇上

庾翼與燕王書曰：今致孔雀眊二枚。

　　　《太平御覽》卷三四一《兵部七二·眊》頁一五六六下

庾翼與慕容皝書曰：今致襦鎧一領，兜牟白眊自副。

　　　《太平御覽》卷三四一《兵部七二·眊》頁一五六六下

庾翼與燕王書曰：今致襦鎧一領，兜鍪一副。

　　　《太平御覽》卷三五六《兵部八七·甲下》頁一六三六上

庾翼與燕王書曰：今致白甌二枚。

　　　《太平御覽》卷七五九《器物部四·甌》頁三三六九下

庾翼與燕王書曰：今致細練十端、竹練三端。

　　　《太平御覽》卷八一九《布帛部六·絺綌》頁三六四七上

詔遣兼大鴻臚郭悕持節詣棘城册命燕王，臚，陵如翻。悕，香衣
翻。與翔等偕北。

　　　《資治通鑑》卷九十六《晉紀十八·成帝咸康七年》頁三〇四五

陽裕爲慕容皝大將軍左司馬，性謙恭清儉，雖歷居朝端，若布
衣之士。

　　　《册府元龜》卷四〇六《將帥部·清儉》頁四八二六上

前燕陽裕爲慕容皝大將軍左司馬，士大夫流亡羇絕者，莫不經
營收葬，存恤孤貧。

　　　　《册府元龜》卷四一二《將帥部·仁愛》頁四八九二上

陽裕字士倫，爲慕容皝大將軍左司馬。

　　　　《册府元龜》卷七九一《總録部·知賢》頁九三九三上

秋，七月，郭恬、劉翔等至燕，燕王皝以翔爲東夷護軍、領大將
軍長史，以唐國内史陽裕爲左司馬，典書令李洪爲右司馬，晉制：王
國置典書、典祠、典衛、學官令各一人。典書令，天朝吏部尚書之職。中朝制：
典書令在常侍、侍郎上，及渡江則侍郎次常侍，而典書令居三軍下。中尉鄭
林爲軍諮祭酒。

　　　　《資治通鑑》卷九十六《晉紀十八·成帝咸康七年》頁三○
四五

趙横海將軍王華帥舟師自海道襲燕安平，破之。此遼東郡之西
安平也。四年，華以青州之衆戍海島，故得襲破之。帥，讀曰率。
　　燕王皝以慕容恪爲渡遼將軍，鎮平郭。自慕容翰、慕容仁之
後，諸將無能繼者。及恪至平郭，撫舊懷新，屢破高句麗兵，高句麗
畏之，不敢入境。

　　　　《資治通鑑》卷九十六《晉紀十八·成帝咸康七年》頁三○
四六

遣横海將軍王華帥舟師自海道襲燕安平，破之。

　　　　屠本《十六國春秋》卷第十六《後趙録六·石虎中》頁九正

皇后慕容氏崩。

《魏書》卷一《序紀第一》頁一二

皇后慕容氏崩。

《北史》卷一《魏本紀第一‧昭成皇帝》頁七

代王妃慕容氏卒。

《資治通鑑》卷九十六《晉紀十八‧成帝咸康七年》頁三〇
四六

皇后慕容氏崩。

《通志》卷十五上《後魏紀十五上》頁二七〇中

十二月，慕容元真遣使朝貢，并薦其宗女。

《魏書》卷一《序紀第一》頁一二

公元三四二年　東晉成帝咸康八年　前燕文明帝九年

晉成帝咸康八年七月，燕王慕容皝上言白狢見國內。

《宋書》卷二十八《志第十八‧符瑞中》頁八〇三

慕容皝以柳城之北，龍山之南，所謂福德之地也，乃營制宮廟，
改柳城爲龍城，遂遷都龍城，號新宮曰和龍宮。

《通典》卷第一百七十八《州郡八‧古冀州上‧柳城郡》頁
四七一六

其龍山，即慕容皝祭龍所也。

《通典》卷第一百七十八《州郡八·古冀州上·柳城郡》頁
四七一六

《三十國春秋·後燕録》曰：初，晃之遷于龍城，植松爲社主。
及秦滅燕，大風吹拔。後數年，度社處，忽有桑二根生焉，先是遼川
無桑，及廆通于晉，求種江南，平州之桑，息○《御覽》作悉。由晃來。

《藝文類聚》卷八十八《木部上·桑》頁一五二一

崔鴻《十六國春秋·後燕録》曰：初，晃之遷于龍城也，植松爲
社主。及秦滅燕，大風吹拔之。後數年，社處忽有桑二根生焉。先
是，遼川無桑，及廆通于晉，晉求種江南。平州之桑，悉由吳來。

《太平御覽》卷九五五《木部四·桑》頁四二四○上

前燕陽裕爲慕容皝左司馬。裕有巧思，及遷都和龍，皝所制城
池宮閣皆裕之規模。

《册府元龜》卷九○八《總録部·工巧》頁一○七五三上

冬，十月，燕王皝遷都龍城，慕容廆先居徒河之青山，後徙棘城，今自
棘城徒都龍城。杜佑曰：營州柳城郡，古孤竹國也，春秋爲山戎、肥子二國地。
漢徒河之青山，在郡城東百九十里。棘城，即顓頊之虚，在郡城東南百七十里。
慕容皝以柳城之北、龍山之南，福德之地，遂遷都龍城，號新宮爲和龍宮。柳城
縣有白狼山、白狼水，又有漢扶犁縣故城在東南。其龍山，即慕容皝祭龍所也；
有饒樂水，漢徒河縣城。赦其境内。

《資治通鑑》卷九十七《晉紀十九·成帝咸康八年》頁三○四九
至三○五○

建國四年，^①慕容元真率衆伐之，入自南陝，戰於木底，大破釗軍，乘勝長驅，遂入丸都，釗單馬奔竄。元真掘釗父墓，載其尸，并掠其母妻、珍寶、男女五萬餘口，焚其宮室，毁丸都城而還。

　　　　《魏書》卷一百《列傳第八十八·高句麗》頁二二一四

　　魏建國四年，慕容廆子晃伐之，入自南陝，戰於木底，大破釗軍，追至丸都。釗單馬奔竄，晃掘釗父墓，掠其母妻、珍寶、男女五萬餘口，焚其室，毁丸都城而還。

　　　　《北史》卷九十四《列傳第八十二·高麗》頁三一一二

　　至位宮五葉孫釗，晉康帝建元初，^②慕容皝音晃率兵伐之，大敗，單馬奔走。皝乘勝追至丸都，焚其宮室，掠男女五萬餘口以歸。釗後爲百濟所殺。

　　　　《通典》卷第一百八十六《邊防二·東夷下·高句麗》頁五〇一三

　　自東晉以後，其王所居平壤城，即漢樂浪郡王險城。自爲慕容皝來伐，後徙國内城，移都此城。

　　　　《通典》卷第一百八十六《邊防二·東夷下·高句麗》頁五〇一三

　　建威將軍翰言於皝曰：“宇文强盛日久，屢爲國患。今逸豆歸篡竊得國，逸豆歸逐乙得歸，見九十五卷咸和八年。群情不附；加之性識庸闇，將帥非才，將，即亮翻。帥，所類翻。國無防衛，軍無部伍。臣久在其國，悉其地形；雖遠附强羯，强羯，謂趙也。羯，居謁翻。聲勢不

―――――――――――

①據《通鑑》燕軍入丸都城當于晉成帝咸康八年（342），即建國五年。
②據《通鑑》燕軍入丸都城當于晉成帝咸康八年（342），次年爲晉康帝建元元年。

接，無益救援；今若擊之，百舉百克。然高句麗去國密邇，常有闚覦之志；句，如字，又音駒。麗，力知翻。闚，缺規翻，門中視也。覦，從門旁竇中視也，音俞。《韻釋》：闚覦，私視也。彼知宇文既亡，禍將及己，必乘虛深入，掩吾不備。若少留兵則不足以守，多留兵則不足以行。此心腹之患也，宜先除之；觀其勢力，一舉可克。宇文自守之虜，必不能遠來爭利。既取高句麗，還取宇文，如返手耳。返，當作反；下同。二國既平，利盡東海，國富兵強，無返顧之憂，然後中原可圖也。"皝曰："善！"

　　將擊高句麗。高句麗有二道，其北道平闊，南道險狹，北道從北置而進，南道從南陝入木底城。衆欲從北道。翰曰："虜以常情料之，必謂大軍從北道，當重北而輕南。王宜帥銳兵從南道擊之，出其不意，丸都不足取也。高句麗王居丸都。帥，讀曰率；下同。別遣偏師從北道；縱有蹉跌，蹉，倉何翻。跌，徒結翻。蹉跌，失足而蹭也。其腹心已潰，四支無能爲也。"皝從之。

　　十一月，皝自將勁兵四萬出南道，將，即亮翻；下同。以慕容翰、慕容霸爲前鋒；別遣長史王寓等將兵萬五千出北道以伐高句麗。高句麗王釗果遣弟武帥精兵五萬拒北道，自帥羸兵以備南道。羸，倫爲翻。慕容翰等先至，與釗合戰，皝以大衆繼之。左常侍鮮于亮曰："臣以俘虜蒙王國士之恩，事見上卷咸康四年。不可以不報；今日，臣死日也。"獨與數騎先犯高句麗陳，所嚮摧陷。高句麗陳動，騎，奇寄翻；下同。陳，讀曰陣。大衆因而乘之，高句麗兵大敗。左長史韓壽斬高句麗將阿佛和度加，高句麗置官，有相加、大加、小加。諸軍乘勝追之，遂入丸都。釗單騎走，輕車將軍慕輿埿追獲其母周氏及妻而還。會王寓等戰於北道，皆敗没，由是皝不復窮追。復，扶又翻；下同。遣使招釗，釗不出。

　　皝將還，韓壽曰："高句麗之地，不可戍守。今其主亡民散，潛伏山谷；大軍既去，必復鳩聚，鳩，亦聚也。收其餘燼，火餘曰燼，猶能復然。猶足爲患。請載其父尸、囚其生母而歸，俟其束身自歸，然後返之，撫以恩信，策之上也。”皝從之。發釗父乙弗利墓，載其尸，收其府庫累世之寶，虜男女五萬餘口，燒其宮室，毀丸都城而還。還，從宣翻，又如字。

《資治通鑑》卷九十七《晉紀十九·成帝咸康八年》頁三〇五〇至三〇五一

慕容廆子皝伐之，入自南陝，戰於木底，大破釗軍，追至丸都，釗單馬奔竄。皝掘釗父墓，掠其母妻、珍寶、男女五萬餘口，焚其室，毀丸都城而去。

《通志》卷一百九十四《四夷傳一·東夷·高句麗》頁三一一三上

冬十月，燕王皝遷都龍城。立威將軍翰請先取高句麗，後滅宇文，然後中原可圖。高句麗有二道，其北道平闊，南道險狹，衆欲從北道。翰曰：“虜以常情料之，必謂大軍從北道，當重北而輕南。王宜帥銳兵從南道擊之，出其不意，北都不足取也。別遣偏師出北道；縱有蹉跌，其腹心已潰，四支無能爲也。”皝從之。

十一月，皝自將勁兵四萬出南道，以慕容翰、慕容霸爲前鋒；別遣長史王寓等將兵萬五千出北道以來侵。王遣弟武帥精兵五萬拒北道，自帥羸兵以備南道。慕容翰等先至戰，皝以大衆繼之。我兵大敗。左長史韓壽斬我將阿佛和度加，諸軍乘勝，遂入丸都。王單騎走入斷熊谷，將軍慕輿埿追獲王母周氏及王妃而歸。會王寓等戰於北道，皆敗没，由是皝不復窮追。遣使招王，王不出。

皝將還，韓壽曰：“高句麗之地，不可戍守。今其主亡民散，潛伏山谷；大軍既去，必復鳩聚，收其餘燼，猶足爲患。請載其父尸、

囚其生母而歸，俟其束身自歸，然後返之，撫以恩信，策之上也。"釗
從之。發美川王墓，載其尸，收其府庫累世之寶，虜男女五萬餘口，
燒其宮室，毀丸都城而還。

　　《三國史記》卷十八《高句麗本紀六‧故國原王十二年》頁一
背至二背

公元三四三年　東晉康帝建元元年　後趙武帝建武九年
前燕文明帝十年　　北魏昭成帝建國六年

　　春，二月，高句麗王釗遣其弟稱臣入朝於燕，朝，直遙翻。貢珍異
以千數。燕王皝乃還其父尸，猶留其母爲質。質，音致。

　　宇文逸豆歸遣其相莫淺渾將兵擊燕；諸將爭欲擊之，相，息亮
翻。將，即亮翻。燕王皝不許。莫淺渾以爲皝畏之，酣飲縱獵，不復
設備。酣，戶甘翻。復，扶又翻。皝使慕容翰出擊之，莫淺渾大敗，僅
以身免，盡俘其衆。

　　《資治通鑑》卷九十七《晉紀十九‧康帝建元元年》頁三〇
五三

　　十三年春二月，王遣其弟稱臣入朝於燕，貢珍異以千數。燕王
皝乃還其父尸，猶留其母爲質。

　　《三國史記》卷十八《高句麗本紀六‧故國原王十三年》頁二背

　　石季龍帥衆伐慕容皝，皝大敗之。

　　秋七月，石季龍將戴開帥衆來降。丁巳，詔曰："慕容皝摧殄羯
寇，乃云死沒八萬餘人，將是其天亡之始也。中原之事，宜加籌量。且
戴開已帥部黨歸順，宜見慰勞。其遣使詣安西、驃騎，諮謀諸軍事。"

　　《晉書》卷七《帝紀第七‧康帝》頁一八五至一八六

石虎帥衆伐慕容皝，皝大敗之。秋七月，石虎將戴開帥衆來降。丁巳，詔曰："慕容皝摧殄羯寇，乃云死没八萬餘人，將是其天亡之始也。中原之事，宜加籌量。且戴開已帥部黨歸順，宜見慰勞。其遣使詣安西、驃騎，諮謀諸軍事。"

《通志》卷十下《晉紀十下·康皇帝》頁一九九下至二〇〇上

建武九年夏五月，虎帥衆伐慕容皝，爲皝所敗。時晉建元元年也。

屠本《十六國春秋》卷第十六《後趙録六·石虎中》頁十二正至十二背

虎汝南太守戴開帥數千人奔降。丁丑，康帝詔曰："慕容皝摧殄羯寇，乃云死没八萬餘人，將自其天亡之始也。中原之事，宜加籌量，且戴開已帥部黨歸順，宜加慰勞。"

屠本《十六國春秋》卷第十六《後趙録六·石虎中》頁十二背至十三正

又遣使東至遼東，西到涼州，要給二方，欲同大舉。慕容皝、張駿並報使請期。

《晉書》卷七十三《列傳第四十三·庾翼》頁一九三二

慕容皝、張駿並報使請期。

《册府元龜》卷三七一《將帥部·忠二》頁四四〇八下

慕容皝、張駿並報使請期。

《通志》卷一百二十七《列傳四十·庾翼》頁一九九〇中

秋七月，晉都督江荆等諸軍事庾翼以滅胡取蜀爲己任，遣使東約慕容皝，西約張駿，刻期大舉。

《屠本《十六國春秋》卷第十六《後趙録六·石虎中》頁十二背

康帝即位，翼欲率衆北伐，上疏曰："賊季龍年已六十，奢淫理盡，醜類怨叛，又欲決死遼東。皝雖驍果，未必能固。若北無掣手之虜，則江南將不異遼左矣……"

《晉書》卷七十三《列傳第四十三·庾翼》頁一九三三

賊季龍石季龍也年已六十，奢淫理盡，醜類恐又欲決死遼東。皝雖驍果，皝，慕容皝未必能固。若北無掣手之虜，則江南將不異遼左矣。

《册府元龜》卷四三九《將帥部·擅命》頁五二一五上

賊虎年已六十，奢淫理盡，醜類怨叛，又欲決死遼東。皝雖驍果，未必能固。若北無掣手之虜，則江南不異遼左矣。

《通志》卷一百二十七《列傳四十·庾翼》頁一九九〇下

六年秋八月，慕容元真遣使請薦女。

《魏書》卷一《序紀第一》頁一二

代王什翼犍復求婚於燕，犍，居言翻。復，扶又翻。燕王皝使納馬千匹爲禮；什翼犍不與，又倨慢無子婿禮。八月，皝遣世子儁帥前軍師評等擊代。帥，讀曰率；下同。《考異》曰：《後魏序紀》："八月，慕容元真遣使請薦女。"無用兵事。今從《燕書》。什翼犍帥衆避去，燕人無所見而還。還，從宣翻，又如字。

《資治通鑑》卷九十七《晉紀十九・康帝建元元年》頁三〇
五六

公元三四四年　東晉康帝建元二年　後趙武帝建武十年
前燕文明帝十一年　北魏昭成帝建國七年

二月，慕容皝及鮮卑帥宇文歸戰于昌黎，歸衆大敗，奔于漠北。

《晉書》卷七《帝紀第七・康帝》頁一八六

建國八年，[①] 皝伐逸豆歸，逸豆歸拒之，爲皝所敗，殺其驍將涉
亦干。逸豆歸遠遁漠北，遂奔高麗。皝徙其部衆五千餘落於昌黎，
自此散滅矣。

《魏書》卷一百三《列傳第九十一・匈奴宇文莫槐》頁二三
〇五

自莫那九世至侯歸豆，爲慕容皝所滅。[一]

【校勘記】

〔一〕及其裔孫曰普回至爲慕容皝所滅　錢氏《考異》卷三八
云：“按後周之先，出自匈奴宇文，而紀所述世系與《匈奴宇文莫槐
傳》本書卷九八互異。中略兩篇所述人名、世系無一同者，一據《周
書》，一據《魏書》也。延壽生於唐初，去周未遠，何以不考乃爾。”

《北史》卷九《周本紀上第九》頁三一一、三四〇

建國八年，皝伐逸豆歸，逸豆歸拒之。爲皝所敗，殺其驍將涉

————————

① 據《晉書》，宇文逸豆歸北走當在建國七年（344）。

亦干。逸豆歸遠遁漠北,遂奔高麗。晃徙其部衆五千餘落於昌黎,自是散滅矣。

　　《北史》卷九十八《列傳第八十六·匈奴宇文莫槐》頁三二六八

　　又爲慕容皝所敗,[二六]皝徙其部衆五千餘落於昌黎,[二七]自是散滅矣。後周宇文氏源出於此。

【校勘記】

　　〔二六〕又爲慕容皝所敗　"敗"下原有"殺",非。今據《太平寰宇記》卷一九四删。按:《魏書·宇文莫槐傳》二三〇五頁、《北史·宇文莫槐傳》三二六八頁並云逸豆歸爲慕容晃所敗,遠遁漠北,遂奔高麗。

　　〔二七〕五千餘落　"千"原訛"萬",據《魏書·宇文莫槐傳》二三〇五頁、《北史·宇文莫槐傳》三二六八頁、《太平寰宇記》卷一九四改。

　　《通典》卷第一百九十六《邊防十二·北狄三·宇文莫槐》頁五三七一、五三八七

　　九世至侯豆歸,爲慕容晃所滅。
　　　　　　　　《册府元龜》卷一《帝王部·帝系》頁一二下

　　後親伐宇文歸,盡俘其衆。行飲至之禮,論功行賞各有差。
　　　　　　　　《册府元龜》卷二三〇《僭僞部·褒賞》頁二七三二上

　　前燕慕容皝既僭爲燕王,伐宇文歸,盡俘其衆。行飲至之禮,論功行賞各有差。

　　《册府元龜》卷二三〇《僭僞部·慶賜》頁二七三三下至二七三四上

燕王皝與左司馬高詡謀伐宇文逸豆歸，詡曰："宇文強盛，今不取，必爲國患，伐之必克；然不利於將。"將，即亮翻。出而告人曰："吾往必不返，然忠臣不避也。"於是皝自將伐逸豆歸。將，即亮翻；下同。以慕容翰爲前鋒將軍，劉佩副之；分命慕容軍、慕容恪、慕容霸及折衝將軍慕輿根將兵，三道並進。高詡將發，不見其妻，使人語以家事而行。語，牛倨翻。

逸豆歸遣南羅大涉夜干將精兵逆戰，南羅，城名。大，城大也。慕容既克宇文，改南羅城爲威德城。《考異》曰：《慕容皝載記》作"涉弈干"。今從《燕書》。皝遣人馳謂慕容翰曰："涉夜干勇冠三軍，冠，古玩翻。宜小避之。"翰曰："逸豆歸掃其國内精兵以屬涉夜干，屬，之欲翻。涉夜干素有勇名，一國所賴也；今我克之，其國不攻自潰矣。且吾孰知涉夜干之爲人，孰，與熟同。雖有虛名，實易與耳，不宜避之以挫吾兵氣。"遂進戰。翰自出衝陳，易，以豉翻。陳，讀曰陣。涉夜干出應之；慕容霸從傍邀擊，遂斬涉夜干。宇文士卒見涉夜干死，不戰而潰；燕軍乘勝逐之，遂克其都城。宇文國，都遼西紫蒙川。逸豆歸走死漠北，宇文氏由是散亡。皝悉收其畜產、資貨，徙其部衆五千餘落於昌黎，闢地千餘里。更命涉夜干所居城曰威德城，使弟彪戍之而還。高詡、劉佩皆中流矢卒。還，音旋。中，竹仲翻。卒，子恤翻。

詡善天文，皝嘗謂曰："卿有佳書而不見與，何以爲忠盡！"詡曰："臣聞人君執要，人臣執職。執要者逸，執職者勞。是以后稷播種，堯不預焉。占候、天文，晨夜甚苦，非至尊之所宜親，殿下將焉用之！"焉，於虔翻。皝默然。

初，逸豆歸事趙甚謹，貢獻屬路。屬，之欲翻。及燕人伐逸豆歸，趙王虎使右將軍白勝、并州刺史王霸自甘松出救之，甘松在濡源之東，突門嶺之西。比至，比，必寐翻。宇文氏已亡，因攻威德城，不克而還；慕容彪追擊，破之。

慕容翰之與宇文氏戰也,爲流矢所中,臥病積時不出。後漸差,差,楚懈翻,疾瘳也。於其家試騁馬。或告翰稱病而私習騎乘,疑欲爲變。燕王皝雖藉翰勇略,然中心終忌之,乃賜翰死。翰曰:"吾負罪出奔,既而復還,翰出奔見九十五卷成帝咸和八年;還見上卷咸康六年。復,扶又翻。今日死已晚矣。然羯賊跨據中原,吾不自量,量,音良。欲爲國家蕩壹區夏;爲,于僞翻。夏,户雅翻。此志不遂,没有遺恨,命矣夫!"飲藥而卒。《考異》曰:《三十國春秋》云:"永和二年,九月,殺翰。"《燕書·翰傳》,"翰嘗臨陳,爲流矢所中,病臥,歲時不出入;後漸差,試馬。"按自討宇文後,翰未嘗預攻戰。自建元二年正月至永和二年九月,已踰年矣,《三十國春秋》恐誤。今從《載記·翰傳》。

《資治通鑑》卷九十七《晉紀十九·康帝建元二年》頁三○五七至三○五九

二月,慕容皝及鮮卑帥宇文歸戰于昌黎,歸衆大敗,奔于漠北。

《通志》卷十下《晉紀十下·康皇帝》頁二○○上

自莫那九世至侯歸豆,爲慕容晃所滅。

《通志》卷十七《後周紀第十七·太祖文皇帝》頁三二七上

其後,皝伐逸豆歸,逸豆歸拒之。爲皝所敗,殺其驍將涉亦干。逸豆歸遠遁漠北,遂奔高麗。皝徙其部衆五千餘落於昌黎,自是散滅。後周宇文氏之源蓋出於此。

《通志》卷二百《四夷傳七·北國下·宇文莫槐》頁三二○二下至三二○三上

慕容皝僭即王位。以陽裕爲郎中令,遷大將軍左司馬,破高句麗、北滅宇文歸，皆豫其謀，皝甚器重之。

《册府元龜》卷二二七《僭僞部·倚任》頁二七一〇上

庫莫奚國之先，東部宇文之別種也。初爲慕容元真所破，遺落者竄匿松漠之間。①

《魏書》卷一百《列傳第八十八·庫莫奚》頁二二二二

奚本曰庫莫奚，其先東部胡宇文之別種也。初爲慕容晃所破，遺落者竄匿松漠之間。

《北史》卷九十四《列傳第八十二·奚》頁三一二六

奚本曰庫莫奚，東部胡之種也。爲慕容氏所破，遺落者竄匿松、漠之間。

《隋書》卷八十四《列傳第四十九·北狄·奚》頁一八八一

庫莫奚，聞於後魏及後周。其先，東部鮮卑宇文之別種也。初爲慕容晃所破，遺落者竄匿松漠之間。其地在今柳城郡之北。

《通典》卷第二百《邊防十六·北狄七·庫莫奚》頁五四八四

《後魏書》曰：庫莫奚國之先，東部宇文別種也。初爲慕容元真所破，邑落竄匿於松漠之間。

《後周書》曰：庫莫奚，鮮卑之別種也。先爲慕容晃所破，竄於松漠之間。

《太平御覽》卷八〇一《四夷部二二·庫莫奚》頁三五五六下

---

①慕容皝襲庫莫奚先人之具體時間未詳，因其出自於宇文部，故繫於其攻滅宇文歸之年。

奚本東部胡之種也，爲慕容氏所破，遺落者竄匿松漠之間。

　　《册府元龜》卷九五六《外臣部・種族》頁一一二五四上

庫莫奚者，本屬宇文部，與契丹同類而異種，其先皆爲燕王皝所破，徙居松漠之間，契丹國自西樓東去四十里，至真珠寨，又東行，地勢漸高，西望松林鬱然，數十里，遂入平川。契，欺訖翻。洪邁曰：契丹之讀如喫，惟《新唐書》有音。種，章勇翻。

　　《資治通鑑》卷一百七《晉紀二十九・孝武帝太元十三年》頁三三八四

庫莫奚聞於後魏及後周，其先東部鮮卑宇文之別種也。初爲慕容廆所破，遺落者竄匿松漠之間。

　　《通志》卷二百《四夷傳七・北國下・庫莫奚》頁三二一三下

庫莫奚，其先東部鮮卑宇文之別種。初爲慕容皝所破，遺落者竄匿松漠之間。其地今柳城郡之北。

　　《文獻通考》卷三百四十四《四裔二十一・庫莫奚》頁二六九九下

既而慕容燕破之，析其部曰宇文，曰庫莫奚，曰契丹。契丹之名，昉見于此。

　　《遼史》卷六十三《表第一・世表》頁九四九

鮮卑葛烏菟之後曰普回。普回有子莫那，自陰山南徙，始居遼西。九世爲慕容晃所滅，〔二〕鮮卑衆散爲宇文氏，或爲庫莫奚，或爲契丹。

【校勘記】

〔二〕爲慕容晃所滅　據《晉書》一〇九《前燕載記》，"晃"應作皝。

　　　　　　《遼史》卷六十三《表第一·世表》頁九五一、九五七

契丹國在庫莫奚東，與庫莫奚異種同類。並爲慕容晃所破，俱竄於松漠之間。

　　　　　　《北史》卷九十四《列傳第八十二·契丹》頁三一二七

契丹之先，與庫莫奚異種而同類，並爲慕容氏所破，俱竄於松、漠之間。

　　　　　　《隋書》卷八十四《列傳第四十九·北狄·契丹》頁一八八一

契丹之先與庫莫奚異種而同類，并爲慕容氏所破，俱竄於松漠之間。

　　　　　　《通典》卷第二百《邊防十六·北狄七·契丹》頁五四八五

契丹之先與庫莫奚異種而同類。並爲慕容氏所破，俱竄於松漠之間。

　　　　　　《通志》卷二百《四夷傳七·北國下·契丹》頁三二一四上

平北尹農攻慕容皝凡城，不克而還。黜農爲庶人。

　　　　　　《晉書》卷一百六《載記第六·石季龍上》頁二七七五

平北尹農攻慕容皝凡城，不克而還。黜農爲庶人。

　　　　　　《通志》卷一百八十七《載記二·後趙》頁三〇〇四上

平北尹農攻慕容皝凡城，不剋而還，黜農爲庶人。

　　《十六國春秋輯補》卷十七《後趙録七·石虎》頁一三五

平北將軍尹農攻燕凡城，不剋而還。黜爲庶人。

　　屠本《十六國春秋》卷第十六《後趙録六·石虎中》頁十七正

七年春二月，遣大人長孫秩迎后慕容氏元真之女於境。夏六月，皇后至自和龍。秋七月，慕容元真遣使奉聘，求交婚。帝許之。九月，以烈帝女妻之。

　　　　　　　　　　《魏書》卷一《序紀第一》頁一二

七年二月，遣大人長孫秩迎后慕容氏於和龍，晃送女於境。七月，慕容晃遣使來聘，求交婚，帝許之，以烈帝女妻焉。

　　　　　《北史》卷一《魏本紀第一·昭成皇帝》頁八

代王什翼犍遣其大人長孫秩迎婦於燕。拓跋鄰之統國也，以次兄爲拔拔氏，厥後孝文帝用夏變夷，改爲長孫氏。史以華言書其後所改姓。

　　《資治通鑑》卷九十七《晉紀十九·康帝建元二年》頁三〇五九

七年二月，遣大人長孫秩迎后慕容氏於和龍。晃送女於境。七月，慕容晃遣使來聘，求交婚。帝許之，以烈帝女妻焉。

　　《通志》卷十五上《後魏紀十五上》頁二七〇中至二七〇下

昭成皇后慕容氏，元真之女也。初，帝納元真妹爲妃，未幾而崩。元真復請繼好，遣大人長孫秩逆后，元真送于境上。后至，有寵,生獻明帝及秦明王。后性聰敏多知,沉厚善決斷,專理内事,每事多從。初,昭成遣衛辰兄悉勿祈還部落也,后戒之曰:“汝還,必深防衛辰。辰姦猾,終當滅汝。”悉勿祈死,其子果爲衛辰所殺,卒如后言。建國二十三年崩。太祖即位,配饗太廟。

　　《魏書》卷十三《皇后列傳第一·昭成皇后慕容氏》頁三二三至三二四

　　昭成皇后慕容氏,慕容晃之女也。初,帝納晃妹爲妃,未幾而崩。晃後請繼好。遣大人長孫秩逆后,晃送于境上。后至,有寵,生獻明帝及秦明王。后性聰敏多智,專夕理内,每事多從。初,昭成遣衛辰兄悉勿祈還部落也,后誡之曰:“汝還,必深防衛辰。辰姦猾,終當滅汝。”悉勿祈死,其子果爲衛辰所殺,卒如后言。建國二十三年,崩。道武即位,配饗太廟。

　　《北史》卷十三《列傳第一·后妃上·昭成皇后慕容氏》頁四九一

　　《後魏書》曰:昭成皇后慕容氏,慕容元真之女也。有寵,生獻明帝及秦明王。后性聰敏多智,沉厚善決斷,專理内,每事多從。建國二十三年,崩。太祖即位,配饗太廟。

　　《太平御覽》卷一三九《皇親部五·昭成慕容皇后》頁六七六下

　　昭成皇后慕容氏,慕容晃之女也。初,帝納晃妹爲妃,未幾而崩。晃復請繼好。遣大人長孫秩逆后,晃送于境上。后至,有寵,生獻明帝及秦明王。后性聰敏多智,專夕理内,每事多從。初,昭成遣衛辰兄悉勿祈還部落也,后誡之曰:“汝還,必深防衛辰。辰姦猾,終當滅汝。”悉勿祈死,其子果爲衛辰所殺,卒如后言。建國二十三年崩,道武即位,配饗太廟。

《通志》卷二十《后妃傳二·昭成皇后慕容氏》頁三九四上

昭成時,慕容氏來獻女,爲公主家臣,仍隨入朝。

《魏書》卷二十八《列傳第十六·劉潔》頁六八六

昭成時,慕容氏獻女,潔祖父生爲公主家臣,乃隨入魏。

《北史》卷二十五《列傳第十三·劉潔》頁九〇八

昭成時,慕容氏獻女,潔祖父生爲公主家臣,乃隨入魏。

《通志》卷一百四十七《列傳六十·劉潔》頁二三二五下

公元三四五年　東晉穆帝永和元年　後趙武帝建武十一年 前燕文明帝十二年　北魏昭成帝建國八年

前燕慕容皝在柳城,以牧牛給貧家,田於苑中,公收其八,二分入私。有牛無地者,亦田苑中,公收其七,三分入私。記室參軍封裕諫曰:“且魏晉雖道消之代,猶削百姓不至於七八。[四五]將官牛田者,官得六分,[四六]百姓得四分,私牛而得田者,與中分,百姓安之,人皆悦樂。臣猶曰非明王之道。”

【校勘記】

〔四五〕不至於七八　“七”原訛“十”,據北宋本、傳校本、遞修本、明抄本、王吴本改。按:《晉書·慕容皝載記》二八二三頁作“七”。

〔四六〕官得六分　原脱“官”,據《晉書·慕容皝載記》二八二三頁補。

《通典》卷第四《食貨四·賦稅上》頁八一、八六前燕慕容皝僭稱燕王，躬巡郡縣，勸課農桑。以牧牛給貧家，田于苑中，公收其八，二分入私。有牛而無地者，亦田苑中，公收其七，三分入私。皝記室參軍封裕諫之。皝乃令曰："君以黎元爲國，黎元以穀爲命。然則農者，國之本也，而二千石令長不遵孟春之令，惰農弗勸，宜以尤不修闢者措之刑罰，肅屬屬城主者，明詳推檢，具狀以聞。苑囿悉可罷之，以給百姓無田業者。貧者全無資産，不能自存，各賜牧牛一頭。若私有餘力，樂取官牛墾官田者，其依魏晉舊法。溝洫溉灌，有益官私，主者量造，務盡水陸之勢。中州未平，兵難不息，勳誠既多，官僚不可以減也。待剗平凶醜，徐更議之。百工商賈數，四佐與列將速定大員，餘者還農。學生不任訓教者，亦除員禄……"

　　　　《册府元龜》卷二二八《僭僞部·務農》頁二七一五下

及僭即王位，以牧牛給貧家，田于苑中，公收其八，二分入私。記室參軍封裕諫之，皝賜裕錢五萬，明宣内外，有欲陳孤過者，不拘貴賤，勿有所諱。

　　　　《册府元龜》卷二二九《僭僞部·求諫》頁二七二五上至二七二五下

前燕慕容皝以牧牛給貧家，田于苑中，公收其八，二分入私。有牛而無地者，亦田苑中，公收其七。記室封裕以收入太重上書諫皝。皝乃令曰："覽封記室之諫，孤實懼焉。君以黎元爲國，黎元以穀爲命。然則農者，國之本也，而二千石令長不遵孟春之令，墮農弗勸，宜以尤不脩闢者措之刑罰，肅屬屬城主者，明詳推撿，具狀以聞。苑囿悉可罷之，以給百姓無田業者。貧者全無資産，不能自存，各賜牧牛一頭。若私有餘力，樂取官牛墾官田者，其依魏晉舊法。溝洫溉灌，有益官私，主者量造，務盡水陸之勢。中州未平，兵難不息，勳臣既多，官寮不可以減也。待剋平凶醜，徐更議之。百工商賈數，四佐與列將遠定大員，餘者還農。學生不任訓教者，亦除員錄。夫人臣關言於人主，至難也，妖妄不經之事皆應蕩然不問，擇其善者而從之。王憲、劉明雖其罪應禁黜，亦猶孤之無大量也。可悉復本官，仍居諫司。封生謇謇，深得王臣之體。《詩》不云乎：‘無言不讎。’其賜錢五萬，明宣內外，有欲陳孤過者，不拘貴賤，勿有所諱。”

　　《冊府元龜》卷二二九《僭偽部・聽納》頁二七二八上至二七二八下

　　以牧牛給貧家，田于苑中，公收其八，二分入私。有牛而無地者，亦田于苑中，公收其七，三分入私。記室參軍封裕諫之，躭賜錢五萬。

　　《冊府元龜》卷二三〇《僭偽部・褒賞》頁二七三二上

　　前燕慕容躭以牧牛給貧家，田于苑中，公收其八，二分入私。有牛而無地者，亦田苑中，公收其七，三分入私。記室參軍封紹切諫：“以聖王之宰國也，薄賦而藏於百姓，分之以三等之田，十一而稅之；自永嘉喪亂，百姓流亡，中原蕭條，千里無煙。且魏晉雖道消之世，猶削百姓不至於七八。持官牛田者，官得六分，百姓四分，私牛而官田者，與官牛分，百姓安之。臣猶曰非明王之道。而況增乎！”

　　《冊府元龜》卷二三三《僭偽部・悔過》頁二七七一下

　　前燕封裕爲記室將軍，慕容躭以牧牛給貧家，田于苑中，公收其八，二分入私。有牛而無地者，亦田苑中，公收其七，三分入私。封裕諫曰：臣聞聖王之宰國也，薄賦而藏於百姓，分之以三等之田，十一而稅之；寒者衣之，饑者食之，使家給人足。雖水旱而不爲灾者,何也?高選農官,務盡勸課,人給周田百畝,亦不假牛力;力田者受旌顯之賞,惰農者有不齒之罰。又量事置官,量官置人,使官必稱職,人不虛位,度歲入多少,裁而禄之。供百僚之外,藏之太倉,三年之耕,餘一年之粟。以斯而積,公用於何不足?水旱其如百姓何! 雖務農之令屢發,二千石令長莫有志勤在公、鋭盡地利者。故漢祖知其如此,以墾田不實,徵殺二千石以十數,是以明章之際,號稱升平。

自永嘉喪亂,百姓流亡,中原蕭條,千里無煙,饑寒流隕,相繼溝壑。先王以神武聖略,保全一方,威以殄姦,德以懷遠,故九州之人,塞表殊類,襁負萬里,若赤子之歸慈父,流人之多舊土十倍有餘,人殷地狹,故無田者十有四焉。殿下以英聖之資,克廣先業,南摧强趙,東滅句麗,開境三千,户增十萬,繼武闡廣之功,有高西伯。宜省罷諸苑,以業流人。人至而無資産者,賜之以牧牛。人既殿下之人,牛豈失乎! 善藏者藏於百姓,若斯而已。爾者深副樂土之望,中國之人皆將壺殮奉迎,石季龍誰與居乎! 且魏晉雖道消之世,猶削百姓不至於七八,特官牛而官田者官得六分,百姓得四分,私牛而官田者與官中分,百姓安之,人皆悦樂。臣猶曰非明王之道,而況增乎! 且水旱之厄,堯湯所不免,王者宜濬治溝澮,循鄭白、西門、史起溉灌之法,旱則决溝爲雨,水則入於溝瀆,上無《雲漢》之憂,下無昏墊之患。

句麗、百濟及宇文、段部之人,皆兵勢所徙,非如中國慕義而至,咸有思歸之心。今户垂十萬,狹湊都城,恐方將爲國家深害,宜分其兄弟宗屬,徙于西境諸城,撫之以恩,簡之以法,使不得散在居人,知國之虛實。

今中原未平,資畜宜廣,官司猥多,游食不少,一夫不耕,歲受其饑。必取於耕者而食之,一人食一人之力,游食數萬,損亦如之,安可以家給人足，治致升平！殿下降覽古今之事多矣，政之巨患莫甚於斯。其有經略出世，才稱時求者，自可隨須置之列位。非此已往，其耕而食，蠶而衣，亦天之道也。

殿下聖性寬明，思言若渴，故人盡芻蕘，有犯無隱。前者參軍王憲、大夫劉明並竭忠獻款，以貢至言，雖頗有逆鱗，意在無責。主者奏以妖言犯上，致之於法，殿下慈弘包納，恕其大辟，猶削黜禁錮，不齒於朝。其言是也，殿下固宜納之；如其非也，宜亮其狂狷。罪諫臣而求直言，亦猶北行詣越，豈有得邪！右長史宋該等阿媚苟容，輕劾諫士，已無骨鯁，嫉人有之，掩蔽耳目，不忠之甚。

四業者國之所資，教學者有國盛事。習戰務農，尤其本也。百工商賈，猶其末耳。宜量軍國所須，置其員數，已外歸之於農，教之戰法，學者三年無成，亦宜還之於農，不可徒充大員，以塞聰儁之路。

臣之所言當也，願時速施行；非也，登加罪戮，使天下知朝廷從善如流，罰惡不淹。

王憲、劉明，忠臣也，願宥忤鱗之愆，收其藥石之效。

《冊府元龜》卷七二三《幕府部·規諷》頁八六一〇下至八六一二上

燕王儁以牛假貧民，使佃苑中，佃，亭年翻。稅其什之八，自有牛者稅其七。記室參軍封裕上書諫，以爲“古者什一而稅，天下之中正也。降及魏、晉，仁政衰薄，假官田官牛者不過稅其什六，自有牛者中分之，猶不取其七八也。自永嘉以來，海內蕩析，武宣王綏之以德，慕容廆諡武宣王。華夷之民，萬里輻湊，襁負而歸之者，若赤子之歸父母，是以戶口十倍於舊，無田者什有三四。及殿下繼統，南摧強趙，東兼高句麗，北取宇文，民歸慕容廆事見八十八卷愍帝建興元年；皝破趙事見上卷成帝咸康四年；破高麗見上卷咸康八年；取宇文見上康帝建元二年。拓地三千里，增民十萬户；是宜悉罷苑囿以賦新民，無牛者官賜之牛，不當更收重税也。且以殿下之民用殿下之牛，牛非殿下之有，將何在哉！如此，則戎旗南指之日，民誰不簞食壺漿以迎王師，用《孟子》語。食，祥吏翻。石虎誰與處矣！處，昌吕翻；下同。川瀆溝渠有廢塞者，塞，悉則翻；下同。皆應通利，旱則灌溉，潦則疏泄。一夫不耕，或受之飢，况游食數萬，何以得家給人足乎！今官司猥多，虚費廩禄，苟才不周用，皆宜澄汰。以用水爲諭，澄之使清而汰去其沙泥也。工商末利，宜立常員。學生三年無成，徒塞英儁之路，皆當歸之於農。塞，悉則翻。殿下聖德寬明，博察芻蕘，文王詢于芻蕘。刈草曰芻，采薪曰蕘。蕘，如招翻。參軍王憲、大夫劉明並以言事忤旨，主者處以大辟，主者，謂其時主斷憲、明之獄者。忤，五故翻。處，昌吕翻。辟，毗亦翻。殿下雖恕其死，猶免官禁錮。夫求諫諍而罪直言，是猶適越而北行，必不獲其所志矣。右長史宋該等阿媚苟容，輕劾諫士，劾，户概翻，又户得翻。已無骨鯁，骨鯁，以喻剛强正直者。毛晃曰：鯁，魚骨；又骨不下咽爲鯁。以其謇諤難受，如魚骨之哽咽也。嫉人有之，掩蔽耳目，不忠之甚者也。”皝乃下令，稱：“覽封記室之諫，孤實懼焉。國以民爲本，民以穀爲命，可悉罷苑囿以給民之無田者。實貧者，官與之牛；力有餘願得官牛者，並依魏、晉舊法。溝瀆各【章：十二行本“各”作“果”；乙十一行本同；孔本同。】有益者，令以時修治。治，直之翻。今戎事方興，勳伐既多，王功曰勳；積功曰伐。官未可减，俟中原平壹，徐更議之。工商、學生皆當裁擇。夫人臣關言於人主，至難也，關，白也。王襃《聖主得賢臣頌》曰：進退得關其忠。雖有狂妄，當擇其善者而從之。王憲、劉明，雖罪應廢黜，亦由孤之無大量也，可悉復本官，仍居諫司。封生蹇蹇，深得王臣之體，《易》曰：王臣蹇蹇，匪躬之故。其賜錢五萬。宣示内外，有欲陳孤過者，不拘貴賤，勿有所諱！"皝雅好文學,好,呼到翻。常親臨庠序講授,考校學徒至千餘人,頗有妄濫者,故封裕及之。

《資治通鑑》卷九十七《晉紀十九‧穆帝永和元年》頁三〇六三至三〇六五

慕容皝既爲燕王,賜其大臣子弟爲官學生者號高門生,立東庠于舊宮,以行鄉射之禮,每月臨觀,考試優劣。皝雅好文籍,勤於講授,學徒甚盛,至千餘人。又著《典誡》十五篇以教胄子。

《册府元龜》卷二二八《僭僞部‧崇儒》頁二七一三下

營州,前燕慕容皝都之。

《初學記》卷第八《州郡部‧河北道第五》頁一七六

十二年,黑龍、白龍見于龍山,皝親觀龍,去二百步,祭以太牢,二龍交首嬉翔,解角而去。皝悦,大赦,號新宮曰和龍宮,立龍翔祠于山上。

《水經注校證》卷十四《大遼水》頁三五〇

（慕容）皝時有黑龍白龍各一,鬥於龍山,皝率屬僚觀之,祭以太牢,二龍交首嬉戲,解角而去。皝大悦,號曰和龍宮。〔八四〕

【校勘記】

〔八四〕號曰和龍宮 "曰"原脱,據北宋本、傳校本、明抄本、明刻本、王吴本補。

《通典》卷第一百七十八《州郡八‧古冀州上‧柳城郡》頁四七一六、四七二三

《十六國春秋·慕容皝傳》曰:柳城之北,龍山之南,所爲福德之地也。可營制規模,築龍城,構宮室。改柳城爲龍城縣,遂都之,改曰和龍宮。

　　　　《太平御覽》卷一六二《州郡部八·營州》頁七八九上

崔鴻《十六國春秋·前燕録》曰:慕容晃十二年夏四月,黑龍一、白龍一見於龍山。晃親帥群僚觀龍,二百餘步,祭之以太牢。二龍交首嬉翔,解角而去。晃大悦。還宮殿,赦其境内,號新宮曰"和龍宮"。

　　　　《太平御覽》卷九二九《鱗介部一·龍上》頁四一二九上

燕有黑龍、白龍見于龍山,龍山在龍城之東。見,賢遍翻。交首遊戲,解角而去。燕王皝親祀以太牢,赦其境内,命所居新宮曰和龍。

　　　　《資治通鑑》卷九十七《晉紀十九·穆帝永和元年》頁三〇六五至三〇六六

冬,十月,燕王皝使慕容恪攻高句麗,拔南蘇,南蘇城在南陜之東,唐平高麗,置南蘇州。置戍而還。還,從宣翻,又如字。

　　　　《資治通鑑》卷九十七《晉紀十九·穆帝永和元年》頁三〇六七至三〇六八

十五年冬十月,燕王皝使慕容恪來攻,拔南蘇,置戍而還。

　　　　《三國史記》卷十八《高句麗本紀六·故國原王十五年》頁三正

燕王皝以爲古者諸侯即位,各稱元年,於是始不用晉年號,自稱十二年。燕自是不復禀命於晉矣。

趙王虎使征東將軍鄧恒將兵數萬屯樂安,治攻具,爲取燕之計。恒，户登翻。燕王皝以慕容霸爲平狄將軍，平狄將軍，始於漢光武以命龐萌。戍徒河；恒畏之，不敢犯。

《資治通鑑》卷九十七《晉紀十九·穆帝永和元年》頁三〇六八至三〇六九

使征東將軍鄧恒將兵數萬屯樂安，治攻具爲取燕之計。

屠本《十六國春秋》卷第十六《後趙録六·石虎中》頁二十正

八年，慕容元真遣使朝貢。

《魏書》卷一《序紀第一》頁一二

公元三四六年　東晉穆帝永和二年　前燕文明帝十三年

初，夫餘居于鹿山，夫餘在玄菟北千餘里，鹿山蓋直其地。杜佑曰：夫餘國有印，文曰“濊王之印”，國有故城，名濊城，蓋本濊貊之地。其國在長城之北，去玄菟千里，南與高麗、東與挹婁、西與鮮卑接。爲百濟所侵，東夷有三韓國：一曰馬韓，二曰辰韓，三曰弁韓。馬韓有五十四國，百濟其一也，後漸強大，兼諸小國；其國本與句麗俱在遼東之東千餘里。《隋書》曰：百濟出自東明，其後有仇台者，始立其國，漸以強盛，初以百家濟海，因號百濟。杜佑曰：百濟南接新羅，北拒高麗千餘里，西限大海，處小海之南。部落衰散，西徙近燕，而不設備。近，其靳翻。燕王皝遣世子儁帥慕容軍、慕容恪、慕輿根三將軍、萬七千騎襲夫餘。帥，讀曰率。儁居中指授，軍事皆以任恪，遂拔夫餘，虜其王玄及部落五萬餘口而還。皝以玄爲鎮軍將軍，妻以女。妻，千細翻。

《資治通鑑》卷九十七《晉紀十九·穆帝永和二年》頁三〇六九

公元三四七年　東晉穆帝永和三年　前燕文明帝十四年

又親臨東庠,考試學生,其經通秀異者,擢充近侍。

　　　　《冊府元龜》卷二二八《僭僞部·崇儒》頁二七一三下

五月戊申,進慕容皝爲安北將軍。

　　　　《晉書》卷八《帝紀第八·穆帝》頁一九三

五月戊申,進慕容皝爲安北將軍。

　　　　《通志》卷十下《晉紀十下·穆皇帝》頁二〇〇下

《燕書》曰:宋該,字宣弘,爲右長史。太祖會群僚,以該性貪,故賜布百餘匹,令負而歸,重不能勝,乃至僵頓,以愧辱之。

　　　　《藝文類聚》卷八十五《布帛部·布》頁一四六三

《燕書》曰:章該,字宣恒,爲左長史。太祖會群寮,以該性貪,故賜布百餘匹,負而歸,重不能勝,乃至僵頓,以愧辱之。

　　　　《太平御覽》卷四九二《人事部一三三·貪》頁二二五〇上

崔鴻《前燕録》曰:遼東内史宋該舉侍郎韓偏爲孝廉,慕容儁令曰:“夫孝廉者,道德沉敏,貢之王庭,偏往助叛徒迷固之罪。及王威臨討,憑城醜晉,此則勃之甚,奈何舉之?該下吏可正四歲刑,行財祈進,虧亂王典,可免官,禁錮終身。”

　　　　《太平御覽》卷六五一《刑法部一七·禁錮》頁二九一一下

永和三年,鮮卑侵略河、冀。

　　　　《晉書》卷十三《志第三·天文下》頁三七五

公元三四八年　東晉穆帝永和四年　後趙武帝建武十四年　前燕文明帝十五年前 [①]

（石）季龍嘗晝寢，夢見群羊負魚從東北來，寤以訪澄。澄曰："不祥也，鮮卑其有中原乎！"後亦皆驗。

《晉書》卷九十五《列傳第六十五·藝術·佛圖澄》頁二四八九

石虎嘗晝寢，夢見群羊負魚從東北來，寤以訪澄。澄曰："不祥也，鮮卑其有中原乎！"後亦皆驗。

《通志》卷一百八十二《藝術傳二·佛圖澄》頁二九一七下

是年虎晝寢永安宮，夢群羊從東北負魚而來，鄴東北土高丈餘，木斗滿其上，寤而問佛圖澄。澄曰："此不祥也，鮮卑其有中原乎！"

屠本《十六國春秋》卷第十七《後趙録七·石虎下》頁二背

公元三四八年　東晉穆帝永和四年 前燕文明帝十五年

《異苑》曰：慕容皝出畋，見一老父，曰："此非獵所，王且還也。"皝明晨復去，值有白兔，馳馬射之，墜石而卒。

《太平御覽》卷八三二《資産部一二·獵下》頁三七一三上

王隱《晉書》曰：慕容皝田于南鄙，見父老曰："此非獵所。"言

---

①本條所記之事發生時間不詳，然佛圖澄圓寂於該年，故此事當繫於公元三四八年之前。

卒不見。皝明日又出，見白兔，馳射之，墜馬于石，即死。

　　　　　《太平御覽》卷九〇七《獸部一九・兔》頁四〇二二上

　　初，慕容皝將終，謂子儁曰："今中原未一，方建大事。恪智勇俱濟，汝其委之。"及儁嗣位，彌加親任，累戰有大功。

　　　　　《册府元龜》卷二二四《僭偽部・宗族》頁二六七九上

　　慕容皝即王位。時陽鶩字士秋，少清素好學，器識宏遠。起家爲平州別駕，屢獻守時强國之術，事多納用，慕容廆甚奇之。皝遷爲左長史，東西征伐，參謀帷幄。皝臨終謂儁曰："陽士秋忠幹貞固，可付託大事，汝善待之。"慕容儁之將圖中原也，鶩制勝之功並於慕容恪。

　　　　　《册府元龜》卷二二六《僭偽部・知人》頁二六九三下

　　燕王皝有疾，召世子儁屬之曰：屬，之欲翻。"今中原未平，方資賢傑以經世務。恪智勇兼濟，才堪任重，汝其委之，以成吾志！"又曰："陽士秋士行高潔，忠幹貞固，陽鶩，字士秋。行，下孟翻。可託大事，汝善待之！"九月，丙申，薨。年五十二。

　　　　　《資治通鑑》卷九十八《晉紀二十・穆帝永和四年》頁三〇八四

　　九月丙申，慕容皝死，子儁嗣僞位。

　　　　　　　　《晉書》卷八《帝紀第八・穆帝》頁一九四

　　十一年，慕容元真死，子儁代立。

　　　　　　　　　《魏書》卷一《序紀第一》頁一三

九月丙申，慕容皝死，子儁嗣僞位。

　　　　《通志》卷十下《晉紀十下‧穆皇帝》頁二〇〇下

　　冬，十一月，甲辰，葬燕文明王；皝謚曰文明。世子儁即位，儁，字宣英，皝之第二子。赦境内；遣使詣建康告喪。使，疏吏翻。以弟交爲左賢王，左長史陽鶩爲郎中令。

　　　　《資治通鑑》卷九十八《晉紀二十‧穆帝永和四年》頁三〇八五

公元三四九年　東晉穆帝永和五年　後趙武帝太寧元年
前燕景昭帝元年

　　及穆帝永和五年，慕容儁僭號於薊，是爲前燕。

　　　　《晉書》卷十四《志第四‧地理上》頁四二六

　　前燕慕容儁，晉永和五年僭即燕王位，依春秋列國故事，稱元年。

　　　　《册府元龜》卷二一九《僭僞部‧年號》頁二六三一下

　　儁，皝之子。晉永和五年嗣僞燕王，赦其境内。

　　　　《册府元龜》卷二二六《僭僞部‧恩宥》頁二六九七下

　　燕平狄將軍慕容霸上書於燕王儁曰：“石虎窮凶極暴，天之所棄，餘燼僅存，自相魚肉。今中國倒懸，企望仁恤，若大軍一振，勢必投戈。”北平太守孫興亦表言：“石氏大亂，宜以時進取中原。”儁以新遭大喪，弗許。以去年皝薨也。霸馳詣龍城，言於儁曰：“難得而易失者，時也。萬一石氏衰而復興，易，以豉翻。復，扶又翻；下同。或有英雄據其成資，謂中原或有英雄乘亂而取趙，據有其已成之資也。豈惟失此大利，亦恐更爲後患。"儁曰："鄴中雖亂，鄧恒據安樂，以前參考，"安樂"當作"樂安"。兵强糧足，今若伐趙，東道不可由也，當由盧龍；盧龍山徑險狹，《水經注》：濡水東南逕盧龍塞。塞道自無終縣東出，渡濡水向林蘭陘，東至清陘。盧龍之險，峻阪縈折，故有九峥之名。虜乘高斷要，斷，丁管翻。首尾爲患，將若之何？"霸曰："恒雖欲爲石氏拒守，其將士顧家，人懷歸志，若大軍臨之，自然瓦解。臣請爲殿下前驅，東出徒河，潛趣令支，出其不意，爲，于僞翻。趣，七喻翻。令，音鈴，又郎定翻。支，音祁。彼聞之，勢必震駭，上不過閉門自守，下不免棄城逃潰，何暇禦我哉！然則殿下可以安步而前，無復留難矣。"儁猶豫未決，以問五材將軍封奕，燕置五材將軍，蓋取宋子罕所謂"天生五材誰能去兵"之義。對曰："用兵之道，敵强則用智，敵弱則用勢。是故以大吞小，猶狼之食豚也；以治易亂，猶日之消雪也。大王自上世以來，積德累仁，兵强士練。石虎極其殘暴，死未瞑目，瞑，莫定翻。子孫爭國，上下乖亂。中國之民，墜於塗炭，延頸企踵以待振拔。大王若揚兵南邁，先取薊城，次指鄴都，宣燿威德，懷撫遺民，彼孰不扶老提幼以迎大王；凶黨將望旗冰碎，安能爲害乎！"從事中郎黃泓曰：泓，烏宏翻。"今太白經天，歲集畢北，陰【章：十二行本"陰"上有"天下易主"四字；乙十一行本同；孔本同；張校同；退齋校同。】國受命，此必然之驗也，《漢書·天文志》：太白經天，天下革民更王。孟康《注》曰：謂出東入西，出西入東也。太白，陰星，出東當伏東，出西當伏西，過午爲經天。晉灼曰：日，陽也；日出則星亡。晝見午上爲經天。歲星所在，國不可伐，可以伐人。昴、畢間爲天街，其陰陰國。歲集畢北，明陰國當受命而王。宜速出師，以承天意。"折衝將軍慕輿根曰："中國之民困於石氏之亂，咸思易主以救湯火之急，此千載一時，不可失也。載，子亥翻。自武宣王以來，慕容廆諡武宣王。招賢養民，務農訓兵，正俟今日。今時至不取，更復顧慮，復，扶又翻。豈天意未欲使海内平定邪，將大王不欲取天下也？"儁笑而從之。以慕容恪爲輔國將軍，慕容評爲輔弼將軍，左長史陽鶩爲輔義將軍，謂之"三輔"。輔弼、輔義二將軍號，亦一時創置。慕容霸爲前鋒都督、建鋒將軍，建鋒將軍。亦創置也。選精兵二十餘萬，講武戒嚴，爲進取之計。《考異》曰：《燕景昭紀》，集兵在四月。時石虎方死，諸子未争；《十六國春秋》在五月，故從之。而《燕書》載封奕、慕輿根言，俱指冉閔。按是時閔未篡趙，蓋撰史者附會耳，故削去。

　　《資治通鑑》卷九十八《晉紀二十・穆帝永和五年》頁三〇九二至三〇九三

　　及慕容儁即王位，遷從事中郎。儁聞冉閔亂，將圖中原，訪之於泓。泓勸行，儁從之。
　　《晉書》卷九十五《列傳第六十五・藝術・黄泓》頁二四九三

　　及慕容儁即王位，遷從事中郎。儁聞冉閔亂，將圖中原，訪之於泓。泓勸行，儁從之。
　　《通志》卷一百八十二《藝術傳二・黄泓》頁二九一八中

　　前燕慕容儁初僭稱王，以弟恪爲輔國將軍，評爲輔弼將軍。
　　《册府元龜》卷二二二四《僭僞部・宗族》頁二六七九上

　　假慕容儁大將軍、幽平二州牧、大單于、燕王。
　　《晉書》卷八《帝紀第八・穆帝》頁一九五

　　慕容儁僭即燕王位，穆帝使謁者陳沈拜儁爲使持節、侍中、大都督、都督河北諸軍事、幽冀并平四州牧、大將軍、大單于、燕王，承制封拜一如庾、翼故事。

　　　　　《册府元龜》卷二三二《僭僞部・稱藩》頁二七六一下

　　（晉穆帝）詔遣謁者陳沈如燕，沈，持林翻。拜慕容儁爲使持節、侍中、大都督、督河北諸軍事、幽・平二州牧，使，疏吏翻。《考異》曰：《儁載記》云，“幽、冀、并、平四州牧。”今從《帝紀》。大將軍、大單于、燕王。單，音蟬。

　　　　　《資治通鑑》卷九十八《晉紀二十・穆帝永和五年》頁三〇八七

　　假慕容儁大將軍、幽平二州牧、大單于、燕王。

　　　　　　　　《通志》卷十下《晉紀十下・穆皇帝》頁二〇一上

　　時石季龍新死，其國大亂，遺户二十萬口渡河，將歸順，乞師救援。會衰已旋，威勢不接，莫能自拔，皆爲慕容儁及苻健之衆所掠，死亡咸盡。

　　　　　《晉書》卷九十三《列傳第六十三・外戚・褚衰》頁二四一七

　　石季龍死，其國大亂，遺户二十萬口渡河，將歸順，乞師救援。會衰已旋，威勢不接，莫能自拔，皆爲慕容儁及苻健之衆所掠，死亡咸盡。

　　　　　《册府元龜》卷九二六《總録部・愧恨》頁一〇九三三上

　　時河北大亂，遺民二十餘萬口渡河欲來歸附，會衰已還，威勢不接，皆不能自拔，死亡略盡。《考異》曰：《衰傳》云：“爲慕容儁及苻健所掠，死亡咸盡。”按是時慕容儁卒已踰年矣。永和六年，慕容儁始率衆南征；

石鑒即位後,蒲洪始有衆十萬。永和六年洪死,健始嗣位。皆與裒不相接,今不取。

《資治通鑑》卷九十八《晉紀二十・穆帝永和五年》頁三〇九五

時石虎新死,其國大亂,遺户二十萬口渡河,將歸順,乞師救援。會裒已旋,威勢不接,莫能自拔,皆爲慕容皝及苻健之衆所掠,死亡咸盡。

《通志》卷一百六十五《外戚傳一・褚裒》頁二六六六中

燕王儁遣使至涼州,使,疏吏翻。約張重華共擊趙。

高句麗王釗送前東夷護軍宋晃于燕,燕王儁赦之,更名曰活,更,工衡翻;下同。拜爲中尉。晃奔高麗,見九十六卷成帝咸康四年。

《資治通鑑》卷九十八《晉紀二十・穆帝永和五年》頁三一〇〇

十九年,王送前東夷護軍宋晃于燕,燕王儁赦之,更名曰活,拜爲中尉。

《三國史記》卷十八《高句麗本紀六・故國原王十九年》頁三正

前燕慕容垂字道明,皝之第五子。少岐嶷有器度,身七尺七寸,手垂過膝。皝甚寵之,嘗目而謂諸弟曰:"此兒闊達好奇,終能成家。"故名霸,字道業,恩遇踰於世子。垂少好畋游,因獵墜馬折齒。慕容儁僭即王位,改名缺,外以慕卻缺爲名,内實惡而改之。尋以讖記之文,乃去夬,以"垂"爲名焉。

《册府元龜》卷八二四《總録部・名字一》頁九七八六上至九七八六下

祖宰,慕容儁謁者僕射。①

　　　　　《魏書》卷四十二《列傳第三十·韓秀》頁九五二

祖宰,慕容儁謁者僕射。

　　　　　《北史》卷二十七《列傳第十五·韓秀》頁九九七

祖宰,慕容儁謁者僕射。

　　　《通志》卷一百四十七《列傳六十·韓秀》頁二三三九下

高祖恬,爲慕容儁尚書右僕射。

　　　　　《魏書》卷七十六《列傳第六十四·張烈》頁一六八五

高祖恬,爲慕容儁尚書右僕射。

　　　　　《北史》卷四十五《列傳第三十三·張烈》頁一六七四

高祖恬,爲慕容儁尚書右僕射。

　　《通志》卷一百五十下《列傳六十三下·張烈》頁二四二三中

崔鴻《十六國春秋·前燕録》曰:將作大匠、屯騎校尉朝那侯青,武邑人也。機巧有算略,驍勇善騎射,所在先登陷陳。慕容儁擬之張飛。

　　　《太平御覽》卷四三六《人事部七七·勇四》頁二〇〇六上

韓常字景山,師事同郡張載,載奇之。常身長八尺一寸,慕容

———————

① 慕容儁朝任職之官員情況,本書皆附於其即位之首年。

儁以爲揚烈將軍。

　　　　　《册府元龜》卷八八三《總録部·形貌》頁一〇四五八下

公元三五〇年　東晉穆帝永和六年　後趙青龍元年
後趙永寧元年　前燕景昭帝二年　冉魏武悼
天王永興元年

　　冉閔殺石鑒自立，改國號大魏，建元曰永興，復姓冉氏。明年，爲慕容儁所滅。

　　　　　《册府元龜》卷二一九《僭僞部·年號》頁二六三一下

　　二月，燕王儁使慕容霸將兵二萬自東道出徒河，慕輿于自西道出蠮螉塞，儁自中道出盧龍塞以伐趙。杜佑曰：盧龍塞在今平州城西北二百里。以慕容恪、鮮于亮爲前驅，命慕輿埿槎山通道。槎，仕下翻。邪斫木曰槎。留世子曄守龍城，以内史劉斌爲大司農，斌，音彬。與典書令皇甫真留統後事。

　　霸軍至三陘，樂安城在遼西遼陽縣東。魏收《地形志》：海陽縣有横山，蓋即三陘之地。陘，音形。趙征東將軍鄧恒惶怖，焚倉庫，棄安樂遁去，“安樂”，當作“樂安”。果如慕容霸所料。怖，普布翻。與幽州刺史王午共保薊。薊，音計。徒河南部都尉孫泳急入安樂，撲滅餘火，籍其穀帛。霸收安樂、北平兵糧，“安樂”，並當作“樂安”。與儁會臨渠。臨渠城臨洵渠。洵水出右北平無終縣西山，東南至雍奴縣，入鮑丘水；魏武征蹋頓，從洵口鑿渠，逕雍奴、泉州以通河海者也。洵，古侯翻。

　　三月，燕兵至無終，王午留其將王佗以數千人守薊，佗，徒河翻。與鄧恒走保魯口。魏收《地形志》：博陵郡饒陽縣有魯口城。博陵郡，唐爲定州。乙巳，儁拔薊，執王佗，斬之。儁欲悉阬其士卒千餘人，慕容霸諫曰：“趙爲暴虐，王興師伐之，將以拯民於塗炭而撫有中州也；

今始得薊而阮其士卒，恐不可以爲王師之先聲也。”【章：十二行本“也”下有“乃釋之”三字；乙十一行本同；退齋校同。】儁入都于薊，中州士女降者相繼。降，户江翻。

　　《資治通鑑》卷九十八《晉紀二十·穆帝永和六年》頁三一〇二至三一〇三

　　及其孫儁移都于薊。

　　　　　　　《晉書》卷十四《志第四·地理上》頁四二七

　　晉亂，（幽州）陷於石勒、慕容儁、苻堅，後入於魏，其後分割不可詳也……慕容儁嘗都之。

　　《通典》卷第一百七十八《州郡八·古冀州上·范陽郡》頁四七一〇

　　薊　燕國都，碣石宫。漢爲薊縣。舊置燕都。有桑乾水。慕容儁都於此也。

　　《通典》卷第一百七十八《州郡八·古冀州上·范陽郡》頁四七一〇

　　及其孫儁，移都於薊。

　　《通典》卷第一百八十《州郡十·古青州·安東府》頁四七七六

　　前燕李績范陽人。父産，仕於石民爲本郡太守，績爲郡功曹刺史。王午辟爲主簿。慕容儁之南征也，隨午奔魯口。鄧常謂午：“績鄉里在北，父已降燕，今雖在此，終不爲用，方爲人患。”午曰：“績於喪亂之中捐家立義，情節之重，有侔古烈，若懷嫌害之，必駭衆望。”常乃止。午恐績終爲常所害，乃資遣之。及到，儁責其背親後至，績答曰：“臣聞豫讓報知伯仇，稱於前史。既官身所在，何事

非君！陛下方弘唐虞之化，臣實未謂歸順之晚也。”儁曰：“此亦事
主之一節耳。”

　　　　《冊府元龜》卷八〇三《總録部·義三》頁九五三六上

　　燕兵至范陽，范陽太守李産欲爲石氏拒燕，爲，于僞翻。衆莫爲
用，乃帥八城令長出降；范陽郡統涿、良鄉、方城、長鄉、遒、故安、范陽、容
城八縣。帥，讀曰率。儁復以産爲太守。

　　産子績爲幽州別駕，棄其家從王午在魯口。鄧恒謂午曰：“績
鄉里在北，績，范陽人。范陽在魯口之北。父已降燕，今雖在此，恐終難
相保，徒爲人累，不如去之。”累，力瑞翻。去，羌吕翻，謂殺之也。午曰：
“此何言也！夫以當今喪亂，喪，息浪翻。而績乃能立義捐家，情節之
重，雖古烈士無以過；乃欲以猜嫌害之，燕、趙之士聞之，謂我直相
聚爲賊，了無意識。衆情一散，不可復集，復，扶又翻。此爲坐自屠潰
也。”恒乃止。午猶慮諸將不與己同心，或致非意，謂諸將殺之，非午
之意。乃遣績歸。績始辭午往見燕王儁，儁讓之曰：“卿不識天命，
棄父邀名，今日乃始來邪！”對曰：“臣眷戀舊主，志存微節，官身所
在，何事非君。績謂其身爲官身，言委質事君，身非我有也。殿下方以義
取天下，臣未謂得見之晚也。”儁悦，善待之。

　　儁以弟宜爲代郡城郎，此秦、漢以來之代郡，非後魏之代都。此代郡
治代；後魏代都，乃秦、漢之平城也。城郎、城大，皆鮮卑所置，付以城郭之任。
郎，主也。孫泳爲廣寧太守，悉置幽州郡縣守宰。

　　甲子，儁使中部俟釐慕輿句督薊中留事，俟釐，蓋亦鮮卑部帥之
稱。俟，渠之翻。自將擊鄧恒於魯口。軍至清梁，魏收《地形志》：高陽
蠡吾縣有清涼城。《水經注》：中山蒲陰縣東南有清梁亭。恒將鹿勃早將數
千人夜襲燕營，鹿，姓也。《風俗通》，後漢有巴郡太守鹿旗。半已得入，先
犯前鋒都督慕容霸，突入幕下，霸起奮擊，手殺十餘人，早不能進，

由是燕軍得嚴。謂得以嚴備也。儁謂慕輿根曰："賊鋒甚銳，宜且避之。"根正色曰："我衆彼寡，力不相敵，故乘夜來戰，冀萬一獲利。今求賊得賊，正當擊之，復何所疑！復，扶又翻。王但安臥，臣等自爲王破之！"爲，于僞翻。儁不能自安，内史李洪從儁出營外，屯高冡上。根帥左右精勇數百人從中牙直前擊旱，中牙，儁所居也。李洪徐整騎隊還助之，騎，亦寄翻。旱乃退走。衆軍追擊四十餘里，旱僅以身免，所從士卒死亡略盡。儁引兵還薊。儁之還薊，亦麃勃旱有以挫其銳，否則進攻魯口矣。

　　《資治通鑑》卷九十八《晉紀二十·穆帝永和六年》頁三一〇三至三一〇五

　　八月，代郡人趙楗帥三百餘家叛燕歸趙并州刺史張平。楗，苦合翻。帥，讀曰率。燕王儁徙廣寧、上谷二郡民於徐無，徐無縣，漢、晉屬右北平郡，後周廢，入無終縣，唐改無終爲玉田縣，屬薊州。代郡民於凡城。恐其復叛歸趙，故徙之。

　　《資治通鑑》卷九十八《晉紀二十·穆帝永和六年》頁三一〇六

　　《燕書》曰：賈堅，字世固，彎弓三石餘。烈祖以堅善射，故親試之，乃取一牛置百步上，召堅使射，曰："能中之乎？"堅曰："少壯之時，能令不中；今已年老，正可中之。"恪大笑。射，發一矢拂脊，再一矢，磨腹，皆附膚落毛，上下如一。恪曰："復能中乎？"堅曰："所貴者以不中爲奇，中之何難？"一發中之。堅時年六十餘，觀者咸服其妙。

　　《太平御覽》卷七四四《工藝部一·射上》頁三三〇五下

賈堅，字世固，彎弓三十石餘。慕容恪取一牛置百步上，召堅使射。堅曰："少壯之時，能令不中；今已年老，正可中之。"恪大笑。射，再發一矢拂脊，一矢，磨腹，皆附膚落毛，上下如一。恪曰："復能中乎？"堅曰："所貴以下中爲奇，中之何難？"一發中之。堅時年已六十餘矣，觀者咸服其妙已。

　　《册府元龜》卷八四六《總録部・善射》頁一〇〇四二上

　　九月，燕王儁南徇冀州，取章武、河間。晉武帝泰始元年，分勃海置章武國。《五代志》：後魏以河間置瀛州，統内有平舒縣，舊置章武郡。初，勃海賈堅，少尚氣節，少，詩照翻；下同。仕趙爲殿中督。趙亡，堅棄魏主閔還鄉里，擁部曲數千家。燕慕容評徇勃海，遣使招之，堅終不降；使，疏吏翻。降，户江翻。評與戰，擒之。儁以評爲章武太守，封裕爲河間太守。儁與慕容恪皆愛賈堅之材，堅時年六十餘，恪聞其善射，置牛百步上以試之。堅曰："少之時能令不中，今老矣，往往中之。"乃射再發，少，詩照翻。中，竹仲翻。射，而亦翻。一矢拂脊，一矢磨腹，皆附膚落毛，上下如一，觀者咸服其妙。儁以堅爲樂陵太守，治高城。高城縣，自漢以來屬勃海郡。賢曰：高城故城，在今滄州鹽山縣南。

　　《資治通鑑》卷九十八《晉紀二十・穆帝永和六年》頁三一〇八至三一〇九

　　燕王儁還薊，留諸將守之；儁還至龍城，謁陵廟。

　　《資治通鑑》卷九十八《晉紀二十・穆帝永和六年》頁三一〇九

　　洪謂博士胡文曰："孤率衆十萬，居形勝之地，冉閔、慕容儁可指辰而殄，姚襄父子克之在吾數中，孤取天下，有易於漢祖。”

　　　　《晉書》卷一百十二《載記第十二·苻洪》頁二八六八

　　洪謂博士胡文曰：“孤率衆十萬，居形勝之地，冉閔、慕容儁可
指辰而殄，姚襄父子尅之在吾數中，孤取天下，有易於漢祖。”

　　　　《通志》卷一百八十九《載記四·前秦》頁三〇二三上

　　洪謂博士胡文曰：“孤率衆十萬，居形勝之地，冉閔、慕容儁可
指辰而殄，姚襄父子克之在吾數中，孤取天下，有易於漢祖矣。”

　　　　《十六國春秋輯補》卷三十一《前秦録一·苻洪》頁二四〇

　　洪謂博士胡文曰：“孤率衆十萬，居形勝之地，冉閔、慕容儁可
指辰而殄，姚襄父子克之在吾數中，孤取天下，有易於漢祖。”

　　屠本《十六國春秋》卷第三十三《前秦録一·苻洪》頁四正
至四背

　　洪謂博士胡文曰：“孤率衆十萬，居形勝之地，冉閔、慕容儁可
指辰而殄。姚襄父子，克之在吾數中。孤取天下，有易於漢祖矣。”

　　　　《十六國春秋別本》卷四《前秦録·苻洪》頁二背

公元三五一年　東晉穆帝永和七年　後趙永寧二年
前燕景昭帝三年　冉魏武悼天王永興二年

　　又曰：冉閔殺石鑒，僭大號，遣其使人常煒聘慕容儁。儁使記室封
裕詰之，曰：“石鑒去歲使張舉請援，云璽在襄國。其言信不？”煒曰：
“誅胡之日，在鄴者略無所遺，璽何從而向襄國？此求救之辭耳。”

　　　　《太平御覽》卷六八二《儀式部三·璽》頁三〇四三下

魏主閔攻圍襄國百餘日。去年十一月，閔攻襄國。趙主祇危急，乃去皇帝之號，稱趙王，去，羌呂翻。遣太尉張舉乞師於燕，許送傳國璽；璽，斯氏翻。中軍將軍張春乞師於姚弋仲。弋仲遣其子襄帥騎二萬八千救趙，帥，讀曰率。誡之曰：“冉閔棄仁背義，屠滅石氏。事見上卷五年、六年。背，蒲妹翻。我受人厚遇，謂石虎遇之厚也。當爲復讎，老病不能自行；汝才十倍於閔，若不梟擒以來，不必復見我也！”爲，于僞翻。梟，堅堯翻。復，扶又翻。弋仲亦遣使告於燕；使，疏吏翻；下同。燕主儁遣禦難將軍悦綰禦難將軍，蓋慕容氏創置。難，乃旦翻。將兵三萬往會之。

冉閔聞儁欲救趙，遣大司馬從事中郎廣寧常煒使於燕。儁使封裕詰之曰：“冉閔，石氏養息，息，子也。詰，去吉翻。負恩作逆，何敢輒稱大號？”煒曰：“湯放桀，武王伐紂，以興商、周之業；曹孟德養於宦官，莫知所出，卒立魏氏之基；曹操事見六十八卷漢靈帝中平元年。操，字孟德。卒，子恤翻。苟非天命，安能成功！推此而言，何必致問！”裕曰：“人言冉閔初立，鑄金爲己像以卜成敗，而像不成，信乎？”煒曰：“不聞。”裕曰：“南來者皆云如是，何故隱之？”煒曰：“姦僞之人欲矯天命以惑人者，乃假符瑞、託蓍龜以自重。蓍，升脂翻。魏主握符璽，據中州，受命何疑；而更反真爲僞，取決於金像乎！”裕曰：“傳國璽果安在？”煒曰：“在鄴。”裕曰：“張舉言在襄國。”煒曰：“殺胡之日，在鄴者殆無孑遺；孑，吉列翻，孤也，單也；言無孤單得遺者。時有迸漏者，皆潛伏溝瀆中耳，《爾雅》：水注谷曰溝，水注澮曰瀆。迸，比靜翻。彼安知璽之所在乎！彼求救者，爲妄誕之辭，無所不可，況一璽乎！”

儁猶以張舉之言爲信，乃積柴其旁，使裕以其私誘之，曰：“君更熟思，無爲徒取灰滅！”誘，音酉。煒正色曰：“石氏貪暴，親帥大兵攻燕國都；雖不克而返，事見九十六卷成帝咸康四年。帥，讀曰率。然

志在必取。故運資糧、聚器械於東北者，非以相資，乃欲相滅也。事
見九十六卷咸康四年、六年。魏主誅翦石氏，雖不爲燕；臣子之心，聞仇
讎之滅，義當如何？而更爲彼責我，不亦異乎！異，猶言可怪也。爲，
于僞翻。吾聞死者骨肉下于土，下，戶嫁翻。精魂升于天。蒙君之惠，
速益薪縱火，使僕得上訴於帝足矣！”左右請殺之。儁曰：“彼不憚
殺身以徇其主，忠臣也。且冉閔有罪，使臣何預焉！”使，疏吏翻。使
出就館。夜，使其鄉人趙瞻往勞之，勞，力到翻。且曰：“君何不以實
言？王怒，欲處君於遼、碣之表，遼海及碣石爲遼、碣。杜佑曰：盧龍，漢
肥如縣，有碣石山，碣然而立在海旁。秦築長城所起自碣石，在今高麗舊界，
非此碣石也。趙瞻所謂遼、碣，蓋即杜佑所言者也。處，昌呂翻。奈何？”煒
曰：“吾結髮以來，尚不欺布衣，況人主乎！曲意苟合，性所不能；直
情盡言，雖沈東海，不敢避也！”沈，持林翻。遂臥向壁，不復與瞻言。
復，扶又翻。瞻具以白儁，儁乃囚煒於龍城。

　　《資治通鑑》卷九十九《晉紀二十一‧穆帝永和七年》頁三一
一二至三一一四

　　燕王儁還薊。自龍城還薊。薊，音計。
　　《資治通鑑》卷九十九《晉紀二十一‧穆帝永和七年》頁三一
一四

　　（石）祗大懼，去皇帝之號，稱趙王，遣使詣慕容儁、姚弋仲以
乞師。會石琨自冀州援祗，弋仲復遣其子襄率騎三萬八千至自滆
頭，儁遣將軍悦綰率甲卒三萬自龍城，三方勁卒合十餘萬。閔遣車
騎胡睦距襄于長蘆，將軍孫威候琨于黃丘，皆爲敵所敗，士卒略盡，
睦、威單騎而還。琨等軍且至，閔將出擊之，衛將軍王泰諫曰：“窮
寇固迷，希望外援。今强救雲集，欲吾出戰，腹背擊我。宜固壘勿

出，觀勢而動，以挫其謀。今陛下親戎，如失萬全，大事去矣。請慎無出，臣請率諸將爲陛下滅之。"閔將從之，道士法饒進曰："太白經昴，當殺胡王，一戰百克，不可失也。"閔攘袂大言曰："吾戰決矣，敢諫者斬！"於是盡衆出戰。姚襄、悅綰、石琨等三面攻之，祇衝其後，閔師大敗。

《晉書》卷一百七《載記第七·石季龍下附冉閔》頁二七九四至二七九五

二年三月，閔攻襄國百餘日，祇懼，乃去皇帝之號，改稱趙王，遣太尉張舉乞師于慕容儁，中軍張春請救于姚弋仲。三月，祇相國汝陰王琨自冀州救祇，弋仲遣子襄帥騎三萬八千，儁遣將軍悅綰帥甲士三萬，勁卒十三萬，四方攻之，祇衝其後，閔師大敗。

《太平御覽》卷一二〇《偏霸部四·石閔》頁五八二上

（石）祇遣使詣慕容儁、姚弋仲以乞師。會石琨自冀州援祇，弋仲復遣其子襄率騎三萬八千至滍頭，儁遣將軍悅綰率甲卒三萬自龍城，三方勁卒合十餘萬。閔遣車騎胡睦拒襄於長盧，將軍孫威候琨于黃丘，皆爲敵所敗，士卒略盡，睦、威單騎而還。琨等軍且至，閔盡衆出戰。姚襄、悅綰、石琨等三面攻之，祇衝其後，閔師大敗。

《冊府元龜》卷二三四《僭僞部·兵敗》頁二七八〇上至二七八〇下

（冉）閔欲自出擊之，衛將軍王泰諫曰："今襄國未下，外救雲集，若我出戰，必覆背受敵，"覆"，當作"腹"。【章：孔本正作"腹"。十二行本、乙十一行本仍作"覆"。】此危道也。不若固壘以挫其銳，徐觀其釁而擊之。釁，隙也。且陛下親臨行陳，行，戶剛翻。陳，讀曰陣。如失萬全，則大事去矣。”閔將止，道士法饒進曰：“陛下圍襄國經年，無尺寸之功；今賊至，又避不擊，將何以使將士乎！將，即亮翻。且太白入昴，當殺胡王，《晉·天文志》：昴七星，爲旄頭，胡星也。百戰百克，不可失也！”閔攘袂大言曰：“吾戰決矣，敢沮衆者斬！”攘，如羊翻。沮，在吕翻。乃悉衆出，與襄、琨戰。悦綰適以燕兵至，去魏兵數里，疏布騎卒，曳柴揚塵，疏，讀與疏同。騎，奇寄翻；下同。魏人望之恟懼，自棘城之敗，趙人固畏燕兵，見其至而勢盛，故恟懼。恟，許拱翻。襄、琨、綰三面擊之，趙王祗自後衝之，魏兵大敗，果如王泰之言，腹背受敵而敗。閔與十餘騎走還鄴。

　　《資治通鑑》卷九十九《晉紀二十一·穆帝永和七年》頁三一一四至三一一五

　　（石）祗大懼，去皇帝之號，稱趙王，遣使詣慕容儁、姚弋仲以乞師。會石琨自冀州援祗，弋仲復遣其子襄率騎三萬八千至自滍頭，儁遣將軍悦綰率甲卒三萬自龍城，三方勁卒合十餘萬。閔遣車騎胡睦距襄于長蘆，將軍孫威候琨于黄邱，皆爲敵所敗，士卒略盡，睦、威單騎而還。琨等軍且至，冉閔將出擊之，衛將軍王泰諫曰：“窮寇固迷，希望外援。今强救雲集，欲吾出戰，腹背擊我。宜固壘勿出，觀勢而動，以挫其謀。今陛下親戎，如失萬全，大事去矣。請慎無出，臣請率諸將爲陛下滅之。”閔將從之，道士法饒進曰：“太白經昴，當殺胡王，一戰百剋，不可失也。”閔攘袂大言曰：“吾戰決矣，敢諫者斬！”於是盡衆出戰。姚襄、悦綰、石琨等三面攻之，祗衝其後，閔師大敗。

　　《通志》卷一百八十七《載記二·魏》頁三〇〇八中至三〇〇八下

（石）祇大懼，乃去皇帝之號，改稱趙王，遣太尉張舉乞師於慕容儁，中軍張春請救於姚弋仲。三月，祇相國汝陰王琨自冀州救祇，弋仲復遣其子襄率騎二萬八千至自滍頭，儁遣將軍悦綰率甲卒三萬自龍城，三方勁卒合十三萬。閔遣車騎胡睦距襄於長蘆，將軍孫威候琨於黃邱，皆爲敵所敗，士卒略盡，睦、威單騎而還。琨等軍且至，閔將出擊之，衛將軍王泰諫曰：“窮寇固迷，希望外援。今强救雲集，欲吾出戰，腹背擊我。宜固壘勿出，觀勢而動，以挫其謀。今陛下親戎，如失萬全，大事去矣。請慎無出，臣請率諸將爲陛下滅之。”閔將從之，道士法饒進曰：“太白經昂，當殺胡王，一戰百剋，不可失也。”閔攘袂大言曰：“吾戰決矣，敢諫者斬。”於是盡衆出戰。姚襄、悦綰、石琨等三面攻之，祇衝其後，閔師大敗。

《十六國春秋輯補》卷二十《後趙録十·石閔》頁一五四至一五五

（石）祇急迫大懼，乃去皇帝之號，改稱趙王，遣太尉張舉乞師于慕容儁，許送傳國璽，中軍將軍張春請救於姚弋仲。三月，汝陰王琨自冀州救祇，弋仲復遣子襄率騎三萬八千至自聶一作隔。頭，儁遣將軍悦綰率騎三萬至自龍城，三方合勁卒十餘萬。閔遣車騎將軍胡睦拒襄于長蘆，將軍孫威拒琨于黃丘，兵皆敗績，士卒略盡，睦、威單騎而還。琨等軍且至，閔將出擊，衛將軍王泰諫曰：“今襄國未平，外救雲集，若我出戰，腹背受敵，此危道也。不若固壘以挫其勢，一作銳。徐伺其釁而擊之。且陛下親臨行陣，如失萬全，則大事去矣。請慎無出，臣請率諸將爲陛下滅之。”閔將止，道士法饒進曰：“陛下圍襄國經年，無尺寸之功。今賊自至，又避不擊，將何以使將士乎！且太白入昂，當殺胡王，百戰百剋，不可失也。”閔攘袂大言曰：“吾戰決矣，敢沮衆者斬！”乃悉衆出與姚襄戰。琨及悦綰適以兵至，去閔軍數里，疏布騎卒，曳柴揚塵，閔軍望之恟懼。襄、琨、緡等三面攻之，祗衝其後，閔軍大敗。

屠本《十六國春秋》卷第十九《後趙録九·石閔》頁五正至六正

（石）祗怯，乃去皇帝之號，改稱趙王。遣太尉張奉乞師於慕容儁，中軍張春請救于姚弋仲。三月，祗相國汝陰王琨自冀州救祗，弋仲復遣子襄帥騎三萬八千，儁遣將軍悦綰帥甲士三萬，勁卒十三萬，四方攻之，祗衝其後，閔師大敗。

《十六國春秋别本》卷二《後趙録·石閔》頁十四正

燕王儁使封奕討約，使昌黎太守高開討準、放。開，瞻之子也。高瞻，見九十一卷元帝太興二年。

奕引兵直抵約壘，遣人謂約曰："相與鄉里，隔絶日久，封奕本渤海人，懷帝永嘉五年，託於慕容廆，見八十七卷。會遇甚難。時事利害，人皆有心，非所論也。願單出一相見，以寫佇結之情。"久立而待之曰佇；企望之情鬱積而不散曰結。約素信重奕，即出，見奕於門外；各屏騎卒，屏，必郢翻。騎，奇寄翻。單馬交語。奕與論叙平生畢，因説之曰："與君累世同鄉，情相愛重，誠欲君享祚無窮；今既獲展奉，展，省視也。奉，承也，事也。説，輸芮翻。不可不盡所懷。冉閔乘石氏之亂，奄有成資，是宜天下服其强矣，而禍亂方始，固知天命不可力争也。燕王奕世載德，"奕世載德"，班彪《王命論》之言。師古曰：載，乘也，言相因不絶。奉義討亂，所征無敵。今已都薊，南臨趙、魏，遠近之民，襁負歸之。民厭荼毒，孔安國曰：荼毒，苦也。襁，居兩翻。咸思有道。冉閔之亡，匪朝伊夕，成敗之形，昭然易見。易，以豉翻。且燕王肇開王業，虚心賢儁；君能翻然改圖，則功参絳、灌，慶流苗裔，孰與爲亡國將，守孤城以待必至之禍哉！ ”將，即亮翻。約聞之，悵然不言。奕給使張安，有勇力；給使，在左右給使令者也。奕豫戒之，俟約氣下，安突前持其馬鞚，鞚，空貢翻。因挾之而馳。至營，奕與坐，謂曰：“君計不能自決，故相爲決之，爲，于僞翻。非欲取君以邀功，乃欲全君以安民也。”

高開至渤海，準、放迎降。降，戶江翻。僬以放爲渤海太守，準爲左司馬，約參軍事。以約誘於人而遇獲，誘，音西。更其名曰釣。更，工衡翻。

《資治通鑑》卷九十九《晉紀二十一·穆帝永和七年》頁三一一七至三一一八

石祗爲劉顯所殺，仲乃與燕連和。

《太平御覽》卷一二三《偏霸部七·後秦姚弋仲》頁五九四上

崔鴻《前燕録》曰：慕容僬三年，廣義將軍岷山公黃紙上表。僬曰：“吾名號未異於前，何宜便爾？ 自今但可白紙稱疏。”

《初學記》卷第二十一《文部·紙第七》頁五一七

崔鴻《前燕録》曰：慕容僬三年，廣義將軍岷山公黃紙上表，僬曰：“吾名號未異於前，何宜便爾？ 自今但可白紙稱疏。”

《太平御覽》卷六〇五《文部二一·紙》頁二七二四上

慕容彪攻陷中山，殺閔寧北白同、幽州刺史劉準，降于慕容僬。

《晉書》卷一百七《載記第七·石季龍下附冉閔》頁二七九六

慕容彪攻陷中山，殺閔寧北白同。幽州刺史劉準降于慕容僬。

《通志》卷一百八十七《載記二·魏》頁三〇八下

慕容彪攻陷中山，殺閔寧北白同，幽州刺史劉準降於慕容儁。

　　　《十六國春秋輯補》卷二十《後趙録十·石閔》頁一五六

慕容彪攻陷中山，殺閔寧北將軍白同。幽州刺史劉準降燕，趙郡太守李邽亦以郡降燕。

　　　屠本《十六國春秋》卷第十九《後趙録九·石閔》頁七背至八正

燕王儁遣慕容恪攻中山，慕容評攻王午于魯口，魏中山太守上谷侯龕閉城拒守。龕，苦含翻。恪南徇常山，軍于九門，九門縣，自漢以來屬常山郡。魏趙郡太守遼西李邽舉郡降，恪厚撫之，將邽還圍中山，侯龕乃降。恪入中山，遷其將帥、土豪數十家詣薊，將，即亮翻。帥，所類翻。薊，音計。餘皆安堵，軍令嚴明，秋豪不犯。慕容評至南安，王午遣其將鄭生拒戰，評擊斬之。

悦綰還自襄國，儁乃知張舉之妄而殺之。常煒有四男二女在中山，儁釋煒之囚，使諸子就見之。煒上疏謝恩，儁手令答曰：“卿本不爲生計，孤以州里相存耳。儁居昌黎，煒居廣寧，二郡皆屬幽州。今大亂之中，諸子盡至，豈非天所念邪！天且念卿，況於孤乎！”賜妾一人，穀三百斛，使居凡城。以北平太守孫興爲中山太守；興善於綏撫，中山遂安。

　　　《資治通鑑》卷九十九《晉紀二十一·穆帝永和七年》頁三一一八至三一一九

逢釣亡歸渤海，招集舊衆以叛燕。樂陵太守賈堅《考異》曰：《燕書·賈堅傳》：“烈祖問堅年，對以受新命始及三載。烈祖悦其言，拜樂陵太守。”按堅以去年九月獲於燕，至明年始三年。若未爲樂陵太守，豈能安集諸縣,告諭逢釣! 故知堅先已爲樂陵太守,非因問年而授。使人告諭鄉人,示以成敗,釣部衆稍散,遂來奔。

《資治通鑑》卷九十九《晉紀二十一·穆帝永和七年》頁三一一九

庫傉官偉帥部衆自上黨降燕。傉,奴沃翻。庫傉官,漁陽烏桓大人庫傉之餘種。按溫公與劉道原書,以爲“庫”當作“厙”。詳見前例。厙,音舍。

《資治通鑑》卷九十九《晉紀二十一·穆帝永和七年》頁三一一九

燕王儁如龍城。

丁零翟鼠帥所部降燕,封爲歸義王。丁零居中山,其後翟斌等皆其種類也。帥,讀曰率。

《資治通鑑》卷九十九《晉紀二十一·穆帝永和七年》頁三一二一至三一二二

崔鴻《春秋·前燕録》曰:慕容儁觀兵近郊,見甘棠于道周,從者不識,儁曰:“唏,此《詩》所謂‘甘棠于道’。甘者,味之主也。木者,春之行也。五德屬仁,五行主土,春以施生,味以養物,色又赤者,言將有赫赫之慶于中土。吾謂國家之盛,此其徵也。《傳》曰:‘升高能賦,可以爲大夫。’群司亦各書其志,吾將覽焉。”於是内外臣寮並上《甘棠頌》。

《太平御覽》卷五八八《文部四·頌》頁二六四八上

公元三五二年 東晉穆帝永和八年 前燕景昭帝元璽元年 冉魏武悼天王永興三年 前秦景明帝皇始二年

乙巳,燕王儁還薊,稍徙軍中文武兵民家屬於薊。自北徙其家屬而南,又恐其懷居而無樂遷之心,故稍徙之。

《資治通鑑》卷九十九《晉紀二十一·穆帝永和八年》頁三一二三

趙立義將軍段勤聚胡、羯萬餘人保據繹幕,繹幕縣,自漢以來屬清河郡。自稱趙帝。夏,四月,甲子,燕王儁遣慕容恪等擊魏,慕容霸等擊勤。

《資治通鑑》卷九十九《晉紀二十一·穆帝永和八年》頁三一二四

夏四月,冉閔爲慕容儁所滅。儁僭帝號于中山,稱燕。

《晉書》卷八《帝紀第八·穆帝》頁一九八

是時,慕容儁僭稱大燕,攻伐無已。

《晉書》卷十三《志第三·天文下》頁三九八

(石)勒以太興二年僭號於襄國,稱趙。後爲慕容儁所滅……

《晉書》卷十四《志第四·地理上》頁四二五

慕容恪滅趙,克青州。

《晉書》卷十五《志第五·地理下》頁四五○

及慕容儁平冉閔，兵戈之際，而鄴下樂人亦頗有來者。

《晉書》卷二十三《志第十三·樂下》頁六九七至六九八

時慕容儁已克幽薊，略地至于冀州。閔帥騎距之，與慕容恪相遇於魏昌城。閔大將軍董閏、車騎張溫言於閔曰：“鮮卑乘勝氣勁，不可當也，請避之以溢其氣，然後濟師以擊之，可以捷也。”閔怒曰：“吾成師以出，將平幽州，斬慕容儁。今遇恪而避之，人將侮我矣。”乃與恪遇，十戰皆敗之。恪乃以鐵鎖連馬，簡善射鮮卑勇而無剛者五千，方陣而前。閔所乘赤馬曰朱龍，日行千里，左杖雙刃矛，右執鉤戟，順風擊之，斬鮮卑三百餘級。俄而燕騎大至，圍之數周。閔眾寡不敵，躍馬潰圍東走，行二十餘里，馬無故而死，爲恪所擒，及董閏、張溫等送之于薊。儁立閔而問之曰：“汝奴僕下才，何自妄稱天子？”閔曰：“天下大亂，爾曹夷狄，人面獸心，尚欲篡逆。我一時英雄，何爲不可作帝王邪！”儁怒，鞭之三百，送于龍城，告庭、龔廟。

《晉書》卷一百七《載記第七·石季龍下附冉閔》頁二七九六至二七九七

（慕容）儁送閔既至龍城，斬于遏陘山。山左右七里草木悉枯，蝗蟲大起，五月不雨，至于十二月。儁遣使者祀之，諡曰武悼天王，其日大雪。是歲永和八年也。[一三]

【校勘記】

〔一三〕是歲永和八年也　各本“永”作“太”，獨殿本作“永”。《穆紀》及《通鑑》九九冉閔死在永和八年，太和乃海西公年號，遠在其後，且止五年。今從殿本。

《晉書》卷一百七《載記第七·石季龍下附冉閔》頁二七九七、二八○一十五年,慕容儁滅冉閔,僭尊號。

《魏書》卷一《序紀第一》頁一三

(冉閔)尋爲慕容儁所擒。

《魏書》卷九十五《列傳第八十三·羯胡石勒》頁二〇五四

永嘉已下,海内分崩,伶官樂器,皆爲劉聰、石勒所獲,慕容儁平冉閔,遂克之。[三]

【校勘記】

〔三〕慕容儁平冉閔遂克之　按此段説的是"伶官樂器"的轉移,"克"字不協,且上既云"平",也不應又説"克之"。"克"當是"得"或"獲"之訛。

《魏書》卷一百九《樂志第十四》頁二八二七、二八四四

及慕容儁平冉閔,兵戈之際,而鄴下樂人頗有來者。

《通典》卷第一百四十一《樂一·歷代沿革上》頁三五九九

十六國前燕慕容儁已剋幽、薊,至於冀州,冉閔帥騎拒之,與儁將慕容恪相遇於魏昌。閔將董閏言於閔曰:"鮮卑乘勝氣勁,[四四]不可當也,請避之以溢其氣,然後濟師以擊之,可以捷也。"閔怒曰:"吾成師以出,將平幽州,斬慕容儁。今遇恪而避之,[四五]人將侮我矣。"閔威名素震,燕衆咸憚之。恪謂諸將曰:"閔勇而無謀,一夫之敵耳。雖有甲兵,不足擊也。吾今分軍爲三部,[四六]掎角以待之。閔性輕鋭,又知吾軍勢非敵,必出萬死衝吾中軍。吾今貫甲厚陣以俟其至,諸軍但勵卒,從傍須其戰合,夾而擊之,必剋。"閔與恪遇,十戰皆敗之。恪乃以鐵鎖連馬,簡善射鮮卑勇而無剛者五千,方陣

而前。閔乘駿馬，左仗雙刃矛，[四七]右執鉤戟，順風擊之，斬鮮卑三百餘級。[四八]俄而燕騎大至，圍之數周。閔眾寡不敵，躍馬潰圍東走，行二十里，爲恪所擒。

【校勘記】

〔四四〕鮮卑乘勝氣勁　“氣”原脱，據《晉書・石季龍載記》下二七九六頁補。

〔四五〕今遇恪而避之　“今”原訛“令”，據北宋本、傅校本、明抄本、明刻本、王吳本改。

〔四六〕吾今分軍爲三部　“軍”原作“兵”，據諸本改。

〔四七〕左仗雙刃矛　“雙刃矛”，原訛脱作“雙刀”，據《晉書・石季龍載記》下二七九六頁改補。

〔四八〕斬鮮卑三百餘級　“百”原訛“萬”，據《晉書・石季龍載記》下二七九六頁及北宋本、傅校本、明抄本、明刻本改。

《通典》卷第一百五十五《兵八・致敵力疲夾攻敗之》頁三九七七至三九七八、三九九二至三九九三

懷帝末，没於石勒、慕容皝。及慕容恪滅冉閔，剋青州。至苻氏平燕，復有其地。

《通典》卷第一百八十《州郡十・古青州》頁四七六九

十五年，慕容儁滅冉閔，僭稱尊號。

《太平御覽》卷一〇一《皇王部二六・後魏諸帝》頁四八三上

三月，慕容儁已剋幽、薊，略地至于冀州。閔帥騎擊之，與慕容恪遇于廣臺。恪方陣而前，閔眾寡不敵。所乘赤馬曰朱龍，日行千里，潰圍出，東奔二十餘里，馬無故而死，遂爲恪所擒。送之于薊，

儁立閔而問之曰："汝奴僕下才,何敢妄稱天子?"閔曰:"天下大
亂,爾曹夷狄,人面獸心,尚欲篡逆。我一時英雄,何爲不可作王
耶!"儁怒,鞭之三日。

　　　　《太平御覽》卷一二〇《偏霸部四·石閔》頁五八二上

　　五月,送閔龍城,告廟而煞之。

　　　　《太平御覽》卷一二〇《偏霸部四·石閔》頁五八二上

　　初,慕容儁斬閔于遏陘山,山左右七里草木悉枯,蝗蟲大起,自
五月不雨,至于十二月。儁遣使者祀之,謚曰武悼天王,其日大雨
雪。是歲太和八年也。

　　　　《太平御覽》卷一二〇《偏霸部四·石閔》頁五八二上至五八
二下

　　又曰:前燕慕容儁已剋幽、薊,至于冀州。冉閔師騎拒之,與儁
將慕容恪相遇於魏昌。閔將董閏言於閔曰:"鮮卑乘勝,勁不可當
也。請避之,以溢其氣,然後濟師以擊之,可以捷也。"閔怒曰:"吾
成師以出,將平幽州,斬慕容儁。今遇恪而避之,人將侮我矣。"閔
威名素振,燕衆咸憚之。恪謂諸將曰:"閔勇而無謀,一夫之敵耳。
雖有甲兵,不足擊也。具今分爲軍三都,掎角以待之。閔性輕鋭,又
以吾軍勢非敵,必出萬死衝吾中軍。吾今貫甲厚陣以俟其至,諸軍
但勵卒從傍須其戰,合夾而擊之,必剋。"閔與恪遇,十戰皆敗之。恪
乃以鐵鎖連馬,簡善射鮮卑勇而無剛者五千,方陣而前。閔乘駿馬
左杖雙刀,右執鉤戟,順風擊之。斬鮮卑三百餘級。俄而燕騎大至,
圍之數周。閔衆寡不敵,躍馬潰圍東走,行二十餘里,爲恪所擒。

　　　　《太平御覽》卷二八六《兵部一七·機略五》頁一三二五上

又曰：石閔，趙王季龍養子也。善謀策，勇力絶人。既殺石鑒，遂僭國號大魏。戎卒三十萬，旌旗鍾鼓綿亘百餘里，雖石氏之盛，無以過之。慕容儁遣慕容恪率衆伐之。閔與恪十戰，皆敗恪。恪乃以鐵鎖連馬，簡善射卑勇而無剛者五千，方陣而前。閔所乘赤馬，日行千里，左仗雙刃，右執劍戟，順風擊之，斬鮮卑三百餘級。俄而燕騎大至，圍之數匝。閔躍馬潰圍，馬死，爲恪所擒，斬之。左右七里，草木悉枯。

《太平御覽》卷四三五《人事部七六·勇三》頁二〇〇三下至二〇〇四上

崔鴻《後趙録》曰：冉閔爲慕容恪所擒，慕容儁立問閔曰："汝奴僕下才，何自妄稱天子？"閔曰："爾曹人面獸心，欲篡逆，我一時英雄，何爲不作帝王耶！"儁怒鞭之三百。

《太平御覽》卷四八三《人事部一二四·怒》頁二二一二下

崔鴻《前燕録》曰：高商，渤海人也。剛毅嚴重，好學有事幹，爲范陽太守。聞兄開戰没，悲哭歐血，病不能起，扶杖乃行。慕容儁召見，商泣，謂左右曰："自古友于之篤，未有如商者也。"拜昌黎太守。商泣曰："臣兄亡於此郡，臣故不忍爲之。"儁愍而授遼西。

《太平御覽》卷四八七《人事部一二八·哭》頁二二三一上至二二三一下

又曰：穆帝永和八年，日未入，有流星大如三斗魁，從辰巳上東南行，在箕斗間。占曰："營首之下，流血滂沱。"是年，慕容儁稱大燕，攻伐無已。

《太平御覽》卷八七五《咎徵部二·營頭》頁三八八五下

又曰：冉閔永興三年，有雲黄赤色，起東北，長百餘丈。是歲，閔爲慕容儁所殺。

《太平御覽》卷八七七《咎徵部四·黄雲》頁三八九二下

（冉閔）爲慕容儁所滅。

《册府元龜》卷二一九《僭僞部·姓系》頁二六二四上

魏主閔將與燕戰，大將軍董閏、車騎將軍張温諫曰：騎，奇寄翻；下同。“鮮卑乘勝鋒鋭，且彼衆我寡，宜且避之；俟其驕惰，然後益兵以擊之。”閔怒曰：“吾欲以此衆平幽州，斬慕容儁；今遇恪而避之，人謂我何！”司徒劉茂、特進郎闓相謂曰：“吾君此行，必不還矣，吾等何爲坐待戮辱！”皆自殺。闓，苦亥翻，又音開。

閔軍于安喜，安喜縣，前漢曰安險，屬中山郡，後漢章帝更名；唐復爲安險縣，屬定州。而定州所治之安喜縣，漢盧奴縣也。慕容恪引兵從之。閔趣常山，趣，七喻翻；下同。恪追之，及【章：十二行本“及”上有“丙子”二字；乙十一行本同；孔本同；張校同。】于魏昌之廉臺。魏昌縣，屬中山郡，本苦陘，漢章帝改爲漢昌，魏文帝改爲魏昌，唐爲定州唐昌縣。魏收《地形志》：中山毋極縣有廉臺。蓋晉省無極縣，廉臺遂在魏昌界。閔與燕兵十戰，燕兵皆不勝。閔素有勇名，所將兵精鋭，將，即亮翻。燕人憚之。慕容恪巡陳，陳，讀曰陣。謂將士曰：“冉閔勇而無謀，一夫敵耳！其士卒飢疲，甲兵雖精，其實難用，不足破也！”閔以所將多步卒，將，即亮翻。而燕皆騎兵，引兵將趣林中。恪參軍高開曰：“吾騎兵利平地，若閔得入林，不可復制。復，扶又翻。宜亟遣輕騎邀之，既合而陽走，誘致平地，然後可擊也。”誘，音酉。恪從之。魏兵還就平地，恪分軍爲三部，謂諸將曰：“閔性輕鋭，又自以衆少，必致死於我。我厚集中軍之陳以待之，少，詩沼翻。陳，讀曰陣；下同。俟其合戰，卿等從旁擊之，無不克矣。"乃擇鮮卑善射者五千人，以鐵鎖連其馬，爲方陳而前。閔所乘駿馬曰朱龍，日行千里。閔左操兩刃矛，右執鉤戟，以擊燕兵，斬首三百餘級。望見大幢，知其爲中軍，直衝之；燕兩軍從旁夾擊，大破之。恪以鐵鎖連馬，則閔兵雖致死而陳不可破，兩軍從旁夾擊，則閔兵三面受敵，不敗何待！操，千刀翻。幢，直江翻。圍閔數重，重，直龍翻。閔潰圍東走二十餘里，朱龍忽斃，爲燕兵所執。燕人殺魏僕射劉群，執董閔、張溫及閔，皆送於薊。"董閔"當作"董閏"。【章：孔本正作"閏"。】冉閔自立事始上卷六年，至是而滅。閔子操奔魯口。高開被創而卒。創，初良翻。慕容恪進屯常山，儁命恪鎮中山。

己卯，冉閔至薊。儁大赦。立閔而責之曰："汝奴僕下才，何得妄稱帝？"閔曰："天下大亂，爾曹夷狄禽獸之類猶稱帝，況我中土英雄，何得不【章：十二行本"何得不"作"何爲不得"四字；乙十一行本同；孔本同；張校同。】稱帝邪！"儁怒，鞭之三百，送於龍城。

《資治通鑑》卷九十九《晉紀二十一·穆帝永和八年》頁三一二五至三一二六

辛卯，燕人斬冉閔於龍城。會大旱、蝗，燕王儁謂閔爲祟，祟，雖遂翻。神禍曰祟。遣使祀之，諡曰悼武天王。

《資治通鑑》卷九十九《晉紀二十一·穆帝永和八年》頁三一二七

夏四月，冉閔爲慕容儁所滅。儁僭帝號於中山，稱燕。

《通志》卷十下《晉紀十下·穆皇帝》頁二○一中

時慕容儁已克幽薊，略地至于冀州。閔帥騎距之，與慕容恪相遇於魏昌城。閔大將軍董閏、車騎張溫言於閔曰："鮮卑乘勝氣勁，不可當也，請避之以溢其氣，然後濟師以擊之，可以捷也。"閔怒曰："吾成師以出，將平幽州，斬慕容儁。今遇恪而避之，人將侮我矣。"乃與恪遇，十戰皆敗之。恪乃以鐵鎖連馬，簡善射鮮卑勇而無剛者五千，方陣而前。閔所乘赤馬曰朱龍，日行千里，左杖雙刃矛，右執鉤戟，順風擊之，斬鮮卑三百餘級。俄而燕騎大至，圍之數周。閔衆寡不敵，躍馬潰圍東走，行二十餘里，馬無故而死，爲恪所擒，及董閏、張溫等送之于薊。儁立閔而問之曰："汝奴僕下才，何自妄稱天子？"閔曰："天下大亂，爾曹夷狄，人面獸心，尚欲篡逆。我一時英雄，何爲不可作帝王邪！"儁怒，鞭之三百，送于龍城，告廟、銚廟。

《通志》卷一百八十七《載記二·魏》頁三〇〇九上

儁送閔既至龍城，斬于遏陘山。山左右七里草木悉枯，蝗蟲大起，五月不雨，至于十二月。儁遣使者祀之，謚曰武悼天王，其日大雪。是歲太和八年也。

《通志》卷一百八十七《載記二·魏》頁三〇〇九中

染氏即冉氏，石虎將染閔，魏郡内黃人，篡石趙號魏，三年爲燕慕容儁所滅。

《通志》卷二十八《氏族略四·楚人名》頁四六五下

三月，前燕慕容儁已剋幽薊，略地至於冀州。閔帥騎距之，與儁將慕容恪相遇於魏昌城廣當作"廉"。臺。閔大將軍董閏、車騎張溫言於閔曰："鮮卑乘勝氣勁，不可當也。請避之以溢其氣，然後濟師以擊之，可以捷也。"閔怒曰："吾成師以出，將平幽州，斬慕容儁。今遇恪而避之，人將侮我矣。"乃與恪遇，十戰皆敗之。恪乃以鐵鎖連馬，簡善射鮮卑勇而剛者五千，方陣而前。閔所乘赤馬曰朱龍，日行千里，左杖雙刃矛，右執鉤戟，順風擊之，斬鮮卑三百餘級。俄而燕騎大至，圍之數周，閔衆寡不敵，躍馬潰圍出。東走行二十餘里，馬無故而死，遂爲恪所擒，此段亦見《御覽》二百八十六，及三百五十二。及董閏、張溫等送之於薊。儁立閔而問之曰：“汝奴僕下才，何敢妄稱天子？”閔曰：“天下大亂，爾曹夷狄，人面獸心，尚欲篡逆。我一時英雄，何爲不可作帝王邪！”儁怒，鞭之三百。

　　《十六國春秋輯補》卷二十《後趙録十·石閔》頁一五六至一五七

　　五月，送閔於龍城，告廟、祧廟而殺之。

　　　　《十六國春秋輯補》卷二十《後趙録十·石閔》頁一五七

　　初，慕容儁斬閔於遏陘山，山左右七里草木悉枯，蝗蟲大起。自五月不雨，至於十二月。儁遣使者祀之，謚曰武悼天王，其日大雨雪。是歲永原誤作“太”。和八年也。

　　　　《十六國春秋輯補》卷二十《後趙録十·石閔》頁一五七

　　夏四月甲子，慕容儁已剋幽薊，略地至冀州。閔率騎擊之，與慕容恪遇于魏昌城。閔大將軍董閏、車騎將軍張溫諫曰：“鮮卑乘勝氣勁，其鋒不可當，且彼衆我寡，宜請避之以溢其氣，俟其驕惰，然後濟師以擊之，便可擒一作捷。也。”閔怒曰：“吾成師以出，將平幽州，斬慕容儁。今遇恪而避之，人謂我何？”司徒劉茂、特進郎闓相謂曰：“吾君此行必不返矣，吾等何爲坐待戮辱？”皆自殺。閔素有勇名，所將兵又精銳，燕衆憚之，進與恪遇，十戰皆敗之。恪乃簡善射鮮卑勇而無剛者五千，以鐵鎖連其馬，爲方陣而前。閔所乘赤

馬曰朱龍，日行千里，閔左仗雙刃矛，右執鉤戟，順風擊之，斬鮮卑
三百餘級，望見大幢知其爲中軍，直衝之。俄而燕騎大至，從旁夾
擊，大破之，圍之數周。閔衆寡不敵，躍馬潰圍，東奔二十餘里，朱
龍忽斃，爲恪所擒。殺僕射劉群，并執董閏、張温等送之于薊。儁
立閔而問之曰："汝奴僕下才，何自妄稱天子？"閔曰："天下大亂，
爾曹夷狄人面獸心，尚欲纂逆。我一時英雄，何爲不可作帝王耶！"
儁怒，鞭之三百，復送之龍城。閔子操奔魯口。

　　屠本《十六國春秋》卷第十九《後趙録九·石閔》頁九正至
十正

　　辛卯，閔至龍城，告廟、祧廟，斬于遏陘山，山左右七里草木悉
枯。會大旱，蝗蟲大起，自五月不雨，至于十二月。儁謂閔爲灾，遣
使祀之，謚曰武悼天王。其日大雪，是歲永和八年也。

　　屠本《十六國春秋》卷第十九《後趙録九·石閔》頁十一正

　　（冉）閔敗，爲燕所執，遂遇害。

　　屠本《十六國春秋》卷第二十二《後趙録十二·劉群》頁十
八背

　　三月，慕容儁已剋幽薊，略地至于冀州。閔帥騎擊之，與慕容
恪遇於魏昌城，恪方陣而前，閔衆寡不敵，所乘赤馬曰朱龍，日行千
里，潰圍東奔，行二十餘里，馬無故而死，遂爲恪所擒，送之于薊。
儁立閔而問之曰："汝奴僕下才，何敢妄稱天子？"閔曰："當此天下
大亂，爾曹人面獸心，尚欲纂逆，我一時英雄，何爲不可作帝王耶？"
儁怒，鞭之三百。

　　《十六國春秋別本》卷二《後趙録·石閔》頁十四背至十五正

五月，送閔於龍城，告庖、兆廟而殺之。

　　　　《十六國春秋別本》卷二《後趙録·石閔》頁十五正

　　初，慕容儁斬閔於遏陘山，山左右七里木悉枯，蝗蟲大起。自五月不雨至于十二月。儁遣使者祀之，謐曰武悼天王，其日大雨雹，是歲太和八年也。

　　　　《十六國春秋別本》卷二《後趙録·石閔》頁十五背

　　（慕容儁）遣慕容評率衆圍鄴。劉寧及弟崇帥胡騎三千奔于晉陽，蘇亥棄常山奔于新興。鄴中饑，人相食，季龍時宮人被食略盡。冉智尚幼，蔣幹遣侍中繆嵩、詹事劉猗奉表歸順，且乞師于晉。濮陽太守戴施自倉垣次于棘津，止猗，不聽進，責其傳國璽。猗使嵩還鄴復命，幹沈吟未決，施乃率壯士百餘人入鄴，助守三臺，謪之曰：“且出璽付我。今凶寇在外，道路不通，未敢送也。須得璽，當馳白天子耳。天子聞璽已在吾處，信卿至誠，必遣軍糧厚相救餉。”幹以爲然，乃出璽付之。施宣言使督護何融迎糧，陰令懷璽送于京師。

　　　　《晉書》卷一百七《載記第七·石季龍下附冉閔》頁二七九七

　　《燕書·烈祖後記》曰：元璽六年，蔣幹遣侍中繆高、太子詹事劉猗賫傳國璽詣晉求救。猗負引行數百里，黃霧四塞，迷荒不得進，乃還易取行，璽始得去。

　　　　《太平御覽》卷一五《天部一五·霧》頁七六下至七七上

　　（慕容儁）遣慕容評帥衆圍鄴。

　　　　《太平御覽》卷一二〇《偏霸部四·石閔》頁五八二上

《燕書》曰：元璽六年，蔣幹遣太子詹事劉猗賷傳國璽詣晉求救。猗負璽行數里，天黃霧四塞，不得進。易取行璽，始得去。

　　　　《太平御覽》卷六八二《儀式部三·璽》頁三〇四五上

　　《晉書·載記》曰：慕容儁時，鷰巢于儁正陽殿之西椒，生三鷇，頂上堅毛。几城獻異鳥，五色成章。儁謂群僚曰："是何祥也？"咸稱："鷰者，燕鳥也。首有毛冠者，言大燕龍興，冠通天冕，章甫之象也。巢正陽西椒者，至尊臨軒，朝萬國之徵也。三子者，數應三統之驗也。神鳥五色，言聖朝將繼五行之籙，以御四海者也。"儁覽之大悦。

　　　　《太平御覽》卷九二二《羽族部九·燕》頁四〇九〇下

　　慕容霸軍至繹幕，段勤與弟思聰舉城降。降，户江翻；下同。
　　甲申，儁遣慕容評及中尉侯龕帥精騎萬人攻鄴。龕，苦含翻。癸巳，至鄴，魏蔣幹及太子智閉城拒守，城外皆降於燕，劉寧及弟崇帥胡騎三千奔晉陽。劉寧，劉顯將也，以棗强降閔。帥，讀曰率。

　　　　《資治通鑑》卷九十九《晉紀二十一·穆帝永和八年》頁三一二六

　　鄴中大饑，人相食，故趙時宮人被食略盡。被，皮義翻。蔣幹使侍中繆嵩、詹事劉猗奉表請降，且求救於謝尚。繆，靡幼翻。庚寅，燕王儁遣廣威將軍慕容軍、殿中將軍慕輿根、右司馬皇甫真等帥步騎二萬助慕容評攻鄴。

　　　　《資治通鑑》卷九十九《晉紀二十一·穆帝永和八年》頁三一二六至三一二七

　　初，謝尚使戴施據枋頭，遣施之時，指令據枋頭。施聞蔣幹求救，乃自倉垣徙屯棘津，棘津，即石濟南津，有棘津亭。止幹使者求傳國璽。璽，斯氏翻。劉猗使繆嵩還鄴白幹，幹疑尚不能救，沈吟未決。沈，持林翻。六月，施帥壯士百餘人入鄴，助守三臺，紿之曰：“今燕寇在外，道路不通，璽未敢送也。卿且出以付我，我當馳白天子。天子聞璽在吾所，信卿至誠，必多發兵糧以相救餉。”幹以爲然，出璽付之。施宣言使督護何融迎糧，陰令懷璽送于枋頭。江南之未得璽也，中原謂之“白版天子”。傳國璽至此歸晉。藺相如全璧歸趙，趙王擢之，自繆賢舍人爲上大夫。戴施能復致累代傳國之寶，未聞晉朝以顯賞甄之也，何居！甲子，蔣幹帥銳卒五千及晉兵出戰，慕容評大破之，斬首四千級，幹脱走入城。

　　　　《資治通鑑》卷九十九《晉紀二十一·穆帝永和八年》頁三一二七

　　（慕容儁）遣慕容評率衆圍鄴。劉寧及弟崇帥胡騎三千奔于晉陽，蘇亥棄常山奔于新興。鄴中饑，人相食，虎時宮人被食略盡。冉智尚幼，蔣幹遣侍中繆嵩、詹事劉猗奉表歸順，且乞師于晉。濮陽太守戴施自倉垣次于棘津，止猗，不聽進，責其傳國璽。猗使嵩還鄴復命，幹沈吟未決，施乃率壯士百餘人入鄴，助守三臺，譎之曰：“且出璽付我。今凶寇在外，道路不通，未敢送也。須得璽，當馳白天子耳。天子聞璽已在吾處，信卿至誠，必遣軍糧厚相救餉。”幹以爲然，乃出璽付之。施宣言使督護何融迎糧，陰令懷璽送于京師。

　　　　《通志》卷一百八十七《載記二·魏》頁三〇〇九上

　　（慕容儁）遣慕容評帥衆圍鄴。

　　　　《十六國春秋輯補》卷二十《後趙録十·石閔》頁一五七

劉寧及弟崇帥胡騎三千奔於晉陽，蘇亥一作“彦”。棄常山奔於
新興。鄴中饑，人相食，虎時宮人被食略盡。冉智尚幼，蔣幹遣侍
中繆嵩、詹事劉猗奉表降晉，且乞師於晉。濮陽太守戴施自倉垣次
於棘津，止猗不聽進，責其傳國璽。猗使嵩還鄴復命，幹沈吟未決，
施乃率壯士百餘人入鄴，助守三臺，譎之曰：“且出璽付我，今凶寇
在外，道路不通，未敢送也。須得璽，當馳白天子耳。聞璽已在吾
處，信卿至誠，必遣軍糧厚相救餉。”幹以爲然，乃出璽付之。施宣
言使督護何融迎糧，陰令懷璽送於京師。

　　　　《十六國春秋輯補》卷二十《後趙録十·石閔》頁一五七

　　五月，慕容評率衆攻鄴，劉寧及弟崇帥胡騎三千奔晉陽，蘇彦
棄常山奔新興。鄴中大饑，人相食，虎時宮人被食略盡。冉智尚
幼，蔣幹遣侍中繆嵩、詹事劉猗奉表歸晉，且乞師于西中郎將謝尚。
時晉建威將軍、濮陽太守戴施自倉垣次于棘津，止猗，不聽進，責其
傳國璽。猗使嵩還鄴復命，幹謂尚已敗，慮不能救己，猶豫不許。
六月，施遣參軍何融率壯士百餘人入鄴，登三臺助戍，譎之曰：“今
凶寇在外，道路梗澀，璽亦未敢送也。須得璽，當遣單使馳白天子
耳。卿且出以付我，天子聞璽已在吾所，知卿等至誠，必遣重軍相
救，并厚相餉。”幹以爲然，出璽付之。施因宣言使何融迎糧，陰令
懷璽馳還枋頭。

　　屠本《十六國春秋》卷第十九《後趙録九·石閔》頁十正至
十背

　　（慕容儁）遣慕容評帥衆圍鄴。

　　　　《十六國春秋别本》卷二《後趙録·石閔》頁十五正

鄴中饑，人相食，虎時宮人被食略盡。冉智尚幼，蔣幹遣詹事劉猗，奉表降僬。

　　　　《十六國春秋別本》卷二《後趙録·石閔》頁十五正

丙辰，燕王僬如中山。

王午聞魏敗，時鄧恒已死，恒，户登翻。午自稱安國王。八月，戊辰，燕王僬遣慕容恪、封奕、陽鶩攻之，午閉城自守，送冉操詣燕軍，燕人掠其禾稼而還。慕容恪善用兵，知魯口之未可取，徒久攻以斃士卒，故掠其禾稼，全師而退。金城湯池，非粟不守，孤城之外，春取其麥而秋取其禾，彼將焉仰哉！還，從宣翻，又如字。

　　　《資治通鑑》卷九十九《晉紀二十一·穆帝永和八年》頁三一二八

九月，冉智爲其將馬願所執，降于慕容恪。

　　　　《晉書》卷八《帝紀第八·穆帝》頁一九八

長水校尉馬願、龍驤田香開門降評。施、融、蔣幹懸縋而下，[一二]奔于倉垣。評送閔妻董氏、太子智、太尉申鍾、司空條攸、中書監聶熊，司隸校尉籍羆、中書令李垣及諸王公卿士于薊。尚書令王簡、左僕射張乾、右僕射郎肅自殺。

【校勘記】

〔一二〕施融蔣幹懸縋而下　上文已云何融懷璽送京師，《謝尚傳》亦云“融齎璽馳還枋頭”，則融已不在城中，何得又與戴施、蔣幹縋城而下，記事前後矛盾。

　　　《晉書》卷一百七《載記第七·石季龍下附冉閔》頁二七九七、二八〇一八月，長水校尉馬願、龍驤將軍田香開門降評。蔣幹懸而投出于倉垣。評送閔后董氏、太子智、太尉申鍾及諸王公卿于薊。

　　　　《太平御覽》卷一二〇《偏霸部四·石閔》頁五八二上

又曰：皇甫真，字楚季。弱冠以高才隨慕容評攻鄴都，珍貨充溢，真一無所取，唯存恤人物、收圖籍而已。

　　　　《太平御覽》卷二七五《兵部六·良將上》頁一二八四下

《燕書》曰：皇甫真，字楚季，安定朝那人也。從輔國恪討擒冉閔，即南圍拔鄴，石氏舊都城内珍玩寶貨充溢，真無所取，唯存恤人物，收斂圖籍。真上疏曰：“臣輒以家奴婢五十口，馬七匹，牛四十頭以助軍資。”

　　　　《太平御覽》卷四二六《人事部六七·清廉下》頁一九六四上

又曰：冉閔敗，蔣幹以傳國璽送于建鄴。慕容儁欲神其事業，言曆運在己，乃詐云：“閔妻得之以獻。”賜號曰“奉璽君”，因以永和八年僭即皇帝位，大赦境内，建元曰元璽。

　　　　《太平御覽》卷六八二《儀式部三·璽》頁三〇四三下

（慕容）儁既剋冉閔，蔣幹以傳國璽送於建業。儁欲神其事業，言歷運在己，乃詐云：“閔妻得之以獻。”賜號曰“奉璽君”，因以永和八年僭即皇帝位，大赦境内，建元曰元璽。

　　　　《册府元龜》卷二一九《僭僞部·年號》頁二六三一下至二六三二上

前燕皇甫真爲奉車都尉，後入爲典書令。從慕容評攻拔鄴都，珍貨充溢，貞一無所取，唯存恤人物、收圖籍而已。

　　　　　《冊府元龜》卷四〇六《將帥部‧清儉》頁四八二六上

　　前燕皇甫真爲侍中、太尉，飲酒至石餘不亂。

　　　　　《冊府元龜》卷九一四《總錄部‧嗜酒》頁一〇八一五下

　　庚午，魏長水校尉馬願等開鄴城納燕兵，戴施、蔣幹懸縋而下，縋，直僞翻。奔于倉垣。慕容評送魏后董氏、太子智、太尉申鍾、司空條枚【嚴："枚"改"攸"。】等條，姓也。周亞夫封條侯，其後以爲氏。及乘輿服御于薊。乘，繩證翻。尚書令王簡、左僕射張乾、右僕射郎肅皆自殺。燕王儁詐云董氏得傳國璽獻之，賜號奉璽君，賜冉智爵海賓侯。以申鍾爲大將軍右長史；命慕容評鎮鄴。

　　　　　《資治通鑑》卷九十九《晉紀二十一‧穆帝永和八年》頁三一二八至三一二九

　　九月，冉智爲其將馬願所執，降于慕容恪。

　　　　　《通志》卷十下《晉紀十下‧穆皇帝》頁二〇一下

　　長水校尉馬願、龍驤田香開門降評。施、融、蔣幹懸縋而下，奔于倉垣。評送閔妻董氏、太子智、太尉申鍾、司空條攸、中書監聶熊、司隸校尉籍羆、中書令李垣及諸王公卿士于薊。尚書令王簡、左僕射張乾、右僕射郎肅自殺。

　　　　　《通志》卷一百八十七《載記二‧魏》頁三〇〇九上至三〇〇九中

　　八月，長水校尉馬願、龍驤將軍田香開門降評，施、融、蔣幹懸縋而下，奔於倉垣。評送閔后董氏、太子智、太尉申鍾、司空條休、中書監聶熊、司隸校尉籍羆、中書令李垣及諸王公卿士於薊，尚書令王簡、左僕射張乾、右僕射郎肅自殺。

　　　　《十六國春秋輯補》卷二十《後趙録十·石閔》頁一五七

　　秋八月，長水校尉馬願、龍騰將軍田香開門降評。施、融、蔣幹懸縋而下，奔于倉垣。評送閔后董氏、太子智、太尉申鍾、司空條攸、中書監聶熊、司隸校尉籍羆、中書令李垣及諸王公卿士于薊。尚書令王簡、左僕射張乾、右僕射郎肅皆自殺。

　　　　屠本《十六國春秋》卷第十九《後趙録九·石閔》頁十一正

　　八月，長水校尉馬願、龍驤將軍田香開門降評。蔣幹懸縋而下，奔于倉垣。評送閔后董氏、太子智、太尉申鍾及諸王公卿于薊。

　　　　《十六國春秋別本》卷二《後趙録·石閔》頁十五正至十五背

　　初嵩長女有姿色，充冉閔宮闈，閔破，入慕容儁，又轉賜盧豚。

　　　　《魏書》卷九十四《列傳閹官第八十二·仇洛齊》頁二〇一三

　　初，嵩長女有姿色，充冉閔婦。閔破，入慕容儁，又轉賜盧豚，[一五]生子魯元。

【校勘記】

　　〔一五〕又轉賜盧豚　諸本"轉"訛作"傳"，據《魏書》卷九四《仇洛齊傳》改。

　　　　《北史》卷九十二《列傳第八十·恩幸·仇洛齊》頁三〇三〇、三〇五七嵩長女有姿色，爲冉閔宮人，閔破，慕容儁以賜盧豚。

　　《册府元龜》卷六六五《内臣部・恩寵》頁七九五八下

初，嵩長女有姿色，充冉閔婦。閔破，入慕容儁，又傳賜盧豚，生子魯元。

　　《通志》卷一百七十九《宦者傳一・仇洛齊》頁二八七二中

丁卯，燕王儁還薊。

故趙將擁兵據州郡者，各遣使降燕；將，即亮翻。使，疏吏翻。降，户江翻。燕王儁以王擢爲益州刺史，夔逸爲秦州刺史，張平爲并州刺史，李歷爲兖州刺史，高昌爲安西將軍，劉寧爲車騎將軍。

慕容恪屯安平，安平縣，前漢屬涿郡，後漢屬安平國，晉屬博陵郡，唐屬深州。積糧，治攻具，將討王午。治，直之翻。丙戌，中山蘇林起兵於無極，無極縣，漢屬中山國，晉省。“無”，本作“毋”。唐武后萬歲通天二年，始改“毋”字爲“無”；此當作“毋”。自稱天子；恪自魯口還討林。閏月，戊子，燕王儁遣廣威將軍慕輿根助恪攻林，斬之。王午爲其將秦興所殺。吕護殺興，復自稱安國王。復，扶又翻。

　　《資治通鑑》卷九十九《晉紀二十一・穆帝永和八年》頁三一三〇至三一三一

八年，劉顯、苻健、慕容儁並僭號。

　　　　《晉書》卷十三《志第三・天文下》頁三七四

是時，帝幼沖，母后稱制，將相有隙，兵革連起，慕容儁僭號稱燕王，攻伐不休。

　　　　《晉書》卷十三《志第三・天文下》頁三七五

八年，劉顯、苻健、慕容儁並僭號。

《宋書》卷二十四《志第十四·天文二》頁七一三

是時帝主幼沖，母后稱制，將相有隙，兵革連起。慕容儁僭稱
大燕，攻伐無已，故灾異數見，殷浩見廢也。

《宋書》卷二十四《志第十四·天文二》頁七一五

前燕慕容儁既即僞位，追尊祖廆爲高祖武宣皇帝，父皝爲太祖
文皇帝。使昌黎、遼東二郡營起廆廟，范陽、燕郡構皝廟，以其護軍
平熙領將作大匠，監造二廟焉。

《册府元龜》卷二二四《僭僞部·奉先》頁二六七五上

八年，（慕容儁）僭即皇帝位，大赦境内。

《册府元龜》卷二二六《僭僞部·恩宥》頁二六九七下

慕容儁既僭即皇帝位，其從行文武、諸藩使人及登號之日，悉
增位三級。泒河之師、守鄴之軍，下及戰士，賜各有差。臨陣戰亡
者，將士加增二等，士卒復其子孫。殿中舊人隨才擢叙。

《册府元龜》卷二三〇《僭僞部·慶賜》頁二七三四上

燕群僚共上尊號於燕王儁，儁許之。上，時掌翻。十一月，丁卯，
始置百官，以國相封奕爲太尉，左長史陽騖爲尚書令，右司馬皇甫
真爲尚書左僕射，典書令張悕爲右僕射；悕，香衣翻。其餘文武，拜
授有差。戊辰，儁即皇帝位，大赦；自謂獲傳國璽，改元元璽。追尊
武宣王爲高祖武宣皇帝，文明王爲太祖文明皇帝。廆謚武宣王，皝謚
文明王。時晉使適至燕，使，疏吏翻。儁謂曰："汝還白汝天子，我承人

乏,爲中國所推,已爲帝矣!"謂中國無主,己爲士民所推,遂承人乏而即尊位也。改司州爲中州;建留臺於龍都。趙置司州於鄴。燕初都龍城,時遷于薊,故建留臺於龍城,謂之龍都。以玄菟太守乙逸爲尚書,專委留務。菟,同都翻。

《資治通鑑》卷九十九《晉紀二十一·穆帝永和八年》頁三一三一

及僭號,署爲進謀將軍、太史令、關內侯,尋加奉車都尉、西海太守、領太史令、開陽亭侯,又封平舒縣五等伯,常從左右,諮決大事。靈臺令許敦害其寵,諂事慕容評,設異議以毀之,乃以泓爲太史靈臺諸署統,加給事中。泓待敦彌厚,不以毀己易心。

《晉書》卷九十五《列傳第六十五·藝術·黃泓》頁二四九三

前燕黃泓爲慕容儁太史令,常從左右,諮決大事。靈臺令許敦害其寵,諂事慕容評,評設異議以毀之,乃以泓爲太史靈臺諸署統,加給事中。泓待敦彌厚,不以毀己易心。

《册府元龜》卷八八五《總錄部·以德報怨》頁一〇四八二下

及僭號,署爲進謀將軍、太史令、關內侯,尋加奉車都尉、西海太守、領太史令、開陽亭侯,又封平舒縣五等伯,常從左右,諮決大事。靈臺令許敦害其寵,諂事慕容評,設異議以毀之,乃以泓爲太史靈臺諸署統,加給事中。泓待敦彌厚,不以毀己易心。

《通志》卷一百八十二《藝術傳二·黃泓》頁二九一八中至二九一八下

　　及石氏之亡,末波之子勤鳩集胡羯得萬餘人,保枉人山,自稱趙王,附于慕容儁。俄爲冉閔所敗,徙于繹幕,僭即尊號。儁遣慕容恪擊之,勤懼而降。

　　　　《晉書》卷六十三《列傳第三十三·段匹磾》頁一七一二

　　及石氏之亡,末波之子勤鳩集胡羯得萬餘人,保枉人山,自稱趙王,附于慕容儁。俄爲冉閔所敗,徙于繹幕,僭即尊號。儁遣慕容恪擊之,勤懼而降。

　　　　《通志》卷一百二十五《列傳三十八·段匹磾》頁一九五六中至一九五六下

　　《燕書》曰:申弼,烈祖常從容問諸侍臣曰:"夫口以下,動乃能制物,鈇鑽爲用,亦噬嗑之意,而從上下何也?"弼答曰:"口之下動,上使下也;鈇鑽之用,上斬下也。"烈祖稱善。

　　　　《太平御覽》卷三六七《人事部八·口》頁一六九二下

　　(冉)閔之亡也,平帥所部稱藩於燕。

　　　　屠本《十六國春秋》卷第四十二《前秦録十·張平》頁一六背

　　前燕慕容儁,以元璽元年,造二十八口刀,銘曰"二十八將",隸書。

　　　　　　　　　　　《古今刀劍録》頁八正

　　又曰:前燕慕容儁元年造二十八口刀,銘曰"二十八將"。

　　　　《太平御覽》卷三四六《兵部七七·刀下》頁一五九二上

崔鴻《春秋·前燕録》曰:豫州刺史張悕字文祖,清河武城人也。悕少孤貧,隨母長於舅氏,令其牧牛。悕幼而好學,事母以孝聞。每日必於牧暇採樵二束、菜二本,一以供母,一以雇人書。晝則折木葉學書,夜則誦所書者。

　　《太平御覽》卷六一一《學部五·勤學》頁二七四九上至二七四九下

公元三五三年　東晉穆帝永和九年　前燕景昭帝元璽二年

慕容儁僭即皇帝位,立其世子曄爲皇太子。

　　《册府元龜》卷二二五《僭僞部·世子》頁二六八九上

二月,庚子,燕主儁立其妃可足渾氏爲皇后,爲可足渾后亂燕張本。可足渾,北方三字姓。世子曄爲皇太子,皆自龍城遷于薊宮。

　　《資治通鑑》卷九十九《晉紀二十一·穆帝永和九年》頁三一三二

慕容儁僭即僞位。平范陽,得太守李產,歷位尚書。儁敬其儒雅,後與韓常俱傅東宮,從太子曄入朝,儁顧謂左右曰:“此二傅一代偉人,未易繼也。”其見重如此。

　　《册府元龜》卷二二八《僭僞部·禮士》頁二七一九上

張載灌津人也。同郡韓常少能屬文,師事載。載奇之曰:“王佐才也。”常後仕慕容儁爲揚烈將軍,與李產俱傅東宮。從太子曄入朝,儁顧謂左右曰:“此二傅一代偉人,未易繼也。”其見重如此。

　　《册府元龜》卷八四三《總録部·知人二》頁一〇〇〇〇下至一〇〇〇一上

趙故衛尉常山李犢聚衆數千人叛燕。

《資治通鑑》卷九十九《晉紀二十一·穆帝永和九年》頁三一三二

燕主儁遣衛將軍恪討李犢，犢降，降，戸江翻；下同。遂東擊吕護於魯口。

《資治通鑑》卷九十九《晉紀二十一·穆帝永和九年》頁三一三二

姚襄屯歷陽，以燕、秦方强，未有北伐之志，乃夾淮廣興屯田，訓厲將士。將，即亮翻。

《資治通鑑》卷九十九《晉紀二十一·穆帝永和九年》頁三一三三

趙末，樂陵朱禿、平原杜能、清河丁嬈、嬈，乃了翻，又如紹翻。陽平孫元各擁兵分據城邑，至是皆請降於燕；降，戸江翻。燕主儁以禿爲青州刺史，能爲平原太守，嬈爲立節將軍，元爲兗州刺史，各留撫其營。

《資治通鑑》卷九十九《晉紀二十一·穆帝永和九年》頁三一三六

燕衛將軍恪、撫軍將軍軍、左將軍彪【嚴：“彪”改“彭”。】等屢薦給事黄門侍郎霸有命世之才，宜總大任。是歲，燕主儁以霸爲使持節、安東將軍、北冀州刺史，鎮常山。冀州刺史鎮信都，今置北冀州於常山。

《資治通鑑》卷九十九《晉紀二十一·穆帝永和九年》頁三一三七

十六年，慕容儁遣使朝貢。

《魏書》卷一《序紀第一》頁一三

是時御史俞歸至涼州，重華方謀爲涼王，不肯受詔，使親信人沈猛謂歸曰：“我家主公奕世忠於晉室，而不如鮮卑矣。臺加慕容皝燕王，今甫授州主大將軍，何以加勸有功忠義之臣乎！〔一三〕明臺今宜移河右，共勸州主爲涼王。大夫出使，苟利社稷，專之可也。”歸對曰：“王者之制，異姓不得稱王；九州之內，重爵不得過公。漢高一時王異姓，尋皆誅滅，蓋權時之宜，非舊體也。故王陵曰：‘非劉氏而王，天下共伐之。’至於戎狄，不從此例。春秋時吳楚稱王，而諸侯不以爲非者，蓋蠻夷畜之也。假令齊魯稱王，諸侯豈不伐之！故聖上以貴公忠賢，是以爵以上公，位以方伯，鮮卑北狄，豈足爲比哉！子失問也。且吾又聞之，有殊勳絕世者亦有不世之賞，若今便以貴公爲王者，設貴公以河右之眾南平巴蜀，東掃趙魏，修復舊都，以迎天子，天子復以何爵何位可以加賞？幸三思之。”猛具宣歸言，重華遂止。

【校勘記】

〔一三〕何以加勸有功忠義之臣乎　《册府》六五九“加”作“嘉”。

《晉書》卷八十六《列傳第五十六·張軌附張重華》頁二二四四至二二四五、二二五四

俞歸爲侍御史，使涼州拜張重華爲護羌校尉、涼州刺史，假節。歸至涼州，重華方謀爲涼王，不肯受詔，使親信人沈猛謂歸曰：“我家主公奕世忠於晉室，而不如鮮卑矣。臺加慕容皝燕王，今甫授州主大將軍，何以嘉勸有功忠義之臣乎！明臺今宜移河右，共勸州主爲涼王。大夫出使，苟利社稷，專之可也。”歸對曰：“王者之制，

異姓不得稱王；九州之内，重爵不得過公。漢高一時王異姓，尋皆
誅滅，蓋權時之宜，非舊體也。故王陵曰：'非劉氏而王，天下共伐
之。'至于戎狄，不從此例。春秋時吳楚稱王，而諸侯不以爲非者，
蓋蠻狄畜之也。假令齊魯稱王，諸侯豈不伐之！故聖上以貴公忠
賢，是以爵以上公，位以方伯，鮮卑北狄，豈足爲比哉！子失問也。
且吾又聞之，有殊勳絶世者亦有不世之賞，若今便以貴公爲王者，
設貴公以河右之衆南平巴蜀，東掃趙魏，修復舊都，以迎天子，復以
何爵何位可以加賞？幸三思之。"猛具宣歸言，重華遂止。

　　《册府元龜》卷六五九《奉使部·敏辯一》頁七八八八下

　　是時御史俞歸至涼州，重華方謀爲涼王，不肯受詔，使親信人
沈猛謂歸曰："我家主公奕世忠於晉室，而不如鮮卑矣。臺加慕容
皝燕王，今甫授州主大將軍，何以加勸有功忠義之臣乎！明臺今宜
移河右，共勸州主爲涼王。大夫出使，苟利社稷，專之可也。"歸對
曰："王者之制，異姓不得稱王；九州之内，重爵不得過公。漢高一
時王異姓，尋皆誅滅，蓋權時之宜，非舊體也。故王陵曰：'非劉氏
而王，天下共伐之。'至於戎狄，不從此例。春秋時吳楚稱王，而諸
侯不以爲非者，蓋蠻狄畜之也。假令齊魯稱王，諸侯豈不伐之！故
聖上以貴公忠賢，是以爵以上公，位以方伯，鮮卑北狄，豈足爲比
哉！子失問也。且吾又聞之，有殊勳絶世者亦有不世之賞，若今便
以貴公爲王者，設貴公以河右之衆南平巴蜀，東埽趙魏，修復舊都，
以迎天子，天子復以何爵何位可以加賞？幸三思之。"猛具宣歸言，
重華遂止。

　　《通志》卷一百八十六《載記一·前涼》頁二九七二中至二九
七二下

　　是時御史俞歸至涼州，重華方謀爲涼王，不肯受詔。使親信人沈猛謂歸曰："我家主公奕世忠於晉室，而不如鮮卑矣。臺加慕容皝燕王，今甫授州主大將軍，何以加勸有功忠義之臣乎？明臺今且移河右，共勸州主爲涼王。大夫出使，苟利社稷，專之可也。"歸對曰："王者之制，異姓不得稱王；九州之内，重爵不得過公。漢高一時王異姓，尋皆誅滅，蓋權時之宜，非舊體也。故王陵曰：'非劉氏而王，天下共伐之。'至於戎狄，不從此例。春秋時吳楚稱王，而諸侯不以爲非者，蓋蠻夷畜之也。假令齊魯稱王，諸侯豈不伐之？故聖上以貴公忠賢，是以爵以上公，位以方伯，鮮卑北狄，豈足爲比哉？子失問也。且吾又聞之，有殊勳絶世者亦有不世之賞，若今便以貴公爲王者，設貴公以河右之衆南平巴蜀，東掃趙魏，修復舊都，以迎天子，天子復以何爵何位可以加賞？幸三思之。"猛具宣歸言，重華遂止。①

　　《十六國春秋輯補》卷七十一《前涼録五·張重華》頁五〇九至五一〇

　　冬十月乙丑，康獻皇后詔遣侍御史俞歸至涼州，授重華侍中、大都督、督隴右關中諸軍事、大將軍、涼州刺史、護羌校尉、假節、西平公。歸至姑臧，重華方謀爲涼王，以位號未稱，怒不受詔。群僚共上重華爲丞相、涼王、領雍秦涼三州牧，使所親信人沈猛私謂歸曰："我家主公奕世忠於晉室，今曾不如鮮卑何也？臺加慕容皝爲燕王，而主公甫授州主、大將軍，何以勸有功忠義之臣乎！明臺今宜移河右，共勸州主爲涼王。大夫出使，苟利社稷，專之可也。"歸

――――――――――
①《輯補》定該事於永和八年，然下文述重華死，故繫之於其去世之年（永和九年）。

對曰：“吾子失言，王者之制，異姓不得稱王；九州之内，重爵不得過公。漢高一時分王異姓，尋皆誅滅，蓋權時之宜，非舊體也。故王陵曰：‘非劉氏而王者，天下共伐之。’至於戎狄，不從此例。春秋時吴楚稱王，而諸侯不以爲非者，蓋蠻夷畜之也。假令齊魯稱王，諸侯豈不四面伐之！聖上以貴公忠賢，故爵以上公，位以方伯，寵榮極矣。鮮卑北狄，豈足爲比哉！何子失問也。且吾又聞之，有殊勳絶世者亦有不世之賞，今貴公始繼世而便爲王，設貴公率河右之衆南平巴蜀，東掃趙魏，修復舊都，以迎天子返洛陽，天子復以何爵何位可以加賞乎？幸三思之。”猛具宣歸言，乃止。

　　屠本《十六國春秋》卷第七十三《前涼録四·張重華》頁五背至六背

　　又《南燕録》曰：慕容德年十八，身長八尺二寸，姿貌雄異，額上有日月兩角，足下有偃月重文。太史公黄泓善相，謂德曰：“殿下相法當先爲人臣，然後爲人君。但恐下官入地，不見殿下昇天耳。”德拜范陽王，建元年即帝位。

　　《太平御覽》卷七三〇《方術部一一·相中》頁三二三七下

　　燕景昭元璽二年，遣將軍步渾治盧龍塞道，焚山刊石，令通方軌，刻石嶺上，以記事功，其銘尚存。

　　《水經注校證》卷十四《濡水》頁三四五至三四六

公元三五四年　東晉穆帝永和十年
前燕景昭帝元璽三年

　　燕衛將軍恪圍魯口，三月，拔之。吕護奔野王，遣弟奉表謝罪於燕，燕以護爲河内太守。

姚襄遣使降燕。使，疏吏翻。降，户江翻。

燕王儁以慕容評爲鎭南將軍，都督秦、雍、益、梁、江、揚、荆、徐、兗、豫十州諸軍事，權鎭洛水；雍，於用翻。以慕容强爲前鋒都督，督荆、徐二州、緣淮諸軍事，進據河南。此河南，謂大河之南。

《資治通鑑》卷九十九《晉紀二十一·穆帝永和十年》頁三一三九

及僭帝位，以恪爲侍中，封太原王。評爲都督秦、雍、益、梁、江、揚、荆、徐、兗、豫十州，河南諸軍事。封子臧爲樂安王。

《册府元龜》卷二二四《僭僞部·宗族》頁二六七九上

及慕容儁嗣位，以（恪）爲侍中，録尚書事。

《册府元龜》卷八八三《總録部·形貌》頁一〇四五八下

戊申，燕主儁封撫軍將軍軍爲襄陽王，左將軍彭爲武昌王；以衛將軍恪爲大司馬、侍中、大都督、録尚書事，封太原王；鎭南將軍評爲司徒、驃騎將軍，封上庸王；驃，匹妙翻。封安東將軍霸爲吳王；左賢王友爲范陽王，散騎常侍厲爲下邳王，散騎常侍宜爲廬江王，散，悉亶翻。寧北將軍度爲樂浪王；樂浪，音洛琅。又封弟桓爲宜都王，逮爲臨賀王，徽爲河間王，龍爲歷陽王，納爲北海王，秀爲蘭陵王，嶽爲安豐王，德爲梁公，默爲始安公，僂爲南康公；僂，隴主翻。子咸【嚴：“咸”改“臧”。】參考後卷，“咸”，當作“臧”。爲樂安王，亮爲勃海王，温爲帶方王，涉爲漁陽王，暐爲中山王；以尚書令陽騖爲司空，仍守尚書令。

《資治通鑑》卷九十九《晉紀二十一·穆帝永和十年》頁三一四〇

慕容垂治信都。

《魏書》卷一百六上《地形志二上第五》頁二四六四

（慕容儁）命冀州刺史吳王霸徙治信都。去年霸治常山。初，燕
王皝奇霸之才，故名之曰霸，將以爲世子；群臣諫而止，然寵遇猶踰
於世子。由是儁惡之，惡，烏路翻；下同。以其嘗墜馬折齒，更名曰缺
；更，工衡翻；下同缺，傾雪翻。尋以其應讖文，更名曰垂；遷侍中，録留
臺事，徙鎮龍城。垂大得東北之和，儁愈惡之，復召還。儁雖忌垂，卒
之復燕祚者垂也。天之所置，其可廢乎！

《資治通鑑》卷九十九《晉紀二十一‧穆帝永和十年》頁三一
四〇

燕樂陵太守慕容鉤，翰之子也，慕容翰有破高句麗滅宇文之功。與
青州刺史朱禿共治厭次。厭，於琰翻。鉤自恃宗室，每陵侮禿。禿不
勝忿，勝，音升。秋，七月，襲鉤，殺之，南奔段龕。爲後燕主誅禿張本。

《資治通鑑》卷九十九《晉紀二十一‧穆帝永和十年》頁三一
四三

燕大調兵衆，調，徒釣翻，發也。因發詔之日，號曰“丙戌舉”。

《資治通鑑》卷九十九《晉紀二十一‧穆帝永和十年》頁三一
四三

燕王儁如龍城。

《資治通鑑》卷九十九《晉紀二十一‧穆帝永和十年》頁三一
四三

十七年，遣使於慕容儁。

《魏書》卷一《序紀第一》頁一三

十年四月癸未，流星大如斗，色赤黃，出織女，没造父，有聲如雷。占曰：“燕齊有兵，百姓流亡。”其年十二月，慕容儁遂據臨漳，盡有幽、并、青、冀之地。緣河諸將奔散，河津隔絶。

《晉書》卷十三《志第三·天文下》頁三九八

永和末，鮮卑侵略河、冀，升平元年，慕容儁遂據臨漳，盡有幽、并、青、冀之地。緣河諸將漸奔散，河津隔絶矣。

《宋書》卷二十四《志第十四·天文二》頁七一五

又曰：穆帝永和十年，流星大如斗，色赤黃，出織女，没造父，有聲如雷。其年慕容儁據臨漳，諸將奔散。

《太平御覽》卷八七五《咎徵部二·天狗》頁三八八三上

慕容儁以襄爲豫州刺史、丹陽公，進屯淮南，自稱大將軍、大單于。

《魏書》卷九十五《列傳第八十三·羌姚萇》頁二〇八一

慕容儁以襄爲豫州刺史、丹陽公，屯淮南。
《北史》卷九十三《列傳第八十一·僭僞附庸·後秦姚氏》頁三〇七五

公元三五五年　東晉穆帝永和十一年
前燕景昭帝元璽四年

慕容儁僭即帝位，自和龍至薊城，幽、冀之人以爲東遷，互相驚擾，所在屯結。其下請討之，儁曰：“群小以朕東巡，故相惑耳；今朕既至，尋當自定，然不虞之備，亦不可不爲。”於是令内外戒嚴。

《册府元龜》卷二二七《僭僞部·謀略》頁二七〇四上至二七〇四下

夏，四月，燕主儁自和龍還薊。燕主如龍城，見上卷上年。薊，音計。先是，幽、冀之人以儁爲東遷，和龍直薊之東。先，悉薦翻。互相驚擾，所在屯結。群臣請討之，儁曰：“群小以朕東巡，故相惑爲亂耳；今朕既至，尋當自定，不足討也。”

《資治通鑑》卷一百《晉紀二十二·穆帝永和十一年》頁三一四五

慕容儁車騎大將軍、范陽公劉寧屯據猶城，降于苻氏，至此，率户二千詣薊歸罪，拜後將軍。

《册府元龜》卷二三〇《僭僞部·懷附》頁二七四〇下

崔鴻《前燕録》曰：慕容儁制平上冠，悉賜廷尉以下。中秘監令，别施珠瑱。

《初學記》卷第二十六《器物部·冠第一》頁六二二

又曰：慕容儁下書曰：“周禮冠冕體制，君臣略同。中世已來，亦無常體。今特制燕平上冠，悉賜廷尉已下，使瞻冠思事，刑斷詳平。諸公冠悉顏裏，屈竹錦纏作公字，以代梁處，施之金瑱，令僕、尚書置瑱而已，秘監令別施珠瑱，庶能敬慎威儀，示民軌則。"

《太平御覽》卷六八四《服章部一·總敍冠》頁三〇五三下

齊公段龕襲慕容儁將榮國於郎山，敗之。

《晉書》卷八《帝紀第八·穆帝》頁二〇〇

齊公段龕襲慕容儁將榮國於郎山，取之。

《通志》卷十下《晉紀十下·穆皇帝》頁二〇二上

十二月，慕容恪帥眾寇廣固。

《晉書》卷八《帝紀第八·穆帝》頁二〇一

十二月，慕容恪攻齊。

《晉書》卷十三《志第三·天文下》頁三七五

慕容恪攻齊。

《晉書》卷十三《志第三·天文下》頁三九八

十二月，慕容恪攻齊。

《宋書》卷二十四《志第十四·天文二》頁七一五

前燕慕容儁僭即帝位。先是後趙段龕因冉閔之亂擁眾東屯廣固，自號齊王，稱藩於建業。遣書抗中表之儀，非儁正位，儁遣慕容恪、慕容塵討之。

《冊府元龜》卷二三一《僭偽部·征伐》頁二七四七上

鎮北將軍段龕與燕主儁書，抗中表之儀，儁，段氏出也，故龕與之抗中表之儀。龕，苦含翻；下同。非其稱帝。儁怒，十一月，以太原王恪爲大都督、撫軍將軍，陽騖副之，以擊龕。騖，音務。

《資治通鑑》卷一百《晉紀二十二·穆帝永和十一年》頁三一五〇

燕主儁以段龕方强，謂太原王恪曰："若龕遣軍拒河，不得渡者，可直取吕護而還。"吕護時據野王。恪分遣輕軍先至河上，具舟楫以觀龕志趣。龕弟羆，驍勇有智謀，驍，堅堯翻。言於龕曰："慕容恪善用兵，加之衆盛，若聽其濟河，進至城下，恐雖乞降，不可得也。降，户江翻；下同。請兄固守，羆帥精鋭拒之於河，幸而戰捷，兄帥大衆繼之，帥，讀曰率；下同。必有大功。若其不捷，不若早降，猶不失爲千户侯也。"龕不從。羆固請不已，龕怒，殺之。

《資治通鑑》卷一百《晉紀二十二·穆帝永和十一年》頁三一五一

十一月，慕容恪帥衆寇廣固。

《通志》卷十下《晉紀十下·穆皇帝》頁二〇二上

慕容儁治安民城，後遷壺關城。

《魏書》卷一百六上《地形志二上第五》頁二四六七

十二月，高句麗王釗遣使詣燕納質修貢，以請其母。句，如字，又音駒。麗，力知翻。燕囚釗母，見九十七卷成帝咸康八年。質，音致。燕主儁許之，遣殿中將軍刁龕送釗母周氏歸其國；以釗爲征東大將軍、營州刺史，封樂浪公，樂浪，音洛琅。王如故。使爲高句麗王如故。

上黨人馮鴦逐燕太守段剛,據安民城,魏收《地形志》:燕上黨太守治安民城。安民城在襄垣縣,蓋永嘉中,劉琨遣張倚所築,以安上黨之民,因以爲名。自稱太守,遣使來降。使,疏吏翻。降,戶江翻。

《資治通鑑》卷一百《晉紀二十二·穆帝永和十一年》頁三一五〇至三一五一

冬十二月,王遣使詣燕納質修貢,以請其母。燕王儁許之,遣殿中將軍刁龕送王母周氏歸其國;以王爲征東大將軍、營州刺史,封樂浪公,王如故。

《三國史記》卷十八《高句麗本紀六·故國原王二十五年》頁三正

公元三五六年　東晉穆帝永和十二年
前燕景昭帝元璽五年

鎮北將軍段龕及慕容恪戰于廣固,大敗之,恪退據安平。

《晉書》卷八《帝紀第八·穆帝》頁二〇一

鎮北將軍段龕及慕容恪戰於廣固,大敗之,恪退據安平。

《通志》卷十下《晉紀十下·穆皇帝》頁二〇二上

(慕容)恪遇龕於濟水之南,與戰大敗之,遂斬其弟欽,盡俘其衆,恪進圍廣固,剋之。

《冊府元龜》卷二三一《僭僞部·征伐》頁二七四七上

春,正月,燕太原王恪引兵濟河,未至廣固百餘里,段龕帥衆三萬逆戰。丙申,恪大破龕於淄水,據《載記》,恪破龕於濟水之南。今言未至廣固百餘里，蓋至淄水而會戰也。《水經》，濁水逕廣固城西，東流至廣饒，入巨淀，又北合于淄水。執其弟欽，斬右長史袁範等。齊王友辟閭蔚被創，段龕自稱齊王，故置王友之官。蔚，紆勿翻。創，初良翻。恪聞其賢，遣人求之，蔚已死，士卒降者數千人。龕脱走，還城固守，恪進軍圍之。

《資治通鑑》卷一百《晉紀二十二·穆帝永和十二年》頁三一五二

　　燕太原王恪招撫段龕諸城。恪圍廣固未下，故先招撫其統內諸城。己丑，龕所署徐州刺史陽都公王騰舉衆降，恪命騰以故職還屯陽都。段龕置徐州於琅邪陽都縣。杜佑曰：漢陽都縣故城在沂州沂水縣南。

《資治通鑑》卷一百《晉紀二十二·穆帝永和十二年》頁三一五三

　　先帝以大聖神武，開構鴻基，强燕納款，八州順軌……燕雖武視關東，猶以地勢之義，逆順之理，北面稱藩，貢不踰月。

《晉書》卷一百十二《載記第十二·苻生》頁二八七四至二八七五

　　先帝以大聖神武，開構鴻基，强燕納款，八州順軌……燕雖虎視關中，猶以地勢之義，逆順之理，北面稱藩，貢不踰月。

《十六國春秋輯補》卷三十二《前秦録二·苻生》頁二四八

　　先帝以大聖神武，開構鴻基，强燕納款，八州效順……燕雖虎視關東，猶以地勢之義，逆順之理，北面稱藩，貢不踰月。

屠本《十六國春秋》卷第三十五《前秦録三·苻生》頁五背至六正

慕容儁遣將慕輿長卿等率衆七千入自軹關,攻幽州刺史張哲于裴氏堡。〔一〇〕晉將軍劉度等率衆四千,攻青州刺史袁朗于盧氏。〔一一〕生遣其前將軍苻飛距晉,建節鄧羌距燕。飛未至而度退。羌及長卿戰于堡南,大敗之,獲長卿及甲首二千七百餘級。

【校勘記】

〔一〇〕張哲 《通鑑》一〇〇"張"作"强"。

〔一一〕袁朗 《通鑑》一〇〇"袁"作"王"。

《晉書》卷一百十二《載記第十二・苻生》頁二八七六、二八八一

燕將軍慕輿長卿入軹關,攻秦幽州刺史强哲于裴氏堡。永嘉之亂,裴氏舉宗據險築堡以自守,後人因而置屯戍,故堡猶有裴氏之名,蓋在河東界。長,知兩翻。秦主生遣前將軍新興王飛拒度,建節將軍鄧羌拒長卿。飛未至而度退。羌與長卿戰,大破之,獲長卿及甲首二千餘級。

《資治通鑑》卷一百《晉紀二十二・穆帝永和十二年》頁三一五四至三一五五

慕容儁遣將慕輿長卿等率衆七千入自軹關,攻幽州刺史張哲于裴氏堡。晉將軍劉度等率衆四千,攻青州刺史袁朗于盧氏。生遣其前將軍苻飛距晉,建節鄧羌距燕。飛未至而度退。羌及長卿戰于堡南,大敗之,獲長卿及甲首二千七百餘級。

《通志》卷一百八十九《載記四・前秦》頁三〇二四下

慕容儁遣將慕輿長卿等率衆七千入自軹關,攻幽州刺史張哲於裴氏堡。晉將軍劉度等帥衆四千,攻青州刺史袁朗於盧氏。生

遺其前將軍苻飛距晉，建節將軍鄧羌距燕。飛未至而度退。羌及
長卿戰於堡南，大敗之，獲長卿及甲首二千七百餘級。

　　　　《十六國春秋輯補》卷三十二《前秦録二·苻生》頁二四九

　　燕王慕容儁遣將軍慕輿長卿等帥衆七千人自軹關，攻幽州
刺史强《晉書》作張。晳於裴氏堡。晉將軍劉《晉書》作王。度帥衆
四千，攻青州刺史王《晉書》作袁。朗於盧氏堡。生遣前將軍新興王
飛拒度，建節將軍鄧羌拒長卿。飛未至而度退。羌及長卿戰於堡
南，大破之，獲長卿及甲首二千七百餘級。

　　　　屠本《十六國春秋》卷第三十五《前秦録三·苻生》頁八正

後暐死，謚獻懷。

　　　　《册府元龜》卷二二五《僭僞部·世子》頁二六八九上

其後太子暐死。

　　　　《册府元龜》卷二二六《僭僞部·恩宥》頁二六九七下

丙子，燕獻懷太子暐卒。

　　　《資治通鑑》卷一百《晉紀二十二·穆帝永和十二年》頁三一
五六

　　十六國前燕將慕容恪率兵討段龕於廣固，[九]恪圍之，諸將勸
恪宜急攻之，恪曰：“軍勢有宜緩以剋敵，有宜急而取之。若彼我勢
均，[十]且有强援，慮腹背之患者，須急攻之，以速大利。如其我强
彼弱，外無救援，力足制之者，當羈縻守之，以待其弊。兵法十圍五
攻，此之謂也。龕恩結賊黨，衆未離心，今憑固天險，上下同心。攻

守勢倍,軍之常法。若其促攻,不過數旬,剋之必矣,但恐傷吾士衆。當持久以取耳。"乃築室反耕,嚴固圍壘。終剋廣固。

【校勘記】

〔九〕前燕將慕容恪　"將"原脱,據北宋本、王吳本補。

〔十〕若彼我勢均　"均"原訛"成",據《晉書·慕容儁載記》二八三七頁及北宋本、明抄本、王吳本改。明刻本訛"城"。

《通典》卷第一百六十《兵十三·圍師量無外救緩攻取之》頁四一〇八至四一〇九、四一二七

冉閔亂,(青州)段龕據之。慕容恪攻圍數月而剋。

《通典》卷第一百八十《州郡十·古青州》頁四七七〇

崔鴻《十六國春秋》曰:前燕將慕容恪率兵討段龕於廣固,恪圍之。諸將勸恪宜急攻之。恪曰:"軍勢有宜緩以剋敵,有宜急而取之。若彼我勢均,且須強援,虜腹背之患者,須急攻之以速大利。如其我強彼弱,外無寇援,力足制之者,當羈縻守之,以待其弊。兵法十圍五攻,此之謂也。龕恩結賊黨,衆未離心,今憑固天險,上下同心,攻守勢倍,軍之常法,若其促攻,不過數旬,剋之必矣。但恐傷吾士衆,當持久以取耳。"乃築室返耕,嚴固圍壘,終剋廣固。

《太平御覽》卷三一八《兵部四九·攻圍下》頁一四六四上

前燕慕容恪爲侍中,率兵討段龕於廣固。恪圍之,諸將勸恪宜急攻之,恪曰:"兵法十圍五攻,段龕恩結賊黨,衆未離心,今憑固天險,上下同心。若其促攻,不過數旬,雖能剋之,但恐傷吾士衆。當持久以取耳。"乃築室返耕,嚴固圍壘。終剋廣固。

《册府元龜》卷三六八《將帥部·攻取一》頁四三七九上

燕大司馬恪圍段龕於廣固，諸將請急攻之，恪曰：“用兵之勢，有宜緩者，有宜急者，不可不察。若彼我勢敵，外有強援，恐有腹背之患，則攻之不可不急。若我強彼弱，無援於外，力足制之者，當羈縻守之，以待其斃；兵法十圍五攻，正謂此也。《孫子》曰：用兵之法，十則圍之，五則攻之。龕兵尚衆，未有離心；濟南之戰，即淄水之戰。曰濟南者，以濟水南北大界言之。非不銳也，但龕用之無術，以取敗耳。今憑阻堅城，上下勠力，我盡銳攻之，計數日【章：十二行本“日”作“旬”；乙十一行本同；孔本同。】可拔，然殺吾士卒必多矣。自有事中原，兵不蹔息，蹔，與暫同。吾每念之，夜而忘寐，奈何輕用其死乎！要在取之，不必求功之速也！”諸將皆曰：“非所及也。”軍中聞之，人人感悦。於是爲高墻深壍以守之。壍，七艷翻。齊人争運糧以饋燕軍。

龕嬰城自守，樵采路絶，城中人相食。龕悉衆出戰，恪破之於圍裏，時外築長圍，故戰於圍裏。先分騎屯諸門，屯廣固城諸門也。騎，奇寄翻。龕身自衝盪，盪，徒朗翻，又他浪翻。僅而得入，餘兵皆没。於是城中氣沮，莫有固志。沮，在吕翻。

《資治通鑑》卷一百《晉紀二十二·穆帝永和十二年》頁三一五八至三一五九

慕容恪攻段龕於廣固，使北中郎將荀羨帥師次于琅邪以救之。

《晉書》卷八《帝紀第八·穆帝》頁二○一

十月，慕容恪攻段於廣固，使北中郎將荀羨帥師次于琅琊以救之。

《册府元龜》卷一二一《帝王部·征討一》頁一四四八上

荀羨爲北中郎將。初，段龕東屯廣固，自號齊王，稱藩于建業。慕容恪討之，龕所署徐州刺史王騰、索頭單于薛雲降于恪。龕遣使詣建業請救，穆帝遣羨赴之，憚虜强，遷延不敢進。

《册府元龜》卷四五三《將帥部·怯懦》頁五三七一上至五三七一下

段龕遣其屬段蒕【嚴："蒕"改"蘊"。】來求救，蒕，紆粉翻。詔徐州刺史荀羨將兵隨蒕救之。羨至琅邪，此古琅邪也。憚燕兵之强不敢進。王騰寇鄄城，鄄城縣，漢屬東郡，晉屬濮陽。此非古鄄城縣，蓋僑縣也。羨進攻陽都，會霖雨，城壞，獲騰，斬之。段龕署王騰爲徐州刺史，屯陽都，時降于燕，爲燕來寇。

《資治通鑑》卷一百《晉紀二十二·穆帝永和十二年》頁三一五八

慕容恪攻段龕於廣固，使北中郎將荀羨帥師次于琅邪以救之。

《通志》卷十下《晉紀十下·穆皇帝》頁二〇二上

及慕容儁攻段蘭於青州，[一二] 詔使羨救之。儁將王騰、趙盤寇琅邪、鄄城，北境騷動。羨討之，擒騰，盤迸走。軍次琅邪，而蘭已没，羨退還下邳，留將軍諸葛攸、高平太守劉莊等三千人守琅邪，參軍戴逯、蕭鐯二千人守泰山。是時，慕容蘭以數萬衆屯汴城，[一三] 甚爲邊害。羨自光水引汶通渠，[一四] 至于東阿以征之，臨陣，斬蘭。帝將封之，羨固辭不受。

【校勘記】

〔一二〕段蘭　《校文》：當從《穆紀》及《載記》作"段龕"，下同。按：《通鑑》一〇〇亦作"龕"。蘭已死于永和六年。

〔一三〕汴城　《斠注》:《通鑑》胡《注》曰:“汴”當作“卞”。《惜抱軒筆記》曰:魯郡有卞縣,與汶水東阿近,故右軍有一帖云,荀侯定居下邳,復遣兵取卞城,正指此事。

〔一四〕光水　《水經·汶水》、《泗水》及《洙水》《注》、《讀史方輿紀要》並作“洸水”,汶水支流也。

《晉書》卷七十五《列傳第四十五·荀羨》頁一九八一、一九九六至一九九七

　　荀羨爲徐州刺史、監青州軍事。慕容儁攻段龕於青州,詔使羨救之。儁將王騰、趙盤寇琅邪、鄄城,北境騒動。羨討之,擒騰,盤逬走。軍次琅邪,而龕已没,羨退還下邳,留將軍諸葛攸、高平太守劉莊等三千人守琅邪,參軍戴逯、蕭鎋二千人守泰山。是時,慕容蘭以數萬衆屯汴城,甚爲邊害。羨自光水引汶通渠,至於東阿以征之,臨陣,斬蘭。

《册府元龜》卷三五〇《將帥部·立功三》頁四一五〇下

　　十一月,丙子,龕面縛出降,并執朱禿送薊。降,户江翻。薊,音計。恪撫安新民,悉定齊地,徙鮮卑、胡、羯三千餘户于薊。燕王儁具朱禿五刑,朱禿殺慕容鉤而奔龕,見上卷十年。以段龕爲伏順將軍。恪留慕容塵鎮廣固,以尚書左丞鞠殷爲東萊太守,章武太守鮮于亮爲齊郡太守,乃還。

　　殷,彭之子也。彭時爲燕大長秋,以書戒殷曰:“王彌、曹嶷,必有子孫,嶷,魚力翻。汝善招撫,勿尋舊怨,以長亂源!”長,知兩翻。殷推求,得彌從子立、嶷孫巖於山中,請與相見,深結意分,從,才用翻;下同。分,扶問翻。彭復遣使遺以車馬衣服,復,扶又翻。遺,于季翻。郡民由是大和。鞠彭自東萊歸燕,見九十一卷元帝大興二年。

荀羨聞龕已敗，退還下邳，留將軍諸葛攸、高平太守劉莊將三千人守琅邪，參軍譙國戴遊等將二千人守泰山。楊正衡曰：遊，音通。燕將慕容蘭屯汴城，汴城，即浚儀城。余謂“汴”當作“卞”。魯國卞縣城也。劉昫曰：兗州泗水縣，卞縣古城也。羨擊斬之。

《資治通鑑》卷一百《晉紀二十二·穆帝永和十二年》頁三一五九

及慕容儁攻段蘭於青州，詔使羨救之。儁將王騰、趙盤寇琅邪、鄄城，北方騷動。羨討之，擒騰，盤迸走。軍次琅邪，而蘭已没，羨退還下邳，留將軍諸葛攸、高平太守劉莊等三千人守琅邪，參軍戴遊、蕭鐕二千人守泰山。是時，慕容蘭以數萬屯汴城，甚爲邊害。羨自光水引汶通渠，至於東阿以征之，臨陣，斬蘭。帝將封之，羨固辭不受。

《通志》卷一百二十七《列傳四十·荀羨》頁一九九八中至一九九八下

前燕慕容儁時，有烏桓單于薛雲……

《通典》卷第一百九十六《邊防十二·北狄三·烏桓》頁五三六七

再北伐，一至洛陽，永和十二年，温討慕容儁，破其將姚襄於伊水，時襄已降。

《通典》卷第一百七十一《州郡一·序目上》頁四四六〇

永和十二年，桓温討燕慕容儁，大破其將姚襄於伊水，時襄已降。

《通志》卷四十《地理略一·歷代封畛》頁五四六下

冬，慕容儁來請婚，許之。

《魏書》卷一《序紀第一》頁一四

公元三五七年　東晉穆帝升平元年　前燕景昭帝光壽元年 前秦厲王壽光三年　前秦宣昭帝永興元年

燕主儁徵幽州刺史乙逸爲左光禄大夫。逸夫婦共載鹿車；子璋從數十騎，服飾甚麗，奉迎於道。逸大怒，閉車不與言，到城，深責之，到城，謂到薊城也。永和八年，燕王都薊，於龍城置留臺，以乙逸領留務，蓋以幽州刺史鎮龍城也。騎，奇寄翻。璋猶不悛。悛，丑緣翻；下同。逸常憂其敗，而璋更被擢任，歷中書令、御史中丞。被，皮義翻。逸乃歎曰：“吾少自脩立，少，詩照翻。克己守道，僅能免罪。璋不治節檢，專爲奢縱，治，直之翻。而更居清顯，此豈惟璋之忝幸，實時世之陵夷也。”

《資治通鑑》卷一百《晉紀二十二·穆帝升平元年》頁三一六〇

復立次子暐爲太子。

《册府元龜》卷二二五《僭僞部·世子》頁二六八九上

立次子暐爲皇太子，赦其境内。

《册府元龜》卷二二六《僭僞部·恩宥》頁二六九七下至二六九八上

二月，癸丑，燕主儁立其子中山王暐爲太子，大赦，改元光壽。

《資治通鑑》卷一百《晉紀二十二·穆帝升平元年》頁三一六〇

二十年夏五月，慕容儁奉納禮幣。

《魏書》卷一《序紀第一》頁一四

十六國慕容垂時塞北、後魏末河西並云有敕勒部，鐵勒蓋言訛也。

《通典》卷第一百九十九《邊防十五·北狄六·鐵勒》頁五四六五

戊寅，燕主儁遣撫軍將軍垂、中軍將軍虔、護軍將軍平熙帥步騎八萬攻敕勒於塞北，《新唐書》曰：敕勒，其先匈奴也，元魏時號高車部，其後訛爲“鐵勒”，唐之鐵勒十五種是也。《載記》作“丁零敕勒〔勒〕”。大破之，俘斬十餘萬，獲馬十三萬匹，牛羊億萬頭。

《資治通鑑》卷一百《晉紀二十二·穆帝升平元年》頁三一六二

是月，鎮北將軍、齊公段龕爲慕容恪所陷，遇害。

《晉書》卷八《帝紀第八·穆帝》頁二〇二

十二年十一月，齊城陷，執段龕，殺三千餘人。

《晉書》卷十三《志第三·天文下》頁三七五

十一月，齊城陷，執段龕，殺三千餘人。

《宋書》卷二十四《志第十四·天文二》頁七一五

慕容儁使弟玄恭帥眾伐龕於廣固，執龕送之薊，儁毒其目而殺之,坑其徒三千餘人。

《魏書》卷一百三《列傳第九十一·徒何段就六眷》頁二三〇六

慕容儁使弟玄恭率衆伐龕於廣固,執龕送之薊。儁毒其目而殺之,坑其徒三千餘人。

《北史》卷九十八《列傳第八十六·徒何段就六眷》頁三二七〇

慕容儁使弟恪帥衆伐龕於廣固,今北海郡城。執龕,殺之,坑其徒三千餘人。

《通典》卷第一百九十六《邊防十二·北狄三·徒河段》頁五三七二

燕主儁殺段龕,阬其徒三千餘人。龕,苦含翻。

《資治通鑑》卷一百《晉紀二十二·穆帝升平元年》頁三一六六

是月,鎮北將軍、齊公段龕爲慕容恪所陷,遇害。

《通志》卷十下《晉紀十下·穆皇帝》頁二〇二上

慕容儁使其弟恪帥衆伐龕於廣固,儁毒其目而殺之,阬其徒三千餘人。

《通志》卷二百《四夷傳七·北國下·徒河段務勿塵附》頁三二〇三中

前燕慕容儁時，匈奴單于賀刺頭率部三萬五千來降，[九一]延陁蓋其後。[九二]

【校勘記】

〔九一〕賀刺頭 "刺"《晉書・慕容儁載記》二八三八頁作"賴"，《太平寰宇記》卷一九八作"利"。

〔九二〕延陁蓋其後 "延"原脱，據《太平寰宇記》卷一九八補。

《通典》卷第一百九十九《邊防十五・北狄六・薛延陁》頁五四六五、五四八一

匈奴單于賀賴頭帥部落三萬五千口降燕，自東漢以來，匈奴入居塞內者凡十九種，賀賴其一也。單，音蟬。燕人處之代郡平舒城。漢代郡有平舒縣，勃海有東平舒縣。東平舒，後漢屬河間國，晉屬章武國。代郡之平舒，未嘗改屬；書代郡以別章武之平舒。代郡之平舒，當在唐蔚之北界。處，昌呂翻。

《資治通鑑》卷一百《晉紀二十二・穆帝升平元年》頁三一六二

特進、領御史中丞梁平老等謂堅曰："主上失德，上下嗷嗷，嗷嗷，眾口愁聲。人懷異志，燕、晉二方，伺隙而動，伺，相吏翻。恐禍發之日，家國俱亡。此殿下之事也，宜早圖之！"

《資治通鑑》卷一百《晉紀二十二・穆帝升平元年》頁三一六四

平老謂堅曰："主上失德，上下嗷嗷，人懷異志，燕、晉二方，伺隙而動，恐禍發之日，家國俱亡。此殿下之事也，宜早圖之！"

屠本《十六國春秋》卷第四十二《前秦錄十・梁平老》頁十二背

張平據新興、雁門、西河、太原、上黨、上郡之地,壁壘三百餘,夷、夏十餘萬户,壁壘,蓋時遭亂離,豪望自相保聚所築者。石氏用張平爲并州,故得有其地,有其民。夏,户雅翻。拜置征鎮,欲與燕、秦爲敵國。石氏之敗,平兩附燕、秦,今恃其强,欲與燕、秦爲敵國。冬,十月,平寇略秦境,平蓋間秦之有内難也,安知由是而敗亡乎! 秦王堅以晉公柳都督并、冀州諸軍事,加并州牧,鎮蒲阪以禦之。

　　　　《資治通鑑》卷一百《晉紀二十二·穆帝升平元年》頁三一六六

十二月,慕容儁入屯鄴。

　　　　　　　《晉書》卷十三《志第三·天文下》頁三七六

十二月,慕容儁入屯鄴。

　　　　　　　《宋書》卷二十四《志第十四·天文二》頁七一六

七年,儁移都於鄴。

　　　　　　《晉書》卷十四《志第四·地理上》頁四二六

前燕慕容儁自薊徙。

　　　　《初學記》卷第八《州郡部·河北道第五》頁一七六

前燕慕容廆初都和龍,後徙薊,又徙鄴。

　　　　《初學記》卷第二十四《居處部·都邑第一》頁五六二

後趙石季龍、前燕慕容儁並都之。皆都於鄴。冉閔爲慕容儁所滅,慕容暐爲苻堅所滅也。

　　　《通典》卷第一百七十八《州郡八·古冀州上·鄴郡》頁四六九六

前燕慕容廆初都和龍，後徙薊，又徙鄴。

　　《太平御覽》卷一五五《州郡部一‧叙京都上》頁七五五下

　慕容皝初都和龍，後徙薊，又徙鄴，謂之前燕。和龍，唐柳城，宋時大遼黃龍府。薊，幽州。鄴，相州。

　　《通志》卷四十一《都邑略一‧十六國都》頁五五五下

　慕容儁徙鄴，恭始家於廣平列人焉。

　　《魏書》卷三十三《列傳第二十一‧宋隱》頁七七三

　慕容儁徙鄴，恭始家於廣平列人焉。

　　《北史》卷二十六《列傳第十四‧宋隱》頁九三五

　慕容儁徙鄴，恭始家於廣平列人焉。

　　《通志》卷一百四十七《列傳六十‧宋隱》頁二三三〇上

　十一月，癸酉，燕主儁自薊徙都鄴。薊，音計。
《資治通鑑》卷一百《晉紀二十二‧穆帝升平元年》頁三一六六

　十二月，乙巳，燕主儁入鄴宮，大赦。復作銅雀臺。魏武建國於鄴，作銅雀臺，石氏增修之，兵亂圮毀，慕容都鄴復作，使如舊。

　　《資治通鑑》卷一百《晉紀二十二‧穆帝升平元年》頁三一六七

　升平元年，慕容儁遂據臨漳，盡有幽、并、青、冀之地。

　　《晉書》卷十三《志第三‧天文下》頁三七五

永和十四年十二月，慕容儁遂據臨漳，盡有幽、并、青、冀之地，緣河諸將奔散，河津隔絶。

　　　　　　《太平御覽》卷三二八《兵部五九·占候》頁一五〇九上

灅水又東北逕薊縣故城南……城有萬載宮、光明殿。東掖門下，舊慕容儁立銅馬像處，昔慕容廆有駿馬，赭白有奇相，逸力至儁。光壽元年，齒四十九矣，而駿逸不虧。儁奇之，比鮑氏驄，命鑄銅以圖其像，親爲銘讚，鐫頌其傍，像成而馬死矣。

　　　　　　《水經注校證》卷十三《灅水》頁三二四至三二五

《載記》曰：慕容廆有駿馬曰赭白，有奇相逸力。石季龍之伐棘城也，皝將出避難，欲乘之。馬悲鳴踶齧，人莫能近。皝曰：“此馬見異，先朝孤常仗之濟難，今不欲者，蓋先君之意乎？”乃止。季龍尋退，皝益奇之。至是四十九歲矣，而駿逸不虧。儁比之於鮑氏驄，命鑄銅以爲其象，親爲銘讚，鐫其旁，置之薊城東掖門。是歲象成而馬死。

　　　　　　《太平御覽》卷八九五《獸部七·馬三》頁三九七二上

公元三五八年　　東晉穆帝升平二年　　前燕景昭帝光壽二年

初，馮鴦既以上黨來降，見上永和十一年。又附於張平，又自歸於燕，既而復叛燕。復，扶又翻。二月，燕司徒上庸王評討之，不克。

　　　　　　《資治通鑑》卷一百《晉紀二十二·穆帝升平二年》頁三一六七

甲戌，燕主儁遣領軍將軍慕輿根將兵助司徒評攻馮鴦。根欲急攻之，評曰：“鴦壁堅，不如緩之。”根曰：“不然。公至城下經月，

未嘗交鋒。賊謂國家力止於此，遂相固結，冀幸萬一。言鴑心僥倖於
萬一可以保城也。今根兵初至，形勢方振，賊衆恐懼，皆有離心，計慮
未定，從而攻之，無不克者。”遂急攻之。鴑與其黨果相猜忌，鴑奔
野王依呂護，其衆盡降。

《資治通鑑》卷一百《晉紀二十二·穆帝升平二年》頁三一
六八

崔鴻《前燕録》曰：慕容儁壽光二年，常山寺大樹根下得璧
七十、圭七十三，光色精奇，有異常玉。儁以爲神岳之命，以太牢
祠之。

《初學記》卷第五《地部上·恒山第六》頁一〇一

崔鴻《前燕録》曰：慕容儁壽光三年，常山寺大樹根下，得璧
七十二、圭七十，光色精奇，有異常玉。

《太平御覽》卷三九《地部四·恒山》頁一八八下

前燕慕容儁時，房山王母祠前大樹自拔，根下得玉圭璧八十三
顆，光色稍奇。儁以爲岳神之命，以太牢祭之。每祀有一虎來往祠
側，性頗馴，狎而不害於物。

《太平御覽》卷四五《地部一〇·房山》頁二一七上

《晉書·載記》曰：燕常山大樹自拔，根下得璧七十三，光色
精奇，有異常玉。慕容儁以爲岳神之命，遣其尚書郎段勤，以太牢
祀之。

《太平御覽》卷八〇六《珍寶部五·璧》頁三五八二下

三月，慕容儁陷冀州諸郡，詔安西將軍謝奕、北中郎將荀羨北伐。

《晉書》卷八《帝紀第八・穆帝》頁二〇三

慕容恪進據上黨，冠軍將軍馮鴦以衆叛歸慕容儁，儁盡陷河北之地。

《晉書》卷八《帝紀第八・穆帝》頁二〇三

二月，慕容儁陷冀州諸郡，詔安西將軍謝奕、北中郎將荀羨北伐。

《通志》卷十下《晉紀十下・穆皇帝》頁二〇二中

慕容恪進據上黨，冠軍將軍馮鴦以衆叛歸慕容儁，儁盡陷河北之地。

《通志》卷十下《晉紀十下・穆皇帝》頁二〇二中

初，冉閔之僭號也，石季龍將李歷、張平、高昌等並率所部稱藩於儁，遣子入侍。既而投款建業，結援苻堅，並受爵位，羈縻自固，雖貢使不絶，而誠節未盡。吕護之走野王也，遣弟奉表謝罪於儁，拜寧南將軍、河内太守。又上黨馮鴦自稱太守，附于張平，平屢言之，儁以平故，赦其罪，以爲京兆太守。護、鴦亦陰通京師。張平跨有新興、雁門、西河、太原、上黨、上郡之北，壘壁三百餘，胡晉十餘萬户，遂拜置征、鎮，爲鼎峙之勢。儁遣其司徒慕容評討平，領軍慕容根討鴦，司空陽鶩討昌，撫軍慕容臧攻歷。并州壘壁降者百餘所，以尚書右僕射悦綰爲安西將軍、領護匈奴中郎將、并州刺史以撫之。平所署征西諸葛驤、鎮北蘇象、寧東喬庶、鎮南石賢等率壘壁百三十八降于儁,大悦,皆復其官爵。既而平率衆三千奔于平陽,蕘奔于野王,歷走滎陽,昌奔邵陵,悉降其衆。

《册府元龜》卷二三一《僭僞部·征伐》頁二七四七上至二七四七下

趙之亡也,其將張平、李歷、高昌皆遣使降燕,已而降晉,又降秦,各受爵位,欲中立以自固。李歷、高昌初降晉,張平降秦,永和七年也。八年,歷、昌降秦,是年又與張平俱降燕。苻生死後,張平又降晉,各受爵位。將,即亮翻。使,疏吏翻。降,户江翻。燕主儁使司徒評討張平於并州,司空陽騖討高昌於東燕,樂安王臧討李歷於濮。陽騖攻昌別將於黎陽,不拔。歷奔滎陽,其衆皆降。并州壁壘百餘降於燕,儁以右僕射悦綰爲并州刺史以撫之。平所署征西將軍諸葛驤等帥壁壘百三十八降於燕,驤,思將翻。帥,讀曰率;下同。儁皆復其官爵。平帥衆三千奔平陽,復請降於燕。復,扶又翻。

冬,十月,泰山太守諸葛攸攻燕東郡,入武陽,後漢東郡治東武陽。武帝咸康二年,封子允,以"東"不可爲國名,而東郡有濮陽縣,改曰濮陽國。允改封淮南,還曰東郡。趙王倫篡位,廢太孫臧爲濮陽王,東郡遂名濮陽。此,蓋燕復名東郡。《晉志》:武陽縣分屬陽平郡。劉昫曰:魏州朝城縣,隋武陽縣地,天寶七年更名。燕主儁遣大司馬恪統陽騖及樂安王臧之兵以擊之。攸敗走,還泰山,恪遂渡河,略地河南,分置守宰。

《資治通鑑》卷一百《晉紀二十二·穆帝升平二年》頁三一七〇至三一七一

慕容儁欲經略關西,乃令州郡較閲見丁,精覆隱漏,率户留一丁,餘悉發之,欲使步卒滿一百五十萬,期明年大集,將進臨洛陽,爲三方節度。武邑劉貴上書極諫,陳百姓凋弊,召兵非法,恐人不堪命,有土分之禍,并陳時政不便于時者十有三事。儁覽而悦之,付公卿博議,事多納用,乃改爲三五占兵,寬戎備一周,悉令明年季冬赴集鄴都。

《册府元龜》卷二二九《僭僞部·聽納》頁二七二八下

燕主儁欲經營秦、晉,十二月,令州郡校實見丁,校實,檢校其實數也。見,賢遍翻。户留一丁,餘悉發爲兵,欲使步卒滿一百五十萬,期來春大集洛陽。武邑劉貴上書,極陳"百姓彫弊,發兵非法,法未有户留一丁而悉發爲兵者。必致土崩之變。"儁善之,乃更令三五發兵,寬其期日,以來冬集鄴。

時燕調發繁數,調,徒弔翻。數,所角翻。官司各遣使者,道路旁午,郡縣苦之。太尉、領中書監封奕請"自今非軍期嚴急,不得遣使,使,疏吏翻。自餘賦發皆責成州郡,其群司所遣彈督在外者,一切攝還。"攝,收也,追也。儁從之。

《資治通鑑》卷一百《晉紀二十二·穆帝升平二年》頁三一七一

荀羨爲建威將軍,攻慕容儁山莊士甾切,拔之。斬儁太山太守賈堅。

《册府元龜》卷四四二《將帥部·敗衂二》頁五二四一上

燕泰山太守賈堅屯山茌,山茌,即前漢之茌縣,屬泰山郡,後漢改曰山茌。茌,仕疑翻。荀羨引兵擊之;堅所將纔七百餘人,將,即亮翻。羨兵十倍於堅。堅將出戰,諸將皆曰:"衆少,不如固守。"少,詩沼翻。堅曰:"固守亦不能免,不如戰也。遂出戰,身先士卒,先,悉薦翻。殺羨兵千餘人,復還入城。復,扶又翻;下同。羨進攻之,堅歡

曰："吾自結髮,志立功名,而每值窮阨,豈非命乎！堅欲折其鋒,使
羨懼而退耳。羨進攻之,堅計窮矣。與其屈辱而生,不若守節而死。"
乃謂將士曰："今危困,計無所設,卿等可去,吾將止死。"將士皆
泣曰："府君不出,衆亦俱死耳。"乃扶堅上馬,堅曰："我如欲逃,
必不相遣。今當爲卿曹決鬥,爲,于僞翻。若勢不能支,卿等可趣
去,趣,讀曰促。勿復顧我也！"乃開門直出。羨兵四集,堅立馬橋
上,左右射之,射,而亦翻。皆應弦而倒。羨兵衆多,從塹下斫橋,堅
人馬俱陷,生擒之,遂拔山茌。塹,七艷翻。羨謂堅曰："君父、祖世爲
晉臣,奈何背本不降？"背,蒲妹翻。降,户江翻;下同。堅曰："晉自棄中
華,非吾叛也。堅發此言,江東將相其愧多矣。民既無主,强則託命。既
已事人,安可改節！吾束脩自立,謂從師就學,便有志於自立。朱子曰:
脩,脯也。十脡爲束。古者從師必以束脩爲禮。涉趙歷燕,未嘗易志,堅不
降燕,見九十八卷永和七年。君何忽忽相謂降乎！"羨復責之,復,扶又
翻。堅怒曰："豎子,兒女御乃公！"自稱爲乃公,慢羨而孩視之也。曰御
者,言若駕御兒女然。羨怒,執置雨中;數日,堅憤惋而卒。惋,烏貫翻。
　　《資治通鑑》卷一百《晉紀二十二・穆帝升平二年》頁三一七一
至三一七二

　　十二月,北中郎將荀羨及慕容儁戰于山茌,王師敗績。
　　　　　　《晉書》卷八《帝紀第八・穆帝》頁二〇三

　　（慕容）儁青州刺史慕容塵遣司馬悅明救之,羨師敗績,復陷
山莊。
　　　　《册府元龜》卷四四二《將帥部・敗衄二》頁五二四一上

　　燕青州刺史慕容塵遣司馬悅明救泰山,羨兵大敗,燕復取山

荏。燕主儁以賈堅子活爲任城太守。任，音壬。

《資治通鑑》卷一百《晉紀二十二·穆帝升平二年》頁三一七二

十二月，北中郎將荀羨及慕容儁戰于山荏，王師敗績。

《通志》卷十下《晉紀十下·穆皇帝》頁二〇二中

升平中，慕容恪侵逼山陵。

《晉書》卷八十九《列傳第五十九·忠義·沈勁》頁二三一七

穆宗升平中，慕容恪侵逼山陵。

《冊府元龜》卷一三七《帝王部·旌表一》頁一六五九上

升平中，慕容恪侵逼山陵。

《冊府元龜》卷四二四《將帥部·死事一》頁五〇四九上

升平中，慕容恪侵逼山陵。

《通志》卷一百六十六《忠義傳一·沈勁》頁二六八一上

燕吳王垂娶段末杯女，生子令、寶。段氏才高性烈，自以貴姓，段與慕容本抗衡之國，故自以爲貴姓。不尊事可足渾后，可足渾氏銜之。燕主儁素不快於垂，事見上卷永和十年。中常侍涅皓涅，乃結翻，姓也。因希旨告段氏及吳國典書令遼東高弼爲巫蠱，欲以連污垂，晉制：王國置典書、典祠、學官令。慕容氏因之。典書令，天朝吏部尚書之職。《齊王攸傳》，“國相上長吏缺典書令，請求差選”是也。西晉，典書令在常侍、侍郎上；及渡江，則侍郎次常侍，而典書令居三卿下。污，烏姑翻。儁收段氏及弼下大長秋、廷尉考驗,下,遐稼翻。段氏及弼志氣確然,終無撓辭。
掠治日急,撓,奴教翻。掠,音亮。治,直之翻。垂愍之,私使人謂段氏
曰:"人生會當一死,何堪楚毒如此! 不若引服。"引服,自引而誣服
也。段氏歎曰:"吾豈愛死者耶! 若自誣以惡逆,上辱祖宗,下累於
王,累,力瑞翻。固不爲也! "辯答益明;故垂得免禍,而段氏竟死於
獄中。出垂爲平州刺史,鎮遼東。垂以段氏女弟爲繼室;可足渾氏
黜之,以其妹長安君妻垂;垂不悦,由是益惡之。爲慕容垂出奔張本。
妻,七細翻。惡,烏路翻。

　　《資治通鑑》卷一百《晉紀二十二・穆帝升平二年》頁三一七二
至三一七三

公元三五九年　　東晉穆帝升平三年　　前燕景昭帝光壽三年

　　慕容儁僭即皇帝位,立小學于顯賢里,以教冑子。

　　　　　　《册府元龜》卷二二八《僭僞部・崇儒》頁二七一三下

　　泓爲濟北王,沖爲中山王。

　　　　　　《册府元龜》卷二二四《僭僞部・宗族》頁二六七九上

　　春,二月,燕主儁立子泓爲濟北王,濟,子禮翻。沖爲中山王。
燕人殺段勤,勤弟思來奔。段勤降燕,見上卷永和八年。

　　《資治通鑑》卷一百《晉紀二十二・穆帝升平三年》頁三一
七三

　　三月,慕容儁遣使朝貢。

　　　　　　　　《魏書》卷一《序紀第一》頁一四

後讌群臣於溝池,酒酣,賦詩,因談經史,語及周太子晉,潸然流涕,顧謂群臣曰:"昔魏武追痛倉舒,孫權悼登無已,孤嘗謂二主緣愛稱奇,無大雅之體。自暐亡以來,孤鬢髮中白,始知二主有以而然。卿等言暐定何如也? 孤今悼之,得無貽將來乎?"其司徒左長史李緒對曰:"獻懷之在東宮,臣爲中庶子,既忝近侍,聖質志業,臣實不敢不知。臣聞道備而無愆,其唯聖人乎。先太子大德有八,未見其闕也。"儁曰:"卿言亦以過矣,然試言之。"緒曰:"至孝自天,性與道合,此其一也。聰敏慧悟,機思若流,此其二也。沈毅好斷,理諝無幽,此其三也。疾諛亮物,雅説直言,此其四也。好學愛賢,不恥下問,此其五也。英姿邁古,藝業趨時,此其六也。虛襟恭讓,尊師重道,此其七也。輕財好施,憫恤民隱,此其八也。"儁泣曰:"卿雖褒譽,然此兒若在,吾死無憂也。

《册府元龜》卷二二五《僭僞部·世子》頁二六八九上至二六八九下

其後讌群臣於蒲池,因問高年、疾苦、孤寡、不能自存者,賜穀帛有差。

《册府元龜》卷二三〇《僭僞部·慶賜》頁二七三四上

前燕慕容儁光壽中,宴群臣于蒲池,酒酣,賦詩。

《册府元龜》卷二三〇《僭僞部·飲讌》頁二七三五上

燕主儁宴群臣于蒲池,蒲池在鄴。語及周太子晉,周靈王之太子曰晉,慧而早卒。《國語》諫壅穀、洛者,即晉也。晉既卒,弟貴立,是爲景王。景王崩,而子朝、子丏爭立,周遂以亂。潸然流涕曰:潸,所姦翻。"才子難得。自景先之亡,燕太子暐,字景先。吾鬢髮中白。毛晃曰:中,直衆翻,半也。卿等謂景先何如？”司徒左長史李績對曰：“獻懷太子之在東宮，晔謚曰獻懷。臣爲中庶子，《晉志》曰：太子中庶子職如侍中。太子志業，敢不知之！太子大德有八：至孝，一也；聰敏，二也；沈毅，三也；疾諛喜直，四也；沈，持林翻。喜，許記翻。好學，五也；多藝，六也；謙恭，七也；好施，八也。”好，呼到翻。施，式豉翻。儁曰：“卿譽之雖過，譽，音余。然此兒在，吾死無憂矣。景茂何如？”燕太子暐，字景茂。時太子暐侍側，績曰：“皇太子天資岐嶷，嶷，魚力翻。毛萇曰：岐，智意也；嶷，識也。雖八德已聞，而二闕未補，好遊畋而樂絲竹，樂，五教翻。此其所以損也。”儁顧謂暐曰：“伯陽之言，藥石之惠也，李績，字伯陽。汝宜誡之！”暐甚不平。爲李績以憂卒張本。

　　《資治通鑑》卷一百《晉紀二十二·穆帝升平三年》頁三一七三至三一七四

　　後慕容儁投季龍尸於漳水，倚橋柱不流，時人以爲“一柱殿下”即謂此也。

　　　　《晉書》卷九十五《列傳第六十五·藝術·麻襦》頁二四九一

　　洹水又東，枝津出焉。東北流逕鄴城南，謂之新河。又東，分爲二水。一水北逕東明觀下，昔慕容儁夢石虎齧其臂，寤而惡之，購求其尸，而莫之知。後宮嬖妾言，虎葬東明觀下，于是掘焉，下度三泉，得其棺，剖棺出尸，尸僵不腐。儁罵之曰：死胡，安敢夢生天子也。使御史中尉陽約數其罪而鞭之。此蓋虎始葬處也。

　　　　　　《水經注校證》卷九《洹水》頁二四五

　　又慕容儁投石虎尸處也。田融以爲紫陌也。

　　　　　　《水經注校證》卷十《濁漳水》頁二六〇

《前燕録》曰：慕容儁夜夢石虎齧其臂。覺，遂痛。惡之，曰：
"死胡安敢夢生天子？" 使掘之，數其罪，鞭其尸，投之漳水。俄，寢
疾而死。

　　　　《太平御覽》卷四〇〇《人事部四一·凶夢》頁一八四八上

　　慕容儁夜夢石虎齧其臂。覺，遂痛。惡之，曰："死胡安敢夢生
天子？" 使掘之，數其罪，鞭其尸，投之彰水。俄，寢疾而卒。

　　　　《册府元龜》卷八九二《總録部·夢徵一》頁一〇五六四下

　　（慕容）儁夢趙王虎齧其臂，齧，魚結翻。乃發虎墓，求尸不獲，
購以百金；鄴女子李菟知而告之，菟，同都翻。得尸於東明觀下，《水
經注》：洹水東北流逕鄴城南，又東分爲二水，北逕東明觀下。觀，古玩翻。僵
而不腐。儁蹋而罵之曰：僵，居良翻。蹋，與踏同。"死胡，何敢怖生天
子！" 數其殘暴之罪而鞭之，投於漳水，尸倚橋柱不流。《水經注》：
漳水逕紫陌西。趙建武十一年，造紫陌浮橋，慕容儁投石虎尸處也。怖，普布
翻。數，所具翻。及秦滅燕，王猛爲之誅李菟，收而葬之。史終言之。
爲，于僞翻。

　　　　《資治通鑑》卷一百《晉紀二十二·穆帝升平三年》頁三一七四

　　後慕容儁投石虎尸於漳水，倚橋柱不流，時人以爲 "一柱殿下"
即此謂也。

　　　　《通志》卷一百八十二《藝術傳二·麻襦》頁二九一八上

　　後慕容儁殺虎，投尸於漳水，倚橋柱不流，時人以爲 "一柱殿
下" 即謂此也。

　　　　屠本《十六國春秋》卷第二十一《後趙録十一·麻襦》頁十二正

秋七月,平北將軍高昌爲慕容儁所逼,自白馬奔于滎陽。

　　　　　　《晉書》卷八《帝紀第八·穆帝》頁二〇三

高昌不能拒燕,秋,七月,自白馬奔滎陽。

《資治通鑑》卷一百《晉紀二十二·穆帝升平三年》頁三一
七五

秋七月,平北將軍高昌爲慕容儁所逼,自白馬奔于滎陽。

　　　　　　《通志》卷十下《晉紀十下·穆皇帝》頁二〇二中

諸葛攸又率水陸二萬討儁,入自石門,屯于河渚。攸部將匡
超進據嶕嶢、蕭館,屯于新棚。又遣督護徐冏率水軍三千泛舟上
下,爲東西聲勢。儁遣慕容評、傅顏等統步騎五萬戰于東阿,王師
敗績。

《册府元龜》卷四四二《將帥部·敗衂二》頁五二四一上至五
二四一下

泰山太守諸葛攸將水陸二萬擊燕,將,即亮翻;下同。入自石門,
屯于河渚。燕上庸王評、長樂太守傅顏帥步騎五萬與攸戰于東阿,
攸兵大敗。樂,音洛。帥,讀曰率。騎,奇寄翻。

《資治通鑑》卷一百《晉紀二十二·穆帝升平三年》頁三一
七六

冬十月慕容儁寇東阿,遣西中郎將謝萬次下蔡,北中郎將郗曇
次高平以擊之,王師敗績。

　　　　　　《晉書》卷八《帝紀第八·穆帝》頁二〇四

冬十月,慕容儁寇河東,遣西中郎將謝萬次下蔡,北中郎將郗曇次高平以擊之,王師敗績。

《通志》卷十下《晉紀十下·穆皇帝》頁二〇二中

冬,十月,詔謝萬軍下蔡、郗曇軍高平以擊燕。萬矜豪傲物,但以嘯詠自高,未嘗撫衆。兄安深憂之,謂萬曰:"汝爲元帥,帥,所類翻;下同。宜數接對諸將以悅其心,數,所角翻。豈有傲誕如此而能濟事也!"萬乃召集諸將,一無所言,直以如意指四坐云:"諸將皆勁卒。"諸將益恨之。如意,鐵如意也。坐,徂卧翻。凡奮身行伍者,以兵與卒爲諱;既爲將矣,而稱之爲卒,所以益恨也。安慮萬不免,乃自隊帥以下,無不親造,厚相親託。造,七到翻。《晉史》言安性遲緩,而爲其弟慮乃周密如此,宜其能爲晉室内消桓温之變,外破苻秦之師也。既而萬帥衆入渦、潁以援洛陽。渦水至山桑入淮,潁水至下蔡入淮。謝尚之兵,自下蔡而入渦、潁之間。郗曇以病退屯彭城。萬以爲燕兵大盛,故曇退,即引兵還,衆遂驚潰。進師易,退師難。是以善將者欲退師,必廣爲方略而後引退,不唯防敵人之追截,亦慮己衆之驚潰也。萬狼狽單歸,軍士欲因其敗而圖之,以安故而止。既至,詔廢萬爲庶人,降曇號建武將軍。於是許昌、潁川、譙、沛諸城相次皆没於燕。

《資治通鑑》卷一百《晉紀二十二·穆帝升平三年》頁三一七六至三一七七

(慕容)儁寢疾,引恪與慕容評屬以後事。

《册府元龜》卷二二四《僭僞部·宗族》頁二六七九上

慕容儁僭即帝位,既寢疾,謂慕容恪曰:"吾所疾惙然,當恐不濟。修短命也,復何所恨!但二寇未除,景茂沖幼景茂,暐字,慮其未堪多難。吾欲遠追宋宣，以社稷屬汝。"恪曰："太子雖幼，天縱聰聖，必能勝殘刑措，不可以亂正統也。"僞怒曰："兄弟之間豈虛飾也！"恪曰："陛下若以臣堪荷天下之任者，寧不能輔少主乎！"僞曰："汝行周公之事，吾復何憂！李績清方忠亮，堪任大事，汝善遇之。"

《册府元龜》卷二二七《僭僞部·倚任》頁二七一〇上

辛酉，燕主僞寢疾，謂大司馬太原王恪曰："吾病必不濟。今二方未平，二方謂晉、秦也。景茂沖幼，國家多難，吾欲效宋宣公，以社稷屬汝，難，乃旦翻。宋宣公舍其子與夷而立其弟穆公。屬，之欲翻。何如？"恪曰："太子雖幼，勝殘致治之主也。勝，音升。治，直之翻。臣實何人，敢干正統！"僞怒曰："兄弟之間，豈虛飾邪！"恪曰："陛下若以臣能荷天下之任者，豈不能輔少主乎！"荷，下可翻。少，詩照翻。僞喜曰："汝能爲周公，吾復何憂！復，扶又翻。李績清方忠亮，汝善遇之。"召吳王垂還鄴。自遼東召還也。

《資治通鑑》卷一百《晉紀二十二·穆帝升平三年》頁三一七七

燕所徵郡國兵悉集鄴城。去年所徵，今乃悉集。

《資治通鑑》卷一百《晉紀二十二·穆帝升平三年》頁三一七八

公元三六〇年　東晉穆帝升平四年　前燕幽帝建熙元年 北魏昭成帝建國二十三年

丙戌，慕容僞死，子暐嗣僞位。

《晉書》卷八《帝紀第八·穆帝》頁二〇四

四年正月，慕容儁死，子暐代立。慕容恪殺其尚書令陽鶩等。

　　　　　　　《晉書》卷十三《志第三·天文下》頁三七六

四年正月，慕容儁死，子暐代立。慕容恪殺其尚書令陽鶩等。

　　　　　　　《宋書》卷二十四《志第十四·天文二》頁七一七

是歲，慕容儁死，子暐立，遣使致賻。

　　　　　　　　　　《魏書》卷一《序紀第一》頁一四

慕容暐，晉升平四年僭即皇帝位。大赦境内，改元曰建熙。暐
在位十一年，以晉太和五年爲苻堅所滅。

　　　　　　　《册府元龜》卷二一九《僭僞部·年號》頁二六三二上

慕容暐嗣父儁僞位，謚儁爲景昭皇帝，廟號烈祖，墓號龍陵。

　　　　　　　《册府元龜》卷二二四《僭僞部·奉先》頁二六七五上

春，正月，癸巳，燕主儁大閱于鄴，欲使大司馬恪、司空陽鶩將
之入寇；鶩，音務。將，即亮翻。會疾篤，乃召恪、鶩及司徒評、領軍將
軍慕輿根等受遺詔輔政。甲午，卒。年四十二。戊子，太子暐即皇帝
位。暐，字景茂，儁第三子。按《長曆》，是年正月，甲戌朔。今儁以甲午卒，
則戊子在甲午前，即位恐是戊戌。年十一；大赦，改元建熙。

　　　《資治通鑑》卷一百一《晉紀二十三·穆帝升平四年》頁三一
七九

丙戌，慕容儁死，子暐嗣僞位。

　　　　　　　《通志》卷十下《晉紀十下·穆皇帝》頁二〇二下

　（慕容）儁死，群臣欲立恪，恪辭曰："國有儲君，非吾節也。"及
暐之世，總攝朝權。恪虛襟待物，諮詢善道，量才處任，使人不踰
位，朝廷謹肅。進止有常度，雖執權政，每事必諮之於評。罷朝歸
第，則盡心色養，手不釋卷。其百僚有過，未嘗顯之。自是庶僚化
德，稀有犯者。
　　　《册府元龜》卷二二四《僭偽部·宗族》頁二六七九上至二六
七九下

　　慕容暐僭即帝位，以慕容恪爲太宰，錄尚書，行周公事。慕容
評爲太傅，副贊朝政。
　　　《册府元龜》卷二二四《僭偽部·宗族》頁二六七九上

　　慕容暐既嗣偽位，以慕容恪爲太宰，錄尚書事，行周公事。慕
容評爲太傅，副贊朝政。暐既庸弱，國事皆委之於恪。
　　　《册府元龜》卷二二七《僭偽部·倚任》頁二七一〇上

　　二月，燕人尊可足渾后爲皇太后。以太原王恪爲太宰，專錄朝
政；錄，總也。朝，直遙翻。上庸王評爲太傅，陽鶩爲太保，慕輿根爲太
師，參輔朝政。朝，直遙翻；下同。
　　　《資治通鑑》卷一百一《晉紀二十三·穆帝升平四年》頁三一
八〇

　（慕容）暐，儁之子，晉昇平四年僭即皇帝位，大赦境内。是歲，
太師慕容根謀爲亂，於是使其侍中皇甫真、護軍傅顏收根等，於禁
中斬之，大赦境内。
　　　《册府元龜》卷二二六《僭偽部·恩宥》頁二六九八上

前燕慕容儁終，慕輿根與皇甫真、慕容恪等俱受顧托。輿根將謀爲亂，真陰察知之，乃言於恪請除之。恪未忍顯其事，俄而根誅，發伏謀。恪謝真曰："不從君言，幾成禍敗。"

《册府元龜》卷七九六《總録部・先見二》頁九四六○上

（慕輿）根性木强，師古曰：木謂質直。强，音其兩翻。自恃先朝勳舊，自詉以來，根屢有戰功。心不服恪，舉動倨傲。時太后可足渾氏頗預外事，根欲爲亂，乃言於恪曰："今主上幼沖，母后干政，殿下宜防意外之變，思有以自全。且定天下者，殿下之功也。兄亡弟及，古今成法，此殷法也，非周法也。俟畢山陵，宜廢主上爲王，殿下自踐尊位，以爲大燕無窮之福。"恪曰："公醉邪？何言之悖也！悖，蒲内翻，又蒲没翻。吾與公受先帝遺詔，云何而遽有此議？"根愧謝而退。恪以告吳王垂，垂勸恪誅之。恪曰："今新遭大喪，二鄰觀釁，二鄰，謂晉、秦也。而宰輔自相誅夷，恐乖遠近之望，且可忍之。"秘書監皇甫真言於恪曰："根本庸豎，過蒙先帝厚恩，引參顧命。而小人無識，自國哀已來，驕很日甚，將成禍亂。很，户墾翻。明公今日居周公之地，當爲社稷深謀，早爲之所。"恪不聽。

根又言於可足渾氏及燕主暐曰："太宰、太傅將謀不軌，臣請帥禁兵以誅之。"帥，讀曰率。可足渾氏將從之，暐曰："二公，國之親賢，先帝選之，託以孤嫠，嫠，陵之翻。無夫曰嫠。必不肯爾；安知非太師欲爲亂也！"乃止。根又思戀東土，龍城在鄴城東北，故曰東土。言於可足渾氏及暐曰："今天下蕭條，外寇非一，國大憂深，不如還東。"恪聞之，乃與太傅評謀，密奏根罪狀；使右衛將軍傅顔就内省誅根，并其妻子、黨與。大赦。既誅根及其妻子黨與，恐衆心反側，故肆赦以安之。是時新遭大喪，誅夷狼籍，内外恟懼，恟，許拱翻。太宰恪舉止如常，人不見其有憂色，每出入，一人步從。從，才用翻。或説以宜自嚴備，説，輸芮翻。恪曰："人情方懼，當安重以鎮之，奈何復自驚擾，衆將何仰！"復，扶又翻。由是人心稍定。

《資治通鑑》卷一百一《晉紀二十三·穆帝升平四年》頁三一八〇至三一八一

《燕書》曰：慕容恪之威聲震於外敵。初，烈祖崩，晉人喜，曰："中原可圖矣。"桓溫曰："慕容恪尚存，所憂方重耳。"

《太平御覽》卷四六九《人事部一一〇·憂下》頁二一五五下

（慕容）恪雖綜大任，而朝廷之禮，兢兢嚴謹，每事必與司徒評議之，未嘗專決。虛心待士，諮詢善道，量才授任，量，音良。人不踰位；官屬、朝臣或有過失，朝，直遙翻。不顯其狀，隨宜他叙，不令失倫，以叙遷爲他官，不令失其倫等也。唯以此爲貶；時人以爲大愧，莫敢犯者。或有小過，自相責曰："爾復欲望宰公遷官邪！"恪爲太宰，故稱之爲宰公。復，扶又翻。朝廷初聞燕主儁卒，皆以爲中原可圖。桓溫曰："慕容恪尚在，憂方大耳。"史言慕容恪能輔幼主，桓溫能料敵。

三月，己卯，葬燕主儁於龍陵，陵在龍城，因以爲名。謚曰景昭皇帝，廟號烈祖。所徵郡國兵，以燕朝多難，難，乃旦翻。互相驚動，往往擅自散歸，自鄴以南，道路斷塞。塞，悉則翻。太宰恪以吳王垂爲使持節、征南將軍、都督河南諸軍事、兗州牧、荊州刺史，鎮梁國之蠡臺，使，疏吏翻；下同。孫希爲并州刺史，傅顏爲護軍將軍，帥騎二萬，觀兵河南，臨淮而還；境內乃安。史言恪當國有大憂、衆心危疑之際，處之有方。帥，讀曰率。騎，奇寄翻。觀，古玩翻，示之也。觀兵，曜兵以示之也。希，泳之弟也。孫泳拒趙，見九十六卷成帝咸康四年。史書孫泳、鞠彭、宋燭之子弟，皆貴顯於燕，所以勸委質者能守死而不貳，子孫必獲其福也。

　　《資治通鑑》卷一百一《晉紀二十三・穆帝升平四年》頁三一八
一至三一八二

　　至慕容暐襲僞號，署爲國子博士，親就受經。遷祭酒。及暐爲
苻堅所滅，歡死於長安。

　　《晉書》卷九十一《列傳第六十一・儒林・王歡》頁二三六六

　　王歡字君厚，樂陵人。安貧樂道，專精耽學，遂爲通儒。嗣後
慕容暐襲號，署官至祭酒。

　　《册府元龜》卷七六七《總録部・儒學一》頁九一二〇上

　　至慕容暐襲僞號，署爲國子博士，親就受經。遷祭酒。及暐爲
苻堅所滅，歡死於長安。

　　《通志》卷一百七十三《儒林傳二・王歡》頁二七八四中

　　二十三年夏六月，皇后慕容氏崩。

　　　　　　　　　　《魏書》卷一《序紀第一》頁一四

　　二十三年六月，皇后慕容氏崩。

　　　　　　　　《北史》卷一《魏本紀第一・昭成皇帝》頁八

　　夏，六月，代王什翼犍妃慕容氏卒。犍，居言翻。

　　《資治通鑑》卷一百一《晉紀二十三・穆帝升平四年》頁三一
八二

二十三年六月，皇后慕容氏崩。

> 《通志》卷十五上《後魏紀十五上》頁二七〇下

燕太宰恪欲以李績爲右僕射，燕主暐不許。恪屢以爲請，暐曰："萬機之事，皆委之叔父；伯陽一人，暐請獨裁。"出爲章武太守，以憂卒。暐不平李績事見上卷上年。

> 《資治通鑑》卷一百一《晉紀二十三·穆帝升平四年》頁三一八三

曾祖産，産子績，二世知名於慕容氏。

> 《魏書》卷四十六《列傳第三十四·李訢》頁一〇三九

曾祖産，産子績，二世知名於慕容氏。

> 《北史》卷二十七《列傳第十五·李訢》頁九八三

曾祖産，産子績，二世知名於慕容氏。

> 《通志》卷一百四十七《列傳六十·李訢》頁二三三七下

李崇范陽人也，祖産、父績，二世知名於慕容氏。

> 屠本《十六國春秋》卷第一百《北燕録三·李崇》頁八正

父潜，仕慕容暐，爲黄門侍郎，並有才學之稱。

> 《魏書》卷二十四《列傳第十二·崔玄伯》頁六二〇

父潜，仕慕容暐，爲黄門侍郎。並以才學稱。

> 《北史》卷二十一《列傳第九·崔宏》頁七六九

崔潛,仕慕容暐,爲黃門侍郎。

　　《册府元龜》卷八六一《總録部·筆札》頁一〇二三一上

父潛,仕慕容暐,爲黃門侍郎。並以才學稱。

　　《通志》卷一百四十六《列傳五十九·崔宏》頁二三一〇中

父清,仕慕容暐爲黃門侍郎,並以才學著稱。

屠本《十六國春秋》卷第四十二《前秦録十·崔宏》頁二十二背

父放,慕容暐吏部尚書。

　　　　　《魏書》卷三十二《列傳第二十·封懿》頁七六〇

父放,慕容暐吏部尚書。

　　　　　《北史》卷二十四《列傳第十二·封懿》頁八九二

父放,慕容暐吏部尚書。

　　《通志》卷一百四十六《列傳五十九·封懿》頁二三二三中

(仇款)仕慕容暐爲烏丸護軍、長水校尉。

　　《魏書》卷九十四《列傳閹官第八十二·仇洛齊》頁二〇一三

(仇款)仕慕容暐爲烏丸護軍、長水校尉。

　　《北史》卷九十二《列傳第八十·恩幸·仇洛齊》頁三〇三〇

(仇款)仕慕容暐爲烏丸護軍、長水校尉。

　　《通志》卷一百七十九《宦者傳一·仇洛齊》頁二八七二中

公元三六一年　東晉穆帝升平五年　前燕幽帝建熙二年

平陽人舉郡降燕；平陽時屬張平。燕以建威將軍段剛爲太守，遣督護韓苞將兵共守平陽。

方士丁進有寵於燕主暐，【章：十二行本“暐”作“儁”；乙十一行本同。】欲求媚於太宰恪，説恪令殺太傅評；説，輸芮翻。恪大怒，奏收斬之。

《資治通鑑》卷一百一《晉紀二十三·穆帝升平五年》頁三一八四

前燕將呂護據野王，陰通晉，事覺，燕將慕容恪等率衆討之。將軍傅顏言於恪曰：“護窮寇假合，王師既臨，〔一一〕則上下喪氣，必士卒攝魂，敗亡之驗也。殿下前以廣固天險，守易攻難，故爲長久之策。今賊形便不與往同，宜急攻之，以省千金之費。”恪曰：“護老賊，經變多矣。觀其爲備之道，未易卒圖。今圈之窮城，〔一二〕樵採路絕，内無蓄積，〔一三〕外無強援，不過十旬，其斃必矣，何必遽殘士卒之命而趣一時之利哉！吾嚴濬圍壘，〔一四〕休養將卒，以重官美貨間而離之，事淹勢窮，其釁易動；我則未勞，而寇已弊。此爲兵不血刃，坐以制勝也。”遂列長圍守之。凡經六月，而野王潰，護南奔於晉，悉降其衆。

【校勘記】

〔一一〕王師既臨　“臨”下原衍“事”，據《晉書·慕容暐載記》二八四八頁刪。

〔一二〕今圈之窮城　“圈”原訛“圍”，據《晉書·慕容暐載記》二八四八頁及北宋本、明抄本、明刻本改。

〔一三〕内無蓄積　“蓄積”原倒，據《晉書·慕容暐載記》

二八四八頁及北宋本、明抄本、明刻本、王吳本乙。

〔一四〕吾嚴濬圍壘　"濬"原訛"固",王吳本誤同。今據《晉書·慕容暐載記》二八四八頁及北宋本、明抄本、明刻本改。

《通典》卷第一百六十《兵十三·圍師量無外救緩攻取之》頁四一〇九、四一二七至四一二八

又曰:燕將呂護據野王,陰通晉,事覺,燕將慕容恪等率衆討之。將軍傅顔言於恪曰:"護窮寇假合,王師既臨,則上下喪氣,必士卒攝魂,敗亡之驗也。殿下前以廣固天險,守易攻難,故爲長久之策。今賊形便不與往同,宜急攻之,以省千金之費。"恪曰:"護老賊,經變多矣。觀其爲備之道,未易卒圖。今圈之窮城,樵採路絕,内無蓄積,外無强援,不過十旬,其斃必矣,何必遽殘士卒之命,而趍一時之利哉! 吾嚴濬圍壘,休養將卒,以重官美貨間而離之,事淹勢窮,其釁易動,我則未勞而寇已弊,此謂兵不血刃,坐以制勝也。"遂長圍守之。凡經六月,而野王潰,護南奔于晉,悉降其衆。

《太平御覽》卷三一八《兵部四九·攻圍下》頁一四六四上至一四六四下

又燕將呂護據野王,陰通晉,事覺,恪率衆討之。將軍傅顔言於恪曰:"前以廣固無險,易守難攻,故爲長久之策。今賊形便不與往同,宜急攻之,以省千金之費。"恪曰:"護老賊,經變多矣。觀其爲備,未易卒圖。今圖之窮城,樵採路絕,内無蓄積,外無强援,不過十旬,其斃必矣,何必遽殘士卒之命而趣一時之利! 吾嚴濬圍壘,休養士卒,兵不血刃,坐以制勝。"遂長圍守之。凡經六月,而野王潰。

《册府元龜》卷三六八《將帥部·攻取一》頁四三七九上至四三七九下

高昌卒,三年,高昌奔滎陽。燕河内太守吕護并其衆,遣使來降;拜護冀州刺史。護欲引晉兵以襲鄴。三月,燕太宰恪將兵五萬,冠軍將軍皇甫真將兵萬人,共討之。將,即亮翻。冠,古玩翻。燕兵至野王,護嬰城自守。護軍將軍傅顏請急攻之,以省大費。恪曰:"老賊經變多矣,觀其守備,未易猝攻,猝,以戞翻。而多殺士卒。頃攻黎陽,多殺精銳,卒不能拔,事見上卷二年。自取困辱。護内無蓄積,外無救援,我深溝高壘,坐而守之,休兵養士,離間其黨,間,古莧翻。於我不勞而賊勢日蹙,不過十旬,取之必矣,何爲多殺士卒以求旦夕之功乎!"乃築長圍守之。

　　《資治通鑑》卷一百一《晉紀二十三·穆帝升平五年》頁三一八四

　　(桓)溫命豁督沔中七郡軍事、建威將軍、新野義成二郡太守,擊慕容屈塵,[二]破之,進號右將軍。

　　【校勘記】

　　〔二〕慕容屈塵　《哀紀》、《通鑑》一〇一並作"慕容塵"。

　　《晉書》卷七十四《列傳第四十四·桓豁》頁一九四一、一九五七

　　(桓)溫弟豁爲建威將軍、督沔中七郡軍事,擊慕容屈塵,破之,進號右將軍。

　　《冊府元龜》卷三五〇《將帥部·立功三》頁四一五二下

　　夏,四月,桓溫以其弟黃門郎豁都【章:十二行本無"都"字;乙十一行本同。】督沔中七郡諸軍事,魏置中書監、令,又置通事郎、黃門郎。沔中七郡,魏興、新城、上庸、襄陽、義成、竟陵、江夏也。兼新野、義城二郡

太守，城，當作成。將兵取許昌，破燕將慕容塵。

　　《資治通鑑》卷一百一《晉紀二十三·穆帝升平五年》頁三一八四至三一八五

　　温命豁督沔中七郡軍事、建威將軍、新野義城二郡太守，擊慕容屈塵，破之，進號右將軍。

　　　　《通志》卷一百二十七《列傳四十·桓豁》頁一九九一下

　　慕容恪攻陷野王，守將吕護退保滎陽。

　　　　　　《晉書》卷八《帝紀第八·哀帝》頁二〇六

　　七月，慕容恪攻冀州刺史吕護於野王，拔之，護奔走。

　　　　　　《晉書》卷十二《志第二·天文中》頁三四八

　　七月，慕容恪攻冀州刺史吕護於野王，護奔滎陽。

　　　　　　《晉書》卷十三《志第三·天文下》頁三七七

　　七月，慕容恪攻冀州刺史吕護於野王，拔之，護奔滎陽。

　　　　　　《宋書》卷二十四《志第十四·天文二》頁七一七

　　慕容恪圍冀州刺史吕護。

　　　　　　《宋書》卷三十一《志第二十一·五行二》頁九〇九

　　燕人圍野王數月，吕護遣其將張興出戰，傅顔擊斬之，城中日蹙。皇甫真戒部將曰：“護勢窮奔突，必擇虚隙而投之；吾所部士卒多羸，器甲不精，宜深爲之備。”乃多課櫓楯，親察行夜者。將，即亮翻。贏，倫爲翻。楯，食尹翻。行，下孟翻。護食盡，果夜悉精鋭趨真所部，趨，七喻翻。突圍，不得出；太宰恪引兵擊之，護衆死傷殆盡，棄妻子奔滎陽。恪存撫降民，給其稟食；降，户江翻。徙士人、將帥於鄴，自餘各隨所樂；帥，所類翻。樂，音洛。以護參軍廣平梁琛爲中書著作郎。晉武帝以祕書并中書省，故曰中書著作郎。琛，丑林翻。

《資治通鑑》卷一百一《晉紀二十三·穆帝升平五年》頁三一八五至三一八六

慕容恪攻陷野王，守將吕護退保滎陽。

《通志》卷十下《晉紀十下·哀皇帝》頁二〇二下

張平襲燕平陽，殺段剛、韓苞；又攻雁門，殺太守單男。單，音善，姓也。既而爲秦所攻，平復謝罪於燕以求救。復，扶又翻。燕人以平反覆，弗救也，平遂爲秦所滅。

《資治通鑑》卷一百一《晉紀二十三·穆帝升平五年》頁三一八六

慕容暐將吕護奔于晉，尋復叛歸于暐，暐待之如初。

《册府元龜》卷二三〇《僭偽部·懷附》頁二七四〇下

前燕吕護爲慕容暐將，奔于晉，尋復叛歸于暐，待之如初。

《册府元龜》卷四二四《將帥部·死事一》頁五〇五〇上

吕護復叛，奔燕，燕人赦之，以爲廣州刺史。燕無廣州，以刺史之名授護耳。

《資治通鑑》卷一百一《晉紀二十三·穆帝升平五年》頁三一八七

燕大赦。

　　　《資治通鑑》卷一百一《晉紀二十三·穆帝升平五年》頁三一八八

公元三六二年　　東晉哀帝隆和元年　　前燕幽帝建熙三年

隆和元年,慕容暐遣將寇河陰。

　　　　　　　　　《晉書》卷十三《志第三·天文下》頁三七七

隆和元年,慕容暐遣傅末波寇河陰,陳祐危逼。

　　　《宋書》卷二十四《志第十四·天文二》頁七一七至七一八

因遣傅顔與護率衆據河陰。

　　　　　《册府元龜》卷二三〇《僭偽部·懷附》頁二七四〇下

因遣傅顔與護率衆據河陰。

　　　　　《册府元龜》卷四二四《將帥部·死事一》頁五〇五〇上

　　燕豫州刺史孫興請攻洛陽,曰:"晉將陳祐弊卒千餘,介守孤城,不足取也!"將,即亮翻。介,如字,獨也;又音戛。燕人從其言,遣寧南將軍呂護屯河陰。

　　　《資治通鑑》卷一百一《晉紀二十三·哀帝隆和元年》頁三一八八

　　(傅)顔北襲敕勒,大獲而還。

　　　　　《册府元龜》卷二三〇《僭偽部·懷附》頁二七四〇下

（傅）顏北襲敕勒，大獲而還。

　　　　《册府元龜》卷四二四《將帥部·死事一》頁五〇五〇上

是月，慕容暐將吕護、傅末波攻陷小壘，[二三]以逼洛陽。

【校勘記】

〔二三〕傅末波　周校：《暐載記》作"傅顏"。

　　　　　《晉書》卷八《帝紀第八·哀帝》頁二〇六、二一八

是月，慕容暐將吕護、傅末波攻陷小壘，以逼洛陽。

　　　　　《通志》卷十下《晉紀十下·哀皇帝》頁二〇三上

（夏四月）吕護復寇洛陽。

　　　　　《晉書》卷八《帝紀第八·哀帝》頁二〇七

燕吕護攻洛陽。

《資治通鑑》卷一百一《晉紀二十三·哀帝隆和元年》頁三一
八九

（夏四月）吕護復寇洛陽。

　　　　　《通志》卷十下《晉紀十下·哀皇帝》頁二〇三上

屬鮮卑攻洛陽，陳祐出奔……

　　　　　《晉書》卷九十八《列傳第六十八·桓温》頁二五七五

屬鮮卑攻洛陽，陳祐出奔。

　　　　　《通志》卷一百三十《列傳四十三·桓温》頁二〇五〇下

　　秋七月,吕護等退守小平津。進琅邪王奕爲侍中、驃騎大將軍、開府。鄧遐進屯新城,庾希部將何謙及慕容暐將劉則戰于檀丘,破之。

　　　　　　　　　　《晉書》卷八《帝紀第八·哀帝》頁二〇七

　　秋,七月,吕護退守小平津,以晉援兵至也。中流矢而卒。中,竹仲翻。燕將段崇收軍北渡,屯于野王。

　　　　《資治通鑑》卷一百一《晉紀二十三·哀帝隆和元年》頁三一九一

　　秋七月,吕護等退守小平津。進琅邪王奕爲侍中、驃騎大將軍、開府。鄧遐進屯新城,庾希部將何謙及慕容暐將劉則戰于檀邱,破之。

　　　　　　　　《通志》卷十下《晉紀十下·哀皇帝》頁二〇三上

　　(吕)護攻洛陽,中流矢而死。

　　　　　　《册府元龜》卷二三〇《僭僞部·懷附》頁二七四〇下

　　(吕)護攻洛陽,中流矢而死。

　　　　　　《册府元龜》卷四二四《將帥部·死事一》頁五〇五〇上

　　十一月,慕容暐薦女備後宫。

　　　　　　　　　　《魏書》卷一《序紀第一》頁一四

　　冬,十一月,代王什翼犍納女於燕,犍,居言翻。燕人亦以女妻之。妻，七細翻。

《資治通鑑》卷一百一《晉紀二十三·哀帝隆和元年》頁三一九一

公元三六三年　東晉哀帝興寧元年
前燕幽帝建熙四年前

後燕慕容農字道厚，小字穎慧，垂第三子也。年九歲，問太史令黃泓曰："俗稱參辰相見，萬人相食，各自一宿，何爲如是？"泓曰："昔高辛氏有二子：長曰伯闕，主辰；次曰實沉，主參。日尋干戈，自相征討，後帝不臧使伯闕主辰，實沉主參，別而離之，相見則爭，故代傳言然。"農曰："天有定宿，以人甄之而成憎愛。二子之前，參辰云何？"泓不能對。垂深奇之。①

　　　　　　　　　　　　　　　　　《小名錄》卷上

公元三六三年　東晉哀帝興寧元年
前燕幽帝建熙四年

夏四月，慕容暐寇滎陽，太守劉遠奔魯陽。

　　　　　　　《晉書》卷八《帝紀第八·哀帝》頁二〇七

夏，四月，燕寧東將軍慕容忠攻滎陽太守劉遠，遠奔魯陽。

《資治通鑑》卷一百一《晉紀二十三·哀帝興寧元年》頁三一九二

夏四月，慕容暐寇滎陽，太守劉遠奔魯陽。

　　　　　　　《通志》卷十下《晉紀十下·哀皇帝》頁二〇三上

―――――

①慕容農生年不詳，但垂第四子寶三六三年九歲，故此事應發生於該年之前。

癸卯,慕容暐陷密城,滎陽太守劉遠奔于江陵。

　　　　　　　《晉書》卷八《帝紀第八·哀帝》頁二〇八

癸卯,燕人拔密城,密縣,漢屬河南郡,晉屬滎陽郡。劉遠奔江陵。

　　《資治通鑑》卷一百一《晉紀二十三·哀帝興寧元年》頁三一
九三

癸卯,慕容暐陷密城,滎陽太守劉遠奔于江陵。

　　　　　　　《通志》卷十下《晉紀十下·哀皇帝》頁二〇三上

是歲,慕容暐將慕容塵攻陳留太守袁披于長平,汝南太守朱斌
承虛襲許昌,克之。

　　　　　　　《晉書》卷八《帝紀第八·哀帝》頁二〇八

冬,十月,燕鎮南將軍慕容塵攻陳留太守袁披于長平;長平縣,
前漢屬汝南郡,後漢、晉屬陳郡。賢曰:長平故城,在今陳州宛丘縣西北。汝
南太守朱斌乘虛襲許昌,克之。《考異》曰:《燕書》作"朱黎"。今從《晉
帝紀》。

　　《資治通鑑》卷一百一《晉紀二十三·哀帝興寧元年》頁三一
九三

是歲,慕容暐將慕容塵攻陳留太守袁披于長平,汝南太守朱斌
承虛襲許昌,剋之。

　　　　　　　《通志》卷十下《晉紀十下·哀皇帝》頁二〇三中

公元三六四年　東晉哀帝興寧二年　前燕幽帝建熙五年
前秦宣昭帝甘露六年

二年春二月庚寅，江陵地震。慕容暐將慕容評襲許昌，潁川太守李福死之。評遂侵汝南，太守朱斌遁于壽陽。又進圍陳郡，太守朱輔嬰城固守。桓溫遣江夏相劉岵擊退之。

　　　　　　　　　　《晉書》卷八《帝紀第八·哀帝》頁二〇八

李福爲潁川太守。興寧二年春，慕容暐將慕容評襲許昌，福死之。

　　　　　　　　《册府元龜》卷四二四《將帥部·死事一》頁五〇四九上

二月，燕太傅評、龍驤將軍李洪略地河南。驤，思將翻。

　　《資治通鑑》卷一百一《晉紀二十三·哀帝興寧二年》頁三一九四

二年春二月庚寅，江陵地震。慕容暐將慕容評襲許昌，潁川太守李福死之。評遂侵汝南，太守朱斌遁于壽陽。又進圍陳郡，太守朱輔嬰城固守。桓溫遣江夏相劉岵擊退之。

　　　　　　　　　　《通志》卷十下《晉紀十下·哀皇帝》頁二〇三中

夏四月甲申，慕容暐遣其將李洪侵許昌，王師敗績于懸瓠，朱斌奔于淮南，朱輔退保彭城。桓溫遣西中郎將袁真、江夏相劉岵等鑿楊儀道以通運，溫帥舟師次于合肥，慕容塵復屯許昌。

　　　　　　　　　　《晉書》卷八《帝紀第八·哀帝》頁二〇九

夏，四月，甲辰，燕李洪攻許昌、汝南，敗晉兵於懸瓠，敗，補邁翻。《水經注》曰：懸瓠城，汝南郡治也。城之西北，汝水枝別左出，西北流，又屈西東轉，又西南會汝，形如垂瓠，因以名城。瓠，音胡，又音互。潁川太守李福戰死，汝南太守朱斌奔壽春，陳郡太守朱輔退保彭城。大司馬溫遣西中郎將袁真等禦之，去年五月，加桓溫督、錄、假黃鉞，至是書其官名而不姓，堅冰至矣。溫帥舟師屯合肥。帥，讀曰率。燕人遂拔許昌、汝南、陳郡，徙萬餘户於幽、冀二州，遣鎮南將軍慕容塵屯許昌。

　　　　《資治通鑑》卷一百一《晉紀二十三·哀帝興寧二年》頁三一九四至三一九五

夏四月甲辰，慕容暐遣其將李洪侵許昌，王師敗績于懸瓠，朱斌奔于淮南，朱輔退保彭城。桓溫遣西中郎將袁真、江夏相劉岵等鑿陽儀道以通運，溫帥舟師次于合肥，慕容塵復屯許昌。

　　　　　　《通志》卷十下《晉紀十下·哀皇帝》頁二〇三中

八月，溫至赭圻，遂城而居之。苻堅別帥侵河南，慕容暐寇洛陽。

　　　　　　　　《晉書》卷八《帝紀第八·哀帝》頁二〇九

八月，溫至赭圻，遂城而居之。苻堅別帥侵河南，慕容暐寇洛陽。

　　　　　　《通志》卷十下《晉紀十下·哀皇帝》頁二〇三中

燕侍中慕輿龍詣龍城，徙宗廟及所留百官皆詣鄴。

　　燕太宰恪將取洛陽，《考異》曰：《帝紀》：“慕容暐寇洛陽。”上云“苻堅別帥侵河南。”按明年，恪拔洛陽，堅親將以備潼關，是未敢與燕争河南也。《十六國春秋·堅傳》亦無此舉；《帝紀》恐誤。先遣人招納士民，遠近諸塢皆歸之；乃使司馬悦希軍于盟津，盟，讀曰孟。豫州刺史孫興軍于成皋。

　　　　《資治通鑑》卷一百一《晉紀二十三·哀帝興寧二年》頁三一九六

　　及燕人逼洛陽，冠軍將軍陳祐守之，冠，古玩翻。衆不過二千。勁自表求配祐效力；詔以勁補冠軍長史，令自募壯士，得千餘人以行。勁屢以少擊燕衆，摧破之。少，詩沼翻。而洛陽糧盡援絶，祐自度不能守，度，徒洛翻。乃以救許昌爲名，九月，留勁以五百人守洛陽，祐帥衆而東。帥，讀曰率。勁喜曰：“吾志欲致命，《論語》：子張曰：士見危致命。朱子曰：致命，謂委致其命，猶言授命也。今得之矣。”祐聞許昌已没，遂奔新城。燕悦希引兵略河南諸城，盡取之。

　　　　《資治通鑑》卷一百一《晉紀二十三·哀帝興寧二年》頁三一九六

　　昔東晉之宅江南也，慕容、苻、姚，迭居中土，人無定本，傷理爲深，遂有庚戌土斷之令。

　　　　　　　　《通典》卷第七《食貨七·丁中》頁一五六

　　昔東晉之宅江南也，慕容、苻、姚，迭居中土，人無定本，傷理爲深，遂有庚戌土斷之令。

　　　　　　　　《通志》卷六十一《食貨略一·丁中》頁七四一上

公元三六五年　東晉哀帝興寧三年　前燕幽帝建熙六年 前秦宣昭帝建元元年

（三月）丙子，[二八]慕容暐將慕容恪陷洛陽，寧朔將軍竺瑶奔于襄陽，冠軍長史、揚武將軍沈勁死之。

【校勘記】

〔二八〕丙子　三月甲辰朔，無丙子。

《晉書》卷八《帝紀第八·海西公》頁二一〇、二一八

三月，慕容恪攻没洛陽，沈勁等戰死。

《晉書》卷十三《志第三·天文下》頁三九四

興寧三年，[一一]留勁以五百人守城，祐率衆而東。會許昌已没，祐因奔崖塢。勁志欲致命，欣獲死所。尋爲恪所攻，城陷，被執，神氣自若。恪奇而將宥之，其中軍將軍慕容虔曰："勁雖奇士，觀其志度，終不爲人用。今若赦之，必爲後患。"遂遇害。恪還，從容言於慕容暐曰："前平廣固，不能濟辟閭，今定洛陽而殺沈勁，實有愧於四海。"

【校勘記】

〔一一〕興寧三年　周校：《哀紀》在興寧二年。按：《通鑑》亦在興寧二年，疑"三"爲"二"之誤。

《晉書》卷八十九《列傳第五十九·忠義·沈勁》頁二三一八、二三二五

慕容暐遣其太宰慕容恪攻拔洛陽，略地至於崤澠。堅懼其入關，親屯陝城以備之。

《晉書》卷一百十三《載記第十三·苻堅上》頁二八八九

三月，慕容恪攻洛陽，沈勁等戰死。

　　　　《宋書》卷二十四《志第十四·天文二》頁七一八

曾祖勁，冠軍陳祐長史，戍金墉城，爲鮮卑慕容恪所陷，不屈節見殺，追贈東陽太守。

　　　　《宋書》卷六十三《列傳第二十三·沈演之》頁一六八四

曾祖勁，冠軍陳祐長史，戍金墉，爲燕將慕容恪所陷，不屈見殺，贈東陽太守。

　　　　《南史》卷三十六《列傳第二十六·沈演之》頁九三六

沈勁守洛陽，爲慕容恪攻陷，神氣自若，遂遇害。

　　　　《冊府元龜》卷一三〇《帝王部·延賞一》頁一五六三下

興寧三年，留勁以五百人守城，祐率眾而東。會許昌已沒，祐因奔崖塢。勁志欲效命，欣獲死所。尋爲恪所攻，城陷，被執，神氣自若。恪奇而將宥之，其中軍將軍慕容虔曰：“勁雖奇士，觀其志度，終不爲人用。今若赦之，必爲後患。”遂遇害。恪還，從容言於慕容暐曰：“前平廣固，不能濟辟閭，今定洛陽而殺沈勁，寔有愧於四海。”

　　　　《冊府元龜》卷一三七《帝王部·旌表一》頁一六五九上至一六五九下

興寧三年，留勁以五百人守城，祐率眾而東。會許昌已沒，祐因奔崔塢。勁志欲致命，欣獲死所。尋爲恪所攻，城陷，被執，神氣自若。恪奇而將宥之，其中軍將軍慕容虔曰：“勁雖奇士，觀其志度,終不爲人用。今若救之,必爲後患。”遂遇害。恪還,從容言於慕容暐曰:“前平廣固,不能濟辟閭,今定洛陽而殺沈勁,寔有愧於四海。”

　　　　　　《册府元龜》卷四二四《將帥部·死事一》頁五〇四九上

　　沈勁爲冠軍陳祐長史,戍金墉城,爲鮮卑慕容恪所陷,不屈節見殺。

　　　　　　《册府元龜》卷七六三《總録部·死節》頁九〇七〇上

　　燕太宰恪、吳王垂共攻洛陽。恪謂諸將曰:“卿等常患吾不攻,今洛陽城高而兵弱,易克也,易,以豉翻。勿更畏懦而怠惰!”遂攻之。三月,克之,執揚武將軍沈勁。勁神氣自若,恪將宥之。中軍將軍慕輿虔曰:“勁雖奇士,觀其志度,終不爲人用,今赦之,必爲後患。”遂殺之。

　　　　　　《資治通鑑》卷一百一《晉紀二十三·哀帝興寧三年》頁三一九八至三一九九

　　(三月)丙子,慕容暐將慕容恪陷洛陽,寧朔將軍竺瑤奔于襄陽,冠軍長史、揚武將軍沈勁死之。

　　　　　　《通志》卷十下《晉紀十下·廢帝》頁二〇三下

　　興寧三年,留勁以五百人守城,祐率衆而東。會許昌已没,祐因奔崖塢。勁志欲致命,欣獲死所。尋爲恪所攻,城陷,被執,神氣自若。恪奇而將宥之,其中軍將軍慕容虔曰:“勁雖奇士,觀其志度,終不爲人用。今若赦之,必爲後患。”遂遇害。恪還,從容言於慕容暐曰:“前平廣固,不能濟辟閭,今定洛陽而殺沈勁,實有愧於四海。"

《通志》卷一百六十六《忠義傳一·沈勁》頁二六八一上

慕容暐遣其太宰慕容恪攻拔洛陽，略地至于崤澠。堅懼其入關，親屯陝城以備之。

《通志》卷一百八十九《載記四·前秦》頁三〇二七上

慕容暐遣其太宰慕容恪攻拔洛陽，略地至於崤澠。堅懼其入關，親屯陝城以備之。

《十六國春秋輯補》卷三十三《前秦録三·苻堅》頁二五九

三月，燕太宰慕容恪、吳王慕容垂攻拔咸陽，略地至崤澠。關中大震，堅親屯陝城以備之。

屠本《十六國春秋》卷第三十六《前秦録四·苻堅上》頁十二背至十三正

後慕容暐及苻堅互來侵境。

《晉書》卷十二《志第二·天文中》頁三四八

（慕容）恪略地至崤、澠，崤，崤谷也；澠，澠池也。澠，彌兗翻。關中大震，秦王堅自將屯陝城以備之。將，即亮翻。陝，式冉翻。

燕人以左中郎將慕容筑爲洛州刺史，鎮金墉；筑，張六翻。吳王垂爲都督荆·揚·洛·徐·兗·豫·雍·益·涼·秦十州諸軍事、征南大將軍、荆州牧，配兵一萬，鎮魯陽。雍，於用翻。

太宰恪還鄴，謂僚屬曰："吾前平廣固，不能濟辟閭蔚；見上卷穆帝永和十二年。今定洛陽，使沈勁爲戮；雖皆非本情，然身爲元帥，實有愧於四海。"帥,讀曰率。朝廷嘉勁之忠,贈東陽太守。

　　《資治通鑑》卷一百一《晉紀二十三·哀帝興寧三年》頁三一九九

　　太宰恪爲將,不事威嚴,專用恩信;撫士卒務綜大要,不爲苛令,使人人得便安。平時營中寬縱,似若可犯;然警備嚴密,敵至莫能近者,近,其斬翻。故未嘗負敗。

　　《資治通鑑》卷一百一《晉紀二十三·哀帝興寧三年》頁三一九九

　　陽鶩爲前燕太尉,清貞謙謹,老而彌篤。既以宿望舊齒,自慕容恪已下莫不畢拜。性儉約,常乘弊車瘠馬,及死無歛財。

　　《冊府元龜》卷八〇七《總録部·清廉》頁九五九八上

　　前燕陽鶩仕慕容暐爲太尉,慨然而歎曰:"昔常林、徐邈先代名臣,猶以鼎足任重而終辭三事。以吾虛薄,何德以堪之!"固求罷職,言甚懇至,暐優答不許。

　　《冊府元龜》卷八一四《總録部·讓》頁九六八七下

　　夏,四月,壬午,燕太尉武平匡公封奕卒。《謚法》:貞心大度曰匡。以司空陽鶩爲太尉,侍中、光禄大夫皇甫真爲司空,領中書監。鶩歷事四朝,廆、皝、儁、暐四朝。朝,直遥翻。年耆望重,自太宰恪以下皆拜之。而鶩謙恭謹厚,過於少時;戒束子孫,雖朱紫羅列,無敢違犯其法度者。封奕事燕,亦歷事四朝,其宣勞過於陽鶩,子孫貴顯亦過於陽氏。豈奕之謙德有愧於鶩邪?或者史家因陽氏家傳書之,而封氏闕然無述也。少,詩照翻。

　　《資治通鑑》卷一百一《晉紀二十三·哀帝興寧三年》頁三一九九至三二〇〇

回父鑒,即慕容暐太尉弈之後也。

　　　　　　　《魏書》卷三十二《列傳第二十・封懿》頁七六一

回字叔念,孝文賜名焉,慕容暐太尉奕之後也。

　　　　　　　《北史》卷二十四《列傳第十二・封懿》頁八九二

孝文賜名回,回父鑒,即慕容暐太尉奕之後也。

　　　　　　《冊府元龜》卷八二四《總録部・名字一》頁九七九〇下

回字叔念,孝文賜名焉,慕容暐太尉奕之後也。

　　《通志》卷一百四十六《列傳五十九・封懿》頁二三二三中至
二三二三下

慕容暐以安車徵至鄴,及見暐,不言不拜,衣食舉動如在九城。

　　《晉書》卷九十四《列傳第六十四・隱逸・公孫鳳》頁二四
五〇至二四五一

併食茹於一《燕書》云:孫鳳隱昌黎之九域,併食茹於一器,停使蛆臭,
然後乃食。〇今案《御覽》八百四十八引《燕書》“孫鳳”作“公孫几”,“域”
上無“九”字,“食”作“飧”。陳本脱“之九域”三字,“停”作“久”。

　　《北堂書鈔》卷第一百四十三《酒食部二・總篇一下》頁七正至
七背

《燕書》曰:公孫鳳隱於昌黎九城,寢土牀。

　　　　　　　《初學記》卷第二十五《器物部・牀第五》頁六〇一

又曰：公孫鳳字子鸞，上谷人也。隱于昌黎之九城山，冬衣單布，寢土牀，彈琴吟咏，陶然自得。人咸異之，莫能測也。慕容暐以安車徵至鄴。及見暐，不言不拜，衣食舉止如在九城。賓客造請，鮮得與言。數年病卒。

《太平御覽》卷五〇三《逸民部三·逸民三》頁二二九七下至二二九八上

《燕書》曰：公孫鳳隱於昌黎九城，寢於土牀也。

《太平御覽》卷七〇六《服用部八·牀》頁三一四五上

《燕書》曰：少帝建熙六年，上谷人公孫几久隱昌黎之域。冬衣單布，寢土牀上。夏則併湌茹於一器，停使蛆臭，然後乃食。人咸異之，莫能測也。

《太平御覽》卷八四八《飲食部六·食中》頁三七九一下

慕容暐僭即帝位，以安車徵上谷公孫鳳。鳳初隱于昌黎之九城山，至鄴，見暐不言不拜，衣食舉動如在九城。賓客造請，尠得與言。數年病卒。又徵平郭公孫永至鄴，永見暐不拜，王公已下造之，皆不與言。雖經隆冬盛暑，端然自若。一歲餘，詐狂，暐送之平郭。

《册府元龜》卷二二八《僭偽部·禮士》頁二七一九上

慕容暐以安車徵至鄴。及見暐，不言不拜，衣食舉動如在九城。賓客造請，尠得與言。數年病卒。

《册府元龜》卷八〇九《總錄部·隱逸一》頁九六二四下

慕容暐以安車徵至鄴，及見暐，不言不拜，衣食舉動如在九城。

《通志》卷一百七十七《隱逸傳一·公孫鳳》頁二八四三中

又曰：公孫永字子陽，襄平人也。少而好學，恬虛，隱於平郭南山，不娶妻妾，非所墾植不衣不食。吟咏巖間，忻然自得，年逾九十，操尚不虧。與公孫鳳俱被慕容暐徵至鄴，王公已下造之，不與言。雖經隆寒盛暑，端然自若。一歲餘，詐狂，暐送之平郭。後苻堅又將備禮徵之，難其年耆路遠，乃遣使致問，未至，卒。堅深悼之。

《太平御覽》卷五〇三《逸民部三·逸民三》頁二二九八上

公孫永字子陽，襄平人。少好學，恬虛，隱于平郭南山，不娶妻妾，非身所墾植則不衣食之。吟咏巖間，欣然自得，年餘九十，操尚不虧。與公孫鳳俱被慕容暐徵至鄴，及見暐不拜，王公已下造之，皆不與言。雖經隆冬盛暑，端然自若。一歲餘，詐狂，暐送還平郭。後苻堅又將備禮徵之，難其年耆路遠，乃遣使者致問，未至，而永亡，堅深悼之，謚曰崇虛先生。

《冊府元龜》卷八〇九《總錄部·隱逸一》頁九六二四下

公元三六六年　東晉海西公太和元年　前燕幽帝建熙七年 前秦宣昭帝建元二年

其後暐境內多水旱，恪、評並稽首歸政，請遜位還第，暐斷其讓表，恪、評等乃止。

《冊府元龜》卷二二四《僭偽部·宗族》頁二六七九下

其後暐境內多水旱，恪、評並稽首歸政，請遜位還第，暐斷其讓表,恪、評等乃止。

　　　　　　《册府元龜》卷二二七《僭僞部·倚任》頁二七一〇上

　　燕太宰、大司馬恪,太傅、司徒評,稽首歸政,上章綬,請歸第;稽,音啓。上,時掌翻。燕主暐不許。

　　《資治通鑑》卷一百一《晉紀二十三·海西公太和元年》頁三二〇二

　　崔鴻《春秋·前燕録》曰:建熙七年五月,慕容暐下書曰:“朕以寡德,莅政多違,亢陽三時,光陰錯緒,農植之辰而零雨莫降。其令有司徹樂,大官以菜食常供祭奠。”既而澍雨大降。

　　　　　　《太平御覽》卷一一《天部一一·祈雨》頁五六上

　　(十二月)慕容暐將慕容厲陷魯郡、高平。

　　　　　　《晉書》卷八《帝紀第八·海西公》頁二一一

　　初,慕容厲圍梁父,斷澗水,太山太守諸葛攸奔鄒山,魯、高平等數郡皆没,希坐免官。

　　　　　　《晉書》卷七十三《列傳第四十三·庾希》頁一九三〇

　　燕撫軍將軍下邳王厲寇兗州,拔魯、高平數郡,置守宰而還。

　　《資治通鑑》卷一百一《晉紀二十三·海西公太和元年》頁三二〇三

　　(十二月)慕容暐將慕容厲陷魯郡、高平。

　　　　　　《通志》卷十下《晉紀十下·廢帝》頁二〇三下至二〇四上

初,慕容儁圍梁父,斷澗水,泰山太守諸葛攸奔鄒山,魯、高平等數郡皆没,希坐免官。

　　　　《通志》卷一百二十七《列傳四十·庾希》頁一九八九下

前燕慕容暐僭即帝位。晉南陽督護趙弘以宛降於暐,暐遣其南中郎將趙盤自魯陽戍宛。

　　　　《册府元龜》卷二三四《僭僞部·兵敗》頁二七八〇下

南陽督護趙億據宛城降燕,太守桓澹走保新野;燕人遣南中郎將趙盤自魯陽戍宛。宛,於元翻。

　　《資治通鑑》卷一百一《晉紀二十三·海西公太和元年》頁三二〇三

公元三六七年　東晉海西公太和二年　前燕幽帝建熙八年　前秦宣昭帝建元三年

二月,燕撫軍將軍下邳王厲、鎮北將軍宜都王桓襲敕勒。

　　《資治通鑑》卷一百一《晉紀二十三·海西公太和二年》頁三二〇三

夏四月,慕容暐將慕容塵寇竟陵,太守羅崇擊破之。

　　　　《晉書》卷八《帝紀第八·海西公》頁二一一

夏,四月,燕慕容塵寇竟陵,太守羅崇擊破之。

　　《資治通鑑》卷一百一《晉紀二十三·海西公太和二年》頁三二〇四

夏四月,慕容暐將慕容塵寇竟陵,太守羅崇擊破之。

《通志》卷十下《晉紀十下·廢帝》頁二〇四上

（慕容）恪臨終,暐親臨問以後事,恪曰:"臣聞報恩莫大薦士,板築猶可,而況國之懿藩!吳王文武兼才,管蕭之亞,陛下若任之以政,國其少安。不然,臣恐二寇必有闚闞之計。"言終而死。

《册府元龜》卷二二四《僭偽部·宗族》頁二六七九下

燕太原桓王恪言於燕主暐曰:《謚法》:辟土服遠曰桓。"吳王垂,將相之才十倍於臣,先帝以長幼之次,長,知兩翻。故臣得先之。得先,悉薦翻。臣死之後,願陛下舉國以聽吳王。"五月,壬辰,恪疾篤,暐親視之,問以後事。恪曰:"臣聞報恩莫大於薦賢,賢者雖在板築,猶可爲相,謂殷王高宗起傅説於板築之間,命以爲相。況至親乎!吳王文武兼資,管、蕭之亞,謂才亞於管仲、蕭何也。陛下若任以大政,國家可安;不然,秦、晉必有窺窬之計。"言終而卒。窬,音俞。卒,子恤翻。

《資治通鑑》卷一百一《晉紀二十三·海西公太和二年》頁三二〇五

前秦苻堅僭即天王位,密謀兼并,欲觀審慕容暐釁隙,乃遣其西戎主簿郭辯潛結匈奴左賢王曹轂,令轂遣使詣鄴,辯因從之。燕太尉、侍中皇甫真兄典仕堅爲散騎常侍,從子奮、覆並顯關西。辯既至鄴,歷造公卿,言於真曰:"辯家爲秦所誅,故寄命曹王,貴兄常侍及奮、覆兄弟並相知在素。"真怒曰:"臣無境外之交,斯言何以及我!君似姦人,得無因緣假託乎!"乃白慕容暐請窮詰之,暐并不許。辯還謂堅曰:"燕朝無綱紀,實可圖之。鑒機識變,唯皇甫真耳。"堅曰:"以六州之地,豈無智識一人哉!真亦秦人,而燕用之,固知關西多君子矣。"

《册府元龜》卷二二七《僭僞部·謀略》頁二七〇四下

秦王堅聞恪卒，陰有圖燕之計，欲覘其可否，覘，丑廉翻，又丑豔翻。命匈奴曹轂發使如燕朝貢，曹轂，匈奴右賢王也，前年降於秦。朝，直遙翻。以西戎主簿【章：十二行本"簿"下有"馮翊"二字；乙十一行本同；退齋校同。】郭辯爲之副。晉武帝置西戎校尉於長安，秦蓋因之；主簿，其屬也。《考異》曰：燕建熙八年，皇甫真爲太尉。《燕書》及《載記》《真傳》，郭辯至燕，皆在真爲太尉下。《晉春秋》在建熙十年八月。恐皆非是，故附於曹轂降秦下。燕司空皇甫真兄腆及從子奮、覆皆仕秦，腆爲散騎常侍。皇甫真，本安定人，仕於燕。從，才用翻。散，悉亶翻。騎，奇寄翻。辯至燕，歷造公卿，造，七到翻。謂真曰："僕本秦人，家爲秦所誅，故寄命曹王，貴兄常侍及奮、覆兄弟並相知有素。"真怒曰："臣無境外之交，此言何以及我！君似奸人，得無因緣假託乎！"白暐，請窮治之；治，直之翻。太傅評不許。辯還，爲堅言："燕朝政無綱紀，實可圖也。爲，于僞翻。朝，直遙翻。鑒機識變，唯皇甫真耳。"堅曰："以六州之衆，六州：幽、并、冀、司、兗、豫也。豈得不使有智士一人哉！"

《資治通鑑》卷一百一《晉紀二十三·海西公太和二年》頁三二〇六

五月，右將軍桓豁擊趙憶，走之，進獲慕容暐將趙槃，送于京師。

《晉書》卷八《帝紀第八·海西公》頁二一二

比至，晉右將軍桓豁攻宛，拔之，趙盤退奔魯陽。豁遣輕騎追盤，及於雉城，大戰大敗之，執盤，戍宛而歸。

　　　　　《冊府元龜》卷二三四《僭僞部·兵敗》頁二七八〇下

　　桓豁爲右將軍。廢帝太和二年，擊南陽反人趙會於宛城，走之，進獲慕容暐將趙槃，送於京師。

　　　　　《冊府元龜》卷四三四《將帥部·獻捷一》頁五一五六上

　　秋，七月，燕下邳王厲等破敕勒，獲馬牛數萬頭。

　　初，厲兵過代地，犯其穄田；穄，子例翻，䴢也。今南人呼黍爲穄。北方地寒，五穀不生，惟黍生之，故有穄田。項安世曰：黍有二種：正黍似粟而大，以五月熟，今荆人專謂之黍，又謂之黍穄是也。又一種尤高大，稈之狀至如蘆，實之狀至如薏苡，荆人謂之討黍，又謂之蘆穄，然以秋而熟，非正黍也。代王什翼犍怒。犍，居言翻。燕平北將軍武强公埿以幽州兵戍雲中。八月，什翼犍攻雲中，埿棄城走，埿，與泥同。振威將軍慕興賀辛戰没。

　　　　　《資治通鑑》卷一百一《晉紀二十三·海西公太和二年》頁三二〇七

　　五月，右將軍桓豁擊趙憶，走之，進獲慕容暐將趙槃，送于京師。

　　　　　《通志》卷十下《晉紀十下·廢帝》頁二〇四上

　　皇甫真爲前燕太尉，性清儉寡慾，不營産業。

　　　　　《冊府元龜》卷八〇七《總録部·清廉》頁九五九八上

　　十二月，甲子，燕太尉建寧敬公陽騖卒。《諡法》：合善典法曰敬；夙夜警戒曰敬。以司空皇甫真爲侍中、太尉，光禄大夫李洪爲司空。

　　《資治通鑑》卷一百一《晉紀二十三·海西公太和二年》頁三
二〇八

　　又《後燕錄》曰：王鳳，字道翔，宜都王桓之子也。桓好脩宮
室。鳳年八歲，左右抱之，隨桓周行殿觀。桓問之曰："此第好不？"
鳳笑曰："此本石家諸王故第，今王脩之，室無常人，何煩過好？"桓
大奇之，每食必與之同案。鳳辭曰："今王之饍，兼肴百品，而外有
糟糠之民，非是小兒所可同大王之味也。"桓彌加歎賞。

　　《太平御覽》卷八四八《飲食部六·食中》頁三七九一上至三七
九一下

公元三六八年　東晉海西公太和三年　前燕幽帝
建熙九年　前秦宣昭帝建元四年

　　南燕慕容德初爲慕容暐所封范陽王。俄而，苻堅將苻雙據陝
以叛，堅將苻柳起兵枹罕，將應之。德勸暐乘釁討堅，辭旨慨慷，識
者言其有遠略。暐竟不能用。

　　　　《册府元龜》卷二二七《僭偽部·謀略》頁二七〇七上

　　初，燕太宰恪有疾，以燕主暐幼弱，政不在己，太傅評多猜忌，
恐大司馬之任不當其人，謂暐兄樂安王臧曰："今南有遺晉，西有
强秦，二國常蓄進取之志，顧我未有隙耳。夫國之興衰，繫於輔相。
大司馬總統六軍，不可任非其人，我死之後，以親疏言之，當在汝及
沖。汝曹雖才識明敏，然年少，未堪多難。少，詩照翻。難，乃旦翻。
吳王天資英傑，智略超世，汝曹若能推大司馬以授之，必能混壹四

海，況外寇，不足憚也；慎無冒利而忘害，不以國家爲意也。”冒利而忘害者，謂利在於得兵權，而冒當大司馬之任，而忘亡國敗家之害也。又以語太傅評。語，牛倨翻。及恪卒，評不用其言。二月，以車騎將軍中山王沖爲大司馬。沖，暐之弟也。以荆州刺史吳王垂爲侍中、車騎大將軍、儀同三司。爲評、垂有隙張本。騎，奇寄翻。

秦魏公廋以陝城降燕，請兵應接；秦人大懼，盛兵守華陰。華陰縣在陝城之西，有潼關之險。降，户江翻。華，户化翻。

燕魏尹范陽王德燕都鄴，以魏郡太守爲魏尹。上疏，以爲：“先帝應天受命，志平六合；陛下纂統，當繼而成之。今苻氏骨肉乖離，國分爲五，蒲阪、陝城、上邽、安定與長安爲五。投誠請援，前後相尋，是天以秦賜燕也。天與不取，反受其殃，吳、越之事，足以觀矣。《國語》：越范蠡曰：昔天以越賜吳，吳不敢取；今天以吳賜越，越其敢逆天乎！宜命皇甫真引并、冀之衆徑趨蒲阪，趨，七喻翻。吳王垂引許、洛之兵馳解廋圍，太傅總京師虎旅爲二軍後繼，傳檄三輔，示以禍福，明立購賞，彼必望風響應，渾壹之期，於此乎在矣！”時燕人多請救陝，因圖關中者，太傅評曰：“秦，大國也，今雖有難，未易可圖。難，乃旦翻。易，以豉翻。朝廷雖明，未如先帝；燕人謂其主爲朝廷。吾等智略，又非太宰之比。但能閉關保境足矣，平秦非吾事也。”

魏公廋遺吳王垂及皇甫真牋曰：遺，于季翻。“苻堅、王猛，皆人傑也，謀爲燕患久矣；今不乘機取之，恐異日燕之君臣將有甬東之悔矣！”《左傳》：吳入越，越子保于會稽，使行成於吳，吳子許之。伍子胥諫，不聽。其後越入吳，請使吳王居甬東。吳王曰：“孤老矣，不能事君王也。吾悔不用子胥之言，自令陷此！”乃縊。賈逵曰：甬東，越鄙，甬江東也。《索隱》曰：今鄮縣即其處。甬，余隴翻。垂謂真曰：“方今爲人患者必在於秦，主上富於春秋，觀太傅識度，豈能敵苻堅、王猛乎？”真曰：“然，吾雖知之，如言不用何！”

　　《資治通鑑》卷一百一《晉紀二十三・海西公太和三年》頁三二〇八至三二一〇

　　前燕悦綰爲慕容暐僕射。綰言於暐曰："太宰政尚寬和，百姓多有隱附。《傳》曰：'惟有德者可以寬，臨衆其次莫如猛。'今諸軍營户三分，共貫風教淩弊，威綱不舉。宜悉罷軍封，以實天府之饒，肅明法令以清四海。"暐納之。綰既定制，朝野震驚，出户二十餘萬，慕容評大不平，尋賊綰殺之。

　　《册府元龜》卷九三一《總録部・枉横》頁一〇九七二下至一〇九七三上

　　燕王公、貴戚多占民爲蔭户，占，之贍翻。晉制：官品自第一至第九，各以貴賤占田有差，而又各以品之高卑蔭其親屬，多者及九族，少者二世；宗室、國賓、先賢之後，及士人子孫亦如之；而又得蔭人以爲衣食客及佃客。國之户口，少於私家，少，所沼翻。倉庫空竭，用度不足。尚書左僕射廣信公悦綰曰："今三方鼎峙，三方，謂燕、晉、秦也。各有吞併之心。而國家政法不立，豪貴恣横，横，户孟翻。至使民户殫盡，委輸無入，委，於僞翻。輸，書遇翻。吏斷常俸，戰士絶廩，官貸粟帛以自贍給；既不可聞於鄰敵，且非所以爲治，治，直吏翻。宜一切罷斷諸蔭户，盡還郡縣。"罷斷，丁管翻。燕主暐從之，使綰專治其事，糾摘姦伏，摘，他歷翻。無敢蔽匿，出户二十餘萬，舉朝怨怒。朝，直遥翻。綰先有疾，自力釐校户籍，疾遂亟。冬，十一月，卒。

　　《資治通鑑》卷一百一《晉紀二十三・海西公太和三年》頁三二一一

　　又《前燕録》曰：有司奏中山蒲陰民劉洛縣差充征，弟興私代，背軍逃歸，州以本名捕斬。興詣郡，列稱逃是興身，請求代洛死。洛又曰：“固陳已實正名，宜從憲辟。”兄弟争命，詳刑有疑，暐曰：“洛應征輒留，興冒名逃役，俱應極法。但兄弟競死，義情可嘉，宜特原之。”

《太平御覽》卷四一六《人事部五七·友悌》頁一九一八下

公元三六九年　東晉海西公太和四年　前燕幽帝建熙十年　前秦宣昭帝建元五年

四年夏四月庚戌，大司馬桓温帥衆伐慕容暐。

秋七月辛卯，暐將慕容垂帥衆距温，温擊敗之。〔三一〕

九月戊寅，桓温裨將鄧遐、朱序遇暐將傅末波于林渚，又大破之。戊子，温至枋頭。丙申，以糧運不繼，焚舟而歸。辛丑，慕容垂追敗温後軍于襄邑。

【校勘記】

〔三一〕秋七月至温擊敗之　據《桓温傳》及《慕容暐載記》，敗者乃慕容忠，“垂”疑爲“忠”字之誤。

《晉書》卷八《帝紀第八·海西公》頁二一二、二一八

太和中，温將伐慕容氏於臨漳，超諫以道遠，汴水又淺，運道不通。温不從，遂引軍自濟入河，超又進策於温曰：“清水入河，無通運理。若寇不戰，運道又難，因資無所，實爲深慮也。今盛夏，悉力徑造鄴城，彼伏公威略，必望陣而走，退還幽朔矣。若能決戰，呼吸可定。設欲城鄴，難爲功力。百姓布野，盡爲官有。易水以南，必交臂請命。但恐此計輕決，公必務其持重耳。若此計不從，使當頓兵河濟，控引糧運，令資儲充備，足及來夏，雖如賒遲，終亦濟克。若舍此二策而連軍西進，進不速決，退必愆乏。賊因此勢，日月相

引，僶俛秋冬，船道澀滯，且北土早寒，三軍裘褐者少，恐不可以涉冬。此大限閡，非惟無食而已。”溫不從，果有枋頭之敗，溫深慚之。

《晉書》卷六十七《列傳第三十七·郗超》頁一八〇三至一八〇四

（桓）溫伐慕容暐，使穆之監鑿鉅野百餘里，引汶會于濟川。

《晉書》卷八十一《列傳第五十一·毛穆之》頁二一二五

盛篤學不倦，自少至老，手不釋卷。著《魏氏春秋》、《晉陽秋》，并造詩賦論難復數十篇。《晉陽秋》詞直而理正，咸稱良史焉。既而桓溫見之，怒謂盛子曰：“枋頭誠爲失利，何至乃如尊君所説！若此史遂行，自是關君門户事。”其子遽拜謝，謂請删改之。時盛年老還家，性方嚴有軌憲，雖子孫班白，而庭訓愈峻。至此，諸子乃共號泣稽顙，請爲百口切計。盛大怒。諸子遂爾改之。盛寫兩定本，寄於慕容儁。[四]

【校勘記】

〔四〕寄於慕容儁　《考異》：枋頭之役在慕容暐時，儁已先死久矣。

《晉書》卷八十二《列傳第五十二·孫盛》頁二一四八、二一六〇

太和四年，又上疏悉衆北伐。平北將軍郗愔以疾解職，又以溫領平北將軍、徐兖二州刺史，率弟南中郎沖、西中郎袁真步騎五萬北伐。百官皆於南州祖道，都邑盡傾。軍次湖陸，[一]攻慕容暐將慕容忠，獲之，進次金鄉。時亢旱，水道不通，乃鑿鉅野三百餘里以通舟運，自清水入河。暐將慕容垂、傅末波等率衆八萬距溫，戰于

林渚。溫擊破之,遂至枋頭。先使袁真伐譙梁,開石門以通運。真
討譙梁皆平之,而不能開石門,軍糧竭盡。溫焚舟步退,自東燕出
倉垣,經陳留,鑿井而飲,行七百餘里。垂以八千騎追之,戰于襄
邑,溫軍敗績,死者三萬人。溫甚恥之,歸罪於真,表廢爲庶人。真
怨溫誣己,據壽陽以自固,潛通苻堅、慕容暐。

【校勘記】

〔一一〕湖陸　見卷一四校記。

《晉書》卷九十八《列傳第六十八·桓溫》頁二五七六、二五
八三

太和四年,晉大司馬桓溫伐慕容暐,次於枋頭。暐衆屢敗,遣
使乞師於堅,請割武牢以西之地。堅亦欲與暐連橫,乃遣其將苟池
等率步騎二萬救暐。王師尋敗,引歸,池乃還。

《晉書》卷一百十三《載記第十三·苻堅上》頁二八九一

其後桓溫傾揚州資實,討鮮卑敗績,死亡太半,及征袁真,淮南
殘破。後氏及東胡侵逼,兵役無已。

《宋書》卷二十四《志第十四·天文二》頁七一八

桓溫率衆北討慕容暐,至金鄉,鑿鉅野三百餘里以通舟軍,自
清水入河。慕容垂逆擊破之,獲其資仗。溫之北引也,先命西中郎
將袁真及趙悦開石門,而袁真等停於梁宋,石門不通,糧竭。溫自
枋頭回軍,垂以步騎數萬追及襄邑,大敗溫軍。

《魏書》卷九十六《列傳第八十四·僭晉司馬叡》頁二一○一

然則蠡臺即是虎圈臺也,蓋宋世牢虎所在矣。晉太和中,大司

馬桓温入河,命豫州刺史袁真開石門。鮮卑堅戍此臺,真頓甲堅城之下,不果而還。

《水經注校證》卷二十四《睢水》頁五六八

泗水又東逕郗鑒所築城北,又東逕湖陵城東南,昔桓温之北入也,范懽擒慕容忠于此,城東有《度尚碑》。

《水經注校證》卷二十五《泗水》頁五九七

一至枋頭,廢帝太和四年,[三三]温又討慕容暐,敗還。今汲郡衛縣界。枋音方。所得郡縣,軍旋又失。

【校勘記】

〔三三〕廢帝太和四年 "四"原作"三",據《晉書·海西公紀》二一二頁、《桓温傳》二五七六頁訂改。

《通典》卷第一百七十一《州郡一·序目上》頁四四六〇、四四七二

晉大將軍桓温爲慕容暐將慕容垂所敗於枋頭,即此也。枋音方。淇音其。

《通典》卷第一百七十八《州郡八·古冀州上·汲郡》頁四六九五

太和四年,大司馬桓温率衆伐慕容暐。秋七月辛卯,暐將慕容垂帥衆拒温,温擊敗之。九月戊寅,桓温裨將鄧遐、朱序遇暐將傅末波於林渚,又大破之。戊子,桓温至枋頭。丙申,以糧運不繼,焚舟而歸。

《太平御覽》卷九九《皇王部二四·廢帝海西公》頁四七三上

五年六月，晉大司馬桓溫伐燕，次于枋音方頭。燕師屢敗，遣散騎侍郎樂嵩來乞師，請賂秦以虎牢以西之地。八月，遣將軍苟池、洛州刺史鄧羌帥步騎二萬救燕。溫敗歸。

《太平御覽》卷一二二《偏霸部六·前秦苻堅》頁五八八下至五八九上

又曰：孫盛著《晉陽秋》，詞直而理正，咸稱良史焉。既而桓溫見之，怒謂盛子曰：“枋頭誠爲失利，何至乃如尊君所説？”其子遽拜謝曰：“請删定之。”時盛年老還家，性方嚴，有軌憲，雖子孫班白而庭訓愈峻。至此諸子乃共號泣稽顙，請爲百口計。盛大怒，諸子遂爾改之。盛寫定兩本，寄於慕容儁。

《太平御覽》卷六〇一《文部一七·著書上》頁二七〇五下

廢帝海西公太和四年四月，大司馬桓溫帥衆伐慕容暐，大破之。

《册府元龜》卷一二一《帝王部·征討一》頁一四四八上

海西公太和四年，桓溫北伐至枋頭，爲慕容垂所敗。溫甚耻之，歸罪于袁真，表廢爲庶人。真怨溫誣己，據壽陽以自固，潛通苻堅、慕容暐。

《册府元龜》卷一三六《帝王部·慰勞》頁一六四二上

前燕慕容暐僭即帝位，時晉大司馬桓溫伐暐，次于枋頭。暐衆屢欲遣使乞師于苻堅，請割武牢以西之地。堅亦欲與暐連横，乃遣其將苟池等率步騎二萬救暐。王師尋敗，引歸，池亦還。

《册府元龜》卷二三〇《僭偽部·和好》頁二七三七下

其後晉大司馬桓溫、江州刺史桓沖、豫州刺史袁眞率衆五萬伐暐，前兗州刺史孫元起兵應之。溫部將檀玄攻胡陸，執暐寧東慕容忠。暐遣其將慕容厲與溫戰於黃墟，厲師大敗，單馬奔還。高平太守徐翻以郡歸順。溫前鋒朱序又破暐將傅顏於林渚。

　　《册府元龜》卷二三四《僭僞部・兵敗》頁二七八〇下

太和四年，率衆伐慕容暐。暐將慕容垂帥衆拒溫，溫擊敗之。九月戊寅，溫裨將鄧遐、宋序遇暐將傅末波於林渚，又大破之。

　　《册府元龜》卷三五〇《將帥部・立功三》頁四一五二下

桓溫爲大司馬，率衆五萬伐慕容暐，前兗州刺史孫元起兵應之。溫部將檀玄攻胡陸，執暐寧東慕容忠。暐遣其將慕容厲與溫戰于黃墟，厲師大敗，單馬奔還。高平太守徐翻以郡歸順。溫前鋒朱序又破暐將傅顏于林渚，溫軍大振，次於枋頭。暐懼，謀奔和龍。慕容垂曰：“不然。臣請擊之，若戰不捷，走未晚也。”乃以垂爲使持節、南討大都督，慕容德爲征南將軍，率衆五萬拒溫，使其散騎侍郎樂嵩乞師於苻堅。堅遣將軍苟池率衆二萬，出自洛陽，師于潁川，外爲赴援，内實觀隙，有兼并之志矣。慕容德屯于石門，絕溫糧漕。豫州刺史李邦率州兵五千斷溫餽運。溫頻戰不利，糧運復絕，及聞堅師之至，乃焚舟棄甲而退。德率勁騎四千，先溫至襄邑東，伏於澗中，與垂前後夾擊，王師大敗，死者三萬餘人。苟池聞溫班師，邀擊于譙，溫衆又敗，死者萬計。

　　《册府元龜》卷四四二《將帥部・敗衂二》頁五二四二上至五二四二下

及悉衆北伐，慕容垂戰于襄邑，溫軍敗績，死者三萬人。溫甚耻之,築廣陵城移鎮之,後破慕容暐、苻堅之軍。

　　　　　《册府元龜》卷四五四《將帥部・專恣》頁五三八七下

（桓）温伐慕容暐,使穆之監鑿鉅野百餘里,引汶水會於濟川。

　　　　　《册府元龜》卷四九六《邦計部・河渠一》頁五九四六上

　　海西公太和四年,桓温北伐軍次胡陸,攻慕容中,獲之,次金鄉。時亢旱,水道不通,乃鑿鉅野三百餘里以通舟運,自清水入河。

　　　　　《册府元龜》卷四九八《邦計部・漕運》頁五九六二下

　　晉孫盛歷著作郎、秘書監。著《晉陽秋》,詞直理正,稱良史焉。既而大司馬桓温見之,怒謂盛子曰:"枋頭誠爲失利,何至乃如尊君所説! 若此史遂行,自是關君門户事。"其子遽拜謝,因請删改之。時盛年老還家,性方嚴有軌憲,雖子孫斑白,而庭訓愈峻。至此,諸子乃共號泣稽顙,請爲百口切計。盛大怒。諸子遂爾改之。盛寫兩定本,寄于慕容儁。

　　　　　《册府元龜》卷五五四《國史部・公正》頁六六五四上至六六五四下

　　孫盛爲秘書監、給事中。著《魏氏春秋》、《晉陽秋》,詞直而理正,咸稱良史焉。既而桓温見之,怒謂盛子曰:"枋頭誠爲失利,何至乃如尊君所説! 若此史遂行,自是關君門户事。"其子遽拜謝,因請删改之。時盛年老還家,性方嚴有軌憲,雖子孫斑白,而庭訓愈峻。至此,諸子乃共號泣稽顙,請爲百口切計。盛大怒。諸子遂爾改之。盛寫兩定本,寄於慕容儁。

　　　　　《册府元龜》卷五五五《國史部・採撰一》頁六六六八下

郗超爲桓溫參軍,太和中,溫將伐慕容氏於臨漳,超諫以道遠,汴水又淺,運道不通。溫不從,遂引軍自濟入河,超又進策於溫曰:"清水入河,無通運理。若寇不戰,運道又難,因資無所,實爲深慮也。今盛夏,悉力徑造鄴城,彼伏公威略,必望陣而走,退還幽朔矣。若能決戰,呼吸可定。設欲城鄴,難爲功力。百姓布野,盡爲官有。易水以南,必交臂請命。但恐此計輕決,公必務其持重耳。若此計不從,便當頓兵河濟,控引糧運,令資儲充備,足及來夏,雖如賒遲,終亦濟尅。若舍此二策而連軍西進,進不遠決,退必愆乏。賊因此勢,日月相引,僶俛秋冬,船道澀滯,且北地早寒,三軍裘褐者少,恐不可以涉冬。此大限閡,非惟無食而已。"溫不從,果有枋頭之敗,溫深慚之。

《册府元龜》卷七二〇《幕府部·謀畫一》頁八五七九上至八五七九下

春,三月,大司馬溫請與徐、兖二州刺史郗愔、江州刺史桓沖、豫州刺史袁真等伐燕。慕容恪死,溫乃伐燕,自謂相時而動,可以制勝,豈知爲慕容垂所敗哉!郗,丑之翻。愔,挹淫翻。初,愔在北府,晉都建康,以京口爲北府,歷陽爲西府,姑孰爲南州。溫常云:"京口酒可飲,兵可用。"京口兵可用,蓋山川風氣然也,豈必至謝玄用之而後敵人知畏哉!深不欲愔居之;而愔暗於事機,乃遺溫牋,遺,于季翻。欲共獎王室,請督所部出河上。愔子超爲溫參軍,取視,寸寸毀裂;乃更作愔牋,更,工衡翻。自陳非將帥才,不堪軍旅,將,即亮翻。帥,所類翻。老病,乞間地自養,勸溫并領己所統。溫得牋大喜,即轉愔冠軍將軍、會稽內史。冠,古玩翻。會稽爲王國,改太守爲内史。會,工外翻。溫自領徐、兖二州刺史。夏,四月,庚戌,溫帥步騎五萬發姑孰。帥,讀曰率。騎,奇寄翻。

甲子，燕主暐立皇后可足渾氏，太后從弟尚書令豫章公翼之女也。從，才用翻。

大司馬溫自兗州伐燕。郗超曰："道遠，汴水又淺，兵亂之餘，汴水填淤，未嘗有人浚治，故淺。汴，皮變翻。恐漕運難通。"溫不從。六月，辛丑，溫至金鄉，金鄉縣，後漢屬山陽郡，晉屬高平郡，隋屬濟陰郡，唐屬兗州，我宋屬濟州，縣在州東南九十里。天旱，水道絶，溫使冠軍將軍毛虎生鑿鉅野三百里，引汶水會于清水。班固《地理志》，汶水出泰山萊蕪縣西南，入濟。《水經注》：濟水東北入鉅野，其故瀆又東北右合洪水；洪水上承鉅野薛訓渚，謂之桓公瀆，濟自是北注。杜佑曰：濟水，因王莽末渠涸不復截河過，今東平、濟南、淄川、北海界中有水流入海，謂之清河，實菏澤、汶水合流，亦曰濟河，蓋因舊名，非濟水也。汶，音問。虎生，寶之子也。毛寶預有平蘇峻之功。注又見前。溫引舟師自清水入河，舳艫數百里。舳，音逐。艫，音盧。郗超曰："清水入河，難以通運。自清水入河，皆是泝流，又道里回遠，故言難以通運。若寇不戰，運道又絶，因敵爲資，復無所得，復，扶又翻。此危道也。不若盡舉見衆直趨鄴城，見，賢遍翻。趨，七喻翻。彼畏公威名，必望風逃潰，北歸遼、碣。碣，音竭。若能出戰，則事可立決。若欲城鄴而守之，則當此盛夏，難爲功力，百姓布野，盡爲官有，易水以南必交臂請命矣。但恐明公以此計輕銳，勝負難必，欲務持重，則莫若頓兵河、濟，濟，子禮翻。控引漕運，俟資儲充備，至來夏乃進兵；雖如賒遲，賒，遠也。然期於成功而已。捨此二策而連軍北上，上，時掌翻。進不速決，退必愆乏。愆，差爽也。乏，匱竭也。此言糧運。賊因此勢以日月相引，漸及秋冬，水更澀滯。澀，色立翻。且北土早寒，三軍裘褐者少，少，詩沼翻。恐於時所憂，非獨無食而已。"溫又不從。郗超之謀略，豈常人所及哉，宜桓溫重之也。重之而不從其計者，直趨鄴城，決勝負於一戰，溫所不敢；頓兵河、濟以待來年，使燕得爲備，溫亦不爲也。

温遣建威將軍檀玄攻湖陸，拔之，湖陸縣，前漢曰湖陵，屬山陽郡，章帝更名湖陸；晉分屬高平郡。賢曰：湖陸故城在今兗州方與縣東南。獲燕寧東將軍慕容忠。燕主暐以下邳王厲爲征討大都督，帥步騎二萬逆戰于黃墟，《水經注》：陳留小黃縣有黃鄉。杜預曰：外黃縣東有黃城。兵亂之後，城邑丘墟，故曰黃墟。帥，讀曰率。騎，奇寄翻。厲兵大敗，單馬奔還。高平太守徐翻舉郡來降。前鋒鄧遐、朱序敗燕將傅顏於林渚。《水經注》：華水東逕棐城北，即北林亭也。《春秋》諸侯會于棐林以救鄭，遇于北林。按林鄉故城在新鄭北；又有白雁陂，在長社東北，林鄉西南。敗，補邁翻。暐復遣樂安王臧統諸軍拒温，復，扶又翻。臧不能抗，乃遣散騎常侍李鳳求救于秦。散，悉亶翻。騎，奇寄翻。

秋，七月，温屯武陽，此東武陽也，漢屬東郡，魏、晉屬陽平郡，唐改曰朝城縣、屬魏州。燕故兗州刺史孫元帥其族黨起兵應温，温至枋頭。帥，讀曰率。枋，音方。暐及太傅評大懼，謀奔和龍。吳王垂曰：“臣請擊之；若其不捷，走未晚也。”暐乃以垂代樂安王臧爲使持節、南討大都督，使，疏吏翻。帥征南將軍范陽王德等衆五萬以拒温。垂表司徒左長史申胤、黃門侍郎封孚、尚書郎悉羅騰皆從軍。悉羅騰，蓋夷人，以部落爲氏，如《魏書・官氏志》所載，神元時餘部諸姓內入者叱羅氏、如羅氏之類。胤，鍾之子；孚，放之子也。申鍾見九十五卷成帝咸和九年。封放見九十九卷穆帝永和七年。

暐又遣散騎侍郎樂嵩請救于秦，許賂以虎牢以西之地。秦王堅引群臣議于東堂，皆曰：“昔桓温伐我，至灞上，見九十九卷永和十年。燕不救我；今温伐燕，我何救焉！且燕不稱藩於我，我何爲救之！”王猛密言於堅曰：“燕雖强大，慕容評非温敵也。若温舉山東，進屯洛邑，收幽、冀之兵，引并、豫之粟，觀兵崤、澠，澠，彌兗翻。則陛下大事去矣。今不如與燕合兵以退温；温退，燕亦病矣，然後我承其弊而取之，不亦善乎！”王猛之取李儼，其計亦出此。堅從之。

八月，遣將軍苟池、洛州刺史鄧羌帥步騎二萬以救燕，出自洛陽，軍至潁川；潁川郡，治許昌。又遣散騎侍郎姜撫報使于燕。使，疏吏翻。以王猛爲尚書令。

太子太傅封孚問於申胤曰：“温衆彊士整，乘流直進，今大軍徒逡巡高岸，兵不接刃，未見克殄之理，事將何如？”胤曰：“以温今日聲勢，似能有爲，然在吾觀之，必無成功。何則？晉室衰弱，温專制其國，晉之朝臣未必皆與之同心。朝，直遥翻。故温之得志，衆所不願也，必將乖阻以敗其事。乖，異也。阻，隔也。敗，補邁翻。又，温驕而恃衆，怯於應變。大衆深入，值可乘之會，反更逍遥中流，不出赴利，欲望持久，坐取全勝；温之爲計正如此，申胤料之審矣。若糧廩愆懸，情見勢屈，必不戰自敗，此自然之數。”温攻秦而不渡霸水，攻燕而徘徊枋頭，人皆咎其不進；知彼知己，温蓋臨敵而方有見乎此也。温之智雖不足以禁暴定功，然其去衆人亦遠矣。愆，謂糧運失期不至。懸，絶也。見，賢遍翻。

温以燕降人段思爲鄉導，降，户江翻。鄉，讀曰嚮。悉羅騰與温戰；生擒思；温使故趙將李述徇趙、魏，騰又與虎賁中郎將染干津擊斬之；染干，亦夷姓，如悉羅之類。温軍奪氣。

初，温使豫州刺史袁真攻譙、梁，開石門以通水運，真克譙、梁而不能開石門，譙、梁，譙郡及梁國也。水運路塞。塞，悉則翻。

九月，燕范陽王德帥騎一萬、蘭臺【章：十二行本“臺”下有“治書”二字；乙十一行本同；退齋校同。】侍御史劉當帥騎五千屯石門，豫州刺史李邽帥州兵五千斷温糧道。燕豫州刺史治許昌。斷，丁管翻。當，佩之子也。劉佩爲慕容皝將，却石虎，攻宇文，皆有功。德使將軍慕容宙帥騎一千爲前鋒，與晉兵遇，宙曰：“晉人輕剽，剽，匹妙翻；急也。怯於陷敵，勇於乘退，宜設餌以釣之。”乃使二百騎挑戰，挑，徒了翻。分餘騎爲三伏。挑戰者兵未交而走，晉兵追之，宙帥伏以擊之，晉兵死者甚衆。

溫戰數不利，糧儲復竭，數，所角翻。復，扶又翻；下同。又聞秦兵將至，丙申，焚舟，棄輜重、鎧仗，重，直用翻。自陸道奔還。以毛虎生督東燕等四郡諸軍事，領東燕太守。沈約曰：東燕郡，江左分濮陽所立也。余按石虎分東燕郡屬洛州，則是郡蓋祖逖在豫州時所置也。燕，於賢翻。

溫自東燕出倉垣，鑿井而飲，汴水、濟瀆皆自北而南，恐追兵毒其上流，故鑿井而飲。行七百餘里。燕之諸將爭欲追之，吳王垂曰：“不可，溫初退惶恐，必嚴設警備，簡精銳爲後拒，擊之未必得志，不如緩之。彼幸吾未至，必晝夜疾趨，俟其士衆力盡氣衰，然後擊之，無不克矣。”乃帥八千騎徐行躡其後。溫果兼道而進。數日，垂告諸將曰：“溫可擊矣。”乃急追之，及溫於襄邑。襄邑縣，自漢以來屬陳留郡。范陽王德先帥勁騎四千伏於襄邑東澗中，與垂夾擊溫，大破之，斬首三萬級。秦苟池邀擊溫於譙，又破之，死者復以萬計。孫元遂據武陽以拒燕，燕左衛將軍孟高討擒之。

冬，十月，己巳，大司馬溫收散卒，屯于山陽。劉昫曰：山陽，漢射陽縣地；晉置山陽郡，改爲山陽縣，唐爲楚州治所。溫深恥喪敗，喪，息浪翻。乃歸罪於袁真，以石門不開、糧運不繼爲眞罪。奏免眞爲庶人；又免冠軍將軍鄧遐官。冠，古玩翻。眞以溫誣己，不服，表溫罪狀；朝廷不報。眞遂據壽春叛降燕，且請救；亦遣使如秦。降，戶江翻。使，疏吏翻；下同。溫以毛虎生領淮南太守，守歷陽。淮南太守本治壽春，壽春既叛，以虎生領淮南而守歷陽。歷陽本淮南屬縣，虎生守之，外以備壽春，內以衛江南。

《資治通鑑》卷一百二《晉紀二十四·海西公太和四年》頁三二一三至三二一八

四年夏四月庚戌，大司馬桓溫帥衆伐慕容暐。秋七月辛卯，暐

將慕容垂帥衆拒温,温擊敗之。九月戊寅,桓温裨將鄧遐、朱序遇
暐將傅末波於林渚,又大破之。戊子,温至枋頭。丙申,以糧運不
繼,焚舟而歸。辛丑,慕容垂追敗温後軍於襄邑。

　　　《通志》卷十下《晉紀十下・廢帝》頁二〇四上

　　一至枋頭,廢帝太和三年,^① 桓温又討慕容暐,敗還。今汲郡衛縣界。
枋音方。所得郡縣,軍旋又失。

　　　《通志》卷四十《地理略一・歷代封畛》頁五四六下

　　太和中,温將伐慕容氏於臨漳,超諫以道遠,汴水又淺,運道不
通。温不從,遂引軍自濟入河,超又進策於温曰:"清水入河,無通
運理。若寇不戰,運道入難,因資無所,實爲深慮也。今盛夏,悉力
徑造鄴城,彼伏公威略,必望陣而走,退還幽朔矣。若能決戰,則呼
吸可定。設欲城鄴,難爲功力。百姓布野,盡爲官有。易水以南,
必交臂請命。但恐此計輕決,公必務其持重耳。若此計不從,便當
頓兵河濟,控引糧運,令資儲充備,足及來夏,雖如賒遲,終亦濟克。
若舍此二策而連軍西進,進不速決,退必愆乏。賊因此勢,日月相
引,儦俍秋冬,船道澀滯,且北土早寒,三軍裘褐者少,恐不可以涉
冬。此大限閡,非唯無食而已。"温不從,果有枋頭之敗,温深慚之。

　　　《通志》卷一百二十六《列傳三十九・郗超》頁一九六九上至
一九六九中

　　(桓)温伐慕容暐,使穆之監鑿鉅野百餘里,引汶會于濟川。

　　　《通志》卷一百二十九上《列傳四十二上・毛穆之》頁二〇

---

①據《晉書・海西公紀》、《桓温傳》,"三年" 應作 "四年"。

二六中

盛篤學不倦，自少至老，手不釋卷。著《魏氏春秋》、《晉陽秋》，并造詩賦論難復數十篇。《晉陽秋》詞直而理正，咸稱良史焉。既而桓溫見之，怒謂盛子曰：“枋頭誠爲失利，何至乃如尊君所説！若此史遂行，自是關君門户事。”其子遽拜謝，因請删改之。盛時年老還家，性方嚴有軌憲，雖子孫班白，而庭訓愈峻。至此，諸子乃共號泣稽顙，請爲百口切計。盛大怒。諸子遂爾改之。盛寫定兩本，寄於慕容儁。

《通志》卷一百二十九下《列傳四十二下‧孫盛》頁二〇三一中至二〇三一下

太和四年，又上疏悉衆北伐。平北將軍郗愔以疾解職，又以溫領平北將軍、徐兖二州刺史，率弟南中郎沖、西中郎袁真步騎五萬北伐。百官皆於南州祖道，都邑盡傾。軍次胡陸，攻慕容暐將慕容忠，獲之，進次金鄉。時亢旱，水道不通，乃鑿鉅野三百餘里以通舟運，自清水入河。暐將慕容垂、傅末波等帥衆八萬距溫，戰于林渚。溫擊破之，遂至枋頭。先使袁真伐譙梁，開石門以通運。真討譙梁皆平之，而不能開石門，軍糧竭盡。溫焚舟步退，自東燕出倉垣，經陳留，鑿井而飲，行七百餘里。垂以八千騎追之，戰于襄邑，溫軍敗績，死者三萬人。溫甚耻之，歸罪於真，表廢爲庶人。真怨溫誣己，據壽陽以自固，潛通苻堅、慕容暐。

《通志》卷一百三十《列傳四十三‧桓溫》頁二〇五〇下

太和四年，晉大司馬桓溫伐慕容暐，次于枋頭。暐衆屢敗，遣使乞師于堅，請割虎牢以西之地。堅亦欲與暐連橫，乃遣其將苟池等率步騎二萬救暐。王師尋敗，引歸，池乃還。

　　《通志》卷一百八十九《載記四·前秦》頁三〇二七中至三〇
二七下

　　六月，晉大司馬桓温伐燕慕容暐，次於枋頭，燕師屢敗，遣散騎
侍郎藥嵩來乞師於一無“於”字。堅，請賂秦以三字一作“割”。虎牢以
西之地。堅亦欲與暐連横，八月，乃遣將軍苟池、洛州刺史鄧羌帥
步騎二萬救燕。温敗引歸，池乃還。

　　《十六國春秋輯補》卷三十三《前秦録三·苻堅》頁二六一

　　建元五年夏六月，晉大司馬桓温帥師伐燕，慕容暐遣散騎常侍
李鳳求救於秦。秋七月，温進次枋頭，暐衆屢敗，又遣散騎侍郎樂
嵩詣秦乞師，請割武牢以西之地。堅引群臣議於東堂，皆曰：“昔
桓温伐我至灞上，燕不救我。今温伐燕，我何救焉！且燕不稱藩於
我，我何爲救之？”猛密言於堅曰：“燕雖强大，慕容評非温敵也。
若舉兵山東，進屯洛邑，收幽冀之兵，引并豫之粟，觀兵崤澠，則陛
下大事去矣。今不如與燕合兵退温，温退，燕亦病矣。然後我承其
弊而取之，不亦善乎。”堅從之。八月，遣將軍苟池、洛州刺史鄧羌
帥步騎二萬救燕，出自洛陽，趨潁川，遣散騎侍郎姜撫報使於燕，以
王猛爲尚書令。九月，苟池等邀擊温於譙，大破之，死者萬計。温
師敗績，乃引而還。

　　屠本《十六國春秋》卷第三十六《前秦録四·苻堅上》頁二十正
至二十背

　　五年六月，晉大司馬桓温伐燕，次于枋頭，燕師屢敗，遣散騎侍
郎藥嵩來乞于堅，請割武牢以西之地。八月，遣將軍苟池、洛州刺

史鄧羌帥步騎救燕，敗歸。

《十六國春秋別本》卷四《前秦録·苻堅》頁十背

　　《燕書》曰：梁琛使秦，琛從兄弈先在秦爲尚書郎。會罷，秦主欲令琛止弈舍。琛語有司曰：“昔諸葛亮兄弟各處三國，及其聘集，公朝相見，退無私面。君子之志，余敢忘乎？”竟不止。弈數就邸舍，因問東國起居。琛曰：“今二方鼎據，兄弟並蒙附寵，論心有所在，今欲以東國事語君，恐非西國之所欲聞。”

《藝文類聚》卷二十二《人部六·公平》頁四〇二

　　《燕書》曰：梁琛使秦，琛從兄弈先在秦爲尚書郎。會罷，秦主欲令琛止弈舍。琛語有司曰：“昔諸葛亮兄弟各處三國，及其聘集，公朝相見，退無私面。君子之志，余敢忘乎？”竟不詣。弈數就邸舍，因問東國起居。琛曰：“今二方鼎據，兄弟並蒙附寵，論心有所在，今欲以東國事語君，恐非西國之所欲聞。”

《太平御覽》卷四二九《人事部七〇·公平》頁一九七五下至
一九七六上

　　燕梁琛聘於秦。既至，而秦主苻堅田于萬年，將禮之，琛辭焉。秦主遣辛勁謂之曰：“賓至主裁，君焉得辭？且天子無外，故曰行在所，而《春秋》又有遇見之禮，有何不可乎！”琛曰：“天子以四海爲家，故可云然。今靈命既分，乾光派別，勢均義等，理絶兹談，況脣亡齒寒輔車之義乎！故桓温寇境而貴朝同恤弊邑，愧賴以爲君憂，秦人使臣未嘗不餉乾不食、爵盈不飲，而敬恭待命、享禮有加，今醜虜已獲，繼尋舊好，會遇之禮豈其時乎！退賓小成，使勢屈於主，然苟不以禮，不敢聞命。”堅嘉琛有奉命之才，乃以行宮具禮以見。堅問琛曰：“燕人物爲誰？”琛曰：“太傅評，明德茂親，光輔王室；吳王垂，雄略冠世，秀邁絶倫，内贊百揆，外禦四國；其餘或以文昇，或以武進，未有賢不受任官，不求才者。雖周文多士、漢武得人未有過也。”

　　琛從兄奕時爲秦尚書郎，堅令琛就之，琛曰：“昔孔明使吳，與兄瑾惟公庭相見。君子志之往賢盛事，豈可忘乎！”堅乃敕奕就琛，微訪燕之得失。琛謂奕曰：“琛之在燕，亦猶兄之在秦。人臣之禮，各爲本國，燕之美事，恐非秦所欲聞。縱日月之過，復非臣子所宜論也。”堅聞而嘉之，堅令其太子宏見，欲使琛拜，琛曰：“昔太子以士禮者，欲其由賤至貴，以塞盈心。在國不臣其父之臣，況鄰國之臣乎！且苟無純敬，則禮有往來，非敢答恭，但懼降屈爲煩耳！”秦人不能對，厚禮以歸。

　　《册府元龜》卷六六一《奉使部·守節》頁七九〇八上至七九〇八下

　　燕、秦既結好，好，呼到翻。使者數往來。數，所角翻。燕散騎侍郎【章：十二行本“郎”下有“太原”二字；乙十一行本同；孔本同；張校同。】郝晷、給事黃門侍郎梁琛相繼如秦。琛，丑林翻。晷與王猛有舊，猛接以平生，問以東方之事。晷見燕政不脩而秦大治，治，直吏翻。【章：十二行本“治”下有“知燕將亡”四字；乙十一行本同；孔本同；張校同；退齋校同。】陰欲自託於猛，頗泄其實。

　　琛至長安，秦王堅方畋於萬年，萬年，秦之櫟陽，漢高帝更名，屬馮翊，晉屬京兆。欲引見琛，見，賢遍翻。琛曰：“秦使至燕，燕之君臣朝服備禮，灑掃宮庭，朝，直遙翻。灑，所賣翻，又如字。掃，所報翻，又如字。然後敢見。今秦王欲野見之，使臣不敢聞命！”尚書郎辛勁謂琛曰：“賓客入境，惟主人所以處之，君焉得專制其禮！且天子稱乘輿，處，昌呂翻。焉，於虔翻。乘，繩證翻。所至曰行在所，何常居之有！又，《春秋》亦有遇禮，《春秋》：隱四年，公及宋公遇于清。《公羊傳》曰：遇者何？不期也。杜預曰：遇者，草次之期，二國各簡其禮，若道路相逢遇也。何爲不可乎！”琛曰：“晉室不綱，靈祚歸德，靈祚，猶班彪《王命論》所謂神明之祚也。二方承運，俱受明命。而桓温猖狂，闚我王略，《左傳》：侵敗王略。杜預《注》曰：略，經略法度。余謂此略，封略也，如《左傳》“王與之武公之略”之略。燕危秦孤，勢不獨立，是以秦主同恤時患，要結好援。要，一遥翻。好，呼到翻；下同。東朝君臣，引領西望，愧其不競，以爲鄰憂，競，强也。朝，直遥翻；下同。西使之辱，敬待有加。今强寇既退，交聘方始，謂宜崇禮篤義以固二國之歡；若忽慢使臣，是卑燕也，豈脩好之義乎！夫天子以四海爲家，故行曰乘輿，止曰行在。今海縣分裂，騶衍曰：中國有赤縣神州，赤縣神州内有九州，禹所叙九州是也；其外有裨海環之。海縣之說，蓋本諸此。天光分曜，安得以乘輿、行在爲言哉！禮，不期而見曰遇；蓋因事權行，其禮簡略，豈平居容與之所爲哉！客使單行，誠勢屈於主人；然苟不以禮，亦不敢從也。”堅乃爲之設行宮，爲，于僞翻。百僚陪位，然後延客，如燕朝之儀。

　　事畢，堅與之私宴，倣古私覿之禮也。問：“東朝名臣爲誰？”琛曰：“太傅上庸王評，明德茂親，光輔王室；車騎大將軍吳王垂，雄略冠世，冠，古玩翻。折衝禦侮；其餘或以文進，或以武用，官皆稱職，稱，尺證翻。野無遺賢。”

　　琛從兄奕爲秦尚書郎，從，才用翻。堅使典客，館琛於奕舍。漢有典客之官，後改爲大鴻臚。此特臨時使之典客耳。館，音貫；下果館同。琛曰：“昔諸葛瑾爲吳聘蜀，與諸葛亮惟公朝相見，退無私面，瑾、亮兄弟也。爲，于僞翻。余竊慕之。今使之即安私室，所不敢也。”乃不果館。奕數來就邸舍，與琛卧起，間問琛東國事。數，所角翻。間，古莧翻。琛曰：“今二方分據，兄弟並蒙榮寵，論其本心，各有所在。琛欲言東國之美，恐非西國之所欲聞；燕在關東，秦在關西，二方分據，故謂燕爲東國，秦爲西國。欲言其惡，又非使臣之所得論也。使，疏吏翻。兄何用問爲！”

《資治通鑑》卷一百二《晉紀二十四·海西公太和四年》頁三二一八至三二二〇

燕、秦結好，使相往來。燕散騎常侍郝晷、給事黃門侍郎梁琛相繼來聘。晷與王猛有舊，猛接以平生，問晷東方之事。晷知燕之將亡，陰欲自計，頗洩其事。琛至長安，猛勸堅留琛，堅不許。詳具《琛傳》。

屠本《十六國春秋》卷第三十六《前秦錄四·苻堅上》頁二十背至二十一正

十一月，燕車騎吳王垂來奔。

《太平御覽》卷一二二《偏霸部六·前秦苻堅》頁五八九上

《水經注》曰：固安縣金臺陂，東西六十里，南北五十步。側陂西北有釣臺，高十丈，方可四十步。陂北十餘步有金臺，金臺高上東西八十許步，南北加減，高十餘丈。昔慕容垂之爲范陽也，成之，即斯臺也。

《太平御覽》卷一七八《居處部六·臺下》頁八六八下至八六九上

慕容垂爲前燕征南將軍，大敗桓溫等師。既有大功，威德彌振，慕容評素不平之。垂又告其將孫蓋等摧鋒陷銳，宜論功超授，

評寢而不録。垂數以爲言，頗與評廷爭。後評謀殺垂。垂懼，奔于
苻堅。

《冊府元龜》卷四三八《將帥部·奔亡》頁五二〇三上

燕主暐遣大鴻臚溫統拜袁真使持節、都督淮南諸軍事、征南
大將軍、揚州刺史，封宣城公。臚，陵如翻。使，疏吏翻。統未踰淮
而卒。

吳王垂自襄邑還鄴，威名益振，太傅評愈忌之。垂奏“所募將
士忘身立效，將軍孫蓋等椎鋒陷陳，立效，句絶。椎，擣也，直擣其鋒也。
應蒙殊賞。”評皆抑而不行。垂數以爲言，與評廷爭，怨隙愈深。
數，所角翻。爭，讀如字。太后可足渾氏素惡垂，事見一百卷穆帝升平元
年。惡，烏路翻。毀其戰功，與評密謀誅之。太宰恪之子楷及垂舅蘭
建知之，以告垂曰：“先發制人，《兵法》曰：先發制人，後發者人制之。但
除評及樂安王臧，餘無能爲矣。”垂曰：“骨肉相殘而首亂於國，吾有
死而已，不忍爲也。”頃之，二人又以告，曰：“内意已決，内意，謂可足
渾后之意也。不可不早發。”垂曰：“必不可彌縫，吾寧避之於外，餘
非所議。”

垂内以爲憂，而未敢告諸子。世子令請曰：“尊比者如有憂色，
令呼其父曰尊。比，毗至翻。豈非以主上幼沖，太傅疾賢，功高望重，愈
見猜邪？”垂曰：“然。吾竭力致命以破強寇，本欲保全家國，豈知
功成之後，返令身無所容。汝既知吾心，何以爲吾謀？”令曰：“主
上闇弱，委任太傅，一旦禍發，疾於駭機。機，弩牙也。譬之彀弩，不虞
而機先發，使人震駭，故曰駭機。今欲保族全身，不失大義，莫若逃之龍
城，遜辭謝罪，以待主上之察，若周公之居東，庶幾感寤而得還，此
幸之大者也。《書》：武王有疾，周公册祝于太王、王季、文王，請以身代。武
王既喪，管叔及其群弟流言曰：“公將不利於孺子。”周公東征之。周公居東二

年，則罪人斯得，乃爲詩以詒王，名之曰《鴟鴞》；王亦未敢誚公。天大雷電以風，王啓金縢，得周公代武王之説，乃執書以泣，迎周公而歸。幾，居希翻。如其不然，則内撫燕、代，外懷群夷，守肥如之險以自保，亦其次也。"肥如之險，即盧龍之塞也。垂曰："善！"

十一月，辛亥朔，垂請畋于大陸，《續漢志》曰：鉅鹿，故大鹿，有大陸澤，即廣阿澤。因微服出鄴，將趨龍城；至邯鄲，趨，七喻翻。邯鄲縣，漢屬趙國，本趙都也；晉屬廣平郡，東魏廢，隋復置，唐屬磁州。邯鄲，音寒丹。少子麟，素不爲垂所愛，逃還告狀，少，詩照翻。垂左右多亡叛。太傅評白燕主暐，遣西平公强帥精騎追之，帥，讀曰率。騎，奇寄翻；下同。及於范陽；世子令斷後，斷，丁管翻。强不敢逼。會日暮，令謂垂曰："本欲保東都以自全，燕既都鄴，謂龍城爲東都。今事已泄，謀不及設；秦主方招延英傑，不如往歸之。"垂曰："今日之計，舍此安之！"舍，讀曰捨。乃散騎滅迹，傍南山復還鄴，傍，步浪翻。自范陽傍南山，蓋由中山、常山山谷間南還也。隱于趙之顯原陵。顯原陵，趙主石虎虚葬處。俄有獵者數百騎四面而來，抗之則不能敵，逃之則無路，不知所爲。會獵者鷹皆飛颺，衆騎散去，降，户章翻。垂乃殺白馬以祭天，且盟從者。從，才用翻。

世子令言於垂曰："太傅忌賢疾能，構事以來，人尤忿恨。謂構殺垂之謀也。今鄴城之中，莫知尊處，如嬰兒之思母，夷、夏同之，夏，户雅翻。若順衆心，襲其無備，取之如指掌耳。事定之後，革弊簡能，大匡朝政，朝，直遥翻。以輔主上，安國存家，功之大者也。今日之便，誠不可失，願給騎數人，足以辦之。"垂曰："如汝之謀，事成誠爲大福，不成悔之何及！不如西奔，可以萬全。"子馬奴潛謀逃歸，殺之而行。至河陽，爲津吏所禁，斬之而濟。遂自洛陽與段夫人、世子令、令弟寶、農、隆、兄子楷、舅蘭建、郎中令高弼俱奔秦，留妃可足渾氏於鄴。段夫人，垂前妃之女弟。可足渾妃，可足渾太后之妹也，詳見一百卷穆帝升平二年。高弼，垂之國卿。乙泉戍主吳歸追及於閿鄉，乙泉戍，即魏該所保乙泉塢也，在宜陽縣西南，洛水之北原上。閿鄉在弘農湖縣。閿，音旻。世子令擊之而退。

《資治通鑑》卷一百二《晉紀二十四·海西公太和四年》頁三二二一至三二二三

十一月，燕車騎吳王垂奔秦。

《十六國春秋別本》卷四《前秦録·苻堅》頁十一正

是時慕容垂避害奔於堅，王猛言於堅曰："慕容垂，燕之戚屬，世雄東夏，寬仁惠下，恩結士庶，燕趙之間咸有奉戴之意。觀其才略，權智無方，兼其諸子明毅有幹藝，人之傑也。蛟龍猛獸，非可馴之物，不如除之。"堅曰："吾方以義致英豪，建不世之功。且其初至，吾告之至誠，今而害之，人將謂我何！"

《晉書》卷一百十三《載記第十三·苻堅上》頁二八九一

慕容垂奔於堅，王猛勸堅殺之，堅不從。

《魏書》卷九十五《列傳第八十三·臨渭氏苻健》頁二〇七七

初，秦王堅聞太宰恪卒，陰有圖燕之志，憚垂威名，不敢發。及聞垂至，大喜，郊迎，執手曰："天生賢傑，必相與共成大功，此自然之數也。要當與卿共定天下，告成岱宗，然後還卿本邦，世封幽州，使卿去國不失爲子之孝，歸朕不失事君之忠，不亦美乎！"垂謝曰："羈旅之臣，免罪爲幸；本邦之榮，非所敢望！"堅復愛世子令及慕容楷之才，復，扶又翻。皆厚禮之，賞賜鉅萬，每進見，屬目觀之。見，賢遍翻。屬，之欲翻。關中士民素聞垂父子名，皆嚮慕之。王猛言於堅曰："慕容垂父子，譬如龍虎，非可馴之物，馴，擾也，從也，順也。豢養猛獸，使之擾狎順人之意曰馴。馴，詳遵翻。若借以風雲，將不可復制，不如早除之。"堅曰："吾方收攬英雄以清四海，奈何殺之！且其始來，吾已推誠納之矣；匹夫猶不棄言，況萬乘乎！"乃以垂爲冠軍將軍，封賓徒侯，乘，繩證翻。冠，古玩翻。賓徒，漢縣名，屬遼西郡。楷爲積弩將軍。

　　《資治通鑑》卷一百二《晉紀二十四·海西公太和四年》頁三二二三

　　是時慕容垂避害奔于堅，王猛言於堅曰："慕容垂，燕之戚屬，世雄東夏，寬仁惠下，恩結士庶，燕趙之間咸有奉戴之意。觀其才略，權智無方，兼其諸子明毅有幹藝，人之傑也。蛟龍猛虎，非可馴之物，不如除之。"堅曰："吾方以義致英豪，建不世之功。且其初至，吾告之至誠，今而害之，人將謂我何！"

　　《通志》卷一百八十九《載記四·前秦》頁三〇二七下

　　十一月，燕車騎吳王垂避害來奔，王猛言於堅曰："慕容垂，燕之戚屬，世雄東夏，寬仁惠下，恩結士庶，燕趙之間咸有奉戴之意。觀其才略，權智無方，兼其諸子明毅有幹藙，人之傑也。蛟龍猛獸，非可馴之物，不如除之。"堅曰："吾方以義致英豪，建不世之功，且其初至，吾告之至誠，今而害之，人將謂我何？"

　　《十六國春秋輯補》卷三十三《前秦録三·符堅》頁二六一至二六二

　　冬十一月，燕車騎將軍慕容垂避害來奔。堅聞垂至大喜，郊迎，執手，甚厚禮之，賞賜鉅萬。王猛言於堅曰："慕容垂，燕之戚屬，世雄東部，寬仁惠下，恩結士庶，燕趙之間咸有奉戴之意。觀其才略，權智無方，兼其諸子明毅有幹藝，人之傑也。蛟龍猛獸，非可馴之物，若借以風雲，將不可復制，不如早除之。”堅曰：“吾方以義致英豪，建不世之功，且其初至，吾告之至誠，今而害之，人將謂我何！”乃以垂爲冠軍將軍，封賓徒侯。

屠本《十六國春秋》卷第三十六《前秦録四·苻堅上》頁二十一正至二十一背

燕魏尹范陽王德素與垂善，及車騎從事中郎高泰，皆坐免官。垂在燕爲車騎大將軍，以泰爲從事中郎。尚書右丞申紹言於太傅評曰：“今吳王出奔，外口籍籍，師古曰：籍籍，猶紛紛也。宜徵王僚屬之賢者顯進之，粗可消謗。”粗，坐五翻。評曰：“誰可者？”紹曰：“高泰其領袖也。”乃以泰爲尚書郎。泰，瞻之從子；高瞻見九十一卷元帝太興二年。從，才用翻。紹，胤之子【章：十二行本“子”作“兄”；乙十一行本同；退齋校同。】也。

秦留梁琛月餘，乃遣歸。琛兼程而進，程，驛程也。謂行者以二驛爲程，若一程而行四驛，是兼程也。比至鄴，比，必寐翻。吳王垂已奔秦。琛言於太傅評曰：“秦人日閱軍旅，多聚糧於陝東；陝，失冉翻。以琛觀之，爲和必不能久。今吳王又往歸之，秦必有窺燕之謀，宜早爲之備。”評曰：“秦豈肯受叛臣而敗和好哉！”敗，補邁翻。好，呼到翻；下同。琛曰：“今二國分據中原，常有相吞之志；桓溫之入寇，彼以計相救，非愛燕也；若燕有釁，彼豈忘其本志哉！”苻堅、王猛之爲謀，梁琛固已窺見之矣。評曰：“秦主何如人？”琛曰：“明而善斷。”斷，丁亂翻。問王猛，曰：“名不虛得。”評皆不以爲然。琛又以告燕主暐，暐亦不然之。以告皇甫真，真深憂之，上疏言：“苻堅雖聘問相尋，然實有窺上國之心，非能慕樂德義，不忘久要也。樂，音洛。要，一遥翻。

朱熹曰：久要，舊約也。前出兵洛川，謂苟池、鄧羌救燕時也。及使者繼至，使，疏吏翻。國之險易虛實，易，以豉翻。彼皆得之矣。今吳王垂又往從之，爲其謀主；伍員之禍，不可不備。伍員去楚奔吳，借吳兵以報楚入郢，事見《左傳》。員，音云。洛陽、太原、壺關，皆宜選將益兵，以防未然。”秦後伐燕之路，果如真所料。杜佑曰：潞州上黨縣，漢爲壺關縣。暐召太傅評謀之，評曰：“秦國小力弱，恃我爲援；且苻堅庶幾善道，言苻堅雖未能純以善道交鄰，猶庶幾焉。幾，居希翻。終不肯納叛臣之言，絶二國之好；不宜輕自驚擾以啓寇心。”卒不爲備。卒，子恤翻。

　　秦遣黄門郎石越聘於燕，太傅評示之以奢，欲以誇燕之富盛。高泰及太傅參軍河間劉靖言於評曰：“越言誕而視遠，非求好也，乃觀釁也。宜耀兵以示之，用折其謀。今乃示之以奢，益爲其所輕矣。”評不從。泰遂謝病歸。

　　是時太后可足渾氏侵撓國政，太傅評貪昧無厭，撓，奴教翻，又奴巧翻。厭，於鹽翻。貪昧者，貪財昧利，不顧其害也。貨賂上流，流，水行也。水行就下，無逆而上流之理。貨賂上行，謂之上流，言其逆於常理也。上，時掌翻；下同。官非才舉，群下怨憤。尚書左丞申紹上疏，以爲：“守宰者，致治之本。治，直吏翻。今之守宰，率非其人，或武臣出於行伍，或貴戚生長綺紈，既非鄉曲之選，又不更朝廷之職。守，式又翻。行，户剛翻。長，知兩翻。更，工衡翻。加之黜陟無法，貪惰者無刑罰之懼，清修者無旌賞之勸。是以百姓困弊，寇盜充斥，綱頽紀紊，莫相糾攝。糾，督也。攝，録也。紊，音問。又官吏猥多，踰於前世，公私紛然，不勝煩擾。勝，音升。大燕户口，數兼二寇，以晉、秦爲二寇。弓馬之勁，四方莫及；而比者戰則屢北，皆由守宰賦調不平，比，毗至翻。調，徒釣翻。侵漁無已，行留俱窘，莫肯致命故也。後宮之女四千餘人，僮侍廝役尚在其外，廝，音斯。一日之費，厥直萬金；士民承風，競爲奢靡。彼秦、吳僭僻，謂秦僭號而吳僻在一隅也。猶能條治所部，有兼并之心，治，直之翻。而我上下因循，日失其序；我之不脩，彼之願也。謂宜精擇守宰，併官省職，存恤兵家，使公私兩遂，節抑浮靡，愛惜用度，賞必當功，罰必當罪。如此則溫、猛可梟，謂桓溫、王猛。梟，堅堯翻。二方可取，豈特保境安民而已哉！又，索頭什翼犍疲病昏悖，蕭子顯曰：鮮卑被髮左衽，故呼爲索頭。索，昔各翻。犍，居言翻。悖，蒲内翻。雖乏貢御，御，進也。無能爲患，而勞兵遠戍，有損無益。燕戍雲中以備代。不若移於并土，控制西河，南堅壺關，北重晉陽，西寇來則拒守，過則斷後，斷，丁管翻。猶愈於戍孤城守無用之地也。」疏奏，不省。省，悉景翻。

《資治通鑑》卷一百二《晉紀二十四・海西公太和四年》頁三二二四至三二二六

慕容垂之奔於秦也，泰坐免官。尚書右丞申紹言於慕容評曰：「今吳王出奔，外口藉藉，宜徵王僚屬之賢者顯進之，粗可銷謗。」評曰：「誰可者？」紹曰：「高泰其領袖也。」乃以泰爲尚書郎。秦遣黃門郎石越聘燕，慕容評示之以奢，欲以誇燕之昌盛。泰言於評曰：「越言誕而視遠，非求好也，乃觀釁也。宜耀兵以示之，用折其謀。今乃示之以奢，益爲其所輕矣。」評不從。泰遂謝病歸家。

屠本《十六國春秋》卷第四十二《前秦錄十・高泰》頁二十七背至二十八正

融問申紹誰可使者，紹曰：「燕尚書郎高泰清辨有膽智，可使也。」

屠本《十六國春秋》卷第四十二《前秦錄十・高泰》頁二十八正

　　王師既旋，慕容暐悔割武牢之地，遣使謂堅曰：“頃者割地，行人失辭。有國有家，分灾救患，理之常也。”堅大怒，遣王猛與建威梁成、鄧羌率步騎三萬，署慕容垂爲冠軍將軍，以爲鄉導，攻暐洛州刺史慕容筑於洛陽。暐遣其將慕容臧率精卒十萬，將解筑圍。猛使梁成等以精鋭萬人卷甲赴之，大破臧於榮陽。筑懼而請降，猛陳師以受之，留鄧羌鎮金墉，猛振旅而歸。

　　　　《晉書》卷一百十三《載記第十三·苻堅上》頁二八九一

　　桓温既走，慕容暐音韋悔割河洛之地以賂秦，乃曰：“行人失辭。分灾救患，理之常也。”堅大怒。

　　　　《太平御覽》卷一二二《偏霸部六·前秦苻堅》頁五八九上

　　慕容暐爲晉所伐，乞師於堅，請割武牢以西之地。王師既旋，暐遣使謂堅曰：“頃者割地，行人失辭。有國有家，分灾救患，理之常也。”堅大怒，遣王猛與建滅梁成、鄧羌率步騎三萬，署慕容垂爲冠軍將軍，以爲鄉導，攻暐洛州刺史慕容筑於洛陽。暐遣其將慕容臧率精卒十萬，將解筑圍。猛使梁成等以精鋭萬人卷甲赴之，大破臧於榮陽。筑懼而請降，猛陳師以受之。

　　　　《冊府元龜》卷二三一《僭僞部·征伐》頁二七四八上

　　王猛爲苻堅將，堅遣猛等率步騎三萬，攻慕容暐洛州刺史慕容築於洛陽。暐遣其將慕容臧率精卒十萬，將解築圍。猛使梁成等以精鋭萬人卷甲赴之，大破臧於榮陽。築懼而請降，猛陳師以受之，留郡羌鎮金墉，猛振旅而歸。

　　　　《冊府元龜》卷四二七《將帥部·受降》頁五〇八六上

　　初,燕人許割虎牢以西賂秦;晉兵既退,燕人悔之,謂秦人曰:
"行人失辭。謂使者許割地爲失辭也。有國有家者,分灾救患,理之常
也。"秦王堅大怒,遣輔國將軍王猛、建威將軍梁成、洛州刺史鄧羌
帥步騎三萬伐燕。十二月,進攻洛陽。帥,讀曰率。騎,奇寄翻。《考
異》曰:《燕少帝紀》,此年十二月,王猛攻洛,明年正月,拔洛。《十六國·秦春
秋》,十一月,王猛伐燕,遺慕容紀書,紀請降;十二月,猛受降而歸。今按《獻
莊紀》云,慕容令之奔還鄴,建熙元年二月也,時王猛猶在洛。又猛遺《紀》書
云:"去年桓溫起師。"故從《燕書》。

　　　　《資治通鑑》卷一百二《晉紀二十四·海西公太和四年》頁三二
二六至三二二七

　　王師既旋,慕容暐悔割虎牢之地,遣使謂堅曰:"頃者割地,行
人失辭。有國有家,分灾救患,理之常也。"堅大怒,遣王猛與建威
梁成、鄧羌率步騎三萬,署慕容垂爲冠軍將軍,以爲鄉導,攻暐洛州
刺史慕容筑于洛陽。暐遣其將慕容臧率精卒十萬,將解筑圍。猛
使梁成等以精銳萬人卷甲赴之,大破臧於滎陽。筑懼而請降,猛陳
師以受之,留鄧羌鎮金墉,猛振旅而歸。

　　　　　　《通志》卷一百八十九《載記四·前秦》頁三〇二七下

　　桓溫既走,慕容暐悔割河滄一作"武牢"。之地以賂秦,乃遣使謂
堅曰:"頃者割地,行人失辭。有國有家,分灾救患,理之常也。"堅
大怒,遣王猛與建威梁成、平老之子。鄧羌率步騎三萬伐燕,署慕容
垂爲冠軍將軍,以爲鄉導,攻暐洛州刺史慕容紀《載記》作"筑",下同。
於洛陽。暐遣其將慕容臧率精卒十萬,將解紀圍。猛使梁成等以
精銳萬人卷甲赴之,大破臧於滎陽。猛遣慕容紀書,紀懼而請降,
十二月,猛陳師而受之,留鄧羌鎮金墉,猛振旅而歸。此段亦見《通

鑑》,《考異》引《十六國秦春秋》如此,而云《燕書·少帝紀》:"此年十二月,王猛攻洛。明年正月,拔洛。"屠本偏不從此而從彼,何也?

　　　　《十六國春秋輯補》卷三十三《前秦録三·苻堅》頁二六二

　　堅復遣黃門郎石越聘燕,且索地於燕。初,燕人許割虎牢以西之地賂秦,晉兵既退,燕人悔之。堅大怒,遣輔國將軍王猛、建威將軍梁成、梁平老之子也。建武將軍鄧羌帥步騎三萬伐燕,以慕容垂爲鄉導。十二月,猛等攻燕荆州刺史武威王慕容筑於洛陽。

　　　　屠本《十六國春秋》卷第三十六《前秦録四·苻堅上》頁二十一背至二十二正

　　桓温既走,慕容暐悔割河、滄之地以賂秦,乃曰:"行人失辭,分灾救患,理之常也。"堅大怒。

　　　　《十六國春秋别本》卷四《前秦録·苻堅》頁十一正

公元三七〇年　東晉海西公太和五年　前燕幽帝建熙十一年　前秦宣昭帝建元六年前 [1]

　　(王彤)嘗言於堅曰:"謹案讖云:'古月之末亂中州,洪水大起健西流,惟有雄子定八州。'此即三祖、陛下之聖諱也。又曰:'當有草付臣又土,滅東燕,破白虜,氐在中,華在表。'案圖讖之文,陛下當滅燕,平六州。願徙汧隴諸氐於京師,三秦大户置之於邊地,以應圖讖之言。"

　　　　《晉書》卷一百十四《載記第十四·苻堅下》頁二九一〇

―――――――――

[1]此時秦尚未滅燕,故將此事繫於公元三七〇年(秦滅燕)之前。

（王彤）嘗言於堅曰：“謹案讖云：‘古月之末亂中州，洪水大起健西流，惟有雄子定八州。’此即三祖、陛下之聖諱也。又曰：‘當有草付臣又土，滅東燕，破白虜，氐在中，華在表。’按圖讖之文，陛下當滅燕，平六州。願徙汧隴諸氐于京師，三秦大户置之于邊地，以應圖讖之言。”

　　　　《通志》卷一百八十九《載記四·前秦》頁三〇三一下

（王雕）嘗言於堅曰：“謹按讖云：‘古月之末亂中州，洪水大起健西流，惟有雄子定八州。’此即三祖、陛下之聖諱也。又曰：‘當有草付臣又土，滅東燕，破白虜，氐在中，華在表。’案圖讖之文，陛下當滅燕，平六州。願徙汧隴諸氐於京師，三秦大户置之於邊地，以應圖讖之言。”

　　　　《十六國春秋輯補》卷三十六《前秦録六·苻堅》頁二七九至二八〇

（王彤）言於堅曰：“謹按讖云：‘古月之末亂中州，洪水大起健西流，惟有雄子定九州。’此即三祖、陛下之聖諱也。又曰：‘當有草付臣又土，滅東燕，破白虜，氐在中，華在表。’按圖讖之文，陛下當滅燕，平六州。願徙汧隴諸氐於京師，三秦大户置之邊地，以應圖讖之言。”

　　　　屠本《十六國春秋》卷第三十八《前秦録七·苻堅下》頁二背

公元三七〇年　東晉海西公太和五年　前燕幽帝建熙十一年　前秦宣昭帝建元六年

崔鴻《後燕録》曰：王猛伐洛陽，將發，謂慕容垂曰：“吾將遂清東夏，或爲東山之别。見物思人，卿將何以爲信？”垂以佩刀遺之。

　　　　《太平御覽》卷四七八《人事部一一九·贈遺》頁二一九〇下

　　前秦苻堅僭稱天王,慕容垂初爲慕容儁所封吳王,與世子全奔
於堅。

　　堅相王猛伐洛,引全爲參軍。猛乃令人詭傳垂語於全曰:"吾
已東還,汝可爲計。"全信之,乃奔暐。猛表全叛狀,垂懼而東奔,及
藍田,爲追騎所獲。堅立引見東堂,慰勉之曰:"卿家國失和,委身
投朕。賢子志不忘本,猶懷首丘。《書》不云乎:'父子無相及也。'
卿何爲過懼而狼狽若斯也!"於是復垂爵位,待如初。

　　　　　　　　《册府元龜》卷二二六《僭僞部·寬恕》頁二六九五上

　　秦王猛遺燕荆州刺史武威王筑書遺,于季翻。燕荆州治洛陽。
筑,張六翻。曰:"國家今已塞成皋之險,塞,悉則翻。杜盟津之路,
盟,讀曰孟。大駕虎旅百萬,自軹關取鄴都,金墉窮戍,外無救援,
城下之師,將軍所監,監,視也。猶言目所見也。豈三百弊卒所能支
也!"筑懼,以洛陽降;降,户江翻。猛陳師受之。燕衛大將軍樂安
王臧城新樂,破秦兵于石門,石門在滎陽;新樂亦當在滎陽界。宋白曰:
衛州新鄉縣治古新樂城。新樂城,十六國時,燕將樂安王臧所築。執秦將
楊猛。

　　王猛之發長安也,請慕容令參其軍事,以爲鄉導。將行,造慕
容垂飲酒,從容謂垂曰:鄉,讀曰嚮。造,七到翻。從,千容翻。"今當遠
別,何以贈我? 使我睹物思人。"垂脱佩刀贈之。猛至洛陽,賂垂所
親金熙,使詐爲垂使者,謂令曰:"吾父子來此,以逃死也。今王猛
疾人如讎,讒毁日深;秦王雖外相厚善,其心難知。丈夫逃死而卒
不免,卒,子恤翻。將爲天下笑。吾聞東朝比來始更悔悟,朝,直遥翻。
比,毗至翻。主、后相尤。主、后,謂燕主暐及可足渾后也。相尤,言相責過。
吾今還東,故遣告汝;吾已行矣,便可速發。"令疑之,躊躇終日,躊,
直留翻。躇,陳如翻。猶豫,住足之意。又不可審覆。乃將舊騎,舊騎,

自燕奔秦所從者。騎，奇寄翻；下同。詐爲出獵，遂奔樂安王臧於石門。猛表令叛狀，垂懼而出走，及藍田，爲追騎所獲。秦王堅引見東堂，勞之曰：勞，力到翻。"卿家國失和，委身投朕。賢子心不忘本，猶懷首丘，《禮記·檀弓》曰：太公封於齊，五世皆反葬於周。君子曰：樂樂其所自生，禮不忘其本。古之人有言曰："狐死正丘首，仁也。"首，式又翻。亦各其志，不足深咎。然燕之將亡，非令所能存，惜其徒入虎口耳。且父子兄弟，罪不相及，晉臼季薦冀缺於晉文公，公曰："其父有罪，可乎？"對曰："舜之罪也，殛鯀；其舉也，興禹。"《康誥》曰：父不慈，子不祇，兄不友，弟不共，不相及也。卿何爲過懼而狼狽如是乎！"狼，進則跋其胡，退則疐其尾。狽，狼屬也。生子，欠一足。二者相附而後能行，故世謂進退不可而不能行者爲狼狽。待之如舊。燕人以令叛而復還，其父爲秦所厚，疑令爲反間，復，扶又翻。間，古莧翻。徙之沙城，在龍都東北六百里。沙城，在沙野。龍都，即龍城。

臣光曰：昔周得微子而革商命，殷紂暴虐日甚，微子抱祭器而奔周。武王乃告諸侯曰："殷有重罪，不可不伐。"遂伐紂，殺之，而革殷命。秦得由余而霸西戎，《史記》：戎使由余使於秦，繆公留由余而遺戎王以女樂，戎王受而說之，繆公乃歸由余。由余數諫不聽，繆公使人間要由余，由余遂降秦。繆公問以伐戎之形，并國十二，開地千里，遂霸西戎。吳得伍員而克強楚，楚殺伍奢，其子員奔吳，吳王闔閭用其謀而伐楚，破楚入郢。漢得陳平而誅項籍，事見九卷漢高帝二年至四年。魏得許攸而破袁紹；事見六十三卷漢獻帝建安五年。彼敵國之材臣，來爲己用，進取之良資也。王猛知慕容垂之心久而難信，獨不念燕尚未滅，垂以材高功盛，無罪見疑，窮困歸秦，未有異心，遽以猜忌殺之，是助燕爲無道而塞來者之門也，塞，悉則翻。如何其可哉！故秦王堅禮之以收燕望，親之以盡燕情，寵之以傾燕衆，信之以結燕心，未爲過矣。猛何汲汲於殺垂，乃爲市井鬻賣之行，行，下孟翻。有如嫉其寵而讒之者，豈雅德君子所宜爲哉！

樂安王臧進屯滎陽，王猛遣建威將軍梁成、洛州刺史鄧羌擊走之；留羌鎮金墉，以輔國司馬桓寅爲弘農太守，猛爲輔國將軍，以寅爲司馬。代羌戍陝城而還。秦初以洛州刺史鎮陝；今鄧羌既進屯金墉，故以桓寅代戍陝。陝，失冉翻。

《資治通鑑》卷一百二《晉紀二十四·海西公太和五年》頁三二二七至三二二九

建元六年春正月，慕容垂世子令奔燕。王猛遣慕容筑書曰："國家今已塞成皋之險，杜盟津之路，大駕虎旅百萬，自軹關取鄴都，金墉窮戍，外無救援，城下之師，將軍所監，豈三千弊卒所能支也！"筑懼以洛陽來降，猛陳師而受之。

燕衛大將軍樂安王慕容臧率精卒十萬將解筑圍，自新樂進屯滎陽，猛遣梁成、鄧羌以精鋭萬人卷甲赴之，大破臧於滎陽。留羌鎮金墉，以輔國司馬桓寅爲弘農太守，代羌戍陝城，振旅而還。

屠本《十六國春秋》卷第三十六《前秦録四·苻堅上》頁二十二正至二十二背

六年，令輔國王猛師鎮南陽安、虎牙將軍張蚝、建節鄧羌等步騎六萬討平燕冀。

《十六國春秋別本》卷四《前秦録·苻堅》頁十一正

二月癸酉，袁真死，陳郡太守朱輔立真子瑾嗣事，求救于慕容暐。

《晉書》卷八《帝紀第八·海西公》頁二一三

　　袁真病死，其將朱輔立其子瑾以嗣事。慕容暐、苻堅並遣軍援瑾，溫使督護竺瑤、矯陽之等與水軍擊之。時暐軍已至，瑤等與戰於武丘，破之。

　　　　《晉書》卷九十八《列傳第六十八·桓溫》頁二五七七

　　遣參軍爨亮通慕容暐，又遣使西降苻堅。真病死，輔立其嫡子瑾爲使持節、建威將軍、豫州刺史。瑾弟四五人皆領兵。暐令陳文報爨亮，且以觀變。桓溫遣督護竺瑤以軍泝淮伐瑾，瑤次于肥口，屢戰。慕容暐假瑾征南將軍、揚州刺史、宣城公，瑾弟泓等皆郡守、四品將軍，朱輔亦如之。

　　　　《魏書》卷九十六《列傳第八十四·僭晉司馬叡》頁二一〇一

　　二月，癸酉，袁真卒。陳郡太守朱輔立真子瑾爲建威將軍、豫州刺史，以保壽春，遣其子乾之及司馬爨亮如鄴請命。燕人以瑾爲揚州刺史，輔爲荊州刺史。瑾，渠言翻。

　　　　《資治通鑑》卷一百二《晉紀二十四·海西公太和五年》頁三二三〇

　　燕、秦皆遣兵助袁瑾，大司馬溫遣督護竺瑤等禦之。燕兵先至，瑤等與戰于武丘，破之。武丘，即丘頭，文王平諸葛誕，改曰武丘，以旌武功。杜佑曰：丘頭即潁州沈丘縣。南頓太守桓石虔克其南城。惠帝分汝南，立南頓郡。南城，壽春南城也。石虔，溫之弟子也。

　　　　《資治通鑑》卷一百二《晉紀二十四·海西公太和五年》頁三二三〇

　　二月癸酉，袁真死，陳郡太守朱輔立真子瑾嗣事，求救於慕容暐。

《通志》卷十下《晉紀十下·廢帝》頁二〇四上

袁真病死，其將朱輔立其子瑾以爲嗣事。慕容暐、苻堅並遣軍援瑾，温使督護竺瑶、矯陽之等與水軍擊之。時暐軍已至，瑶等與戰於武邱，破之。

《通志》卷一百三十《列傳四十三·桓温》頁二〇五一上

秦王堅以王猛爲司徒，録尚書事，封平陽郡侯。猛固辭曰："今燕、吴未平，戎車方駕，而始得一城，即受三事之賞，三事，三公也。若克殄二寇，將何以加之！"

《資治通鑑》卷一百二《晉紀二十四·海西公太和五年》頁三二三〇

堅以猛爲司徒，録尚書事，進封平陽郡侯。猛固辭曰："今燕、吴未平，戎車方駕，而始得一城，即受三事之賞，若克殄二寇，將何以加之！"

屠本《十六國春秋》卷第三十六《前秦録四·苻堅上》頁二十二背

太和五年，又遣猛率楊安、張蚝、鄧羌等十將率步騎六萬伐暐。堅親送猛於霸東，謂曰："今授卿精兵，委以重任，便可從壺關、上黨出潞川，此捷濟之機，所謂捷雷不及掩耳。吾當躬自率衆以繼卿後，於鄴相見。已敕運漕相繼，但憂賊，不煩後慮也。"猛曰："臣庸劣孤生，操無豪介，蒙陛下恩榮，内侍帷幄，出總戎旅，藉宗廟之靈，禀陛下神算，殘胡不足平也。願不煩鑾軫，冒犯霜露。臣雖不武,望克不淹時。但願速敕有司,部置鮮卑之所。"堅大悦。於是進師。

《晉書》卷一百十三《載記第十三·苻堅上》頁二八九一至二八九二

秦王堅復遣王猛督鎮南將軍楊安等十將步騎六萬以伐燕。

慕容令自度終不得免,度,徒洛翻。密謀起兵,沙城中謫戍士數千人,令皆厚撫之。謫,陟革翻。五月,庚午,令殺牙門孟嫣。城大涉圭懼,請自效。《姓譜》:涉,姓也。《左傳》晉有大夫涉佗。嫣,居爲翻。令信之,引置左右。遂帥謫戍士東襲威德城,威德城,即宇文涉夜干所居城也,燕王皝改曰威德城。殺城郎慕容倉,據城部署,遣人招東西諸戍,翕然皆應之。鎮東將軍勃海王亮鎮龍城,令將襲之;其弟麟以告亮,亮閉城拒守。癸酉,涉圭因侍直擊令,令引涉圭置左右,故得因侍直而擊之。令單馬走,其黨皆潰。涉圭追令至薛黎澤,擒而殺之,詣龍城白亮。亮爲誅涉圭,爲,于僞翻。收令尸而葬之。

六月,乙卯,秦王堅送王猛於灞上,曰:"今委卿以關東之任,當先破壺關,平上黨,魏收曰:秦置上黨郡,治壺關城,前漢治長子城,董卓治壺關城,慕容氏治安民城,後遷壺關城。長驅取鄴,所謂'疾雷不及掩耳。'《淮南子》之言。吾當親督萬衆,繼卿星發,星發,謂戴星而發行也。舟車糧運,水陸俱進,卿勿以爲後慮也。"猛曰:"臣杖威靈,奉成算,盪平殘胡,盪,徒朗翻。如風掃葉,願不煩鑾輿親犯塵霧,但願速敕所司部置鮮卑之所。"言預爲治舍,以待其至。堅大悦。

《資治通鑑》卷一百二《晉紀二十四·海西公太和五年》頁三二三〇至三二三一

太和五年,又遣猛率楊安、張蚝、鄧羌等十將率步騎六萬伐暐。

堅親送猛于霸東，謂曰：“今授卿精兵，委以重任，便可從壺關、上黨出潞川，此捷濟之機，所謂疾雷不及掩耳。吾當躬自率眾以繼卿後，於鄴相見。已敕運漕相繼，但憂賊，不煩後慮也。”猛曰：“臣庸劣孤生，操無豪介，蒙陛下恩榮，內侍帷幄，出總戎旅，藉宗廟之靈，稟陛下神算，殘胡不足平也。願不煩鑾軨，冒犯霜露。臣雖不武，望剋不淹時。但願速敕有司，部置鮮卑之所。”堅大悅。於是進師。

《通志》卷一百八十九《載記四·前秦》頁三〇二七下

建元六年，晉太和五年。又令輔國王猛帥鎮南楊安、虎牙將軍張蚝、建節鄧羌等十將，率步騎六萬伐暐，討平燕冀。堅親送猛於霸東，謂曰：“今授卿精兵，委以重任，便可從壺關、上黨出潞川，此捷濟之機，所謂‘疾雷不及掩耳’。吾當躬自率眾以繼卿後，於鄴相見。已敕運漕相繼，但憂賊，不煩後慮也。”猛曰：“臣庸劣孤生，操無豪介，蒙陛下恩榮，內侍帷幄，出總戎旅，藉宗廟之靈，稟陛下神算，殘胡不足平也。願不煩鑾軨，冒犯霜露，臣雖不武，望克不淹時，但願速敕有司，部置鮮卑之所。”堅大悅。於是進師。

《十六國春秋輯補》卷三十四《前秦錄四·苻堅》頁二六三

五月，慕容令襲燕龍城，不克而死。六月，堅復遣王猛督鎮南將軍楊安、虎牙將軍張蚝、建武將軍鄧羌等十將，率步騎六萬討平燕冀。乙卯，堅親送猛於灞上謂曰：“今授卿精兵委以重任，當先破壺關，平上黨，長驅取鄴，此捷濟之機，所謂‘疾雷不及掩耳。’吾當親督萬眾，繼卿星發，舟車糧運，水陸俱進，卿勿以為後慮也。”猛曰：“臣庸劣孤生，操無豪介。蒙陛下恩榮，內侍帷幄，出總戎旅。今杖威靈，奉成算，盪平殘胡，如風掃葉，臣雖不武，克不淹時，願不煩鑾輅，冒犯霜露。但願速救所司部置鮮卑之所。"堅大悦。

　　屠本《十六國春秋》卷第三十六《前秦録四·苻堅上》頁二十二背至二十三背

　　九月，苻堅將王猛伐慕容暐，陷其上黨。

　　　　　　　《晉書》卷八《帝紀第八·海西公》頁二一三

　　冬十月，王猛大破慕容暐將慕容評于潞川。

　　　　　　　《晉書》卷八《帝紀第八·海西公》頁二一三

　　楊安攻晉陽。猛攻壺關，執暐上黨太守慕容越，所經郡縣皆降於猛，猛留屯騎校尉苟萇戍壺關。會楊安攻晉陽，爲地道，遣張蚝率壯士數百人入其城中，大呼斬關，猛、安遂入晉陽，執暐并州刺史慕容莊。暐遣其太傅慕容評率衆四十餘萬以救二城，評憚猛不敢進，屯於潞川。猛留將軍毛當戍晉陽，進師與評相持。遣游擊郭慶以銳卒五千，夜從間道出評營後，傍山起火，燒其輜重，火見鄴中。暐懼，遣使讓評，催之速戰。猛知評賣水鬻薪，有可乘之會，評又求戰，乃陣於渭原而誓衆曰：[六]"王景略受國厚恩，任兼内外，今與諸君深入賊地，宜各勉進，不可退也。願勠力行間，以報恩顧，受爵明君之朝，慶觴父母之室，不亦美乎！"衆皆勇奮，破釜棄糧，大呼競進。猛望評師之衆也，惡之，謂鄧羌曰："今日之事，非將軍莫可以捷。成敗之機，在斯一舉。將軍其勉之！"羌曰："若以司隸見與者，公無以爲憂。"猛曰："此非吾之所及也。必以安定太守、萬户侯相處。"羌不悦而退。俄而兵交，猛召之，羌寢而弗應。猛馳就許之，羌於是大飲帳中，與張蚝、徐成等跨馬運矛，馳入評軍，出入數四，旁若無人，搴旗斬將，殺傷甚衆。及日中，評衆大敗，俘斬五萬有餘，乘勝追擊，又降斬十萬，於是進師圍鄴。

【校勘記】

〔六〕渭原　《斠注》:《御覽》三一二引《十六國春秋》"渭原"作"潞原"。按上文云"評不敢進，屯於潞川"，無西至渭原之理，當以作"潞原"爲是。今按:《通典》一五九亦作"潞原"。"潞原"當即漳水經潞城處，與潞川非別地。

《晉書》卷一百十三《載記第十三・苻堅上》頁二八九二、二九〇五

闞駰曰:有潞水，爲冀州浸，即漳水也。余按《燕書》，王猛與慕容評相遇于潞川也，評障錮山泉，鬻水與軍，入絹匹，水二石，無佗大川，可以爲浸，所有巨浪長湍，惟漳水耳。故世人亦謂濁漳爲潞水矣。

《水經注校證》卷十《濁漳水》頁二五六

慕容恒賣水《傳》云:慕容評恒賣水與軍人也。〇今案陳俞本刪"《傳》云"二字而又不注書名。

《北堂書鈔》卷第四十一《政術部十五・貪冒四十二》頁三背

車穎《秦書》曰:王猛攻鄴，慕容評距猛，而恒賣水與軍人，衆思爲亂，猛因得破之。

《藝文類聚》卷八《水部上・總載水》頁一四九

十六國前秦苻堅將王猛討前燕慕容暐，暐遣將慕容評屯於潞川以拒之。猛與評相持，遣裨將郭慶以銳卒五千，[一〇二]夜從間道出評營後，傍山起火，燒其輜重。暐懼，遣使讓評，催之速戰。猛

知評賣水鬻薪,有可乘之會,評又求戰,乃陣於潞原而誓衆曰:"今與諸君深入賊地,[一〇三]宜各勉進,不可退也。願勠力行間,以報恩顧,受爵明君之朝,慶觴父母之室,不亦美乎!"衆皆勇奮,破釜棄糧,大呼競進。猛睹評師之衆,惡之,謂鄧羌曰:"今日之事,非將軍莫可以捷,將軍其勉之。"羌曰:"若以司隸見與者,公無以爲憂。"猛曰:"此非吾之所及。必以本郡太守、萬户侯相處。"羌不悅而退。俄而兵交,猛召之,羌寢而不應。猛馳就許之,羌於是大飲帳中,與張蚝、徐成等蚝,大吏反。跨馬運矛,馳入評軍,出入數四,傍若無人,搴旗斬將,殺傷甚衆。戰及日中,大敗評衆,俘斬五萬。

【校勘記】

〔一〇二〕裨將郭慶　原"慶"下衍"之",據《晉書·苻堅載記》上二八九二頁删。

〔一〇三〕今與諸君深入賊地　"君"原訛"軍",據《晉書·苻堅載記》上二八九二頁改。

《通典》卷第一百五十九《兵十二·勵士決戰》頁四〇九一、四一〇三

十六國前秦苻堅遣將王猛伐前燕慕容暐,師次潞川。[五二]燕將慕容評率兵十萬禦之,以持久制之。猛乃遣其將郭慶率騎五千,[五三]夜從間道起火於高山,因焚評輜重,火見鄴中。評性貪鄙,障固山泉,賣樵鬻水,積錢絹如丘陵,三軍莫有鬥志,因而大敗。

【校勘記】

〔五二〕師次潞川　"次"原作"至",據北宋本、明抄本、明刻本改。

〔五三〕郭慶率騎五千　"慶"原作"虔",據《晉書·慕容暐載

記》二八五七頁改。

《通典》卷第一百六十《兵十三·絶糧道及輜重》頁四一一五、四一三一

六年，令輔國王猛帥鎮南楊安、虎牙將軍張蚝音次、建節鄧羌等步騎六萬討平燕冀。八月，猛攻剋壺關。暐遣太傅上庸王評等帥四十萬屯於潞川。猛覘丑艷切。覘，候也。知評賣水鬻樵，不撫將士，大笑謂楊安等曰："慕容評真奴才，雖億兆之衆，尚不足爲慮，況數十萬乎！今破之必矣。"甲戌，陳於渭原，猛誓衆曰："王景略受國厚恩，任兼内外，今與諸君深入賊地，宜各勉進，不可退也。受爵明君之朝，慶觴父母之室，不亦美乎！"衆皆勇奮，破釜弃糧，大呼競進。猛望燕師之衆，惡之，謂鄧羌曰："今日之事，非將軍莫可以捷也。成敗之機，在斯一舉。"羌曰："若以司隸見與，公無以爲憂。"猛曰："此非吾所及，必以安定太守、萬户侯相處。"羌不悦而退。俄而兵交，猛召羌，羌寢而不應。猛乃馳就許之，羌於是飲，與張蚝、徐成等跨馬馳入，旁若無人，搴音愆，又居輦切，舉也。旗斬將。燕師敗績，進師圍鄴。猛之未至鄴也，劫盜公行，及猛之至，遠近怗然。

《太平御覽》卷一二二《偏霸部六·前秦苻堅》頁五八九上

崔鴻《十六國春秋·前秦録》曰：王猛望燕師之衆，惡之，謂鄧羌曰："今日之事非將軍莫可以捷也，成敗之機在斯一舉，將軍其勉之！"羌曰："若以司隸見與者，公無以爲憂。"

《太平御覽》卷二五〇《職官部四八·司隸校尉》頁一一八一下

又《載記》曰：王猛與慕容評戰，陳於渭原，而誓衆曰："王景略

受國厚恩，任兼内外，今與諸軍深入賊地，宜各勉進，不可退也。願勠力行間以報恩，顧受爵明君之朝，慶觴父母之室，不亦美乎？”衆皆勇奮，破釜棄糧，大呼競進。

《太平御覽》卷三〇七《兵部三八・誓衆》頁一四一二下

崔鴻《十六國春秋》曰：前秦苻堅將王猛討前燕慕容暐。暐遣將慕容評屯於潞川以拒之。猛與評相持，遣裨將郭慶以銳卒五千，夜從間道出評營後，傍山起火，燒其輜重。暐懼，遣使讓評，催之遣戰。猛知評賣水鬻薪，有可乘之會。評又求戰，乃陳於潞原，而誓衆曰：“今與諸君深入賊地，宜各勉進，不可退也。願勠力行間以報恩，願受爵明君之朝，慶觴父母之室，不亦美乎！”衆皆勇奮，破釜棄糧，大呼競進。猛睹評師之衆也，惡之。謂鄧羌曰：“今日之事，非將軍莫可以捷，將軍其勉之。”羌曰：“若以司隸見與者，公無以爲憂。”猛曰：“此非吾之所及，必以本郡太守、萬户侯相處。”羌不悦而退。俄而，兵交，猛召之，羌寢而弗應，猛馳就許之。羌於是大飲帳中，與張蚝、徐成等蚝，七吏切。跨馬運矛，馳入評軍。出入數四，傍若無人，搴旗斬將，搴，居輦反。殺傷甚衆。戰及日中，評衆大敗，俘斬五萬。

《太平御覽》卷三一二《兵部四三・決戰中》頁一四三六下

崔鴻《十六國春秋》曰：前秦苻堅遣將王猛伐前燕慕容暐，師次潞川。燕將慕容評率兵十萬禦之，以持久制之。猛乃遣其將郭慶率騎五千，夜從間道起火於高山，因燒評輜重，火見鄴中。評性貪鄙，障固山泉賣樵鬻水積錢，絹如丘陵，三軍莫有鬥志，因而大敗。

《太平御覽》卷三三四《兵部六五・輜重》頁一五三四下

　　車頻《秦書》曰：王猛攻鄴，慕容評拒猛，而恒賣水與軍人，衆思爲亂，猛因得敗之。

　　《太平御覽》卷八二八《資産部八·賣買》頁三六九三下至三六九四上

　　前秦王猛爲司徒，録尚書事，將兵伐慕容暐。既陷并州，暐遣慕容評率四十萬衆以救之，乃陣於渭源。猛誓衆曰："王景略受國厚恩，任兼内外。今與諸君深入賊地，宜加勉進，不可退也。願勠力行間，以報恩顧。受爵明君之朝，慶觴父母之室，不亦美乎！"衆皆勇奮，破釜棄糧，大呼競進。

　　　　《册府元龜》卷三九〇《將帥部·誓師》頁四六二九下

　　王猛爲苻堅將，與鄧羌等將步騎六萬伐慕容暐。既陷晉陽，暐遣慕容評率衆四十萬救之，陣於渭源。猛、羌與張蚝、徐成等跨馬運矛，馳入評軍，出入數四，傍若無人，搴旗斬將，殺傷甚衆。戰及日中，評衆大敗，俘斬五萬有餘，乘勝追擊，又降斬十萬。

　　　　《册府元龜》卷四一九《將帥部·以少擊衆》頁四九九五上

　　鄧羌，苻堅之將。堅遣王猛率羌、張蚝、徐成等伐慕容暐。既陷并州，暐遣其太傅慕容評率衆四十萬來救。猛望評師之衆也，惡之，謂羌曰："今日之事，非將軍莫敢以捷。成敗之機，在斯一舉，將軍其勉之。"羌曰："若以司隸見與者，公無以爲憂。"猛曰："此非吾之所及也。必以安定太守、萬户侯相處。"羌不悦而退。俄而交兵，猛召之，羌寢而弗應。猛馳就許之，羌於是大飲帳中，與張蚝、徐成等跨馬運矛馳入評軍，出入數四，傍若無人。搴旗斬將，殺傷甚衆。戰及日中，評軍大敗，俘斬五萬有餘。乘勝追擊，又降斬十萬。

《册府元龜》卷四四七《將帥部・徇私》頁五三〇二上

前燕慕容評爲太傅,前秦苻堅使王猛伐慕容暐,暐使評率衆拒之。評性貪鄙,鄣固山泉,賣樵鬻水,積錢絹如丘陵,三軍莫有鬥志。暐遣其侍中蘭伊讓評曰:"王,高祖之子也,宜以宗廟社稷爲憂,奈何不務撫養勳勞,專以聚斂爲心乎!府藏之珍貨,朕豈與王愛之!若寇軍冒進,王持錢帛安所置也!皮之不存,毛將安附!錢帛可散之三軍,以平寇凱旋爲先也。"

《册府元龜》卷四五五《將帥部・貪黷》頁五三九一上

秦王猛攻壺關,楊安攻晉陽。八月,燕主暐命太傅上庸王評將中外精兵三十萬以拒秦。《考異》曰:《載記》云"四十萬",今從《晉春秋》。暐以秦寇爲憂,召散騎侍郎李鳳、散,悉亶翻。騎,奇寄翻;下同。黃門侍郎梁琛、中書侍郎樂嵩問曰:"秦兵衆寡何如?今大軍既出,秦能戰乎?"鳳曰:"秦國小兵弱,非王師之敵;景略常才,又非太傅之比,不足憂也。"王猛,字景略。琛、嵩曰:"勝敗在謀,不在衆寡。秦遠來爲寇,安肯不戰!且吾當用謀以求勝,豈可冀其不戰而已乎!"暐不悅。王猛克壺關,執上黨太守南安王越,所過郡縣,皆望風降附。降,户江翻。燕人大震。

黃門侍郎封孚問司徒長史申胤曰:"事將何如?"胤歎曰:"鄴必亡矣,吾屬今兹將爲秦虜。然越得歲而吳伐之,卒受其禍。《左傳》:昭三十二年,吳伐越。史墨曰:"不及四十年,越其有吳乎!越得歲而吳伐之,必受其凶。"杜預《注》曰:此年歲在星紀,星紀,吳、越之分也。歲星所在,其國有福,吳先用兵,故反受其殃。卒,子恤翻。今福德在燕,福德在燕,亦謂歲星在燕分也。後苻堅所謂"昔吾滅燕,亦犯歲而捷"是也。秦雖得志，而燕之復建，不過一紀耳。"爲後燕復興張本。復，扶又翻，又如字。

　　大司馬溫自廣陵帥衆二萬討袁瑾；以襄城太守劉波爲淮南内
史，將五千人鎮石頭。波，隗之孫也。元帝之末，劉隗避王敦之難，因北
奔于後趙。帥，讀曰率。將，即亮翻；下同。癸丑，溫敗瑾于壽春，敗，補邁
翻。遂圍之。燕左衛將軍孟高將騎兵救瑾，至淮北，未渡，會秦伐
燕，燕召高還。還，從宣翻，又如字。

　　《資治通鑑》卷一百二《晉紀二十四·海西公太和五年》頁三二
三一至三二三二

　　秦楊安攻晉陽，晉陽兵多糧足，久之未下。王猛留屯騎校尉苟
長戍壺關，"苟長"，恐當作"苟萇"。引兵助安攻晉陽，爲地道，使虎牙
將軍張蚝帥壯士數百潛入城中，大呼斬關，納秦兵。呼，火故翻。辛
巳，猛、安入晉陽，執燕并州刺史東海王莊。太傅評畏猛不敢進，屯
于潞川。據《水經注》：潞州在上黨潞縣北。闞駰曰：潞水，即漳水也。爲冀
州浸。冬，十月，辛亥，猛留將軍武都毛當戍晉陽，進兵潞川，與慕容
評相持。

　　壬戌，猛遣將軍徐成覘燕軍形要，形者，見於外；要者，有諸中。覘
見其形，未足以決勝負；覘見其要，則勝負之機決矣。覘，丑廉翻，又丑艷翻。
期以日中；及昏而返，猛怒，將斬之。鄧羌請之曰："今賊衆我寡，詰
朝將戰；杜預曰：詰朝，平旦也。詰，去吉翻。朝，如字。成，大將也，宜且
宥之。"猛曰："若不殺成，軍法不立。"羌固請曰："成，羌之郡將也，
成蓋爲羌本郡太守。將，即亮翻；下同。雖違期應斬，羌願與成效戰以贖
之。"效戰，謂效力決戰也。猛弗許。羌怒，還營，嚴鼓勒兵，將攻猛。
猛問其故，羌曰："受詔討遠賊；今有近賊，自相殺，欲先除之！"猛
謂羌義而有勇，使語之曰："將軍止，吾今赦之。"成既免，羌詣猛
謝。猛執其手曰："吾試將軍耳，將軍於郡將尚爾，況國家乎，吾不

復憂賊矣！"語，牛倨翻。復，扶又翻。

太傅評以猛懸軍深入，欲以持久制之。評爲人貪鄙，鄣固山泉，鬻樵及水，山者，樵之所仰；泉者，汲之所仰。障固山泉，使軍士不得樵汲，而鬻薪水以牟利。積錢帛如丘陵；賈公彥曰：高曰丘，大阜曰陵。士卒怨憤，莫有鬥志。猛聞之，笑曰："慕容評真奴才，雖億兆之衆不足畏，況數十萬乎！吾今兹破之必矣。"乃遣游擊將軍郭慶帥騎五千，夜從間道出評營後，燒評輜重，火見鄴中。間，古莧翻。重，直用翻。見，賢遍翻。潞川地形高而近鄴，且火盛，故鄴中望而見之。燕主暐懼，遣侍中蘭伊讓評曰："王，高祖之子也，慕容庑廟號高祖。當以宗廟社稷爲憂，奈何不撫戰士而榷賣樵水，專以貨殖爲心乎！榷，古岳翻。府庫之積，朕與王共之，何憂於貧！若賊兵遂進，家國喪亡，喪，息浪翻。王持錢帛欲安所置之！"乃命悉以其錢帛散之軍士，酈道元曰：評鬻水與軍人，絹匹，與水二石。且趣使戰。趣，讀曰趣，音趨玉翻。評大懼，遣使請戰於猛。使，疏吏翻。

甲子，猛陳於渭源而誓之按渭水不出潞縣。《水經注》有涅水出潞縣西覆甑山。或者"渭"字其"涅"字之誤乎？又按溫公《稽古錄》，書王猛破評于清原。杜預曰：河東聞喜縣北有清原。其地又與潞川相遠，姑存疑以待知者。杜佑《通典》作"潞源"。陳，讀曰陣；下同。曰："王景略受國厚恩，任兼內外，今與諸君深入賊地，當竭力致死，有進無退，共立大功，以報國家；受爵明君之朝，稱觴父母之室，不亦美乎！"受爵明君之朝，謂有功而受賞於朝也。稱觴父母之室，謂受賞而歸，舉酒爲父母壽也。朝，直遙翻。衆皆踴躍，破釜棄糧，大呼競進。呼，火故翻。

猛望燕兵之衆，謂鄧羌曰："今日之事，非將軍不能破勁敵，勁，渠京翻。成敗之機，在兹一舉，將軍勉之！"羌曰："若能以司隸見與者，公勿以爲憂。"猛曰："此非吾所及也，必以安定太守、萬戶侯相處。"秦雍州刺史治安定，安定在秦中爲大郡。處，昌呂翻。羌不悅而退。

俄而兵交,猛召羌,羌寢不應。猛馳就許之,羌乃大飲帳中,與張
蚝、徐成等跨馬運矛,馳赴燕陳,出入數四,旁若無人,所殺傷數百。
及日中,燕兵大敗,俘斬五萬餘人,乘勝追擊,所殺及降者又十萬餘
人。降,户江翻。評單騎走還鄴。

《資治通鑑》卷一百二《晉紀二十四·海西公太和五年》頁三二
三二至三二三五

九月,苻堅將王猛伐慕容暐,陷其上黨。

《通志》卷十下《晉紀十下·廢帝》頁二〇四上

冬十月,王猛大破慕容暐將慕容評於潞川。

《通志》卷十下《晉紀十下·廢帝》頁二〇四上

楊安攻晉陽。猛攻壺關,執暐上黨太守慕容越,所經郡縣皆降
于猛,猛留屯騎校尉苟萇戍壺關。會楊安攻晉陽,爲地道,遣張蚝
率壯士數百人入其城中,大呼斬關,猛、安遂入晉陽,執暐并州刺史
慕容莊。暐遣其太傅慕容評率衆四十餘萬以救二城,評憚猛不敢
進,屯於潞川。猛留將軍毛當戍晉陽,進師與評相持。遣游擊郭慶
以銳卒五千,夜從間道出評營後,傍山起火,燒其輜重,火見鄴中。
暐懼,遣使讓評,催之速戰。猛知評賣水鬻薪,有可乘之會,評又求
戰,乃陣於渭原而誓衆曰:"王景略受國厚恩,任兼内外,今與諸君
深入賊地,宜各勉進,不可退也。願勠力行間,以報恩顧,受爵明君
之朝,慶觴父母之室,不亦美乎!"衆皆勇奮,破釜棄糧,大呼競進。
猛望評師之衆也,惡之,謂鄧羌曰:"今日之事,非將軍莫可以捷。
成敗之機,在斯一舉。將軍其勉之!"羌曰:"若以司隸見與者,公
無以爲憂。"猛曰:"此非吾之所及也。必以安定太守、萬户侯相

處。"羌不悦而退。俄而兵交，猛召之，羌寢而弗應。猛馳就許之，羌於是大飲帳中，與張蚝、徐成等跨馬運矛，馳入評軍，出入數四，傍若無人，搴旗斬將，殺傷甚衆。戰及日中，評衆大敗，俘斬五萬有餘，乘勝追擊，又降斬十萬，於是進師圍鄴。

《通志》卷一百八十九《載記四·前秦》頁三〇二七下至三〇二八上

楊安攻晉陽。八月，猛攻壺關，執暐上黨太守慕容越，所經郡縣皆降於猛。猛留屯騎校尉苟萇戍壺關，會楊安攻晉陽。爲地道，遣張蚝率壯士數百人入其城中，大呼斬關，猛遂入晉陽，執暐并州刺史慕容莊。暐遣太傅上庸王評率衆四十餘萬以救二城，評憚猛不敢進，屯於潞川。猛留毛當戍晉陽，進師次潞川，與評相持。

遣將軍徐成覘燕軍，期以日中，及昏而返，猛將斬之，鄧羌固請曰："成，羌郡將也，羌郡太守。願與效戰以贖罪。"猛弗許。羌怒還營，嚴鼓勒兵將攻猛，猛赦之。羌詣猛謝，猛執其手曰："吾試將軍耳。將軍於郡將尚爾，況國家乎！"此段依《通鑑》約補，因贊有此事，知《通鑑》亦係本此書也。徐成嵩之叔也。純直亮素，爲王猛所知，長不滿六尺，醜極當時。《御覽》三百八十二。

乃遣裨將一作"游擊"。郭慶之以銳卒五千，夜從間道出評營後，傍山起火，燒其輜重。火見鄴中，暐懼，遣使讓評，催之速戰。猛覘知評賣水鬻薪，不撫將士，有可乘之會，大笑謂楊安等曰："慕容評真奴才！雖億萬之衆，尚不足爲慮，況數十萬乎！今破之必矣！"評又求戰，甲戌，乃陳於渭一作"潞"。原。猛誓衆曰："王景略受國厚恩，任兼內外，今與諸君深入賊地，宜各勉進，不可退也。願勠力行間，以報恩顧，受爵明君之朝，慶觴父母之室，不亦美乎！"衆皆勇奮，破釜棄糧，大呼競進。猛望評師之衆也，惡之，謂鄧羌曰：

“今日之事，非將軍莫可以捷也。成敗之機，在斯一舉，將軍其勉之！”羌曰：“若以司隸見與者，公無以爲憂。”猛曰：“此非吾之所及也，必以安定太守、大郡萬戶侯相處。”羌不悦而退。俄而兵交，猛召之，羌寢而弗應。猛乃馳就許之，羌於是大飲帳中，與張蚝、徐成等跨馬運矛，馳入評軍，出入數四，傍若無人，搴旗斬將，殺傷甚衆。戰及日中，評衆大敗，俘斬五萬有餘，此段亦見《御覽》三百十二、三百三十四，及二百五十。乘勝追擊，又降斬十萬。於是進師圍鄴。

　　《十六國春秋輯補》卷三十四《前秦錄四‧苻堅》頁二六三至二六四

　　秋七月，王猛攻壺關，楊安攻晉陽。八月，燕太傅上庸王慕容評帥中外精卒四十一作三十。餘萬來拒。猛克壺關，執燕上黨太守南安王慕容越，所過郡縣皆望風降附，燕人大懼。

　　九月，楊安進圍晉陽，久之未下。猛留屯騎校尉苟萇戌壺關，引兵助安攻晉陽，因爲地道，遣張蚝帥壯士數百潛入城中，大呼斬關，納秦兵。辛巳，猛、安遂入晉陽，執并州刺史東海王慕容莊。太傅慕容評畏猛不敢進兵，屯於潞川。冬十一月辛亥，猛留將軍武都毛當戌晉陽，進次潞川，與評相持。壬戌，猛遣將軍徐成覘燕軍形要，期以日中；及昏而返，猛怒，將斬之，鄧羌固請得止。

　　猛覘知評賣水鬻薪，不撫將士，人思爲亂，有可乘之會，笑謂楊安等曰：“慕容評真奴才，雖億兆之衆尚不足爲慮，況數十萬乎！吾今兹破之必矣。”乃遣遊擊將軍郭慶以銳卒五千，夜從間道出評營後，傍山起火，燒其輜重，火見鄴中。暐懼，遣侍中蘭伊讓評，催之速戰。評大懼，遣使求戰。甲子，猛陳於渭源而誓衆曰：“王景略受國厚恩，任兼内外，今與諸君深入賊地，當竭力致死，有進無退，共立大功以報國家，受爵明公之朝，稱觴父母之室，不亦美乎！”衆皆踴躍，破釜棄糧，大呼競進。猛望燕兵之盛，馳騎遣鄧羌往擊之。詳具《羌傳》。羌與徐成、張蚝等跨馬運矛，馳赴評軍，出入數四，旁若無人，搴旗斬將，殺傷甚衆。戰及日中，評師大敗，俘斬五萬餘人，乘勝追擊，所殺及降者又十萬餘人，評單騎奔鄴，猛長驅而東。丁卯，進兵圍鄴。

屠本《十六國春秋》卷第三十六《前秦錄四·苻堅上》頁二十三背至二十五正

王猛伐燕，師次潞川，遣將軍徐成覘燕軍形要，失期當斬。羌止之曰：“今賊衆我寡，詰朝將戰，成大將也，宜且宥之。”猛曰：“若不殺成，軍法不立。”羌固請曰：“成，羌之部將也。雖違期應斬，羌願與成效戰以贖之。”猛弗許。羌怒，還營嚴鼓，勒兵將以攻猛。猛問其故，羌曰：“奉詔討遠賊，今有近賊自相殺，欲先除之。”猛謂羌義而有勇，使語之曰：“將軍止，吾今赦之。”成既免，羌詣猛謝，猛執其手曰：“吾試將軍耳，將軍於部將尚爾，況國家乎，吾不復憂賊矣！”猛遂陳兵渭源，嚴誓將士。時燕兵甚盛，猛望見而惡之，謂羌曰：“今日之事，非將軍不能破勍敵。成敗之機，在此一舉，將軍勉之！”羌曰：“若能以司隸見與者，公勿以爲憂。”猛曰：“此非吾之所及，也必以安定太守、萬戶侯相處。”羌不悅而退。俄而兵交，猛召羌，羌寢而不應，猛馳就許之。羌乃大飲帳中，與徐成奔赴評軍，斬將搴旗，殺傷甚衆，燕軍大敗，鄧羌請部將以撓法，徇私也；勒兵欲攻王猛，無上也；臨戰預求司隸，要君也。有此三者，罪孰大焉。猛能容其所短，收其所長，若馴猛虎、馭悍馬，以成大功。《詩》曰：采葑采菲，無以下體。猛之謂矣！長驅至鄴，拔之。

屠本《十六國春秋》卷第四十二《前秦錄十·鄧羌》頁十四正至十五正

　　王猛督諸將伐燕，蚝以虎牙將軍受猛節制。楊安攻晉陽不克，猛使蚝爲地道，帥壯士數百潛入城中大呼，斬關克之。是時，猛衆止六萬而燕師三十萬，蚝與徐成等跨馬運矛，馳赴燕陣，出入數四，旁若無人，殺傷甚衆。戰至日中，燕兵大敗，乘勝逐北，猛遂滅燕。

　　　　屠本《十六國春秋》卷第四十二《前秦録十・張蚝》頁十八正

　　六年，堅遣安等十將帥步騎六萬伐燕，俱受王猛節度。安攻晉陽，晉陽兵多糧足，久之不下。王猛助之，遂爲地道以入，執其刺史慕容莊。師還，論破鄴功，賜爵博平郡侯，進吏部尚書。

　　　　屠本《十六國春秋》卷第四十二《前秦録十・楊安》頁二十五背至二十六正

　　（王）猛伐燕時，成以射聲校尉爲鄧羌部將、猛使成候燕軍虛實，期以日中，及昏而返。猛欲殺之以正軍法，鄧羌請之不得，幾欲勒兵攻猛，其愛成若是。從羌奮擊燕軍，出入燕陣，旁若無人。

　　　　屠本《十六國春秋》卷第四十二《前秦録十・徐成》頁四十八背至四十九正

　　王猛伐燕，拔取晉陽二州。燕遣太傅慕容評率衆四十萬來援，評憚猛不敢進，屯於潞川。猛留將軍毛當戍晉陽，進師與評相持。遣慶以鋭卒五千夜從間道出評營後，放火燒營，火見鄴中。暐懼，遣使讓評，催之使戰，評遂大敗，猛乘勝攻鄴。

　　　　屠本《十六國春秋》卷第四十二《前秦録十・郭慶》頁四十九正至四十九背

八月，猛攻剋壺關，暐遣太傅上庸王評等帥四十萬屯於潞州。猛覘知評賣水鬻薪，不撫將士，有可乘之會，大笑，謂楊安等曰："慕容評真奴才，雖億兆之衆，尚不足爲慮，況十萬乎？今破之必矣。"甲戌，陳於渭原，猛誓衆曰："王景略受國厚恩，任兼內外，今與諸君深入賊地，宜各勉進，不可退也。受爵明君之朝，慶觴父母之室，不亦美乎？"衆皆勇奮，破釜棄糧，大呼兢進，猛望評師之衆，惡之，謂鄧羌曰："今日之事，非將軍莫可以捷也。成敗之機，在斯一舉也，軍其勉之。"羌曰："若以司隸見與者，公無以爲憂。"猛曰："此非吾所及也。必以安定太守、萬戶侯相處。"羌不悦而退。俄而兵交，猛召羌，寢而不應。猛乃馳就，許之。於是大飲帳中，與張蚝、徐成等跨馬運矛，馳入評軍，出入數四，傍若無人，攀旗斬將，殺傷甚重，戰及日中，燕師敗績。進師圍鄴。

　　　　《十六國春秋別本》卷四《前秦録·苻堅》頁十一正至十二正

十一月，猛克鄴，獲慕容暐，盡有其地。

　　　　　　　《晉書》卷八《帝紀第八·海西公》頁二一三

五年，慕容暐爲苻堅所滅。

　　　　　　　《晉書》卷十二《志第二·天文中》頁三四九

五年，慕容暐爲苻堅所滅，又據司、冀、幽、并四州。

　　　　　　　《晉書》卷十三《志第三·天文下》頁三七七

慕容氏又爲苻堅所滅。

　　　　　　　《晉書》卷十四《志第四·地理上》頁四二五

（慕容）儁死，子暐爲苻堅所滅。

《晉書》卷十四《志第四·地理上》頁四二六

苻氏平燕，盡有其地。

《晉書》卷十五《志第五·地理下》頁四五〇

而王猛平鄴，慕容氏所得樂聲又入關右。

《晉書》卷二十三《志第十三·樂下》頁六九八

堅遂攻鄴，陷之。慕容暐出奔高陽，堅將郭慶執而送之。堅入鄴宮，閲其名籍，凡郡百五十七，縣一千五百七十九，户二百四十五萬八千九百六十九，口九百九十八萬七千九百三十五。諸州郡牧守及六夷渠帥盡降於堅。郭慶窮追餘燼，慕容評奔於高句麗，慶追至遼海，句麗縛評送之。堅散暐宮人珍寶以賜將士，論功封賞各有差。以王猛爲使持節、都督關東六州諸軍事、車騎大將軍、開府儀同三司、冀州牧，鎮鄴，以郭慶爲持節、都督幽州諸軍事、揚武將軍、幽州刺史，鎮薊。

堅自鄴如枋頭，讌諸父老，改枋頭爲永昌縣，復之終世。堅至自永昌，行飲至之禮，歌勞止之詩，以饗其群臣。赦慕容暐及其王公已下，皆徙於長安，封授有差。

《晉書》卷一百十三《載記第十三·苻堅上》頁二八九三

五年，慕容暐爲苻堅所滅，司、冀、幽、并四州並屬氏。

《宋書》卷二十四《志第十四·天文二》頁七一八

是年，苻堅擒慕容暐。

《魏書》卷一《序紀第一》頁一五

克鄴,擒慕容暐。

《魏書》卷九十五《列傳第八十三・臨渭氐苻健》頁二〇七七

前秦苻堅滅前燕慕容暐,入鄴,閱其名籍,戶二百四十五萬八千九百六十九,口九百九十八萬七千九百三十五。[二〇]徙關東豪傑及諸雜夷十萬戶於關中。[二一]平燕定蜀之稱,僞代之盛也。

【校勘記】

[二〇]口九百九十八萬　原“口”下衍“九千”,據《晉書・苻堅載記》上二八九三頁刪。

[二一]十萬戶　“戶”原訛“口”,據《晉書・苻堅載記》上二八九三頁改。

《通典》卷第七《食貨七・歷代盛衰戶口》頁一四五、一六〇

而王猛平鄴,慕容氏所得樂聲又入關右。

《通典》卷第一百四十一《樂一・歷代沿革上》頁三五九九

泪苻堅東平慕容暐,太和五年。

《通典》卷第一百七十一《州郡一・序目上》頁四四六〇

并州。領郡國六。惠帝之後,其地淪没於劉元海、石勒、慕容儁,又爲苻堅所陷。堅敗,慕容垂據之。

《通典》卷第一百七十八《州郡八・古冀州上》頁四六九三

戊寅,剋鄴。慕容暐出奔,將軍郭慶執暐於高陽,送之。辛巳,堅入鄴宮,大赦。閱其圖籍,郡百五十七,縣一千五百七十九,戶二百四十五萬八千九百六十九。以王猛爲都督諸軍事、車騎大將

軍、開府儀同、冀州牧，鎮鄴，封清河郡侯，以僞太宰恪、太傅評之第盡賜之，加美妾五人、上女妓十人、中女妓三十八人。猛辭，堅曰："昔魏絳和戎，猶有金石絲竹之賞，山甫翼周，實受四牡之錫。卿功超二子，任過管、葛，安得辭也！其敬受之，無逆朕命。"以鄧羌爲散騎常侍、安定太守、真定郡侯，邑三千户，賞潞川之功。

　　　　《太平御覽》卷一二二《偏霸部六‧前秦苻堅》頁五八九下

　　《燕書》曰：孟高，字弘義，長壯有雄姿。慕容暐即位，左遷衞將軍，出避難，將向龍都，禁衞四散，惟高及殿中將艾郎等十餘騎從行。達福禄，逢賊，高獨力戰，賊射殺之。

　　　　《太平御覽》卷四一七《人事部五八‧忠勇》頁一九二三下至一九二四上

　　《燕書》曰：皇甫真字楚季。鄴城失守，秦王初入，臨前殿醮群臣。數百人皆集東掖門，見侍中王猛來，真等望馬首拜之。明日，更見真，乃卿猛。猛曰："昨拜朝，卿何恭慢之相違。"真答曰："卿昨爲賊，朝是國士。吾冥拜賊，而卿國士，亦何所怪也？"猛嘉之。

　　　　《太平御覽》卷五四二《禮儀部二一‧拜》頁二四五九下

　　又慕容暐剋鄴，盡有地。

　　　　《太平御覽》卷八七五《咎徵部二‧天狗》頁三八八三上

　　前秦苻堅既平慕容暐，自鄴如枋頭，讌諸父老，改枋頭爲永昌縣，復之終世。

　　　　《册府元龜》卷二二〇《僭僞部‧令德》頁二六四二下

（苻）堅既平慕容暐，命猛留鎮冀州。

　　《册府元龜》卷二二七《僭僞部・倚任》頁二七一〇下

（慕容德）後遇暐敗，徙于長安。

　　《册府元龜》卷二二七《僭僞部・謀略》頁二七〇七上

　　前秦苻堅僭即帝位，遣尚書令太子太傅王猛伐慕容暐于鄴。堅又躬率精銳十萬向鄴，攻陷之。堅入鄴宮，散暐宮人、珍寶以賜將士，論功封賞各有差。

　　《册府元龜》卷二三〇《僭僞部・褒賞》頁二七三二上至二七三二下

　　後平慕容暐于鄴，堅自鄴如枋頭，讌諸父老，改枋頭爲永昌縣，復之終世。堅至自永昌，行飲至之禮，歌勞止之詩，以饗其群臣。

　　《册府元龜》卷二三〇《僭僞部・飲讌》頁二七三五上

　　太和五年，又遣猛率楊安、張蚝、鄧羌等十將率步騎六萬伐暐。既圍鄴，堅躬率精銳十萬攻陷之，暐出奔高陽，堅將郭慶執而送之。

　　《册府元龜》卷二三一《僭僞部・征伐》頁二七四八上至二七四八下

　　苻堅又使其將王猛、楊安率衆伐暐，猛攻壺關，安攻晉陽。暐使慕容評率中外精卒四十餘萬拒之，與猛戰於潞州，評師大敗，死者五萬餘人，評等單騎遁還。猛遂長驅至鄴，堅復率衆十萬會猛攻。暐散騎侍郎徐蔚等率扶餘、高句麗及上黨質子五百餘人，夜開城門以納堅軍。暐與評等數十騎奔於昌黎，堅遣郭慶追及暐，於高陽縛送於堅。

　　　《册府元龜》卷二三四《僭僞部·兵敗》頁二七八〇下至二七
八一上

　　前秦王猛爲輔國將軍，率諸軍討慕容暐。軍禁嚴明，師無私
犯。猛未至鄴，劫盜公行，及猛之至，遠近怡然，燕人安之。
　　　　　《册府元龜》卷四一八《將帥部·嚴整》頁四九八三上

　　（王）猛之未至也，鄴旁剽劫公行，剽，匹妙翻。及猛至，遠近帖
然；號令嚴明，軍無私犯，言軍士不敢私犯鄴民也。法簡政寬，燕民各
安其業，更相謂曰："不圖今日復見太原王！"更，工衡翻。復，扶又翻。
王猛聞之，歎曰："慕容玄恭信奇士也，可謂古之遺愛矣！"慕容恪，
字玄恭，封太原王。設太牢以祭之。
　　　《資治通鑑》卷一百二《晉紀二十四·海西公太和五年》頁三二
三五至三二三六

　　初，燕宜都王桓帥衆萬餘屯沙亭，杜預曰：陽平元城縣有沙亭。爲
太傅評後繼，聞評敗，引兵屯內黄。內黄縣自漢以來屬魏郡。堅使鄧
羌攻信都。丁丑，桓帥鮮卑五千奔龍城。戊寅，燕散騎侍郎餘蔚帥
扶餘、高句麗及上黨質子五百餘人，蔚，於勿翻。燕蓋遣兵戍上黨，取其
子弟留於鄴以爲質。餘蔚，扶餘王子，故陰率諸質子開門以納秦兵。質，音致。
句，如字，又音駒。麗，力知翻。夜，開鄴北門納秦兵，燕主暐與上庸王
評、樂安王臧、定襄王淵、左衛將軍孟高、殿中將軍艾朗等奔龍城。
《姓譜》：艾姓，《晏子春秋》齊有大夫艾孔。《風俗通》有龐儉母艾氏。辛巳，
秦王堅入鄴宮。
　　慕容垂見燕公卿大夫及故時僚吏，有慍色。慍，於問翻。高弼

言於垂曰："大王憑祖宗積累之資，負英傑高世之略，遭值迍阨，迍，株倫翻。棲集外邦。今雖家國傾覆，安知其不爲興運之始邪！愚謂國之舊人，宜恢江海之量，有以慰結其心，以立覆簣之基，成九仞之功，言譬如爲山，自覆一簣而進成九仞之功。簣，求位翻，土籠也。八尺曰仞。奈何以一怒捐之，愚竊爲大王不取也！"高弼先從垂奔秦，故敢進言。爲，于僞翻。垂悦，從之。

　　燕主暐之出鄴也，衛士猶千餘騎，既出城，皆散，惟十餘騎從行；秦王堅使游擊將軍郭慶追之。時道路艱難，孟高扶侍暐，經護二王，二王，謂樂安王臧、定襄王淵也。極其勤瘁，瘁，秦醉翻。又所在遇盜，轉鬥而前。數日，行至福禄，依冡解息，解息，解鞍息馬也。冡，知隴翻。盜二十餘人猝至，皆挾弓矢，高持刀與戰，殺傷數人。高力極，力疲極也。自度必死，乃直前抱一賊，頓擊於地，大呼曰："男兒窮矣！"餘賊從旁射高，殺之。度，徒洛翻。射，而亦翻。艾朗見高獨戰，亦還趨賊，并死。趨，七喻翻。暐失馬步走，郭慶追及於高陽，部將巨武將縛之，《姓譜》：巨，姓也。暐曰："汝何小人，敢縛天子！"武曰："我受詔追賊，何謂天子！"執以詣秦王堅，堅詰其不降而走之狀，詰，去吉翻。降，户江翻；下同。對曰："狐死首丘，欲歸死於先人墳墓耳。"慕容氏之先皆葬昌黎。堅哀而釋之，令還宮，帥文武出降。晉穆帝永和八年，燕主儁改元稱帝，傳子暐，共十九年而亡。帥，讀曰率。暐稱孟高、艾朗之忠於堅，堅命厚加斂葬，斂，力贍翻。拜其子爲郎中。

　　《資治通鑑》卷一百二《晉紀二十四·海西公太和五年》頁三二三六至三二三七

　　郭慶進至龍城，太傅評奔高句麗，高句麗執評，送於秦。宜都王桓殺鎮東將軍勃海王亮，并其衆，奔遼東。遼東太守韓稠，先已降秦，桓至，不得入，攻之，不克。郭慶遣將軍朱嶷擊之，桓棄衆單走,嶷獲而殺之。嶷,魚力翻。

　　《資治通鑑》卷一百二《晉紀二十四·海西公太和五年》頁三二三七至三二三八

　　諸州牧守及六夷渠帥盡降於秦,帥,所類翻。凡得郡百五十七,戶二百四十六萬,口九百九十九萬。以燕宮人、珍寶分賜將士。將,即亮翻。

　　《資治通鑑》卷一百二《晉紀二十四·海西公太和五年》頁三二三八

　　初,梁琛之使秦也,使,疏吏翻。以侍輦苟純爲副。侍輦之官,蓋燕所置近臣也。琛每應對,不先告純;純恨之,歸言於燕主暐曰:"琛在長安,與王猛甚親善,疑有異謀。"琛又數稱秦王堅及王猛之美,數,所角翻。且言秦將興師,宜爲之備。已而秦果伐燕,皆如琛言,暐乃疑琛知其情。及慕容評敗,遂收琛繫獄。秦王堅入鄴而釋之,除中書著作郎,秦蓋循晉初之制,併秘書於中書省也。引見,見,賢遍翻。謂之曰:"卿昔言上庸王、吳王皆將相奇材,將,即亮翻。相,息亮翻。何爲不能謀畫,自使亡國?"對曰:"天命廢興,豈二人所能移也!"堅曰:"卿不能見幾而作,虛稱燕美,忠不自防,反爲身禍,可謂智乎?"

　　《資治通鑑》卷一百二《晉紀二十四·海西公太和五年》頁三二三八

　　(符)堅以王猛爲使持節、都督關東六州諸軍事、車騎大將軍、開府儀同三司、冀州牧,鎮鄴,使,疏吏翻。騎,奇寄翻。進爵清河郡侯,悉以慕容評第中之物賜之。

　　《資治通鑑》卷一百二《晉紀二十四·海西公太和五年》頁三二三九

（苻）堅以京兆韋鍾爲魏郡太守，彭豹爲陽平太守；燕都鄴，以魏郡太守爲京尹。陽平，輔郡也，故堅皆以秦人守之。其餘州縣牧、守、令、長，皆因舊以授之。盡易州縣牧、守、令、長，既駭觀聽，且人情新舊不相安，故皆因舊。以燕常山太守申紹爲散騎侍郎，使與散騎侍郎京兆韋儒俱爲繡衣使者，循行關東州郡，觀省風俗，行，下孟翻。省，悉景翻。勸課農桑，振恤窮困，收葬死亡，旌顯節行，燕政有不便於民者，皆變除之。並用燕、秦之人爲繡衣使者。用燕人者，以其習關東風俗；用秦人者，使宣堅之德意也。行，下孟翻。

十二月，秦王堅遷慕容暐及燕后妃、王公、百官并鮮卑四萬餘戶于長安。爲後鮮卑乘亂攻秦張本。

王猛表留梁琛爲主簿，領記室督。晉制：諸公府有主簿、記室督各一人。今猛以琛兼之。他日，猛與僚屬宴，語及燕朝使者，猛曰：“人心不同：昔梁君至長安，專美本朝；樂君但言桓溫軍盛；郝君微說國弊。”梁琛、樂嵩、郝晷也。本朝、國弊，皆謂燕也。朝，直遙翻。使，疏吏翻。參軍馮誕曰：“今三子皆爲國臣，此國謂秦也。敢問取臣之道何先？”猛曰：“郝君知幾爲先。”幾，居希翻。誕曰：“然則明公賞丁公而誅季布也。”言取臣之道，與漢高帝異。猛大笑。

《資治通鑑》卷一百二《晉紀二十四·海西公太和五年》頁三二三九至三二四〇

甲寅，至長安，封慕容暐爲新興侯；以燕故臣慕容評爲給事中，皇甫真爲奉車都尉，李洪爲駙馬都尉，皆奉朝請；三人者，燕之三公也。李邽爲尚書，封衡爲尚書郎，慕容德爲張掖太守，爲德兄子超留張掖而入姚氏張本。燕國平叡爲宣威將軍，悉羅騰爲三署郎；漢有五官署郎、左署郎、右署郎，故曰三署郎。舊制：郎年五十以上，屬五官，其次分在左右署；秦遂以三署郎爲官稱。其餘封署各有差。衡，裕之子也。慕容銑之興也,封裕以忠諫顯。

《資治通鑑》卷一百二《晉紀二十四·海西公太和五年》頁三二四〇

　　十一月,猛剋鄴,獲慕容暐,盡有其地。

《通志》卷十下《晉紀十下·廢帝》頁二〇四上

　　洎苻堅東平慕容暐。太和五年。

《通志》卷四十《地理略一·歷代封畛》頁五四六下

　　前秦苻堅滅前燕慕容暐,入鄴,閱其名籍,户二百四十五萬八千九百六十九,口九千九百九十八萬七千九百三十五。徙關東豪傑及諸雜夷十萬口于關中,平燕定蜀,蓋爲僞代之盛也。

《通志》卷六十一《食貨略一·歷代户口》頁七四〇中

　　(苻)堅遂攻鄴,陷之。慕容暐出奔高陽,堅將郭慶執而送之。堅入鄴宫,閱其名籍,凡郡百五十七,縣五千五百七十九,户二百四十五萬八千九百六十九,口九百九十八萬七千九百三十五。諸州郡牧守及六夷渠帥盡降於堅。郭慶窮追餘燼,慕容評奔于高句麗,慶追至遼海,句麗縛評送之。堅散暐宫人珍寶以賜將士,論功封賞各有差。以王猛爲使持節、都督關東六州諸軍事、車騎大將軍、開府儀同三司、冀州牧,鎮鄴,以郭慶爲持節、都督幽州諸軍事、揚武將軍、幽州刺史,鎮薊。

　　堅自鄴如枋頭,讌諸父老,改枋頭爲永昌縣,復之終世。堅至自永昌,行飲至之禮,歌勞止之詩,以饗其群臣。赦慕容暐及其王公已下，皆徙于長安，封授有差。

《通志》卷一百八十九《載記四·前秦》頁三〇二八上至三〇二八中

戊寅，堅遂攻鄴，陷之。慕容暐出奔，將軍郭慶執暐於高陽，送之。辛巳，堅入鄴宮，大赦。閱其圖籍，凡郡百五十七，縣一千五百七十九，戶二百四十五萬八千九百六十九，口九百九十八萬七千九百三十五。諸州郡牧守及六夷渠帥盡降於堅。郭慶窮追餘燼，慕容評奔於高句麗，慶追至遼海，句麗縛評送之。堅散暐宮人、珍寶以賜將士，論功封賞各有差。以王猛爲使持節、都督關東六州諸軍事、車騎大將軍、開府儀同三司、冀州牧，鎭鄴，封淸河郡侯，以燕太宰恪、太傅評之第盡賜之，加美妾五人，上女妓十人，中女妓三十八人。猛辭。

《十六國春秋輯補》卷三十四《前秦録四·苻堅》頁二六五

赦慕容暐及其王公已下，皆徙於長安，封賞各有差。

《十六國春秋輯補》卷三十四《前秦録四·苻堅》頁二六五

（王）猛未至鄴，鄴旁剽掠公行，及至，遠近帖服，號令嚴明，軍無私犯，法簡政寬，民安其業，更相謂曰：“不圖今日復見太原王！”猛聞之嘆曰：“慕容玄恭信奇士也，可謂古之遺愛矣！”乃設太牢以祭之。

屠本《十六國春秋》卷第三十六《前秦録四·苻堅上》頁二十五正至二十五背

戊寅，堅攻鄴，拔之。慕容暐等出奔高陽，遊擊將軍郭慶執而送之。辛巳，堅入鄴宮，諸州牧守及六夷渠帥盡來降附。閲其名籍，凡得郡百五十七，縣一千五百七十九，户二百四十五萬八千六百六十九，口九百九十八萬七千九百三十五。郭慶窮追餘燼，慕容評奔高句麗，慶追至遼海，句麗縛評送之。堅散燕宮人珍寶分賜將士。

屠本《十六國春秋》卷第三十六《前秦録四·苻堅上》頁二十六正

四十年，秦王猛伐燕，破之。燕太傅慕容評來奔，王執送於秦。

《三國史記》卷十八《高句麗本紀六·故國原王四十年》頁三背

釋梁琛之囚，除中書著作郎。聞悦綰之忠，恨不及見，拜其子爲郎中。暐稱孟高、艾朗之忠於堅，堅命厚加歛葬，亦拜其子爲郎中。以王猛爲使持節、都督關東六州諸軍事、車騎大將軍、開府儀同三司、冀州牧，鎮鄴，進爵清河郡侯。悉以慕容評第中之物賜之，加美妾五人，上女妓十人，中女妓三十人，猛固辭。

屠本《十六國春秋》卷第三十六《前秦録四·苻堅上》頁二十六背

以常山太守申紹爲散騎侍郎，使與散騎侍郎京兆韋儒俱爲繡衣使者循行關東州郡，觀省風俗，勸課農桑，振恤窮困，收葬死亡，旌顯節行，燕政有不便於民者皆變除之。

十二月，遷慕容暐及后妃、王公、百官并鮮卑四萬餘户於長安。猛表留梁琛爲主簿，領記室督。他日，猛與僚屬語及燕朝使者，猛曰："人心不同：昔梁君至長安，專美本朝；樂君但言桓温軍盛；郝君微説國弊。"

　　參軍馮誕曰："今三子皆爲國臣,敢問爲臣之道何先?"猛曰:
"郝君知幾爲先。"誕曰:"然則明公賞丁公而誅季布也。"猛大笑。
　　屠本《十六國春秋》卷第三十六《前秦録四·苻堅上》頁二十七
正至二十八正

　　甲寅,還長安。封慕容暐爲新興侯,慕容評爲給事中,皇甫真
爲奉車都尉,李洪爲駙馬都尉,皆奉朝請。李邽爲尚書,封衡裕之子
也。爲尚書郎,慕容德爲張掖太守,燕國平叡爲宣威將軍,悉羅騰爲
三署郎,其餘封授各有差。
　　屠本《十六國春秋》卷第三十六《前秦録四·苻堅上》頁二十
八正

　　(王猛)乃并軍攻鄴,拔之,遂平燕冀。
　　屠本《十六國春秋》卷第四十一《前秦録九·苻宏》頁十二正

　　後帥諸軍討慕容暐,軍禁嚴明,師無私犯。猛未至鄴,劫盜公
行,及至,遠近帖然,燕人安之。
　　屠本《十六國春秋》卷第四十二《前秦録十·王猛》頁九正

　　(慕容)暐出奔晉陽,慶率騎追之,暐遇盜,失馬步走。慶追及
於高陽,執送於堅。追評至於遼海,縛送之。其部將朱嶷追慕容桓
於遼東,獲而殺之。
　　屠本《十六國春秋》卷第四十二《前秦録十·郭慶》頁四十
九背

　　戊寅,剋鄴,慕容暐出奔,將軍郭慶執暐於高陽,送之。辛巳,

堅入鄴宫,大赦,閲其圖籍,凡郡百五十七,縣一千五百七十九,户二百四十五萬八千九百六十九,口九百九十八萬七千九百三十五。以王猛爲使持節都督關東六州諸軍事、車騎大將軍、開府儀同三司、冀州牧,鎮鄴,封清河郡侯。以燕太宰恪、太傅評之第盡賜之。加美妾五人,上女妓十人,中妓三十八人。猛辭。

《十六國春秋别本》卷四《前秦録·苻堅》頁十二背

慕容暐敗,以老歸家,歎曰:"燕必中興,其在吴王,恨吾年過不見耳。"年九十七卒。卒後三年,僞吴王慕容垂興焉。

《晉書》卷九十五《列傳第六十五·藝術·黄泓》頁二四九三

黄泓魏郡人,爲慕容暐太史靈臺諸署統。暐敗,以老歸家,善天文秘術,年九十七卒。

《册府元龜》卷七八四《總録部·壽考》頁九三一七下

燕故太史黄泓歎曰:"燕必中興,其在吴王乎!恨吾老,不及見耳!"慕容之初興,黄泓歸之。及僞之取中原,黄泓贊其決:泓知數者也。汲郡趙秋曰:"天道在燕,謂歲星在燕分也。不【章:十二行本"不"上有"而秦滅之"四字;乙十一行本同;退齋校同;張校同,云無注本亦脱。】及十五年,秦必復爲燕有。"

《資治通鑑》卷一百二《晉紀二十四·海西公太和五年》頁三二四〇

慕容暐敗,以老歸家,歎曰:"燕必中興,其在吴王,恨吾年過不見耳。"年九十七卒。卒後三年,僞吴王慕容垂興焉。

《通志》卷一百八十二《藝術傳二·黄泓》頁二九一八下

從王猛滅慕容暐，封都亭侯。

　　　《晉書》卷一百二十二《載記第二十二‧呂光》頁三〇五四

（呂光）又從王猛滅慕容暐，封都亭侯。

　　　《册府元龜》卷二二二《僭僞部‧勳伐二》頁二六六三上

（呂光）從王猛滅慕容暐，封都亭侯。

　　　《通志》卷一百九十《載記五‧後涼》頁三〇六一中

父屈，仕慕容暐，爲殿中郎將。苻堅滅暐，屈友人公孫眷之妹沒入苻氏宮，出賜劉庫仁爲妻。庫仁貴寵之。

　　　《魏書》卷三十《列傳第十八‧安同》頁七一二

父屈，仕慕容暐。暐爲苻堅所滅，屈友人公孫眷妹沒入苻氏宮，出賜劉庫仁爲妻，庫仁貴寵之。

　　　《北史》卷二十《列傳第八‧安同》頁七五一

父屈，仕慕容暐，暐爲苻堅所滅，屈友人公孫眷妹沒入苻氏宮，出賜劉庫仁爲妻，庫仁貴寵之。

　　　《通志》卷一百四十六《列傳五十九‧安同》頁二三〇七下

慕容暐時，郡舉上計掾，補著作郎，撰《燕記》。遷黃門侍郎。及苻堅并慕容暐，以爲齊郡太守。

　　　《魏書》卷三十二《列傳第二十‧崔逞》頁七五七

逞少好學，有文才。仕慕容暐，補著作郎，撰《燕記》。遷黃門侍郎。暐滅，苻堅以爲齊郡太守。

　　　　　《北史》卷二十四《列傳第十二·崔逞》頁八六七

　　崔逞初爲慕容燕著作郎，撰《燕記》。

　　　　　《册府元龜》卷五五六《國史部·採撰二》頁六六七六上

　　逞少好學，有文才。仕慕容暐，補著作郎，撰《燕記》。遷黃門
侍郎。暐滅，苻堅以爲齊郡太守。

　　　　　《通志》卷一百四十六《列傳五十九·崔逞》頁二三二二上

　　崔鴻《後燕錄》曰：封衡，字百華，中書監裕之子也。輕財好
施。年十餘歲，見一老父，荷擔于路，引歸。問之父曰：“宣子一飯，
著名春秋，宜給宅一區、奴一口，日供贍以終其年。”裕高其志而
從之。

　　　　　《初學記》卷第二十四《居處部·宅第八》頁五七九

　　崔鴻《後燕錄》曰：秦滅燕，慕容桓阻兵遼東，爲秦所殺。子鳳
泣血不言，年十一，告其母曰：“昔張良養士以擊秦王，復君之仇也。
先王之事，豈可一日忘之！”

　　　　　《太平御覽》卷四八二《人事部一二三·仇讎下》頁二二〇八
上至二二〇八下

　　慕容桓之子鳳，年十一，陰有復讎之志，鮮卑、丁零有氣幹者
皆傾身與之交結。爲後慕容鳳與丁零起兵攻秦張本。權翼見而謂之
曰：“兒方以才望自顯，勿效爾父不識天命！”鳳厲色曰：“先王欲
建忠而不遂，此乃人臣之節；君侯之言，豈獎勸將來之義乎！”翼

改容謝之，言於秦王堅曰："慕容鳳忼慨有才器；但狼子野心，恐終不爲人用耳。"《左傳》：楚令尹子文曰："狼子野心。"史言燕之臣子非久下人者。

《資治通鑑》卷一百二《晉紀二十四·海西公太和五年》頁三二四一

崔鴻《前秦録》曰：苻堅滅燕趙之後，自長安至於諸州，皆夾路樹槐柳。二十里一亭，四十里一旅。行者取給於涂，工商資販於道。

《初學記》卷第二十四《居處部·道路第十四》頁五九〇

公元三七一年　東晉簡文帝咸安元年
前秦宣昭帝建元七年

（苻）堅以關東初平，守令宜得人，令王猛以便宜簡召英俊，補六州守令，授訖，言臺除正。奏上秦朝，除爲正官也。嗚呼！荀卿子有言：兼并易也，堅凝之難。以苻堅之明，王猛之略，簡召六州英俊以補守令，然鮮卑乘亂一呼，翕然爲燕，以此知天下之勢，但觀人心向背何如耳。

《資治通鑑》卷一百三《晉紀二十五·簡文帝咸安元年》頁三二四三

公元三七二年　東晉簡文帝咸安二年
前秦宣昭帝建元八年

二月，苻堅伐慕容桓 [①] 於遼東，滅之。

《晉書》卷九《帝紀第九·簡文帝》頁二二二

①慕容桓敗亡，《通鑑》繫於海西公太和五年（370）。

二月，苻堅伐慕容桓於遼東，滅之。

《通志》卷十下《晉紀十下·簡文皇帝》頁二〇五上

冠軍將軍慕容垂言於秦王堅曰："臣叔父評，燕之惡來輩也，惡來以多力事紂，紂斃之以亡國。"惡來輩"，一作"惡來革"。《史記》曰：惡來善毀讒，諸侯以此益疏。"輩"，當作"革"。不宜復污聖朝，復，扶又翻。污，烏故翻。願陛下爲燕戮之。"爲，于僞翻；下爲人同。堅乃出評爲范陽太守，燕之諸王悉補邊郡。

《資治通鑑》卷一百三《晉紀二十五·簡文帝咸安二年》頁三二五五

冠軍將軍慕容垂言於堅曰："臣叔父評，燕之惡來革也，不宜復污聖朝，願陛下爲燕戮之。"乃出評爲范陽太守，燕之諸王悉補邊郡。

屠本《十六國春秋》卷第三十七《前秦録五·苻堅中》頁一正至一背

公元三七三年　東晉孝武帝寧康元年
前秦宣昭帝建元九年

其後天鼓鳴，有彗星出於尾箕，長十餘丈，名蚩尤旗，經太微，掃東井，自夏及秋冬不滅。太史令張孟言於堅曰："彗起尾箕，而掃東井，此燕滅秦之象。"因勸堅誅慕容暐及其子弟。堅不納，更以暐爲尚書，垂爲京兆尹，沖爲平陽太守。苻融聞之，上疏於堅曰："臣聞東胡在燕，曆數彌久，逮于石亂，遂據華夏，跨有六州，南面稱帝。陛下爰命六師，大舉征討，勞卒頻年，勤而後獲，本非慕義懷德歸化。而今父子兄弟列官滿朝，執權履職，勢傾勞舊，陛下親而幸之。

臣愚以爲猛獸不可養，狼子野心。往年星異，灾起於燕，願少留意，以思天戒。臣據可言之地，不容默已。《詩》曰：‘兄弟急難’，‘朋友好合’。昔劉向以肺腑之親，尚能極言，況於臣乎！”

　　　　《晉書》卷一百十三《載記第十三·苻堅上》頁二八九六

　　四月，天鼓鳴，彗出于尾箕，長十餘丈，或名蚩尤旗。太史令張猛言於堅曰：“尾，燕之分野；而掃東井，東井秦之分，灾深禍大，十年之後，燕滅秦之象。二十年之後，燕當爲岱所滅。慕容暐父子兄弟，亡虜也，而布列朝廷，貴盛莫二，宜除渠帥以寧皇秦。若旦誅鮮卑，不夕滅客彗者，臣請就妖言之戮。”堅不納，更以暐爲尚書，垂爲京兆尹，沖爲平陽太守。

　　　　《太平御覽》卷一二二《偏霸部六·前秦苻堅》頁五八九下

　　有彗星出于尾箕，長十餘丈，彗，祥歲翻，又旋芮翻，又徐醉翻。長，直亮翻。經太微，掃東井；自四月始見，及秋冬不滅。秦太史令張孟【嚴：“孟”改“猛”。】言於秦王堅曰：“尾、箕，燕分；東井，秦分。《天文志》：尾九星，箕四星，燕、幽州分。東井八星，秦、雍州分。見，賢遍翻。分，扶問翻。今彗起尾、箕而掃東井，十年之後，燕當滅秦；二十年之後，代當滅燕。按《天文志》，雲中入東井一度，定襄入東井八度，雁門入東井十六度，代郡入東井二十八度，是皆拓跋氏所有之地也。所以知代當滅燕者，天道好還，彗起燕分而掃秦分，此燕滅秦之徵。秦已滅矣，代乘天道好還之運，反而滅燕，自然之大數也。太元十年，慕容沖破長安，距是歲僅十一年。安帝隆安元年，拓跋珪克中山，距是歲二十三年。慕容暐父子兄弟，我之仇敵，而布列朝廷，貴盛莫二，臣竊憂之，宜翦其魁桀者以消天變。”堅不聽。

　　陽平公融上疏曰：“東胡跨據六州，鮮卑，東胡之餘種也。南面稱帝，陛下勞師累年，然後得之，事見上卷海西公太和四年、五年。本非慕義而來。今陛下親而幸之,使其父兄子弟森然滿朝,木多爲森。森然,猶林然也。朝,直遥翻。執權履職,勢傾勳舊。臣愚以爲狼虎之心,終不可養,星變如此,願少留意!"

《資治通鑑》卷一百三《晉紀二十五·孝武帝寧康元年》頁三二六六至三二六七

其後天鼓鳴,有彗星出于尾箕,長十餘丈,名蚩尤旗,經太微,埽東井,自夏及秋冬不滅。太史令張孟言於堅曰:"彗起尾箕,而埽東井,此燕滅秦之象。"因勸堅誅慕容暐及其子弟。堅不納,更以暐爲尚書,垂爲京兆尹,沖爲平陽太守。苻融聞之,上疏於堅曰:"臣聞東胡在燕,歷數彌久,逮于石亂,遂據華夏,跨有六州,南面稱帝。陛下爰命六師,大舉征討,勞卒頻年,勤而後獲,本非慕義懷德歸化。而今父子兄弟列官滿朝,執權履職,勢傾勞舊,陛下親而幸之。臣愚以爲猛虎不可養,狼子野心。往年星異,灾起於燕,願少留意,以思天戒。臣據可言之地,不容嘿已。《詩》曰:'兄弟急難','朋友好合'。昔劉向以肺腑之親,尚能極言,況於臣乎!"

《通志》卷一百八十九《載記四·前秦》頁三〇二九上

四月,天鼓鳴,有彗星出於箕尾,長十餘丈,或名蚩尤旗,經太微,掃東井,自夏及秋冬不滅。太史令張猛言於堅曰:"尾,燕之分野;東井,秦之分野。彗起尾箕而掃東井,灾深禍大,此十年之後,燕滅秦之象,二十年之後,當爲代所滅。慕容暐父子兄弟,亡虜也,而布列朝廷,貴盛莫二,宜除渠帥,以寧皇秦。若旦誅鮮卑,不夕滅客彗者,臣請就妖言之戮。"堅不納,更以暐爲尚書,垂爲京兆尹,沖爲平陽太守。苻融聞之,上疏於堅曰:"臣聞東胡在燕,歷數彌久,逮於石亂,遂據華夏,跨有六州,南面稱帝。陛下爰命六師,大舉征討,勞卒頻年,勵而後獲,本非慕義懷德,歸化而來。今父子兄弟列官滿朝,執權履職,勢傾勞舊,陛下親而幸之。臣愚以爲猛獸不可養,狼子野心性。比年星異,災起於燕,願少留意,以思天戒。臣據可言之地,不容嘿已。《詩》曰:'兄弟急難','朋友好合'。劉向以肺腑之親,尚能極言,況於臣乎。"

《十六國春秋輯補》卷三十四《前秦録四·苻堅》頁二六八

夏四月,天鼓鳴,有彗星出於尾箕,長十餘丈,或名蚩尤旗,經太微,掃東井;自夏及秋冬不滅。太史令張猛言於堅曰:"尾、箕,燕之分野;東井,秦之分野。今彗星起尾、箕而掃東井,害深禍大,十年之後,燕當滅秦;二十年之後,燕當爲代所滅。慕容暐父子兄弟,亡虜也,我之仇讎,而布列朝廷,貴盛莫二,臣竊憂之,宜剪除渠帥以寧皇秦。若旦誅鮮卑不夕滅彗星者,臣請就妖言之戮。"堅不納。更以暐爲尚書,垂爲京兆尹,沖爲平陽太守。

陽平公融聞之,上疏曰:"臣聞東胡在燕,歷數彌久,逮於石亂,遂據華夏,跨有六州,南面稱帝。陛下爰命六師,大舉征討,勞卒頻年,然後獲之,本非慕義懷德歸化而來。今父子兄弟列官滿朝,執權履職,勢傾勞舊,陛下親而幸之。臣愚以爲猛獸終不可養,狼子野心,星變如此,願少留意,以思天戒。臣居可言之地,不容默已。《詩》曰:'兄弟急難','朋友好合'。昔劉向以肺腑之親,尚能極言,況於臣乎!"

屠本《十六國春秋》卷第三十七《前秦録五·苻堅中》頁三背至四背

太史令張猛言於堅曰:"尾,燕之分野,而掃東井。東井,秦之分。轄深禍大,十年之後,燕滅秦之象。二十年之後,燕當爲岱所滅。慕容暐父子兄弟，亡虜也，而布列朝廷，貴盛莫一，宜除渠帥，以寧王秦。若旦誅鮮卑，不夕滅客彗者，臣請就妖言之戮。"堅不納，更以暐爲尚書，垂爲京兆君，沖賜太守。

《十六國春秋別本》卷四《前秦録・苻堅》頁十三背至十四正

公元三七四年　東晉孝武帝寧康二年
前秦宣昭帝建元十年

時有人於堅明光殿大呼謂堅曰："甲申乙酉，魚羊食人，悲哉無復遺。"堅命執之，俄而不見。秘書監朱肜等因請誅鮮卑，堅不從。

《晉書》卷一百十三《載記第十三・苻堅上》頁二八九七

冬，十二月，有人入秦明光殿大呼曰："甲申、乙酉，魚羊食人，悲哉無復遺！""魚羊"合成"鮮"字，謂鮮卑也。是後慕容起兵攻秦，果在甲申、乙酉之歲。呼，火故翻。秦王堅命執之，不獲。秘書監朱肜、秘書侍郎略陽趙整晉秘書省有丞、有郎，無侍郎。秦以整爲秘書郎，内侍左右，故曰侍郎。固請誅鮮卑，堅不聽。整，宦官也，博聞强記，能屬文；屬，之欲翻。好直言，上書及面諫，前後五十餘事。好，呼到翻。上，時掌翻。慕容垂夫人得幸於堅，即段夫人也。堅與之同輦游于後庭，整歌曰："不見雀來入燕室，但見浮雲蔽白日。"堅改容謝之，命夫人下輦。

《資治通鑑》卷一百三《晉紀二十五・孝武帝寧康二年》頁三二六八

時有人於堅明光殿大呼謂堅曰："甲申乙酉，魚羊食人，悲哉無復遺。"堅命執之，俄而不見。秘書監朱肜等因請誅鮮卑，堅不從。

《通志》卷一百八十九《載記四・前秦》頁三○二九中

時有人於堅光明殿大呼謂堅曰："甲申乙酉,魚羊食人,悲哉無復遺。"堅命執之,俄而不見。秘書監朱肜等因請誅鮮卑,堅不從。

《十六國春秋輯補》卷三十四《前秦錄四·苻堅》頁二七〇

十二月,有人入明光殿大呼謂堅曰："甲申乙酉,魚羊食人,悲哉無復遺。"堅命執之,俄而不見。秘書監朱肜、秘書侍郎略陽趙整固請誅鮮卑,堅不聽。

屠本《十六國春秋》卷第三十七《前秦錄五·苻堅中》頁七背

慕容垂夫人段氏得幸於堅,堅與之同輦遊於後庭,整作歌以諷之云曰："不見雀來入燕室,但見浮雲蔽白日。"堅改容謝之,命夫人下輦。

屠本《十六國春秋》卷第四十二《前秦錄十·趙整》頁二十九背

次年,有人於堅明光殿大呼曰："甲申乙酉,魚羊食人,悲哉無復遺。"堅命執之,俄而不見。肜固請誅鮮卑,堅不從。

屠本《十六國春秋》卷第四十二《前秦錄十·朱肜》頁三十一背至三十二正

又曰:薊城,慕容儁鑄銅馬於門側,謂曰銅馬門。今大廳前有石函,長二尺,高一尺,代不敢開,銘云:秦建元十年造銅虎馬。

《太平御覽》卷一八三《居處部一一·門下》頁八八九下

公元三七五年　東晉孝武帝寧康三年
前秦宣昭帝建元十一年

及疾篤,堅親臨省病,問以後事。猛曰："晉雖僻陋吳越,乃正朔相承。親仁善鄰,國之寶也。臣沒之後,願不以晉爲圖。鮮卑、羌虜,我之仇也,終爲人患,宜漸除之,以便社稷。"言終而死,時年五十一。

　　《晉書》卷一百十四《載記第十四·苻堅下附王猛》頁二九三三

　　七月,堅臨省疾,問以後事,猛曰:"晉僻陋吳越,乃正朔相承。臣沒之後,願不以晉爲圖。鮮卑,羌虜,我之仇讎,終爲大患,宜漸除之,以便社稷。"言終而卒,時年五十一。

　　《太平御覽》卷一二二《偏霸部六·前秦苻堅》頁五九〇上

　　(王)猛上疏曰:"不圖陛下以臣之命而虧天地之德,開闢已來,未之有也。臣聞報德莫如盡言,謹以垂沒之命,竊獻遺款。款,誠也。伏惟陛下,威烈振乎八荒,八方之外爲八荒。《爾雅》:觚竹、北戶、西王母、日下,謂之四荒。聲教光乎六合,六合,天、地、東、西、南、北。九州百郡,十居其七,平燕定蜀,有如拾芥。師古曰:草芥之橫在地上者,俛而拾之,言易而必得也。夫善作者不必善成,善始者不必善終,樂毅答燕惠王書之言。是以古先哲王,知功業之不易,戰戰兢兢,如臨深谷。《詩》:《小宛》:惴惴小心,如臨于谷;戰戰兢兢,如履薄冰。易,以豉翻。伏惟陛下,追蹤前聖,天下幸甚。"堅覽之悲慟。秋,七月,堅親至猛第視疾,訪以後事。猛曰:"晉雖僻處江南,然正朔相承,王猛事秦,亦知正統之在江南。徐光之論非矣。處,昌呂翻。上下安和,臣沒之後,願勿以晉爲圖。鮮卑、西羌,我之仇敵,終爲人患,後卒如猛言。宜漸除之,以便社稷。"言終而卒。

　　《資治通鑑》卷一百三《晉紀二十五·孝武帝寧康三年》頁三二六九

及疾篤，堅親臨省病，問以後事。猛曰：“晉雖僻陋吳越，乃正朔相承。親仁善鄰，國之寶也。臣沒之後，願不以晉爲圖。鮮卑、羌虜，我之仇也，終爲人患，宜漸除之，以便社稷。”言終而死，時年五十一。

《通志》卷一百八十九《載記四·前秦》頁三〇四一上

七月，堅臨省疾，問以後事。猛曰：“晉僻陋吳越，乃正朔相承。臣死之後，願不以晉爲圖。鮮卑、羌虜，我之仇讎，終爲大患，宜漸除之，以便社稷。”言終而卒，時年五十七。

《十六國春秋輯補》卷三十四《前秦錄四·苻堅》頁二七〇

（王）猛上疏曰：“不圖陛下以臣之命而虧天地之德，開闢已來，未之有也。臣聞報德莫如盡言，謹以垂沒之命，竊獻遺款。伏惟陛下，威烈振乎八荒，聲教光乎六合，九州百郡，十居其七，平燕定蜀，猶如拾芥。夫善作者不必善成，善始者不必善終，是以古先哲王，知功業之不易，兢兢業業，如臨深谷。伏惟陛下，追蹤前聖，天下幸甚。”堅覽之悲慟。秋七月，堅親至猛第省疾，問以後事。猛曰：“晉雖僻處江南，然正朔相承，上下安和。臣沒之後，願勿以晉爲圖。鮮卑、羌虜，我之仇讎，終爲人患，宜漸除之，以便社稷。”言終而卒，年五十一。

屠本《十六國春秋》卷第三十七《前秦錄五·苻堅中》頁八正至八背

七月，堅臨省疾，問以後事。猛曰：“晉僻陋吳越，乃正朔相承。臣歿之後，願不以晉爲圖。鮮卑、羌虜，我之仇讎，終爲大患，宜漸除之，以復社稷。”言終而卒，時年五十一。

《十六國春秋別本》卷四《前秦錄·苻堅》頁十五正

公元三七六年　東晉孝武帝太元元年　前秦宣昭帝
建元十二年　北魏昭成帝建國三十九年

其母嚴氏泣曰："秦主以一州之地,横制天下,東平鮮卑,南取巴、蜀,兵不留行;汝【章:十二行本"汝"上有"所向無敵"四字;乙十一行本同;退齋校同;張校同,云無注本亦脱。】若降之,猶可延數年之命。今以蕞爾一隅,抗衡大國,蕞,徂外翻。又殺其使者,亡無日矣!"

《資治通鑑》卷一百四《晉紀二十六·孝武帝太元元年》頁三二七四至三二七五

母嚴氏泣曰："秦王以一州之地,横制天下,東平鮮卑,南取巴、蜀,兵不留行;汝若降之,猶可延數年之命。今以蕞爾一隅,抗衡大國,又殺其使者,亡無日矣!"

屠本《十六國春秋》卷第七十四《前涼録五·張天錫》頁十四背

是時,獻明皇帝及秦明王翰皆先終,太祖年六歲,昭成不豫,慕容后子閼婆等雖長,而國統未定。斤因是説寔君曰："帝將立慕容所生,而懼汝爲變,欲先殺汝,是以頃日以來,諸子戎服,夜持兵仗,繞汝廬舍,伺便將發,吾愍而相告。"

《魏書》卷十五《昭成子孫列傳第三·寔君》頁三六九

獻明皇帝及秦明王翰皆先終,道武年甫五歲,慕容后子閼婆等雖長,而國統未定。斤因是説寔君曰："帝將立慕容所生,欲先殺汝,是以頃來諸子戎服,夜以兵仗繞廬舍,伺便將發。"

《北史》卷十五《列傳第三·魏諸宗室·寔君》頁五六○至五六一

世子寔及弟翰早卒，寔卒見上卷簡文帝咸安元年。寔子珪尚幼，慕容妃之子闕婆、壽鳩、紇根、地干、力真、窟咄皆長，闕，於葛翻。紇，下没翻。窟，苦骨翻。咄，當没翻。長，知兩翻；下同。慕容妃，燕女也。什翼犍娶燕女爲妃，見九十七卷康帝建元二年。繼嗣未定。時秦兵尚在君子津，《水經》：河水南入雲中楨陵縣西北，又南過赤城東，又南過定襄桐過縣西。河水於二縣之間，濟有君子之名。酈道元《注》曰：昔漢桓帝西幸榆中，東行代地，洛陽大賈齎金貨隨帝後行，夜，迷失道，往投津長，曰子封，送之渡河。賈人卒死，津長埋之。其子尋求父喪，發冢舉尸，資貨一無所損。其子悉以金與之，津長不受。事聞於帝，曰：“君子也，”即名其津爲君子濟。在雲中城西南二百餘里。諸子每夜執兵警衛。斤因說什翼犍之庶長子寔君曰：說，輸芮翻。“王將立慕容妃之子，欲先殺汝，故頃來諸子每夜戎服，以兵繞廬帳，北狄之長，居大氈帳，環設兵衛。氈帳，漢人謂之穹廬，因曰廬帳。伺便將發耳。”伺，相吏翻。

《資治通鑑》卷一百四《晉紀二十六·孝武帝太元元年》頁三二七八至三二七九

獻明皇帝及秦王翰皆先終，道武年甫五歲，慕容后子闕婆等雖長，而國統未定。斤因是說寔君曰：“帝將立慕容氏子，明當除汝，頃令諸子戎服，夜持兵仗旋汝所居，伺便將發耳。”

《通志》卷八十四上《宗室傳七上·寔君》頁一〇五三中

其族子斤說庶長子寔君曰：“王將立慕容妃之子，欲先殺汝，故頃來諸子每夜戎服，以兵繞廬帳，伺便將發耳！”寔君信之。

屠本《十六國春秋》卷第三十七《前秦録五·苻堅中》頁十四正

陽平國常侍慕容紹私謂其兄楷曰：“秦恃其强大，務勝不休，北戍雲中，南守蜀、漢，轉運萬里，道殣相望，《左傳》之言。詩云：行有死人，尚或殣之。毛氏曰：墐，路冢也。殣，音覲。《説文》曰：道中死人，人所覆也。又，餓殍爲殣。兵疲於外，民困於内，危亡近矣。冠軍叔仁智度英拔，必能恢復燕祚，秦以慕容垂爲冠軍將軍，楷、紹之叔父也。"叔仁"，當作"叔父"。冠，古玩翻。吾屬但當愛身以待時耳！"史言鮮卑窺秦，有乘釁報復之志。

《資治通鑑》卷一百四《晉紀二十六·孝武帝太元元年》頁三二八〇

公元三七七年　東晉孝武帝太元二年
前秦宣昭帝建元十三年

慕容農私言於慕容垂曰："自王猛之死，秦之法制，日以頹靡，今又重之以奢侈，重，直用翻。殃將至矣，圖讖之言，行當有驗。大王宜結納英傑以承天意，時不可失！"垂笑曰："天下事非爾所及！"慕容農所見，猶紹、楷也。

《資治通鑑》卷一百四《晉紀二十六·孝武帝太元二年》頁三二八二

公元三七八年　東晉孝武帝太元三年
前秦宣昭帝建元十四年

（苻）堅遣慕容垂、毛當寇鄧城，苻熙、石越寇新野。

《晉書》卷七十四《列傳第四十四·桓沖》頁一九五一

（苻）堅遣慕容垂、毛當寇鄧城，苻熙、石越寇新野。

《册府元龜》卷八六七《總録部·内舉》頁一〇二九一下

（苻）堅遣慕容垂、毛當寇鄧城，苻熙、石越寇新野。

　　　　《通志》卷一百二十七《列傳四十・桓沖》頁一九九三下

　　遣其尚書令苻丕率司馬慕容暐、苟萇等步騎七萬寇襄陽。使楊安將樊鄧之衆爲前鋒，屯騎校尉石越率精騎一萬出魯陽關，慕容垂與姚萇出自南鄉，苟池等與强弩王顯將勁卒四萬從武當繼進，大會漢陽。

　　　　《晉書》卷一百十三《載記第十三・苻堅上》頁二八九九

　　三年八月，氐賊韋鍾入漢中東下，苻融寇樊、鄧，慕容暐圍襄陽，氐兗州刺史彭超圍彭城。

　　　　《宋書》卷二十五《志第十五・天文三》頁七二三

　　秦王堅遣征南大將軍・都督征討諸軍事・守尚書令・長樂公丕、武衛將軍苟萇、尚書慕容暐帥步騎七萬寇襄陽，以荆州刺史楊安帥樊、鄧之衆爲前鋒，征虜將軍始平石越帥精騎一萬出魯陽關，南陽郡魯陽縣，有魯陽關。樂，音洛。萇，仲良翻。帥，讀曰率；下同。騎，奇寄翻；下同。京兆尹慕容垂、揚武將軍姚萇帥衆五萬出南鄉，領軍將軍苟池、右將軍毛當、强弩將軍王顯帥衆四萬出武當，會攻襄陽。

　　　　《資治通鑑》卷一百四《晉紀二十六・孝武帝太元三年》頁三二八五

　　遣其尚書令苻丕率司馬慕容暐、苟萇等步騎七萬寇襄陽。使楊安將樊鄧之衆爲前鋒，屯騎校尉石越率精騎一萬出魯陽關，慕容垂與姚萇出自南鄉，苟池等與强弩王顯將勁卒四萬從武當繼進，大會漢陽。

　　　　　《通志》卷一百八十九《載記四·前秦》頁三〇三〇上

　　遣其尚書令苻丕率司馬慕容暐、苟萇等步騎七萬寇襄陽,使陽安將樊鄧之衆爲前鋒,屯騎校尉石越率精騎一萬出魯陽關,慕容垂與姚萇出自南鄉,苟池等與强弩王顯將勁卒四萬從武當繼進,大會漢陽。

　　　　《十六國春秋輯補》卷三十五《前秦録五·苻堅》頁二七三

　　建元十四年春二月,堅遣征南大將軍、都督征討諸軍事、守尚書令長樂公丕,武威將軍苟萇,尚書、司馬慕容暐帥步騎七萬寇襄陽。以荆州刺史楊安帥樊鄧之衆爲前鋒,屯騎校尉、征虜將軍始平石越帥精騎一萬出魯陽關,京兆尹慕容垂、揚武將軍姚萇帥衆五萬出南鄉,領軍將軍苟池、右將軍毛當、强弩將軍王顯帥勁卒四萬出武當繼進,大會漢陽。《秦書》作襄陽。

　　屠本《十六國春秋》卷第三十七《前秦録五·苻堅中》頁十七背至十八正

　　慕容垂拔南陽,執太守鄭裔,與丕會襄陽。

　　　　《資治通鑑》卷一百四《晉紀二十六·孝武帝太元三年》頁三二八五

　　慕容垂拔南陽,執太守鄭裔,與丕會襄陽。

　　屠本《十六國春秋》卷第三十七《前秦録五·苻堅中》頁十九正

　　《晉志》曰:滅燕之後,移洛州治豐陽。

　　　　《資治通鑑》卷一百四《晉紀二十六·孝武帝太元三年》頁三二八六

公元三七九年　東晉孝武帝太元四年
前秦宣昭帝建元十五年

秦將軍慕容越拔順陽，《晉志》曰：太康中，置順陽郡；唐鄧州臨湍、菊潭二縣，古順陽地。執太守譙國丁穆。

《資治通鑑》卷一百四《晉紀二十六·孝武帝太元四年》頁三二八九

尚書將軍慕容越拔順陽，執太守譙國丁穆，送至長安。

屠本《十六國春秋》卷第三十七《前秦錄五·苻堅中》頁二十二背

公元三八〇年　東晉孝武帝太元五年
前秦宣昭帝建元十六年

堅之分氐戶於諸鎮也，趙整因侍，援琴而歌曰：“阿得脂，阿得脂，博勞舊父是仇綏，尾長翼短不能飛，遠徙種人留鮮卑，一旦緩急語阿誰！”堅笑而不納。

《晉書》卷一百十四《載記第十四·苻堅下》頁二九二八

《晉書》曰：慕容垂之起於關東，歲在癸未。苻堅之分氐戶於諸鎮也，趙整因侍，援琴而歌曰：“阿得脂，博勞舅父是仇綏。尾長翼短不能飛，遠徙種人留鮮卑，一旦緩急語阿誰？”堅笑而不納。

《太平御覽》卷九二三《羽族部一〇·伯勞》頁四〇九八下

前秦趙整仕于苻堅，堅分氐戶於諸鎮也。整因侍援琴而歌曰：“阿得脂，阿得脂，博勞舊父是仇綏。尾長翼短不能飛，遠徙種人留鮮卑，一旦緩急語阿誰？"堅笑而不納，及慕容沖陷長安，整言驗矣。

堅送丕至灞上，諸氐别其父兄，皆慟哭，哀感路人。趙整因侍宴，援琴而歌曰：項安世《家説》：伏羲作琴，長三尺六寸六分，象三百六十六日也；廣六寸，象六合也。文，上曰池，下曰宫。池，水平也。前廣後狹，象尊卑也。上圜下方，法天地也。五弦，官也。大弦，君也，寬和而溫。小弦，臣也，清廉而不亂。文王加三弦，合君臣恩也。援，于元翻。杜佑曰：《世本》云：琴，神農所造。《琴操》云：伏羲作琴，所以脩身理性，反其天真。《白虎通》曰：琴，禁也；禁止於邪，以正人心也。《廣雅》曰：文王、武王加二絃，以合君臣之恩。揚雄《琴清英》曰：舜彈五絃而天下化，堯加二絃以合君臣之恩。"阿得脂，阿得脂，博勞舅父是仇綏，《爾雅》：鵙，伯勞。郭璞曰：伯勞似鸜鵒而大，飛不能翶翔，竦翅上下而已。《廣雅》曰：伯勞，一曰博勞，一名伯趙。仇綏，不知爲何物。尾長翼短不能飛。遠徙種人留鮮卑，謂徙諸氐而留慕容也。種，章勇翻。一旦緩急當語誰！"堅笑而不納。語，牛倨翻。

堅之分氐户於諸鎮也，趙整因侍，援琴而歌曰："阿得脂，阿得脂，博勞舊父是仇綏，尾長翼短不能飛，遠徙種人留鮮卑，一旦緩急語阿誰！"堅笑而不納。

堅之分氐户於諸鎮也，趙整因侍，援琴而歌曰："阿得脂，阿得脂,博勞舊父是仇綏,尾長翼短不能飛,遠徙種人留鮮卑,一旦緩急語阿誰!"堅笑而不納。

　　《十六國春秋輯補》卷三十八《前秦錄八·苻堅》頁二九八

　　堅後分氐戶於諸鎮,以四帥子弟三千戶配長樂公丕鎮鄴,親送丕於灞上,流涕而別。諸戎子弟離其父兄者皆悲泣號慟,酸感行人。整因侍宴,援琴而歌曰:"阿得脂,阿得脂,博勞舊父是仇綏,尾長翼短不能飛,遠徙種人留鮮卑,一旦緩急語阿誰!"一作當語誰。堅笑而不納。末年堅寵惑鮮卑,惰於政治。

　　屠本《十六國春秋》卷第四十二《前秦錄十·趙整》頁三十正至三十背

公元三八二年　東晉孝武帝太元七年
前秦宣昭帝建元十八年

　　(苻)融泣曰:"吳之不可伐昭然,虛勞大舉,必無功而反。臣之所憂,非此而已。陛下寵育鮮卑、羌、羯,布諸畿甸,舊人族類,斥徙遐方。今傾國而去,如有風塵之變者,其如宗廟何!監國以弱卒數萬留守京師,鮮卑、羌、羯攢聚如林,此皆國之賊也,我之仇也。臣恐非但徒返而已,亦未必萬全。臣智識愚淺,誠不足採;王景略一時奇士,陛下每擬之孔明,其臨終之言不可忘也。"堅不納。

　　《晉書》卷一百十四《載記第十四·苻堅下》頁二九一三

　　(苻)融泣曰:"晉未可滅,昭然甚明。今勞師大舉,恐無萬全之功。且臣之所憂,不止於此。陛下寵育鮮卑、羌、羯,布滿畿甸,此屬皆我之深仇。太子獨與弱卒數萬留守京師,臣懼有不虞之變生於腹心肘掖,不可悔也。臣之頑愚,誠不足采;王景略一時英傑,陛下常比之諸葛武侯,諸葛亮諡武侯。獨不記其臨没之言乎!”見上卷寧康三年。堅不聽。

　　《資治通鑑》卷一百四《晉紀二十六·孝武帝太元七年》頁三三〇三

　　(苻)融泣曰:“吳之不可伐昭然,虛勞大舉,必無功而反。臣之所憂,非此而已。陛下寵育鮮卑、羌、羯,布諸畿甸,舊人族類,斥徙遐方。今傾國而去,如有風塵之變者,其如宗廟何! 監國以弱卒數萬留守京師,鮮卑、羌、羯攢聚如林,此皆國之賊也,我之仇也。臣恐非但徒返而已,亦未必萬全。臣智識愚淺,誠不足採;王景略一時奇士,陛下每擬之孔明,其臨終之言不可忘也。”堅不納。

　　《通志》卷一百八十九《載記四·前秦》頁三〇三二中

　　(苻)融泣曰:“晉之不可伐昭然,虛勞大舉,必無功而反。臣之所憂,非此而已。陛下寵育鮮卑、羌、羯,布諸畿甸,舊人族類,斥徙遐方。今傾國而去,如有風塵之變者,其如宗廟何! 監國以弱卒數萬留守京師,鮮卑、羌、羯攢聚如林,此皆國之賊也,我之仇也。臣恐非但徒返而已,亦未必萬全。臣智識愚淺,誠不足采;王景略一時奇士,陛下每擬之孔明,其臨終之言不可忘也。”堅不納。

　　《十六國春秋輯補》卷三十六《前秦録六·苻堅》頁二八二

　　(苻)融泣曰:“晉不可伐昭然甚明,今勞師大舉,恐無萬全之功。且臣之所憂,非此而已。陛下寵育鮮卑、羌、羯,布滿畿甸,舊人族類,徙斥遐方。今傾國而去,如有風塵之變者,其如宗廟何! 監國以弱卒數萬留守京師,鮮卑、羌、羯攢聚如林,此皆國之賊也,我之仇也。臣恐非但徒返而已，將有不測之變生於腹心肘腋，後雖悔之不可及也。臣智識愚淺，誠不足采；王景略一時奇士，陛下每擬之孔明，獨不記其臨終之言乎？"

　　屠本《十六國春秋》卷第三十八《前秦録七・苻堅下》頁七背至八正

　　堅曰："往年車騎滅燕，亦犯歲而捷之。天道幽遠，非汝所知也。昔始皇之滅六國，其王豈皆暴乎？且吾内斷於心久矣，舉必克之，何爲無功！吾方命蠻夷以攻其内，精甲勁兵以攻其外，内外如此，安有不克！"

　　《晉書》卷一百十四《載記第十四・苻堅下》頁二九一五

　　（苻）堅曰："昔吾滅燕，亦犯歲而捷，天道固難知也。秦滅六國，六國之君豈皆暴虐乎！"

　　《資治通鑑》卷一百四《晉紀二十六・孝武帝太元七年》頁三三〇三

　　（苻）堅曰："往年車騎滅燕，亦犯歲而捷之。天道幽遠，非汝所知也。昔始皇之滅六國，其王豈皆暴乎？且内斷於心久矣，舉必剋之，何爲無功！吾方命蠻夷以攻其内，精甲勁兵以攻其外，内外如此，安有不剋！"

　　《通志》卷一百八十九《載記四・前秦》頁三〇三三上

　　堅曰："往年車騎滅燕，亦犯歲而捷之，天道幽遠，非汝所知也。昔始皇之滅六國，其王豈皆暴乎？且吾内斷於心久矣，舉必克之，何爲無功！吾方命蠻夷以攻其内，精甲勁兵以攻其外，内外如此，安有不克！”①

　　《十六國春秋輯補》卷三十六《前秦録六·符堅》頁二八四至二
八五

　　堅曰：“昔吾滅燕，亦犯歲而捷，天道固難知也。秦滅六國，六
國之君豈皆暴虐乎！”

　　　屠本《十六國春秋》卷第三十八《前秦録七·符堅下》頁八背

　　（符）堅曰：“往年車騎滅燕，亦犯歲而捷之。天道幽遠，非汝所
知也。昔始皇之滅六國，其王豈皆暴乎？且吾内斷於心久矣，舉必
克之，何爲無功！吾方命蠻夷以攻其内，精甲勁兵以攻其外，如此
安有不克！”

　　　屠本《十六國春秋》卷第四十一《前秦録九·符宏》頁十二背
至十三正

　　冠軍慕容垂言於堅曰：“陛下德侔軒唐，功高湯武，威澤被於八
表，遠夷重譯而歸。司馬昌明因餘燼之資，敢距王命，是而不誅，法
將安措！孫氏跨僭江東，終併於晉，其勢然也。臣聞小不敵大，弱
不御强，況大秦之應符，陛下之聖武，强兵百萬，韓白盈朝，而令其
偷魂假號，以賊虜遺子孫哉！《詩》云：‘築室于道謀，是用不潰于
成。’陛下内斷神謀足矣，不煩廣訪朝臣以亂聖慮。昔晉武之平吳
也，言可者張杜數賢而已，若採群臣之言，豈能建不世之功！諺云
憑天俟時，時已至矣，其可已乎！”堅大悦，曰：“與吾定天下者，其

―――――――――

①《十六國春秋輯補》將此事與下文慕容垂之論均繫於次年（建元十九年），與
　它書不同。

惟卿耳。"賜帛五百匹。

　　《晉書》卷一百十四《載記第十四・苻堅下》頁二九一六

　　冠軍、京兆尹慕容垂冠軍,即冠軍將軍也。《晉書・載記》所書,率書將軍號而不繫將軍;《通鑑》因之。冠,古玩翻。言於堅曰:"弱併於強,小併於大,此理勢自然,非難知也。以陛下神武應期,威加海外,虎旅百萬,韓、白滿朝,韓、白,謂韓信、白起。言秦多良將也。而蕞爾江南,蕞,徂外翻,小也。獨違王命,豈可復留之以遺子孫哉!復,扶又翻。遺,于季翻。《詩》云:'謀夫孔多,是用不集。'《詩・小旻》之辭。陛下斷自聖心足矣,斷,丁亂翻。何必廣詢朝眾!晉武平吳,所仗者張、杜二三臣而已,若從朝眾之言,豈有混壹之功!"謂張華、杜預也。事見八十卷武帝咸寧五年。朝,直遙翻。堅大悅曰:"與吾共定天下者,獨卿而已。"賜帛五百匹。

　　《資治通鑑》卷一百四《晉紀二十六・孝武帝太元七年》頁三三〇三至三三〇四

　　冠軍慕容垂言於堅曰:"陛下德侔軒唐,功高湯武,威澤被于八表,遠夷重譯而歸。司馬昌明因餘燼之資,敢距王命,是而不誅,法將安措!孫氏跨僭江東,終并於晉,其勢然也。臣聞小不敵大,弱不御強,況大秦之應符,陛下之聖武,強兵百萬,韓白盈朝,而令其偷魂假號,以賊虜遺子孫哉!《詩》云:'築室于道謀,是用不潰于成。'陛下內斷神謀足矣,不煩廣訪朝臣以亂聖慮。昔晉武之平吳也,言可者張杜數賢而已,若採群臣之言,豈能建百世之功!諺云憑天俟時,時已至矣,其可已乎!"堅大悅,曰:"與吾定天下者,其惟卿耳。"賜帛五百匹。

　　《通志》卷一百八十九《載記四・前秦》頁三〇三三上至三〇三三中

　　冠軍將軍慕容垂言於堅曰：“陛下德侔軒唐，功高湯武，威澤被於八表，遠夷重譯而歸。司馬昌明因餘燼之資，敢距王命，是而不誅，法將安措！孫氏跨僭江東，終併於晉，其勢然也。臣聞小不敵大，弱不御强，況大秦之應符，陛下之聖武，强兵百萬，韓白盈朝，而令其偷魂假號，以賊虜遺子孫哉！《詩》云：‘築室於道謀，是用不潰於成。’陛下内斷神謀足矣，不煩廣訪朝臣以亂聖慮。昔晉武之平吳也，言可者張杜數賢而已，若採群臣之言，豈能建不世之功！諺云憑天俟時，時已至矣，其可已乎！”堅大悦，曰：“與吾定天下者，其惟卿乎！”賜帛五百匹。

　　《十六國春秋輯補》卷三十六《前秦録六·苻堅》頁二八五

　　冠軍將軍、京兆尹慕容垂言于堅曰：“弱吞于强，小併于大，此理勢自然，非難知也。夫以陛下神武應期，威加海外，虎旅百萬，韓、白滿朝，而蕞爾江南，獨違王命，豈可復留之以遺子孫哉！《詩》云：‘謀夫孔多，是用不集。’陛下斷自聖心足矣，何必廣詢朝衆！晉武平吳，所仗者張、杜二三臣而已，若從朝衆之言，豈有混一之功！”堅大悦曰：“與吾共定天下者，獨卿而已。”賜帛五百匹。

　　屠本《十六國春秋》卷第三十八《前秦録七·苻堅下》頁八背至九正

公元三八三年　　東晉孝武帝太元八年
前秦宣昭帝建元十九年前

　　又曰：慕容寶，初在長安，與韓黄、李根等因讖樗蒲，寶危坐整容，誓之曰：“世云樗蒲有神，豈虛也哉？若富貴可期，頻得三盧！”

於是三擲三盧。①

《太平御覽》卷七五四《工藝部一一・樗蒲》頁三三四七上

公元三八三年　　東晉孝武帝太元八年
前秦宣昭帝建元十九年

（苻堅）遣其子征南叡及冠軍慕容垂、左衞毛當率步騎五萬救襄陽，揚武張崇救武當，後將軍張蚝、步兵校尉姚萇救涪城。

《晉書》卷一百十四《載記第十四・苻堅下》頁二九一六

十六國前秦苻堅陷襄陽，晉將桓沖攻之。堅將慕容垂等率步騎五萬救襄陽，〔二二〕以石越爲前鋒，次於沔水。垂、越夜命三軍，人持火炬於樹枝上，光照數里。

【校勘記】

〔二二〕慕容垂等率步騎五萬救襄陽　　"等"原脱，據北宋本、傅校本、明抄本、明刻本、王吳本補。

《通典》卷第一百六十一《兵十四・因機設權》頁四一四〇、四一五八

十九年，晉車騎桓沖率衆十萬攻襄陽，遣其前將軍劉波攻沔北。堅大怒，遣其子征南鉅鹿公叡、冠軍慕容垂、佐衞毛當等將步卒五萬救襄陽。

《太平御覽》卷一二二《偏霸部六・前秦苻堅》頁五九〇下

又曰：前秦苻堅陷襄陽，晉將桓沖攻之。堅將慕容垂等率步騎

---

①此事具體時間不詳，但當在前燕滅亡至慕容垂起兵之間。

五萬救襄陽,以石越爲前鋒,次于沔水。垂、越夜命三軍人持火炬於樹枝,光照數里,沖懼,退還。

　　　　《太平御覽》卷二八六《兵部一七・機略五》頁一三二四下

　　秦王堅遣征南將軍鉅鹿公叡、冠軍將軍慕容垂等帥步騎五萬救襄陽,冠,故玩翻。騎,奇寄翻。兗州刺史張崇救武當,後將軍張蚝、步兵校尉姚萇救涪城;蚝,七吏翻。萇,仲良翻。叡軍于新野,垂軍于鄧城。鄧城縣,屬襄陽郡,蓋晉置也。桓沖退屯沔南。秋,七月,郭銓及冠軍將軍桓石虔敗張崇于武當,敗,補邁翻。掠二千户以歸。鉅鹿公叡遣慕容垂爲前鋒,進臨沔水。垂夜命軍士人持十炬,繫于樹枝,光照數十里。

　　　　《資治通鑑》卷一百五《晉紀二十七・孝武帝太元八年》頁三三〇七至三三〇八

　　（苻堅）遣其子征南叡及冠軍慕容垂、左衛毛當率步騎五萬救襄陽,揚武張崇救武當,後將軍張蚝、步兵校尉姚萇救涪城。

　　　　《通志》卷一百八十九《載記四・前秦》頁三〇三三中

　　（苻堅）遣其子征南鉅鹿公叡及冠軍慕容垂、左衛毛當等率步騎五萬救襄陽,揚武張崇救武當,後將軍張蚝、步兵校尉姚萇救涪城。叡次新野,垂次鄧城。王師敗張崇於武當,掠二千餘户而歸。叡遣垂及驍騎石越爲前鋒,次於沔水。垂、越夜命三軍人持十炬火,繫炬於樹枝上,光照十數里中。

　　　　《十六國春秋輯補》卷三十六《前秦錄六・苻堅》頁二八五

　　（苻堅）遣子征南將軍、鉅鹿公叡及冠軍將軍慕容垂、左衛將軍

毛當等帥步騎五萬救襄陽;兗州刺史、揚武將軍張崇救武當;後將
軍張蚝、步兵校尉姚萇救涪城;叡次新野,垂次鄧城。桓沖退屯沔
南。秋七月,郭銓及桓石虔敗張崇于鄆城,一作武當。俘掠二千户,
使劉牢之守鄆城,桓石民與隨郡太守夏侯澄之破慕容垂、姜成等于
漳水。叡遣慕容垂及驍騎將軍石越爲前鋒,進臨沔水。垂、越夜命
軍士人持十拒火,繫炬于樹枝,光照數十里。

　　　屠本《十六國春秋》卷第三十八《前秦録七·符堅下》頁十二背
至十三正

　　（符堅）遣其子征南鉅鹿公叡、冠軍慕容垂、左衛毛當等將步卒
五萬救襄陽。

　　　　　《十六國春秋别本》卷四《前秦録·符堅》頁十六背

　　明年,又與隨郡太守夏侯澄之破符堅將慕容垂、姜成等於漳
口。復領譙國内史、梁郡太守。

　　　　　《晉書》卷七十四《列傳第四十四·桓石民》頁一九四六

　　明年,又與隨郡太守夏侯澄之破符堅將慕容垂、姜成等於漳
口。復領譙國内史、梁郡太守。

　　　　　《册府元龜》卷三五〇《將帥部·立功三》頁四一五三下

　　明年,又與隋郡太守夏侯澄之破符堅將慕容垂、姜成等於漳
口。復領譙國内史、梁郡太守。

　　　　　《通志》卷一百二十七《列傳四十·桓石民》頁一九九二下

　　堅之將入寇也,融又切諫曰:"陛下聽信鮮卑、羌虜諂諛之言,

採納良家少年利口之説，臣恐非但無成，亦大事去矣。垂、萇皆我之仇敵，思聞風塵之變，冀因之以逞其凶德。少年等皆富足子弟，希關軍旅，苟説佞諂之言，以會陛下之意，不足採也。"堅弗納。及淮南之敗，垂、萇之叛，堅悼恨彌深。

《晉書》卷一百十四《載記第十四·苻堅下附苻融》頁二九三六

前秦苻融，堅之季弟也。堅既有意荆、揚，時慕容垂、姚萇等常説堅以平吳封禪之事……堅之將入寇也，融又切諫曰："陛下聽信鮮卑、羌虜諂諛之言，採納良家少年利口之説，臣恐非但無成，亦大事去矣。垂、萇皆無我之讎敵，思聞風塵之變，冀因之以呈其凶德。少年等皆富足子弟，希關軍旅，苟説佞諂之言，以會陛下之意，不足採也。"堅弗納。及淮南之敗，垂、萇之叛，堅悼恨。

《册府元龜》卷八四九《總録部·諫諍》頁一〇八八上至一〇八八下

是時，朝臣皆不欲堅行，朝，直遥翻。獨慕容垂、姚萇及良家子勸之。陽平公融言於堅曰："鮮卑、羌虜，我之仇讎，慕容垂，鮮卑也；姚萇，羌也；其國皆爲秦所滅，雖曰臣服，其實仇讎。常思風塵之變以逞其志，所陳策畫，何可從也！良家少年皆富饒子弟，不閑軍旅，苟爲諂諛之言以會陛下之意。會，會合也。今陛下信而用之，輕舉大事，臣恐功既不成，仍有後患，悔無及也！"堅不聽。

《資治通鑑》卷一百五《晉紀二十七·孝武帝太元八年》頁三三〇八

（苻）堅之將入寇也，融又切諫曰："陛下聽信鮮卑、羌虜諂諛之言,採納良家少年利口之説,臣恐非但無成,亦大事去矣。垂、萇皆我之仇敵,思聞風塵之變,冀因之以逞其凶德。少年等皆富足子弟,希闚軍旅,苟説佞詒之言,以會陛下之意,不足採也。"堅弗納。及淮南之敗,垂、萇之叛,堅悼恨彌深。

　　　　《通志》卷一百八十九《載記四·前秦》頁三〇四一下

　　(苻)堅之將入寇也,融又切諫曰:"陛下聽信鮮卑、羌虜諂諛之言,採納良家少年利口之説,臣恐非但無成,亦大事去矣。垂、萇皆我之仇敵,思聞風塵之變,冀因之以逞其凶德。少年等皆富足子弟,希闚軍旅,苟説佞譖之言,以會陛下之意,不足採也。"堅弗納。及淮南之敗,垂、萇之叛,堅悼恨彌深。

　　　　《十六國春秋輯補》卷三十八《前秦録八·苻堅附苻融》頁三〇四

　　時朝臣皆不欲堅行,獨慕容垂、姚萇及良家子弟勸之。陽平公融言于堅曰:"鮮卑、羌虜,我之仇讎,常思風塵之變以逞其志,所陳策畫,何可從也! 良家少年皆富饒子弟,不關軍旅,苟爲諂諛之言以會陛下之意。耳今陛下信而用之,輕舉大事,臣恐功既不成,仍有後患,悔將何及!"堅不聽。

　　　　屠本《十六國春秋》卷第三十八《前秦録七·苻堅下》頁十三背至十四正

　　(苻)堅既有意荆、楊,時慕容垂、姚萇等常説堅以平吳封禪之事。

　　　　屠本《十六國春秋》卷第四十一《前秦録九·苻融》頁九正

　　及堅鋭意攻晉,融又切諫曰:"陛下聽信鮮卑、羌虜諂諛之言,採納良家少年利口之説，臣恐非但無成，大事去矣。垂、萇皆我之仇讎，思聞風塵之變，冀因之以逞其凶德。少年等皆富足子弟，希關軍旅，苟説佞諂之言，以會陛下之意，不足採也。"堅亦弗納。

　　　　屠本《十六國春秋》卷第四十一《前秦録九·苻融》頁九背

　　遣征南苻融、驃騎張蚝、撫軍苻方、衛軍梁成、平南慕容暐、冠軍慕容垂率步騎二十五萬爲前鋒。

　　　　《晉書》卷一百十四《載記第十四·苻堅下》頁二九一七

　　八月戊午，遣征南大將軍陽平公融、騎從張蚝、撫軍大將軍高陽公苻方、衛軍梁成、平南慕容暐、冠軍慕容垂步騎二十五萬爲前鋒。

　　　　《太平御覽》卷一二二《偏霸部六·前秦苻堅》頁五九〇下

　　遣征南苻融、驃騎張蚝、撫軍苻方、衛軍梁成、平南慕容暐、冠軍慕容垂率步騎三十五萬爲前鋒。

　　　　《册府元龜》卷二三四《僭僞部·兵敗》頁二七八一上

　　八月，戊午，堅遣陽平公融督張蚝、慕容垂等步騎二十五萬爲前鋒；以兗州刺史姚萇爲龍驤將軍、督益·梁州諸軍事。

　　　　《資治通鑑》卷一百五《晉紀二十七·孝武帝太元八年》頁三三〇九

　　遣征南苻融、驃騎張蚝、撫軍苻方、衛軍梁成、平南慕容暐、冠軍慕容垂率步騎二十五萬爲前鋒。

　　　　《通志》卷一百八十九《載記四·前秦》頁三〇三三中至三〇三三下

八月戊午,遣征南大將軍陽平公融、騎從一作 "驃騎"。張蚝、撫軍大將軍高陽公苻方、衛軍梁成、平南慕容暐、冠軍慕容垂率步騎二十五萬爲前鋒。

《十六國春秋輯補》卷三十六《前秦録六·苻堅》頁二八六

八月戊午,遣征南大將軍、陽平公融督驃騎將軍張蚝、撫軍大將軍高陽公方、衛軍將軍梁成、平南將軍慕容暐、冠軍將軍慕容垂、驍騎將軍石越、韋鍾等帥步騎二十五萬,號稱三十萬爲前鋒。

屠本《十六國春秋》卷第三十八《前秦録七·苻堅下》頁十四正至十四背

八月戊午,遣征南大將軍陽平公融、騎從張蚝、撫軍大將軍高陽公苻方、衛軍梁成、平南慕容暐、冠軍慕容垂,步騎二十五萬爲前鋒。

《十六國春秋別本》卷四《前秦録·苻堅》頁十七正

慕容楷、慕容紹言於慕容垂曰:"主上驕矜已甚,叔父建中興之業,在此行也!"垂曰:"然。非汝,誰與成之!"至此,垂知堅必敗,方與兄子明言之。

《資治通鑑》卷一百五《晉紀二十七·孝武帝太元八年》頁三三〇九

慕容垂拔鄖城。杜預曰:江夏雲杜縣東南有鄖城。鄖,于分翻。

《資治通鑑》卷一百五《晉紀二十七·孝武帝太元八年》頁三三一〇

　　及苻堅自率兵次於項城，衆號百萬，而涼州之師始達咸陽，蜀漢順流，幽并係至。先遣苻融、慕容暐、張蚝、苻方等至潁口，梁成、王顯等屯洛澗。[一二]詔以玄爲前鋒、都督徐兗青三州揚州之晉陵幽州之燕國諸軍事，與叔父征虜將軍石、從弟輔國將軍琰、西中郎將桓伊、龍驤將軍檀玄、建威將軍戴熙、揚武將軍陶隱等距之，衆凡八萬。玄先遣廣陵相劉牢之五千人直指洛澗，即斬梁成及成弟雲，步騎崩潰，争赴淮水。牢之縱兵追之，生擒堅僞將梁他、王顯、梁悌、慕容屈氏等，收其軍實。

【校勘記】

　　〔一二〕王顯　“王顯”，各本誤作“王先”。王先乃晉安豐太守，兹據下文及《苻堅載記》改。

　　《晉書》卷七十九《列傳第四十九·謝玄》頁二〇八二、二〇九二

　　八年玄至，苻堅傾國大出，衆號百萬。先遣苻融、慕容暐、張蚝、苻方四師至潁口，梁成、王先等守洛澗。

　　《太平御覽》卷三〇九《兵部四〇·戰中》頁一四二二上

　　苻堅自率兵次于項城，衆號百萬，而涼州之師始達咸陽，蜀漢順流，幽并繼至。先遣苻融、慕容暐、張蚝、苻方等至潁口，梁成、王先等屯洛澗。詔以玄爲前鋒、都督徐兗青三州揚州之晉陵幽州之燕國諸軍事，與叔父征虜將軍石、從弟大國將軍琰、中郎將桓伊、龍驤將軍檀玄、建威將軍戴熙、揚武將軍陶隱等拒之，衆凡八萬。玄先遣廣陵相劉牢之五千人直指洛澗，即斬梁成及成弟雲，步騎奔潰，争赴淮水。牢之縱兵追之，生擒堅僞將梁化、王顯、梁悌、慕容

屈氏等,收其軍實。

《册府元龜》卷三五〇《將帥部·立功三》頁四一五五上

及苻堅自率兵次于項城,衆號百萬,而涼州之師始達咸陽,蜀漢順流,幽并係至。先遣苻融、慕容暐、張蚝、苻方等至潁口,梁成、王先等屯洛澗。詔以玄爲前鋒、都督徐兖青三州揚州之晉陵幽州之燕國諸軍事,與叔父征虜將軍石、從弟輔國將軍琰、西中郎將桓伊、龍驤將軍檀玄、建威將軍戴熙、揚武將軍陶隱等距之,衆凡八萬。玄先遣廣陵相劉牢之五千人直指洛澗,即斬梁成及成弟雲,步騎崩潰,爭赴淮水。牢之縱兵追之,生禽堅僞將梁他、王顯、梁悌、慕容屈氏等,收其軍實。

《通志》卷一百二十八《列傳四十一·謝玄》頁二〇一六中

(劉)牢之縱兵追擊,生執梁他、王顯、梁悌、慕容屈氏等,盡收其器械軍實。

屠本《十六國春秋》卷第三十八《前秦録七·苻堅下》頁十六背

時堅雖破敗,而慕容垂等復盛。石民遣將軍晏謙伐弘農,賊東中郎將慕容爽降之。

《晉書》卷七十四《列傳第四十四·桓石民》頁一九四六

(桓)石民遣將軍晏謙伐弘農,賊東中郎將慕容爽降之。

《册府元龜》卷三五〇《將帥部·立功三》頁四一五三下

時堅雖破敗,而慕容垂等復盛。石民遣將軍晏謙伐弘農,賊東中郎將慕容爽降之。

《通志》卷一百二十七《列傳四十·桓石民》頁一九九二下

桓石民部將晏謙攻弘農,降其東中郎將慕容夑。

屠本《十六國春秋》卷第三十八《前秦録七・苻堅下》頁十八正

諸軍悉潰,惟慕容垂一軍獨全,堅以千餘騎赴之。垂子寶勸垂殺堅,垂不從,乃以兵屬堅。初,慕容暐屯鄖城,姜成等守漳口,晉隨郡太守夏侯澄攻姜成,斬之,暐棄其衆奔還。堅收離集散,比至洛陽,衆十餘萬,百官威儀軍容粗備。未及關而垂有貳志,説堅請巡撫燕岱,并求拜墓,堅許之。權翼固諫以爲不可,堅不從。尋懼垂爲變,悔之,遣驍騎石越率卒三千戍鄴,驃騎張蚝率羽林五千戍并州,留兵四千配鎮軍毛當戍洛陽。

《晉書》卷一百十四《載記第十四・苻堅下》頁二九一九

諸軍悉潰,唯其冠軍慕容垂一軍獨全,堅以千餘騎赴之。收集離散,比至洛陽,衆十餘萬。行未及關,垂有貳志,説堅請巡撫燕代,并求拜墓,許之。

《魏書》卷九十五《列傳第八十三・臨渭氐苻健》頁二〇七七

堅諸軍悉潰,及慕容垂一軍獨全。比至洛陽,百官威儀,軍容粗備。未及關而垂有貳志,説堅請巡撫燕、代,并求拜墓,堅許之。權翼固諫,以爲不可,堅不從。

《太平御覽》卷一二二《偏霸部六・前秦苻堅》頁五九〇下至五九一上

《續晉陽秋》曰:苻堅之遣慕容垂,侍中權翼諫不聽。於是翼乃夜私遣壯士,要路而擊之。垂是夜夢行路,路窮,顧見孔子墓傍墳有八。覺而心惡之,召占夢者占之,曰:“行路窮,道盡也,不可行。

孔子名丘,八以配丘,此兵字,路必有伏兵。深宜慎之。”於是,垂遂别路而進,翼伏兵遂不擒之。

《太平御覽》卷四〇〇《人事部四一·凶夢》頁一八四八上

又《載記》曰:慕容垂請至鄴拜墓,苻堅許之。權翼諫曰:“垂猶鷹也,飢則附人,飽便高颺。遇風塵之會,必有淩霄之志。唯宜急其羈靽,不可任其所欲。”堅不從。

《太平御覽》卷九二六《羽族部一三·鷹》頁四一一三下

前秦苻堅既爲晉師所敗,諸軍悉潰,惟慕容垂一軍獨全,堅以千餘騎赴之。垂子寶欲殺堅,垂不從,乃以兵屬堅。收離散,比至洛陽,衆十餘萬,百官威儀軍容粗備。未及關而垂有貳志,説堅請巡撫燕岱,并求拜墓,堅許之。權翼固諫以爲不可,堅不從。尋懼垂爲變,悔之,遣驍騎石越率卒三千戍鄴,驃騎張蚝率羽林五千戍并州,留兵四千配鎮軍毛當戍洛陽。

《册府元龜》卷二三三《僭僞部·失策》頁二七七六下

是時,諸軍皆潰,惟慕容垂所將三萬人獨全,垂别擊鄖城,不與淝水之戰,且持軍嚴整,故諸軍皆潰而垂軍獨全。將,即亮翻。堅以千餘騎赴之。世子寶言於垂曰:“家國傾覆,天命人心皆歸至尊,但時運未至,故晦迹自藏耳。今秦主兵敗,委身於我,是天借之便以復燕祚,此時不可失也,願不以意氣微恩忘社稷之重!”意氣微恩,謂堅厚禮垂父子也。垂曰:“汝言是也。然彼以赤心投命於我,若之何害之!天苟棄之,不患不亡。不若保護其危以報德,徐俟其釁而圖之,既不負宿心,且可以義取天下。”慕容垂此言,猶有君人之度。奮威將軍慕容德曰:“秦强而并燕,秦弱而圖之,此爲報仇雪耻,非負宿心也;兄

奈何得而不取，釋數萬之衆以授人乎？”垂曰：“吾昔爲太傅所不
容，置身無所，逃死於秦，見一百二卷海西公太和四年。秦主以國士遇
我，恩禮備至。後復爲王猛所賣，復，扶又翻；下尚復、德復同。無以自
明，秦主獨能明之，見太和五年。此恩何可忘也！若氐運必窮，吾當
懷集關東，以復先業耳，關西會非吾有也。”冠軍行參軍趙秋曰：“明
公當紹復燕祚，著於圖讖；冠，古玩翻。讖，楚譖翻。今天時已至，尚復
何待！若殺秦主，據鄴都鼓行而西，三秦亦非苻氏之有也！”垂親
黨多勸垂殺堅，垂皆不從，悉以兵授堅。

　　《資治通鑑》卷一百五《晉紀二十七·孝武帝太元八年》頁三三
一三

　　慕容農謂慕容垂曰：“尊不迫人於險，尊，謂其父垂也。慕容令亦呼
垂爲尊，蓋其父子間常稱也。其義聲足以感動天地。農聞秘記曰：‘燕
復興當在河陽。’燕，於賢翻。夫取果於未熟與自落，不過晚旬日之
間，然其難易美惡，相去遠矣！”易，以豉翻。垂心善其言，行至澠池，
澠，彌兖翻。言於堅曰：“北鄙之民，聞王師不利，輕相扇動，臣請奉
詔書以鎮慰安集之，因過謁陵廟。”垂欲因行自謁其祖父陵廟也。堅許
之。權翼諫曰：“國兵新破，四方皆有離心，宜徵集名將，置之京師，
以固根本，鎮枝葉。將，即亮翻。垂勇略過人，世豪東夏，頃以避禍而
來，其心豈止欲作冠軍而已哉！夏，户雅翻。冠，古玩翻。譬如養鷹，
飢則附人，每聞風飆之起，常有陵霄之志，正宜謹其絛籠，飆，扶搖風
也。釋曰：疾風自下而上曰飆，音卑遥翻。絛，他刀翻；絲繩也，所以絏鷹。豈
可解縱，任其所欲哉！”堅曰：“卿言是也。然朕已許之，匹夫猶不
食言，孔安國曰：食言者，食盡其言，僞不實。況萬乘乎！乘，繩證翻。若
天命有廢興，固非智力所能移也。”翼曰：“陛下重小信而輕社稷，臣
見其往而不返，關東之亂，自此始矣。”堅不聽，遣將軍李蠻、閔亮、

尹固【章：十二行本“固”作“國”；乙十一行本同。】帥衆三千送垂。又遣驍騎將軍石越帥精卒三千戍鄴，驃騎將軍張蚝帥羽林五千戍并州，鎮軍將軍毛當帥衆四千戍洛陽。驍，堅堯翻。騎，奇寄翻；下同。帥，讀曰率；下同。驃，匹妙翻。蚝，七吏翻。權翼密遣壯士邀垂於河橋南空倉中，垂疑之，自涼馬臺結草筏以渡，《水經注》：東郡白馬縣有涼城，河水逕其北；有神馬亭，西去白馬津可二十許里，實中層峙，南北二百步，東西五十許步。今按神馬亭既在東郡，白馬正對黎陽岸，垂安得越滎、洛而至此渡河乎！此涼馬臺蓋在富平津橋之西也。涼馬臺，由昔人於河渚浴馬，浴竟，驅馬就高納涼，因名。使典軍程同衣己衣，乘己馬，與僮僕趣河橋。典軍，蓋王國官，垂在燕爲吳王時所置也。同衣，於既翻。趣，七喻翻。伏兵發，同馳馬獲免。

《資治通鑑》卷一百五《晉紀二十七‧孝武帝太元八年》頁三三一四至三三一五

諸軍悉潰，惟慕容垂一軍獨全，堅以千餘騎赴之。垂子寶勸垂殺堅，垂不從，乃以兵屬堅。初，慕容暐屯鄖城，姜成等守漳口，晉隨郡太守夏侯澄攻姜成，斬之，暐棄其衆奔還。堅收離集散，比至洛陽，衆十餘萬，百官威儀軍容粗備。未及關而垂有貳志，説堅請巡撫燕岱，并求拜墓，堅許之。權翼固諫以爲不可，堅不從。尋懼垂爲變，悔之，遣驍騎石越率卒三千戍鄴，驃騎張蚝率羽林五千戍并州，留兵四千配鎮軍毛當戍洛陽。

《通志》卷一百八十九《載記四‧前秦》頁三〇三四上

諸軍悉潰，惟慕容垂一軍獨全，堅以千餘騎赴之。垂子寶勸垂殺堅，垂不從，乃以兵屬堅。初，慕容暐屯鄖城，姜成等守漳口，晉隨郡太守夏侯澄攻姜成，斬之，暐棄其衆奔還。堅收離集散，比至洛陽，衆十餘萬，百官威儀軍容粗備。未及關而垂有貳志，説堅請巡撫燕岱，并求拜墓，堅許之。權翼固諫以爲不可，堅不從。尋懼垂爲變，悔之，遣驍騎石越率卒三千戍鄴，驃騎張蚝率羽林五千戍并州，留兵四千配鎮軍毛當戍洛陽。

《十六國春秋輯補》卷三十六《前秦録六‧苻堅》頁二八七至二八八

諸軍悉潰，惟冠軍將軍慕容垂所將三萬人獨全，堅以千餘騎赴之。垂子寶及親黨多勸垂殺堅，垂皆不從，悉以兵屬堅。初，平南將軍慕容暐屯鄖城，姜成等守漳口，晉隨郡太守夏侯澄之攻成，斬之，暐棄衆遁還。堅收離集散，比至洛陽，衆十餘萬，百官威儀軍容粗備。未及關而垂有二志，説堅請巡撫燕岱，并求拜墓，堅許之。權翼固諫以爲不可，堅不從。尋懼垂爲變，悔之，遣驍騎將軍石越帥卒三千戍鄴，驃騎將軍張蚝帥羽林五千戍并州，留兵四千配鎮軍將軍、平武侯毛當戍洛陽。

屠本《十六國春秋》卷第三十八《前秦録七‧苻堅下》頁十九正至十九背

堅諸軍悉潰，惟慕容垂一軍獨全。比至洛陽，百官威儀軍容粗備。未及關而垂有二志，説堅請巡撫燕岱，并求拜墓，堅許之。權翼固諫以爲不可，堅不從。

《十六國春秋別本》卷四《前秦録‧苻堅》頁十七背

及苻堅以兵臨江，拜德爲奮威將軍。堅之敗也，還次滎陽，德言於暐曰："昔勾踐棲於會稽，終獲吳國。聖人相時而動，百舉百全。天將悔禍，故使秦師喪敗，宜乘弊以復社稷。"暐不納。

《冊府元龜》卷二二七《僭僞部・謀略》頁二七〇七上

　　平南將軍慕容暐屯郾城，聞堅敗，棄其衆遁去；至滎陽，慕容德復説暐起兵以復燕祚，尚復、德復，扶又翻。説，輸芮翻。暐不從。

《資治通鑑》卷一百五《晉紀二十七・孝武帝太元八年》頁三三一三

　　丁亥，謝石等歸建康，得秦樂工，能習舊聲，於是宗廟始備金石之樂。永嘉之亂，伶官樂器皆没於劉、石。江左初立，宗廟以無雅樂及伶人，省太樂并鼓吹令；是後頗得登歌食舉之樂，猶有未備。太寧末，明帝又訪阮孚等增益之。咸和中，成帝乃復置太樂官，鳩集遺工，而尚未有金石也。及慕容儁平冉閔，兵戈之際，鄴下樂人頗亦有來者。謝尚鎮壽陽，採拾樂人以備太樂，并制石磬，雅樂始頗具。而王猛平鄴，慕容氏所得樂聲，又入關右；今破苻堅，獲其樂工楊蜀等，閑習舊樂，於是金石始備焉。

《資治通鑑》卷一百五《晉紀二十七・孝武帝太元八年》頁三三一四

　　衛軍從事中郎丁零翟斌反於河南，長樂公苻丕遣慕容垂及苻飛龍討之。垂南結丁零，殺飛龍，盡坑其衆。

《晉書》卷一百十四《載記第十四・苻堅下》頁二九一九

　　垂遂殺堅驍騎將軍石越、鎮軍將軍毛當，引丁零之衆攻堅子長樂公丕於鄴。

《魏書》卷九十五《列傳第八十三・臨渭氐苻健》頁二〇七七至二〇七八

　　丁零翟斌反于河南，樂公苻丕遣慕容垂及苻飛龍討之。垂南
結丁零，殺飛龍，盡坑其衆。

　　　　《太平御覽》卷一二二《偏霸部六·前秦苻堅》頁五九一上

　　崔鴻《十六國春秋》曰：慕容垂請入鄴城拜廟，苻丕不許。乃
潛服而入亭，吏禁之，垂怒斬吏，燒亭而去。

　　　　《太平御覽》卷一九四《居處部二二·亭》頁九三八上

　　後衛軍從事中郎丁零翟斌反于河南，長樂公苻丕遣垂及苻飛
龍討之，垂南結丁零，殺飛龍，盡坑其衆，遂叛。

　　　　《册府元龜》卷二三三《僭僞部·失策》頁二七七六下

　　前秦苻丕，堅之子也。堅敗於淮南，丕時鎮鄴。堅使慕容垂至
鄴，垂請入鄴城拜廟，丕不許。乃潛服而入，亭吏禁之。垂怒，斬吏
燒亭而去。石越言於丕曰：“垂之在燕，破國亂家。及投命聖朝，蒙
超常之遇，忽敢輕侮方鎮，殺吏焚亭，反形已露，終爲亂階，將老兵
疲，可襲而取之。”丕曰：“淮南之敗，衆散親離。而垂侍衛聖躬，誠
不可忘。”越曰：“垂既不忠於燕，其肯盡忠于我乎！且其亡虜也，主
上寵同勳舊，不能銘澤誓忠，而首謀爲亂。今不擊之，必爲後害。”
丕不從。越退而告人曰：“公父子好存小仁，不顧天下大計，吾屬終
當爲鮮卑虜矣。”後果自立爲燕王。

　　　　《册府元龜》卷四五二《將帥部·識闇》頁五三五七下至五三
五八上

　　慕容垂至安陽，安陽在鄴城西南。遣參軍田山修牋於長樂公丕。
樂，音洛。丕聞垂北來，疑其欲爲亂，然猶身自迎之。趙秋勸垂於座

取丕，因據鄴起兵；垂不從。丕謀襲擊垂，侍郎天水姜讓諫曰：晉制，王國置侍郎二人。"垂反形未著，而明公擅殺之，非臣子之義；不如待以上賓之禮，嚴兵衛之，密表情狀，聽敕而後圖之。"丕從之，館垂於鄴西。館，音貫。

垂潛與燕之故臣謀復燕祚，會丁零翟斌起兵叛秦，丁零種落，本居中山，符堅之滅燕也，徙於新安。斌仕秦爲衛軍從事中郎。斌，音彬。謀攻豫州牧平原公暉於洛陽，秦王堅驛書使垂將兵討之。將，即亮翻。石越言於丕曰："王師新敗，民心未安，負罪亡匿之徒，思亂者衆，故丁零一唱，旬日之中，衆已數千，此其驗也。慕容垂，燕之宿望，有興復舊業之心，今復資之以兵，此爲虎傅翼也。"今復，扶又翻。爲，于僞翻。傅，讀曰附。丕曰："垂在鄴如藉虎寢蛟，藉，慈夜翻。常恐爲肘腋之變，腋，音亦。今遠之於外，不猶愈乎！遠，于願翻。且翟斌凶悖，悖，蒲内翻，又蒲没翻。必不肯爲垂下，使兩虎相斃，吾從而制之，此卞莊子之術也。"乃以羸兵二千及鎧仗之弊者給垂，羸，倫爲翻。鎧，可亥翻。又遣廣武將軍符飛龍帥氐騎一千爲垂之副。帥，讀曰率。騎，奇寄翻。密戒飛龍曰："垂爲三軍之帥，卿爲謀垂之將，行矣，勉之！"成都王穎使和演圖王浚，殷浩使魏憬圖姚襄，符丕使符飛龍圖慕容垂，智略不足以濟，其敗同一轍也。帥，所類翻。將，即亮翻。

垂請入鄴城拜廟，燕都鄴，故廟在鄴城。丕弗許，乃潛服而入；亭吏禁之，垂怒，斬吏燒亭而去。石越言於丕曰："垂敢輕侮方鎮，殺吏燒亭，反形已露，可因此除之。"丕曰："淮南之敗，垂侍衛乘輿，乘，繩證翻。此功不可忘也。"越曰："垂尚不忠於燕，安能盡忠於我！失今不取，必爲後患。"丕不從。越退，告人曰："公父子好爲小仁，不顧大計，終當爲人禽耳。"丕父子後卒如越之言。好，呼到翻。

垂留慕容農、慕容楷、慕容紹於鄴，行至安陽之湯池，閔亮、李毗自鄴來，以丕與符飛龍所謀告垂。幾事不密則害成。符飛龍固不足以辦垂,況其謀已泄邪！垂因激怒其衆曰："吾盡忠於苻氏,而彼專欲圖吾父子,吾雖欲已,得乎！"已,止也。乃託言兵少,少,詩沼翻。停河內募兵,旬日間,有衆八千。

平原公暉遣使讓垂,趣使進兵。遣使,疏吏翻。趣,讀曰促。垂謂飛龍曰："今寇賊不遠,河內距新安、洛陽,止隔大河耳,故云然。當晝止夜行,襲其不意。"飛龍以爲然。壬午,夜,垂遣世子寶將兵居前,少子隆勒兵從己,將,即亮翻。少,詩照翻。令氐兵五人爲伍；陰與寶約,聞鼓聲,前後合擊氐兵及飛龍,盡殺之,參佐家在西者皆遣還,并以書遺秦王堅,言所以殺飛龍之故。蓋言丕使飛龍圖己,故殺之也。遺,于季翻。

初垂從堅入鄴,見一百二卷海西公太和五年。以其子麟屢嘗告變於燕,事見太和四年。立殺其母,然猶不忍殺麟,置之外舍,希得侍見。見,賢遍翻。及殺苻飛龍,麟屢進策畫,啓發垂意,垂意所欲爲,而思慮偶有所未及,麟能迎其機言之,故謂之啓發。垂更奇之,寵待與諸子均矣。爲後麟亂燕張本。

慕容鳳及燕故臣之子燕郡王騰、遼西段延等段延蓋段國之種。燕,於賢翻。聞翟斌起兵,各帥部曲歸之。帥,讀曰率。平原公暉使武平武侯毛當討斌。慕容鳳曰："鳳今將雪先王之耻,燕之亡也,鳳父桓死難,事見一百二卷海西公太和五年。請爲將軍斬此氐奴。"爲,于僞翻。乃擐甲直進,擐,音宦。丁零之衆,隨之,大敗秦兵,敗,補邁翻。斬毛當；遂進攻陵雲臺戍,克之,收萬餘人甲仗。陵雲臺,魏文帝所築,在洛城西,秦置戍焉。

《資治通鑑》卷一百五《晉紀二十七・孝武帝太元八年》頁三三一七至三三一九

衛軍從事中郎丁零翟斌反于河南,長樂公苻丕遣慕容垂及苻飛龍討之。垂南結丁零，殺飛龍，盡坑其衆。

　　　　《通志》卷一百八十九《載記四·前秦》頁三〇三四上

　　衛軍從事中郎丁零翟斌反於河南，長樂公苻丕遣慕容垂及苻
飛龍討之。垂南結丁零，殺飛龍，盡坑其衆。

　　　　《十六國春秋輯補》卷三十六《前秦録六·苻堅》頁二八八

　　堅子長樂公丕先在鄴，聞慕容垂將至，謀襲擊之，侍郎姜讓諫
止，乃館垂于鄴西。衛軍從事中郎丁零翟斌反于河南，丕遣垂及苻
飛龍討之。垂南結丁零，殺飛龍，盡坑其衆以叛。

　　　　屠本《十六國春秋》卷第三十八《前秦録七·苻堅下》頁十九背
至二十正

　　丁零翟斌起兵叛秦，攻暉於洛陽，堅驛書使慕容垂將兵討之。
暉遣使讓垂趨使進兵，垂南結丁零，殺苻飛龍，盡坑其衆。

　　　　屠本《十六國春秋》卷第四十一《前秦録九·苻暉》頁十四正

　　丁零翟斌反于河南，長樂公苻丕遣慕容垂及苻飛龍討之。垂
南結丁零，殺飛龍，盡坑其衆。

　　　　《十六國春秋別本》卷四《前秦録·苻堅》頁十八正

　　癸未，慕容垂濟河焚橋，有衆三萬，留遼東鮮卑可足渾譚集兵
於河內之沙城。言河內，以別魏郡之沙城。燕主皝后可足渾氏，譚蓋亦燕
之戚黨也。垂遣田山如鄴，密告慕容農等使起兵相應。時日已暮，農
與慕容楷留宿鄴中；慕容紹先出，至蒲池，蒲池在鄴城外，慕容儁與群
臣宴處。盜丕駿馬數百匹以待農、楷。甲申晦，農、楷將數十騎微服

出鄴,遂同奔列人。列人縣,漢屬鉅鹿郡,魏、晉屬廣平郡,其地在鄴城東北。魏收《地形志》:魏郡臨漳縣有列人城;又別有列人縣,亦屬魏郡。

《資治通鑑》卷一百五《晉紀二十七‧孝武帝太元八年》頁三三一九至三三二〇

孝武太元八年,堅敗,其地入慕容垂。

　　　　　　　　　　《晉書》卷十四《志第四‧地理上》頁四二五

(苻)堅敗,地復入慕容垂,是爲後燕。

　　　　　　　　　　《晉書》卷十四《志第四‧地理上》頁四二六

畢覽,東平人,少奉佛法,仕堅爲冠軍將軍,隨慕容垂北征。

　　屠本《十六國春秋》卷第四十二《前秦録十‧畢覽》頁四十二背

公元三八四年　　東晉孝武帝太元九年
後燕武成帝燕元元年　　西燕烈文帝燕興元年
前秦宣昭帝建元二十年　　後秦武昭帝白雀元年

春,正月,乙酉朔,秦長樂公丕大會賓客,樂,音洛。請慕容農不得,始覺有變;遣人四出求之,三日,乃知其在列人,已起兵矣。

慕容鳳、王騰、段延皆勸翟斌奉慕容垂爲盟主;斌從之。垂欲襲洛陽,且未知斌之誠僞,乃拒之曰:“吾來救豫州,秦平原公暉以豫州牧鎮洛陽。不來赴君。君既建大事,成享其福,敗受其禍,吾無預焉。”丙戌,垂至洛陽,平原公暉聞其殺苻飛龍,閉門拒之。翟斌復遣長史郭通往説垂,復,扶又翻。説,輸芮翻;下同。垂猶未許。通曰:“將軍所以拒通者,豈非以翟斌兄弟山野異類,無奇才遠略,必無所成故邪? 獨不念將軍今日憑之,可以濟大業乎! ”謂憑其衆可以成功

也。垂乃許之。於是斌帥其衆來與垂會，帥，讀曰率；下同。勸垂稱
尊號。垂曰：“新興侯，吾主也，秦獲慕容暐，封爲新興侯。當迎歸返正
耳。”

《資治通鑑》卷一百五《晉紀二十七·孝武帝太元九年》頁三三
二〇

建元二十年，春正月乙酉朔，長樂公丕大會群臣，請慕容垂子
農不得。

屠本《十六國春秋》卷第三十八《前秦録七·苻堅下》頁二十正

後燕慕容垂，初爲苻堅將。晉太元八年[①]，自稱燕王，建元曰
燕元。

《册府元龜》卷二一九《僭僞部·年號》頁二六三三下

後燕慕容寶自爲太子，砥礪自修，敦崇儒學，工談論，善屬文。

《册府元龜》卷二二〇《僭僞部·才藝》頁二六四五下

慕容雲沈深有局量，厚重希言。慕容寶之爲太子，雲以武藝給
事侍東宮。

《册府元龜》卷二二〇《僭僞部·才藝》頁二六四五下

後燕慕容垂自稱燕王，以弟德爲車騎大將軍，封范陽王。兄子
楷爲征西大將軍，封太原王。其後有左將軍慕容固、平北慕容佐、
衛軍慕容麟、鎮南慕容紹、樂浪王宙、高陽王隆、丹陽王瓚。開封公

①《晉書》、《通鑑》等皆作太元九年。

詳及慕容鍾、慕容永、慕容農不書何親。

　　　　　　《冊府元龜》卷二二四《僭僞部·宗族》頁二六八二上

　　後燕慕容寶初爲僞太子，砥礪自修，敦崇儒學，工談論，善屬文。

　　　　　　《冊府元龜》卷二二八《僭僞部·好文》頁二七一七下

　　慕容垂僭即天王位，大赦境內殊死已下，封伯子男鄉亭侯五十餘人，士卒賜穀帛有差。

　　　　　　《冊府元龜》卷二三〇《僭僞部·慶賜》頁二七三四下

　　慕容垂自鄴與遼合，遂攻堅子暉於洛陽。

　　　　　　《晉書》卷九《帝紀第九·孝武帝》頁二三二

　　慕容垂自鄴與遼合，遂攻堅子暉於洛陽。

　　　　　　《通志》卷十下《晉紀十下·孝武皇帝》頁二〇六下

　　慕容垂自洛陽與翟遼攻苻堅子丕於鄴。

　　　　　　《晉書》卷九《帝紀第九·孝武帝》頁二三三

　　（慕容）垂子農亡奔列人，招集群盜，衆至萬數千。丕遣石越擊之，爲農所敗，越死之。垂引丁零、烏丸之衆二十餘萬，爲飛梯地道以攻鄴城。

　　　　　　《晉書》卷一百十四《載記第十四·苻堅下》頁二九一九

　　（慕容）垂引丁零、烏丸之衆二十餘萬，爲飛梯、地道以攻鄴城。

　　　　　　《太平御覽》卷一二二《偏霸部六·前秦苻堅》頁五九一上

崔鴻《後燕録》曰：苻丕遣石越討慕容豐，皆勸豐逆擊之。豐曰：“我無兵仗，彼有銳鉀，音甲。不如待暮一戰而定之。”

《太平御覽》卷三五五《兵部八六·甲上》頁一六三三下

前秦姜讓爲苻丕侍郎。南燕慕容垂既僭僞位，衆至二十餘萬，濟自石門，長驅攻鄴。苻丕乃遣讓謂垂曰：“往歲大駕失據，君保衛鑾輿，勤王誠義，邁跡前烈。宜述脩前規，終忠貞之節，奈何棄崇山之功，爲此過舉！過貴能改，先賢之嘉事也。深宜詳思，悟猶未晚。”垂謂讓曰：“孤受主上不世之恩，故安全長樂公，使盡衆赴京師，然後修復國家之業，與秦永爲鄰好。何故闇於機運，不以鄴見歸也？大義滅親，況於意氣之顧！公若迷而不返者，孤亦欲窮兵勢耳。今事已然，單馬乞命不可得也。”讓屬色責垂曰：“將軍不容於國家，投命於聖朝，燕之尺土，將軍豈有分乎！主上與將軍風殊類別，臭味不同，奇將軍於一見，託將軍以斷金，寵踰宗舊，任齊一藩，自古君臣冥契之重，豈甚此邪！方付將軍以六尺之孤，萬里之命，奈何王師小敗，便有二圖！夫師起無名，終則弗成，天之所廢，人不能支。將軍起無名之師，而欲興天所廢，竊未見其可。長樂公主上之元子，聲德過於唐衛，居陝東之任，爲朝廷維城，其可束手輸將軍以百城之地！大夫死王事，國君死社稷，將軍欲裂冠毀冕，拔本塞源者，自可任將軍兵勢，何復多云。但念將軍以七十之年，縣首白旗，高世之忠，忽爲逆鬼，竊爲將軍痛之。”垂默然。左右勸垂殺之，垂曰：“古者兵交，使在其間，夫各吠非其主，何所問也！”乃遣讓歸。

《冊府元龜》卷六六一《奉使部·守節》頁七九〇七下至七九〇八上

（慕容）垂以洛陽四面受敵，欲取鄴而據之，乃引兵而東。故扶餘王餘蔚爲滎陽太守，餘蔚，即太和五年開鄴北門納秦兵者。蔚，音紆勿翻。及昌黎鮮卑衛駒各帥其衆降垂。降，户江翻。垂至滎陽，群下固請上尊號，垂乃依晉中宗故事，晉元帝廟號中宗。上，時掌翻。稱大將軍、大都督、燕王，承制行事，晉元帝稱王承制，見九十卷建武元年。謂之統府。群下稱臣，文表奏疏，封拜官爵，皆如王者。以弟德爲車騎大將軍，封范陽王；騎，奇寄翻。兄子楷爲征西大將軍，封太原王；燕本封德爲范陽王，今復其故。楷，恪子也；恪封太原王，今令楷襲父爵。翟斌爲建義大將軍，封河南王；餘蔚爲征東將軍、統府左司馬，封扶餘王；衛駒爲鷹揚將軍，慕容鳳爲建策將軍。建策將軍，亦慕容垂一時所署置也。帥衆二十餘萬，帥，讀曰率。自石門濟河，長驅向鄴。

慕容農之奔列人也，止於烏桓魯利家，魯利本烏桓種，而家於列人。利爲之置饌，爲，于僞翻。饌，雛皖翻，又雛戀翻，饗也。農笑而不食。利謂其妻曰：“惡奴，句絶。惡奴，蓋詈其妻之語。郎貴人，家貧無以饌之，奈何？”妻曰：“郎有雄才大志，今無故而至，必將有異，非爲飲食來也。爲，于僞翻。君亟出，遠望以備非常。”利從之。農謂利曰：“吾欲集兵列人以圖興復，卿能從我乎？”利曰：“死生唯郎是從。”今世俗多呼其主爲郎主，又呼其主之子爲郎君。農乃詣烏桓張驤，説之曰：驤，思將翻。説，輸芮翻；下同。“家王已舉大事，翟斌等咸相推奉，遠近響應，故來相告耳。”驤再拜曰：“得舊主而奉之，敢不盡死！”於是農驅列人居民爲士卒，斬桑榆爲兵，裂襜裳爲旗，襜，昌占翻。《爾雅》曰：衣蔽前也。郭璞曰：衣蔽膝也。使趙秋説屠各畢聰。聰與屠各卜勝、張延、李白、郭超及東夷餘和、敕勃、屠，直於翻。餘和、敕勃，蓋二人。易陽烏桓劉大易陽縣，漢屬趙國，魏、晉屬陽平郡。劉昫曰：唐洺州臨洺縣，古易陽縣也，隋開皇六年更名。各帥部衆數千赴之。帥，讀曰率。農假張驤輔國將軍，劉大安遠將軍，魯利建威將軍。農自將攻破館陶，館陶縣，漢屬魏郡，魏、晉屬陽平郡。將，即亮翻。收其軍資器械，遣蘭汗、段讚、趙秋、慕輿悕略取康臺牧馬數千匹。悕，香衣翻。魏收《地形志》：廣平郡平恩縣有康臺澤。杜預曰：不以道取曰略。汗，燕王垂之從舅；讚，聰之子也。從，才用翻。於是步騎雲集，衆至數萬，驥等共推農爲使持節、都督河北諸軍事、驃騎大將軍，監統諸將，使，疏吏翻。驃，匹妙翻。騎，奇寄翻。監，工銜翻。隨才部署，上下肅然。農以燕王垂未至，不敢封賞將士。趙秋曰：“軍無賞，士不往，言無賞以獎激之，則士不往赴戰也。今之來者，皆欲建一時之功，規萬世之利，規，圖也。宜承制封拜，以廣中興之基。”農從之，於是赴者相繼；垂聞而善之。農間【章：十二行本“間”作“西”；乙十一行本同；孔本同；張校同。】招庫【嚴：“庫”改“廥”，下同。】僞官偉於上黨，東引乞特歸於東阿，北召光烈將軍平叡及叡兄汝陽太守幼於燕國，偉等皆應之。間，古莧翻。遣間使招之也。僞，奴沃翻。東阿縣，漢屬東郡，晉屬濟北郡，唐屬濟州。汝陽縣，漢、晉屬汝南郡，後分爲汝陽郡。平幼蓋先嘗爲汝陽太守時居燕國也。偉等皆燕之舊臣，故招之而應。光烈將軍，蓋亦前燕以授平叡。又遣蘭汗攻頓丘，克之。頓丘縣，漢屬東郡；武帝泰始二年，分置頓丘郡。農號令整肅，軍無私掠，言其軍不敢掠居民而私其物。士女喜悅。

　　長樂公丕使石越將步騎萬餘討之。農曰：“越有智勇之名，今不南拒大軍而來此，是畏王而陵我也；王謂慕容垂。必不設備，可以計取之。”衆請治列人城，治，直之翻；下同。農曰：“善用兵者，結士以心，不以異物。異物，猶言別物也。今起義兵，唯敵是求，當以山河爲城池，何列人之足治也！”辛卯，越至列人西，農使趙秋及參軍綦毋滕擊越前鋒，破之。越之氣已挫矣。參軍太原趙謙言於農曰：“越甲仗雖精，人心危駭，易破也，易，以豉翻。宜急擊之。”農曰：“彼甲在外，我甲在心，士心欲鬥，則雖無甲胄而勇於赴戰，故曰甲在心。晝戰，則士卒見其外貌而憚之，不如待暮擊之，可以必克。”令軍士嚴備以待，毋得妄動。越立柵自固，農笑謂諸將曰："越兵精士衆，不乘初至之銳以擊我，方更立柵，吾知其無能爲也。"向暮，農鼓譟出，陳于城西，陳，讀曰陣。牙門劉木請先攻越柵，農笑曰："凡人見美食，誰不欲之，何得獨請！然汝猛銳可嘉，當以先鋒惠汝。"木乃帥壯士四百騰柵而入，秦兵披靡；帥，讀曰率；下同。披，普彼翻。農督大衆隨之，大敗秦兵，斬越，送首於垂。敗，補邁翻。越與毛當，皆秦之驍將也，驍，堅堯翻。將，即亮翻。故秦王堅使助二子鎮守；既而相繼敗没，人情騷動，騷，愁也，擾也。所在盜賊群起。

庚戌，燕王垂至鄴，改秦建元二十年爲燕元年，服色朝儀，皆如舊章。朝，直遥翻。以前岷山公庫傉官偉爲左長史，前尚書段崇爲右長史，滎陽鄭豁等爲從事中郎。凡帶前字者，皆前燕所授官也。慕容農引兵會垂於鄴，垂因其所稱之官而授之。即張驤等所推之官也。立世子寶爲太子，封從弟拔等十七人及甥宇文翰、【嚴："翰"改"翰"。】舅子蘭審皆爲王；從，才用翻。其餘宗族及功臣封公者三十七人，侯、伯、子、男者八十九人。可足渾譚集兵得二萬餘人，攻野王，拔之，垂使譚集兵於河内之沙城，遂因而攻拔野王。引兵會攻鄴。平幼及其弟叡、規亦帥衆數萬會垂於鄴。

長樂公丕使姜讓詶讓燕王垂，且説之曰："過而能改，今猶未晚也。"詶，才笑翻。説，輸芮翻。垂曰："孤受主上不世之恩，故欲安全長樂公，使盡衆赴京師，京師，謂長安也。然後脩復國家之業，與秦永爲鄰好。好，呼到翻。何故闇於機運，不以鄴城見歸？若迷而不復，當窮極兵勢，恐單馬求生，亦不可得也。"讓厲色責之曰："將軍不容於家國，投命聖朝，朝，直遥翻。燕之尺土，將軍豈有分乎？分，扶問翻。主上與將軍風殊類別，言氐處關西，鮮卑在東北，既不同風，族類又別也。一見傾心，親如宗戚，寵踰勳舊，自古君臣際遇，有如是之厚者乎？一旦因王師小敗，遽有異圖！長樂公，主上元子，受分陝之任，陝，失冉翻。寧可束手輸將軍以百城之地乎？將軍欲裂冠毁冕,《左傳》,晉率陰戎伐潁。景王使詹桓伯辭於晉曰："我在伯父,猶衣服之有冠冕,木水之有本原,民人之有謀主也。伯父若裂冠毁冕,拔本塞原,專棄謀主,雖戎狄,其何有余一人!"自可極其兵勢,奚更云云!但惜將軍以七十之年,懸首白旗,武王斬紂首,懸於大白之旗。高世之忠,更爲逆鬼耳!"垂默然。姜讓之辭直,垂心内愧,故默然無以答。左右請殺之,垂曰："彼各爲其主耳,何罪!"禮而歸之,遺丕書及上秦王堅表,陳述利害,請送丕歸長安。堅及丕怒,復書切責之。爲,于僞翻。遺,于季翻。上,時掌翻。

《資治通鑑》卷一百五《晉紀二十七‧孝武帝太元九年》頁三三二〇至三三二四

壬子,燕王垂攻鄴,拔其外郭,長樂公丕退守中城。關東六州郡縣多送任請降於燕。降,户江翻。癸丑,垂以陳留王紹行冀州刺史,屯廣阿。廣阿縣,前漢屬鉅鹿郡,後漢併入鉅鹿縣。有廣阿澤,在鉅鹿縣界,即大陸澤也。

《資治通鑑》卷一百五《晉紀二十七‧孝武帝太元九年》頁三三二五

燕王垂引丁零、烏桓之衆二十餘萬爲飛梯地道以攻鄴,不拔;乃築長圍守之,分處老弱於肥鄉,《晉志》,肥鄉縣屬廣平郡。魏收曰:天平初,併入魏郡臨漳縣。隋復分置肥鄉縣,唐屬洺州。處,昌吕翻。築新興城以置輜重。重,直用翻。

秦征東府官屬疑參軍高泰,燕之舊臣,有貳心,苻丕爲征東大將軍。高泰先仕燕,慕容垂以爲從事中郎。泰懼,與同郡虞曹從事吳韶逃歸勃海。秦征東府置虞曹從事,掌所部山澤。泰與韶,皆勃海人也。韶曰:

"燕軍近在肥鄉,宜從之。"泰曰:"吾以避禍耳;去一君,事一君,吾所不爲也!"申紹見而歎曰:"去就以道,可謂君子矣!"

燕范陽王德擊秦枋頭,取之,置戍而還。還,音旋,又讀如字。

東胡王晏據館陶,爲鄴中聲援,鮮卑、烏桓及郡縣民據塢壁不從燕者尚衆;燕王垂遣太原王楷與鎮南將軍陳留王紹討之。楷謂紹曰:"鮮卑、烏桓及冀州之民,本皆燕臣,今大業始爾,人心未洽,所以小異;唯宜綏之以德,不可震之以威。吾當止一處,爲軍聲之本,汝巡撫民夷,示以大義,彼必當聽從。"楷乃屯于辟陽。《地理風俗記》曰:廣川西南六十里有辟陽亭,故縣也,漢高帝封審食其爲侯國。魏收《地形志》,長樂郡信都縣有辟陽城。紹帥騎數百往說王晏,爲陳禍福,帥,讀曰率。説,輸芮翻。爲,于偽翻。晏隨紹詣楷降,於是鮮卑、烏桓及塢民降者數十萬口。降,户江翻。楷留其老弱,置守宰以撫之,發其丁壯十餘萬,與王晏詣鄴。垂大悦曰:"汝兄弟才兼文武,足以繼先王矣!"言足以繼慕容恪也。

　　《資治通鑑》卷一百五《晉紀二十七·孝武帝太元九年》頁三三二五至三三二六

　　慕容垂自洛陽與翟遼攻苻堅子丕於鄴。
　　　　《通志》卷十下《晉紀十下·孝武皇帝》頁二〇七上

　　(慕容)垂子農亡奔列人,招集群盗,衆至萬數千。丕遣石越擊之,爲農所敗,越死之。垂引丁零、烏丸之衆二十餘萬,爲飛梯地道以攻鄴城。
　　　　《通志》卷一百八十九《載記四·前秦》頁三〇三四中

　　(慕容)垂子農亡奔列人,招集群盗,衆至萬數千。丕遣石越擊之，爲農所敗，越死之。垂引丁零、烏丸之衆二十餘萬，爲飛梯地道以攻鄴城。

　　　《十六國春秋輯補》卷三十七《前秦録七・苻堅》頁二八九

　　（慕容）農乃亡奔列人，招集群盜，衆至數萬。丕遣驍騎將軍石越討之，爲農所敗，越死之。

　　　屠本《十六國春秋》卷第三十八《前秦録七・苻堅下》頁二十正

　　慕容垂攻鄴，拔其外郭，丕退守中城，關東六州郡縣多降于垂。二月，垂引丁零、烏丸之衆二十餘萬爲飛梯地道攻鄴，不拔，乃築長圍守之。

　　　屠本《十六國春秋》卷第三十八《前秦録七・苻堅下》頁二十背

　　及秦之敗，秦征東府官屬疑泰燕之舊臣，有二心，泰懼，與同郡虞曹從事吳韶逃於渤海。韶曰：“燕軍近在肥鄉，卿宜從之。”泰曰：“吾以避禍耳；去一君，事一君，吾所不爲也！”申紹聞而歎曰：“去就以道，可謂君子矣！”子湖等見《燕傳》。

　　　屠本《十六國春秋》卷第四十二《前秦録十・高泰》頁二十九背

　　（慕容）垂引丁零、烏丸之衆二十餘萬，爲飛梯地道以攻鄴城。

　　　《十六國春秋別本》卷四《前秦録・苻堅》頁十八正

　　父翼，河間相。慕容垂之圍鄴，以翼爲後將軍、冀州刺史、真定侯。

　　　《魏書》卷二十四《列傳第十二・鄧淵》頁六三四

　　父翼，河間相。慕容垂之圍鄴，以爲冀州刺史，爵真定侯。

　　　　《北史》卷二十一《列傳第九·鄧彦海》頁七九七

　　鄧翼爲河間相。父羔，苻堅車騎將軍。慕容垂之圍鄴，以翼爲後將軍、冀州刺史、真定侯。翼泣對使者曰："先君忠於秦室，翼豈可先叛乎！忠臣不事二主，自古通義，未敢聞命。"垂遣使喻之曰："吾與車騎結異姓兄弟，卿亦猶吾之子弟，安得辭乎！"翼曰："冀州宜任親賢，翼請他役效命。"垂乃用爲建武將軍，河間太守。

　　　　《册府元龜》卷三七二《將帥部·忠三》頁四四二六上

　　父翼，河間相。慕容垂之圍鄴，以爲冀州刺史，爵真定縣侯。

　　　　《通志》卷一百四十六《列傳五十九·鄧淵》頁二三一八上

　　慕容垂圍鄴，以翼爲後軍將軍、冀州刺史、真定侯。翼泣對使者曰："先君忠於秦室，翼豈可先叛乎！忠臣不事二君，自古通義，未敢聞命。"垂復遣使諭之曰："吾與車騎結異姓兄弟，卿亦猶吾之子弟，安得辭乎！"翼曰："冀州宜受任親賢，翼請他役效命。"垂乃用爲建武將軍，河間太守、尚書左丞，皆有聲稱，卒於趙郡内史。

　　　　屠本《十六國春秋》卷第四十二《前秦録十·鄧羌》頁十六正至十六背

　　仲德少沈審，有意略，通陰陽，解聲律。苻氏之敗，仲德年十七，與兄叡同起義兵，與慕容垂戰，敗，仲德被重創走，與家屬相失。

　　　　《宋書》卷四十六《列傳第六·王懿》頁一三九〇至一三九一

仲德少沈審有意略,事母甚謹,學通陰陽,精解聲律。苻氏之敗,仲德年十七。及兄叡同起義兵,與慕容垂戰敗,仲德被重創走,與家屬相失。

　　《南史》卷二十五《列傳第十五・王懿》頁六七一

　　《南史》曰:王懿字仲德。父苗,仕苻堅,至二千石。苻堅之敗,仲德年十七,及兄叡同起義兵,與慕容垂戰敗,被重創走,與家屬相失。

　　　　《太平御覽》卷六五八《釋部六・寺》頁二九四〇上

　　又曰:王仲德與兄叡同起義兵,與慕容垂戰敗,仲德被重創走,與家屬相失。

　　　　《太平御覽》卷八四八《飲食部六・食中》頁三七八九下

　　《宋書》曰:王懿字仲德,太原人也。苻氏之敗,仲德年十七,與兄叡同起義兵。與慕容垂戰敗,仲德被瘡退走。

　　　　《太平御覽》卷八七〇《火部三・炬》頁三八五八上至三八五八下

　　《宋書》曰:王仲德初遇苻氏之敗,兄叡同起義兵,與慕容垂戰敗,仲德被重創走,與家屬相失。

　　　　《太平御覽》卷九〇九《獸部二一・狼》頁四〇二八上

　　王懿字仲德,父苗事苻堅爲二千石。及堅敗,仲德年十七,與兄叡同起義兵與慕容垂戰敗,仲德被重創走。

　　　　《册府元龜》卷九四〇《總録部・患難》頁一一〇七二上至一一〇七二下

　　苻氏之敗，仲德年十七，與兄叡字元德同起義兵，與慕容垂戰，敗，仲德被重創走，與家屬相失。

　　　　　　《通志》卷一百三十三《列傳四十六・王懿》頁二一〇一下

　　苻堅北地長史慕容泓、平陽太守慕容沖並起兵背堅。

　　　　　　　　《晉書》卷九《帝紀第九・孝武帝》頁二三三

　　慕容暐弟燕故濟北王泓先爲北地長史，聞垂攻鄴，亡命奔關東，收諸馬牧鮮卑，衆至數千，還屯華陰。慕容暐乃潛使諸弟及宗人起兵於外。堅遣將軍强永率騎擊之，爲泓所敗，泓衆遂盛，自稱使持節、大都督陝西諸軍事、大將軍、雍州牧、濟北王，推叔父垂爲丞相、都督陝東諸軍事、領大司馬、冀州牧、吳王。

　　堅謂權翼曰：“吾不從卿言，鮮卑至是。關東之地，吾不復與之爭，將若泓何？”翼曰：“寇不可長。慕容垂正可據山東爲亂，不暇近逼。今暐及宗族種類盡在京師，鮮卑之衆布於畿甸，實社稷之元憂，宜遣重將討之。”堅乃以廣平公苻熙爲使持節、都督雍州雜戎諸軍事、鎮東大將軍、雍州刺史，鎮蒲坂。徵苻叡爲都督中外諸軍事、衛大將軍、司隸校尉、錄尚書事，配兵五萬，以左將軍竇衝爲長史，龍驤姚萇爲司馬，討泓於華澤。平陽太守慕容沖起兵河東，有衆二萬，進攻蒲坂，堅命竇衝討之。苻叡勇果輕敵，不恤士衆。泓聞其至也，懼，率衆將奔關東，叡馳兵要之。姚萇諫曰：“鮮卑有思歸之心，宜驅令出關，[六]不可遏也。”叡弗從，戰於華澤，叡敗績，被殺。堅大怒。萇懼誅，遂叛。竇衝擊慕容沖於河東，大破之，沖率騎八千奔於泓軍。泓衆至十餘萬，遣使謂堅曰：“秦爲無道，滅我社稷。今天誘其衷，使秦師傾敗，將欲興復大燕。吳王已定關東，可速資備大駕，奉送家兄皇帝並宗室功臣之家。泓當率關中燕人，翼衛皇帝,還返鄴都,與秦以武牢爲界,分王天下,永爲鄰好,不復爲秦之患也。鉅鹿公輕戀銳進,爲亂兵所害,非泓之意。"堅大怒,召慕容暐責之曰:"卿父子干紀僭亂,乖逆人神,朕應天行罰,盡兵勢而得卿。卿非改迷歸善,而合宗蒙宥,兄弟布列上將、納言,雖曰破滅,其實若歸。奈何因王師小敗,便猖悖若此!垂爲長蛇於關東,泓、沖稱兵内侮。泓書如此,卿欲去者,朕當相資。卿之宗族,可謂人面獸心,殆不可以國士期也。"暐叩頭流血,泣涕陳謝。堅久之曰:"《書》云,父子兄弟無相及也。卿之忠誠,實簡朕心,此自三豎之罪,非卿之過。"復其位而待之如初。命暐以書招喻垂及泓、沖,使息兵還長安,恕其反叛之咎。而暐密遣使者謂泓曰:"今秦數已終,長安怪異特甚,當不復能久立。吾既籠中之人,必無還理。昔不能保守宗廟,致令傾喪若斯,吾罪人也,不足復顧吾之存亡。社稷不輕,勉建大業,以興復爲務。可以吳王爲相國,中山王爲太宰、領大司馬,汝可爲大將軍、領司徒,承制封拜。聽吾死問,汝便即尊位。"泓於是進向長安,改年曰燕興。是時鬼夜哭,三旬而止。

【校勘記】

〔六〕宜驅令出關　各本無"令"字,宋本有,與《通鑑》一〇五、《通志》一八九合,今從之。

《晉書》卷一百十四《載記第十四·苻堅下》頁二九一九至二九二一、二九三八

（苻）堅既敗於淮南,歸長安,慕容泓起兵叛堅。堅遣子叡討之,以萇爲司馬。爲泓所敗,叡死之。

《晉書》卷一百十六《載記第十六·姚萇》頁二九六五

慕容泓、沖起兵華澤,堅遣子叡、暉前後擊泓,爲泓所敗。長安

鬼夜哭三旬。

《魏書》卷九十五《列傳第八十三·臨渭氐苻健》頁二〇七八

及慕容泓起兵華澤，堅遣子衛大將軍叡討之，戰敗，爲泓所殺。時萇爲叡司馬，懼罪奔馬牧，聚衆萬餘，自稱大將軍、大單于、萬年秦王，號年白雀。數月之間，衆至十餘萬，與慕容沖連和，進屯北地。

《魏書》卷九十五《列傳第八十三·羌姚萇》頁二〇八一至二〇八二

及慕容泓起兵華澤，堅遣子衛大將軍叡討之，戰敗，爲泓所殺。時萇爲叡司馬，懼罪奔馬牧，聚衆萬餘，自稱大將軍、大單于、萬年秦王，號年白雀。數月之間，衆至十餘萬。與慕容沖連和，進屯北地。

《北史》卷九十三《列傳第八十一·僭僞附庸·後秦姚氏》頁三〇七五

十六國前秦苻堅自伐晉，於壽春敗還長安，慕容泓起兵於華澤，堅將苻叡、以芮反。竇衝、姚萇討之。苻叡勇果輕敵，不恤士衆。泓聞其至也，懼，率衆將奔關東，叡驅兵要之。姚萇諫曰："鮮卑有思歸之心，宜驅令出關，不可遏也。"叡弗從，〔一二〕戰於華澤，叡敗績，被殺。

【校勘記】

〔一二〕叡弗從 "弗"原訛"復"，據《晉書·苻堅載記》下二九二〇頁及北宋本、傅校本、明抄本、明刻本改。

《通典》卷第一百六十二《兵十五·歸師勿遏》頁四一六九、四一八五

　　慕容暐弟泓先爲北城長史，聞垂攻鄴，亡奔關東，收諸馬牧鮮卑，衆數千，還屯華陰。暐乃潛使諸弟及宗人起兵于外。堅遣將軍強永擊之，爲泓所敗。泓自稱大都督、雍州牧、濟北王，推叔父垂爲丞相、大司馬、冀州牧、吳王。

　　堅謂權翼曰：“將若泓何？”翼曰：“慕容垂正可據山東爲亂，不暇近逼。今暐宗族盡在京師，鮮卑之衆布在畿甸，實社稷之憂，宜遣重將討之。”堅乃以廣平公苻熙鎮蒲坂；苻叡爲都督，配兵五萬，姚萇爲司馬，討泓于華陽。平原太守慕容沖起兵河東，有衆二萬，進攻蒲，堅命竇衝討之。苻叡勇果輕敵，戰于華陰，叡敗績被殺。堅大怒，萇懼誅，遂叛。竇衝大破慕容沖于河東，沖奔于泓。泓衆至十萬餘，遣使謂堅曰：“秦師傾敗，將欲興復大燕。吳王以定關東，可速資備大駕，奉送家兄皇帝返鄴都，與秦以虎牢爲界，分王天下。”堅大怒，召暐責之。暐叩頭流血陳謝。堅曰：“此自三豎之罪，非卿之過。”復其位，待之如初。命暐以書招諭垂及泓、沖，使息兵。暐密遣使謂之曰：“今秦數已終，當不能復久。吾籠中之人，必無還理，勉建大業，以興復爲務。”泓於是進向長安。

　　《太平御覽》卷一二二《偏霸部六·前秦苻堅》頁五九一上

　　白雀元年，慕容泓起兵，堅遣子叡討之，萇爲叡司馬。既而，爲泓所敗，叡死。

　　《太平御覽》卷一二三《偏霸部七·後秦姚萇》頁五九四下

　　崔鴻《十六國春秋》曰：前秦苻堅自征晉於壽春，敗還長安。慕容泓起兵于華澤，堅將苻叡、竇衝、姚萇討之。叡，以丙切。苻叡勇果輕敵，不恤士衆。泓聞其至也，懼，率衆將奔關東，叡馳兵邀之。姚萇諫曰：“鮮卑有思歸之心，宜馳令出關，不可遏也。”叡弗從。戰于華澤,叡敗績,被殺。

　　　　《太平御覽》卷三一四《兵部四五·追奔》頁一四四六上

　　（苻）堅既敗于淮南,歸長安,慕容泓起兵叛堅。堅遣子叡討之,以萇爲司馬。爲泓所敗,叡死之。

　　　　《册府元龜》卷二二二《僭僞部·勳伐二》頁二六五九上

　　前秦苻叡爲苻堅都督中外諸軍事,配兵五萬,討慕容泓於華澤。平陽太守慕容沖起兵河東,有衆二萬,進攻蒲阪。堅命竇衝討之,叡勇果輕敵,不恤士衆。泓聞其至也,懼,率衆將奔關東,叡馳兵要之。姚萇諫曰:“鮮卑有思歸之心,宜驅令出關,不可遏也。”叡弗從。戰於華澤,敗績被殺。

　　　　《册府元龜》卷四四七《將帥部·輕敵》頁五三〇六下

　　秦北地長史慕容泓聞燕王垂攻鄴,亡奔關東,收集鮮卑,衆至數千,還屯華陰,敗秦將軍强永,華,户化翻。敗,補邁翻。强,其兩翻。其衆遂盛;自稱都督陝西諸軍事、大將軍、雍州牧、濟北王,陝,式冉翻。雍,於用翻。濟,子禮翻。推垂爲丞相、都督陝東諸軍事、領大司馬、冀州牧、吳王。

　　秦王堅謂權翼曰:“不用卿言,謂不用翼之言而遣慕容垂也。使鮮卑至此。關東之地,吾不復與之爭,復,扶又翻。將若泓何?”乃以廣平公熙爲雍州刺史,鎮蒲阪。阪,音反。徵雍州牧鉅鹿公叡爲都督中外諸軍事、衛大將軍、録尚書事,配兵五萬;以左將軍竇衝爲長史,龍驤將軍姚萇爲司馬,以討泓。驤,思將翻。

　　平陽太守慕容沖亦起兵於平陽,有衆二萬,進攻蒲坂;堅使竇衝討之。

庫傉官偉帥營部數萬至鄴，燕王垂封偉爲安定王。

秦冀州刺史卓城侯定守信都，高城男紹在國，高城縣屬勃海郡，唐爲滄州鹽山縣。高邑侯亮、重合侯謨守常山，重，直龍翻。固安侯鑒守中山。燕王垂遣前將軍、樂浪王溫督諸軍攻信都，不克；樂浪，音洛琅。夏，四月，丙辰，遣撫軍大將軍麟益兵助之。定、鑒，秦王堅之從叔；紹、謨，從弟；亮，從子也。從，才用翻。溫，燕王垂之弟子也。

慕容泓聞秦兵且至，懼，帥衆將奔關東。帥，讀曰率；下同。秦鉅鹿愍公叡粗猛輕敵，欲馳兵邀之。姚萇諫曰：“鮮卑皆有思歸之志，故起而爲亂，宜驅令出關，不可遏也。夫執鼷鼠之尾，猶能反噬於人。鼷鼠，一名甘口鼠，食物不痛。《爾雅》曰：有螫毒者。鼷，音奚。彼自知困窮，致死於我，萬一失利，悔將何及。但可鳴鼓隨之，彼將奔敗不暇矣。”使苻叡能用姚萇之言，慕容泓必東奔，慕容沖敗而無所歸，必亦就禽矣。叡弗從，戰于華澤，華澤即華陰之澤也。華，户化翻。叡兵敗，爲泓所殺。

《資治通鑑》卷一百五《晉紀二十七·孝武帝太元九年》頁三三二六至三三二七

秦竇衝擊慕容沖于河東，大破之；沖帥鮮卑騎八千奔慕容泓。泓衆至十餘萬，遣使謂秦王堅曰：“吳王已定關東，可速資備大駕，奉送家兄皇帝，暐，泓之兄也。泓當帥關中燕人翼衛乘輿，還返鄴都，乘，繩證翻。還，音旋，又如字。與秦以虎牢爲界，永爲鄰好。”好，呼到翻。堅大怒，召慕容暐責之曰：“今泓書如此，卿欲去者，朕當相資。卿之宗族，可謂人面獸心，不可以國士期也！”暐叩頭流血，涕泣陳謝。堅久之曰：“此自三豎所爲，非卿之過。”三豎，謂垂、泓、沖。復其位，待之如初。命暐以書招諭泓、沖及垂。暐密遣使謂泓曰：“吾籠中之人，必無還理；且燕室之罪人也，暐不能保燕之社稷，故自謂爲罪人。不足復顧。復，扶又翻。汝勉建大業，以吳王爲相國，中山王爲太宰、領大司馬，汝可爲大將軍、領司徒，承制封拜，聽吾死問，汝便即尊位。"泓於是進向長安，改元燕興。

　　《資治通鑑》卷一百五《晉紀二十七‧孝武帝太元九年》頁三三二八

　　苻堅北地長史慕容泓、平陽太守慕容超並起兵背堅。

　　　　《通志》卷十下《晉紀十下‧孝武皇帝》頁二〇七上

　　慕容暐弟燕故濟北王泓先爲北地長史，聞垂攻鄴，亡命奔關東，收諸馬牧鮮卑，衆至數千，還屯華陰。慕容暐乃潛使諸弟及宗人起兵于外。堅遣將軍强永率騎擊之，爲泓所敗，泓衆遂盛，自稱使持節、大都督陝西諸軍事、大將軍、雍州牧、濟北王，推叔父垂爲丞相、都督陝東諸軍事、領大司馬、冀州牧、吳王。

　　堅謂權翼曰："吾不從卿言，鮮卑至是。關東之地，吾不復與之爭，將若泓何？"翼曰："寇不可長。慕容垂正可據關東爲亂，不暇近逼。今暐及宗族種類盡在京師，鮮卑之衆布於畿甸，實社稷之元憂，宜遣重將討之。"堅乃以廣平公苻熙爲使持節、都督雍州雜戎諸軍事、鎮東大將軍、雍州刺史，鎮蒲坂。徵苻叡爲都督中外諸軍事、衛大將軍、司隸校尉、録尚書事，配兵五萬，以左將軍竇衝爲長史，龍驤姚萇爲司馬。討泓于華澤。平陽太守慕容沖起兵河東，有衆二萬，進攻蒲坂，堅命竇衝討之。苻叡勇果輕敵，不恤士衆。泓聞其至也，懼，率衆將奔關東，叡馳兵要之。姚萇諫曰："鮮卑有思歸之心，宜驅令出關，不可遏也。"叡弗從，戰于華澤，叡敗績，被殺。堅大怒。萇懼誅，遂叛。竇衝擊慕容沖于河東，大破之，沖率騎八千奔于泓軍。泓衆至十餘萬，遣使謂堅曰："秦爲無道，滅我社稷。今天誘其衷,使秦師傾敗,將欲興復大燕。吳王已定關東,可速資備大駕,奉送家兄皇帝并宗室功臣之家。泓當率關中燕人,翼衛皇帝,還返鄴都,與秦以虎牢爲界,分王天下,永爲鄰好,不復爲秦之患也。鉅鹿公輕躁銳進,爲亂兵所害,非泓之意。"堅大怒,召慕容暐責之曰:"卿父子干紀僭亂,乖逆人神,朕應天行罰,盡兵勢而得卿。卿非改迷歸善,而合宗蒙宥,兄弟布列上將、納言,雖曰破滅,其實若歸。奈何因王師小敗,便猖悖若此!垂爲長蛇於關東,泓、沖稱兵内侮。泓書如此,卿欲去者,朕當相資。卿之宗族,可謂人面獸心,殆不可以國士期也。"暐叩頭流血,泣涕陳謝。堅久之曰:"《書》云:父子兄弟無相及也。卿之忠誠,實簡朕心,此自三豎之罪,非卿之過。"復其位而待之如初。命暐以書招喻垂及泓、沖,使息兵還長安,恕其反叛之咎。而暐密遣使者謂泓曰:"今秦數已終,長安怪異特甚,當不復能久立。吾既籠中之人,必無還理。昔不能保守宗廟,致令傾喪若斯,吾罪人也,不足復顧吾之存亡。社稷不輕,勉建大業,以興復爲務。可以吳王爲相國,中山王爲太宰、領大司馬,汝可爲大將軍、領司徒,承制封拜。聽吾死問,汝便即尊位。"泓於是進向長安,改年曰燕興。是時鬼夜哭,三旬而止。

　　《通志》卷一百八十九《載記四・前秦》頁三〇三四中至三〇三四下

　　(苻)堅既敗于淮南,歸長安,慕容泓起兵叛堅。堅遣子叡討之,以萇爲司馬。爲泓所敗,叡死之。

　　《通志》卷一百九十《載記五・後秦》頁三〇四四中

　　慕容暐弟燕故濟北王泓先爲北城長史,聞垂攻鄴,亡命奔關東,收諸馬牧鮮卑,衆至數千,還屯華陰。慕容暐乃潛使諸弟及宗

人起兵於外。堅遣將軍强永《廣韻》引作將軍"强求"。率騎擊之,爲
泓所敗,泓衆遂盛,自稱使持節、大都督陝西諸軍事、大將軍、雍州
牧、濟北王,推叔父垂爲丞相、都督陝東諸軍事、領大司馬、冀州牧、
吴王。

　　堅謂權翼曰:"吾不從卿言,使鮮卑至是。關東之地,吾不復與
之争,將若泓何?"翼曰:"寇不可長。慕容垂正可據山東爲亂,不
暇近逼。今暐及宗族種類盡在京師,鮮卑之衆布於畿甸,實社稷之
先憂,宜遣重將討之。"堅乃以廣平公符熙爲使持節、都督雍州雜戎
諸軍事、鎮東大將軍、雍州刺史,鎮蒲坂。徵符叡爲都督中外諸軍
事、衛大將軍、司隸校尉、録尚書事,配兵五萬,以左將軍竇衝爲長
史,龍驤姚萇爲司馬,討泓於華陽。一作"華澤"。平陽太守慕容沖
起兵河東,有衆二萬,進攻蒲坂,堅命竇衝討之。符叡勇果輕敵,不
恤士衆。泓聞其至也,懼,率衆將奔關東,叡馳兵要之,姚萇諫曰:
"鮮卑有思歸之心,宜驅令出關,不可遏也。"叡弗從,戰於華澤,叡
敗績,被殺。此節亦見《御覽》三百十四、《通典》百六十二。堅大怒。萇
懼誅,遂叛。竇衝擊慕容沖於河東,大破之,沖率騎八千奔於泓軍。

　　泓衆至十餘萬,遣使謂堅曰:"秦爲無道,滅我社稷,今天誘其
衷,使秦師傾敗,將欲興復大燕。吴王已定關東,可速資備大駕,奉
送家兄皇帝並宗室功臣之家。泓當率關中燕人,翼衛皇帝,還返鄴
都,與秦以虎牢爲界,分王天下,永爲鄰好,不復爲秦之患也。鉅鹿
公輕戇鋭進,爲亂兵所害,非泓之意。"堅大怒,召慕容暐責之曰:
"卿父子干紀僭亂,乖逆人神,朕應天行罰,盡兵勢而得卿。卿非改
迷歸善,而合宗蒙宥,兄弟布列上將、納言,雖曰破滅,其實若歸。
奈何因王師小敗,便猖悖若此! 垂爲長蛇於關東,泓、沖稱兵内侮。
泓書如此,卿欲去者,朕當相資。卿之宗族,可謂人面獸心,殆不可
以國士期也。"暐叩頭流血,涕泣陳謝。堅久之曰:"《書》云:父子

兄弟無相及也。卿之忠誠，實簡朕心，此自三豎之罪，非卿之過。"復其位而待之如初。命暐以書招諭垂及泓、沖，使息兵還長安，恕其反叛之罪。而暐密遣使者謂泓曰："今秦數已終，長安怪異特甚，當不復能久立。吾既籠中之人，必無還理。昔不能保守宗廟，致令傾喪若斯，吾罪人也，不足復顧吾之存亡。社稷不輕，勉建大業，以興復爲務。可以吳王爲相國，中山王爲太宰、領大司馬，汝可爲大將軍、領司徒，承制封拜，聽吾死問，汝便即尊位。"泓於是進向長安，改年曰燕興。

是時鬼夜哭，三旬而止。

《十六國春秋輯補》卷三十七《前秦録七·苻堅》頁二八九至二九〇

慕容泓起兵叛堅。堅遣子叡討之，以萇爲叡司馬。既而爲泓所敗，叡死之。

《十六國春秋輯補》卷五十《後秦録二·姚萇》頁三八〇

三月，慕容暐弟燕故濟北王泓爲堅北地長史，聞垂攻鄴，亡奔關東，收集諸馬牧鮮卑，衆至數千，還屯華陰。暐乃潛使諸弟及宗人起兵于外。堅遣將軍强永一作張永。率騎五千擊之，爲泓所敗，泓衆遂盛，自稱使持節、大都督陝西諸軍事、大將軍、雍州牧、濟北王，推叔父垂爲丞相、都督陝東諸軍事、領大司馬、冀州牧、吳王。

堅謂權翼曰："不從卿言，使鮮卑至是。關東之地，吾不復與之爭，將若泓何？"翼曰："寇不可長。慕容垂正可據山東爲亂，不暇近逼。今暐宗族種類盡在京師，鮮卑之衆布於畿甸，實社稷之先憂，宜遣重將討之。"堅乃以廣平公熙爲使持節、都督雍州雜戎諸軍事、鎮東大將軍、雍州牧，鎮蒲阪。徵雍州牧、鉅鹿公叡爲都督中外諸軍事、衛大將軍、司隸校尉、録尚書事，配兵五萬；以左軍將軍竇衝爲長史，龍驤將軍姚萇爲司馬，討泓于華澤。

　　泓弟燕故中山王慕容沖時爲平陽太守，據河東以叛，有衆二萬，進攻蒲阪，堅使竇衝討之。時堅從叔冀州刺史、阜城侯定守信都，從弟高城男紹在其國，從子高邑侯亮、從弟重合侯謨守常山，從叔固安侯鑒守中山，慕容垂遣前將軍慕容温督諸軍攻信都，不克。夏四月丙辰，垂遣撫軍將軍慕容麟益兵助之。慕容泓聞叡兵且至，懼，帥衆將奔關東，叡勇猛輕敵，不恤士卒，欲馳兵擊泓。姚萇諫曰：“鮮卑皆有思歸之志，故起而爲亂，宜驅令出關，不可遏也。夫執鼷鼠之尾，猶能反噬于人。彼自知困窮，致死于我，萬一失利，悔將何及！但可鳴鼓隨之，彼將奔敗不暇矣。”叡弗從，戰于華澤，叡兵敗績，爲泓所殺。萇遣龍驤將軍趙都、參軍姜辦詣堅謝罪，堅怒殺之，諡叡愍公。萇懼，奔渭北馬牧以叛。左軍將軍竇衝擊慕容沖于河東，大破之，沖帥鮮卑騎八千奔泓。泓衆至十萬，遣使謂堅曰：“秦爲無道，滅我社稷。今天誘其衷，使秦兵傾敗，將欲興復大燕。吳王已定關東，可速資備大駕，奉送家兄皇帝并宗室功臣之家。泓當率關中燕人，翼衛乘輿，返還鄴都，與秦以虎牢爲界，分王天下，永爲鄰好，不復爲秦之患也。鉅鹿公輕驀銳進，爲亂兵所害，非泓之意。”堅大怒，召慕容暐責之曰：“卿父子干紀僭亂，乖逆人神，朕應天行罰，盡兵勢而得卿。卿非改迷歸善，而合宗蒙宥，兄弟布列上將、納言，雖曰破滅，其實若歸。奈何因王師小敗，便猖悖如此！垂爲長蛇於關東，泓、沖稱兵内侮。今泓書如此，卿欲去者，朕當相資。卿之宗族，可謂人面獸心，殆不可以國士期也。”暐叩頭流血，涕泣陳謝。堅久之曰：“《書》云：父子兄弟無相及也。卿之忠誠，實簡朕心，此自三豎所爲，非卿之過。”復其爵位，待之如初。命暐以書招諭泓、沖及垂，使息兵還長安，恕其反叛之罪。暐密遣使謂泓曰："今秦數已終，長安怪異特甚，當不復能久立。吾既籠中之人，必無還理。昔不能保守宗廟，致令傾喪若斯，吾燕之罪人也，不足復顧吾之存亡。社稷不輕，勉建大業，以興復爲務。可以吳王爲相國；中山王爲太宰，領大司馬；汝可爲大將軍，領司徒，承制封拜。聽吾死問，汝便即尊位。"泓於是進向長安，改元燕興。是時鬼夜哭，三旬而止。

　　屠本《十六國春秋》卷第三十八《前秦録七・苻堅下》頁二十背至二十三背

　　淮南之敗，萇奔歸長安，慕容泓起兵叛堅。堅遣子衛大將軍苻叡討之，署萇爲司馬。

　　屠本《十六國春秋》卷第五十五《後秦録三・姚萇》頁一背至二正

　　平陽太守慕容沖起兵二萬進攻蒲坂，堅使衝討之，大破於河東。

　　屠本《十六國春秋》卷第四十二《前秦録十・竇衝》頁四十六正

　　慕容暐弟泓先爲北城長史，聞垂攻鄴，亡命奔關東，牧諸馬牧鮮卑，衆至數千，還屯華陰。暐乃潛使諸弟及宗人起兵于外，堅遣將軍強永率騎擊之，爲泓所敗，泓衆遂盛，自稱大都督、雍州牧、濟北王，推叔父垂爲丞相、大司馬、冀州牧、吳王。堅謂權翼曰："吾不從卿言，鮮卑至是。關東之地，吾不復與之争，若將泓何？"翼曰："寇不可長，慕容正可據山東爲亂，不暇近逼，今暐及宗族種類，盡在京師，鮮卑之衆，布於畿甸，實社稷之憂，宜遣重將討之。"堅乃以

廣平公熙鎮蒲坂。苻叡爲都督，配兵五萬，姚萇爲司馬，討泓于華
澤。平陽太守慕容沖起兵河東，有衆二萬，進攻蒲坂，命寶衝討之。
苻叡勇果輕敵，至華澤，敗績，被殺。堅大怒，萇懼誅，遂叛。寶衝
擊慕容沖于河東，大破之，沖奔于泓。泓至十萬餘，遣使謂堅曰：
“秦師傾敗，將興復大燕，吳王以定關東，可速資備大駕，奉送家兄
皇帝返鄴都，與秦以虎牢爲界，分王天下。”堅怒，召暐責之，暐叩頭
流血陳謝。堅久之曰：“此自三豎之罪，非卿之過。”復其位，待之如
初。命暐以書招諭垂及泓衆，使衆兵還長安，恕其反叛之罪。而暐
遣使謂泓曰：“今秦數已終，當不復能久立，吾既籠中之人，必無還
理，勉建大業，以興復爲務。”泓于是進向長安，改年曰燕興。

　　　　　《十六國春秋別本》卷四《前秦録·苻堅》頁十八正至十九正

　　白雀元年，慕容泓起兵叛堅，堅遣子叡討之，以萇爲司馬。既
而爲泓所敗，叡死之。

　　　　　　　　《十六國春秋別本》卷五《後秦録·姚萇》頁三背

　　燕王垂以鄴城猶固，會僚佐議之。右司馬封衡請引漳水灌之；
用曹操攻鄴故智也。從之。垂行圍，行，下孟翻。因飲於華林園，洛都，
鄴都皆有華林園；鄴之華林，則魏武所築也。秦人密出兵掩之，矢下如
雨，垂幾不得出，幾，居依翻。冠軍大將軍隆將騎衝之，垂僅而得免。
將，即亮翻。騎，奇寄翻。

　　　　　《資治通鑑》卷一百五《晉紀二十七·孝武帝太元九年》頁三三
二八至三三二九

　　慕容泓爲其叔父沖所殺，沖自稱皇太弟。

　　　　　　　　　《晉書》卷九《帝紀第九·孝武帝》頁二三三

（姚）萇又東引慕容泓爲援。

泓謀臣高蓋、宿勤崇等以泓德望後沖，且持法苛峻，乃殺泓，立沖爲皇太弟，承制行事，自相署置。

《晉書》卷一百十四《載記第十四·苻堅下》頁二九二一至二九二二

慕容泓謀臣高蓋等以泓德望不如慕容沖，且持法苛峻，乃殺泓，立沖爲皇太弟，承制行事，置百官；以蓋爲尚書令。

《資治通鑑》卷一百五《晉紀二十七·孝武帝太元九年》頁三三三〇

慕容泓爲其叔父沖所殺，沖自稱皇太弟。

《通志》卷十下《晉紀十下·孝武皇帝》頁二〇七上

（姚）萇又東引慕容泓爲援。泓謀臣高置、宿勤崇等以泓德望後沖，且持法苛峻，乃殺泓，立沖爲皇太弟，承制行事，自相署置。

《通志》卷一百八十九《載記四·前秦》頁三〇三四下

（姚）萇又東引慕容泓爲援。泓謀臣高蓋、宿勤崇等以泓德望後沖，且持法苛峻，乃殺泓，立沖爲皇太弟，承制行事，自相署置。

《十六國春秋輯補》卷三十七《前秦錄七·苻堅》頁二九一

（姚）萇又東引慕容泓爲援。泓謀臣高蓋、宿勒崇等以泓德望後沖，且持法苛峻，乃殺泓，立沖爲皇太弟，承制行事，自相署置。

屠本《十六國春秋》卷第三十八《前秦錄七·苻堅下》頁二十四背

　　時慕容沖與苻堅相攻，衆甚盛。萇將西上，恐沖邀之，乃遣使通和，以子崇爲質於沖，進屯北地，厲兵積粟，以觀時變。

　　　　　　《晉書》卷一百十六《載記第十六·姚萇》頁二九六六

　　時慕容沖與苻堅相攻，衆甚盛。萇將西上，恐沖邀之，乃遣使通好，以子崇爲質於沖，進屯北地，厲兵積粟，以觀時變。

　　　　　　《册府元龜》卷二三〇《僭僞部·和好》頁二七三八上

　　後秦王萇遣子嵩爲質於沖以請和。欲連兵以斃秦，且畏沖兵之强也。質，音致。

　　　　　　《資治通鑑》卷一百五《晉紀二十七·孝武帝太元九年》頁三三三〇

　　時慕容沖與苻堅相攻，衆甚盛。萇將西上，恐沖邀之，乃遣使通和，以子崇爲質於沖，進屯北地，厲兵積粟，以觀時變。

　　　　　　《通志》卷一百九十《載記五·後秦》頁三〇四四下

　　時慕容沖與苻堅相攻，衆甚盛。萇將西上，恐沖邀之，乃遣使通和，以子崇爲質於沖，進屯北地，厲兵積粟，以觀時變。

　　　　　　《十六國春秋輯補》卷五十《後秦録二·姚萇》頁三八〇

　　夏四月，慕容沖與苻堅相攻，沖衆甚盛。萇將西上，恐沖邀之，遣使通和，以子崇爲質於沖。

　　　　　　屠本《十六國春秋》卷第五十五《後秦録三·姚萇》頁二背

　　南燕慕容垂遣其征西大將軍太原王慕容楷、衛軍慕容麟、鎮南

慕容紹、征虜慕容宙等攻苻堅冀州牧苻定、鎮東苻紹、幽州牧苻謨、
鎮北苻亮。楷與定等書,喻以禍福,定等悉降。

　　　　《冊府元龜》卷二三〇《僭偽部・懷附》頁二七四三上

　　後燕慕容垂僭即帝位,遣其征西慕容楷、衛軍慕容麟、鎮南慕
容紹、征虜慕容宙等攻苻堅冀州牧苻定、鎮州牧苻紹、幽州牧苻謨、
鎮北苻亮。楷與定等書,喻以禍福,定等悉降。

　　　　《冊府元龜》卷二三一《僭偽部・征伐》頁二七五二上

　　秦苻定、苻紹皆降於燕;定以信都降,紹以高城降。降,戶江翻;下
同。燕慕容麟引兵西攻常山。苻謨守常山。

　　　　《資治通鑑》卷一百五《晉紀二十七・孝武帝太元九年》頁三三
二九

　　燕慕容麟拔常山,秦苻亮、苻謨皆降。降,戶江翻。麟進圍中山,
秋,七月,克之,執苻鑒。冀州皆爲燕有,惟苻丕守鄴而已。麟威聲大
振,留屯中山。
　　秦幽州刺史王永、平州刺史苻沖帥二州之衆以擊燕。帥,讀曰
率。燕王垂遣平【章:十二行本“平”作“甯”;乙十一行本同;張校同。】朔
將軍平規擊永,此平規別是一平規,平幼之弟,非與苻洛同反之平規也。永
遣昌黎太守宋敞逆戰於范陽,敞兵敗,規進據薊南。薊,音計。

　　　　《資治通鑑》卷一百五《晉紀二十七・孝武帝太元九年》頁三三
三〇

　　苻堅及慕容沖戰于鄭西,堅師敗績。

　　　　《晉書》卷九《帝紀第九・孝武帝》頁二三三

苻暉率洛陽、陝城之衆七萬歸於長安。益州刺史王廣遣將軍王蚝率蜀漢之衆來赴難。堅聞慕容沖去長安二百餘里，引師而歸，使撫軍苻方戍驪山，拜苻暉使持節、散騎常侍、都督中外諸軍事、車騎大將軍、司隷校尉、録尚書，配兵五萬距沖，河間公苻琳爲中軍大將軍，爲暉後繼。沖乃令婦人乘牛馬爲衆，揭竿爲旗，揚土爲塵，督厲其衆，晨攻暉營於鄭西。暉出距戰，沖揚塵鼓譟，暉師敗績。堅又以尚書姜宇爲前將軍，與苻琳率衆三萬，擊沖於灞上，爲沖所敗，宇死之，琳中流矢，沖遂據阿房城。初，堅之滅燕，沖姊爲清河公主，年十四，有殊色，堅納之，寵冠後庭。沖年十二，亦有龍陽之姿，堅又幸之。姊弟專寵，宮人莫進。長安歌之曰：“一雌復一雄，雙飛入紫宮。”咸懼爲亂。王猛切諫，堅乃出沖。長安又謡曰：“鳳皇鳳皇止阿房。”堅以鳳皇非梧桐不栖，非竹實不食，乃植桐竹數十萬株於阿房城以待之。沖小字鳳皇，至是，終爲堅賊，入止阿房城焉。

　　《晉書》卷一百十四《載記第十四·苻堅下》頁二九二二

　　沖又擊殺堅將姜宇於灞上，遂屯阿房。

　　《魏書》卷九十五《列傳第八十三·臨渭氐苻健》頁二〇七八

　　前燕慕容沖。初，苻堅之滅慕容暐，沖姊爲清河公主年十四，有殊色，堅納之。沖年十二有龍陽之姿，堅又幸之。長安歌曰：“一雌復一雄，雙飛入紫宮。”咸懼爲亂。王猛切諫，乃出沖長安。又謡曰：“鳳凰，鳳凰止阿房。”堅曰：“鳳凰非梧桐不棲，非竹實不食。”乃各植數千株於阿房以待之。沖小字鳳凰，是終爲堅賊，入止阿房。

　　　　　　　　　　　　　　　　　　《小名録》卷上

《秦記》曰：初長安謠云：鳳皇止阿房。苻堅遂於阿房城植桐數萬株，以至慕容沖入阿房而居，沖小字鳳皇。

　　　　《藝文類聚》卷八十八《木部上·桐》頁一五二七

崔鴻《十六國春秋·前秦錄》曰：慕容沖叛，苻堅遣平原公暉討之。沖乃令婦人各將一囊盛塵，皆令騎牛，服文采衣，執持長槊於陳後。沖晨攻暉，兵刃交接，昌言班隊何在，於是奔競而進，皆毀囊揚塵，埃霧連天，莫測多少，暉衆大潰。

　　　　《太平御覽》卷三七《地部二·塵》頁一七八上

堅卒步騎二萬討姚萇於北地。萇率衆七萬來攻，堅爲萇所敗。聞慕容沖去長安二百餘里，退師而歸，使苻方戍驪山，苻暉都督中外諸軍事，配兵五萬拒沖。暉師敗績。堅又以尚書姜宇與苻琳率衆三萬，擊沖于霸上，爲沖所敗，宇死之，琳中流矢，沖遂據阿房城，進逼長安。堅登城觀之，歎曰：“此虜從何出也？吾不用王景略、陽平公之言，使白虜敢以至於此。”長樂公苻丕在鄴糧竭，馬又無草，削松木而食之。會丁零叛慕垂，引師去鄴，始具西問，知長安危逼，遣從弟求救於謝玄。

　　　　《太平御覽》卷一二二《偏霸部六·前秦苻堅》頁五九一上至五九一下

又曰：前秦初，苻堅滅燕，慕容沖妹年十四，有殊色，堅納之。

　　　　《太平御覽》卷三八〇《人事部二一·美婦人上》頁一七五六上

崔鴻《十六國春秋》曰：初，苻堅二十五年滅慕容，沖姊清河公主年十四，有姝色，堅納之，寵冠後庭。沖時年十二，亦有龍陽之美，堅又幸之。姊弟專寵，宮人莫進。長安中歌之曰：“一雌與一雄，雙飛入紫宮。”咸懼爲亂，王猛切諫，乃出沖。沖卒爲堅賊。

　　　　《太平御覽》卷五七〇《樂部八·歌一》頁二五七九上

　　《秦記》曰：初，長安謡云：“鳳凰鳳凰，止阿房。”符堅遂於阿房城植桐數萬株以待之。至是，慕容沖入阿房城而止焉。沖，小字鳳凰。

　　　　《太平御覽》卷九五六《木部五·桐》頁四二四四下

　　《晉書·載記》曰：長安謡曰：“鳳皇鳳皇，止阿房。”符堅以鳳皇非梧桐不棲，非竹實不食，乃植桐竹數十萬株於阿房宮城以待之。慕容沖，小字鳳皇，至是終爲堅賊，入止阿城焉。

　　　　《太平御覽》卷九六二《竹部一·竹上》頁四二六九下

　　符堅初滅燕，慕容沖之姊爲清河公主年十四，有殊色，堅納之，寵冠後庭。沖年十二，亦有龍陽之姿，堅又幸之。姊弟專寵，宮人莫進。長安歌曰：“一雌復一雄，雙飛入紫宮。”咸懼爲亂，王猛切諫，堅乃出沖。長安又謡曰：“鳳凰鳳凰，止阿房。”堅以鳳凰非梧桐不棲，竹實不食，乃植梧竹數十萬株于阿房城以待之。沖，小字鳳凰，終爲堅賊，入止阿房城焉。

　　　　《册府元龜》卷八九四《總録部·謡言》頁一〇五八四上至一〇五八四下

　　秦【章：十二行本“秦”上有“益州刺史王廣遣將軍王虬帥蜀漢之衆三萬北救長安”二十二字；乙十一行本同；孔本同；張校同；退齋校同。】王堅聞

慕容沖去長安浸近，乃引兵歸，歸自北地趙氏塢，使沖不逼長安，堅尚與
萇相持，勝負之勢，未有所定也。沖兵既逼，堅不容不還長安，萇得收嶺北以
爲資；堅、沖血戰而萇伺其敝；堅死而鮮卑東出，萇坐而取關中；真所謂鷸蚌
相持，漁人之利也。遣撫軍大將軍方【章：十二行本"方"上有"高陽公"三
字；乙十一行本同；孔本同；張校同。】戍驪山，驪，力知翻。拜平原公暉爲
都督中外諸軍事、車騎大將軍、錄尚書事，配兵五萬以拒沖。沖與
暉戰于鄭西，大破之。堅又遣前將軍姜宇與少子河間公琳帥衆三
萬拒沖於灞上；少，詩照翻。琳、宇皆敗死，沖遂據阿房城。即秦之阿
房宮城。

　　《資治通鑑》卷一百五《晉紀二十七·孝武帝太元九年》頁三三
三一

　　苻堅及慕容沖戰于鄭西，堅師敗績。
　　　　《通志》卷十下《晉紀十下·孝武皇帝》頁二〇七上

　　苻暉率洛陽、陝城之衆七萬歸于長安。益州刺史王廣遣將軍
王蚝率蜀漢之衆來赴難。堅聞慕容沖去長安二百餘里，引師而歸，
使撫軍苻方戍驪山，拜苻暉使持節、散騎常侍、都督中外諸軍事、車
騎大將軍、司隸校尉、錄尚書，配兵五萬距沖，河間公苻琳爲中軍大
將軍，爲暉後繼。沖乃令婦人乘牛爲衆，揭竿爲旗，揚土爲塵，督屬
其衆，晨攻暉營于城西。暉出距戰，沖揚塵鼓譟，暉師敗績。堅又
以尚書姜宇爲前將軍，與苻琳率衆三萬，擊沖于灞上，爲沖所敗，宇
死之，琳中流矢，沖遂據阿房城。初，堅之滅燕，沖姊僞清河公主，
年十四，有殊色，堅納之，寵冠後庭。沖年十二，亦有龍陽之姿，堅
又幸之。姊弟專寵，宮人莫進。長安歌之曰："一雌復一雄，雙飛入
紫宫。"咸懼爲亂。王猛切諫，堅乃出沖。長安又謠曰："鳳皇鳳皇

止阿房。"堅以鳳皇非梧桐不棲，非竹實不食，乃植桐竹數十萬株于阿房城以待之。沖小字鳳皇，至是，終爲堅賊，入止阿房城焉。

　　　　　《通志》卷一百八十九《載記四・前秦》頁三〇三五上

　　符暉率洛陽、陝城之衆七萬歸於長安。益州刺史王廣遣將軍王蚝率蜀漢之衆來赴難。堅聞慕容沖去長安二百餘里，引師而歸，使撫軍符方戍驪山，拜平原公符暉使持節、散騎常侍、都督中外諸軍事、車騎大將軍、司隸校尉、錄尚書，配兵五萬距沖，河間公符琳爲中軍大將軍，爲暉後繼。沖乃命婦人各將一囊盛塵，皆令騎牛，服文采衣，執持長槊於陣後，爲衆揭竿爲旗，揚土爲塵，督屬其衆。沖晨攻暉營於鄭西，暉出距戰，兵刃交接，昌言："班隊何在！"於是奔競而進，皆毀囊揚塵，埃霧連天，鼓譟莫測多少，暉衆大潰，此段亦詳見於《御覽》三十七。暉師敗績。堅又以尚書姜宇爲前將軍，與符琳率衆三萬，擊沖於灞上，爲沖所敗，宇死之……琳中流矢……

　　沖遂據阿房城。初，堅之滅燕，二十五年，當作"太和五年"，稱晉年也。"二十"乃"太和"之誤。沖姊爲清河公主，年十四，有殊色，堅納之，寵冠後庭。沖年十二，亦有龍陽之姿，一作"美"。堅又幸之。姊弟專寵，宮人莫進。長安中歌之曰："一雌復一雄，雙飛入紫宮。"咸懼爲亂。王猛切諫，堅乃出沖。此節亦見《御覽》五百七十，又三百八十。長安又謠曰："鳳皇鳳皇止阿房。"堅以鳳皇非梧桐不栖，非竹實不食，乃植桐竹十萬株於阿房以待之。沖小字鳳皇，至是，卒爲堅賊，此句亦見《御覽》五百七十。入止阿房城焉。

　　　　　《十六國春秋輯補》卷三十七《前秦録七・符堅》頁二九一至二九二

　　秋七月，平原公暉帥洛陽、陝城之衆七萬歸長安。益州刺史王廣遣將軍王虬帥蜀漢之衆三萬，北來赴難。堅聞慕容沖去長安二百餘里，引師而歸，遣撫軍大將軍、高陽公方戍驪山，拜平原公暉使持節、散騎常侍、都督中外諸軍事、車騎大將軍、司隸校尉、録尚書事，配兵五萬拒沖，以少子河間公琳爲中軍大將軍，爲暉後繼。沖乃令婦人各將一囊盛塵，皆令騎牛，服文彩衣，執持長槊于陣後，督屬其衆。晨攻暉營於鄭西，暉出拒戰，兵刃交接，昌言班隊何在，於是奔競而進，皆毁囊揚塵，埃霧連天，莫測多少，暉師大敗。堅又以尚書姜宇爲前將軍，與琳率衆三萬，擊沖于灞上，爲沖所敗，宇死之，琳中流矢，沖遂據阿房城。初，堅之滅燕，沖姊清河公主年十四，有殊色，堅納之，寵冠後庭。沖年十三，亦有龍陽之姿，堅又幸之。姊弟專寵，宮人莫進。長安歌之曰：“一雌復一雄，雙飛入紫宮。”咸懼爲亂。王猛切諫，堅乃出沖。及其母卒，葬以燕后之禮。長安又謡曰：“鳳皇鳳皇止阿房。”堅以鳳皇非梧桐不棲，非竹實不食，乃植桐竹數千萬株于阿房城以待鳳皇之至。沖小字鳳皇，至是終爲堅賊，入止阿房城。

　　屠本《十六國春秋》卷第三十八《前秦録七‧符堅下》頁二十五正至二十六正

　　慕容沖寇亂長安，堅以琳爲中軍大將軍，率衆三萬擊沖於灞水之上，爲沖所敗，中流矢死。

　　屠本《十六國春秋》卷第四十一《前秦録九‧符琳》頁十五正

　　會慕容沖引師來攻，去長安二百餘里，城內戒嚴。堅乃拜暉使持節、散騎常侍、都督中外諸軍事、車騎大將軍、司隸校尉、録尚書，配兵五萬拒沖，河間公琳以中軍大將軍爲暉後繼。沖令婦人乘牛，爲衆揭竿爲旗，揚土爲塵，督屬其衆。晨攻暉營，暉出拒戰，沖揚塵鼓譟，暉師敗績。

　　屠本《十六國春秋》卷第四十一《前秦録九·苻暉》十四正至
十四背

　　宇以尚書領前將軍與河間公琳擊慕容沖，爲沖所殺。

　　屠本《十六國春秋》卷第四十二《前秦録十·姜宇》頁二十三
背至二十四正

　　堅爲萇所敗，聞慕容沖去長安一百餘里，引師而歸，使苻方戍
驪山，拜苻暉都督中外諸軍事，配兵五萬，拒沖。暉師敗績。堅入，
以尚書姜宇與苻琳率衆三萬擊沖于灞上，爲沖所敗，宇死之，琳中
流矢，沖遂據阿房城。

　　　　　　　　《十六國春秋別本》卷四《前秦録·苻堅》頁十九背

　　燕翟斌恃功驕縱，邀求無厭；斌，音彬。厭，於鹽翻。又以鄴城久
不下，潛有貳心。太子寶請除之，燕王垂曰：“河南之盟，不可負也；
斌引兵會垂於洛陽，垂與之盟，蓋在河南縣。若其爲難，難，乃旦翻。罪由
於斌。今事未有形而殺之，人必謂我忌憚其功能；吾方收攬豪傑以
隆大業，不可示人以狹，失天下之望也。藉彼有謀，吾以智防之，無
能爲也。”范陽王德、陳留王紹、驃騎大將軍農皆曰：“翟斌兄弟恃功
而驕，必爲國患。”垂曰：“驕則速敗，焉能爲患！焉，於乾翻，何也。彼
有大功，當聽其自斃耳。”禮遇彌重。

　　斌諷丁零及其黨請斌爲尚書令。垂曰：“翟王之功，宜居上輔；
但臺既未建，此官不可遽置耳。”斌怒，密與前秦長樂公丕通謀，《通
鑑》凡苻秦事，書曰秦；此“前”字衍。使丁零決隄潰水；燕引漳水以灌鄴，
故斌欲決隄以潰之。事覺，垂殺斌及其弟檀、敏，餘皆赦之。

　　斌兄子真，夜將營衆北奔邯鄲，將，即亮翻。邯鄲，音寒丹。引兵還向鄴圍，欲與丕內外相應；太子寶與冠軍大將軍隆擊破之。冠，古玩翻。真還走邯鄲。走，音奏。

　　太原王楷、陳留王紹言於垂曰：“丁零非有大志，但寵過爲亂耳。今急之則屯聚爲寇，緩之則自散，散而擊之，無不克矣。”垂從之。

　　《資治通鑑》卷一百五《晉紀二十七·孝武帝太元九年》頁三三三一至三三三二

　　八月，翟真自邯鄲北走，燕王垂遣太原王楷、驃騎大將軍農帥騎追之，及【章：十二行本“及”上有“甲寅”二字；乙十一行本同；孔本同；張校同；退齋校同。】於下邑。楷欲戰，農曰：“士卒飢倦，且視賊營不見丁壯，殆有他伏。”楷不從，進戰，燕兵大敗。真北趨中山，屯于承營。羸師示弱者，必有伏兵，衆所通知也，然而往往墮其中而不自覺以致覆軍者多矣。趨，七諭翻；下同。

　　《資治通鑑》卷一百五《晉紀二十七·孝武帝太元九年》頁三三三三

　　九月，謝玄使彭城內史劉牢之攻秦兗州刺史張崇。辛卯，崇棄鄄城奔燕。牢之據鄄城，鄄，吉掾翻。河南城堡皆來歸附。

　　《資治通鑑》卷一百五《晉紀二十七·孝武帝太元九年》頁三三三四

　　九月，謝玄使龍驤將軍、彭城內史劉牢之攻兗州刺史張崇。辛卯，崇棄鄄城奔慕容垂。

　　屠本《十六國春秋》卷第三十八《前秦錄七·苻堅下》頁二十六背至二十七正

　　苻丕在鄴糧竭,馬無草,削松木而食之。會丁零叛慕容垂,垂引師去鄴,始具西問,知苻叡等喪敗,長安危逼,乃遣其陽平太守邵興率騎一千,將北引重合侯苻謨、高邑侯苻亮、阜城侯苻定于常山,固安侯苻鑒、中山太守王兗於中山,以爲己援。垂遣將軍張崇要興,獲之於襄國南。又遣其參軍封孚西引張蚝、并州刺史王騰於晉陽,蚝、騰以衆寡不赴。

　　　　　　《晉書》卷一百十四《載記第十四·苻堅下》頁二九二三

　　蕭方等《三十國春秋》曰:慕容垂攻鄴,苻丕遣其從弟就請救,乃遣謝玄青銅鏡、黃金婉轉繩等,以之爲信。

　　　　　　　《初學記》卷第二十五《器物部·鏡第九》頁六〇八

　　又曰:慕容垂攻鄴,苻丕遣其從弟龍請救。乃遣謝玄青銅鏡、黃金宛轉繩等,以爲之信。

　　　　　　《太平御覽》卷七一七《服用部一九·鏡》頁三一七七上

　　又曰:慕容垂攻苻丕,在鄴糧竭,馬無草,但削松木而食之。

　　　　　　《太平御覽》卷九五三《木部二·松》頁四二三一上

　　車頻《秦書》曰:慕容垂圍鄴,百姓不得復田。民以桑椹爲糧,相噉略盡。

　　　　　　《太平御覽》卷九七三《果部一〇·椹》頁四三一四下至四三一五上

　　鄴中芻糧俱盡,削松木以飼馬。飼,祥吏翻。燕王垂謂諸將曰:"苻丕窮寇,必無降理;降,户江翻。不如退屯新城,即肥鄉之新興城也。

開丕西歸之路，以謝秦王疇昔之恩，且爲討翟真之計。"丙寅夜，垂
解圍趨新城。遣慕容農徇清河、平原，徵督租賦。農明立約束，均
適有無，軍令嚴整，無所侵暴，由是穀帛屬路，軍資豐給。屬，之欲翻。

　　《資治通鑑》卷一百五《晉紀二十七‧孝武帝太元九年》頁三三
三三

　　是時，燕軍疲弊，秦勢復振，復，扶又翻。冀州郡縣皆觀望成敗，
趙郡人趙粟等起兵柏鄉以應興。魏收《地形志》：南趙郡柏人縣有柏鄉
城。《九域志》曰：柏鄉故城，春秋時晉鄗邑。《五代志》：隋文帝開皇十六年，
置柏鄉縣，屬趙郡。燕王垂遣冠軍大將軍隆、龍驤將軍張崇將兵邀擊
興，命驃騎大將軍農自清河引兵會之。冠，古玩翻。驤，思將翻。驃，
匹妙翻。騎，奇寄翻。隆與興戰于襄國，大破之；興走至廣阿，遇慕容
農，執之。光祚聞之，循西山走歸鄴。隆遂擊趙粟等，皆破之，冀州
郡縣復從燕。復，扶又翻。

　　《資治通鑑》卷一百五《晉紀二十七‧孝武帝太元九年》頁三三
三五

　　苻丕在鄴糧竭，馬無草，削松木而食之。會丁零叛慕容垂，垂
引師去鄴，始具西問，知苻叡等喪敗，長安危逼，乃遣其陽平太守邵
興率騎一千，將北引重合侯苻謨、高邑侯苻亮、阜城侯苻定于常山，
固安侯苻鑒、中山太守王充于中山，以爲己援。垂遣將軍張崇要
興，獲之于襄國南。又遣其參軍封孚西引張蚝、并州刺史王騰于晉
陽，蚝、騰以衆寡不赴。

　　《通志》卷一百八十九《載記四‧前秦》頁三〇三五中

　　長樂公苻丕在鄴，糧竭，馬又無草，削松木而食之。會丁零叛

慕容垂，垂引師去鄴，始具西問，知苻叡等喪敗，長安危逼。乃遣其陽平太守邵興率騎一千，將北引重合侯苻謨、高邑侯苻亮、阜城侯苻定於常山，固安侯苻鑒、中山太守王兖於中山，以爲己援。垂遣張崇要興，獲之於襄國南。又遣其參軍封孚西引張蚝、并州刺史王騰於晉陽，蚝、騰以衆寡不赴。

　　　　《十六國春秋輯補》卷三十七《前秦録七·苻堅》頁二九三

　　長樂公丕在鄴，糧竭，馬無草，削松木而食之。會丁零叛，慕容垂引師去鄴。

　　屠本《十六國春秋》卷第三十八《前秦録七·苻堅下》頁二十八正

　　慕容垂遣龍驤將軍張崇將兵邀興，戰于襄國南，大破之。興走至廣阿，爲垂所執。光祚聞之，循山走歸鄴。丕又遣光祚及參軍封孚西引驃騎將軍張蚝、并州刺史王騰于晉陽以自救，蚝、騰以衆寡不赴。

　　屠本《十六國春秋》卷第三十八《前秦録七·苻堅下》頁二十八背

　　長樂公苻丕在鄴，糧竭，馬又無草，削松木而食之。會丁零叛，慕容垂引師去鄴，始具西問，知長安危逼，乃遣從弟求救于謝玄。

　　　　《十六國春秋別本》卷四《前秦録·苻堅》頁十九背至二十正

　　慕容沖進逼長安，堅登城觀之，歎曰："此虜何從出也？其强若斯！"大言責沖曰："爾輩群奴正可牧牛羊，何爲送死！"沖曰："奴則奴矣，既厭奴苦，復欲取爾見代。"堅遣使送錦袍一領遺沖，稱詔曰："古人兵交,使在其間。卿遠來草創,得無勞乎？今送一袍,以明本懷。朕於卿恩分如何,而於一朝忽爲此變！"沖命詹事答之,亦稱"皇太弟有令:孤今心在天下,豈顧一袍小惠。苟能知命,便可君臣束手,早送皇帝,自當寬貸符氏,以酬曩好,終不使既往之施獨美於前"。堅大怒曰："吾不用王景略、陽平公之言,使白虜敢至於此。"

《晉書》卷一百十四《載記第十四·符堅下》頁二九二三

（慕容沖）進逼長安。堅登城觀之,歎曰："此虜何從而出？其強若斯！"大言責沖曰："爾輩群奴,正可牧牛羊,何爲送死！"沖曰："奴則奴矣,既厭奴苦,取爾見代。"堅遣使送錦袍一領遺沖,使者稱有詔："古人兵交,使在其間。卿遠來草創,得無勞乎？今送一袍,以明本懷。朕於卿恩分如何,而於一朝忽爲此變？"沖命詹事答之,亦稱皇太弟有令 ① :"孤今心在天下,豈顧一袍小惠。苟能知命,便可君臣束手,早送皇帝。自當寬貸符氏,以酬曩好,終不使既往之事,獨美於前。"堅大怒曰："朕不用王景略、陽平公之言,使白虜敢至於此！"

《魏書》卷九十五《列傳第八十三·臨渭氐符健》頁二○七八

後沖進攻長安,堅登城責之曰："爾輩群奴,止可牧牛羊,何爲送死！"沖曰："既厭奴苦,取爾見代！"沖竟僭位於阿房前。

《小名録》卷上

---

①此處中華書局點校本《魏書》無校勘記,中華書局點校修訂本《魏書》二二六四頁校勘記〔三九〕稱皇太弟有令 "令",原作"分",據殿本、《晉書》卷一一四《符堅載記》下改。

　　崔鴻《前秦録》曰：慕容沖進逼長安，苻堅遣使送錦袍一遺沖。使者稱有詔：“古人兵交，使在其間。卿遠來草創，得無勞乎！今送一袍，以明本懷，朕於卿恩分如何？而於一朝忽爲此變！”

　　　　《太平御覽》卷四七八《人事部一一九・贈遺》頁二一九〇下

　　崔鴻《十六國春秋・前秦録》曰：慕容沖進逼長安，堅登城觀之，歎曰：“此虜何從出也，其強若斯！”大言責沖曰：“爾輩群奴，正可牧牛羊，何爲送死？”沖曰：“奴則奴矣。既厭奴苦，復欲取爾見代。”

　　　　《太平御覽》卷五〇〇《人事部一四一・奴婢》頁二二八七下

　　又曰：慕容沖進逼，苻堅送一領錦袍遺沖，詔曰：“古者交兵，使在其間。今送一袍，以明本懷。”

　　　　《太平御覽》卷六九三《服章部一〇・袍》頁三〇九三下

　　慕容沖進逼長安，秦王堅登城觀之，歎曰：“此虜何從出哉！”大呼責沖曰：呼，火故翻。“奴何苦來送死！”沖曰：“奴厭奴苦，欲取汝爲代耳！”沖少有寵於堅，沖少有龍陽之色，得幸於堅。少，詩照翻。堅遣使以錦袍稱詔遺之。遺，于季翻。沖遣詹事稱皇太弟令答之曰：“孤今心在天下，豈顧一袍小惠！苟能知命，君臣束手，早送皇帝，皇帝謂慕容暐。自當寬貸苻氏以酬曩好。”好，呼到翻。堅大怒曰：“吾不用王景略、陽平公之言，事見一百三卷寧康三年及上卷太元七年。使白虜敢至於此！”《載記》曰：秦人率謂鮮卑爲白虜。

　　　　《資治通鑑》卷一百五《晉紀二十七・孝武帝太元九年》頁三三三四

　　慕容沖進逼長安，堅登城觀之，歎曰：“此虜何從出也？其強若斯！”大言責沖曰：“爾輩群奴正可牧牛羊，何爲送死！”沖曰：“奴則奴矣，既厭奴苦，復欲取爾見代。”堅遣使送錦袍一領遺沖，稱詔曰：“古人兵交，使在其間。卿遠來草創，得無勞乎？今送一袍，以明本懷。朕於卿恩分如何，而於一朝忽爲此變！”沖命詹事答之，亦稱“皇太弟有令：孤今心在天下，豈顧一袍小惠。苟能知命，便可君臣束手，早送皇帝，自當寬貸苻氏，以酬曩好，終不使既往之施獨美於前”。堅大怒曰：“吾不用王景略、陽平公之言，使白虜敢至於此。”

《通志》卷一百八十九《載記四·前秦》頁三〇三五上至三〇三五中

慕容沖進逼長安，堅登城觀之，歎曰：“此虜從何出也？其强若斯！”大言責沖曰：“爾輩群奴正可牧牛羊，何爲送死！”沖曰：“奴則奴矣，既厭一作“厄”。奴苦，復欲取爾相一作“見”。代。”此節亦見《類聚》三十五。堅遣使送錦袍一領遺沖，使者稱有詔曰：“古人兵交，使在其間。卿遠來草創，得無勞乎？今送一袍，以明本懷。朕於卿恩分如何，而於一朝忽爲此變！”此節亦見《御覽》四百七十八。沖命詹事答之，亦稱：“皇太弟有令：孤今心在天下，豈顧一袍小惠！苟能知命，便可君臣束手，早送皇帝，自當寬貸苻氏，以酬曩好，終不使既往之施獨美於前”。堅大怒曰：“吾不用王景略、陽平公之言，使白虜敢至於此！”

《十六國春秋輯補》卷三十七《前秦録七·苻堅》頁二九二至二九三

慕容沖進逼長安，堅登城觀之，歎曰：“此虜何從出也？其强若斯！”大言責沖曰：“爾輩群奴正可牧羊耳，何爲苦來送死！”沖曰：

"奴則奴矣,既厄奴苦,復欲取爾相代耳。"堅遣使送錦袍一領遺沖,使者稱有詔:"古人交兵,使在其間。卿遠來草創,得無勞乎?今送一袍,以明本懷。朕於卿恩分何如,而于一朝忽爲此變!"沖命詹事答之,亦稱"皇太弟有令:今孤心在天下,豈顧一袍小惠。苟能知命,便可君臣束手,早送皇帝,自當寬貸苻氏,以酬曩好,終不使既往之施獨美于前"。堅大怒曰:"吾不用王景略、陽平公之言,使白虜敢至于此。"

　　屠本《十六國春秋》卷第三十八《前秦録七·苻堅下》頁二十七正至二十八正

　　(慕容沖)進逼長安。堅登城觀之,歎曰:"此虜從何出也,吾不用王景略、陽平公之言,使白虜敢至于此。"

　　　　　　《十六國春秋別本》卷四《前秦録·苻堅》頁十九背

　　是月,慕容文等殺庫仁,庫仁弟眷攝國部。

　　　　　　　　　　《魏書》卷二《太祖紀第二》頁二〇

　　後慕容垂圍苻丕于鄴,又遣將平規攻堅幽州刺史王永于薊,庫仁自以受堅爵命,遣妻兄公孫希率騎三千,助永擊規,大破之,阬規降卒五千餘人。乘勝長驅,進據唐城,與垂子麟相持。庫仁聞希破規,復將大舉以救丕。發雁門、上谷、代郡兵,次於繁時。先是,慕容文等當徙長安,遁依庫仁部,常思東歸,其計無由。至是役也,知人不樂,文等乃夜率三郡人,攻庫仁。庫仁匿於馬厩,文執殺之。乘其駿馬,奔慕容垂。

　　　　　《魏書》卷二十三《列傳第十一·劉庫仁》頁六〇五

七年十月，晉敗苻堅于淮南。慕容文等殺劉庫仁，弟眷代攝國部。

《北史》卷一《魏本紀第一·太祖道武皇帝》頁一〇

慕容垂圍苻丕於鄴，又遣將平規攻堅幽州刺史王永于薊。庫仁遣妻兄公孫希助永擊規，大破之。庫仁復將大舉以救丕，發雁門、上谷、代郡兵，次於繁畤。先是，慕容文等當徙長安，遁依庫仁部，常思東歸。是役也，文等夜率三郡人，攻殺庫仁，乘其駿馬，奔慕容垂。

《北史》卷二十《列傳第八·劉庫仁》頁七三二

慕容文等殺庫仁，庫仁弟眷攝國事。

《冊府元龜》卷一《帝王部·帝系》頁一一下

是月，庫仁爲慕容文等所殺，以其弟眷攝國部。

《冊府元龜》卷六《帝王部·創業二》頁六四上

慕容垂圍苻丕於鄴，又遣將攻堅幽州刺史王永。庫仁遣妻兄公孫希助永擊破之。

《冊府元龜》卷三五二《將帥部·立功五》頁四一八〇下

秦幽州刺史王永求救於振威將軍劉庫仁，先是，秦蓋授劉庫仁振武將軍。庫仁遣其妻兄公孫希帥騎三千救之，大破平規於薊南，乘勝長驅，進據唐城。【章：十二行本“城”下有“與慕容麟相持”六字；乙十一行本同；孔本同；張校同；退齋校同。】中山郡之唐縣城也。

《資治通鑑》卷一百五《晉紀二十七·孝武帝太元九年》頁三三三三

劉庫仁聞公孫希已破平規，欲大舉兵以救長樂公丕，發雁門、上谷、代郡兵，屯繁時。時，音止。燕太子太保慕輿句之子文、零陵公慕輿虔之子常慕輿句見九十八卷穆帝永和六年。慕輿虔見一百一卷哀帝興寧三年。句，音鉤。時在庫仁所，知三郡兵不樂遠征，樂，音洛。因作亂，夜攻庫仁，殺之，竊其駿馬，奔燕。公孫希之衆聞亂自潰，希奔翟真。庫仁弟頭眷代領庫仁部衆。

《資治通鑑》卷一百五《晉紀二十七·孝武帝太元九年》頁三三三五

七年十月，晉敗苻堅于淮南。慕容文等殺劉庫仁，弟眷代攝國部。

《通志》卷十五上《後魏紀十五上·太祖道武皇帝》頁二七一上

後慕容垂圍苻丕於鄴，又遣將平規攻堅幽州刺史王永于薊，庫仁遣妻兄公孫希率騎三千人助永擊規，大破之，坑規降卒五千餘人。乘勝長驅，進據唐城，與垂子麟相持。庫仁聞希破規，復將大舉以救丕。發雁門、上谷、代郡兵，次於繁時。先是，慕容文等當徙長安，遁依庫仁部，常思東歸。是役也，文等夜率三郡人，攻庫仁。庫仁匿於馬廐，文執而殺之。乘其駿馬，奔慕容垂。

《通志》卷一百四十六《列傳五十九·劉庫仁》頁二三〇三下至二三〇四上

（苻）堅自淮南之敗，垂、萇繼叛，亂者四起，而永意氣彌勵。與平州刺史苻沖率二州之衆以討慕容垂，垂遣其將平視迎擊。永遣昌黎太守宋敞逆戰於范陽，敞兵敗績，平視進據薊南。永求救於振威劉庫仁，庫仁遣其妻兄公孫希帥騎三千救之，大破平視於薊南。

　　屠本《十六國春秋》卷第四十二《前秦錄十·王永》頁四十七正
至四十七背

　　萇聞慕容沖攻長安，議進趨之計，群下咸曰："宜先據咸陽以制
天下。"萇曰："燕因懷舊之士而起兵，若功成事捷，咸有東歸之思，
安能久固秦川！吾欲移兵嶺北，廣收資實，須秦弊燕迴，然後垂拱
取之。兵不血刃，坐定天下，此卞莊得二之義也。"

　　　　《晉書》卷一百十六《載記第十六·姚萇》頁二九六六

　　後秦姚萇初僭稱萬年秦王，聞慕容沖攻長安，議進趨之計，群下咸
曰："宜先據咸陽以制天下。"萇曰："燕因懷奮之士而起兵，若功成事
捷，咸有東歸之思，安能久固秦川！吾欲移兵嶺北，廣收資實，須秦弊
燕迴，然後垂拱取之。兵不血刃，坐定天下，此卞莊得二虎之義也。"

　　　　《冊府元龜》卷二二七《僭偽部·謀略》頁二七〇四下

　　後秦王萇聞慕容沖攻長安，會群僚議進止，皆曰："大王宜先取
長安，建立根本，然後經營四方。"萇曰："不然。燕人因其眾有思歸
之心以起兵，若得其志，必不久留關中，吾當移屯嶺北，嶺北，謂九嵕
之北，凡新平、北地、安定之地皆是也。廣收資實，以待秦亡燕去，然後拱
手取之耳。"

　　《資治通鑑》卷一百五《晉紀二十七·孝武帝太元九年》頁三三
三六至三三三七

　　萇聞慕容沖攻長安，議進趨之計，群下咸曰："宜先據咸陽以制
天下。"萇曰："燕因懷舊之士而起兵，若功成事捷，咸有東歸之思，

安能久固秦川！吾欲移兵嶺北，廣收資實，須秦弊燕迴，然後垂拱取之。兵不血刃，坐定天下，此卞莊得二之義也。”

《通志》卷一百九十《載記五·後秦》頁三〇四四下

萇聞慕容沖攻長安，議進趨之計。群下咸曰：“宜先據咸陽，以制天下。”萇曰：“燕因懷舊之士而起兵，若功成事捷，咸有東歸之思，安能久固秦川？吾欲移兵嶺北，廣收資實，須秦弊燕迴，然後垂拱取之，兵不血刃，坐定天下。此卞莊得二虎之義也。”

《十六國春秋輯補》卷五十《後秦録二·姚萇》頁三八〇

冬十月，萇聞慕容沖攻長安，會群僚議進趨之計，皆曰：“大王宜先取長安，建立根本，然後經營四方，以制天下。”萇曰：“不然，燕因懷舊之士以起兵，若功成事捷，咸有東歸之思，安能久固秦川！吾當移屯嶺北，廣收資實，須秦敝燕迴，然後垂拱取之。兵不血刃，坐定天下，此卞莊得二之義也。”

屠本《十六國春秋》卷第五十五《後秦録三·姚萇》頁三正至三背

堅遣鴻臚郝稚徵處士王嘉於到獸山。既至，堅每日召嘉與道安於外殿，動静諮問之。慕容暐入見東堂，稽首謝曰：“弟沖不識義方，孤背國恩，臣罪應萬死。陛下垂天地之容，臣蒙更生之惠。臣二子昨婚，明當三日，愚欲暫屈鑾駕，幸臣私第。”堅許之。暐出，嘉曰：“椎蘆作蘧蒢，不成文章，會天大雨，不得殺羊。”堅與群臣莫之能解。是夜大雨，晨不果出。初，暐之遣諸弟起兵於外也，堅防守甚嚴，謀應之而無因。時鮮卑在城者猶有千餘人，暐乃密結鮮卑之衆，謀伏兵請堅，因而殺之。令其豪帥悉羅騰、屈突鐵侯等潛告之曰：“官今使侯外鎮，聽舊人悉隨，可於某日會集某處。”鮮卑信之。北部人突賢與其妹別，妹爲左將軍竇衝小妻，聞以告衝，請留其兄。衝馳入白堅，堅大驚，召騰問之，騰具首服。堅乃誅暐父子及其宗族，城内鮮卑無少長及婦女皆殺之。

慕容垂復圍鄴城。焦逵既至，朝廷果欲徵丕任子，然後出師。逵固陳丕款誠無貳，并宣楊膺之意，乃遣劉牢之等率衆二萬，水陸運漕救鄴。

《晉書》卷一百十四《載記第十四·苻堅下》頁二九二四至二九二五

《晉書》曰：慕容暐見苻堅曰：“暫屈鑾駕，幸臣私第。”堅許之。暐出，王嘉曰：“推蘆作蓬蕽，不成文章。會天大雨，不得殺羊。”堅與群臣莫之能解。是夜大雨，晨，不果出。

《太平御覽》卷七六六《雜物部一·蓬蕽》頁三四〇〇下至三四〇一上

及堅爲慕容所圖，乃遣鴻臚郝雉徵處士王嘉于到獸山。既至，召於外殿，與道安動静咨問之。

《册府元龜》卷二二八《僭僞部·禮士》頁二七一九下

隴西處士王嘉，隱居倒虎山，《水經注》：倒虎山在新豐縣南。處，昌呂翻。有異術，能知未然；秦人神之。秦王堅、後秦王萇及慕容沖皆遣使迎之。十一月，嘉入長安，衆聞之，以爲堅有福，故聖人助之，三輔堡壁及四山氐、羌歸堅者四萬餘人。堅置嘉及沙門道安於外殿，動静咨之。

燕慕容農自信都西擊丁零翟遼於魯口，破之。遼退屯無極，農屯藁城以逼之。無極縣,漢屬中山,晉省;後魏復置無極縣,唐末爲祁州治所。藁城縣,前漢屬真定,後漢屬鉅鹿,晉省。今所屯蓋故縣城也。唐復置藁城縣,屬恒州。遼,真之從兄也。從,才用翻。

鮮卑在長安城中者猶千餘人,慕容紹之兄肅,與慕容暐陰謀結鮮卑爲亂。十二月,暐白堅,以其子新昏,請堅幸其家,置酒,欲伏兵殺之。堅許之,會天大雨,不果往。事覺,堅召暐及肅,肅曰:"事必洩矣,入則俱死。今城內已嚴,已嚴者,謂鮮卑之衆也。不如殺使者馳出,既得出門,大衆便集。"暐不從,遂俱入。堅曰:"吾相待何如,而起此意?"暐飾辭以對。肅曰:"家國事重,何論意氣!"意氣,謂堅相待之厚。堅先殺肅,乃殺暐及其宗族,城內鮮卑無少長、男女,皆殺之。少,詩照翻。長,知兩翻。燕王垂幼子柔,養於宦者宋牙家爲牙子,故得不坐,與太子寶之子盛乘間得出,奔慕容沖。爲後慕容盛等自長子歸燕張本。間,古莧翻。

燕慕容麟、慕容農合兵襲翟遼,大破之,遼單騎奔翟真。

燕王垂以秦長樂公丕猶據鄴不去,乃更引兵圍鄴,開其西走之路。垂志在得鄴,故開其走路,所謂圍城爲之缺也。焦逵見謝玄,玄欲徵丕任子,然後出兵;逵固陳丕款誠,并述楊膺之意,玄乃遣劉牢之、滕恬之等帥衆二萬救鄴。帥,讀曰率。丕告飢,玄水陸運米二千斛以饋之。

《資治通鑑》卷一百五《晉紀二十七·孝武帝太元九年》頁三三三七至三三三八

(苻)堅遣鴻臚郝稚徵處士王嘉于到獸山。既至,堅每日召嘉與道安於外殿,動靜諮問之。慕容暐入見東堂,稽首謝曰:"弟沖不識義方,孤背國恩,臣罪應萬死。陛下垂天地之容,臣蒙更生之惠。臣二子昨婚,明當三日,愚欲暫屈鑾駕,幸臣私第。"堅許之。暐出,嘉曰:"椎蘆作蓬蕯,不成文章,會天大雨,不得殺羊。"堅與群臣莫之能解。是夜大雨，晨不果出。初，暐之遣諸弟起兵於外也，堅防守甚嚴，謀應之而無因。時鮮卑在城者猶有千餘人，暐乃密結鮮卑之衆，謀伏兵請堅，因而殺之。令其豪帥悉羅騰、屈突鐵侯等潛告之曰："官今使侯外鎮，聽舊人悉隨，可於某日會集某處。"鮮卑信之。北部人突賢與其妹別，妹爲左將軍竇衝小妻，聞以告衝，請留其兄。衝馳入白堅，堅大驚，召騰問之，騰具首服。堅乃誅暐父子及其宗族，城內鮮卑無少長及婦女皆殺之。

　　慕容垂復圍鄴城。焦逵既至，朝廷果欲徵丕任子，然後出師。逵固陳丕款誠無貳，并宣楊膺之意，乃遣劉牢之等率衆二萬，水陸運漕救鄴。

　　　　　　《通志》卷一百八十九《載記四・前秦》頁三〇三五下

　　堅遣鴻臚郝稚徵處士王嘉於到獸山。既至，堅每日召嘉與道安於外殿，動靜諮問之。慕容暐入見東堂，稽首謝曰："弟沖不識義方，孤背國恩，臣罪應萬死。陛下垂天地之容，臣蒙更生之惠。臣二子昨婚，明當三日，愚欲暫屈鑾駕，幸臣私第。"堅許之。暐出，嘉曰："椎蘆作籩簬，不成文章，會天大雨，不得殺羊。"堅與群臣莫之能解。是夜大雨，晨不果出。初，暐之遣諸弟起兵於外也，堅防守甚嚴，謀應之而無因。時鮮卑在城者猶有千餘人，暐乃密結鮮卑之衆，謀伏兵請堅，因而殺之。令其豪帥悉羅騰、屈突鐵侯者，潛告之曰："官今使侯外鎮，聽舊人悉隨，可於某日會集某處。"鮮卑信之。北部人突賢與其妹別，妹爲左將軍竇衝小妻，聞以告衝，請留其兄。衝馳入白堅，堅大驚，召騰問之，騰具首服。堅乃誅暐父子及其宗族，城內鮮卑無少長及婦女皆殺之。

　　慕容垂復圍鄴城。焦逵既至，朝廷果欲徵丕任子，然後出師。逵固陳丕款誠無貳，并宣楊膺之意，乃遣劉牢之等率衆二萬，水陸運漕救鄴。

《十六國春秋輯補》卷三十七《前秦録七·苻堅》頁二九四

堅遣鴻臚郝稚徵處士王嘉于倒獸山。嘉有異術,能知未然,人咸神之,姚萇及慕容沖皆遣使迎之。十一月,嘉入長安。衆聞之以爲堅有福,故聖人助之,三輔堡壁及四山氐羌歸堅者四萬餘人。堅每日召嘉與道安于外殿,動静咨之。慕容暐入見東堂,稽首謝曰:"弟沖不識義方,孤背國恩,臣罪應萬死。陛下垂天地之容,臣蒙更生之惠。臣二子昨婚,明當三日,愚欲暫屈鑾駕,幸臣私第。"堅許之。暐出,王嘉曰:"㩲蘆作蘧蒢,不成文章,會天大雨,不得殺羊。"言暐將殺堅而不果也,堅與群臣莫之能解。明日大雨,乃不果往。暐初遣諸弟起兵於外,堅防守甚嚴,謀應之而無因。時鮮卑在長安城中者猶有千餘人,慕容紹之兄肅與暐謀密結鮮卑之衆伏兵請堅,因而殺之。令其豪帥悉羅騰、屈突鐵侯等潛告之曰:"官今使侯外鎮,聽舊人悉隨,可於某日會集某處。"鮮卑信之。北部人突賢與其妹別,妹爲左軍將軍寶衝小妻,聞以告衝,請留其兄。衝馳入白堅,堅大驚,召騰問之,騰具首服。堅乃召暐及肅,肅曰:"事必洩矣,入則俱死。今城內已嚴,不如殺使者馳出,既得出門,大衆便集。"暐不從,遂俱入。堅曰:"吾相待何如,而忽起此意?"暐飾詞以對,肅曰:"家國事重,何論意氣?"堅先殺肅,乃殺暐父子及其宗族,城內鮮卑無少長男女皆殺之。

十二月慕容垂復圍鄴城。焦逵既至見謝玄,玄欲徵丕任子,然後出師。逵固陳丕款誠,并述楊膺之意。玄乃遣劉牢之、滕恬之等帥衆二萬救鄴。

屠本《十六國春秋》卷第三十八《前秦録七·苻堅下》頁二十九背至三十一正

八年，^① 慕容暐弟沖僭立。姚萇自稱大單于、萬年秦王。慕容垂僭稱燕王。

《魏書》卷二《太祖紀第二》頁二〇

八年，慕容暐弟沖僭立。姚萇自稱大單于、萬年秦王。慕容垂僭稱燕王。

《北史》卷一《魏本紀第一‧太祖道武皇帝》頁一〇

八年，燕慕容暐弟沖僭立。苻堅將姚萇自稱大單于、萬年秦王。慕容垂僭稱燕王。

《通志》卷十五上《後魏紀十五上‧太祖道武皇帝》頁二七一上

崔鴻《後燕録》曰：趙秋，字子武，汲郡朝歌人也。輕財好施。鄰人李玄度，母死，家貧無以葬。秋謂其兄曰：“赴死生，救不足，仁之本也。家有二牛以與之。”玄度得以葬。他年，秋夜行，見一老母遺秋金一餅，曰：“子能葬我，是以相報。子五十已後當富貴不可言，勿忘玄度也。”

《太平御覽》卷四一九《人事部六〇‧仁德》頁一九三一下

又《後燕録》曰：趙秋，字子武，汲郡朝歌人。少而輕財好施，鄰人李玄度母死，家貧無以葬，秋謂其兄曰：“起死生，救不足，人之本也。”家有二牛，以一與之，玄度得以葬。它年，秋夜行見一老母遺金一餅，曰：“子能葬我，是以相報。子五十已後當富貴不可言，

---

①據《晉書》，此處“八年”應作“九年”。

勿忘玄度也。”

《太平御覽》卷四七七《人事部一一八·施恩下》頁二一八六上
至二一八六下

崔鴻《後燕錄》曰：趙秋字子武，汲郡朝歌人也。輕財好施。
鄰人李玄度母死，家貧無以葬。秋謂其兄曰：“赴死救不足，仁之本
也。”家有二牛，以一牛與之，玄度得以葬。他年，秋夜行，見一老
母，遺秋金一餅，曰：“子能葬我，是以相報。子五十已後當富貴不
可言。勿忘玄度也。”①

《太平御覽》卷五五五《禮儀部三四·葬送三》頁二五一〇上

公元三八五年　東晉孝武帝太元十年　後燕武成帝燕元二年　西燕威帝更始元年　前秦宣昭帝建元二十一年前秦哀平帝太安元年　後秦武昭帝白雀二年

慕容沖僭即皇帝位于阿房。

《晉書》卷九《帝紀第九·孝武帝》頁二三四

二十一年，慕容沖僭稱尊號于阿房，改年更始。

《太平御覽》卷一二二《偏霸部六·前秦苻堅》頁五九一下

後燕慕容盛少沈敏，多謀略。苻堅誅慕容氏，盛年十二。

《冊府元龜》卷二二〇《僭偽部·聰識》頁二六三九下

南燕慕容盛字道運，寶之庶長子。少沉敏，多謀略。苻堅誅慕

---

①趙秋故事，《輯補·後燕錄》於上年引出。

容氏,盛潛奔于沖。及沖稱尊號,有自得之志,賞罰不均,政令不明。盛年十二,謂叔父柔曰:"今中山王智不先衆,才不出下,恩未施人,先自驕大,以盛觀之,鮮不覆敗。"俄而沖爲段末延所殺。中山,沖所封也。

　　　　《冊府元龜》卷七九六《總録部・先見二》頁九四六〇上

　　慕容沖即皇帝位于阿房,是爲西燕。改元更始。沖有自得之志,賞罰任情。慕容盛年十三,謂慕容柔曰:"夫十人之長,長,知兩翻。亦須才過九人,然後得安。今中山王才不逮人,功未有成,而驕汰已甚,殆難濟乎!"沖在前燕時封中山王。汰,侈也,溢也。史言慕容盛幼而有識略,所以能自奮而有國。盛、柔歸沖,見上卷上年。

　　　　《資治通鑑》卷一百六《晉紀二十八・孝武帝太元十年》頁三三三九

　　慕容沖僭即皇帝位于阿房。

　　　　　　《通志》卷十下《晉紀十下・孝武皇帝》頁二〇七上

　　公孫表,字玄元,燕郡廣陽人也。遊學爲諸生。慕容沖以爲尚書郎。

　　　　《魏書》卷三十三《列傳第二十一・公孫表》頁七八二

　　公孫表字玄元,燕郡廣陽人也。爲慕容沖尚書郎。

　　　　　《北史》卷二十七《列傳第十五・公孫表》頁九七四

　　公孫表字玄元,初爲慕容沖尚書郎。

　　　　《冊府元龜》卷六五三《奉使部・稱旨》頁七八二〇下

後魏公孫表，初爲慕容沖尚書郎。

　　　《册府元龜》卷六五四《奉使部・恩奬》頁七八三〇下

後魏公孫表字玄元，燕郡廣陽人也。遊學爲諸生，慕容沖以爲尚書郎。

　　　《册府元龜》卷八一一《總録部・游學》頁九六四三上

公孫表字玄元，燕郡廣陽人也。爲慕容沖尚書郎。

　　　《通志》卷一百四十七《列傳六十・公孫表》頁二三三五中

　　慕容沖僭稱尊號於阿房，改年更始。堅與沖戰，各有勝負。嘗爲沖軍所圍，殿中上將軍鄧邁、左中郎將鄧綏、尚書郎鄧瓊相謂曰："吾門世荷榮寵，先君建殊功於國家，不可不立忠效節，以成先君之志。且不死君難者，非丈夫也。"於是與毛長樂等蒙獸皮，奮矛而擊沖軍。沖軍潰，堅獲免，嘉其忠勇，並拜五校，加三品將軍，賜爵關內侯。沖又遣其尚書令高蓋率衆夜襲長安，攻陷南門，入於南城。左將軍竇衝、前禁將軍李辯等擊敗之，斬首千八百級，分其尸而食之。堅尋敗沖於城西，追奔至於阿城。[九]諸將請乘勝入城，堅懼爲沖所獲，乃擊金以止軍。

　　【校勘記】

　　〔九〕阿城　《通志》一八九作"阿房"。周校：當作"阿房城"。按："阿房城"似不能簡稱"阿城"，疑"城"乃"房"之譌。

　　　《晉書》卷一百十四《載記第十四・苻堅下》頁二九二五、二九三八

　　甲寅，秦王堅與西燕主沖戰于仇班渠，大破之。慕容垂復興於山

東,而沖稱號於關中,故書西燕以別之。乙卯,戰于雀桑,又破之。甲子,戰于白渠,白渠,即漢時白公所鑿者也。秦兵大敗。西燕兵圍秦王堅,殿中將軍鄧邁力戰却之,堅乃得免。壬申,沖遣尚書令高蓋夜襲長安,入其南城,左將軍竇衝、前禁將軍李辯等擊破之,斬首八百級,分其尸而食之。乙亥,高蓋引兵攻渭北諸壘,太子宏與戰於成貳壁,成貳,蓋人姓名;關中大亂,立壁自保,因爲地名。大破之,斬首三萬。

　　燕帶方王佐與寧朔將軍平規共攻薊,薊,音計。王永兵屢敗。二月,永使宋敞燒和龍及薊城宮室,帥衆三萬奔壺關;帥,讀曰率。佐等入薊。

　　慕容農引兵會慕容麟於中山,與共攻翟真。麟、農先帥數千騎至承營,帥,讀曰率;下同。觀察形勢。翟真望見,陳兵而出。諸將欲退,農曰:“丁零非不勁勇,而翟真懦弱,今簡精銳,望真所在而衝之,真走,衆必散矣,乃邀門而躡之,可盡殺也。”使驍騎將軍慕容國帥百餘騎衝之,驍,堅堯翻。騎,奇寄翻。真走,其衆爭門,自相蹈藉,藉,慈夜翻。死者太半,遂拔承營外郭。

　　癸未,秦王堅與西燕主沖戰于城西,長安城西也。大破之,追奔至阿城。阿城,即阿房宮城,沖之巢穴也。諸將請乘勝入城,堅恐爲沖所掩,引兵還。萬乘之主,固不可乘危徼幸;然秦喪敗若此,乘諸將之勝氣以圖萬一之功,可也;引兵而還,何歟! 還,從宣翻。

《資治通鑑》卷一百六《晉紀二十八·孝武帝太元十年》頁三三四〇至三三四一

　　慕容沖僭稱尊號于阿房,改年更始。堅與沖戰,各有勝負。嘗爲沖軍所圍,殿中上將軍鄧邁、左中郎將鄧綏、尚書郎鄧瓊相謂曰:“吾門世荷榮寵,先君建殊功於國家,不可不立忠效節,以成先君之志。且不死君難者,非丈夫也。”於是與毛長樂等蒙虎皮,奮矛而擊沖軍。沖軍潰，堅獲免，嘉其忠勇，並拜五校，加三品將軍，賜爵關内侯。沖又遣其尚書令高蓋率衆夜襲長安，攻陷南門，入于南城。左將軍竇衝、前禁將軍李辯等擊敗之，斬首千八百級，分其尸而食之。堅尋敗沖于城西，追奔至于阿房。諸將請乘勝入城，堅懼爲沖所獲，乃擊金以止軍。

　　《通志》卷一百八十九《載記四·前秦》頁三〇三五下至三〇三六上

　　慕容沖僭稱尊號於阿房，改年更始。堅與沖戰，各有勝負。常爲沖所圍，殿中上將軍鄧邁、左中郎將鄧綏、尚書郎鄧瓊相謂曰："吾門世荷榮寵，先君建殊功於國家，不可不立忠效節，以成先君之志。不死君難者，非丈夫也。"於是與毛葼樂等，蒙獸皮奮矛而擊沖軍。沖軍潰，堅獲免，嘉其忠勇，並拜五校，加三品將軍，賜爵關内侯。沖又遣其尚書令高蓋率衆夜襲長安，攻陷南門，入於南城。左將軍竇衝、前禁將軍李辯等擊敗之，斬首千八百級，分其尸而食之。堅尋敗沖於城西，追奔至於阿房城。諸將請乘勝入城，堅懼爲沖所獲，乃擊金以止軍。

　　《十六國春秋輯補》卷三十八《前秦録八·苻堅》頁二九五

　　慕容沖僭號稱尊于阿房，改元更始。甲寅，堅與沖戰于仇班渠，大破之。乙卯，戰于雀桑，又破之。甲子，戰于白渠，堅兵大敗，遂爲沖軍所圍。殿中上將軍鄧邁、左中郎將鄧綏、尚書郎鄧瓊相謂曰："吾門世荷榮寵，先君建殊功于國家，不可不立忠效節，以成先君之志，且不死君難者，非丈夫也。"於是與毛葼樂等，蒙獸皮奮矛而擊沖軍，沖潰，堅乃得免，嘉其忠勇，並拜五校加三品將軍，賜爵關内侯。壬午，沖遣尚書令高蓋夜襲長安，攻陷南門，入于南城。

左軍將軍竇衝、前禁將軍李辨等擊破之，斬首千八百級，分其尸而食之。乙亥，高蓋引兵攻渭北諸壘，太子宏與戰于成二壁，大破之，斬首三萬級。三月癸未，堅與沖戰于城西，大破之，追奔至阿房城，諸將請乘勝入城，堅懼爲沖所掩，乃擊金以止，軍引還。

　　屠本《十六國春秋》卷第三十八《前秦録七·符堅下》頁三十一背至三十二背

　　慕容沖遣僞尚書令高蓋引兵攻渭北諸壘，太子宏與戰於成貳壁，斬首虜二萬。

　　屠本《十六國春秋》卷第四十一《前秦録九·符宏》頁十三正

　　時慕容沖已叛，起兵擊堅，關中擾動，整慕法情深，忘身爲道，乃請安公等於長安城中集義學僧。

　　屠本《十六國春秋》卷第四十二《前秦録十·法喜》頁三十六正

　　（慕容）沖又遣將高蓋夜襲長安，攻陷南門，衝與前禁將軍李辨擊走之，斬首千八百級。

　　屠本《十六國春秋》卷第四十二《前秦録十·竇衝》頁四十六正

　　慕容沖襲長安，遷遂奔萇，仕爲尚書左僕射。

　　屠本《十六國春秋》卷第六十一《後秦録九·趙遷》頁四背

　　符暉屢爲沖所敗，堅讓之曰：“汝，吾之子也，擁大衆，屢爲白虜小兒所摧，何用生爲！”暉憤恚自殺。

　　《晉書》卷一百十四《載記第十四·符堅下》頁二九二六

秦平原悼公暉數爲西燕主沖所敗，數，所角翻。敗，補邁翻。秦王堅讓之曰：“汝，吾之才子也，擁大衆與白虜小兒戰，而屢敗，何用生爲！”三月，暉憤恚自殺。堅責怒暉，欲其死戰耳，豈意其自殺哉！恚，於避翻。

　　《資治通鑑》卷一百六《晉紀二十八·孝武帝太元十年》頁三三四一

　　苻暉屢爲沖所敗，堅讓之曰：“汝，吾之子也，擁大衆，屢爲白虜小兒所摧，何用生爲！”暉憤恚自殺。

　　　　《通志》卷一百八十九《載記四·前秦》頁三〇三六上

　　苻暉屢爲沖所敗，堅讓之曰：“汝，吾之子也。擁大衆，屢爲白虜小兒所摧，何用生爲！”暉憤恚自殺。

　　　　《十六國春秋輯補》卷三十八《前秦録八·苻堅》頁二九五

　　平原公暉屢爲沖所敗，堅讓之曰：“汝，吾之才子也，擁大衆，屢爲白虜小兒所摧，何用生爲！”。三月，暉憤恚自殺。

　　　　屠本《十六國春秋》卷第三十八《前秦録七·苻堅下》頁三十二背

　　（慕容）沖遂據阿房，屢敗暉兵，堅讓之曰：“汝，吾之才子也，擁大衆，屢爲白虜小兒所摧，何用生爲！”。暉恚憤自殺。

　　　　屠本《十六國春秋》卷第四十一《前秦録九·苻暉》頁十四背

　　關中堡壁三千餘所，推平遠將軍馮翊趙敖爲統主，相率結盟，遣兵糧助堅。左將軍苟池、右將軍俱石子率騎五千，與沖爭麥，戰於驪山，爲沖所敗，池死之，石子奔鄴。堅大怒，復遣領軍楊定率左右精騎二千五百擊沖，大敗之，俘掠鮮卑萬餘而還。堅怒，悉坑之。定果勇善戰，沖深憚之，遂穿馬埒以自固。

　　　　　《晉書》卷一百十四《載記第十四・苻堅下》頁二九二六

　　西燕主沖攻秦高陽愍公方於驪山，殺之，苻方戍驪山，見上卷上年七月。執秦尚書韋鍾，以其子謙爲馮翊太守，使招集三輔之民。馮翊壘主邵安民等責謙曰：“君雍州望族，七相五公，雍州之望族，鍾蓋韋賢後也。雍，於用翻。今乃從賊，與之爲不忠不義，何面目以行於世乎！”謙以告鍾，鍾自殺，謙來奔。

　　秦左將軍苟池、右將軍俱石子與西燕主沖戰於驪山，兵敗。西燕將軍慕容永斬苟池，俱石子奔鄴。永，廆弟運之孫；石子，難之弟也。俱難見一百四卷太元三年。廆，戶罪翻。秦王堅遣領軍將軍楊定擊沖，大破之，虜鮮卑萬餘人而還，悉阬之。定，佛奴之孫【章：十二行本“孫”下有“堅之婿”三字；乙十一行本同；孔本同；張校同；退齋校同。】也。《北史》曰：定，佛奴之子；佛奴，宋奴之子也。

　　　　　《資治通鑑》卷一百六《晉紀二十八・孝武帝太元十年》頁三三四一至三三四二

　　關中保壁三十餘所，推平遠將軍馮翊趙敖爲統主，相率結盟，遣兵糧助堅。左將軍苟池、右將軍俱石子率騎五千，與沖爭麥，戰于驪山，爲沖所敗，池死之，石子奔鄴。堅大怒，復遣領軍楊定率左右精騎二千五百擊沖，大敗之，俘掠鮮卑萬餘而還。堅怒，悉坑之。定果勇善戰，沖深憚之，遂穿馬埒以自固。

　　　　　《通志》卷一百八十九《載記四・前秦》頁三〇三六上

　　關中堡壁三十餘所，推平遠將軍馮翊趙敖爲統主，相率結盟，遣兵糧助堅。左將軍苟池、右將軍俱石子率騎五千，與沖争麥，戰於驪山，爲沖所敗，池死之，石子奔鄴。堅大怒，復遣領軍楊定率左右精騎一千五百擊沖，大敗之，俘掠鮮卑萬餘而還。堅怒，悉坑之。定果勇善戰，沖深憚之，遂穿馬陷以自固。

《十六國春秋輯補》卷三十八《前秦録八·苻堅》頁二九五至二九六

（慕容）沖攻高陽公方于驪山，方逆戰不利，死之，執尚書韋鍾，以其子謙爲馮翊太守，使招集三輔之民，馮翊壘主邵安民等責謙曰：“君雍州族望，今乃從賊，與之爲不忠不義，何面目以行于世乎。”謙以告鍾，鍾慚恚自殺。謙奔于晉。堅聞方死，哭之慟，謚曰愍公。

堅左將軍苟池、右將軍俱石子率騎五千，與沖争麥，沖以慕容永爲右僕射兼征西將軍，與池戰于驪山，池敗被殺，石子奔鄴。堅大怒，復遣領軍將軍楊定帥左右精騎二千五百擊沖，大破之，俘掠鮮卑萬餘人而還。堅怒悉坑之，又敗沖右僕射慕容永于灞滻之間。定，佛奴之孫，堅之婿，驍將也，勇果善戰，沖深憚之，乃納永計，遂穿馬垎以自固。

屠本《十六國春秋》卷第三十八《前秦録七·苻堅下》頁三十三正至三十三背

燕王垂攻鄴，久不下，將北詣冀州，乃命撫軍大將軍麟屯信都，樂浪王温屯中山，召驃騎大將軍農還鄴；樂浪，音洛琅。驃，匹妙翻。騎，奇寄翻。於是遠近聞之，以燕爲不振，頗懷去就。

農至高邑，高邑本鄗縣，漢光武即位于此，改曰高邑，屬常山；《晉志》屬趙國。遣從事中郎眭邃近出，違期不還。師古曰：眭，息隨翻。長史張攀言於農曰：“遼目下參佐，目下參佐，言其近在眼前也。敢欺罔不還，請回軍討之。”農不應，敕備假版，以遼爲高陽太守，參佐家在趙北者，悉假署遣歸。趙北，趙國以北也。假署者，權時以假版署置其官，未以白燕王垂也。凡舉補太守三人，長史二十餘人，退謂攀曰：“君所見殊誤，當今豈可自相魚肉！俟吾北還，遼等自當迎於道左，君但觀之。”爲後遼等迎農張本。

樂浪王溫在中山，兵力甚弱，丁零四布，分據諸城；溫謂諸將曰：“以吾之衆，攻則不足，守則有餘。驃騎、撫軍，首尾連兵，會須滅賊，但應聚糧厲兵以俟時耳。”於是撫舊招新，勸課農桑，民歸附者相繼，郡縣壁壘爭送軍糧，倉庫充溢。翟真夜襲中山，溫擊破之，自是不敢復至。復，扶又翻；下復還同。溫乃遣兵一萬運糧以餉垂，且營中山宮室。欲迎垂都中山也。

劉牢之攻燕黎陽太守劉撫于孫就栅，孫就，人姓名，蓋立栅於黎陽界，劉撫因屯焉。燕王垂留慕容農守鄴圍，自引兵救之。秦長樂公丕聞之，出兵乘虛夜襲燕營，農擊敗之。敗，補邁翻。劉牢之與垂戰，不勝，退屯黎陽，垂復還鄴。

《資治通鑑》卷一百六《晉紀二十八·孝武帝太元十年》頁三三四二至三三四三

龍驤將軍劉牢之及慕容垂戰于黎陽，王師敗績。

《晉書》卷九《帝紀第九·孝武帝》頁二三四

夏四月丙辰，劉牢之與沛郡太守周次及垂戰于五橋澤，[二八]王師又敗績。

【校勘記】

〔二八〕周次　周校：《劉牢之傳》“周次”作“田次之”。按：田次之亦見《毛璩傳》。

《晉書》卷九《帝紀第九·孝武帝》頁二三四、二四五

　　時苻堅子丕據鄴，爲慕容垂所逼，請降，牢之引兵救之。垂聞軍至，出新城北走。〔五〕牢之與沛郡太守田次之追之，〔六〕行二百里，至五橋澤中，爭趣輜重，稍亂，爲垂所擊，牢之敗績，士卒殲焉。牢之策馬跳五丈澗，得脱。會丕救至，因入臨漳，集亡散，兵復少振。牢之以軍敗徵還。頃之，復爲龍驤將軍，守淮陰。後進戍彭城，復領太守。祅賊劉黎僭尊號於皇丘，牢之討滅之。苻堅將張遇遣兵擊破金鄉，圍太山太守羊邁，牢之遣參軍向欽之擊走之。會慕容垂叛將翟釗救遇，牢之引還。釗還，牢之進平太山，追釗於鄄城，釗走河北，因獲張遇以歸之彭城。祅賊司馬徽聚黨馬頭山，牢之遣參軍竺朗之討滅之。時慕容氏掠廩丘，高平太守徐含遠告急，牢之不能救，坐畏懦免。

【校勘記】

　　〔五〕新城　各本均作“新興城”，衍“興”字，今據《地理志》上、《慕容垂載記》及《通鑑》一〇六删。

　　〔六〕田次之　《校文》:《孝武紀》作“沛郡太守周次”。

《晉書》卷八十四《列傳第五十四·劉牢之》頁二一八九、二二〇三

　　後燕有五丈橋。

《初學記》卷第七《地部下·橋第七》頁一五七

　　崔鴻《後燕録》曰:慕容垂與劉牢之戰于五橋澤，晉大敗。車騎慕容德等引兵要牢之五丈橋。牢之馳馬跳五丈澗，會苻丕救至

而免。

《初學記》卷第七《地部下·橋第七》頁一五七

崔鴻《國春秋·後燕錄》曰:慕容垂與劉牢之戰于五丈橋津,晉大敗。車騎將軍慕容德等引兵要牢之五丈橋,牢之馳馬跳五丈澗,會苻丕救至而免。

《太平御覽》卷七三《地部三八·橋》頁三四三下

又曰:苻堅敗走,劉牢之進屯鄄城,討諸未服,河南諸城堡承風歸順者甚衆。苻堅子丕據鄴,爲慕容垂所逼,請降,牢之引兵救之。垂聞軍至,出新興城北走。牢之與沛郡太守田次追之,行二里,至五橋澤中,急取輜重,軍稍亂,爲垂所擊,牢之敗績,士卒殲焉。牢之策馬跳五丈澗,得脫。會丕救至,因入臨濟,集亡散,兵復少振。牢之以軍敗徵而還。

《太平御覽》卷三二三《兵部五四·敗》頁一四八五下

會慕容垂叛將翟釗救遇,牢之引還。釗還,牢之進平泰山,追釗于鄄城,釗走河北,用獲張遇以歸。

《冊府元龜》卷三五〇《將帥部·立功三》頁四一五六上

劉牢之爲龍驤將軍。時苻堅伐晉敗歸長安,牢之屯鄄城,討諸未服,河南城堡承風歸順者甚衆。時堅子丕據鄴,爲慕容垂所逼,請降,牢之引兵救之。垂聞軍至,出新興城北走。牢之與沛郡太守田次之追之,行二百里,至五橋澤中,爭趣輜重,稍亂,爲垂所擊,牢之敗績,士卒殲焉。牢之策馬跳五丈澗,得脫。會丕救至,因入臨漳,集亡散,兵復少振。牢之以軍敗徵還。

《册府元龜》卷四四二《將帥部·敗衂二》頁五二四二下至五二
四三上

夏,四月,劉牢之進兵至鄴,燕王垂逆戰而敗,遂撤圍,退屯新
城,乙卯,自新城北遁。牢之不告秦長樂公丕,即引兵追之。丕聞
之,發兵繼進。庚申,牢之追及垂於董唐淵。垂曰:"秦、晉瓦合,相
待爲强,瓦合,言其勢不膠固,觸而動之,一瓦墜碎,則衆瓦俱解矣。"待",當作
"恃"。今觀待字,義亦自通。一勝則俱豪,一失則俱潰,非同心也。今兩
軍相繼,勢既未合,宜急擊之。"牢之軍疾趨二百里,至五橋澤,五橋
澤,在臨漳縣北。《兵法》,百里而趨利者蹶上將;況二百里乎! 爭燕輜重,重,
直用翻。垂邀擊,大破之,斬首數千級;牢之單馬走,會秦救至,得免。

《資治通鑑》卷一百六《晉紀二十八·孝武帝太元十年》頁三三
四三至三三四四

龍驤將軍劉牢之及慕容垂戰于黎陽,王師敗績。

《通志》卷十下《晉紀十下·孝武皇帝》頁二〇七上

夏四月丙辰,劉牢之與沛郡太守周次及垂戰于五橋澤,王師又
敗績。

《通志》卷十下《晉紀十下·孝武皇帝》頁二〇七上

時苻堅子丕據鄴,爲慕容垂所逼,請降,牢之引兵救之。垂聞軍
至,出新興城北走。牢之與沛郡太守田次之追之,行二百里,至五橋
澤中,爭趣輜重,稍亂,爲垂所擊,牢之敗績,士卒殲焉。牢之策馬跳
五丈澗,得脱。會丕救至,因入臨漳,集亡散,兵復少振。牢之以軍

敗徵還。頃之，復爲龍驤將軍，守淮陰。後進戍彭城，復領太守。妖賊劉黎僭尊號於皇邱，牢之討滅之。苻堅將張遇遣兵擊破金鄉，圍太山太守羊邁，牢之遣參軍向欽之擊走之。會慕容垂叛將翟釗救遇，牢之引還。釗還，牢之進平太山，追釗於鄄城，釗走河北，因獲張遇以歸之彭城。妖賊司馬徽聚衆黨馬頭山，牢之遣參軍竺朗之討滅之。時慕容氏掠廩邱，高平太守徐含遠告急，牢之不能救，坐畏懦免。

　　《通志》卷一百二十九下《列傳四十二下·劉牢之》頁二〇三七下

　　會慕容垂叛將翟釗救，遇牢之引還。

　　屠本《十六國春秋》卷第三十八《前秦錄七·苻堅下》頁二十七正

　　燕冠軍將軍宜都王鳳冠，古玩翻。每戰奮不顧身，前後大小二百五十七戰，未嘗無功。垂戒之曰：“今大業甫濟，汝當先自愛！”使爲車騎將軍德之副以抑其銳。以德持重也。

　　《資治通鑑》卷一百六《晉紀二十八·孝武帝太元十年》頁三三四四

　　（苻）堅敗歸長安，丕爲慕容垂所逼，自鄴奔枋頭。

　　　　《晉書》卷一百十五《載記第十五·苻丕》頁二九四一

　　鄴中饑甚，長樂公丕帥衆就晉穀於枋頭。帥，讀曰率。劉牢之入鄴城，收集亡散，兵復少振；復，扶又翻。少，詩沼翻。坐軍敗，徵還。

　　《資治通鑑》卷一百六《晉紀二十八·孝武帝太元十年》頁三三四四

（苻）堅敗歸長安，爲慕容垂所逼，自鄴奔于枋頭。

　　《太平御覽》卷一二二《偏霸部六・前秦苻丕》頁五九二上

（苻）堅敗歸長安，丕爲慕容垂所逼，自鄴奔枋頭。

　　《通志》卷一百八十九《載記四・前秦》頁三〇三七上

（苻）堅敗歸長安，丕爲慕容垂所逼，自鄴奔於枋頭。

　　《十六國春秋輯補》卷三十九《前秦録九・苻丕》頁三〇七

（苻）堅敗歸長安，丕爲慕容垂所逼，自鄴奔枋頭。

　　屠本《十六國春秋》卷第三十九《前秦録八・苻丕》頁一正

（苻）堅敗歸長安，爲慕容垂所逼，自鄴奔于枋頭。

　　《十六國春秋別本》卷四《前秦録・苻丕》頁二十一背

　　劉牢之至鄴，慕容垂北如新城。鄴中飢甚，丕率鄴城之衆就晉穀于枋頭。牢之入屯鄴城。慕容垂軍人飢甚，多奔中山，幽冀人相食。初，關東謡曰：“幽州䖟，生當滅。若不滅，百姓絶。”䖟，垂之本名。與丕相持經年，百姓死幾絶。

　　《晉書》卷一百十四《載記第十四・苻堅下》頁二九二六

　　苻丕鎮鄴，爲慕容垂所攻，垂軍人饑甚，多奔中山，幽冀人相食。初，關東謡曰：“幽州䖟，生當滅若百姓絶。”䖟，垂之本名也。與丕相持經年，百姓死幾絶。

　　《册府元龜》卷八九四《總録部・謡言》頁一〇五八四下至一〇五八五上

燕、秦相持經年，去年正月，垂攻鄴。幽、冀大饑，人相食，邑落蕭條。燕之軍士多餓死；燕王垂禁民養蠶，以桑椹爲軍糧。

垂將北趣中山，趣，七喻翻。以驃騎大將軍農爲前驅，前所假授吏睦邃等皆來迎候，上下如初，李攀【嚴：“李”改“張”。】乃服農之智略。前作“張攀”，此作“李攀”，未知孰是。

　　《資治通鑑》卷一百六《晉紀二十八·孝武帝太元十年》頁三三四四

劉牢之至鄴，慕容垂北如新城。鄴中饑甚，丕率鄴城之衆就晉穀于枋頭。牢之入屯鄴城。慕容垂軍人饑甚，多奔中山，幽冀人相食。初，關東謠曰：“幽州鈌，生當滅。若不滅，百姓絕。”鈌，垂之本名。與丕相持經年，百姓死幾絕。

　　　　《通志》卷一百八十九《載記四·前秦》頁三〇三六上

劉牢之至鄴，慕容垂北如新城。鄴中饑甚，多奔中山。幽冀人相食。初，關東謠曰：“幽州鈌，丕當滅。若不滅，百姓絕。”鈌，垂之本名，與丕相持經年，百姓死幾絕。

　　　《十六國春秋輯補》卷三十八《前秦錄八·苻堅》頁二九六

夏四月，劉牢之進兵至鄴，慕容垂逆戰而敗，遂撤圍，退屯新城。乙卯，垂復自新城北遁。詳具慕容垂。是時鄴中饑甚，垂帥鄴中之衆就晉穀于枋頭，牢之進屯鄴城，垂軍士饑疫，死亡相繼，多奔中山。幽冀人相食。初，關東謠曰：“幽州鈌，丕當滅。若不滅，百姓絕。鈌，垂之本名，與丕相持經年，百姓死幾絕。

　　屠本《十六國春秋》卷第三十八《前秦錄七·苻堅下》頁三十三背至三十四正

六月，宏來降，慕容沖入長安。

　　　　　　《晉書》卷九《帝紀第九·孝武帝》頁二三四

　　及堅爲姚萇所殺，死於新城。復謠歌云："魚羊田升當滅秦。"
識者以爲"魚羊，鮮也；田升，卑也，堅自號秦，言滅之者鮮卑也。"
其群臣諫堅，令盡誅鮮卑，堅不從。及淮南敗還，初爲慕容沖所攻，
又爲姚萇所殺，身死國滅。

　　　　《晉書》卷二十八《志第十八·五行中》頁八四九至八五〇

　　時有群烏數萬，翔鳴於長安城上，其聲甚悲，占者以爲鬥羽不
終年，有甲兵入城之象。沖率衆登城，堅身貫甲胄，督戰距之，飛
矢滿身，血流被體。時雖兵寇危逼，馮翊諸堡壁猶有負糧冒難而
至者，多爲賊所殺。堅謂之曰："聞來者率不善達，誠是忠臣赴難
之義。當今寇難殷繁，非一人之力所能濟也。庶明靈有照，禍極灾
返，善保誠順，爲國自愛，蓄糧屬甲，端聽師期，不可徒喪無成，相隨
獸口。"三輔人爲沖所略者，咸遣使告堅，請放火以爲内應。堅曰：
"哀諸卿忠誠之意也，何復已已。但時運圮喪，恐無益於國，空使諸
卿坐自夷滅，吾所不忍也。且吾精兵若獸，利器如霜，而衂於烏合
疲鈍之賊，豈非天也！宜善思之。"衆固請曰："臣等不愛性命，投
身爲國，若上天有靈，單誠或冀一濟，没無遺恨矣。"堅遣騎七百應
之。而沖營放火者爲風焰所燒，其能免者十有一二。堅深痛之，身
爲設祭而招之曰："有忠有靈，來就此庭。歸汝先父，勿爲妖形。"歔
欷流涕，悲不自勝。衆咸相謂曰："至尊慈恩如此，吾等有死無移。"
沖毒暴關中，人皆流散，道路斷絶，千里無煙。堅以甘松護軍仇騰
爲馮翊太守，加輔國將軍，與破虜將軍蜀人蘭犢慰勉馮翊諸縣之
衆。衆咸曰："與陛下同死共生，誓無有貳。"

每夜有人周城大呼曰："楊定健兒應屬我，宮殿臺觀應坐我，父子同出不共汝。"旦尋而不見人跡。城中有書曰《古符傳賈録》，載"帝出五將久長得"。先是，又謠曰："堅入五將山長得。"堅大信之，告其太子宏曰："脱如此言，天或導予。今留汝兼總戎政，勿與賊爭利，朕當出隴收兵運糧以給汝。天其或者正訓予也。"於是遣衛將軍楊定擊沖於城西，爲沖所擒。堅彌懼，付宏以後事，將中山公詵、張夫人率騎數百出如五將，宣告州郡，期以孟冬救長安。宏尋將母妻宗室男女數千騎出奔，百僚逃散。慕容沖入據長安，縱兵大掠，死者不可勝計。

初，秦之未亂也，關中土然，無火而煙氣大起，方數十里中，月餘不滅。堅每臨聽訟觀，令百姓有怨者舉煙於城北，觀而録之。長安爲之語曰："欲得必存當舉煙。"又爲謠曰："長鞘馬鞭擊左股，太歲南行當復虜。"秦人呼鮮卑爲白虜。慕容垂之起於關東，歲在癸未。

《晉書》卷一百十四《載記第十四·苻堅下》頁二九二七至二九二八

時苻堅爲慕容沖所逼，走入五將山。沖入長安。

《晉書》卷一百十六《載記第十六·姚萇》頁二九六六

苻堅中，歌云："魚羊田斗當滅秦。""魚羊"，鮮也。"田斗"，卑也。堅自號秦，言滅之者鮮卑也。其群臣諫堅，令盡誅鮮卑。堅不從。及淮南敗還，爲慕容沖所攻，亡奔姚萇，身死國滅。

《宋書》卷三十一《志第二十一·五行二》頁九二〇至九二一

長安大飢，人民相食。姚萇叛於北地，與沖連和，合攻長安。

有群烏數萬，鳴於長安城上，其聲甚悲，占者以爲不終年，有甲兵入城之象。每夜有人周城大呼曰："楊定健兒應屬我，宮殿臺觀應坐我，父子同出不共汝。"旦遣尋求，不見人跡。先是，又謡曰："堅入五將山長得。"堅大信之，告其太子永道曰："天或導予，脱如謡言。留汝兼總戎政，勿與賊争利。吾當出隴收兵，運糧以給汝。天其或者正訓予也。"遣其衞將軍楊定擊沖於城西，爲沖所擒。堅彌懼，付永道以後事，率騎數百出如五將，宣告州郡，期救長安。月餘，永道尋將母妻、宗室、男女數千騎出奔武都，遂假道入司馬昌明。慕容沖入據長安。堅至五將山，姚萇遣其將吴忠圍之。

　　《魏書》卷九十五《列傳第八十三·臨渭氏苻健》頁二〇七八至二〇七九

　　《晉書》曰：苻堅之將亂也，關中土然無火，而煙氣大起，方數十里，月餘不滅。後爲慕容沖所滅。

　　　　《初學記》卷第二十五《器物部·煙第十五》頁六一八

　　崔鴻《十六國春秋》云：苻堅爲慕容沖所逼，長安城中有書曰：帝出五將久長得免是。又謡曰：堅入五將長得。堅大信之，率騎數百出五將，宣告州郡，期以孟冬救長安。堅至五將山，姚萇遣將軍吴忠圍堅，衆奔散，忠執堅以歸新平。即此山也。

　　　　《太平御覽》卷四四《地部九·五將山》頁二一〇下

　　《異苑》曰：苻堅爲慕容沖所襲，堅馳驪馬墮而落澗，追兵幾及，計無由出，馬即踟躕臨澗，垂鞬與堅，堅不能及，馬又跪授焉，堅攀之得登岸而走。

　　　　《太平御覽》卷六九《地部三四·澗》頁三二六上

沖率衆登城，堅身貫甲冑，督戰拒之，飛矢滿身，流血被體。時雖兵寇危逼，馮翊諸堡猶有負糧冒難而至者，多爲賊所殺。先是，言"天或導余，留汝兼總戎政，勿與爭利，吾當出隴收兵運糧以給汝。"自將張夫人及中山公詵率騎數百出，如五將山。六月，太子宏將母、妻、數千騎出奔。沖入據長安。

　　《太平御覽》卷一二二《偏霸部六·前秦符堅》頁五九一下

二年六月，慕容沖入長安，司隸崔翼、尚書趙遷等數百人來奔。萇聞符堅在五將山，遣驍騎吳忠率騎圍之，萇自故縣如新平。吳忠執堅，送之。萇將求禪代，堅不許。

　　《太平御覽》卷一二三《偏霸部七·後秦姚萇》頁五九四下

崔鴻《前秦錄》曰：符堅末，慕容沖率衆登城，堅身貫甲冑，飛矢滿身。

　　《太平御覽》卷三五六《兵部八七·兜鍪》頁一六三七下

又曰：符堅時，關中謠曰："長鞘馬鞭擊左股，太歲南行當避虜。"秦呼鮮卑爲白虜。慕容垂起關東，歲在癸未。

　　《太平御覽》卷三五九《兵部九〇·鞭》頁一六五三上

《異苑》曰：符堅爲慕容沖所襲，堅馳馬墮澗，追兵幾及，計無由出。馬即跼蹐臨澗，垂控與堅。堅不能及，馬又跪而授焉，堅攀之，得登岸，西走廬江。

　　《太平御覽》卷八九七《獸部九·馬五》頁三九八三上

《晉書·載記》曰：慕容沖之亂，有群烏數萬翔鳴于長安城上。

其聲甚悲。占者以爲鬥羽不中，年有甲兵入城之象。

　　　　《太平御覽》卷九二〇《羽族部七·烏》頁四〇八一下

　　時苻堅爲慕容沖所逼，走入五將山。沖入長安。

　　《册府元龜》卷二二二《僭僞部·勦伐二》頁二六五九上至二六五九下

　　其後慕容沖攻長安，堅出如五將山，付宏以後事。宏將母妻宗室男女數千騎出奔。

　　　　《册府元龜》卷二二五《僭僞部·世子》頁二六八九下

　　（苻）堅還長安，後爲慕容沖所逼。沖率衆登城，堅身貫甲冑，率戰距之，飛矢滿身，流血被體。三輔人爲沖所略者，咸遣使告堅，請放火以爲内應。堅遣騎七百應之。而沖營放火者爲風焰所燒，其能免者十一二。城中有書曰《古符傳賈録》，載“帝出五將久長得”。先是，人謡曰：“堅入五將山長得。”堅大信之，告其太子宏曰：“朕如此言，天或導余。今留汝兼總戎政，勿與賊争利，吾當出隴收兵運糧以給汝。天其或者正訓予也。”於是遣衛將軍楊定擊沖於城西，爲沖所擒。堅彌懼，付宏以後事，將中山公詵、張夫人率騎數百出如五將，宣告州郡，期以孟冬救長安。宏等母妻宗室男女數千騎出奔，百僚逃散。慕容沖入據長安，縱兵大掠，死者不可勝計。

　　《册府元龜》卷二三四《僭僞部·兵敗》頁二七八一下至二七八二上

　　又謡曰：“長鞘馬鞭擊左股，太歲南行當復虜。”秦人呼鮮卑爲白虜。慕容垂起於關東，果歲在癸未。

《册府元龜》卷八九四《總録部·謠言》頁一〇五八四下

又謠云：“河水清復清，符紹死新城。”及堅爲姚萇所殺，死於新城。復謠歌云：“魚羊田升當滅秦。”識者以爲魚羊鮮也，田升卑也。言滅秦者鮮卑也。其群臣諫堅，令盡誅鮮卑，堅不從。及淮南敗還，初爲慕容沖所攻，又爲姚萇所殺，身死國滅。慕容氏鮮卑種也。堅爲沖所攻，謠曰：“堅入五將山長得。”堅大信之，告其太子宏曰：“脱如此言，天或導余。今留汝兼總戎政，勿與賊争利。吾當出隴，收兵運糧以給汝，天其或者正訓予也。”於是遣衛將軍楊定擊沖於城西，爲慕容沖所擒。堅彌懼，付宏以後事。將中山公詵、張夫人率騎數百出如五將，竟爲姚萇所害。

《册府元龜》卷八九四《總録部·謠言》頁一〇五八四下

翟真自承營徙屯行唐，即漢之南行唐縣也，屬常山郡。燕王垂趣中山，真爲所逼，故徙屯。真司馬鮮于乞殺真及諸翟，自立爲趙王。營人共殺乞，立真從弟成爲主；其衆多降於燕。降，户江翻。

五月，西燕主沖攻長安，秦王堅身自督戰，飛矢滿體，流血淋漓。沖縱兵暴掠，關中士民流散，道路斷絶，千里無煙。有堡壁三十餘，推平遠將軍趙敖爲主，安遠、平遠，二將軍號，蓋皆當時所置。相與結盟，冒難遣兵糧助堅，多爲西燕所殺。堅謂之曰：“聞來者率不善達，此誠忠臣之義，然今寇難殷繁，難，乃旦翻。殷，衆也，盛也。繁，多也。非一人之力所能濟也，徒相隨入虎口，何益！汝曹宜爲國自愛，爲，于僞翻。畜糧厲兵，以俟天時，庶幾善不終否，有時而泰也！”幾，居希翻。否，皮鄙翻。

三輔之民爲沖所略者，遣人密告堅，請遣兵攻沖，欲縱火爲内應。堅曰："甚哀諸卿忠誠！然吾猛士如虎豹,利兵如霜雪,困於烏合之虜,豈非天乎！恐徒使諸卿坐致夷滅,吾不忍也！" 其人固請不已,乃遣七百騎赴之。沖營縱火者,反爲風火所燒,其得免者什一、二,堅祭而哭之。史言關中之人,乃心爲堅,而力不能濟,蓋天棄秦也。

衛將軍楊定與沖戰于城西,爲沖所擒。定,秦之驍將也。驍,堅堯翻。將,即亮翻。堅大懼,以讖書云："帝出五將久長得。" 據《載記》,此讖書謂之《古符傳賈録》。秦王堅始也禁人學讖,及喪敗之極,乃欲用讖書,奔五將山以求免,其顛倒錯繆甚矣,蓋死期將至也。讖,楚譖翻。乃留太子宏守長安,謂之曰："天其或者欲導予出外。汝善守城,勿與賊爭利,吾當出隴收兵運糧以給汝。" 遂帥騎數百與張夫人及中山公詵、二女寶、錦出奔五將山,《新唐書‧地理志》:京兆醴泉縣有武將山。《水經注》:扶風杜陽縣有五將山。又按唐杜佑,鳳翔府岐山縣有五將山。宣告州郡,期以孟冬救長安。堅過襲菲園,李辯奔燕,奔西燕也。彭和正慚,自殺。

《資治通鑑》卷一百六《晉紀二十八‧孝武帝太元十年》頁三三四五至三三四六

庚戌,燕王垂至常山,圍翟成於行唐。命帶方王佐鎮龍城。六月,高句麗寇遼東,句,如字,又音駒。麗,力知翻。佐遣司馬郝景將兵救之,爲高句麗所敗,敗,補邁翻。高句麗遂陷遼東、玄菟。自此燕不能勝高句麗。菟,同都翻。

秦太子宏不能守長安,將數千騎與母、妻、宗室西奔下辨;辨,皮莧翻。百官逃散,司隸校尉權翼等數百人奔後秦。權翼本姚襄僚屬,苻氏既敗,故奔後秦。西燕主沖入據長安,縱兵大掠,死者不可勝計。勝,音升。

《資治通鑑》卷一百六《晉紀二十八‧孝武帝太元十年》頁三三四六

六月，宏來奔，慕容沖入長安。

《通志》卷十下《晉紀十下·孝武皇帝》頁二〇七上

時有群鳥數萬，翔鳴于長安城上，其聲甚悲，占者以爲鬥羽不終年，有甲兵入城之象。沖率衆登城，堅身貫甲胄，督戰距之，飛矢滿身，血流被體。時雖兵寇危逼，馮翊諸堡壁猶有負糧冒難而至者，多爲賊所殺。堅謂之曰：“聞來者率不善達，誠是忠臣赴難之義。當今寇難殷繁，非一人之力所能濟也。庶明靈有照，禍極灾返，善報誠順，爲國自愛，蓄糧厲甲，端聽師期，不可徒喪無成，相隨虎口。”三輔人爲沖所略者，咸遣使告堅，請放火以爲內應。堅曰：“哀諸卿忠誠之意也，何復已已。但時運圮喪，恐無益於國，空使諸卿坐自夷滅，吾所不忍也。且吾精兵若虎，利器如霜，而衂於烏合疲鈍之賊，豈非天也！宜善思之。”衆固請曰：“臣等不愛性命，投身爲國，若上天有靈，單誠或冀一濟，没無遺恨矣。”堅遣騎七百應之。而沖營放火者爲風焰所燒，其能免者十有一二。堅甚痛之，身爲設祭而招之曰：“有忠有靈，來就此庭。歸汝先父，勿爲妖形。”歔欷流涕，悲不自勝。衆咸相謂曰：“至尊慈恩如此，吾等有死無移。”沖毒暴關中，人皆流散，道路斷絶，千里無煙。堅以甘松護軍仇騰爲馮翊太守，加輔國將軍，與破虜將軍蜀人蘭犢慰勉馮翊諸縣之衆。咸曰：“與陛下同死共生，誓無有貳。”

每夜有人周城大呼曰：“楊定健兒應屬我，宮殿臺觀應坐我，父子同出不共汝。”旦尋而不見人跡。城中有書曰《古符傳賈錄》，載“帝出五將久長得”。先是，又謠曰：“堅入五將山長得。”堅大信之，告其太子宏曰：“脱如此言，天或導余。今留汝兼總戎政，勿與賊争利，吾當出隴收兵運糧以給汝。天其或者正訓予也。”於是遣衛將軍楊定擊沖于城西，爲沖所擒。堅彌懼，付宏以後事，將中山公詵、張夫人率騎數百出如五將,宣告州郡,期以孟冬救長安。宏尋將母妻宗室男女數千騎出奔,百寮逃散。慕容沖入據長安,縱兵大掠,死者不可勝計。

初,秦之未亂也,關中土然,無火而煙氣大起,方數十里中,月餘不滅。堅每臨聽訟觀,令百姓有怨者舉煙于城北,觀而録之。長安爲之語曰:"欲得必存當舉煙。"又爲謠曰:"長鞘馬鞭擊左股,太歲南行當復虜。"秦人呼鮮卑爲白虜。慕容垂之起於關東,歲在癸未。

《通志》卷一百八十九《載記四‧前秦》頁三〇三六中至三〇三六下

時符堅爲慕容沖所逼,走入五將山。沖入長安。

《通志》卷一百九十《載記五‧後秦》頁三〇四四下

時有群鳥數萬,翔鳴於長安城上,其聲甚悲,占者以爲鬥羽,不終年有甲兵入城之象。沖率衆登城,堅身貫甲胄,督戰距之,飛矢滿身,血流被體。時雖兵寇危逼,馮翊諸堡壁猶有負糧冒難而至者,多爲賊所殺。堅謂之曰:"聞來者率不善達,誠是忠臣赴難之義。當今寇難殷繁,非一人之力所能濟也。庶明靈有照,禍極灾返,義保誠順,爲國自愛,蓄糧厲甲,端聽師期,不可徒喪無成,相隨獸口。"三輔人爲沖所略者,咸遣使告堅,請放火以爲内應。堅曰:"哀諸卿忠誠之意也,何復已已。但時運圮喪,恐無益於國,空使諸卿坐自夷滅,吾所不忍也。且吾精兵若虎,利器如霜,而衂於烏合疲鈍之賊,豈非天也!宜善思之。"衆固請曰:"臣等不愛性命,投身爲國,若上天有靈,單誠或冀一濟,没無遺恨矣。"堅遣騎七百應之,而沖營放火者爲風焰所燒,其能免者十有一二。堅深痛之,身爲設祭而招之曰：“有忠有靈，來就此庭。歸汝先父，勿爲妖形。”歔欷流涕，悲不自勝。衆咸相謂曰：“至尊慈恩如此，吾等有死無移。”沖毒暴關中，人皆流散，道路斷絶，千里無烟。堅以甘松護軍仇騰爲馮翊太守，加輔國將軍，與破虜將軍蜀人蘭犢慰勉馮翊諸縣之衆。衆咸曰：“與陛下同死共生，誓無有貳。”

先是，每夜有人周城大呼曰：“楊定健兒應屬我，宫殿臺觀應坐我，父子同出不共汝。”旦尋而不見人跡。長安城中有書曰《古符傳賈録》，載“帝出五將久長得”。先是，又謡曰：“堅入五將山久長得。”堅大信之，此節亦見《御覽》四十四。留太子宏守長安，謂之曰：“脱如謡言，天或導予。今留汝兼總戎政，勿與賊争利，吾當出隴收兵運糧以給汝。天其或者正訓予也。”於是遣衛將軍楊定擊沖於城西，爲沖所擒。堅彌懼，付宏以後事，自將張夫人及中山公詵率騎數百出如五將山。宣告州郡，期以孟冬救長安。此節亦見《御覽》四十四。

六月，太子宏尋將母妻宗室男女數千騎出奔，百寮逃散。慕容沖入據長安，縱兵大掠，死者不可勝計。

初，秦之未亂也，關中土然，無火而烟氣大起，方數十里中，月餘不滅。此節亦見《開元占經》四引。堅每臨聽訟觀，令百姓有怨者舉烟於城北，觀而録之。長安爲之語曰：“欲得必存當舉烟。”時關中又爲謡曰：“長鞘馬鞭擊左股，太歲南行當避一作“復”。虜。”秦人呼鮮卑爲白虜。慕容垂之起於關東，歲在癸未。此節亦見《初學記》二十二、《御覽》三百五十九。

《十六國春秋輯補》卷三十八《前秦録八·苻堅》頁二九六至二九八

　　時苻堅爲慕容沖所逼，走入五將山。六月，沖入長安。

　　　　《十六國春秋輯補》卷五十《後秦錄二·姚萇》頁三八一

　　時有群鳥數萬翔鳴于長安城上，其聲甚悲，占者以爲鬥羽不終年，有甲兵入城之象。五月，慕容沖帥衆攻長安，堅身貫甲胄，躬自督戰拒之。飛矢滿身，流血被體，城陷，奔遁。沖兵追之，堅馳騧馬墮而落澗，追兵幾及。計無由出，馬即踟躕澗側，垂鞍與，堅不能及，馬又跽而受焉。堅援之得登岸，西走盧江。沖縱兵暴掠關中，士民流散，道路斷絶，千里無烟。馮翊堡壁三十餘所，推平遠將軍趙敖爲統主，相與結盟，遣兵負糧，冒難助堅，多爲賊所殺。堅謂之曰：“聞來者率不善達此，誠忠臣赴難之義，當今寇難殷繁，非一人之力所能濟也。庶明靈有照，禍極灾返，善保誠順，爲國自愛。蓄糧厲甲，端聽師期，不可徒喪無成相隨入虎口，何益汝曹。”三輔人爲沖所略者，遣人密告堅，請遣兵攻沖，欲放火以爲内應。堅曰：“甚哀諸卿忠誠之意，何復已已，但時運圮喪，恐無益於國，空使諸卿坐自夷滅，吾所不忍也。且吾猛士如虎豹，利兵如霜雪，而衄〔一作困〕。於烏合疲鈍之賊，豈非天乎！宜善思之。”衆固請曰：“臣等不愛性命，投身爲國。若上天有靈，單誠或冀一濟，没無遺恨矣。”乃遣騎七百赴之，而沖營縱火者反爲風焰所燒，其得免者什有一二。堅身痛之，身爲設祭，而招之曰：“有忠有靈，來就此庭。歸汝先父，勿爲妖形。”歔歔流涕，悲不自勝。衆咸相謂曰：“至尊慈恩如此，吾等有死無移。”堅以甘松護軍仇騰爲馮翊太守，加輔國將軍與破虜將軍，蜀人蘭犢慰勉馮翊諸縣之衆，衆咸曰：“與陛下同死共生，誓無有二。”

　　六月，每夜有人周城大呼曰：“楊定健兒應屬我，宮殿臺觀應坐我，父子同出不共汝。”旦尋求不見人跡。長安城中有書曰《古符傳賈錄》，載“帝出五將久長得”。先是，又謡曰：“堅入五將久長得。"堅大信之，乃留太子宏守長安，謂之曰："脱如謡言，天或導予出外。今留汝兼總戎政，善守城池，勿與賊争利，吾當出隴收兵運糧以給汝。天其或者正訓予也。"於是遣衛將軍楊定擊沖于城西，爲沖所擒。堅彌懼，遂付宏以後事，帥騎數百與張夫人及中山公詵、二女寶錦出奔五將山，宣告州郡，期以孟冬救長安。堅過襲韭園，前禁將軍李辨奔燕，都水使者彭和正慚自殺。六月，太子宏不能守長安，將數千騎與母妻宗室男女西奔下辨，百僚逃散，司隸校尉權翼等數百人奔後秦。慕容沖入據長安，縱兵大掠，死者不可勝計。

初，堅之未亂，關中土燃，無火而烟氣大起，方數十里中，月餘不滅。堅每臨聽訟觀，令民有怨者舉烟于城北，觀而録之。長安爲之謡曰："欲得必存當舉烟。"關中又爲謡曰："長鞘馬鞭擊左股，太歲南行當復一作避。虜。"秦人呼鮮卑爲白虜。慕容垂之起于關東，果歲在癸未。

　　屠本《十六國春秋》卷第三十八《前秦録七·苻堅下》頁三十四背至三十七正

　　又有謡曰："魚羊田升當滅秦。"識者以爲魚羊"鮮"也，田升"卑"也，言滅秦者鮮卑也。

　　屠本《十六國春秋》卷第三十八《前秦録七·苻堅下》頁三十八背

　　（苻）堅屢爲慕容沖所敗，固守長安。

　　屠本《十六國春秋》卷第四十一《前秦録九·苻宏》頁十三正

　　六月，苻堅爲慕容沖所逼，走入五將山，沖入長安。

　　屠本《十六國春秋》卷第五十五《後秦録三·姚萇》頁四背

　　二十一年,慕容沖僭稱尊號于阿房,改年更始。沖率衆登城,
堅身貫甲胄,督戰拒之,飛矢滿身,流血被體。時雖兵寇危逼,馮翊
諸堡壁猶有負糧冒難而至者,多爲賊所殺。先是,每夜有人周城大
呼曰:"楊定健兒應屬我,宮殿臺觀應坐我,父子同出不共汝。"旦尋
而不見人跡。城中有書曰《古符傳賈録》載:"帝出五將久長得。"
又謠曰:"堅入五將山長得。"堅大信之,告其太子宏曰:"脱如此
言,天或導予。今留汝兼總戎政,勿與賊争利,吾當出隴,收兵運糧
以給汝。"自將張夫人及中山公詵率騎數百出如五將山。六月,太
子宏尋將母妻宗室男女數千騎出奔,沖入據長安。

　　　　《十六國春秋別本》卷四《前秦録·苻堅》頁二十正至二十背

　　二年六月,慕容沖入長安。

　　　　　　《十六國春秋別本》卷五《後秦録·姚萇》頁三背

　　南燕平規,慕容垂將也。垂建節將軍徐嵩叛于武邑,驅掠四千
餘人,北走幽州。垂馳救規曰:"但固守勿戰,比破丁零,吾當自討
之。"規違命拒戰,爲嵩所敗。嵩乘勝入薊,掠千餘户而去,所過寇
暴,遂去令支。

　　　　《册府元龜》卷四三九《將帥部·違命》頁五二一〇下

　　燕建節將軍餘巖叛,自武邑北趣幽州。趣,七喻翻。燕王垂馳
使救幽州將平規曰:使,疏吏翻。"固守勿戰,俟吾破丁零自討之。"
規出戰,爲巖所敗。敗,補邁翻。巖入薊,掠千餘户而去,遂據令支。
令,音鈴,又郎定翻。支,音祁。癸酉,翟成長史鮮于得斬成出降,垂屠
行唐,盡阬成衆。去年丁零叛燕,至是而滅。降,户江翻。

　　　　《資治通鑑》卷一百六《晉紀二十八·孝武帝太元十年》頁三三
四七

臣光曰：論者皆以爲秦王堅之亡，由不殺慕容垂、姚萇故也。臣獨以爲不然。許劭謂魏武帝治世之能臣，亂世之姦雄。事見五十八卷漢靈帝中平元年。治，直吏翻。使堅治國無失其道，治，直之翻。則垂、萇皆秦之能臣也，烏能爲亂哉！堅之所以亡，由驟勝而驕故也。

《資治通鑑》卷一百六《晉紀二十八·孝武帝太元十年》頁三三四八至三三四九

會幽州刺史王永、平州刺史苻沖頻爲垂將平規等所敗，乃遣昌黎太守宋敞焚燒和龍、薊城宮室，率衆三萬進屯壺關，遣使招丕。丕乃去鄴，率男女六萬餘口進如潞川。

《晉書》卷一百十五《載記第十五·苻丕》頁二九四一

爲慕容垂圍逼，丕乃去鄴，率男女六萬餘口進如潞川。

《魏書》卷九十五《列傳第八十三·臨渭氐苻健》頁二〇七九

建元二十一年丕復入鄴城，將收兵趙、魏，西赴長安。會平州刺史苻沖帥幽、并之衆擊慕容垂，頻爲垂將帶方等所敗，乃率衆三萬進屯壺關，使招丕。丕乃去鄴，率男女六萬進如潞州。

《太平御覽》卷一二二《偏霸部六·前秦苻丕》頁五九二上

苻丕爲前秦將，鎮鄴。爲燕慕容垂攻之，丕棄鄴城，奔于并州。

《冊府元龜》卷四三八《將帥部·奔亡》頁五二〇三上

會幽州刺史王永、平州刺史苻沖頻爲垂將平規等所敗，乃遣昌黎太守宋敞焚燒和龍、薊城宮室，率衆三萬進屯壺關，遣使招丕。

丕乃去鄴，率男女六萬餘口進如潞川。

　　　《通志》卷一百八十九《載記四·前秦》頁三〇三七上

　　會幽州刺史王永、平州刺史苻沖帥幽并人衆擊慕容垂，頻爲垂將帶方太守平規等所敗，乃遣昌黎太守宋敞焚燒和龍、薊城宮室，率衆三萬進屯壺關，遣使招丕。丕乃去鄴，率男女六萬餘口進如潞川。

　　　《十六國春秋輯補》卷三十九《前秦録九·苻丕》頁三〇七

　　會王猛子幽州刺史王永、平州刺史苻沖帥幽并人衆擊慕容垂，頻爲垂將帶方太守平視等所敗。

　　　屠本《十六國春秋》卷第三十九《前秦録八·苻丕》頁一背

　　永乘勝長驅進據唐城，與慕容麟相持。慕容垂復遣慕容佐與平視共攻薊，永力戰屢敗，乃使宋敞燒和龍及薊城宮室，帥衆三萬奔壺關。

　　　屠本《十六國春秋》卷第四十二《前秦録十·王永》頁四十七背

　　會平州刺史苻沖帥幽并人衆擊慕容垂，頻爲垂將帶方等所敗，乃率衆三萬進屯壺關，使招丕。丕乃去鄴，帥兵六萬進潞州

　　　《十六國春秋別本》卷四《前秦録·苻丕》頁二十一背

　　苻丕，堅之長庶子也。堅死，丕僭即皇帝位於晉陽，南立堅行廟，大赦境内。改元曰太安，明年爲慕容永所殺。晉太元十一年。

　　　《册府元龜》卷二一九《僭僞部·年號》頁二六三二上

美水令犍爲張統説熙曰："主上傾國南討，覆敗而還。慕容垂擅兵河北，泓、沖寇逼京師，丁零雜虜，跋扈關洛，州郡姦豪，所在風扇，王綱弛絶，人懷利己。今呂光回師，將軍何以抗也？"

　　　　《晉書》卷一百十五《載記第十五・符丕》頁二九四二

美水令犍爲張統説熙曰："主上傾國南討，覆敗而還。慕容垂擅兵河北，泓、沖寇逼京師，丁零雜虜，跋扈關洛，州郡姦豪，所在風扇，王綱弛絶，人懷利己。今呂光迴師，將軍何以抗之？"

　　　　《册府元龜》卷四五二《將帥部・識闇》頁五三五八上

美水令犍爲張統説熙曰："主上傾國南討，覆敗而還。慕容垂擅兵河北，泓、沖寇逼京師，丁零雜虜，跋扈關洛，州郡姦豪，所在風扇，王綱弛絶，人懷利己。今呂光迴師，將軍何以抗也？"

　　　　《册府元龜》卷八七九《總録部・計策二》頁一〇四一九下

美水令犍爲張統説熙曰："主上傾國南討，覆敗而還。慕容垂擅兵河北，泓、沖寇逼京師，丁零雜虜，跋扈關洛，州郡姦豪，所在風扇，王綱弛絶，人懷利己。今呂光迴師，將軍何以抗也？"

　　　　《通志》卷一百八十九《載記四・前秦》頁三〇三七中

美水令犍爲張統説熙曰："主上傾國南討，覆敗而還。慕容垂擅兵河北，泓、沖寇逼京師，丁零雜虜，跋扈關洛，州郡姦豪，所在風扇，王綱弛絶，人懷利己。今呂光迴師，將軍何以抗也？"

　　　　《十六國春秋輯補》卷三十九《前秦録九・符丕》頁三〇八

（符）定、紹據信都，謨、亮先據常山，慕容垂之圍鄴城也，並降于垂,聞丕稱尊號,遣使謝罪。

　　　　《晉書》卷一百十五《載記第十五·苻丕》頁二九四三

　　（苻）定、紹據信都,謨、亮先據常山,慕容垂之圍鄴城也,並降
于垂,聞丕稱尊號,遣使謝罪。

　　　　《通志》卷一百八十九《載記四·前秦》頁三〇三七中

　　（苻）定、紹據信都,謨、亮先據常山,慕容垂之圍鄴城也,並降
於垂,聞丕稱尊號,遣使謝罪。

　　　　《十六國春秋輯補》卷三十九《前秦録九·苻丕》頁三〇九

　　阜城侯定、高城男紹、高邑侯謨、重合侯亮聞丕即位,皆自河北
遣使謝罪。中山太守王兗,本新平氏也,固守博陵,不附慕容垂。

　　　　屠本《十六國春秋》卷第三十九《前秦録八·苻丕》頁三正

　　慕容垂爲封豕于關東,泓沖繼凶于京邑,致乘輿播越,宗社
淪傾。

　　　　《晉書》卷一百十五《載記第十五·苻丕》頁二九四四

　　慕容垂爲封豕於關東,泓、沖繼凶於京邑,致乘輿播越,宗社
淪傾。

　　　　《十六國春秋輯補》卷三十九《前秦録九·苻丕》頁三〇九

　　慕容垂爲封豕于關東,泓、沖繼凶于京邑,致乘輿播越,宗社
淪傾。

　　　　屠本《十六國春秋》卷第三十九《前秦録八·苻丕》頁四正

燕王垂以魯王和爲南中郎將，鎭鄴。遣慕容農出蠮螉塞，蠮，
於結翻。螉，於公翻。歷凡城，趣龍城，趣，七喻翻。會兵討餘巖，慕容
麟、慕容隆自信都徇勃海、清河。麟擊勃海太守封懿，執之，因屯歷
口。《水經注》：清河自廣川東北流，逕歷縣故城南，前漢信都國之屬縣也。應
劭曰：廣川縣西北三十里有歷城亭，故縣也。今亭在縣東津濟之所，謂之歷口
渡。懿，放之子也。封放見九十九卷穆帝永和七年。

　　《資治通鑑》卷一百六《晉紀二十八·孝武帝太元十年》頁三三
四九

慕容沖遣其車騎大將軍高蓋率衆五萬來伐，戰於新平南，大破
之，蓋率麾下數千人來降，拜散騎常侍。

　　　　《晉書》卷一百十六《載記第十六·姚萇》頁二九六六

慕容沖遣車騎大將軍尚書令高蓋來戰于新平，大破之，蓋率麾
下數千人來降。

　　　　《太平御覽》卷一二三《偏霸部七·後秦姚萇》頁五九四下

慕容沖遣其車騎大將軍高蓋率衆五萬來伐，戰于新平南，大破
之，蓋率麾下數千人來降，遂僭即帝位。

　　　　《册府元龜》卷二二二二《僭僞部·勳伐二》頁二六五九下

冬，十月，西燕主沖遣尚書令高蓋帥衆五萬伐後秦，戰于新平
南，蓋大敗，降於後秦。帥，讀曰率。降，户江翻。初，蓋以楊定爲子，
及蓋敗，定亡奔隴右，復收集其舊衆。【張：“衆”下脱“定佛奴之孫也”
六字。】定爲西燕禽，財六月耳。復，扶又翻。

　　《資治通鑑》卷一百六《晉紀二十八·孝武帝太元十年》頁三三
五五

　　慕容沖遣其車騎大將軍高蓋率衆五萬來伐，戰于新平南，大破之，蓋率麾下數千人來降，拜散騎常侍。

　　　　　《通志》卷一百九十《載記五·後秦》頁三〇四四下

　　慕容沖遣其車騎大將軍、尚書令高蓋來伐，戰於新平南，大破之。蓋率麾下數千人來降，拜散騎常侍。

　　　　　《十六國春秋輯補》卷五十《後秦録二·姚萇》頁三八一

　　冬十月，慕容沖遣尚書令、車騎大將軍高蓋帥衆五萬來侵戰於新平南，大破之，蓋帥麾下數千來降，拜散騎常侍。

　　　　屠本《十六國春秋》卷第五十五《後秦録三·姚萇》頁五正

　　慕容沖遣車騎大將軍、尚書令高蓋求戰于新平，大破，蓋率麾下數千人求降。

　　　　　《十六國春秋别本》卷五《後秦録·姚萇》頁四正

　　後燕慕容垂遣其弟農伐句麗，〔一〇〕復二郡。

【校勘記】

　〔一〇〕後燕慕容垂遣其弟農伐句麗　按《晉書》卷一二三《慕容垂載記》，農是垂之中子。此作“弟”，是承《梁書》之誤。

　　　　《北史》卷九十四《列傳第八十二·高麗》頁三一一二、三一四〇

　　繹幕人蔡匡據城以叛燕，繹幕縣，自漢以來屬清河郡，至隋廢，入德州安樂縣。燕慕容麟、慕容隆共攻之。泰山太守任泰潛師救匡，任，音壬。至匡壘南八里，燕人乃覺之。諸將以匡未下而外敵奄至，甚

患之。隆曰："匡恃外救，故不時下。今計泰之兵不過數千人，及其未合，擊之，泰敗，匡自降矣。"乃釋匡擊泰，大破之，斬首千餘級。匡遂降，降，户江翻；下同。燕王垂殺之，且屠其壘。

慕容農至龍城，自蠮螉塞歷凡城，至龍城。休士馬十餘日。諸將皆曰："殿下之來，取道甚速，今至此久留不進，何也？"農曰："吾來速者，恐餘巖過山鈔盜，侵擾良民耳。此山，謂白狼山。鈔，楚交翻。巖才不踰人，誑誘飢兒，誑，居况翻。誘，音酉。烏集爲群，非有綱紀；吾已扼其喉，久將離散，無能爲也。今此田善熟，未取而行，徒自耗損，當俟收畢，往則梟之，梟，堅堯翻。亦不出旬日耳。"頃之，農將步騎三萬至令支，巖衆震駭，稍稍踰城歸農。巖計窮出降，農斬之；進擊高句麗，復遼東、玄菟二郡。郝景之敗，高句麗陷遼東、玄菟。菟，同都翻。還至龍城，上疏請繕脩陵廟。燕自慕容皝以前皆葬遼西，故陵廟在焉。

燕王垂以農爲使持節、都督幽·平二州·北狄諸軍事、幽州牧，鎮龍城。使，疏吏翻。徙平州刺史帶方王佐鎮平郭。農於是創立法制，事從寬簡，清刑獄，省賦役，勸課農桑，居民富贍，四方流民前後至者數萬口。先是幽、冀流民多入高句麗，先，悉薦翻。農以驃騎司馬范陽龐淵爲遼東太守，招撫之。

　　《資治通鑑》卷一百六《晉紀二十八·孝武帝太元十年》頁三三五五至三三五六

　　後燕慕容垂遣其弟農伐句麗，復二郡。
　　《通志》卷一百九十四《四夷傳一·東夷·高句麗》頁三一一三上

　　安帝時，平州又陷於慕容垂。
　　《通典》卷第一百八十《州郡十·古青州》頁四七六九

平州自慕容垂後，又没於馮跋，旋爲後魏所有。〔五二〕

【校勘記】

〔五二〕旋爲後魏所有　"旋"原訛"族"，據諸本改。

《通典》卷第一百八十《州郡十・古青州》頁四七六九、四七九〇

　　先是，慕容驎攻王兗于博陵，至是糧竭矢盡，郡功曹張猗踰城聚衆應驎。兗臨城數之曰："卿，秦之人也。吾，卿之君也。起衆應賊，號稱義兵，何名實相違之甚！卿兄往合鄉宗，親逐城主，天地不容，爲世大戮。身滅未幾，卿復續之。卿見爲吾吏，親尋干戈，競爲戎首，爲爾君者，不亦難乎！今人可取卿一切之功，〔四〕寧能忘卿不忠不孝之事！古人有云，求忠臣必出孝子之門，卿母在城，不能顧之，何忠義之可望！惡不絶世，卿之謂也。不圖中州禮義之邦，而卿門風若斯。卿去老母如脱屣，吾復何論哉！"既而城陷，兗及固安侯苻鑒並爲驎所殺。

【校勘記】

〔四〕今人可取卿一切之功　各本"可"作"何"，局本作"可"。《册府》九四三亦作"可"，局本當是據《册府》改，於文義爲長，今從之。

《晉書》卷一百十五《載記第十五・苻丕》頁二九四四、二九五七

　　前秦張猗爲王兗功曹，兗固守博陵，與慕容垂相持。垂遣將慕容驎攻兗于博陵，兗糧竭矢盡，猗踰城聚衆應驎。兗臨城數之曰："卿秦之人也，吾卿之君也。起衆應賊，號稱義兵，何名實相悖之甚？卿兄往合鄉宗親逐城主，天地不容，爲世大戮，身滅未幾，卿復續之。卿見爲吾吏，親尋干戈，競爲戎首，爲爾君者不亦難乎？今人可取卿一切之功，寧能忘卿不忠不孝之事。古人有云：'求忠臣

必出孝子之門。'卿母在城,不能顧之,何忠義之可望?惡不絕世,卿之謂也。不圖中州禮義之邦而卿門風若斯,卿去老母如脫屣,吾復何論哉!"既而城陷,兗及固安侯苻鑒並爲驎所殺。

《册府元龜》卷九四三《總録部・不誼》頁一一一〇六下

慕容驎攻王兗于博陵,城中糧竭矢盡,功曹張猗踰城出,聚衆以應驎。兗臨城數之曰:數,所具翻。"卿是秦民,吾是卿君,卿起兵應賊,自號'義兵',何名實之相違也?古人求忠臣必於孝子之門,後漢韋彪之言。卿母在城,棄而不顧,吾何有焉!今人取卿一切之功則可矣,寧能忘卿不忠不孝之事乎?不意中州禮義之邦,乃有如卿者也!"十二月,驎拔博陵,執兗及苻鑑,殺之。昌黎太守宋敞帥烏桓、索頭之衆救兗,不及而還。帥,讀曰率。索,昔各翻。還,從宣翻,又如字。秦主丕以敞爲平州刺史。敞時從王永在壺關。

《資治通鑑》卷一百六《晉紀二十八・孝武帝太元十年》頁三三五七

先是,慕容驎攻王兗于博陵,至是糧竭矢盡,郡功曹張猗踰城聚衆應驎。兗臨城數之曰:"卿,秦之人也。吾,卿之君也。起衆應賊,號稱義兵,何名實相違之甚!卿兄往合鄉宗,親逐城主,天地不容,爲世大戮。身滅未幾,卿復續之。卿見爲吾吏,親尋干戈,競爲戎首,爲爾君者,不亦難乎!今人可取卿一切之功,甯能忘卿不忠不孝之事!古人有云,求忠臣必出孝子之門,卿母在城,不能顧之,何忠義之可望!惡不絕世,卿之謂也。不圖中州禮義之邦,而卿門風若斯。卿去老母如脫屣,吾復何論哉!"既而城陷,兗及固安侯苻鑒並爲驎所殺。

《通志》卷一百八十九《載記四・前秦》頁三〇三七下

　　先是慕容驎攻王兗於博陵，至是糧竭矢盡，郡功曹張猗踰城聚衆應驎。兗臨城數之曰：“卿，秦之人也。吾，卿之君也。起衆應賊，號稱義兵，何名實相違之甚！卿兄往合鄉宗，親逐城主，天地不容，爲世大戮。身滅未幾，卿復續之。卿見爲吾吏，親尋干戈，競爲戎首，爲爾君者，不亦難乎！今人何取卿一切之功，寧能忘卿不忠不孝之事！古人云，求忠臣必出孝子之門，卿母在城，不能顧之，何忠義之可望！惡不絶世，卿之謂也。不圖中州禮義之邦，而卿門風若斯。卿去老母如脱屣，吾復何論哉！”既而城陷，兗及固安侯苻鑒並爲驎所殺。

　　《十六國春秋輯補》卷三十九《前秦録九·苻丕》頁三〇九至三一〇

　　時慕容麟攻王兗于博陵，城中糧盡矢竭，功曹張猗踰城出聚衆應麟。十二月，麟拔博陵，執兗及固安侯鑒，並殺之。

　　屠本《十六國春秋》卷第三十九《前秦録八·苻丕》頁四背

　　王兗本新平氐也，仕堅爲中山太守，固守博陵，爲秦拒燕。丕即位以兗爲平州刺史。先是，慕容驎攻兗於博陵，至是糧盡矢竭，功曹張猗踰城而出，聚衆應驎。兗臨城數之曰：“卿，秦之民也。吾，卿之君也。卿起衆應賊，號稱義兵，何名實相違之甚也！卿兄往合鄉宗，親逐城主，天地不容，爲世大戮。身滅未幾，卿復續之。卿見爲吾吏，親尋干戈，競爲戎首，爲爾君者，不亦難乎！今人何取卿一切之功，寧能忘卿不忠不孝之事！古人有言，求忠臣必出於孝子之門，卿母在城，棄而不顧，何忠義之可望！惡不絶世，卿之謂也。不圖中州禮義之邦，而卿門風若此。卿棄老母如脱屣，吾復何論哉！"既而城陷，充及固安侯鑒並爲麟所殺。

屠本《十六國春秋》卷第四十二《前秦録十·王充》頁四十三背至四十四

（慕容）垂僭號於中山，是爲後燕。後燕卒滅於魏。

《晉書》卷十四《志第四·地理上》頁四二五

暨趙石建武七年，遣北中郎將始築小城，興起北榭，立宮造殿，後燕因其故宮，建都中山小城之南，更築隔城，興復宮觀，今府榭猶傳故制，自漢及燕。

《水經注校證》卷十一《滱水》頁二八八

秦氏建元中，唐水汎漲，高岸崩頹，城角之下有大積木，交橫如梁柱焉。後燕之初，此木尚在，未知所從。

《水經注校證》卷十一《滱水》頁二八九

後燕慕容垂，都中山。

《初學記》卷第二十四《居處部·都邑第一》頁五六二

後燕慕容垂，都中山。

《太平御覽》卷一五五《州郡部一·叙京都上》頁七五五下

燕王垂北如中山，謂諸將曰："樂浪王招流離，實倉廩，外給軍糧，內營宮室，雖蕭何之功，何以加之！"樂浪王温之功詳見上。漢高祖與項羽相拒，蕭何鎮撫關中，爲之根本。丙申，垂始定都中山。杜佑曰：後燕都中山，今博陵郡唐昌縣。

秦苻定據信都以拒燕，燕王垂以從弟北地王精爲冀州刺史，將兵攻之。從，才用翻。將，即亮翻。

《資治通鑑》卷一百六《晉紀二十八·孝武帝太元十年》頁三三五七

慕容垂都中山，謂之後燕。今中山府。

《通志》卷四十一《都邑略一·十六國都》頁五五五下

又曰：慕容超字祖明，德之兄北海王納之子也。苻堅破鄴，以納爲廣武太守。數歲去官，家于張掖。德之南征，留金刀而去。及垂起兵山東，苻昌收德諸子，皆誅之。納母公孫氏以耄獲免。納妻段氏方娠，未決，囚之于郡。獄掾呼延評，德故吏也，嘗有死罪，德免之。至是，將公孫及段氏逃于羌中而生超焉。年十歲，而公孫卒。臨終，授超以金刀，曰：“若天下太平，汝得東歸，可以此刀還汝叔也。”

《太平御覽》卷五一二《宗親部二·伯叔》頁二三三三上

慕容超字祖明，身長八尺，腰帶九圍，精彩秀發，容止可觀。

《冊府元龜》卷二二〇《僭偽部·形貌》頁二六三七上

南燕慕容超，初爲苻昌收納及德諸子皆誅之，獄掾呼延平救護之得逃去。其後超母謂超曰：“吾母子全濟，呼延氏之力乎！今欲爲汝納其女以答厚惠。”於是娶之。

《冊府元龜》卷八五三《總録部·姻好》頁一〇一三八下

　　南燕慕容超字祖明,德之兄北海王納子也。時慕容垂起兵山東,苻昌收納及德諸子,皆誅之。納母公孫氏以耄獲免。納妻段氏方娠,未決,囚之于郡獄。獄掾呼延平,德之故吏也,嘗有死罪,德免之。至是,將公孫及段氏逃于羌中而生超焉。年十歲,而公孫氏卒。臨終,授超以金刀,曰:"若天下太平,汝得東歸,可以此刀還汝叔也。"平又將超母子奔于呂光,及呂隆降于姚興,超又隨涼州人徙于長安。

　　《册府元龜》卷八六五《總録部·報恩》頁一〇二七三下至一〇二七四上

　　南燕慕容超字祖明,德之兄北海王沕之子。時慕容垂起兵山東,苻昌收沕及德諸子皆誅之。沕母公孫氏以老耄獲免,沕妻段氏方娠,未決囚之于郡獄。獄掾呼延平,德之故吏也。嘗有死罪,德免之。至是將公孫及段氏逃于羌中而生超焉。年十歲而公孫氏卒,臨終授超以金刀曰:"若天下太平,汝得東歸,可以刀還汝叔也。"平又將超母子奔于呂光,及呂隆降于姚興,超又隨涼州人徙于長安。

　　《册府元龜》卷九四〇《總録部·患難》頁一一〇七二上

　　張詮《南燕書》曰:慕容納沉静深邃,外訥内敏。

　　《太平御覽》卷四六四《人事部一〇五·訥》頁二一三五下

　　慕容納沈静深邃,外訥内敏。

　　《册府元龜》卷八三五《總録部·訥》頁九九一一上

公元三八六年　東晉孝武帝太元十一年　北魏道武帝登國元年　後燕武成帝建興元年　西燕中興元年前秦哀平帝太安二年　前秦高帝太初元年後秦武昭帝建初元年

十一年春正月辛未,慕容垂僭即皇帝位于中山。

　　　　　　　　《晉書》卷九《帝紀第九·孝武帝》頁二三五

是歲,慕容垂僭稱皇帝於中山,自號大燕。

　　　　　　　　《魏書》卷二《太祖紀第二》頁二一

(正月)慕容垂僭即皇帝位于中山,國號燕。

　　　　　　　　《北史》卷一《魏本紀第一·太祖道武皇帝》頁一〇

景帝改爲中山國。後漢因之,晉亦不改。後燕慕容垂移都於此,都中山,置中山尹。[三六]至慕容寶,爲後魏所陷。

【校勘記】

〔三六〕中山尹　"尹"原訛"郡",據北宋本改。

《通典》卷第一百七十八《州郡八·古冀州上·博陵郡》頁四七〇四、四七一九

是歲,慕容垂僭稱皇帝於中山,自號大燕。

《太平御覽》卷一〇一《皇王部二六·太祖道武皇帝》頁四八三上至四八三下

二年正月,慕容垂僭稱尊號。

　　　　《太平御覽》卷一二二《偏霸部六·前秦苻丕》頁五九二上

是歲，慕容垂僭稱皇帝於中山，自號大燕。

《冊府元龜》卷六《帝王部·創業二》頁六四下

慕容垂守中山之國，蹈兩河而爲後燕。

《冊府元龜》卷二一九《僭僞部·總序》頁二六二一上

十一年，（慕容垂）僭即帝位，改元建興。

《冊府元龜》卷二一九《僭僞部·年號》頁二六三三下

後燕慕容垂，晉太元十一年僭即帝位，赦其境內。

《冊府元龜》卷二二六《僭僞部·恩宥》頁二六九八上

燕王垂即皇帝位。垂字道明，燕主皝之第五子。

《資治通鑑》卷一百六《晉紀二十八·孝武帝太元十一年》頁三三五八

燕大赦，改元建興，置公卿尚書百官，繕宗廟、社稷。

《資治通鑑》卷一百六《晉紀二十八·孝武帝太元十一年》頁三三五九

十一年春正月辛未，慕容垂僭即皇帝位于中山。

《通志》卷十下《晉紀十下·孝武皇帝》頁二〇七中

是月，慕容垂僭即皇帝位于中山，國號燕。

《通志》卷十五上《後魏紀十五上·太祖道武皇帝》頁二七一中

慕容垂僭稱尊號。

　　　　　《十六國春秋輯補》卷三十九《前秦録九·苻丕》頁三一〇

二年正月，慕容垂僭稱尊號。

　　　　　《十六國春秋別本》卷四《前秦録·苻丕》頁二十二正

慕容沖將許木末殺慕容沖於長安。

　　　　　　　《晉書》卷九《帝紀第九·孝武帝》頁二三五

慕容沖爲部下所殺。

　　　　　　　　《魏書》卷二《太祖紀第二》頁二一

（二月）慕容沖爲其部下所殺。

　　　　　　《北史》卷一《魏本紀第一·太祖道武皇帝》頁一〇

二月，慕容沖左將軍韓延煞沖，立段隨爲燕王，改年昌平。

　　　《太平御覽》卷一二二《偏霸部六·前秦苻丕》頁五九二上

慕容沖爲部下所殺。

　　　　　　《册府元龜》卷六《帝王部·創業二》頁六四下

　　西燕主沖樂在長安，樂，音洛。且畏燕主垂之强，不敢東歸，課
農築室，爲久安之計；鮮卑咸怨之。鮮卑思東歸，而沖安於長安，故怨。
《傳》曰：“以欲從人則可，以人從欲鮮濟。”其是之謂歟！左將軍韓延因衆
心不悦，攻沖，殺之，立沖將段隨爲燕王，改元昌平。

　　《資治通鑑》卷一百六《晉紀二十八·孝武帝太元十一年》頁
三三五九

慕容沖將許木末殺慕容沖於長安。

　　　　　　《通志》卷十下《晉紀十下・孝武皇帝》頁二〇七中

慕容沖爲其部下所殺。

《通志》卷十五上《後魏紀十五上・太祖道武皇帝》頁二七一中

二月，慕容沖左將軍韓延殺沖，立段隨爲燕王，改年昌平。

　　　　《十六國春秋輯補》卷三十九《前秦録九・苻丕》頁三一〇

二月，慕容沖左將軍韓延煞沖，立段隨爲燕王，改年昌平。

　　　　《十六國春秋別本》卷四《前秦録・苻丕》頁二十二正

後燕慕容垂僭即皇帝位，繕宗廟，追尊母蘭氏爲文昭皇后。

　　　　《冊府元龜》卷二二四《僭僞部・奉先》頁二六七六上

燕主垂追尊母蘭氏爲文昭皇后；欲遷文明段后，以蘭氏配享太祖，段氏，燕王皝之元妃；蘭氏，皝之側室也。皝廟號太祖，謚文明皇帝。詔百官議之，皆以爲當然。順垂指也。博士劉詳、董謐以爲“堯母爲帝嚳妃，位第三，不以貴陵姜原，《帝王紀》曰：帝嚳有四妃：元妃有邰氏女曰姜嫄，生后稷；次妃有娀氏女曰簡狄，生卨；次妃陳豐氏女曰慶都，生放勛；次妃娵訾氏女曰常義，生摯。嚳，苦沃翻。明聖之道，以至公爲先；文昭后宜立別廟。”垂怒，逼之，詳、謐曰：“上所欲爲，無問於臣。臣按經奉禮，不敢有貳。”垂乃不復問諸儒，卒遷段后，以蘭后代之。復，扶又翻。卒，子戌翻。又以景昭可足渾后傾覆社稷，追廢之；尊烈祖昭儀段氏爲景德皇后，配享烈祖。可足渾氏，燕王儁之元妃也。傾覆

事見一百二卷，海西公太和四年。段氏，儁之側室也。儁廟號烈祖，謚景昭
皇帝。

　　崔鴻曰：齊桓公命諸侯無以妾爲妻。《孟子》曰：齊桓公葵丘之會，
初命曰："誅不孝，無易樹子，無以妾爲妻。" 夫之於妻，猶不可以妾代之，
況子而易其母乎！《春秋》所稱母以子貴者，君母既没，得以妾母爲
小君也；《春秋公羊傳》曰：桓幼而貴，隱長而卑；隱長又賢，諸大夫扳隱而立
之；隱之立，爲桓立也。隱長又賢，何以不宜立？立適以長不以賢，立子以貴
不以長。桓何以貴？母貴也。母貴，則子何以貴？子以母貴，母以子貴。《左
氏傳》曰：惠公元妃孟子；孟子卒，繼室以聲子，生隱公。宋武公生仲子，爲魯
夫人，生桓公，而惠公薨，是以隱公立而奉之。至於享祀宗廟，則成風終不
得配莊公也。魯莊公夫人姜氏。成風者，莊公之妾，僖公之母也。姜氏通于
共仲，弒閔公而欲立共仲，不克，遂孫于邾，齊桓公殺之。僖公既立，請其喪，
以夫人之禮葬之。君父之所爲，臣子必習而效之，猶形聲之於影響也；
寶之逼殺其母，事見後一百八卷太元二十一年。由垂爲之漸也。堯、舜
之讓，猶爲之、噲之禍，事見二卷周慎靚王五年。況違禮而縱私者乎！
昔文姜得罪於桓公，《春秋》不之廢。魯桓公之夫人曰文姜，通于齊襄
公，桓公謫之。夫人以告，襄公遂殺桓公。至莊公二十一年，《春秋》書夫人姜
氏薨；二十二年書葬我小君文姜，是不之廢也。可足渾氏雖有罪於前朝，
朝，直遥翻。然小君之禮成矣；垂以私憾廢之，私憾，謂譖殺垂妃段氏，又
譖垂而逐之奔秦也。又立兄妾之無子者，皆非禮也。

　　《資治通鑑》卷一百六《晉紀二十八·孝武帝太元十一年》頁三
三六一至三三六二

　　西燕僕【章：十二行本 "僕" 上有 "左" 字；乙十一行本同；孔本同；張校
同。】射慕容恒、尚書慕容永襲段隨，殺之；立宜都王子顗爲燕王，顗
蓋燕宜都王桓之子。顗，魚豈翻。改元建明，帥鮮卑男女四十餘萬口去

長安而東。海西公太和五年，秦遷鮮卑於長安，至是財十七年耳，而種類蕃育乃如此。唐太宗阿史那結社率之變，亦幸其早發耳。帥，讀曰率。恒弟護軍將軍韜誘顗，殺之於臨晉，誘，音西。恒怒，捨韜去。永與武衞將軍刁雲帥衆攻韜，韜敗，奔恒營。恒立西燕主沖之子瑤爲帝，改元建平，謚沖曰威皇帝。衆皆去瑤奔永，永執瑤，殺之，立慕容泓子忠爲帝，改元建武。忠以永爲太尉，守尚書令，封河東公。永持法寬平，鮮卑安之。至聞喜，聞燕主垂已稱尊號，不敢進，築燕熙城而居之。爲燕主垂滅西燕張本。

《資治通鑑》卷一百六《晉紀二十八‧孝武帝太元十一年》頁三三六二至三三六三

（慕容）沖既率衆東下，長安空虛。

《晉書》卷一百十六《載記第十六‧姚萇》頁二九六六

鮮卑既東，長安空虛。

《資治通鑑》卷一百六《晉紀二十八‧孝武帝太元十一年》頁三三六三

（慕容）沖既率衆東下，長安空虛。

《通志》卷一百九十《載記五‧後秦》頁三〇四四下

（慕容）沖既率衆東下，長安空虛。

《十六國春秋輯補》卷五十《後秦録二‧姚萇》頁三八一

慕容沖帥衆東下，長安空虛。

屠本《十六國春秋》卷第五十五《後秦録三‧姚萇》頁五正

燕主垂封其子農爲遼西王，麟爲趙王，隆爲高陽王。

《資治通鑑》卷一百六《晉紀二十八・孝武帝太元十一年》頁三三六四

燕主垂以范陽王德爲尚書令，太原王楷爲左僕射，樂浪王溫爲司隸校尉。溫守中山，有營宮室、建都邑之功，因用爲司隸。樂浪，音洛琅。

《資治通鑑》卷一百六《晉紀二十八・孝武帝太元十一年》頁三三六四

刁雲殺慕容忠，乃推慕容永爲使持節、大都督中外諸軍事、大將軍、大單于、雍秦梁涼四州牧、録尚書事、河東王，稱藩于垂。

《晉書》卷一百十五《載記第十五・苻丕》頁二九四五

西燕刁雲等殺西燕主忠，推慕容永爲使持節、大都督中外諸軍事、大將軍、大單于、雍・秦・梁・涼四州牧、録尚書事、河東王，稱藩於燕。稱藩於燕主垂也。使，疏吏翻。雍，於用翻。

《資治通鑑》卷一百六《晉紀二十八・孝武帝太元十一年》頁三三六五

刁雲殺慕容忠，乃推慕容永爲使持節、大都督中外諸軍事、大將軍、大單于、雍秦梁涼四州牧、録尚書事、河東王，稱藩于垂。

《通志》卷一百八十九《載記四・前秦》頁三〇三七下

刁雲殺慕容忠，乃推慕容永爲使持節、大都督中外諸軍事、大將軍、大單于、雍秦梁涼四州牧、録尚書事、河東王，稱藩於垂。

《十六國春秋輯補》卷三十九《前秦録九・苻丕》頁三一〇

征東苻定、鎮東苻紹、征北苻謨、鎮北苻亮皆降于慕容垂。

　　　　《晉書》卷一百十五《載記第十五·苻丕》頁二九四五

崔鴻《十六國春秋·後燕録》曰：苻定、苻紹等降，慕容垂下書
封紹等爲侯，以酬秦王之惠，且擬三恪。

　　　　《太平御覽》卷一九八《封建部一·叙封建》頁九五三上

燕主垂遣太原王楷、趙王麟、陳留王紹、章武王宙攻秦苻定、苻
紹、苻謨、苻亮等；去年，苻定等背燕爲秦。楷先以書與之，爲陳禍福，
定等皆降。降，戶江翻。垂封定等爲侯，曰："以酬秦主之德。"

　　　　《資治通鑑》卷一百六《晉紀二十八·孝武帝太元十一年》頁三
三六五

征東苻定、鎮東苻紹、征北苻謨、鎮北苻亮皆降于慕容垂。

　　　　《通志》卷一百八十九《載記四·前秦》頁三〇三七下

征東苻定、鎮東苻紹、征北苻謨、鎮北苻亮皆降於慕容垂。

　　　　《十六國春秋輯補》卷三十九《前秦録九·苻丕》頁三一〇

六月，征東將軍定、鎮東將軍紹、征北將軍謨、鎮北將軍亮等復
降于垂。

　　　　屠本《十六國春秋》卷第三十九《前秦録八·苻丕》頁五背

姚萇殘虐，慕容垂凶暴，所過滅戶夷煙，毀發丘墓，毒徧存亡，
痛纏幽顯，雖黄巾之害于九州，赤眉之暴于四海，方之未爲甚也。

　　　　《晉書》卷一百十五《載記第十五·苻丕》頁二九四五

　　秦主丕以都督中外諸軍事、司徒、録尚書事王永爲左丞相，太尉、東海王纂爲大司馬，司空張蚝爲太尉，蚝，七吏翻。尚書令咸陽徐義爲司空，司隸校尉王騰爲驃騎大將軍、儀同三司。驃，匹妙翻。騎，奇寄翻。永傳檄四方公侯、牧守、壘主、民豪，共討姚萇、慕容垂，令各帥所統，以孟冬上旬會大駕于臨晉。帥，讀曰率。

　　《資治通鑑》卷一百六《晉紀二十八·孝武帝太元十一年》頁三三六五至三三六六

　　（王）永又檄州郡同討垂、萇。

　　　　《通志》卷一百八十九《載記四·前秦》頁三〇三七下

　　姚萇殘虐，慕容垂凶暴，所過滅户夷烟，毀發邱墓，毒徧存亡，痛纏幽顯，雖黄巾之害於九州，赤眉之暴於四海，方之未爲甚也。

　　　　《十六國春秋輯補》卷三十九《前秦録九·苻丕》頁三一一

　　姚萇殘虐，慕容垂凶暴，所過滅户夷烟，毀發丘墓，毒徧存亡，痛纏幽顯，雖黄巾之害於九州，赤眉之暴於四海，方之二虜未爲甚也。

　　　　屠本《十六國春秋》卷第三十九《前秦録八·苻丕》頁六正至六背

　　八月，燕主垂留太子寶守中山，以趙王麟爲尚書右僕射，録留臺。庚午，自帥范陽王德等南略地，使高陽王隆東徇平原。丁零鮮于乞保曲陽西山，曲陽縣，屬常山郡。聞垂南伐，出營望都，望都縣，屬中山郡。《水經注》：堯封於唐，堯山在東北，堯母慶都山在南，登堯山見都山，故望都縣以爲名也。剽掠居民。剽，匹妙翻。趙王麟自出討之，諸將皆曰：“殿下虛鎮遠征，萬一無功而返，虧損威重，不如遣諸將討之。”

麟曰："乞聞大駕在外,無所畏忌,必不設備,一舉可取,不足憂也。"
乃聲言至魯口,夜,回趣乞,趣,七喻翻。比明,至其營,掩擊,擒之。
比,必寐翻。及也。

《資治通鑑》卷一百六《晉紀二十八‧孝武帝太元十一年》頁三
三六七

初,帝叔父窟咄爲苻堅徙于長安,因隨慕容永,永以爲新興
太守。

《魏書》卷二《太祖紀第二》頁二一

遣行人安同、長孫賀使于慕容垂以徵師,垂遣使朝貢,并令其
子賀驎帥步騎以隨同等。

《魏書》卷二《太祖紀第二》頁二一

因亂隨慕容永東遷,永以爲新興太守。

《魏書》卷十五《昭成子孫列傳第三‧窟咄》頁三八五

太祖慮内難,乃北踰陰山,幸賀蘭部,遣安同及長孫賀徵兵於
慕容垂。賀亡奔窟咄,安同間行遂達中山。慕容垂遣子賀驎步騎
六千以隨之。安同與垂使人蘭紇俱還,達牛川,窟咄兄子意烈捍
之。安同乃隱藏於商賈囊中,至暮乃入空井,得免,仍奔賀驎。

《魏書》卷十五《昭成子孫列傳第三‧窟咄》頁三八五

初,昭成末,太祖季父窟咄徙于長安。苻堅敗,從慕容永東遷。
及永自立,以窟咄爲新興太守。

《魏書》卷二十八《列傳第十六‧莫題》頁六八三

登國初，太祖徵兵於慕容垂，事在《窟咄傳》。

　　　　　　　　《魏書》卷三十《列傳第十八·安同》頁七一二

因亂，隨慕容永東遷，永以爲新興太守。

《北史》卷十五《列傳第三·魏諸宗室·昭成子孫·窟咄》頁五
七九

　　帝慮內難，乃北踰陰山，幸賀蘭部，遣安同及長孫漫徵兵於慕
容垂。賀曼亡奔窟咄；^{〔四九〕}安同間行，遂達中山。慕容垂遣子賀驎
步騎六千以隨之。安同與垂使人蘭紇俱還，達牛川，窟咄兄子意烈
捍之。安同乃隱藏於商賈囊中，至暮，乃入空井得免，仍奔賀驎。

　　【校勘記】

　　〔四九〕遣安同及長孫漫徵兵於慕容垂賀曼亡奔窟咄　《魏書》
卷十五“漫”作“賀”，無“曼”字。本書卷一《道武紀》登國元年，
作“長孫賀”。按本名當作“賀曼”，單稱或作“賀”，或作“漫”，遂似
兩人。

　　《北史》卷十五《列傳第三·魏諸宗室·昭成子孫·窟咄》頁
五七九至五八〇、五八七

登國初，道武徵兵於慕容垂，同頻使稱旨。

　　　　　　　　《北史》卷二十《列傳第八·安同》頁七五一

初，帝叔父窟咄爲苻堅徙于長安，因隨慕容永，以爲新興太守。

　　　　　　　《册府元龜》卷六《帝王部·創業二》頁六四下

（拓跋珪）遣行人安同、長孫賀使于慕容垂以徵師，垂遣使朝

貢,并令其子賀驎帥步騎以隨同等。

《冊府元龜》卷六《帝王部・創業二》頁六四下

（拓跋）珪懼內難,難,乃旦翻。北踰陰山,復依賀蘭部,復,扶又翻。遣外朝大人遼東安同求救於燕,《姓譜》:安息王子入侍,遂爲漢人。《風俗通》,漢有安城爲太守。《廬山記》有安息國王子安高。朝,直遙翻。燕主垂遣趙王麟救之。

《資治通鑑》卷一百六《晉紀二十八・孝武帝太元十一年》頁三三六八

（苻）堅國亂,隨慕容永東遷,永以爲新興太守。

《通志》卷八十四上《宗室傳七上・窟咄》頁一〇五七中

帝慮內難,乃北踰陰山,幸賀蘭部,遣安同及長孫漫徵兵於慕容垂。漫亡奔窟咄;安同間行,遂達中山。慕容垂遣子賀驎將步騎六千以隨之。安同與垂使人蘭紇俱還,達牛川,窟咄兄子意烈捍之。安同乃匿於商人橐中,至暮,得入空井乃免,仍奔賀驎。

《通志》卷八十四上《宗室傳七上・窟咄》頁一〇五七中

登國初,道武徵兵於慕容垂,同頻使稱旨。

《通志》卷一百四十六《列傳五十九・安同》頁二三〇七下至二三〇八上

冬十月,慕容垂破苻丕於河東,[三二]丕走東垣,揚威將軍馮該擊斬之,傳首京都。

【校勘記】

〔三二〕慕容垂破苻丕於河東　據《苻丕載記》、《魏書・慕容永傳》及《通鑑》一〇六，破苻丕者乃慕容永，非慕容垂。

《晉書》卷九《帝紀第九・孝武帝》頁二三五、二四六

慕容永以丕至平陽，恐不自固，乃遣使求假道還東，丕弗許。遣王永及苻纂攻之，以俱石子爲前鋒都督，與慕容永戰于襄陵。王永大敗，永及石子皆死之。

初，苻纂之奔丕也，部下壯士三千餘人，丕猜而忌之。及永之敗，懼爲纂所殺，率騎數千南奔東垣。晉揚威將軍馮該自陝要擊，敗之，斬丕首，執其太子寧、長樂王壽，送于京師，朝廷赦而不誅，歸之于苻宏。徐義爲慕容永所獲，械埋其足，將殺之。義誦《觀世音經》，至夜中，土開械脱，於重禁之中若有人導之者，遂奔楊佺期，佺期以爲洛陽令。苻纂及弟師奴率丕餘衆數萬，奔據杏城。苻登稱尊號，僞謚丕爲哀平皇帝。丕之臣佐皆没慕容永，永乃進據上黨之長子，僭稱大號，改元曰中興。丕在位二年而敗。

《晉書》卷一百十五《載記第十五・苻丕》頁二九四六至二九四七

苻丕死，苻登自立於隴東。姚萇稱皇帝於長安，自號大秦。慕容沖爲部下所殺。慕容永僭立。

《魏書》卷二《太祖紀第二》頁二一

而慕容永請假道東歸，丕弗許，怒曰：“永乃我之馬將，首亂京畿，禍傾社稷，承凶繼逆，方請逃歸。是而可忍，孰不可恕！”使其

丞相王永討之，戰于襄陵，永大敗，死之。

　　　《魏書》卷九十五《列傳第八十三·臨渭氐符健》頁二〇七九

長子二漢、晉屬，慕容永所都。

　　　　　《魏書》卷一百六上《地形志二上第五》頁二四六七

建州慕容永分上黨置建興郡，真君九年省，和平五年復。

　　　　《魏書》卷一百六上《地形志二上第五》頁二四八一

　九月，丕下書："鮮卑慕容永，我之騎將，首亂京畿，禍傾社稷，其遣丞相王永帥禁衛虎旅覆而取之。"十月，與慕容永戰于襄陵，王師大敗。

　　　《太平御覽》卷一二二《偏霸部六·前秦符丕》頁五九二上

符丕死，符登自立於隴東。姚萇稱皇帝於長安，自號大秦。

　　　　《冊府元龜》卷六《帝王部·創業二》頁六四下

慕容永僭立也。

　　　　《冊府元龜》卷六《帝王部·創業二》頁六四下

永叙在位二年，爲慕容永所敗。

　　　《冊府元龜》卷二一九《僭僞部·姓系》頁二六二四下

　符丕僭即帝位於晉陽，及進據平陽，遣將王永及苻纂攻慕容永於襄陵。王永大敗，及前鋒都督俱石子皆死之。

　　　《冊府元龜》卷二三四《僭僞部·兵敗》頁二七八二上

西燕慕容永遣使詣秦主丕求假道東歸，使，疏吏翻。丕弗許，與永戰于襄陵，襄陵縣，漢屬河東郡，晉屬平陽郡。秦兵大敗，左丞相王永、衛大將軍俱石子皆死。

《資治通鑑》卷一百六《晉紀二十八·孝武帝太元十一年》頁三三六九

（苻）纂與其弟尚書永平侯師奴帥秦衆數萬走據杏城，其餘王公百官皆没於永。

永遂進據長子，即皇帝位，改元中興。將以秦后楊氏爲上夫人，楊氏引劍刺永，刺，七亦翻。爲永所殺。

《資治通鑑》卷一百六《晉紀二十八·孝武帝太元十一年》頁三三六九

冬十月，慕容垂破苻丕於河東，丕走東垣，揚威將軍馮該擊斬之，傳首京都。

《通志》卷十下《晉紀十下·孝武皇帝》頁二〇七中

慕容永以丕至平陽，恐不自固，乃遣使求假道還東，丕弗許。遣王永及苻纂攻之。以俱石子爲前鋒都督，與慕容永戰于襄陵。王永大敗，永及石子皆死之。

初，苻纂之奔丕也，部下壯士三千餘人，丕猜而忌之。及永之敗，懼爲纂所殺，率騎數千南奔東垣。晉揚威將軍馮該自陝要擊，敗之，斬丕首，執其太子甯、長樂王壽，送于京師，朝廷赦而不誅，歸之於苻宏。徐義爲慕容永所獲，械埋其足，將殺之。義誦《觀世音經》，至夜中，土開械脱，於重禁之中若有人導之者，遂奔楊佺期，佺期以爲洛陽令。苻纂及弟師奴率丕餘衆數萬，奔據杏城。苻登稱尊號,僞諡丕爲哀平皇帝。丕之臣佐皆没慕容永,永乃進據上黨之長子,僭稱大號,改元曰中興。丕在位二年而敗。

　　《通志》卷一百八十九《載記四·前秦》頁三〇三八上至三〇三八中

　　慕容永以丕至平陽,恐不自固,乃遣使求假道還東,丕弗許。九月,丕下書曰:"鮮卑慕容永,我之騎將,首亂京畿,禍傾社稷,其遣丞相王永及苻纂帥禁衛虎旅覆而取一作"攻"。之。"以俱石子爲前鋒都督。十月,與慕容永戰於襄陵,王永大敗,永及石子皆死之。

　　《十六國春秋輯補》卷三十九《前秦録九·苻丕》頁三一二

　　及永之敗,懼爲纂所殺,率騎數千南奔東垣。晉揚威將軍馮該自陝要擊,斬之,送丕首於江東。執其太子寧、長樂王壽,送於京師,朝廷赦而不誅,歸之於苻宏。徐義爲慕容永所獲,械埋其足,將殺之。義誦《觀世音經》,至夜中,土開械脱,於重禁之中若有人導之者,遂奔楊佺期,佺期以爲洛陽令。苻纂及弟師奴率丕餘衆數萬,奔據杏城。苻登稱尊號,僞諡丕爲哀平皇帝。丕之臣佐皆没慕容永,永乃進據上黨之長子,僭稱大號,改元曰中興。丕在位二年而敗。

　　《十六國春秋輯補》卷三十九《前秦録九·苻丕》頁三一二

　　慕容永以丕至平陽,恐不自固,乃遣使求假道東歸,丕弗許。下書曰:"鮮卑慕容永,乃我之騎將,首亂京師,禍傾社稷,豕凶繼逆,方請逃歸,是而可忍孰不可忍。其遣左丞相王永及東海王纂帥禁衛虎旅夾而攻之,以衛大將軍俱石子爲前鋒都督。"十月,與慕容永戰于襄陵。永及石子大敗,皆死之。

　　屠本《十六國春秋》卷第三十九《前秦録八·苻丕》頁八正

及永之敗，懼爲篡所殺，帥騎數千南奔東垣，謀襲洛陽。晉桓石民遣揚威將軍馮該自陝邀擊，敗之，殺丕，執太子寧、長樂王壽及左僕射王孚、吏部尚書苟操等，送于京師，朝廷赦而不誅，歸之于宏。篡與其弟尚書、永平侯師奴率丕餘衆數萬，走據杏城，其餘王公百官皆没于慕容永。丕在位二年，登稱尊號，僞諡哀平皇帝。

　　屠本《十六國春秋》卷第三十九《前秦録八·苻丕》頁八背

（苻）丕后楊氏，仇池氏人，征東左司馬楊膺之妹也。初爲長樂公妃，太安初立爲皇后。慕容永殺丕，據長子即皇帝位，改元中興，將以楊氏爲上夫人，楊氏不從，引劍刺永，爲永所殺。登既嗣位，追諡曰哀平皇后。

　　屠本《十六國春秋》卷第四十一《前秦録九·丕后楊氏》頁二十二正至二十二背

會（王）永與慕容永戰於襄陵，敗死。丕南走授首於晉。

　　屠本《十六國春秋》卷第四十二《前秦録十·竇衝》頁四十六背

慕容永遣使假道東還，丕不許。乃使永與苻篡攻之，以俱石子爲前鋒都督，與慕容永戰於襄陵，石子大敗，永死之。

　　屠本《十六國春秋》卷第四十二《前秦録十·王永》頁四十八背

九月，丕下書：“鮮卑慕容永，我之騎將，首亂京畿，禍傾社稷。其遣丞相王永帥禁衛虎旅夫而取之。”十月，與慕容永戰于襄陵，王師大敗。

　　《十六國春秋別本》卷四《前秦録·苻丕》頁二十二背

又《載記》曰：苻丕敗，徐義爲慕容永所獲，械埋其足，將殺之。義誦《觀世音經》，至夜，土開械脱，出於重禁之中，若有人脱之者。遂奔。

　　　　《太平御覽》卷六四四《刑法部一〇·械》頁二八八三下

徐義爲慕容永所獲，械埋其足，將殺之。義誦《觀世音經》，至夜中，土開械脱，於重禁之中若有人導之者，遂奔楊佺期，佺期以爲洛陽令。

　　　　《册府元龜》卷八一五《總録部·誠感》頁九六九四上

前秦徐義爲苻堅右丞相。堅敗，義爲慕容永所獲，械埋其足，將殺之。中若有人導之者，遂奔楊佺期，佺期以爲洛陽令。

　　　　《册府元龜》卷八二一《總録部·崇釋教》頁九七四九下

時兵革蜂起，爲慕容永所獲，乃械捏其兩足，編髮於樹，將加刑戮。至夜，義專念《觀世音經》，有頃忽，夢人謂之曰：“今事急矣，何暇眠乎？”義便驚起，見防守者並疲而寢，乃試自奮動手，忽開裂械於重禁之中，髮既得解，足亦得脱。而走百餘步，若有人導之者，遂隱草中，聞追兵交馳，秉燭悉無見者。迨明賊散，義歸投鄴寺，得免於難，因奔楊佺期，佺期以爲洛陽令。

　　　　屠本《十六國春秋》卷第四十二《前秦録十·徐義》頁三十九背至四十正

憲幼孤，隨伯父永在鄴。苻丕稱尊號，復以永爲丞相。永爲慕容永所殺，憲奔清河，匿於民家。

　　　　《魏書》卷三十三《列傳第二十一·王憲》頁七七五

　　憲幼孤，隨伯父永在鄴。苻丕稱尊號，復以永爲丞相。永爲慕
容永所殺，憲匿於清河人家。

　　　　　　　《北史》卷二十四《列傳第十二·王憲》頁八八一

　　（王）憲幼孤，隨伯父永在穎。苻丕稱尊號，復以永爲丞相。永
爲慕容永所殺，憲奔清河，匿於民家。

　　　　　　　《册府元龜》卷一三七《帝王部·旌表一》頁一六六一上

　　（王）憲幼孤，隨伯父永在鄴。苻丕稱尊號，復以永爲丞相。永
爲慕容垂所殺，憲奔清河，匿於民家，後至安南將軍。

　　　　　　　《册府元龜》卷九四九《總録部·逃難二》頁一一一六九上

　　憲幼孤，隨伯父永在鄴。苻丕稱尊號，復以永爲丞相。永爲慕
容垂所殺，憲奔清河，匿於民家。

　　　　　　　《通志》卷一百四十六《列傳五十九·王憲》頁二三二三上

　　後慕容永聞其名，迎爲謀主。先勸永據長子城，永遂稱制，以
先爲黄門郎、秘書監。

　　　　　　　《魏書》卷三十三《列傳第二十一·李先》頁七八八

　　慕容永迎爲謀主，勸永據長子城。仕永，位秘書監。

　　　　　　　《北史》卷二十七《列傳第十五·李先》頁九七七

　　後魏李先，初爲慕容永秘書監。

　　　　　　　《册府元龜》卷八三四《總録部·詞辯二》頁九九〇二上

慕容永迎爲謀主，勸永據長子城。仕永，位祕書監。

《通志》卷一百四十七《列傳六十·李先》頁二三三六上

後堅伐晉，軍敗，强遂總宗室强兵，威振河輔，破慕容永於陳川。

《北史》卷三十六《列傳第二十四·薛强》頁一三二四

後堅伐晉，軍敗，强遂總宗室强兵，威振河輔，破慕容永於陳川。

《通志》卷一百四十九《列傳六十二·薛强》頁二三七四中

後堅伐晉，軍敗，强遂總宗室强兵，威振河輔，破慕容永於陳州。

屠本《十六國春秋》卷第四十二《前秦録十·薛强》頁二十二正

慕容永之據長子，拜衞辰使持節、都督河西諸軍事、大將軍、朔州牧，居朔方。

《魏書》卷九十五《列傳第八十三·鐵弗劉虎》頁二〇五五

慕容永據長子，拜衞辰使持節、都督河西諸軍事、大將軍、朔州牧、朔方王。

《北史》卷九十三《列傳第八十一·僭僞附庸·夏赫連氏》頁三〇六二

父安，雄武有器量，慕容永時爲將軍。

《晉書》卷一百二十五《載記第二十五·馮跋》頁三一二七

慕容永僭號長子，以跋父安爲將。

　　《魏書》卷九十七《列傳第八十五・海夷馮跋》頁二一二六

慕容永僭號長子，以跋父安爲將。

《北史》卷九十三《列傳第八十一・僭僞附庸・北燕馮氏》頁
三〇七七

父安，雄有器量，爲慕容永將。

　　《太平御覽》卷一二七《偏霸部一一・北燕馮跋》頁六一四上

父安，雄武有器量，慕容永時爲將軍。

　　　　《通志》卷一百九十一《載記六・北燕》頁三〇七七上

父安，雄武有器量，慕容永時爲將軍。

　　《十六國春秋輯補》卷九十八《北燕録一・馮跋》頁六七五

父安，雄武有局量，慕容永僭號長子，以安爲征東將軍。

　　屠本《十六國春秋》卷第九十八《北燕録一・馮跋》頁一正

父安，雄武有器量，爲慕容永將。

　　　　《十六國春秋別本》卷十五《北燕録・馮跋》頁一正

燕寺人吳深據清河反，寺，音侍，又如字。燕主垂攻之，不克。

《資治通鑑》卷一百六《晉紀二十八・孝武帝太元十一年》頁
三三七〇

　　冬十月，賀驎軍未至而寇已前逼，於是北部大人叔孫普洛等
十三人及諸烏丸亡奔衛辰。帝自弩山遷幸牛川，屯于延水南，出代
谷，會賀驎於高柳，大破窟咄。

　　　　　　　　《魏書》卷二《太祖紀第二》頁二一

　　十月，賀驎軍未至而寇已前逼，於是北部大人叔孫普洛等十三
人及諸烏丸亡奔衛辰。帝自弩山遷幸牛川，屯于延水南，出代谷，
會賀驎於高柳，大破窟咄。

　　　　　　　《冊府元龜》卷六《帝王部·創業二》頁六四下

　　燕趙王驎軍未至魏，拓跋窟咄稍前逼魏王珪，賀染干侵魏北部
以應之。魏衆驚擾，北部大人叔孫普洛亡奔劉衛辰。驎聞之，遽遣
安同等歸。魏人知燕軍在近，衆心少安。少，詩沼翻。窟咄進屯高
柳，高柳縣，漢屬代郡，晉省。酈道元曰：高柳在代中，其山重巒疊巘，霞舉雲
高，其山隱隱而東出遼塞。珪引兵與驎會擊之，窟咄大敗，奔劉衛辰，
衛辰殺之。珪悉收其衆，以代人庫狄干爲北部大人。《魏書·官氏
志》：次南諸部，有庫狄氏，後爲狄氏。驎引兵還中山。
　　劉衛辰居朔方，士馬甚盛。後秦主萇以衛辰爲大將軍、大單
于、河西王、幽州牧，單，音蟬。西燕主永以衛辰爲大將軍、朔州牧。

　　　《資治通鑑》卷一百六《晉紀二十八·孝武帝太元十一年》頁
三三七〇

　　十一月，秦尚書寇遺奉勃海王懿、濟北王昶自杏城奔南安，濟，
子禮翻。南安王登發喪行服，謚秦主丕曰哀平皇帝。登議立懿爲
主，衆曰："勃海王雖先帝之子，然年在幼沖，未堪多難。難，乃旦翻。
今三虜窺覦，三虜，謂姚萇、慕容垂、慕容永也。宜立長君，長，知兩翻。非

大王不可。”

　　《資治通鑑》卷一百六《晉紀二十八・孝武帝太元十一年》頁
三三七〇至三三七一

　　又《後燕録》曰：慕容盛行至西樂，遇盜陝中。盛曰：“我六尺
之軀，入水不溺，在火不焦，汝欲當鋒乎？試豎爾手中箭百步，我若
中之，宜慎爾命；如其不中，當束身相授。”盜行豎箭，盛一發中之。
盜曰：“相試耳。”資而遣之。

　　《太平御覽》卷三四九《兵部八〇・箭上》頁一六〇八上

　　又《後燕録》曰：慕容盛行遇賊，盛曰：“汝欲當鋒乎？試豎汝
手中箭，百步，我善中之，宜慎汝命；如不中，當束身相授。”盜乃豎
箭，盛一發中之。盜曰：“相試耳。”資而遣之。

　　《太平御覽》卷七四四《工藝部一・射上》頁三三〇六上

　　（慕容盛）隨慕容永東如長子，謂叔父柔曰：“今崎嶇於鋒刃之
間，在疑忌之際，愚則爲人所猜，智則危甚巢幕，當如鴻鵠高飛，一
舉萬里，不可坐待罟網也。”於是與柔及弟會間行東歸於慕容垂。

　　《册府元龜》卷二二〇《僭僞部・聰識》頁二六三九下

　　慕容盛驍勇剛毅，有伯父全之風烈。

　　《册府元龜》卷二二〇《僭僞部・才藝》頁二六四五下

　　慕容盛初逃難東歸，遇盜陝中。盛曰：“我六尺之軀，入水不
溺，在火不焦，汝欲當吾鋒乎！試豎爾手中箭，百步，我若中之，宜
慎爾命。如其不中，當束身相授。”盜乃豎箭，盛一發中之。盜曰：

"郎，貴人之子，故相試耳。"資而遣之。

《册府元龜》卷八四六《總録部・善射》頁一〇〇四二下

慕容柔、慕容盛及盛弟會皆在長子，太元九年，柔等自長安得脱，奔慕容沖；沖死，隨永東遷。盛謂柔、會曰："主上已中興幽、冀，主上，謂燕主垂。東西未壹，東，謂燕主垂；西，謂燕主永。吾屬居嫌疑之地，爲智爲愚，皆將不免，不若以時東歸，無爲坐待魚肉也！"遂相與亡歸燕。後歲餘，西燕主永悉誅燕主儁及燕主垂之子孫，男女無遺。史言慕容盛之智。

《資治通鑑》卷一百六《晉紀二十八・孝武帝太元十一年》頁三三七一

初，長安之將敗也，謂苻堅爲慕容沖所困之時。中壘將軍徐嵩、屯騎校尉胡空各聚衆五千，結壘自固；既而受後秦官爵。

《資治通鑑》卷一百六《晉紀二十八・孝武帝太元十一年》頁三三七一

乙酉，燕主垂攻吳深壘，拔之，深單馬走。吳深時據清河以叛燕。垂進屯聊城之逢關陂。聊城縣，漢屬東郡，晉屬平原郡。初，燕太子洗馬温詳來奔，以爲濟北太守，屯東阿。東阿縣，漢屬東郡，晉屬濟北郡。洗，悉薦翻。濟，子禮翻。燕主垂遣范陽王德、高陽王隆攻之，詳遣從弟攀守河南岸，子楷守碻磝以拒之。

《資治通鑑》卷一百六《晉紀二十八・孝武帝太元十一年》頁三三七二

十二月，慕容垂遣使朝貢，奉帝西單于印綬，封上谷王。帝不納。

《魏書》卷二《太祖紀第二》頁二一

　　十二月，慕容垂遣使朝貢，奉帝西單于印綬，封上谷王。帝
不納。

《册府元龜》卷六《帝王部·創業二》頁六四下

　　燕主垂以魏王珪爲西單于，封上谷王；珪不受。珪不受燕封，其
志不在小。單，音蟬。

《資治通鑑》卷一百六《晉紀二十八·孝武帝太元十一年》頁三
三七二

　　又曰：後燕慕容垂興元元年於中山造刀一口，長三尺六寸，
隸書。

《太平御覽》卷三四六《兵部七七·刀下》頁一五九二上

　　又有崔模，字思範，魏中尉崔琰兄霸後也。父遵，慕容垂少府
卿。[1]

《魏書》卷二十四《列傳第十二·崔玄伯》頁六二六

　　崔模初事慕容氏，後爲宋滎陽太守。

《册府元龜》卷九四三《總録部·不誼》頁一一一〇七下

　　顯祖時，有崔道固，字季堅，琰八世孫也。祖瓊，慕容垂車

---

[1]以下所載諸人均爲慕容垂時大臣，今繫於慕容垂稱帝之年。

騎屬。

　　　　《魏書》卷二十四《列傳第十二・崔玄伯》頁六二八

　崔亮字敬儒，清河東武城人，魏中尉琰之後也。高祖瓊，爲慕
容垂車騎屬。

　　　　《北史》卷四十四《列傳第三十二・崔亮》頁一六二九

　崔亮字敬儒，清河東武城人，魏中尉琰之後也。高祖瓊，爲慕
容垂車騎屬。

　　　《通志》卷一百五十下《列傳六十三下・崔亮》頁二四一四中

　祖慶，慕容垂司空。

　　　　《魏書》卷三十二《列傳第二十・高湖》頁七五一

　湖弟恒，字叔宗，慕容垂鉅鹿太守。

　　　　《魏書》卷三十二《列傳第二十・高湖》頁七五六

　（崔逞）慕容垂尚書左丞，范陽、昌黎二郡太守。

　　　　《魏書》卷三十二《列傳第二十・崔逞》頁七五九

　（崔逞）爲慕容垂尚書左丞，范陽昌黎二郡太守。

　　　　《北史》卷二十四《列傳第十二・崔逞》頁八八〇

　（崔逞）爲慕容垂尚書左丞，范陽昌黎二郡太守。

　　　《通志》卷一百四十六《列傳五十九・崔逞》頁二三二三上

逞宗人模,字思範,琰兄霸之後也。父遵,慕容垂少府卿。

《北史》卷二十四《列傳第十二·崔逞》頁八八〇

逞宗人模,字思範,琰兄霸之後也。父遵,慕容垂少府卿。

《通志》卷一百四十六《列傳五十九·崔逞》頁二三二三上

懿從兄子愷,字思悌,弈之孫也。父勸,慕容垂侍中、太常卿。

《魏書》卷三十二《列傳第二十·封懿》頁七六三

懿從兄子愷,字思悌,奕之孫也。父勸,慕容垂侍中、太常卿。

《北史》卷二十四《列傳第十二·封懿》頁八九七

懿從兄子愷,字思悌,奕之孫也。父勸,慕容垂侍中、太常卿。

《通志》卷一百四十六《列傳五十九·封懿》頁二三二三下

父攀,慕容垂御史中丞、兵部尚書,以清方稱。

《魏書》卷三十三《列傳第二十一·張蒲》頁七七八

父攀,仕慕容垂,位兵部尚書,以清方稱。

《北史》卷二十七《列傳第十五·張蒲》頁九七二

父攀,慕容垂御史中丞、兵部尚書,以清方稱。

《冊府元龜》卷七八三《總錄部·世德》頁九三〇四下

父攀,仕慕容垂,位兵部尚書,以清方稱。

《通志》卷一百四十七《列傳六十·張蒲》頁二三三四下至二三三五上

父衮,膂力兼人,彎弓三百斤,勇冠一時。仕慕容垂,至廣武將軍。

　　　　　《魏書》卷三十三《列傳第二十一·谷渾》頁七八〇

父衮,彎弓三百斤,勇冠一時。仕慕容垂,位廣武將軍。

　　　　　《北史》卷二十七《列傳第十五·谷渾》頁九七三

父衮,膂力兼人,彎弓三百斤,勇冠一時。仕慕容垂,至廣武將軍。

　　　　　《通志》卷一百四十七《列傳六十·谷渾》頁二三三五上

弱冠,爲慕容垂驃騎大將軍、遼西王農記室參軍。

　　　　　《魏書》卷三十三《列傳第二十一·賈彝》頁七九二

弱冠,爲慕容垂遼西王農記室參軍。

　　　　　《北史》卷二十七《列傳第十五·賈彝》頁九八〇

賈彝弱冠爲慕容垂驃騎大將軍、遼西王農記室參軍。

　　　　　《冊府元龜》卷九七《帝王部·禮賢》頁一一六一上

弱冠,爲慕容垂遼西王農記室參軍。

　　　　　《通志》卷一百四十七《列傳六十·賈彝》頁二三三七上

曾祖副鳩,仕慕容垂爲尚書令、臨澤公。

　　　　　《魏書》卷三十四《列傳第二十二·盧魯元》頁八〇一

曾祖副鳩,仕慕容氏,爲尚書令、臨澤公。

　　　　　《北史》卷二十五《列傳第十三·盧魯元》頁九一五

曾祖副鳩,仕慕容氏,爲尚書令、臨澤公。

　　　《通志》卷一百四十七《列傳六十·盧魯元》頁二三二七上

父系,慕容垂散騎侍郎,東武城令,治有能名。

　　　　　《魏書》卷三十六《列傳第二十四·李順》頁八二九

父系,慕容垂散騎侍郎、東武城令。

　　　　《北史》卷三十三《列傳第二十一·李順》頁一二一二

父系,慕容垂散騎侍郎、東武城令。

　《通志》卷一百四十八《列傳六十一·李順》頁二三五九上至
二三五九中

祖活撥,仕慕容垂,爲唐郡内史、遼東公。

　　　　《魏書》卷四十四《列傳第三十二·宇文福》頁一〇〇〇

祖活撥,仕慕容垂爲唐郡内史、遼東公。

　　　　　《北史》卷二十五《列傳第十三·宇文福》頁九二九

祖活撥,仕慕容垂爲唐郡内史、遼東公。

　　　《通志》卷一百四十七《列傳六十·宇文福》頁二三三〇上

父遠,慕容垂吏部郎、大長秋卿。閻少有器望,值慕容氏政亂,避地於薊城。

　　　　　《魏書》卷四十五《列傳第三十三·韋閬》頁一〇〇九

　　父遺，慕容垂大長秋卿。閬少有器望，遇慕容氏政亂，避地薊城。

　　　　　《北史》卷二十六《列傳第十四·韋閬》頁九五五至九五六

　　父遺，慕容垂大長秋卿。閬少有器望，遇慕容氏政亂，避地薊城。

　　　　　《通志》卷一百四十七《列傳六十·韋閬》頁二三三三中

　　父巖，慕容垂秘書監，仍僑居趙郡。

　　　　　《魏書》卷四十五《列傳第三十三·杜銓》頁一〇一八

　　父巖，慕容垂秘書監，仍僑居趙郡。

　　　　　《北史》卷二十六《列傳第十四·杜銓》頁九六〇

　　父巖，慕容垂秘書監，仍僑居趙郡。

　　　　　《通志》卷一百四十七《列傳六十·杜銓》頁二三三四中

　　子巖，爲慕容垂秘書監，仍僑居趙郡。

　　屠本《十六國春秋》卷第四十二《前秦録十·杜冑》頁五十二背

　　祖茂，慕容氏高陽太守。

　　　　　《魏書》卷四十六《列傳第三十四·許彥》頁一〇三六

祖茂,仕慕容氏高陽太守。

　　　　《北史》卷二十六《列傳第十四·許彦》頁九四五

祖茂,仕慕容氏高陽太守。

　　　　《通志》卷一百四十七《列傳六十·許彦》頁二三三一中

祖偃,父邈,並仕慕容氏爲郡太守,皆以儒雅稱。

　　　　《魏書》卷四十七《列傳第三十五·盧玄》頁一〇四五

祖偃、父邈,並仕慕容氏。偃爲營丘太守,邈爲范陽太守,皆以儒雅稱。

　　　　《北史》卷三十《列傳第十八·盧玄》頁一〇七一

祖偃、父邈,並仕慕容氏。偃爲營邱太守,邈爲范陽太守,皆以儒雅稱。

　　　　《通志》卷一百四十八《列傳六十一·盧元》頁二三四七上

誕本名恭祖。曾祖晏,博學,善隸書,有名於世,仕慕容氏,位給事黄門侍郎,營丘、成周二郡守。

　　　　《北史》卷三十《列傳第十八·盧誕》頁一一〇九

誕本名恭祖。曾祖晏,博學,善隸書,有名於世,仕慕容氏,位給事黄門侍郎,營邱、成周二郡守。

　　　　《通志》卷一百四十八《列傳六十一·盧誕》頁二三五〇下

父韜,少以英朗知名,同郡封懿雅相敬慕。爲慕容垂太尉從事中郎。

> 《魏書》卷四十八《列傳第三十六·高允》頁一〇六七

曾祖慶，慕容垂司空。祖父泰，吏部尚書。父韜，少以英朗知名，同郡封懿雅相推敬。亦仕慕容垂，爲太尉從事中郎。

> 《北史》卷三十一《列傳第十九·高允》頁一一一七

高韜，少以英朗知名，同郡封懿雅相敬，爲慕容垂太尉從事中郎。

> 《冊府元龜》卷七七七《總録部·名望二》頁九二二九下

曾祖慶，慕容垂司空。祖父泰，吏部尚書。父韜，少以英朗知名，同郡封懿雅相推敬。亦仕慕容垂，爲太尉從事中郎。

> 《通志》卷一百四十八《列傳六十一·高允》頁二三五一上

慕容垂以（呂顯）爲河間太守。

> 《魏書》卷五十一《列傳第三十九·呂羅漢》頁一一三七

慕容垂以（呂顯）爲河間太守。

> 《北史》卷三十七《列傳第二十五·呂羅漢》頁一三五五

慕容垂以（呂顯）爲河間太守。

> 《通志》卷一百四十九《列傳六十二·呂羅漢》頁二三七七中

曾祖豁，慕容垂太常卿。

> 《魏書》卷五十六《列傳第四十四·鄭羲》頁一二三七

曾祖豁，慕容垂太常卿。

　　　　《北史》卷三十五《列傳第二十三·鄭義》頁一三〇二

曾祖豁，慕容垂太常卿。

　　　　《通志》卷一百四十九《列傳六十二·鄭義》頁二三七二中

高祖結，仕慕容氏，卒於中山相。

　　　　《魏書》卷五十八《列傳第四十六·楊播》頁一二七九

高祖結，仕慕容氏，位中山相。

　　　　《北史》卷四十一《列傳第二十九·楊播》頁一四八三

高祖結，仕慕容氏，位中山相。

　《通志》卷一百五十上《列傳六十三上·楊播》頁二三九三上

曾祖敏，仕慕容垂爲平原太守。

　　　　　《魏書》卷八十二《列傳第七十·祖瑩》頁一七九八

曾祖敏，仕慕容垂爲平原太守。

　　　　《北史》卷四十七《列傳第三十五·祖瑩》頁一七三四

曾祖敏，仕慕容垂爲平原太守。

　　　　《通志》卷一百五十一《列傳六十四·祖瑩》頁二四三五上

祖視、父儒，並仕慕容爲通宦。

　　　　《魏書》卷八十四《列傳儒林第七十二·平恒》頁一八四五

祖視、父儒，並仕慕容爲通宦。

　　《北史》卷八十一《列傳第六十九·儒林上·平恒》頁二七
一一

祖視、父儒，並仕慕容爲通官。

　　　　《通志》卷一百七十四《儒林傳三·平恒》頁二七九三上

祖刄，仕慕容垂。

　　　　《魏書》卷八十四《列傳儒林第七十二·陳奇》頁一八四六

爲慕容垂太史郎。

　　　　《魏書》卷九十一《列傳術藝第七十九·晁崇》頁一九四三

善天文術數，爲慕容垂太史郎。

　　《北史》卷八十九《列傳第七十七·藝術上·晁崇》頁二九
二三

善天文術數，爲慕容垂太史郎。

　　　　《通志》卷一百八十三《藝術傳三·晁崇》頁二九二三上

鉅鹿魏溥妻，常山房氏女也。父堪，慕容垂貴鄉太守。

　　《魏書》卷九十二《列傳列女第八十·魏溥妻房氏》頁一九
七九

鉅鹿魏溥妻房氏者，慕容垂貴鄉太守常山房湛女也。

　　《北史》卷九十一《列傳第七十九·列女·魏·魏溥妻房氏》
頁二九九六

鉅鹿魏溥妻房氏者,慕容垂貴鄉太守常山房湛女也。

《通志》卷一百八十五《列女傳一·魏溥妻房氏》頁二九六二上

(仇)嵩仕慕容垂,遷居中山,位殿中侍御史。

《魏書》卷九十四《列傳閹官第八十二·仇洛齊》頁二〇一三

(仇)嵩仕慕容垂,遷居中山,位殿中侍御史。

《北史》卷九十二《列傳第八十·恩幸·仇洛齊》頁三〇三〇

(仇)嵩仕慕容垂,遷居中山,位殿中侍御史。

《通志》卷一百七十九《宦者傳一·仇洛齊》頁二八七二中

段霸,雁門原平人。父乾,慕容垂廣武令。

《魏書》卷九十四《列傳閹官第八十二·段霸》頁二〇一四

六世祖振,慕容垂黃門郎。

《北史》卷六十《列傳第四十八·李弼》頁二一二九

六世祖振,慕容垂黃門郎。

《通志》卷一百五十六《列傳六十九·李弼》頁二五一五下

(孫)緯生周,字季冶,後燕高陽王文學。

屠本《十六國春秋》卷第二十二《後趙録十二·孫輝》頁二十一正

後燕慕容垂，以建興元年，造二刀，長七尺，一雄一雌，隸書。若別處之，則鳴。

《古今刀劍録》頁八背

崔鴻《後燕録》曰：魏郡王高家貧，徒有四壁。

崔鴻《後燕録》曰：魏郡王高，秦末飢亂，夫妻晝則傭耕，夜則伐草燒塼。

崔鴻《後燕録》曰：王高，秦末飢亂，父母兄弟死者十有五人，飢食藜藿，寒衣草衣。

《初學記》卷第十八《人部中·貧第六》頁四四五

崔鴻《後燕録》曰：董統上言於慕容垂曰：臣聞陛下之奇有六焉，厥初之奇，金光耀室。

《初學記》卷第二十七《寶器部·金第一》頁六四六

自餘僞主多置著作官，前趙和苞、後燕董統之類是也。

《册府元龜》卷五五四《國史部·總序》頁六六四四上

公元三八七年　東晉孝武帝太元十二年　北魏道武帝登國二年　後燕武成帝建興二年　西燕中興二年前秦高帝太初二年　後秦武昭帝建初二年

春，正月，乙巳，以朱序爲青、兗二州刺史，代謝玄鎮彭城；序求鎮淮陰，許之。序求鎮淮陰，以燕方強，必進取河南，彭城去建康道遠，聲援不接故也。

《資治通鑑》卷一百七《晉紀二十九·孝武帝太元十二年》頁三三七三

戊午，慕容垂寇河東，濟北太守温詳奔彭城。

《晉書》卷九《帝紀第九·孝武帝》頁二三六

燕主垂觀兵河上，韋昭曰：觀，示也，陳兵以示威武。觀，古玩翻。高陽王隆曰：“温詳之徒，皆白面儒生，烏合爲群，徒恃長河以自固；若大軍濟河，必望旗震壞，不待戰也。”垂從之。戊午，遣鎮北將軍蘭汗、護軍將軍平幼於碻磝西四十里濟河，隆以大衆陳於北岸。陳，讀曰陣。温攀、温楷果走趣城，蓋趣東阿城也。趣，七喻翻。平幼追擊，大破之。詳夜將妻子奔彭城，其衆三萬餘户皆降於燕。降，户江翻。垂以太原王楷爲兗州刺史，鎮東阿。

《資治通鑑》卷一百七《晉紀二十九·孝武帝太元十二年》頁三三七三至三三七四

戊午，慕容垂寇河東，濟北太守温詳奔彭城。

《通志》卷十下《晉紀十下·孝武皇帝》頁二〇七中

崔鴻《後燕録》曰：秦宦人光祚先入晉，晉以祚爲河北郡。至是來歸，慕容垂見祚，流涕曰：“秦主知我理深，吾事之亦盡。淮南之敗，吾效忠節，每思疇昔之顧，未嘗不中霄忘寢。”祚亦歔欷。

《太平御覽》卷三八七《人事部二八·洟淚》頁一七九〇下

初，垂在長安，秦王堅嘗與之交手語，【章：十二行本“語”下有“垂出”二字；乙十一行本同；孔本同；退齋校同。】冗從僕射光祚言於堅曰：冗，而隴翻。從，才用翻。“陛下頗疑慕容垂乎？垂非久爲人下者也。”堅以告垂。及秦主丕自鄴奔晉陽，事見上卷十年。祚與黃門侍郎封孚、鉅鹿太守封勸皆來奔。祚從苻丕在鄴，見上卷九年。勸，奕之子也。

封奕仕燕,燕興於昌黎,奕有力焉。垂之再圍鄴也,見一百五卷九年。秦故臣西河朱肅等各以其衆來奔。詔以祚等爲河北諸郡太守,皆營於濟北、濮陽,濟北、濮陽,二郡。濟,子禮翻。濮,博木翻。羈屬溫詳;師古曰:言羈縻屬之而已。詳敗,俱詣燕軍降。降,戶江翻。垂赦之,撫待如舊。垂見光祚,流涕沾衿,衿,音今。曰:“秦王待我深,吾事之亦盡;但爲二公猜忌,二公,謂長樂公丕、平原公暉也。吾懼死而負之,事見一百五卷九年。每一念之,中宵不寐。”祚亦悲慟。垂賜祚金帛,祚固辭,垂曰:“卿猶復疑邪?”復,扶又翻。祚曰:“臣昔者惟知忠於所事,不意陛下至今懷之,臣敢逃其死!”垂曰:“此乃卿之忠,固吾所求也,前言戲之耳。”用孔子語。待之彌厚,以爲中常侍。光祚,秦之宦者,故處以此官。

《資治通鑑》卷一百七《晉紀二十九·孝武帝太元十二年》頁三三七四

初,安次人齊涉聚衆八千餘家據新柵,降燕,安次縣,前漢屬勃海,後漢屬廣陽國,晉屬燕國。新柵蓋在魏郡界。降,戶江翻。燕主垂拜涉魏郡太守。

《資治通鑑》卷一百七《晉紀二十九·孝武帝太元十二年》頁三三七五

高陽王隆言於垂曰:“新柵堅固,攻之未易猝拔。易,以豉翻。若久頓兵於其城下,張願擁帥流民,西引丁零,丁零,謂翟遼。帥,讀曰率。爲患方深。願衆雖多,然皆新附,未能力鬥。因其自至,宜先擊之。願父子恃其驍勇,驍,堅堯翻。必不肯避去,可一戰擒也。願破,則涉不能自存矣。”垂從之。

二月,遣范陽王德、陳留王紹、龍驤將軍張崇驤,思將翻。帥步

騎二萬會隆擊願。軍至斗城，去瓮口二十餘里，解鞍頓息。願引兵
奄至，燕人驚遽，德兵退走，隆勒兵不動。願子顗出衝陳，陳，讀曰
陣。隆遣左右王末逆擊，斬之。隆徐進戰，願兵乃退。德行里餘，復
整兵，還與隆合，復，扶又翻。謂隆曰："賊氣方銳，宜且緩之。"隆曰：
"願乘人不備，宜得大捷；而吾士卒皆以懸隔河津，勢迫之故，人思
自戰，言兵爲河津所隔，前有强敵，退則溺死，故思之而各自爲戰也。故能却
之。今賊不得利，氣竭勢衰，皆有進退之志，不能齊奮，宜亟擊之。"
德曰："吾唯卿所爲耳。"遂進，戰於瓮口，大破之，斬首七千八百級；
願脱身保三布口。燕人進軍歷城，歷城縣自漢以來屬濟南郡。青、兗、
徐州郡縣壁壘多降。降，户江翻。垂以陳留王紹爲青州刺史，鎮歷
城。德等還師，新柵人冬鸞執涉送之。果如慕容隆所料。《唐韻》：冬，
姓也。垂誅涉父子，餘悉原之。

　　《資治通鑑》卷一百七《晉紀二十九·孝武帝太元十二年》頁三
三七五至三三七六

　　燕上谷人王敏殺太守封戢，代郡人許謙逐太守賈閏，各以郡附
劉顯。爲燕擊劉顯張本。
　　燕樂浪王温爲尚書右僕射。"燕"下當有"以"字。樂浪，音洛琅。
　　《資治通鑑》卷一百七《晉紀二十九·孝武帝太元十二年》頁三
三七六

　　（慕容）垂留其太子寶守中山，率諸將南攻翟遼，以楷爲前鋒前
督。遼之部衆皆燕趙人也，咸曰："太原王之子，吾之父母。"相率歸
附。遼懼，遣使請降。垂至黎陽，遼肉袒謝罪，垂厚撫之。
　　《册府元龜》卷二三〇《僭僞部·懷附》頁二七四三上至二七
四三下

　　燕主垂自碻磝還中山，慕容柔、慕容盛、慕容會來自長子。柔等去年自長子逃歸，今始達中山。庚子，【章：十二行本“子”作“辰”；乙十一行本同；孔本同；張校同；退齋校同。】垂爲之大赦。喜子孫得全而東歸，故爲之肆赦。爲，于僞翻。垂問盛：“長子人情如何，爲可取乎？”盛曰：“西軍擾擾，人有東歸之志，陛下唯當脩仁政以俟之耳。若大軍一臨，必投戈而來，若孝子之歸慈父也。”垂悦。癸未，封柔爲陽平王，盛爲長樂公，樂，音洛。會爲清河公。

　　《資治通鑑》卷一百七《晉紀二十九·孝武帝太元十二年》頁三三七七

　　高平人翟暢執太守徐含遠，以郡降翟遼。降，户江翻。燕主垂謂諸將曰：“遼以一城之衆，反覆三國之間，三國，謂晉及燕、西燕。不可不討。”五月，以章武王宙監中外諸軍事，監，工衙翻。輔太子寶守中山；垂自帥諸將南攻遼，帥，讀曰率；下同。以太原王楷爲前鋒都督。遼衆皆燕、趙之人，聞楷至，皆曰：“太原王子，吾之父母也！”楷父恪相燕，燕、趙之人懷之，故云然。相帥歸之。遼懼，遣使請降；垂以遼爲徐州牧，封河南公，前至黎陽，受降而還。降，户江翻。

　　《資治通鑑》卷一百七《晉紀二十九·孝武帝太元十二年》頁三三七七

　　井陘人賈鮑，井陘縣屬常山郡。陘，音刑。招引北山丁零翟遥等五千餘人，夜襲中山，陷其外郭。章武王宙以奇兵出其外，太子寶鼓譟於内，合擊，大破之，盡俘其衆，唯遥、鮑單馬走免。

　　《資治通鑑》卷一百七《晉紀二十九·孝武帝太元十二年》頁三三七七

夏五月，遣行人安同徵兵於慕容垂，垂使子賀驎率衆來會。

《魏書》卷二《太祖紀第二》頁二一

袞言於太祖曰："顯志大意高，希冀非望，乃有參天貳地，籠罩宇宙之規。吳不并越，將爲後患。今因其内釁，宜速乘之。若輕師獨進，或恐越逸。可遣使告慕容垂，共相聲援，東西俱舉，勢必擒之。然後總括英雄，撫懷遐邇，此千載一時，不可失也。"太祖從之，遂破走顯。

《魏書》卷二十四《列傳第十二・張袞》頁六一三

二年夏五月，遣安同徵兵於慕容垂，垂遣子賀驎率衆來會。

《北史》卷一《魏本紀第一・太祖道武皇帝》頁一一

（張）袞言於道武曰："顯志意高，希冀非望，意乃有參天貳地，籠罩宇宙之規。吳不并越，將爲後患。今因其内釁，宜速乘之。若輕師獨進，或恐越逸。可遣使告慕容垂，共相聲援，東西俱舉，勢必擒之。然後總括英雄，撫懷遐邇，此千載一時，不可失也。"太祖從之，遂破走之。

《册府元龜》卷八四九《總録部・謀畫》頁一〇〇九七上

劉顯地廣兵强，雄於北方。會其兄弟乖争，魏長史張袞言於魏王珪曰："顯志在并吞，今不乘其内潰而取之，奴真、肺渥相繼來降，故云然。必爲後患。然吾不能獨克，請與燕共攻之。"珪從之，復遣安同乞師於燕。去年魏遣安同乞師於燕以破窟咄，故此言復。復，扶又翻。

《資治通鑑》卷一百七《晉紀二十九・孝武帝太元十二年》頁三三七八

　　二年夏五月，遣行人安同徵兵於慕容垂，垂遣子賀驎率衆來會。

　　《通志》卷十五上《後魏紀十五上·太祖道武皇帝》頁二七一中

　　燕主垂自黎陽還中山。

　　吳深殺燕清河太守丁國，章武人王祖殺太守白欽，勃海人張申據高城以叛；高城縣屬勃海郡。賢曰：高城故城，在今滄州鹽山縣南。燕主垂命樂浪王溫討之。

　　《資治通鑑》卷一百七《晉紀二十九·孝武帝太元十二年》頁三三七八

　　燕趙王麟討王敏于上谷，斬之。

　　《資治通鑑》卷一百七《晉紀二十九·孝武帝太元十二年》頁三三七九

　　六月，帝親征劉顯於馬邑南，追至彌澤，大破之，顯南奔慕容永，盡收其部落。秋八月，帝至自伐顯。

　　　　　　　　《魏書》卷二《太祖紀第二》頁二一至二二

　　後太祖討顯于馬邑，追至彌澤，大破之。衛辰與慕容垂通好，送馬三千匹於垂。垂遣慕容良迎之。顯擊敗良軍，掠馬而去。垂怒，遣子麟、兄子楷討之，顯奔馬邑西山。麟輕騎追之，遂奔慕容永於長子。部衆悉降於麟，麟徙之中山。

　　　　　　　　《魏書》卷二十三《列傳第十一·劉庫仁》頁六〇六

及太祖即位,討顯于馬邑,追至彌澤,大破之。後奔慕容麟,麟徙之中山,羅辰率騎奔太祖。

　　　　《魏書》卷八十三上《列傳外戚第七十一上·劉羅辰》頁一八一四

六月,帝親征劉顯,顯奔慕容永,盡收其部落。

　　　　　　《北史》卷一《魏本紀第一·太祖道武皇帝》頁一一

及道武即位,討顯于馬邑,追至彌澤,大破之。後奔慕容驎,驎徙之中山。〔三〕

【校勘記】

　　〔三〕後奔慕容驎驎徙之中山　《魏書》卷二三《劉庫仁傳》云:"衛辰與慕容垂通好,送馬三千匹於垂,垂遣慕容良迎之。顯擊敗良軍,掠馬而去。垂怒,遣子麟、兄子楷討之。顯奔馬邑西山,麟輕騎追之,遂奔慕容永於長子。部衆悉降於麟,麟徙之中山。"《北史》刪節,全失本意。

　　　　　《北史》卷二十《列傳第八·劉庫仁》頁七三三、七六二

二年六月,征劉顯於馬邑南,追至彌澤,大破之,顯南奔慕容永,盡收其部落。

　　　　《冊府元龜》卷六《帝王部·創業二》頁六四下至六五上

劉衛辰獻馬於燕,劉顯掠之。燕主垂怒,遣太原王楷將兵助趙王麟擊顯,大破之。將,即亮翻。顯奔馬邑西山。魏王珪引兵會麟擊顯於彌澤,按《魏書·帝紀》,彌澤在馬邑南。又破之。顯奔西燕,麟悉收其部衆,獲馬牛羊以千萬數。劉顯滅而拓跋氏强矣。爲慕容氏計者,

莫若兩利而俱存之，可以無他日亡國之禍。

　　《資治通鑑》卷一百七《晉紀二十九·孝武帝太元十二年》頁三
三七九

　　燕主垂立劉顯弟可泥爲烏桓王，以撫其衆，徙八千餘落于
中山。

　　《資治通鑑》卷一百七《晉紀二十九·孝武帝太元十二年》頁三
三七九

　　六月，帝親征劉顯，顯奔慕容永，盡收其部落。

　　《通志》卷十五上《後魏紀十五上·太祖道武皇帝》頁二七
一中

　　及道武即位，討顯于馬邑，追至彌澤，大破之。後奔慕容驎，驎
徙之中山。

　　《通志》卷一百四十六《列傳五十九·劉庫仁》頁二三〇四上

　　（苻）登馮翊太守蘭犢與苻師奴離貳，慕容永攻之，犢遣使
請救。

　　　　《晉書》卷一百十六《載記第十六·姚萇》頁二九六七

　　（苻）登馮翊太守蘭犢與苻師奴離貳，慕容永攻之，犢遣使
請救。

　　《册府元龜》卷二二七《僭僞部·謀略》頁二七〇四下至二
七〇五上

秦馮翊太守蘭櫝帥衆二萬自頻陽入和寧，頻陽縣，秦屬公置，自漢以來屬馮翊。應劭曰：在頻水之陽。據《載記》，和寧在嶺北杏城之東南。帥，讀曰率。與魯王纂謀攻長安。纂弟師奴勸纂稱尊號，纂不從；師奴殺纂而代之，櫝遂與師奴絶。西燕主永攻櫝，櫝【章：十二行本“櫝”下有“遣使”二字；乙十一行本同；孔本同；張校同。】請救於後秦，後秦主萇欲自救之。尚書令姚旻、左僕射尹緯曰：“苻登近在瓦亭，將乘虚襲吾後。”萇曰：“苻登衆盛，非旦夕可制；【嚴：“制”改“至”。】登遲重少决，必不能輕軍深入。比兩月間，比，必寐翻，及也。吾必破賊而返，登雖至，無能爲也。”九月，萇軍于泥源。《漢書·地理志》，北地郡有泥陽縣。應劭《注》云：泥水出郁郅北蠻中。師奴逆戰，大敗，亡奔鮮卑。

《資治通鑑》卷一百七《晉紀二十九·孝武帝太元十二年》頁三三七九至三三八〇

（苻）登馮翊太守蘭櫝與苻師奴離貳，慕容永攻之，櫝遣使請救。

《通志》卷一百九十《載記五·後秦》頁三〇四五上

（苻）登馮翊太守蘭櫝與苻師奴離貳，慕容永攻之，櫝遣使請救。

《十六國春秋輯補》卷五十《後秦録二·姚萇》頁三八二

八月，登馮翊太守蘭櫝與苻師奴離貳，慕容永乘釁攻之，櫝遣使請救。

屠本《十六國春秋》卷第五十五《後秦録三·姚萇》頁七正

冬，十月，翟遼復叛燕，復，扶又翻；下同。遣兵與王祖、張申寇抄清河、平原。抄，楚交翻。

後秦主萇進擊西燕王永於河西，"西燕王"當作"西燕主"。此龍門至華陰，河之西也。永走。蘭櫝復列兵拒守，萇攻之；十二月，禽櫝，遂如杏城。

《資治通鑑》卷一百七《晉紀二十九·孝武帝太元十二年》頁三三八〇

十月，萇進擊慕容永於河西，永走。蘭櫝復列兵拒守，萇攻之。

屠本《十六國春秋》卷第五十五《後秦録三·姚萇》頁七背

冬十月癸卯，幸濡源，遣外朝大人王建使於慕容垂。

《魏書》卷二《太祖紀第二》頁二二

太祖幸濡源，遣建使慕容垂，辭色高亢，垂壯之。

《魏書》卷三十《列傳第十八·王建》頁七〇九

道武遣使慕容垂，建辭色高亢，垂壯之。

《北史》卷二十《列傳第八·王建》頁七五四

道武遣使慕容垂，建辭色高亢，垂壯之。

《通志》卷一百四十六《列傳五十九·王建》頁二三〇八下

十二年，慕容垂寇東阿，翟遼寇河上，姚萇假號安定，苻登自立隴上，吕光竊據涼土。

《晉書》卷十三《志第三·天文下》頁三七九

十二年，慕容垂寇東阿，翟遼寇河上，姚萇假號安定，苻登自立
隴上，呂光竊據涼土。

《宋書》卷二十五《志第十五·天文三》頁七二四

公元三八八年　東晉孝武帝太元十三年　北魏道武帝登國三年　後燕武成帝建興三年　西燕中興三年後秦武昭帝建初三年

慕容永征西將軍王宣率衆降萇。

《晉書》卷一百十六《載記第十六·姚萇》頁二九六八

慕容永征西將軍王宣率衆降萇。

《通志》卷一百九十《載記五·後秦》頁三〇四五上

慕容永征西將軍王宣率衆降萇。

《十六國春秋輯補》卷五十《後秦録二·姚萇》頁三八二

建初三年春正月，萇軍武都，與苻登相持。慕容永征西將軍王
宣率衆來降。

屠本《十六國春秋》卷第五十五《後秦録三·姚萇》頁八正

翟遼遣司馬眭瓊詣燕謝罪；眭，姓也；師古息隨翻。《類篇》宜爲翻。
燕主垂以其數反覆，斬瓊以絶之。數，所角翻。遼乃自稱魏天王，改
元建光，置百官。

燕青州刺史陳留王紹爲平原太守辟閭渾所逼，退屯黄巾固。漢
末黄巾保聚於其地，因以爲名。齊人謂壘堡爲固。紹自歷城退屯焉，其地在
濟南郡章丘城北。燕主垂更以紹爲徐州刺史。渾，蔚之子也，辟閭蔚見

一百卷穆帝永和十二年。蔚,紆忽翻。因苻氏亂,據齊地來降。後辟閭渾
爲慕容德所殺。降,户江翻。

《資治通鑑》卷一百七《晉紀二十九·孝武帝太元十三年》頁三
三八二

崔鴻《三十國春秋·後燕録》曰:垂皇后段氏,字元妃,光禄大
夫儀之女。后少而婉惠,有節操,嘗謂妹季妃曰:“我終不能爲庸人
之妻。”季妃曰:“妹亦不爲庸夫之婦。”鄰人聞而笑之。内黄人張
定善相,見儀二女,大驚曰:“君家大興,當由二女。”儀深異之,至
年二十餘而不嫁。儀子麟謂儀曰:“張定何知,而拒求者。”儀曰:
“吾女輩志行不凡,故且踟蹰,以擇良配。”垂稱燕王,垂納元妃爲繼
室,遂有殊寵。范陽王德亦娉季妃焉。姊妹俱爲垂、德皇后,卒如
其志。

《太平御覽》卷一四二《皇親部八·後燕慕容垂段后》頁六九
四下

又曰:慕容垂妻段氏字元妃,光禄大夫段儀女,婉惠有志操,常
謂妹季妃曰:“我終不作凡人妻。”季妃曰:“我亦不作庸夫婦。”鄰
人聞笑之。後燕王納元妃爲室,范陽王德聘季妃,並如其言。

《太平御覽》卷五一七《宗親部七·姊妹》頁二三五一上

後燕慕容垂初僭即燕王位,立子寶爲王太子。及僭帝號,以
寶爲皇太子。爲寶起承華觀,以寶録尚書政事,巨細皆委之,垂總
大綱而已。又以寶領侍中、大單于、驃騎大將軍、幽州牧……寶字
道祐,垂之第四子也。少輕果無志操,好人佞己。苻堅時爲太子洗
馬、萬年令。堅淮淝之役,寶爲陵江將軍。及爲太子,砥礪自脩,敦

崇儒學，工談論，善屬文，曲事垂左右小臣，以求美譽。垂之朝士翕然稱之，垂亦以爲克保家業，甚賢之。垂死嗣位。

《册府元龜》卷二二五《僭僞部・世子》頁二六九一下至二六九二上

後燕慕容垂僭即帝位，以僞太子寶録尚書政事，巨細皆委之，垂總大綱而已。又以寶領侍中、大單于、驃騎大將軍、幽州牧。

《册府元龜》卷二二七《僭僞部・倚任》頁二七一一上至二七一一下

三月，乙亥，燕主垂以太子寶録尚書事，授之以政，自總大綱而已。

《資治通鑑》卷一百七《晉紀二十九・孝武帝太元十三年》頁三三八二

燕趙王麟擊許謙，破之，去年許謙叛燕附劉顯。謙奔西燕。遂廢代郡，悉徙其民於龍城。

《資治通鑑》卷一百七《晉紀二十九・孝武帝太元十三年》頁三三八二

丁亥，燕主垂立夫人段氏爲皇后，以太子寶領大單于。單，音蟬。段氏，右光禄大夫儀之女；其妹適范陽王德。儀，寶之舅也。爲後寶逼殺段后張本。追謚前妃段氏爲成昭皇后。段氏死見一百卷穆帝升平二年。

《資治通鑑》卷一百七《晉紀二十九・孝武帝太元十三年》頁三三八三至三三八四

　　燕護軍將軍平幼會章武王宙討吳深,破之,深走保繹幕。繹幕
縣,自漢以來屬清河郡。

　　《資治通鑑》卷一百七《晉紀二十九·孝武帝太元十三年》頁三
三八五

　　八月使九原公元儀使於慕容垂。冬十月,慕容垂遣使朝貢。

　　　　　　　　　　　《魏書》卷二《太祖紀第二》頁二二

　　及太祖將圖慕容垂,遣儀觀釁。垂問儀太祖不自來之意,儀
曰:"先人以來,世據北土,子孫相承,不失其舊。乃祖受晉正朔,〔
三〕爵稱代王,東與燕世爲兄弟。儀之奉命,理謂非失。"垂壯其對,
因戲曰:"吾威加四海,卿主不自見吾,云何非失?"儀曰:"燕若不
修文德,欲以兵威自强,此乃本朝將帥之事,非儀所知也。"及還,報
曰:"垂死乃可圖,今則未可。"太祖作色問之。儀曰:"垂年已暮,
其子寶弱而無威,謀不能決。慕容德自負才氣,非弱主之臣。釁將
內起,是可計之。"太祖以爲然。

【校勘記】

　　〔三〕乃祖受晉正朔　按儀不得自稱其祖爲"乃祖","乃"字疑
爲"及"之訛。

　　《魏書》卷十五《昭成子孫列傳第三·秦明王翰子儀》頁
三七〇、三八六

　　八月,使九原公儀於慕容垂。冬十月,垂遣使朝貢。

　　　　　　　《北史》卷一《魏本紀第一·太祖道武皇帝》頁一一

　　及帝將圖慕容垂,遣儀觀釁。垂問儀道武不自來之意。儀曰:

“先人以來，世據北土，子孫相承，不失其舊。乃祖受晉正朔，〔二九〕爵稱代王，東與燕世爲兄弟。儀之奉命，理謂非失。”垂壯其對，因戲曰：“吾威加四海，卿主不自見吾，云何非失？”儀曰：“燕若不修文德，欲以兵威自强，此乃本朝將帥之事，非儀所知也。”及還，報曰：“垂死乃可圖，今則未可。”帝作色問之。儀曰：“垂年已暮，其子寶弱而無威，謀不能決。慕容德自負才氣，非弱主之臣，釁將內起，是可計之。”帝以爲然。

【校勘記】

〔二九〕乃祖受晉正朔　　“乃”疑是“及”之訛。

《北史》卷十五《列傳第三・魏諸宗室・昭成子孫・秦王翰子儀》頁五六一至五六二、五八四

　　後魏秦王翰之子儀有算略。道武將圖慕容垂，遣儀觀釁。及還報曰：“垂死乃可圖，今則未可。”帝作色問之。儀曰：“垂年已暮，其子寶弱而無威，謀不能決。慕容德自負才氣，非弱主之臣，釁將內起，是可計之。”帝以爲然。

《冊府元龜》卷六五五《奉使部・智識》頁七八四四下至七八四五上

　　道武將圖慕容垂，以儀觀之。垂問儀道武不自來之意，儀曰：“先人以來，世據北土，子孫相承，不失其舊。乃祖受晉正朔，爵稱代王，東與燕世爲兄弟。儀之奉使，理謂非失。”垂壯其對，因戲曰：“吾威加四海，卿主不自見吾，云何非失？”儀曰：“燕若不修文德，欲以兵威自强，此乃本朝將帥之事，非儀所知也。”

《冊府元龜》卷六六〇《奉使部・敏辯二》頁七八九四下

　　魏王珪陰有圖燕之志，遣九原公儀奉使至中山，燕主垂詰之曰：使，疏吏翻。詰，去吉翻。"魏王何以不自來？"儀曰："先王與燕並事晉室，世爲兄弟，魏與燕皆鮮卑種也。拓跋力微與慕容涉歸並事晉室。臣今奉使，於理未失。"垂曰："吾今威加四海，豈得以昔日爲比！"儀曰："燕若不脩德禮，欲以兵威自强，此乃將帥之事，將，即亮翻。帥，所類翻。非使臣所知也。"儀還，言於珪曰："燕主衰老，太子闇弱，范陽王自負材氣，是時慕容德在燕宗室中固自有與人不同者。非少主臣也。少，詩照翻。燕主既没，內難必作，難，乃旦翻。於時乃可圖也。今則未可。"珪善之。爲後魏攻燕張本。

　　《資治通鑑》卷一百七《晉紀二十九・孝武帝太元十三年》頁三三八五

　　八月，使九原公儀於慕容垂。冬十月，垂遣使朝貢。

　　《通志》卷十五上《後魏紀十五上・太祖道武皇帝》頁二七一中

　　及帝將圖慕容垂，遣儀觀釁。垂謂儀曰："吾威加四海，卿主不自見吾而遣使人，毋乃有失歟？"儀對曰："魏氏世據北方，繇歷年祀，子孫立功中原，晉人王我代地，燕代與國由來久矣，與國而行人將命其間，於故事無失。且燕若不能以親仁善鄰，而命使臣乃欲以兵威相加，此乃本朝將帥之事，非臣之所知也。"垂壯其對而禮之。儀還報曰："燕未可圖，垂死乃可。"帝問其故。儀曰："垂年已邁，其子寶懦而無斷，慕容德自負才氣，非弱主之臣，釁將內起，我姑待之。"帝以爲然。

　　《通志》卷八十四上《宗室傳七上・秦王翰子儀》頁一〇五三下

張申攻廣平，王祖攻樂陵；壬午，燕高陽王隆將兵討之。

《資治通鑑》卷一百七《晉紀二十九・孝武帝太元十三年》頁三三八五

燕太原王楷、趙王麟將兵會高陽王隆於合口，《水經》：衡漳水過勃海建成縣，又東，左會呼沱別河故瀆。又東北入清河，謂之合口。魏收《地形志》曰：浮陽縣西接漳水，衡水入焉，今謂之合口。以擊張申；王祖帥諸壘共救之，帥，讀曰率。夜犯燕軍，燕人逆擊，走之。隆欲追之，楷、麟曰："王祖老賊，或恐詐而設伏，不如俟明。"隆曰："此白地群盜，烏合而來，徼幸一決，徼，堅堯翻。非素有約束，能壹其進退也。今失利而去，衆莫爲用，乘勢追之，不過數里，可盡擒也。申之所恃，唯在於祖，祖破，則申降矣。"降，戶江翻；下同。乃留楷、麟守申壘，隆與平幼分道擊之，比明，比，必利翻，及也。大獲而還，懸所獲之首以示申。甲寅，申出降，祖亦歸罪。

《資治通鑑》卷一百七《晉紀二十九・孝武帝太元十三年》頁三三八六

十三年十二月戊子，〔三二〕辰星入月，在危。占曰："賊臣欲殺主，不出三年，必有内惡。"是後慕容垂、翟遼、姚萇、苻登、慕容永並阻兵争強。

【校勘記】

〔三二〕十三年十二月戊子　"十二月"，各本作"十一月"，宋本作"十二月"。十一月無戊子，十二月戊子爲三日，故從宋本。

《晉書》卷十二《志第二・天文中》頁三四九、三五八

自是後，慕容垂、翟遼、姚萇、苻登、慕容永並阻兵争強。

《晉書》卷十三《志第三・天文下》頁三八〇

十三年閏月戊辰，天狗東北下，有聲。占曰："有大戰，流血。"
自是後，慕容垂、翟遼、姚萇、苻登、慕容永並阻兵争强。

　　　　　　《晉書》卷十三《志第三・天文下》頁三九九

自是後慕容垂、翟遼、姚萇、苻登、慕容永並阻兵争强。

　　　　《宋書》卷二十五《志第十五・天文三》頁七二四至七二五

又曰：孝武太元十三年，天狗東北下，有聲。占曰：此交戰流
血。是後慕容垂、翟遼、姚萇、苻登、慕容永並阻兵争强。

　　　《太平御覽》卷八七五《咎徵部二・天狗》頁三八八三上

公元三八九年　　東晉孝武帝太元十四年　　北魏道武帝登國四年　　後燕武成帝建興四年　　西燕中興四年

（慕容垂）建留臺於龍城，以高陽王慕容隆録留臺尚書事。
　　　　《册府元龜》卷二二五《僭僞部・世子》頁二六九一下

（慕容垂）建留臺于龍城，以高陽王慕容隆録留臺尚書事。
　　　　《册府元龜》卷二二七《僭僞部・倚任》頁二七一一下

春，正月，燕以陽平王柔鎮襄國。

遼西王農在龍城五年，庶務脩舉，乃上表曰："臣頃因征即鎮，
農誅餘巖，擊高句麗，因鎮龍城，見上卷十年。所統將士安逸積年，青、徐、
荆、雍遺寇尚繁，雍，於用翻。願時代還，展竭微效，生無餘力，没無遺
恨，臣之志也！"庚申，燕主垂召農爲侍中、司隸校尉；以高陽王隆
爲都督幽・平二州諸軍事、征北大將軍、幽州牧；建留臺於龍城，以
隆録留臺尚書事。又以護軍將軍平幼爲征北長史，散騎常侍封孚

爲司馬,散,悉亶翻。騎,奇寄翻。並兼留臺尚書。隆因農舊規,脩而廣之,遼、碣遂安。遼、碣,謂遼水、碣石。碣,其謁翻。

《資治通鑑》卷一百七《晉紀二十九・孝武帝太元十四年》頁三三八六至三三八七

　　燕以長樂公盛鎮薊城,脩繕舊宮。燕主儁初自龍城徙都薊,有舊宮在焉。樂,音洛。薊,音計。

《資治通鑑》卷一百七《晉紀二十九・孝武帝太元十四年》頁三三八八

　　五月,陳留公元虔使於慕容垂。冬十月,垂遣使朝貢。

《魏書》卷二《太祖紀第二》頁二三

　　夏五月,使陳留公虔於慕容垂。冬十月,垂遣使朝貢。

《北史》卷一《魏本紀第一・太祖道武皇帝》頁一二

　　夏五月,使陳留公虔於慕容垂。冬十月,垂遣使朝貢。

《通志》卷十五上《後魏紀十五上・太祖道武皇帝》頁二七一中

　　訥又通於慕容垂,垂以訥爲歸善王。染干謀殺訥而代立,訥遂與染干相攻。垂遣子麟討之,敗染干於牛都,破訥於赤城。太祖遣師救訥,麟乃引退。

《魏書》卷八十三上《列傳外戚第七十一上・賀訥》頁一八一二

訥又通於慕容垂，垂以訥爲歸善王。染干謀殺訥而代立，訥遂與染干相攻。垂遣子麟討之，敗染干於牛都，破訥於赤城。道武遣師救訥，麟乃引退。

《北史》卷八十《列傳第六十八・外戚・賀訥》頁二六七一

燕范陽王德、趙王麟擊賀訥，追奔至勿根山，訥窮迫請降，降，戶江翻。徙之上谷，質其弟染干於中山。質，音致。

《資治通鑑》卷一百七《晉紀二十九・孝武帝太元十四年》頁三三八八

訥又通於慕容垂，垂以訥爲歸善王。染干謀殺訥而代立，訥遂與染干相攻。垂遣子麟討之，敗染干於牛都，破訥於赤城。道武遣師救訥，麟乃引退。

《通志》卷一百六十五《外戚傳一・賀訥》頁二六六七下

燕樂浪悼王溫爲冀州刺史，燕冀州刺史治信都。樂浪，音洛琅。翟遼遣丁零故堤詐降於溫帳，何承天《姓苑》有故姓。帳，謂帳下。【章：十二行本正作“帳下”。“帳”上有“爲溫”二字；乙十一行本擠刻均同；孔本同；張校同。】乙酉，刺溫，殺之，刺，七亦翻。并其長史司馬驅，帥守兵二百戶奔西燕。燕遼西王農邀擊刺溫者於襄國，盡獲之，惟堤走免。

《資治通鑑》卷一百七《晉紀二十九・孝武帝太元十四年》頁三三九〇

慕容氏寇擾司兗，鎮戍西北，疲於奔命，愁怨之應也。

《晉書》卷二十七《志第十七・五行上》頁八一六

丁零、鮮卑寇擾司、兖鎮戌，西、北疲於奔命。

《宋書》卷三十三《志第二十三·五行四》頁九五五

慕容垂、慕容德並皆致禮……垂及德亦各有書與朗，見《垂傳》建興四年及《德傳》二年。

屠本《十六國春秋》卷第四十二《前秦録十·僧朗》頁三十八正

與朗法師書　　　　　燕主慕容垂

皇帝敬問太山朗和尚。澄神靈緒，慈陰百國。凡在含生，孰不蒙潤？朕承藉纂統，方夏是膚。昔蜀不恭，魏武含慨。今二賊不平，朕豈獲安！又元戎剋興，征掃暴亂，至人通靈，隨權指化。願兵不血刃，四海混伏。委心歸誠，久敬何已！今遣使者送官絹一百匹、袈裟三領、綿五十斤幸爲呪願。

答燕主慕容垂書　　　　　釋僧朗

僧朗頓首頓首。能仁御世，英規遐邈。光敷道化，融濟四海。貧道忝服道味，習教山林，豈惟詔旨？諮及國難，王者膚期，統有六合，大能并小，自是常倫。若葵藿之傾，太陽飛步之宗，麟鳳皇澤，載融群生。繫仰陛下高明，何思不服？貧道窮林蒙賜，過分僧朗頓首。

《廣弘明集》卷二十八上《啓福篇第八》

公元三九〇年　東晉孝武帝太元十五年　北魏道武帝登國五年　後燕武成帝建興五年　西燕中興五年

征虜將軍朱序破慕容永於太行。

《晉書》卷九《帝紀第九·孝武帝》頁二三八

其後慕容永率衆向洛陽，序自河陰北濟，與永偏將王次等相遇，乃戰於沁水，次敗走，斬其支將勿支首。參軍趙睦、江夏相桓不才追永，破之于太行。永歸上黨。時楊楷聚衆數千，在湖陝，聞永敗，遣任子詣序乞降。序追永至上黨之白水，與永相持二旬。

《晉書》卷八十一《列傳第五十一・朱序》頁二一三四

西燕主永引兵向洛陽，朱序自河陰北濟河，擊敗之。【章：十二行本“之”下有“永走還上黨”五字；乙十一行本同；孔本同；張校同。】敗，補邁翻。

《資治通鑑》卷一百七《晉紀二十九・孝武帝太元十五年》頁三三九四

太元十五年，晉征虜將軍朱序破慕容永于太行，遣軍至白水，去長子百六十里。

《水經注校證》卷九《沁水》頁二三二

征虜將軍朱序破慕容永於太行。

《通志》卷十下《晉紀十下・孝武皇帝》頁二〇七下

其後慕容永率衆出洛陽，序自河陰北濟，與永偏將王次等相遇，乃戰于沁水，次敗走，斬其支將勿支首。參軍趙睦、江夏相桓不才追永，破之于太行。永歸上黨。時楊楷聚衆數千，在湖陝，聞永敗，遣任子詣序乞降。序追永至上黨之白水，與永相持二旬。

《通志》卷一百二十九上《列傳四十二上・朱序》頁二〇二八中

慕容垂遣子賀驎率衆來會。夏四月丙寅，行幸意辛山，與賀驎討賀蘭、紇突鄰、紇奚諸部落，大破之。

《魏書》卷二《太祖紀第二》頁二三

登國五年，太祖勒衆親討焉，慕容驎率師來會，大破之。

《魏書》卷一百三《列傳第九十一·高車附紇突鄰》頁二三一二

慕容垂遣子賀驎來會。夏四月丙寅，〔二〕行幸意辛山，與賀驎討賀蘭、紇奚諸部落，大破之。

【校勘記】

〔二〕丙寅　諸本"丙"作"景"。按《北史》避唐李昞諱，凡"丙"都改作"景"，今一律回改。

《北史》卷一《魏本紀第一·太祖道武皇帝》頁一二、三七

登國五年，道武勒衆親討焉。慕容驎率師來會，大破之。

《北史》卷九十八《列傳第八十六·高車附紇突鄰》頁三二七六

丙寅，魏王珪會燕趙王麟於意辛山，意辛山在牛川北，賀蘭部所居也。據《北史》，踰陰山而北，即賀蘭部。擊賀蘭、紇突鄰、紇奚三部，破之，紇突鄰、紇奚皆降於魏。史言燕爲魏驅除。降，户江翻。

《資治通鑑》卷一百七《晉紀二十九·孝武帝太元十五年》頁三三九六

慕容垂遣子賀驎來會。夏四月丙寅，行幸意辛山，與賀驎討賀蘭、紇奚諸部落，大破之。

《通志》卷十五上《後魏紀十五上·太祖道武皇帝》頁二七一中

登國五年，道武勒衆親討焉。慕容驎率師來會，大破之。

《通志》卷二百《四夷傳七·北國下·高車附紇突鄰》頁三二〇八上

遣秦王觚使於慕容垂。

《魏書》卷二《太祖紀第二》頁二三

秋八月，還幸牛川。使秦王觚於慕容垂。

《北史》卷一《魏本紀第一·太祖道武皇帝》頁一二

秋八月，還幸牛川。使秦王觚於慕容垂。

《通志》卷十五上《後魏紀十五上·太祖道武皇帝》頁二七一中至二七一下

九月，北平人吳柱聚衆千餘，立沙門法長爲天子，破北平郡，轉寇廣都，入白狼城。白狼縣，前漢屬右北平郡，後漢、晉省。魏收《地形志》：後魏真君八年，置建德郡，治白狼城，廣都縣屬焉。燕時當屬北平郡。燕幽州牧高陽王隆方葬其夫人，郡縣守宰皆會之，衆聞柱反，請隆還城，遣大兵討之。隆曰：“今閭閻安業，民不思亂，柱等以詐謀惑愚夫，誘脅相聚，無能爲也。”誘，音西。遂留葬訖，遣廣平太守、廣都令先歸，“廣平”，當作“北平”。續遣安昌侯進將百餘騎趨白狼城，趨，七喻翻。柱衆聞之，皆潰，窮捕，斬之。

《資治通鑑》卷一百七《晉紀二十九·孝武帝太元十五年》頁三三九七

十五年，翟遼據司兗，衆軍累討弗克，慕容氏又跨略并冀。

　　　　　《晉書》卷十二《志第二・天文中》頁三四九

十五年，翟遼掠司兗，衆軍累討不克，慕容垂又跨略并、冀等州。

　　　　　《晉書》卷十三《志第三・天文下》頁三八〇

孝武帝太元十五年八月，兗州蝗。是時，慕容氏逼河南，征戍不已，故有斯孽。

　　　　　《晉書》卷二十九《志第十九・五行下》頁八八一

慕容垂入青州，恭遣偏師禦之，失利，降號輔國將軍。

　　　　　《晉書》卷八十四《列傳第五十四・王恭》頁二一八四

十五年，翟遼陸掠司、兗，衆軍累討弗克。鮮卑又跨略并、冀。

　　　　　《宋書》卷二十五《志第十五・天文三》頁七二五

太元十五年七月，旱。是春，丁零略兗、豫，鮮卑寇河上。

　　　　　《宋書》卷三十一《志第二十一・五行二》頁九一〇

晉孝武帝太元十五年八月，兗州蝗。是時丁零寇兗、豫，鮮卑逼河南，征戍不已。

　　　　　《宋書》卷三十三《志第二十三・五行四》頁九七二

慕容垂入青州，恭遣偏師禦之，失利，降號輔國將軍。

《通志》卷一百二十九下《列傳四十二下・王恭》頁二〇三六下

公元三九一年　東晉孝武帝太元十六年　北魏道武帝登國六年　後燕武成帝建興六年　西燕中興六年

春,正月,燕置行臺於薊,加長樂公盛録行臺尚書事。薊,音計。樂,音洛。

《資治通鑑》卷一百七《晉紀二十九·孝武帝太元十六年》頁三三九八

賀染干謀殺其兄訥,訥知之,舉兵相攻。魏王珪告于燕,請爲鄉導以討之。鄉,讀曰嚮。二月,甲戌,燕主垂遣趙王麟將兵擊訥,鎮北將軍蘭汗帥龍城之兵擊染干。賀染干部落,蓋居賀蘭部之東偏,故燕以龍城之兵擊之。將,即亮翻。帥,讀曰率。

《資治通鑑》卷一百七《晉紀二十九·孝武帝太元十六年》頁三三九八

夏,四月,燕蘭汗破賀染干於牛都。都,聚也,其地當在牛川,夷人放牧,於此聚會,因名。

《資治通鑑》卷一百七《晉紀二十九·孝武帝太元十六年》頁三三九八

六月,慕容賀驎破賀訥於赤城。帝引兵救之,驎退走。

《魏書》卷二《太祖紀第二》頁二四

六月,甲辰,燕趙王麟破賀訥於赤城,禽之,《水經》:河水自雲中楨陵縣南過赤城東,又南過定襄桐過縣西。又《魏書·帝紀》,登國三年,幸東赤城。明元泰常八年,築長城於長川之南,起自赤城,西至五原,延袤二千餘里。降其部落數萬。降，户江翻。燕主垂命麟歸訥部落，徙染干於中山。麟歸，言於垂曰：“臣觀拓跋珪舉動，終爲國患，不若攝之還朝，使其弟監國事。”垂不從。攝，録也，收也。慕容麟之姦詐，知拓跋珪之終不可制，而慕容垂不從其言，天將啓珪以滅燕，雖以垂之明略，不之覺也。監，工銜翻。

　　《資治通鑑》卷一百七《晉紀二十九·孝武帝太元十六年》頁三三九九

　　夏六月，慕容永寇河南，太守楊佺期擊破之。

　　　　　　　　《晉書》卷九《帝紀第九·孝武帝》頁二三八

　　西燕主永寇河南，太守楊佺期擊破之。

　　《資治通鑑》卷一百七《晉紀二十九·孝武帝太元十六年》頁三三九九

　　夏六月，慕容永寇河南，太守楊佺期擊破之。

　　　　　　《通志》卷十下《晉紀十下·孝武皇帝》頁二〇八上

　　秋，七月，壬申，燕主垂如范陽。范陽縣，漢屬涿郡，魏文帝改涿郡爲范陽郡。

　　《資治通鑑》卷一百七《晉紀二十九·孝武帝太元十六年》頁三三九九

　　慕容垂止元觚而求名馬，帝絶之。乃遣使於慕容永，永使其大鴻臚慕容鈞奉表勸進尊號。

　　　　　　　　　《魏書》卷二《太祖紀第二》頁二四

後后少子秦王觚使于燕，慕容垂止之。

　　《魏書》卷十三《皇后列傳第一·獻明皇后賀氏》頁三二四

　　烈弟觚，勇略有膽氣，少與兄儀從太祖，侍衛左右。使於慕容垂，垂末年，政在群下，遂止觚以求賂。太祖絶之。觚率左右數十騎，殺其衛將走歸。爲慕容寶所執，歸中山，垂待之逾厚。觚因留心學業，誦讀經書數十萬言，垂之國人咸稱重之。

　　《魏書》卷十五《昭成子孫列傳第三·秦明王翰子觚》頁三七四

　　隨秦王觚使慕容垂，歷六載乃還。

　　　《魏書》卷二十九《列傳第十七·叔孫建》頁七〇二

　　慕容垂止秦王觚而求名馬，帝絶之。乃遣使於慕容永，永使其大鴻臚慕容鈞奉表勸進尊號。

　　　《北史》卷一《魏本紀第一·太祖道武皇帝》頁一二

　　後后少子秦王觚使于燕，慕容垂止之。

　　《北史》卷十三《列傳第一·后妃上·魏·獻明皇后賀氏》頁四九二

　　烈弟觚，勇烈有膽氣。少與兄儀從道武，侍衛左右。使於慕容垂，垂末年政在群下，遂止觚以求賂，道武絶之。觚率左右馳還，爲垂子寶所執，垂待之更厚。因留心學業，誦讀經書數十萬言，垂國人咸稱重之。

　　《北史》卷十五《列傳第三·魏諸宗室·昭成子孫·秦王翰子觚》頁五六五

隨秦王觚使慕容垂，歷六載乃還。

　　　　　　　《北史》卷二十《列傳第八·叔孫建》頁七四八

慕容永使其大鴻臚慕容釣奉表勸進尊號。

《太平御覽》卷一〇一《皇王部二六·太祖道武皇帝》頁四八三下

秦明王翰，昭成子也。翰子孤使於慕容垂，垂末年，政在群下。

　　　　　　　《冊府元龜》卷二七〇《宗室部·文學》頁三二〇三下

烈弟觚，勇烈有膽氣，少與兄儀從道武，侍衛左右，使於慕容垂。垂末年，政在群下，遂止觚以求賂，道武絕之，觚率左右馳還。

　　　　　　　《冊府元龜》卷二七一《宗室部·武勇》頁三二〇九上

翰子愍王觚使於慕容垂，垂止觚。

　　　　　　　《冊府元龜》卷二九六《宗室部·追封》頁三四七四下

秦王觚，翰之子也，勇烈有膽氣。少與兄儀從道武，侍衛左右。使於慕容垂，垂末年，政在群下，遂止觚以求賂，道武絕之。觚率左右馳還，爲垂子寶所執，垂待之更厚。又云：叔孫建隨秦王觚使慕容垂，歷六載乃還。

　　　　　　　《冊府元龜》卷六六三《奉使部·羈留》頁七九三六上

後魏秦愍王觚，明王翰之子。觚使於慕容垂，垂末年，政在群下，遂止觚以求賂，道武絕之。

　　　　　　　《冊府元龜》卷六六三《奉使部·死事》頁七九四〇上

　　魏王珪遣其弟觚獻見於燕；見，賢遍翻。燕主垂衰老，子弟用事，留觚以求良馬。魏王珪弗與，遂與燕絕；爲燕、魏構難張本。使長史張袞求好於西燕。好，呼到翻。觚逃歸，燕太子寶追獲之，垂待之如初。

　　《資治通鑑》卷一百七《晉紀二十九・孝武帝太元十六年》頁三四〇〇

　　慕容垂止秦王觚而求名馬，帝絕之。乃遣使於慕容永，永使其大鴻臚慕容鈞奉表勸進尊號。

　　《通志》卷十五上《後魏紀十五上・太祖道武皇帝》頁二七一下

　　後后少子秦王觚使于燕，慕容垂止之。

　　　　《通志》卷二十《后妃傳二・獻明皇后賀氏》頁三九四中

　　烈弟觚，勇烈有膽氣。少與兄儀從道武，侍衛左右。使於慕容垂，垂末年，政在群下，遂止觚以求賂，道武絕之。觚率左右馳還，爲垂子寶所執，垂待之甚厚。因留心學業，誦讀經書數十萬言，垂國人咸親重之。

　　《通志》卷八十四上《宗室傳七上・秦王翰子觚》頁一〇五四中

　　隨秦王觚使慕容垂，歷六載乃還。

　　《通志》卷一百四十六《列傳五十九・叔孫建》頁二三〇七中

　　冬，十月，壬辰，燕主垂還中山。自范陽還也。

　　《資治通鑑》卷一百七《晉紀二十九・孝武帝太元十六年》頁三四〇〇

翟遼卒，子釗代立，改元定鼎。攻燕鄴城，燕遼西王農擊却之。爲燕滅翟釗張本。

《資治通鑑》卷一百七《晉紀二十九·孝武帝太元十六年》頁三四〇二

戊申，燕主垂如魯口。

《資治通鑑》卷一百七《晉紀二十九·孝武帝太元十六年》頁三四〇二

公元三九二年　東晉孝武帝太元十七年　北魏道武帝登國七年　後燕武成帝建興七年　西燕中興七年

二月，壬寅，燕主垂自魯口如河間、渤海、平原。翟釗遣其將翟都侵館陶，屯蘇康壘。蘇康，人姓名。館陶縣，漢屬魏郡，晉屬陽平郡。將，即亮翻；下同。三月，垂引兵南擊釗。

《資治通鑑》卷一百八《晉紀三十·孝武帝太元十七年》頁三四〇四

燕主垂進逼蘇康壘。夏，四月，翟都南走滑臺。走，音奏。翟釗求救於西燕，西燕主永謀於群臣，尚書郎渤海鮑遵曰：“使兩寇相弊，吾承其後，此卞莊子之策也。”中書侍郎太原張騰曰：“垂強釗弱，何弊之承！不如速救之，以成鼎足之勢。今我引兵趨中山，趨，七喻翻；下趣同。晝多疑兵，夜多火炬，垂必懼而自救。我衝其前，釗躡其後，此天授之機，不可失也。”永不從。翟釗敗，則西燕之亡形成矣。

燕大赦。

《資治通鑑》卷一百八《晉紀三十·孝武帝太元十七年》頁三四〇五

慕容垂襲翟釗于黎陽，敗之，釗奔于慕容永。

　　　　　《晉書》卷九《帝紀第九·孝武帝》頁二三九

　　十六國前燕將慕容垂討丁零翟釗於滑臺，次於黎陽津，釗於南岸拒守，垂徙營就西津，爲牛皮船百餘艘，載疑兵列仗，泝流而上。釗先以大衆備黎陽，見垂向西津，乃棄營西拒。垂潛遣其桂林王慕容鎮、驍騎慕容國於黎陽津夜濟，壁於河南。釗聞而奔還，士衆疲渴，走歸滑臺，釗攜妻子率數百騎北趣白鹿，垂遣追擊之，盡擒其衆。

　　　　《通典》卷第一百五十三《兵六·示形在彼而攻於此》頁三九一九

　　又曰：前燕將慕容垂討丁零翟釗于滑臺，次于黎陽津。釗於南岸拒守。垂徙營就西津，爲牛皮船百餘艘，載疑兵列仗泝流而上。釗先以大衆備黎陽，見垂向西津，乃弃營西拒。垂潛遣其桂林王慕容鎮率驍騎於黎陽津，夜濟，壁于河南。釗聞而奔，士衆疲渴，走歸滑臺，釗攜妻子率數百騎北趣白鹿，垂遣追擊，盡擒其衆。

　　　　《太平御覽》卷二八六《兵部一七·機略五》頁一三二四上至一三二四下

　　六月，燕主垂軍黎陽，臨河欲濟，翟釗列兵南岸以拒之。辛亥，垂徙營就西津，去黎陽西四十里，爲牛皮船百餘艘，僞列兵仗，泝流而上。艘，蘇遭翻。上，時掌翻。釗亟引兵趣西津，趣，七喻翻。垂潛遣中壘將軍桂林王鎮等自黎陽津夜濟，營于河南，比明而營成。比，必寐翻，及也。釗聞之，亟還，攻鎮等營，垂命鎮等堅壁勿戰。釗兵往來疲暍，暍，於歇翻，傷暑也。攻營不能拔，將引去；鎮等引兵出戰，驍騎將軍農自西津濟，與鎮等夾擊，大破之。燕主垂用兵於河上者再，温詳則引兵徑濟而取之，翟釗則張疑兵於西而潛軍東渡，亦以決勝，視敵之堅脆何如也。驃，匹妙翻。騎，奇寄翻。農，燕之驃騎大將軍，此逸“大”字。釗走還滑臺，將妻子，收遺衆，北濟河，登白鹿山，《水經注》：河内脩武縣北有白鹿山。憑險自守，燕兵不得進。農曰：“釗無糧，不能久居山中。”乃引兵還，留騎候之。釗果下山，還兵掩擊，盡獲其衆，釗單騎奔長子。西燕主永以釗爲車騎大將軍、兖州牧，封東郡王。歲餘，釗謀反，永殺之。

　　《資治通鑑》卷一百八《晉紀三十·孝武帝太元十七年》頁三四〇五至三四〇六

　　慕容垂襲翟釗于黎陽，敗之，釗奔于慕容永。

　　　　《通志》卷十下《晉紀十下·孝武皇帝》頁二〇八上

　　後燕慕容垂徙徐州流人千餘户于黎陽。

　　　　《册府元龜》卷四八六《邦計部·遷徙》頁五八一七下

　　初，郝晷、崔逞及清河崔宏、新興張卓、遼東夔騰、夔，姓也。石趙之臣有夔安。陽平路纂皆仕於秦，避秦亂來奔，詔以爲冀州諸郡，各將部曲營於河南；將，即亮翻。既而受翟氏官爵，翟氏敗，皆降於燕，降，户江翻。燕主垂各隨其材而用之。釗所統七郡三萬餘户，皆按堵如故。以章武王宙爲兖、豫二州刺史，鎮滑臺；徙徐州民七千餘户于黎陽，以彭城王脱爲徐州刺史，鎮黎陽。徐州之民，蓋爲翟釗所掠者。脱，垂之弟子也。

　　《資治通鑑》卷一百八《晉紀三十·孝武帝太元十七年》頁三四〇六

慕容垂以爲吏部郎、尚書左丞、高陽内史。所歷著稱,立身雅正,與世不群,雖在兵亂,猶勵志篤學,不以資産爲意,妻子不免飢寒。

　　　　　《魏書》卷二十四《列傳第十二·崔玄伯》頁六二〇

仕慕容垂,爲吏部郎、尚書左丞、高陽内史,所歷著稱。立身雅正,雖在兵亂,猶屬志篤學,不以資産爲意,妻子不免飢寒。

　　　　　《北史》卷二十一《列傳第九·崔宏》頁七六九

崔玄伯初爲慕容垂尚書左丞。

　　　　　《冊府元龜》卷七五《帝王部·任賢》頁八六六上

仕慕容垂,爲吏部尚書、左丞、高陽内史,所歷著稱。立身雅正,雖在兵亂,屬志篤學,不以資産爲意,妻子不免飢寒。

　　　　　《通志》卷一百四十六《列傳五十九·崔宏》頁二三一〇中

慕容垂以爲吏部尚書左丞、高陽内史。

　　　　　屠本《十六國春秋》卷第四十二《前秦録十·崔宏》頁二十三正

慕容垂滅翟釗,以爲秘書監。

　　　　　《魏書》卷三十二《列傳第二十·崔逞》頁七五七

慕容垂滅翟釗,以爲秘書監。

　　　　　《北史》卷二十四《列傳第十二·崔逞》頁八六七

慕容垂滅翟釗，以爲秘書監。

　　　　《通志》卷一百四十六《列傳五十九·崔逞》頁二三二二上

垂以崔蔭爲宙司馬。

初，陳留王紹爲鎮南將軍，太原王楷爲征西將軍，樂浪王溫爲征東將軍，樂浪，音洛琅。垂皆以蔭爲之佐。蔭才幹明敏强正，善規諫，四王皆嚴憚之；所至簡刑法，輕賦役，流民歸之，户口滋息。

秋，七月，垂如鄴，以太原王楷爲冀州牧，右光禄大夫餘蔚爲左僕射。蔚，紆勿翻。

　　　　《資治通鑑》卷一百八《晉紀三十·孝武帝太元十七年》頁三四〇六

十二月，燕主垂還中山，以遼西王農爲都督兗、豫、荆、徐、雍五州諸軍事，鎮鄴。雍，於用翻。

　　　　《資治通鑑》卷一百八《晉紀三十·孝武帝太元十七年》頁三四〇九

冬十有二月，慕容永遣使朝貢。

　　　　　　　　　　《魏書》卷二《太祖紀第二》頁二五

冬十二月，慕容永遣使朝貢。

　　　　　《北史》卷一《魏本紀第一·太祖道武皇帝》頁一三

冬十二月，慕容永遣使朝貢。

　　　　《通志》卷十五上《後魏紀十五上·太祖道武皇帝》頁二七一下

十七年,殷仲堪爲荆州。雖邪正異規,而終同摧滅,是其應也。一曰,苻堅雖敗,關、河未一,丁零鮮卑,侵略司、兗,實揚勝扇逼梁、雍,兵役不已,又其象也。

《宋書》卷三十《志第二十·五行一》頁八八一

公元三九三年　東晉孝武帝太元十八年　北魏道武帝登國八年　後燕武成帝建興八年　西燕中興八年

春,正月,燕陽平孝王柔卒。

《資治通鑑》卷一百八《晉紀三十·孝武帝太元十八年》頁三四〇九

十八年二月,客星在尾中,至九月乃滅。占曰:"燕有兵喪。"

《晉書》卷十三《志第三·天文下》頁三九四

太元十八年二月,有客星在尾中,至九月乃滅。占曰:"燕有兵喪。"

《宋書》卷二十五《志第十五·天文三》頁七二六

夏,四月,庚子,燕主垂加太子寶大單于;以安定王庫傉官偉爲太尉,單,音蟬。傉,奴沃翻。范陽王德爲司徒,太原王楷爲司空,陳留王紹爲尚書右僕射。五月,立子熙爲河間王,朗爲渤海王,鑒爲博陵王。

《資治通鑑》卷一百八《晉紀三十·孝武帝太元十八年》頁三四一〇

五月,還幸白樓。慕容垂討慕容永於長子。六月,車駕北巡。

永來告急，遣陳留公元虔、將軍庾岳率騎五萬東度河救之。破類拔部帥劉曜等，徙其部落。元虔等因屯秀容，慕容垂遂圍長子。

《魏書》卷二《太祖紀第二》頁二五

又《載記》曰：慕容垂議征長子。諸將咸諫，以慕容永未有釁，連歲征役，士卒疲怠，請俟他年。垂將從之，及聞慕容德之策，笑曰："吾計決矣。不復留賊以累子孫也。"乃發步騎七萬，遣其丹陽王慕容瓚、龍驤張崇攻永弟支于晉陽。

《太平御覽》卷三〇四《兵部三五・征伐中》頁一三九八上

又曰：僞燕慕容垂欲興師討慕容永長子。議曰："頃年士卒疲於行陣，居人不暇耕織，瘡痍滿身，哭泣盈路，且宜撫士安人以待時，長子不足憂也。"慕容德曰："不然。昔光武馳蘇茂之難，不顧百官之疲，夫豈不仁，機急故也。兵法有不得已而用之。方今海內版蕩，人百其心，急之則得其用，緩之各懷所思。可因其勞而成其逸，何得緩之？"垂笑曰："卿言當矣。二人同心，其利斷金。"行其謀而滅永。

《太平御覽》卷四四九《人事部九〇・權謀中》頁二〇六六上

燕主垂議伐西燕，諸將皆曰："永未有釁，我連年征討，士卒疲弊，未可也。"范陽王德曰："永既國之枝葉，又僭舉位號，惑民視聽，宜先除之，以壹民心。士卒雖疲，庸得已乎！"垂曰："司徒意正與吾同。吾比老，叩囊底智，足以取之，比，必寐翻，及也。終不復留此賊以累子孫也。"垂不欲留慕容永以累子孫，而不知拓跋珪已窺闚於代北矣。是以有國有家者，不恃無敵國外患，恃吾所以傳國承家者足以待之耳。累，力瑞翻。復，扶又翻。遂戒嚴。

十一月，垂發中山步騎七萬，遣鎮西將軍・丹楊王纘、"纘"，當

作“瓚”。龍驤將軍張崇出井陘，驤，思將翻。陘，音刑。攻西燕武鄉公
友于晉陽，征東將軍平規攻鎮東將軍段平于沙亭。沙亭在鄴西南。
西燕主永遣其尚書令刁雲、車騎將軍慕容鍾帥衆五萬守潞川。帥，
讀曰率。友，永之弟也。十二月，垂至鄴。

　　《資治通鑑》卷一百八《晉紀三十·孝武帝太元十八年》頁三四
一一

公元三九四年　東晉孝武帝太元十九年　北魏道武帝登國九年　後燕武成帝建興九年　西燕中興九年　後秦文桓帝皇初元年

十九年四月己巳，月奄歲星，在尾。占曰：“爲饑，燕國亡。”

　　　　　　　　　《晉書》卷十二《志第二·天文中》頁三四九

十九年四月己巳，月奄歲星，在尾。占曰：“爲飢，燕國亡。”

　　　　　　　　《宋書》卷二十五《志第十五·天文三》頁七二六

　　燕主垂留清河公會鎮鄴，發司、冀、青、兗兵，遣太原王楷出
滏口，滏，音釜。遼西王農出壺關，垂自出沙庭以擊西燕，“庭”，當作
“亭”；其地在鄴西南。標榜所趣，軍各就頓。分處置兵以疑敵，使不知所
備。趣，七喻翻；下同。西燕主永聞之，嚴兵分道拒守，聚糧臺壁，《水
經注》：潞縣北對故臺壁，漳水出其南，本潞子所立也。魏收《地形志》，襄垣郡
刈陵縣，漢、晉之潞縣也，有臺壁。遣從子征東將軍小逸豆歸、時西燕之臣
有二逸豆歸，故此稱小逸豆歸。從，才用翻。鎮東將軍王次多、右將軍勒
馬駒帥衆萬餘人戍之。帥，讀曰率。

　　《資治通鑑》卷一百八《晉紀三十·孝武帝太元十九年》頁三四
一三

　　燕主垂頓軍鄴西南，月餘不進。西燕主永怪之，以爲太行道寬，行，户剛翻。疑垂欲詭道取之，乃悉斂諸軍屯軹關，軹，知氏翻。杜太行口，惟留臺壁一軍。甲戌，垂引大軍出滏口，入天井關。《前漢書·地理志》，上黨郡高都縣有天井關。蔡邕曰：太行山上有天井關，在井北，遂因名焉。余按今澤州晉城縣有太行關，關内有天井泉三所，即天井關也。五月，乙酉，燕軍至臺壁，永遣從兄太尉大逸豆歸救之，從，才用翻。平規擊破之。小逸豆歸出戰，遼西王農又擊破之，斬勒馬駒，禽王次多，遂圍臺壁。永召太行軍還，自將精兵五萬以拒之。刁雲、慕容鍾震怖，帥衆降燕，永誅其妻子。將，即亮翻。怖，普布翻。帥，讀曰率。降，户江翻。己亥，垂陳于臺壁南，陳，讀曰陣。遣驍騎將軍慕容國伏千騎於澗下；驍，堅堯翻。騎，奇寄翻。庚子，與永合戰，垂僞退，永衆追之，行數里，國騎從澗中出，斷其後，斷，丁管翻。諸軍四面俱進，大破之，斬首八千餘級，永走歸長子。晉陽守將聞之，棄城走。丹楊王瓚等進取晉陽。瓚，藏旱翻。

　　《資治通鑑》卷一百八《晉紀三十·孝武帝太元十九年》頁三四一四

　　慕容垂擊慕容永於長子，斬之。

　　　　《晉書》卷九《帝紀第九·孝武帝》頁二四〇

　　尋而慕容垂圍慕容永於潞川，永窮蹙，遣其子弘求救於恢，并獻玉璽一紐。恢獻璽於臺，又陳"垂若并永，其勢難測。今於國計，謂宜救永。永垂並存，自爲仇讎，連雞不棲，無能爲患。然後乘機雙斃，則河北可平。"孝武帝以爲然，詔王恭、庾楷救之，未及發而永没。楊佺期以疾去職。

　　　　《晉書》卷六十七《列傳第三十七·郗鑒》頁一八〇六

慕容垂滅永。

《魏書》卷二《太祖紀第二》頁二六

太祖既絕慕容垂，以岳爲大人，使詣慕容永。永服其辭義。垂圍永於長子，永告急求援。岳與陳留王虔以五萬騎東渡河救之，次於秀容，破山胡部高車門等，徙其部落。會永滅，乃班師。從平中原，拜安遠將軍。

《魏書》卷二十八《列傳第十六·庚業延》頁六八四

苻堅既敗，長安紛擾，慕容永之東也，禮樂器用多歸長子，及垂平永，並入中山。

《魏書》卷一百九《樂志五第十四》頁二八二七

慕容垂滅永。

《北史》卷一《魏本紀第一·太祖道武皇帝》頁一四

縣北對故臺壁，漳水逕其南，本潞子所立也，世名之爲臺壁。慕容垂伐慕容永于長子，軍次潞川，永率精兵拒戰，阻河自固，垂陣臺壁，一戰破之，即是處也。

《水經注校證》卷十《濁漳水》頁二五六

龜文《玉璽譜》郗恢表云：慕容永稱藩奉璽，方六寸玖，厚一寸七分，上蟠螭爲鼻，合高四寸六分，四邊龜文。下有八字，其文曰：受命于天，皇帝壽昌。篆隱起，巧麗驚絕。若慕容所制，則題名迹非古稱。蓋雕鐫之巧，非代所作。原其所由來，未嘗厥始也。○今案《御覽》六百八十二引《玉璽譜》無"玖"字，無"一寸"字，"若"作"是"，無則題三句，無"來"字，餘同。俞本

"都"誤"都",亦無"玖"字,"厚一"作"厚三",脱四邊句,脱則題句,餘亦同。陳本更簡原鈔,"巧"誤"功",據本篇下引改。

《北堂書鈔》卷第一百三十一《儀飾部下·璽十三》頁二背

又曰:雍州璽者,晉泰光十九年,雍州刺史郗恢表:"慕容永稱藩奉璽,方六寸,厚七分,上蟠螭爲鼻,合高四寸六分,四邊龜文。下有八字,其文曰:受天之命,皇帝壽昌。鳥篆隱起,巧麗驚絶。是慕容所制,源其所由,未詳厥始也。"

《太平御覽》卷六八二《儀式部三·璽》頁三〇四四下

庾岳爲外朝大人,慕容垂圍慕容永於長子,永告急求援。岳與陳留王虔以一萬騎東渡河救於秀容,破山胡部高車門等,徙其部落。會永滅,乃班師。從道武平中原,拜安遠將軍。

《册府元龜》卷三五二《將帥部·立功五》頁四一八三上

庾岳,道武時爲外朝大人,參預軍國。帝既絶慕容垂,以岳爲大人,使詣慕容永,永服其詞義。

《册府元龜》卷六五三《奉使部·稱旨》頁七八二〇下

燕主垂進軍圍長子。西燕主永欲奔後秦,侍中蘭英曰:"昔石虎伐龍都,太祖堅守不去,事見九十六卷晉成帝咸康四年。卒成大燕之基。卒,子恤翻。今垂七十老翁,厭苦兵革,終不能頓兵連歲以攻我也;但當城守以疲之。"永從之。兵交之變,其應無窮,惟知彼知己者,乃能百戰不殆耳。慕容永欲以棘城之事自況,當時與之共守長子者,果能效死不去,若慕容皝之諸臣乎!

《資治通鑑》卷一百八《晉紀三十·孝武帝太元十九年》頁三四一五

西燕主永困急,遣其子常山公弘等求救於雍州刺史郗恢,郗,丑之翻。并獻玉璽一紐。璽,斯氏翻。恢上言:"垂若并永,爲患益深,不如兩存之,可以乘機雙斃。"帝以爲然,詔青·兗二州刺史王恭、豫州刺史庾楷救之。楷,亮之孫也。庾氏爲桓温所誅,楷復不能振,自此微矣。永恐晉兵不出,又遣其太子亮來爲質,質,音致。平規追亮及於高都,獲之。高都縣屬上黨郡,隋爲澤州丹川縣,唐爲晉城縣。永又告急於魏,魏王珪遣陳留公虔、將軍庾岳帥騎五萬東渡河,屯秀容以救之。此北秀容也,在漢定襄郡界,後魏置秀容郡秀容縣。又立秀容護軍於汾水西北六十里,徙北秀容胡人居之,此南秀容也。劉昫曰:忻州秀容縣,漢汾陽縣地,隋自秀容故城移於此,因更名。帥,讀曰率。騎,奇寄翻。虔,紇根之子也。紇根見一百四卷元年。紇,户骨翻。晉、魏兵皆未至,大逸豆歸部將伐勤等開門内燕兵,燕人執永,斬之,并斬其公卿大將刁雲、大逸豆歸等三十餘人,將,即亮翻。得永所統八郡七萬餘户及秦乘輿、服御、伎樂、珍寶甚衆。乘,繩證翻。燕主垂以丹楊王瓚爲并州刺史,鎮晉陽;宜都王鳳爲雍州刺史,鎮長子。永尚書僕射昌黎屈遵、瓚,藏旱翻。雍,於用翻。屈,居勿翻。尚書陽平王德、秘書監中山李先、太子詹事渤海封則、黃門郎太山胡母亮、中書郎張騰、尚書郎燕郡公孫表皆隨才擢叙。李先、公孫表,後皆仕魏,位通顯。

《資治通鑑》卷一百八《晉紀三十·孝武帝太元十九年》頁三四一六至三四一七

慕容垂擊慕容永於長子,斬之。

《通志》卷十下《晉紀十下·孝武皇帝》頁二〇八上至二〇八中

慕容垂滅永。

《通志》卷十五上《後魏紀十五上·太祖道武皇帝》頁二七一下

尋而慕容垂圍慕容永於潞川，永窮蹙，遣其子弘求救於恢，并獻玉璽一紐。恢獻璽於臺，又陳“垂若并永，其勢難測。今於國計，謂宜救永。永垂並存，自爲仇讎，連雞不棲，無能爲患。然後乘機雙斃，則河北可平。”孝武帝以爲然，詔王恭、庾楷救之，未及發而永没。楊佺期以疾去職。

《通志》卷一百二十六《列傳三十九·郗鑒》頁一九七〇上

爲慕容永尚書僕射，武垣公。永滅，垂以爲博陵令。

《魏書》卷三十三《列傳第二十一·屈遵》頁七七七

慕容垂以爲博陸令。

《北史》卷二十七《列傳第十五·屈遵》頁九七一

爲慕容永尚書僕射。永滅，垂以爲博陵令。

《通志》卷一百四十七《列傳六十·屈遵》頁二三三四下

慕容垂破長子，從入中山。

《魏書》卷三十三《列傳第二十一·公孫表》頁七八二

慕容垂破長子，從入中山。

《北史》卷二十七《列傳第十五·公孫表》頁九七四

慕容垂破長子，從入中山。

　　《通志》卷一百四十七《列傳六十·公孫表》頁二三三五中

垂滅永，徙於中山。

　　　　《魏書》卷三十三《列傳第二十一·李先》頁七八八

（慕容）永滅，徙中山。

　　　　《北史》卷二十七《列傳第十五·李先》頁九七七

（慕容）永爲垂所滅，徙中山。

　　《通志》卷一百四十七《列傳六十·李先》頁二三三六上

父千秋，慕容永驍騎將軍。永滅，來奔。

　　　《魏書》卷三十三《列傳第二十一·張濟》頁七八七

父千秋，慕容永驍騎將軍。永滅，來奔。

　　　　《北史》卷二十七《列傳第十五·張濟》頁九七六

父千秋，慕容永驍騎將軍。永滅，來奔。

　　《通志》卷一百四十七《列傳六十·張濟》頁二三三六上

（慕容）永滅，跋東徙和龍，家于長谷。

　　《晉書》卷一百二十五《載記第二十五·馮跋》頁三一二七

（慕容）永爲垂所滅，安東徙昌黎，家于長谷。

　　《魏書》卷九十七《列傳第八十五·海夷馮跋》頁二一二六

（慕容）永滅，跋東徙和龍，家于長谷。

　　　　《通志》卷一百九十一《載記六・北燕》頁三〇七七上

（慕容）永滅，跋東徙和龍，家於長谷。一作"樂"。

　　　　《十六國春秋輯補》卷九十八《北燕録一・馮跋》頁六七五

（慕容）永爲垂所滅，安東徙和龍，一作昌黎。家於長谷。

　　　　屠本《十六國春秋》卷第九十八《北燕録一・馮跋》頁一正

（慕容）永滅，跋東徙和龍，家長谷中。

　　　　《十六國春秋別本》卷十五《北燕録・馮跋》頁一正

　　冬十月，慕容垂遣其子惡奴寇廩丘，東平太守韋簡及垂將尹國戰于平陸，簡死之。

　　　　《晉書》卷九《帝紀第九・孝武帝》頁二四〇

　　韋簡爲東平太守。太元十九年十月，慕容垂遣其子惡奴寇廩丘，簡及垂將尹國戰于平陸，簡死之。

　　　　《册府元龜》卷四二四《將帥部・死事一》頁五〇四九下

　　燕主垂東巡陽平、平原，命遼西王農濟河，與安南將軍尹國略地青、兗，農攻廩丘，國攻陽城，皆拔之。東平太守韋簡戰死，高平、泰山、琅邪諸郡皆委城奔潰，農進軍臨海，臨東海也。偏置守宰。

　　　　《資治通鑑》卷一百八《晉紀三十・孝武帝太元十九年》頁三四一八

　　冬十月，慕容垂遣其子惡奴寇廩邱，東平太守韋簡及垂將尹國戰于平陸,簡死之。

《通志》卷十下《晉紀十下·孝武皇帝》頁二〇八中

十一月,燕遼西王農敗辟閭渾於龍水,郭緣生《述征記》曰:逢山在廣固南二十里,洋水歷其陰而東北流,世謂之石溝水,出委粟山北,而東注于巨洋水,謂之石溝口。然是水下流亦有時通塞,及其春夏水泛,川瀾無輟,亦或謂之龍泉水。敗,補邁翻。遂入臨淄。十二月,燕主垂召農等還。

《資治通鑑》卷一百八《晉紀三十·孝武帝太元十九年》頁三四一八

秦主興遣使與燕結好,使,疏吏翻。好,呼到翻。是歲前秦滅,《通鑑》始書後秦爲秦。并送太子寶之子敏於燕,燕封敏爲河東公。

《資治通鑑》卷一百八《晉紀三十·孝武帝太元十九年》頁三四一八

十二月,興遣使與燕結好,送太子慕容寶之子敏於燕。

屠本《十六國春秋》卷第五十六《後秦錄四·姚興上》頁三正

公元三九五年　東晉孝武帝太元二十年　北魏道武帝登國十年　後燕武成帝建興十年後秦文桓帝皇初二年

春,正月,燕主垂遣散騎常侍封則報聘于秦;散,悉亶翻。騎,奇寄翻。遂自平原狩于廣川、勃海、長樂而歸。漢高祖置信都郡,景帝二年,爲廣川國,明帝更名樂成,安帝改曰安平,晉改曰長樂郡,又別立廣川郡。樂,音洛。

《資治通鑑》卷一百八《晉紀三十·孝武帝太元二十年》頁三四一九

十一月,魏王拓拔珪擊慕容垂子寶于黍谷,〔四三〕敗之。

【校勘記】

〔四三〕黍谷 《校文》:《載記》及《魏書》均作"參合"。按:
《通鑑》一〇八亦作"參合陂"。以作"參合"爲是。

《晉書》卷九《帝紀第九・孝武帝》頁二四一、二四七

二十年,慕容垂遣息寶伐魏,反爲所破,死者數萬人。

《晉書》卷十二《志第二・天文中》頁三四九

二十年,慕容垂息寶伐魏,爲所破,死者數萬人。

《晉書》卷十三《志第三・天文下》頁三九四至三九五

二十年,慕容垂遣息寶伐什圭,爲圭所破,死者數萬人。

《宋書》卷二十五《志第十五・天文三》頁七二六

秋七月,慕容垂遣其子寶來寇五原,造舟收穀。帝遣右司馬
許謙徵兵於姚興。東平公元儀徙據朔方。八月,帝親治兵於河南。
九月,進師,臨河築臺告津,連旌沿河東西千里有餘。是時,陳留公
元虔五萬騎在東,以絶其左①,元儀五萬騎在河北②,以承其後,略

---

①此處中華書局點校本《魏書》無校勘記,中華書局點校修訂本《魏書》五一
至五二頁校勘記〔一四〕作:陳留公元虔五萬騎在東以絶其左 "東"上疑脱
"河"字。按本書卷九五《徒何慕容廆傳》附《慕容垂傳》:"陳留公虔五萬騎
在河東,要山截谷六百餘里,以絶其左。"《通鑑》卷一〇八《晉紀》三〇太元
二十年九月亦稱"陳留公虔將五萬騎屯河東"。
②此處中華書局點校本《魏書》無校勘記,中華書局點校修訂本《魏書》五二頁校
勘記〔一五〕作:元儀五萬騎在河北 "五萬騎",本書卷九五《徒何慕容廆傳》
附《慕容垂傳》《通鑑》卷一〇八《晉紀》三〇太元二十年九月並作"十萬騎"。

陽公元遵七萬騎塞其中山之路。

　　冬十月辛未，寶燒船夜遁。十一月己卯，帝進軍濟河。乙酉夕，至參合陂。丙戌，大破之。語在《寶傳》。生擒其陳留王紹、魯陽王倭奴、桂林王道成、濟陰公尹國、北地王世子鍾葵、安定王世子羊兒以下文武將吏數千人，器甲輜重、軍資雜財十餘萬計。於俘虜之中擢其才識者賈彝、賈閏、晁崇等與參謀議，憲章故實。班賞大臣將校各有差。

　　　　　　　　　《魏書》卷二《太祖紀第二》頁二六至二七

　　慕容寶之寇五原，儀攝據朔方①，要其還路。

　　　《魏書》卷十五《昭成子孫列傳第三·秦明王翰子儀》頁三七一

　　慕容寶之敗也，別率騎七百邀其歸路②，由是有參合之捷。

　　　　《魏書》卷十五《昭成子孫列傳第三·常山王遵》頁三七四

　　慕容寶來寇，虔絕其左翼。

　　　　《魏書》卷十五《昭成子孫列傳第三·陳留王虔》頁三八一

　　慕容寶來寇也，太祖使謙告難於姚興。興遣將楊佛嵩率衆來

---

①此處中華書局點校本《魏書》無校勘記，中華書局點校修訂本《魏書》四四七頁校勘記〔四〕作：儀攝據朔方　“攝”，他本及《北史》卷一五《魏諸宗室·秦王翰傳》附《衛王儀傳》並作“躡”。

②此處中華書局點校本《魏書》無校勘記，中華書局點校修訂本《魏書》四四七至四四八頁校勘記〔八〕作：別率騎七百邀其歸路　“七百”，本書卷二《太祖紀》登國十年七月，《冊府》卷二九〇、《通鑑》卷一〇八《晉紀》三〇太元二十年八月並作“七萬”。

援，而佛嵩稽緩。太祖命謙爲書以遺佛嵩曰："夫杖順以翦遺^①，乘義而攻昧，未有非其運而顯功，無其時而著業。慕容無道，侵我疆場，師老兵疲，天亡期至，是以遣使命軍，必望克赴。將軍據方邵之任，總熊虎之師，事與機會，今其時也。因此而舉，役不再駕，千載之勳，一朝可立。然後高會雲中，進師三魏，舉觴稱壽，不亦綽乎。"佛嵩乃倍道兼行。太祖大悦，賜謙爵關內侯。

　　　　《魏書》卷二十四《列傳第十二·許謙》頁六一一

　　寶敗，佛嵩乃還。

　　　　《魏書》卷二十四《列傳第十二·許謙》頁六一一

　　慕容寶之來寇也，袞言於太祖曰："寶乘滑臺之功，因長子之捷，傾資竭力，難與爭鋒。愚以爲宜羸師卷甲，以侈其心。"太祖從之，果破之參合。

　　　　《魏書》卷二十四《列傳第十二·張袞》頁六一三

　　又從救賀蘭，破衛辰子直力鞮，復擊慕容寶於參合陂。

　　　　《魏書》卷二十六《列傳第十四·尉古真》頁六五五

　　從破慕容寶於參合。

　　　　《魏書》卷二十九《列傳第十七·奚斤》頁六九七

　　登國十年，垂遣其太子寶來伐也，湖言於垂曰："魏，燕之與國。

---

①此處中華書局點校本《魏書》無校勘記，中華書局點校修訂本《魏書》七一三頁校勘記〔二〕作：杖順以翦逆　"逆"，原作"遺"，據三朝本、北監本、殿本、《册府》卷四一四改。

彼有内難,此遣赴之;此有所求,彼無違者。和好多年,行人相繼。往求馬不得,遂留其弟,曲在於此,非彼之失。政當敦修舊好,又寧國家,而復令太子率衆遠伐。且魏主雄略,兵馬精强,險阻艱難,備嘗之矣。太子富於春秋,意果心鋭,輕敵好勝,難可獨行。兵凶戰危,願以深慮。"言頗切屬。垂怒,免湖官。既而寶果敗於參合。

　　　　　　　《魏書》卷三十二《列傳第二十·高湖》頁七五一

　　太祖先聞其名,嘗遣使者求彝於垂。垂彌增器敬,更加寵秩,遷驃騎長史,帶昌黎太守。垂遣其太子寶來寇,大敗於參合陂,執彝及其從兄代郡太守潤等。

　　　　　　　《魏書》卷三十三《列傳第二十一·賈彝》頁七九二

　　從慕容寶敗於參合,獲崇,後乃赦之。

　　　　　　　《魏書》卷九十一《列傳術藝第七十九·晁崇》頁一九四三

　　十年秋七月,慕容垂遣其子寶來寇五原。八月,帝親兵於河南。[四]冬十月辛未,寶燒船夜遁。十一月己卯,[五]帝進軍濟河。乙酉夕,至參合陂。丙戌,大破之,禽其王公以下文武將吏數千人。於俘虜中擇其才識者賈彝、賈閏、晁崇等參謀議,憲章故實。

【校勘記】

　　〔四〕帝親兵於河南　《魏書·太祖紀》"兵"上有"治"字,《北史》避唐高宗李治諱删,以致文義不明。

　　〔五〕十一月己卯　諸本無"十一月"三字,《魏書》有。按《通鑑》卷一〇八三四二三頁及本書卷九三《慕容廆傳》並作"十一月"。是年十月丁未朔,無己卯;十一月丁丑朔,己卯是三日。今據《魏書》補。

　　　　　　　《北史》卷一《魏本紀第一·太祖道武皇帝》頁一四、三七慕容寶之寇五原，儀躡據朔方，要其還路。

《北史》卷十五《列傳第三·魏諸宗室·昭成子孫·秦王翰子儀》頁五六二

慕容寶之敗也，別率騎七百，邀其歸路，[三二]由是有參合之捷。

【校勘記】

〔三二〕慕容寶之敗也別率騎七百邀其歸路　按《魏書》卷二《太祖紀》登國十年九月云："略陽公元遵七萬騎，塞其中山之路。"此"百"字當爲"萬"之訛。

《北史》卷十五《列傳第三·魏諸宗室·常山王遵》頁五六五至五六六、五八四

慕容寶來寇，虔絶其左翼，寶敗。

《北史》卷十五《列傳第三·魏諸宗室·陳留王虔》頁五七四

從征慕容寶於參合。

《北史》卷二十《列傳第八·奚斤》頁七四六

慕容寶之來寇也，道武使謙告難於姚興。興遣將楊佛嵩來援。佛嵩稽緩，道武命謙爲書遺之，佛嵩乃倍道兼行。道武大悦，賜謙爵關内侯。寶敗，佛嵩乃還。

《北史》卷二十一《列傳第九·許謙》頁七六八至七六九

慕容寶之來寇也，袞言於道武曰："寶乘滑臺功，因長子捷，傾財竭力，難與爭鋒，宜羸師以侈其心。"帝從之，果破之參合。

《北史》卷二十一《列傳第九·張袞》頁七九四

　　道武先聞其名,常遣使者求彝於垂,垂彌增器敬。垂遣其太子寶來寇,大敗於參合,執彝及其從兄代郡太守潤等。

　　　　　　《北史》卷二十七《列傳第十五·賈彝》頁九八〇

　　從慕容寶敗於參合,爲道武所獲。

　　　　《北史》卷八十九《列傳第七十七·藝術上·晁崇》頁二九二三

　　後燕慕容垂遣其子寶步騎七萬伐後魏,戰於參合陂,大敗。寶以數千騎奔免,〔三一〕士衆還者十一二。

【校勘記】

　〔三一〕寶以數千騎奔免　　"免"原訛"逸",據《晉書·慕容垂傳》三〇八九頁及北宋本、傳校本改。

　　　《通典》卷第一百五十二《兵五·師行衆悲恐則敗》頁三八九一、三九〇四

　　又《載記》曰:慕容寶與魏戰,謀還中山,乃引歸。魏軍追擊之,寶弃大軍率騎二萬奔還。時大風雪,凍死者相枕於道。寶恐爲魏軍所及,命去袍仗戎器,寸刃無返。

　　　　《太平御覽》卷三一四《兵部四五·追奔》頁一四四六上

　　《三十國春秋》曰:後燕慕容垂遣其子寶步騎七萬伐後魏,戰於參合陂,大敗。寶以數千騎奔免,士衆還者十一二。寶恨參合之敗,屢言魏有可乘之機,由是自率大衆伐魏。至參合,見往年戰處,積骸如山,設吊祭之禮,死者父兄一時號哭,軍中皆慟。垂慚憤嘔血,因而寢疾,却還,道卒。

　　　　《太平御覽》卷三二三《兵部五四·敗》頁一四八六下

　　又曰：後燕慕容垂遣太子寶伐魏，次參合。忽大風，黑氣狀若堤防，臨覆軍上。沙門支曇猛言於寶曰：“風氣暴逆，魏軍將至，宜遣兵禦之。”寶笑而不納。俄黃霧四塞，日月晦冥，魏師至，三軍奔潰。其年垂死。

　　　　　　　　《太平御覽》卷八七六《咎徵部三·暴風》頁三八八九下

　　賈彝少有盛名，爲慕容垂昌黎太守。及垂遣其太子寶來寇，大敗於參合，執彝及從兄代郡太守閏等。

　　　　　　　　　　《册府元龜》卷七五《帝王部·任賢》頁八六六上

　　後魏道武登國十年破慕容寶衆，於俘虜之中推其才識者賈彝、賈閏、晁崇等與參謀，議憲章故實。

　　　　　　　　　　《册府元龜》卷七五《帝王部·任賢》頁八六六上

　　十年破慕容寶衆，獲文武將吏數千人，器甲輜重、軍資雜財十餘萬計，大班賞大臣、將校各有差。

　　　　　　　　　　《册府元龜》卷七九《帝王部·慶賜一》頁九一五下

　　十年十月，大破慕容寶衆於參合陂，班賞大臣、將較各有差。

　　　　　　　　　　《册府元龜》卷一二七《帝王部·明賞一》頁一五三〇上

　　後魏道武初，許謙爲右司馬。時慕容寶來寇也，道武使謙告難於姚興，興遣將來援。

　　　　　　　　　　《册府元龜》卷一四八《帝王部·知臣》頁一七九三上

　　後燕慕容垂僭即帝位，遣其太子寶及慕容農、慕容麟等率衆八萬伐魏，慕容德、慕容紹以步騎一萬八千爲寶後繼。魏聞寶將至，徙往河西。寶進師臨河，懼不敢濟。還次參合，忽有大風黑氣，狀若隄防，或高或下，臨覆軍上。沙門支曇猛言於寶曰：“風氣暴迅，魏軍將至之候，宜遣兵禦之。”寶笑而不納。曇猛固以爲言，乃遣麟率騎游獵。俄而黃霧四塞，日月晦冥，是夜魏師大至，三軍奔潰，寶與德等數千騎奔免，士衆死者十一二，紹死之。

　　　　《冊府元龜》卷二三四《僭僞部‧兵敗》頁二七八四上

　　慕容寶之敗也，（拓跋遵）別率騎七百邀其歸路，繇是有參合之捷。

　　　　《冊府元龜》卷二七一《宗室部‧武勇》頁三二〇九上

　　常山王遵，道武初爲慕容寶所敗，（拓跋遵）別率騎七萬，邀其歸路，繇是有參合之捷。

　　　　《冊府元龜》卷二九〇《宗室部‧立功一》頁三四一六上

　　慕容寶來寇，（拓跋）虔絕其左翼，寶敗。

　　　　《冊府元龜》卷二九〇《宗室部‧立功一》頁三四一六上

　　（尉古真）又從救賀蘭，破衛辰子真力鞬，復擊慕容寶於參合陂。

　　　　《冊府元龜》卷三五二《將帥部‧立功五》頁四一八一下

　　奚斤，登國初與長孫肥等俱統禁兵，後從征慕容寶於參合，拜越騎校尉。

　　　　《冊府元龜》卷三五二《將帥部‧立功五》頁四一八一下

（王建）從破慕容寶於參合陂，遷冠軍將軍。

　　　《册府元龜》卷三五二《將帥部·立功五》頁四一八二上

（王建）又從征慕容寶，拜冠軍將軍。

　　　《册府元龜》卷三八一《將帥部·褒異七》頁四五二六上

　　後魏許謙初爲左司馬，與張袞等參贊初基。慕容寶來寇也，道武使謙告難於姚興，興遣將楊佛嵩率衆來援。道武命謙爲書以遺佛嵩曰：“夫仗順以剪逆，乘義而攻昧，未有非其運而顯功，無其時而著業。慕容無道，侵我疆場，師老兵疲，誅亡期至，是以遣使命軍，必望剋赴。將軍據方召之任，總羆虎之師，事與機會，今其時也。今此而舉，役不載駕，千載之勳，一朝可立。然後高會雲中，進師三魏，舉觴稱壽，不亦綽乎。”佛嵩乃倍道兼行。道武大悦，賜謙爵關內侯。

　　　《册府元龜》卷四一四《將帥部·赴援》頁四九二六下

　　慕容寶來寇，（拓跋）虔絶其左翼。

　　　《册府元龜》卷四四七《將帥部·輕敵》頁五三〇七下

　　後魏張袞爲給事中，時道武在代，袞常參謀。慕容寶之來復寇也，袞言於道武曰：“寶乘滑臺之功，因長子之捷，傾資竭力，難與争鋒，愚以爲宜羸師卷甲以侈其心。”太祖從之，果破之。

　　　《册府元龜》卷四七七《臺省部·謀畫》頁五六九七下

（奚斤）從破慕容寶於參合。

　　　《册府元龜》卷六二六《環衛部·選任》頁七五二〇下

高湖字大淵,初爲慕容垂散騎常侍。垂遣其太子寶伐魏,湖言於垂曰:"魏,燕之與國。彼有内難,此遣赴之;此有所求,彼無違者。和好多年,行人相繼。往求馬不遂留其弟,曲在於此,非彼之失。政當敦修舊好,乂寧國家,而復令太子率衆伐遠。且魏主雄略,兵馬精强,嶮阻艱難,備常之矣。太子富於春秋,意果心鋭,輕敵好勝,難可獨行。兵凶戰危,願以深慮。"言頗切厲。垂怒,免湖官。既而寶果敗於參合。

　　《册府元龜》卷八三二《總録部·規諷二》頁九八七五下

賈彝初仕慕容氏,歸垂爲驃騎長史。垂太子寶兵敗,被執,道武即位拜尚書左丞,甚見委用

　　《册府元龜》卷九四〇《總録部·患難》頁一一〇七四下

魏王珪叛燕,侵逼附塞諸部。五月,甲戌,燕主垂遣太子寶、遼西王農、趙王麟帥衆八萬,自五原伐魏,范陽王德、陳留王紹别將步騎萬八千爲後繼。散騎常侍高湖諫曰:散,悉亶翻。騎,奇寄翻。"魏與燕世爲婚姻,代王什翼犍兩娶於慕容,皆早卒。哀帝隆和元年,什翼犍納女於燕,燕又以女妻之。彼有内難,燕實存之,事見一百六卷十一年及一百七卷十二年。難,乃旦翻。其施德厚矣,結好久矣。間以求馬不獲而留其弟,事見上卷十六年。好,呼到翻;下同。曲在於我,奈何遽興兵擊之! 拓跋涉圭沈勇有謀,蕭子顯曰:珪,字涉圭。沈,持林翻。幼歷艱難,兵精馬强,未易輕也。皇太子富於春秋,志果氣鋭,今委之專任,【章:十二行本"任"作"征";乙十一行本同;張校同。】必小魏而易之,易,以豉翻。萬一不如所欲,傷威毁重,願陛下深圖之!"言頗激切,垂怒,免湖官。湖,泰之子也。前燕時,垂爲車騎將軍,以泰爲從事中郎。

六月，癸丑，燕太原元王楷卒。

《資治通鑑》卷一百八《晉紀三十·孝武帝太元二十年》頁三四
二一

魏張袞聞燕軍將至，言於魏王珪曰："燕狃於滑臺、長子之捷，
滑臺事見上十七年；長子事見上年。狃，與忸同。杜預曰：忸，忕也。竭國之
資力以來，有輕我之心，宜羸形以驕之，乃可克也。"羸，倫爲翻。珪
從之，悉徙部落畜産，西渡河千餘里以避之。燕軍至五原，降魏別
部三萬餘家，降，户江翻。收穄田百餘萬斛，置黑城，黑城在五原河北。
按《魏書·帝紀》：登國五年，劉衛辰遣子直力鞮出稒陽塞，侵及黑城。從可知
矣。進軍臨河，《水經》：河水自新秦中屈而南流，過五原、西安陽、成宜、宜
梁、臨沃、稒陽等縣南。造船爲濟具。珪遣右司馬許謙乞師於秦。

《資治通鑑》卷一百八《晉紀三十·孝武帝太元二十年》頁三四
二一至三四二二

八月，魏王珪治兵河南；治，直之翻。九月，進軍臨河。燕太子
寶列兵將濟，暴風起，漂其船數十艘泊南岸。漂，紕招翻。艘，蘇遭翻。
魏獲其甲士三百餘人，皆釋而遣之。

寶之發中山也，燕主垂已有疾，既至五原，珪使人邀中山之路，
伺其使者，盡執之。伺，相吏翻。使，疏吏翻。寶等數月不聞垂起居，
珪使所執使者臨河告之曰："若父已死，何不早歸！"寶等憂恐，士
卒駭動。

珪使陳留公虔將五萬騎屯河東，東平公儀將十萬騎屯河北，河
水自金城過武威、天水、安定、北地郡界，率東北流，至朔方沃野縣界，始屈而
東南流。虔屯河東，儀屯河北，皆河曲之地，未渡河也。《北史》曰：儀據朔方。
將，即亮翻；下同。略陽公遵將七萬騎塞燕軍之南。遵，壽鳩之子也。

壽鳩見一百四卷元年。秦主興遣楊佛嵩將兵救魏。

燕術士靳安言於太子寶曰：靳，居欣翻。"天時不利，燕必大敗，速去可免。"寶不聽。安退，告人曰："吾輩皆當棄尸草野，不得歸矣！"

燕、魏相持積旬，趙王麟將慕輿嵩等以垂爲實死，謀作亂，奉麟爲主；事泄，嵩等皆死，寶、麟等內自疑。冬，十月，辛未，燒船夜遁。時河冰未結，寶以魏兵必不能渡，不設斥候。十一月，己卯，暴風，冰合，魏王珪引兵濟河，留輜重，重，直用翻。選精銳二萬餘騎急追之。

燕軍至參合陂，有大風，黑氣如堤，自軍後來，臨覆軍上。覆，扶又翻。沙門支曇猛支者，曇猛之俗姓。曇，徒含翻。言於寶曰："風氣暴迅，魏兵將至之候，宜遣兵禦之。"寶以去魏軍已遠，笑而不應。曇猛固請不已，麟怒曰："以殿下神武，師徒之盛，足以橫行沙漠，索虜何敢遠來！太元十八年，慕容麟已知拓跋珪之必爲燕患矣，今乃輕之如此，豈其心自疑而欲敗寶之師邪？其後寶不能守中山而麟亦不能自立，同歸于亂而已矣。索，昔各翻。而曇猛妄言驚衆，當斬以徇！"曇猛泣曰："苻氏以百萬之師，敗於淮南，正由恃衆輕敵，不信天道故也！"事見一百四卷、五卷七年、八年。司徒德勸寶從曇猛言，寶乃遣麟帥騎三萬居軍後以備非常。帥，讀曰率。騎，奇寄翻；下同。麟以曇猛爲妄，縱騎遊獵，不肯設備。寶遣騎還詗魏兵，詗，古永翻，又翻正翻。騎行十餘里，即解鞍寢。

魏軍晨夜兼行，乙酉，暮，至參合陂西。燕軍在陂東，營於蟠羊山南水上。《水經注》：可不窋水出雁門沃陽縣東南六十里山下，西北流注沃水，合流而東，逕參合縣南。魏王珪夜部分諸將，分，扶問翻。掩覆燕軍，士卒銜枚束馬口潛進。丙戌，日出，魏軍登山，下臨燕營；燕軍將束引，引而東行也。顧見之，士卒大驚擾亂。珪縱兵擊之，燕兵走赴水，人馬相騰躡,壓溺死者以萬數。略陽公遵以兵邀其前,燕兵四五萬人,一時放仗斂手就禽,其遺迸去者不過數千人,迸,北孟翻。太子寶等皆單騎僅免。殺燕右僕射陳留悼王紹,生禽魯陽王倭奴、倭,烏禾翻。桂林王道成、濟陰公尹國等文武將吏數千人,濟,子禮翻。兵甲糧貨以鉅萬計。道成,垂之弟子也。

《資治通鑑》卷一百八《晉紀三十‧孝武帝太元二十年》頁三四二二至三四二四

十一月,魏王拓拔珪擊慕容垂子寶于黍谷,敗之。

《通志》卷十下《晉紀十下‧孝武皇帝》頁二〇八中

十年秋七月,慕容垂遣其子寶來寇五原。八月,帝親兵於河南。冬十月辛未,寶燒船夜遁。己卯,帝進軍濟河。乙酉夕,至參合陂。丙戌,大破之,禽其王公以下文武將吏數千人。於俘虜中擢其才識者賈彝、賈閏、晁崇等參謀議,憲章故實。

《通志》卷十五上《後魏紀十五上‧太祖道武皇帝》頁二七一下

慕容寶之寇五原,儀躡據朔方,要其還路。

《通志》卷八十四上《宗室傳七上‧秦王翰子儀》頁一〇五三下

慕容寶之敗也,別率騎數百,邀其歸路,由是有參合之捷。

《通志》卷八十四上《宗室傳七上‧常山王遵》頁一〇五四中至一〇五四下

慕容寶來寇,虜絕其右翼。

　　《通志》卷八十四上《宗室傳七上・陳留王虔》頁一〇五六中

從征慕容寶於參合。

　　《通志》卷一百四十六《列傳五十九・奚斤》頁二三〇六下

　　慕容寶之來寇也,道武使謙告難於姚興。興遣將楊佛嵩來援,佛嵩稽緩,道武命謙爲書遺之,佛嵩乃倍道兼行。道武大悦,賜謙爵關内侯。寶敗,重遣謙與佛嵩盟。

　　《通志》卷一百四十六《列傳五十九・許謙》頁二三一〇中

　　慕容寶之來寇也,衮言於帝曰:"寶乘滑臺之功,因長子之捷,傾資竭力,難與爭鋒,愚以爲宜羸師卷甲以侈其心。"帝從之,果破之參合。

　　《通志》卷一百四十六《列傳五十九・張衮》頁二三一七中

　　道武先聞其名,遣使者求彝於垂,垂彌增器重。垂遣其太子寶來寇,大敗於參合,執彝及其從兄代郡太守潤等。

　　《通志》卷一百四十七《列傳六十・賈彝》頁二三三七上

從慕容寶敗於參合,爲道武所獲。

　　《通志》卷一百八十三《藝術傳三・晁崇》頁二九二三上

　　秋七月,魏太祖拓跋珪因慕容寶入寇,遣右司馬許謙詣秦乞師。八月,興遣鎮東將軍楊佛嵩入援於魏,而佛嵩稽緩不進。太祖乃命許謙爲書以遺佛嵩曰:"夫杖順以翦逆,乘義而攻昧,未有非

其運而顯功，無其時而著業。慕容氏無道，侵我疆場，師老兵疲，
天亡期至，是以遣使命軍，必望克赴。將軍據方邵之任，總熊虎之
師，事與機會，今其時也。因此而舉，役不再駕，千載之勳，一朝可
立。然後高會雲中，進師三魏，舉觴稱壽，不亦綽乎。”佛嵩乃倍道
兼行。

屠本《十六國春秋》卷第五十六《後秦錄四·姚興上》頁三背
至四正

又東北逕沃陽城東，又東合可不凟水，水出東南六十里山下，
西北流注沃水，沃水又東，逕參合縣南，魏因參合陘以即名也。北
俗謂之倉鶴陘。道出其中，亦謂之參合口。陘在縣之西北，即《燕
書》所謂太子寶自河西還師參合，三軍奔潰，即是處也。

《水經注校證》卷三《河水》頁八一

從破慕容寶於參合陂。太祖乘勝將席卷南夏，於是簡擇俘衆，
有才能者留之，其餘欲悉給衣糧遣歸，令中州之民咸知恩德。乃召
群臣議之。建曰：“慕容寶覆敗於此，國內虛空，圖之爲易。今獲而
歸之，無乃不可乎？且縱敵生患，不如殺之。”太祖謂諸將曰：“若從
建言，吾恐後南人創義，絕其向化之心，非伐罪弔民之義。”諸將咸
以建言爲然，建又固執，乃坑之。太祖既而悔焉。

《魏書》卷三十《列傳第十八·王建》頁七一〇

破慕容寶於參合，帝乘勝將席卷南夏，於是簡擇俘衆，有才能
者留之，其餘欲悉給衣糧遣歸，令中州之人咸知恩德。建以爲寶覆
敗於此，國內空虛，獲而歸之，縱敵生患，不如殺之。帝曰：“若從建
言，非伐罪弔人之義。”諸將咸以建言爲然，建又固執，乃阬之。帝

既而悔焉。

　　　《北史》卷二十《列傳第八・王建》頁七五四至七五五

　　後魏王建爲中部大夫,從道武破慕容寶於參合陂。道武乘勝
將席捲南下,于是揀擇俘衆,有才能者留之,其餘悉給衣糧遣歸,令
中州之民知恩德。乃召群臣議之。建曰:"慕容寶覆敗於此,國内
空虛,圖之爲易。今獲而歸之,無乃不可乎?且縱敵生患,不如殺
之。"道武謂諸將曰:"若從建言,恐後南人創乂,絕其向化之心,非
伐罪吊民之義。"諸將咸以建言爲然,建又固執,乃坑之。道武既而
悔焉。

　　《册府元龜》卷四四九《將帥部・殺降》頁五三二一上至五三
二一下

　　魏王珪擇燕臣之有才用者代郡太守廣川賈閏、閏從弟驃騎長
史昌黎太守彝、太史郎晁【章:十二行本"晁"上有"遼東"二字;乙十一行
本同;孔本同;張校同。】崇等留之,晁,直遥翻。其餘欲悉給衣糧遣還,
以招懷中州之人。中部大人王建曰:"燕衆強盛,今傾國而來,我幸
而大捷,不如悉殺之,則其國空虛,取之爲易。易,以豉翻。且獲寇而
縱之,無乃不可乎!"乃盡阬之。

　　《資治通鑑》卷一百八《晉紀三十・孝武帝太元二十年》頁三四
二四

　　破慕容寶於參合,帝乘勝將席捲南夏,於是簡擇俘衆,有才能
者留之,其餘欲悉給衣糧遣歸,令中州之人咸知恩德。建以爲寶覆
敗於此,國内空虛,獲而歸之,縱敵生患,不如殺之。帝曰:"若從建
言,非伐罪弔民之義。"諸將咸以建言爲然,建又固執,乃坑之。帝

既而悔焉。

　　　　《通志》卷一百四十六《列傳五十九・王建》頁二三〇八下

　　燕太子寶恥於參合之敗，請更擊魏。司徒德言於燕主垂曰：
"虜以參合之捷，有輕太子之心，宜及陛下神略以服之，不然，將爲
後患。"垂乃以清河公會録留臺事，領幽州刺史，代高陽王隆鎮龍
城；以陽城王蘭汗爲北中郎將，代長樂公盛鎮薊；樂，音洛。薊，音計。
命隆、盛悉引其精兵還中山，期以明年大舉擊魏。

　　　　《資治通鑑》卷一百八《晉紀三十・孝武帝太元二十年》頁三四
二五

公元三九六年　東晉孝武帝太元二十一年　北魏道
武帝皇始元年　後燕武成帝建興十一年　後燕
惠愍帝永康元年　後秦文桓帝皇初三年

　　春，正月，燕高陽王隆引龍城之甲入中山，軍容精整，燕人之氣
稍振。漢人有言："戰勝之威，士氣百倍；敗軍之卒，没世不復正。"此之謂也。

　　　　《資治通鑑》卷一百八《晉紀三十・孝武帝太元二十一年》頁三
四二五

　　燕主垂遣征東將軍平規發兵冀州。二月，規以博陵、武邑、長
樂三郡兵反於魯口，其從子冀州刺史喜諫，不聽。從，才用翻。規弟
海陽令翰亦起兵於遼西以應之。海陽縣自漢以來屬遼西郡。平規兄弟
以燕兵敗，故叛之。垂遣鎮東將軍餘嵩擊規，嵩敗死。垂自將擊規，至
魯口，規棄衆，將妻子及平喜等數十人走渡河，垂引兵還。翰引兵
趣龍城，趣，七喻翻。清河公會遣東陽公根等擊翰，破之，翰走山南。

白狼、徐無等山之南。

　　《資治通鑑》卷一百八《晉紀三十・孝武帝太元二十一年》頁三
四二五至三四二六

　　三月,慕容垂攻平城,拔之。
　　　　　　　　　　《晉書》卷九《帝紀第九・孝武帝》頁二四一

　　三月,慕容垂來寇桑乾川。陳留公元虔先鎮平城,時徵兵未
集,虔率麾下邀擊,失利死之。
　　　　　　　　　　《魏書》卷二《太祖紀第二》頁二七

　　(慕容)寶敗,垂恚憤來桑乾。虔勇而輕敵,於陳戰沒。
　　　　《魏書》卷十五《昭成子孫列傳第三・陳留王虔》頁三八一

　　三月,慕容垂寇桑乾川,陳留公虔死之。
　　　　　　　《北史》卷一《魏本紀第一・太祖道武皇帝》頁一四

　　(慕容)垂恚憤來桑乾,虔勇而輕敵,於陳戰沒。
　　　　《北史》卷十五《列傳第三・魏諸宗室・昭成子孫・陳留王虔》
頁五七四

　　三月,慕容垂來寇桑乾川。陳留公元虔先鎮平城。時帝徵兵
未集,虔率麾下邀擊,失利,死之。
　　　　《太平御覽》卷一〇一《皇王部二六・太祖道武皇帝》頁四
八三下

後魏陳留桓王虔，昭成帝孫也。武力絕倫，與慕容垂戰，没。

　　　　　《册府元龜》卷二七七《宗室部·褒寵三》頁三二六九上

　　後慕容寶來寇，（拓跋）虔戰没。道武追惜傷慟，追謚陳留桓王。

　　　　　《册府元龜》卷二九六《宗室部·追封》頁三四七四下

　　（慕容）寶敗，垂恚憤來桑乾，（拓跋）虔勇輕敵，於陣戰没。

　　　　　《册府元龜》卷四四七《將帥部·輕敵》頁五三〇七下

　　三月，庚子，燕主垂留范陽王德守中山，引兵密發，踰青嶺，經天門，青嶺蓋即廣昌嶺，在代郡廣昌縣南，所謂五迴道也。其南層崖刺天，積石之峻，壁立直上，蓋即天門也。鑿山通道，出魏不意，直指雲中。魏陳留公虔帥部落三萬餘家鎮平城；垂至獵嶺，獵嶺，在夏屋山東北，魏都平城，常獵於此。以遼西王農、高陽王隆爲前鋒以襲之。是時，燕兵新敗，皆畏魏，惟龍城兵勇鋭争先。虔素不設備，閏月，乙卯，燕軍至平城，虔乃覺之，帥麾下出戰，敗死，燕軍盡收其部落。魏王珪震怖欲走，諸部聞虔死，皆有貳心，珪不知所適。虔勇蓋代北，既敗而死，故諸部皆貳。然天將亡燕，垂繼以殞，此固非人力所能爲也。帥，讀曰率。怖，普布翻。

　　　　　《資治通鑑》卷一百八《晉紀三十·孝武帝太元二十一年》頁三四二六

　　三月，慕容垂攻平城，拔之。

　　　　　《通志》卷十下《晉紀十下·孝武皇帝》頁二〇八中

三月，慕容垂寇桑乾川，陳留公虔死之。

《通志》卷十五上《後魏紀十五上·太祖道武皇帝》頁二七二上

（慕容）寶敗，垂憤恚自來桑乾，虔勇而輕敵，於陣戰没。

《通志》卷八十四上《宗室傳七上·陳留王虔》頁一〇五六中

明年，慕容垂復來寇。太祖謂謙曰："今事急矣，非卿豈能復致姚師，卿其行也。"謙未發而垂退，乃止。及聞垂死，謙上書勸進。太祖善之。

《魏書》卷二十四《列傳第十二·許謙》頁六一一

及慕容垂死，謙上書勸進。

《北史》卷二十一《列傳第九·許謙》頁七六九

明年，慕容垂復來寇。道武謂謙曰："事急矣，卿其行也。"謙未發而垂退。及聞垂死，謙上書勸進。道武善之。

《通志》卷一百四十六《列傳五十九·許謙》頁二三一〇中

慕容垂死，子寶嗣僞位。

《晉書》卷九《帝紀第九·孝武帝》頁二四一

二十一年，垂死，國遂衰亡。

《晉書》卷十二《志第二·天文中》頁三四九

二十一年，垂死，國遂衰亡。

《晉書》卷十三《志第三·天文下》頁三九五

二十一年，垂死，國遂衰亡。

《宋書》卷二十五《志第十五·天文三》頁七二六

先是，鮮卑慕容垂僭號中山，晉孝武太元二十一年，垂死，開率十萬騎圍中山。明年四月，尅之，遂王有中州，自稱曰魏，號年天賜。

《宋書》卷九十五《列傳第五十五·索虜》頁二三二二

（慕容）垂遂至平城西北，踰山結營，聞帝將至，乃築城自守。疾甚，遂遁走，死於上谷。子寶匿喪而還，至中山乃僭立。

《魏書》卷二《太祖紀第二》頁二七

（慕容）垂遂至平城西北，聞帝將至，乃築城自守，疾甚，遂遁，死於上谷。子寶秘喪，還至中山乃僭立。

《北史》卷一《魏本紀第一·太祖道武皇帝》頁一四

如渾水又東南流逕永固縣，縣以太和中，因山堂之目以氏縣也。右會羊水，水出平城縣之西苑外武州塞，北出東轉，逕燕昌城南。按《燕書》，建興十年，慕容垂自河西還，軍敗于參合，死者六萬人。十一年，垂衆北至參合，見積骸如山，設祭弔之禮，死者父兄皆號泣，六軍哀慟，垂慚憤嘔血，因而寢疾焉。興過平城北四十里，疾篤，築燕昌城而還，即此城也。北俗謂之老公城。

《水經注校證》卷十三《㶟水》頁三一二

寶恨參合之敗，屢言魏有可乘之機。垂由是自率大衆伐魏。至參合陂，見往年戰處積骸如山，設弔祭之禮，死者父兄一時號哭，軍中皆慟。垂慚憤歐血,因而寢疾,却還,道卒。

《通典》卷第一百五十二《兵五·師行衆悲恐則敗》頁三八九一

（慕容）垂遂至平城西北,踰山結營,聞帝將至,乃築城自守。疾甚,遂遁走,死於上谷。子寶迎喪而還,至中山乃僣立。

《太平御覽》卷一〇一《皇王部二六·太祖道武皇帝》頁四八三下

慕容寶嗣僣位,改元永康。在位三年,爲蘭汗所殺。晉隆安三年也。

《册府元龜》卷二一九《僣僞部·年號》頁二六三三下

慕容寶嗣父垂位,僞諡垂武成皇帝,廟號世祖,墓曰宣平陵。

《册府元龜》卷二二四《僣僞部·奉先》頁二六七六上

（慕容）寶,垂之子,太元二十一年嗣僣位,大赦境内。

《册府元龜》卷二二六《僣僞部·恩宥》頁二六九八上

（慕容）垂之過參合陂也,見積骸如山,爲之設祭,爲,于僞翻。軍士皆慟哭,聲震山谷。垂慚憤嘔血,由是發疾,乘馬輿而進,頓平城西北三十里。太子寶等聞之,皆引還。燕軍叛者奔告於魏云:"垂已死,輿尸在軍。"魏王珪欲追之,聞平城已没,乃引還陰山。魏人有言,"死諸葛走生仲達。"拓跋珪聞慕容垂之死而不敢進,亦類是耳。

《資治通鑑》卷一百八《晉紀三十·孝武帝太元二十一年》頁三四二六

（慕容）垂在平城積十日，疾轉篤，乃築燕昌城而還。《水經》：燕昌城在平城北四十里。夏，四月，癸未，卒於上谷之沮陽，賢曰：沮陽縣故城，在今媯州東。沮，音阻。垂年七十一。秘不發喪。丙申，至中山；戊戌，發喪，諡曰成武皇帝，廟號世祖。壬寅，太子寶即位，寶，字道祐，垂第四子也。大赦，改元永康。

《資治通鑑》卷一百八《晉紀三十·孝武帝太元二十一年》頁三四二六至三四二七

慕容垂死，子寶嗣僞位。

《通志》卷十下《晉紀十下·孝武皇帝》頁二〇八中

（慕容）垂遂至平城西北，聞帝將至，乃築城自守，疾甚，遂遁，死於上谷。子寶秘喪，還至中山乃僭立。

《通志》卷十五上《後魏紀十五上·太祖道武皇帝》頁二七二上

南燕慕容德，垂之弟。垂臨終，敕其子寶以鄴城委德。寶既嗣位，以德爲丞相、冀州牧，承制南夏。

《册府元龜》卷二一九《僭僞部·年號》頁二六三四上

五月，辛亥，以范陽王德爲都督冀·兗·青·徐·荆·豫六州諸軍事、車騎大將軍、冀州牧，鎮鄴；遼西王農爲都督并·雍·益·梁·秦·涼六州諸軍事、并州牧，鎮晉陽。雍，於用翻。又以安定王庫傉官偉爲太師，傉，奴沃翻。夫餘王蔚爲太傅。餘蔚，夫餘王子也，燕王皝破夫餘得之，燕亡，入秦，秦亂，復歸燕，燕主垂封爲扶餘王。甲寅，以趙王麟領尚書左僕射，高陽王隆領右僕射，長樂公盛爲司隸校尉，宜都王鳳爲冀州刺史。

　　乙卯，以散騎常侍彭城劉該爲徐州刺史，鎮鄄城。散，悉亶翻。
騎，奇寄翻。鄄，吉掾翻。

　　……

　　初，燕主垂先段后生子令、寶，後段后生子朗、鑒，愛諸姬子麟、
農、隆、柔、熙。寶初爲太子，有美稱，稱，昌孕翻，名譽也。已而荒怠，
中外失望。後段后嘗言於垂曰：燕王垂初娶段氏，以可足渾后之讒而死，
後即位，追尊爲后。復納段氏爲后，故史書後段后以別之。“太子遭承平之
世，足爲守成之主；今國步艱難，恐非濟世之才。遼西、高陽二王，
陛下之賢子，宜擇一人，付以大業。趙王麟姦詐強愎，愎，弼力翻。異
日必爲國家之患，宜早圖之。”寶善事垂左右，左右多譽之，譽，音余。
故垂以爲賢，謂段氏曰：“汝欲使我爲晉獻公乎！”晉獻公信驪姬之
讒，殺太子申生。段氏泣而退，告其妹范陽王妃曰：“太子不才，天下
所知，吾爲社稷言之，爲，于僞翻。主上乃以吾爲驪姬，何其苦哉！觀
太子必喪社稷，喪，息浪翻。范陽王有非常器度，若燕祚未盡，其在王
乎！”寶及麟聞而恨之。

　　乙丑，寶使麟謂段氏曰：“后常謂主上不能守大業，今竟能
不？”不，讀曰否。宜早自裁，以全段宗！”段氏怒曰：“汝兄弟不難逼
殺其母，況能守先業乎！吾豈愛死，但念國亡不久耳。”遂自殺。寶
議以段后謀廢適統，適，讀曰嫡。無母后之道，不宜成喪。群臣咸以
爲然。中書令眭邃颺言於朝曰：眭，息惟翻。颺，音揚。大言而疾曰颺。
朝，直遙翻。“子無廢母之義，漢安思閻后親廢順帝，事見五十卷漢安
帝延光三年。猶得配饗太廟，況先后曖昧之言，虛實未可知乎！”乃
成喪。

　　《資治通鑑》卷一百八《晉紀三十・孝武帝太元二十一年》頁三
四二七至三四二八

夏六月癸酉,遣將軍王建等三軍討寶廣寧太守劉亢泥,斬之,徙其部落。寶上谷太守慕容普鄰,捐郡奔走。

　　　　　　　《魏書》卷二《太祖紀第二》頁二七

　　太祖使題與將軍王建等三軍,討慕容寶廣寧太守劉亢埿,斬之。徙亢埿部落于平城。寶上谷太守驎,捐郡逃走,太祖追討,題爲大將,別出東道。以功賜爵東宛侯。

　　　　　《魏書》卷二十三《列傳第十一·莫題》頁六〇四

　　《後魏書》曰:莫題有謀策,爲大將軍,平慕容麟,賜爵東宛侯。

　　　《太平御覽》卷二三八《職官部三六·大將軍》頁一一二五下

　　六月,癸酉,魏王珪遣將軍王建等擊燕廣甯太守劉亢泥,斬之,廣甯縣,漢屬上谷郡,晉太康中,分置廣甯郡。亢,苦浪翻。徙其部落於平城。燕上谷太守開封公詳棄郡走。詳,覬之曾孫也。

　　《資治通鑑》卷一百八《晉紀三十·孝武帝太元二十一年》頁三四二八

　　燕主寶定士族舊籍,分辨清濁,校閱戶口,罷軍營封蔭之戶,悉屬郡縣;軍營封蔭之戶,蓋諸軍庇占以爲部曲者。由是士民嗟怨,始有離心。斯事行之,未必非也;但慕容寶即位之初,國師新敗,又遭大喪,下之懷反側者多,未可遽行耳。《大學》曰:物有本末,事有先後,知所先後,則近道矣。

　　《資治通鑑》卷一百八《晉紀三十·孝武帝太元二十一年》頁三四二八

　　平規收合餘黨據高唐，高唐縣，自漢以來屬平原郡。燕主寶遣高陽
王隆將兵討之；將，即亮翻。東土之民，素懷隆惠，迎候者屬路。相
屬於路也。屬，之欲翻。秋，七月，隆進軍臨河，規棄高唐走。隆遣
建威將軍慕容進等濟河追之，斬規於濟北。於濟，子禮翻。平喜奔
彭城。

　　《資治通鑑》卷一百八《晉紀三十·孝武帝太元二十一年》頁三
四二九

　　慕容寶嗣僞位，庶子清河公會、長樂公盛並進王爵。
　　　　《冊府元龜》卷二二四《僭僞部·宗族》頁二六八二上

　　慕容寶既嗣立，以少子濮陽公策爲太子。初，垂以寶冢嗣未
建，憂之。寶庶子清河公會多材藝，有雄略，垂深奇之。及寶之北
伐，使會代攝宮事，總錄、禮遇一同太子，所以見定旨也。垂之伐
魏，以龍城舊都，宗廟所在，復使會鎮幽州，委以東北之重，高選寮
屬以崇威望。垂臨死顧命，以會爲寶嗣，而寶寵愛策，意不在會。
寶庶長子長樂公盛自以同生年長，恥會先之，乃盛稱策宜爲儲貳，
而非毀會焉。寶大悅，乃訪其趙王麟、高陽王隆，麟等咸希旨贊成
之。寶遂與麟等定計立策，策母段氏爲皇后，策爲皇太子，盛、會進
爵爲王。策字道符，年十一，美姿貌，而惷弱不慧。

　　　　《冊府元龜》卷二二五《僭僞部·世子》頁二六九二上

　　燕征北大將軍、幽·平二州牧、清河公會母賤而年長，長，知兩
翻。雄俊有器藝，燕主垂愛之。寶之伐魏也，垂命會攝東宮事、總
錄，禮遇一如太子。總錄，謂總錄朝政也。及垂伐魏，命會鎮龍城，委
以東北之任，國官府佐，皆選一時才望。垂疾篤，遺言命寶以會爲

嗣;而寶愛少子濮陽公策,意不在會。長樂公盛與會同年,耻爲之下,少,詩照翻。濮,博木翻。樂,音洛。乃與趙王麟共勸寶立策,寶從之。乙亥,立妃段氏爲皇后,策爲皇太子,會、盛皆進爵爲王。策年十一,素悫弱,悫,與懿同,陟降翻,愚也。會聞之,心愠懟。愠,於問翻。懟,直類翻。

　　九月,章武王宙奉燕主垂及成哀段后之喪葬于龍城宣平陵,成哀后,即寶所殺後母段氏也。寶詔宙悉徙高陽王隆參佐、部曲、家屬還中山,隆去年自龍城還中山,會寶代之,故令遣還其部曲參佐。會違詔,多留部曲不遣。宙年長屬尊,長,知兩翻。會每事陵侮之,見者皆知其有異志。爲寶、會父子相圖張本。

　　《資治通鑑》卷一百八《晉紀三十·孝武帝太元二十一年》頁三四三○

　　八月庚寅,治兵于東郊。己亥,大舉討慕容寶,帝親勒六軍四十餘萬,南出馬邑,踰于句注,旌旗駱驛二千餘里,鼓行而前,民屋皆震。別詔將軍封真等三軍,從東道出襲幽州,圍薊。九月戊午,次陽曲,乘西山,臨觀晉陽,命諸將引騎圍脅,已而罷還。寶并州牧遼西王農大懼,將妻子棄城夜出,東遁,并州平。初建臺省,置百官,封拜公侯、將軍、刺史、太守、尚書郎已下悉用文人。〔八〕帝初拓中原,留心慰納,諸士大夫詣軍門者,無少長,皆引入賜見,存問周悉,人得自盡,苟有微能,咸蒙叙用。己未,詔輔國將軍奚牧略地晉川,獲慕容寶丹陽王買得等於平陶城。

【校勘記】

　　〔八〕封拜公侯將軍刺史太守尚書郎已下悉用文人　諸本"封"下無"拜"字,《北史》卷一有。按將軍以下官不得云"封",若"將軍、刺史、太守"連下"尚書郎已下"讀,則是將軍也悉用文人,更誤。知這裏脱“拜”字，今據補。

　　　　　《魏書》卷二《太祖紀第二》頁二七至二八、四六

　　及并州平，儀功多，遷尚書令。

　　　　《魏書》卷十五《昭成子孫列傳第三·秦明王翰子儀》頁三七一

　　子洛陽，襲。從征慕容寶，爲冠軍司馬。後爲祁令。

　　　　　《魏書》卷二十四《列傳第十二·許謙》頁六一一

　　後從征中山，拜中領軍將軍。車駕次晉陽，慕容寶并州刺史、
遼西王農棄城宵遁，肥追之至蒲泉，獲其妻子。

　　　　　《魏書》卷二十六《列傳第十四·長孫肥》頁六五一

　　太祖征慕容寶，加輔國將軍，略地晉川，獲寶丹陽王買得及離
石護軍高秀和於平陶。

　　　　　《魏書》卷二十八《列傳第十六·奚牧》頁六八三

　　（庾）路，皇始初，從征慕容寶，爲城門校尉。

　　　　　《魏書》卷二十八《列傳第十六·庾業延》頁六八五

　　八月己亥，大舉討慕容寶。帝親勒六軍四十餘萬南出馬邑，踰
句注，旌旗絡繹二千餘里，鼓行而前，人屋皆震。別詔將軍封真等
從東道襲幽州，圍薊。九月戊午，次陽曲，乘西山，臨觀晉陽。寶并
州牧、遼西王農棄城遁，并州平。

　　　　　《北史》卷一《魏本紀第一·太祖道武皇帝》頁一四至一五

己未，詔輔國將軍奚牧略地晉川，獲慕容寶丹楊王買得等於平陶城。

《北史》卷一《魏本紀第一·太祖道武皇帝》頁一五

秋七月，左司馬許謙上書勸進尊號，帝始建天子旌旗，出入警蹕，於是改元。八月，治兵于東郊。大舉討慕容寶，親勒六軍四十餘萬，南出馬邑，踰于句注，旌旗駱驛二千餘里。寶并州牧遼西王農棄城東遁，并州平。初建臺省，置百官，封拜公侯、將軍、刺史、太守，尚書郎已下悉用文人。帝初拓中原，留心慰納，諸王、大夫詣軍門者，無少長，皆引入賜見，存問周悉，人得自盡，苟有微能，咸蒙叙用。

《太平御覽》卷一〇一《皇王部二六·太祖道武皇帝》頁四八三下

後魏道武皇始元年八月庚寅，治兵於東郊。己亥，大舉討僞燕慕容寶，帝親勒六軍四十餘萬，南出馬邑，踰於勾注，旌旗絡繹經二十餘里，鼓行而前，民屋皆震。別詔將軍封真等三軍，從東道出軍，都襲幽州，圍薊。九月戊午，次陽曲，乘西山，臨觀晉陽，命諸將引騎圍脅，已而罷還。寶并州牧遼西王農大懼，將妻子棄城夜出遁，并州平。

《冊府元龜》卷一一六《帝王部·親征一》頁一三八四下

其子洛陽，從征慕容寶，爲冠軍司馬。

《冊府元龜》卷一三〇《帝王部·延賞一》頁一五六三下

慕容寶襲僞位。魏伐并州，驃騎李農逆戰，敗績，還于晉陽，司馬慕容嵩閉門距之。農率騎數千奔中山，行及潞州，爲魏追軍所及，餘騎盡没，單馬遁還。

　　　　《册府元龜》卷二三四《僭偽部・兵敗》頁二七八四上

　　後從征中山，拜中領軍將軍。車駕次晉陽，慕容寶并州刺史、遼西王農棄城宵遁，（長孫）肥追之至蒲泉，獲其妻子。

　　　　《册府元龜》卷三五二《將帥部・立功五》頁四一八一上

　　奚牧爲輔國將軍，從道武征慕容寶，略地晉州，獲寶丹陽王買得及離石護軍高秀和於干陶，以軍功拜并州刺史，賜爵任城公。

　　　　《册府元龜》卷三五二《將帥部・立功五》頁四一八二下

　　奚牧爲輔國將軍，略地晉川，獲慕容寶丹陽王買得及離石護軍高秀和於干陶。

　　　　《册府元龜》卷三八一《將帥部・褒異七》頁四五二六上至四五二六下

　　燕遼西王農悉將部曲數萬口之并州，將，即亮翻。之，往也。并州素乏儲偫，偫，丈里翻。是歲早霜，民不能供其食，又遣諸部護軍分監諸胡，監，工銜翻。由是民夷俱怨，潛召魏軍。八月，己亥，魏王珪大舉伐燕，兵無内應與必勝之計，不可大舉。步騎四十餘萬，南出馬邑，踰句注，句，音鉤。旌旗二千餘里，鼓行而進。左將軍雁門李栗將五萬騎爲前驅，別遣將軍封真等從東道出軍都，襲燕幽州。《魏書・官氏志》：拓跋詰汾時，餘部諸姓内入者有是賁氏，後改爲封氏。軍都縣，前漢屬上谷郡，後漢屬廣陽郡，晉屬燕國；有軍都關。賢曰：今幽州昌平縣有軍都山，在西北。

　　　　《資治通鑑》卷一百八《晉紀三十・孝武帝太元二十一年》頁三四二九至三四三〇

　　戊午,魏軍至陽曲,陽曲縣自漢以來屬太原郡。宋白曰:陽曲縣故城,在太原縣北四十五里,後漢末所移也。隋文帝改爲陽直,尋又改爲汾陽縣。乘西山,臨晉陽,遣騎環城大譟而去。騎,奇寄翻。環,音宦。燕遼西王農出戰,大敗,奔還晉陽,司馬慕輿嵩閉門拒之。前有慕輿嵩以謀奉趙王麟爲變而誅。此又一人。農將妻子帥數千騎東走,魏中領將軍長孫肥追之,中領將軍,魏所置,猶魏、晉之中領軍也。帥,讀曰率。及於潞川,【嚴:"川"改"州"。】獲農妻子。燕軍盡没,農被創,獨與三騎逃歸中山。被,皮義翻。創,初良翻。

　　魏王珪遂取并州。初建臺省,置刺史、太守、尚書郎以下官,悉用儒生爲之。士大夫詣軍門,無少長,皆引入存慰,使人人盡言,少,詩照翻。長,知兩翻。少有才用,咸加擢叙。史言拓跋珪所以能取中原。少,詩沼翻。己未,遣輔國將軍奚收略地汾川,"奚收",當作"奚牧"。獲燕丹楊王買德及離石護軍高秀和。離石縣自漢以來屬西河郡,燕置護軍以統稽胡。以中書侍郎張恂等爲諸郡太守,招撫離散,勸課農桑。

　　《資治通鑑》卷一百八《晉紀三十·孝武帝太元二十一年》頁三四三一

　　八月己亥,大舉討慕容寶。帝親勒六軍四十餘萬南出馬邑,踰句注,旌旗絡繹二千餘里,鼓行而前,人屋皆震。別詔將軍封真等從東道襲幽州,圍薊。九月戊午,次陽曲,乘西山,臨觀晉陽。寶并州牧、遼西王農棄城遁,并州平。

　　《通志》卷十五上《後魏紀十五上·太祖道武皇帝》頁二七二上

　　己未,詔輔國將軍奚牧略地晉川,獲慕容寶丹楊王買得等於平陶城。

　　《通志》卷十五上《後魏紀十五上·太祖道武皇帝》頁二七二上

　　及并州平，儀功居多，遷尚書令。

　　《通志》卷八十四上《宗室傳七上·秦王翰子儀》頁一〇五三下

　　後魏遣將伐後燕慕容寶，已平并州、潞川，頻勝。寶在中山，引群臣議之。中山尹苻謨曰：“魏軍強盛，千里轉鬥，乘勝而來，勇氣兼倍，若逸騎平原，形勢彌盛，殆難爲敵。宜杜險拒之。”〔七一〕中書令睦息爲反邃曰：“魏軍多騎，師行剽銳，〔七二〕馬上齎糧，不過旬日，〔七三〕宜令郡縣聚千家爲一堡，深溝高壘，清野待之，至無所掠，資食既罄，不過六旬，自然窮退。”尚書封懿曰：“今魏師十萬，天下之勍敵也。百姓雖欲營聚，不足自固，是則聚糧集兵以資強寇，且又動衆心，示之以弱。阻關拒戰，計之上也。”慕容麟曰：“魏今乘勝氣銳，其鋒不可當，宜完守設備，待其弊而乘之。”於是修城積粟，爲持久之備。魏攻中山不剋，進據博陵魯口，諸將睹風奔退，郡縣悉降於魏。寶違塞險之計，故敗。

　　【校勘記】

　　〔七一〕宜杜險拒之　“杜”《晉書·慕容寶載記》三〇九四頁作“度”。

　　〔七二〕師行剽銳　“行”原脫，據《晉書·慕容寶載記》三〇九四頁補。

　　〔七三〕不過旬日　“日”原訛“月”，據《晉書·慕容寶載記》三〇九四頁改。

　　《通典》卷第一百五十九《兵十二·塞險則勝否則敗》頁四〇八三、四一〇一

　　《慕容寶載記》曰：魏伐并州，驃騎李農逆戰，敗績。寶引群臣于東堂議之，尚書封懿曰："今魏師十萬，天下之勁敵也，示之以弱，岨關拒戰，計之上也。"

　　　　　　　《太平御覽》卷二九四《兵部二五·示弱》頁一三五七上

　　《後魏書》曰：遣將伐後燕慕容寶，已平并州，潞川頻勝。寶在中山引群臣議之。中尹苻謨曰："魏軍强盛，千里轉鬥，乘勝而來，勇氣兼倍，若逸騎平原，形勢彌盛，殆難爲敵。宜杜險拒之。"中書令睦邃曰："魏軍多騎師剽銳，睦，息爲切。馬上齎糧，不過旬月，宜令郡縣聚千爲一堡，深溝高壘，清野待之。至無所掠，資食既罄，不過六旬，自然窮退。"尚書封懿曰："今魏師十萬，天下之勍敵也。百姓雖欲營聚，不足自固。是則聚糧集兵以資强寇，且動衆心示之以弱。岨關拒戰，計之上也。"慕容麟曰："魏今乘勝氣銳，其鋒不可當。宜謹守設備，待其弊而乘之。"於是脩城積粟，爲持久之備。魏攻中山不剋，進據博陵魯口，諸將睹風而奔，郡縣悉降于魏。

　　　　　　　《太平御覽》卷三三一《兵部六二·塞險》頁一五二三下至一五二四上

　　燕主寶聞魏軍將至，議于東堂。中山尹苻謨曰："今魏軍衆强，千里遠鬥，乘勝氣銳，若縱之使入平土，不可敵也，宜杜險以拒之。"苻謨降燕見一百六卷十一年。中書令睦邃曰："魏多騎兵，往來剽速，剽，匹妙翻。馬上齎糧，不過旬日；宜令郡縣聚民，千家爲一堡，深溝高壘，清野以待之，彼至無所掠，不過六旬，食盡自退。"尚書封懿曰："今魏兵數十萬，天下之勍敵也，勍，渠京翻。民雖築堡，不足以自固，是聚兵及糧以資之也。且動搖民心，示之以弱，不如阻關拒戰，計之上也。"趙王麟曰："魏今乘勝氣銳，其鋒不可當，宜完守中山，待其弊而乘之。”於是修城積粟，爲持久之備。不據險拒戰而嬰城自守，此慕容寶所以敗也。命遼西王農出屯安喜，安喜，前漢之安險縣也，後漢章帝改曰安喜，屬中山郡。軍事動靜，悉以委麟。爲麟叛寶張本。

　　《資治通鑑》卷一百八《晉紀三十·孝武帝太元二十一年》頁三四三一至三四三二

　　李先降魏，去年，李先自西燕歸燕。趨，七喻翻。降，戶江翻。珪以爲征東左長史。

　　《資治通鑑》卷一百八《晉紀三十·孝武帝太元二十一年》頁三四三四

　　先對曰：“臣大父重，晉平陽太守、大將軍右司馬。父樊，石虎樂安太守、左中郎將。臣，苻丕尚書右主客郎，慕容永秘書監、高密侯。”

　　　　《魏書》卷三十三《列傳第二十一·李先》頁七八九

　　先曰：“臣本趙郡平棘人。大父重，晉平陽太守、大將軍右司馬。父戀，石季龍樂安太守、左中郎將。臣，苻丕左主客郎，慕容永秘書監、高密侯。”

　　　　《北史》卷二十七《列傳第十五·李先》頁九七七至九七八

　　（李）先對曰：“臣大父重，晉平陽太守、大將軍右司馬。父樊，石虎樂安太守、左中郎將。臣，苻丕尚書右主客郎，慕容永秘書監、高密侯。”

　　　　《冊府元龜》卷八三四《總錄部·詞辯二》頁九九〇二下

對曰：“臣大父重，晉平陽太守、大將軍右司馬。父戀，石虎樂安太守、左中郎將。臣，苻丕尚書右主客郎，慕容永秘書監、高密侯。”

《通志》卷一百四十七《列傳六十·李先》頁二三三六中

太祖曰：“慕容永時，卿用兵不？”先曰：“臣時蒙顯任，實參兵事。”

《魏書》卷三十三《列傳第二十一·李先》頁七八九

帝曰：“慕容永時，卿用兵不？”（李）先曰：“臣時蒙顯任，實參兵事。”

《冊府元龜》卷八三四《總錄部·詞辯二》頁九九〇二下

帝曰：“慕容永時，卿用兵不？”先曰：“臣蒙顯任，實參兵事。”

《通志》卷一百四十七《列傳六十·李先》頁二三三六中

冬十月乙酉，車駕出井陘，使冠軍將軍王建、左軍將軍李栗五萬騎先驅啓行。十有一月庚子朔，帝至真定。自常山以東，守宰或捐城奔竄，或稽顙軍門，唯中山、鄴、信都三城不下。別詔征東大將軍東平公儀五萬騎南攻鄴，冠軍將軍王建、左軍將軍李栗等攻信都，軍之所行，不得傷民桑棗。戊午，進軍中山；己未，引騎圍之。帝謂諸將曰：“朕量寶不能出戰，必當憑城自守，偷延日月。急攻則傷士，久守則費糧，不如先平鄴、信都，然後還取中山，於計爲便。若移軍遠去，寶必散衆求食民間，如此，則人心離阻，攻之易克。”諸將稱善。丁卯，車駕幸魯口城。

《魏書》卷二《太祖紀第二》頁二八

（儀）從圍中山。

《魏書》卷十五《昭成子孫列傳第三·秦明王翰子儀》頁三七一

後從征慕容寶，拜冠軍將軍。并州既平，車駕東出井陘，命建率五萬騎先驅啓路。車駕次常山，諸郡皆降，惟中山、鄴、信都三城不下。乃遣衛王儀南攻鄴，建攻信都，眾各五萬。

《魏書》卷三十《列傳第十八·王建》頁七一〇

後與寧朔將軍公孫蘭領步騎二萬，潛自太原從韓信故道開井陘路，襲慕容寶於中山。既而車駕後至，見道路修理，大悅，即賜其名馬。

《魏書》卷三十一《列傳第十九·于栗磾》頁七三五

冬十一月庚子朔，帝至真定，自常山以東，守宰或捐城奔竄，或稽顙軍門，唯中山、鄴、信都三城不下。別詔東平公儀攻鄴，冠軍將軍王建、左軍將軍李栗等攻信都，軍所行不得傷桑棗。戊午，進軍中山。己未，圍之。帝曰：「朕量寶不能出戰，必憑城自守，急攻則傷士，久守則費糧，不如先平鄴、信都，然後還取中山。」諸將稱善。

《北史》卷一《魏本紀第一·太祖道武皇帝》頁一五

從圍中山。

《北史》卷十五《列傳第三·魏諸宗室·昭成子孫·秦王翰子儀》頁五六二

并州既平，車駕出井陘，次常山，諸郡皆降，唯中山、鄴、信都三城不下。乃遣衛王儀南攻鄴，建攻信都等城。

　　　　　　　　《北史》卷二十《列傳第八·王建》頁七五五

　　與寧朔將軍公孫蘭，潛自太原，從韓信故道，開井陘關路，襲慕容寶於中山。道武後至，見道路修理，大悦，即賜其名馬。

　　　　　　　《北史》卷二十三《列傳第十一·于栗磾》頁八三七

　　冬十月，車駕出井陘。十一月，進軍中山，引騎圍之。

　　　《太平御覽》卷一〇一《皇王部二六·太祖道武皇帝》頁四八三下

　　後魏道武皇始元年討慕容寶，進運中山，引騎圍之。帝謂諸將曰：“朕量寶不能出戰，必當憑城自守，偷延日月，急攻則傷士，久守則費糧。不如先平鄴、信都，然後還取中山，於計爲便。若移軍遠去，寶必散衆求食，民間如此，則人必離阻，攻之易剋。”諸將稱善。

　　　　　　《册府元龜》卷一二五《帝王部·料敵》頁一四九九下

　　于栗磾自道武登國初爲冠軍將軍。與寧朔將軍公孫蘭領步騎二萬，潛自太原，從韓信故道，開井陘關路，襲慕容寶於中山。既而車駕後至，見道路修理，大悦，即賜其名馬。

　　　　《册府元龜》卷三八一《將帥部·褒異七》頁四五二八下至四五二九上

　　魏王珪進攻常山，拔之，獲太守苟延；自常山以東，守宰或走或降，諸郡縣皆附於魏，惟中山、鄴、信都三城爲燕守。中山，燕都，慕容德守鄴，慕容鳳守信都，皆重鎮也。爲，于僞翻。十一月，珪命東平公儀將五萬騎攻鄴，冠軍將軍王建、左將軍李栗攻信都。戊午，珪進軍中山；己未，攻之。燕高陽王隆守南郭，帥衆力戰，自旦至晡，殺傷數千人，魏兵乃退。珪謂諸將曰："中山城固，寶必不肯出戰，急攻則傷士，久圍則費糧，不如先取鄴、信都，然後圖之。"丁卯，珪引兵而南。

《資治通鑑》卷一百八《晉紀三十·孝武帝太元二十一年》頁三四三四

冬十一月庚子朔，帝至真定，自常山以東，守宰或捐城奔竄，或稽顙軍門，唯中山、鄴、信都三城不下。別詔東平公儀攻鄴，冠軍將軍王建、左軍將軍李栗等攻信都，詔軍行不得傷桑棗。戊午，進軍中山。己未，圍之。帝曰："朕量寶不能出戰，必憑城自守，急攻則傷士卒，久守則費糧，不如先平鄴、信都，然後還取中山。"諸將稱善。

《通志》卷十五上《後魏紀十五上·太祖道武皇帝》頁二七二上

從圍中山。

《通志》卷八十四上《宗室傳七上·秦王翰子儀》頁一〇五三下

并州既平，車駕出井陘，次恒山，諸郡皆降，唯中山、鄴、信都三城不下。乃遣衛王儀南攻鄴，建攻信都等城。

《通志》卷一百四十六《列傳五十九·王建》頁二三〇八下

與甯朔將軍公孫蘭，潛自太原，從韓信故道，開井陘關路，襲慕容寶於中山。道武後至，見道路修治，大悅，賜以名馬。

《通志》卷一百四十六《列傳五十九·于栗磾》頁二三二〇上

章武王宙自龍城還，聞有魏寇，馳入薊，與鎮北將軍陽城王蘭乘城固守。蘭，垂之從弟也。從，才用翻。魏别將石河頭攻之，不克，《魏書·官氏志》：拓跋詰汾時，餘部諸姓内入者有嗢石蘭氏，後爲石氏。退屯漁陽。漁陽縣，漢屬漁陽郡，晉省。

　　《資治通鑑》卷一百八《晉紀三十·孝武帝太元二十一年》頁三四三四至三四三五

　　太祖征慕容寶，次於常山。玄伯棄郡，東走海濱。

　　　　《魏書》卷二十四《列傳第十二·崔玄伯》頁六二〇

　　太祖南伐，車駕幸魯口，博陵太守申永南奔河外，高陽太守崔玄伯東走海濱，屬城長吏率多逃竄。遵獨告其吏民曰：“往年寶師大敗，今兹垂征不還，天之棄燕，人弗支也。魏帝神武命世，寬仁善納，御衆百萬，號令若一，此湯武之師。吾欲歸命，爾等勉之，勿遇嘉運而爲禍先。”遂歸太祖。

　　　　《魏書》卷三十三《列傳第二十一·屈遵》頁七七七

　　道武征慕容寶，次常山。〔三〕棄郡走海濱。

【校勘記】

　　〔三〕道武征慕容寶次常山　諸本“常”作“中”，《魏書》卷二四《崔玄伯傳》作“常”。按《魏書》卷二《太祖紀》皇始元年十一月：“帝至真定，自常山以東守宰，或捐城奔竄，或稽顙軍門，唯中山、鄴、信都三城不下。”真定即常山郡治。作“常”是，今據改。

　　　　《北史》卷二十一《列傳第九·崔宏》頁七七〇、七九九道武之征慕容寶，次於恒山，玄伯棄郡東走海濱。

　　　《册府元龜》卷七五《帝王部·任賢》頁八六六上

　　（拓跋）珪軍于魯口，博陵太守申永奔河南，高陽太守崔宏奔海渚。海渚，海中州也。珪素聞宏名，遣騎追求，獲之，以爲黃門侍郎，與給事黃門侍郎張袞對掌機要，創立制度。爲崔宏父子貴顯於魏張本。博陵令屈遵降魏，屈，居勿翻。降，户江翻。珪以爲中書令，出納號令，兼總文誥。

　　　《資治通鑑》卷一百八《晉紀三十·孝武帝太元二十一年》頁三四三五

　　道武征慕容寶，次中山。宏棄郡東走海濱。

　　　《通志》卷一百四十六《列傳五十九·崔宏》頁二三一〇中至二三一〇下

　　魏太祖征慕容寶，軍次中山，宏棄郡東走海濱，爲追騎所執，送於軍門，遂留仕魏。

　　　屠本《十六國春秋》卷第四十二《前秦録十·崔宏》頁二十三正

　　又曰：太武帝親征後燕將慕容德于鄴。戰，前軍敗績，德又欲攻之。別駕韓諄進曰：“今魏不可擊者四，燕不宜動者三。魏懸軍遠入，利在野戰，一不可擊也；深入近畿，致兵死地，二不可擊也；前鋒既敗，後陣方固，三不可擊也；彼衆我寡，四不可擊也。官軍自戰其地，一不可動；動而不勝，衆心不固，二不宜動；隍池未修，敵來無備，三不宜動。此皆兵機也。深溝高壘，以逸待勞，彼千里饋糧，野無所掠，久則三軍糜資，攻則衆旅多斃，師老釁生，詳而圖之，可以捷也。”德曰：“韓別駕之言，良平之策也。”

　　《太平御覽》卷二八七《兵部一八·機略六》頁一三二九上

　　燕范陽王德使南安王青等夜擊魏軍於鄴下，破之，魏軍退屯新城。新城，即燕主垂攻鄴所築者也。青等請追擊之，別駕韓諔曰：諔，音卓。“古人先計而後戰。魏軍不可擊者四：懸軍遠客，利在野戰，一也；深入近畿，頓兵死地，二也；前鋒既敗，後陣方固，三也；彼衆我寡，四也。官軍不宜動者三：自戰其地，一也；自戰其地者，衆易敗散。動而不勝，衆心難固，二也；城隍未修，敵來無備，三也。今魏無資糧，不如深壘固軍以老之。”德從之，召青還。青，詳之兄也。

　　《資治通鑑》卷一百八《晉紀三十·孝武帝太元二十一年》頁三四三五

　　後魏太武帝親征後燕將慕容德於鄴，戰，前軍敗績。德又欲攻之，別駕韓諔進曰：“今魏不可擊者四，燕不宜動者三。魏懸軍遠入，利在野戰，一不可擊也。深入近畿，致兵死地，二不可擊也。前鋒既敗，後陣方固，三不可擊也。彼衆我寡，四不可擊也。官軍自戰其地，一不宜動。動而不勝，衆心不固，二不宜動。隍池未修，敵來無備，三不宜動。此皆兵機也。深溝高壘，以逸待勞，彼千里饋糧，野無所掠，久則三軍糜費，攻則士衆多斃，師老釁生，詳而圖之，可以捷也。”德曰：“韓別駕之言，良、平之策也。”

　　《通典》卷第一百五十九《兵十二·自戰其地則敗》頁四〇七九至四〇八〇

　　十二月，魏遼西公賀賴盧帥騎二萬會東平公儀攻鄴。賴盧，訥之弟也。爲賀賴盧降慕容德張本。按《魏書・官氏志》，内入諸姓有賀賴氏，北方有賀蘭氏，後皆爲賀氏，蓋内入者爲賀賴氏，留北方者爲賀蘭氏。"蘭"、"賴"語轉耳。又匈奴諸種亦有賀賴氏。

魏別部大人没根有膽勇，魏王珪惡之。惡，烏路翻。没根懼誅，己丑，將親兵數十人降燕，燕主寶以爲鎮東大將軍，封雁門公。没根求還襲魏，寶難與重兵，給百餘騎。没根效其號令，夜入魏營，至中仗，珪乃覺之，狼狽驚走，没根以所從人少，不能壞其大衆，多獲首虜而還。史言慕容寶不能因降人爲間以破魏。少，詩沼翻。壞，音恠。

《資治通鑑》卷一百八《晉紀三十・孝武帝太元二十一年》頁三四三五至三四三六

西燕既亡，其所署河東太守柳恭等各擁兵自守。秦主興遣晉王緒攻之，恭等臨河拒守，緒不得濟。

《資治通鑑》卷一百八《晉紀三十・孝武帝太元二十一年》頁三四三六

慕容氏太史丞王先曰："當有真人起於燕代之間，大兵鏘鏘，其鋒不可當。"

《魏書》卷一百五之三《天象志一之三第三》頁二三八九

及慕容寶僭號，署中衛將軍。①

《晉書》卷一百二十五《載記第二十五・馮跋》頁三一二七

及慕容寶僭號，署中衛將軍。

《通志》卷一百九十一《載記六・北燕》頁三〇七七上

①以下諸人，皆是慕容寶時之朝臣，今繫於其即位之年。

及慕容寶僭號，永康末，拜中衛將軍。

　　《十六國春秋輯補》卷九十八《北燕録一・馮跋》頁六七五

慕容寶僭號，署爲殿中左監，稍遷衛中郎將、中衛將軍。

　　屠本《十六國春秋》卷第九十八《北燕録一・馮跋》頁一背

（慕容）寶立，乃起湖爲征虜將軍、燕郡太守。

　　　　《魏書》卷三十二《列傳第二十・高湖》頁七五一

仕慕容寶，位至中書令、民部尚書。

　　　　《魏書》卷三十二《列傳第二十・封懿》頁七六〇

仕慕容寶，位中書令、户部尚書。

　　　　《北史》卷二十四《列傳第十二・封懿》頁八九二

封懿仕慕容燕爲中書令。

　　《册府元龜》卷五五六《國史部・採撰二》頁六六七六上

封懿初爲慕容寶中書令，兄孚爲太尉。懿儁偉有才氣，能屬
文，與孚雖器行有長短，然名位略齊。

　　《册府元龜》卷八六六《總録部・貴盛》頁一〇二八四上至一〇
二八四下

仕慕容寶，位中書令、户部尚書。

　　《通志》卷一百四十六《列傳五十九・封懿》頁二三二三中

太祖時,有安定梁穎,先仕慕容寶,歷黄門郎。

　　　　《魏書》卷四十五《列傳第三十三·韋閬》頁一〇一六

(李)沉孫根,慕容寶中書監。

　　　　《魏書》卷七十一《列傳第五十九·李元護》頁一五八五

(李)沉孫根,仕慕容寶爲中書監。

　　　　《北史》卷四十五《列傳第三十三·李元護》頁一六五七

(李)沈孫根,仕慕容寶爲中書監。

《通志》卷一百五十下《列傳六十三下·李元護》頁二四一九下

父邃,字懷道,慕容寶中書令。

　　　　《魏書》卷九十《列傳逸士第七十八·眭夸》頁一九二九

父邃,字懷道,慕容寶中書令。

《北史》卷八十八《列傳第七十六·隱逸·眭夸》頁二九〇八

父邃,字懷道,慕容寶中書令。

　　　　《通志》卷一百七十八《隱逸傳二·眭夸》頁二八五九上

(慕容)垂子寶以句麗王安爲平州牧,封遼東、帶方二國王,始置長史、司馬、參軍官。

　　　　《北史》卷九十四《列傳第八十二·高麗》頁三一一二

其後慕容寶以句麗王安爲平州牧，封遼東、帶方二國王。

《通典》卷第一百八十六《邊防二·東夷下·高句麗》頁五〇一三

後燕慕容垂遣其弟農伐句麗，復二郡。垂子寶以句麗王安爲平州牧，封遼東、帶方二國王，始置長史、司馬、參軍官。

《通志》卷一百九十四《四夷傳一·東夷·高句麗》頁三一一三上

慕容永既爲慕容垂所滅，河東太守柳恭等各阻兵自守，興遣姚緒討之。

《晉書》卷一百十七《載記第十七·姚興上》頁二九七七

慕容永既爲慕容垂所滅，河東太守柳恭等各阻兵自守，興遣姚緒討降之。

《册府元龜》卷二三一《僭僞部·征伐》頁二七四九下至二七五〇上

慕容永既爲慕容垂所滅，河東太守柳恭等各阻兵自守，興遣姚緒討之。

《通志》卷一百九十《載記五·後秦》頁三〇四七上

慕容永既爲慕容垂所滅，河東太守柳恭等各阻兵自守，興遣姚緒討之。

《十六國春秋輯補》卷五十一《後秦録三·姚興》頁三八九

慕容永既爲慕容垂所滅，其所署河東太守柳恭等各阻兵自守，興遣晉王緒討之。

　　　　屠本《十六國春秋》卷第五十六《後秦録四·姚興上》頁五正

王景暉《南燕書》曰：姚秦皇初三年，歲在丁酉，於長安渭濱得赤璽，上有文字，曰“天命燕德”。

　　　　《初學記》卷第六《地部中·渭水第八》頁一三六

公元三九七年　東晉安帝隆安元年　北魏道武帝皇始二年　後燕惠愍帝永康二年

慕容寶遣其左衛將軍慕容騰寇博陵，殺中山太守及高陽諸縣令長，抄掠租運。是時信都未下，庚申，乃進軍。壬戌，引騎圍之。其夜，寶冀州刺史宜都王慕容鳳踰城奔走，歸于中山。癸亥，寶輔國將軍張驤、護軍將軍徐超率將吏已下舉城降。寶聞帝幸信都，乃趣博陵之深澤，屯呼沱水，遣弟賀麟寇楊城，殺常山守兵三百餘人。寶悉出珍寶及宮人招募郡縣，群盜無賴者多應之。

　　　　《魏書》卷二《太祖紀第二》頁二八至二九

建等攻城六十餘日不能克，士卒多傷。太祖乃自中山幸信都，慕容寶冀州刺史慕容鳳夜踰城走，信都降。

　　　　《魏書》卷三十《列傳第十八·王建》頁七一〇

二年春正月壬戌，帝引騎圍信都。其夜，寶冀州刺史、宜都王慕容鳳踰城奔中山。癸亥，寶輔國將軍張驤、護軍將軍徐超舉城降。

　　　　《北史》卷一《魏本紀第一·太祖道武皇帝》頁一五

建等攻城六十餘日，不能剋，士卒多傷。帝自中山幸信都，降之。

《北史》卷二十《列傳第八・王建》頁七五五

二年春正月，饗群臣於魯口。慕容寶遣其左衛將軍慕容騰寇博陵，殺中山太守及高陽諸縣令長，抄掠租運。是時，信都未下。帝乃進軍，引騎圍之。寶將軍張讓、護軍將軍徐超率將吏以下舉城降。寶聞帝幸信都，乃趣博陵之深澤，屯滹沱水，遣弟賀麟寇楊城。

《太平御覽》卷一〇一《皇王部二六・太祖道武皇帝》頁四八三下

二年正月，慕容寶遣賀麟寇陽城，殺恒山守兵三百餘人。招募郡縣，群望無賴者當應之。

《冊府元龜》卷一一六《帝王部・親征一》頁一三八四下

燕范陽王德求救於秦，秦兵不出，鄴中恟懼。恟，許洪翻。賀賴盧自以魏王珪之舅，不受東平公儀節度，由是與儀有隙。儀司馬丁建陰與德通，從而構間之，間，古莧翻。射書入城中言其狀。射，而亦翻。甲辰，風霾，晝晦，霾，謨皆翻；風雨土曰霾。賴盧營有火，建言於儀曰：“賴盧燒營爲變矣。”儀以爲然，引兵退；賴盧聞之，亦退；建帥其衆詣德降，帥，讀曰率。降，户江翻。且言儀師老可擊。德遣桂陽王鎮、南安王青帥騎七千追擊魏軍，大破之。師克在和，將帥不和，敗之本也。

燕主寶使左衛將軍慕輿騰攻博陵，殺魏所置守宰。

王建等攻信都，六十餘日不下，士卒多死。庚申，魏王珪自攻

信都。壬戌夜，燕宜都王鳳踰城奔中山。鳳知珪至，膽破而走。癸亥，
信都降魏。

　　《資治通鑑》卷一百九《晉紀三十一·安帝隆安元年》頁三四
三七至三四三八

　　燕主寶聞魏王珪攻信都，出屯深澤，深澤縣，前漢屬涿郡，後漢屬安
平國，晉屬博陵郡。宋白曰：深澤縣以界內水澤深廣爲名。遣趙王麟攻楊
城，《郡國志》：中山蒲陰縣有楊城。殺守兵三百。寶悉出珍寶及宮人募
郡國群盜以擊魏。

　　《資治通鑑》卷一百九《晉紀三十一·安帝隆安元年》頁三四
三九

　　二年春正月壬戌，帝引騎圍信都。其夜，寶冀州刺史、宜都
王慕容鳳踰城奔中山。癸亥，寶輔國將軍張驤、護軍將軍徐超舉
城降。

　　《通志》卷十五上《後魏紀十五上·太祖道武皇帝》頁二七
二上

　　建等攻城六十餘日，不能剋，士卒多傷。帝自中山幸信都，
降之。

　　《通志》卷一百四十六《列傳五十九·王建》頁二三〇八下

　　二月己巳，帝進幸楊城。丁丑，軍于鉅鹿之柏肆塢，臨呼沱水。
其夜，寶悉衆犯營，燎及行宮，兵人駭散。帝驚起，不及衣冠，跣出
擊鼓。俄而，左右及中軍將士，稍稍來集。帝設奇陳，列烽營外，縱
騎衝之，寶衆大敗，斬首萬餘級，擒其將軍高長等四千餘人。戊寅，

寶走中山,獲其器仗輜重數十萬計。寶尚書閔亮、秘書監崔逞、太常孫沂、殿中侍御史孟輔等並降。降者相屬,賜拜職爵各有差。平原徐超聚衆反於畔城,詔將軍奚辱捕斬之。并州守將封真率其種族與徒何爲逆,將攻剌史元延,延討平之。[①]

《魏書》卷二《太祖紀第二》頁二九

太祖之征慕容寶也,寶夜來犯營,軍人驚駭。遂有亡還京師者,言官軍敗於柏肆,京師不安。

《魏書》卷二十八《列傳第十六·莫題》頁六八三

車駕幸鉅鹿,破慕容寶於柏肆塢,遂進圍中山。

《魏書》卷三十《列傳第十八·王建》頁七一〇

皇始二年,車駕伐中山,軍於柏肆,慕容寶夜來攻營,軍人驚走還於國,路由并州,遂反,將攻晉陽,并州剌史元延討平之。

《魏書》卷一百三《列傳第九十一·高車附紇突鄰》頁二三一二

二月丁丑,帝軍于鉅鹿之柏肆塢,臨滹沱水。其夜,寶悉衆犯營,燎及行宮,兵人駭散。帝驚起,不及衣冠,跣出擊鼓。俄而左右及中軍將士稍集。帝設奇陣,列烽營外,縱騎衝之。寶衆大敗,

---

①此處中華書局點校本《魏書》無校勘記,中華書局點校修訂本《魏書》五二頁校勘記〔一七〕作:并州守將封真率其種族與徒何爲逆將攻剌史元延延討平之　本書卷一四《神元平文諸帝子孫傳》桓帝後人有曲陽侯素延,記此事稱"并州守將封寶真爲逆,素延斬之"。"封真"作"封寶真","元延"作"素延",《通鑑》卷一〇九《晉紀》三一隆安元年二月分別作"封真"、"素延"。紀、傳記事同而人名異,或是雙名單稱。

走還中山，獲其器械數十萬計。寶尚書閔亮、秘書監崔逞等降者相屬，賜拜職爵各有差。

　　　　《北史》卷一《魏本紀第一‧太祖道武皇帝》頁一五至一六

車駕幸鉅鹿，破寶眾於柏肆塢，遂圍中山。

　　　　　　《北史》卷二十《列傳第八‧王建》頁七五五

道武之征慕容寶，寶夜犯營，軍人驚駭。遂有亡還京師者，言官軍敗於柏肆。

　　　　　　《北史》卷二十《列傳第八‧莫題》頁七五九

皇始二年，車駕伐中山，軍於柏肆。慕容寶夜來攻營，軍人驚，走還於國。路由并州，遂反，將攻晉陽，并州刺史元延討平之。

　　　　《北史》卷九十八《列傳第八十六‧高車附紇突鄰》頁三二七六

二月己亥朔，帝進幸陽城。丁丑，軍于鉅鹿之柏肆塢，臨滹沱水。其夜，寶悉眾犯營，燎及行宮，兵人駭散。帝驚起，不及衣冠，跣出擊鼓。俄而，左右及中軍將士，稍稍來集。帝設奇陣，列烽營外，縱騎衝之，寶眾大敗，斬首萬餘級，擒其將軍高長等四十餘人。明日，寶走中山，獲其器仗輜重數十萬計。寶尚書閔亮、秘書監崔逞、太常孫沂、殿中侍御史孟輔等並降。

　　　　《冊府元龜》卷一一六《帝王部‧親征一》頁一三八四下至一三八五上

後魏道武皇始二年二月，幸陽城，大破慕容寶眾。寶所署尚書閔亮、秘書監崔逞、太常孫沂、殿中侍御史孟輔等並降，降者相屬，賜拜職爵各有差。

《册府元龜》卷一六三《帝王部・招懷一》頁一九七〇下

其後寶聞魏有内難,乃盡衆出距,步卒十二萬,騎三萬七千,次於曲陽柏津。魏軍進至新梁。寶憚魏師之鋭,乃遣征北隆夜襲魏軍,敗績而還。魏軍方軌而至,對營相持,上下兇懼,三軍奪氣。農、麟勸寶還中山,乃引歸。魏軍追擊之,寶、農等棄大軍,率騎二萬奔還。時大風雪,凍死者相枕於道。寶恐爲魏軍所及,命去袍伏戎器,寸刃無返。

《册府元龜》卷二三四《僭僞部・兵敗》頁二七八四上

道武征慕容寶,軍于鉅鹿之柏肆塢。其夜,寶悉衆犯營,帝驚而起。

《册府元龜》卷二九〇《宗室部・立功一》頁三四一六上

後魏莫題爲幢將,領禁兵。道武之征慕容寶也,寶夜犯營,軍人驚駭。遂有亡還京師者,言官軍敗於柏津。

《册府元龜》卷四〇四《將帥部・識略三》頁四八〇三下

王建從道武破慕容寶衆於柏肆塢,遂進圍中山。

《册府元龜》卷四五五《將帥部・貪黷》頁五三九二下

二月,己巳朔,珪還屯楊城。没根兄子醜提爲并州監軍,聞其叔父降燕,懼誅,帥所部兵還國【張:“國”作“縣”。】作亂。監,工銜翻。降,户江翻。帥,讀曰率;下同。珪欲北還,遣其國相涉延求和於燕,且請以其弟爲質。相,息亮翻。質,音致。寶聞魏有内難,不許,《兵法》曰:知彼知己，百戰不殆。慕容寶徒欲乘拓跋珪之有內釁而困之，而不知己之才略不足辦也。難，乃旦翻。使冗從僕射蘭真責珪負恩，冗，而隴翻。從，才用翻。悉發其衆步卒十二萬、騎三萬七千屯於曲陽之柏肆，此趙國之下曲陽縣也。有柏肆塢，隋開皇十六年置柏肆縣，後廢入常山稾城縣。《魏書·帝紀》作“鉅鹿之柏肆塢”。按《地形志》：鉅鹿郡治曲陽。營於滹沱水北以邀之。滹，音呼。沱，徒河翻。丁丑，魏軍至，營於水南。寶潛師夜濟，募勇敢萬餘人襲魏營，寶陳於營北以爲之援。陳，讀曰陣；下同。募兵因風縱火，急擊魏軍，魏軍大亂，珪驚起，棄營跣走；燕將軍乞特真帥百餘人至其帳下，得珪衣韡。韡，許戈翻。既而募兵無故自驚，互相斫射，射，而亦翻。珪於營外望見之，乃擊鼓收衆，左右及中軍將士稍稍來集，多布火炬於營外，縱騎衝之。募兵大敗，敵出其不意，故走；見敵之不整，乃還戰；善用兵者固觀變而動也。還赴寶陳，寶引兵復渡水北。戊寅，魏整衆而至，與燕相持，燕軍奪氣。寶引還中山，魏兵隨而擊之，燕兵屢敗。寶懼，棄大軍，帥騎二萬奔還，時大風雪，凍死者相枕。枕，職任翻。寶恐爲魏軍所及，命士卒皆棄袍仗、兵器數十萬，寸刃不返，燕之朝臣將卒降魏及爲魏所係虜者甚衆。朝，直遙翻。將，即亮翻。降，戶江翻。

《資治通鑑》卷一百九《晉紀三十一·安帝隆安元年》頁三四三九至三四四〇

二月丁丑，帝軍于鉅鹿之柏肆塢，臨滹池水。其夜，寶悉衆犯營，燎及行宮，兵人駭散。帝驚起，不及衣冠，跣出擊鼓。俄而左右及中軍將士稍集。帝設奇陣，列烽營外，縱騎衝之。寶衆大敗，走還中山，獲其器械數十萬計。寶尚書閔亮、秘書監崔逞等降者相屬，賜拜職爵各有差。

《通志》卷十五上《後魏紀十五上·太祖道武皇帝》頁二七二上至二七二中

車駕幸鉅鹿,破寶衆軍於柏肆塢,遂圍中山。

　　　《通志》卷一百四十六《列傳五十九·王建》頁二三〇八下

道武之征慕容寶,寶夜犯營,軍人驚駭。遂有亡還京師者,言官軍敗於柏肆。

　　　《通志》卷一百四十六《列傳五十九·莫題》頁二三〇九下

皇始二年,車駕伐中山,軍於柏肆,慕容寶夜來攻營,軍人驚,走還於國。路由并州,遂反,將攻晉陽,并州刺史元延討平之。

　　　《通志》卷二百《四夷傳七·北國下·高車附紇突鄰》頁三二〇八上

慕容寶東走和龍,爲留臺吏部尚書。及慕容驎立,逞携妻子亡歸太祖。

　　　　　《魏書》卷三十二《列傳第二十·崔逞》頁七五七

慕容寶東走和龍,爲留臺吏部尚書。及慕容驎立,逞携妻子歸魏。

　　　　　《北史》卷二十四《列傳第十二·崔逞》頁八六七

崔逞初爲慕容寶留臺吏部尚書。及慕容驎立,逞携子妻亡歸道武。

　　　《册府元龜》卷七七《帝王部·委任一》頁八八六上

後魏道武時,崔逞初以慕容燕尚書亡歸。

　　　《册府元龜》卷一七五《帝王部·悔過》頁二一〇七上

崔逞初仕慕容燕，以留臺尚書亡歸。

　　《册府元龜》卷九四二《總録部·禍敗》頁一一〇九九下

　　先是，張袞嘗爲魏王珪言燕秘書監崔逞之材，據《張袞傳》，袞未嘗與逞相識也，聞其才而稱之。先，悉薦翻。珪得之，甚喜，以逞爲尚書，使録三十六曹，漢光武分尚書爲六曹，置郎三十四人，並左、右丞爲三十六人。至魏，尚書郎有殿中、吏部、駕部、金部、虞曹、比部、南主客、祠部、度支、庫部、農部、水部、儀曹、三公、倉部、民曹、二千石、中兵、外兵、都兵、別兵、考功、定課，凡二十三郎。明帝青龍二年，置都官、騎兵，合二十五郎。晉武帝罷農部、定課，置直事、殿中、祠部、儀曹、吏部、三公、比部、金部、倉部、度支、都官、二千石、左民、右民、虞曹、屯田、起部、水部、左·右主客、駕部、車部、庫部、左·右中兵、左·右外兵、別兵、都兵、騎兵、左·右士、北主客、南主客、凡三十四曹。後又置運曹，凡三十五曹；置郎二十三人，更相統攝。今魏又增爲三十六曹。任以政事。

　　《資治通鑑》卷一百九《晉紀三十一·安帝隆安元年》頁三四四〇至三四四一

　　慕容寶東走和龍，爲留臺吏部尚書。及慕容驎立，逞携妻子歸魏。

　　《通志》卷一百四十六《列傳五十九·崔逞》頁二三二二上

　　從征慕容寶，以功拜并州刺史，賜爵任城公。

　　《北史》卷二十《列傳第八·奚牧》頁七五八

　　珪欲撫慰新附，深悔參合之誅，事見上卷孝武帝太元二十年，珪以燕人懲參合之禍，苦戰不下，故深悔之。素延坐討反者殺戮過多，免官；以奚牧爲并州刺史。

《資治通鑑》卷一百九《晉紀三十一·安帝隆安元年》頁三四四一

從征慕容寶,以功拜并州刺史,賜爵任城公。

《通志》卷一百四十六《列傳五十九·奚牧》頁二三〇九中

己卯夜,燕尚書郎慕輿皓謀弑燕主寶,立趙王麟;不克,斬關出奔魏,麟由是不自安。爲麟奔西山張本。

《資治通鑑》卷一百九《晉紀三十一·安帝隆安元年》頁三四四一

慕容寶敗魏師于薊。

《晉書》卷十《帝紀第十·安帝》頁二五〇

(慕容)垂死,寶遷于和龍。

《晉書》卷十四《志第四·地理上》頁四二六

其後慕容垂子寶又遷于和龍,自幽州至於盧溥鎮以南地入於魏。

《晉書》卷十四《志第四·地理上》頁四二七至四二八

先是,鮮卑慕容寶治中山,爲索虜所破,東走黃龍。

《宋書》卷九十七《列傳第五十七·夷蠻·東夷·高句驪國》頁二三九三

三月己酉,車駕次于盧奴。寶遣使求和,請送元觚,割常山以西奉國,乞守中山以東,帝許之。已而寶背約。辛亥,車駕次中山,命諸將圍之。是夜,寶弟賀麟將妻子出走西山。寶見賀麟走,恐先據和龍,壬子夜,遂將其妻子及兄弟宗族數千騎北遁。寶將李沈、王次多、張超、賈歸等來降。遣將軍長孫肥追之,至范陽,不及而還 ①。城内共立慕容普鄰爲主。

《魏書》卷二《太祖紀第二》頁二九

遼西公意烈,昭成子力真之子也。先没於慕容垂,太祖征中山,棄妻子迎於井陘。

《魏書》卷十五《昭成子孫列傳第三·遼西公意烈》頁三八三

太祖南伐,師次中山。衮言於太祖曰:"寶憑三世之資,城池之固,雖皇威震赫,勢必擒殄,然窮兵極武,非王者所宜。昔酈生一説,田橫委質;魯連飛書,聊將授首。臣誠德非古人,略無奇策,仰憑靈威,庶必有感。"太祖從之。衮遺寶書,喻以成敗。寶見書大懼,遂奔和龍。既克中山,聽入八議,拜衮奮武將軍、幽州刺史,賜爵臨渭侯。

《魏書》卷二十四《列傳第十二·張衮》頁六一三

太祖將圍中山,慕容寶棄城奔和龍。肥與左將軍李栗三千騎追之,至范陽,不及而還。遂破其研城戍,俘千餘人。中山城内人立慕容普鄰爲主,太祖圍之。

《魏書》卷二十六《列傳第十四·長孫肥》頁六五一

---

① 此處中華書局點校本《魏書》無校勘記,中華書局點校修訂本《魏書》五二頁校勘記〔一八〕作:不及而還 "而",原作"受",據南監本、局本改。

　　太祖征慕容寶，栗督五萬騎爲前驅，軍之所至，莫不降下。遷左將軍。慕容寶棄中山東走也，栗以輕騎追之，不及而還。

《魏書》卷二十八《列傳第十六·李栗》頁六八六

　　（慕容）寶棄城走和龍，城內無主，百姓惶惑，東門不閉。太祖將夜入乘城，據守其門。建貪而無謀，意在虜獲，恐士卒肆掠，盜亂府庫，請俟天明，太祖乃止。是夜，徒河人共立慕容普麟爲主，遂閉門固守。太祖乃悉衆攻之，連日不拔。使人登巢車臨城，招其衆曰："慕容寶捐城奔走，汝曹百姓將爲誰守？何不識天命，取死亡也？"皆曰："群小無知，但復恐如參合之衆，故求全月日之命耳。"太祖聞之，顧視建而唾其面。中山平，賜建爵濮陽公。

《魏書》卷三十《列傳第十八·王建》頁七一〇

　　三月己酉，車駕次盧奴。寶求和，請送秦王觚，割常山以西奉魏，乞守中山以東。帝許之。已而寶背約。辛亥，車駕次中山，命將圍之。是夜，寶弟賀驎將妻子走西山。寶恐賀驎先據和龍，壬子夜，北遁。城內共立慕容普鄰爲主。

《北史》卷一《魏本紀第一·太祖道武皇帝》頁一六

　　遼西公意烈，力真之子也。先没於慕容垂。道武征中山，棄妻子迎於井陘。

《北史》卷十五《列傳第三·魏諸宗室·昭成子孫·遼西公意烈》頁五七八

　　（慕容）寶棄城走和龍，城內無主，將夜入乘勝據守其門。建貪而無謀,意在虜獲,恐士卒肆掠,盜亂府庫,請候天明,帝乃止。是夜,徒何人共立慕容普驎爲主,遂閉門固守。帝乃悉衆攻之,使人登巢車臨城,招其衆。皆曰:"但恐如參合之衆,故求全月日命耳。"帝聞之,顧視建而唾其面。中山平,賜建爵濮陽公。

　　　　　《北史》卷二十《列傳第八·王建》頁七五五

　　(龍城)後燕慕容寶、北燕馮跋,相繼都之。

　　　　　《通典》卷第一百七十八《州郡八·古冀州·柳城郡》頁四七一六

　　其後慕容垂子寶,又遷於和龍。

　　　　　《通典》卷第一百八十《州郡十·古青州·安東府》頁四七七六

　　三月,車駕次于盧奴。寶遣使求和解焉。仍請割常山以西奉魏,乞守中山以東,帝許之。已而寶背約。車駕次中山,命諸將圍之。是夜,寶弟賀麟(將)妻子出走西山。寶見賀麟走,恐先據和龍,壬子夜,遂將其妻子及兄弟親族數千騎北遁。城內共立慕容普鄰爲主。

　　　　　《太平御覽》卷一〇一《皇王部二六·太祖道武皇帝》頁四八三下至四八四上

　　又曰:姚興太史令高魯遣其甥王蒙暉隨劉藻,送玉璽一鈕并圖讖秘文於慕容德。

　　　　　《太平御覽》卷五二一《宗親部一一·外甥》頁二三七一上

　　三月己酉,帝次于盧奴。寶遣使求和,請送元觚,割恒山以西奉國,乞守中山以東,許之。已而寶背約。辛亥,帝次中山,命諸將

圍之。壬子夜,寶將妻子及兄弟宗族數千騎北遁,城内共立慕容普
鄰爲主。

　　　　《册府元龜》卷一一六《帝王部·親征一》頁一三八五上

　　三月,慕容寶走和龍。

　　　　《册府元龜》卷一六三《帝王部·招懷一》頁一九七〇下

　　帝將圍中山,慕容寶棄城奔和龍。肥與左將軍李栗三千騎追
之,至范陽,不及而還。遂破其研城戍,俘千餘人。中山城内人立
慕容普鄰爲主,帝圍之。

　　　　《册府元龜》卷三五二《將帥部·立功五》頁四一八一上

　　帝征慕容寶,栗督萬騎爲前驅,軍之所至,莫不降下。遷左
將軍。

　　　　《册府元龜》卷三五二《將帥部·立功五》頁四一八三上

　　後魏李栗,道武時爲左將軍。慕容寶棄中山東走,栗以輕騎追
之,不及而還。

　　　　《册府元龜》卷四三八《將帥部·無功》頁五一九七下至五一
九八上

　　遂進圍中山。寶棄城走和龍,城内無主,百姓惶惑,東門不開。
道武將夜入乘城據守其門。建貪而無謀,意在虜獲,恐士卒四掠,
盜賊亂府庫,請候天明,道武乃止。是夜,徒河人共立慕容普驎爲
主,遂閉門固守。道武乃悉衆攻之,連日不拔,使人登巢車臨城,招
其衆曰:"慕容寶捐城奔走,汝曹百姓將爲誰守?何不識天命,取死

亡也?"皆曰:"群小無知,但復恐如參合之衆,永全日月耳。"道武
聞之,顧視建而唾其面。

《册府元龜》卷四四九《將帥部·殺降》頁五三二一下

慕容寶棄城走和龍,城内無主,百姓惶惑,東門不閉。道武將夜
入,乘勝據守其門。建貪而無謀,意在虜獲,恐士卒肆掠,盜亂府庫,請
候天明,道武乃止。是夜,徒河人共立慕容普驎爲主,遂閉門固守。

《册府元龜》卷四五五《將帥部·貪黷》頁五三九二下

後遷黄門侍郎。道武南伐,師次中山。(張)袞言於道武曰:
"慕容寶憑三世之資,城池之固,雖皇威震赫,勢必擒殄,然窮兵極
武,非王者所宜。昔酈生一説,田横委質;魯連飛書,聊將授首。臣
誠德非古人,略無奇策,仰憑靈威,庶必有感。"帝從之。袞遺寶書,
喻以成敗。寶見書大懼,遂奔和龍。既剋中山,聽入八議,拜袞奮
武將軍、幽州刺史,賜爵臨渭侯。

《册府元龜》卷四七七《臺省部·謀畫》頁五六九七下

南燕慕容德將自立,先有謡言曰:"大風蓬勃揚塵埃,八井三刀
卒起來。四海鼎沸中山頹,惟有德人據三臺。"及慕容詳僭號中山,
爲後魏所没,德自鄴徙滑臺。八井三刀謂并州魏所都也。

《册府元龜》卷八九四《總録部·謡言》頁一〇五八五上

三月,燕以儀同三司武鄉張崇爲司空。石勒分上黨置武鄉郡及武
鄉縣,唐遼州榆社縣即其地。

初,燕清河王會聞魏軍東下,表求赴難,難,乃旦翻。燕主寶許
之。會初無去意,初無去龍城之意也。使征南將軍庫傉官偉、建威

將軍餘崇將兵五千爲前鋒。崇，嵩之子也。餘嵩見上卷孝武帝太元
二十一年。俘，奴沃翻。偉等頓盧龍近百日，遼東新昌縣有盧龍山，唐爲
平州盧龍縣，慕容令所謂守肥如之險，即其地也。此遼東新昌，後人置於漢遼
西郡界，非漢舊郡縣地也。近，其靳翻。無食，噉馬牛且盡；會不發。寶
怒，累詔切責；會不得已，以治行簡練爲名，復留月餘。治，直之翻。
復，扶又翻。時道路不通，偉欲使輕軍前行通道，偵魏强弱，且張聲
勢；偵，丑鄭翻。諸將皆畏避不欲行。餘崇奮曰：“今巨寇滔天，京都
危逼，京都，謂中山。匹夫猶思致命以救君父，諸君荷國寵任，而更惜
生乎！荷，下可翻。若社稷傾覆，臣節不立，死有餘辱；諸君安居於
此，崇請當之。”偉喜，簡給步騎五百人。崇進至漁陽，遇魏千餘騎。
崇謂其衆曰：“彼衆我寡，不擊則不得免。”乃鼓譟直進，崇手殺十餘
人。魏騎潰去，崇亦引還，斬首獲生，具言敵中闊狹，衆心稍振。會
乃上道徐進，上，時掌翻。是月，始達薊城。薊，音計。

　　魏圍中山既久，城中將士皆思出戰。征北大將軍隆言於寶曰：
“涉珪雖屢獲小利，然頓兵經年，涉歲爲經年。去年十一月，魏攻中山。
凶勢沮屈，沮，在呂翻。士馬死傷太半，人心思歸，諸部離解，謂賀蘭、
紇鄰、紇奚三部。正是可破之時也。加之舉城思奮，若因我之銳，乘
彼之衰，往無不克。如其持重不決，將卒氣喪，將，即亮翻。喪，息浪
翻。日益困逼，事久變生，後雖欲用之，不可得也！”寶然之。而衛
大將軍麟每沮其議，麟有異志，故沮隆議。隆成列而罷者，前後數四。

　　寶使人請於魏王珪，欲還其弟觚，觚留燕事見一百七卷孝武太元
十六年。割常山以西皆與魏以求和；常山以西，并州之地也。珪許之；
既而寶悔之。己酉，珪如盧奴，《魏書·地形志》：中山郡治盧奴。酈道元
曰：盧奴城內西北隅，有水，淵而不流，南北一百步，東西百餘步；水色正黑曰
盧，不流曰奴，故城以此得名。辛亥，復圍中山。杜佑曰：後燕都中山，今博
陵郡唐昌縣。唐昌本漢苦陘縣，章帝改漢昌，曹魏改魏昌，隋改隋昌，唐武德中

改唐昌。復，扶又翻。燕將士數千人俱自請於寶曰："今坐守窮城，終於困弊，臣等願得一出樂戰，士皆赴死願戰，爲樂戰也。樂，音洛。而陛下每抑之，此爲坐自摧敗也。且受圍歷時，無他奇變，徒望積久寇賊自退。今内外之勢，强弱懸絶，彼必不自退明矣，宜從衆一決。"寶許之。隆退而勒兵，召諸參佐謂之曰："皇威不振，寇賊内侮，臣子同耻，義不顧生。今幸而破賊，吉還固善；若其不幸，亦使吾志節獲展。卿等有北見吾母者，爲吾道此情也！"隆初鎮龍城，與母俱北；及垂召隆伐魏，其母留龍城。爲，于僞翻。乃被甲上馬，詣門俟命。麟復固止寶，被，皮義翻。復，扶又翻。衆大忿恨，隆涕泣而還。還，從宣翻，又如字；下同。

是夜，麟以兵劫左衛將軍北地王精，使帥禁兵弑寶。帥，讀曰率。精以義拒之，麟怒，殺精，出奔西山，依丁零餘衆。中山西北二百里有狼山，自狼山而西，南連常山，山谷深險，漢末黑山張燕、五代孫方簡兄弟皆依阻其地。丁零餘衆，翟真之黨也，爲燕所敗，退聚西山。西山，曲陽之西山也。於是城中人情震駭。

寶不知麟所之，之，往也。以清河王會軍在近，恐麟奪會軍，先據龍城，乃召隆及驃騎大將軍農，驃，匹妙翻。騎，奇寄翻。謀去中山，走保龍城。隆曰："先帝櫛風沐雨以成中興之業，崩未期年而天下大壞，豈得不謂之孤負邪！今外寇方盛而内難復起，難，乃旦翻。復，扶又翻；下復朝同。骨肉乖離，百姓疑懼，誠不可以拒敵，北遷舊都，亦事之宜。然龍川地狹民貧，龍川即謂和龍之地。若以中國之意取足其中，復朝夕望有大功，此必不可。若節用愛民，務農訓兵，數年之中，公私充實，而趙、魏之間，厭苦寇暴，民思燕德，庶幾返斾，克復故業。幾，居希翻。如其未能，則憑險自固，猶足以優游養鋭耳。"寶曰："卿言盡理，朕一從卿意耳。"隆策固善，其如運命何！兵家因敗爲成，隆之智不足以及此也。使寶始終一從隆之説，猶可以免蘭汗之禍。

遼東高撫,善卜筮,素爲隆所信厚,私謂隆曰:“殿下北行,終不能達,太妃亦不可得見。若使主上獨往,殿下潛留於此,必有大功。”隆曰:“國有大難,難,乃旦翻。主上蒙塵,且老母在北,吾得北首而死,猶無所恨。卿是何言也!”首,式救翻。乃遍召僚佐,問其去留,唯司馬魯恭、參軍成岌願從,從,才用翻。餘皆欲留,隆並聽之。

農部將谷會歸説農曰:説,輸芮翻。“城中之人,皆涉珪參合所殺者父兄子弟,泣血踊躍,欲與魏戰,而爲衛軍所抑。慕容麟爲衛大將軍,故稱之爲衛軍。今聞主上當北遷,皆曰:‘得慕容氏一人奉而立之,以與魏戰,死無所恨。’大王幸而留此,以副衆望,擊退魏軍,撫寧畿甸,奉迎大駕,亦不失爲忠臣也。”農欲殺歸而惜其材力,謂之曰:“必如此以望生,不如就死!”農、隆皆號爲有智略,而所見類如此。天之廢燕,智者失其智矣。

壬子,夜,寶與太子策、遼西王農、高陽王隆、長樂王盛等萬餘騎出赴會軍,河間王熙、勃海王朗、博陵王鑒皆幼,不能出城,隆還入迎之,自爲鞁乘,鞁,平義翻。《説文》曰:車駕具。俱得免。燕將王【嚴:“王”改“李”。】沈等降魏。沈,持林翻。樂浪王惠、中書侍郎韓範、員外郎段宏、太史令劉起等帥工伎三百奔鄴。樂浪,音洛琅。帥,讀曰率。伎,渠綺翻。

中山城中無主,百姓惶惑,東門不閉。魏王珪欲夜入城,冠軍將軍王建志在虜掠,乃言恐士卒盜府庫物,請俟明旦,珪乃止。燕開封公詳從寶不成,【章:十二行本“成”作“及”;乙十一行本同;孔本同;張校同;退齋校同。】城中立以爲主,閉門拒守;珪盡衆攻之,連日不拔。使人登巢車,杜預曰:巢車,車上爲櫓。陸德明曰:兵車高如巢以望敵也。杜佑曰:以八輪車上樹高竿,竿上安轆轤,以繩挽板屋上竿首,以窺城中。板屋方四尺,高五尺,有十二孔,四面別布車,可進退,圍城而行,於營中遠視,如鳥之巢,亦謂之巢車。臨城諭之曰:“慕容寶已棄汝走,汝曹百姓空

自取死，欲誰爲乎？"爲，于僞翻。皆曰："群小無知，恐復如參合之
衆，復，扶又翻；下復出同。故苟延旬月之命耳。"珪顧王建而唾其面，
唾，土賀翻。王建既鼓成參合之誅，又沮止珪乘夜入中山，失計者再，故唾其
面。使中領將軍長孫肥、左將軍李栗將三千騎追寶至范陽，不及，破
其新城戍而還。《前漢志》：中山國有北新城縣。《郡國志》：涿郡有北新城
縣，晉省。《水經注》新城縣在武遂縣南，燕督亢之地也。

　　《資治通鑑》卷一百九《晉紀三十一‧安帝隆安元年》頁三四
四一至三四四五

　　燕主寶出中山，與趙王麟遇于阰城。考之字書，無"阰"字，有"阰"
字；疾郢翻。麟不意寶至，驚駭，帥其衆奔蒲陰，蒲陰縣，屬中山郡，前漢
之曲逆縣也，後漢章帝醜其名，改曰蒲陰。帥，讀曰率；下同。復出屯望都，
復，扶又翻。土人頗供給之。慕容詳遣兵掩擊麟，獲其妻子，麟脱走，
入山中。

　　甲寅，寶至薊，殿中親近散亡略盡，惟高陽王隆所領數百騎爲
宿衛。清河王會帥騎卒二萬迎于薊南，寶怪會容止怏怏有恨色，恨
不得爲嗣也，事見上卷孝武帝太元二十一年。怏，於兩翻。密告隆及遼西
王農。農、隆俱曰："會年少，少，詩照翻。專任方面，習驕所致，豈有
他也！臣等當以禮責之。"寶雖從之，然猶詔解會兵以屬隆，隆固
辭；乃減會兵分給農、隆。又遣西河公庫傉官驥帥兵三千助守中
山。傉，奴沃翻。

　　丙辰，寶盡徙薊中府庫北趣龍城。趣，七喻翻。魏石河頭引兵
追之，戊午，及寶於夏謙澤。石河頭時屯漁陽。夏謙澤在薊北二百餘里。
寶不欲戰，清河王會曰："臣撫教士卒，惟敵是求。今大駕蒙塵，人
思效命，而虜敢自送，衆心忿憤。《兵法》曰：'歸師勿遏。'又曰：
'置之死地而後生。'孫武子之言。今我皆得之，何患不克！若其捨

去，賊必乘人，或生餘變。"寶乃從之。會整陳與魏兵戰，陳，讀曰陣。
農、隆等將南來騎衝之，魏兵大敗，追奔百餘里，斬首數千級。隆又
獨追數十里而還，謂故吏留臺治書陽璆曰：留臺治書，爲留臺治書侍御
史也。燕建留臺於龍城，見一百七卷孝武太元十四年。隆時録留臺，故璆爲
故吏。璆，渠幽翻。"中山城中積兵數萬，不得展吾意，今日之捷，令人
遺恨。"因慷慨流涕。

　　會既敗魏兵，敗，補邁翻。矜很滋甚；隆屢訓責之，會益忿恚。
很，户墾翻。恚，於避翻。會以農、隆皆嘗鎮龍城，孝武太元十年，農鎮龍
城；十四年，隆代農。屬尊位重，名望素出己右，恐至龍城，權政不復在
己，復，扶又翻。又知終無爲嗣之望，以寶違垂命，立策爲太子也。乃謀
作亂。

　　幽、平【嚴："平"改"并"。】之兵皆懷會恩，不樂屬二王，樂，音洛。
請於寶曰："清河王勇略高世，臣等與之誓同生死，願陛下與皇太
子、諸王留薊宮，臣等從王南解京師之圍，還迎大駕。"寶左右皆惡
會，惡，烏路翻。言於寶曰："清河王不得爲太子，神色甚不平。且其
才武過人，善收人心；陛下若從衆請，臣恐解圍之後，必有衛輒之
事。"衛靈公世子蒯聵出奔，靈公立其子輒。靈公卒，輒立，蒯聵復入，輒拒而
不納。寶乃謂衆曰："道通年少，會，字道通。少，詩照翻。才不及二王，
二王，謂農、隆。豈可當專征之任！且朕方自統六師，杖會以爲羽翼，
何可離左右也！"離，力智翻。衆不悦而退。

　　左右勸寶殺會。侍御史仇尼歸聞之，告會曰："大王所恃者父，
父已異圖；所杖者兵，兵已去手；欲於何所自容乎！不如誅二王，廢
太子，大王自處東宮，處，昌吕翻。兼將相之任，將，即亮翻。相，息亮翻。
以匡復社稷，此上策也。"會猶豫未許。

　　寶謂農、隆曰："觀道通志趣，必反無疑，宜早除之。"農、隆曰：
"今寇敵内侮，中土紛紜，社稷之危，有如累卵。會鎮撫舊都，遠赴

國難，難，乃且翻。其威名之重，足以震動四鄰。逆狀未彰而遽殺之，豈徒傷父子之恩，亦恐大損威望。”寶曰：“會逆志已成，卿等慈恕，不忍早殺，恐一旦爲變，必先害諸父，然後及吾，至時勿悔自負也！”會聞之，益懼。

　　《資治通鑑》卷一百九《晉紀三十一·安帝隆安元年》頁三四四六至三四四八

　　慕容寶敗魏師于薊。

　　　　《通志》卷十下《晉紀十下·安皇帝》頁二〇八下

　　夏四月，帝以軍糧不繼，詔東平公儀罷鄴圍，徙屯鉅鹿。五月庚子，帝以中山城内爲普鄰所脅，乃招喻之。甲辰，曜兵揚威，以示城内，命諸軍罷圍南徙，以待其變。

　　　　《通志》卷十五上《後魏紀十五上·太祖道武皇帝》頁二七二中

　　（慕容）寶棄城走和龍，城内無主，將夜入乘勝據守其門。建貪而無謀，意在虜獲，恐士卒肆掠，盜亂府庫，請候天明，帝乃止。是夜，徒河人共立慕容驎爲主，遂閉門固守。帝乃悉衆攻之，使人登巢車臨城，招其衆，皆曰：“但恐如參合之衆，故求延月日命耳。”帝聞之，顧視建而唾其面。中山平，賜建爵濮陽公。

　　　　《通志》卷一百四十六《列傳五十九·王建》頁二三〇八下

　　夏，四月，癸酉，寶宿廣都黃榆谷，魏收《地形志》：廣都縣，屬建德郡，在漢北平白狼縣界，隋省入遼西柳城縣。會遣其黨仇尼歸、吳提染干帥壯士二十餘人帥，讀曰率；下同。分道襲農、隆，殺隆於帳下；農被重創，被，皮義翻。創，初良翻。執仇尼歸，逃入山中。會以仇尼歸被執，事終顯發，乃夜詣寶曰："農、隆謀逆，臣已除之。"寶欲討會，陽爲好言以安之曰："吾固疑二王久矣，除之甚善。"

甲戌，旦，會立仗嚴備，乃引道。會欲棄隆喪，餘崇涕泣固請，乃聽載隨軍。農出，自歸，寶呵之曰："何以自負邪？"寶陽責農而以前言相擿發。命執之。行十餘里，寶顧召群臣食，且議農罪。會就坐，坐，徂卧翻。寶目衛軍將軍慕輿騰使斬會，傷其首，不能殺。會走赴其軍，勒兵攻寶。寶帥數百騎馳二百里，晡時，至龍城。會遣騎追至石城，不及。石城縣，漢屬北平郡，後魏屬建德郡，隋併入柳城縣。

乙亥，會遣仇尼歸攻龍城，寶夜遣兵襲擊，破之。會遣使請誅左右佞臣，并求爲太子；使，疏吏翻。寶不許。會盡收乘輿器服，以後宮分給將帥，乘，繩證翻。將，即亮翻。帥，所類翻。署置百官，自稱皇太子、録尚書事，引兵向龍城，以討慕輿騰爲名；丙子，頓兵城下。寶臨西門，會乘馬遥與寶語，寶責讓之。會命軍士向寶大譟以耀威，城中將士皆憤怒，向暮出戰，大破之。會兵死傷太半，走還營。侍御郎高雲夜帥敢死士百餘人襲會軍，寶之爲太子，雲以武藝給事侍東宫，拜侍御郎。會衆皆潰。會將十餘騎奔中山，開封公詳殺之。寶殺會母及其三子。

丁丑，寶大赦，凡與會同謀者，皆除罪，復舊職；論功行賞，拜將軍、封侯者數百人。遼西王農骨破見腦，寶手自裹創，創，初良翻。僅而獲濟。以農爲左僕射，尋拜司空、領尚書令。餘崇出自歸，寶嘉其忠，拜中堅將軍，使典宿衛。贈高陽王隆司徒，謚曰康。

寶以高雲爲建威將軍，封夕陽公，養以爲子。雲，高句麗之支屬也，高句麗自云高陽氏之後裔，故以高爲氏。句，如字，又音駒。麗，力知翻。燕王皝破高句麗，徙於青山，破高句麗見九十七卷成帝咸康八年。青山,遼西徒河縣之青山也。由是世爲燕臣。雲沈厚寡言,沈,持林翻。時人莫知,惟中衛將軍長樂馮跋魏收曰:漢高帝置信都郡,景帝二年,爲廣川國,明帝更名樂成國,安帝改爲安平國,晉改爲長樂郡。考之《晉志》,有安平而無長樂,不知何時更名也。樂,音洛。奇其志度,與之爲友。高雲、馮跋事始見於此,爲後得燕張本。跋父和,事西燕主永爲將軍,永敗,徙和龍。

　　《資治通鑑》卷一百九《晉紀三十一·安帝隆安元年》頁三四四八至三四四九

　　夏四月,帝以軍糧未繼,乃詔征東大將軍東平公元儀罷鄴圍,徒屯鉅鹿,積租楊城。普鄰出步卒六千餘人,伺間犯諸屯兵,詔將軍長孫肥等輕騎挑之,帝以虎隊五千橫截其後,斬首五千,生虜七百人,宥而遣之。

　　　　　《魏書》卷二《太祖紀第二》頁二九至三〇

　　普鄰乃出步卒千餘人,欲伺間犯圍①。太祖命肥挑戰,僞退,普鄰衆追肥,太祖截其後,盡擒斬之。

　　　　《魏書》卷二十六《列傳第十四·長孫肥》頁六五一至六五二

　　夏四月,帝以軍糧不繼,詔東平公儀罷鄴圍,徒屯鉅鹿。

　　　　　《北史》卷一《魏本紀第一·太祖道武皇帝》頁一六

　　普鄰乃出步卒千餘人,欲伺間犯圍。帝命肥挑戰,僞退,普鄰

①此處中華書局點校本《魏書》無校勘記,中華書局點校修訂本《魏書》七三九頁校勘記〔一〕作:普鄰乃出步卒千餘人欲伺間犯圍 "千餘人",本書卷二《太祖紀》皇始二年四月作 "六千餘人"。按紀且云 "斬首五千,生虜七百人"。疑此處 "千" 上脫 "六" 字。

衆追肥，帝截其後，盡擒斬之。

　　　　《册府元龜》卷三五二《將帥部·立功五》頁四一八一上

　　魏王珪以軍食不給，命東平公儀去鄴，徙屯鉅鹿，積租楊城。慕容詳出步卒六千人，伺間襲魏諸屯；伺，相吏翻。間，古莧翻。珪擊破之，斬首五千，生擒七百人，皆縱之。縱之，所以携中山城中之人心。

　　　　《資治通鑑》卷一百九《晉紀三十一·安帝隆安元年》頁三四五二

　　燕庫傉官驥入中山，與開封公詳相攻。慕容寶遣驥助守中山，因與詳相攻。傉，奴沃翻。詳殺驥，盡滅庫傉官氏；又殺中山尹苻謨，夷其族。中山城無定主，民恐魏兵乘之，男女結盟，人自爲戰。使慕容農、慕容隆留中山而用之，未可知也。

　　　　《資治通鑑》卷一百九《晉紀三十一·安帝隆安元年》頁三四五四

　　夏五月庚子①，大賞功臣。帝以中山城内爲普鄰所脅，而大軍迫之，欲降無路，乃密招喻之。甲辰，曜兵揚威以示城内，命諸軍罷圍南徙以待其變。甲寅，以東平公元儀爲驃騎大將軍、都督中外諸軍事、兖豫雍荆徐揚六州牧、左丞相，封衛王。襄城公元題，進封爲王。

　　　　　　　　　《魏書》卷二《太祖紀第二》頁三〇

---

①此處中華書局點校本《魏書》無校勘記，中華書局點校修訂本《魏書》五二頁校勘記〔一九〕作：夏五月庚子　"夏"字疑衍。按前文已言"夏四月"，此復稱"夏五月"，於例不合。

五月庚子,帝以中山城内爲普鄰所脅,乃招喻之。甲辰,曜兵揚威,以示城内,命諸軍罷圍南徙,以待其變。

　　　　《北史》卷一《魏本紀第一‧太祖道武皇帝》頁一六

時以士馬少糧,遂罷中山之圍,就穀河間。

　　　　《魏書》卷二十六《列傳第十四‧長孫肥》頁六五二

《後魏書》曰:崔逞自燕奔魏,尋除御史。太祖攻中山,乏糧,問郡臣取食之方。逞曰:"取椹可以助糧。"太祖雖銜侮慢,兵須食,乃聽人取椹。

　　　　《太平御覽》卷九七三《果部一〇‧椹》頁四三一五上

五月,以中山城内爲慕容普鄰所脅,而大軍迫之,欲降無路,乃密招諭之。是歲,寶鉅鹿太守高常率郡降,賜爵經縣侯,加龍驤將軍,仍守鉅鹿。

　　　　《冊府元龜》卷一六三《帝王部‧招懷一》頁一九七〇下

時以士馬少糧,遂罷中山之圍,就穀河間。

　　　　《冊府元龜》卷三五二《將帥部‧立功五》頁四一八一上

甲辰,魏王珪罷中山之圍,就穀河間,督諸郡義租。甲寅,以東平公儀爲驃騎大將軍、都督中外諸軍事、兗‧豫‧雍‧荊‧徐‧揚六州牧、左丞相,封衛王。驃,匹妙翻。騎,奇寄翻。雍,於用翻。

　　　　《資治通鑑》卷一百九《晉紀三十一‧安帝隆安元年》頁三四五四

慕容寶將慕容詳僭即皇帝位于中山，寶奔黃龍。

《晉書》卷十《帝紀第十·安帝》頁二五〇

太祖之討中山，慕容普驎既自立，遂害觚以固衆心，太祖聞之哀慟。

《魏書》卷十五《昭成子孫列傳第三·秦明王翰子觚》頁三七四

道武之討中山，慕容普驎遂害觚以固衆心，帝聞之哀慟。

《北史》卷十五《列傳第三·魏諸宗室·昭成子孫·秦王翰子觚》頁五六五

道武討中山，慕容普驎害觚。

《册府元龜》卷二九六《宗室部·追封》頁三四七四下

道武之討中山，慕容普驎既自立，遂害觚以固衆心，帝聞之哀慟。

《册府元龜》卷六六三《奉使部·死事》頁七九四〇上

慕容詳自謂能却魏兵，威德已振，乃即皇帝位，改元建始，置百官。以新平公可足渾潭爲車騎大將軍、尚書令，“潭”，當作“譚”。殺拓跋觚以固衆心。觚先使燕，爲燕所留，珪之弟也。

《資治通鑑》卷一百九《晉紀三十一·安帝隆安元年》頁三四五四

慕容寶將慕容詳僭即皇帝位于中山，寶奔黃龍。

《通志》卷十下《晉紀十下·安皇帝》頁二〇八下

道武之討中山，慕容普驎遂害觚以固衆心，帝聞之哀慟。

《通志》卷八十四上《宗室傳七上·秦王翰子觚》頁一〇五四中

鄴中官屬勸范陽王德稱尊號，會有自龍城來者，知燕主寶猶存，乃止。

《資治通鑑》卷一百九《晉紀三十一·安帝隆安元年》頁三四五四

秋七月，普鄰遣烏丸張驤率五千餘人出城求食，寇常山之靈壽，殺害吏民。賀麟自丁零中入于驤軍，因其衆，復入中山，殺普鄰而自立。帝還幸魯口，遣將軍長孫肥一千騎襲中山，入其郛而還。

《魏書》卷二《太祖紀第二》頁三〇

慕容賀鄰殺普鄰而自立。車駕次魯口，遣肥帥七千騎襲中山 ①，入其郛而還。賀鄰以步騎四千追肥至泒水 ②，肥自魏昌擊之，獲鎧騎二百。肥中流矢，瘡重，乃還。

《魏書》卷二十六《列傳第十四·長孫肥》頁六五二

①此處中華書局點校本《魏書》無校勘記，中華書局點校修訂本《魏書》七三九頁校勘記〔二〕作：遣肥帥七千騎襲中山　“七千騎”，本書卷二《太祖紀》皇始二年七月作“一千騎”。按下稱“賀鄰以步騎四千追肥”，肥實敗退，當因兵力懸殊。疑此處“七”爲“一”字之訛。

②此處中華書局點校本《魏書》無校勘記，中華書局點校修訂本《魏書》七三九頁校勘記〔三〕作：泒水　原作“泒水”，據南監本、北監本、殿本及本書卷二《太祖紀》皇始二年十月改。按《三國志》卷一《魏書·武帝紀》稱曹操擬征烏丸，鑿渠“自呼沲入泒水”；《晉書》卷一一〇《慕容儁載記》稱慕容恪攻冉閔，“閔懼，奔於常山，恪追及於泒水”。可證。

秋七月，普鄰遣烏丸張驤率五千餘人出城求食，寇靈壽。賀驎自丁零中入驤軍，因其衆，復入中山，殺普鄰而自立。

　　　　　《北史》卷一《魏本紀第一·太祖道武皇帝》頁一六

（慕容）驎復入中山，殺普鄰而自立。

　　　　　《太平御覽》卷一〇一《皇王部二六·太祖道武皇帝》頁四八四上

七月，寶弟賀驎入中山，殺普鄰而自立。帝還幸魯口，遣將軍長孫肥七千騎襲中山，入其郭而還。

　　　　　《册府元龜》卷一一六《帝王部·親征一》頁一三八五上

慕容賀驎殺普鄰而自立。車駕次魯口，遣肥帥七千騎襲中山，入其郭而還。賀驎以步騎四千追肥至泒水，肥自魏昌擊之，獲鎧騎二百。肥中流矢，瘡重，乃還。

　　　　　《册府元龜》卷三五二《將帥部·立功五》頁四一八一上

秋，七月，慕容詳殺可足渾譚。詳嗜酒奢淫，不恤士民，刑殺無度，所誅王公以下五百餘人，群下離心。城中飢窘，詳不聽民出采稆，稆，音呂。禾不布種而自生曰稆。死者相枕，枕，職任翻。舉城皆謀迎趙王驎。詳遣輔國將軍張驤帥五千餘人督稆於常山，驤，思將翻。帥，讀曰率。驎自丁零入驤軍，潛襲中山，城門不閉，執詳，斬之。驎遂稱尊號，聽人四出采稆。人既飽，求與魏戰，驎不從，稍復窮餒。復，扶又翻。魏王珪軍魯口，遣長孫肥帥騎七千襲中山，入其郭；驎追至泒水，泒水，在中山新市縣。《輿地志》云：盧奴城北臨滱水，面泒河。泒，攻乎翻。爲魏所敗而還。敗,補邁翻。還,從宣翻,又如字;下同。

　　《資治通鑑》卷一百九《晉紀三十一·安帝隆安元年》頁三四五
五至三四五六

　　秋七月,普鄰遣烏丸張驤率五千餘人出城求食,寇靈壽。賀驎
自丁零中入驤軍,因其衆,復入中山。殺普鄰而自立。

　　《通志》卷十五上《後魏紀十五上·太祖道武皇帝》頁二七
二中

　　八月丙寅朔,帝自魯口進軍常山之九門。時大疫,人馬牛多
死。帝問疫於諸將,對曰:“在者纔十四五。”是時中山猶拒守,而
饑疫並臻,群下咸思還北。帝知其意,因謂之曰:“斯固天命,將若
之何! 四海之人,皆可與爲國,在吾所以撫之耳,何恤乎無民!”群
臣乃不敢復言。遣撫軍大將軍略陽公元遵襲中山,芟其禾菜,入郛
而還。

　　　　　　　　　　　《魏書》卷二《太祖紀第二》頁三〇

　　八月丙寅朔,帝進軍九門。時大疫,人馬牛死者十五六,中山
猶拒守,群下咸思北還。帝知之,謂曰:“斯固天命,將若之何! 四
海之人皆可與爲國,在吾所以撫之耳,何恤乎無人!”群臣乃不
敢言。

　　　　　　　《北史》卷一《魏本紀第一·太祖道武皇帝》頁一六

八月丙寅朔,帝自魯口進軍恒山之九門。

　　　　　　《册府元龜》卷一一六《帝王部·親征一》頁一三八五上

八月，丙寅朔，魏王珪徙軍常山之九門。常山郡有九門縣。軍中大疫，人畜多死，將士皆思歸。珪問疫於諸將，對曰："在者纔什四、五。"珪曰："此固天命，將若之何！四海之民，皆可爲國，在吾所以御之耳，何患無民！"群臣乃不敢言。遣撫軍大將軍略陽公遵襲中山，入其郛而還。

燕以遼西王農爲都督中外諸軍事、大司馬、錄尚書事。

《資治通鑑》卷一百九《晉紀三十一·安帝隆安元年》頁三四五六

八月丙寅朔，帝進軍九門。時大疫，人馬牛死者十五六，中山猶拒守，群下咸思北還。帝知之，謂曰："斯固天命，將若之何！四海之人皆可與爲國，在吾所以撫之耳，何恤乎無人！"群臣乃不敢言。

《通志》卷十五上《後魏紀十五上·太祖道武皇帝》頁二七二中

九月，慕容寶將慕容麟斬慕容詳于中山，因僭即皇帝位。

《晉書》卷十《帝紀第十·安帝》頁二五〇

九月，賀麟飢窮，率三萬餘人出寇新市。甲子晦，帝進軍討之，太史令晁崇奏曰："不吉。"帝曰："其義云何？"對曰："昔紂以甲子亡，兵家忌之。"帝曰："紂以甲子亡，周武不以甲子勝乎？"崇無以對。

《魏書》卷二《太祖紀第二》頁三〇

九月，慕容賀驎率三萬餘人出寇新市。

《魏書》卷一百五之二《天象志一之二第二》頁二三四七

時燕王慕容寶已走和龍，秋九月，其弟賀麟復糾合三萬衆，寇新市。

《魏書》卷一百五之三《天象志一之三第三》頁二三八九

九月，賀驎飢窮，率三萬餘人寇新市。甲子晦，帝進軍討之。太史令晁崇奏曰：“不吉。”帝曰：“何也？”對曰：“紂以甲子亡，兵家忌之。”帝曰：“周武不以甲子勝乎？”崇無以對。

《北史》卷一《魏本紀第一·太祖道武皇帝》頁一六

十六國後燕慕容寶遣將慕容賀麟率三萬餘人寇新市。甲子晦，後魏道武帝進軍討之，太史令晁崇奏曰：“昔紂以甲子亡，兵家忌之，不可出。”帝曰：“紂以甲子亡，周武不以甲子勝乎？”崇無以對。

《通典》卷第一百五十六《兵九·假託安衆》頁四〇一五

九月，賀麟飢窮，率三萬餘人出寇新市。甲子晦，帝進軍討之，太史令晁崇奏曰：“不吉。”帝曰：“其義云何？”對曰：“昔紂以甲子亡，兵家忌之。”帝曰：“紂以甲子亡，周武不以甲子勝乎？”崇無以對。

《太平御覽》卷一〇一《皇王部二六·太祖道武皇帝》頁四八四上

又曰：後燕慕容寶遣將慕容賀麟率三萬餘人寇新市。甲子晦，後魏道武進軍討之。太史令晁崇奏曰：“昔紂以甲子日亡，兵家忌，不可出。”帝曰：“紂以甲子日亡，周武不以甲子勝乎？”崇無以對。

《太平御覽》卷二九五《兵部二六·安衆》頁一三六三上

　　九月，慕容賀麟飢窮，率三萬餘人出寇新市。甲子晦，帝進軍討之，太史令晁崇奏曰：“不吉。”帝曰：“其義云何？”對曰：“昔紂以甲子亡，兵家忌之。”帝曰：“紂以甲子亡，周武不以甲子勝乎？”崇無以對。

　　　　　　《册府元龜》卷五七《帝王部·英斷》頁六三三下

　　九月，賀麟飢窮，率三萬餘人出寇新市。甲子晦，帝進軍討之。

　　　　　　《册府元龜》卷一一六《帝王部·親征一》頁一三八五上

　　中山飢甚，慕容麟帥二萬餘人出據新市。新市縣，自漢以來屬中山。劉昫曰：新市，古鮮虞子國，唐爲定州新樂縣。杜佑曰：唐鎮州治真定縣，漢新市縣故城在東北。帥，讀曰率。甲子晦，魏王珪進軍攻之。太史令晁崇曰：“不吉。昔紂以甲子亡，謂之疾日，《左傳》：辰在子卯，謂之疾日。杜預《注》云：疾，惡也。紂以甲子喪，桀以乙卯亡，故以爲忌日。晁，直遥翻。兵家忌之。”珪曰：“紂以甲子亡，周武不以甲子興乎？”崇無以對。

　　　　《資治通鑑》卷一百九《晉紀三十一·安帝隆安元年》頁三四五九

　　九月，慕容寶將慕容麟斬慕容詳于中山，因僭即皇帝位。

　　　　　　《通志》卷十下《晉紀十下·安皇帝》頁二〇八下

　　九月，賀驎飢窮，率三萬餘人寇新市。甲子晦，帝進軍討之。太史令晁崇奏曰：“不吉。”帝曰：“何也？”對曰：“紂以甲子亡，兵家忌之。”帝曰：“周武不以甲子勝乎？”崇無以對。

　　　　《通志》卷十五上《後魏紀十五上·太祖道武皇帝》頁二七二中

冬十月,慕容麟爲魏師所敗。〔三〕

【校勘記】

〔三〕慕容麟爲魏師所敗　"敗",殿本、局本作"殺",誤。《魏書·太祖紀》、《通鑑》一〇九並云麟敗奔鄴。據《慕容德載記》,麟後爲慕容德之尚書令然後被殺,非死於此時。宋本改作"敗",今從之。

《晉書》卷十《帝紀第十·安帝》頁二五〇、二七一

自索虜破慕容,據有中國,〔七四〕而芮芮虜有其故地,蓋漢世匈奴之北庭也。

【校勘記】

〔七四〕自索虜破慕容據有中國　"慕容"下各本並衍"蠻馬二萬餘人攻圍義陽"十字,係上文重出,今删去。

《宋書》卷九十五《列傳第五十五·索虜》頁二三五七、二三六七

冬十月丙寅,帝進軍新市,賀麟退阻沘水,依漸洳澤以自固。甲戌,帝臨其營,戰於義臺塢,大破之,斬首九千餘級。賀麟單馬走西山,遂奔鄴,慕容德殺之。甲申,其所署公卿、尚書、將吏、士卒降者二萬餘人。其將張驤、李沈、慕容文等先來降,尋皆亡還,是日復獲之,皆赦而不問。獲其所傳皇帝璽綬、圖書、府庫、珍寶,簿列數萬。班賜功臣及將士各有差。中山平。乙酉,襄城王題薨。丁亥,遣三萬騎赴衛王儀,將以攻鄴。

《魏書》卷二《太祖紀第二》頁三一

擊慕容驎於義臺,中流矢薨。

《魏書》卷十四《神元平文諸帝子孫列傳第二·襄城王題》頁三四五

及平中山，發普驎枢，斬其尸，收議害觚者高霸、程同等①，皆夷五族，以大刃剉殺之。乃改葬觚，追謚秦愍王，封子夔爲豫章王以紹觚。

《魏書》卷十五《昭成子孫列傳第三·秦明王翰子觚》頁三七四

上自擊之，大敗燕師于義臺，悉定河北。

《魏書》卷一百五之三《天象志一之三第三》頁二三八九

殪劉顯，屠衛辰，平慕容，定中夏。

《魏書》卷一百八之一《禮志四之一第十》頁二七三四

逮太祖定中山，獲其樂縣，既初撥亂，未遑創改，因時所行而用之。世歷分崩，頗有遺失。

《魏書》卷一百九《樂志五第十四》頁二八二七

冬十月丙寅，帝進軍新市，賀驎退阻泒水，依漸洳澤以自固。甲戌，帝臨其營，戰於義臺塢，大破之。賀驎單馬走鄴，慕容德殺之。甲申，賀驎所署公卿尚書將吏士卒降者二萬餘人。其將張驤、李沈、慕容文等先來降，尋皆亡還，是日復獲之，皆赦而不問。獲其所傳皇帝璽綬、圖書、府庫珍寶。中山平。

《北史》卷一《魏本紀第一·太祖道武皇帝》頁一六至一七

---

①此處中華書局點校本《魏書》無校勘記，中華書局點校修訂本《魏書》四四七頁校勘記〔七〕作：收議害觚者高霸程同等 “高”上他本及《北史》卷一五《魏諸宗室·秦王翰傳》附《衛王儀傳》並有“傅”字。

擊慕容驎於義臺，中流矢薨。

《北史》卷十五《列傳第三·魏諸宗室·神元子孫·襄城王題》
頁五四三

及平中山，發普驎冢，斬其尸，收議害觚者傅高霸、程同等，皆
夷五族，以大刃剉殺之。乃葬觚，追謚秦愍王，封子蔞爲豫章王以
紹觚。

《北史》卷十五《列傳第三·魏諸宗室·昭成子孫·秦王翰子
觚》頁五六五

至道武破慕容寶于中山，獲晉樂器，不知採用，皆委棄之。

《通典》卷第一百四十二《樂二·歷代沿革下》頁三六一五

（魏道武）帝遂進軍新市，賀麟退阻泒水，〔五三〕依漸洳澤以自
固。泒，而據反。甲戌，帝臨其營，戰於義臺塢，大破之。

【校勘記】

〔五三〕賀麟退阻泒水　“泒”原訛“泪”，北宋本、明抄本、明刻
本訛作“泒”，王吳本作“泪泒”，據《魏書·太祖紀》三一頁改。

《通典》卷第一百五十六《兵九·假託安衆》頁四〇一五、四
〇二一

後魏起自北方，至道武，率兵下山東，攻拔慕容寶中山，今博陵
郡唐昌縣。遂有河北之地，於是遷都平城。今雲中郡。慕容氏喪敗，
遣將南略地，至於滑臺、許昌、今穎川郡。彭城。

《通典》卷第一百七十一《州郡一·序目上》頁四四六五

冬十月，帝進軍西市，賀麟退阻泒水，依漸洳澤以自固。甲戌，臨其營，戰於義室塢，大破之，斬首九千餘級。賀麟單馬走西山，遂奔鄴，慕容德殺之。中山平，遣三萬騎赴衛王儀將以攻鄴。

《太平御覽》卷一〇一《皇王部二六·太祖道武皇帝》頁四八四上

帝遂進軍新市，賀麟退阻泒水，依漸洳澤以自固。漸，音子廉切。洳，音而據切。甲戌，帝臨其營，戰於義臺塢，大破之。

《太平御覽》卷二九五《兵部二六·安衆》頁一三六三上

皇始二年十月，破慕容賀麟衆，獲其所傳皇帝璽綬、圖書、府庫、珍寶，簿列數萬。班賜功臣及將士各有差。

《册府元龜》卷七九《帝王部·慶賜一》頁九一五下

十月甲戌，帝臨其營，戰於義臺塢，大破之，斬首九千餘級。賀麟單馬走西山，遂奔鄴，慕容德殺之。甲申，其所署公卿、尚書、將吏、士卒降者二萬餘人。中山平。

《册府元龜》卷一一六《帝王部·親征一》頁一三八五上

初，其將張驤、李沇、慕容文等先來降，尋皆亡還。是日，復獲之，皆赦而不問。

《册府元龜》卷一六三《帝王部·招懷一》頁一九七〇下

皇始二年十月，遣儀將三萬騎攻慕容德於鄴。

《册府元龜》卷二九〇《宗室部·立功一》頁三四一六上

及平中山，追封謚曰秦愍王。

《册府元龜》卷二九六《宗室部·追封》頁三四七四下

破慕容寶於中山。獲晉樂器，不知採用，皆委棄之。

《册府元龜》卷五六七《掌禮部·作樂三》頁六八一五下

及平中山，發普驎冢，斬其尸，收議害觚者高霸、程同等，皆夷五族，以大刃剉殺之。乃改葬觚，追謚秦愍王，封子虔爲豫章王以紹觚。

《册府元龜》卷六六三《奉使部·死事》頁七九四〇上至七九四〇下

冬，十月，丙寅，麟退阻泒水。泒，音觚。甲戌，珪與麟戰於義臺，大破之，據李延壽《北史》，義臺，塢名。魏收《地形志》，新市縣有義臺城。斬首九千餘級，麟與數十騎馳取妻子入西山，遂奔鄴。

甲申，魏克中山，燕公卿、尚書、將吏、士卒降者二萬餘人。將，即亮翻。降，戶江翻。張驤、李沈先嘗降魏，復亡去，復，扶又翻。珪入城，皆赦之。得燕璽綬、圖書、府庫珍寶以萬數，璽，斯氏翻。綬，音受。班賞群臣將士有差。追謚弟觚爲秦愍王；發慕容詳冢，斬其尸；收殺觚者高霸、程同，皆夷五族，五族，謂五服内親也。以大刃剉之。

《資治通鑑》卷一百九《晉紀三十一·安帝隆安元年》頁三四五九

冬十月，慕容麟爲魏師所敗。

《通志》卷十下《晉紀十下·安皇帝》頁二〇八下

　　冬十月丙寅，帝進軍新市，賀驎退阻泒水，依漸洳澤以自固。甲戌，帝臨其營，戰於義臺塢，大破之。賀驎單馬走鄴，慕容德殺之。甲申，賀驎所署公卿尚書將吏士卒降者二萬餘人。其將張驤、李沈、慕容文等先來降，尋皆亡還，是日復獲之，皆赦而不問。獲所傳皇帝璽綬、圖書、府庫珍寶。中山平。

　　《通志》卷十五上《後魏紀十五上·太祖道武皇帝》頁二七二中

　　擊慕容驎於義臺，中流矢薨。

　　《通志》卷八十四上《宗室傳七上·襄城王題》頁一〇四九下

　　及平中山，發普驎冢，斬其尸，收議害觚者傅高霸、程同等斬之，皆夷五族。乃葬觚，追謚秦愍王，封子藟爲豫章王以紹觚。

　　《通志》卷八十四上《宗室傳七上·秦王翰子觚》頁一〇五四中

　　燕人有自中山至龍城者，言拓跋涉珪衰弱，司徒德完守鄴城。會德表至，勸燕主寶南還，寶於是大簡士馬，將復取中原。遣鴻臚魯遂册拜德爲丞相、冀州牧，臚，陵如翻。南夏公侯牧守皆聽承制封拜。夏，戸雅翻。十一月，癸丑，燕大赦。十二月，調兵悉集，戒嚴在頓，調，徒弔翻。頓者，次舍之所。遣將軍啓崟南視形勢。崟，盧昆翻。

　　乙亥，慕容麟至鄴，復稱趙王，説范陽王德曰：“魏既克中山，將乘勝攻鄴，鄴中雖有蓄積，然城大難固，且人心恇懼，説，輸芮翻。恇，去王翻。不可守也。不如南趣滑臺，趣，七喻翻。阻河以待魏，伺釁而動，河北庶可復也。”時魯陽王和鎮滑臺，和，垂之弟子也，亦遣使迎德；德許之。使，疏吏翻。

　　《資治通鑑》卷一百九《晉紀三十一·安帝隆安元年》頁三四六〇

從儀平鄴,到義臺,破慕容驎軍,回定中山,先每一進策,所向克平。

　　　　　《魏書》卷三十三《列傳第二十一·李先》頁七八九

後魏李先爲衛王府左長史,從平鄴,到義臺破慕容驎軍,回定中山,先每一進策,所向剋平。道武還代,以先爲尚書左中兵郎。

　　　　　《册府元龜》卷七二一《幕府部·謀畫二》頁八五八二下

仕慕容垂,歷尚書郎、太子中舍人、本州別駕。太祖平中山,拜隱尚書吏部郎。車駕還北,詔隱以本官輔衛王儀鎮中山。

　　　　　《魏書》卷三十三《列傳第二十一·宋隱》頁七七三

隱叔父洽,爲慕容垂尚書。太祖之圍中山也,洽率所領專守北圍。當洽所統,官軍多被傷殺,太祖特深忿恨。及城平,遂殺之。子順、訓並下腐刑。

　　　　　《魏書》卷三十三《列傳第二十一·宋隱》頁七七四

仕慕容垂,位本州別駕。道武平中山,拜隱尚書吏部郎,積遷行臺右丞,領選。

　　　　　《北史》卷二十六《列傳第十四·宋隱》頁九三五

仕慕容垂,爲本州別駕,歷尚書郎。道武平中山,拜尚書吏部郎,轉行臺右丞,領選。

　　　　　《通志》卷一百四十七《列傳六十·宋隱》頁二三三〇上

蒲少有父風,頗涉文史,以端謹見知,爲慕容寶陽平、河間二郡太守,尚書左丞。太祖定中山,寶之官司叙用者,多降品秩。既素聞蒲名,仍拜爲尚書左丞。

　　　　　　《魏書》卷三十三《列傳第二十一·張蒲》頁七七八

　　蒲少有父風,仕慕容寶爲尚書左丞。道武定中山,寶官司叙用,多降品秩。帝既素聞蒲名,仍拜尚書左丞。

　　　　　　《北史》卷二十七《列傳第十五·張蒲》頁九七二

　　張蒲初事慕容寶,爲平陽、河間二郡太守,尚書左丞。道武定中山,寶之官司叙用者,多降品秩。既素聞蒲名,仍拜爲尚書左丞。

　　　　　　《册府元龜》卷七五《帝王部·任賢》頁八六六上

　　蒲少有父風,頻涉文史,以端謹見知,爲慕容寶尚書左丞。道武定中山,寶之官司叙用者,多降品秩。帝既素聞蒲名,仍拜爲尚書左丞。

　　　　　　《通志》卷一百四十七《列傳六十·張蒲》頁二三三五上

　　祖紹,慕容寶濮陽太守。太祖定中山,以郡迎降,授兗州監軍。

　　　　　　《魏書》卷四十二《列傳第三十·酈範》頁九四九

　　祖紹,慕容寶濮陽太守,以郡迎降,道武授兗州監軍。

　　　　　　《北史》卷二十七《列傳第十五·酈範》頁九九四

　　祖紹,慕容寶濮陽太守,以郡迎降,道武授兗州監軍。

　　　　　　《通志》卷一百四十七《列傳六十·酈範》頁二三三九中

太祖之平慕容寶，活撥入國，爲第一客。

　　《魏書》卷四十四《列傳第三十二·宇文福》頁一〇〇〇

道武之平慕容氏，活撥入魏，爲第一客。

　　　　《北史》卷二十五《列傳第十三·宇文福》頁九二九

道武之平慕容氏也，活撥入魏，爲第一客。

　　《通志》卷一百四十七《列傳六十·宇文福》頁二三三〇上

太祖平中山，以韜爲丞相參軍。

　　　《魏書》卷四十八《列傳第三十六·高允》頁一〇六七

道武平中山，以（高韜）爲丞相參軍，早卒。

　　　《北史》卷三十一《列傳第十九·高允》頁一一一七

道武平中山，以韜爲丞相參軍，早卒。

　　《通志》卷一百四十八《列傳六十一·高允》頁二三五一上

祖展，慕容寶黃門郎，太祖平中山，内徙京師，卒於三都大官。

　　　《魏書》卷五十七《列傳第四十五·高祐》頁一二五九

琛同郡張纂，字伯業。祖珍，字文表，慕容寶度支尚書。太祖
平中山，入國。

　　　《魏書》卷六十八《列傳第五十六·甄琛》頁一五一九

琛同郡張纂，字伯業。祖珍，字文表，慕容寶度支尚書。道武

平中山，入魏，卒於涼州刺史，謚曰穆。

　　　　　　《北史》卷四十《列傳第二十八·甄琛》頁一四七六

　　琛同郡張纂，字伯業。祖珍，字文表，慕容寶度支尚書。道武
平中山，入魏，卒於涼州刺史，謚曰穆。

　　　　《通志》卷一百四十九《列傳六十二·甄琛》頁二三九二中

　　太祖定中山，賜爵安固子，拜尚書左丞。

　　　　　《魏書》卷八十二《列傳第七十·祖瑩》頁一七九八

　　（侯歸豆）子陵仕燕，拜駙馬都尉，封玄菟公。及慕容寶敗，歸
魏，拜都牧主，賜爵安定侯。

　　　《北史》卷九《周本紀上第九·周太祖文皇帝》頁三一一

　　（侯歸豆）子陵仕燕，拜附馬都尉，封玄菟公。魏道武將攻中山，
陵從慕容寶禦之。寶敗，率甲騎五百歸魏，拜都牧主，賜爵安定侯。

　　　　　《冊府元龜》卷一《帝王部·帝系》頁一二下

　　（侯歸豆）子陵仕燕，拜駙馬都尉，封玄菟公。及慕容寶敗，歸
魏，拜都牧主，賜爵安定侯。

　　　《通志》卷十七《後周紀十七·周太祖文皇帝》頁三二七上

公元三九八年　東晉安帝隆安二年　北魏道武帝天興元年
後燕惠愍帝永康三年　後燕昭武帝建平元年
南燕元年

　　天興元年春正月，慕容德走保滑臺，儀克鄴，收其倉庫。詔賞

將士各有差。儀追德至於河，不及而還。

　　　　　　　　　《魏書》卷二《太祖紀第二》頁三一

慕容德自稱燕王。

　　　　　　　　　《魏書》卷二《太祖紀第二》頁三四

慕容德之敗也，太祖以普驎妻周氏賜儀，并其僮僕財物。

　　《魏書》卷十五《昭成子孫列傳第三·秦明王翰子儀》頁三七一

天興元年春正月，慕容德走保滑臺，衛王儀剋鄴。

　　　　　　《北史》卷一《魏本紀第一·太祖道武皇帝》頁一七

是月，慕容德自稱燕王，據廣固。〔六〕

【校勘記】

〔六〕是月慕容德自稱燕王據廣固　《魏書》此事繫於本年末，無"據廣固"三字。按慕容德是年正月在滑臺稱燕王，見《晉書》卷一二七《慕容德載記》及《通鑑》卷一一〇三四六一頁。所以下文天興二年三月說和跋乘慕容德不在滑臺時，乘虛襲取。慕容德據廣固在晉安帝隆安三年七月即北魏道武帝天興二年，公元三九九年，見《晉書》卷十《安帝紀》及《通鑑》卷一一一。此"廣固"乃"滑臺"之誤。

　　　　　《北史》卷一《魏本紀第一·太祖道武皇帝》頁一七、三七

慕容德敗也，帝以普驎妻周氏賜儀，并其僮僕財物。

　　《北史》卷十五《列傳第三·魏諸宗室·昭成子孫·秦王翰子儀》頁五六二

昔慕容玄明自鄴率衆南徙滑臺，既無舟楫，將保黎陽，昏而流
澌冰合，于夜中濟訖，旦而冰泮，燕民謂是處爲天橋津〔一一〕。東岸有
故城，險帶長河。

【校勘記】

〔一一〕天橋津　章宗源《隋書經籍志考證》卷六《地理》、《西
征記》二卷引《水經注》作“天津橋”。

　　　　　　　　《水經注校證》卷五《河水》頁一三四、一五〇

《南燕録》曰：慕容德正月渡黎陽津，流澌冰合，鄴令韓軌言於德
曰：“昔光武渡呼沱，冰澌自合，今大王濟河，天橋自成。”德乃大悦。

　　　　　　　　《太平御覽》卷六八《地部三三·冰》頁三二三上

又曰：慕容德正月渡黎陽津，流澌冰合，鄴令韓軌言於德曰：
“光武渡呼沱，澌冰自合；大王濟河，天橋自成。靈命所扶，徵兆已
見。”德大悦，改黎陽津爲天橋津。

　　　　　　　　《太平御覽》卷七一《地部三六·津》頁三三五上

天興元年春正月，慕容德走保滑臺，克鄴，車駕幸鄴，巡登臺
榭，觀覽宫城，將有定都之意。

　　　　《太平御覽》卷一〇一《皇王部二六·太祖道武皇帝》頁四八
四上

晉隆安二年，自鄴徙於滑臺……德依燕元故事，稱元年。赦殊
死已下，置百官。

　　　　《册府元龜》卷二一九《僭僞部·年號》頁二六三四上至二六
三四下

南燕慕容德僭稱燕王，以慕容麟爲司空，領尚書令。慕容法爲中軍將軍。

《册府元龜》卷二二四《僭僞部·宗族》頁二六八二下

天興元年正月，慕容德走保滑臺，儀克鄴，收其倉庫。詔賞將士各有差。

《册府元龜》卷二九〇《宗室部·立功一》頁三四一六上

春，正月，燕范陽王德自鄴帥户四萬南徙滑臺。帥，讀曰率；下同。魏衛王儀入鄴，收其倉庫，追德至河，弗及。

趙王麟上尊號於德，上，時掌翻。德用兄垂故事，稱燕王，事見一百五卷孝武太元九年。改永康三年爲元年，以統府行帝制，統府者，諸方鎮皆統於燕王府；行帝制者，稱制以行事。置百官。以趙王麟爲司空、領尚書令，慕容法爲中軍將軍，慕輿拔爲尚書左僕射，丁通爲右僕射。麟復謀反，德殺之。慕容麟背父叛兄，姦詐反覆，天下其誰能容之！復，扶又翻。

《資治通鑑》卷一百一十《晉紀三十二·安帝隆安二年》頁三四六一

天興元年春正月，慕容德走保滑臺，衛王儀剋鄴。

《通志》卷十五上《後魏紀十五上·太祖道武皇帝》頁二七二中

是月，慕容德自稱燕王，據廣固。

《通志》卷十五上《後魏紀十五上·太祖道武皇帝》頁二七二下

祖昶從慕容德南度河,因家于北海都昌。

　　　《南史》卷四十九《列傳第三十九·劉懷珍》頁一二一六

祖昶,從慕容德度河,家于北海之都昌縣。

　　　《魏書》卷四十三《列傳第三十一·劉休賓》頁九六四

祖昶,從慕容德度河,家于北海都昌縣。

　　　《北史》卷三十九《列傳第二十七·劉休賓》頁一四一三

祖昶,從慕容德南渡河,家于北海都昌縣。

《通志》卷一百四十九《列傳六十二·劉休賓》頁二三八三上

祖曠,從慕容德南渡河,居青州之時水。

　　　《魏書》卷六十七《列傳第五十五·崔光》頁一四八七

祖曠,從慕容德南度河,居青州之時水。

　　　《北史》卷四十四《列傳第三十二·崔光》頁一六一五

祖曠,從慕容德南渡河,居青州之時水。

《通志》卷一百五十下《列傳六十三下·崔光》頁二四一一上

（李）根子後智等隨慕容德南渡河,居青州,數世無名位,三齊
豪門多輕之。

　　　《魏書》卷七十一《列傳第五十九·李元護》頁一五八五

（李）根子後智等隨慕容德南渡河,居青州。數世無名,三齊豪

門多輕之。

《北史》卷四十五《列傳第三十三·李元護》頁一六五七

（李）沉孫根爲慕容寶中書監。根子後智等隨慕容德南渡河，居青州。數世無名位，三齊豪門多輕之。

《册府元龜》卷九四〇《總録部·不嗣》頁一一〇六七下

（李）根子後智等隨慕容德南渡河，居青州。數世無名，三齊豪門多輕之。

《通志》卷一百五十下《列傳六十三下·李元護》頁二四一九下

曾祖恂，散騎常侍，隨慕容德南渡，因居齊郡之臨淄。

《魏書》卷七十六《列傳第六十四·張烈》頁一六八五

曾祖恂，散騎常侍，隨慕容德南度，因居齊郡之臨淄縣。

《北史》卷四十五《列傳第三十三·張烈》頁一六七四

曾祖恂，散騎常侍，隨慕容德南渡，因居齊郡之臨淄縣。

《通志》卷一百五十下《列傳六十三下·張烈》頁二四二三中

燕啓倫還至龍城，去年寶遣啓嵩南觀形勢。“倫”，當作“嵩”，音盧昆翻。言中山已陷；燕主寶命罷兵。遼西王農言於寶曰：“今遷都尚新，未可南征，宜因成師襲庫莫奚，取其牛馬以充軍資，更審虛實，俟明年而議之。”寶從之。己未，北行。庚申，渡澆洛水，澆洛水，蓋即饒樂水也。賢曰：水在今營州北。唐太宗時，奚內附，置饒樂都督府。會南燕王德遣侍郎李延詣寶，言"涉圭西上，西上，謂自中山取恒嶺而西歸雲、代也。上，時掌翻。中國空虛。"延追寶及之，寶大喜，即日引還。

《資治通鑑》卷一百一十《晉紀三十二·安帝隆安二年》頁三四六三

徙山東六州民吏及徒何、高麗雜夷三十六萬，百工伎巧十萬餘口，以充京師。[九]車駕次于恒山之陽。博陵、勃海、章武群盜並起，略陽公元遵等討平之。廣川太守賀盧殺冀州刺史王輔，驅勒守兵，抄掠陽平、頓丘諸郡，遂南渡河，奔慕容德。

【校勘記】

〔九〕徙山東六州民吏及徒何高麗雜夷三十六萬百工伎巧十萬餘口以充京師　《北史》卷一、《册府》卷四八六五八一─八頁"三十六萬"作"三十六署"。按《通鑑》卷一一〇三四六三頁此條作"徙山東六州吏民、雜夷十餘萬口以實代"，以十餘萬口爲這次遷徙的總口數。若"署"字作"萬"，則合計當云"四十餘萬口"，似司馬光所見《魏書》也作"三十六署"。"署"是百工伎巧所屬的機構。南、北朝少府及太府管轄的官府手工業作坊多設置"署"，《隋書·百官志》記梁少府所屬有十五署，北齊太府所屬有十三署，若再加上太常、光禄、將作所屬，這種"署"是很多的。"三十六署"或是後燕所置署數，或一般泛稱。這裏"萬"當是"署"字之訛。

《魏書》卷二《太祖紀第二》頁三二、四六至四七

徙山東六州人吏及徒何、高麗雜夷、三十六署百工伎巧十餘萬口以充京師。

《北史》卷一《魏本紀第一·太祖道武皇帝》頁一七

徙山東六州人吏及徒河、高麗新夷、三十六署百工伎巧十餘萬口以充京師。

《通志》卷十五上《後魏紀十五上·太祖道武皇帝》頁二七二下

盧性雄豪，耻居冀州刺史王輔下，襲殺輔，奔慕容德。德以爲并州刺史，廣寧王。

《魏書》卷八十三上《列傳外戚第七十一上·賀盧》頁一八一三

盧性雄豪，耻居冀州刺史王輔下，襲殺輔，奔慕容德。德以爲并州刺史、廣甯王。

《北史》卷八十《列傳第六十八·外戚·賀盧》頁二六七二

廣川太守賀賴盧，性豪健，廣川縣，前漢屬信都國，後漢屬清河郡，晉屬勃海郡，後分爲廣川郡。守，式又翻。耻居冀州刺史王輔之下，襲輔，殺之，驅勒守兵，掠陽平、頓丘諸郡，南渡河，奔南燕。南燕王德以賴盧爲并州刺史，封廣甯王。

《資治通鑑》卷一百一十《晉紀三十二·安帝隆安二年》頁三四六三

盧性雄豪，耻居冀州刺史王輔下，襲殺輔，奔慕容德。德以爲并州刺史、廣甯王。

《通志》卷一百六十五《外戚傳一·賀盧》頁二六六八上

燕主寶還龍城宮，詔諸軍就頓，頓者，軍行頓舍之地。不聽罷散，文武將士皆以家屬隨駕。駕，謂車駕，猶漢人言乘輿也。遼西王農、長樂王盛切諫,樂,音洛。以爲兵疲力弱,魏新得志,未可與敵,宜且養兵觀釁。寶將從之,撫軍將軍慕輿騰曰:“百姓可與樂成,難與圖始。用商鞅語意。樂,音洛。今師衆已集,宜獨決聖心,乘機進取,不宜廣采異同以沮大計。”沮,在呂翻。寶乃曰:“吾計決矣,敢諫者斬!”二月,乙亥,寶出就頓,留盛統後事。己卯,燕軍發龍城,慕輿騰爲前軍,司空農爲中軍,寶爲後軍,相去各一頓,觀下文連營百里,蓋三十里爲一頓。連營百里。

　　壬午,寶至乙連,長上段速骨、宋赤眉等因衆心之憚征役,遂作亂。凡衛兵皆更番迭上;長上者,不番代也。唐官制,懷化執戟長上,歸德執戟長上,皆武散階,九品。長上之官尚矣。上,時掌翻。速骨等皆高陽王隆舊隊,共逼隆子高陽王崇爲主,殺樂浪威王宙、中牟熙公段誼及宗室諸王。樂浪,音洛琅。河間王熙素與崇善,崇擁佑之,故獨得免。燕主寶將十餘騎奔司空農營,農將出迎,左右抱其腰,止之曰:“宜小清澄,言衆方亂,如水之溷濁;宜少俟其定,如水之清澄,不可輕出也。不可便出。”農引刀將斫之,遂出見寶,又馳信追慕輿騰。癸未,寶、農引兵還趣大營,大營,謂寶營也。討速骨等。農營兵亦厭征役,皆棄仗走,以佚道使民,雖勞不怨;以生道殺民,雖死不怨殺者;違是,鮮有不敗者也。騰營亦潰。寶、農奔還龍城。長樂王盛聞亂,引兵出迎,寶、農僅而得免。

　　《資治通鑑》卷一百一十《晉紀三十二‧安帝隆安二年》頁三四六四

　　燕尚書頓丘王蘭汗陰與段速骨等通謀,引兵營龍城之東;城中留守兵至少,汗,音寒。少,詩沼翻。長樂王盛徙內近城之民,得丁夫萬餘,乘城以禦之。速骨等同謀纔百餘人,餘皆爲所驅脅,莫有鬥志。三月,甲午,速骨等將攻城,遼西桓烈王農恐不能守,且爲蘭汗所誘，夜，潛出赴之，冀以自全。農號爲有智略，乃欲投段速骨以自全，不知適以速死，殆天奪之鑒也。明旦，速骨等攻城，城上拒戰甚力，速骨之衆死者以百數。速骨乃將農循城，將，如字，引也，挾也。農素有忠節威名，城中之衆恃以爲強，忽見在城下，無不驚愕喪氣，喪，息浪翻。遂皆逃潰。速骨入城，縱兵殺掠，死者狼籍。寶、盛與慕輿騰、餘崇、張真、李旱、趙恩等輕騎南走。速骨幽農於殿內。長上阿交羅，速骨之謀主也，騎，奇寄翻。上，時掌翻。以高陽王崇幼弱，更欲立農。崇親信甈讓、出力犍等聞之，甈，祖紅翻。《春秋左氏傳》有甈蔑，晉有甈戾。《姓譜》：甈姓，古甈夷氏之後。犍，居言翻。丁酉，殺羅及農。使速骨果立農，亦必同死於蘭汗之手，蓋事勢已去，智無所施也。速骨即爲之誅讓等。爲，于僞翻。農故吏左衛將軍宇文拔亡奔遼西。

庚子，蘭汗襲擊速骨，并其黨盡殺之。廢崇，奉太子策，承制大赦，遣使迎寶，及於薊城。使，疏吏翻。薊，音計。寶欲還，長樂王盛等皆曰：“汗之忠詐未可知，今單騎赴之，萬一汗有異志，悔之無及。不如南就范陽王，合衆以取冀州；若其不捷，收南方之衆，徐歸龍都，亦未晚也。”寶從之。龍城，燕故都，故謂之龍都。慕容盛智慮逾其父遠矣。

《資治通鑑》卷一百一十《晉紀三十二・安帝隆安二年》頁三四六六至三四六七

燕主寶從間道過鄴，間，古覓翻。鄴人請留，寶不許。南至黎陽，伏於河西，河水自遮害亭屈而東北流，過黎陽縣南，河之西岸爲黎陽界，東岸爲滑臺界。遣中黃門令趙思告北地王鍾曰：“上以二月得丞相表，寶以德爲司徒，故稱之爲丞相。即時南征，至乙連，會長上作亂，失據來此。人主所據者，勢也，衆叛親離，大勢已去，失所據矣。王亟白丞相奉迎！”鍾，德之從弟也，首勸德稱尊號，聞而惡之，執思付獄，從，才用翻。惡，烏路翻。以狀白南燕王德。德謂群下曰：“卿等以社稷大計，勸吾攝政；吾亦以嗣帝播越，播，逋也，遷也。越，遠也，走也。民神乏主，故權順群議以繫衆心。今天方悔禍，嗣帝得還，吾將具法駕奉迎，謝罪行闕，何如？”天子行幸所至有行宮，宮前闕門，謂之行闕。黃門侍郎張華曰：“今天下大亂，非雄才無以寧濟群生。嗣帝闇懦，不能紹隆先統。陛下若蹈匹夫之節，捨天授之業，威權一去，身首不保，況社稷其得血食乎！”慕輿護曰：“嗣帝不達時宜，委棄國都，賣棄中山，見上卷上年。自取敗亡，不堪多難，難，乃旦翻。亦已明矣。昔蒯聵出奔，衛輒不納，《春秋》是之。蒯，苦怪翻。聵，五怪翻。以子拒父猶可，況以父拒子乎！德於寶爲叔父。今趙思之言，未明虛實，臣請爲陛下馳往詗之。”爲，于僞翻。詗，火迥翻，又翾正翻。候俟也。刺探也。德流涕遣之。流涕遣護，將使之殺寶也。

　　護帥壯士數百人帥，讀曰率；下同。隨思而北，聲言迎衛，其實圖之。寶既遣思詣鍾，於後得樵者，言德已稱制，懼而北走。護至，無所見，執思以還。還，從宣翻，又如字。德以思練習典故，欲留而用之；思曰：“犬馬猶知戀主，思雖刑臣，乞還就上。”宦者，謂之刑臣。上，謂寶也。德固留之，思怒曰：“周室東遷，晉、鄭是依。周平王東遷洛邑，晉文侯、鄭武寔定王室，故周桓公曰：“我周之東遷，晉、鄭焉依。”殿下親則叔父，位爲上公，不能帥先群后以匡帝室，而幸本根之傾，爲趙王倫之事，事見八十九卷惠帝永寧元年。言趙王倫以宗室而篡晉，德所爲類之。倫於惠帝，叔祖也；德於寶，叔父也。帥，讀曰率。思雖不能如申包胥之存楚，吳破楚入郢，申包胥乞師於秦，遂破吳師，楚昭王復國。猶慕龔君賓不偷生於莽世也！”龔勝，字君賓，事見三十七卷王莽始建國三年。德斬之。

　　《資治通鑑》卷一百一十《晉紀三十二・安帝隆安二年》頁三四六七至三四六八

夏五月，蘭汗弑慕容寶而自稱大將軍、昌黎王。

　　　　《晉書》卷十《帝紀第十・安帝》頁二五〇

是歲，蘭汗殺慕容寶而自立。

　　　　《魏書》卷二《太祖紀第二》頁三四

是月，蘭汗殺慕容寶而自立爲大單于、昌黎王。

　　　　《北史》卷一《魏本紀第一・太祖道武皇帝》頁一七

（慕容）寶爲蘭汗所殺。

　　　　《冊府元龜》卷二一九《僭偽部・年號》頁二六三四下

（慕容）寶遣扶風忠公慕輿騰與長樂王盛收兵冀州，盛以騰素暴橫，爲民所怨，乃殺之。行至鉅鹿、長樂，說諸豪傑，橫，户孟翻。樂，音洛。說，輸芮翻。皆願起兵奉寶。寶以蘭汗祀燕宗廟，所爲似順，意欲還龍城，不肯留冀州，乃北行；至建安，建安城在令支之北，乙連之南。抵民張曹家。曹素武健，請爲寶合衆；爲，于僞翻。盛亦勸寶宜且駐留，察汗情狀。寶乃遣冗從僕射李旱先往見汗，冗，而隴翻。從，才用翻。寶留頓石城。石城縣，前漢屬右北平郡，後漢、晉省縣，屬建德郡，隋、唐併入營州柳城縣界。宋白曰：石城縣取碣石立如城以名之。會汗遣左將軍蘇超奉迎，陳汗忠款。寶以汗燕王垂之舅，盛之妃父也，謂必無他，不待旱返，遂行。盛流涕固諫，寶不聽，留盛在後，盛與將軍張真下道避匿。

　　丁亥，寶至索莫汗陘，索，昔各翻。汗，音寒。陘，音刑。去龍城四十里，城中皆喜。汗惶怖，欲自出請罪，怖，普布翻。兄弟共諫止之。汗乃遣弟加難帥五百騎出迎；又遣兄堤閉門止仗，禁人出入。

城中皆知其將爲變，而無如之何。加難見寶於陘北，拜謁已，已者，拜謁之禮畢。從寶俱進。潁陰烈公餘崇密言於寶曰："觀加難形色，禍變甚逼，宜留三思，奈何徑前！"寶不從。行數里，加難先執崇，崇大呼罵曰："汝家幸緣肺附，呼，火故翻。師古曰：肺附，謂親戚也。舊解云。肺附，如肺腑之相附著。一説：肺，斫木札也。喻其輕薄附著大材也。蒙國寵榮，覆宗不足以報。今乃敢謀篡逆，此天地所不容，計旦暮即屠滅，但恨我不得手膾汝曹耳！"膾，細切肉也。加難殺之。引寶入龍城外邸，弑之。年四十四。汗謚寶曰靈帝；殺獻哀太子策及王公卿士百餘人；自稱大都督、大將軍、大單于、昌黎王，單，音蟬。改元青龍；以堤爲太尉，加難爲車騎將軍，封河間王熙爲遼東公，如杞、宋故事。周武王封夏之後於杞，殷之後於宋。

　　長樂王盛聞之，馳欲赴哀；張真止之。盛曰："我今以窮歸汗，汗性愚淺，必念婚姻，不忍殺我，旬月之間，足以展吾情志。"遂往見汗。汗妻乙氏及盛妃皆泣涕請盛於汗，盛妃復頓頭於諸兄弟。復，扶又翻。汗惻然哀之，乃舍盛於宮中，以爲侍中、左光禄大夫，親待如舊。堤、加難屢請殺盛，汗不從。堤驕很荒淫，很，戶墾翻。事汗多無禮，盛因而間之。間，古莧翻。由是汗兄弟浸相嫌忌。爲盛誅汗張本。

　　《資治通鑑》卷一百一十《晉紀三十二・安帝隆安二年》頁三四六八至三四七〇

　　夏五月，蘭汗弑慕容寶而自稱大將軍、昌黎王。

　　　　《通志》卷十下《晉紀十下・安皇帝》頁二〇八下

　　是月，蘭汗殺慕容寶而自立爲大單于、昌黎王。

　　　　《通志》卷十五上《後魏紀十五上・太祖道武皇帝》頁二七二下

　　玄伯議曰：“三皇五帝之立號也，或因所生之土，或即封國之名。故虞夏商周始皆諸侯，及聖德既隆，萬國宗戴，稱號隨本，不復更立。唯商人屢徙，改號曰殷，然猶兼行，不廢始基之稱。故《詩》云‘殷商之旅’，又云‘天命玄鳥，降而生商，宅殷土茫茫’。此其義也。昔漢高祖以漢王定三秦，滅強楚，故遂以漢爲號。國家雖統北方廣漠之土，逮于陛下，應運龍飛，雖曰舊邦，受命惟新，是以登國之初，改代曰魏。又慕容永亦奉進魏土。夫‘魏’者大名，神州之上國，斯乃革命之徵驗，利見之玄符也。臣愚以爲宜號爲魏。”太祖從之。於是四方賓王之貢，咸稱大魏矣。

　　　　《魏書》卷二十四《列傳第十二·崔玄伯》頁六二〇至六二一

　　宏議曰：“三皇、五帝之立號也，或因所生之土，或以封國之名。故虞、夏、商、周始皆諸侯，及聖德既隆，萬國宗戴，稱號隨本，不復更立。唯商人屢徙，改號曰殷。然猶兼行，不廢始基之號。故《詩》云‘殷商之旅’，此其義也。國家雖統北方廣漠之土，逮于陛下，應運龍飛。雖曰舊邦，受命惟新。以是登國之初改代曰魏。慕容永亦奉進魏土。夫魏者大名，神州之上國，[四]斯乃革命之徵驗，利見之玄符也。臣愚以爲宜號爲魏。”道武從之，於是稱魏。

【校勘記】

　〔四〕神州之上國　諸本脫“神”字，據《魏書》及《通志》卷一四六《崔宏傳》補。

　　　　《北史》卷二十一《列傳第九·崔宏》頁七七〇、七九九

　　有司博議國號，玄伯議曰：“三皇五帝之立號也，或因所生之土，或即封國之名。故虞夏商周始皆諸侯，及聖德既隆，萬國宗戴，稱號隨本，不復更立。唯商人屢徙，改號曰殷，然猶兼行，不廢始

基之稱。故《詩》云‘殷商之旅’‘天命玄鳥，降而生商，宅殷土茫茫’。此其義也。昔漢高祖以漢王定三秦，滅强楚，故遂以漢爲號。國家雖統北方廣漢之土，逮於陛下，應運龍飛，雖號舊邦，受命惟新，以登國之初，改代曰魏。又慕容永亦奉進魏土。夫‘魏’者大明，神州之上國，斯乃革命之徵驗，利見之符也。臣愚以爲宜號爲魏。”道武從之。於是四方賓王之貢，咸稱大魏矣。

　　　　《册府元龜》卷四七二《臺省部·奏議三》頁五六二三上

　　宏議曰：“三皇、五帝之立號也，或因所生之土，或以封國之名。故虞、夏、商、周始皆諸侯，及聖德既隆，萬國宗戴，稱號隨本，不復更立。唯商人屢徙，故改號曰殷。然猶兼行，不廢始基之號。故《詩》云‘殷商之旅’，此其義也。漢祖以漢王定三秦，威强楚，故遂以漢爲國號。國家雖統北方廣漠之土，逮于陛下，應運龍飛。雖曰舊邦，受命惟新。以是登國之初改代曰魏。又慕容永奉進魏土。夫魏者大名，神州之上國，斯乃革命之徵驗，利見之玄符也。臣愚以爲宜號曰魏。”道武從之，於是稱魏。

　　　　《通志》卷一百四十六《列傳五十九·崔宏》頁二三一〇下

　　燕太原王奇，楷之子，蘭汗之外孫也，汗亦不殺，以爲征南將軍。得入見長樂王盛，盛潛使奇逃出起兵。奇起兵於建安，衆至數千，汗遣蘭堤討之。盛謂汗曰：“善駒小兒，未能辦此，善駒，奇小字也。豈非有假託其名欲爲内應者乎！太尉素驕，難信，不宜委以大衆。”汗以堤爲太尉，故稱之。汗然之，罷堤兵，蘇軾有言，“木必先蠹，然後蟲生之；人必先疑，然後讒入之。”蘭汗凶逆，兄弟自相嫌忌，故慕容盛得間之以奮其智，報君父之讎。更遣撫軍將軍仇尼慕將兵討奇。更，工衡翻。

　　　　《資治通鑑》卷一百一十《晉紀三十二·安帝隆安二年》頁三四

七一至三四七二

秋七月，慕容寶子盛斬蘭汗，僭稱長樂王，攝天子位。

《晉書》卷十《帝紀第十·安帝》頁二五〇

寶子盛殺汗僭立。

《魏書》卷二《太祖紀第二》頁三四

慕容寶子盛殺蘭汗而自立爲長樂王。

《北史》卷一《魏本紀第一·太祖道武皇帝》頁一八

慕容盛嗣父寶位，僭謚寶惠愍皇帝，廟號烈宗。追尊伯考獻莊太子全爲獻莊皇帝。

《冊府元龜》卷二二四《僭僞部·奉先》頁二六七六上

及寶爲蘭汗所殺，策亦遇害。至盛即僭位，謚曰“哀太子”。

《冊府元龜》卷二二五《僭僞部·世子》頁二六九二上

（慕容）盛，寶之子。晉隆安二年，以長樂王稱制，赦其境内。

《冊府元龜》卷二二六《僭僞部·恩宥》頁二六九八上

於是龍城自夏不雨至于秋七月，汗日詣燕諸廟及寶神座頓首禱請，委罪於蘭加難。言弑寶者加難之罪。堤及加難聞之怒，且懼誅，乙巳，相與率所部襲仇尼慕軍，敗之。敗，補邁翻。汗大懼，遣太子穆將兵討之。將，即亮翻。穆謂汗曰：“慕容盛我之仇讎，必與奇相表裏，此乃腹心之疾，不可養也，宜先除之。”汗欲殺盛，先引見，察之。盛妃知之，密以告盛，盛稱疾不出，蘭妃之爲，異於雍姞。雖曰婦人内夫家而外父母家，若蘭妃者，處夫妻父子之變，得其一而失其一者也。汗亦止不殺。

　　李旱、衛雙、劉忠、張豪、張真，皆盛素所厚也，而穆引以爲腹心，旱、雙得出入至盛所，潜與盛結謀。丁未，穆擊堤、加難等，破之。庚戌，饗將士，汗、穆皆醉，盛夜如廁，因踰垣入于東宫，與旱等共殺穆。時軍未解嚴，皆聚在穆舍，聞盛得出，呼躍爭先，攻汗，斬之。汗子魯公和、陳公揚分屯令支、白狼，令，音鈴，又郎定翻。支，音祁。盛遣旱、真襲誅之。堤、加難亡匿，捕得，斬之。於是内外帖然，士女相慶。宇文拔率壯士數百來赴，宇文拔自遼西來也。盛拜拔爲大宗正。

　　辛亥，告于太廟，令曰：“賴五祖之休，五祖，謂慕容涉歸、廆、皝、儁、垂，凡五廟。文武之力，宗廟社稷幽而復顯。不獨孤以眇眇之身免不同天之責，《禮記》曰：父之讎不與共戴天。凡在臣民皆得明目當世。”因大赦，改元建平。盛謙不敢稱尊號，以長樂王攝行統制。盛，字道運，寶之庶長子也。樂，音洛。諸王皆降稱公，以東陽公根爲尚書左僕射，衛倫、陽璆、魯恭、王滕【章：十二行本“滕”作“騰”；乙十一行本同。】爲尚書，璆，渠尤翻。悦真爲侍中，陽哲爲中書監，張通爲中領軍，自餘文武各復舊位。改謚寶曰惠閔皇帝，廟號烈宗。

　　《資治通鑑》卷一百一十《晉紀三十二・安帝隆安二年》頁三四七二至三四七三

　　秋七月，慕容寶子盛斬蘭汗，僭稱長樂王，攝天子位。

　　　　《通志》卷十下《晉紀十下・安皇帝》頁二〇八下

　　慕容寶子盛殺蘭汗而自立爲長樂王。

　　　　《通志》卷十五上《後魏紀十五上・太祖道武皇帝》頁二七二下

　　初，太原王奇舉兵建安，南、北之人翕然從之。南人，謂自中原來
者；北人，則鮮卑也。蘭汗遣其兄子全討奇，奇擊滅之，匹馬不返，進
屯乙連。盛既誅汗，命奇罷兵。奇用丁零嚴生、烏桓王龍之謀，遂
不受命，甲寅，勒兵三萬餘人進至橫溝，去龍城十里。盛出擊，大破
之，執奇而還，斬其黨與百餘人，賜奇死，桓王之嗣遂絕。慕容恪封
太原王，諡曰桓。楚莊王滅若敖氏而赦箴尹克黃，曰："子文無後，何以勸善！"
以慕容恪之輔成燕業，而可使之絕祀乎！群臣固請上尊號，上，時掌翻。盛
弗許。

　　《資治通鑑》卷一百一十《晉紀三十二・安帝隆安二年》頁三四
七三

　　燕以河間公熙爲侍中、車【嚴："車"改"驃"。】騎大將軍、中領軍、
司隸校尉，城陽公元爲衛將軍。元，寶之子也。又以劉忠爲左將
軍，張豪爲後將軍，並賜姓慕容氏。李旱爲中常侍、輔國將軍，衛雙
爲前將軍，張順爲鎮西將軍，昌黎尹，張真爲右將軍；燕都龍城，以昌
黎太守爲昌黎尹。皆封公。

　　乙亥，燕步兵校尉馬勒【章：十二行本"勒"作"勤"；乙十一行本
同。】等謀反，伏誅；事連驃騎將軍高陽公崇、崇弟東平公澄，皆賜
死。驃，匹妙翻。騎，奇寄翻。

　　《資治通鑑》卷一百一十《晉紀三十二・安帝隆安二年》頁三四
七六

　　丙子，寧朔將軍鄧啓方及慕容德將慕容法戰于管城，[五]王師
敗績。

【校勘記】

　　〔五〕鄧啓方　原作"鄧啓"。周校：《天文志》及《慕容載記》皆作

“鄧啓方”。按：《郗恢傳》《通鑑》一一〇亦均作“鄧啓方”，今補成一律。

　　　　　　《晉書》卷十《帝紀第十·安帝》頁二五〇、二七一

　　二年六月，郗恢遣鄧啓方等以萬人伐慕容寶於滑臺，啓方敗。

　　　　　　《晉書》卷十二《志第二·天文中》頁三四九

　　是年六月，郗恢遣鄧啓方等以萬人伐慕容寶於滑臺，[一三]敗而還。

【校勘記】

〔一三〕伐慕容寶於滑臺　勞校：“寶”當作“德”。

　　　　　　《晉書》卷十三《志第三·天文下》頁三八一、四〇一

　　寧朔將軍鄧啓方、南陽太守聞丘羨將兵二萬擊南燕，燕自慕容寶之敗，北歸龍城，慕容德稱號於滑臺，故稱南燕以别之。與南燕中軍將軍法、撫軍將軍和戰於管城，魏收《志》，滎陽郡京縣有管城，故管叔邑也。杜預曰：在京縣東北。啓方等兵敗，單騎走免。

　　　　　　《資治通鑑》卷一百一十《晉紀三十二·安帝隆安二年》頁三四七六

　　丙子，寧朔將軍鄧啓及慕容德將慕容法戰于管城，王師敗績。

　　　　　　《通志》卷十下《晉紀十下·安皇帝》頁二〇八下

　　乙未，燕以東陽公根爲尚書令，張通爲左僕射，衛倫爲右僕射；慕容豪爲幽州刺史，鎮肥如。

　　　　　　《資治通鑑》卷一百一十《晉紀三十二·安帝隆安二年》頁三四七七

　　《燕書》曰：秋七月丁卯，營新殿。昌黎大棘城縣河岸崩，出鐵築頭一千一百七十四枚，永樂民郭陵見之，詣闕言狀，以是日到。詔曰："經始崇殿，而築具出，人神允協之應也。"

　　　　　　《太平御覽》卷一七五《居處部三·殿》頁八五三下

　　《燕書》曰：昭武帝營新殿，昌黎大棘城縣河岸崩，出鐵築杵頭一千一百七十枚。永樂民郭陵見之，詣闕言狀。詔曰："經始崇殿，而築具出，人神允協之應，賜陵爵關外侯。"

　　　　　　《太平御覽》卷七六二《器物部七·杵臼》頁三三八三下

　　又曰：慕容盛建平元年八月，暴風拔闕前七大樹。其月，步兵校尉馬勒謀反伏誅。至長樂三年，盛爲段纘子泰所殺。

　　　　　　《太平御覽》卷八七六《咎徵部三·暴風》頁三八八九下

　　丙戌，慕容盛僭即皇帝位於黃龍。

　　　　　　《晉書》卷十《帝紀第十·安帝》頁二五〇

　　是年，（慕容盛）僭即帝位，大赦殊死已下。

　　　　　　《冊府元龜》卷二二六《僭偽部·恩宥》頁二六九八上

　　冬，十月，癸酉，燕群臣復上尊號，復，扶又翻。上，時掌翻。丙子，長樂王盛始即皇帝位，樂，音洛。大赦，尊皇后段氏曰皇太后，太妃丁氏曰獻莊皇后。初，蘭汗之當國也，盛從燕主寶出亡，蘭妃奉事丁后愈謹。及汗誅，盛以妃當從坐，欲殺之；丁后以妃有保全之功，固爭之，得免，然終不爲后。

　　　　　　《資治通鑑》卷一百一十《晉紀三十二·安帝隆安二年》頁三四八一

丙子，慕容盛僭即皇帝位於黃龍。

　　　　《通志》卷十下《晉紀十下·安皇帝》頁二〇八下

己亥，燕幽州刺史慕容豪、尚書左僕射張通、昌黎尹張順坐謀反誅。

　　　　《資治通鑑》卷一百一十《晉紀三十二·安帝隆安二年》頁三四八五

後燕慕容盛時，有烏桓渠帥莫賀咄科敎，並其別種，然而微弱不足云矣。

　　　　《通典》卷第一百九十六《邊防十二·北狄三·烏桓》頁五三六七

後燕慕容盛時，有烏桓渠帥莫賀咄、科敎，並其別種，然皆微弱不足云矣。

　　　　《通志》卷二百《四夷傳七·北國下·烏桓》頁三二〇〇上

初，玄從祖兄溥，慕容寶之末，總攝鄉部，屯於海濱，遂殺其鄉姻諸祖十餘人，稱征北大將軍、幽州刺史，攻掠郡縣。

　　　　《魏書》卷四十七《列傳第三十五·盧玄》頁一〇六三

初，玄從祖兄溥，慕容寶之末，統攝鄉部屯海濱，殺其鄉姻諸祖十餘人，稱征北大將軍、幽州刺史，攻掠郡縣。

　　　　《北史》卷三十《列傳第十八·盧玄》頁一〇八七

公元三九九年　東晉安帝隆安三年　北魏道武帝天興二年　後燕昭武帝長樂元年　南燕二年

戊辰,燕昌黎尹留忠謀反,誅;事連尚書令東陽公根、尚書段成,皆坐死;遣中衛將軍衛雙就誅忠弟【章:十二行本"弟"下有"幽州刺史"四字;乙十一行本同;孔本同;張校云:夾注"弟幽州刺史志於凡"八字作正文。】志於凡城。以衛將軍平原公元爲司徒、尚書令。

《資治通鑑》卷一百一十一《晉紀三十三·安帝隆安三年》頁三四八六

慕容盛,寶之庶長子。誅蘭汗,僭即僞位,改元長樂。在位三年,爲段璣所殺隆安五年也,叔父熙嗣。

《冊府元龜》卷二一九《僭僞部·年號》頁二六三三下

後燕慕容盛僭即帝位。有犯罪者,十日一決自,無搒捶之罰,而獄情多實。

《冊府元龜》卷二二九《僭僞部·政治》頁二七二四上

壬午,燕右將軍張真、城門校尉和翰坐謀反,誅。

癸未,燕大赦,改元長樂。樂,音洛。燕主盛每十日一自決獄,不加拷掠,多得其情。拷,音考。掠,音亮。史言慕容盛以聰察殺身。

《資治通鑑》卷一百一十一《晉紀三十三·安帝隆安三年》頁三四八七

南燕慕容盛長樂中,高句麗王安遣使貢方物。

《冊府元龜》卷九六八《外臣部·朝貢一》頁一一三八〇下

　　又嘗引中書令常忠、尚書陽璆、秘書監郎敷於東堂,問曰:"古來君子皆謂周公忠聖,豈不謬哉!"璆曰:"周公居攝政之重,而能達君臣之名,及流言之謗,致烈風以悟主,道契神靈,義光萬代,故累葉稱其高,後王無以奪其美。"盛曰:"常令以爲何如?"忠曰:"昔武王疾篤,周公有請命之誠,流言之際,義感天地,楚撻伯禽以訓就王德。周公爲臣之忠,聖達之美,《詩》《書》已來未之有也。"盛曰:"異哉二君之言!朕見周公之詐,未見其忠聖也。昔武王得九齡之夢,白文王,文王曰:'我百,爾九十,吾與爾三焉。'及文王之終,已驗武王之壽矣。武王之算未盡而求代其死,是非詐乎!若惑於天命,是不聖也。據攝天位而丹誠不見,致兄弟之間有干戈之事。夫文王之化自近及遠,故曰刑于寡妻,至於兄弟。周公親遺聖父之典而蹈嫌疑之蹤,戮罰同氣以逞私忿,何忠之有乎!但時無直筆之史,後儒承其謬談故也。"忠曰:"啓金縢而返風,亦足以明其不詐。遭二叔流言之變,而能大義滅親,終安宗國,復子明辟,輔成大業,以致太平,制禮作樂,流慶無窮,亦不可謂非至德也。"盛曰:"卿徒因成文而未原大理,朕今相爲論之。昔周公自后稷積德累仁,至於文武。文武以大聖應期,遂有天下。生靈仰其德,四海歸其仁。成王雖幼統洪業,而卜世脩長,加呂、召、毛、畢爲之師傅。若無周公攝政,王道足以成也。周公無故以安危爲己任,專臨朝之權,闕北面之禮。管蔡忠存王室,以爲周公代主非人臣之道,故言公將不利於孺子。周公當明大順之節,陳誠義以曉群疑,而乃阻兵都邑,擅行誅戮。不臣之罪彰於海內,方貽王《鴟鴞》之詩,歸非於主,是何謂乎!又周公舉事,稱告二公,二公足明周公之無罪而坐觀成王之疑,此則二公之心亦有猜於周公也。但以疏不間親,故寄言於管蔡,可謂忠不見於當時,仁不及於兄弟。知群望之有歸,天命之不在己,然後返政成王,以爲忠耳。大風拔木之徵,乃皇天祐存周道，不忘文武之德，是以赦周公之始愆，欲成周室之大美。考周公之心，原周公之行，乃天下之罪人，何至德之謂也！周公復位，二公所以杜口不言其本心者，以明管蔡之忠也。"

又謂常忠曰："伊尹、周公孰賢？"忠曰："伊尹非有周公之親而功濟一代，太甲亂德，放於桐宮，思愆改善，然後復之。使主無怨言，臣無流謗，道存社稷，美溢來今。臣謂伊尹之勳有高周旦。"盛曰："伊尹以舊臣之重，顯阿衡之任，太甲嗣位，君道未洽，不能竭忠輔導，而放黜桐宮，事同夷羿，何周公之可擬乎！"郎敷曰："伊尹處人臣之位，不能輔制其君，恐成湯之道墜而莫就，是以居之桐宮，與小人從事，使知稼穡之艱難，然後返天位，此其忠也。"盛曰："伊尹能廢而立之，何不能輔之以至於善乎？若太甲性同桀紂，則三載之間未應便成賢后。如其性本休明，義心易發，當務盡匡規贊之理以弼成君德，安有人臣幽主而據其位哉！且臣之事君，惟力是視，奈何挾智藏仁以成君惡！夫太甲之事，朕已鑒之矣。太甲，至賢之主也，以伊尹歷奉三朝，績無異稱，將失顯祖委授之功，故匿其日月之明，受伊尹之黜，所以濟其忠貞之美。夫非常之人，然後能立非常之事，非常人之所見也，亦猶泰伯之三讓，人無德而稱焉。"敷曰："泰伯三以天下讓，至仲尼而後顯其至德。太甲受謗於天下，遭陛下乃申其美。"因而談讌賦詩，賜金帛各有差。

《册府元龜》卷二二〇《僭偽部・聰識》頁二六三九下至二六四一上

慕容盛時，引中書令常忠等宴于東堂，賜金帛有差。

《册府元龜》卷二三〇《僭偽部・慶賜》頁二七三四下

後燕慕容盛長樂中，引中書令常忠等于東堂，談宴賦詩，賜金帛各有差。又讌群臣于新昌殿。

　　　　《册府元龜》卷二三〇《僭僞部·飲讌》頁二七三五下

　　初，秦王登之弟廣帥衆三千依南燕王德，德以爲冠軍將軍，處
之乞活堡。帥，讀曰率。冠，古玩翻。乞活堡，晉惠帝時諸賊保聚之地。處，
昌吕翻。會熒惑守東井，或言秦當復興，復，扶又翻。廣乃自稱秦王，
擊南燕北地王鍾，破之。是時，滑臺孤弱，德徙滑臺，事見上卷上年。
土無十城，衆不過一萬，鍾既敗，附德者多去德而附廣。德乃留魯
陽王和守滑臺，自帥衆討廣，斬之。帥，讀曰率；下同。

　　　　《資治通鑑》卷一百一十一《晉紀三十三·安帝隆安三年》頁
三四八九

　　是月，氐人李辯叛慕容德，求援於鄴行臺尚書和跋，跋輕騎往
應之，克滑臺，收德宫人府藏；又破德桂林王鎮及郎吏將士千餘人。

　　　　《魏書》卷二《太祖紀第二》頁三五

　　慕容德使兄子和守滑臺，和長史李辨殺和，求援於跋。跋率輕
騎赴之。既至，辨悔，閉門拒守。跋使尚書郎鄧暉説之，辨乃開門。
跋入，收其府藏。德聞之，遣將率三千騎，擊跋。跋逆擊，大破之，
擒其將士千餘人而還。

　　　　《魏書》卷二十八《列傳第十六·和跋》頁六八一

　　是月，氐人李辯叛慕容德，求援於鄴。行臺尚書和跋以輕騎應
之，剋滑臺，收德宫人府藏。

　　　　《北史》卷一《魏本紀第一·太祖道武皇帝》頁一九

以破慕容德軍，改封定陵公。

　　　　　　　《北史》卷二十《列傳第八·和跋》頁七五八

　　慕容德使兄子和守滑臺，和長史李辯殺和，求援於跋。跋率輕騎赴之。既至，辯悔，閉門拒守。跋使尚書郎鄧暉説之，辯乃開門。跋入，收其府藏。德聞之，遣將率三千騎，擊跋。跋逆擊，大破之，擒其將士千餘人而還。

　　　　　《册府元龜》卷三五二《將帥部·立功五》頁四一八二下

　　（和跋）又逆擊慕容德，大破之。擒其將士千餘人，改爲定陵公。
　　　　　《册府元龜》卷三八一《將帥部·襃異七》頁四五二六下

　　燕主寶之至黎陽也，事見上卷上年。魯陽王和長史李辯勸和納之，和不從。辯懼，故潛引晉軍至管城，事亦見上卷上年。欲因德出戰而作亂。既而德不出，辯愈不自安。及德討苻廣，辯復勸和反，復，扶又翻；下可復同。和不從，辯乃殺和，以滑臺降魏。降，下江翻。魏行臺尚書和跋在鄴，帥輕騎自鄴赴之，騎，奇寄翻。既至，辯悔之，閉門拒守。跋使尚書郎鄧暉説之，鄧暉，魏之鄴臺尚書郎也。説，輸芮翻。辯乃開門内跋，跋悉收德宮人府庫。德遣兵擊跋，跋逆擊，破之，又破德將桂陽王鎮，將，即亮翻。俘獲千餘人。陳、潁之民多附於魏。陳、潁，陳郡、潁川也。

　　　《資治通鑑》卷一百一十一《晉紀三十三·安帝隆安三年》頁三四八九

　　是月，氐人李辯叛慕容德，求援於鄴。行臺尚書和跋以輕騎應之,剋滑臺,收德宮人府藏。

　　《通志》卷十五上《後魏紀十五上·太祖道武皇帝》頁二七三上

　　以破慕容德軍,改封定陵公。

　　　　《通志》卷一百四十六《列傳五十九·和跋》頁二三〇九中

　　其後南燕慕容德建都於此。慕容德初議所都,尚書潘聰曰:"青齊沃壤,號曰'東秦'。土方二千,[五五]四塞之固,負海之饒,可謂用武之國。廣固者,曹嶷之所營,山川險峻,足爲帝王之都。"從之。

【校勘記】

〔五五〕土方二千　"二千"原作"千里",據《晉書·慕容德載記》三一六六頁及北宋本改。

　　《通典》卷第一百八十《州郡十·古青州·北海郡》頁四七七〇、四七九〇

　　崔鴻《十六國春秋·南燕録》曰:慕容德初議所都,尚書潘聰曰:"青齊沃壤,號曰東秦,土方二千里,四塞之固,負海之饒,可謂用武之國。廣固者,曹嶷之所營,山川險峻,足爲王者之都。"從之。

　　　　《太平御覽》卷一六〇《州郡部六·青州》頁七七七下

　　《晉書·慕容超載記》曰:水戰,國之所短,吳之所長。

　　　　《太平御覽》卷三一五《兵部四六·水戰》頁一四五〇上

　　南燕右衛將軍慕容雲斬李辯,帥將士家屬二萬餘口出滑臺赴德。帥,讀曰率。德欲攻滑臺,韓範曰:"嚮也魏爲客,吾爲主人;今也吾爲客,魏爲主人。人心危懼,不可復戰,復,扶又翻。不如先據一

方,自立基本,乃圖進取。"微韓範之言,德若進攻滑臺,必至喪敗,固不待
慕容超之時也。張華曰:"彭城,楚之舊都,項羽都彭城,故云然。可攻而
據之。"北地王鍾等皆勸德攻滑臺。尚書潘聰曰:"滑臺四通八達之
地,滑臺當河津之要,魏自北渡河而南向晉,從清水入河,秦沿渭順河而下,皆
湊於滑臺。又其城旁無山陵可依,車騎、舟師皆可以騁,故謂之四通八達之地。
北有魏,南有晉,西有秦,居之未嘗一日安也。彭城土曠人稀,平夷
無嶮,且晉之舊鎮,未易可取。易,以豉翻。又密邇江、淮,夏秋多水。
乘舟而戰者,吳之所長,我之所短也。青州沃野二千里,精兵十餘
萬,左有負海之饒,右有山河之固,廣固城曹嶷所築,嶷,魚力翻。地形
阻峻,足爲帝王之都。三齊英傑,思得明主以立功於世久矣。辟閭
渾昔爲燕臣,孝武太元十九年,辟閭渾爲慕容農所破,遂臣於燕。今宜遣辯
士馳説於前,大兵繼踵於後,若其不服,取之如拾芥耳。兼弱攻昧,取
亂侮亡,自三代之時仲虺已有是言,夫子定《書》,弗之删也。後人泥古,專言王
者之師,以仁義行之,若宋襄公可以爲鑒矣。説,輸芮翻。既得其地,然後閉
關養鋭,伺隙而動,此乃陛下之關中、河内也。"用荀彧説魏武之言。伺,
相吏翻。德猶豫未決。沙門竺朗素善占候,竺,朗之俗姓。德使牙門蘇
撫問之,朗曰:"敬覽三策,潘尚書之議,興邦之言也。且今歲之初,
彗星起奎、婁,掃虚、危;彗者,除舊布新之象,奎、婁爲魯,虚、危爲
齊。《晉·天文志》:奎、婁、胃,魯、徐州。虚、危,齊、青州。彗,祥歲翻,又旋芮
翻,又徐醉翻。宜先取兗州,巡撫琅邪,至秋乃北徇齊地,此天道也。"
撫又密問以年世,朗以《周易》筮之曰:"燕衰庚戌,年則一紀,世則
及子。"其後燕亡於義熙六年,歲在上章閹茂。上章,庚也;閹茂,戌也。撫還
報德,德乃引師而南,兗州北鄙諸郡縣皆降之。降,户江翻;下同。德
置守宰以撫之,禁軍士無得虜掠。百姓大悦,牛酒屬路。屬,之欲翻。

　　《資治通鑑》卷一百一十一《晉紀三十三·安帝隆安三年》頁
三四八九至三四九一

甲午，燕大赦。

《資治通鑑》卷一百一十一《晉紀三十三·安帝隆安三年》頁三四九一

魏前河間太守【章：十二行本"守"下有"范陽"二字；乙十一行本同；孔本同；張校同；退齋校同。】盧溥帥其部曲數千家就食漁陽，遂據有數郡。秋，七月，己未，燕主盛遣使拜溥幽州刺史。爲下魏黜張袞、襲禽盧溥張本。帥，讀曰率。使，疏吏翻。

辛酉，燕主盛下詔曰："法例律，公侯有罪，得以金帛贖，戰國時，魏文侯師李悝撰次諸國法，著《法經》。以爲王者之政，莫急盜賊，盜賊須劾捕，故著《網》、《捕》二篇。其輕狡、越城、博戲、假借、不廉、淫侈、踰制，以爲《雜律》一篇。又以其律具其加減。故所著六篇，皆罪名之制也。漢蕭何條益事律《興》、《厩》、《戶》三篇，合爲九篇。魏陳群等采漢律，制《新律》十八篇。集罪例爲《刑名》，冠於律首。《盜律》有劫略、恐猲、和賣買人，科有持質，皆非盜事，分以爲《劫略律》。《賊律》有欺謾、詐僞、踰封、矯制，《囚律》有詐僞、生死，《令丙》有詐自復免，事類衆多，分爲《詐律》。《賊律》有賊伐樹木，殺傷人畜產及諸亡印，《金布律》有毀傷、亡失縣官財物，分爲《毀亡律》。《囚律》有告劾、傳覆，《厩律》有告反、逮受，科有登聞道辭，分爲《告劾律》。《囚律》有繫囚、鞠獄、斷獄之法，《興律》有上獄之事，科有考事、報讞，宜別爲篇，分爲《繫訊斷獄律》。《盜律》有受所監、受財枉法，《雜律》有假借、不廉，《令乙》有呵人受錢，科有使者驗賂，其事相類，分爲《請賕律》。《盜律》有勃辱、強賊，《興律》有擅興徭役，《具律》有出賣，科有擅作脩舍事，分爲《興擅律》。《興律》有乏徭、稽留，《賊律》有儲峙不辦，《厩律》有乏軍、乏興及舊典有奉法不謹、不承用詔書，漢氏施行，不宜復以爲法，別爲之《留律》。秦世舊有厩置、乘傳、副車、食厨，後漢但設騎置，無車馬，而律猶著其文，則爲虛設，故除《厩律》，取其可用合科者爲《郵驛令》。《告劾律》上言變事、令以驚事告急與《興

律》烽燧及科令者,以爲《驚事律》。《盜律》有還贓畀主,《金布律》有罰贖入
責、以呈黃金爲價、《科》有平庸坐贓事,以爲《償贓律》。律之初制,無免坐之
文,張湯、趙禹始作監臨部主見知故縱之例,其見知而故不舉劾,以贖論;其
不見、不知者不坐,科條免坐繁多,宜總爲免例,以省科文,故更定以爲《免坐
律》。晉初賈充定法,就漢九章增十一篇,改舊律爲刑名法例,《辨囚律》爲告
劾、繫訊、斷獄,分《盜律》爲請賕、詐僞、水火、毀亡,因事類爲衛禁、違制,撰
周官爲《諸侯律》,合二十篇。孔穎達曰:古之贖罪皆用銅,漢始改用黃金,但
少其斤兩,令與金相敵。漢及後魏,贖罪皆用黃金,後魏以金難得,合金一兩,
收絹十匹。今律乃復依古贖銅。此不足以懲惡而利於王府,甚無謂也。
自今皆令立功以自贖,勿復輸金帛。復,扶又翻。

　　《資治通鑑》卷一百一十一《晉紀三十三·安帝隆安三年》頁三
四九二至三四九三

　　慕容盛遼西太守李朗,舉郡內屬。

　　　　　　　　　　　　《魏書》卷二《太祖紀第二》頁三六

　　十六國後燕慕容盛據遼東,其遼西太守李朗陰引後魏軍,[八六]
上表請發兵以拒寇。盛曰:“此必詐也。”召其使而詰之,果驗,滅其
族,遣將李旱率騎討之。[八七]師次建安,召旱旋師。朗聞其家被誅
也,[八八]擁三千餘戶以自固。[八九]及聞旱中路而還,謂有內變,不復
爲備,留其子養守令支,迎魏師於北平。旱候知之,襲剋令支,遣裨
將追朗,及于無終,斬之。盛謂群臣曰:“前以追旱還者,[九十]朗新
爲叛逆,必忌官威,一則鳩合同類,劫害良善,二則亡竄山澤,未可
卒平,故非意而還,以盈其怠,卒然掩之,必剋之理也。”群臣皆曰:
“非所及也。”

【校勘記】

〔八六〕李朗陰引後魏軍　"陰"原脱,據《晉書·慕容盛載記》三一〇二頁及北宋本、傅校本、明抄本、明刻本、王吳本補。

〔八七〕遣將李旱率騎討之　"旱"原作"早",據《晉書·慕容盛載記》三一〇三頁改。下同。

〔八八〕朗聞其家被誅也　"朗"下原有"既","被"原作"盡",據《晉書·慕容盛載記》三一〇三頁及北宋本、明抄本删改。按:明刻本脱"被",王吳本"被"作"已"。

〔八九〕三千餘户　"三"原作"二",據《晉書·慕容盛載記》三一〇三頁改。

〔九十〕前以追旱還者　"以"上原有"所",清人擅增。今據《晉書·慕容盛載記》三一〇三頁及北宋本、傅校本、明抄本、明刻本、王吳本删。

《通典》卷第一百六十一《兵十四·多方誤之》頁四一五二、四一六三

又曰:後燕慕容盛據遼東,其遼西太守李朗陰引後魏軍上表請發兵以拒寇。盛曰:"此必詐也。"召其使而詰之,果驗,盡滅其族。遣將李旱率騎討之,師次建安,召旱旋師。朗聞其家被誅也,擁二千餘户以自固。及聞旱中路而還,謂有内變,不復爲備,留其子養守令支,迎魏師于北平。旱候知之,襲剋令支,遣裨將追朗,及于無支,斬之。盛謂群臣曰:"前以追旱還者,朗新爲叛逆,必忌官威。一則鳩合同類,劫害良善;二則亡竄山澤,未可卒平,故非意而還,以盈怠其志,卒然掩之,必剋之理也。"群臣皆曰:"非所及也。"

《太平御覽》卷二八六《兵部一七·機略五》頁一三二四下

　　遼西太守李朗在郡十年，威制境內，盛疑之，累徵不赴。以母在龍城，未敢顯叛，乃陰引魏軍，將爲自安之計，因表請發兵以距寇。盛曰：“此必詐也。”召其使而詰之，果驗。

　　　　《册府元龜》卷二二〇《僭僞部・聰識》頁二六三九下

　　燕遼西太守李朗在郡十年，威行境內，燕遼西郡治令支。恐燕主盛疑之，累徵不赴。以其家在龍城，未敢顯叛，陰召魏兵，許以郡降魏；降，戶江翻；下同。遣使馳詣龍城，廣張寇勢。盛曰：“此必詐也。”召使者詰問，詰，去吉翻。果無事實。盛盡滅朗族；丁酉，遣輔國將軍李旱討之。

　　　　《資治通鑑》卷一百一十一《晉紀三十三・安帝隆安三年》頁三四九四

　　燕李旱行至建安，燕主盛急召之，群臣莫測其故。九月，辛未，復遣之。李朗聞其家被誅，被，皮義翻。擁二千餘戶以自固；及聞旱還，謂有內變，不復設備，復，扶又翻。留其子養守令支，應劭曰：令，音鈴；師古曰：音郎定翻。孟康曰：支，音祇；裴松之其兒翻。自迎魏師於北平。前漢北平郡治平剛，後漢治土垠，晉治徐無，後魏治盧龍。壬子，旱襲令支，克之，遣廣威將軍孟廣平追及朗於無終，斬之。無終，春秋無終之國，自漢以來，爲縣，屬右北平。劉昫曰：唐薊州玉田縣，漢無終縣地。

　　　　《資治通鑑》卷一百一十一《晉紀三十三・安帝隆安三年》頁三四九六

　　逞之內徙也，終慮不免，乃使其妻張氏與四子留冀州，令歸慕容德，遂奔廣固。

　　　　《魏書》卷三十二《列傳第二十・崔逞》頁七五八

　　初，逞之内徙，終慮不免，乃使其妻張氏與四子歸慕容德於廣固，獨與小子頤在代京。

　　　　　　《北史》卷二十四《列傳第十二·崔逞》頁八六八

　　（崔）逞獨與幼子賾【嚴："賾"改"頤"。】詣平城，賾，士革翻。所留妻子遂奔南燕。珪并以是責逞，賜逞死。盧溥受燕爵命，侵掠魏郡縣，殺魏幽州刺史封沓干。

　　　　　　《資治通鑑》卷一百一十一《晉紀三十三·安帝隆安三年》頁三四九五

　　初，逞之内徙，終慮不免，乃使其妻張氏與四子歸慕容德於廣固，獨與小子頤在代京。

　　　　　　《通志》卷一百四十六《列傳五十九·崔逞》頁二三二二中

　　（慕容）寶敗，歸闕，除給事黃門侍郎、都坐大官、寧朔將軍、章安子。太祖數引見，問以慕容舊事。懿應對疏慢，廢還家……懿撰《燕書》，頗行於世。

　　　　　　《魏書》卷三十二《列傳第二十·封懿》頁七六〇

　　（慕容）寶敗，歸魏，除給事黃門侍郎、都坐大官、章安子。道武引見，問以慕容舊事，懿應對疏慢，廢黜還家……懿撰《燕書》，頗行於世。

　　　　　　《北史》卷二十四《列傳第十二·封懿》頁八九二

　　後魏封懿，道武時自慕容寶民部尚書歸闕，除給事黃門侍郎。帝數引見，問以慕容舊事，懿應對疏慢，廢還家。

　　　　　　《册府元龜》卷四八一《臺省部·譴責》頁五七三九上

（封懿）撰《燕書》，頗行於世。

　　　《册府元龜》卷五五六《國史部·採撰二》頁六六七六上

　　燕主寶之敗也，中書令、民部尚書封懿降於魏。珪以懿爲給事黃門侍郎、都坐大官。魏官有三都大官：都坐大官、外都大官、内都大官。坐，徂卧翻。珪問懿以燕氏舊事，懿應對疏慢，亦坐廢於家。珪蓋自疑，以爲衣冠之士慢之也。

　　　《資治通鑑》卷一百一十一《晉紀三十三·安帝隆安三年》頁三四九五

　　（慕容）寶敗，歸魏，除給事黃門侍郎、都坐大官，封章安子。道武引見，問以慕容舊事，懿應對疏慢，廢黜還家……懿撰《燕書》，頗行於世。

　　　《通志》卷一百四十六《列傳五十九·封懿》頁二三二三中

　　慕容德陷青州，害龍驤將軍辟閭渾，遂僭即皇帝位于廣固。[①]

　　　《晉書》卷十《帝紀第十·安帝》頁二五一至二五二

　　六月，鮮卑攻没青州。

　　　《宋書》卷二十五《志第十五·天文三》頁七二七

　　南燕慕容德都廣固。

　　　《初學記》卷第二十四《居處部·都邑第一》頁五六二

---

①德即帝位於次年。

其後青、兖陷於慕容德，安帝國諱改焉。崇安三年，^{〔三六〕}德據之，殺幽州刺史辟閭渾，時鎮廣固，^{〔三七〕}即今北海郡也。

【校勘記】

〔三六〕崇安三年　“崇安”即“隆安”，《通典》避玄宗諱改。下同。

〔三七〕時鎮廣固　“鎮”下原有“守”，據傅校本、明抄本、明刻本、朝鮮本刪。

《通典》卷第一百七十一《州郡一·序目上》頁四四六〇、四四七三

其青州又爲慕容德所據，復改爲青州，慕容超移青州於東萊。

《通典》卷第一百八十《州郡十·古青州》頁四七六九

（慕容）德平青州，王莒城，渤海太守封孚出降。德曰：“朕平青州，不以爲慶，嘉於得卿也。”常外總機事，内參密謀。

《册府元龜》卷二二七《僭僞部·倚任》頁二七一一下

先是，封孚幼而聰敏和裕，有士君子之稱。慕容寳僭位，累遷吏部尚書。及蘭汗之篡，南奔辟閭渾，渾表爲渤海太守。德至莒城，孚出降。德曰：“朕平青州，不以爲慶，喜於得卿也。”

《册府元龜》卷二二八《僭僞部·禮士》頁二七二〇上

南燕王德遣使説幽州刺史辟閭渾，欲下之；晉氏南渡，僑立幽、冀、青、并四州於江北；秦圍幽州刺史田洛于三阿，是其證也。孝武太元之季，復取齊地，徙幽、冀二州於齊，是後鎮齊者，率領青、冀二州刺史。渾領幽州刺史，蓋自北而南，未純爲晉臣，使領幽州而鎮廣固也。説，輸芮翻。渾不從；德遣北地王鍾帥步騎二萬擊之。帥，讀曰率。德進據琅邪，徐、

兖之民歸附者十餘萬。德自琅邪引兵而北，以南海王法爲兖州刺史，鎮梁父。父，音甫。進攻莒城，守將任安委城走。德以潘聰爲徐州刺史，鎮莒城。莒縣，前漢屬城陽國，後漢屬琅邪，晉分屬東莞郡。將，即亮翻。任，音壬。蘭汗之亂，燕吏部尚書封孚南奔辟閭渾，渾表爲勃海太守；及德至，孚出降，降，户江翻；下同。德大喜曰："孤得青州不爲喜，喜得卿耳！"遂委以機密。北地王鍾傳檄青州諸郡，諭以禍福。辟閭渾徙八千餘家入守廣固，遣司馬崔誕戍薄荀【張："荀"作"苟"。】固，平原太守張豁戍柳泉；薄荀，蓋人姓名，遇亂聚衆保固此地，因以爲名。齊人率謂保聚之地爲固。《漢書·地理志》：北海郡有柳泉侯國，後漢、晉省。誕、豁承檄皆降於德。渾懼，携妻子奔魏，德遣射聲校尉劉綱追之，及於莒城，斬之。渾子道秀自詣德，請與父俱死。德曰："父雖不忠以辟閭渾背燕爲不忠。而子能孝。"特赦之。渾參軍張瑛爲渾作檄，瑛，音英。爲，于僞翻。辭多不遜，德執而讓之。瑛神色自若，徐曰："渾之有臣，猶韓信之有蒯通。通遇漢祖而生，事見十二卷高祖十一年。臣遭陛下而死，比之古人，竊爲不幸耳！"德殺之。遂定都廣固。

《資治通鑑》卷一百一十一《晉紀三十三·安帝隆安三年》頁三四九五至三四九六

慕容德陷青州，害龍驤將軍辟閭渾，遂僭即皇帝位于廣固。

《通志》卷十下《晉紀十下·安皇帝》頁二○九上

慕容德都廣固，謂之南燕。青州。

《通志》卷四十一《都邑略一·十六國都》頁五五五下

房法壽，小名烏頭，清河東武城人也。曾祖諶，仕燕，位太尉掾，隨慕容氏遷于齊，子孫因家之，遂爲東清河繹幕人焉。

　　《北史》卷三十九《列傳第二十七·房法壽》頁一四一四至一四一五

　　房法壽，小名烏頭，清河東武城人也。曾祖諶，仕燕，位太尉掾，隨慕容氏遷于齊，子孫因家之，遂爲東清河繹幕人焉。

　　《通志》卷一百四十九《列傳六十二·房法壽》頁二三八三上

　　曾祖軌，隨慕容德徙青州，因居北海之劇縣。

　　　　《魏書》卷六十八《列傳第五十六·高聰》頁一五二〇

　　曾祖軌，隨慕容德徙青州，因居北海之劇縣。

　　　　《北史》卷四十《列傳第二十八·高聰》頁一四七七

　　曾祖軌，隨慕容德徙青州，因居北海之劇縣。

　　《通志》卷一百四十九《列傳六十二·高聰》頁二三九二中

　　慕容德入青州，以敞爲車騎長史。

　　　　《宋書》卷五十《列傳第十·垣護之》頁一四四八

　　祖牢，仕慕容氏爲上谷太守，陷慕容德，居青州。

　　　　《宋書》卷七十六《列傳第三十六·王玄謨》頁一九七三

　　祖牢，仕慕容氏爲上谷太守，隨慕容德居青州。

　　　　《南史》卷十六《列傳第六·王玄謨》頁四六四

曾祖牢，爲司空劉琨參軍。琨敗，避地遼東，爲慕容廆車騎長史，遷上谷太守，後隨慕容德，居青州。武帝平廣固，遷居下邳。

《通志》卷一百三十一《列傳四十四·王玄謨》頁二〇七五中

後燕慕容盛僭稱燕王，遣輔國將軍李旱討遼西，及還聞盛殺其將魏雙，懼，棄軍奔走。既而歸罪，復其爵位。盛謂侍中孫勍曰："早總三軍之任，荷專征之重，不能杖節死，緩無故逃亡，考之軍正，不赦之罪也。然當先帝之避難，眾情離貳，骨肉忘其親，股肱失忠節。早以刑餘之體，效力盡命，忠款之至，精貫白日。朕故錄其忘身之功，免其丘山之罪。"

《册府元龜》卷二二六《僭僞部·寬恕》頁二六九五下

冬，十月，甲午，燕中衛將軍衛雙有罪，賜死。李旱還，聞雙死，懼，棄軍而亡，至板陘，陘，音刑。復還歸罪。復，扶又翻。燕主盛復其爵位，謂侍中孫勍曰："早爲將而棄軍，罪在不赦。勍，渠京翻。將，即亮翻。然昔先帝蒙塵，骨肉離心，公卿失節，惟旱以宦者忠勤不懈，始終如一，事見上卷二年。故吾念其功而赦之耳。"

《資治通鑑》卷一百一十一《晉紀三十三·安帝隆安三年》頁三四九七

十有二月甲午，慕容盛征虜將軍、燕郡太守高湖，率戶三千內屬。

《魏書》卷二《太祖紀第二》頁三六

（慕容）寶走和龍，兄弟交爭，湖見其衰亂，遂率戶三千歸國。

《魏書》卷三十二《列傳第二十·高湖》頁七五一

（高）隱生慶，慶生泰，泰生湖，三世仕慕容氏。及慕容寶敗，國亂。湖率衆歸魏，爲右將軍。

　　　　《北史》卷六《齊本紀上第六·高祖神武皇帝》頁二〇九

（高）隱生慶，慶生泰，泰生湖，三世仕慕容氏。及慕容寶敗，國亂，湖率衆歸魏，爲右將軍。

　　　　《北齊書》卷一《帝紀第一·神武上》頁一

（慕容）寶燕郡太守高湖率户三千歸國，帝賜爵東阿侯，加右將軍，總代東諸部。

　　　　《册府元龜》卷一六三《帝王部·招懷一》頁一九七〇下

十二月，甲午，燕燕郡太守高湖帥户三千降魏。湖，泰之子也。爲後高歡簒魏張本。降，户江翻。

　　　　《資治通鑑》卷一百一十一《晉紀三十三·安帝隆安三年》頁三四九九

（高）隱生慶，慶生泰，泰生湖，三世仕慕容氏。及慕容寶敗，國亂。湖率衆歸魏，爲右將軍。

　　　　《通志》卷十六《北齊紀十六·高祖神武皇帝》頁三〇七上

丙午，燕主盛封弟淵爲章武公，虔爲博陵公，子定爲遼西公。
丁未，燕太后段氏卒，謐曰惠德皇后。

　　　　《資治通鑑》卷一百一十一《晉紀三十三·安帝隆安三年》頁三四九九

　　是歲,燕主盛以河間公熙爲都督中外諸軍事、尚書左僕射,領中領軍。

　　《資治通鑑》卷一百一十一《晉紀三十三·安帝隆安三年》頁三五〇六

　　與朗法師書　　　　　　南燕主慕容德

　　皇帝敬問太山朗和尚,遭家多難,灾禍屢臻。昔在建熙,王室西越,賴武王中興,神武御世,大啓東夏,拯拔區域,遐邇蒙蘇,天下幸甚。天未忘灾,武王即宴,永康之始,西傾東蕩,京華主上播越。每思靈闕,屏營飲淚。朕以無德,生在亂兵,遺民未幾,繼承天祿。幸和尚大恩,神祇蓋護,使者送絹百匹,并假東齊王奉高、山茌二縣封給。書不盡意,稱朕心焉。

　　答南燕主慕容德書　　　釋僧朗

　　僧朗頓首。陛下龍飛,統御百國,天地融溢,皇澤載賴,善逢高鑒,惠濟黔首,蕩平之期,何憂不一? 陛下信向三寶,恩旨殊隆。貧道味静深山,豈臨此位? 且領民户興造靈刹,所崇像福,冥報有所歸。僧朗頓首頓首。

　　　　　　　　　　　《廣弘明集》卷二十八上《啓福篇第八》

公元四〇〇年　東晉安帝隆安四年　北魏道武帝天興三年　後燕昭武帝長樂二年　南燕獻武帝建平元年

　　(慕容盛)後去皇帝之號,稱庶人大王。引見百寮于東堂,考詳器藝,超拔者十有二人。命有司舉文武之士才堪佐世者各一人。

　　　　　　《册府元龜》卷二二九《僭僞部·政治》頁二七二四上

春,正月,壬子朔,燕主盛大赦,自貶號爲庶人天王。

魏材官將軍和跋【嚴:"跋"改"突"。】漢置材官將軍,領郡國材官士以出征,師還則省。晉、魏以後,置材官將軍,主工匠、土木之事,則漢右校令之任也。襲盧溥於遼西,戊午,克之,溥附燕,見上年。禽溥及其子焕送平城,車裂之。燕主盛遣廣威將軍孟廣平救溥不及,斬魏遼西守宰而還。

《資治通鑑》卷一百一十一《晉紀三十三・安帝隆安四年》頁三五〇六至三五〇七

朝廷置幽州,以别駕辟閭渾爲刺史,鎮廣固。隆安四年,爲慕容德所滅,遂都之,是爲南燕,復改爲青州。德以并州牧鎮陰平,幽州刺史鎮發干,徐州刺史鎮莒城,青州刺史鎮東萊,兗州刺史鎮梁父。

《晉書》卷十五《志第五・地理下》頁四五〇至四五一

慕容建國,二代而亡。

《通典》卷第一百八十《州郡十・古青州・風俗》頁四七七七

慕容德依廣固之險,而爲南燕。

《册府元龜》卷二一九《僭僞部・總序》頁二六二一下

四年,僭即皇帝位於南郊。大赦,改元爲建平。在位五年,兄子超嗣位。

《册府元龜》卷二一九《僭僞部・年號》頁二六三四下

南燕慕容德僭即帝位于廣固,設行廟於宫南,遣使奉策告成。

《册府元龜》卷二二四《僭僞部・奉先》頁二六七六上

及僭即帝位,以慕容鍾爲司徒。鍾字道明,德從弟也。臨難對敵,智勇兼濟,累進奇策,德用之頗中。繇是政無大小,皆以委之,遂爲佐命元勳。

《册府元龜》卷二二四《僭僞部・宗族》頁二六八二下

南燕慕容德,晉隆安四年僭立爲燕王,大赦境内殊死已下,稱元年。四年,僭即皇帝位于南郊,大赦。

《册府元龜》卷二二六《僭僞部・恩宥》頁二六九八上

南燕慕容德僭即帝位,以慕容鍾爲司徒。累進奇策,德用之頗中。繇是政無大小,皆以委之,遂爲佐命元勳。

《册府元龜》卷二二七《僭僞部・倚任》頁二七一一下

南燕慕容德既僭帝位,建立學官,簡公卿以下子弟及二品士門二百人爲太學生。

《册府元龜》卷二二八《僭僞部・崇儒》頁二七一五上

南燕慕容德僭即帝位。

《册府元龜》卷二二八《僭僞部・禮士》頁二七二〇上

南燕慕容德僭即位於廣固,遣其度支尚書封愷、中書侍郎封逞觀省風俗,所在大饗將士。

《册府元龜》卷二二九《僭僞部・政治》頁二七二四下

是歲,南燕王德即皇帝位于廣固,德,字玄明,皝之少子也。大赦,改元建平。更名備德,更,工衡翻。欲使吏民易避。易,以豉翻。追謚燕主暐曰幽皇帝。以北地王鍾爲司徒，慕興拔爲司空，封孚爲左僕射，慕興護爲右僕射。立妃段氏爲皇后。

《資治通鑑》卷一百一十一《晉紀三十三·安帝隆安四年》頁三五一六

《慕容盛載記》曰：尚書左僕射領中軍熙從征句驪、契丹，皆勇冠諸將。

《太平御覽》卷二七五《兵部六·良將上》頁一二八四下

後燕慕容盛，垂之庶孫。盛之僭位，征高句驪、契丹，慕容熙從征，皆勇冠諸將。盛曰："叔父雄果英壯，有世祖之風，但弘略不如耳。"

《册府元龜》卷二二六《僭僞部·知人》頁二六九四上

（慕容盛）嘗率衆三萬伐高句驪，襲其新城、南蘇，皆剋之，散其積聚，徙其五千餘户於遼西。

《册府元龜》卷二三一《僭僞部·征伐》頁二七五二上

慕容衆黨率衆三萬伐高句驪，襲其新城、南蘇，皆剋之，散其積聚，徙其五千餘户于遼西。

《册府元龜》卷四八六《邦計部·遷徙》頁五八一七下至五八一八上

高句麗王安事燕禮慢；句，如字，又音駒。麗，力知翻。二月，丙申，燕王盛自將兵三萬襲之，將，即亮翻。以驃騎大將軍熙爲前鋒，拔新城、南蘇二城，開境七百餘里，徙五千餘户而還。還，從宣翻，又如字。

熙勇冠諸將,盛曰:"叔父雄果,有世祖之風,慕容垂廟號世祖。冠,古玩翻;下同。但弘略不如耳!"

《資治通鑑》卷一百一十一《晉紀三十三·安帝隆安四年》頁三五〇七

三月戊午,立皇后慕容氏。

《魏書》卷二《太祖紀第二》頁三六

道武皇后慕容氏,寶之季女也。中山平,入充掖庭,得幸。左丞相衛王儀等奏請立皇后,帝從群臣議,令后鑄金人,成,乃立之,告於郊廟。封后母孟爲漂陽君。[六]後崩。

【校勘記】

[六]封后母孟爲漂陽君 《御覽》同卷六七七頁、《冊府》卷一四一一七一八頁"漂"作"溧",疑是。

《魏書》卷十三《皇后列傳第一·道武皇后慕容氏》頁三二五、三四二

三月戊午,立皇后慕容氏。

《北史》卷一《魏本紀第一·太祖道武皇帝》頁二〇

道武皇后慕容氏,寶之季女也。中山平,入充掖庭,得幸。左丞相、衛王儀等奏請立皇后,帝從儀,令后鑄金人成,乃立之。封后母孟爲溧陽君。[七]後崩。

【校勘記】

[七]封后母孟爲溧陽君 各本及《魏書》"溧"作"漂",汲本及《御覽》、《冊府》卷一四一一七一八頁作"溧"。按"漂陽"無此地名,

今從汲本。

　　《北史》卷十三《列傳第一·后妃上·魏·道武皇后慕容氏》頁
四九二、五〇九

　　三年三月，立皇后慕容氏。
　　《太平御覽》卷一〇一《皇王部二六·太祖道武皇帝》頁四八
四下

　　《後魏書》曰：道武皇后，慕容寶之季女也。中山平，後入掖
庭，得幸。左丞相衛王儀等奏請立后，帝從群臣議。后鑄金人，成，
乃立之，告於郊廟。封后母孟爲溧陽君，後崩。
　　《太平御覽》卷一三九《皇親部五·道武慕容皇后》頁六七七上

　　後魏道武慕容皇后立，母孟爲溧陽君。
　　　　《冊府元龜》卷一四一《帝王部·尊外戚》頁一七一八下

　　初，魏主珪納劉頭眷之女，寵冠後庭，生子嗣。及克中山，克中
山見一百九卷隆安元年。獲燕主寶之幼女。將立皇后，用其國故事，鑄
金人以卜之，劉氏所鑄不成，慕容氏成，三月，戊午，立慕容氏爲皇后。
《北史》曰：魏故事，將立皇后，必令手鑄金人，以成者爲吉，不則不得立也。
　　《資治通鑑》卷一百一十一《晉紀三十三·安帝隆安四年》頁三
五〇七

　　三月戊午，立皇后慕容氏。
　　《通志》卷十五上《後魏紀十五上·太祖道武皇帝》頁二七
三中

道武皇后慕容氏，寶之季女也。中山平，入充掖庭，得幸。左丞相、衛王儀等奏請立皇后，帝從議，令后鑄金人成，乃立之。封后母孟爲溧陽君。後崩。

　　《通志》卷二十《后妃傳二·道武皇后慕容氏》頁三九四中

辛卯，燕襄平令段登等謀反，誅。

　　《資治通鑑》卷一百一十一《晉紀三十三·安帝隆安四年》頁三五〇八

燕前將軍段璣，太后段氏之兄子也，爲段登辭所連及，五月，壬子，逃奔遼西。爲後段璣等弒盛張本。盛懲蘭汗，嚴刑以繩下，亦終於身死人手。人而不仁，疾之已甚，亂也。

　　《資治通鑑》卷一百一十一《晉紀三十三·安帝隆安四年》頁三五一〇

戊寅，燕段璣復還歸罪；復，扶又翻。燕王盛赦之，賜號曰思悔侯，使尚公主，入直殿內。

　　《資治通鑑》卷一百一十一《晉紀三十三·安帝隆安四年》頁三五一〇

壬辰，燕主盛立燕臺，統諸部雜夷。二趙以來，皆立單于臺以統雜夷，盛仍此立之。

　　《資治通鑑》卷一百一十一《晉紀三十三·安帝隆安四年》頁三五一六

慕容寶走，乃歸闕。以使江南稱旨，拜尚書郎。後爲博士。初，太祖以慕容垂諸子分據勢要，權柄推移，遂至亡滅；且國俗敦樸，嗜欲寡少，不可啓其機心，而導其巧利，深非之。表承指上《韓非書》二十卷，太祖稱善。

　　　　　　《魏書》卷三十三《列傳第二十一·公孫表》頁七八二

慕容寶走，乃歸，爲博士。初，道武以慕容垂諸子分據勢要，權柄推移，遂至亡滅，表詣闕上《韓非書》二十卷，道武稱善。

　　　　　　《北史》卷二十七《列傳第十五·公孫表》頁九七四

（拓跋）珪常以燕主垂諸子分據勢要，使權柄下移，遂至敗亡，深非之。博士公孫表希旨，上《韓非書》，上，時掌翻。勸珪以法制御下。

　　　　　　《資治通鑑》卷一百一十一《晉紀三十三·安帝隆安四年》頁三五一六

慕容寶走，乃歸，爲博士。初，道武以慕容垂諸子分據勢要，權柄推移，遂至亡滅，表詣闕上《韓非書》二十卷，道武稱善。

　　　　　　《通志》卷一百四十七《列傳六十·公孫表》頁二三三五中

慕容盛，寶之庶長子，僭位，立其子遼西公定爲太子。

　　　　　　《册府元龜》卷二二五《僭僞部·世子》頁二六九二上

其後立子遼西公爲太子，赦殊死已下。

　　　　　　《册府元龜》卷二二六《僭僞部·恩宥》頁二六九八上

丁酉，燕王盛尊獻莊后丁氏爲皇太后；立遼西公定爲皇太子；大赦。

　　《資治通鑑》卷一百一十一《晉紀三十三·安帝隆安四年》頁三五一六

　　張詮《南燕書》曰：慕容德以右僕射封嵩爲左僕射，尚書韓諆爲右僕射。時嵩、諆並年三十。又以嵩弟融爲西中郎將，諆弟軌爲東中郎將，嵩等俱拜，帝臨軒詔令四人同入，嵩等升殿方謝。帝顧曰："躍二龍於長衢，騁雙驥於千里。"朝野榮之。

　　　　《初學記》卷第十一《職官部上·僕射第四》頁二六二

　　《南燕書》曰：慕容德以右僕射封嵩爲左僕射，尚書韓諆爲右僕射。時嵩、諆並年三十。又以嵩弟蝸爲西中郎將，諆弟軌爲中郎將，嵩等俱拜，帝臨軒，詔令四人同入，嵩等升殿方謝。帝顧曰："躍二龍於長衢，騁雙驥於千里。"朝野榮之。

　　　　《太平御覽》卷二一一《職官部九·左右僕射》頁一○一一下

　　南燕慕容玄明，以建平元年，作刀四口，文曰"建平"，隸書。

　　　　　　　　　　　《古今刀劍錄》頁九正

　　又曰：南燕慕容玄明建平元年造刀四口，文曰"建平"，隸書。

　　　　《太平御覽》卷三四六《兵部七七·刀下》頁一五九二上

　　《三十國春秋》曰：燕徵其東萊太守王鸞。鸞身長九尺，腰帶十圍，貫甲跨馬，不據鞍由鐙。燕王德見而奇其魁偉，賜之食，一進一斛餘。德驚曰："所噉如此，非耕而能飽？但才貌不凡，堪爲貴人，可以一縣試之。"縣是拜逢陵長,甚有治績。

　　《太平御覽》卷三七七《人事部一八·長中國人》頁一七四
一上

　　又《南燕録》曰:濟南尹鸞,身長九尺,腰帶十圍,貫甲跨馬,不
據鞍由蹬。慕容德見而奇其魁偉,賜之以食,一進斛餘。德驚曰:
"所噉如此,非耕能飽,且才兒不凡,堪爲貴人,可以一縣試之。"於
是拜逢陵長,政理脩明,大收民譽。

　　　　《太平御覽》卷八四八《飲食部六·食中》頁三七九一下

　　崔鴻《南燕録》曰:"慕容德時,銅官令王瓚得古銅鍾四枚於山
穴,獻之列於太極殿前,賜瓚爵關外侯。今案汪輯本《南燕録》一"外"
作"内"。又注云:一作"外",餘同。陳本脱"銅官令"三字,"外"亦作"内"。

　　　《北堂書鈔》卷第一百五十八《地部二·穴篇十三》頁五正

公元四〇一年　　東晉安帝隆安五年　　北魏道武帝天興
四年　　後燕昭武帝長樂三年　　後燕昭文帝光始元年
南燕獻武帝建平二年

　　慕容盛既襲僞位,討庫莫奚,大虜獲而還。

　　　　　《册府元龜》卷二三一《僭僞部·征伐》頁二七五二上

　　秋七月,段璣弒慕容盛,[一四]盛叔父熙盡誅段氏,因僭稱尊號。

【校勘記】

　　〔一四〕段璣弒慕容盛　"段璣",各本作"段興",惟殿本作"段
璣"。據《慕容盛載記》及《御覽》一二五引《後燕録》《通鑑》一一二

均謂段璣與秦興、段泰共同殺盛,則作“段璣”者是,今從殿本。

《晉書》卷十《帝紀第十·安帝》頁二五四、二七二

是歲,慕容盛死,寶弟熙僭立。

《魏書》卷二《太祖紀第二》頁三九

八月,段興殺慕容盛,〔八〕叔父熙盡誅段氏,僭即皇帝位。

【校勘記】

〔八〕段興殺慕容盛　張森楷《北史校勘記》云以後簡稱張森楷云:“《晉書·載記》卷一二四及《後燕錄》並稱段璣殺慕容盛,而無段興其人。唯從璣作亂者有秦興,此或誤合二人爲一人歟?”按張説是。

《北史》卷一《魏本紀第一·太祖道武皇帝》頁二一、三七至三八

慕容熙,垂之少子。嗣立,誅段璣等,赦殊死已下,改年曰光始。在位六年,爲垂養子雲所殺。

《册府元龜》卷二一九《僭僞部·年號》頁二六三三下

慕容熙僭即帝位,僞謚慕容盛昭武皇帝,墓號興平陵,廟號中宗。

《册府元龜》卷二二四《僭僞部·奉先》頁二六七六上

及盛死,其太后丁氏以國多難,宜立長君,意在於熙。遂廢定,迎熙。熙字道文,垂之少子也。

《册府元龜》卷二二五《僭僞部·世子》頁二六九二上

（慕容）熙，垂之子。嗣僞位，赦殊死已下。

《册府元龜》卷二二六《僭僞部・恩宥》頁二六九八上

燕王盛懲其父寶以懦弱失國，務峻威刑，又自矜聰察，多所猜忌，群臣有纖介之嫌，皆先事誅之，先，悉薦翻。由是宗親、勳舊，人不自保。丁亥，左將軍慕容國與殿上【嚴：“上”改“中”。】將軍秦輿、段讚謀帥禁兵襲盛，殿上將軍蓋慕容所置，緣晉之殿中將軍而名官也。帥，讀曰率。事發，死者五百餘人。壬辰夜，前將軍段璣與秦輿之子興、段讚之子泰潛於禁中鼓譟大呼；呼，火故翻。盛聞變，帥左右出戰，帥，讀曰率。賊衆逃潰。璣被創，創，初良翻。匿廂屋間。俄有一賊從闇中擊盛，盛被傷，輦升前殿，申約禁衛，事定而卒。年二十九。慕容盛臨變而整，此其雄略亦有過人者；然以猜忌好殺致斃，則天下之人固非一人可舞其智略而盡殺也。

中壘將軍慕容拔、冗從僕射郭仲白太后丁氏，以爲國家多難，宜立長君。冗，而隴翻。從，才用翻。難，乃旦翻。長，知兩翻。時衆望在盛弟司徒、尚書令、平原公元，而河間公熙素得幸於丁氏，丁氏乃廢太子定，密迎熙入宮。明旦，群臣入朝，朝，直遙翻。始知有變，因上表勸進於熙。熙以讓元，元不敢當。癸巳，熙即天王位，熙，字道文，垂之少子也。捕獲段璣等，皆夷三族。甲午，大赦。丙申，平原公元以嫌賜死。閏月，辛酉，葬盛於興平陵，謚曰昭武皇帝，廟號中宗。丁氏送葬未還，中領軍慕容提、步軍校尉張佛等謀立故太子定，事覺，伏誅，定亦賜死。燕立定爲太子，見上卷四年。丙寅，大赦，改元光始。

《資治通鑑》卷一百一十二《晉紀三十四・安帝隆安五年》頁三

五二七

秋七月，段興弒慕容盛，盛叔父熙盡誅段氏，因僭稱尊號。

　　　　《通志》卷十下《晉紀十下・安皇帝》頁二〇九中

　　（呂）隆遣子弟及文武舊臣慕容筑、楊穎等五十餘家入質于長安。慕容筑，燕宗室也。苻堅滅燕，其宗室悉補邊郡，故筑留河西。筑，張六翻。質，音致；下爲質同。

　　　　《資治通鑑》卷一百一十二《晉紀三十四・安帝隆安五年》頁三五二八

　　八月，段興殺慕容盛，盛叔父熙盡誅段氏，僭即皇帝位。

　　　　《通志》卷十五上《後魏紀十五上・太祖道武皇帝》頁二七三下

　　南燕慕容德建平初譙其群臣。

　　　　《册府元龜》卷二三〇《僭偽部・飲讌》頁二七三五下

　　鞠仲爲慕容德青州刺史。德僭位後，因讌其群臣。酒酣笑而言曰："朕雖寡薄，恭己南面而朝諸侯。在上不驕，夕惕於位，可方自古何等主也？" 仲曰："陛下中興之聖后，少康、光武之儔也。" 帝顧命左右賜仲帛千匹，仲以賜多爲讓。德曰："卿知調朕，朕不知調卿乎！卿餙對非實，故亦以虛言相賞，賞不謬加，何足謝也。"

　　　　《册府元龜》卷六九七《牧守部・邪佞》頁八三二一下

　　南燕主備德宴群臣於延賢堂，備德，本名德，既據齊地，增上一字，名備德。酒酣，謂群臣曰："朕可方自古何等主？" 青州刺史鞠仲曰："陛下中興聖主，少康、光武之儔。" 少，詩照翻。備德顧左右賜仲帛千匹；仲以所賜多，辭之。備德曰：“卿知調朕，朕不知調卿邪！調，徒了翻，又如字，調戲也。卿所對非實，故朕亦以虛言賞卿耳。”韓範進曰：“天子無戲言，今日之論，君臣俱失。”備德大悦，賜範絹五十匹。

　　《資治通鑑》卷一百一十二《晉紀三十四·安帝隆安五年》頁三五二九至三五三〇

　　南燕慕容德僭立於廣固。德母、兄先在長安，遣平原人杜弘如長安問存否。弘曰：“臣至長安，若不奉太后動止，便即西如張掖，以死爲效。臣父雄年踰六十，未沾榮貴，乞本縣之禄，以申烏鳥之情。”張華進曰：“杜弘未行而求禄要利，情深不可使也。”德曰：“吾方散所輕之財，招所重之死，況爲親尊，而可吝乎！且弘爲君迎親，爲父求禄，雖外如要利，内實忠孝。”乃以雄爲平原令。弘至張掖，爲盜所殺，德聞而悲之，厚撫其妻子。

　　《册府元龜》卷二二四《僭僞部·孝友》頁二六七七下

　　（慕容）備德母及兄納皆在長安，備德遣平原人杜弘往訪之。弘曰：“臣至長安，若不奉太后動止，當西如張掖，德仕秦爲張掖太守，其兄納因家于張掖，故弘欲往張掖訪之。以死爲效。臣父雄年踰六十，乞本縣之禄以申烏鳥之情。”慈烏反哺，故云然。李密《陳情表》曰：“烏鳥私情，願乞終養。”中書令張華曰：“杜弘未行而求禄，要君之罪大矣。”要音邀。備德曰：“弘爲君迎母，爲父求禄，爲，于僞翻。忠孝備矣，何罪之有！”以雄爲平原令。弘至張掖，爲盜所殺。

　　《資治通鑑》卷一百一十二《晉紀三十四·安帝隆安五年》頁三五三〇

　　慕容熙以幽州刺史鎮令支，青州刺史鎮新城，并州刺史鎮凡城,營州刺史鎮宿軍,冀州刺史鎮肥如。

　　　　　　《晉書》卷十四《志第四·地理上》頁四二八

　　乙卯,魏虎威將軍宿沓干伐燕,攻令支;令,音鈴,又郎定翻。支,音
祁,又音衹。乙丑,燕中領軍宇文拔救之;壬午,宿沓干拔令支而戍之。
　　《資治通鑑》卷一百一十二《晉紀三十四·安帝隆安五年》頁三
五三〇

　　太祖天興四年春,新興太守上言:"晉昌民賈相,昔年二十二,
爲雁門郡吏,入句注西陘,見一老父,謂相曰:'自今以後四十二年
當有聖人出於北方。時當大樂,子孫永長,吾不及見之。'言終而
過。相顧視之,父老化爲石人。相今七十。下檢石人見存。至帝
破慕容寶之歲,四十二年。"

　　　《魏書》卷一百一十二下《靈徵志八下第十八》頁二九五四

　　天興四年,新興太守上言:"晉昌民賈相,昔年二十二,爲雁門
郡吏,入句注西涇,見一老父,謂相曰:'自今以後四十二年當有聖
人出於北方。時當太平,子孫永長,吾不及見之。'言終而過。相顧
視之,父老化爲石人。相今七十。下檢石人見存。至帝破慕容寶
之歲,四十二年。"

　　　　　《冊府元龜》卷二一《帝王部·徵應》頁二二五上

　　弱冠,自詣慕容熙尚書左丞韓業請婚,業怒而距之。[1]
　　《晉書》卷一百二十五《載記第二十五·馮跋附馮素弗》頁三一
三四

────────────

①以下慕容熙朝諸事,發生時間不詳,今均繫於其登基之年。

馮素弗弱冠,自詣慕容熙尚書左丞韓業請婚,業怒而距之。

　　　《冊府元龜》卷八四三《總録部・知人二》頁一○○○一下

弱冠,自詣慕容熙尚書左丞韓業請婚,業怒而距之。

　　　　　《通志》卷一百九十一《載記六・北燕》頁三○七九上

弱冠,自詣慕容熙尚書左丞韓業請婚,業怒而距之。

　　《十六國春秋輯補》卷一百《北燕録三・馮跋附馮素弗》頁六
八九

弱冠,自詣慕容熙尚書左丞韓業求婚,業怒而拒之。

　　　　屠本《十六國春秋》卷第一百《北燕録三・馮素弗》頁一正

祖鱓,慕容熙樂浪太守。

　　　　　《魏書》卷五十五《列傳第四十三・游明根》頁一二一三

祖鱓,慕容熙樂浪太守。

　　　　　《北史》卷三十四《列傳第二十二・游明根》頁一二五二

祖鱓,慕容熙樂浪太守。

　　　　《通志》卷一百四十八《列傳六十一・游明根》頁二三六三中

父鱓,仕慕容熙樂浪太守。

　　　　屠本《十六國春秋》卷第一百《北燕録三・游幼》頁八正

而馮跋出自中州，有殊醜類，因鮮卑之昏虐，亦盜名於海隅。

　　《晉書》卷一百二十五《載記第二十五·馮跋》頁三一三四至三一三五

後慕容熙僭號，以跋爲殿中左監，稍遷衛中郎將。[六]

【校勘記】

〔六〕稍遷衛中郎將　《北史》卷九三《馮跋傳》作"衛中將軍"。按本書卷九五《慕容垂附慕容熙傳》、《晉書》卷一二五《馮跋載記》並作"中衛將軍"。唯《晉書》卷一二四《慕容熙載記》作"衛中將軍"，與《北史·馮跋傳》合，然《御覽》卷一二五引《十六國春秋·後燕錄》慕容熙條仍作"中衛將軍"。檢《晉書》卷二○《職官志》稱"魏文帝置中衛將軍，晉武帝分爲左右衛將軍"，則中衛將軍舊有此官，晉雖分置左右衛，而後燕則中、左、右並置。這裏本當作"中衛將軍"，先誤倒爲"衛中"，後又訛"將軍"爲"郎將"。

　　《魏書》卷九十七《列傳第八十五·海夷馮跋》頁二一二六、二一五四

崔鴻《十六國春秋·北燕錄》曰：初，後燕帝光始中，丁靈民楊道獵於白鹿山，爲契丹所獲，流漂塞外，至大難北及黎大國，逐水草，以射獵爲業。至十月，乃收葦爲城，水澆令凍，高一丈五尺，東北七八十里，南北二十餘里，名淩城，居於其中。

　　《太平御覽》卷一九二《居處部二○·城上》頁九二七上

《燕書》曰：昭文帝時，左部民得紫璧以獻。

　　《太平御覽》卷八○六《珍寶部五·璧》頁三五八四上

公元四○二年 東晉安帝元興元年 ① 北魏道武帝天興五年 後燕昭文帝光始二年 南燕獻武帝建平三年

五年春正月丁丑,慕容熙遣將寇遼西,虎威將軍宿沓干等拒戰不利,棄令支而還。

《魏書》卷二《太祖紀第二》頁三九

後魏宿沓干爲虎威將軍。道武天興五年正月,慕容熙遣將寇遼西,干等拒戰不利,棄令支而還。

《册府元龜》卷四四二《將帥部·敗衂二》頁五二四八上

丁丑,燕慕容拔攻魏令支戍,克之,宿沓干走,執魏遼西太守那頡。那,諾何翻,姓也。《魏書·官氏志》内入諸姓有那氏。頡,胡結翻。燕以拔爲幽州刺史,鎮令支,以中堅將軍遼西陽豪爲本郡太守。丁亥,以章武公淵爲尚書令,博陵公虔爲尚書左僕射,尚書王騰爲右僕射。

《資治通鑑》卷一百一十二《晉紀三十四·安帝元興元年》頁三五三四

甲戌,燕大赦。

《資治通鑑》卷一百一十二《晉紀三十四·安帝元興元年》頁三五四一

高句麗攻宿軍,宿軍城在龍城東北。句,如字,又音駒。麗,力知翻。

①是年三月仍稱隆安六年,尋改年號爲大亨,次年又改稱元興二年。

燕平州刺史慕容歸棄城走。北燕平州刺史治宿軍。

　　　《資治通鑑》卷一百一十二《晉紀三十四·安帝元興元年》頁三
五四三

　　冬十月,冀州刺史劉軌叛奔于慕容德。
　　　　　　　　　《晉書》卷十《帝紀第十·安帝》頁二五五

　　及尚之戰敗,休之以五百人出城力戰,不捷,乃還城,携子姪奔
于慕容超。
　　　　　《晉書》卷三十七《列傳第七·宗室·司馬休之》頁一一〇九

　　(劉)襲兄冀州刺史軌及寧朔將軍高雅之、牢之子敬宣並奔慕
容德。
　　　　　《晉書》卷九十九《列傳第六十九·桓玄》頁二五九二

　　(劉)軌要敬宣、雅之等共據山陽破之,不剋。又進昌平澗,戰
不利,衆各離散,乃俱奔鮮卑慕容德。
　　　　　《宋書》卷四十七《列傳第七·劉敬宣》頁一四一一

　　敬宣奔喪,哭畢,就司馬休之、高雅之等俱奔洛陽,往來長安,
求救於姚興,後奔慕容德。
　　　　　《南史》卷十七《列傳第七·劉敬宣》頁四七四

　　爲桓玄逼逐,遂奔慕容德。
　　　　　《魏書》卷三十七《列傳第二十五·司馬休之》頁八五三

桓玄、劉裕之際，叔璠與兄國璠北奔慕容超。

　　《魏書》卷三十七《列傳第二十五·司馬叔璠》頁八六〇

天興五年，休之爲荆州刺史，被桓玄逼逐，遂奔慕容德。

　　《北史》卷二十九《列傳第十七·司馬休之》頁一〇四一

桓玄、劉裕之際，叔璠與兄國璠奔慕容超。

　　《北史》卷二十九《列傳第十七·司馬叔璠》頁一〇四六

及兄尚之爲桓玄所敗，休之以五百人出城力戰，不捷，乃還城，携子姪奔于慕容超。

　　《册府元龜》卷二七八《宗室部·領鎮一》頁三二八三下

將軍袁虔之、劉壽、高長慶、郭恭等皆往從之，將奔魏；至陳留南，分爲二輩：軌、休之、敬宣奔南燕，虔之、壽、長慶、恭奔秦。

　　《資治通鑑》卷一百一十二《晉紀三十四·安帝元興元年》頁三五四五

冬十月，冀州刺史劉軌叛奔于慕容德。

　　　　《通志》卷十下《晉紀十下·安皇帝》頁二〇九下

（劉）襲兄冀州刺史軌及寧朔將軍高雅之、牢之子敬宣並奔慕容德。

　　《通志》卷一百三十《列傳四十三·桓玄》頁二〇五三下

敬宣奔喪，哭畢，渡江就司馬休之、高雅之等俱奔洛陽，往來長安,求救於姚興,後奔慕容德。

　　《通志》卷一百三十一《列傳四十四·劉敬宣》頁二〇七六下至二〇七七上

　　桓玄、劉裕之際,叔璠與兄國璠奔慕容超。

　　《通志》卷一百四十七《列傳六十·司馬叔璠》頁二三四六上

　　桓玄率衆來攻休之,力戰不克,乃携子侄奔慕容超。

　　屠本《十六國春秋》卷第六十一《後秦錄九·司馬休之》頁八正

　　燕王熙納故中山尹苻謨二女,燕王寶即位之初,苻謨爲中山尹。長曰娀娥,爲貴人,長,知兩翻。娥,音戎。幼曰訓英,爲貴嬪,貴嬪尤有寵。丁太后怨恚,恚,於避翻。與兄子尚書信謀廢熙立章武公淵;事覺,熙逼丁太后令自殺,葬以后禮,謚曰獻幽皇后。丁太后素與熙通,事見上年。十一月,戊辰,殺淵及信。

　　辛未,熙畋于北原,龍城北原也。石城令高和石城縣,漢屬北平郡,燕屬建德郡。高和本爲石城令,時以大喪會于龍城耳。與尚方兵於後作亂,殺司隷校尉張顯,入掠宮殿,取庫兵,脅營署,閉門乘城。熙馳還,城上人皆投仗開門,盡誅反者,唯和走免。甲戌,大赦。

　　《資治通鑑》卷一百一十二《晉紀三十四·安帝元興元年》頁三五四五

　　南燕有申池。

　　　　《初學記》卷第七《地部下·昆明池第四》頁一四八

明年，入齊城，讌庶老于申池，北登社首山。

　　　　《册府元龜》卷二三〇《僭僞部‧飲讌》頁二七三五下

南燕慕容德立冶於商山，置鹽官於烏常澤，以廣軍國之用。

　　　　《册府元龜》卷四九三《邦計部‧山澤一》頁五八九三下

公元四〇三年　東晉安帝元興二年　北魏道武帝天興六年　後燕昭文帝光始三年　南燕獻武帝建平四年

及故吏趙融自長安來，始知母、兄凶問，德號慟吐血，因而寢疾。

　　　　《册府元龜》卷二二四《僭僞部‧孝友》頁二六七七下至二六七八上

　　南燕主備德故吏趙融自長安來，始得母兄凶問，備德號慟吐血，號，戶刀翻。吐，土故翻。因而寢疾。

　　司隸校尉慕容達謀反，遣牙門皇璆攻端門，璆，渠尤翻。殿中帥侯赤眉開門應之；殿中帥猶晉之殿中三部督也。帥，所類翻。中黃門孫進扶備德踰城匿於進舍。段宏等聞宮中有變，勒兵屯四門。廣固城四門也。備德入宮，誅赤眉等；達出奔魏。

　　備德優遷徙之民，使之長復不役；復，方目翻，復除也。民緣此迭相蔭冒，或百室合户，或千丁共籍，以避課役。尚書韓𧨂請加隱覈，合，音閤。𧨂，竹角翻。隱，度也。覈，實也。隱覈，度其實也。備德從之，使𧨂巡行郡縣，行，下孟翻。得蔭户五萬八千。

　　泰山賊王始聚衆數萬，自稱太平皇帝，署置公卿；南燕桂林王鎮討禽之。

　　　　《資治通鑑》卷一百一十三《晉紀三十五‧安帝元興二年》頁三五四九

後燕有清涼池。

《初學記》卷第七《地部下·昆明池第四》頁一四八

《十六國春秋》云：慕容熙光始三年，築龍騰苑，起景雲臺。已上營州。

《初學記》卷第八《州郡部·河北道第五》頁一七九

南燕慕容熙大築龍騰苑，廣袤十餘里，役徒二萬人。起景雲山于苑内，基廣五百步，峰高十七丈。又起逍遥宫、甘露殿，連房數百，觀閣相交。鑿天河渠，引水入宫。又爲其昭儀苻氏鑿曲光海、清涼池。季夏盛暑，士卒不得休息，喝死者大半。又起承光殿，負土北門，土與穀同價。

《册府元龜》卷二三三《僭僞部·好土功》頁二七七〇上至二七七〇下

五月，燕王熙作龍騰苑，方十餘里，役徒二萬人；築景雲山於苑内，基廣五百步，峰高十七丈。廣，古曠翻。高，古號翻。

《資治通鑑》卷一百一十三《晉紀三十五·安帝元興二年》頁三五五〇

高雅之表南燕主備德，請伐桓玄曰：“縱未能廓清吴、會，亦可收江北之地。”中書侍郎韓範亦上疏曰：“今晉室衰亂，江、淮南北，户口無幾，戎馬單弱。重以桓玄悖逆，重，直用翻。悖，蒲内翻，又蒲没翻。上下離心；以陛下神武，發步騎一萬臨之，彼必土崩瓦解，兵不留行矣。得而有之，秦、魏不足敵也；拓地定功，正在今日。失時不取，彼之豪傑誅滅桓玄，更脩德政，豈惟建康不可得，江北亦無望矣。”備德曰：“朕以舊邦覆没，欲先定中原，乃平蕩荆、揚，故未南征耳。其令公卿議之。”因講武城西，步卒三十七萬人，騎五萬三千匹，車萬七千乘。乘，繩證翻。公卿皆以爲玄新得志，未可圖，乃止。慕容德取青州，至是纔五年耳，有衆如此，不能乘時而用之，自審其才不足以辨桓玄也。

　　《資治通鑑》卷一百一十三《晉紀三十五·安帝元興二年》頁三五五三

　　（慕容熙）其後立貴嬪苻氏爲皇后，赦殊死已下。

　　　　《册府元龜》卷二二六《僭僞部·恩宥》頁二六九八上

　　戊申，燕王熙尊燕主垂之貴嬪段氏爲皇太后。段氏，熙之慈母也。己酉，立苻貴嬪爲皇后，嬪，毗賓翻。大赦。

　　《資治通鑑》卷一百一十三《晉紀三十五·安帝元興二年》頁三五五五

　　燕以衛尉悦真爲青州刺史，鎮新城；光禄大夫衛駒爲并州刺史，鎮凡城。

　　《資治通鑑》卷一百一十三《晉紀三十五·安帝元興二年》頁三五五六

　　又《南燕録》曰：慕容德建平四年，妖賊王始聚衆於太山萊蕪谷，自稱太平皇帝，置署公卿。父固爲太上皇，兄林爲征東，弟秦爲征西，討擒之。將刑焉，市人皆駡之曰：“何爲妖妄，自貽族滅，父兄今並何在？”始曰：“太上皇蒙塵於外，征東征西爲亂兵所害，朕躬雖存，復何聊賴。”其妻趙氏怒之曰：“君正坐口過以至於此，如何臨死猶有狂言？”始曰：“皇后何不達天命？自古及今，豈有不亡之國。”行刑者以刀鐶築之，始曰：“朕當崩，終不改號。”德聞而笑謂左右曰：“熒惑之人，死由狂語，何可不殺。”

　　《太平御覽》卷三九一《人事部三二·笑》頁一八〇八下至一八〇九上

　　又曰：南燕六年，天鳴。是年桓玄廢其主自立，稱大楚。

　　　　《太平御覽》卷八七四《咎徵部一·天鳴》頁三八七八上

　　大集諸生，親臨策試。既而宴饗，乘高遠矚。

　　　　《册府元龜》卷二三〇《僭僞部·飲讌》頁二七三五下

公元四〇四年　東晉安帝元興三年　北魏道武帝天賜元年　後燕昭文帝光始四年　南燕獻武帝建平五年

　　初，太原王元德及弟仲德爲苻氏起兵攻燕主垂，不克，來奔，王叡，字元德；王懿，字仲德；名犯宣、元二帝諱，故以字行。仲德爲燕所敗，渡河依段遼，自遼所來奔。爲，于僞翻。朝廷以元德爲弘農太守。仲德見桓玄稱帝，謂人曰：“自古革命誠非一族，然今之起者恐不足以成大事。”

　　　　《資治通鑑》卷一百一十三《晉紀三十五·安帝元興三年》頁三五五八

　　牢之敗，與廣陵相高雅之俱奔慕容超，[九]夢丸土而服之，既覺，喜曰：“丸者桓也，丸既吞矣，我當復本土也。”

　　【校勘記】

　　〔九〕慕容超　《諸史考異》：以《載記》及《桓玄傳》考之，“慕容超”當作“慕容德”。按：《宋書》、《南史·劉敬宣傳》俱作“慕容德”。

　　《晉書》卷八十四《列傳第五十四·劉敬宣》頁二一九二、二二〇三

　　《續安帝紀》曰：司馬休之奔廣固，慕容超有欲害心，而休之不知。休之常所乘騅馬於牀前養飼，忽連鳴不食，注目視鞍。休之試被之，即不動也。訖還牀坐，馬又驚跳。因試騎視馬，即驟出，裁至門外，奔而馳之。走行數里，休之顧望所住，已有寇至，乘以南奔，殆而獲免。後還荆州，加騅馬揚武之號。

　　　　《太平御覽》卷八九五《獸部七·馬三》頁三九七二下

　　又爲玄所破，乃奔慕容德。敬宣素曉天文，知必有興復晉室者。又夢丸土而服之，既覺，喜曰：“丸者桓也，桓既吞矣，吾復本土乎！乃結青州大姓諸崔并要鮮卑大帥免達謀滅德，推休之爲主。

　　　　《册府元龜》卷七五八《總録部·忠一》頁九〇一九上

　　（劉）牢之敗，（劉敬宣）與廣陵相高雅之俱奔慕容超，夢丸土而服之，既覺，喜曰：“丸者桓也，桓既吞矣，我當復本土也。”

　　　　《册府元龜》卷八九二《總録部·夢徵一》頁一〇五六三下

　　劉敬宣、高雅之結青州大姓及鮮卑豪帥謀殺南燕王備德，帥，所類翻。推司馬休之爲主。備德以劉軌爲司空，甚寵信之。雅之欲邀軌同謀，敬宣曰：“劉公衰老，有安齊之志，不可告也。”雅之卒告之，卒，子恤翻。軌不從。謀頗泄，敬宣等南走，南燕人收軌，殺之，追及雅之，又殺之。敬宣、休之至淮、泗間，聞桓玄敗，遂來歸，敬宣等

奔南燕事見上卷元興元年。劉裕以敬宣爲晉陵太守。

　　《資治通鑑》卷一百一十三《晉紀三十五·安帝元興三年》頁三五六七至三五六八

　　南燕主備德聞桓玄敗，命北地王鍾等將兵欲取江南，會備德有疾而止。昔魯莊公伐齊，納子糾，小白自莒先入，所以有乾時之敗。當此之時，建康已定，使慕容鍾等之師果進，劉裕固有以待之矣。將，即亮翻。

　　《資治通鑑》卷一百一十三《晉紀三十五·安帝元興三年》頁三五六八

　　高閭《燕志》曰：慕容熙造逍遙宮。
　　　　　《初學記》卷第二十四《居處部·宮第三》頁五六九

　　高閭《燕志》曰：慕容熙於苑内起山，基濶數百步，高數丈，鑿渠引水，激入宮中。○今案陳俞諸本皆脱。又穿曲光海清涼池，皆磜以致石，令苻昭儀居之。○嚴氏校云：案方言磑謂之磜，又於磜致二字，旁着兩圈。今案陳俞諸本皆脱。
　　　　　《北堂書鈔》卷第一百六十《地部四·石篇十六》頁十正

　　又《後燕録》曰：慕容熙築龍騰苑，廣袤十餘里，役徒二萬人。又起景靈山苑，内基廣五百步，峰高十七丈。又起逍遙宮、甘露殿，連房數百，觀門相交；鑿天河渠引入宮。
　　　　　《太平御覽》卷一九六《居處部二四·苑囿》頁九四六上

　　燕王熙於龍騰苑起逍遙宮，連房數百，鑿曲光海，盛夏，士卒不得休息，暍死者太半。去年熙起龍騰苑。暍，於歇翻。傷暑也。

　　　《資治通鑑》卷一百一十三《晉紀三十五·安帝元興三年》頁三五七〇

　　　又曰：慕容熙遊于城南，止大柳樹下，若有人呼曰："大王且止。"熙惡之，伐其樹。乃有蛇，長丈餘，從樹中而出。

　　　　　《太平御覽》卷九三三《鱗介部五·蛇上》頁四一四六下

　　　燕苻昭儀有疾，龍城人王榮自言能療之。昭儀卒，卒，子恤翻。燕王熙立榮於公車門，支解而焚之。

　　　《資治通鑑》卷一百一十三《晉紀三十五·安帝元興三年》頁三五七四

　　　燕王熙與苻后遊畋，北登白鹿山，東踰青嶺，《水經注》：大遼水東南過遼東郡房縣西，又右會白狼水，水出右北平白狼縣東南，北屈，逕白鹿山西，即白狼山也。青嶺即青陘，在龍城東南四百餘里。魏收《地形志》，建德郡石城縣有白鹿山祠。南臨滄海而還，滄海在遼西郡海陽縣南。還，從宣翻，又如字。士卒爲虎狼所殺及凍死者五千餘人。

　　　《資治通鑑》卷一百一十三《晉紀三十五·安帝元興三年》頁三五七六至三五七七

　　　高句麗侵燕。句，如字，又音駒。麗，力知翻。

　　　《資治通鑑》卷一百一十三《晉紀三十五·安帝元興三年》頁三五七七

公元四〇五年　東晉安帝義熙元年　北魏道武帝天賜二年　後燕昭文帝光始五年　南燕獻武帝建平六年 南燕末帝太上元年

高閭《燕志》曰：光始五年春，慕容熙與苻后征高麗，至遼東，爲衝車馳道以攻之。

《太平御覽》卷三三六《兵部六七·攻具上》頁一五四三上至一五四三下

燕王熙伐高句麗。句，如字，又音駒。麗，力知翻。戊申，攻遼東；城且陷，熙命將士：“毋得先登，俟翦平其城，朕與皇后乘輦而入。”翦，楚限翻。由是城中得嚴備，不克而還。後齊高緯之攻晉州，亦若是矣。還，從宣翻，又如字。

《資治通鑑》卷一百一十四《晉紀三十六·安帝義熙元年》頁三五七九

崔鴻《十六國春秋·南燕録》曰：鎮南長史悦壽，謂南海王法曰：“向見北海王子，天資弘雅，神爽高邁，始知天族多奇，玉林皆寶。”

《太平御覽》卷八〇四《珍寶部三·玉上》頁三五七三上

南燕慕容法爲慕容德兗州牧。時慕容超初自長安行至梁父，鎮南長史悦壽還謂法曰：“向見北海王子，天資弘雅，神爽高邁，始知天族多奇，玉林皆寶。”法曰：“昔成方遂詐稱衛太子，人莫辨之。此復天族乎！”超聞恚恨，形於言色。法亦怒，處之外館，繇是結憾。及德死，法又不奔喪，超遣使讓焉。法常懼禍，至因此，遂與慕容鍾、段宏等謀亂。

　　　　《冊府元龜》卷九二九《總録部·不知人》頁一〇九五四下

　　初,南燕主備德仕秦爲張掖太守,事見一百二卷海西公太和五年。其兄納與母公孫氏居于張掖。備德之從秦王堅寇淮南也,寇淮南見一百五卷孝武帝太元八年。留金刀與其母別。備德與燕王垂舉兵於山東,張掖太守苻昌收納及備德諸子,皆誅之,公孫氏以老獲免,納妻段氏方娠,未決。獄掾呼延平,備德之故吏也,掾,于絹翻。竊以公孫氏及段氏逃于羌中。段氏生子超,十歲而公孫氏病,臨卒,以金刀授超曰:“汝得東歸,當以此刀還汝叔也。”呼延平又以超母子奔涼。及吕隆降秦,超隨涼州民徙長安。秦徙涼州民事見上卷元興二年。平卒,段氏爲超娶其女爲婦。

　　超恐爲秦人所録,爲,于僞翻。録,采也,收也。爲所收采,則不得歸南燕矣。乃陽狂行乞;秦人賤之,惟東平公紹見而異之,言於秦王興曰:“慕容超姿幹瓌偉,瓌,公回翻。殆非真狂,願微加官爵以縻之。”興召見,與語,超故爲謬對,或問而不答。興謂紹曰:“諺云‘妍皮不裹癡骨’,徒妄語耳。”乃罷遣之。

　　備德聞納有遺腹子在秦,遣濟陰人吳辯往視之,濟,子禮翻。辯因鄉人宗正謙賣卜在長安,以告超。宗正,以官爲氏。超不敢告其母妻,潛與謙變姓名逃歸南燕。行至梁父,父,音甫。鎮南長史悦壽以告兗州刺史慕容法。南燕以法爲兗州刺史,鎮梁父。法曰:“昔漢有卜者詐稱衛太子,見二十三卷漢昭帝始元五年。今安知非此類也!”不禮之。超由是與法有隙。爲超立、法謀反張本。

　　備德聞超至,大喜,遣騎三百迎之。騎,奇寄翻;下同。超至廣固,以金刀獻於備德;備德慟哭,悲不自勝。勝,音升。封超爲北海王,拜侍中、驃騎大將軍、司隸校尉、驃,匹妙翻。開府,妙選時賢,爲之僚佐。備德無子，欲以超爲嗣。超入則侍奉盡歡，出則傾身下士，下，户嫁翻。由是内外譽望翕然歸之。

《資治通鑑》卷一百一十四《晉紀三十六・安帝義熙元年》頁三五八三至三五八四

慕容德死，兄子超嗣僭位。

《晉書》卷十《帝紀第十・安帝》頁二五七

初僭燕王鮮卑慕容德僭號於青州，德死，兄子超襲位，前後屢爲邊患。

《宋書》卷一《本紀第一・武帝上》頁一五

慕容德死，兄子超僭立。

《魏書》卷二《太祖紀第二》頁四二

冬十月，慕容德死。

《北史》卷一《魏本紀第一・太祖道武皇帝》頁二三

女水導川東北流，甚有神焉。化隆則水生，政薄則津竭。燕建平六年，水忽暴竭，玄明惡之，寢病而亡。

《水經注校證》卷二十六《淄水》頁六二五

崔鴻《十六國春秋》曰：南燕慕容超僭位，祠南郊。將登壇，大風暴起，天地晝昏，行宮羽儀皆壞裂。

《太平御覽》卷八七六《咎徵部三・暴風》頁三八八九上

慕容超即位,改元曰太上。

　　　　《册府元龜》卷二一九《僭僞部·年號》頁二六三四下

慕容超嗣叔父德位,僞謚德獻武皇帝。

　　　　《册府元龜》卷二二四《僭僞部·奉先》頁二六七六下

　　慕容超嗣僞位,以慕容鍾爲都督中外諸軍務、録尚書事加青州牧,又以慕容法爲征南都督、徐兖楊南兖四州諸軍事,慕容鎮加開府儀同三司。又有侍中慕容統、右衛慕容根及慕容昱、慕容凝。

　　《册府元龜》卷二二四《僭僞部·宗族》頁二六八二下至二六八三上

　　南燕慕容德僭即皇帝位,立其兄子超爲皇太子。初,德迎超于長安,及至,德夢其父曰:“汝既無子,何不早立超爲太子? 不爾,恐生人心。”寤而告其妻曰:“先帝神明所敕,觀此夢意,吾將死矣。”乃下書立超。其月,德果死,超嗣位。

　　　　《册府元龜》卷二二五《僭僞部·世子》頁二六九二下

　　義熙元年,立兄子超爲太子。大赦境内,子爲父後者,人爵二級。

　　　　《册府元龜》卷二二六《僭僞部·恩宥》頁二六九八上

　　(慕容)超,德之兄子。晉義熙元年,僭即僞位,大赦境内。

　　　　《册府元龜》卷二二六《僭僞部·恩宥》頁二六九八上

慕容超既嗣僞位,大赦境内,封拜各有差。

　　　　《册府元龜》卷二三〇《僭僞部·慶賜》頁二七三四下

南燕慕容德初迎其兄子超于長安，及是而至，德夜夢其父曰：
"汝既無子，何不早立超爲太子？不爾惡人生心。"寤而告其妻曰：
"先帝神明所敕，觀此夢意，吾將死矣。"乃下書以超爲皇太子，大赦
境内，子爲父後者人爵二級，其月死。

　　《册府元龜》卷八九二《總録部・夢徵一》頁一〇五六五上

八月，燕遼西太守邵顔有罪，亡命爲盜；九月，中常侍郭仲討
斬之。

　　汝水竭，"汝"當作"女"。郭緣生《述征記》：齊桓公冢在齊城南二十
里，冢東有女水。或曰：齊桓公女冢在其上，故以名水。女水導川東北流，甚
有神焉；化隆則水生，政薄則津竭。《地理志》：菈頭山，女水所出，東北至臨
菑入鉅淀。鉅淀即漢鉅定地。《晉書・地理志》：女水出齊國東安平縣東北。
南燕主備德惡之，惡，烏路翻。俄而寢疾；北海王超請禱之，備德曰：
"人主之命，短長在天，非汝水所能制也。"固請，不許。

　　戊午，備德引見群臣于東陽殿，見，賢遍翻。議立超爲太子。俄
而地震，百官驚恐，備德亦不自安，還宮。是夜，疾篤，瞑不能言。
段后大呼曰："今召中書作詔立超，可乎？"呼，火故翻。備德開目頷
之。乃立超爲皇太子，大赦。備德尋卒。年七十。爲十餘棺，夜，分
出四門，潛瘞山谷。瘞，一計翻。

　　己未，超即皇帝位，超，字祖明，德兄北海王納之子。大赦，改元太
上。尊段后爲皇太后。以北地王鍾都督中外諸軍、録尚書事，慕容
法爲征南大將軍、都督徐・兖・揚・南兖四州諸軍事，加慕容鎮開
府儀同三司，以尚書令封孚爲太尉，鞠"鞠"，當作"鞠"。仲爲司空，封
嵩爲尚書左僕射。癸亥，虛葬備德於東陽陵，謚曰獻武皇帝，廟號
世宗。

　　超引所親公孫五樓爲腹心。備德故大臣北地王鍾、段宏等皆

不自安,求補外職。超以鍾爲青州牧,宏爲徐州刺史。公孫五樓爲武衛將軍,領屯騎校尉,内參政事。封孚諫曰:"臣聞親不處外,羈不處内。《左傳》申無宇諫楚靈王曰:親不在外,羈不在内。處,昌吕翻。鍾,國之宗臣,社稷所賴;宏,外戚懿望,百姓具瞻;正應參翼百揆,不宜遠鎮外方。今鍾等出藩,五樓内輔,臣竊未安。"超不從。鍾、宏心皆不平,相謂曰:"黃犬之皮,恐終補狐裘也。"《史記》:騶忌相齊,淳于髡謂之曰:"狐裘雖弊,不可補以黃狗之皮。"騶忌曰:"謹受令,請謹擇君子,毋雜小人其間。"五樓聞而恨之。

　　《資治通鑑》卷一百一十四《晉紀三十六·安帝義熙元年》頁三五八六至三五八七

　　慕容德死,兄子超嗣僭位。
　　　　　　《通志》卷十下《晉紀十下·安皇帝》頁二一〇上

　　冬十月,慕容德死。
　　《通志》卷十五上《後魏紀十五上·太祖道武皇帝》頁二七四上

　　十二月,燕王熙襲契丹。契丹本東胡種,其先爲匈奴所破,保鮮卑山。魏青龍中,部酋軻比能桀驁,爲幽州刺史王雄所殺,部衆遂微,逃潢水之南,黃龍之北,後自號曰契丹,種類繁盛。契,欺詰翻。程大昌曰:契丹之契,讀如喫。
　　《資治通鑑》卷一百一十四《晉紀三十六·安帝義熙元年》頁三五八八

　　兄孚,慕容超太尉。
　　　　　　《魏書》卷三十二《列傳第二十·封懿》頁七六〇

兄孚，慕容超太尉。

　　　　《北史》卷二十四《列傳第十二・封懿》頁八九二

兄孚，慕容超太尉。

　　《通志》卷一百四十六《列傳五十九・封懿》頁二三二三中

父華，爲慕容超左僕射。

　　　　《魏書》卷六十一《列傳第四十九・張讜》頁一三六九

父華，慕容超左僕射。

　　　　《北史》卷四十五《列傳第三十三・張讜》頁一六六三

父卿華，慕容超左僕射。

　　《通志》卷一百五十下《列傳六十三下・張讜》頁二四二〇下

曾祖幸，慕容超東牟太守，後率户歸國。

　　　　《魏書》卷六十四《列傳第五十二・張彝》頁一四二七

曾祖幸，慕容超東牟太守，歸魏，賜爵平陸侯，位青州刺史。

　　　　《北史》卷四十三《列傳第三十一・張彝》頁一五七四

公元四〇六年　東晉安帝義熙二年　北魏道武帝
天賜三年　後燕昭文帝光始六年　南燕末帝
太上二年　後秦文桓帝弘始八年

燕王熙至陘北，陘北，冷陘山之北也。陘，音刑。畏契丹之衆，欲還，苻后不聽；戊申，遂棄輜重，重，直用翻。輕兵襲高句麗。

《資治通鑑》卷一百一十四《晉紀三十六·安帝義熙二年》頁三
五八八

南燕封孚渤海人，爲慕容德吏部尚書。德死，超嗣位。政出權
嬖，多違舊章，軌憲日頽，殘虐滋甚。孚屢盡裨救，超不能納也。後
臨軒謂孚曰：“朕於百王可方誰？”孚對曰：“桀紂之主。”超大慚
怒，孚徐步而出，不爲改容。司空鞠仲失色，謂孚曰：“與天子言，何
其亢厲？宜應還謝。”孚曰：行年七十，墓木已拱，惟求死所。”爾竟
不謝。

《册府元龜》卷九○一《總録部·直》頁一○六七三上

南燕主超猜虐日甚，政出權倖，盤于遊畋，盤，樂也，言樂于田獵遊
逸。封孚、韓諱屢諫不聽。丁度曰：諱，竹角翻。超嘗臨軒問孚曰：“朕
可方前世何主？”對曰：“桀、紂。”超慚怒，孚徐步而出，不爲改容。
爲，于僞翻。鞠仲謂孚曰：“與天子言，何得如是！宜還謝。”孚曰：
“行年七十，惟求死所耳！”竟不謝。超以其時望，優容之。

《資治通鑑》卷一百一十四《晉紀三十六·安帝義熙二年》頁三
五八八至三五八九

燕軍行三千餘里，士馬疲凍，死者屬路，屬，之欲翻。攻高句麗木
底城，不克而還。木底城在南蘇之東，唐置木底州。句，如字，又音駒。麗，
力知翻。夕陽公雲傷於矢，且畏燕王熙之虐，遂以疾去官。爲後燕人
弑熙立雲張本。

《資治通鑑》卷一百一十四《晉紀三十六·安帝義熙二年》頁三
五八九

五月，燕主寶之子博陵公虔、上黨公昭，皆以嫌疑賜死。

《資治通鑑》卷一百一十四《晉紀三十六·安帝義熙二年》頁三五八九

慕容超司徒、北地王鍾，右僕射、濟陽王嶷，高都公始，皆來奔。

《晉書》卷一百十八《載記第十八·姚興下》頁二九九一

崔鴻《南燕録》曰：慕容超即位，太后告超曰："左僕射封嵩數遣黃門令牟裳説吾云：'帝非太后所生，依如故法，宜勒兵廢帝，立鍾爲主。' 超命執嵩斬之。嵩請與母別，超曰："汝尚知有母，何意問人之親？" 以五車裂之。

《太平御覽》卷六四五《刑法部一一·轘》頁二八八九下

南燕慕容超僭即帝位。時慕容法鎮梁父，與超有隙。因與慕容鍾、段宏等謀反。超知而徵之，鍾稱疾不赴，於是取其黨侍中慕容統、右衛慕容根、散騎常侍段封誅之，車裂僕射封嵩於東門之外。西中郎將封融奔於魏。超尋遣慕容鎮等攻青州，慕容昱等攻徐州，慕容凝、韓範攻梁父。昱等攻莒城，拔之，徐州刺史段宏奔於魏。封融又集群盜襲石塞城，殺鎮西大將軍餘鬱，青土振恐，人懷異議。慕容凝謀殺韓範，將襲廣固。範知而攻之，凝奔梁父。範并其衆，攻梁父剋之。凝奔姚興，慕容法出奔於魏。慕容鎮剋青州，鍾殺其妻子，爲地道而出，單馬奔姚興。

《册府元龜》卷二三一《僭僞部·征伐》頁二七五三下

南燕公孫五樓欲擅朝權，朝，直遥翻。譖北地王鍾於南燕主超，請誅之。南燕主備德之卒也，卒，子恤翻。慕容法不奔喪，超遣使讓之；使，疏吏翻。法懼，遂與鍾及段宏謀反。超聞之，徵鍾；鍾稱疾不至，超收其黨侍中慕容統等，殺之。征南司馬卜珍告左僕射封嵩數與法往來，疑有姦，超收嵩下廷尉。太后懼，泣告超曰：“嵩數遣黃門令牟常説吾云：‘帝非太后所生，恐依永康故事。’數，所角翻。説，輸芮翻。下，遐稼翻。燕主寶永康元年逼殺其母段氏，事見一百八卷孝武帝太元二十一年。我婦人識淺，恐帝見殺，即以語法，法爲謀見誤，知復何言。”語，牛倨翻。復，扶又翻。超乃車裂嵩。西中郎將封融奔魏。

　　超遣慕容鎮攻青州，慕容昱攻徐州，右僕射濟陽王凝及韓範攻兗州。南燕青州刺史鎮東萊，徐州刺史鎮莒城，兗州刺史鎮梁父。濟，子禮翻。昱拔莒城，段宏奔魏。封融與群盜襲石塞城，殺鎮西大將軍餘鬱，國中振恐。濟陽王凝謀殺韓範，襲廣固，範知之，勒兵攻凝，凝奔梁父；範并將其衆，攻梁父，克之。父，音甫。法出奔魏，凝出奔秦。慕容鎮克青州，鍾殺其妻子，爲地道以出，與高都公始皆奔秦。秦以鍾爲始平太守，凝爲侍中。

　　南燕主超好變更舊制，朝野多不悦；又欲復肉刑，增置烹轘之法，好，呼到翻。更，工衡翻。轘，户慣翻，車裂也。衆議不合而止。

　　冬，十月，封孚卒。慕容超之立，雖非少主，乃國疑而大臣未附之時，超不能推心和輯，使之阻兵，以至於奔亡，超誰與立哉！雖劉裕之兵未至，固知其必滅矣。

　　《資治通鑑》卷一百一十四《晉紀三十六・安帝義熙二年》頁三五九二至三五九三

　　慕容超司徒北地王鍾、右僕射濟陽王嶷、高都公始皆來奔。
　　　　《通志》卷一百九十《載記五・後秦》頁三〇四九中

　　燕王慕容超遣使稱蕃。超司徒北地王鍾、右僕射濟陽王嶷、高都公始皆來奔。

　　　《十六國春秋輯補》卷五十二《後秦録四‧姚興》頁三九九

秋七月，慕容超遣御史中丞封愷來聘，請母及妻，復遣中書令
韓範奉表稱藩。八月，興使員外散騎常侍韋宗報聘於超……慕容
超復使左僕射張華、給事中宗正元獻太樂伎一百二十人於秦，興還
超母妻，厚其資禮而遣之。燕司徒北地王慕容鍾、右僕射濟陽王慕
容凝、高都公慕容始皆來奔。

　　　屠本《十六國春秋》卷第五十七《後秦録五‧姚興中》頁十背

燕王慕容超遣使稱蕃。

　　　《十六國春秋別本》卷五《後秦録‧姚興》頁五背

蕭方等《三十國春秋》曰：高句驪以千里馬、生羆皮、鄣泥獻于
南燕。燕王超大悦，答以水牛、能言鳥。

　　　《太平御覽》卷三五九《兵部九〇‧障泥》頁一六五一上

又曰：南燕慕容超太上二年，無雲而雷。

　　　《太平御覽》卷八七六《咎徵部三‧無雲而雷》頁三八九一下

崔鴻《南燕録》曰：有司奏沙門僧智，夜入臨淄人泠平舍，淫其
寡嫂季氏，平與弟安國殺之。郡縣按平兄弟，以殺人論。而平、國
各引手殺，讓生競死，義形急難。

　　　《初學記》卷第十七《人部上‧友悌第五》頁四二四

《南燕録》曰：有司奏沙門僧知夜入臨淄人冷平舍，淫其寡嫂李

氏。平與弟安國殺之。郡縣按：平兄弟以殺人論，而平、安國各引
手殺，讓生競死，義形急難。

　　　　《太平御覽》卷四一六《人事部五七・友悌》頁一九一八下

公元四〇七年　東晉安帝義熙三年　北魏道武帝天賜
四年　後燕昭文帝建始元年　後燕惠懿帝
正始元年　南燕末帝太上三年　後秦
文桓帝弘始九年

　　春，正月，辛丑朔，燕大赦，改元建始。

　　《資治通鑑》卷一百一十四《晉紀三十六・安帝義熙三年》頁三
五九四

　　三年正月，慕容超寇淮北、徐州，至下邳。

　　　　　　　　《晉書》卷十二《志第二・天文中》頁三五五

　　是時，慕容超僭號于齊，兵連徐兗，連歲寇抄，至于淮泗，姚興、
譙縱僭號秦蜀，盧循及魏南北交侵。

　　　　　　　　《晉書》卷十二《志第二・天文中》頁三五五

　　又，慕容超侵略徐、兗，三年正月，又寇北徐州，至下邳。

　　　　　　　　《晉書》卷十三《志第三・天文下》頁三八三

　　義熙初，慕容超寇下邳，長民遣部將徐琰擊走之，進位使持
節、督青揚二州諸軍事、青州刺史，領晉陵太守，鎮丹徒，本號及公
如故。

　　　　《晉書》卷八十五《列傳第五十五・諸葛長民》頁二二一二

時屬慕容超南侵，無忌言於劉裕曰：“桓胤、殷仲文乃腹心之疾，北虜不足爲憂。”

　　　　《晉書》卷九十九《列傳第六十九·殷仲文》頁二六〇五

三年正月，鮮卑寇北徐州，至下邳。

　　　　《宋書》卷二十五《志第十五·天文三》頁七三一

是年正月丁巳，鮮卑寇北徐，至下邳。

　　　　《宋書》卷二十五《志第十五·天文三》頁七三二

初義熙三年，四星聚奎，奎、婁，徐州分。是時慕容超僭號於齊，侵略徐、兗，連歲寇抄，至于淮、泗。

　　　　《宋書》卷二十五《志第十五·天文三》頁七三五

義熙初，慕容超寇下邳。長民遣部將徐琰擊走之。

　　　　《冊府元龜》卷三五〇《將帥部·立功三》頁四一五七下

時慕容超南侵，無忌言於劉裕曰：“桓胤、殷仲文乃腹心之疾，北虜不足爲憂。”

　　　　《冊府元龜》卷九〇九《總録部·窮愁》頁一〇七六二下

時屬慕容超南侵，無忌言於劉裕曰：“桓胤、殷仲文乃腹心之疾，北虜不足爲憂。”

　　　　《冊府元龜》卷九三二《總録部·誣構一》頁一〇九八六下

會南燕入寇，無忌言於劉裕曰：“桓胤、殷仲文乃腹心之疾，北虜不足憂也。”

《資治通鑑》卷一百一十四《晉紀三十六·安帝義熙三年》頁三五九五

義熙初,慕容超寇下邳,長民遣部將徐琰擊走之,進位使持節、都督青揚二州諸軍事、青州刺史,領晉陵太守,鎮丹徒,本號及公如故。

《通志》卷一百二十九下《列傳四十二下·諸葛長民》頁二〇四二上

時屬慕容超南侵,無忌言於劉裕曰:“桓胤、殷仲文乃腹心之疾,北虜不足爲憂。”

《通志》卷一百三十《列傳第四十三·殷仲文》頁二〇五七上

《三十國春秋》:燕王慕容熙后苻氏,嘗季夏思凍魚膾,仲冬須生地黄,皆下有司切責之,不得,加之以辟焉。

《太平御覽》卷二一《時序部六·夏上》頁一〇三上

又曰:慕容熙苻后卒,制百寮於宮內,設位哭,令沙門素服,使有司按檢哭者,有淚以爲忠孝,無則罪之。於是群臣振懼,莫不含辛以爲淚焉。

《太平御覽》卷三八七《人事部二八·潸淚》頁一七九〇下

又曰:《載記》曰:慕容熙后苻氏卒。慕容隆妻張氏,熙之嫂也,美姿容,有巧思,熙將以苻氏之殉,欲以罪殺。乃毀其襪韡有中弊韀,遂賜死。三女叩頭求哀,熙不許。

《太平御覽》卷七〇八《服用部一〇·氈》頁三一五六上

燕王熙爲其后苻氏起承華殿，爲，于僞翻。負土於北門，土與穀同價。宿軍典軍杜靜載棺詣闕極諫，熙斬之。北燕營州刺史鎮宿軍。

苻氏嘗季夏思凍魚，煎魚爲凍，今人多能之；季夏六月暑盛，則不能凍。仲冬須生地黃，《本草》曰：地黃葉如甘露子，花如脂麻花，但有細斑點，北人謂之牛嬭子；二月、八月，採根陰乾；解諸熱，破血，通利月水。熙下有司切責不得而斬之。下，遐稼翻。

夏，四月，癸丑，苻氏卒，熙哭之憑絕，久而復蘇；憑，音悶。喪之如父母，服斬衰，食粥。喪，息郎翻。衰，倉回翻。命百官於宮內設位而哭，使人按檢哭者，無淚則罪之，群臣皆含辛以爲淚。高陽王妃張氏，熙之嫂也，高陽王隆之妃也。美而有巧思，思，相吏翻。熙欲以爲殉，乃毀其襚韢中得弊氊，襚，音遂，送終曰襚。韢，許加翻。遂賜死。右僕射韋璆等皆恐爲殉，沐浴俟命。公卿以下至兵民，戶率營陵，費殫府藏。璆，渠尤翻。藏，徂浪翻。陵周圍數里，熙謂監作者曰："善爲之，朕將繼往。"觀熙此言，死期將至。監，工銜翻。

丁酉，燕太后段氏去尊號，出居外宮。去，羌呂翻。段氏，熙之慈母也，見上卷元興二年。

《資治通鑑》卷一百一十四《晉紀三十六·安帝義熙三年》頁三五九五至三五九六

是歲，高雲、馮跋殺慕容熙，雲僭即帝位。
《晉書》卷十《帝紀第十·安帝》頁二六〇

初，跋弟素弗與從兄萬泥及諸少年游于水濱，有一金龍浮水而下。素弗謂萬泥曰："頗有見否？"萬泥等皆曰："無所見也。"乃取龍而示之，咸以爲非常之瑞。慕容熙聞而求焉，素弗秘之，熙怒，及即僭位,密欲誅跋兄弟。其後跋又犯熙禁,懼禍,乃與其諸弟逃于山澤。每夜獨行,猛獸常爲避路。時賦役繁數,人不堪命,跋兄弟謀曰:"熙今昏虐,兼忌吾兄弟,既還首無路,不可坐受誅滅。當及時而起,立公侯之業。事若不成,死其晚乎!"遂與萬泥等二十二人結謀。跋與二弟乘車,使婦人御,潛入龍城,匿于北部司馬孫護之室。遂殺熙,立高雲爲主。

《晉書》卷一百二十五《載記第二十五·馮跋》頁三一二七

義熙初,寶弟熙爲其下馮跋所殺,跋自立爲主,自號燕王,以其治黃龍城,故謂之黃龍國。

《宋書》卷九十七《列傳第五十七·夷蠻·東夷·高句驪國》頁二三九三

是歲,慕容寶養子高雲殺熙自立,赫連屈丐自稱大單于、大夏天王。

《魏書》卷二《太祖紀第二》頁四三

既而熙政殘虐,民不堪命,跋乃與從兄萬泥等二十三人結謀,跋與二弟乘車,使婦人御,潛入龍城,匿於孫護之室以誅熙。乃立夕陽公高雲爲主,以跋爲侍中、征北大將軍、開府儀同三司,封武邑公,事皆決跋兄弟。

《魏書》卷九十七《列傳第八十五·海夷馮跋》頁二一二六

慕容寶養子高雲殺慕容熙而自立,僭號天王。

《北史》卷一《魏本紀第一·太祖道武皇帝》頁二四

建始元年，與二弟結謀，襲殺慕容熙，立高雲爲主。

　　　　《太平御覽》卷一二七《偏霸部一一・北燕馮跋》頁六一四下

　　北燕馮跋初爲慕容熙所怒，密欲誅跋兄弟。跋兄弟謀曰："熙今昏虐，兼忌吾兄弟，既還首無路，不可坐受誅滅。當及時而起，立公侯之業。事若不成，死其晚乎！"遂與萬泥等二十二人結謀。跋與二弟乘車，使婦人御，潛入龍城，匿于北部司馬孫護之室。遂殺熙，立高雲爲主。

　　　　　　《册府元龜》卷二二七《僭僞部・謀略》頁二七〇六下

　　後燕慕容熙將滅，先有童謠曰："一束藁，兩頭燃，禿頭小兒來滅燕。"藁字上有草，下有禾，兩頭燃則禾草俱盡而成高字。高雲父名拔，小字禿頭，拔三子，而雲季也。熙竟爲雲所滅，如謠言焉。

　　　　　　《册府元龜》卷八九四《總録部・謠言》頁一〇五八五上

　　初，中衛將軍馮跋及弟侍御郎素弗皆得罪於熙，熙欲殺之，跋亡【章：甲十一行本"亡"上有"兄弟"二字；乙十一行本同；孔本同；張校同。】命山澤。熙賦役繁數，民不堪命；數，所角翻。跋、素弗與其從弟萬【張："萬"作"万"。】泥謀曰："吾輩還首無路，還首，自歸請罪也。首，式救翻。不若因民之怨，共舉大事，可以建公侯之業；事之不捷，死未晚也。"遂相與乘車，使婦人御，潛入龍城，匿於北部司馬孫護之家。及熙出送葬，跋等與左衛將軍張興及苻進餘黨作亂。跋素與慕容雲善，乃推雲爲主。雲以疾辭，雲稱疾見上年。跋曰："河間淫虐，人神共怒，此天亡之時也。公，高氏名家，何能爲人養子，爲養子事見一百九卷隆安元年。而棄難得之運乎？"扶之而出。跋弟乳陳等帥衆攻弘光門，帥，讀曰率。鼓噪而進，禁衛皆散走；遂入宮授甲，閉門拒守。中黃門趙洛生走告于熙，熙曰："鼠盜何能爲！朕當還誅之。"乃置后柩於南苑，柩，巨救翻。收髮貫甲，馳還赴難。難，乃旦翻。夜，至龍城，攻北門，不克，宿於門外。乙丑，雲即天王位，雲，字子雨，祖父高和，句麗之支庶，慕容寶養以爲子。大赦，改元正始。

熙退入龍騰苑，尚方兵褚頭踰城從熙，稱營兵同心效順，唯俟軍至。熙聞之，驚走而出，左右莫敢迫。熙從溝下潛遁，良久，左右怪其不還，相與尋之，唯得衣冠，不知所適。中領軍慕容拔謂中常侍郭仲曰："大事垂捷，而帝無故自驚，深可怪也。然城内企遲，遲，直利翻，待也。至必成功，不可稽留。吾當先往趣城，趣，七喻翻。卿留待帝，得帝，速來；若帝未還，吾得如意安撫城中，徐迎未晚。"乃分將壯士二千餘人登北城。將士謂熙至，皆投仗請降。將，即亮翻。降，户江翻。既而熙久不至，拔兵無後繼，衆心疑懼，復下城赴苑，復，扶又翻；下復貳、可復同。遂皆潰去。拔爲城中人所殺。丙寅，熙微服匿於林中，爲人所執，送於雲，雲數而殺之，年二十三。史言慕容熙淫虐，天奪其魄，身死國滅。《載記》曰：自垂至熙四世，凡二十四年而滅。數，所具翻。并其諸子。雲復姓高氏。

幽州刺史上庸公懿以令支降魏，令，音鈴，又郎定翻。支，音祁。魏以懿爲平州牧、昌黎王。懿，評之孫也。前燕之亡，慕容評之罪也。

《資治通鑑》卷一百一十四《晉紀三十六·安帝義熙三年》頁三五九八至三六〇〇

是歲，高雲、馮跋殺慕容熙，雲僭即帝位。

　　　　《通志》卷十下《晉紀十下·安皇帝》頁二一〇中

慕容寶養子高雲殺慕容熙而自立，僭號天王。

　　　　《通志》卷十五上《後魏紀十五上·太祖道武皇帝》頁二七四上

初，跋弟素弗與從兄萬泥及諸少年游于水濱，有一金龍浮水而下。素弗謂萬泥曰："頗有見不？"萬泥等皆曰："無所見也。"乃取龍而示之，咸以爲非常之瑞。慕容熙聞而求焉，素弗秘之，熙怒，及即僞位，密欲誅跋兄弟。其後跋又犯熙禁，懼禍，乃與其諸弟逃于山澤。每夜獨行，猛虎常爲避路。時賦役繁數，人不堪命，跋兄弟謀曰："熙今昏虐，兼忌吾兄弟，既還首無路，不可坐受誅滅。當及時而起，立王侯之業。事若不成，死其晚乎！"遂與萬泥等二十二人結謀。跋與二弟乘車，使婦人御，潛入龍城，匿于北部司馬孫護之室。遂殺熙，立高雲爲主。

《通志》卷一百九十一《載記六·北燕》頁三〇七七上至三〇七七中

初，跋弟素弗與從兄萬泥及諸少年游於水濱，有一金龍浮水而下。素弗謂萬泥曰："頗有見否？"萬泥等皆曰："無所見也。"乃取龍而示之，咸以爲非常之瑞。慕容熙聞而求焉，素弗秘之，熙怒，及即僞位，密欲誅跋兄弟。其後跋又犯熙禁，懼禍，乃與其諸弟逃於山澤。每夜獨行，猛獸常爲避路。時賦役繁數，人不堪命，跋兄弟謀曰："熙今昏虐，兼忌吾兄弟，既還首無路，不可坐受誅滅，當及時而起，立公侯之業。事若不成，死其晚乎！"建始元年，遂與萬泥等二十二人結謀。跋與二弟乘車，使婦人御之，潛入龍城，匿於北部司馬孫護之室，遂襲殺熙，立高雲爲主。

《十六國春秋輯補》卷九十八《北燕録一·馮跋》頁六七五至六七六

初，弟素弗與從兄萬泥及諸少年游於水濱，有一金龍浮水而下。素弗與萬泥曰："頗有見否？"萬泥等皆曰："無所見也。"乃取龍而示之，咸以爲非常之瑞。慕容熙聞而求焉，素弗秘之，熙怒，及即僞位，密欲誅跋兄弟。跋後又犯熙禁，乃懼禍及，遂與諸弟亡命山澤。每夜獨行，猛獸爲之避路。是時賦役煩數，民不堪命，跋兄弟謀曰：“熙今昏虐彌甚，兼忌吾兄弟，既還首無路，不可坐受誅滅。不若因民之怨，共舉大事，可以建公侯之業。事若不成，死未晚也！”遂與萬泥等二十二人結盟。跋與二弟乘車，使婦人御之，潛入龍城，匿於北部司馬孫護之家。因而殺熙，立夕陽公高雲爲主。

　　屠本《十六國春秋》卷第九十八《北燕錄一·馮跋》頁一背至二正

　　建始元年，與二弟結謀襲殺慕容熙，立高雲爲主。

　　　　　　《十六國春秋別本》卷十五《北燕錄·馮跋》頁一背

　　孫護，仕慕容氏爲比部尚書，累遷尚書左僕射。跋之潛至龍城也，匿於其室。

　　　　　　屠本《十六國春秋》卷第一百《北燕錄三·孫護》頁五正

　　初，慕容熙之敗也，工人李訓竊寶而逃……

　　《晉書》卷一百二十五《載記第二十五·馮跋》頁三一二九至三一三〇

　　初，慕容熙之敗也，工人李訓竊寶而逃。

　　　　　　《通志》卷一百九十一《載記六·北燕》頁三〇七七下

　　初，慕容熙之敗也，工人李訓竊貨而逃。

　　　　　　《十六國春秋輯補》卷九十八《北燕錄一·馮跋》頁六七七

初,慕容熙之敗也,工人李訓竊寶而逃。

　　　　屠本《十六國春秋》卷第一百《北燕録三·馬弗勤》頁四背

（崔）模,慕容熙末南渡河外,爲劉裕滎陽太守,戍虎牢。

　　　　　《魏書》卷二十四《列傳第十二·崔玄伯》頁六二六

燕王慕容超遣使稱蕃。

　　　　《太平御覽》卷一二三《偏霸部七·後秦姚興》頁五九五下

　　南燕韓範仕慕容超,超母妻先在長安,爲後秦姚興所拘,責超稱藩,求太樂諸伎。超因降尊號,遣範使於興,及至長安,興謂人曰:“封愷前來,燕王與朕抗禮。及卿至也,款然而附。爲依《春秋》以小事大之義?爲當專以孝敬爲母屈人也?”範曰:“昔周爵五等,公侯異品,小大之禮,因而生焉。今陛下命世龍興,光宅西秦,本朝主上承祖宗遺烈,定鼎東齊,中分天曜,南西並帝。通聘結好,義尚謙沖,便至矜誕,苟折行人,殊似吳晉爭盟,滕薛競長,恐傷大秦堂堂之盛,有損皇燕巍巍之美,彼我俱失,竊未安之。”興怒曰:“若如卿言,便是非爲大小而來。”範曰:“雖繇大小之義,亦緣寡君純孝過于重華,願陛下體敬親之道,沛然垂愍。”興曰:“吾久不見賈生,自謂過之,今不及矣。”于是爲範設舊交之禮,申叙平生,謂範曰:“燕王在此,朕亦見之,風表乃可,於機辨未也。”範曰:“大辯若訥,聖人美之,況爾日龍潛鳳戢,和光同塵,若使負日月而行,則無繼天之業矣。”興笑曰:“可謂使乎延譽者也。”韓範承間逞説,姚興大悦,賜範千金,許以超母妻還之。時慕容凝自梁父奔于姚興,言於興曰:“燕王稱藩,本非推德,權爲母屈耳。古之帝王常興師徵質,豈可虛還其母乎!母若一還,必不復臣也。宜先制其送伎,然後歸之。”興意乃變。

《册府元龜》卷六五九《奉使部·敏辯一》頁七八九一下至七八九二上

南燕主超母妻猶在秦,超遣御史中丞封愷使於秦以請之。秦王興曰:"昔苻氏之敗,太樂諸伎悉入于燕。長安之陷,太樂諸伎入于西燕;西燕之亡,慕容垂收以歸于中山;中山之陷,相率奔鄴,由是南燕得之。伎,渠綺翻。燕今稱藩,送伎或送吳口千人,所請乃可得也。"超與群臣議之,左僕射段暉曰:"陛下嗣守社稷,不宜以私親之故遂降尊號;且太樂先代遺音,不可與也,不如掠吳口與之。"尚書張華曰:"侵掠鄰國,兵連禍結,此既能往,彼亦能來,非國家之福也。陛下慈親在人掌握,豈可靳惜虛名,不爲之降屈乎!靳,居焮翻。爲,于僞翻。中書令韓範嘗與秦王俱爲苻氏太子舍人,若使之往,必得如志。"超從之,乃使韓範聘于秦,稱藩奉表。

慕容凝言於興曰:"燕王得其母妻,不可復臣,宜先使送伎。"興乃謂範曰:"朕歸燕王家屬必矣;然今天時尚熱,當俟秋涼。"八月,秦使員外散騎常侍韋宗聘於燕。超與群臣議見宗之禮,張華曰:"陛下前既奉表,今宜北面受詔。"封逞曰:"大燕七聖重光,自廆、皝、儁、暐至垂、德、超凡七主。重,直龍翻。奈何一旦爲豎子屈節!"超曰:"吾爲太后屈,願諸君勿復言!"爲,于僞翻。復,扶又翻。遂北面受詔。

《資治通鑑》卷一百一十四《晉紀三十六·安帝義熙三年》頁三六〇〇至三六〇一

張華爲慕容超僕射。超以母在姚興所,遣華與給事中宗正元入長安,送太樂伎一百二十人於姚興。興大悦,延華入燕。酒酣,樂作，興黃門侍郎尹雅謂華曰："昔殷之將亡，樂師歸周；今皇秦道盛，燕樂來庭。興廢之兆，見于此矣。"華曰："自古帝王，爲道不同，權譎之理，會於成功。故老子曰：'將欲取之，必先與之。'今總章西入，必由余東歸，禍福之兆，此其驗乎！"興怒曰："昔齊楚競人，二國連師。卿小國之臣，何敢抗衡朝士！"華遜辭曰："奉使之始，實願交歡上國，上國既遣小國之臣，辱及寡君社稷，臣亦何心，而不仰酬！"興善之，於是還超母妻。

《册府元龜》卷六五九《奉使部・敏辯一》頁七八九二上至七八九二下

南燕主超使左僕射張華、給事中宗正元獻太樂伎一百二十人於秦，秦王興乃還超母妻，厚其資禮而遣之，超親帥六宮迎於馬耳關。伎，渠綺翻。帥，讀曰率。據《水經》，濟南臺縣有馬耳山關，盧水出焉。魏收《地形志》，泰山郡臺縣有馬耳山。

《資治通鑑》卷一百一十四《晉紀三十六・安帝義熙三年》頁三六〇二

公元四〇八年　東晉安帝義熙四年　北魏道武帝天賜五年　後燕惠懿帝正始二年　南燕末帝太上四年

又曰：南燕慕容超太上四年，超祠南郊，大風暴起，天地晝昏。

《太平御覽》卷八七九《咎徵部六・晝昏》頁三九〇四上

其後祀南郊，將登壇，有獸大如馬，狀類鼠而色赤，集於圓丘之側。俄而，不知所在。須臾，大風暴起，天地晝昏，其行宮羽儀皆震裂，超密問於太史令成公綏，對曰："陛下信用姦臣，誅戮賢良，賦斂繁多,事役殷苦所致。"超懼而大赦。

《册府元龜》卷二二六《僭偽部・恩宥》頁二六九八上至二
六九八下

南燕主超尊其母段氏爲皇太后,妻呼延氏爲皇后。超祀南郊,
有獸如鼠而赤,大如馬,來至壇側。須臾,大風晝晦,羽儀帷幄皆毀
裂。賈公彦曰:在旁曰帷,四合象宫室曰幄。超懼,以問太史令成公綏,
對曰:"陛下信用姦佞,誅戮賢良,賦斂繁多,事役殷重之所致也。"
斂,力贍翻。超乃大赦,黜公孫五樓等,俄而復用之。復,扶又翻。

《資治通鑑》卷一百一十四《晉紀三十六・安帝義熙四年》頁三
六〇五

三月,庚申,葬燕王熙及苻后于徽平陵,謚熙曰昭文皇帝。

《資治通鑑》卷一百一十四《晉紀三十六・安帝義熙四年》頁三
六〇五

北燕王雲封慕容歸爲遼東公,使主燕祀。

《資治通鑑》卷一百一十四《晉紀三十六・安帝義熙四年》頁三
六〇九

燕太上四年,女水又竭,慕容超惡之,燕祚遂淪。女水東北流
逕東安平縣故城南,《續述征記》曰:女水至安平城南伏流十五里,
然後更流,北注陽水。城,故酈亭也。

　　　　　　　　　《水經注校證》卷二十六《淄水》頁六二五

《述征記》曰:臨淄牛山下有女水,齊人諺曰:世治則女水流,

世亂則女水竭。慕容超時,乾涸彌載,及宋武北征而激洪流。

《太平御覽》卷五九《地部二四・水下》頁二八四下

《異苑》曰:臨淄牛山下有女水。齊人諺曰:"世治則女水流,世亂則女水竭。"慕容超時乾涸彌載,暨宋武薄伐而激洪波。

《太平御覽》卷八七三《休徵部二・水》頁三八七〇上

南燕汝水竭;"汝",當作"女"。河凍皆合,而澠水不冰。《水經注》:澠水出營城東,西北流入時水。營城即臨淄城。時水通有澠水之名,亦謂之時澠水。時水東北入淄水,淄水又東北合濁水,濁水東北流逕廣固城西,濁水亦或通名之爲澠水。昔趙攻廣固,望氣者以爲澠水帶城非可攻拔,若塞五龍口,城必當陷,指是水也。澠,神陵翻。南燕主超惡之,問於李宣,對曰:"澠水無冰,良由逼帶京城,近日月也。"惡,烏路翻。近,其靳翻。超大悅,賜朝服一具。朝,直遥翻。

《資治通鑑》卷一百一十四《晉紀三十六・安帝義熙四年》頁三六一〇

慕容超之將亡也,南郊柴燎,焰起而煙不出。靈臺令張光告人曰:"火盛煙滅,國其亡乎。"

《初學記》卷第二十五《器物部・煙第十五》頁六一八

公元四〇九年　東晉安帝義熙五年　北魏道武帝天賜六年　北魏明元帝永興元年　南燕末帝太上五年後秦文桓帝弘始十一年

春,正月,庚寅朔,南燕主超朝會群臣,歎太樂不備,三年,超獻太樂伎于秦,故歎其不備。朝,直遥翻。議掠晉人以補伎。伎,渠綺翻。領軍將軍韓諒曰：丁度曰：諒,竹角翻。"先帝以舊京傾覆,戡翼三齊。中山陷,慕容德棄鄴,保滑臺;既而復失滑臺,乃東取齊地而據之。事並見前。戡,疾立翻。陛下不養士息民,以伺魏釁,恢復先業,而更侵掠南鄰以廣讎敵,可乎!"超曰："我計已定,不與卿言。"史言慕容超愎諫致寇而亡。伺,相吏翻。

　　　《資治通鑑》卷一百一十五《晉紀三十七·安帝義熙五年》頁三六一一

　　二月,慕容超將慕容興宗寇宿豫,陽平太守劉千載、南陽太守趙元並爲賊所執。〔二五〕

【校勘記】

〔二五〕南陽太守趙元　《慕容超載記》及《宋書·武帝紀》上"南陽"並作"濟南"。以地理考之,作"濟南"者是。

　　　　　《晉書》卷十《帝紀第十·安帝》頁二六一、二七三

五年,慕容超復寇淮北。

　　　　　《晉書》卷十三《志第三·天文下》頁三八三

五年二月,(慕容超)大掠淮北,執陽平太守劉千載、濟南太守趙元,驅略千餘家。

　　　　　《宋書》卷一《本紀第一·武帝上》頁一五

五年,鮮卑復寇淮北。

　　　　　《宋書》卷二十五《志第十五·天文三》頁七三一

五年二月,僞燕主慕容超大掠淮北。

　　　　　《南史》卷一《宋本紀上第一·武帝》頁九

　　永興初，慕容超大掠淮北，執德宗陽平太守劉千載、濟南太守趙元，驅掠千餘家而歸。

　　　　《魏書》卷九十七《列傳第八十五·島夷劉裕》頁二一三一

　　五年二月，南燕鮮卑慕容超大掠淮北，執陽平太守劉千載、濟南太守趙元，驅略千餘家。

　　　　《冊府元龜》卷一八四《閏位部·勳業二》頁二二一三下

　　二月，南燕將慕容興宗、斛穀提、公孫歸等帥騎寇宿豫，拔之，宿豫城在淮北，帝置宿豫郡及宿豫縣；唐代宗諱豫，改爲宿遷縣，屬徐州。宋白曰：宿豫城在下邳東南百八十里，蓋本宋人遷宿處也，宋滅，爲邑；漢爲仇猶縣，屬臨淮郡；晉安帝立宿豫縣，唐改宿遷縣。將，即亮翻。大掠而去，簡男女二千五百付太樂教之。歸，五樓之兄也。是時，五樓爲侍中、尚書、領左衛將軍，專總朝政，朝，直遙翻。宗親並居顯要，王公內外無不憚之。南燕主超論宿豫之功，封斛穀提等並爲郡、縣公。桂林王【嚴：“林”改“陽”。】鎮諫曰：“此數人者，勤民頓兵，頓，讀曰鈍。爲國結怨，爲，于僞翻。何功而封？”超怒，不答。尚書都令史王儼諂事五樓，漢尚書有令史十八人，後增爲二十一人，其後員數愈增，置都令史以總之。比歲屢遷，官至左丞。比，毗至翻。《禮記》：比年入學。《注》：每歲也。《漢書》，比年，頻年也。國人爲之語曰：“欲得侯，事五樓。”超又遣公孫歸等寇濟南，俘男女千餘人而去。此濟南郡亦是僑置於淮北。濟，子禮翻。自彭城以南，民皆堡聚以自固。詔并州刺史劉道憐鎮淮陰以備之。

　　　　《資治通鑑》卷一百一十五《晉紀三十七·安帝義熙五年》頁三六一二

二月，慕容超將慕容興宗寇宿豫，陽平太守劉千載、南陽太守趙元並爲賊所執。

　　　　《通志》卷十下《晉紀十下·安皇帝》頁二一〇下

五年二月，僞燕主慕容超大掠淮北。

　　　　《通志》卷十一《宋紀十一·高祖武皇帝》頁二一四下

三月，劉裕抗表伐南燕，朝議皆以爲不可，朝，直遥翻。惟左僕射孟昶、車騎司馬謝裕、參軍臧熹以爲必克，勸裕行。裕以昶監中軍留府事。監中軍將軍留府事也。昶，丑兩翻。監，古銜翻。謝裕，安之兄孫也。

　　　　《資治通鑑》卷一百一十五《晉紀三十七·安帝義熙五年》頁三六一三

車騎將軍劉裕帥師伐慕容超。

夏六月丙寅，震于太廟。劉裕大破慕容超于臨朐。

　　　　《晉書》卷十《帝紀第十·安帝》頁二六一

五年四月，劉裕大軍北討慕容超，卒滅之。

　　　　《晉書》卷十二《志第二·天文中》頁三五〇

其五年，劉裕北殄慕容超。

　　　　《晉書》卷十二《志第二·天文中》頁三五五

是年四月，劉裕討慕容超。

　　　　《晉書》卷十二《志第二·天文中》頁三五五

四月,劉裕大軍討之,拔臨朐。又圍廣固,拔之。

《晉書》卷十三《志第三‧天文下》頁三八三

五年,劉裕討慕容超,滅之。

《晉書》卷十三《志第三‧天文下》頁三八四

五年,劉裕討慕容超,後南北軍旅運轉不息。

《晉書》卷十三《志第三‧天文下》頁三八四

是年四月,劉裕討慕容超。

《晉書》卷十三《志第三‧天文下》頁三八四

義熙五年,劉裕執慕容超,獲金鉦釪、豹尾,舊式猶存。

《晉書》卷二十五《志第十五‧輿服》頁七六五

三月,公抗表北討,以丹陽尹孟昶監中軍留府事。四月,舟師發京都,泝淮入泗。五月,至下邳,留船艦輜重,步軍進琅邪。所過皆築城留守。鮮卑梁父、莒城二戌並奔走。

慕容超聞王師將至,其大將公孫五樓說超:"宜斷據大峴,刈除粟苗,堅壁清野以待之。彼僑軍無資,求戰不得,旬月之間,折摳以笞之耳。"超不從,曰:"彼遠來疲勞,勢不能久,但當引令過峴,我以鐵騎踐之,不憂不破也。豈有預芟苗稼,先自蹙弱邪。"初公將行,議者以爲賊聞大軍遠出,必不敢戰,若不斷大峴,當堅守廣固,刈粟清野,以絕三軍之資,非唯難以有功,將不能自反。公曰:"我揣之熟矣。鮮卑貪,[二]不及遠計,進利剽獲,退惜粟苗。謂我孤軍遠入,不能持久,不過進據臨朐,退守廣固。我一得入峴,則人無退心，驅必死之衆，向懷貳之虜，何憂不剋。彼不能清野固守，爲諸君保之。"公既入峴，舉手指天曰："吾事濟矣！"

【校勘記】

〔二一〕鮮卑貪　《南史》作"鮮卑性貪"。《通鑑》作"鮮卑貪婪"。

六月，慕容超遣五樓及廣寧王賀賴盧先據臨朐城。既聞大軍至，留羸老守廣固，乃悉出。臨朐有巨蔑水，去城四十里。超告五樓曰："急往據之，晉軍得水，則難擊也。"五樓馳進。龍驤將軍孟龍符領騎居前，奔往爭之，五樓乃退。

衆軍步進，有車四千兩，分車爲兩翼，方軌徐行，車悉張幔，御者執矟。又以輕騎爲遊軍。軍令嚴肅，行伍齊整。未及臨朐數里，賊鐵騎萬餘，前後交至。公命兗州刺史劉藩、弟并州刺史道憐、諮議參軍劉敬宣、陶延壽、參軍劉懷玉、慎仲道、索邈等，齊力擊之。日向昃，公遣諮議參軍檀韶直趨臨朐。韶率建威將軍向彌、參軍胡藩馳往，即日陷城，斬其牙旗，悉虜超輜重。超聞臨朐已拔，引衆走，公親鼓之，賊乃大奔。超遁還廣固。獲超馬、偏輦、玉璽、豹尾等，送于京師。斬其大將段暉等十餘人，其餘斬獲千計。

明日，大軍進廣固，即屠大城，超退保小城。於是設長圍守之，圍高三丈，外穿三重塹。停江、淮轉輸，館穀於齊土。撫納降附，華戎歡悦，援才授爵，因而任之。

　　　　《宋書》卷一《本紀第一・武帝上》頁一五至一六、二五

四月，高祖大軍討之。六月，大戰臨朐城，進圍廣固。

　　　　《宋書》卷二十五《志第十五・天文三》頁七三一

五年，高祖討鮮卑，并定舊兗之地。

　　　　《宋書》卷二十五《志第十五・天文三》頁七三一

五年，高祖討鮮卑。

　　　　　《宋書》卷二十五《志第十五·天文三》頁七三二

五年，高祖討鮮卑。

　　　　　《宋書》卷二十五《志第十五·天文三》頁七三三

是年四月，高祖討鮮卑。

　　　　　《宋書》卷二十五《志第十五·天文三》頁七三三

五年，高祖北殄鮮卑，是四星聚奎之應也。

　　　　　《宋書》卷二十五《志第十五·天文三》頁七三五

王旅北討鮮卑。

　　　　　《宋書》卷三十三《志第二十三·五行四》頁九五七

從征廣固，率向彌、胡藩等五十人攻臨朐城，克之。及圍廣固，慕容超夜燒樓當韶圍分，降號橫野將軍。

　　　　　《宋書》卷四十五《列傳第五·檀韶》頁一三七二

從征鮮卑，大戰於臨朐，累月不決。彌與檀韶等分軍自間道攻臨朐城。彌擐甲先登，即時潰陷，斬其牙旗，賊遂奔走。

　　　　　《宋書》卷四十五《列傳第五·向靖》頁一三七四

五年，高祖伐鮮卑，除中軍諮議參軍，加冠軍將軍。從至臨朐，慕容超出軍距戰，敬宣與兗州刺史劉藩等奮擊，大破之。龍驤將軍孟龍符戰没,敬宣并領其衆,圍廣固,屢獻規略。

　　　　《宋書》卷四十七《列傳第七·劉敬宣》頁一四一四

　　從征鮮卑,賊屯聚臨朐,藩言於高祖曰:"賊屯軍城外,留守必寡,今往取其城,而斬其旗幟,此韓信所以克趙也。"高祖乃遣檀韶與藩等潛往,既至,即克其城。賊見城陷,一時奔走,還保廣固累月。

　　　　《宋書》卷五十《列傳第十·胡藩》頁一四四四

　　義熙五年,高祖以内難既寧,思弘外略,將伐鮮卑。朝議皆謂不可。劉毅時鎮姑孰,固止高祖,以爲:"苻堅侵境,謝太傅猶不自行。宰相遠出,傾動根本。"景仁獨曰:"公建桓、文之烈,應天人之心,匡復皇祚,芟夷姦逆,雖業高振古,而德刑未孚,宜推亡固存,廣樹威略。鮮卑密邇疆甸,屢犯邊垂,伐罪弔民,於是乎在。平定之後,養鋭息徒,然後觀兵洛汭,修復園寢,豈有坐長寇虜,縱敵貽患者哉!"高祖納之。

　　　　《宋書》卷五十二《列傳第十二·謝景仁》頁一四九四

　　從伐鮮卑,盡其誠力。

　　　　《宋書》卷五十二《列傳第十二·褚叔度》頁一五〇四

　　義熙五年,高祖北伐鮮卑,田子領偏師,與龍驤將軍孟龍符爲前鋒。慕容超屯臨朐以距大軍,龍符戰没,田子力戰破之。

　　　　《宋書》卷一百《列傳第六十·自序·沈田子》頁二四四七

　　義熙五年,從伐鮮卑,行參鎮軍軍事。大軍於臨朐交戰,賊遣虎班突騎馳軍後,林子率精勇東西奮擊,皆大破之。慕容超退守廣固,復與劉敬宣攻其西隅。廣固既平,而盧循奄至。初,循之下也,廣固未拔,循潛遣使結林子及宗人叔長。林子即密白高祖,叔長不以聞,反以循旨動林子。叔長素驍果,高祖以超未平,隱之,還至廣固,乃誅叔長。

　　《宋書》卷一百《列傳第六十·自序·沈林子》頁二四五三至二四五四

　　三月,帝抗表北討,以丹陽尹孟昶監中軍留府事。乃浮淮入泗,五月,至下邳,留船,步軍進琅邪,所過築城留守。

　　超大將公孫五樓請斷大峴,堅壁清野以待,超不從。初謀是役,議者以爲賊若嚴守大峴,軍無所資,何能自反? 帝曰:“不然。鮮卑性貪,略不及遠,既幸其勝,且愛其穀,必將引我,且亦輕戰。師一入峴,吾何患焉。”及入峴,帝舉手指天曰:“吾事濟矣。”衆問其故,帝曰:“師既過險,士有必死之志,餘糧栖畝,軍無匱乏之憂,勝可必矣。”

　　六月,超留羸老守廣固,使其廣甯王賀刺盧及公孫五樓悉力據臨朐。去城四十里有巨蔑水,超告五樓急據之。比至,爲龍驤將軍孟龍符所保,五樓乃退。

　　大軍分車四千兩爲二翼,方軌徐行,車張幰,御者執矟,以騎爲游軍,軍令嚴肅。比及臨朐,賊騎交至,帝命兗州刺史劉藩、并州刺史劉道憐等陷其陣。日向昃,戰猶酣,帝用參軍胡藩策,襲剋臨朐,賊乃大奔。超遁還廣固,獲其玉璽、豹尾、輦等,送于都。丙子,剋廣固大城,超固其小城。乃設長圍以守之,館穀於青土,停江、淮轉輸。

　　《南史》卷一《宋本紀上第一·武帝》頁九至一〇

　　初,帝征慕容超,惟孟昶勸行……

　　《南史》卷一《宋本紀上第一·武帝》頁一一

五年,武帝伐慕容超,除中軍諮議參軍,與兗州刺史劉藩大破超軍,進圍廣固,屢獻規略。

《南史》卷十七《列傳第七·劉敬宣》頁四七五

從征慕容超,超軍屯聚臨朐。藩言於武帝曰:"賊屯軍城外,留守必寡,今往取其城而斬其旗幟,此韓信所以剋趙也。"帝乃遣檀韶與藩潛往,即剋其城。賊見城陷,一時奔走,還保廣固。

《南史》卷十七《列傳第七·胡藩》頁四八七

義熙五年,帝將伐慕容超,朝議皆謂不可,劉毅時鎮姑孰,固止帝,以爲"苻堅侵境,謝太傅猶不自行。宰相遠出,傾動根本"。景仁獨曰:"公建桓、文之烈,應天人之心,雖業高振古,而德刑未樹,宜推亡固存,廣振威略。平定之後,養鋭息徒,然後觀兵洛汭,修復園寢,豈有縱敵貽患者哉。"帝從之。

《南史》卷十九《列傳第九·謝裕》頁五二九

從征鮮卑,盡其誠力。

《南史》卷二十八《列傳第十八·褚裕之》頁七四六

帝北伐廣固,田子領偏師與龍驤將軍孟龍符爲前鋒。龍符戰没,田子力戰破之。

《南史》卷五十七《列傳第四十七·沈田子》頁一四〇五

從伐慕容超,平盧循,並著軍功。

《南史》卷五十七《列傳第四十七·沈林子》頁一四〇七

宋武破慕容超,獲金鉦輦。古之輦輿,大率以六尺爲度。

《通典》卷第二十六《職官八·諸卿中·殿中監·尚輦局奉御》
頁七四四

義熙五年,劉裕執慕容超,獲金鉦輦。

《通典》卷第六十六《禮二十六沿革二十六嘉禮十一·輦輿》
頁一八三九

東晉末,宋武帝率師伐南燕慕容超。晉師度峴,慕容超懼,率卒
四萬就其將段暉等於臨朐,其俱反。謂其將公孫五樓曰:"宜進據川
源,[六八]晉軍至而失水,亦不能戰矣。"臨朐有巨蔑水,去城四十里,
五樓馳據之。龍驤將軍孟龍符領騎居前,奔往爭之,五樓乃退,[六九]
因而大敗。

【校勘記】

〔六八〕宜進據川源 "源"原訛"原",據《晉書·慕容超載記》
三一八二頁改。

〔六九〕五樓乃退 "乃"原脱,據北宋本、明刻本、王吳本補。

《通典》卷第一百五十七《兵十·先據要地及水草》頁四〇
四〇、四〇四七

東晉末,大將宋武帝討南燕慕容超。超召群臣,議拒晉師。大
將公孫五樓曰:"吳兵輕果,所利在速戰,初鋒勇銳,不可爭也。宜
據大峴,使不得入,曠日延時,沮其銳氣。[六三]徐簡精騎二千,循
海而南,絶其糧運;別敕段暉率兗州之軍,緣山東下。腹背擊之,
上策也。各命守宰,依險自固,[六四]校其資儲之外,餘悉焚蕩,芟
除粟苗,使敵無所資,堅壁清野,以待其釁,[六五]中策也。縱賊入

峴，出城逆戰，下策也。"超曰："吾京都殷盛，户口衆多，未可以一時入守。青苗布野，非可卒芟。設使芟苗城守，以全性命，朕所不能。今據五州之强，帶山河之固，戰車萬乘，鐵馬萬群，縱令過峴，至於平地，徐以精騎踐之，此成擒也。"其將慕容鎮曰："若如聖旨，必須平原用馬爲便，宜出峴逆戰，戰而不勝，猶可退守。不宜縱敵入峴，自貽窘逼。昔成安君不守井陘之險，終屈於韓信；諸葛瞻不據束馬之險，卒擒於鄧艾。以爲天時不如地利，但守大峴，〔六六〕策之上也。"超又不從。乃攝莒、梁父二戍，〔六七〕修城隍，簡士馬，蓄鋭以待之。其夏，晉師次東莞，超遣其左軍段暉等步騎五萬，進據臨朐。俄而晉師度峴，慕容超懼，率兵四萬就段暉等於臨朐，戰敗，超奔還廣固。宋武圍廣固，〔六八〕數月而拔，齊地悉平矣。

【校勘記】

〔六三〕沮其鋭氣　"沮"原訛"阻"，據《晉書・慕容超載記》三一八一頁及北宋本改。

〔六四〕依險自固　"固"原脱，據《晉書・慕容超載記》三一八一頁補。

〔六五〕以待其釁　"釁"原作"弊"，後人臆改，今據《晉書・慕容超載記》三一八一頁及北宋本、明刻本改回。

〔六六〕但守大峴　《晉書・慕容超載記》三一八二頁"但"作"阻"。

〔六七〕乃攝莒梁父二戍　"乃"上原衍"晉"，北宋本"乃"上衍"又"，據《晉書・慕容超載記》三一八二頁刪。

〔六八〕宋武圍廣固　"宋"原訛"朱"，北宋本訛"守"，參照《晉書・慕容超載記》三一八三頁訂改。

《通典》卷第一百五十九《兵十二・據險隘》頁四〇八一、四一〇〇至四一〇一晉安帝時,宋武帝伐慕容超,超大將公孫五樓請據大峴,[一三三]超不從,故敗。

【校勘記】

〔一三三〕公孫五樓請據大峴 "峴"下原有"山",據北宋本、傳校本、遞修本、明抄本、明刻本、王吳本刪。

《通典》卷第一百八十《州郡十‧古徐州‧琅琊郡》頁四七八四、四七九七

《地理志》曰:吠狗山,宋武北伐南燕之時至此山,夜間犬吠,明日視之,唯見石狗。

《太平御覽》卷四二《地部七‧吠狗山》頁二〇四下

《宋書》曰:晉義熙五年二月,僞燕主慕容超大掠淮北。三月,帝抗表北伐,以丹陽尹孟昶監中軍留府事。乃浮淮入泗。五月至下邳,留船,步軍進琅琊。所過築城留守。超大將軍公孫五樓請斷大峴,堅壁清野以待。超不從。初謀是役,議者以爲賊若嚴守大峴,軍無所資,何能自返。帝曰:"不然。鮮卑性貪,略不及遠,既幸其勝,且愛其穀。必將引我,且亦輕戰,師一入峴,吾何患焉!"及入峴,帝舉手指天曰:"事濟矣!"衆問其故,帝曰:"師既過險,士有必死之志,餘糧栖畝,軍無匱乏之憂,勝可必矣。"

《太平御覽》卷二九一《兵部二二‧料敵下》頁一三四四上

《續帝王世紀》曰:晉師度峴,慕容超使拒之,聞晉兵盛,自將四萬繼之。及晉人戰於臨昭,燕兵大敗,超單馬奔入城。

《太平御覽》卷三一〇《兵部四一‧戰不顧親》頁一四二八上

　　《宋書》曰：晉義熙五年六月，僞燕主慕容超留羸老守廣固，使其廣甯王賀刺盧及公孫五樓悉力據臨朐。去城四十里，有臣夢水，超告五樓急據之。比至，爲龍符所保，五樓乃退大軍，分四千兩車爲二翼，方軌徐行，車悉張幰，御者執稍，以騎爲遊軍。軍令嚴肅。比及臨朐，賊騎交至。帝命兗州刺史劉藩、荊州刺史劉道鄰等陷其陣。日向昃，戰猶酣，帝用參軍胡藩策襲剋臨朐，賊乃大奔。超遁還廣固。獲其玉璽、豹尾、輦等送于都。景子剋廣固大城，超固其小城。乃築長圍以守之，館穀於青土，停江淮轉輸。

　　　　　　《太平御覽》卷三一八《兵部四九·攻圍下》頁一四六三下

　　《晉書》曰：劉裕討南燕慕容超，超召群臣議拒晉師，大將公孫五樓曰："吳兵輕果，所利在速戰，初鋒勇鋭不可争也，宜據大峴使不得入，曠日延時，沮其鋭氣。徐簡精騎二千，循海而南，絶其糧運。別敕段暉率兗州之軍緣山東下，腹背擊之，上策也。各命守宰，依險自校，其資儲之外餘悉焚蕩，芟除粟苗，使敵無所資，堅壁清野，以待其斃，中策也。縱賊入峴，出城逆戰，下策也。"超曰："吾京都殷盛，戶口衆多，非可一時入守。青苗布野，非可卒芟，設使芟苗，城守以全性命，朕所不能。今據五州之强，帶山河之固，戰車萬乘，鐵馬萬群。縱令過峴至於平地，徐以精騎踐之。此成擒也。"其將慕容鎮曰："若如聖旨，必須平原用馬，便宜出峴逆戰，戰而不勝，猶可退守，不宜縱敵入峴，自貽窘逼。昔成安君不守井陘之險，終屈於韓信。諸葛瞻不據束馬之嶮，卒擒於鄧艾。臣以爲天時不如地利，阻守大峴，策之上也。"超不從，乃合攝莒、梁父二戍循城隍，簡士馬，蓄鋭以待之。其夏晉師次東莞，超遣其左軍段暉等步騎五萬進據臨朐。俄而晉師度峴，慕容超懼，率四萬就段暉等于臨朐，戰敗，超奔還廣固，宋武圍廣固，數月而破，燕地悉平。

　　　　　《太平御覽》卷三三一《兵部六二·塞險》頁一五二三下

　　《晉書》曰：劉裕率師伐南燕慕容超。晉師渡峴，慕容超懼，率卒四萬就其將段暉等于臨朐，其俱切謂其將公孫五樓曰："宜進據川源，晉軍至而失水，亦不能戰矣。臨朐有巨蔑水，去城四十里。"五樓馳據之。龍驤將軍孟龍符領騎居前，奔往爭之，五樓乃退，因而大敗。

　　　　　《太平御覽》卷三三二《兵部六三·據要》頁一五二五下

　　《晉陽春秋》曰：劉裕平慕容超，將鎮下邳，聞盧循反、何無忌敗，乃還次山陽。造揚子江，問行人曰："朝廷如何？"對曰："則尚未至，劉公若還，無所憂也。"裕將濟而風急，眾咸難之。裕曰："吾有天命，風當自息，如天不助，覆溺何足可怯？"即命登舟，舟移而風止。

　　　　　《太平御覽》卷八七二《休徵部一·風》頁三八六五下

　　六月，慕容超遣五樓及廣寧王賀賴先據臨朐城。既聞大軍至，留羸老守廣固，乃悉出臨朐。有巨蔑水，去城四十里。超告五樓曰："急往據之，晉軍得水則難擊也。"五樓馳進，龍驤將軍孟龍符領騎居前奔往爭之，五樓乃退。眾軍步進，有車四千兩，分車爲兩翼，方軌徐行，車悉張幔，御者執稍。又以輕騎爲游軍，軍令嚴肅，行伍齊整。未及臨朐數里，賊鐵騎萬餘，前後交至。帝命兗州刺史劉藩、弟并州刺史道憐、諮議參軍劉敬宣、陶延壽、參軍劉懷玉、慎仲道、索邈等齊力擊之。遣諮議參軍檀韶直趨臨朐，韶剋臨朐，悉虜超輜重。超聞臨朐已拔，引眾走。帝親鼓之，賊乃大奔，超遁還廣固。獲超馬、偏輦、玉璽、豹尾等，送於京師。斬其大將段暉等十餘人，其餘斬千餘計。明日，進軍廣固，即屠大城。超退保小城，於是設長圍守之，圍高三丈，外穿三重塹。停江、淮轉輸，館穀於齊土。撫納降附，華戎歡悦，援才授爵，因而任之。七月，詔加帝北青、冀二州刺史。

《册府元龜》卷一八四《閏位部·勳業二》頁二二一三下至二二一四上

南燕慕容超僭即帝位，晉將劉裕率師將討之。師次東莞，超遣其左軍段暉、輔國賀刺盧等六將步騎五萬，進據臨朐。俄而晉師度峴，超懼，率卒四萬就暉等於臨朐，謂公孫五樓曰：“宜進據川源，晉軍至而失水，亦不能戰矣。”五樓馳騎據之。晉前驅將軍孟龍符已至川源，五樓戰敗而返。晉將檀韶率鋭卒攻破臨朐，超大懼，單騎奔段暉於城南。暉衆又戰敗。超又奔還廣固，使郭內人入保小城。

《册府元龜》卷二三四《僭僞部·兵敗》頁二七八五下

沈林子爲征虜將軍。既破鮮卑慕容超，而盧循奄至循之下也。廣固未拔，循潛遣人結林子及宗人叔長，林子即密白高祖，以超未平，隱之，還自廣固。

《册府元龜》卷三七一《將帥部·忠二》頁四四一六上

宋檀韶爲寧朔將軍，從征廣固，率向彌、胡蕃等五十人攻臨朐城，克之。及圍廣固，慕容超夜燒樓當，韶圍分降。

《册府元龜》卷三九四《將帥部·勇敢一》頁四六七九上至四六七九下

宋孟龍符仕晉爲龍驤將軍，從宋高祖伐慕容超。度峴，超懼，率卒四萬就其將段暉等于臨朐。謂其將公孫五樓曰：“宜進據川源，晉軍至而失水，亦不能戰矣。”臨朐有巨蔑水，去城四十里。五樓馳騎據之，龍符爭據水源，賊遂遁走。

　　　　《册府元龜》卷三九八《將帥部·擇地利》頁四七二九下

　　宋孟龍符爲龍驤將軍、廣川太守。高祖伐慕容超，令龍符統步騎爲前鋒。軍達臨朐，與賊爭水。龍符單騎衝突，應手破散，即據水源，賊遂退走。龍符乘勝奔之，後騎不及，賊數千騎圍繞攻之。龍符奮稍接戰，每一合輒殺數人，衆寡不敵，遂見害。

　　　　《册府元龜》卷四二四《將帥部·死事一》頁五〇五一上

　　高祖伐鮮卑，敬宣從至臨朐。慕容超出軍拒戰，敬宣與兗州刺史劉藩等奮擊，大破之。龍驤將軍孟龍符戰没，敬宣并領其衆圍廣固，屢獻規略。

　　　　《册府元龜》卷七二四《幕府部·武功》頁八六一七上

　　己巳，劉裕發建康，帥舟師自淮入泗。帥，讀曰率。五月，至下邳，留船艦、輜重，艦，户黤翻。重，直用翻。步進至琅邪，所過皆築城，留兵守之。慮南燕以奇兵斷其後也。或謂裕曰：“燕人若塞大峴之險，《水經注》：沭水出琅邪東莞縣西北山，東南流，右合峴水。水北出大峴山，今有大峴關。魏收《志》，齊郡盤陽縣有大峴山。《五代志》，臨朐縣有大峴山。杜佑曰：大峴在沂州沂水縣北。塞，悉則翻。峴，户典翻。或堅壁清野，大軍深入，不唯無功，將不能自歸，奈何？”裕曰：“吾慮之熟矣，鮮卑貪婪，婪，盧含翻。不知遠計，進利虜獲，退惜禾苗，謂我孤軍遠入，不能持久；不過進據臨朐，魏收《志》曰：臨朐即漢之朐縣也，屬東海郡。晉曰臨朐，屬東莞郡。宋白曰：因臨朐山而名。朐，音劬。退守廣固，必不能守險清野,敢爲諸君保之。"爲,于僞翻。

　　南燕主超聞有晉師,引群臣會議。征虜將軍公孫五樓曰:"吳兵輕果,利在速戰,不可争鋒;宜據大峴,使不得入,曠日延時,沮其鋭氣,沮,在吕翻。然後徐簡精騎二千,循海而南,絶其糧道,别敕段暉帥兗州之衆,緣山東下,南燕兗州治梁父;緣梁父之山而東下也。騎,奇寄翻。帥,讀曰率。腹背擊之,此上策也。各命守宰依險自固,校其資儲之外,餘悉焚蕩,芟除禾苗,芟,所銜翻;下同。使敵無所資,彼僑軍無食,僑,渠嬌翻。求戰不得,旬月之間,可以坐制,此中策也。縱賊入峴,出城逆戰,此下策也。"超曰:"今歲星居齊,以天道推之,不戰自克。客主勢殊,以人事言之,彼遠來疲弊,勢不能久。吾據五州之地,南燕以并州牧鎮陰平,幽州刺史鎮發干,徐州刺史鎮莒城,兗州刺鎮梁父,青州刺史鎮東萊,所謂五州也。擁富庶之民,鐵騎萬群,麥禾布野,奈何芟苗徙民,先自蹙弱乎!不如縱使入峴,以精騎蹀之,何憂不克。"蹀,人九翻。輔國將軍廣寧王賀賴盧苦諫不從,退謂五樓曰:"必若此,亡無日矣!"太尉桂林王鎮曰:"陛下必以騎兵利平地者,宜出峴逆戰,戰而不勝,猶可退守;不宜縱敵入峴,自棄險固也。"超不從。鎮出,謂韓諱曰:丁度曰:諱,竹角翻。"主上既不能逆戰却敵,又不肯徙民清野,延敵入腹,坐待攻圍,酷似劉璋矣。劉璋事見六十七卷漢獻帝建安十八年。今年國滅,吾必死之。卿中華之士,復爲文身矣。"古者東南之民斷髮文身,故鎮云然。超聞之,大怒,收鎮下獄。下,户稼翻。乃攝莒、梁父二戍,父,音甫。修城隍,簡士馬,以待之。

　　劉裕過大峴,燕兵不出。裕舉手指天,喜形于色。左右曰:"公未見敵而先喜,何也?"裕曰:"兵已過險,士有必死之志;謂已得過大峴之險。餘糧棲畝,人無匱乏之憂。謂燕人不芟除禾苗。虜已入吾掌中矣。"六月,己巳,裕至東莞。莞,音官。超先遣公孫五樓、賀賴盧及左將軍段暉等將步騎五萬屯臨朐;朐,音劬。聞晉兵入峴,自將步騎四萬往就之，使五樓帥騎進據巨蔑水。巨蔑水，《國語》謂之具水，袁宏謂之巨昧水，《水經》謂之巨洋水。水出朱虛縣太山北，過其縣西，又北過臨朐縣東。上下沿水，悉是劉裕伐廣固營壘所在。前鋒孟龍符與戰，破之，五樓退走。裕以車四千乘爲左右翼，乘，繩證翻。方軌徐進，與燕兵戰於臨朐南，日向昃，日過中爲向昃。昃，阻力翻。勝負猶未決。參軍胡藩言於裕曰：“燕悉兵出戰，臨朐城中留守必寡，願以奇兵從間道取其城，此韓信所以破趙也。”間，古莧翻。韓信事見九卷漢高帝三年。裕遣藩及諮議參軍檀韶、建威將軍河內向彌潛師出燕兵之後，攻臨朐，聲言輕兵自海道至矣。向彌擐甲先登，遂克之。向，式亮翻。擐，音宦。超大驚，單騎就段暉於城南。超自臨朐城中出城南就暉。裕因縱兵奮擊，燕衆大敗，斬段暉等大將十餘人，超遁還廣固，獲其玉璽、輦及豹尾。服虔曰：大駕屬車八十一乘，作三行，尚書、御史乘之，最後一乘，懸豹尾，豹尾以前皆爲省中。《晉志》：法駕屬車三十六乘，最後車懸豹尾。璽，斯氏翻。裕乘勝逐北至廣固；丙子，克其大城。超收衆入保小城。裕築長圍守之，圍高三丈，穿塹三重；高，古號翻。重，直龍翻；塹，七艷翻。撫納降附，采拔賢俊，華、夷大悅。於是因齊地糧儲，悉停江、淮漕運。

　　超遣尚書郎張綱乞師於秦，赦桂林王鎮，以爲録尚書、都督中外諸軍事，引見，謝之，且問計焉。鎮曰：“百姓之心，係於一人。今陛下親董六師，奔敗而還，還，從宣翻，又如字。群臣離心，士民喪氣。聞秦人自有内患，謂秦内有赫連之患也。喪，息浪翻。恐不暇分兵救人。散卒還者尚有數萬，宜悉出金帛以餌之，更決一戰。若天命助我，必能破敵；如其不然，死亦爲美，比於閉門待盡，不猶愈乎！”司徒樂浪王惠曰：“不然。樂浪，音洛琅。晉兵乘勝，氣勢百倍，我以敗軍之卒當之，不亦難乎！秦雖與勃勃相持，不足爲患；且與我分據中原，勢如脣齒，安得不來相救！但不遣大臣則不能得重兵。尚書令韓範爲燕、秦所重，事見上卷三年。宜遣乞師。"超從之。

　　《資治通鑑》卷一百一十五《晉紀三十七·安帝義熙五年》頁三
六一五至三六一八

　　車騎將軍劉裕帥師伐慕容超。夏六月丙寅，震于太廟。劉裕
大破慕容超于臨朐。

　　　　　　　《通志》卷十下《晉紀十下·安皇帝》頁二一○下

　　三月，帝抗表北討，以丹陽尹孟昶監中軍留府事。乃浮淮入
泗，五月，至下邳，留船，步軍進琅邪，所過築城留守。

　　超大將公孫五樓請斷大峴，堅壁清野以待，超不從。初謀是
役，議者以爲賊若嚴守大峴，軍無所資，何能自反？帝曰："不然。
鮮卑性貪，略不及遠，既幸其勝，且愛其穀，必將引我，且亦輕戰。
師一入峴，吾何患焉。"及入峴，帝舉手指天曰："吾事濟矣。"衆問
其故，帝曰："師既過險，士有必死之志，餘糧棲畝，軍無匱乏之憂，
勝可必矣。"

　　六月，超留贏老守廣固，使其廣寧王賀刺盧及公孫五樓悉力據
臨朐。去城四十里有巨蔑水，超告五樓急據之。比至，爲龍驤將軍
孟龍符所保，五樓乃退。

　　大軍分車四千兩爲二翼，方軌徐行，車張幰，御者執稍，以騎
爲游軍，軍令嚴肅。比及臨朐，賊騎交至，帝命兗州刺史劉藩、并州
刺史劉道憐等陷其陣。日向昃，戰猶酣，帝用參軍胡藩策，襲克臨
朐，賊乃大奔。超遁還廣固，獲其玉璽、豹尾、輦等，送于都。丙子，
克廣固大城，超固其小城。乃設長圍以守之，館穀於青土，停江、淮
轉輸。

　　　　　　《通志》卷十一《宋紀十一·高祖武皇帝》頁二一四下

初,帝征慕容超,惟孟昶勸行。

　　《通志》卷十一《宋紀十一·高祖武皇帝》頁二一五上

義熙五年,劉裕執慕容超,獲金鉦輦。宋因之,齊亦因之。

　　《通志》卷四十八《器服略二·輦輿》頁六二二上

宋武破慕容超,獲金鉦輦。古之輦輿,大率以六尺爲度。

　　《通志》卷五十四《職官略四·尚輦局奉御》頁六七五中

從征廣固,率所領先登。

　　《通志》卷一百三十一《列傳四十四·檀韶》頁二〇七〇上

帝北伐廣固,田子領偏師,與龍驤將軍孟龍符爲前鋒。龍符戰
沒,田子力戰破之。

　　《通志》卷一百三十一《列傳四十四·沈田子》頁二〇七三中

從伐慕容超,平盧循,並著軍功。

　　《通志》卷一百三十一《列傳四十四·沈林子》頁二〇七三下

五年,武帝伐慕容超,除中軍諮議參軍,與兗州刺史劉藩大破
超軍。進圍廣固,屢獻規畫。

　　《通志》卷一百三十一《列傳四十四·劉敬宣》頁二〇七七上

又從征廣固。

　　《通志》卷一百三十一《列傳四十四·向靖》頁二〇七九上

　　從征廣固,賊屯聚臨朐,藩言於武帝曰:"賊屯軍城外,留守必寡,今往取其城,而斬其旗幟,此韓信所以克趙也。"武帝乃遣檀韶與藩潛往,即克其城。賊見城陷,一時奔走,還保廣固,圍之累月。

　　　　《通志》卷一百三十一《列傳四十四·胡藩》頁二〇八〇上

　　武帝内難既寧,思宏外略,將伐鮮卑。朝議皆謂不可。劉毅時鎮姑熟,固止武帝,以爲:"苻堅侵境,謝太傅猶不自行。宰相遠出,傾動根本。"景仁獨曰:"公建桓、文之烈,應天人之心,興復皇祚,芟夷姦逆,雖業高振古,而德刑未樹,宜推亡固存,廣振威略。鮮卑密邇疆甸,屢犯邊垂,伐罪弔民,於是乎在。平定之後,養鋭息徒,然後觀兵洛汭,修復園寢,豈有坐長寇虜,縱敵貽患者哉!"帝從之,遂北伐。

　　　　《通志》卷一百三十二《列傳四十五·謝裕》頁二〇八八下

　　從征鮮卑,盡其誠力。

　　　　《通志》卷一百三十四《列傳四十七·褚裕之》頁二一〇九中

　　六月,南燕慕容超爲劉裕所伐,遣尚書令韓範詣秦乞師。

　　　　屠本《十六國春秋》卷第五十七《後秦録五·姚興中》頁十四背

　　(慕容)超大將垣遵、遵弟苗並率衆歸順。

　　　　　　　　《宋書》卷一《本紀第一·武帝上》頁一六

　　(慕容)德兄子超襲僞位,伯父遵、父苗復見委任。遵爲尚書,苗京兆太守。高祖圍廣固,遵、苗踰城歸降,並以爲太尉行參軍。

　　　　　　　　《宋書》卷五十《列傳第十·垣護之》頁一四四八

伯父遵、父苗仕慕容超，並見委任。遵爲尚書，苗爲京兆太守。宋武帝圍廣固，遵、苗踰城歸降，並以爲太尉行參軍。

《南史》卷二十五《列傳第十五・垣護之》頁六八三

《宋先朝故事》曰：慕容超大將垣遵踰城歸順，高祖使遵等治攻城橦車，築長圍高三丈，外三重塹。

《太平御覽》卷三三六《兵部六七・攻具上》頁一五四四下

（慕容）超大將桓遵、遵弟苗並率衆歸順。

《冊府元龜》卷一八四《閏位部・勳業二》頁二二一四上

宋高祖初爲晉太尉。垣遵與其弟苗並爲南燕慕容超委任，遵爲尚書，苗爲京兆太守。帝圍廣固，遵、苗踰城歸降，並以爲太尉行參軍。

《冊府元龜》卷二一五《閏位部・招懷》頁二五六六下

南燕尚書略陽垣尊及弟京兆太守苗踰城來降，裕以爲行參軍。垣氏子孫後遂爲南國邊將，著功名。尊、苗皆超所委任以爲腹心者也。

《資治通鑑》卷一百一十五《晉紀三十七・安帝義熙五年》頁三六一八

伯父遵、父苗仕慕容超，並見委任。遵爲尚書，苗爲京兆太守。武帝圍廣固，遵、苗踰城歸降，並以爲太尉行參軍。

《通志》卷一百三十三《列傳四十六・垣護之》頁二一〇三上

公方治攻具，城上人曰："汝不得張綱，何能爲也。"綱者，超僞尚書郎，其人有巧思。會超遣綱稱藩於姚興，乞師請救。興僞許之，而實憚公，不敢遣。綱從長安還，泰山太守申宣執送之。乃升綱於樓車，[二二]以示城内，城内莫不失色。於是使綱大治攻具。超求救不獲，綱反見虜，轉憂懼。乃請稱藩，求割大峴爲界，獻馬千匹。不聽，圍之轉急。河北居民荷戈負糧至者，日以千數。

【校勘記】

〔二二〕乃升綱於樓車 "樓車"各本並作"樓上"，據《通鑑》改。

　　　　　《宋書》卷一《本紀第一·武帝上》頁一六、二五

張綱治攻具成，設諸奇巧，飛樓木幔之屬，莫不畢備。城上火石弓矢，無所用之。

　　　　　《宋書》卷一《本紀第一·武帝上》頁一七

七月，超尚書郎張綱乞師於姚興，自長安反，泰山太守申宣執送之。綱有巧思，先是，帝修攻具，城上人曰："汝不得張綱，何能爲也。"及至，升諸樓車以示之，城内莫不失色。超既求救不獲，綱反見虜，乃求稱藩，割大峴爲界，獻馬千匹，不聽。

　　　　　《南史》卷一《宋本紀上第一·武帝》頁一〇

十月，張綱修攻具成，設飛樓縣梯，木幔板屋，冠以牛皮，弓矢無所用之。劉毅遣上黨太守趙恢以千餘人來援，帝夜潛遣軍會之。明旦，恢衆五千，方道而進，每晉使將到，輒復如之。

　　　　　《南史》卷一《宋本紀上第一·武帝》頁一〇

王韶之《晉紀》曰：宋王圍慕容超。張綱巧思絶人，使爲攻具，城上火石弓矢無所用之。超黨震懾，城内知亡矣。

　　　　　《太平御覽》卷三三六《兵部六七·攻具上》頁一五四三上

又曰：劉裕攻南燕，得燕人張綱治攻具。既成，設飛橋懸梯，被以牛皮，火石不能害，攻城之士得肆力焉。

《太平御覽》卷三三六《兵部六七‧攻具上》頁一五四三上

又曰：僞燕主慕容超尚書郎張綱乞師於姚興，自長安返，太山守申宣執送之。綱有巧思，先是帝修攻具，城上人曰：“汝不得張綱。何能爲也。”及至，升諸樓車以示之，故城內莫不失色。超既求救不獲，綱反見虜，乃求稱藩，割大峴爲界，獻馬千匹。不聽。

又曰：十月，張綱修攻具成，設飛樓懸梯木幔板屋，冠以皮，弓矢無所用之。劉毅遣上黨太守趙恢以千餘人來援，帝夜潛遣軍會之。明旦，恢衆五千，方道而進。每晉使將到，輒復如之。六年二月丁亥，屠廣固。

《太平御覽》卷三三六《兵部六七‧攻具上》頁一五四三下

《晉紀》曰：宋王圍慕容超。張綱巧絕於人，乃使綱大治攻具，於是城上火石弓弩無所用之。

《太平御覽》卷七五二《工藝部九‧巧》頁三三三七下

帝方治攻具，城上人曰：“汝不得張綱，何能爲也。”綱者，超僞尚書郎，其人有巧思。會超遣綱稱藩於姚興，乞師請救。興僞許之，而實憚帝，不敢遣。綱從長安還，泰山太守申宣執送之。乃升綱於樓上，以示城內，城內莫不失色，於是使綱大治攻具。超求救不獲，綱反見虜，轉憂懼，乃請稱藩，求割大峴爲界，獻馬千匹。不聽，圍之轉急。河北居民荷戈負糧至者，日以千數。九月，進帝太尉、中書監，固讓。十月，張綱治攻具成，設諸奇巧，飛樓、木幔之屬,莫不畢備。城上火石、弓矢,無所用之。

　　　　《册府元龜》卷一八四《閏位部·勳業二》頁二二一四上

　　南燕張綱爲慕容超尚書。超爲晉劉裕所圍,遣綱出求救於姚興。爲裕所得,於是張綱爲裕造衝車,覆以版屋,蒙之以皮,并設諸奇巧城上。

　　　　《册府元龜》卷九〇八《總録部·工巧》頁一〇七五三上

　　或謂裕曰:"張綱有巧思,思,相吏翻。若得綱使爲攻具,廣固必可拔也。"會綱自長安還,太山太守申宣執之,送於裕。裕升綱於樓車,杜預曰:樓車,車上望櫓。使周城呼曰:呼,火故翻。"劉勃勃大破秦軍,無兵相救。"城中莫不失色。江南每發兵及遣使者至廣固,裕輒潛遣兵夜迎之,明日,張旗鳴鼓而至,董卓之入洛,計亦出此。北方之民執兵負糧歸裕者,日以千數,圍城益急。張華、封愷皆爲裕所獲。超請割大峴以南地爲藩臣,裕不許。

　　　　《資治通鑑》卷一百一十五《晉紀三十七·安帝義熙五年》頁三六一八

　　張綱爲裕造攻具,盡諸奇巧;超怒,縣其母於城上,支解之。爲,于僞翻。縣,讀曰懸。

　　　　《資治通鑑》卷一百一十五《晉紀三十七·安帝義熙五年》頁三六二〇

　　七月,超尚書郎張綱乞師於姚興,自長安反,泰山太守申宣執送之。綱有巧思,先是,帝修攻具,城上人曰:"汝不得張綱,何能爲也。"及至,升諸樓車以示之,城内莫不失色。超既求救不獲,綱反見虜，乃求稱藩，割大峴爲界，獻馬千匹，不聽。

　　《通志》卷十一《宋紀十一·高祖武皇帝》頁二一四下至二一
五上

　　十月，張綱修攻具成，設飛樓縣梯，木幔板屋，冠以牛皮，弓矢
無所用之。劉毅遣上黨太守趙恢以千餘人來援，帝夜潛遣軍會之。
明旦，恢衆五千，方道而進，每晉使將到，輒復如之。

　　《通志》卷十一《宋紀十一·高祖武皇帝》頁二一五上

　　録事參軍劉穆之，有經略才具，公以爲謀主，動止必諮焉。時
姚興遣使告公云："慕容見與鄰好，又以窮告急，今當遣鐵騎十萬，
逕據洛陽。晉軍若不退者，便當遣鐵騎長驅而進。"公呼興使答曰：
"語汝姚興，我定燕之後，息甲三年，當平關、洛。今能自送，便可速
來。"穆之聞有羌使，馳入，而公發遣已去。以興所言并答，具語穆
之。穆之尤公曰："常日事無大小，必賜與謀之。此宜善詳之，云何
卒爾便答。公所答興言，未能威敵，正足怒彼耳。若燕未可拔，羌
救奄至，不審何以待之？"公笑曰："此是兵機，非卿所解，故不語
耳。夫兵貴神速，彼若審能遣救，必畏我知，寧容先遣信命。此是
其見我伐燕，內已懷懼，自張之辭耳。"

　　《宋書》卷一《本紀第一·武帝上》頁一六至一七

　　時姚興遣使，聲言將涉淮左，帝謂曰："爾報姚興，我定青州，將
過函谷，虜能自送，今其時矣。"録事參軍劉穆之遽入曰："此言不
足威敵，容能怒彼。若鮮卑未拔，西羌又至，公何以待之？"帝乃笑
曰："此兵機也，非子所及。羌若能救，不有先聲，是自強也。"

　　《南史》卷一《宋本紀上第一·武帝》頁一〇

　　東晉末，宋武帝率兵北伐，圍南燕慕容超於廣固，未下。時後秦姚興遣使告宋武云：“慕容見與鄰好，又以窮告急，今當遣鐵騎十萬，〔八七〕遥據洛陽。晉軍若不退者，便當長驅而進。”宋武呼興使答曰：“語汝姚興，我定燕之後，息甲三年，當平關、洛。今能自送，便可速來。”〔八八〕劉穆之聞興使，馳入，而宋武發遣已去。以興所言并答，具語穆之。穆之曰：“常日事無大小，必賜與謀。此宜善詳，云何率爾便答。未能威敵，〔八九〕正促彼怒耳。若燕未可拔，興救奄至，不審何以待之？”宋武笑曰：“此是兵機，非卿所解，故不語耳。夫兵貴神速，彼若審能遣救，必畏我知，寧容先遣信命。此是其見我伐燕，内已懷懼，自强之辭耳。”興竟不能出師。廣固終拔，擒慕容超，平齊地。

【校勘記】

　　〔八七〕今當遣鐵騎十萬　“十”原訛“一”，據《宋書・武帝紀》上一七頁改。

　　〔八八〕便可速來　“速”原訛“送”，據《宋書・武帝紀》上一七頁改。

　　〔八九〕未能威敵　“未”上原衍“曰”，據《宋書・武帝紀》上一七頁及北宋本删。

　　《通典》卷第一百五十《兵三・驗虚聲知無實》頁三八四七、三八五五

　　《宋書》曰：東晉末，武帝率兵北伐，圍南燕慕容超於廣固，未下。時後秦姚興遣使告宋武云：“慕容見與鄰好，以窮告急，今當遣鐵騎一萬，遥據洛陽。晉軍若不退者，便當長驅而進。”宋武遣興使答曰：“語汝姚興，我定燕之後，息甲三年，當平關、洛。今能自送，便可速來。”劉穆之聞興使入，而宋武發遣已去。以興所言并答，具

語穆之。穆之曰："常日事無大小，必賜與謀。此宜善詳，云何率爾便答。未能威敵，只增彼怒耳。若燕未可拔，興救奄至，不審何以待之？" 宋武笑曰："此是兵機，非卿所解，故不語耳。夫兵貴神速，彼若審能遣救，必畏我知，寧容先遣信命。此是其見我伐燕，內已懷懼，自強之辭耳。" 興竟不能出師廣固，終拔，擒慕容超，平齊地。

《太平御覽》卷二九五《兵部二六・審察》頁一三六〇下

秦王興遣使謂裕曰："慕容氏相與鄰好，好，呼到翻。今晉攻之急，秦已遣鐵騎十萬屯洛陽；晉軍不還，當長驅而進。" 裕呼秦使者謂曰："語汝姚興：使，疏吏翻；下同。語，牛倨翻；下相語同。我克燕之後，息兵三年，當取關、洛；今能自送，便可速來！" 劉穆之聞有秦使，馳入見裕，而秦使者已去。裕以所言告穆之。穆之尤之尤，怪也，過也。曰："常日事無大小，必賜預謀，此宜善詳，善，謂善爲之辭；詳，謂審諦也。云何遽爾答之！此語不足以威敵，適足以怒之。若廣固未下，羌寇奄至，不審何以待之？" 裕笑曰："此是兵機，非卿所解，解，戶買翻，曉也。故不相語耳。語，牛倨翻。夫兵貴神速，彼若審能赴救，必畏我知，寧容先遣信命，逆設此言！是自張大之辭也。晉師不出，爲日久矣。羌見伐齊，殆將內懼，自保不暇，何能救人邪！"

《資治通鑑》卷一百一十五《晉紀三十七・安帝義熙五年》頁三六一八至三六一九

時姚興遣使，聲言將涉淮左，帝謂曰："爾報姚興，我定青州，將過函谷，虜能自送，今其時矣。" 錄事參軍劉穆之遽入曰："此言不足威敵，容能怒彼。若鮮卑未拔，西羌又至，公何以待之？" 帝乃笑曰："此兵機也，非子所及。羌若能救，不有先聲，是自強也。"

《通志》卷十一《宋紀十一・高祖武皇帝》頁二一五上

秋七月，慕容支屬百餘家，謀欲外奔，發覺，伏誅，死者三百餘人。

　　　　　　　　《魏書》卷二《太祖紀第二》頁四四

　　初，慕容破後，種族仍繁。天賜末，頗忌而誅之。時有遺免，不敢復姓，皆以“輿”爲氏。延昌末，詔復舊姓，而其子女先入掖庭者，猶號慕容，特多於他族。

　　　　　《魏書》卷五十《列傳第三十八·慕容白曜》頁一一二三

　　秋七月，慕容氏支屬百餘家謀欲外奔，發覺，伏誅死者三百餘人。

　　　　　《北史》卷一《魏本紀第一·太祖道武皇帝》頁二五

　　初，慕容氏破後，種族仍繁。天賜末，頗忌而誅之。時有免者，不敢復姓，皆以輿爲氏。〔二一〕延昌末，詔復舊姓。而其子女先入掖庭者，猶號慕容，特多於他族。

【校勘記】

　〔二一〕皆以輿爲氏　各本“輿”作“輿”，殿本從《魏書》改作“輿”。按本書卷一《道武紀》有慕容文，《通鑑》卷一〇五三三三五頁作慕輿文。疑“慕容”即“慕輿”，故慕容氏子孫改姓爲“輿”。今從殿本。

　　　　《北史》卷二十五《列傳第十三·慕容白曜》頁九二八、九三三

　　天賜六年秋七月，慕容支屬百餘家謀欲外奔，發覺，伏誅死者三百餘人。

　　　　　《册府元龜》卷一五二《帝王部·明罰一》頁一八三八上

慕容氏在魏者百餘家，謀逃去，魏主珪盡殺之。

《資治通鑑》卷一百一十五《晉紀三十七·安帝義熙五年》頁三六一九

秋七月，慕容氏支屬百餘家謀欲外奔，發覺，伏誅死者三百餘人。

《通志》卷十五上《後魏紀十五上·太祖道武皇帝》頁二七四中

初，慕容氏破後，種族仍繁。天賜末，頗忌而誅之。時有不免者，不敢復姓，皆以興爲氏。延昌末，詔復舊姓。而其子女先入掖庭者，猶號慕容，特多於他族。

《通志》卷一百四十七《列傳六十·慕容白曜》頁二三二九下

八月，將封融自河北奔晉師，使詔誘城内，超怒，縛其母，懸諸城上。融曰：“姜維有言，良田百頃，不在一畞。”

《太平御覽》卷三一〇《兵部四一·戰不顧親》頁一四二八上

封融詣劉裕降。封融奔魏，見上卷二年。魏殺慕容氏，故融歸裕。降，户江翻。

《資治通鑑》卷一百一十五《晉紀三十七·安帝義熙五年》頁三六一九

僞徐州刺史段宏先奔索虜，十月，自河北歸順。[二三]
【校勘記】
〔二三〕十月自河北歸順　各本並無“自”字。《通鑑》晉義熙五年作"段宏自魏奔於裕"。孫彪《宋書考論》云："河北上當有自字"。按孫説是，今補。

　　　　　　　　《宋書》卷一《本紀第一·武帝上》頁一七、二五

　　以段宏爲義真諮議參軍，尋遷宋臺黄門郎，領太子右衛率。宏，鮮卑人也，爲慕容超尚書左僕射、徐州刺史，高祖伐廣固，歸降。

　　　　　　《宋書》卷六十一《列傳第二十一·武三王·廬陵孝獻王義真》頁一六三五

　　以段宏爲義真諮議參軍。宏鮮卑人，爲慕容超尚書左僕射，武帝伐廣固歸降。

　　　　　《南史》卷十三《列傳第三·宋宗室及諸王上·武帝諸子·廬陵孝獻王義真》頁三六五

　　初，興遣衛將軍姚强帥步騎一萬隨韓範往就姚紹於洛陽，并兵以救南燕，帥，讀曰率。騎，奇寄翻。及爲勃勃所敗，敗，補邁翻。追强兵還長安。韓範歎曰："天滅燕矣！"南燕尚書張俊自長安還，降於劉裕，降，户江翻；下同。因説裕曰：説，輸芮翻。"燕人所恃者，謂韓範必能致秦師也，今得範以示之，燕必降矣。"裕乃表範爲散騎常侍，散，悉亶翻。騎，奇寄翻。且以書招之。長水校尉王蒲勸範奔秦，範曰："劉裕起布衣，滅桓玄，復晉室，今興師伐燕，所向崩潰，此殆天授，非人力也。燕亡，則秦爲之次矣，吾不可以再辱。"遂降於裕。漢李陵降匈奴，霍光、上官桀使其故人任立政招之使歸，陵曰："大丈夫不能再辱。"裕將範循城，城中人情離沮。將，如字，引也。沮，在吕翻。或勸燕主超誅範家。超以範弟諄盡忠無貳，并範家赦之。

冬,十月,段宏自魏奔于裕。宏奔魏見上卷三年。

《資治通鑑》卷一百一十五《晉紀三十七·安帝義熙五年》頁三
六二〇

以段宏爲義真諮議參軍。宏,鮮卑人,爲慕容超尚書左僕射,
武帝伐廣固,歸降。

《通志》卷八十一《宗室傳四·廬陵孝獻王義真》頁九九〇中

興遣衛將軍强帥步騎一萬隨範往就東平公紹於洛陽,并兵救
燕,勃勃襲擊敗之,强還長安。

屠本《十六國春秋》卷第五十七《後秦録五·姚興中》頁十四背

南燕靈臺令張光勸南燕主超出降,降,戶江翻;下同。超手殺之。

《資治通鑑》卷一百一十五《晉紀三十七·安帝義熙五年》頁三
六二五

又曰:南燕慕容超將敗,東萊雨血。俄而國亡。

《太平御覽》卷八七七《咎徵部四·雨血》頁三八九六下

公元四一〇年　東晉安帝義熙六年　北魏明元帝永興
二年　　南燕末帝太上六年

六年春二月丁亥,劉裕攻慕容超,克之,齊地悉平。

《晉書》卷十《帝紀第十·安帝》頁二六一

六年二月,滅慕容超于魯地。

《晉書》卷十二《志第二·天文中》頁三五五

　　慕容超移青州於東萊郡,後爲劉裕所滅,留長史羊穆之爲青州刺史,築東陽城而居之。

　　　　　　　　《晉書》卷十五《志第五·地理下》頁四五一

　　六年二月丁亥,屠廣固。超踰城走,征虜賊曹喬胥獲之,殺其王公以下,[二四]納口萬餘,馬二千匹,送超京師,斬于建康市。

　　【校勘記】

　　〔二四〕殺其王公以下　“王公”各本作“亡命”,據《南史》、《元龜》一八四、《通鑑》晉安帝義熙六年改。

　　　　　　　　《宋書》卷一《本紀第一·武帝上》頁一七、二六

　　鮮卑負衆,僭盜三齊,狼噬冀、青,虔劉沂、岱,介恃遐阻,仍爲邊毒。公蒐乘秣駟,奄入遠疆,衝櫓四臨,萬雉俱潰,竊號之虜,顯戮司寇,拓土三千,申威龍漠。此又公之功也。

　　　　　　　　《宋書》卷二《本紀第二·武帝中》頁三八

　　六年二月,拔廣固,禽慕容超,阬斬其衆三千餘人。

　　　　　　　　《宋書》卷二十五《志第十五·天文三》頁七三一

　　六年二月,鮮卑滅。皆胡不安之應也。是時鮮卑跨魯地,又魯有兵之應也。

　　　　　　　　《宋書》卷二十五《志第十五·天文三》頁七三三

　　城陷之日,韶率所領先登,領北琅邪太守,進號寧朔將軍、琅邪內史。

　　　　　　　　《宋書》卷四十五《列傳第五·檀韶》頁一三七二

攻拔廣固，彌又先登。

　　　　《宋書》卷四十五《列傳第五・向靖》頁一三七四

從征鮮卑，每戰必身先士卒，及克廣固，懷慎率所領先登。

　　　　《宋書》卷四十五《列傳第五・劉懷慎》頁一三七五

從征鮮卑，坐事免官。廣固平，復爲參軍。

　　　　《宋書》卷四十八《列傳第八・朱齡石》頁一四二二

　將拔之夜，佐史並集，忽有鳥大如鵝，蒼黑色，飛入高祖帳裏，衆皆駭愕，以爲不祥。[三]藩起賀曰：“蒼黑者，胡虜之色，胡虜歸我，大吉之祥也。”明旦，攻城，陷之。

【校勘記】

　〔三〕衆皆駭愕以爲不祥　各本並脱“衆”字，據《元龜》七一六、《御覽》九一九引補。

　　　　《宋書》卷五十《列傳第十・胡藩》頁一四四四、一四五六

　從高祖征廣固，常爲軍鋒。及城陷，慕容超將親兵突圍走，道憐所部獲之。加使持節，進號左將軍。

《宋書》卷五十一《列傳第十一・宗室・長沙景王道憐》頁一四六二

慕容、姚泓，恃强作禍，提挈萬里，卒嬰鈇鉞。

　　　　《宋書》卷九十五《列傳第五十五・索虜》頁二三三三

　六年二月丁亥，屠廣固，超踰城走，追獲之，斬于建康市。殺其

王公以下，納生口萬餘，馬二千匹。

　　　　　　《南史》卷一《宋本紀上第一·武帝》頁一〇

　　從武帝征廣固，所部獲慕容超，以功改封竟陵縣公。

　　《南史》卷十三《列傳第三·宋宗室及諸王上·長沙景王道憐》頁三五三

　　圍之，將拔之夜，忽有鳥大如鵝，蒼黑色，飛入帝帳裏，衆以爲不祥。藩賀曰："蒼黑者，胡虜色。胡虜歸我，大吉之祥。"明旦攻城，陷之。

　　　　　　《南史》卷十七《列傳第七·胡藩》頁四八七

　　夫以慕容超之强，身送東市。

　　　　《南史》卷六十一《列傳第五十一·陳伯之》頁一四九六

　　是歲，司馬德宗將劉裕，滅慕容超於廣固。

　　　　　　　《魏書》卷三《太宗紀第三》頁五〇

　　裕乃伐超，遂屠廣固，執超，斬其王公以下三千人，納口萬餘、馬二千匹，夷其城隍。送超于建業，斬之。

　　　　《魏書》卷九十七《列傳第八十五·島夷劉裕》頁二一三一

　　是時，南燕慕容氏兼有齊魯之墟，不務修德，而驟侵晉淮、泗。六年四月，劉裕以晉師伐之，大敗燕師于臨朐，進克廣固，執慕容超以歸，戮諸建康。

　　　《魏書》卷一百五之三《天象志一之三第三》頁二三九三

十二月辛丑,金犯木於奎。占曰"其君有兵死者"。既而慕容超戮于晉。

　　　　《魏書》卷一百五之三《天象志一之三第三》頁二三九四

黄星出于燕墟而慕容氏滅。

　　　　《魏書》卷一百五之三《天象志一之三第三》頁二四〇四

六月,晉將劉裕滅慕容超。

　　　　《北史》卷一《魏本紀第一·太宗明元皇帝》頁二七

劉武帝伐慕容超于廣固也,以藉險難攻,兵力勞弊。河間人玄文説裕云:昔趙攻曹嶷,望氣者以爲繩水帶城,非可攻拔,若塞五龍口,城當必陷。石虎從之,嶷請降。降後五日大雨,雷電震開。後慕容恪之攻段龕,十旬不拔,塞口而龕降,降後無幾,又震開之。今舊基猶存,宜試脩築。裕塞之,超及城内男女,皆悉脚弱〔三〇〕,病者大半,超遂出奔,爲晉所擒也。然城之所跨,實憑地險,其不可固城者在此。

【校勘記】

〔三〇〕皆悉脚弱　《注疏》本作"皆患脚弱",《疏》:"朱'患'作'悉',戴、趙同。會貞按:《元和志》、《寰宇記》作'患',是也。今據訂。"

　　　　《水經注校證》卷二十六《淄水》頁六二三至六二四、六三九

宋武帝北取南燕,平廣固,南燕,慕容超。廣固,即今北海郡。

　　　　《通典》卷第七《食貨七·歷代盛衰户口》頁一四五

　　東晉末，宋武帝討慕容超，圍廣固城，數月不拔。或説裕曰：
"昔石勒將石季龍攻曹嶷，瞻氣者以爲澠音繩水帶城，非可攻拔，若
塞五龍口，城必自陷。季龍從之，而嶷降。慕容恪圍段龕亦如之，
而龕降。降後無幾，[五四]又震開之。今舊跡猶在，可塞之。"裕從
其言。於是，城中男女患脚弱疾者太半。時有蒼鵝飛入帳坐，衆咸
驚愕，其將胡蕃獨賀曰："蒼者，胡色也。鵝者，我也。胡虜歸我之
徵。"衆大悦。將攻城，諸將咸諫曰："今往亡之日，兵家所忌。"裕
曰："我往彼亡，吉孰大焉！"乃命悉登，遂平廣固。

　　【校勘記】

　　〔五四〕而龕降降後無幾　原"而"下有"段"，又脱一"降"字，據
《晉書·慕容超載記》三一八四頁及北宋本、明抄本、明刻本、王吳本刪補。

　　《通典》卷第一百五十六《兵九·假託安衆》頁四〇一五至四〇
一六、四〇二一

　　宋武帝北平廣固，[三八]晉安帝義熙六年，平慕容超，得青州之地。廣
固即今北海。

　　【校勘記】

　　〔三八〕宋武帝北平廣固　原脱"帝"，據傅校本、明抄本、明刻
本、朝鮮本、王吳本補。

　　《通典》卷第一百七十一《州郡一·序目上》頁四四六一、四四七三

　　自晉末武帝作相，平慕容超之後，盡得河南之北境，鎮守在此。

　　《通典》卷第一百八十《州郡十·古兗州·靈昌郡》頁四七五七

　　至慕容超，宋武帝來伐，超固守，攻圍七月而拔之。

　　《通典》卷第一百八十《州郡十·今之青州》頁四七七〇

益都　晉廣固城在益都縣西四里,則晉曹嶷所築。[五六]有大澗甚廣,因曰廣固。城側有五龍口,宋武帝圍慕容超塞之,城中人多病,遂下之。

【校勘記】

〔五六〕晉廣固城在益都縣西四里則晉曹嶷所築　"益都"和"則"原無,後"晉"下原有"時",據北宋本、傅校本、遞修本、明抄本、明刻本、王吴本補刪。

《通典》卷第一百八十《州郡十·古青州·北海郡》頁四七七〇、四七九〇

《晉載記》曰:南燕慕容超末年,正會群臣於正殿,方奏樂,超欷,曲終不已。其年爲宋高祖所擒。

《太平御覽》卷二九《時序部一四·元日》頁一三四下

鮮卑慕容德僭號於青州,德死,從子超襲僞位。公抗表北討。屠廣固,超踰城走,獲之。戮其王公以下約口萬餘,馬二千匹,夷其城隍。獻超于京師,斬于建康市。

《太平御覽》卷一二八《偏霸部一二·宋劉裕》頁六一八上

又曰:劉裕討慕容超,圍廣固城,數月不拔,或說裕曰:"昔石季龍攻曹嶷,瞻氣者以爲澠水帶城,澠,音黽。非可攻拔,若塞五龍口,城必自陷。季龍從之,而嶷降。慕容恪圍段龕,亦如之,而龕降。降後無幾,又震開之。今舊跡猶在,可塞之。"裕從其言。

《太平御覽》卷二九五《兵部二六·安衆》頁一三六二下至一三六三上

又《慕容超載記》曰:於是賀賴盧、公孫五樓爲地道出戰,王師

不利。

《太平御覽》卷三〇九《兵部四〇·戰中》頁一四二二下

《三十六國春秋》曰：丁亥，中軍劉裕悉衆攻燕。衆咸諫曰：“今往亡日，兵家所忌。”裕曰：“我往，彼亡，吉孰大焉。”乃命悉登，遂剋之。燕王慕容超走，追獲焉。裕責之不降之罪，超神色自若，無餘言。唯以母託劉敬宣而已。蕭方等曰：“美哉，其言也。以言必己親，終不忘孝，可謂人之將死，其言也善，信乎！”

《太平御覽》卷三二六《兵部五七·擒獲下》頁一四九八上

六年二月丁亥，屠廣固。超踰城走，征虜賊曹喬胥獲之，殺其王公以下，納口萬餘，馬二千匹。送超京師，斬於建康市。

《冊府元龜》卷一八四《閏位部·勳業二》頁二二一四上至二二一四下

慕容超爲宋高祖所圍，明年朔旦，超登天門，朝群臣于城上，殺馬以饗將士，文武皆有遷授。

《冊府元龜》卷二三〇《僭偽部·飲讌》頁二七三五下

未幾，晉師圍四面皆合，江南繼兵相尋而至。超尚書悅壽開門以納王師，超與左右數十騎出亡，爲晉軍所執。

《冊府元龜》卷二三四《僭偽部·兵敗》頁二七八五下

高祖征廣固，常爲軍鋒。及城陷，慕容超將親兵突圍走，道憐所部獲之。以廣固功，改封竟陵縣公食邑千户。

《冊府元龜》卷二九〇《宗室部·立功一》頁三四一三下至三四一四上

城陷之日,詔率所鎮先登。

　　　　《册府元龜》卷三九四《將帥部·勇敢一》頁四六七九下

夫以慕容超之强,身送東市。

　　　　《册府元龜》卷四一六《將帥部·傳檄二》頁四九五五下

夫以慕容超之强,身送東市。

　　　　《册府元龜》卷九○五《總録部·書信三》頁一○七二一下

　　玄文河間人也。宋高祖圍慕容超,其尚書令董鋭勸超出降。超大怒,繫之於獄。於是賀賴盧、公孫五樓爲地道出戰,王師不利。玄文説高祖曰:"昔趙攻曹嶷,望氣者以爲澠水帶城,非可攻拔。若塞五龍口,城必自陷。石季龍從之,而嶷請降。後慕容恪之圍段龕亦如之,而龕降。降後無幾,又震開之。今舊基猶在,可塞之。"高祖從其言,至城中男女患脚弱病者大半。

　　　　《册府元龜》卷九○六《總録部·禳厭》頁一○七三二下

　　春,正月,甲寅朔,南燕主超登天門,天門,廣固内城南門也。朝群臣於城上。朝,直遥翻。乙卯,超與寵姬魏夫人登城,見晉兵之盛,握手對泣。韓諱諫曰:諱,竹角翻。"陛下遭埋厄之運,正當努力自强以壯士民之志,而更爲兒女子泣邪!"爲,于僞翻;下爲民同。超拭目謝之。尚書令董詵勸超降,超怒,囚之。詵,疏臻翻。

　　　　《資治通鑑》卷一百一十五《晉紀三十七·安帝義熙六年》頁三六二五

　　南燕賀賴盧、公孫五樓爲地道出擊晉兵,不能却。城久閉,城中男女病脚弱者太半，出降者相繼。降，户江翻。超輦而登城，尚書悦壽説超曰：説，輸芮翻。"今天助寇爲虐，戰士凋瘁，瘁，秦醉翻。獨守窮城，絶望外援，天時人事亦可知矣。苟曆數有終，堯、舜避位，陛下豈可不思變通之計乎！"超歎曰："廢興，命也。吾寧奮劍而死，不能銜璧而生！"

丁亥，劉裕悉衆攻城。或曰："今日往亡，不利行師。"《曆書》二月以驚蟄後十四日爲往亡日。裕曰："我往彼亡，何爲不利！"四面急攻之。悦壽開門納晉師，超與左右數十騎踰城突圍出走，追獲之。裕數以不降之罪，數，所具翻。降，户江翻。超神色自若，一無所言，惟以母託劉敬宣而已。敬宣先嘗奔燕，故超以母託之。夫孝莫大於寧親，超以母之故，屈節事秦，竭聲伎以奉之，既又掠取晉人以足聲伎，由是致寇，至於母子並爲俘虜，乃更欲以託劉敬宣，何庸淺也！

裕忿廣固久不下，欲盡阬之，以妻女賞將士。韓範諫曰："晉室南遷，中原鼎沸，士民無援，强則附之，既爲君臣，必須爲之盡力。爲，于僞翻。彼皆衣冠舊族，先帝遺民；今王師弔伐而盡阬之，使安所歸乎！竊恐西北之人無復來蘇之望矣。"湯征諸侯，東面而征西夷怨，南面而征北狄怨，曰："奚爲後我？"攸徂之民，室家胥慶，曰："傒我后，后來其蘇。"裕改容謝之，然猶斬王公以下三千人，没入家口萬餘，夷其城隍，送超詣建康，斬之。隆安二年，慕容德建國，號南燕，二主，十三年而亡。

《資治通鑑》卷一百一十五《晉紀三十七·安帝義熙六年》頁三六二六至三六二七

六年春二月丁亥，劉裕攻慕容超，剋之，齊地悉平。

《通志》卷十下《晉紀十下·安皇帝》頁二一〇下

六年二月丁亥,屠廣固,超踰城走,追獲之,斬于建康市。殺其王公已下,納生口萬餘,馬二千匹。

《通志》卷十一《宋紀十一·高祖武皇帝》頁二一五上

六月,晉將劉裕滅慕容超。

《通志》卷十五上《後魏紀十五上·太宗明元皇帝》頁二七四下

武帝北平廣固。時晉安帝義熙六年,平慕容超,得青州之地。廣固即今北海。

《通志》卷四十《地理略一·歷代封畛》頁五四六下

宋武帝北取南燕,平廣固。

《通志》卷六十一《食貨略一·歷代戶口》頁七四〇中

從武帝征廣固。慕容超突圍走,道憐所部獲之,以功改封竟陵縣公。

《通志》卷八十一《宗室傳四·長沙景王道憐》頁九八七中

將拔之夜,佐吏並集,忽有鳥大如鵝,蒼黑色,飛入武帝帳中,衆皆駭愕,以爲不祥。藩賀曰:"蒼黑者,胡虜色,明其歸我,大吉之祥也。"明旦,攻城,陷之。

《通志》卷一百三十一《列傳四十四·胡藩》頁二〇八〇上

義熙中,劉裕伐慕容超,循所署始興太守徐道覆,循之姊夫也,使人勸循乘虛而出,循不從。

《晉書》卷一百《列傳第七十·盧循》頁二六三四

東晉末,宋武帝伐南燕慕容超,嶺南賊盧循、徐道覆乘虛襲建業。
　　　　《通典》卷第一百五十五《兵八·避鋭》頁三九六八

《通典》曰:東晉末,武帝伐南燕慕容超,領南賊盧循、徐道覆乘
虛襲建業……齡石所領多鮮卑,善步矟,並結陣以待之。賊短兵弗
能抗,死傷者數百人,乃退走。
　　　　《太平御覽》卷二九五《兵部二六·避鋭》頁一三六一下至一三
六二上

義熙中,劉裕伐慕容超,循所署始興太守徐道覆,循之姊夫也,
使人勸循乘虛而出,循不從。
　　　　《通志》卷一百三十《列傳四十三·盧循》頁二〇六二下

太宗永興二年,慕容超擒於廣固,鴻又以爲事在元年。
　　　　《魏書》卷六十七《列傳第五十五·崔鴻》頁一五〇五

明元永興二年,慕容超禽於廣固,鴻又以爲在元年……
　　　　《北史》卷四十四《列傳第三十二·崔鴻》頁一六二八

太宗永興二年,慕容超擒於廣固,鴻又以爲事在元年。
　　　　《册府元龜》卷五六二《國史部·疏謬》頁六七四八下

明元永興二年,慕容超禽於廣固,鴻又以爲在元年。
　　　　《通志》卷一百五十下《列傳六十三下·崔鴻》頁二四一四上

時克燕之問未至,朝廷急徵劉裕。裕方議留鎮下邳,經營司、

雍,雍,於用翻。會得詔書,乃以韓範爲都督八郡軍事、燕郡太守,青州舊督齊、濟南、樂安、城陽、東萊、長廣、平昌、高密八郡;而所謂燕郡者,蓋南燕於廣固置燕都尹而今改爲燕郡太守耳。封融爲勃海太守,檀韶爲琅邪太守;戊申,引兵還。韶,祗之兄也。久之,劉穆之稱範、融謀反,皆殺之。二人燕之舊臣,穆之恐其爲變,故殺之。

　　《資治通鑑》卷一百一十五《晉紀三十七·安帝義熙六年》頁三六二八

　　燕廣川公萬泥、上谷公乳陳,自以宗室,有大功,慕容熙之死,萬泥、乳陳皆有功。謂當入爲公輔。

　　《資治通鑑》卷一百一十五《晉紀三十七·安帝義熙六年》頁三六四一

　　慕容氏滅,(崔曠)仕劉義隆爲樂陵太守。

　　　　《魏書》卷六十七《列傳第五十五·崔光》頁一四八七

　　慕容氏滅,(崔曠)仕宋爲樂陵太守。

　　　　《北史》卷四十四《列傳第三十二·崔光》頁一六一五

　　慕容氏滅,(崔曠)仕宋爲樂陵太守。

　　　　《通志》卷一百五十下《列傳六十三下·崔光》頁二四一一上

　　祖壽,太子洗馬,慕容氏滅,入魏爲魯郡守。

　　　　《北史》卷三十《列傳第十八·盧誕》頁一一〇九

祖壽，太子洗馬，慕容氏滅，入魏爲魯郡守。

《通志》卷一百四十八《列傳六十一·盧誕》頁二三五〇下

公元四一七年　東晉安帝義熙十三年
北魏明元帝泰常二年

太宗曰："劉裕武能何如慕容垂？"浩曰："裕勝。"太宗曰："試言其狀。"浩曰："慕容垂乘父祖世君之資，生便尊貴，同類歸之，若夜蛾之赴火，少加倚仗，便足立功。劉裕挺出寒微，不階尺土之資，不因一卒之用，奮臂大呼而夷滅桓玄，北擒慕容超，南摧盧循等，僭晉陵遲，遂執國命。裕若平姚而還，必篡其主，其勢然也。秦地戎夷混并，虎狼之國，裕亦不能守之。風俗不同，人情難變，欲行荊揚之化於三秦之地，譬無翼而欲飛，無足而欲走，不可得也。若留衆守之，必資於寇。孔子曰：善人爲邦百年，可以勝殘去殺。今以秦之難制，一二年間豈裕所能哉？且可治戎束甲，息民備境，以待其歸，秦地亦當終爲國有，可坐而守也。"太宗曰："裕已入關，不能進退，我遣精騎南襲彭城、壽春，裕亦何能自立？"浩曰："今西北二寇未殄，陛下不可親御六師。兵衆雖盛，而將無韓白。長孫嵩有治國之用，無進取之能，非劉裕敵也。臣謂待之不晚。"太宗笑曰："卿量之已審矣。"浩曰："臣嘗私論近世人物，不敢不上聞。若王猛之治國，苻堅之管仲也；慕容玄恭之輔少主，慕容暐之霍光也；劉裕之平逆亂，司馬德宗之曹操也。"

《魏書》卷三十五《列傳第二十三·崔浩》頁八一〇至八一一

帝曰："裕武能何如慕容垂？"浩曰："垂承父祖之資，生便尊貴，同類歸之，若夜蛾之赴火，少加倚仗，便足立功。劉裕挺出寒微，不因一卒之用，奮臂大呼，而夷滅桓玄，北禽慕容超，南摧盧循。

裕若平姚而篡其主，秦地戎夷混并，裕亦不能守之。秦地亦終當
爲國家所有。”帝曰：“裕已入關，不能進，不能退，我遣精騎南襲彭
城、壽春，裕亦何能自立？”浩曰：“今西北二寇未殄，陛下不可親御
六師。長孫嵩有經國之用，無進取之能，非劉裕敵也。臣謂待之不
晚。”帝笑曰：“卿量之已審矣。”浩曰：“臣常私論近世人物，不敢不
上聞。若王猛之經國，苻堅之管仲也。慕容恪之輔少主，慕容暐之
霍光也。劉裕之平逆亂，司馬德宗之曹操也。”

《北史》卷二十一《列傳第九·崔浩》頁七七五

　　明元曰：“劉裕武能何如慕容垂？”浩曰：“裕勝。”明元曰：“試
言其狀。”浩曰：“慕容垂承父祖世君之資，生便尊貴，同類歸之，若夜
蛾之赴火，少加倚仗，便足立功。劉裕挺出寒微，不階尺土之資，不
因一卒之用，奮臂大呼而夷滅桓玄，北擒慕容超，南摧盧循等，僭晉
陵遲，遂執國命。裕若平姚而還，必篡其主，其勢然矣。秦地戎夷渾
并，虎狼之國，裕亦不能守之。風俗不同，人情難變，欲行荊揚之化于
三秦之地，無翼而欲飛，無足而欲走，不可得也。若留衆守之，必資
于寇。孔子曰：善人爲邦百年，可以勝殘去殺。今以秦之難制，一二
年間豈裕所能哉？且可治戎束甲，息民備境，以待其歸，秦地亦當終
爲國有，可坐而守也。”明元曰：“裕已入關，不能進退，我遣精騎南襲
彭城、壽春，裕亦何能自立？”浩曰：“今西北二寇未殄，陛下不可親
御六師。兵衆雖盛，將無韓白。長孫嵩有治國之用，無進取之能，非
劉裕敵也。請待之不晚。”明元笑曰：“卿量之已審矣。”浩曰：“臣嘗
私論近世人物，不敢不上聞。若王猛之治國，苻堅之管仲也；慕容玄
恭之輔少主，慕容暐之霍光也；劉裕之平逆亂，司馬德宗之曹操也。”

《册府元龜》卷六二四《卿監部·智識》頁七五〇七下至七五〇

八上

帝曰：“劉裕武能何如慕容垂？”浩曰：“裕勝。夫慕容垂承父
祖累世之資，生便尊貴，同類歸之，若夜蛾之赴火，少加倚仗，便足
立功。劉裕挺出寒微，不階尺土之資，不因一卒之用，奮臂大呼，而
夷滅桓玄，北禽慕容超，南摧盧循等，僭晉陵遲，遂執國命。裕若平
泓而還，必篡其主，其勢然矣。秦地戎夷混并，虎狼之國，裕亦不能
守之。風俗不同，人情難變，欲行荊揚之化於三秦之地，是無翼而
欲飛，無足而欲走，不可得也。秦地當終爲國家有。”帝曰：“裕已
入關，不能進，不能退，我遣精騎南襲彭城、壽春，裕亦何能自立？”
浩曰：“今西北二寇未殄，陛下不可親御六師。兵衆雖盛，而將無
韓白。長孫嵩有治國之用，無進取之能，非劉裕敵也。臣謂待之不
晚。”帝笑曰：“卿量之已審矣。”浩曰：“臣嘗私論近世人物，不敢不
上聞。若王猛之治國，苻堅之管仲也。慕容恪之輔少主，慕容暐之
霍光也。劉裕之平逆亂，司馬德宗之曹操也。”

　　　　　《通志》卷一百四十六《列傳五十九·崔浩》頁二三一二上

公元四九一年　　南齊武帝永明九年
北魏孝文帝太和十五年

　　尚書高閭以石承晉爲水德，以燕承石爲木德，以秦承燕爲火
德，大魏次秦爲土德，皆以地據中夏，以爲得統之徵。皇魏建號，事
接秦末，晉既滅亡，天命在我。故因中原有寄，即而承之。彪等據
神元皇帝與晉武並時，桓、穆二帝，仍修舊好。始自平文，逮于太
祖，抗衡秦、趙，終平慕容。晉祚終於秦方，大魏興於雲朔。據漢棄
秦承周之義，以皇魏承晉爲水德。二家之論，大略如此。臣等謹共
參論，伏惟皇魏世王玄朔，下迄魏、晉，趙、秦、二燕雖地據中華，德
祚微淺，並獲推叙，於理未愜。又國家積德修長，道光萬載。彪等

職主東觀,詳究圖史,所據之理,其致難奪。

《魏書》卷一百八之一《禮志四之一第十》頁二七四七

燕承趙,水生木,故燕爲木德;秦承燕,木生火,故秦爲火德。

《册府元龜》卷一《帝王部・總序》頁二下

尚書高閭以石承晉爲水德,燕承石爲木德,以秦承燕爲火德,大魏次秦爲土德,皆以地據中夏,以爲得統之徵。皇魏建號,事接秦末,晉既滅亡,天命在我。故因中原有寄,即而承之。彪等據神元皇帝與晉武並時,桓、穆二帝,仍修舊好。始自平文,逮于太祖,抗衡秦、趙,終平慕容。晉祚終於秦方,大魏興于雲朔。據漢并秦承周之義,以皇魏承晉爲水德。二家之論,大略如此。臣等謹共參論,伏惟皇魏世王玄朔,下迄魏、晉、趙、秦、二燕雖地據中華,德祚微淺,並獲推叙,于理未愜。又國家積德修長,道光萬戴。彪等職主東觀,詳究圖史,所據之理,其志難奪。

《册府元龜》卷四《帝王部・運歷》頁四五上

公元四九四年　南齊明帝建武元年　北魏孝文帝太和十八年

《後魏書》文帝太和十八年,卜遷都鄴,登銅雀臺,魏御史大夫崔吉等曰:“鄴城平原千里,運漕四通,有西門使起舊迹,可以饒富。在德不在險,請都之。”孝文曰:“君知其一,未知其二,鄴城非長久之地,石虎傾於前,慕容滅於後,國富主奢,暴成速敗。且西有柁人山,東有列人縣,北有柏人城,君子不飲盗泉,惡其名也。”遂止,乃都洛陽。

《太平御覽》卷一五六《州郡部二・叙京都下》頁七五八下

《後魏書》曰：文帝太和十八年，卜遷都，經鄴，登銅雀臺，御史崔光等曰："鄴城平原千里，漕運四通，有西門使、起舊迹，可以饒富，在德不在險，請都之。"孝文曰："君知其一，未知其二，鄴城非長久之地，石虎傾於前，慕容滅於後。國富主奢，暴成速敗。且西有枉人山，東有列人縣，北有柏人城。君子不飲盜泉，惡其名也。"遂止。

　　　　　　《太平御覽》卷一六一《州郡部七·相州》頁七八二上

公元五〇〇年　南齊東昏侯永元二年
北魏宣武帝景明元年 [①]

豆盧寧字永安，昌黎徒何人。其先本姓慕容氏，燕北地王精之後也。

　　　　　　《北史》卷六十八《列傳第五十六·豆盧寧》頁二三六五

豆盧寧字永安，昌黎徒何人。其先本姓慕容氏，燕北地王精之後也。

　　　　　　《通志》卷一百五十九《列傳七十二·豆盧寧》頁二五六七上

公元五〇七年　南梁武帝天監六年
北魏宣武帝正始四年

以劉淵、石勒、慕容儁、苻健、慕容垂、姚萇、慕容德、赫連屈子、張軌、李雄、呂光、乞伏國仁、禿髮烏孤、李暠、沮渠蒙遜、馮跋等，並因世故，跨僭一方，各有國書，未有統一，鴻乃撰爲《十六國春秋》，勒成百卷，因其舊記，時有增損褒貶焉。

　　　　　　《魏書》卷六十七《列傳第五十五·崔鴻》頁一五〇二

---

①豆盧寧出生於本年。

　　以劉元海、石勒、慕容儁、苻健、慕容垂、姚萇、慕容德、赫連屈子、張軌、李雄、呂光、乞伏國仁、禿髮烏孤、李暠、沮渠蒙遜、馮跋等並因世故,跨僭一方,各有國書,未有統一,鴻乃撰爲《十六國春秋》,勒成百卷,因其舊記,時有增損褒貶焉。

　　　　　《北史》卷四十四《列傳第三十二·崔鴻》頁一六二六

　　以劉淵、石勒、慕容儁、苻健、慕容垂、姚萇、慕容德、赫連屈子、張軌、李雄、呂光、乞伏國仁、禿髮烏孤、李暠、沮渠蒙遜、馮跋等並因世故,跨僭一方,各有國書,未有統一,鴻乃撰爲《十六國春秋》,勒成百卷,因其舊記,時有增損褒貶焉。

　　　　　《冊府元龜》卷五五六《國史部·採撰二》頁六六七七上

　　以劉淵、石勒、慕容儁、苻健、慕容垂、姚萇、慕容德、赫連屈句、張軌、李雄、呂光、乞伏國仁、禿髮烏孤、李暠、沮渠蒙遜、馮跋等並因世故,跨僭一方,各有國書,未有統一,鴻乃撰爲《十六國春秋》,勒成百卷,因其舊紀,時有增損褒貶焉。

　　　　　《通志》卷一百五十下《列傳六十三下·崔鴻》頁二四一三中至二四一三下

公元五二八年　南梁武帝大通二年　北魏孝明帝武泰元年　北魏孝莊帝建義元年　北魏孝莊帝永安元年

　　撰慕容氏書,不成。

　　　　　《魏書》卷四十二《列傳第三十·酈惲》頁九五二

　　撰慕容氏書,不成。

　　　　　《北史》卷二十七《列傳第十五·酈惲》頁九九七

撰慕容氏書，不成。

　　　《冊府元龜》卷三八八《將帥部·儒學》頁四六〇五上

撰慕容氏史，未及成而殞。

　　　《通志》卷一百四十七《列傳六十·酈惲》頁二三三九下

散見未繫年史料

孫紹,字世慶,昌黎人。世仕慕容氏。

《魏書》卷七十八《列傳第六十六‧孫紹》頁一七二三

陽尼字景文,北平無終人也。累世仕於慕容氏。

《北史》卷四十七《列傳第三十五‧陽尼》頁一七二〇

陽尼字景父,北平無終人也。累世仕於慕容氏。

《通志》卷一百五十一《列傳六十四‧陽尼》頁二四三三中

曾祖堪,慕容氏漁陽太守。

《魏書》卷八十八《列傳良吏第七十六‧竇瑗》頁一九〇七

曾祖堪,慕容氏漁陽太守。

《北史》卷八十六《列傳第七十四‧循吏傳‧竇瑗》頁二八七〇

曾祖堪,慕容氏漁陽太守。

《通志》卷一百七十《循吏二‧竇瑗》頁二七四四下

父堪,慕容氏時漁陽太守。

屠本《十六國春秋》卷第一百《北燕錄三‧竇表》頁八正

東方宇文、慕容氏,即宣帝時東部,此二部最爲強盛,別自有傳。

　　　　　《魏書》卷一百一十三《官氏志九第十九》頁三〇一二

慕容　　慕輿

　　　　　《通志》卷二十五《氏族略一·代北複姓》頁四四四中

可足渾氏。前燕慕容儁皇后可足渾氏。又有散騎常侍可足渾常。後燕有新汲侯可足渾健,生譚平公。

　　　　　《通志》卷二十九《氏族略五·代北三字姓》頁四七六中

慕容氏爲慕輿氏。

　　　　　《通志》卷三十《氏族略六·音訛第九》頁四八五上

《趙書》十卷。一曰《二石集》,記石勒事。僞燕太傅長史田融撰。

　　　　　《隋書》卷三十三《志第二十八·經籍二·史》頁九六二

《趙書》二十卷。一曰《趙石記》,一曰《二石集》,載石勒事。僞燕太傅長史田融撰。

　　　　　《通志》卷六十五《藝文略三·霸史》頁七七三下

《燕書》二十卷。記慕容儁事。僞燕尚書范亨撰。

　　　　　《隋書》卷三十三《志第二十八·經籍二·史》頁九六三

范亨撰《燕書》二十卷。

　　　　　《册府元龜》卷五五五《國史部·採撰一》頁六六七〇下

《燕書》二十卷。記慕容儁事。偽燕尚書范亨撰。

　　　　《通志》卷六十五《藝文略三·霸史》頁七七三下

《南燕録》五卷。記慕容德事。偽燕尚書郎張詮撰。

　　　　《隋書》卷三十三《志第二十八·經籍二·史》頁九六三

張詮撰《南燕録》五卷。記慕容德事。

　　　　《册府元龜》卷五五五《國史部·採撰一》頁六六七〇下

《南燕録》五卷。記慕容德事。偽燕尚書張銓撰。

　　　　《通志》卷六十五《藝文略三·霸史》頁七七三下

《南燕書》七卷。遊覽先生撰。

　　　　《隋書》卷三十三《志第二十八·經籍二·史》頁九六三

游覽先生撰《南燕書》七卷。

　　　　《册府元龜》卷五五五《國史部·採撰一》頁六六七〇下

《南燕書》七卷。遊覽先生撰。

　　　　《通志》卷六十五《藝文略三·霸史》頁七七三下

《南燕録》六卷。記慕容德事。偽燕中書郎王景暉撰。

　　　　《隋書》卷三十三《志第二十八·經籍二·史》頁九六三

王景暉撰《南燕録》六卷。

　　　　《册府元龜》卷五五五《國史部·採撰一》頁六六七〇下

《南燕録》六卷。偽燕中書郎王景暉撰。

　　　　《通志》卷六十五《藝文略三·霸史》頁七七三下

《涼記》八卷。記張軌事。偽燕右僕射張諮撰。

　　　　《隋書》卷三十三《志第二十八·經籍二·史》頁九六三

《涼記》八卷。記張軌事。偽燕右僕射張諮撰。

　　　　《通志》卷六十五《藝文略三·霸史》頁七七三下

《南燕起居注》一卷。

　　　　《隋書》卷三十三《志第二十八·經籍二·史》頁九六五

《南燕起居注》一卷。《隋志》失所撰人姓氏。

　　　　《冊府元龜》卷五六〇《國史部·記注》頁六七一九上

《南燕起居注》六卷。

　　　　《通志》卷六十五《藝文略三·起居注》頁七七五下

《明氏家訓》一卷。偽燕衛尉明岌撰。

　　　　《隋書》卷三十三《志第二十八·經籍二·史》頁九七七

《明氏家訓》一卷。偽燕衛尉明岌撰。

　　　　《通志》卷六十五《藝文略三·右列傳》頁七七九下

《珠崖傳》一卷。偽燕聘晉使蓋泓撰。

　　　　《隋書》卷三十三《志第二十八·經籍二·史》頁九八三

《孫子兵法雜占》四卷。梁有《諸葛亮兵法》五卷，又《慕容氏兵法》一卷，亡。

　　　　《隋書》卷三十四《志第二十九·經籍三·子》頁一〇一三

　　《北狄樂》，其可知者鮮卑、吐谷渾、部落稽三國，皆馬上樂也。鼓吹本軍旅之音，馬上奏之，故自漢以來，《北狄樂》總歸鼓吹署。後魏樂府始有北歌〔二六〕，即《魏史》所謂《真人代歌》是也。代都時，命掖庭宮女晨夕歌之。周、隋世，與《西涼樂》雜奏。今存者五十三章，其名目可解者六章：《慕容可汗》、《吐谷渾》、《部落稽》、《鉅鹿公主》、《白淨王太子》、《企喻也》。其不可解者，咸多可汗之辭。按今大角〔二七〕，此即後魏世所謂《簸邏迴》者是也，其曲亦多可汗之辭。北虜之俗，呼主爲可汗。吐谷渾又慕容別種，知此歌是燕、魏之際鮮卑歌，歌辭虜音〔二八〕，竟不可曉。

【校勘記】

　　〔二六〕後魏樂府始有北歌　“後”字各本原無，據《通典》卷一四六、《唐會要》卷三三、《御覽》卷五六七、《樂府詩集》卷二五引本志補。

　　〔二七〕按今大角　此四字聞本空四格，殿本、懼盈齋本、局本、廣本均無，據《通典》卷一四六、《唐會要》卷三三、《御覽》卷五六七補。

　　〔二八〕歌辭虜音　各本原作“歌音辭虜”，《通典》卷一四六、《樂府詩集》卷二五引本志均作“其詞虜音”，據改。

　　　　《舊唐書》卷二十九《志第九·音樂二》頁一〇七一至一〇七二、一〇八六

　　北狄樂皆馬上之聲，自漢後以爲鼓吹，亦軍中樂，馬上奏之，故

隸鼓吹署。後魏樂府初有《北歌》,亦曰《真人歌》,都代時,命宮人朝夕歌之。周、隋始與西涼樂雜奏。至唐存者五十三章,而名可解者六章而已。一曰《慕容可汗》,二曰《吐谷渾》,三曰《部落稽》,四曰《鉅鹿公主》,五曰《白淨王》,六曰《太子企喻》也。其餘辭多可汗之稱,蓋燕、魏之際鮮卑歌也。

　　　　　　　《新唐書》卷二十二《志第十二·禮樂十二》頁四七九

　　北狄三國。鮮卑、吐谷渾、《部落稽》。[六二]《北狄樂》,皆爲馬上樂也。鼓吹本軍旅之音,馬上奏之,故自漢以來,《北狄樂》總歸鼓吹署。後魏樂府始有北歌,即《魏真人歌》是也。代都時,命掖庭宮女晨夕歌之。周、隋代,與《西涼樂》雜奏。今存者五十三章,其名目可解者六章:《慕容可汗》《吐谷渾》《部落稽》《鉅鹿公主》《白淨王太子》、[六三]《企俞》也。其餘不可解,咸多可汗之詞。按今大角,即後魏代《簸邏迴》是也,[六四]其曲亦多可汗之詞。北虜之俗,皆呼主爲可汗。吐谷渾又慕容別種,如此歌是燕、魏之際鮮卑歌,[六五]其詞虜音,不可曉。

【校勘記】

　　〔六二〕部落稽　原訛脱作"郎落",今據明抄本改補。按:北宋本作"部落",脱"稽"。

　　〔六三〕白淨王太子　"王"原作"皇",據《舊唐書·音樂志》二一〇七二頁及北宋本、傳校本、明抄本改。

　　〔六四〕即後魏代簸邏迴是也　"簸"原脱,據《舊唐書·音樂志》二一〇七二頁及北宋本、明抄本補。

　　〔六五〕如此歌是燕魏之際鮮卑歌　"如"《舊唐書·音樂志》二一〇七二頁作"知"。

　　《通典》卷第一百四十六《樂六·四方樂》頁三七二五、三七三七自是戎夷赫連氏、沮渠氏、李氏、石氏、慕容氏、佛氏、秃髮氏、拓拔氏、宇文氏、高氏、苻氏、吕氏、姚氏、翟氏，被髮左衽，遞據中壤，衣冠殄盡。

　　　　　《通典》卷第二百《邊防十六·北狄七》頁五四九五

鮮卑不遷，[六七]則慕容無中原之僭也。

【校勘記】

〔六七〕鮮卑不遷　《全唐文》卷二八一“遷”下有“幽州”。

　　　　　《通典》卷第二百《邊防十六·北狄七》頁五四九七、五五一一

范亨《燕書》曰：鮮于休有才器伎幹，辟爲左光禄大夫曹屬。

　　　　　《太平御覽》卷二四九《職官部四七·府屬》頁一一七六下

乾羅金銀《述異記》云：乾羅者，慕容嵬之十世祖也。著金銀襦鎧，乘白馬，金銀鞍勒，自天而墜。《説苑》云：田子方度西河造，翟璜翟璜乘軒車，戴華蓋金銀之勒，亶帶如此者具駟馬八十乘。○今案亦鈔百廿九《襦篇》引《述異記》“嵬”作“庱”，“十”下有“二”字。杜公瞻《編珠》卷二引《述異記》亦作“庱”，“十世”作“十一世”。《説苑·臣術篇》及《御覽》三百五十八引“金銀”作“黄金”，“亶帶”作“鎮簟席”，無“馬”字。陳俞本“墜”作“降”，删亶帶五字，餘同。

　　　　　《北堂書鈔》卷第一百二十六《武功部十四·勒五十五》頁三背至四正

金銀《述異記》云：乾羅者，慕容庱十二世祖也。忽一夕，著金銀襦鎧，乘白馬，金銀鞍勒，自天而墜，鮮卑神之。○今案《御覽》六百九十五引《述異記》“十二”作“十一”。本鈔百廿六《勒篇》引又作“十世”。陳俞本及杜公瞻

《編珠》卷二引夕下有"見一神人"四字,末句作"鮮卑神也"。

　　　　《北堂書鈔》卷第一百二十九《衣冠部下·襦二十四》頁十五正

　　《述異記》曰:乾羅者,慕容廆之十一世祖也。著金銀襦鎧,乘白馬,金銀鞍勒,自天而墜,鮮卑神之,推爲君長。

　　　　　　《太平御覽》卷三五六《兵部八七·甲下》頁一六三五上

　　《述異記》曰:乾羅者,慕容廆之十一世祖也,着金銀襦鎧,乘白馬,金銀鞍勒,自天而墜。鮮卑神之,推爲君長。

　　　　　　《太平御覽》卷六九五《服章部一二·襦》頁三一〇一下

　　採紅藍用爲顔色習鑿齒與燕王書曰:此下有紅藍,足下先知之不? 北方人採取其華染緋黄,採取其英鮮者作烟支,婦人粉時爲顔色。○今案嚴輯習鑿齒文,此書據《史記·匈奴傳》索隱引此作:"北方"下無"人"字,"支"作"肢","粉時"作"將用",餘同。陳俞本脱黄採以下七字,"粉時"作"用"字,"色"下有"可愛"二字,餘與本鈔同。

　　　　《北堂書鈔》卷第一百三十五《服飾部四·胭脂六十三》頁十三背

　　又曰:燕金紫光禄大夫高平公平歆。初,歆伯父左光禄大夫熙拊歆首而告之曰:"汝儀容偉茂,志節果當,有佐命之功,顯吾門者必汝也。"

　　　　　　《太平御覽》卷五一二《宗親部二·伯叔》頁二三三三下

　　又《前燕録》曰:氾昭,字嗣先,燉煌人。辟州主簿,志在理枉申滯。人有於夜中報昭黃金者,昭責而遣之。

   《太平御覽》卷八一〇《珍寶部九·金中》頁三五九九上

  崔鴻《後燕書》:西平縣屬汝陰。

   《初學記》卷第八《州郡部·河南道第二》頁一六八

參考文獻

紀傳體史料

（西晉）陳壽撰,（南朝宋）裴松之注:《三國志》,中華書局,一九五九年。

（唐）房玄齡等撰:《晉書》,中華書局,一九七四年。

（南朝梁）沈約撰:《宋書》,中華書局,一九七四年。

（唐）李延壽撰:《南史》,中華書局,一九七五年。

（北齊）魏收撰:《魏書》,中華書局,一九七四年。

（唐）魏徵等撰:《隋書》,中華書局,一九七三年。

（唐）李延壽撰:《北史》,中華書局,一九七四年。

（後晉）劉昫等撰:《舊唐書》,中華書局,一九七五年。

（北宋）歐陽修、宋祁撰:《新唐書》,中華書局,一九七五年。

（南宋）鄭樵撰:《通志》,中華書局,一九八七年。

（元）脫脫等撰:《遼史》,中華書局,一九七四年。

〔朝鮮〕金富軾等撰:《三國史記》,元奎章閣藏本。

編年體史料

（北宋）司馬光編著,（元）胡三省音注:《資治通鑑》,中華書局,一九五六年。

典制體史料

（唐）杜佑撰：《通典》，中華書局，一九八八年。

（元）馬端臨撰：《文獻通考》，中華書局，一九八六年。

類書

（唐）徐堅等著：《初學記》，中華書局，一九六二年。

（唐）虞世南輯録：《北堂書鈔》，清光緒十四年南海孔氏三十有三萬
　　卷堂刻本。

（唐）歐陽詢撰：《藝文類聚》，上海古籍出版社，一九六五年。

（北宋）李昉等撰：《太平御覽》，中華書局，一九六〇年。

（北宋）王欽若等編：《册府元龜》，中華書局，一九六〇年。

地理類史料

（北魏）酈道元著，陳橋驛校證：《水經注校證》，中華書局，二〇〇
　　七年。

（北宋）樂史撰：《太平寰宇記》，中華書局，二〇〇七年。

其他史料

（北魏）崔鴻撰，（清）湯球輯補：《十六國春秋輯補》，中華書局，
　　一九八五年。

（北魏）崔鴻撰，（明）屠喬孫、項琳之等修訂：《十六國春秋》，明萬曆
　　三十七年蘭暉堂刻本（即屠本《十六國春秋》）。

（北魏）崔鴻撰：《十六國春秋別本》，影印文淵閣四庫全書本，臺灣
　　商務印書館，一九八二年。

（唐）釋道宣撰：《廣弘明集》，影印文淵閣四庫全書本，臺灣商務印

書館,一九八二年。

（唐）陸龜蒙撰：《小名録》,兩江總督采進本。

（南朝梁）陶弘景撰：《古今刀劍録》,影印文淵閣四庫全書本,臺灣
商務印書館,一九八二年。

後　記

　　《慕容鮮卑資料輯録》即將付梓，希望能對研究兩晉十六國至南北朝時期慕容鮮卑的歷史有所裨益。真正做好一部資料輯録既需要熟悉掌握相關歷史，還需要具備一定的古文字、版本目録學知識。該資料輯録涉及紀傳體、編年體、典制體、大型類書、地理總志等多類古籍，内容龐雜、分布零散、謬誤繁多、生僻字及異體字大量存在，無疑大大增加了完成難度。作爲資料類工具書，可貴的是其準確性、全面性和系統性。工作伊始，我們就明確了這樣的目標，並不斷强化、逐步完善。但是，能否達到預先設想，爲研究者所用，助益專業研究，還要實踐檢驗。

　　在編輯出版過程中，内蒙古大學 2021 級博士研究生林睿核對了全書，2022 級博士研究生張宇、于伯樂，2021 級碩士研究生周俊昊、郝意如和 2018 級本科生劉佳宣分工做了校對，責編白愛虎付出了大量辛勤勞動，謹致以誠摯的謝意！

　　書中難免有錯誤紕漏，敬祈讀者批評指正。

編者　2022 年 9 月 8 日